HANGIL
GREAT BOOKS

인류의위대한지적유산

HANGIL
GREAT BOOKS
165

종교생활의 원초적 형태

에밀 뒤르켐 지음 | 민혜숙 · 노치준 옮김

한길사

HANGIL
GREAT BOOKS
165

Les formes élémentaires de la vie religieuse

by Émile Durkheim

Translated by Min Hyesook, Noh Chijun

Published by Hangilsa Publishing Co. Ltd., Korea, 2020

에밀 뒤르켐(Émile Durkheim, 1858~1917)
사회학을 체계적으로 정리해 학문의 반열에 올린 최초의 사회학자로 사회학을 '경험적 근거' 위
에 올려놓았다. 통계를 사용하는 현대 사회학 방법론의 기초를 다졌으며 사회학의 종주(宗主)라
는 평가를 받는다.

파리의 소르본대학교(Université Paris-Sorbonne)

뒤르켐은 보르도대학교 철학과 교수를 거쳐 소르본대학교로 옮겨와 이곳에서 최초로 '사회학
과' 교수로 재직한다. 사회학 학제를 강화하기 위해 『사회학 연보』를 창간했다. 프랑스 제3공화
정의 정책에 적극적으로 개입해 지금까지 유지되는 프랑스 교육제도에 중요한 획을 그었다.

마르셀 모스(Marcel Mauss, 1872~1950)
뒤르켐의 조카로 삼촌에게 많은 영향을 받았다. 대표 저서로 『증여론』이 있으며 개인들 간의 반복 행위, 즉 커뮤니케이션이 사회구조를 형성한다는 새로운 관점을 제시했다. 학문적인 업적 외에 드레퓌스 사건 당시 법정투쟁을 돕고 사회당과 교류하는 등 정치적인 활동도 매우 활발히 펼쳤다.

니클라스 루만(Niklas Luhmann, 1927~98)

빌레펠트대학교에서 교수로 재직했으며 20세기 사회학자 가운데 가장 영향력 있는 학자다. 사회학적 체계이론을 창안해 현대사회의 모든 현상을 체계이론적으로 분석했다. 뒤르켐과 막스 베버(Max Weber, 1864~1920)의 사회학이 근대사회의 구조적인 우연성과 복잡성, 그리고 그 고유한 합리성을 파악하는 데 한계가 있음을 간파하고 독자적인 체계이론을 전개했다.

종교생활의 원초적 형태

에밀 뒤르켐 지음 | 민혜숙 · 노치준 옮김

한길사

종교생활의 원초적 형태

일러두기

1. 이 책은 에밀 뒤르켐이 1912년 출간한 *LES FORMES ÉLÉMENTAIRE DE LA VIE RELIGIEUSE – LE SYSTÉME TOTÉMIQUE EN AUSTRALIE* (Paris, Librairie Félix Alcan)를 완역한 것이다.

2. 원문에서 이태릭체로 된 부분은 고딕체로 강조했다.

3. 관계대명사나 관계부사로 이어지는 긴 문장들은 가독성을 높이고 의미를 정확히 하기 위해 가급적 짧게 끊어 번역했으며, 대명사 목적어의 경우는 구체 명사로 다시 표기했다.

4. 원문에 나오는 오스트레일리아 부족이나 씨족의 명칭, 지명, 그리고 신의 이름, 의례 도구의 명칭은 괄호 안에 원문을 밝혀두었고, 재차 언급될 때에는 한국어로만 표기했다.

5. phratrie처럼 적당한 우리말이 없는 경우는 발음대로 '프라트리'로 옮겼다.

6. rite는 의식보다는 의례로 옮겼으며, cérémonie는 예식으로, culte는 숭배(경우에 따라서는 예배), pratiques는 문맥에 따라 의례, 예배, 관행, 실행 등으로 옮겼음을 밝혀둔다.

7. 대부분 âme는 영혼, ésprit는 영으로 옮겼으나 문맥에 따라 정신, 마음, 이성으로 옮겼다.

8. 일반적으로 idée는 개념, concept, notion은 관념, pensée는 사고, 사상으로 옮겼다. 그러나 개념과 관념의 차이를 정확하게 적시할 수 없었다.

9. 각주 번호는 원주와 역자주를 통합하여 달았다.

종교·도덕·사회·지식의 근원을 찾아서

• 노치준 옮긴이

에밀 뒤르켐(Émile Durkheim)은 다양한 분야에서 그 이름을 남겼고 세상을 떠난 지 100년이 넘었지만 지금도 그의 저술은 여전히 영향력을 발휘하고 있다. 그는 카를 마르크스(Karl Marx), 막스 베버(Max Weber)와 함께 사회학의 기초를 놓은 3대 고전사회학자로 불린다. 또한 실증주의자, 구조주의자, 지식 이론가, 종교학자, 사회도덕론자, 교육학자 등 다양한 영역에서 지금도 살아 있는 학자다. 학자와 사상가로서 그가 지니고 있는 다양한 모습을 가장 잘 보여주는 책은 바로 이 책『종교생활의 원초적 형태』다. 이 책은 그의 생전에 나온 마지막 저서이며 학문적으로 가장 원숙하고 깊이 있는 책이다. 따라서 그의 학문적·사상적 관심이 집대성되어 있다. 그러므로 이 책 한 권을 잘 읽으면 뒤르켐 사상의 전모, 즉 그의 사회 이론, 지식 이론, 종교와 도덕 이론을 파악할 수 있을 것이다. 그리고 이 책에서 뒤르켐의 이론이 통합적이고 체계적으로 전개된다는 점에서 그의 학문적 위대함과 독창성을 발견할 수 있다. 따라서 이 책에서 중요하게 다루는 몇 가지 주제에 대해 개괄하고자 한다.

종교에 대한 뒤르켐의 관심

뒤르켐은 전통적인 유대교 랍비 집안에서 태어나 성장했다. 따라서 그는 종교가 무엇인가에 대해서 이론에 앞서 삶을 통해 경험했다. 그는 성장하면서 유대교의 여호와 하나님과 같은 신의 존재에 대해서는 부정했다. 뒤르켐이 랍비의 집안에서 조상들이 믿어온 신의 존재를 어떤 과정을 거쳐 부정하게 되었는가에 대해서는 정확하게 알려진 바가 없다. 그러나 그는 자신의 독특한 종교 발생 이론에 근거해 '영혼' 또는 '신'에 대한 믿음이 어떻게 나타나게 되었는가를 설명했다. 그에게 신은 인간들의 공동체(즉 사회)에서 나온 집합 표상이었다. 그는 신이라는 집합 표상이 지닌 가치와 기능을 인정했지만 여러 종교가 묘사하는 구체적인 신은 받아들이지 않았다. 뒤르켐은 종교를 기본적으로 '사회적 사실'이라고 전제했다. 즉 인간사회에서 종교가 편재하는 것을 종교가 시닌 사회적 유용성의 표지로 여겼다. 또한 종교의례의 중요성에 대해 많은 관심을 기울였다. 종교적 이상, 신념, 가치 등이 그 사회의 주요 의례와 예식에서 비롯되었다고 주장하면서 사회적 연대를 만들어내는 의례의 역할을 강조했다.

뒤르켐은 『사회분업론』에서 집합의식을 중요한 개념으로 사용했다. 그러나 집합의식을 강조하다 보면 사회학이 심리학으로 매몰될 위험이 있다. 따라서 그가 학문 활동을 진행하면서 집합의식 대신 집합 표상이라는 개념을 더 중요시했다. 그리하여 『자살론』에서는 집합 표상이라는 개념이 본격적으로 등장했으며 집합 표상의 대표적인 예로 종교를 들고 있다. 그리고 『자살론』에서 자살이라는 사회적 사실이 나타나는 데 종교가 중요한 작용을 한다는 것을 상세하게 논의했다. 물론 『자살론』이 나오기 전에도 뒤르켐은 종교와 관련된 논문을 여러 편 썼고 보르도대학에서 종교에 대한 강의(1894~1895년)를 하기도 했다. 『자살론』이 출간된 후에도 「종교적 현상의 정의에

대하여」(1899년),「토테미즘에 관하여」(1902년) 등과 같은 논문을
『사회학 연보』에 발표했다. 그리고 1905~1907년 사이에 뒤르켐은
파리 고등연구원과 소르본대학에서 종교와 도덕의 관계, 종교의 기
원 등에 대해 강의했다. 뒤르켐의 대작『종교생활의 원초적 형태』는
그의 말년에 갑작스럽게 나타난 주제가 아니라 젊은 시절부터 계속
된 종교에 대한 관심의 결과였다.

종교연구의 목적, 방법, 대상

『종교생활의 원초적 형태』를 이해하기 위해서는 종교 연구의 목
적, 방법, 대상의 순서로 살펴봐야 한다. 이 책의 일차적인 목적은 종
교의 일반이론을 탐구하는 데 있다. 즉 종교의 본질과 근거, 종교의
출현, 종교의 요소와 기능 등을 연구하는 것이다. 이러한 연구의 목
적을 이루기 위해 이 땅 위에 있는 다양한 종교를 연구하는 것은 가
능하지 않을 뿐 아니라 적합하지도 않다. 인류의 탄생과 함께 시작된
종교에는 인류의 문명 발달 과정과 함께 수없이 많은 비종교적인 요
소가 개입되었기 때문이다. 예를 들어 교황을 정점으로 전 세계에 퍼
져 있는 가톨릭교회에는 정치, 경제, 사회, 가족, 교육, 예술 등 문명
의 모든 요소가 포함되어 있다. 이러한 가톨릭교회를 대상으로 비종
교적인 요소들을 제거하고 종교의 본질을 연구하려는 것은 불가능
할 뿐 아니라 바람직하지도 않다. 그러므로 종교의 본질을 연구하기
위해서는 가장 단순한 종교(즉 비종교적인 요소가 가장 적게 개입된
종교)를 연구하는 것이 좋다. 이러한 방법론에 근거해 뒤르켐은 지
구상에 존재하는(알려진) 가장 단순한 종교를 연구대상으로 삼았다.
그것이 바로 오스트레일리아의 토템 숭배다. 오스트레일리아의 원
시 종족들은 지구상에서 문명이 거의 발달하지 않은 씨족사회에서
살고 있으며, 토템 숭배는 가장 단순한 사회의 가장 단순한 문명에서

존재하는 종교다. 그러므로 오스트레일리아의 토템 종교는 종교의 본질을 이해하는 데 가장 좋은 조건을 제공한다.

종교의 정의

뒤르켐은 종교에 대한 일반적이고 널리 알려진 정의, 즉 초자연적 현상이나 신성으로 종교를 정의하는 것에 반대한다. 초자연적인 것에 대한 개념은 문명이 발달하고 자연과학이 발달한 후대에 나타난 개념이다. 하지만 종교는 훨씬 전부터 존재했다. 그러므로 초자연의 개념으로 종교를 정의할 수는 없다. 그는 신성의 개념으로 종교를 정의하는 것에도 반대한다. 세계적인 위대한 종교 가운데는 신 또는 영의 관념이 없는 경우도 있고, 존재한다 하더라도 부수적인 것에 불과한 종교가 있기 때문이다. 불교가 대표적인 예다. 따라서 초자연성이나 신성으로 종교를 정의할 수는 없다.

그 대신 뒤르켐은 종교를 성과 속의 개념으로 정의한다. 모든 종교적 신앙에서 종교의 전제 조건인 성과 속의 구별을 발견할 수 있다. 성과 속은 완전히 이질적이고 서로 배타적인 성격을 띤다. 종교적 신앙이란 성스러운 사물의 본질을 표현하고 성스러운 사물 간의 관계 또는 성스러운 사물과 속된 것 사이의 관계를 표현하는 것이다. 이러한 종교적 신앙이 만들어지고 유지, 발전하기 위해서는 그것을 외적으로(또는 행위로) 표현하는 의례가 있어야 한다. 이러한 의례는 개인이 혼자서 행할 수 없다. 의례가 행해지기 위해서는 집단 또는 공동체(씨족이나 교회)가 필요하다. 그러므로 신앙, 의례, 공동체 이 세 가지가 종교의 본질적 요소다. 이러한 요소에 근거해 종교를 다음과 같이 정의할 수 있다. "종교란 성스러운 사물들, 즉 분리되고 금지된 사물들과 관련된 신앙과 의례가 결합된 체계다. 이러한 신앙과 의례는 교회라고 불리는 동일한 도덕적 공동체 속에서 거기에 속한 모든 사람을 통합한다."

종교의 근원

이상 살펴본 종교의 정의와 방법론에 근거해 뒤르켐은 오스트레일리아의 토템 숭배와 이것을 통해서 볼 수 있는 거룩한 사물들에 대해 고찰했다. 그리하여 토템 동식물, 토템의 표상(상징물), 토템 숭배에 참여하는 특정 토템 씨족의 구성원들(구성원 자신의 피와 같은 신체의 한 부분들)이 거룩한 사물들로 여겨진다는 것을 알게 되었다. 하지만 거룩하게 여겨지는 사물들 자체 속에는 특별히 거룩하게 여겨질 만한 속성이 없다. 토템으로 사용되는 캥거루나 에뮤 새 또는 어떤 벌레들은 지극히 평범하고 하찮은 생물에 불과하다. 보통 사람들은 그 의미를 알 수 없는 기호나 그림으로 된 토템의 표상이나 상징물 역시 특별할 것이 없는 사물이다. 그리고 씨족의 구성원들 역시 지극히 평범한 야만인에 불과하다.

그런데 이러한 사물들과 사람들이 어떻게 거룩하게 여겨지게 되는가? 그것은 이러한 사물들 속에 공통적인 요소가 있고, 그 공통적인 요소가 거룩함의 본질이기 때문이다. 즉 토템 동물은 그 씨족을 상징하는 동물이다. 그러므로 기호나 그림의 형태로 된 토템의 표상은 씨족의 상징이 된다. 이처럼 거룩하게 여겨지는 것들은 모두 씨족과 관련되어 있다. 그리고 씨족은 가장 단순하고 원초적인 사회(공동체, 집단)다. 따라서 거룩함의 출처는 사회다. 이것을 뒤르켐은 다음과 같이 표현하고 있다. "이처럼 토템이 신의 상징이면서 사회의 상징이라면 신과 사회는 하나가 아니겠는가? 만약 집단과 신성이 두 가지 서로 다른 실재라면 어떻게 집단의 문장이 이 신성과 유사한 것의 표지가 될 수 있겠는가? 요컨대 씨족의 신, 즉 토템의 근원은 씨족 그 자체 외의 다른 어떤 것이 될 수 없다."

종교의례의 중요성

뒤르켐의 종교 이론에서 종교의례는 중요한 자리를 차지한다. 현재까지도 종교를 연구하는 사람들은 종교적 관념(사상 또는 이상)을 가장 중요하게 여긴다. 기독교의 신학이나 불교학 이슬람학 등을 보면 철학, 심리학, 사회학 못지 않은(어쩌면 더 발달 된) 논리체계와 학문의 역사, 복잡성, 정교함을 갖추고 있다(한국의 경우 기독교 신학 교수가 철학, 심리학, 사회학 교수보다 수가 더 많다). 그런데 종교의례에 대해서는 부수적인 것으로 취급하는 경향이 있다. 기독교 신학을 예로 든다면 의례와 관련해서는 '예배학' '설교학' '기독교음악학'에서 다루는 정도다. 또한 오스트레일리아의 토템 숭배와 같은 원시적인 종교의례를 연구하는 인류학자들 가운데는 종교의례의 감정적이고 야만적인 모습을 묘사할 뿐 그 의미를 제대로 분석하지 못하는 경우도 적지 않다.

그러나 뒤르켐은 이 책에서 종교의례의 중요성을 다음과 같은 측면에서 강조했다. 첫째, 종교의례를 행할 때 집합적 흥분이 일어난다. 이 흥분 상태를 조성하는 것이 의례의 힘이고 이러한 과정에서 의례에 참여하는 사람들은 자신과 함께 하면서도 자신을 초월하고 자신보다 더 우월한 어떤 힘(신 또는 사회)을 경험하게 된다. 이러한 경험이 종교생활의 기초가 된다. 둘째, 금지 규례와 금기로 이루어진 소극적 의례를 통해서 거룩한 존재의 가치를 인정하고 보존하는, 다시 말해 종교생활의 기초가 되는 자기 부정의 태도가 형성된다. 셋째, 거룩한 존재(신적 존재)와 쌍무적(雙務的) 관계가 이루어지는 적극적 의례, 즉 희생 의례, 모방의례, 속죄의례 등을 통해 믿음이 회복, 보존, 강화된다. 넷째, 종교의례를 행하는 가운데 기쁨, 내적 평안, 열정, 행복, 자기 고양(高揚) 등을 경험하게 된다. 의례는 그러한 경험을 생성하고 해석하는 수단과 매체가 된다(B. Stephenson, *Ritual*, p.

25). 결과적으로 이러한 경험이 믿음을 확증한다.

이처럼 의례는 거룩한 존재(신 또는 사회)가 인간의 삶 속으로 떠오르게 하는 작용을 하며, 관념적인 성격을 띠는 신화나 믿음체계가 구체적인 개개인의 삶에서 확증되도록 한다. 뒤르켐은 의례가 단순히 신앙의 부속물이나 파생물이 아니라 자체적인 의미를 지니며 진정한 종교적 힘은 신앙과 의례가 결합되어야만 기대할 수 있다고 했다. (김덕영, 『에밀 뒤르켐: 사회실재론』 521쪽)

종교의 사회통합 기능

뒤르켐의 종교 이론은 종교의 사회통합 기능을 강조한다. 의례 행위를 통해 성스러운 경험을 공유한다. 이 경험은 집단을 하나되게 하고 통합을 만들어 낸다. 사회실재론을 주장하는 뒤르켐은 사회적 변수들을 사회적 사실로서 (물리적 실체처럼) 다룬다. 그러나 사회적 사실은 토지와 공장, 농산물과 공산품처럼 개인 밖에서 독립적으로 존재하는 물리적 실체가 아니기 때문에 인간 개개인을 매개로 해야만 힘을 발휘할 수 있다. 법과 법제도는 사회적 사실로서 객관적으로 인간 개개인 밖에 존재한다. 그러나 그것은 법관이나 경찰관, 교도관과 같은 구체적인 인간의 매개 없이 작용하지 못한다.

이것은 사회통합에도 적용된다. 사회를 통합시키는 전통과 역사, 언어와 관습, 도덕과 가치 등은 사회적 사실이지만 개개인의 참여와 수용이 있어야만 사회통합의 변수로 작용할 수 있다. 종교는 개인으로 하여금 통합의 여러 요소를 수용하고 가치 있는 것으로 여기도록 한다. 오스트레일리아의 토템 숭배는 토템과 연관된 집합적 표상들(즉 조상, 전통, 씨족, 토템 동물, 토템 상징물등과 같은 사회적 통합을 가능하게 하는 사회적 사실들)을 자신들의 삶 속에서 떠오르게 하고, 소중히 여기게 하고, 그것들에 순종하도록 한다. 종교가 신을 숭배하는 것은 사회적 이상을 숭배하는 것이다. 이렇게 사회적 이상이 종교적 관념이나 의례를 통해서 개인들에게 받아들여짐으로써 사회적 통합이 가능해진다. 심지어 사회는 공유된 거룩한 경험이기 때문에 의례가 없다면 사회가 없을 것(no ritual, no society)이라고 말하기도 한다.(*Ritual*, p.40)

뒤르켐은 일찍이 『사회분업론』에서 사회통합의 원리를 제시한 바 있다. 즉 전통적인 사회는 동일성에 근거한 기계적 연대를 통해 사회가 통합되며 산업사회는 분업과 상호의존에 근거한 유기적 연대에 의해 통합된다. 사회통합의 근거가 되는 두 가지 형태의 연대는 정도의 차이가 있을 뿐 산업이 발달하지 못한 전통 사회나 발달된 현대사회 모두에서 나타난다. 종교는 기계적 연대가 나타나는데 중요한 작용을 한다. 오스트레일리아의 토템 숭배는 같은 조상과 같은 토템을 숭배하고, 모방의례를 행하면서 동일한 행동을 하고, 속죄의례를 행하면서 함께 슬퍼하고 함께 고통스러워한다. 이러한 과정을 통해 기계적 연대가 나타나게 되고 그것은 사회통합의 힘이 된다.

지식사회학과 인식론

뒤르켐 사회학의 기본 명제는 '사회적 사실은 사회적 사실을 통해서 설명'된다는 것이다. 이 책에 나오는 오스트레일리아 원주민들의 종교적 집합 관념들 ('마나'와 같은 힘, 성과 속의 관념, 위대한 조상에 대한 신화, 영혼이나 신에 대한 관념 등)은 대표적인 사회적 사실이다. 뒤르켐은 이러한 사회적 사실들의 기원과 속성을 사회적 사실(씨족집단, 종교의례, 집합적 감정 등)로 설명했다. 지식사회학의 기본 명제는 '지식(관념, 이데올로기 등)이란 자족적인 과정에 의해 형성되는 것이 아니라 지식외적인 사회적 조건과 상황에 영향을 받는다'는 것이다. 뒤르켐에게는 지식사회학에서 말하는 지식이란 바로 사회적 사실이다. 그리고 뒤르켐은 다른 사회적 사실을 통해서 지식을 설명했다. 칼 마르크스가 하부구조(경제 관계의 사회적 사실)로 상부구조(법, 이데올로기, 종교 등과 같은 사회적 사실)를 설명함으로 지식사회학 출현의 중요한 배경이 되었던 것처럼 뒤르켐 역시 종교적 관념(집합 관념)을 사회적 사실로 여기고 그것을 다른 사회적 사실로 설명하면서 지식사회학의 출현에 크게 기여했다.

그의 지식사회학은 철학의 인식론까지 확장된다. 철학의 인식론은 통상적으로 데카르트의 합리론과 베이컨의 경험론의 양대 흐름이 칸트에 와서 통합되었다고 본다. 뒤르켐은 인식의 범주(또는 형식)는 인간 정신(또는 이성)에 선험적으로 주어지고 인식의 내용들은 경험적으로 채워진다는 칸트적 설명방식에 동의하지 않았다. 이러한 인식론은 궁극적으로 개인주의적 인식론이며, 인식의 근거가 되는 사회에 대한 이해가 없기 때문에 근본적으로 한계가 있다고 말했다. 그는 인식의 범주들(시간 개념, 공간 개념, 분류, 인과관계 등)이 모두 사회적 기원을 지닌다고 했다. 그는 인식의 구성 요소를 개인적인 것(개인 표상)과 사회적인 것(집합 표상)으로 나누어서 접근했다. 그리하여 경험(즉 감각의 총체)은 개인 표상으로 그리고 이성(즉 범주의 총체)은 집합표상으로 설명했다.

뒤르켐에 따르면 시간의 범주는 인간 이성 속에서 선험적으로 주어진 것이 아니다. 그것은 종교적인 의례의 주기성에서 온 것이다. 오스트레일리아의 원시종족들은 종교의례를 진행함으로써 일상적인 생활을 하는 속된 시간과 종교적 의례를 거행하는 거룩한 시간이 교차되는 것을 느낀다. 이처럼 속된 시간과 거룩한 시간의 교차를 통해서 시간의 흐름에 대한 기준(즉 시간의 범주)이 만들어지게 되었다.

공간의 범주 역시 사회적인 기원을 지니고 있다. 오스트레일리아

의 부족사회에서는 그들이 점유하는 공간이 씨족들의 수만큼 분할
되고 각 씨족이 차지하는 공간의 위치나 방향은 토템에 따라 정해진
다. 즉 오스트레일리아 원시종족의 공간 범주의 개념은 그 씨족의 거
룩한 집합 표상이라 할 수 있는 토템에 의해 결정된다. 류(類), 인성,
힘, 인과관계 등의 개념도 이와 유사한 방식으로 사회적 기원을 지니
고 있다. 이처럼 뒤르켐은 종교, 도덕, 범주, 인식 등과 같은 인간 삶
의 중심적인 영역의 기원이 사회라고 주장함으로써 모든 것을 사회
로 환원시키는 "사회학주의자"라는 말을 듣기도 했다.

이상의 관심에 따라 뒤르켐의 『종교생활의 원초적 형태』를 순서
에 따라 정리하면서 그 의미를 살펴보도록 하겠다.

서론: 종교사회학과 지식의 이론

뒤르켐은 서론 부분에서 연구의 대상과 목적, 방법론 등을 상세하
게 제시한다. 뒤르켐은 가장 먼저 『종교생활의 원초적 형태』에서 설
명하고 분석하고자 하는 연구의 대상을 제시한다. 그것은 가장 단순
한 사회에 존재하는 가장 단순한 종교다. 그는 이 땅 위에 있는 수많
은 종교 가운데서 흔히 원시종교라 불리는 가장 단순한 종교를 연
구 대상으로 삼은 이유를 다음과 같이 설명한다. 첫째, 종교를 비롯
한 모든 연구는 그 출발점이 가장 중요하다. 모든 학문은 데카르트의
원칙이 요구하는 부인할 수 없는 진리에서 출발해야 한다. 따라서 현
대 종교를 포함해 모든 종교를 이해하기 위해서는 그 출발점이 무엇
인지를 알아야 한다. 즉 어떤 지점에서 출발한 종교가 주어진 사회와
영향을 주고받으면서 어떤 역사적 과정을 거쳐 변화했는가를 알아
야 한다. 따라서 종교에 대한 연구는 그 출발점이 되는 가장 원시적

인 종교에서 시작해야 한다. 둘째, 종교의 본질과 가장 기본적인 구성을 연구하기 위해서는 원시종교를 연구해야 한다. 역사의 긴 과정을 거치면서 발전된 종교의 경우 본질적인 것과 부수적인 것을 구분하기 어려워진다. 이집트나 인도에서 나타난 고대 종교조차도 그 사회의 특수한 역사적 혼합물들이 너무 많이 포함되어 있어서 종교의 본질적인 모습을 구분해 낼 수 없다. 그러므로 모든 종교에 통용될 수 있는 종교의 본질을 발견하기 위해서는 역사적 과정을 통해 덧입혀진 요인이 가장 적은 원시종교를 연구해야 한다. 뒤르켐은 단세포 생물을 통해 생명의 본질을 이해하고자 하는 생물학자처럼, 원자를 통해 물질현상의 본질을 이해하고자 하는 물리학자처럼, 가장 원시적인 종교를 통해서 종교의 본질을 이해하고자 했다.

뒤르켐이 『종교생활의 원초적 형태』에서 다루고자 하는 문제는 종교의 영역에만 머물지 않는다. 종교 연구를 통해서 철학적 인식론의 문제를 다루고자 했다. 철학자들이 인식의 범주라고 부르는 시간과 공간, 유(類), 수(數), 원인, 실체, 인성 등과 같은 관념의 범주들을 고찰했다. 시간의 범주를 본다면 사회적으로 사용하는 날, 주일, 달, 년 등의 구분은 의식, 축제, 공적인 예식들과 일치한다. 따라서 종교의 식이 시간의 범주를 만들었다고 할 수 있다. 또한 공간의 범주는 장소나 물건, 거주지 등의 배열에 의해서 만들어진다. 종교는 거룩함이라는 기준에 따라 이러한 것들을 질서 있게 배열한다. 이러한 배열을 통해서 공간의 범주가 만들어진다. 뒤르켐은 부류, 힘, 인성, 효력 등과 같은 관념의 범주가 형성되는 것에 대해서도 유사한 방식으로 설명할 수 있다고 했다. 뒤르켐의 이러한 설명이 성공적으로 이루어진다면 철학의 인식론이 지닌 난제가 해결될 것이다. 인식과 관련된 선험론자들은 범주를 인간의 타고난 본질에 힘입어 인간 정신에 내재된 단일하고 환원할 수 없는 정신 작용으로 본다. 이와 반대로 경험론자들은 범주란 경험의 조각이나 단편에 의해 만들어지고 구성된 것으로 본다. 따라서 범주의 제작자는 개개인이 된다. 이러한 철학적 인식론의 선험론과 경험론은 모두 다 한계를 지니고 있다. 선험론은 사회나 문화의 차이에 따라 범주가 달라지는 것을 설명하지 못한다. 경험론은 개개인의 경험에 대한 묘사와 설명이 범주 없이는 불가능 하다는 것을 설명하지 못한다. 이러한 선험론과 경험론의 한계를 해결하는 답을 뒤르켐은 종교에 의해 만들어진 사회적(또는 집합적) 관념이나 종교의식을 통해서 제시한다. 범주와 관련된 철학적 인식론의 문제가 온전히 해결되지 못하는 한 뒤르켐의 지식 이론은 계속해서 살아 있는 이론이 될 것이다.

뒤르켐은 『종교생활의 원초적 형태』에서 인간 존재의 양면, 즉 개인적 존재와 사회적 존재의 관계와 상호작용을 논의했다. 개인적 존재는 인간의 유기체에 근거한다. 유기체로서 생명을 보존하고 유기체의 안전과 안락함을 구하는 개인적 존재의 양상은 인간 존재의 본질적인 모습이다. 매슬로우가 말한 인간 욕구 5단계 가운데 낮은 단계는 모두 개인적 존재와 관련되어 있다. 그러나 인간이 개인적 존재에 근거한 유기체적인 욕구에만 머물게 되면 인간관계의 질서가 깨지고 인간 정신이 추구할 수 있는 더 높은 어떤 것(도덕, 가치, 문화 등)을 상실하게 된다. 이렇게 되면 인간의 삶은 갈등과 혼돈에 빠지고 생명의 보존마저도 위험에 처하게 된다. 개인적 존재의 가장 원초적인 욕구마저도 위협당하는 것이다. 이러한 문제를 극복하기 위해서는 개인적 존재를 초월하고 개인적 존재에게 권위를 행사할 수 있는 그 어떤 힘이 있어야 한다. 이 힘의 출처가 곧 사회다. 개인을 통제하고 또한 개인을 보호하는 도덕은 사회에서 나온다. 뒤르켐은 가장 단순한 사회의 가장 단순한 종교를 연구해 종교와 사회의 관계를 논의한다. 그 결과 종교가 개인에게 미치는 도덕적 힘의 궁극적 배후가 사회(공동체)임을 말한다.

제1권 예비적 물음들

제1장 종교현상과 종교에 대한 정의: 종교에 대한 예비적 정의의 유용성

뒤르켐은 앞의 서론에서 밝힌 종교의 본질, 지식 이론(철학적 인식론), 사회적 존재로서의 인간 등을 이해하기 위해서 가장 단순한 사회의 가장 원시적인 종교를 탐구하고자 했다. 이러한 탐구를 위해서는 가장 원시적인 종교가 무엇인가를 결정해야 한다. 그리고 가장 원시적인 종교를 결정하기 위해, 또한 종교의 본질을 알기 위해 우선 종교가 무엇인가를 정의해야 한다. 뒤르켐은 종교를 정의하면서 전통이나 통념을 의지하지 않는다. 그는 "종교에 대한 일반적인 모든 개념을 제쳐 두고 종교를 그들의 구체적인 현실 속에서 생각해보고 종교들이 공통으로 가지고 있는 것들을 추출"하려고 했다. 이러한 접근 방식은 그가 꽁트로 대표되는 프랑스 실증철학의 후예이며, 또한 의심할 수도 부인할 수도 없는 최초의 명제에서 출발하고자 하는 데카르트의 후예임을 잘 보여주고 있다.

1

그는 통념적인 종교의 정의 가운데 "종교는 초자연적인 것(또는 신비)과 관련된 관념이나 의례의 체계"라는 견해를 검토한다. 이 견해를 대표하는 학자는 스펜서(Spencer)와 막스 뮐러(Max Müller)다. 초자연적인 현상이나 신비와 관련된 가장 대표적인 종교는 기독교다.

그러나 기독교의 역사 속에서도 초자연이나 신비가 부차적이거나 사라져버린 때도 있었다. 종교의 역사를 볼 때 초자연성에 대한 사상은 늦게 등장한 것이었다. 원시인들은 현대인들이 초자연적 현상이라고 생각하는 것을 아주 자연스러운 현상으로 받아들였고 이치에 맞는 것으로 이해했다. 초자연적 현상이라는 개념이 생기기 위해서는 사물들의 자연적 질서가 존재한다는 것을 전제해야 한다. 그런데 사물들의 자연적 질서라는 관념은 근대에 나타난 실증 과학의 산물이다. 현재 자연과학은 자연적 질서라는 관념을 받아들이고 있지만 인간을 다루는 사회과학에서는 그러한 관념이 확정되지 못했다. 즉 사회과학에서는 자연과학적인 인과론을 온전히 받아들이지 않고 있다. (뒤르켐이 만일 토머스 쿤Thomas Kuhn의 과학사와 패러다임 이론 그리고 양자론과 관련된 논쟁을 알았다면 자연적인 질서라는 관념이 자연과학에서도 의심받을 수 있다고 말했을 것이다.) 종교는 초자연적 현상과 관련된 믿음체계라는 종교의 정의는 실증 과학 이전의 종교에는 해당되지 않는다고 했다. 또한 뒤르켐은 종교적 관념이 초자연적인 현상과 연관되기 때문에 사물 속에 나타나는 예외적이고 변칙적인 사실과 관련된다는 주장에 대해서도 반대한다. 종교는 우주의 일정한 운행, 천체의 운동, 계절의 리듬 등 자연 속에 나타나는 규칙적이고 항구적인 사실과 더 많이 관련된다. 이와 같이 뒤르켐은 종교를 초월적인 것, 신비한 것, 예외적인 자연 현상 등과 관련하여 정의하는 것을 부정한다.

2

뒤르켐은 통념적 정의 가운데 신성(神性)의 개념으로 종교를 정의하는 것에도 반대했다. 레빌이 신비한 영과 관련하여, 그리고 타일러(E.B. Tylor)는 신적 존재와 관련하여 종교를 정의하는데 이러한 견해를 받아들이지 않았다. 이러한 신성 또는 신적 존재에 대한 믿음과 숭배를 종교의 기준으로 삼는다면 현재의 고등 종교 가운데서 종교에 해당되지 않는 종교가 여럿 생겨난다. 불교가 그 대표적인 예다. 불교에서는 신이나 영에 대한 관념이 없거나 있다 해도 부차적이고 희미한 역할밖에 하지 못한다. 불교에서 말하는 구원의 길, 곧 해탈과 니르바나로 가는 길에서는 신적인 존재가 전혀 중요한 역할을 하지 못한다. 심지어 불교의 창시자인 부처까지도 남방불교에서는 신적 존재라기보다는 인간 가운데 가장 현명한 인간으로 여길 뿐이다. 인도의 위대한 종교 자이나교나 브라만교에서도 역시 신적 존재는 중요한 역할을 하지 못한다. 또한 이신론적인 종교에서 볼 수 있는 것처럼 신적인 존재를 인정하지 않으면서도 종교의례를 행하는 종교들도 있다. 신 없는 종교의례도 있으며 인간과 신을 결합시키는 것 이외의 다른 목적을 지닌 종교적 관계도 있다. 따라서 종교는 신이라든가 영에 대한 개념 이상의 것이며 신이나 영에 대한 개념으로 종교를 정의 할 수는 없다.

3

뒤르켐은 초월성 또는 신성 등에 근거한 종교의 통념적인 정의를 받아들이지 않으면서 그 자신이 제시하는 종교의 정의를 내리기 위해 논의를 진행한다. 뒤르켐이 종교를 정의하는 가장 중요한 기준 또는 근거가 되는 것은 거룩함(聖)이다. 그는 거룩함이 모든 종교 속에 나타난다고 했다. 뒤르켐은 종교현상을 기본적인 두 범주 즉 믿음과 의례로 나누고 그 속에 들어 있는 거룩함의 속성을 설명한다. 모든 종교적 믿음은 그것이 단순하건 복잡하건 똑같이 공통적인 성격을 보여준다. 그것은 인간이 생각하는 모든 사물을 속된 것과 거룩한 것으로 분류한다는 것이다. 신이나 영적 존재가 거룩함의 영역으로 분류될 수 있고 지극히 평범한 바위, 나무, 샘, 조약돌, 나무 조각 등도 거룩함의 영역으로 들어갈 수 있다. 종교의례나 어떤 종교적 의례에서 사용되는 정형화된 언술들도 거룩함의 영역으로 들어갈 수 있다. 불교의 4성제와 거기에서 파생된 의례들은 거룩함의 영역에 해당된다. 그러므로 불교가 비록 신의 관념이 없거나 희박하다 해도 거룩함을 지니고 있으므로 종교로 인정될 수 있다.

성스러움과 속됨의 구분은 그 위계성에 있는 것이 아니다. 물론 성스러움이 속됨보다 높은 위계를 차지하는 경우가 많지만 비슷한 위계이거나 때로 성스러움의 위계가 더 낮아질 수도 있다. (인간들이 때로 자신들이 요구하는 것을 얻기 위해서 거룩한 우상을 때리기도 하고, 구약성경 여호수아서에 나오는 기드온족처럼 포로가 된 종족이 거룩한 성막에서 일하는 일꾼이 되기도 한다.) 성스러움과 속됨의 구분은 그 위계에 의해 정해진다기보다는 서로의 이질성으로 구분된다. 거룩함과 속됨이 지니는 이질성은 매우 특별하고 절대적이다. 이렇게 이질적인 영역을 이동할 때는 특별한 과정을 거쳐야 한다. 입문의식과 비슷한 과정 또는 죽었다가 살아나는 것 또는 전존재가 변형되는 것과 같은 과정을 거칠 때에 이러한 이동이 가능하다. 거룩함과 속됨의 대립과 구분은 너무나도 분명하여 두 영역이 서로 배타적이고 적대적인 관계가 되기도 한다. 모든 종교에서 볼 수 있는 믿음체계란 성스러운 것의 본질을 표현하고 성스러운 것이 서로 맺는 관계 또는 속된 것과 맺는 관계를 표현하는 표상이다. 뒤르켐은 종교를 정의하기 위해서 거룩함과 속됨 사이의 이질성과 배타성을 강조한다. 그리고 이러한 이질성과 배타성이 출현하는 (또는 종교가 발생하는) 근저에 사회가 있음을 뒤르켐은 『종교생활의 원초적 형태』 전체를 통해 계속 주장하고 있다.

4

뒤르켐은 종교를 정의하면서 종교와 유사하면서 종교의 범주에 속하지 않는 주술과 개인 종교의 문제를 논의했다. 주술은 종교와 마찬가지로 믿음체계가 있으며 일정한 형식의 의례를 수행한다. 종교와 주술은 유사한 면이 있고 종교 속에 주술이 들어 있기도 하며 또한 주술 속에 종교적인 믿음과 의례를 발견할 수도 있다. 그와 아울러 종교와 주술은 서로 적대적이기도 하다. 따라서 종교의 정의를 내리기 위해서는 두 영역 사이의 경계를 잘 살펴봐야 한다. 종교와 주술의 차이는 그 구성원들의 집단성에 있다. 종교의 경우 어느 시대, 어떤 종교를 막론하고 신도 집단이 있다. 그러나 주술은 집단, 즉 교회를 만들지 못한다. 주술사를 찾아오는 고객과 주술사 사이의 관계는 의사와 환자 사이의 관계와 비슷하다. 주술사를 찾는 고객들 사이에 지속적인 관계가 나타나지 않는 것은 말할 것도 없고 주술사와 고객 사이에도 안정적이고 지속적인 관계가 나타나지 않는다. 그러므로 종교와 주술은 집단(신도 공동체, 교회)의 유무에 따라 구분된다. 집단이 종교의 중요한 요소가 된다면 종교의 역사 속에서 흔히 볼 수 있는 특정 개인만을 위한 수호성인, 수호천사 등을 숭배하는 개인 종교는 종교의 영역에서 벗어나는가를 질문할 수 있다. 그러나 역사 속에 나타난 많은 개인적 종교는 주술과 달리 그 개인이 속한 더 큰 종교 집단 속에 포함되어 있다. 즉 개인적 종교의 믿음체계나 종교의례가 상위의 종교집단에 의해 규정된다. 따라서 개인적 종교는 집단적 종교의 일부분으로 볼 수 있다.

이상 살펴본 논의에 근거하여 뒤르켐은 종교를 다음과 같이 정의했다. "종교란 성스러운 사물들, 즉 구별되고 금지된 사물들과 관련된 믿음과 의례가 결합된 체계다. 이러한 믿음과 의례들은 교회라고 불리는 단일한 도덕적 공동체 안으로 그것을 신봉하는 모든 사람을 통합시킨다."(188쪽) 이러한 종교의 정의는 뒤르켐이 『종교생활의 원초적 형태』를 통해서 논의하고자 하는 모든 내용들을 함축적으로 포괄하고 있다. 즉 종교의 본질은 성스러움 속에서 찾을 수 있다. 이 성스러움이 믿음, 의례, 공동체를 통해서 표현된다. 종교적 믿음과 의례는 공동체 안에서 이루어지는 공동체의 산물이다. 그러므로 종교의 출처는 공동체, 즉 사회다. 종교적 공동체는 도덕적 공동체가 되어 그 신봉하는 사람들을 통합하는 기능(사회통합적 기능)을 지닌다. 종교적인 믿음과 의례의 표현들은 단순히 종교적인 의미만 있는 것이 아니라 지식 이론(또는 인식론)적인 의미를 지닌다. 종교적 믿음과 의례의 표현을 통해서 시간과 공간, 유(類), 수(數), 원인, 실체, 인성 등과 같은 관념의 범주들이 구성되기 때문이다. 이처럼 뒤르켐은 자신만의 독특한 종교의 정의를 통해서 그의 학문적·사상적 관심사를 모두 표출했다. 그리고 종교를 정의하면서 공동체의 중요성과 의미, 기능 등을 고찰함으로써 가장 위대하고 독창적인 사회이론가가 되었다.

제2장 원초적 종교의 주요 개념들 1: 정령 숭배와 자연 숭배의 구분

종교생활의 진정한 원초적 형태를 발견하기 위해서는 관찰 가능한 종교들을 공통적인 요소로 분류하고 이러한 요소들 가운데 어떤 것이 다른 것에서 파생되어 나왔는가를 관찰해야 한다. 이런 측면에서 볼 때 자연 숭배와 정령 숭배는 가장 원초적인 종교로서 그중 하나에서 다른 것이 파생된 것처럼 여겨진다. 그러나 뒤르켐은 이 두 가지 모두 가장 원초적인 종교도 아니며 또한 그것에서 다른 종교적 의례나 믿음이 파생된 것이 아니라고 했다.

1

정령 숭배 이론을 체계화한 사람은 타일러고 그 뒤를 스펜서가 잇는다. 정령 숭배 이론에 따르면 영혼이 종교의 가장 중요하고 원초적인 개념이다. 영혼의 개념은 원시인의 꿈에 의해서 만들어졌다고 한다. 즉 원시인은 꿈의 경험을 통해서 잠을 자는 자신과 잠을 자는 시간에 영혼이 육체를 떠나 다른 곳으로 이동하고 다른 사람과 관계를 맺는 경험을 한다. 이 경험을 통해서 육신을 지닌 자신의 분신으로서의 영혼에 대한 개념이 형성된다. 원시인은 꿈과 비슷한 경험을 가사 상태 또는 기절상태, 전신 마비, 엑스타시 등의 경험을 통해서 얻는다. 그리고 죽음의 경험을 통해서 육신과 분리된 영혼, 즉 영의 개념이 형성된다. 이러한 영혼 또는 영은 육신을 지닌 인간보다는 우월한 어떤 능력이 있다. 따라서 이들을 달래고 이들의 호의를 얻기 위해 봉헌, 희생, 기도 등이 이루어지며, 이것이 종교 의식의 기원이 된다. 그리고 영혼 개념은 쉽게 다른 생물들에게로 확산될 수 있다. 또한 원시인들은 현대의 어린 아이와 마찬가지로 생물과 무생물을 구분하는 능력이 현저하게 떨어진다. 그리하여 물과 불, 천체, 바위와 같은 무생물에도 영혼이 있다고 생각한다. 스펜서는 영혼의 개념이 다른 동물이나 무생물에게 확산되는 것은 원시인이 생물과 무생물을 구분하는 능력이 없어서라기보다는 원시인들이 가진 언어의 부정확성과 혼동에서 기인한다고 했다. 그러나 이러한 정령 숭배 이론은 근본적으로 원시인들의 착각과 오해, 혼돈 위에 세워진 이론이다. 아무리 원시인이라 해도 오해와 착각이 장기간 모든 사람에게 계속될 수는 없는 법이다. 우리 시대의 어린아이가 물질 속에 생명이 있다고 한순간 생각할 수 있지만 그러한 생각은 얼마 가지 않아서 무너지게 되는 것과 같다.

2

타일러의 영혼과 영 개념은 그 토대가 약한데도 여전히 상당한 권위가 있다. 또한 영혼의 개념이 종교학이나 철학에 준 영향도 무시할 수 없다. 하지만 영혼 개념의 실제적인 영향을 인정한다 할지라도 그것이 종교의 원초적 형태라고 말할 수는 없다. 뒤르켐은 다음과 같이 말한다. "이 이론에서 영혼이 육체와 완전히 분리되어 있다는 것과 영혼이 육체의 분신이라는 것, 육체 안에서나 밖에서나 영혼은 보통 그 나름의 자율적인 삶을 산다는 것을 자명한 것으로 인정하고 있다. 그런데 우리는 이러한 개념이 원시인의 개념이 아니라는 것을 알게 될 것이다." 즉 영혼 개념이 설사 종교학적으로 의미 있는 개념이라 할지라도 그것은 보다 발달된 종교에서 나온 개념이시 원시종교에서 나온 개념은 아니다. 영혼과 분신에 대한 관념이 원시인의 꿈을 통해 형성되었다는 논리의 근거가 매우 약하다. 꿈속에서 나의 분신인 영혼이 다른 사람의 영혼을 만나는 경험을 했다 할지라도 그날 밤 꿈속에서 만난 영혼의 주인이 자기의 영혼과 만나는 같은 꿈을 꾸지 않았다는 사실만 확인되어도 이 주장은 설득력을 잃게 된다. 또한 꿈속에서 과거로 돌아갔을 경우 영혼이 잠자는 동안 과거를 어떻게 다녀왔는지를 이해하기가 쉽지 않다. 또한 꿈속에서 행하는 영혼의 행동이 자신의 분신으로서 도저히 행할 수 없는 행동을 하는 경우 그 모순을 설명할 길이 없다. 실질적으로 꿈의 해석과 영혼의 관계를 보면 꿈의 해석 과정에서 영혼의 개념이 등장한 것이 아니라 영혼의 개념이 이미 있을 때 그 개념에 근거해서 꿈을 해석하고 있음을 알 수 있다. 어떤 사람이 꿈에서 죽은 자의 세계에 가서 죽은 친구의 영혼을 만나 이야기를 나누었다고 말하는 경우 그는 이미 영혼 개념(죽은 자의 세계에 대한 개념)이 세워져 있는 사회에서 살고 있기 때문에 꿈을 그렇게 설명하거나 해석할 수 있다고 봐야 한다.

3

뒤르켐은 계속해서 정령 숭배에서 조상 숭배로 이어지는 정령론자들의 논의를 비판적으로 고찰한다. 즉 정령론에 따라 분신의 개념이 생겨났다고 해서 그것을 조상 숭배와 연결시키는 것이 쉽지 않다는 것이다. 가장 중요한 문제는 하나의 생체원리와 같은 정령(분신)이 어떻게 성스러운 종교적 숭배의 대상이 될 수 있는가이다. 단순히 죽음의 세계로 들어갔다고 해서 정령(분신)이 숭배의 대상이 될 수는 없다. 원시 신앙의 견해로 보면 인간의 육신이 늙고 죽는다는 것은 그 육신과 연결되어 있는 정령(분신)도 늙고 약해진다는 의미다. 따라서 약해지는 정령, 육신의 소멸 후 언젠가는 소멸될 수밖에 없는 정령의 개념과 숭배의 대상인 영의 개념 사이에는 논리적이고 심리적인 공백이나 편차가 존재한다. 숭배의 대상이 되는 존재는 언제나 그 숭배자에게 장엄함의 감정을 일으킨다. 따라서 육신과 함께 약해지는 존재인 정령이 죽음 이후에 장엄함의 감정을 일으킬 수 있는 위대한 숭배의 대상으로 변모하는 것을 설명하기가 쉽지 않다. 멜라네시아에서는 사람이 죽으면 그 영혼이 틴탈로나 니트마트라는 이름의 존재로 바뀐다. 그런데 니트마트는 숭배의 대상이 되지 못하고 오직 틴탈로만이 숭배의 대상이 될 수 있다. 그런데 틴탈로의 소유주는 살아 있을 때에도 이미 비범한 존재였고 성스러운 존재였다. 죽음이 그를 거룩한 존재로 만드는 것이 아니라 이미 살아 있을 때부터 거룩했던 존재가 죽음 후에 거룩함의 속성이 더욱 강화된 것이다.

만일 정령론자가 말하는 바와 같이 최초의 성스러운 존재가 죽은 자의 영혼이며 최초의 종교가 조상 숭배라면 더 열등한 사회일수록 조상 숭배가 많이 나타나야 한다. 그러나 사실은 반대로 중국, 이집트, 그리스와 로마와 같은 발전된 사회에서 조상 숭배가 나타났고 이보다 원시적인 사회에서는 조상 숭배가 거의 나타나지 않는다. 오스트레일리아의 원시 종족은 가족이 사망했을 때 일정한 애도의 의례를 행하지만 그것을 종교적 숭배 의례라고 할 수는 없다. 그들에게서는 조상 숭배의 모습을 찾기 어렵다.

4

뒤르켐은 정령 숭배가 자연 숭배로 이어진다는 논리에 대해서도 비판적인 논의를 진행한다. 스펜서는 동물의 심리를 통해 원시인의 심리를 분석하려고 했다. 그러나 이것은 물리적인 환경과 사회 환경에 적응하기 위해서 인간의 심리상태가 변형되었다는 것을 알지 못하는 잘못된 추론이다. 정령 숭배자들은 어린아이기 저지르는 혼동에 근거해 (어린아이가 탁자에 부딪칠 때 자기를 아프게 한 탁자에게 마치 생명이 있는 것처럼 욕을 하는 경우가 있다) 원시인들이 무생물에도 영혼이 깃들었다는 생각을 하게 되었다고 한다. 그러나 이것은 앞에서 말한 것처럼 생물과 무생물을 구분하는 원시인의 판단 능력을 완전히 부인하는 것이다. (고양이도 자기가 잡은 쥐가 살아 있는지 죽었는지를 분별할 줄 안다.)

또한 자연 숭배가 정령 숭배에서 기인했다면 자연에 깃든 영은 인간의 영혼이나 분신처럼 그 자연 안에 머무는 것이 마땅하다. 그러나 실제로 자연 숭배에서 섬기는 영은 그 이름을 지닌 자연 대상물과 독립적이다. 따라서 자연 숭배가 정령 숭배에서 기인했다고 말하기가 어렵다. 또한 인간이 자신의 이미지를 자연에 투영시킴으로 자연 숭배가 나타났다면 거룩해진 최초의 존재들은 인간과 비슷한 모습이어야 한다. 그러나 인간적인 모습의 신은 훨씬 후대의 산물이다. 심지어 그리스 로마신화에 나오는 신들까지도 인간의 모습이 아닌 다른 동물들을 닮은 경우가 많다.

5

만일 정령 숭배자의 이론이 맞다면 종교적인 믿음이란 아무런 객관적 근거가 없는 환각의 표현에 불과할 것이다. 원시인들은 꿈과 생시를 혼동하고, 꿈속의 자신과 생시의 자신을 혼동하는 존재로 전락한다. 더 나가서 생물과 무생물을 구분하지 못하고 혼동하는 존재가 된다. 그 결과 종교는 원시 인간의 혼동과 착각의 산물로 여겨질 것이다. 이 이론은 혼동과 착각 위에 서 있는 종교가 어떤 이유로 이렇게 오랜 기간 존속하고 있는가를 설명하지 못한다.

뒤르켐은 정령론에 대한 비판을 통해서 자신의 생각을 정리한다. 즉 원시인이라 해서 정령론에서 말하는 바와 같이 꿈과 생시를 구분하지 못하는 어리석은 존재가 아니다. 따라서 원시인에 의해서 시작된 원시종교는 착각과 혼동의 결과가 아니다. 오히려 튼튼한 기반 위에 서 있다. 그것이 무엇인가? 그것은 바로 사회이다. 뒤르켐은 정령론을 비판한 후 사회에 근거한 종교 이론을 계속 전개한다.

제3장 원초적 종교의 주요 개념들 2: 자연 숭배

종교의 근원을 자연 숭배에서 보는 견해는 밀러와 같은 언어학자들에 의해 시작되어 신화학자들에 의해 주창되었다. 인도 유럽어로 쓰인 고대의 문헌 가운데 가장 오래된 『베다』(*Veda*)의 발견이 이러한 이론을 촉발하는 중요한 계기가 되었다.

1

뮐러는 "종교는 모든 다른 지식들과 마찬가지로 감각적인 경험에서 시작되어야 한다"고 했다. 종교란 정령론자들이 주장하는 것처럼 모호하고 혼란스러운 몽상에서 시작되는 것이 아니라 현실에 근거를 둔 관념과 의례의 체계로 나타나야 한다는 것이다. 이러한 출발점 위에서 종교적 사고를 만들어낸 감각을 언어학적 연구에 근거해 탐구했다. 『베다』와 인도 유럽어 속에 보존된 단어들을 살펴보면 신들의 이름은 자연현상을 지칭하는 보통명사와 동일하다. 그러므로 자연의 실체와 힘이 종교적 감정을 일으켰고 자연은 신성화된 사물이 되었다. 따라서 종교의 시작은 자연 숭배다. 무한히 펼쳐지는 대자연, 폭풍우나 천둥번개와 같은 자연의 압도적인 힘, 타오르는 불길이나 흐르는 강물 등은 모두 인간을 압도하는 힘으로 다가오고 인간들에게 어떤 강한 감정(즉 종교적 감정)을 일으킨다. 이러한 감정에 사로잡힌 인간은 자연에게서 나타난 힘에 대해 좀더 확실한 개념을 형성하고 싶어한다. 이러한 사고의 흔적을 인도유럽어족의 언어를 통해서 추론할 수 있다. 인간은 자연의 힘을 표현하기 위해 인간의 행위를 표현하는 언어를 사용한다. (벼락은 땅을 쪼개는 어떤 것, 바람은 숨을 내쉬는 어떤 것, 태양 빛은 화살을 쏘는 어떤 것, 강은 흘러가는 어떤 것 등) 자연의 움직임과 힘을 묘사하는 언어가 만들어지면서 그 언어의 발전에 따라 신화가 만들어진다. 그리고 신화를 통해서 자연은 인격적인 존재, 즉 신적인 존재가 되었고 숭배의 대상이 되었다.

2

이상 살펴본 언어학에 근거한 자연 숭배 이론은 언어학적 논리에 의해 비판받았다. 언어학적인 연구가 밝힌 신들의 이름이 지닌 유사성은 그것이 원시종교라는 표지가 아니라 이전의 종교에서 차용해

왔거나 아니면 다른 종교와의 접촉에서 나타난 후대의 산물임을 보여주는 것이다. 또한 언어학적 자연 숭배 이론은 사물들(자연현상)의 본질을 탐구하기 위한 방편으로 더 나아가 그러한 자연 현상을 통제하기 위한 수단으로 (가뭄 시에 올리는 기우제와 같은 종교의례) 종교가 생겨났다고 말한다. 그러나 자연현상에 대한 그러한 설명방식(또는 논리)은 너무 취약하며 자연 숭배에서 말하는 종교적 의례 역시 자연현상을 통제하기에는 그 힘이 매우 약하다. 자연 숭배론에서는 종교의 생성을 자연을 이해하고 통제하고자 하는 과학적 방법의 발전과 유사하게 생각한다. 이렇게 접근할 경우 과학과 비교하여 취약하기 짝이 없는 종교가 이렇게 오랜 기간 존속해 온 것을 설명할 수 없다.

또한 뮐러 같은 자연 숭배론자들은 신화를 언어의 질병이라고 했다. 이렇게 되면 원시종교의 신화를 믿는 사람들은 언어적 존재에 불과한 사물과 존재로 가득 찬 세상에서 정신착란자처럼 살고 있는 것이나 마찬가지다. 이것은 정령론자들과 같은 오류에 빠지는 결과를 초래한다. 즉 정령론자들에 따르면 원시인들이 꿈과 현실을 구분하지 못하는 데서 영혼 또는 분신의 개념이 나왔다. 마찬가지로 자연 숭배론자들에 따르면 원시들이 언어와 실재를 구분하지 못하는 오류로 인해 종교가 생겨났다. 어떤 견해든 오류와 혼동에 의해 시작된 종교적 의례나 관념은 역사 속에서 긴 기간 살아남을 수 없는 법이다. 정령론이든 자연 숭배론이든 종교적 관념이나 의례에 오류(꿈의 오류, 언어의 오류)가 있는에도 지속된다면 그 기원은 오류에 있는 것이 아니라 다른 어떤 곳에 있다. 뒤르켐에 따르면 그 기원이 바로 사회다.

3

자연 숭배론에서는 자연현상을 통해 나타나는 경이와 감정적 충격이 거룩함의 관념을 불러 일으키고 그것이 종교로 발전했다고 한다. 그러나 자연현상이 경이의 감정을 일으킨다는 것은 편견이다. 실제의 자연은 단조로움에 가까운 규칙성이 나타난다. 물론 사람들의 마음을 놀라게 하는 일식이나 강의 범람과 같은 사건들이 일어나기는 하지만 곧 평정을 되찾는다. 따라서 자연현상이 원시인들에게 거룩함의 종교적 감정을 일으켰다고 말하기는 어렵다. 또한 자연에서 나타나는 공간적·시간적 무한성 역시 거룩함의 종교적 감정을 일으키는 데 충분한 근거가 되지 못한다. 일상적인 것, 속된 것의 무한한 연장이 거룩함의 감정을 저절로 일으킬 수는 없다. 종교는 인간이 자연 앞에서 무력하다고 느끼는 감정에서 시작된 것이 아니다. 종교는 인간이 자연을 움직이고 자신의 뜻대로 조작할 수 있다는 (사실의 여부와는 상관없이) 감정을 불러일으키는 역할을 한다. 자연의 위대함과 장엄함이 종교의 기원이 되었다면 원시인들의 숭배 대상은 태양, 달, 하늘, 바다, 바람 등과 같은 것이어야 할 것이다. 그러나 실제로는 다음 장에 나올 토템 숭배에 따르면 오리, 산토끼, 캥거루, 도마뱀, 벌레, 개구리 등이다. 이 초라한 자연물들이 어떻게 숭배의 대상이 되었는가? 그것을 설명하기 위해서는 거룩함과 숭배의 감정을 일으키는 대상이 자연이 아닌 (따라서 자연 숭배론은 오류다), 다른 것임을 알아야 한다. 뒤르켐에 따르면, 그것은 바로 사회다.

제4장 원초적 종교로서의 토템 숭배: 질문의 역사—질문을 다루는 방법

앞서 살펴본 정령 숭배와 자연 숭배는 자연 속에서 성스러운 것과 속된 것을 구분하는 대립의 맹아를 찾으려 했지만 결국 성공하지 못했다. 두 가지 모두 형태는 다르지만 종교를 망상적인 해석(꿈의 망상과 언어의 혼돈)의 산물로 취급한다. 이러한 해석으로는 종교의 지속적인 존재 양상과 힘을 설명할 수 없다. 그러므로 다른 기원에서 성스러운 특성을 찾아야 한다. 토템 숭배가 그것이다. 그러므로 뒤르켐은 본격적으로 토템 숭배에 대해서 탐구하기 시작했다.

1

뒤르켐은 먼저 토템 숭배에 대한 이전의 연구를 소개하면서 토템과 관련된 중요한 개념들을 정리한다. 토템 연구는 미국에서 시작되었고(아메리칸 인디언의 토템) 오스트레일리아에서 발견된 토템 숭배 연구로 이어졌다. 그 후 맥레난은 토템 숭배가 모든 종교의 기원이 된다는 주장을 했다(맥레난의 연구에는 약점이 많지만 종교와 사회의 본질을 탐구하는 뒤르켐의 연구에 큰 통찰력을 제공했다). 또한 모건(Lewis Morgan), 피슨(M. Fison), 호잇(A.W. Howitt), 프레이저(James Frazer), 스미스, 맥레난 등의 학자들이 토템 숭배와 사회구조(법률적 제도, 공동체)가 밀접하게 연관되어 있음을 주장했다. 토템과 사회 사이의 연결에 대한 앞선 학자들의 주장이 세부적인 면에서는 오류가 있을 수 있지만 뒤르켐의 종교사회학 구성에 결정적인 영향을 주었다.

미국 아메리칸 인디언 토템을 연구한 많은 연구가 있었지만 이러한 연구들은 상당히 발전된 시대에 나타난 토템에 대한 연구였다. 따라서 가장 단순한 사회의 가장 원초적인 종교를 연구하는 이 책의 관심에서 한 걸음 떨어져 있다. 반면 스펜서, 길런, 슈트렐러, 호잇 등은 오스트레일리아의 토템 숭배를 연구했다. 이러한 연구는 가장 단순한 사회의 가장 원초적인 종교에 대한 연구이며 또한 가족, 혼인 등과 같은 사회조직에 대한 연구가 함께 이루어져 있었다. 따라서 오스트레일리아의 토템 연구는 뒤르켐의 연구 관심과 상당히 일치한다. 뒤르켐은 이러한 학자들의 연구와 현장 보고서를 바탕으로 이 책을 저술했다.

2

프레이저는 그의 저서 『토템 숭배』에서 역사와 민족지를 통해서 찾아볼 수 있는 토템 숭배에 대한 많은 자료를 모아 정리했다. 그러나 그가 연구한 많은 사례는 토템 현상이라는 대상만 일치할 뿐 그것이 나타난 시대와 사회적 배경은 매우 다양했다. 따라서 토템을 통해서 종교의 본질과 사회와의 관계를 연구하는 데는 심각한 한계를 지니고 있었다. 이러한 한계를 넘어서기 위해서 뒤르켐은 "가능한 모든 사회로 연구를 분산시키기 보다는 명확하게 결정된 어느 한 형태의 사회를 집중적으로 연구"하고자 했다. 이러한 이유로 뒤르켐은 자신의 연구 관심을 잘 충족시켜주는 오스트레일리아의 사례에 초점을 맞추어 연구를 진행했다. 그러나 아메리카의 토템 숭배 가운데서 토템의 기억을 오스트레일리아보다 더 잘 보존한 사례들이 나타나는 경우 그의 연구에 포함했다.

인류학자들 가운데는 뒤르켐이 사용한 연구 자료와 관련해 비판적 견해를 표하기도 했다. 즉 뒤르켐이 호주를 방문한 적도 없고 호주의 토템 숭배를 직접 본적도 없다고 비판했다. 『종교생활의 원초적 형태』가 인류학 책이라면 이러한 비판은 상당히 근거가 있다. 현장을 경험하지 않은 인류학의 연구란 상상하기 어렵기 때문이다. 그러나 사회학자이며 프랑스의 저명한 학문적·사회적 지도자인 뒤르켐이 잠시 시간을 내어 오스트레일리아를 방문해서 토템 숭배를 직접 관찰했다 해도 앞서 연구한 학자들보다 더 상세하고 체계적인 관찰을 할 수는 없었을 것이다. 그리고 이전 학자들의 풍성한 연구들은 토템과 사회(씨족)의 관계에 대한 뒤르켐의 뛰어난 통찰력을 밑받침하기에 충분했다. 그리하여 뒤르켐이 연구 자료로 삼은 인류학적(민족지학적) 연구에 일부 오류가 발견된다 할지라도 그의 통찰력과 독창적인 주장은 지금까지도 흔들림 없이 이어지고 있다.

제2권 원초적 신앙

제1장 토템 신앙 1: 명칭과 상징으로서의 토템

모든 종교는 믿음과 종교의례로 이루어져 있다. 그리고 이 두 가지는 밀접한 관련이 있다. 믿음에 근거해 의례가 진행되고 의례를 행함으로 믿음이 보존되고 강화된다. 이 둘은 밀접하게 관련되어 있지만 연구의 목적상 둘을 분리해 접근하는 것이 필요하다. 신화는 믿음의 표현이기도 하지만 다른 여러 요소가 그 속에 들어가 있다. 그러므로 신화와 믿음을 동일한 것으로 볼 수는 없다. 따라서 종교의 기본개념을 이해하는 데 도움이 되는 범위 안에서만 신화를 검토할 수 있다. 토템 숭배 가운데서도 여러 종류의 믿음을 볼 수 있는데 이 책의 목적에 따라 토템과 관련된 믿음에 초점을 맞춰 고찰하겠다.

1

오스트레일리아 종족들의 집단생활에서 가장 중요한 위치를 차지하는 것은 씨족이다. 이들의 친족관계로서의 씨족은 같은 혈통으로 맺어진 것이 아니라 같은 이름이라는 사실에 근거해 이루어진다. 오스트레일리아 종족들의 씨족 이름은 어떤 물질적 사물들과 특수한 관계를 맺고 있다. 이러한 사물들은 씨족의 토템이 되며 그것은 또한 씨족 구성원 개개인의 토템이 된다. 각 씨족은 자신들만의 토템이 있으며 같은 부족 안에 있는 씨족들이 동일한 토템을 지니는 경우는 없다.

대개의 경우 토템으로 사용되는 대상들은 식물계나 동물계에 속하는데 주로 동물계가 사용되고 무생물은 훨씬 드물게 사용된다. 그리고 토템은 어떤 동식물의 개체가 아니라 그 동식물의 종(種)이 된다. 그리고 토템의 세계에서는 천체와 같은 위대한 우주현상이 별다른 지위를 가지지 못한다(이것은 자연 숭배가 후대의 산물이라는 증거가 될 것이다). 일반적인 토템이 아니라 신화적 인물과 같은 변칙적인 존재가 토템이 되는 경우가 있는데 이것은 후대에 발전된 이차적인 형태로 봐야 한다(따라서 종교의 본질을 이해하는 데는 별다른 도움을 주지 못한다). 대부분 토템의 명칭이 습득되는 방법은 어머니의 토템을 그 자녀들이 취득하는 경우다. 그러므로 토템 체계와 모계 가계 사이에 밀접한 관련이 있음을 알 수 있다. 부계의 선에 따라 토템이 취득되거나, 임신할 때 그 어머니가 어떤 선조를 보았는가에 따라 토템이 결정되는 경우도 있는데 이것은 토템 취득의 예외적인 경우다.

씨족의 토템을 넘어선 프라트리의 토템이 있다. 오스트레일리아 부족은 일반적으로 두 프라트리로 나뉜다. 그러나 프라트리의 토템은 점점 쇠퇴하는 토템이다. 오스트레일리아 종족들 사이에서 발견되는 또 다른 집단이 있는데 그것은 결혼계급이다. 결혼계급은 일종의 세대를 구분하는 계급으로 부모 세대와 자식 세대는 그 계급이 엇갈리고 조부모 세대와 손자 세대가 같은 계급으로 이어지게 된다. 오스트레일리아 종족의 가장 중요한 토템은 씨족의 토템이고 가장 중요한 집단은 토템의 이름을 공유한 씨족이다. 프라트리나 결혼계급은 씨족의 발달에 따라 어떤 필요에 따라 형성된 것으로 보인다. 오스트레일리아와 미국을 비교하면 미국의 씨족이나 프라트리 체계가 훨씬 안정적이고 견고하게 발전되었다. 따라서 미국의 토템이 더 발전된 시대의 산물이기 때문에 역사적 과정을 통한 유입물이 들어갈 수 있지만 어떤 측면에서는 토템 숭배의 본질이 더 잘 보존될 수도 있다. 이것은 조선시대 중후반의 유학이 그 당시 중국의 유학보다 성리학의 본질을 더 잘 보존한 것과 비견될 수 있다.

2

토템은 단순한 명칭에 불과한 것이 아니라 상징이며 또한 문장(紋章)이기도 하다. 오스트레일리아의 토템 숭배를 연구한 학자들은 토템이 상징이며 문장이라는 것을 다양한 예를 통해 밝혔다. 토템이라는 말 자체가 가족집단의 거주지를 의미하는 '도다임'에서 생겨났다. 인디언들이 계약을 체결할 때 토템으로 도장을 찍었다. 그들이 사용하는 방패, 투구, 천막 등에 토템 그림을 그렸다. 장례식을 할 때 죽은 자의 뼈 옆에 토템의 형상을 그렸다. 또한 사람의 몸에도 문신 비슷한 모습을 토템의 형상을 새겨 놓았다. 종교적인 축제가 진행될 때 씨족토템의 몸을 표현하는 옷을 입거나 가면을 쓴다. 토템을 상징하는 머리 모양을 한다. 데리고 온 아내나 새로 입문한 신참자들의 몸에 토템 문양의 상처를 입힌다. 가장 거룩한 사물 추링가 위에 토템의 문양을 그린다. 미국의 인디언이나 오스트레일리아의 원시 종

족들 가운데서 토템을 상징이나 문장으로 사용하는 예들을 얼마든
지 발견할 수 있다.

　문장이나 상징으로서의 토템과 비슷한 모습은 발전된 사회에서도
얼마든지 발견할 수 있다. 발전된 종교에서는 말할 것도 없고 세속
국가나 단체(오스트레일리아의 씨족에 해당되는)에서도 쉽게 발견할
수 있다. 기독교의 십자가, 원불교의 원형, 귀족 가문의 문장, 어느 나
라에서나 사용하는 국기, 부대를 상징하는 군기(軍旗), 에펠탑과 자
유의 여신상, 천안문에 걸린 마오의 얼굴, 김일성 배지, 베어 먹은 사
과 애플의 로고 등 수많은 마크와 문양을 현대사회에서도 쉽게 발견
할 수 있다. 뒤르켐이 현대 한국에 와서 거대한 쇠 철문이 되어 서있
는 서울대학교 배지를 본다면 학벌이라는 토템 숭배의 문양이 가장
가시적으로 나타난 모습을 보고 찬탄(또는 탄식)했을 것이다. (민혜
숙의『서울대 시지푸스』후기)

　뒤르켐은 이 주장을 통해 동식물과 같은 물질로서의 토템에서 상
징과 문장(또는 마크)으로서의 토템으로 방향을 돌리고 있다. 즉 토
템 숭배 속에 들어 있는 본질을 찾고 있다. 외형적으로 볼 때 초라한
대상(주변의 잡다한 동식물들)이 어떻게 거룩한 존재가 되어 숭배의
대상이 되었는가를 고찰하고 있다. 그 거룩함의 근원은 토템이 상징
하는 그 무엇, 문장으로서의 토템이 지시하는 그 무엇이다. 그 무엇
이란 토템 숭배에서는 씨족이고 보다 일반적인 개념으로는 해당 사
회이고 공동체다.

　3
　이상 살펴본 토템 장식들은 명칭과 상징(문양)을 넘어서서 종교의
례의 일부가 된다. 토템은 집단의 표시인 동시에 종교적인 특징을 지
닌다. 뒤르켐은 토템이 씨족의 상징물로 그치는 것이 아니라 종교의

례의 도구가 됨으로써 토템을 매개로 씨족, 즉 사회와 토템 숭배, 즉 종교를 연결시킨다. 오스트레일리아 종족들은 종교의식을 행할 때 '추링가'라고 불리는 어떤 도구를 폭넓게 사용한다. 추링가는 타원형이나 계란형의 나무 조각이나 윤이 나는 돌멩이 조각이다. 그 조각 위에는 해당 집단토템을 나타내는 그림이 새겨져 있다. 이 추링가는 종교의례에 사용되는 가장 성스러운 사물이다. 발음을 할 때도 조심스럽게 해야 한다. 이스라엘 백성들은 야훼 하나님의 이름을 부를 때 발음을 하지 않아서 정확한 발음을 잊어버리는 지경에 이르기도 했다. 한국 사람들은 자기 부모 이름(김철수)을 부를 때 직접 발음하지 않고 "철자 수자 어른입니다"라고 말한다. 종교생활에 입문하지 못한 여자들과 어린 아이들은 추링가를 만질 수 없고 심지어는 볼 수도 없다. 추링가는 특별한 장소에 경건하게 보관된다. 추링가가 보관된 장소는 그 근처의 땅까지 거룩한 곳으로 여겨진다. 그곳은 싸움이 금지된 평화의 땅이고 잘못을 저지른 자들의 피난처가 된다. 추링가는 병을 고치는 힘이 있고 적과 싸울 때 힘을 주기도 한다. 추링가는 해당 집단의 보물이며 씨족의 거룩한 방주다. 씨족집단의 운명은 그것에 달려 있으므로 추링가를 잃는 것은 재난이다.

추링가는 이처럼 가장 거룩한 사물이지만 그것 자체는 지극히 평범한 돌멩이이거나 나무 조각에 불과하다. 무엇이 추링가를 이렇게 거룩한 것으로 만들었는가? 그것은 그 추링가 위에 그려진 토템의 표지 때문이다. 뒤르켐은 토템의 표지가 거룩함의 근원이라고 말함으로써 토템의 표지가 지시하고 상징하는 것이 거룩함의 근원, 즉 종교의 기원이 된다고 주장한다.

추링가와 아울러 또 하나의 거룩한 사물이 있다. 그것은 '누르툰자'와 '와닝가'로 이것 역시 종교의식에 사용된다. 이것들은 막대기나 창 다발로 만든 기둥으로 십자가의 형상을 띠기도 하고 깃발 모양을 띠기도 한다. 사람들은 이것을 만들면서 최대한 경의를 표하고 이 것들은 예식이 수행되는 중심에 설치한다. 그리고 그 위에 토템을 그 려 놓는다. 이 형상을 중심으로 춤을 추고 의식을 진행한다. 추렁가 를 누르툰자 위에 매달아 두기도 한다. 이것들은 한 마디로 거룩한 말뚝이라고 할 수 있다. 추렁가, 누르툰자, 와닝가 이 모두가 거룩한 사물이 된 것은 사물 그 자체의 신비함이나 특별함이 아니다. 그것들 위에 그려진 토템 상징이 그 사물을 특별하고 거룩하게 만든다. 그러 므로 토템 표상이 어떻게 성화(聖化)되었는가를 이해하기 위해서는 그러한 표상이 무엇으로 이루어졌는가를 살펴봐야 한다. 보다 발달 된 토템 숭배를 행하는 미국의 인디언이 만든 토템 도안은 비교적 정 확하게 토템 동물의 외적인 모습을 재현한다. 그러나 더 원시적인 오 스트레일리아의 종족들은 기하학적인 그림들로 외적인 모습을 표현 하기 때문에 설명을 듣지 않고는 어떤 토템을 그렸는지 알아보기 어 려울 정도다. 이것이 의미하는 바가 무엇인가? 오스트레일리아의 원 시 종족들이 토템 도안을 그리는 목적은 눈앞에 있는 동식물 토템의 모습을 분명하게 나타내는 것이 아니다. 그 토템과 관련된 관념의 표 상을 만들기 위해서다. 뒤르켐은 이러한 표현을 통해서 원시 종족들 의 씨족에 대한 관념, 즉 사회집단에 대한 관념이 토템의 도안으로 표현되었고, 토템의 도안이 그려진 사물들이 거룩해짐으로써 종교 가 만들어지고 그 종교를 통해 사회가 성화됨을 말하고 있다.

제2장 토템 신앙 2: 토템 동물과 인간

토템 숭배에서 토템 이미지만 성스러운 것은 아니다. 토템 이미지 와 관련된 토템 동식물들 그리고 그 씨족의 구성원들, 즉 인간이 거룩한 존재가 된다.

1

토템을 표현하는 도안이 종교적 감정을 불러일으킨다면 그 도안이 재현하는 사물들, 즉 토템 동식물들 역시 종교적 감정을 불러일으킨다. 이것을 보여주는 것이 토템 동식물 먹는 것을 금지하는 것이다. 특정 식물은 그것을 토템으로 사용하는 씨족들의 경우 그것을 일상적인 음식물로 사용할 수 없다. 그리고 특별한 상황에서 그것을 먹을 때에도 여러 가지 제약요소가 있다. 음식물 사용 금지는 당연히 토템 동식물을 죽이거나 꺾는 것을 금지하는 규정을 포함한다. 더 나아가 토템 사물과 접촉하는 것을 금지하는 경우도 있다. 이처럼 토템 사물에 대한 금기가 있지만 그러한 금기는 토템을 표현하는 그림이나 도안과 비교할 때 그 정도가 훨씬 약하다. 토템의 이미지는 토템의 존재 그 자체보다 더 성스럽고 토템의 표상은 토템 그 자체보다 더 강력한 힘을 지니고 있다. 뒤르켐은 토템 동식물 자체 보다 토템의 표상(이미지, 도안)이 더 거룩하게 여겨진다는 것을 강조한다. 이것을 통해서 토템 숭배의 근원이 토템 동식물 자체에 있는 것이 아니라 그것이 표상하는 어떤 것, 즉 사회(씨족)에 있음을 시사하고 있다.

2

앞서 살펴본 토템 동식물 못지않게 종교적 사물체계 안에서 인간은 거룩한 특성을 간직하고 있다. 인간의 거룩함은 인간이 자신을 통상적인 의미에서 인간인 동시에 토템 종의 식물이나 동물이라고 생각하는 데서 기인한다. 원시 종족들은 여러 가지 신화를 통해서 과거에 인간과 토템 동식물이 밀접한 관계였거나 하나였음을 말한다. 뒤르켐의 이론에 따르면 종교의 기원은 사회다. 따라서 사회를 구성하는 인간들 속에 거룩함의 요소가 들어있는 것은 당연하다. 인간은 거룩한 존재이며 특히 인간의 피와 머리털이 가장 거룩한 것으로 여겨진다. 피는 입문의례와 종교의례에서 중요한 역할을 한다. 피의 거룩함은 발전된 종교에서 나타나는 희생제물의 피를 통해서도 확인된다. 한 마디로 토템 종교에 따르면 인간이라는 유기체 속에 성스러운 본체가 간직되어 있으며 그것은 특정한 상황에서 공공연하게 밖으로 드러날 수 있다. 토템 숭배는 단순한 동물 숭배가 아니다. 토템 동물은 인간과 분리되고 인간보다 훨씬 높은 수준의 어떤 거룩한 존재가 아니다. 토템 동물은 동족인 인간들의 친구나 형제로 여겨지며 서로 돕고 공존하는 관계이기도 하다. 인간은 자신이 숭배하는 토템 동물에 대한 특별한 소유권을 가지기도 한다.

이같이 뒤르켐은 인간의 거룩함과 토템 동물의 거룩함이 같은 수준에 있는 것으로 본다. 토템 동물은 토템 표상과 연결되어 있으며 인간은 토템 표상이 지시하는 사회의 구성원이다. 그러므로 인간과 동물은 토템 표상 그리고 그 표상이 지시하는 사회보다는 낮은 수준이지만 토템 표상과 연결된 존재이기 때문에 비슷한 수준의 거룩함을 간직하고 있다. 뒤르켐은 토템 표상과 토템 동식물의 관계와 사회(씨족)와 구성원(인간 개개인)의 관계를 대비하면서 종교의 기원이 사회임을 주장하고 있다.

제3장 토템 신앙 3: 토템 숭배의 우주적인 체계와 유개념 (類槪念)

지금까지 살펴본 토템 숭배는 토템 상징, 그 상징이 재현하는 동물과 식물 그리고 씨족의 구성원들로 이루어져 있었다. 토템 숭배는 여기서 그치지 않고 더 발전해 모든 세계를 포괄하는 우주관을 제공한다.

1

세계관 또는 우주적인 체계로서의 토템 종교를 이해하기 위해서 씨족의 상위 개념인 부족에 대한 이해가 필요하다. 오스트레일리아 사람들에게는 사물들 그 자체, 즉 우주에 충만한 모든 사물이 부족의 일부가 된다. 사물들은 부족의 구성요소 다시 말해서 정규 구성원이다. 사물들은 인간처럼 사회의 틀 속에서 지정된 위치를 가진다. 오스트레일리아 원주민들은 인간을 포함한 온 우주 만물을 부족 안에 위치시키고 프라트리에 따라 양분한다. 그다음 각 프라트리는 일정한 수의 씨족으로 분할되고 각 프라트리에 할당된 사물들은 프라트리를 구성하고 있는 씨족에게 분할된다. 그리하여 알려진 모든 사물은 자연 전체를 포괄하는 체계적인 분류 속에 배열되는데, 이러한 배열은 오스트레일리아뿐만 아니라 북아메리칸 인디언들에게서도 발견할 수 있다.

2

토템 숭배에서 나타나는 이러한 분류와 배열은 인간 정신 속에서 속(屬, genre) 또는 강(綱, classe)의 개념이 어떻게 형성되었는가를 밝히는 빛이 된다. 이러한 분류는 사회조직을 본뜬 것이다. 속(屬)으로 쓰인 것은 프라트리이며, 종(種)으로 쓰인 것은 씨족이다. 사물들을 분류할 때도 이러한 인간 조직 안에 배열했다. 오스트레일리아 사람들은 자신들에게 있는 친화의 감정과 배척의 감정에 근거해 사물들을 분류하고 배열했다. 두 개의 프라트리는 분류의 근본적이고 초보적인 틀을 구성했다. 흰 앵무새와 검은 앵무새, 낮에 나오는 해와 밤에 나오는 달, 물과 땅, 평화와 싸움 등과 같이 뚜렷이 대비되는 개념들을 서로 다른 프라트리에 배열했다.

프라트리가 대비의 측면에서 사물들을 배열했다면 프라트리 안에 있는 사물들은 씨족토템과의 유사성에 의해서 배열되었다. 씨족토템 동물과 관계를 맺는 다른 동물, 그 토템 동물의 먹이가 되는 동물이나 식물 등을 같은 씨족 안에 배열시켰다. 이러한 배열을 통해서 속의 개념이 만들어졌다. 속의 개념은 인간에 의해 명백히 구성된 사고의 도구다. 이러한 개념의 구성과 관련해 선험적으로 주어졌다고 말하는 것은 나태한 해결 방식이다. 속의 개념은 집단생활에 의해 나타난 것이다.

속의 구성과 같은 분류 체계는 등위관계나 종속관계와 같은 위계질서에 의한 배열의 체계라는 것도 기억할 필요가 있다. 검은 앵무새와 흰 앵무새와 같은 등위관계와 토템과 토템의 먹이와 같은 종속관계가 분류의 체계를 구성하는데 중요한 요소로 작용했다. 이러한 위계의 체계가 작동되는 논리적 사고는 사회생활에 의해 가능했다.

3

원시적 분류는 종교적 사고의 기원과 직접적인 관계가 있다. 동일한 씨족이나 동일한 프라트리 안에 분류된 모든 사물은 서로 긴밀한 관계를 맺고 있다. 사물들과 그것들이 배치된 집단은 내적으로 결속되어 있으며 사물들은 그 집단의 정규 구성원이다. 사물이든 인간이든 같은 씨족이나 프라트리 안에 속하면 그들은 친구이고 형제가 된다. 이러한 조직들은 도덕적(morale)인 성격을 띤다. 토템을 중심으로 조직은 고무되고 단일체가 된다. 그 구성원들은 모두 다 측근, 친척, 친구가 된다.

토템은 성스러운 존재일 뿐만 아니라 토템이 지닌 성스러운 속성은 토템과 관련된 사물들로 확산된다. 그리하여 토템과 결부된 사물들이 종속적인 토템이나 이차적인 토템 또는 하위(下位)토템이 된다. 주(主)토템이 씨족 전체에 공통된 토템이라면 하위 토템은 하위씨족에 특유한 토템이다. 그리고 하위씨족이 독립적인 씨족이 되면 하위 토템 역시 이전의 주토템과 마찬가지의 지위를 지니게 된다. 이런 과정을 거치면서 토템의 수가 늘어나고 각 토템에 소속된 사물들의 수도 늘어나게 된다. 그리고 토템 예하에 들어간 모든 인간과 사물은 그 토템과의 관계로 인해 어느 정도 거룩함의 속성을 갖추게 된다. 이런 과정을 통해서 거룩함의 영역은 점점 확장된다. 이처럼 확장된 거룩함이 신을 탄생하게 만든다. 그리스 로마 신화에 나오는 수많은 신(神)은 자연이 거룩해지면서 만들어졌다.

　토템 숭배가 씨족의 종교처럼 보이고 독립적으로 발전하는 것처럼 보이지만 사실은 상호간에 서로 관련되면서 발전해나간다. 토템 숭배는 단일한 총체의 부분이며 단일한 종교의 요소로 발전해나간다. 토템 숭배가 이루어질 때 서로 다른 토템에 속한 사람들이 서로 협력하기도 하고 서로의 토템을 인정해준다. 다른 씨족의 토템 동물을 먹을 때 해당 씨족의 허락을 받기도 한다. 토템 숭배 안에서 나타나는 배열의 질서는 여러 씨족 전체가 참여해서 이루어진 것이지 어느 한 씨족(토템 숭배)만으로 이루어질 수 없다. 그러므로 토템 숭배와 관련된 믿음의 총체는 부분적으로 부족의 산물이기도 하다. 토템 숭배에 대한 적합한 개념을 형성하기 위해서는 씨족의 한계 안에서만 머물러서는 안 되고 전체로서의 부족을 반드시 고려해야 한다. 그리스의 다신교가 여러 신에게 바치는 개별적인 모든 숭배의 결합으로 형성되었던 것처럼 토템 종교는 여러 가지 숭배가 결합된 복잡한 체계다.

이처럼 뒤르켐은 거룩함의 확산과 새로운 토템의 출현이라는 논리를 통해 신이나 자연 숭배 같은 다른 종교의 출현을 설명한다. 즉 토템 숭배가 모든 종교의 본질적 요소를 담고 있으며 다른 종교의 관념들은 여기에서 발현되었다는 것이다.

제4장 토템 신앙 4: 개인토템과 성적(性的) 토템

지금까지 부족, 씨족, 프라트리의 토템을 살펴보았다. 이제 개인에게 특수한 토템, 개인의 인성을 표현하고 개인들이 사적으로 숭배하는 토템을 살펴보겠다.

1

오스트레일리아의 몇몇 부족과 아메리칸 인디언의 많은 부족에게 특정한 사물과 개인적인 관계를 유지하는 개인적 토템이 있다. 그리고 토템 사물들의 이름이 개인의 이름으로 사용되기도 한다. 개인은 자기와 같은 이름을 가진 동물의 가죽을 입고 다니며 자신에게 그 동물의 본성이 들어있다고 생각한다. 해당 동물은 인간의 분신으로 여겨졌고 둘은 운명적으로 결합되어 있다. 그 동물이 인간에게 힘을 준다고 여겨졌으며 또한 인간 역시 해당 동물에게 명령하고 영향을 주기도 한다. 개인토템은 개인의 수호자 역할을 한다. 개인토템은 그의 친구, 협조자, 수호자의 역할은 하지만 친척은 아니다. 반면 씨족토템은 그 씨족의 친척이요 형제로 여겨진다. 집단토템은 인간들의 의지와 무관하게 태어나면서부터 정해진다. 그러나 개인토템은 의도적 행동에 의해 획득되는 토템이다. 개인토템의 획득은 일반적으로 행해지는 의무는 아니다. 씨족토템은 필수적이고 생득적이지만 개인토템은 선택적이고 획득적인 특성을 지닌다.

2

집단토템과 개인토템 사이에 양쪽의 특성을 함께 지닌 중간 형태가 존재하는데 그것이 성적 토템 숭배이다. 성적 토템은 모든 남성 또는 모든 여성이 다 포괄되는 집합적인 성격을 띠기 때문에 씨족토템과 유사하다. 그러나 성적 토템은 해당 성의 개개인과 결속되어 영향을 미친다는 점에서 개인토템과 비슷하다. 뒤르켐은 이처럼 토템 숭배에 나타나는 다양한 유형을 고찰하면서 그 유형들 가운데 무엇이 가장 원형적이고 중요한가를 논의한다. 뒤에서 살펴보겠지만 뒤르켐은 씨족이나 부족토템과 같은 집단토템이 개인토템보다 훨씬 더 중요하고 더 원형적인 토템이라고 말한다.

제5장 이러한 신앙의 기원 1: 이전 이론의 비판적 검토

토템 숭배는 지금까지 존재했던 종교 가운데 가장 원시적인 종교다. 이 종교는 씨족에 근거한 사회조직과 불가분의 관계다. 그리고 씨족의 토대가 되는 사회조직은 가장 단순한 조직이다. 가장 단순한 사회조직에 근거한 가장 단순한 종교를 통해서 종교의 기원을 발견할 수 있다. 먼저 종교의 기원과 관련된 예전 이론들을 비판적으로 검토해보겠다.

1

타일러와 빌켄(Wilken)은 토템 숭배가 조상 숭배의 특수한 형태라고 했다. 이 종교체계를 연결시켜 주는 논리는 영혼의 이주라는 학설이다. 즉 조상이 불러일으킨 종교적인 존경심이 후대에 조상과 뒤섞인 식물과 동물에게 매우 자연스럽게 전이되었다는 이론이다. 필리핀 군도의 말레이 사람들 가운데는 악어나 호랑이를 자신들의 할아버지로 여기며 숭배하는 경우가 있다. 이러한 사실들을 제공해준 사회는 이미 상당히 높은 문화의 수준에 이르고 있으며 사회조직도 단순한 씨족사회보다 더 발달한 사회다. 따라서 이들이 보여주는 숭배의 형태는 가장 원초적인 형태가 아니다. 그러므로 이러한 숭배를 통해서 원초적 신앙의 기원을 확인할 수는 없다.

가장 단순한 사회 오스트레일리아에서는 죽은 자 숭배나 환생의 개념이 없다. 신화적인 영웅들과 씨족의 창시자들이 주기적으로 환생한다는 믿음이 때때로 나타나지만, 그것은 절대적으로 인간의 육체 안에서만 환생할 뿐이다. 즉 동물의 형태로 환생하지 않기 때문에 토템 숭배의 대상이 될 수 없다. 환생 이론은 토템 숭배의 근거를 제시하는 이론이 아니라 일종의 동물 숭배이론이다. 토템 숭배에서는 동물을 숭배하지 않는다. 인간은 동물과 동등하며 때로는 그 동물을 물건처럼 취급하기도 한다. 토템 숭배에서 숭배하는 것은 동물이 아니라 토템의 상징, 토템의 이미지다. 현재 미국 사람들이 독수리 문양을 높게 받드는 것은 독수리를 숭배하는 것이 아니라 그 독수리가 상징하는 것 곧 미국이라는 나라를 숭배하는 것이다.

제번스(W.S.Jevons)는 토템 숭배를 자연 숭배와 결부해 설명했다. 자연현상의 불규칙성은 사람들에게 어떤 신비하고 놀라운 느낌을 불러일으킨다. 원시인들은 자신을 둘러싼 두려운 힘들을 제어하기 위해 그들과 협약을 맺어야 할 필요성을 느낀다. 이 협약을 맺은 대상이 바로 토템이 되고 여기서 토템 숭배가 나타났다는 것이다. 그러나 토템으로 사용되는 동식물들을 보면 너무나도 하찮은 것들이 많다. 이렇게 하찮은 생물들과 협약을 맺어서 자연현상의 위협을 막아

낼 수는 없었다. 현실적으로 자연현상의 위협을 막는 것이 목적이라면 가능한 한 많은 토템 동식물과 협약을 맺는 것이 유리할 것이다. 그러나 한 씨족은 오직 하나의 토템 그것도 지극히 평범하고 힘없는 토템을 지니고 있을 뿐이다.

2

투트(H.Tout), 플레처(Miss Fletcher), 보아스(Boas), 스원턴(Swanton) 등이 지지한 이론에 따르면 씨족토템은 개인토템이 일반화된 것에 불과하다. 이 경우 개인토템 숭배가 어디서 나왔는가를 설명해야 한다. 이 이론에서는 개인토템 숭배를 물신 숭배의 특이한 경우로 본다. 자연 숭배와 마찬가지로 사람들은 자신을 보호하기 위해서 자신의 영혼을 일시적으로 동식물에 맡겨 놓는다. 이렇게 영혼을 맡겨 놓은 동식물이 토템이 되고 그것을 숭배하게 된다는 것이다. 그러나 토템 동식물의 하찮고 평범한 모습은 영혼을 맡기기에는 터무니없이 초라해 종교적인 감정이 생겨날 가능성이 거의 없다. 그러므로 이 이론은 받아들이기 어렵다.

인간이 개인토템을 만들어 숭배하는 경우, 해당 토템 종을 존경할 뿐만 아니라 동료들에게도 그 토템 동물을 존경하도록 요구한다. 그러나 씨족토템의 경우 이러한 원리가 작동하지 않는다. 씨족원들은 자신들이 토템으로 삼는 동식물이 크게 번성하여 다른 씨족이 그것을 먹을 수 있도록 배려한다. 개인토템이 먼저라면 씨족토템과 관련된 이러한 태도를 설명할 수 없다. 같은 부족 안에서 씨족의 토템은 항상 다르다. 반면에 개인토템은 같은 경우도 많다. 만일 개인토템이 씨족토템으로 발전했다면 같은 토템을 사용하는 다수의 씨족이 나올 수 있다. 그러나 이러한 형태는 찾아볼 수 없다.

만일 개인토템 숭배가 먼저라면 사회가 원시적일수록 개인토템 숭배가 많이 나타나고 사회가 발전할수록 씨족토템 숭배가 많이 나타나야 할 것이다. 그러나 사실은 정반대다. 발달된 사회인 아메리카 인디언 사이에서 개인토템이 더 많이 나타나고 발달하지 못한 오스트레일리아에서는 씨족토템 숭배가 훨씬 더 우세하다. 개인토템 숭배가 씨족토템 숭배를 탄생시킨 것이 아니라 씨족토템 숭배 안에서 특별한 개인들의 필요에 따라 개인토템 숭배가 나왔다고 봐야 한다. 이러한 뒤르켐의 주장은 종교가 일차적으로 사회적 산물이며 개인적 산물에서 시작된 것이 아님을 말하고 있다.

3

프레이저는 아룬타족의 토템 숭배에 근거해 토템 숭배의 시작을 지역과 관련하여 논의했다. 그에 따르면 원시 종족에게 임신이란 선주의 영혼이 여자의 몸에 들어와 새로운 생명이 되는 것을 의미한다. 여자가 아이의 첫 태동을 느끼는 순간 그녀는 자신이 서 있는 장소에 주로 머무는 영혼들 가운데 하나가 그녀 속으로 들어왔다고 생각한다. 여자가 신비하게 수태되었다고 여겨지는 그 순간 그곳에서 보거나 먹은 동물이나 식물이 수태된 아이의 토템이 된다. 그러나 이러한 이론에는 심각한 문제가 있다. 조상의 영혼이 동식물의 영혼이 되고 그것이 수태의 순간 인간의 영혼이 되는 이유와 과정을 논리적으로 설명하지 못하는 점이다. 또한 프레이저 이후의 학자들에 의해 아룬타족의 경우에도 지역 토템만 있는 것이 아니라 어머니 토템을 지니고 있음이 확인되었다. 그리고 모계로 이어지는 세습적 토템 숭배가 지역 토템보다 우위에 있음이 나타났다. 그러므로 지역 토템으로 토템 신앙의 기원을 설명하는 것 역시 오류다.

4

랑(A. Lang)은 토템이 명칭이라는 사실에 근거해 토템 숭배의 근원을 설명한다. 인간은 집단생활을 하면서 이웃 집단과 자신이 속한 집단을 구별해야 할 필요성이 생겼다. 각 집단은 주변의 동물이나 식물의 군에서 집단을 구별하는 명칭을 쉽게 얻을 수 있었다. 이 명칭과 지칭되는 사물들이 원시인의 마음속에서 신비하고 초월적 관계에 의해 결합됨(즉 혈족 관계라는 관념이 생겨남)으로써 토템 숭배가 나타나게 되었다고 한다. 그러나 이 이론 역시 근본적인 문제에 대해서 답을 하지 못한다. 자신을 어떤 종의 동물이라고 생각한다는 사실만으로 그가 그 동물에게 경이로운 능력을 부여하고 그 동물이 상징하는 이미지를 숭배하는 이유를 설명하지 못한다. 그는 이러한 한계를 설명하기 위해 토템을 종교가 아닌 주술이라고 했다. 그리고 토템이 종교적인 숭배의 형태를 띠게 되는 것은 와칸 또는 마나와 같은 어떤 다른 성스러운 특성을 지닌 개념들이 유입됨으로써 가능해졌다고 했다. 랑은 새로운 관념을 종교적 숭배의 기원으로 제시함으로써 토템을 통해 종교적 신앙의 기원을 설명하는 일에 실패했다.

5

이상 살펴본 논의들은 토템 숭배의 종교적 특성을 부인함으로써 토템 숭배를 통한 종교의 기원을 탐구하는 일에 실패했다. 그 대신 영혼, 영 등과 같은 보다 후기에 발달한 개념으로 토템 신앙의 본질을 설명하고자 했다. 그러나 후대에 나타난 개념들(정령론, 자연 숭배론 등)이 종교의 기원을 설명하는 데 한계가 있다는 것을 고찰한 바 있다. 그러므로 토템 숭배가 유래된 표상 가운데 그 자체로 직접 종교적 특성을 불러일으키는 것들이 무엇인가를 찾아야 한다. 뒤르켐은 이처럼 토템 숭배에 대한 잘못된 해석을 배제한 후에 토템 숭배

안에서 종교적 특성을 만들어내는 것을 찾고자 했다. 그것은 토템 숭배의 터전이 되는 집단과 씨족, 즉 사회다.

제6장 이러한 신앙의 기원 2: 토템 본체 또는 마나(mana)의 개념과 힘의 개념

다양한 토템 숭배 형태가 있지만, 그 핵심은 씨족토템 숭배다. 씨족 토템 숭배의 본체 또는 통일성에 대해 살펴보겠다.

1

토템 숭배를 통해서 볼 수 있는 거룩한 사물의 첫 번째 서열에 토템을 형상화한 표상이 있다. 그다음에 씨족과 동일 명칭을 지닌 동물이나 식물이 놓이며 그 뒤를 이어 씨족의 구성원들이 있다. 이 사물들은 같은 이유로 성화(聖化)되었으므로 그 정도 차이가 있을 뿐 종교적 특성은 동일하다. 토템 숭배는 어떤 동물이나 사람 또는 이미지를 숭배하는 종교가 아니라 일종의 익명적이고 비인격적인 힘을 숭배하는 종교다. 그리고 이 힘은 토템 종을 비롯해 모든 씨족 구성원과 그 관련된 사물들 가운데 널리 퍼져 있다. 이 본체를 힘이라고 말할 때 그것은 은유적인 의미가 아니라 실질적인 의미를 지닌다. 이러한 힘은 물리적 양상과 더불어 도덕적 특성으로 작용한다. 그 힘은 인간들에게 물리적으로 압력을 가할 수 있을 뿐 아니라 강제적으로 복종하도록 하고 도덕적인 의무감을 준다. 즉 자발적으로 복종하도록 한다.

2

오스트레일리아의 토템 숭배처럼 원시적인 종교에서는 이 힘이 모호한 상태로 느껴지지만, 아메리카 인디언과 같이 더 발달된 토템 숭배에서는 그 힘이 훨씬 더 확실하게 이해된다. 즉 사람들이 숭배하는 모든 개별적인 신들을 능가하는 탁월한 힘이 존재한다. 다른 모든 것들은 '와칸'이라 불리는 이 힘에서 파생되어 나왔다. 와칸은 여러 가지를 행하는 능력이며 정의되지도 않고 정의될 수도 없는 힘이다. 여러 가지 신적인 능력들은 그 절대적인 힘의 특수한 표현이며 인격화에 불과하다. 그 힘은 살아 있는 모든 것, 움직이고 활동하는 모든 것의 본체다. 이러쿼이족의 '오렌다'는 이름은 다르지만 실질적인 성격은 와칸과 동일하다. 그리고 여러 다른 족에게서 이름은 달라도 와칸과 동일한 개념의 힘을 발견할 수 있다. 심지어는 더 발전한 멜라네시아의 여러 섬에서도 '마나'라 불리는 동일한 개념의 힘을 발견할 수 있다.

토템 숭배의 근원은 와칸이다. 토템에 능력이 있다면 그것은 와칸의 화신이기 때문이다. 토템을 보호하는 금기들을 어겼을 때 병이 나거나 죽는 것은 와칸과 부딪쳤기 때문이다. 씨족집단의 자율성이 높은 오스트레일리아에서는 토템이 와칸과 같은 힘이 높은 추상성과 일반성을 지니지 않는 것으로 나타난다. 그러나 부족 종교가 씨족 종교를 넘어서 발전하고 씨족 종교를 흡수하였을 때 유일하고 보편적인 마나(와칸)의 개념이 나타나게 된다. 오스트레일리아에서는 주술사가 특수하게 사용하는 '아룽퀼타'라 불리는 힘에 대한 믿음도 있다. 이것은 초자연적인 악한 능력이며 해로운 마나라고 할 수 있다. 이러한 주술적인 힘은 씨족을 넘어서서 힘을 발휘할 수 있다고 여겨졌다. 오스트레일리아의 원시종족은 이처럼 상반되고 성격이 다른 힘을 보편적인 개념으로 이해하지는 못했다. 그러나 주술적인 힘이든 종교적인 힘이든 본질에는 큰 차이가 없다. 그 힘은 공통으로 무엇인가(뒤르켐의 주장에 따르면 '사회')를 지시하고 있다.

3

토템 숭배는 특정한 동물이나 식물 또는 어떤 식물종이나 동물종에게 호소하는 것이 아니라 이러한 사물들 속에 확산되어 있는 일종의 모호한 힘에 호소하는 신앙이다. 보다 더 진보된 토템 숭배(아메리칸 인디언의 토템 숭배)에서 이러한 힘에 대한 개념은 약해지는 것이 아니라 더욱 확실하게 자각되었다. 더 나아가 역사 속에서 발전된 모든 종교에서는 더욱 명확한 모습으로 나타났다. 영, 악마, 정령, 신 등의 개념 역시 이러한 힘이 구체적인 모습으로 (또는 인격적인 모습으로) 나타난 것이다. 거룩한 특성을 지니는 것은 무한한 능력과 익명적인 힘들이다. 여러 연구는 마나(와칸)가 다른 어떤 종교적 개념보다 우선한다는 것을 말하고 있다. 영, 주술, 신화 등이 모두 마나 개념의 형성 이후에, 마나 개념으로부터 형성되었다.

4

마나 개념은 종교 개념의 발전에서 중요한 역할을 할 뿐만 아니라 과학적 사고의 역사에도 흥미로운 기여를 했다. 즉 마나 개념을 통해 힘에 대한 개념이 처음 만들어졌다. 와칸을 통해서 얻는 힘의 개념은 과학이 자연현상을 설명할 때 사용하는 힘의 개념과 동일한 역할을 한다. 힘의 개념은 종교의 기원이 되었다. 그리고 철학, 그다음 과학이 이 개념을 차용했다.

제7장 이러한 신앙의 기원 3: 본체 또는 마나 개념의 기원

토템 숭배의 기원에 대한 문제는 마나 개념을 통해 접근해야 한다. 마나의 신적 원리가 사물들과 사람들의 범주 안에 내재되어 있기 때문에 (다른 신적 원리에 대한 차용 없이) 마나 개념만으로도 토템 숭배(종교)의 기원을 탐구할 수 있다.

1

토템으로 쓰이는 사물들이 인간의식 속에 거룩한 존재로 떠오를 수 있었던 것은 감각 때문이 아니다. 토템 숭배에서 사용되는 사물들은 지극히 평범하고 보잘것없기 때문이다. 토템 숭배에서 최고의 거룩함을 지닌 것은 이러한 식물 또는 동물의 상징적 표상이며 온갖 종류의 토템 표지와 상징들이다. 따라서 종교성의 근원은 상징들의 내부에 있으며, 이러한 상징들이 표현하는 실제 대상들(동물이나 식물들)은 내부에 있는 그 어떤 것의 반영으로서 의미와 가치를 지닌다. 토템은 신의 상징이면서 씨족을 구분하는 기호다. 즉 씨족을 이루는 모든 것(사람과 사물)이 공통으로 지니고 있는 표식이다. "만일 토템이 신의 상징인 동시에 사회의 상징이라면 신과 사회가 하나가 아닌가? 만일 집단과 신성(神性)이 별개의 실체라면 집단의 상징이 어떻게 신의 형상에 준하는 것이 될 수 있었을까? 씨족의 신, 즉 토템의 본체는 따라서 씨족 그 자체 외에 다른 것이 될 수 없다."(447쪽)

뒤르켐은 이처럼 상징으로서의 토템을 매개로 신과 사회가 하나라고 말한다. 즉 종교의 기원이 사회(씨족, 집단)라는 것이다. 지금까지는 종교의 기원을 신학, 종교학, 철학에서 다루었는데 이제 사회학이 그 기원을 제시하였고 이 주장이 아직도 살아남아 있음으로 뒤르켐의 독창적인 통찰력을 증명하고 있다. 뒤르켐 이후 프로이트

(Sigmond Freud)는 신기하게도 뒤르켐과 마찬가지로 토템 연구를 통해서 (『토템과 터부』) 종교의 기원을 심리학적으로 설명했다. 그러나 종교의 기원에 대한 심리학적 설명은 뒤르켐의 사회학적 설명만큼 영향력을 행사하지 못했다.

2

사회가 구성원들에게 행사하는 독특한 방식을 통해 사회는 사람들의 감각 속에 신성에 대한 감각을 불러일으킨다. 사회와 그 구성원의 관계는 신과 그 신도들의 관계와 같다. 인간이 자신보다 우월하다고 인정하고, 자신이 의존하고 있다고 믿는 존재가 바로 신이다. 신의 우월성과 인간의 의존성에 대한 감각이 사회와 사회구성원 사이에서도 일어난다. 사회는 인간에게 속박, 부자유, 희생을 강요하면서 사회가 정한 행위와 사고의 규범들에 복종하노록 요구하고 명령한다. 이러한 요구와 명령은 물리적인 힘과 도덕적인 힘에 의해 이루어진다. 사회는 그 구성원 밖에 있지만 개인의 의식 속으로 들어와 개인의 의식을 통해서 존재하고 힘을 행사할 수 있다. 그렇게 사회는 인간 존재의 필수불가결한 일부가 된다. 즉 개인이 지니고 있는 지식, 재산, 지위, 신분, 언어, 예술 등은 모두 사회에서 유래한 것이다. 인간 존재 속에 들어온 사회를 통해서 인간은 고양되고 위대한 존재가 된다. 이것은 신이 인간 속으로 들어오고 인간은 신의 자녀 또는 신의 나라의 백성이 됨으로써 위대한 존재가 되는 것과 같다. 사회가 인간 속으로 들어와 인간을 새롭게 하고 위대하게 만드는 모습을 극적이고 구체적으로 보여주는 것이 군중행동이다. 1789년 8월4일 프랑스 대혁명이 일어나던 밤 군중들은 사회가 주는 힘에 의해 새롭게 태어났고 새로운 세상을 만드는 존재가 되었다. 사회가 개인 속으로 들어와 개인을 고양시키는 정신적 과정은 신이 인간에게 들어와 인간을 고양시키는 종교적 과정과 유사하다. 인간은 항상 자신 밖에서 자신 안으로 흘러들어오는 에너지를 느끼면서 산다. 그 에너지가 잘 흘러갈 때 사람들은 동료들과 동정, 존경, 애정을 나누며 살아갈 수 있다. 즉 이웃들과 도덕적 조화를 이루면서 살 수 있다. 그런데 이웃들과의 도덕적 조화를 이루게 하는 도덕적 양심은 종교적 상징들의 도움을 받아야 분명하게 표현될 수 있다.

인간은 자신이 처한 환경이 강제적인 동시에 도움을 주고, 준엄한 동시에 호의적인 힘들로 가득 차 있는 것을 깨닫고 그러한 힘들과 관계를 맺으면서 산다. 이러한 힘이 우리에게 불러일으키는 감정은 단순히 사물들에 대해 느끼는 감정과는 본질적으로 다르다. 이 감정의 차이에 따라 인간은 두 가지 현실이 따로 존재한다는 것을 느낀다. 그 하나는 속된 사물의 세계고 다른 하나는 거룩한 사물들의 세계다. 역사를 고찰하고 현재 작동하고 있는 사회를 관찰하면 사회는 끊임없이 온갖 종류의 성스러운 사물을 만들어내는 것을 볼 수 있다. 이렇게 만들어진 성스러운 사물과 인물들의 영향력은 궁극적으로 마나에서 나온다. 마나(사회에 따라서 그 이름은 얼마든지 달라질 수 있다)는 종교적 힘의 근거이며 또한 사회적 힘의 근거이다. 뿐만 아니라 마나는 속된 것과는 다른 거룩한 것이어서 그것에서 도덕적인 힘이 나온다. 마나가 도덕적 힘으로 나타나는 것은 집단행동을 통해서다. 종교의례를 통하지 않고 순전히 세속적인 집단행동이 거룩한 것이 되어 도덕적 힘으로 나타날 수도 있다. 이것을 보여주는 대표적인 예는 프랑스 대혁명이다. 프랑스 대혁명의 집단행동을 통해서 속된 사물이었던 조국, 자유, 이성이 거룩한 사물로 바뀌게 되었다.

3

오스트레일리아 사회에서 삶은 두 가지 양상이 번갈아 나타난다.

전 주민이 각각 독자적으로 자신들의 일(주로 경제활동)에 종사하며 소집단을 이루며 돌아다니는 일상적인 생활이 있다. 그리고 전 주민이 며칠 또는 몇 달 동안 정해진 지점에 모여 종교의례를 거행하거나 민속학적 용어로 코로보리(잔치)를 벌이는 때가 있다. 일상적인 생활은 평범하고 단조로운 삶이다. 그러나 전 주민이 모여 종교의례(코로보리)를 행하는 시간은 흥분되고, 특별하고, 정열적이다. 불을 피우고 노래와 춤을 추고 특별한 악기가 울려퍼진다. 특별한 음식을 먹고 정신을 자극하는 약초를 먹으며, 자유로운 성행위가 이루어지기도 한다. 이러한 흥분 상태가 밤새 지속되고 또한 여러 날 동안 계속되기도 한다.

인간이 이러한 열광 상태에 빠지면 자기 자신을 새롭게 느끼게 된다. 즉 평상시와는 다르게 행동하고 생각하게 만드는 일종의 외적인 힘이 자신을 지배하고 이끄는 것을 느끼게 되는 것이다. 인간은 자연스럽게 자기가 이전의 자신이 아니라고 느낀다. 자신이 새로운 존재가 된 것처럼 여긴다. 그는 새로운 세계에 있음을 알게 된다. 경제활동에 종사하면서 평범하고 단조로운 삶을 사는 곳은 속된 세계이고 흥분 속에서 어떤 외적인 힘을 느끼는 시간과 공간은 거룩한 사물들의 세계로 여겨진다.

씨족원이 함께 모여 행하는 코로보리를 통해서 그들을 지배하고 열광시키는 외부의 힘에 대한 관념이 깨어나는 것은 쉽게 이해할 수 있다. 이제 이러한 힘이 토템의 모습으로 즉 동물이나 식물의 형상으로 생각되는 과정을 살펴봐야 한다. 원시종족들은 종교의식을 진행하면서 경험한 느낌, 즉 자신의 밖에 있으면서 자신 안에서 작동하는 어떤 힘에 대한 생생한 느낌을 보존하고 설명해야 함을 느낀다. 그러한 힘이 씨족이라는 집단(사회)에서 나온 것이지만 씨족의 개념은 특별한 힘에 대한 느낌을 보존하기에는 추상적이고 모호하다. 그런데 이러한 감정이 일어날 때 그 옆에 씨족의 상징이자 깃발인 토템의 이미지가 있다. 성스러운 존재의 상징인 와닝가, 누르툰자, 볼로러, 추링가 등이 있다. 그것들 위에는 토템의 의미를 새긴 선들이 새겨져 있다. 집회가 진행될 때 이러한 상징물은 중심에 놓여 있으면서 사람들의 눈길을 끈다. 이러한 토템의 이미지들은 열정을 일으킨 집회가 끝난 다음에도 자신들 옆에 존재하고 있다. 이러한 과정을 통해 사람들은 쉽게 자신들이 느낀 신비한 힘이 바로 그 상징에서 발산되는 것처럼 여긴다. 그리하여 토템 상징은 자신들 밖에서 들어오는 힘의 원천으로 여겨지고 가장 거룩한 사물이 된다. 거룩한 힘은 퍼져나간다. 따라서 토템 상징을 가장 잘 표현하고 있는 토템 동물이나 식물도 거룩한 사물이 된다. 집회를 통해서 거룩한 힘을 느끼고 그것을 표현하는 사람 자신도 거룩한 사물이 된다. 집합 행동을 통해 형성된 거룩한 세계에 대한 느낌은 토템 상징(표상)을 통해서 그 의미가 보존되고 설명된다. 그 거룩함은 토템 상징을 가장 많이 닮은 토템 동물과 거룩한 세계를 경험하고 표현한 인간 자신에게 퍼져나간다. 이런 방식으로 거룩한 세계에 대한 신앙체계, 즉 토템 숭배가 형성된다. 토템 숭배에서 나온 종교적 힘은 인간 안에 있으면서 모든 생명의 근원이 된다. 그 힘은 인간 정신을 활기차게 하고 훈련시킨다. 식물을 자라게 하고 동물을 번식하게 한다. 이 힘에 의해 인류문명의 모든 모태가 형성되었다.

4

그동안 최초의 종교 관념은 인간을 사로잡는 연약함, 의존 감정, 공포와 불안의 감정에서 생겨난 것으로 간주되었다. 그러나 이 연구를 통해 토템 숭배의 기원은 공포와 압박감보다는 오히려 즐거운 신뢰의 감정에서 나왔음을 알 수 있다. 자연 숭배자들이나 정령 숭배자들은 종교가 꿈이나 비현실적인 환각(언어의 혼돈)에서 나왔다고 주장했다. 그러나 이 연구를 통해 종교는 환각 위에 서 있는 것이 아니라 현실에 기반하고 있음을 알 수 있다. 신자가 자신이 의지하는 도덕적 힘의 존재를 믿을 때 그는 기만당하는 것이 아니다. 이러한 힘은 존재한다. 그것은 바로 사회다. 그러므로 숭배의식은 효과 없는 몸짓이 아니다. 그것은 신도와 신의 관계를 강화하는 기능을 한다. 뿐만 아니라 개인과 그가 속한 사회를 더 꽉 묶어주는 기능을 한다. 그러므로 우리가 원시종족들의 열광적인 숭배의식을 정신착란이나 망상의 산물로 여겨서는 안 된다. 의례의 과정에서 나타나는 강렬한 감정 표현을 통해서 이미지들이 표현하는 도덕적 힘이 인간의 마음에 강력한 영향을 미칠 수 있다. 그리고 이렇게 나타난 도덕적 힘은 물리적 힘과 똑같은 필연성을 지니고 인간의 행위를 결정한다. 추렁가를 문질렀던 아룬타족은 자신이 더 강해졌다고 느낀다. 금지된 동물의 고기를 먹으면 병이 든다고 생각하며 실제로 병이 들어 죽기도 한다. 토템 숭배와 토템의 표상들을 통해서 나타난 객관화된 관념(힘)은 관념이 접목된 물질적 사물의 본질이 아니라 사회의 본질에 근거하고 있다. 어떤 대상에 입혀지는 성스러운 특성은 그 대상에 내재하는 속성이 아니라 그 대상에 덧붙여진 것이다.

5

이러한 토템 숭배 이론은 토템 종교의 가장 특징적인 믿음을 설명해준다. 씨족의 상징인 토템 개념이 일단 제시되면 나머지 모든 논의는 뒤따라 정리된다. 그러나 이러한 토템개념이 어떻게 형성되는지 살펴볼 필요가 있다. 이것을 위해서는 2가지 질문을 해야 하고 이에 대한 답을 찾아야 한다. 첫째, 무엇이 씨족으로 하여금 어떤 상징을 선택하도록 하였을까? 둘째, 왜 이러한 상징들은 동물계와 식물계 좀더 특별하게 동물계에서 차용했을까? 오스트레일리아의 씨족을 포함해 모든 종류의 집단에서는 상징이 회합의 유용한 중심이 된다. 상징은 사회적 동질성을 물질의 형태로 표현함으로써 그러한 동질성을 분명하게 느끼도록 해준다. 사회생활은 거대한 상징체계가 있어야 가능하다. 상징체계가 집단적 감정을 보존하고 사회가 지닌 도덕적 힘을 느끼도록 만든다. 상징이 집단 감정과 집단적 결속의 유용한 수단이 되는 것을 잘 보여주는 것은 문신이다. 몸 위에 공동체의 존재를 환기시키는 문신을 새길 때 자신들이 특정집단에 속해 있다는 것을 다른 사람에게 가장 확증적으로 보여준다. 문신과 같은 표지는 일정 수의 개인이 동일한 정신적인 삶에 동참하고 있다는 것을 증명한다.

상징이나 표지가 없으면 씨족은 다른 어떤 사회보다도 무능한 사회다. 왜냐하면 씨족 안에는 강력한 지도자도 없으며 점령한 영토도 없다. 모계 토템의 경우 함께 생활하는 아버지와 아들은 다른 토템에 속하게 된다. 즉 씨족은 생활공동체로서의 결속감이 없다. 이러한 씨족을 결속하는 힘은 오직 상징(토템)이다. 그러므로 상징 이미지, 즉 토템상징은 씨족 결속의 중심이 된다. 상징 이미지의 소재는 사람들에게 익숙하고 그림으로 표현되기 쉬운 사물에서 쉽게 채택되었다. 원시종족 주변에 있는 동물들은 이러한 소재로서의 조건을 잘 만족시켜 주었다.

6

토템 숭배 이론은 종교의 본질에 대한 이해에 크게 도움을 줄 뿐아니라 인간 정신(사고, 논리)의 발전과 형성을 이해하는데 크게 도움을 준다. 인간 정신의 논리는 광물질, 동물, 사람 등과 같이 외적인 형태 뿐 아니라 본질적인 속성에서 차이가 나는 존재들은 동등한 가치를 지닐 수 없고, 상호 교환될 수 없다고 생각한다. 이처럼 계(界)와 류(類)를 나누고 그 안에 장벽을 치는 것은 토템 종교에서 시작되었다. 즉 프라트리에 따라 사물을 둘로 분류하는 것이나 씨족의 토템에 따라 사물들을 배열하는 토템 숭배의 사고 양식이 현재 우리들이 행하고 있는 계와 류를 나누는 방식의 토대가 되었다.

현대 과학적 사고의 중요한 논리 구조 가운데 하나가 설명이다. 설명이란 사물들을 서로 연결시키고 사물들 사이의 관계를 확립하는 것이다. 외적인 것만 보는 인간의 감각은 사물들의 관계를 연결하는 내적 결속을 볼 수 없다. 그러나 영(esprit)은 그러한 개념을 만들 수 있다. 인간이 영을 통하여 사물들 사이의 내적인 관계를 느끼고 말할 수 있게 되면서부터 과학과 철학이 가능하게 되었다. 종교가 사회적 산물로서 감각에 나타나는 인상들에 대한 법칙을 만들고 그 인상들을 현실로 표현하는 새로운 방법을 얻기 위해 새로운 종류의 사고가 형성되었다.

디지털 시대의 현대적인 용어로 표현한다면 종교는 사고와 행위의 플랫폼 또는 표준을 만들었다고 할 수 있다. 현대사회에서 플랫폼이 구성되는 원리는 사회적이고 집단적인 성격을 띤다. 토템 숭배의 프라트리에서 나타나는 대립관계, 성과 속을 확연하게 구분하고 배척하는 사고방식, 씨족토템 안에 들어온 사물의 동류성에 대한 관념, 이러한 것들 가운데 어떤 것은 현대 과학의 눈으로 볼 때 이해할 수도 없고 오류로 여겨지는 것도 많다. 그러나 대립, 구분, 배척, 동류 등의 사고 방식은 지금 현대 인간들에게도 여전히 사고의 틀로서 살아 있다. 이런 의미에서 종교가 과학과 철학의 길을 열어 주었다고 말할 수 있다.

제8장 영혼 관념

토템 신앙의 기본원리에서는 영혼, 영, 신화적 존재가 나타나지 않는다. 그러나 이러한 영적 존재가 종교적 사고의 근거는 아니지만 이차적 형성의 산물로서 모든 종교에 나타난다. 따라서 지금까지 살펴본 본질적인 관념들에서 영적 존재가 어떻게 파생되어 나왔는지를 고찰하겠다.

1

민족지학(인종학)의 자료를 보면 영혼 관념은 인류의 출현과 동시에 나타났다. 오스트레일리아 사회에서도 인간의 육체가 내적 존재, 즉 그에게 활력을 주는 생명의 본체를 감추고 있다는 것을 인정한다. 그 내적 존재와 생명의 본체가 바로 영혼이다. 사람들은 영혼이 육체의 외형을 지니는 것으로 생각한다. 영혼의 형태가 어떤 모습인가는 사회에 따라 다르다. 그러나 영혼이 어떤 형태를 지니는 한 영혼의 재료가 있으며 먹어야 하고 쇠락할 수도 있는 요소, 즉 육체적인 요소를 지니고 있다. 그러나 그 모습은 평범한 사람들의 눈에는 보이지 않는다.

영혼은 육체와 분리된 독립적인 성격을 지닌다. 따라서 이승의 삶을 사는 동안에도 영혼은 육체에서 언제든지 벗어날 수 있다. 그리고 육체의 죽음과 함께 영혼은 완전히 분리되어 다른 세상에 가서 독립적인 삶을 영위한다. 영혼은 육체와 분리될 수 있지만 또한 영혼은 육체와 매우 긴밀한 관계를 맺고 있다. 육체의 상처가 영혼에게 전파될 수 있다. 영혼은 유기체와 더불어 자라기도 하고 쇠락하기도 한다. 육체 가운데서 심장, 숨결, 태반, 피, 간 등은 영혼과 특별한 관계를 형성한다. 육체가 죽은 후에도 영혼은 시체 곁을 떠나지 않으려고 한다. 그래서 사람들은 장례식이나 어떤 특수한 방법을 사용하여 영혼을 육체에서 완전히 분리시키려고 노력한다. 영혼과 육체가 결정적으로 분리되면 영혼은 다른 육체를 찾아 들어가거나 영혼만의 세계로 간다. 그러한 세계로 갈 때 이 세상에서 어떻게 처신했는가에 따라 영혼에 대한 대접이 달라진다. 심지어 악인들의 영혼은 무서운 영에 의해 삼켜질 수도 있다. 이러한 영혼의 개념은 오스트레일리아에서는 희미한 형태로 나타나고 발전된 북아메리카에서는 훨씬 더 명확하게 나타난다.

2

우리가 영혼의 개념을 이해하려면 인간이 '자신 안에 두 존재가 있고 그 가운데 하나가(곧 영혼이) 앞서 열거한 매우 특별한 특성을 지닌다'고 생각하게 만든 것이 무엇인가를 알아내야 한다. 오스트레일리아 사회의 영혼 개념에 대해서 학자들 사이의 진술에는 차이가 있다. 그러나 그 본질을 살펴보면 그 차이란 같은 본질에서 나온 표현의 차이이고 변이에 불과하다.

스펜서와 길런의 연구 보고에 따르면 오스트레일리아의 부족들에게는 한정된 영혼의 보유고가 있으며 그 수는 늘어나지 않고 또한 주기적으로 화신(化身)된다. 이 영혼들은 태초에 씨족의 창시자인 선조들에게 생명을 주었던 바로 그 영혼이다. 아룬타족은 어떤 것에서도 파생되지 않은 순수한 최초의 존재를 '알치랑가미치나'라고 불렀다. 우리가 영혼이라 부를 수 있는 이 최초의 존재들은 사람들과 똑같이 토템의 씨족을 이루고, 여행을 하고, 놀랄만한 활동을 한다. 그들의 육체는 나무나 바위로 변화하기도 한다. 토템 숭배의 중심지에 머물다가 여자의 몸으로 들어가 임신이 되기도 한다.

이 선조들은 오늘날의 어떤 사람보다 더 뛰어난 능력이 있다. 그리고 이 선조들은 사람이 아니라 동물이거나 식물 또는 동물이나 식물의 요소가 우세한 어떤 존재였다. 따라서 선조들의 영혼은 토템 본체와 동일한 실체로 이루어져 있다. 이러한 영혼들 외에 다른 영혼들은 존재하지 않는다. 따라서 영혼은 일반적으로 각 개인 안에 화신된 토템 본체라는 결론에 도달한다. 개개인의 영혼은 토템 본체의 작은 조각들로서 숙주라고 할 수 있는 특수한 주체(개개인의 몸)와 긴밀한 관계를 맺을 수밖에 없다. 이렇게 볼 때 토템 본체가 영혼 관념을 이루는 재료가 된다.

우리가 살펴보고 있는 부족들은 환생의 교리를 지니고 있다. 여자가 임신하는 과정에 대한 설명은 종족에 따라 달라질 수 있지만 모든 임신을 재화신의 산물이라고 보는 점에서 일치한다. 모든 출생은 위대한 선조의 인격의 화신에서 기인한다. 물론 화신되는 것은 선조의 인격전체가 아니라 그것의 발산물이다. 추링가에 의해 임신이 된다고 생각하는 부족들도 있다. 그러나 추링가와 위대한 선조는 등가관계에 있다. 그러므로 선조의 화신으로 임신되는 것이나 추링가에 의해 임신되는 것은 같은 현상에 대한 다른 표현일 뿐이다. 어느 방식이든 각 개인의 본질을 이루는 것은 선조라 불리는 본체다. 그리고 각 개인의 본질은 개인의 영혼이고 그것은 선조와 같은 재질과 같은 실체로 만들어졌다.

선조의 본체가 임신을 통해서 각 개인에게 들어오면서 선조와 본체가 같은 영혼이 각 개인에게 형성된다. 거룩한 선조(토템)를 상징하는 추링가와 같은 표상이 임신에 관여한다. 그리고 선조는 토템 동식물로 표현되며 각 개인은 토템 동식물이 상징하는 씨족의 일원이 된다. 이러한 논의를 통해서 뒤르켐은 영혼의 개념이 토템과 위대한 조상에서 나왔으며, 따라서 영혼의 개념 역시 사회의 산물이라고 했다.

3

환생에 대한 논의는 영혼 개념을 세우는데 중요한 역할을 한다. 환생에 대한 관념은 오스트레일리아의 다른 여러 부족과 토템 숭배가 이루어지는 다른 지역에서도 발견할 수 있다. 그리고 앞서 살펴본 것처럼 아룬타족이 생각하는 임신의 원리와 유사한 방식의 환생에 의해 어린아이가 태어난다는 관념을 발견할 수 있다. 이러한 원리는 오스트레일리아뿐만 아니라 아메리칸 인디언들 사이에서도 많이 발견된다. 이러한 발견에 근거해 앞서 아룬타족을 통해 논의한 영혼의 개념이 더욱 확고해질 수 있다.

각 개인은 거룩한 종(種) 속에 확산되어 있는 어떤 익명적인 힘을 자신 안에 지니고 있음을 알고 있다. 그 힘은 동물이나 식물종의 형태로 표현된다. 자신 속에 있는 익명적인 힘(어떤 다른 존재), 그것이 바로 영혼이다. 원시 종족의 경험이니 신화에 따르면 토템 본체가 개인 속으로 침투할 때 그것은 어떤 자율성을 띠는 것이 된다. 이것은 토템 본체가 개별화된 것 곧 영혼이 그 숙주(터전)가 되는 인간에 대해서 자율성과 독립성을 띠는 것을 설명해준다.

토템 본체가 개별화되어 나타난 영혼은 그 토템 동물이나 식물종과 긴밀한 관계를 맺을 수밖에 없다. 오스트레일리아 원시종족들은 인간에게 생명을 주는 영과 토템이 되는 동물의 영 사이에는 관계가 있다고 생각한다. 때로 영혼은 토템으로 쓰이는 식물이나 동물의 영혼에서 직접 발산되는 것으로 여겨지며 동물의 형태로 표현되기도 한다. 영혼의 동물적 본질은 한 사람이 죽고 난 다음에 더욱더 잘 드러난다. 죽음이 영혼을 자유롭게 해 주면 영혼은 본래의 모습으로 돌아가기 때문이다. 오마하족은 죽은 사람의 영혼이 자신의 조상이 되는 동물에게로 돌아가 재결합된다는 믿음이 있다.

4

영혼 관념은 성스러운 존재와 관련된 믿음이다. 종교적 힘이나 신에 대한 개념과 마찬가지로 영혼 개념도 성스러울 뿐 아니라 실제적인 근거가 있다. 우리 인간 자신은 성스러운 것과 속된 것처럼 서로 대립되는 두 부분으로 형성되어 있다. 성스러운 모든 것의 원천인 사회는 우리의 밖에서 우리를 움직이게 하고 일시적인 영향을 주는 것으로 만족하지 않는다. 사회는 우리 안에 지속적으로 자리 잡고 있으면서 관념과 감정의 모든 세계를 불러일으킨다. 사회가 인간들 가운데 자리 잡고 인간의 한 부분이 되어 속된 것과 구분되는 거룩한 것, 도덕적인 것에 대한 관념을 불러일으키는 것이 바로 영혼이다. 인간에게는 영혼 개념이 있기 때문에 육체를 지닌 물질적이고 감각적인 존재이면서 또한 거룩하고 정신적이고 도덕적인 존재가 된다.

영혼이 집단, 토템종 그리고 토템과 관련된 모든 종류의 사물에 확산된 비인격적인 본체의 특수한 형태라면 영혼 그 자체도 근본적으로 비인격적일 수밖에 없다. 영혼은 확산과 전염, 편재성에 있어서 본체(사회 또는 마나)와 동일한 속성을 지녀야 한다. 영혼을 구체적이고 다른 것들과 서로 교제하지 않고 자신 속에 완전히 고착된 존재로 이해하는 것은 뒤늦은 철학적 사고의 산물이다. 가장 원시적인 사회에서의 영혼이란 유동적인 형태로 모든 유기체 속에 퍼져 있는 매우 모호한 실체다. 영혼은 마나에 필적할만한 확산성, 전염성, 편재성을 지니고 있다. 마나가 집단 속에 들어 있는 본체라면 영혼은 마나가 개인 속에 들어와 자리 잡은 것이다. 그러므로 영혼과 마나는 그 기능과 속성이 동일하다. 영혼 개념과 마나 개념은 공존한다. 개인이 없는 사회가 존재할 수 없다. 마찬가지로 집단에서 나오는 비인격적인 힘(마나)은 개인의 의식 안에서 화신(化身)되어야만 성립될 수 있다. 따라서 둘은 언제나 공존하지만 논리적인 의미에서 볼 때

마나가 영혼보다 먼저다.

5

일반적으로 영혼이 육체보다 오래 살아남는다, 영혼은 불멸한다고 생각한다. 영혼불멸에 대한 믿음은 도덕관념의 영향으로 이루어진 것이 아니다. 칸트가 『실천이성비판』에서 말한 것처럼 신의 존재나 영혼불멸은 도덕적 요청에 의해서 나타난 것이 아니다. 영혼 개념이 처음 나타날 때는 그것이 불멸의 존재로 여겨지지 않았다. 영혼이 육체와 분리되어 있는데도 영혼은 여전히 육체와 긴밀하게 연합되어 있다. 그래서 육체가 약해질 때 영혼도 약해지고, 육체가 죽으면 영혼도 함께 죽는 것으로 생각했다. 그러나 집합적 삶은 개인적 삶보다 길고 영속적이다. 이것을 설명하기 위해서 영혼불멸의 개념이 나타났다. 즉 개인들은 죽어도 집단(씨족)은 남아 있다. 그러므로 씨족에게 생명을 주는 힘은 동일한 연속성을 지니고 있어야 한다. 개인의 육체에 생명을 주는 힘이 영혼이다. 그러므로 씨족에게 생명을 주는 힘(마나)과 마찬가지로 영혼도 불멸하거나 아니면 최소한 육체보다는 더 오래 존속해야 한다는 관념이 나타나게 되었다. 이것이 영혼불멸 개념의 기원이다.

6

영혼 개념은 오랫동안 그리고 아직도 부분적으로 인성 개념의 대중적 형태로 남아 있다. 영혼 개념의 기원은 인성 개념의 형성을 이해하는데 도움을 준다. 인성은 두 가지 요인의 산물이다. 그 하나는 본질적으로 비인격적인 것으로, 집단의 영혼이라 할 수 있는 정신적 본체이다. 이 본체는 특정한 개인의 것이 아니라 집단의 유산이다. 인성의 다른 요인은 개별화의 요인이며 인간의 육체가 그 일을 담당한다. 육체들은 서로 구분되며 각자가 다른 시간과 장소를 점유하기 때문에 각각의 육체 안에서 집합 표상이 다르게 굴절되고 착색된다. 두 요소 가운데 중요한 것은 비인격적인 요소다. 이것이 최초로 영혼 개념을 산출했기 때문이다. 인성은 영혼과 육체의 작용 가운데서 형성된다. 라이프니츠의 단자나 칸트의 이성은 인간의 인성 형성과 관련해 영혼과 유사한 의미를 지닌다. 영혼 개념을 형성하는데 쓰인 요소와 육체의 표상 속에 개입된 요소는 서로 무관하며 서로 다른 두 근원에서 기인했다. 육체의 표상은 유기체의 모든 부분에서 나온 인상들과 이미지들로 이루어져 있으며, 영혼에 대한 관념은 사회에서 왔고 또 사회를 표현하는 관념과 감정들로 이루어져 있다. 종교나 과학의 정신, 도덕적 삶의 근거가 되는 믿음과 감정, 사회가 우리 속에서 일깨우고 발전시킨 심리적 활동 등은 모두 육체적 상태에 맹종하지 않는다. 이것이 영혼의 활동이고 사회가 우리 속에서 작동하는 양태다. 그리고 이것이 우리 인간들을 더욱 인간적으로 만든다. 인성 속에는 이처럼 영혼의 개념을 통해서 나타나는 사회적인 힘이 포함되어 있다. 그러므로 인성을 (사회와는 무관한) 개체화의 결과로 나타난 것이라고 생각하는 것은 잘못이다.

제9장 영(esprils, 靈)과 신(dieux, 神)의 관념에 대하여

마나와 같은 비인격적인 힘이 영혼 관념으로 발전했다. 오스트레일리아 종교에서는 영혼 보다 더 높은 등급의 신화적 인격체, 즉 영과 신의 관념이 나타났다. 이것에 대해 살펴보겠다.

1

영혼은 한정된 유기체 안에 갇혀 있기 때문에 영이 아니다. 영은 영혼과는 달리 어떤 생물이나 사물과 긴밀하게 결합되어 있다 할지라도 독립적인 존재로서 자유롭게 그곳에서 빠져 나올 수 있다. 영혼은 일반적으로 선한 존재이며 남아 있는 그의 가족 구성원들에게 특별히 더 선한 존재로 나타난다. 죽은 사람의 몸을 빠져 나와 떠도는 영혼을 유령이라고 한다. 이 유령은 진정한 영이 아니다. 그리고 유령은 지위나 능력에 있어서 영보다 낮다. 반면에 영은 훨씬 큰 능력이 있으며 이 세상에서 수행해야 할 일정한 기능을 지니고 있다.

영혼 가운데는 이중적인 조건(영이 가진 능력과 기능)을 만족시키는, 결과적으로 영과 같은 영혼이 있다. 이것은 대중들이 상상력으로 세워 놓은 신화적 인물들(위대한 조상들)의 영혼이다. 이들은 오스트레일리아에서 '알체링가' '무라무라' '부크쿠르나이' 등과 같은 이름을 가지고 있다. 이들은 살아 있을 때도 보통 인간들보다 우세한 마나를 가졌고(능력), 임신을 하게 하고 후손들을 보호하는 활동(기능)을 해 후손들이 삶을 어어 가도록 한다. 이러한 선조의 영은 라틴어의 게니우스(Genius /수호자)와 거의 유사하다.

선조의 영이 특정한 지위를 획득하는 것은 사물과의 관계에서도 나타난다. 그가 땅속으로 들어간 장소, 그가 머문 장소, 그가 때때로 나타나는 장소는 거룩한 장소가 되고 그곳에 있는 나무, 바위, 샘과 같은 사물은 거룩한 사물이 된다. 오래전에 위대한 일을 행했던 선조의 영혼이 그 육신을 떠난 이후에도 특별한 공간에 남아 있으면서 일정한 능력과 기능을 행사하는 경우 그 선조의 영혼을 영이라고 지칭할 수 있다. 이러한 선조의 영혼 곧 영은 다른 모든 영혼들을 파생시킨 본질적 영혼 또는 원형적인 영혼과 밀접한 관계를 맺고 있다. 위대한 선조들의 영혼은 오랜 기간 기억되고 추앙됨으로써 대중의 상상력 속에서 특별한 지위를 차지하게 된다. 그리하여 선조의 영혼은 원형적 영혼과 일치하면서 영이라는 지위를 얻게 된다.

이들 위대한 조상의 영혼은 영으로 변하면서 공동체(또는 후손들)나 개인의 수호정령(영)이 된다. 그리하여 살아 있는 후손들과 도덕적 관계를 맺으면서 결합한다. 그리고 선조들이 머물던 공간과 그곳에 있던 사물들(바위, 나무 등)은 추렁가의 보관소나 종교의례가 거행되는 장소가 되어 특별한 지위를 얻는다. 그 결과 위대한 조상들의 영혼은 개인의 수호정령을 넘어서서 일종의 지역 수호신으로 변형되고 그 기능을 수행한다. 이상과 같은 설명은 개인토템 숭배를 이해할 수 있게 한다. 수호정령이 된 선조의 영혼은 개인토템이 되어 개인들을 지켜주고 또한 그 자신은 후손들에게 특별한 대우, 즉 종교적 숭배를 받는 대상이 된다.

본래 인간 안에 있던 위대한 조상의 영혼이 영(수호정령)이 되어 후손들을 지키고 개인토템이 되어 숭배를 받는다. 이러한 영혼의 성격은 우리 자신의 인성을 설명해준다. 즉 영혼 개념이란 우리 자신의 인성을 표현하는 것이며, 이 인성은 인간 속에 내재하면서(인간의 영혼) 인간을 초월하고 개개인에 외재하는 존재(영이 된 위대한 영혼)의 모습을 띤다. 후자(영이 된 위대한 영혼)는 사회(공동체, 씨족)에서 도출된 도덕의식의 핵심이 되고 있다. 우리의 외부에 있으면서 우리보다 우월한 힘을 발휘하게 된다.

2

이상 논의한 영들은 호의적인 존재다. 그러나 악한 영에 대한 관념도 나타난다. 종교란 생명의 근원으로 여겨지는 것의 본체다. 그러나 악, 악몽, 질병, 소용돌이, 태풍 등과 같이 생명을 파괴하거나 괴롭히는 어떤 현상들이 있다. 생명의 근원과 관련된 관념이 종교의 지위를 얻는 것처럼 생명의 파괴와 관련된 관념 역시 종교와 비슷한 지위를 얻는다. 그것이 바로 악령이다. 그러나 악령들은 후손도 없고 정해진 토템도 없다. 즉 공동체가 없다. 그런 점에서 악령은 사회의 조직 밖에 있다. 따라서 악령은 종교의 세계가 아닌 주술의 세계에 속한다.

3

앞에서 살펴 본 바와 같이 영에 대한 관념이 일단 성립되면 이 관념은 종교생활의 좀더 고매한 영역에까지 자연스럽게 확장된다. 즉 높은 등급의 신화적 인물들이 생겨난다. 오스트레일리아 각 씨족들은 고유하고 독자적인 예식들이 있지만 그 예식들 사이에는 본질적인 유사점이 있다. 즉 부족의 통일성을 느낄 수 있는 예식들이 있다. 특히 입문 축제는 씨족을 넘어선 부족 종교의 모습을 잘 보여준다. 이들은 거의 성격이 비슷한 조상들을 가지고 있다. 이 특별한 조상들은 다른 것들과 동일한 서열에 있지 않고 더 큰 존경의 대상이 되며 해당 씨족에서 뿐만 아니라 부족 전체에서 존중된다. 이들은 특별한 의례에 의해서 경의를 받지 않고 의례의 창안자이자 수호자로서 때로는 의례 자체로서 경의를 받는다. 뒤르켐은 이러한 논의를 통해서 특별한 조상들이 씨족집단과 독립된 추상적인 존재로 바뀌는 것을 언급했다. 즉 신으로 변하고 있는 것을 말했다.

4

오스트레일리아의 모든 지역에서 상당수의 부족이 진정한 부족신의 존재를 믿고 있다. 그 가운데 가장 많이 사용되는 이름은 '분질'(또는 푼질), '다라물룬', '바이아메' 등이다. 이러한 존재의 본질적인 특성은 어디서나 동일하다. 불멸하고 스스로 존재하는 영원한 존재다. 그에게는 천체에 대한 지배력까지 부여된다. 그는 온 세상의 창조자이고 인간들의 조물주다. 인간이 사용하는 모든 문명의 산물들도 그에게서 생겨났다. 그는 부족의 도덕의 수호자이며 또한 심판관이기도 하다.

입문은 부족 숭배의 중요한 형태다. 따라서 창조자는 입문의례와 밀접한 관련이 있다. 입문의례를 통해서 사람들은 언제 어디서나 존재하는 분질(창조자)을 느낄 수 있다. 이러한 최고의 부족신들은 그 권위가 한 부족에만 국한되지 않고 다수의 이웃 부족에 의해서도 인정된다. 종교적 믿음은 역사의 여명기부터 엄격하게 선이 그어진 하나의 정치적 사회에 국한되지 않고 국경을 넘어서 퍼져나갔다.

오스트레일리아의 원시종교에서도 이러한 모습이 나타났다. 그 모습이 너무나도 신기하고 발전된 모습이어서 타일러는 이러한 현상이 유럽에서 전래된 산물이라고 말하기까지 했다. 그러나 부족 신에 대한 관념은 토착적 기원에서 나온 것이다. 오스트레일리아 사람들의 사고가 다수의 조상 정령으로부터 부족신의 개념으로 넘어갈 수 있게 된 것은 둘 사이에 매개 개념이 삽입되어 둘 사이를 이어 주었기 때문이었다.

그 매개는 문명창시의 영웅들이다. 그들은 때때로 부족신과 친자 관계가 있는 것으로 여겨지면서 연결 관계를 더욱 견고하게 만들었다. 최고 신에 대한 개념이 토템 신앙 전체 체계와 밀접하게 연관되어 있는 것이다. 그리하여 위대한 신의 이름과 토템이 서로 일치하며 그 생김새도 토템의 모습을 한 경우가 많다. 위대한 신들에 대한 전설적 이야기는 프라트리 토템들의 이야기와 유사하다. 그리고 위대한 신들에 대한 개념은 부족 숭배의 중요한 형태인 입문의례에 의해 이루어진다. 결국 위대한 신이란 모든 토템의 통합체이며 결과적으로 부족 단일체의 화신이라고 할 수 있다. 더 나아가서 위대한 신은 범부족적인 성격까지도 띠는데 위대한 신은 범부족적인 입문의례나 신화와 관련된다.

5

토템 숭배가 도달한 가장 높은 수준의 개념은 부족의 신이다. 부족의 위대한 신이란 마침내 탁월한 위치를 차지한 선조의 영이다. 선조의 영은 개인 영혼들의 이미지에 따라 만들어진 실체일 뿐이다. 그리고 영혼들이란 우리가 토템 숭배의 근저에서 찾아보았던 비인격적인 힘들이 인간의 몸으로 개별화 되면서 나타난 형태다. 이러한 생성 작업에서 영혼 개념은 분명히 중요한 역할을 했다. 영혼 개념으로 인해 종교 영역에서 인성의 개념이 도입되었다. 그리고 위대한 신은 토템의 믿음 형성에 작용한 감정, 즉 부족의 감정에서 비롯되었다. 부족 전체에 통용되는 최고의 신 개념에서 표현되는 것은 바로 부족의 단일성이다. 종교적 표상들에 대한 관념은 그 자체로서 나오는 것이 아니다. 그것은 의례와 밀접한 관계가 있다. 종교적 표상들은 의례를 행할 때 나타나기 때문이다.

이상과 같이 뒤르켐은 종교의 근거나 본질을 거룩함으로 보았다. 그리고 토템, 토템의 문양, 토템 동식물, 토템 씨족 등과 같은 표상들이 저절로 거룩해진 것이 아니라 집단(씨족, 공동체)의 삶에서 나와 거룩해졌음을 논의했다. 즉 거룩함의 근원이 사회임을 밝혔다. 그리고 이러한 사회의 힘을 상징하는 마나가 개인화되면서 영혼의 개념이 나타난다. 그리고 유기체에 매인 영혼이 유기체에서 독립하고 자유로워지면서 영이 나타나게 되었다. 이 영 가운데 가장 위대한 영, 위대한 선조의 영이 창조주와 같은 지위를 얻게 되어 신이 되었다. 이렇게 해서 가장 원시적인 사회 오스트레일리아에서 부족의 신이 탄생했고 더 발달한 사회에서는 민족의 신 더 나가서 온 세계를 지배하는 보편적이고 우주적인 신이 탄생하게 되었다. 이처럼 뒤르켐은 오스트레일리아의 토템 숭배를 통해서 종교의 근거와 표상을 보여주었고 영혼, 영, 신과 같은 종교적 개념의 형성과 발달을 논의함으로 사회학적 종교 이론의 틀을 만들었다.

제3권 주요한 의례적 태도들

제1장 소극적 숭배와 그 기능, 금욕 의례

뒤르켐에 따르면 종교를 구성하는 세 가지 요소는 믿음과 의례 그리고 공동체다. 이제 토템 숭배의 믿음체계를 지나 의례를 고찰하는 순서가 되었다. 모든 종교의 의례는 이중적 양상을 띤다. 하나는 소극적인 양상이고 다른 하나는 적극적인 양상이다.

1

성스러운 존재는 구별된 존재다. 즉 성스러운 존재와 구별된 존재 사이에는 단절이 있다. 성스러운 존재는 속된 존재 밖에 있다. 모든 의례들은 성과 속의 본질적인 분리 상태를 실현시키려는 목적이 있다. 의례는 두 영역 가운데 어느 하나가 다른 하나를 침범하지 못하게 한다. 이 기능을 수행하기 위해 소극적 행위(주로 해서는 안 되는 행위)를 규정한다. 이것을 소극적 숭배라고 하며 흔히 말하는 터부의 형태를 띤다.

종교적 금지와 주술적 금지를 구별해야 한다. 종교적 금지는 성스러운 대상이 불러일으키는 존경심에서 비롯되며 도덕적인 성격을 띤다. 또한 절대적인 명령의 성격을 띤다. 그러나 주술적 금지는 소유에 대한 속된 개념만을 전제로 하며 의학적인 금지와 유사하게 유용성의 측면에서 접근한다.

　종교적 금지에도 다양한 유형이 있다. 다른 종의 성스러운 사물들을 서로 분리하기 위한 목적으로 만들어진 종교적 금지가 있다. 이것은 성(聖)의 순수함을 유지하고 불길한 성(聖)이 틈타지 않도록 하기 위함이다. 이것은 성스러운 사물들 간에도 불균형과 양립불가의 관계가 존재한다는 것을 보여준다. 더욱 중요한 금지의 규정은 모든 속된 것과 모든 성스러운 것을 구분하고 서로가 뒤섞이지 않도록 방지하는 금지체계다. 이 금지체계는 진정한 숭배의 근거이고 자료다. 이러한 금지체계의 가장 일반적인 모습은 접촉 금지다. 성스러운 것과 속된 것이 서로 접촉하지 않도록 하는 것이다. 거룩한 음식물에 대한 금지 규정은 접촉에 대한 금지의 가장 강한 형태다. 음식을 먹는 것은 단순한 접촉의 정도를 넘어서서 그 몸의 한 부분이 되기 때문이다. 때로 몸으로 직접 접촉하지 않는다 해도 바라보는 것조차 금하는 금지체계가 있다. 이러한 금지체계로 인해 토템 의식 주례자의 몸에 그려진 토템이나 입문의식을 행하는 젊은이들의 모습을 속된 여자들은 볼 수도 없었다. 언어 역시 사람과 사람 또는 사람과 사물이 관계를 맺는 방식이다. 따라서 침묵을 요구하고, 특정한 단어를 입 밖에 내지 못하도록 하는 금지체계가 있다. 금지체계는 성스러운 존재와 관련된 도구, 복장, 장식, 특정 행위 등이 속된 것과 뒤섞이지 않도록 만들어졌다. 그리하여 종교의례가 끝난 다음 속된 것이 틈탈 수 없는 특별한 장소에 보관하거나 태워버렸다. 뿐만 아니라 종교의례가 행해지는 시기에는 사냥, 낚시, 전쟁 등과 같은 일상적인 행동(속된 삶)이 중단되었다. 현대사회의 종교에서 볼 수 있는 안식일 규정이나 주일 성수 규정이 여기에 해당된다. 모든 금지 규정은 두 가지 원리에 의해 정해진다. 첫째, 종교생활과 속된 생활은 같은 공간에서 공존할 수 없다. 둘째, 종교생활과 속된 생활은 같은 시간 속에서 공존할 수 없다.

2

소극적 숭배는 속된 접촉에서 성스러운 존재들을 보호하는 것으로 그치지 않는다. 그것은 신도에게 영향력을 행사해서 신도의 상태를 적극적으로 수정한다. 신도는 소극적 숭배를 행하면서 속된 것들과 떨어져 있다는 사실만으로도 성스러운 것과 가까이 있음을 느끼게 된다. 즉 종교적으로 고양된다. 금식, 철야, 침묵, 고행 등을 통해서 이런 일이 일어난다. 오스트레일리아의 신참자는 입문의례를 통해서 다양한 소극적 숭배를 행하는데, 그 의례를 통해서 그는 변화되고 성스러운 특성을 얻게 된다. 즉 속된 옛 사람이 죽고 거룩한 새 사람으로 다시 태어나는 것을 경험한다.

금욕과 포기에는 반드시 고통이 따른다. 속된 세계에서의 삶이란 육신을 지닌 인간의 자연스러운 삶이며 본성적인 삶이다. 이러한 삶을 포기하는 소극적 숭배에는 고통이 따르기 마련이다. 그리고 이러한 고통을 통해서 새로운 능력과 특권을 얻게 된다. 오스트레일리아의 입문의례 속에는 이를 빼거나, 몸에 상처를 내거나 절개하는 등 다양한 방식으로 신참자에게 고통을 주는 행위가 포함되어 있다. 이러한 고통은 가치 있는 것이다. 인간의 위대함은 두려움 없이 고통과 싸우는 것인데, 금욕과 포기를 통해 본성을 억누를 때 인간은 다른 피조물보다 우월하고 위대한 존재가 된다. 금욕적 의례가 부과하는 고통은 무가치하고 잔인한 것이 아니라 무사무욕(無邪無慾)과 인내의 자질을 얻기 위한 시련이다. 이러한 자질이 있어야만 종교는 존재할 수 있다.

소극적 숭배에서 볼 수 있는 금욕주의는 종교적 목적에만 쓰이는 것이 아니다. 종교적 관심사들은 사회적·도덕적 관심사들의 상징적 형태다. 그러므로 종교적 신앙의 대상이 그 신도들에게 금욕을 요구하듯이 사회도 그 구성원들의 본능적 욕구를 끊임없이 억누른다. 인간이 사회에 대한 의무를 완수하려면 본능을 저버리고 본능을 극복해야 한다. 금욕주의는 사회생활의 본질 가운데 내재되어 있으며 인간문화의 필수 불가결한 부분이다.

3

금지체계가 탄생되는 근원이 무엇인가? 금지체계는 논리적으로 성(聖)의 개념 속에 포함되어 있다. 성스러운 모든 것은 존경의 대상이 되며 이 존경의 감정은 그것을 느끼는 사람에게 금지라는 행동으로 나타난다. 이러한 감정과 행동이 나타나는 것은 성스러운 것과 속된 것이 서로 배척하고 상호 적대적이라는 것을 보여준다. 뿐만 아니라 성스러운 세계는 속된 세계를 배척하는 동시에 가까이 있는 속된 세계로 흘러들어가는(전염되는) 이중적이고 모순적인 속성을 지니고 있다. 오스트레일리아의 종교는 이러한 전염을 보여주는 예들로 가득하다. 추링가의 거룩함은 그것이 보관된 동굴을 거룩하게 하고 그 동굴 가까이에서 자라는 식물들과 그 동굴 근처로 도망쳐온 동물에게로 퍼져나간다.

거룩한 것과 속된 것 사이에는 적대관계가 있고 둘이 만났을 때 적의(敵意)에 찬 어떤 힘이 나타나게 된다. 이러한 적대적인 힘의 작용으로 인해 병에 걸리거나 심지어 죽는 결과까지도 나타난다(구약성경 사무엘하 6장을 보면 하나님의 궤를 옮기던 웃사가 그 궤를 만졌다가 그 자리에서 죽는 사건이 기록되어 있다). 이처럼 거룩한 것과 속된 것 사이에는 적대관계가 있을 뿐 아니라 쉽게 전염되는 현상이 나타난다. 즉 거룩한 것과 닿은 속된 것이 거룩한 것에서부터 흘러나오는 적대적인 힘에 쉽게 노출되어 해를 입을 수 있다. 그러므로 신성모독은 엄격한 금기가 되며 금지의 형태를 띤 소극적 숭배가 나타난다.

4

성스러움이 지닌 전염성을 어떻게 설명할 수 있을까? 원시종족들의 과도한 연상작용으로 설명하는 것은 의미가 없다. 도유식(塗油式)이나 축성식(祝聖式)에서 볼 수 있는 것처럼 고등 종교에서도 이러한 성스러움의 전염성이 나타나기 때문이다. 종교적 힘이란 의인화된 집합적 힘, 즉 도덕적 힘이다. 그 힘은 밖에서(사회에서) 온 관념과 감정으로 이루어져 있으며 물리 세계에서 온 감각으로 이루어진 것이 아니다. 그 힘은 매체에 덧붙여진 것이지 뿌리내린 것이 아니다. 그러므로 쉽게 들어오기도 하고 쉽게 나가기도 한다.

오스트레일리아 외 종교에서 "마나는 어떤 물질적 대상에 고정되지 않는다. 그러나 거의 모든 종의 대상에 전달되는 힘이다." 인간의 영혼은 언제든지 육체에서 빠져나올 수 있는 가능성이 있다. 어떤 성스러운 존재의 특성은 그 내적인 속성에 기인하지 않는다. 종교적 감정을 구성하는 것은 사회의 활동이 의식(意識) 속에 불러일으키는 위안과 의존의 인상들이다. 이러한 감정과 인상들은 특정 사물에 고정되어 있는 것이 아니기 때문에 쉽게 퍼져나가고 전염될 수 있다. 전염은 성스러운 특성이 획득되는 과정 그 자체이고 성스러운 특성은 전염에 의해 확립된다.

종교적 거룩함이 지닌 전염성은 원시적 정신상태의 특성을 이해하는데 도움을 준다. 원시인들은 이질적인 계(界)와 사물들, 즉 인간, 동물, 식물, 전체 등을 혼동하고 동일시하는 모습을 보여주었다. 이러한 혼동은 거룩함의 전염성에서 기인한다. 그러나 우리가 앞서 살펴본 바와 같이 혼동과 분유(分有)는 논리의 형성에 중요한 역할을 했다. 이러한 혼돈들은 감각이 서로 떼어 놓은 사물들을 연결시키는 데 사용되었다. 감각적으로 연결되지 않는 것을 연결할 수 있도록 하는 것이 과학이다. 이런 의미에서 종교적 거룩함에서 나타나는 전염성은 미래의 과학적 설명을 위한 길을 열어 주었다.

제2장 적극적 숭배 1: 희생의 기본원리, 중앙 오스트레일리아 부족의 인티츄마(Intichiuma) 예식과 여러 형태들

인간은 항상 종교적 힘들과 적극적이고도 쌍무적인 관계를 유지한다는 믿음이 있었다. 이러한 힘들을 조정하고 조직하는 것이 의례(예배)의 기능이다. 이러한 특별한 의례의 체계를 적극적 숭배라고 부를 수 있다. 오스트레일리아 원시송족에게서 볼 수 있는 '인티츄마'(입문 축제예식)는 적극적 숭배의 가장 대표적인 예이고 이 의례를 통해서 종교의 본질적 메커니즘을 이해할 수 있다.

1

인티츄마 축제는 일차적으로 씨족토템으로 쓰이는 동물이나 식물 종의 번영을 목적으로 진행된다. 이 축제가 이루어질 때 사람들은 씨족 선조들의 흔적이 남아 있는, 그래서 생명의 저장고로 여겨지는 특별한 장소를 찾아간다. '위체티' 벌레 씨족의 예를 든다면 그들은 위체티 벌레를 상징하는 돌이 있는 특별한 장소로 찾아가서 정해진 종교의례를 진행하면서 그 돌을 두드리고 깨고 문지르면서 먼지를 일으킨다. 이렇게 만들어진 먼지가 멀리 퍼져나가면 위체티 벌레도 크게 번식한다고 한다. '우라분나' 족의 도마뱀 씨족은 조상을 상징하는 바위의 돌을 떼어내어 사방으로 던진다. 이(蝨)를 토템으로 하는 또 다른 종족은 이(蠱)나무를 문지르면서 사방으로 모래를 던진다. 꿀벌 토템 씨족은 성스러운 돌에서 나온 먼지를 날린다. 이러한 행위는 모두 다 해당 토템의 번식을 위한 것이다. 이러한 의례를 행할 때 그 효과를 좀더 높이기 위해서 자신들의 피를 바위 위에 흘리기도 한다. 그들의 피 속에 생명의 본체가 들어 있기 때문에 이러한 행동은 토템종의 번식을 보장하는 것이 된다.

2

인티츄마 축제의 두 번째 요소는 토템을 먹는 것이다. 보통 때에는 토템 동식물을 먹는 것이 엄격하게 금지되어 있다. 그러나 인티츄마 축제가 진행되면서 일정한 과정과 기간을 거친 후에 그들은 정해진 방식에 따라 토템 동식물을 먹는다. 이처럼 토템 동식물을 먹는 행위는 일종의 영성체와 비슷한 효력을 지닌다.

3

이와 같이 인티츄마 축제에 들어있는 가장 중요한 적극적 숭배의 원리는 희생제도다. 이 의례의 특징은 씨족원의 식사이며 그 의례의 소재는 음식이다. 이 의례는 희생을 바치는 신도들과 그것을 받는 신들이 함께 참여하는 식사다. 이러한 공통적 식사는 거기에 참석하는 사람들 사이에 인위적인 혈연관계를 만든다. 우리나라의 경우 가족을 함께 먹는 입, 즉 식구(食口)라고 부른다. 희생 잔치는 신도와 신 사이에 혈연관계를 맺어주기 위해서 그들을 같은 살로 영성체하려는 목적이 있다.

희생제에서 죽는 동물은 신에 준하는 존재이며 그것을 희생 제물로 바치는 사람들과 가까운 친척으로 여겨졌다. 희생은 최초에 그들을 묶고 있는 자연적 혈연관계를 새롭게 하고 유지하기 위해서 만들어진 것이다. 지금까지 알려진 가장 초보적인 종교에서도 음식을 통해 이루어지는 영성체의 가장 신비한 형태가 존재한다.

4

인티츄마의 첫 번째 작용은 씨족토템으로 쓰이는 식물종이나 동물종의 번식을 위한 것이었다. 토템 신성이라 부를 수 있는 그 종(토템 동식물)이 영속하기 위해서는 인간의 협력이 필요하다. 해마다 새로운 세대에게 생명을 주는 것은 바로 인간이다. 인간이 인티츄마를 중단하면 성스러운 존재들은 지구 상에서 사라져버릴 것이다. 다른 관점에서 보면 인간은 성스러운 존재에 의해 자신을 유지한다. 왜냐하면 성스러운 존재들이 성숙하면 인간은 자신의 영적 존재를 유지하고 회복하는데 필요한 힘을 그 존재들에게서 빌려오기 때문이다. 뒤르켐은 성스리운 존재와 신노의 관계를 설명하면서 사회와 사회를 구성하는 개개인의 관계를 염두에 두고 있다.

희생은 본질적으로 두 가지 요소로 이루어진다. 하나는 영성체이고 다른 하나는 봉헌이다. 신도들은 성스러운 양식을 먹음으로써 그의 신과 교통하는 동시에 이 신에게 봉헌한다. 희생은 신도들이 그 신들에게 그의 물질이나 어떤 것을 바치는 것을 전제로 한다. 그러므로 희생은 언제나 봉헌의 성격을 띤다. 또한 희생적인 봉헌은 인격적 존재(즉 보다 발달된 종교의 신)에만 행하는 것이 아니다. 희생은 오스트레일리아와 같은 원시적인 종교에서도 행해진다. 희생은 좀더 심오한 이유, 즉 사회와 공동체의 존속을 위해서 행해진다.

5

토템 동식물 같은 성스러운 존재들은 자연적 주기에 따라 위기에 처할 수 있다. 자연 환경의 변화에 따라 성스러운 존재들이 쇠퇴할 수 있다. 인간이 살기 위해서 우주적인 삶은 계속되어야 하고 우주적인 주기를 지배하는 신들도 살아 있어야 한다. 그러므로 인간들은 주기적으로 신들을 부양하고 돕기 위해서 함께 모인다. 인티츄마 같은 의례를 행하면서 자신들의 피를 뿌리며 봉헌을 한다. 그들의 희생이 곧 봉헌이다. 이렇게 함께 모여 의례를 행하면 성스러운 표상들이 되살아난다. 성스러운 존재들에게도 인간의 예배는 필요하다. 성스러운 존재들에 대한 집합 표상을 새롭게 하는 유일한 방법은 종교생활의 근원, 즉 모인 회중들 속에 그 표상을 다시 담가서 새롭게 하는 것이다. 그리고 집합표상이 다시 살아나면 사람들은 자신이 더욱 강해졌다는 확신을 한다. 쇠약했던 힘들이 의식(意識) 속에서 깨어났기 때문에 사람들은 실제로 더욱 강해진다.

　희생과 봉헌을 통해 신들이 살아남으로써 신을 숭배하는 인간들이 새롭게 되고 강해지는 메커니즘은 종교에만 해당되는 것이 아니다. 사회와 개인의 관계에서도 동일한 원리가 작용한다. 개인은 사회에서 자신의 가장 좋은 것을 얻는다. 사회적 지위, 문화, 언어, 학문, 예술, 도덕적 믿음 등을 모두 사회를 통해서 얻는다. 이것이 없다면 인간은 동물의 한 계열이 되고 말 것이다. 이와 아울러 사회는 개인 속에서 그리고 개인들에 의해서만 존재하고 생존한다. 사회에 대한 개념이 개인의 마음에서 사라지고 개인들이 집단에 대한 신앙, 전통 그리고 열망들을 느끼고 공유하지 않는다면 사회는 소멸하고 만다. 개인이 사회 없이 살 수 없는 것처럼 사회도 개인 없이는 존재할 수 없다. 신들은 사회의 상징적 표현일 뿐이다. 그리하여 숭배는 실질적으로 도덕적 존재(도덕의 근원이 되는 신과 사회, 또는 도덕을 간직하는 존재로서의 개인)를 주기적으로 재창조한다. 숭배를 위한 모임과 의례는 사회의 존속과 개인을 인간적으로 고양시키기 위한 중요한 근거이며 수단이다.

적극적 숭배는 주기적 형태를 띤다. 근본적으로 숭배를 이루는 것은 정해진 시기에 규칙적으로 되돌아오는 축제들의 순환이다. 이러한 숭배의 주기적 성격은 사회적 삶의 리듬과 관련되어 있다. 인간들은 속된 시기(경제활동을 하는 시기)와 거룩한 시기(종교의례에 참여하는 시기)를 교차하는 삶을 산다. 뒤르켐은 여기에서 주기의 중요성을 환기시키면서 시간 개념(범주)이 사회적 산물로서 형성되었다는 것을 예고한다.

제3장 적극적 숭배 2: 모방 의례와 인과법칙

토템의 번식을 위한 의례 가운데 희생의례 외에 나른 의례가 있다. 그것은 모빙의례나. 그리고 모방의례는 인과법칙의 원리를 제공한다.

1

앞서 살펴본 인티츄마 축제 가운데서 모방의례가 진행되는 것을 많이 발견할 수 있다. 애벌레를 토템으로 하는 종족들은 곤충이 고치에서 빠져나오는 것을 재현하는 모방의례를 행한다. 에뮤 새를 토템으로 하는 종족은 그 새의 외관과 양상을 재현하면서 의례를 진행한다. 캥거루 토템 족은 캥거루가 뛰거나 먹는 모습을 모방하며, 박쥐 토템 족은 박쥐들의 특별한 울음소리를 흉내 내는 의례를 진행한다. 식물을 토템으로 하는 종족들은 해당 식물을 따거나 먹는 모습 또는 키질하거나 빻는 모습을 재현한다. 대다수의 부족에서 인티츄마는 본질적으로 모방의례들로 이루어져 있다.

2

이러한 의례들은 흔히 공감적 주술이라고 부르는 원리의 토대가 되었다. 어떤 대상에 영향을 미치는 것은 이 대상과 가까운 관계를 맺거나 결속되어 있는 모든 것에 영향을 미친다. (인접성의 원리) 비슷한 것이 비슷한 것을 낳는다. (유사성의 원리) 그러나 모방 의례는 이러한 원리를 훨씬 더 뛰어넘는다. 모방의례는 단순히 한 대상에서 다른 대상으로 전해지는 어떤 상태나 특질의 이동을 전제할 뿐만 아니라 완전히 새로운 것의 창조를 전제하기 때문이다. 공감적 주술에서는 이러한 창조적 요소가 나타나지 않는다. 공감적 주술에는 단순한 전염적 커뮤니케이션만 있을 뿐이지만 모방의례에는 생산과 창조가 있다. 모방적 주술 또는 유사요법적 주술만으로는 단순한 연상 작용이 어떻게 창조에 대한 믿음까지 이르게 되었는가를 설명하지 못한다.

토템 의례를 거행할 때 모인 사람들은 자신들이 실제로 동일한 명칭의 동물이나 식물이 된다고 믿는다. 그리고 여러 사람이 동일한 형태의 모방의례를 행함으로써 자신들이 같은 공동체의 구성원이라는 사실을 확인한다. 또한 모방의례를 통해서 자신의 토템과 닮으려고 한다. 이러한 방식으로 그들은 거룩한 존재 즉 토템이 상징하는 집합적 이상과 교류하게 된다. 그들은 모방의례를 행하고 동일한 목적과 동일한 관심사(즉 토템종의 번식)에 집중하면서 그것을 말과 행동으로 구현한다.

그들은 동물을 모방함으로써 동물을 번식시킨다는 개념을 지니고 있다. 이러한 생각은 분명히 오류다. 동물을 모방하는 의례를 행하기 때문에 동물이 번식하는 것은 아니기 때문이다. 그러나 오류가 있는 개념에 따라 행하지만, 모방의례를 행할 때 그들에게는 독특한 행복(좋은 마음)을 느끼며, 이러한 느낌은 충분히 근거가 있다. 자신들의 행동이 거룩한 토템 동물의 번식을 가져온다는 것이 참으로 기쁜 일이 아니겠는가? 그리하여 그들은 예식을 통해서 그들의 도덕적 존재감을 회복한다. 이러한 느낌이 그 자체로는 아무것도 아닌 몸짓에 창조적인 효능을 부여하기에 이르렀다. 의례에서 나오는 도덕적(또는 심리적·정신적) 효력이 상상적인 물리적인 효력을 믿게 만든다. 이러한 메커니즘은 발달된 종교에서도 찾아볼 수 있다. 현대사회의 신도들도 예배를 규칙적으로 거행함으로써 도덕적 위안을 얻고 원하는 명제들을 받아들이도록 준비된 믿음을 지니게 된다. 모방의례는 주술처럼 보이지만 주술이 아니라 종교다. 따라서 주술에서 종교가 파생되어 나온 것이 아니라 반대로 모방의례와 같은 종교에서 주술이 나온 것이다. 물질적이고 현실적인 목적만을 지닌 주술의 기교가 그렇게 오랫동안 인간의 신뢰를 받을 수는 없다. 주술이 공동체와 집합 감정에 뿌리 내린 종교에서 나왔기 때문에 오래 존속될 수 있었다.

3

모방의례의 원리는 지식 이론과 직접 관련된다. 그것은 인과법칙의 구체적인 진술이며 이제까지 존재했던 인과법칙의 가장 원시적 표현 가운데 하나일 것이다. 모방의례들이 의존하고 있는 격언(비슷한 것이 비슷한 것을 만들어 낸다)의 기원은 인과법칙의 기원을 밝혀 줄 수 있다. 또한 모방의례의 기원은 우리로 하여금 인과법칙의 기원을 이해하도록 도와준다.

인과관계의 개념 속에 함축되어 있는 관념은 효력, 생산력, 활동력이다. 원인이란 자체 속에 있는 힘을 발휘하기 이전에 존재하는 힘이다. 효력이란 이것과 동일하지만 현실화된 힘이다. 인과개념은 사회적 원인에 좌우된다. 우리들은 앞의 분석을 통해 전형적인 힘의 관념이 마나, 와칸, 오렌다, 토템 본체 등과 같이 사물들 속에 투사되고 그 속에서 객관화된 집합적 힘에 붙여진 명칭이라는 것을 알게 되었다. 이러한 개념이 외적인 경험에서 올 수는 없다. 외적인 경험에 대한 감각은 이러한 상태들을 연결시켜 주는 내적인 과정을 포착하지 못한다 (뒤르케임은 철학적 경험론의 한계를 말하고 있다). 또한 그러한 관념들이 완전히 만들어진 채 우리에게 주어졌다는 것 또한 인정할 수 없다 (철학적 선험론의 한계를 말하고 있다). 인과관계의 개념은 내적인 경험에 기인한다.ʼ실제적으로 힘의 개념은 우리의 심리적 삶에서만 차용할 수 있는 많은 영적인 요소를 포함하고 있다.

의지력 안에서 행동력을 직접적으로 인지하게 된다고 말하는 사람들이 있다. 정령 숭배론에 근거해 처음에 세상을 가득 채운 힘이 영(靈)이었다면, 즉 인간과 비슷한 인격적이고 의식이 있는 존재였다면 이러한 논리가 가능하다. 그러나 우리가 앞서 살펴 본 바와 같이 최초의 힘들은 익명적이고 모호하고 확산된 능력이다. 이것은 비인격적인 우주적인 힘과 비슷하다. 따라서 이러한 힘이 인간 의지의 이미지로 인식될 수는 없다. 다시 말해 의지력에 대한 인식이 인과관계의 기원이 될 수는 없다.

인과관계 속에 함축된 힘의 개념은 우리의 내적인 경험(즉 도덕적 힘)에서 유래할 수밖에 없으며 그 힘들은 비인격적이다. 이 두 가지 조건을 만족시키는 힘은 공동생활에서 나온다. 이것은 정신적인 힘이며 객관화된 관념들과 감정들로 이루어져 있으면서 비인격적인 힘이다. 왜냐하면 이 힘은 협동의 산물이지 특정 개인의 것이 아니기 때문이다. 그리고 이 힘들은 좀더 멀리 퍼져 새로운 영역으로 침범하려는 성향이 있다. 즉 전염적이고 잘 전달되는 속성을 지닌다.

성스러운 존재를 구분하고 속된 존재를 멀리하는 힘은 사실상 성스러운 존재 안에 있는 것이 아니라 신도들의 마음속에 있다. 따라서 어떤 행동들을 금지하거나 다른 것들을 명령하기 위해서 그 힘이 그들의 의지에 작용하는 순간 신도들은 그 힘을 느낀다. 이렇게 느껴지는 힘이 인과관계를 생각하는 근거가 된다. 이러한 힘은 또한 능력의 개념을 내포한다. 그 속에는 주도권, 지배권, 우월권 등의 개념이 존재하며 이와 아울러 의존과 종속의 개념이 함께 나타난다. 존재들을 우월한 것과 열등한 것으로, 명령하는 주인과 복종하는 하인으로 분류하는 것은 사회다. 그러므로 인간 정신이 인식한 최초의 힘은 바로 사회가 조직되면서 세워진 힘이다.

인간은 사회생활에서 얻은 개념을 도입함으로써 그 힘이 머물고 있는 자신을 자기 육체의 지배력으로 생각할 수 있게 되었다. 인간은 자신과 물리적인 분신을 구분하고 자신에게 육신에 비해 우월한 권위를 부여하게 되었다. 이 힘은 흔히 영혼의 형태로 표현된다. 이러한 힘과 지배력의 개념이 인과관계의 근거가 된다. 인과관계가 이루어지려면 단순히 힘이나 지배력의 개념만으로 충분하지 않다. 인과관계가 형성되기 위해서는 힘은 일정한 방식으로 전개되며 그 전개의 각 순간에 존재하는 힘의 상태가 그 이후의 상태를 예정해야만 한다. 앞의 상태를 원인이라 하고 뒤의 상태를 결과라 한다. 인과론적인 판단은 이러한 두 순간 사이에 필연적인 관계가 존재한다고 단언한다.

모방의례는 인과법칙의 형성을 보여준다. 특정집단은 자신들이 숭배하는 토템 동식물 종의 번식을 위해 동일한 몸짓을 한다. 이러한 몸짓 속에는 그 성원들의 공통 감정이 들어있다. 이러한 모방의례를 행하면 결과에 대한 관념(토템 동식물의 번식)과 자신들의 모방의례(토템 동식물의 행동이나 모양을 흉내 냄) 사이에 연상작용이 일어난다. 즉 자신들의 의례가 원인이 되어 토템 동식물이 번식하는 결과가 나타날 것이라고 기대한다. 사회는 사회가 존속하는데 필요한 의례를 계속 반복하도록 그 구성원들에게 요구한다. 이러한 사회의 요구에 따라 모방의례가 반복되며 모방의례와 직접적 관련이 없는 자연법칙에 따라 그들이 원하는 결과(토템 동식물의 번식)를 얻을 수 있다. 이러한 일이 반복되면서 의례적인 계율이 논리적인 계율이 된다. 즉 모방의례가 토템 종의 번식을 가져온다는 인과법칙이 나타난다.

우리는 이상의 논의를 통해서 인과개념, 좀더 일반적으로는 범주 개념에 대한 사회학적 이론을 살펴보았다. 사회학적 이론은 인과관계의 필연적이고 선결적인 특성을 확인한다는 점에서 선험론과 맥락을 같이 한다. 또한 사회학적 이론은 개인의 경험이 인과관계 형성에 작용하는 것을 인정한다는 의미에서 경험론과 맥락을 같이 한다. 개인 스스로가 현상들의 규칙적인 연속성을 관찰해 규칙성에 대한 감각을 얻는다는 것을 부인할 수 없다. 뒤르켐은 사회와 공동체 그리고 집합적 행위와 감정을 통해 범주의 개념을 만들었고, 개인의 감각과 관찰을 통해 범주들 사이의 관계, 인과관계가 확립되도록 했다. 철학에서는 이것을 사회학주의라고 부르는데 아직까지 이러한 이론을 온전히 수용하거나 부정하는 이론이 나오지 않고 있다.

제4장 적극적 숭배 3: 재현의례 또는 기념의례

앞서 살펴본 희생 의례나 모방의례와 같은 적극적 의례는 그 속에 도덕적·사회적 의미를 포함하고 있다. 이러한 의례들이 진행될 때 행하는 몸짓들은 토템종의 번식을 목적으로 한다. 이렇게 물질적인 목적을 위한 의례가 어떻게 도덕적 목적에 쓰일 수 있을까? 이러한 의례는 단순히 물질적 목적(식량의 확보)만 있는 것이 아니라 다른 목적을 지닌다. 그것은 신도들로 하여금 과거에 충실하도록 하고 집단으로 하여금 그 규범적 특징을 보존하도록 한다. 이러한 사실을 보여주는 것이 기념 의례이다.

1

와라뭉가족은 인티츄마 축제를 행하면서 조상의 신비한 역사를 기념하고 표현하고자 한다. 이들의 기념 예식은 조상 '탈라우알라'가 땅 속에서 나와 다시 그곳으로 돌아갈 때까지의 신화적인 역사를 공연하는 형태를 띤다. 이 예식을 행하면서 그들은 격렬하게 몸을 흔드는 행동을 반복하는데 그것은 조상이 자신 안에 있던 생명의 씨앗을 밖으로 내보내기 위해서 행한 행동을 재현하는 것이다. 이러한 의례는 연극 공연과 같은 성격을 띠고 의례의 집례자나 참여자는 연극의 주인공처럼 행동한다. 와라뭉가족의 의례에는 토템종의 번식을 직접적으로 유빌하거나 도와주는 복적으로 행하는 몸짓이 없다. 그 공연들은 씨족의 신화적인 과거를 현재의 모습으로 마음속에 되살리기 위한 것이다. 이 예식을 통해 집단은 주기적으로 자신과 자신의 단일성에 대한 감정을 새롭게 하며, 개인들은 사회적 존재로서의 본질이 강화된다.

2

와라뭉가족의 '월룬카 뱀'을 기념해 행하는 축제는 연극적이고 이상주의적인 특성이 훨씬 강조된 예식이다. 월룬카는 이 세상에 단 하나밖에 없는 신화적인 동물이다. 이 예식은 전통적인 인티츄마의 효력을 나타내지도 않고 토템종의 번식과도 무관하다. 그들은 이 예식을 통해 전통과 연결되며 그러한 과정에서 행복감을 맛본다. 이 예식은 어떤 물질적인 유용함을 위해서가 아니라 예식 자체가 주는 만족감을 위해서 시행된다.

와라뭉가족에게는 웃는 소년의 토템이 있다. 이 예식은 즐거운 웃음을 유발하며 집단의 즐거움과 유머를 유지시키는 것을 목적으로 한다. 이러한 예식들을 통해 우리는 종교의 중요한 요소가 오락적·미적 요소임을 알 수 있다. 이 예식들은 사람들에게 현실세계의 고통을 잊게 하고 상상력을 불러일으켜 그들을 다른 곳으로 데려다주며 기분을 전환시킨다. 이것은 집단 레크리에이션과 유사하다.

놀이와 예술의 주요한 형태들이 종교에서 생겨났고 그것들이 오랫동안 종교적 특성을 띠고 있었다는 것은 잘 알려진 사실이다. 종교적 사물들의 세계는 부분적으로는 상상 세계다. 그러므로 종교는 자유로운 창조에 이바지한다. 종교의 독특한 힘이 그 본래적 신앙체계의 확립이나 의례의 수행을 넘어 보충적이고 사치스러운 일들, 즉 예술작품에 쓰일 수 있다. 종교는 사고와 활동의 자유로운 배합, 놀이, 예술 그리고 일상의 많은 구속 때문에 피곤해진 정신을 새롭게 하는 모든 것에 어떤 여지를 제공했기 때문에 오랜 기간 존속할 수 있었다. 종교는 그 자체만으로도 미적인 것을 지니고 있다.

표현적 예식 또는 기념의례는 종교의 미적·예술적 요소를 잘 보여준다. 그러나 종교적 상징들이 표현하는 도덕적인 힘들은 실제적인 힘이다. 그러므로 종교 속에 미적·예술적 요소가 있다고 해서 종교를 예술과 혼동해서는 안 된다. 적극적 숭배를 통해서 얻는 레크리에이션은 말 그대로 도덕적 재창조의 형태를 띤다. 종교의례와 세속적 축제가 겉보기에 비슷한 모습을 보이기도 하지만 종교의례는 언제나 심오한 목표를 향하고 있다. 이것이 종교의례와 세속적 향연의 차이다.

3

오스트레일리아 종족들이 시행하는 인티츄마와 같은 의례들은 다양한 목적으로 사용될 수 있다. 입문의례가 될 수도 있고 토템종의 번식을 위한 의례 또는 순수한 기념의례가 될 수 있다. 그리고 발달된 종교, 즉 힌두교의 희생제나 가톨릭의 미사에서도 하나의 의례가 다양한 목적으로 진행되는 것을 볼 수 있다. 이러한 모호함은 의례의 진정한 기능이 어떤 특수한 효능에 있는 것이 아니라 일반적인 행동에 있음을 말한다. 그것은 신도들에게 도덕적인 힘과 믿음으로 이루어진 어떤 정신상태를 깨우는 것이다. 종교의례의 본질은 사람들이 모이고, 공동의 감정이 일어나고, 그것이 공동의 행동으로 표현된다는 것이다. 이러한 본질에 근거해 의례의 다양한 기능들, 즉 희생, 헌신, 기념, 위로, 기쁨 등이 나타나게 된다. 무엇보다도 의례는 사회집단이 주기적으로 재확인되는 수단이다. 사회구성원들이 다 같이 모여 동물 토템을 모방하면서 통일되고 동일한 행동을 하는 모방의례는 사회집단의 동질성을 확인하는 가장 좋은 수단이다. 그러므로 모방의례는 숭배의 최초의 형태이며 다른 의례들은 이러한 의례의 변이에 불과하다고 할 수 있다.

제5장 속죄의례와 성(聖) 개념의 모호함: 속죄의례에 대한 정의

우리가 살펴본 여러 의례가 내포하는 본질이 서로 다르다 해도 적극적 의례는 신뢰, 희열, 열광상태에서 이루어진다. 이것들은 모두 즐거운 축제다. 그러나 재앙을 기억하고 애도하는 목적을 지닌 슬픈 기념식도 있다. 이런 종류의 예식을 속죄의례라 부를 수 있다.

1

　장례식은 속죄의례의 대표적인 예다. 장례식에는 여러 가지 소극적 숭배, 즉 금기들이 포함되어 있다. 그러나 또한 장례식 안에는 적극적 행위를 요구하는 요소가 들어있다. 와라뭉가족의 장례식은 어떤 사람이 죽기 직전부터 시작된다. 한 사람이 죽을 때가 다가오면 그 가족과 가까운 친족들이 소리를 지르며 그에게 달려간다. 그리고 자신의 머리를 때려 상처를 내고 탄식과 신음 소리를 낸다. 그가 죽고 난 다음에는 신음 소리가 더욱 날카로워지고 광란의 상태로 들어간다. 칼이나 뾰족한 막대기로 자신의 몸에 상처를 낸다. 여자들은 엄격하게 침묵을 지켜야 한다. 그들은 서로 울고 탄식하면서 서로 껴안으면서 땅에 앉는다. 이러한 고통, 탄식, 슬픔, 광란의 예식은 다른 종족들에게도 거의 비슷하게 나타난다. 이러한 예식들이 표현하는 감정은 슬픔만이 아니라 분노와 슬픔이 뒤섞여 있다. 다가온 죽음에 대한 복수심이 들어있다. 뒤르켐은 '죽음에 대한 복수'라는 표현을 사용하면서 이 의례가 죽음, 즉 '사회의 훼손'을 회복시키는 작용을 하고 있음을 말한다. 그리고 실제로 죽은 자의 머리카락을 매개로 복수를 위한 싸움이 행해지기도 한다. 장례식은 무덤을 향해서 가는 행진으로 종결을 고하는데 그 과정에서 상처내기, 피 흘림, 고통, 신음, 비명 등이 극에 달한다. 이 과정에서는 특별히 여성들이 이러한 고통을 당하는 주체가 된다.

2

　장례식은 앞서 살펴본 예식들과 비교할 때 쇠약, 비명, 눈물, 고통 등이 주된 요소가 된다. 이것을 통해서 이 예식이 속죄의례의 특징을 지니고 있음을 알 수 있다. 그런데 장례식에서 이루어지는 여러 표현들은 개인감정의 자발적인 표현이 아니다. 친척들이 울고 탄식하고 상처를 입힌다고 해도 그것이 근친의 죽음에 대한 순전한 인간적 슬픔에 의한 것이 아니다. 그것은 집단이 부과한 의무다. 사람들은 슬퍼서 우는 것이 아니라 그렇게 하도록 강요당하기 때문에 운다. 이러한 의무는 신화적·사회적 제재에 의해 지지된다. 장례식은 더 이상 존재하지 않는 사람을 향한 경건한 후회와 애도가 아니라 가혹한 절제와 잔인한 희생으로 이루어져 있다.

왜 이런 의례가 생겨났을까? 어떤 사람이 죽으면 가족집단은 축소되는 것을 느끼며 이러한 손실에 대응하기 위해서 모인다. 공동의 불행은 행복한 사건의 도래와 동일한 효과를 지닌다. 모임을 통해 집단감정은 새로워지고 그것은 개인들이 함께 모이고 서로를 찾게 만든다. 그리고 모여 예식을 행할 때 울고, 탄식하고, 고통스러운 자해행위를 함으로써 공동체의 손실이 얼마나 괴로운 일인가를 구성원 모두에게 보여준다. 이러한 과정을 통해서 사회(공동체, 집단)의 가치와 소중함이 개개인의 마음속에서 다시 살아나게 된다. 울고 탄식하는 것은 단순히 개인의 슬픔을 표현하는 것으로 그치지 않고 사회가 그에게 불러일으킨 의무를 완수하기 위함이다.

장례식은 사회(가족 또는 씨족)의 손실을 애도하고 그 손실의 고통에 참여함으로써 사회를 보전하기 위해서 사회의 도덕적 힘이 가하는 압력에 굴복한 인간들의 의례다. 이러한 메커니즘을 알지 못하는 원시종족들은 죽은 사람의 영혼이 일으키는 분노를 달래어 재앙을 피하기 위해서라고 말한다. 장례식을 행함으로써 흩어져 있던 개인들이 다시 결속되고 가족을 잃은 상실을 보상해주는 위안을 느끼게 된다. 그리하여 한 사람의 죽음으로 타격을 입었던 사회는 다시 회복된다.

3

죽음만이 공동체를 혼란에 빠뜨리는 것은 아니다. 인간에게는 슬픔과 낙담을 가져오는 다른 것도 많다. 오스트레일리아 종족들에게 추렁가는 집단의 수호신으로서 공동체의 운명 자체가 그것과 관련되어 있다. 적이나 백인들이 이러한 보물 가운데 하나를 훔쳐가는 일이 생기면 이들은 공적 재앙을 만난 것이나 다름없다. 그래서 그들은 장례식과 유사한 의례를 행한다. 또한 흉년이나 가뭄이 왔을 때, 그들이 하늘의 불이라고 부르는 극광(極光 / 오로라)이 나타났을 때, 어떤 재앙이나 전염병이 왔을 때, 그들은 함께 모이고 장례식과 비슷한 의례를 행하면서 피를 흘리고 광란 상태에 빠진다. 이러한 의례는 장례식과 같은 일종의 속죄의례가 된다.

종교의례는 불안하거나 슬픈 사건에서 출발할 때조차도 집단과 개인의 감정 상태를 자극하는 힘을 지니고 있다. 예식이 집단적으로 거행된다는 사실만으로도 생명력의 상태를 높여 준다. 사람이 자신 속에서 생명을 느낄 때 그는 죽음을 극복할 수 있는 힘을 얻는다. 그리하여 의례를 행할 때 흘린 피나 상처, 그들의 움직임과 외치는 소리 등이 모두 죽음이나 재난과 같은 부정적인 일들에 대한 치유적인 효능이 있는 것으로 여겨진다. 의례의 위반도 동일한 메커니즘으로 작동한다. 의례의 위반은 집단의 신앙을 흔들고 집단의 도덕적 존재를 침해한다. 그러나 위반이 불러일으킨 분노가 공공연하게 확인되면서 그 위반이 일으킨 악을 보상해준다. 다시 말해 위반으로 인해 사회에 가해진 부정적 영향이 해소된다. 더 나아가 오히려 사회의 규범과 도덕성이 강화될 수 있다.

4

스미스가 말한 바와 같이 성(聖)의 개념은 늘 모호한 성격을 띤다.

종교적 힘은 두 종류다. 하나는 인간에게 선의적이고 도덕적 물리적 질서의 수호자가 되어, 생명과 건강 그리고 인간이 가치 있게 생각하는 것들을 분배하는 어떤 힘이다. 다른 하나는 악의에 차고 불결하며 무질서를 만들고 죽음과 병을 일으키며 신성모독을 행하는 어떤 힘이다. 이 둘 사이에는 극단적인 구분과 대립 그리고 상호 배척 현상이 나타난다. 그러나 이 두 양상은 서로 대립되는 동시에 긴밀한 관계와 유사성이 존재한다. 모든 속된 것들은 성스러운 것과 불결한 것 양쪽 모두와 접촉해서는 안 된다. 속인들에게는 이 모두가 금지되어 있다. 하나는 경외감을 다른 하나는 공포감을 주지만 때때로 이 두 가지가 서로 구분되지 못하는 경우도 있다. 그리고 그 기능과 성격이 바뀌기도 한다. 월경의 피는 가장 불순한 것이지만 그것은 또한 질병 치료용으로 사용되기도 한다. 속죄제에서 희생되는 제물은 사람들이 그 제물에다 죄를 전가했기 때문에 불순한 것으로 가득 차 있지만 일단 그 제물이 죽고 나면 그 살과 피가 가장 경건하게 사용된다.

따라서 순수한 것과 불순한 것은 별개의 두 종류가 아니라 모든 성스러운 사물들을 포함하는 같은 장르의 두 변이다. 즉 두 종류의 성스러움이 있는데 하나는 길한 것이고 다른 하나는 불길한 것이다. 대립하는 두 형태 사이에는 단절이 없고 같은 대상이 그 본질을 바꾸지 않고서도 서로 이전될 수 있다. 이 둘은 또한 똑같이 전염성을 가지고 있다.

악한 힘들도 종교적인 특성을 지니게 되는 이유를 속죄 의식을 통해서 설명할 수 있다. 인간은 그들의 외부에 악한 존재가 있다고 생각한다. 죽음이나 재앙의 경험을 통해 그 악한 존재의 적대감은 인간의 고통에 의해서 무마될 수 있다고 생각한다. 이때에 악한 존재란 객관화된 집단적 상태다. 악한 존재와 반대되는 선의 힘들도 집단생활에서 기인된 것이고 집단생활을 표현한다. 따라서 두 종류의 힘은 공동의 기원을 가진다. 이 힘들은 집단이 처해 있는 감정 상태를 반영하기 때문에 감정 상태가 변하면 그 힘들의 의미가 변하게 된다. 사람이 죽었을 때 사회는 상실의 고통과 위기감을 사회구성원들에게 부여한다. 이때의 집합 감정으로 인해 죽은 사람의 영혼은 살아있는 자를 해칠 수 있는 공포의 대상이 된다. 그러나 절차를 잘 지키면서 장례식을 성공적으로 마치면 불안과 위기의 집단 감정이 가라앉는다. 그러면 공포의 대상이었던 죽은 사람의 영혼이 인자하고 후손들을 보호하는 조상의 영으로 되돌아오게 된다.

거룩함이 지닌 이중적인 성격으로 인해 종교생활의 외적인 형태인 의례 역시 이중적이고 다의적인 성격을 띤다. 소극적 의례도 적극적 의례와 같은 효과를 얻을 수 있다. 금기, 절제, 자기 절단을 통해서 영성체, 헌신, 기념 의례와 똑같은 효과를 얻을 수 있다. 금욕적 의례와 속죄의례 사이에도 연속성이 분명하게 드러난다. 종교생활의 외적 표현들이 아무리 복잡하다 해도 종교생활의 바탕은 하나이고 단순하다. 종교생활은 어디서나 단일하고 동일한 요구에 부응하며 하나의 동일한 정신상태에서 기인한다. 종교는 인간을 그 자신보다 높이 고양시키고 개인적으로 더 훌륭한 삶을 살도록 하는 것을 목적으로 한다. 신앙은 이러한 삶을 표상으로 나타낸 것이며 의례들은 이러한 삶을 조직하고 그 기능을 조절한다.

결론: 여기에서 얻은 결론들이 어느 정도까지 일반화될 수 있는가

이상의 연구를 통해서 종교생활의 가장 특징적인 요소들과 가장 발전된 종교의 근저에 있는 위대한 관념(성과 속, 영혼과 영, 신화적

인물 등)과 의례(금욕적 실행, 헌신과 영성체, 모방의례, 기념의례, 속죄의례 등)를 살펴보았다. 이 결과들은 다른 종교 또는 종교의 기능에 확장해 적용할 수 있으며 더 나아가 인간의 사고와 관련된 원리(공간, 시간, 인과관계 등)에도 적용할 수 있다. 그것을 몇 가지 차원에서 살펴보기로 한다.

1

종교의 기능은 지식의 증대에 있는 것이 아니다(이것은 과학의 기능이다). 종교의 기능은 우리를 활동하게 하고 우리가 살아가는 데 도움을 주는 데 있다. 신과 연대감을 지니고 있는 신도는 비신자가 모르는 진리를 볼 수 있을 뿐 아니라 더 능력 있는 사람이 된다. 이러한 일이 가능하기 위해서는 우리 자신이 어떤 우월한 에너지(신 또는 사회)의 작용 범위 안에 있어야 하고 그 영향을 가장 잘 느낄 수 있는 곳에 있어야 한다. 여러 가지 형태의 숭배와 의례를 행할 때 우리는 그러한 자리에 있게 된다. 종교 경험을 이루는 고유한 감각들의 객관적이고 보편적이며 영원한 원인은 사회다. 이 사회에서 나오는 도덕적 힘이 종교생활을 지배하는 관념과 의례의 형태로 나타나면서 인간에게 강력한 영향을 준다. 즉 인간을 인간 이상으로 고양시킨다.

뒤르켐은 연구를 진행하면서 사고의 기본범주가(결과적으로 과학이) 종교적 기원을 이룬다는 것을 확증했다. 더 나가서 도덕규칙, 법률규칙 등 위대한 사회제도들은 모두 종교에서 기인했다. 종교가 사회 안에 있는 본질적인 것을 발생시켰다면 그것은 사회의 개념이 곧 종교의 영혼이기 때문이라고 말할 수 있다. 종교적 힘이란 곧 인간의 힘, 도덕적 힘이며 집합 감정은 이러한 힘이 물리적인 속성을 취득할 수 있도록 한다. 비록 가장 조잡한 형태를 띤다 해도 모든 종교는 정신적이며 그 주요 기능은 도덕적 삶에 영향을 미치는 것이다.

종교생활의 토대를 이루는 사회는 현실사회다. 즉 역사의 흐름 속에서 애써 수고하여 만들어낸 도덕적이고 법적인 조직으로서의 사회다. 이러한 사회는 또한 수많은 오점을 지닌 불완전한 사회이기도 하다. 인간사회 속에 존재하는 위대함(유기체적 존재로서의 개인을 넘어서는 이상적 존재로서의 사회는 위대한 신이나 조상 또는 영혼과 영 등의 형태로 나타난다)과 인간사회 속에 존재하는 저열함(이것은 종교에서 악, 악마, 신에게 거역하는 존재 , 주술 등의 형태로 나타난다) 모두 종교를 통해 나타난다. 인간이 종교생활의 근거가 되는 이상을 꿈꾸고 만들어 낼 수 있는 것은 사회, 즉 집합적 생활의 결과다. 인간은 사회생활(종교적 의례)을 통해서 자신이 변형되어 있다고 느끼며, 자신을 둘러싸고 있는 환경을 변화시킬 수 있다고 느낀다. 즉 이상세계를 꿈꾸고 만들어 갈 수 있다. 이상사회는 현실사회의 한 부분이다. 왜냐하면 사회란 인간 개개인과 그들이 사용하는 물질들과 환경, 그리고 그들이 행하는 행동으로 이루어져 있을 뿐 아니라 사회가 자신에 대해서 만들어 놓은 관념으로 이루어져 있기 때문이다. 사회 속에 들어있는 이상은 인간에게 없어도 괜찮은 일종의 사치품이 아니다. 그것은 인간의 존재 조건이다. 그러한 능력을 획득하지 못하면 인간은 사회적 존재가 될 수 없고, 인간이 될 수 없다. 즉 문명 생활을 할 수 있는 존재가 되지도 못하고 문명을 유지할 수도 없다.

종교가 사회적 원인들의 산물이라면 (즉 특정집단의 산물이라면) 개인적 숭배(즉 집단적 성격을 띠지 않는 숭배)와 몇몇 종교들의 보편적 특성 (특정집단이나 종족을 넘어선 세계 종교에서 나타나는 특성)을 어떻게 이해할 수 있을까? 앞의 연구를 통해 개인 종교와 종교적 세계주의의 최초의 맹아를 발견할 수 있다. 씨족에게 생기를 불어주는 종교적 힘이 개별의식 속에서 구현되는 가운데 그 힘 자체가 개별화되면서 개인적 숭배가 나타났다. 즉 영혼, 개인토템, 수호 조상 등에 대한 숭배가 나타나게 되었다. 또한 오스트레일리아의 부족들이 섬기는 신(분질, 다라물룬, 바이아메 등)은 단순한 부족 신에 머물지 않고 다른 부족 대다수에 의해 인정되는 신이다. 이러한 보편적 특성을 지닌 신들은 부족들 사이의 교류 (상거래, 부족 간 결혼 등)의 결과로 나타났다. 이러한 만남이 진행되는 동안 그들을 묶고 있는 도덕적 유대관계를 의식하게 되고 이러한 관념이 점차 확장되면서 개별 부족을 넘어선 보편적 종교가 출현하게 되었다.

2

모든 사회에서는 통일성을 유지하기 위해 집합 감정과 집합 관념이 일정한 간격을 두고 계속 나타나야 한다. 종교 예식이란 이러한 집합 감정과 관념을 주기적으로 분출시키는 통로다. 시대가 변하면서 과거에 높은 이상과 뜨거운 집합 감정을 일으키던 예식이나 관념들이 점점 약해졌지만 새로운 이상이나 열정은 나타나지 못하고 있다. 한 마디로 오래된 신들은 늙거나 죽었으며 다른 신들은 태어나지 않았다. 살아 있는 숭배는 꽁트의 '인간교'(人間敎)처럼 과거의 전통을 인위적으로 조직하여 만들 수 있는 것이 아니다. 죽은 과거가 아니라 삶 그 자체에서 나와야 한다.

종교적 관념체계가 현재 어떤 상태에 있는가? 우리가 앞서 살펴본 바와 같이 과학적 사고는 종교적 사고에서 나왔으나 현재는 인식적이고 지적인 기능과 관계되는 모든 영역에서 과학이 종교를 대치하고 있다. 물질에 대한 지식과 관련해서는 과학적 사고가 종교적 사고를 완전히 대치했지만 영혼의 세계 또는 정신 영역과 관련해서는 아직도 종교적 사고가 강하게 남아 있으면서 과학적 사고에 대해서 저항하고 있다.

종교의 기능은 생명(삶과 활동)의 기능과 사색(사유, 인지)의 기능이 있다. 종교의 사색 기능은 거의 과학에 넘겨주었다. 그렇다고 해서 종교가 사라질 것이라고 말할 수는 없다. 종교 속에는 무엇인가 영원한 것, 즉 숭배와 믿음이 있기 때문이다. 믿음체계 속에는 과학이 가지지 못한 특별한 힘, 즉 행동의 추진력이 있다. 과학은 단편적이고 불완전하며 천천히 진보하고 결코 완성되지 못한다. 그러나 삶은 과학이 모든 길을 보여줄 때까지 기다릴 수 없다. 그러므로 삶은 지금 당장 필요한 행동의 추진력을 제공하는 종교적 믿음을 필요로 한다. 이처럼 종교 속에 과학을 능가하는 기능이 있음을 인정한다 해도 종교적 사변은 과학을 알고 과학에서 영감을 받아야 한다. 왜냐하면 과학이 발전한 사회(현대사회)에서는 과학이 부정하는 것은 아무것도 확증할 수 없고, 과학이 확증하는 것은 아무것도 부정할 수 없기 때문이다. 뒤르켐은 이 말을 통해서 종교가 나가야 할 바를 제시하고 있다. 즉 종교는 과학이 말하는 바에 귀 기울여야 한다. 그리고 과학적 주장이 한계에 부딪히는 지점에서 인간이 가야 할 길을 제시해야 한다.

3

과학의 기본개념은 종교적 기원을 지니고 있다. 이것을 이해하기 위해서는 사회가 개념 형성에 어떤 작용을 하는가를 살펴봐야 한다. 우리는 사회(종교)를 통해서 일반적인 것(개념)과 개별적인 것(감각)의 관계를 알 수 있다. 감각적인 표상은 끊임없이 변화한다. 이와는 반대로 개념은 시간과 변화 밖에 존재한다. 개념은 감각에서 일어나는 모든 동요에서 벗어나 있다. 개념은 상대적으로 변하지 않는 동시에 보편적인 성격을 띤다. 즉 개념은 나의 개념이 아니라 다른 사람과 공유하는 개념이다. 그래서 개념을 통해 다른 사람과 소통할 수 있다. 개념이 모든 사람에게 공통적이라면 그것은 개념이 공동체의 산물이기 때문이다. 개념이 감각이나 이미지보다 안정성이 크다면 그것은 집합표상이 개인 표상보다 더 안정되었기 때문이다. 따라서 언어와 집합표상으로 이루어진 개념은 집합작업 곧 사회의 산물이다.

개념은 개인 표상의 단순한 평균이 아니다. 개념 속에는 특수한 존재인 사회가 경험하고 사물을 생각하는 방식이 포함되어 있다. 사회는 사물들을 총량으로 파악하고 가장 일반적인 모습으로 사물들을 바라본다. 그러므로 개념 속에는 오랜 세월 집단(사회)이 축적해 놓은 많은 지혜와 지식이 들어 있다. 개념은 감각을 밝혀주고 감각 속으로 뚫고 들어가 그것을 변형시키기도 한다.

논리적 사고란 감각적인 경험에 부여하는 일시적인 표상을 넘어선 안정된 관념들의 세계를 이해하고 개념을 통해서 얻을 수 있는 지성의 공통저 근거를 이해할 때 가능하다. 플라톤을 비롯한 많은 철학자는 진리의 존재를 알았다. 그러나 진리(또는 진리의 존재에 대한 깨달음이나 감정)의 근거가 무엇인지에 대해서는 알지 못했다. 그것은 집합 경험에 근거하고 있다. 비개인적 사고(개념에 근거한 논리적 사고)는 집합 사고의 형태로 인류에게 최초로 계시되었다. 사회가 존재한다는 단순한 사실로부터 개인적인 감각과 이미지 외부에 경탄할 만한 특성을 지닌 표상의 전체계가 존재하게 되었다(플라톤의 표현을 사용한다면 '동굴 밖 이데아의 세계'다). 그리고 그 표상은 그 안에 일종의 힘, 즉 도덕적 지배력을 지니고 있다. 그리하여 개인들은 자신이 참여하고 있지만 자신보다 훨씬 더 총괄적이고 지적인 세계를 느끼게 되는데, 이것이 진리의 영역에 대한 최초의 직감이다.

개념의 객관성은 집합표상과 연결된다. 집합표상은 사물의 본질과 일치될 때 존속될 수 있다. 종교적 집합표상이 긴 세월 지속될 수 있었던 것은 그것이 사물의 본질과 일치하는 그 무엇으로부터 유래했

기 때문이다. 과학적 개념이라 할지라도 그것이 받아들여지기 위해
서는 다른 집합표상의 총체와 조화를 이루어야 한다. 예를 들어 지동
설의 개념은 코페르니쿠스 이전에도 많이 있었다. 그러나 그것이 당
시의 종교적 · 철학적 세계관 또는 집합표상과 일치하지 않았기 때문
에 받아들여지지 못했다. 이런 면에서 과학에 대한 믿음이나 종교에
대한 믿음이나 받아들여지는 과정에서는 차이가 없다. 종교적 사고
나 개념적 사고는 모두 사회에 근거를 두기 때문에 과학적 개념 역시
종교적 사고와 마찬가지로 뒤늦은 문화의 산물이 아니라 인간이 처
음 사회생활을 시작할 때부터 존재했다.

4

마지막으로 범주에 대해서 정리하고자 한다. 범주 자체가 개념으
로 이루어져 있기 때문에 범주들이 집단의 산물이라는 것은 쉽게 이
해할 수 있다. 범주들은 이차적인 수준에서 사회적이다. 그것들은 사
회에서 유래되었을 뿐 아니라 그것들이 표현하는 사물들 자체도 사
회적 성격을 띠고 있다. 즉 범주를 제정하는 것이 사회일 뿐 아니라
범주의 내용도 사회적 존재의 다른 양상이다. 시간 범주의 근저에는
사회생활의 리듬이 있고, 공간 범주의 내용을 제공해준 것은 사회에
의해서 점유된 공간이다. 그러나 범주들은 사회적 영역에만 적용되
기 위해 만들어진 것이 아니다. 그것들은 모든 실체에게로 확산된다.
　존재의 보편성을 포괄하는 총체적 유(類)의 존재에 대한 추측(또
는 논리)은 개인적 경험에서 나올 수 없다. 개념의 전 체계가 표현하
는 세계는 사회가 표현하는 세계이기 때문에 사회만이 우리에게 가
장 일반적인 개념들을 제공할 수 있고 세계는 그 개념에 의해 표현되
어야 한다. 총체 개념은 사회 개념의 추상적 형태에 불과하다. 시간
개념을 예로 든다면 집단적 삶의 리듬은 집단적 삶이 기인되는 모든

기본적인 삶의 다양한 리듬을 지배하고 포용한다. 종교적 예식이 진행되는 리듬은 아이들의 성장, 동식물의 성장, 사회성원들의 이주 주기 등의 리듬을 포괄하게 된다. 그리하여 집단적 삶의 리듬이 총체적 시간이 된다. 마찬가지로 씨족을 넘어선 부족의 생활공간 개념과 같은 총체적 공간의 개념이 나타난다. 어떤 일을 자기 혼자만 하는 것이 아니라 다른 사람, 또는 다른 씨족들과 협력해 행할 때 총체적 인과관계의 개념이 나타난다. 이러한 과정을 통해 총체적 유에 대한 개념이 형성된다.

사회는 비논리적이거나 반(反)논리적 또는 환상적 존재가 아니다. 집합의식(集合意識)은 의식들의 의식이기 때문에 정신적 생활의 가장 고매한 형태다. 사회 속에서 영위되는 정신생활의 극심한 복잡성은 좀더 발전된 의식을 요구한다. 집합표상이 처음에는 아무리 조잡하더라도 거기에는 개인의 힘만으로는 결코 다다를 수 없는 새로운 정신상태의 맹아가 들어 있다. 이 맹아가 사회와 더불어 더 높은 수준의 논리적 사고로 발전해나간다.

한편으로 과학 그리고 다른 한편으로는 윤리와 종교 사이에 이율배반이 존재한다는 것은 결코 사실이 아니다. 인간 생활 속에 나타나는 두 가지 종류의 형태는 유일하고도 동일한 근원, 즉 사회에서 파생되어 나왔기 때문이다. 칸트는 순수이성과 실천이성이 보편성을 향한다는 점에서 그 근원의 동일성을 인정했다. 과학과 도덕은 개인이 자신의 고유한 관점보다 더 높은 곳으로 고양될 수 있고 비개인적인 삶을 살 수 있다는 것을 전제로 한다.

사회는 그 어떤 관찰 가능한 존재도 필적할 수 없는 창조력을 지니고 있다. 모든 창조는 사회 속에서 일어나는 합성의 산물이다. 개인 위에 사회가 존재한다는 것을 인정하고 또한 사회는 이성에 의해 만들어진 명목적 존재가 아니라 행동력의 체계라는 것을 인정하는 순간 인간을 설명하는 새로운 방식들이 가능해진다. 인간의 변별적 특성들을 보존하기 위해 더 이상 그 특성들을 경험 밖에 둘 필요가 없다.

이상 살펴본 뒤르켐의 종교이론이 세속화의 흐름과 더불어 종교의 힘과 영향력이 점점 약해져 가는 한국 사회 (더 나가서 현대사회)에서 지니는 의미는 무엇일까? 뒤르켐의 이론은 반종교적이면서도 종교 옹호적인 양면성을 띠고 있다. 그의 이론은 어느 종교이든 그 신앙 대상의 존재에 대해서는 부정한다. 즉 유대교와 기독교의 여호와 하나님, 이슬람교의 알라신, 인간의 생사화복에 관여하는 전 세계 여러 신의 실제적인 존재를 부정한다. 그것들은 모두 사회에서 기원한 집합표상이 발전된 것에 불과하다. 이런 의미에서 뒤르켐의 종교이론은 반종교적인 이론이라 할 수 있다.

그러나 기능적인 측면에서는 뒤르켐은 종교를 문명의 최고 위치에 올려놓았다. 즉 과학, 도덕, 예술과 같은 문명이 종교(사회)에서 나온 것이며 범주와 같은 순수이성도 종교(사회)에서 나온 것이다. 인간이 사회적 존재가 되지 못하면 문명을 가진 인간 (사회적 이상을 지닌 인간)이 되지 못한다. 따라서 사회의 집합표상으로서의 종교는 인간의 인간 됨과 문명, 사회적 이상을 위해 반드시 필요하다. 물론 특정 사회와 특정 시대를 반영하는 집합표상으로서의 특정 종교는 몰락할 수도 있고 사라질 수도 있다. 그러나 종교 자체는 변용될 수는 있지만 사라지지는 않고 계속될 것이다. 즉 사회가 존재하는 한 종교는 존재한다.

뒤르켐의 이러한 견해는 훗날 에리히 프롬(Erich Fromm), 로버트 벨라(Robert Bellah), 클리퍼드 기어츠(Clifford Geertz) 등에 의해서 제시된 종교이론으로 발전했다. 즉 종교는 개인들에게 삶의 지향성의 틀(frame of referance)과 헌신의 대상을 제공하는 관념과 의례의 체계다. 또한 종교는 인간실존의 궁극적 문제나 조건에 관심을 두는 관념과 의례의 체계다. 이러한 정의에 따르면 나치즘, 공산주의, 북한의 주체사상 그리고 벨라가 말한 시민 종교(civil religion) 등이 종교의 영역에 포함된다. 뒤르켐 자신도 이 책에서 프랑스 혁명으로 고취된 새로운 사회의 이상을 향한 에너지는 종교적인 속성을 가졌다고 여러 번 말한 바 있다.

뒤르켐에 따르면 기능적인 측면에서 볼 때, 사회에서 기원했고 문명과 도덕을 만들어내는 종교는 사회가 존재하는 한 계속될 것이다. 그러면서도 특정 종교에서 말하는 신이나 종교적 진리(십자가를 통한 죄의 대속 등과 같은)의 실제적 존재(또는 진리 됨)에 대해서는 부정했다. 신앙인 가운데는 뒤르켐의 종교이론을 받아들이거나 그 가치를 인정하면서도 자신의 신앙을 지킬 수 있는가에 대한 질문이 나올 수 있다.

이 문제에 대한 답을 찾기 위해서는 이 책이 과학(사회과학)의 산물임을 기억해야 한다. 뒤르켐은 이 책을 통해 종교에 대한 과학적 연구를 했다. 과학은 인간이 감각으로 경험할 수 있는 대상을 이성으로 추론하여 인과관계를 밝히고 법칙과 원리를 세우는 이해와 해석의 방법이다. 감각적 경험과 이성적 추론은 과학의 두 기둥이다. 이러한 과학의 견해와 방법에 근거해 뒤르켐은 신이나 종교적 진리의 실제성을 부정했다(물론 종교 기능과 가치를 부정한 것은 아니며 오히려 그것을 적극적으로 옹호했다).

그러나 종교적 이해와 해석의 방법 가운데는 과학에 없는 것이 있다. 그것은 계시다. 종교적 이론은 과학의 근거가 되는 감각적 경험과 이성적 추론을 인정하면서도, 그것을 넘어선 신적인 계시를 받아들인다. 이러한 견해에서 뒤르켐이 탐구한 모든 논의는 신의 자연 계시로 이해할 수 있다. 이것을 다음과 같이 정리할 수 있다.

"신은 (하나님은) 위대한 선지자들을 통해서 자신을 드러낼 뿐 아니라 자연을 통해서도 자기 자신을 드러내며 또한 사회를 통해서도 자신을 드러낸다. 사회를 통해서 자신을 드러내는 신의(하나님의) 손길을 발견한 위대한 지혜자가 바로 에밀 뒤르켐이다."

서론

종교사회학과 지식의 이론

1. 이 책의 주목적은 종교생활의 원초적 형태를 결정하기 위해 알려진 가장 단순한 종교를 분석하는 것이다. 왜 종교생활의 원초적 형태들은 원시종교의 분석을 통해서 보다 쉽게 설명될 수 있는가

우리는 이 책에서 실제로 알려진 가장 원시적이고 가장 단순한 종교에 대해 연구하고, 그것을 분석하고 설명하고자 한다. 우리가 관찰 가능한 가장 원시적인 종교라고 칭할 때, 그것은 다음과 같은 두 가지 조건을 만족시켜야만 한다. 첫째, 그러한 종교는 다른 어느 사회보다도 그 조직이 단순한 사회[1]에 존재해야만 한다. 둘째, 그러한 종교는 이전에 존재했던 종교의 어떤 요소도 개입되지 않고 설명될 수 있어야 한다.

---

1) 동일한 의미에서 우리는 이러한 사회를 원시사회라 부르고 이러한 원시사회의 사람을 원시인이라 칭할 것이다. 물론 이러한 표현은 정확성이 결여된 것이지만 불가피한 일이다. 게다가 우리가 그 의미를 정의하려고 애쓰더라도 쉽게 정의할 수 없을 것이다.

우리는 민속학자나 역사가와 같은 정확성과 성실성을 가지고 이러한 체계의 조직에 대해 기술하고자 한다. 그러나 우리의 작업이 거기에서 그치는 것은 아니다. 사회학은 역사학이나 민족학과는 다른 문제를 제기한다. 사회학은 케케묵은 문명의 형태들을 알아내고 재구성하려는 목적만으로 그것들을 연구하지 않는다. 모든 실증과학과 마찬가지로 사회학은 무엇보다도 우리의 사고와 행동에 영향을 줄 수 있는 주변의 실제 현실을 설명하고자 한다. 이러한 현실이란 다름 아닌 인간, 좀더 구체적으로 말하자면 현대인이다. 왜냐하면 우리가 가장 알고 싶어 하는 대상이 현대인이기 때문이다. 그러므로 우리는 아주 오래된 고대 종교를 연구하고자 하지 않는다. 고대 종교에 대해서는 기껏해야 그 기이함과 특이성을 심심풀이로 말할 수 있을 뿐이다. 하지만 우리가 고대 종교를 연구 대상으로 삼는다면, 그것은 고대 종교가 다른 어떤 것보다도 인간의 종교적 본성, 즉 인간성의 항구적이고도 본질적인 면을 드러내 보여주기 때문이다.

그러나 이러한 제안은 거센 반발을 불러일으키게 마련이다. 사람들은 현대인을 파악하기 위해서 역사의 시초까지 거슬러 올라가야 한다는 사실을 의아하게 생각한다. 이러한 접근방법은 우리가 다루는 문제에 있어서 특히 모순적으로 보인다. 사실상 각각의 종교들은 비교할 수 없는 권위와 가치를 가진 것으로 여겨지고 있다. 일반적으로 여러 종교들이 균등한 진리의 양을 가지고 있다고는 생각되지 않기 때문이다. 그러므로 가장 고매한 종교적 사상을 가장 저급한 사상의 형태로 환원시키지 않고는 그 두 가지를 비교할 수 없을 것이다. 오스트레일리아 종족의 조잡한 숭배들이 기독교를 이해하는 데 도움을 줄 수 있다는 사실을 인정하는 것은, 예를 들면 그들의 조잡한 종교와 기독교가 같은 정신상태에서 나왔다는 것을 전제로 하는 것이 아닐까? 다시 말해서 그것들은 똑같은 맹목적 신앙의 산물이며 동일한 오류에 근거하고 있다고 가정하는 것이 아닐까? 원시종교에 종종 부여되었던 이론적 중요성이 틀에 박힌 비종교성의 상징으로 전락될 수밖에 없었던 이유가 바로 이것이다. 이러한 비종교성은 연구의 결과들을 속단함으로써 그것들을 지레 하잘것없는 것으로 만들어 버리곤 한다.

우리는 여기서 이러한 비난을 받아 마땅한 학자들이 실제로 존재하는가, 또는 종교사학과 민족학을 종교를 반박하기 위한 도구로 삼는 학자가 있는가, 없는가의 문제에 대해서 언급하지는 않겠다. 어쨌든 이러한 문제는 사회학의 관점이 될 수 없기 때문이다. 사실상 인간의 제도가 오류와 거짓에 근거하지 않는다고 전제하는 것이 사회학의 기본원칙이다. 만일 그렇지 않다면 사회학은 더 이상 연구를 진행시킬 수 없을 것이다. 만일 사회학이 사물들의 본질에 근거하지 않았다면 아마 극복하기 힘든 반대에 부딪혔을 것이다. 그러므로 우리가 원시종교에 대해 연구하고자 할 때, 원시종교는 현실세계와 연결되어 있고 현실세계를 표현해준다는 확신을 가지고 시작하는 것이다. 이러한 원칙은 앞으로 계속될 분석이나 토론 과정에서 끊임없이 나타날 것이다. 그리고 바로 이러한 원칙을 무시했다는 점에서 우리는 다른 학파들과 결별했고 그들을 비난하는 것이다. 물론 사람들이 이러한 말을 문자 그대로 받아들인다면, 이러한 종교적인 믿음과 의례들은 때로 매우 황당하게 보일 것이며 어쩌면 그것들이 일종의 철저한 착오처럼 여겨질지도 모른다. 그러나 상징을 통해 상징이 반영하고 또 진정한 의미를 부여해 주는 실체를 파악할 수 있어야 한다. 가장 원시적인 그리고 가장 이상한 종교의례와 가장 기이한 신화들도 인간의 어떤 필요를 대변해주고 있으며 개인적·사회적 삶의 어떤 면을 보여준다. 신자가 자신들을 정당화하기 위해 스스로에게 부여하는 이유들은 종종 그랬듯이 잘못된 것일 수도 있다. 하지만 진정한 이유들은 여전히 존재하고 있는데, 그것들이 무엇인지를 밝혀내는 것이 바로 학문의 의무이다.

결국 그릇된 종교란 없다. 모든 종교는 나름대로 진실하다. 그 방법들은 서로 다르다 할지라도 모든 종교는 인간 존재의 주어진 여건들과 부합된다. 물론 위계서열에 따라 이러한 종교들을 배열해보는 일이 불가능하지는 않을 것이다. 어떤 종교들은 여러 가지 의미에서, 즉 다른 종교들보다 좀더 고상한 정신적인 기능을 한다는 면에서 사상이나 감정이 보다 풍부하고 관념이 더 많이 개입되는 반면, 감각이나 이미지가 덜 개입되었다는 면에서, 또한 그 체계화가 탁월하다는 면에서 다른 종교보다 우월하다고 말할 수 있다. 그러나 이러한 더 큰 복잡성과 더 고매한 관념이 아무리 현실로 나타나고 있다 하더라도 그것만으로는 구분된 장르에 상응하는 종교들을 배열하기에 불충분하다. 가장 소삽한 형태의 단세포생물로부터 인간에 이르기까지 모든 생물체들이 똑같이 살아 있는 생물체인 것처럼, 모든 종교는 역시 다 같은 종교다. 그러므로 우리가 원시종교에 대해서 논한다고 해도 그것은 종교 일반을 격하시키려는 저의가 있어서가 아니다. 왜냐하면 이러한 원시종교도 다른 종교 못지않게 존중할 만한 것이기 때문이다. 원시종교도 다른 종교와 마찬가지로 필요에 부응하고 있고, 같은 역할을 하며, 동일한 원인들에 의해 좌우된다. 원시종교 역시 종교생활의 본질을 드러내주는 데 기여할 수 있고, 결과적으로 우리가 다루고자 하는 문제를 해결하는 데 도움을 줄 수 있다.

그러나 왜 원시종교에 우선권을 주려 하는가? 무엇 때문에 다른 종교들을 제쳐두고 그러한 원시종교를 우리의 연구 대상으로 선택하는가? 그것은 단지 방법상의 이유 때문이다.

우선, 역사를 통해 종교들이 점진적으로 성립되어온 방식을 살펴봄으로써 가장 최근의 종교들을 이해할 수 있을 것이다. 사실상 역사적 분석이란 종교에 적용될 수 있는 유일한 설명방법이다. 역사만이 우리로 하여금 제도를 그 구성요소로 분해하도록 해준다. 왜냐하면 역사적 분석은 시간의 흐름 속에서 생겨난 제도들을 순서대로 우리에게 보여주기 때문이다. 다른 한편으로, 각각의 제도를 그것이 생겨난 상황에 위치시킴으로써 역사는 제도들이 생겨나게 된 원인을 결정할 수 있는 유일한 수단을 제시해준다. 어떤 특정 시기에 인간사를 논하고자 하면—즉 종교적 신념이나 윤리규칙, 법률상의 규범, 심미적인 기법, 경제적 제도 등이 문제될 때—언제든지 그것의 가장 원시적이고도 단순한 형태로 우선 거슬러 올라가서 그것이 존재하던 당시의 특성들을 연구해야 한다. 그다음에 그것이 어떻게 해서 조금씩 발전되었고 복잡해졌는가, 어떻게 지금의 형태가 되었는지를 밝혀주어야 한다. 독자는 이러한 점진적인 일련의 설명을 위한 출발점을 결정하는 것이 얼마나 중요한 일인가를 쉽게 인식할 수 있을 것이다. 왜냐하면 다른 모든 것들이 그 출발점에 따라 좌우되기 때문이다. 과학적 진리의 사슬 속에서 지배적인 역할을 하는 첫 번째 고리는 바로 데카르트적인 원칙이다. 물론 데카르트적 개념, 즉 정신의 힘만으로 이루어진 가능한 한 순수하고 논리적인 개념이 종교학의 토대가 될 수 있는가 하는 것은 문제가 되지 않는다. 우리가 추구해야 하는 것은 구체적인 현실인데, 역사적·민족학적 관찰만이 우리에게 그것을 밝혀줄 수 있다. 그러나 만일 여러 가지 상이한 방법을 통해 이러한 기본개념을 얻는다 하더라도 그 개념은 과학이 세워놓은 모든 후속 명제들에 상당한 영향을 미치게 된다. 단세포생물이 존재한다는 사실이 밝혀진 이후에 생물학적인 진화는 매우 다르게 인식되었다. 마찬가지로 종교적 사실의 세부사항은 그 발달의 기원을 자연 숭배나 정령 숭배 또는 이러저러한 종교형태로 정의하는 데 따라서 다르게 설명될 수 있다. 심지어 가장 깊은 전문지식을 가지고 있는 학자들까지도 순수한 고증학적 작업에 노력을 기울이지 않은 채 그들이 분석하고 있는 사건들을 해석하기를 원한다면, 그들은 이러한 가설 중에서 한 가지를 선택해야만 하며 그 가설로부터 영감을 얻어야 할 것이다. 그들이 원하건 원치 않건 간에 그들이 제기한 문제들은 필연적으로 다음과 같은 형태를 띠게 된다. 어떻게 자연 숭배나 정령 숭배가 이러한 특수한 형태를 띠게 되었는가, 또한 어떤 방법으로 융성하기도 하고 쇠퇴하기도 하는가? 우리는 이러한 근본적인 질문에 대해 찬성이나 반대의 입장에 서야 한다. 또한 그 문제에 대해서 내린 해결책이 과학 전체에 영향을 주기 때문에 그 문제를 정면으로 접근하는 것이 좋다. 이것이 바로 우리가 하고자 하는 일이다.

게다가 이러한 간접적인 반향들 외에도 원시종교를 연구하는 것은 그 자체만으로도 가장 중요하고 흥미가 당기는 일이다.

사실상 어떤 특수한 종교가 무엇으로 구성되어 있는지 알아보는 것이 유익한 일이라면, 일반적으로 종교가 무엇인가를 알아보는 일은 훨씬 더 중요하다. 이러한 문제는 언제나 철학자들의 이성뿐만 아니라 그들의 호기심을 자극했다. 왜냐하면 이러한 문제는 전 인류의 관심사이기 때문이다. 하지만 불행히도 철학자들이 이 문제를 풀기 위해서 통상적으로 사용하는 방법은 너무나 변증법적이다. 그들의 이상을 가장 잘 실현시켜주는 종교에서 차용해온 사례를 통해 이러한 심리적인 분석의 결과를 설명하는 것을 제외하고, 그들은 종교로부터 추론해 낸 관념을 분석하는 데 만족한다. 그러나 이러한 방법을 포기한다 하더라도 문제는 여전히 남아 있다. 철학의 가장 큰 공헌은 어떤 문제가 전문가들의 경멸에 의해 규정되어서는 안 된다는 사실을 밝혀준 것이다. 그렇지만 문제는 다른 방법을 통해 재론될 수도 있다. 모든 종교는 비교 가능하고, 또한 종교라는 동일한 범주에 속하는 서로 다른 변종이므로 모든 종교에는 공통적인 기본요소들이 반드시 존재한다. 우리는 단순히 그 종교들이 모두 똑같이 간직하고 있고, 연구 시초부터 잠정적인 정의를 내릴 수 있게 해주는 눈에 보이는 외적 특성들에 대해 말하고자 하는 것이 아니다. 이러한 눈에 띄는 표지들을 발견하는 것은 비교적 쉬운 일이다. 왜냐하면 그것들을 발견하기 위한 관찰범위라는 것은 고작해야 사물들의 표상에 불과하기 때문이다. 그러나 이러한 외적인 유사성은 좀더 심오한 다른 유사성을 예측하게 해준다. 모든 숭배와 믿음체계의 근저에는 반드시 어떤 기본적인 상징과 의례적 태도가 존재한다. 그것들은 여러 종교가 보여주는 다양한 형태에도 불구하고, 어디서나 동일한 객관적 의미를 가지며 어디서나 똑같은 기능을 한다. 종교에 있어서 영원한 것, 인간적인 것을 구성하는 것은 바로 이러한 항구적인 요소들이다. 그것들이 바로 사람들이 일반적인 **종교**에 대해 말할 때 표현하는 관념의 객관적인 내용 전부이다. 그렇다면 어떻게 그러한 요소들에 접근하는 일이 가능할까?

역사의 흐름 속에 나타나는 복잡한 종교들을 관찰해서는 그러한 항구적인 요소들을 발견할 수 없다. 복잡한 종교들 각각은 주된 것과 이차적인 것, 본질적인 것과 부수적인 것을 구분하기가 매우 어려운 다양한 요소들로 형성되어 있다. 종교라면 이집트나 인도, 또는 고대의 종교들을 생각하는 경향이 얼마나 많은가! 이러한 종교는 지역과 신전, 세대, 왕조들 그리고 적의 침입 등에 따라 변하는 다양하고도 수많은 의식(儀式)이 뒤섞인 혼합체다. 그 종교에서는 대중에 널리 퍼져 있는 미신들이 가장 세련된 교리들과 혼합되었다. 어떤 종교적인 사상이나 종교활동도 신자들 사이에 동일하게 퍼져 있지는 않았다. 민족과 지역과 환경에 따라서 종교의례뿐 아니라 믿음체계도 달라졌다. 어떤 곳에는 목사, 어떤 곳에는 승려 또는 다른 곳에는 평신도들이 있다. 또한 신비주의자들과 이성주의자들도 있고 신학자들과 예언자들도 있다. 이러한 상황 속에서 무엇이 모든 사람에게 공통되는 것인지 알아내기란 무척 어렵다. 이러한 체계 하나 하나 속에서 희생이나 예언, 수도생활이나 신비주의처럼 특수하게 발전되어온 개개의 현상을 효과적으로 연구할 수 있는 방법을 찾아내는 일은 가능하다. 그러나 종교생활을 뒤덮고 있는 수많은 현상 속에서 어떻게 종교생활의 공통적 토대를 찾아낼 수 있을 것인가? 신학이론들 간의 충돌, 다양한 의식, 다수의 집단들 그리고 서로 다른 개인들 속에서 어떻게 일반적으로 종교적 멘탈리티의 특징을 보여주는 본질적인 상태를 되찾아 낼 수 있을까?

　원시사회의 경우는 사정이 전혀 다르다. 그러한 사회에서는 개성이 가장 덜 발달되어 있고, 집단의 범위도 작고, 외적인 환경이 동일하기 때문에 차이점이나 편차가 최소한으로 줄어든다. 집단은 지적·도덕적 동질성을 지니고 있는데, 좀더 진화된 사회에서는 그러한 동질성이 별로 눈에 띄지 않는다. 모든 것은 모두에게 공통된다. 움직임은 일정한 형태를 띤다. 모든 사람은 똑같은 상황에 처하면 같은 행동을 한다. 그리고 이 같은 행위의 동일성은 사고의 동일성을 반영하는 것이다. 각자의 마음은 똑같은 소용돌이에 휩쓸린다. 따라서 개체 유형은 종(種)의 유형과 거의 혼동되고 있다. 동시에 모든 것은 동일하고 단순하다. 똑같은 한 가지의 주제가 끊임없이 반복되는 신화들 또는 지겹게 다시 반복되는 몇 가지 몸짓으로 행해지는 의례에서 볼 수 있는 것처럼 어떠한 변형도 나타나고 있지 않다. 대중이나 성직자의 상상력은 종교적 관념과 의례들의 본래적인 실체를 정제시키고 개선시킬 만한 시간이나 방법을 가질 수 없었다. 이러한 실체는 적나라하게 나타나며 조금만 노력해서 관찰하면 발견할 수 있다. 부차적이고 이차적인 것, 화려한 표현방식(luxe) 등이 아직까지는 주된 요소를 감출 정도로 발전되지 못했다.[2] 모든 것은 필수불가결한 것,

즉 그것 없이는 종교가 존재할 수 없는 것으로 환원된다. 그러나 이 필수불가결한 것, 다시 말해서 본질적인 것은 무엇보다도 우리가 꼭 알아두어야 하는 것이다.

원시문명들은 단순하다는 이유로 특히 유익한 사례들을 제공해준다. 이러한 이유로 인해 모든 인간 활동의 영역에서 민속학자의 관찰이 인간제도에 대한 연구를 새롭게 하는 믿을 만한 계시로 종종 여겨져 왔다. 예를 들면 19세기 초까지만 해도 사람들은 아버지가 가족의 기본요소라고 생각했다. 사람들은 부계중심이 아닌 가족제도의 가능성을 생각하지도 못했다. 바흐오펜(Johann. J. Bachofen)의 발견은 이러한 낡은 관념을 뒤집어 놓았다. 최근까지도 사람들은 혈족관계를 이루는 윤리적이고도 법적인 관계가 후손들의 공동체에서 기인된 생리학적 관계의 다른 양상에 불과하다고 생각해왔음이 분명하다. 바흐오펜과 그의 후계자들, 즉 맥레난(MacLennan), 모건(Lewis H. Morgan) 그리고 다른 사람들은 아직까지도 이러한 편견을 가지고 있다. 반대로 우리는 원시 씨족집단의 본질을 알고 난 후부터 혈족관계가 부계 혈족관계에 의해 정의될 수 없다는 사실을 알게 되었다. 다시 종교에 대한 이야기로 되돌아가자면, 우리는 우리에게 가장 친숙한 종교형태들을 한번 고찰해보기만 해도 신(神)의 개념이 오랫동안 모든 종교의 특징이었다는 것을 알 수 있다. 그러나 이제 우리가 좀더 깊게 살펴보려고 하는 종교들은 대체로 신의 개념과는 별 상

---

2) 물론 원시종교에 모든 화려한 표현양식이 부족하다는 의미는 아니다. 반대로 우리는 모든 종교 속에는 궁극적으로 실리적인 목적이 없는 믿음체계와 예배의식 의례자가 있다는 사실을 알게 될 것이다(이 책, 제3권 제4장 2절). 그러나 이러한 화려한 표현양식은 종교생활에 꼭 필요하다. 이 화려한 표현양식은 종교생활의 요체이다. 게다가 이것은 다른 종교들보다도 저급한 종교에서는 훨씬 더 불완전하다. 그러므로 우리는 화려한 표현양식의 존재 이유를 더 잘 밝혀봐야 할 것이다.

관이 없다. 원시종교에서 의례를 통해 나타내고자 하는 힘들은 현대 종교에서 우위를 차지하고 있는 힘과 매우 다르다. 하지만 그러한 원시종교의 힘을 이해하면 현대종교의 힘을 더 잘 이해할 수 있다. 그러므로 아직까지도 많은 역사가가 여러 인종학자의 작업을 경멸하는 것은 매우 부당한 일이다. 오히려 민족지학이 종종 사회학의 여러 분파에서 가장 발전적인 혁신을 일으켰음은 자명한 일이다. 앞에서 말했지만 단세포생물의 발견으로 말미암아 생명에 대해 사람들이 일반적으로 가지고 있던 사상이 변하게 된 것도 같은 이유라고 할 수 있다. 이와 같이 매우 단순한 생물체에 있어서 생명은 기본적인 특징으로 환원되기 때문에 이러한 특징들은 그렇게 쉽게 무시되어서는 안 된다.

그러나 원시종교가 종교의 구성요소를 파악하는 데만 도움을 주는 것은 아니다. 원시종교는 종교에 대한 설명을 용이하게 해준다는 면에서 큰 장점을 가지고 있다. 원시종교에서는 사건들이 좀더 단순하기 때문에 사건들 간의 관계가 더욱 분명하게 드러난다. 사람들이 자신의 행위를 설명하는 이유들도 그때까지는 학술적인 사고에 의해서 다듬어지거나 왜곡되지 않았다. 원시종교는 이러한 행위들을 실제적으로 결정하는 동기들과 더 밀착되어 있으며, 더 많은 공통점을 가지고 있다. 정신착란의 헛소리를 더 잘 이해하고 환자에게 가장 적절한 치료법을 적용시키기 위해 의사는 그 병의 근원이 무엇인지를 알아야 할 필요가 있다. 환자의 헛소리를 가장 초기에 관찰할 수 있다면 그만큼 더 이러한 병을 판별하기가 쉬워진다. 반대로 병이 진척될 만한 시간이 흐르면 흐를수록 병을 관찰하기가 쉽지 않게 된다. 왜냐하면 병이 진척됨에 따라 여러 종류의 해석들이 개입되는데, 이러한 해석들은 원래의 상태를 무의식 속으로 억압하려고 한다. 그리고 원래의 상태를 다른 해석들로 대체하는 성향이 있기 때문에 해석을 통해 원래의 상태를 발견한다는 것은 매우 어려운 일이다. 체계화된 정신착란과 정신착란을 일으킨 최초의 인상 사이에는 때로 상당한 거리가 있다. 그것은 종교적 사고에 대해서도 마찬가지이다. 종교적 사고가 역사 속에서 발전함에 따라 종교를 존재케 했던 이유는 여전히 효력이 있지만, 그것들을 왜곡시키는 거대한 해석체계에 의해서만 이해된다. 민간에 널리 퍼져 있는 신화들과 분명치 않은 신학들이 집단 사고에 영향을 끼쳤다. 신화와 신학이론들은 매우 상이한 감정을 이러한 원시적인 감정에 결부시킨다. 이러한 상이한 감정은 원시적인 감정의 진화된 형태이기는 하지만, 진정한 본질을 나타내기에는 매우 불충분하다. 원인과 결과, 표면적인 원인과 실질적인 원인 사이의 심리적인 거리가 상당하게 벌어져서 우리가 포착하기가 더 어렵게 되었다. 이 책의 후반부에서는 이러한 방법론적인 주석에 대해 설명하고 검증할 것이다. 우리는 원시종교 안에서 어떻게 종교적인 사실이 눈에 띌 만한 시초의 흔적을 아직도 지니고 있는지 보게 될 것이다. 좀더 발전된 종교들에 대한 고찰만으로 시초의 흔적을 추론하려는 시도는 훨씬 더 어려운 일이다.

그러므로 우리는 새로운 조건 속에서 종교의 기원에 대한 오래된 문제를 다룸으로써 연구를 다시 시작하고자 한다. 만일 기원이라는 의미를 종교의 절대적인 첫 시작으로 이해한다면, 이것은 과학적인 질문이 되지 못하며 따라서 그러한 질문은 반드시 삼가야 한다. 종교가 존재하기 시작한 어떤 절대적인 순간이 있는 것도 아니다. 따라서 어떤 사고를 통해 우리 자신들이 그 시점으로 되돌아갈 수 있는 방법을 발견해야 할 필요도 없다. 모든 인류의 제도와 마찬가지로 종교는 어느 특정한 장소에서 시작된 것이 아니다. 이러한 종류의 모든 공론(空論)들이 권위를 잃는 것은 당연하다. 왜냐하면 이러한 사변들은 어떤 종류의 통제도 받지 않는 주관적이고도 자의적인 구조 속에서만 존재할 수 있기 때문이다. 우리가 제기하는 문제는 아주 다른 것이다. 우리가 원하는 것은 종교적 사고와 의례의 가장 기본적인 형태들을 좌우하는 원인들, 지금도 여전히 존재하는 원인들을 식별하는 방법을 발견하는 것이다. 방금 설명한 이유들로 미루어 보면, 관찰 대상인 사회가 덜 복잡할수록 이러한 원인들을 관찰하기가 더 용이하다. 때문에 우리는 할 수 있는 한, 시초에 접근하고자 한다.[3] 이것은 낮은 단계의 종교에 특별한 덕목을 부여하고자 하는 것은 아니다. 오히려 그 종교는 초보적이고 조야하다. 우리는 그러한 종교를 이후에 나타난 종교가 반드시 따라 해야 하는 모델로 생각하지 않는다. 저급한 종교의 조야함은 유익한 면이 있다. 왜냐하면 그 속에 들어있는 사실과 관계들을 쉽게 관찰할 수 있으므로 실험하기가 편리하기 때문이다. 물리학자는 그가 연구하는 현상들의 법칙을 발견하기 위해 이러한 현상들을 단순화하고 기기에서 부차적인 특성들을 제거한다. 제도에 관한 한, 역사의 시초에는 자연적이고 자발적으로 이러한 단순화가 일어난다. 우리는 단지 그것들을 이용하고자 할 뿐이다. 물론 이러한 방법으로 우리가 도달할 수 있는 것은 매우 원초적인 사실뿐이다. 우리가 할 수 있는 데까지 원초적인 사실을 설명할지라도 진화 과정 속에서 생겨난 여러 가지 새로운 사실에 대해서는 제대로 설명할 수 없다. 이와 같이 새롭게 생겨난 문제의 중요성을 부인할 생각은 전혀 없다. 우리 생각에 그런 것은 그 나름대로 따로 취급하는 것이 유익하며, 우리가 지금 다루고자 하는 연구가 끝난 다음

---

3) 우리는 이 시초라는 말에 원시적이라는 말처럼 완전히 상대적인 의미를 부여한다. 우리는 절대적인 시작이 아닌, 실제적으로 알려진 가장 단순한 사회형태, 즉 우리가 지금 더 이상 거슬러 갈 수 없는 상태를 의미한다. 우리가 종교의 기원 또는 종교적인 역사와 사고의 시작에 대해서 말할 때 이러한 의미에서 이해해야 할 것이다.

에 그것을 다루는 것이 더욱 좋을 것으로 여겨진다.

2. 이 연구의 이차적 목적은 사고의 기본개념 생성 또는 범주들이 종교적 기원, 결과적으로 사회적 기원을 가진다고 믿는 이유와 이러한 관점에서 지식이론을 갱신할 방법을 어떻게 찾을 수 있는가이다.

그러나 우리의 연구 관심이 종교과학에만 국한된 것은 아니다. 사실상 모든 종교는 이른바 종교적 관념의 범위를 넘어서는 어떤 측면을 가지고 있다. 따라서 종교현상에 대한 연구를 하다 보면 지금까지 철학자들 사이에서만 논의되어 왔던 문제들을 갱신할 수 있는 방법을 얻게 된다.

오래전부터 세계와 인간에 대해 인간이 만든 최초의 표상체계가 종교적 기원을 가지고 있다고 알려져 왔다. 거룩한 존재에 대한 사변인 동시에 우주론이 아닌 종교는 없다. 만약 철학과 과학이 종교로부터 생겨난 것이라면, 그것은 종교 자체가 과학과 철학의 역할을 하면서 시작했기 때문이다. 그러나 종교는 지금까지 이미 형성된 인간 정신에 몇 가지 관념을 덧붙이는 것으로 그치지 않았다. 종교는 인간 정신 자체를 형성하는 데 기여했다. 인간은 그들 지식의 상당한 부분뿐만 아니라 그러한 지식이 발전되어온 형태에서도 종교의 영향을 받았다.

우리의 판단 근저에는 우리의 모든 지적인 삶을 지배하는 몇 가지 기본적인 관념이 존재한다. 그것은 아리스토텔레스 이후로 철학자들이 인식의 범주라고 부른 것들로 시간, 공간,[4] 유(類), 수(數), 원인,

---

4) 우리는 시간과 공간에 대해 그것들이 범주라고 말한다. 왜냐하면 이러한 개념이 지적 생활에서 행하는 역할과 유개념이나 원인 개념에 있어서 행하는 역할 사이에는 아무런 차이가 없기 때문이다(이 점에 관한 것은 Hamelin, 『표현의 주된 요소들에 관한 시론(試論)』*Essai sur les éléments principaux de la représentation,*

실체, 인성 등과 같은 관념의 범주들을 말한다. 그러한 범주들은 사물들의 가장 보편적인 특성과 일치하는데, 그것들은 마치 사고를 구속하는 견고한 틀과 같다. 인간의 사고는 자신을 파괴하지 않고는 그 틀에서 벗어날 수 없는 듯하다. 왜냐하면 우리는 시간과 공간 속에 존재하지 않는 사물들이나 수로 헤아릴 수 없는 사물들에 대해 생각할 수 없기 때문이다. 또한 우발적이고 유동적인 다른 관념이 있다. 우리는 이런 관념이 어떤 인간이나 어떤 사회, 어떤 시대에는 전혀 알려지지 않았다는 사실을 알고 있다. 그러나 앞서 살펴본 기본 관념들은 정신이 정상적인 기능을 하는 데 거의 필수적으로 보인다. 그러한 관념은 지성을 이루고 있는 뼈대와 같다. 원시종교의 믿음체계를 체계적으로 분석해보면 이러한 범주들 사이에서 중요한 점들을 발견하게 된다. 그러한 범주들은 종교에서 그리고 종교로부터 생겨났나. 그것들은 종교적 사고의 산물이다. 우리는 이 책에서 이 사실에 대해 여러 번 확인할 것이다.

이러한 고찰은 그 자체만으로도 흥미가 있다. 그러나 진짜 중요한 것은 다음과 같다.

우리가 앞으로 읽게 될 이 책의 개괄적인 결론을 한 마디로 말하면, 종교는 분명히 사회적 산물이라는 것이다. 즉 종교적 표상이란 바로 집합 표상인데, 그것은 집단의 현실을 표현해준다. 종교의식이란 결집된 집합체 속에서만 생겨날 수 있는 행동양식으로, 집단들의 어떤 심적 상태를 불러일으키고, 유지하고 회복시키기 위한 방식이다. 그러나 이러한 범주들이 종교적 근원을 가지고 있다면, 그것들은 모든 종교적 사실에 공통되는 특성을 지니고 있어야 할 것이다. 이 범주들 역시 사회적 산물이며 집합적 사고의 산물임이 틀림없기 때

Paris: Alcan, 63, 76쪽 참조할 것).

문이다. 적어도—왜냐하면 이러한 문제에 대한 우리의 현재 지식으로는 급진적이고 배타적인 모든 주장을 삼가야 하기 때문이다—이 범주들은 사회적 요소를 풍부하게 지니고 있다고 가정하는 것이 적합하다.

게다가 우리는 현재 불완전하게나마 그러한 범주들 가운데 몇 가지를 예측할 수 있다. 예를 들어 우리는 시간을 분할하고, 측량하고, 객관적 기호들에 의해서 표현하던 이전의 방식을 버리고 시간이 해, 달, 주일, 날, 시간들의 연속이 아니라는 새로운 시간 개념을 표현하려고 애쓰고 있지 않은가! 이것은 아마도 거의 생각하지 못했던 것이다. 우리는 다른 순간들과 구분한다는 조건하에서만 시간을 인식할 수 있다. 그렇다면 이러한 구분의 기원은 무엇인가? 아마도 우리가 이전에 체험했던 의식(意識)의 상태들이 우리 안에서 다시 생겨날 수 있을 것이다. 그것도 최초에 생겨났던 것과 똑같은 순서로 재생될 수 있다. 우리 과거의 상당 부분은 비록 현재와 분명하게 구별되기는 하지만 다시 등장하게 된다. 그러나 이러한 구분이 우리의 사적인 경험에서 매우 중요한 것이라고 해도, 그것만으로 시간 개념이나 범주들을 이루기에는 불충분하다. 시간의 범주들은 부분적이건 전체적이건 단순히 과거의 기억 속에 존재하는 것이 아니기 때문이다. 우리의 개별적인 존재뿐만 아니라 인류의 존재를 둘러싸고 있는 것은 바로 추상적이고도 비개인적인 틀이다. 그것은 끝없이 펼쳐진 장(場)과 같다. 거기에서 지성의 눈길하에 시간의 지속이 펼쳐지며, 거기에서 일어날 수 있는 모든 사건들이 고정되고 결정된 기준점과 관련되면서 자리가 정해진다. 이렇게 구성된 것은 나의 시간(mon temps)이 아니다. 그것은 같은 문화를 가진 모든 사람들이 객관적으로 생각하는 시간이다. 이러한 예만으로도 시간의 배열이 집합적이라는 사실을 밝혀주기에 충분하다. 사실상 관찰을 해보면 이러한 기준점은 반드시 필요하다. 모든 사물들은 이러한 기준점과 관련해 시간적으로 분류되고 있으며, 그러한 기준점은 사회생활에서 차용된 것이다. 날, 주일, 달, 해 등의 구분은 의식, 축제, 공적인 예식들의 주기와 일치한 다.[5] 달력은 집단행동의 리듬을 표시해주는 동시에 규칙성을 보증해 주는 기능을 가지고 있다.[6]

공간에 대해서도 마찬가지다. 하멜른[7]이 증명한 바와 같이 공간 은 칸트가 상상한 것처럼 모호하고 불확정적인 생활환경이 아니다. 공간이 순수하게 그리고 절대적으로 동질적인 것으로 이루어져 있 다면 공간은 아무 쓸모가 없을 것이며, 그러한 공간은 인간의 사고 로 포착되지도 않을 것이다. 공간적 표상은 본질적으로 감각적 경험 의 데이터들 사이에 도입된 첫 번째 배열 안에 구성되어 있다. 그러 나 만일 공간의 부분이 질적으로 동등한 상태이고, 실제로 서로 뒤바 뀔 수 있다면 이러한 배열은 불가능할 것이다. 사물들을 공간에 배치 하려면 그 사물들을 서로 다르게 배열할 수 있어야 한다. 즉 어떤 것 은 오른쪽에, 어떤 것은 왼쪽에, 어떤 것은 위 또는 아래에, 북쪽이나

---

5) 이러한 단어의 보충설명에 대해서는 Hubert et Mauss, *Mélanges d'Histoire Religieuse*(『사회학 연보』*Travaux de l'Année Sociologique*), 특히 「종교에 있어서의 시 간에 대한 표현」 참조할 것.

6) 우리로 하여금 지속 안에서 방향을 잡도록 하는 감각과 이미지들의 복합체와 시간의 범주 사이에는 분명한 차이가 있음을 알 수 있다. 감각이나 이미지는 그 것을 경험한 개인들에게만 해당되는 개별적인 경험의 요약이다. 반대로 시간 의 범주가 표현하는 것은 집단에 공통되는 시간, 즉 반드시 말해야 한다면 사회 적인 시간이다. 이러한 시간의 범주 그 자체는 진정한 사회제도이다. 따라서 이 것은 인간만이 가진 특성이다. 왜냐하면 동물에게는 이러한 종류의 표현이 없 기 때문이다. 시간의 범주와 그에 상응하는 감각 사이의 이러한 구별은 또한 공 간이나 원인에 대해서도 적용할 수 있다. 아마도 이러한 구분은 문제시되는 논 쟁이 제기하는 많은 혼동을 제거해주는 데 도움을 줄 것이다. 우리는 이 책의 결론 부분에서 다시 이 문제를 다룰 것이다(이 책 결론 4절).

7) Hubert et Mauss, 앞의 책, 75쪽 이하.

남쪽 또는 동쪽이나 서쪽 등으로 배치할 수 있어야 한다. 마찬가지로 의식상태들을 시간적으로 배열할 수 있으려면 그것들을 정해진 날짜에 따라 배열할 수 있어야 한다. 만일 공간이 시간처럼 분할되고 구분되지 않는다면 그것이 어떤 것인지 알 수 없다. 그러나 이러한 본질적인 문제를 간직하고 있는 분할은 어디에서 기인하는 것일까? 공간 그 자체로는 오른쪽도 왼쪽도, 높은 곳도 낮은 곳도, 북쪽도 남쪽도 없다. 이러한 모든 구분은 분명히 여러 지역에 부여되었던 서로 다른 감정적인 가치로부터 기인된 것이다. 그리고 같은 문화를 가진 모든 사람들이 같은 방식으로 공간을 표현하고 있기 때문에 이러한 감정적인 가치와 거기에 근거한 구분 역시 반드시 보편적이어야 한다. 이것은 거의 필연적으로 그것들이 사회적 기원을 가지고 있음을 전제로 한다.[8]

그 외에도 이러한 사회적인 특성이 분명하게 나타나는 여러 경우가 있다. 오스트레일리아와 북아메리카의 어떤 사회에서는 공간이 마치 거대한 원 모양으로 인식된다. 왜냐하면 그 사회에서는 캠프 자체가 원 모양을 띠고 있으며,[9] 공간의 원이 부족집단의 원처럼 정확하게 분할되고, 부족의 원 형상을 띠고 있기 때문이다. 부족 안에 있는 씨족의 수만큼 구별된 지역들이 있으며, 이러한 지역들의 방향을 결정하는 것은 주둔지에서 씨족들이 점령하고 있는 장소이다. 각각의 지역은 그 지역에 할당된 씨족토템에 의해 정해진다. 예를 들면

---

8) 달리 말해 이러한 일치를 설명하기 위해서는 모든 개인들이 그들의 생체적 · 심리적 구성 때문에 일부의 공간에 대해 같은 방식으로 영향 받는다는 사실을 인정해야 할 것이다. 여러 지역이 실지로 별 차이가 없으면 없을수록 그러한 공간을 구분하는 것은 어려워 보인다. 게다가 공간의 분할은 사회에 따라 다르다. 이것이 바로 그러한 공간 분할이 선천적인 인간의 본성에 근거하고 있지 않다는 증거이다.

9) Durkheim & Mauss, 「원시적인 분류체계」, 『사회학 연보』, VI. 47쪽 이하.

주니족(Zũni)의 경우, 푸에블로(pueblo) 원주민 부락은 일곱 지역을 포함하고 있는데, 그 각각의 지역은 단일성을 지닌 씨족집단이다. 십 중팔구 그것은 원래 단일한 씨족이었던 것이 나중에 세분된 것이다. 공간은 또한 일곱 개 지역을 가지고 있는데, 이 일곱 개 지역들 각각 은 부락의 지역, 즉 씨족집단과 밀접한 관계를 가지고 있다.[10] 쿠싱 (Cushing)은 이렇게 말했다. "그러므로 어떤 지역은 북쪽과 관계가 있고 다른 지역은 서쪽과 또 다른 지역은 남쪽 등과 관계가 있다."[11] 원주민 부락의 각 지역은 자신을 상징하는 독특한 색깔을 가지고 있 다. 각 지역은 그 지역에 정확하게 상응하는 색깔을 가지고 있다. 역 사가 흐름에 따라 원래의 씨족집단의 수는 변했다. 마찬가지로 공간 지역의 수도 변화했다. 따라서 사회조직은 공간조직의 모델이 되었 으며 공간조직은 사회조직의 복제품처럼 되었다. 오른쪽과 왼쪽의 구별까지도 그리하다. 그것은 일반적으로 인간의 본성 속에 함축되 었다고 보기에는 거리가 먼 개념이다. 그것은 아마도 종교 표상, 그 러니까 집합 표상의 산물임이 틀림없다.[12]

좀더 연구를 진행해보면 장르, 힘, 인격, 효력의 관념에 관해서도 유사한 증거들을 찾을 수 있을 것이다. 심지어는 모순 개념 또한 사 회조건에 따라 좌우되는 것이 아닌가 하고 자문해 볼 수도 있다. 그 렇게 믿고 싶게 만드는 것은 어떤 관념이 인간 사고에 영향을 미치는 범위가 시대와 사회에 따라 변화했다는 점이다. 오늘날 동일성의 원

---

10) 같은 책, 43쪽 참조할 것.
11) "Zũni Creation Myths", in *13th Rep. of the Bureau of Amer. Ethnology*, 367쪽 이하.
12) V. Hertz, 「오른손의 우월성」(La prééminence de la main droite), 「종교적 극성 (極性)의 연구」(Etude de polarité retigieuse), *Rev. philos.* 12. 1909. 공간의 표현 과 집단형성 사이의 관계에 대해서는 Retzel, 「사람의 정신 공간」(Der Raum in Geist der Völker), in *Politisch Georgraphie* 참조할 것.

칙이 과학적 사고를 지배하고 있다. 그러나 관념의 역사에서 상당한 역할을 해왔던 거대한 표상체계가 있는데, 거기에서는 동일성의 원칙이 종종 무시되곤 했다. 그 표현체계가 바로 가장 조잡한 형태로부터 가장 합리적인 형태에 이르는 신화들이다.[13] 하나이면서도 동시에 여럿이고, 물질적이면서도 정신적이고, 구성분자를 하나도 잃지 않으면서도 끊임없이 분할될 수 있는 가장 모순적인 특질을 동시에 지닌 존재들이 끊임없이 문제가 되고 있다. 그것은 즉 신화에 있어서 부분이 전체에 상당한다는 공리(公理)이다. 이러한 변이들이 역사 속에서 전개되어 우리의 실제적인 논리를 지배하는 규칙이 된다. 이러한 변이는 규칙이 인간의 정신구조 안에 태곳적부터 내재된 것이 아니고, 적어도 얼마간은 역사적 요인, 즉 결과적으로 사회적 요인에 의한 것이라는 사실을 입증하고 있다. 우리는 그것들이 어떠한 것인지 정확하게 알지 못한다. 그러나 우리는 그러한 것들이 존재한다는 것을 추측할 수 있다.[14]

일단 이러한 가설이 받아들여지면, 인식의 문제는 새로운 용어로 제기된다.

---

13) 신화적 사고가 동일성의 법칙을 무시한다고 말하려는 것이 아니다. 신화적 사고는 과학적 사고보다 더 자주 그리고 더 공공연하게 동일성 법칙을 손상시킨다는 의미이다. 반대로 우리는 과학이 종교보다 더 세심하게 동일성 법칙에 순응하면서도 동일성 법칙을 위반하지 않을 수 없다는 것을 밝힐 것이다. 종교와 과학 사이에는 다른 많은 경우의 관계처럼 정도의 차이만 존재할 뿐이다. 그러나 정도의 차이를 과장하지만 않는다면, 그것을 기술하는 것은 중요하다. 왜냐하면 그것들은 의미가 있기 때문이다.
14) 이러한 가설은 이미 민족심리학(Völkerpsychologie)의 설립자들에 의해 언급되었다. 이것은 Windelband, "Die Erkenntnislehre unter dem Völkerpsychologischen Gesichts Punkte", in *Zeitshch f. Völkerpsychologie*, 제8권, 166쪽 이하 논문에 분명하게 지적되어 있다. 똑같은 주제에 대해서 슈타인탈(Steinthal)의 노트를 비교해보라(같은 책, 178쪽 이하).

지금까지는 두 가지 학설만이 존재해왔다. 그 하나는 범주들이 경험에서 나올 수 없다는 것이다. 왜냐하면 범주들은 논리적으로 경험 이전에 있었고 경험을 조건짓기 때문이다. 사람들은 이러한 범주들을 인간의 타고난 본질에 힘입어 인간 정신에 내재된 단일하고 환원될 수 없는 기본전제로 표현하고 있다. 범주들을 선험적(a priori)이라고 부른 것은 바로 이러한 이유 때문이다. 또 이와는 반대로 다른 부류는 범주들이 조각이나 단편으로 이루어지고 구성된 것이고, 이러한 구조의 제작자가 바로 개인이라고 주장하는 것이다.[15]

그러나 이러한 두 가지 해결책은 몇 가지 심각한 어려움을 야기한다.

경험론적인 주장을 채택할 것인가? 그렇다면 모든 독특한 특질들을 범주로부터 회수해야만 한다. 사실상 그러한 특질들은 그 보편성과 필연성에 의해 다른 모든 지식들과 구별된다. 그것들은 모든 현실에 적용될 수 있고, 어떤 특정한 사물들에 집착하지 않고 어떤 개별적인 주제에 구애되지 않으므로 가장 일반적인 개념이라고 할 수 있다. 따라서 범주들은 모든 정신이 만나는 공통된 장(場)이다. 더 나아가 모든 정신들은 필연적으로 범주에서 서로 만나야 한다. 왜냐하면 기본적 범주들의 총체인 이성은 우리 마음대로 제거할 수 없는 권위를 부여받고 있기 때문이다. 이러한 권위에 거역하고 기본개념 중

---

15) 스펜서의 이론에서조차도 범주들은 개인적 경험으로 구성된다고 했다. 일반적인 경험론과 진화론적 경험론의 관계에서 유일한 차이점이란 진화론자에 따르면, 개인적 경험의 결과가 유전에 의해 강화된다는 것이다. 그러나 이러한 강화는 개인적 경험의 결과에 본질적인 어떤 것도 첨가하지 못한다. 왜냐하면 개인의 경험에 근거하지 않는 것은 어떤 요소도 그들의 구성에 개입하지 못하기 때문이다. 따라서 이 이론에 따르면 범주들이 실제로 우리에게 부여하는 필연성은 유기체에 강력하게 뿌리박혀 있지만 사물들의 본질상 근거 없는 미신적 편견의 산물에 불과하다.

몇 가지를 건너뛰려고 한다면 우리는 거센 반발에 부딪히게 될 것이다. 그러한 범주들은 우리에게 의존하지 않을 뿐만 아니라 더 나아가서 우리를 강제하고 있다. 그런데 경험적인 기본전제들은 전혀 상반되는 특성들을 보여주고 있다. 감각과 이미지는 항상 어떤 한정된 대상이나 그러한 종류의 사물 군에 의존하고 있으며, 개별 의식의 순간적인 상태를 표현한다. 감각이나 이미지는 본질적으로 개별적이고 또한 주관적이다. 따라서 우리는 이러한 기원을 가진 표상을 다루는 데 있어서 비교적 자유로울 수 있다. 아마도 우리의 감각이 실제적이면 감각이나 이미지는 우리에게 사실적으로 여겨질 것이다. 그러나 원칙적으로 우리는 실제와는 다르게 그것들을 인식할 수 있고, 그것들이 실제로 만들어진 것과는 다른 방식으로 전개되는 것처럼 표현할 수 있는 권리도 당연히 가지고 있다. 감각에 관한 한, 다른 장르의 사고가 개입하지 않는다면 아무것도 우리를 강요하지 못한다. 지성(intelligence)의 상반되는 두 극처럼 지식(connaissance)에도 두 가지 종류가 있다. 이러한 상황에서 이성을 경험으로 환원시키는 것은 곧 이성을 사라지게 하는 것이다. 왜냐하면 그것은 이성의 특징인 보편성과 필연성을 가상(假象), 다시 말해서 환상으로 환원시키는 것인데, 이러한 환상이란 실제적으로는 유용할 수 있지만 그 어느 실체와도 일치하지 않기 때문이다. 따라서 그것은 범주들이 규칙을 세우고 조직화하는 논리적 생활의 모든 객관적 실체를 거부하는 것이다. 고전적 경험주의는 결국 비합리주의로 귀착하게 된다. 아마도 이 비합리주의라는 용어가 그러한 환원을 지칭하는 데 적합한 말일 것이다.

선험주의자들은 그 명칭에 부여되어 있는 통상적인 의미에도 불구하고 사실을 더 존중한다. 그들은 범주를 이루는 요소와 우리의 감각적 표현을 이루는 요소가 동일하다는 것을 명증한 진리로 인정하지 않기 때문에 체계적으로 그것들을 약화시키거나 그것들에게서 모든 사실적인 내용을 없애버리거나 그것들을 언어적인 기교에 불과한 것으로 환원시키려고 애쓸 필요가 없다. 오히려 그 모든 개별적 특성들을 범주들에 남겨두고 있다. 선험적 추리를 하는 사람들은 합리주의자들이다. 그들은 세상이 이성으로 분명하게 표현되는 논리적 양상을 가지고 있다고 믿는다. 그러나 그렇게 되기 위해서는 경험을 초월하고, 경험에 직접적으로 주어진 것에다 무엇을 덧붙이는 어떤 능력을 정신에게 부여해야만 한다. 그들은 이 독특한 능력에 대해서 어떠한 설명도 하지 않으며 정당화하지도 않는다. 왜냐하면 그것이 인간지성의 본질이라고 말하는 것만으로는 합당한 설명이 될 수 없기 때문이다. 또한 우리가 어디에서부터 이 놀랄 만한 특전을 취하는가 그리고 사물들을 조사해보아도 우리에게 계시되지 않는 어떤 관계들을 어떻게 사물들 속에서 볼 수 있는가를 밝혀야만 한다. 더구나 경험 자체가 이러한 조건에서만 가능하다고 말하는 것은 문제의 방향을 돌리는 것이지 문제를 해결하는 것은 아니다. 왜냐하면 어찌하여 경험이 그 자체로서는 불충분해서 경험보다 선재하는 외적 조건들을 전제하게 되었는지, 이러한 조건들이 어느 순간에 어떤 적합한 방식에 의해 실현되었는지를 정확하게 알아내는 것이 중요하기 때문이다. 이러한 문제들에 답하기 위해 사람들은 때때로 개인의 이성을 넘어서는 좀더 우월하고 완전한 이성을 상상했는데, 개인의 이성은 그러한 완전한 이성에서 파생되고 그 완전한 이성의 특질을 지니고 있는 것으로 생각되었다. 그것이 바로 거룩한 이성이다. 그러나 적어도 이러한 가설은 모든 실험적 통제에서 벗어난다는 심각한 어려움을 가지고 있다. 이러한 가설은 과학적 가설이 요구하는 조건들을 충족시킬 수 없다. 게다가 인간 사고의 범주들은 하나의 정해진 형태로 고정될 수 없다. 그것들은 만들어지고 해체되고 다시 만들어지기를 끊임없이 반복한다. 범주들은 시간과 공간에 따라서 변한다.

반대로 거룩한 이성은 변함이 없다. 어떻게 이러한 부동성이 끊임없는 유동성을 설명할 수 있을 것인가?

이 두 개념들은 수세기 동안 서로 대립되어 왔다. 그리고 이러한 논쟁이 지속된다면 그것은 사실상 주고받는 주장들이 상당히 비슷한 수준이기 때문이다. 만일 이성이라는 것이 개인적 경험의 한 형태에 불과하다면 이성은 더 이상 존재하지 않을 것이다. 다른 한편으로 이성에게 부여된 능력을 설명하지 못하면서 그 능력을 인정하기만 한다면 자연과 과학으로부터 이성을 제외시키는 것으로 보일 것이다. 대립되는 이러한 반론에 대해 정신은 불확실하게 남아 있다. 그러나 범주들의 사회적 기원을 인정한다면, 이러한 대립적인 난제들로부터 빠져나올 수 있는 새로운 태도를 취하는 일이 가능할 것이다.

선험주의자들의 기본적인 주장은 지식이란 서로 환원될 수 없는 두 종류의 요소들, 즉 서로 구분되면서도 중첩되는 두 층으로 형성되어 있다는 것이다.[16] 우리의 가설은 이 원칙을 철저하게 지키고 있다. 사실상 사람들이 경험적이라고 부르는 지식들, 경험주의 이론가들이 이성을 구성하기 위해 언젠가 사용했던 유일한 지식은 사물들의 직접적인 작용이 우리의 정신 속에 불러일으키는 것이다. 따라서 그것은 개인의 상태인 것이다. 따라서 개인의 심리적 본성에 의해 모두 다[17] 설명될 수 있다. 다른 한편으로 우리가 생각하는 것처럼 범

---

16) 아마도 선천성의 가설로 선험주의를 정의할 수 없다는 우리의 주장에 대해 놀랄지도 모른다. 그러나 선천성이라는 개념은 학설을 형성하는 데 부차적인 역할밖에 하지 못한다. 합리적인 지식을 경험적 자료로 환원할 수 없다는 것을 보여주는 방법은 매우 간단하다. 타고난 지식이라고 말하는 것은 보통 인식되는 바와 같이 그것들이 경험의 산물이 아니라고 강조하는 것에 불과하다.

17) 적어도 개인 표상이 존재하는 한, 결과적으로 완전히 경험적인 표상이 존재하는 한, 그러하다. 그러나 사실상 이러한 두 종류의 요소들은 긴밀하게 결합되어 있으며 서로 만난다.

주들이 본질적으로 집합표상이라면 그것들은 무엇보다도 집단의 상태를 드러낸다. 범주들은 집단이 구성되고 조직되는 방식, 즉 집단의 형태학, 종교, 윤리, 경제 등에 따라 결정된다. 또한 이러한 두 종류의 표상 사이에는 개인과 사회를 구분하는 거리가 존재한다. 그리고 우리는 개인 표상에서 사회적 표상을 추출해 낼 수 없다. 그것은 마치 개인에서 사회를, 부분에서 전체를, 단순한 것에서 복잡한 것을 추론해 낼 수 없는 것과 마찬가지이다.[18] 사회는 그 자체의 고유한 성격을 가진 고유한 실체이다. 사회는 세상의 다른 곳에서는 찾을 수 없고 똑같은 형태로는 다시 발견되지 않는 고유한 특성을 가지고 있다. 그러한 사회를 나타내는 표상은 순수한 개인 표상과는 완전히 다른 내용을 가지고 있다. 따져보지 않더라도 개인적인 것이 사회적인 것들을 이해하는 데 도움을 준다는 사실을 확신할 수 있을 것이다.

개인적인 것과 사회적인 것이 형성되는 방법 자체가 그 둘을 구별하게 해준다. 집합 표상은 공간뿐만 아니라 시간 속에 퍼져 있는 거대한 협동의 산물이다. 이러한 집합 표상을 만들기 위해 다양한 많은 지성이 그들의 관념과 감정을 교류하고 섞고 결합했다. 이러한 표상

---

18) 게다가 이러한 비환원성을 절대적인 의미에서 이해해서는 안 된다. 우리는 경험적 표상 속에 합리적 표상을 보여주는 것이 하나도 없다고 말하고 싶지 않다. 또한 개인 속에 사회생활의 징후로 여겨질 만한 것이 아무것도 없다고 말하기를 원하지 않는다. 만일 경험이 모든 합리적인 것과 완전히 다른 것이라면 이성도 경험에 적용될 수 없을 것이다. 마찬가지로 만일 개인의 심리적 본성이 사회생활과 완전히 반대되는 것이라면 사회의 존립은 불가능할 것이다. 범주를 개인의 의식에 이르기까지 철저하게 분석해보면 이러한 합리성의 맹아를 찾을 수 있을 것이다. 더구나 우리는 결론 부분에서 여기까지 거슬러 갈 기회를 가지게 될 것이다. 우리가 여기서 주장하고 싶은 것은 이른바 이성과 이성의 불분명한 맹아들 사이에는 거리가 있다는 것이다. 그 거리는 생명체를 구성하는 광물질 요소들의 특징과 일단 구성된 생명체의 특성들 사이에 존재하는 거리와 비교될 만하다.

에 여러 세대에 걸친 경험과 지식이 축적된다. 그러므로 개인의 지성보다 비할 수 없이 풍부하고 복잡한 매우 특수한 지성이 거기에 농축되어 있다. 이러한 사실을 통해 우리는 어떻게 이성이 경험적 지식의 영역을 초월하는 능력을 가지게 되었는가를 이해하게 된다. 이성이 가진 이러한 능력은 우리가 알 수 없는 신비한 힘에서 기인하는 것이 아니다. 이성의 능력은, 알려진 공식에 따라, 즉 인간이 이중적이라는 단순한 사실에서 기인한다. 인간 속에는 두 가지 존재가 있다. 개인적 존재는 유기체에 근거하는데, 그 행동반경은 매우 제한되어 있다. 또한 지적이고 도덕적인 질서 속에서 우리에게 나타나는 가장 고매한 실체인 사회적 존재가 있는데, 우리는 사회를 관찰함으로써 그것을 알 수 있다. 이러한 인간 본성의 이중성은 결과적으로 현실적인 질서 속에서 도덕적 이상이 실용적인 동기로 환원될 수 없고, 사고의 질서 속에서 이성이 개인적 경험으로 환원될 수 없음을 보여준다. 개인은 사회의 성질을 띠고 있기 때문에 그가 행동할 때나 사고할 때 자연히 자기 자신을 초월하게 된다.

이와 같은 사회적 특성은 범주의 필연성이 어디에서 기인되는가를 이해하도록 해준다. 사람들이 어떤 관념에 대해 말할 때, 증거를 알 수는 없지만 일종의 내적인 힘에 의해 그 관념이 무엇인가를 정신에 강요하는 경우 그것은 필연적이라고 한다. 따라서 그 관념 속에는 지성을 강제하고, 사전 검토 없이 받아들이기를 요구하는 그 무엇인가가 있다. 선험주의자들은 이러한 독특한 효력을 가정하기는 하지만 그것을 설명하지는 못한다. 왜냐하면 범주들이 사고의 기능에 없어서는 안 되기 때문에 꼭 필요한 것이라고 말한다면 그것은 범주들이 필연적이라는 말을 반복하는 것에 지나지 않기 때문이다. 그러나 만일 범주들이 우리가 그것에 부여한 기원을 실제로 가지고 있다면 그 영향력에는 놀라울 것이 하나도 없다. 사실상 범주들은 사물들 간에 존재하는 가장 일반적인 관계를 표현한다. 범주들은 외연에 있어서 우리의 모든 다른 개념을 초월하면서도 우리의 지적 생활의 모든 세부를 지배하고 있다. 만약 매 순간마다 인간들이 이러한 기본개념에 합의하지 못한다면, 즉 시간, 공간, 원인, 수 등에 대해 동질적인 개념을 가지고 있지 않다면 정신들 사이의 모든 관계는 불가능할 것이며 더 나아가 모든 공동생활도 불가능할 것이다. 또한 사회가 사회이기를 포기하지 않는다면 범주들을 개인의 자유의지에 맡겨버릴 수는 없다. 살기 위해서 사회는 충분한 도덕적 동조가 필요할 뿐만 아니라 없어서는 안 되는 최소한의 논리적 동조도 필요하다. 이러한 이유로 사회는 분열을 방지하기 위해 그 구성원들에게 사회의 모든 권위를 행사한다. 그 누가 감히 이 모든 사고의 규범들을 범할 수 있겠는가? 사회는 위반자를 온전한 의미에서 더 이상 인간으로 여기지 않을 것이며 또 위반자를 그렇게 취급한다. 이러한 이유로 인해 우리가 이러한 기본개념들을 넘어서려고 애쓸 때 심지어 우리의 마음속에서까지도 우리가 완전히 자유롭지 않다는 것 그리고 우리의 안팎에 우리에게 저항하는 무엇인가가 있다는 사실을 느끼게 된다. 우리의 밖에는 우리를 심판하는 여론이 있다. 게다가 사회가 우리 안에서 표상되기 때문에 사회는 우리 자신 안에서까지도 이러한 혁신적인 생각에 대항한다. 우리의 사고가 진정으로 인간적이기를 포기하지 않으려면 그러한 기본개념들을 저버릴 수 없을 것이다. 이것이 바로 이성 속에 본질적으로 내재되어 있으며, 우리로 하여금 확신을 가지고 이성의 제안들을 수락하도록 하는 매우 특수한 권위의 근원인 것 같다. 그것이 바로 사회의 권위[19]라는 것인데, 그것은 모든 집단행동에 필

---

19) 우리는 사회 문제가 심리적 문제를 배가시키는 결과를 초래한다는 사실을 여러 번 언급했다. 이것은 논리적 규율이 사회적 규율의 한 특수한 양상이라는 사실을 보여주는 하나의 증거이다. 논리적 규율은 사회적 규율이 약화될 때

수불가결한 조건인 몇 가지 사고방식으로 서로 전달된다. 따라서 범주들이 우리에게 부과하는 필연성은 약간의 노력을 기울인다고 해서 사라질 정도로 하찮은 습관들의 결과가 아니다. 또한 물리적 또는 형이상학적 필연성은 더더욱 아니다. 왜냐하면 범주들은 시간과 장소에 따라 변하기 때문이다. 그것은 도덕적 의무가 의지에 속하는 것처럼 지적인 생활에 속하는 도덕적 필연성의 특수한 한 형태이다.[20]

그러나 만일 범주들이 원래 사회의 상태들을 표현하는 것이라 해도 범주들이 메타포에 의해서만 자연의 나머지 부분에 적용되어야 한다는 법은 없지 않은가? 만일 범주들이 오로지 사회적인 사물들을 표현하기 위해 만들어진 것이라 해도 그것들은 협정에 의해서 다른 계(界)로 확장될 수 있을 것 같다. 그러므로 범주들이 우리로 하여금 물리적 또는 생물학적 세계를 생각하는 데 도움을 준다면 그것들은 현실과 관련이 없지만 실제적으로는 유용한, 인위적인 상징의 가치를 가질 수도 있을 것이다. 그러므로 우리는 다른 방법을 통해 명목론과 경험론을 다시 다룰 것이다.

그러나 지식사회학 이론을 이러한 방식으로 해석하는 것은 사회가

무너지고 만다.

20) 이러한 논리적 필연성과 도덕적 의무 사이에는 유사한 점은 있지만 사실상 동질성은 없다. 오늘날 사회는 범죄자들을 다루는 데 있어서 그들의 지성만 비정상이라고 보지 않는다. 그것은 논리적 규범에 부여된 권위와 도덕적 규범에 본질적으로 내재된 권위가 비록 중요한 유사점이 있을지라도 같은 성격이 아니라는 것을 증명하는 것이다. 그것은 같은 유의 두 가지 다른 종이다. 오랫동안 대중의 의식이 범죄자와 정신병자를 잘 구별하지 못한 것으로 미루어 보아 사실상 원시적이 아닌 이러한 차이점이 어디에서 기인하고 있으며, 그 차이가 무엇인지를 연구해본다면 흥미 있을 것이다. 우리는 문제를 지적하는 것으로 만족해야 할 것이다. 예를 들면 일반적으로 기본적이고 단순한 것으로 여겨지지만 사실상 매우 복잡한 이러한 개념들을 분석해보면 많은 문제가 생겨나는 것을 보게 될 것이다.

아무리 특수한 현실이라고 해도 사회가 어떤 제국 속에 들어 있는 하나의 제국이 아니라는 사실을 망각한 처사이다. 사회는 자연의 일부이며 자연의 가장 고매한 표상이다. 따라서 사회의 영역이란 자연의 한 영역이며, 사회의 영역이 좀더 복잡하다는 점에서만 다른 것들과 구별된다. 그러므로 좀더 본질적이라는 점에서 장소가 다르다고 해서 자연이 근본적으로 달라질 수 없는 법이다. 사물들 사이에 존재하고 있는 본질적인 관계들은―이것들을 표현하는 것이 범주들의 기능이다―계(界, régnes)에 따라 본질적으로 서로 다르지는 않을 것이다. 우리가 나중에 그 이유를 살펴볼 것인데,[21] 범주들이 어떤 사회에서 좀더 분명하게 드러난다면 비록 좀더 은폐된 형태를 띠기는 하지만 다른 곳에서도 발견되지 않을 수 없다. 사회는 범주들을 좀더 명확하게 해주지만 그것들에 대해 특권을 가지지 않는다. 바로 그렇기 때문에 사회적 사물들의 모델에 근거해 고안된 관념들은 우리로 하여금 다른 본질의 사물들을 생각하는 데 도움을 줄 수 있다. 적어도 이러한 관념들이 그 원래의 의미와 멀어진 상태에서 어떤 상징의 역할을 한다면 그것은 잘 확립된 상징일 것이다. 만일 이러한 상징에 의해 개념이 만들어지고 인위성이 개입된다면 그것은 그러한 인위성이 자연을 따르고 있고 자연에 항상 더 가까워지려고 하기 때문이다.[22] 시간과 공간, 부류(class), 원인, 인성에 대한 개념들은 사회적 요소들로 구성되어 있다. 그렇다고 이러한 개념들에 모든 객관적 가

---

21) 이 문제는 이 책의 결론 부분에서 다시 다루도록 하겠다.
22) 그러므로 지식사회학 이론에 내재하는 합리주의는 고전적 경험론과 선험론 (apriorisme) 사이의 중개물이다. 경험론의 관점에서 보면 범주는 순수한 인공적인 구조물이다. 선험론에서의 범주는 반대로 본성적으로 부여된 것이다. 우리의 입장에서 범주들은 어떤 의미로는 예술작품이다. 그러나 그것은 무제한으로 성장할 만한 완벽성을 가지고 자연을 모방하는 예술이다.

치가 결여되어 있다고 결론지어서는 안 된다. 반대로 그것들의 사회적 기원 때문에 오히려 개념들이 사물의 본질에 근거하고 있다고 추정할 수 있다.[23)]

이렇게 갱신된 지식의 이론은 특별한 어려움 없이 이 두 가지 경쟁적인 이론들의 상반되는 장점들을 결합할 수 있을 것 같다. 이 이론은 선험론의 기본원칙들을 모두 수용하고 있다. 그와 동시에 경험주의가 만족시키려고 노력했던 실증적인 정신에 고취되어 있다. 이 이론은 이성에 특별한 권능을 부여했으나 관찰 가능한 현상 안에서 그것을 설명한다. 이 이론은 우리의 지적 생활이 지닌 이원성을 확언하지만 그것을 자연적 원인에 의해서 설명하고 있다. 범주들은 더 이상 원초적이며 분석 불가능한 사실들로 생각되지 않는다. 그렇지만 범주들은 여전히 복잡하다. 따라서 경험주의자들이 스스로 만족하는 그런 방식의 분석을 이용하다가는 쉽게 오류에 빠지고 말 것이다. 왜냐하면 범주란 더 이상 어느 누구의 개인적인 관찰에 의해 쉽사리 정리되거나 통상적인 상상력에 의해 어쩌다 복잡하게 될 수 있는, 그렇게 단순한 개념이라고 생각되지 않기 때문이다. 오히려 그것은 인류

---

23) 예를 들면 시간범주의 근간이 되는 것은 사회생활의 리듬이다. 그러나 우주적 생활 속에 좀더 집합적 생활의 리듬이 있다면 개인생활 속에도 어떤 다른 리듬이 있을 것이라고 확신할 수 있다. 집합생활은 다른 것들보다 더 뚜렷하고 분명할 뿐이다. 마찬가지로 우리는 유개념이 인간집단의 개념에 근거해서 형성된 것임을 알 수 있을 것이다. 그러나 만일 인간들이 자연적인 집단을 형성한다면 사물들 사이에도 유사하면서도 서로 다른 집단이 존재한다고 가정할 수 있다. 유개념이나 종개념은 사물들의 자연적인 군집이다. 범주들로부터 그 모든 특수한 가치를 제거하지 않고서는 사회적 기원을 범주에 적용할 수 없다고 생각하는 사람들이 많은 것 같다. 그것은 아직까지도 종종 사회가 자연적이 아니라고 여겨지는 탓이다. 그리하여 사회를 표현하는 표상이 자연적인 것을 전혀 표현하고 있지 않다는 결론을 얻게 된다. 그러나 이러한 결론은 전제에 불과할 뿐이다.

가 수세기 동안 애써서 만들어 놓은 매우 귀중한 학문적인 사고의 도구로서 그 위에 인간의 지적 자산 중 가장 좋은 것들을 축적해 두었다고 여겨진다.[24] 인류 역사의 전체가 그 안에 요약되어 있다. 말하자면 그것들을 이해하고 판단하기 위해서는 지금까지 쓰인 것과는 다른 방법을 사용해야 한다. 우리들 자신이 만들지 않은 이러한 개념들이 무엇으로 만들어져 있는지 알기 위해 우리의 의식에게 묻는 것만으로는 충분치 않다. 우리는 우리의 밖으로 눈을 돌려야 한다. 우리는 역사를 관찰해야 한다. 총체적인 학문을 수립해야 하는데, 이 학문은 집단 작업에 의해 느리게 진보할 수밖에 없는 복잡한 학문이다. 지금 수행하고 있는 연구는 첫 번째 시도의 성격을 띠고 있다는 점에서 이러한 학문의 형성에 부분적이나마 기여할 수 있을 것이다. 이러한 질문들을 연구의 직접적인 목적으로 삼지는 않겠다. 그러나 우리는 그 기원이 종교적이기는 하지만 인간 정신의 기초가 되는 이러한 개념들 중 몇 가지만이라도 그것들의 탄생을 파악할 수 있게 해주는 모든 기회들을 이용해야 할 것이다.

---

24) 범주를 도구에 비유하는 것은 바로 다음과 같은 이유로 정당하다. 도구란 축적된 물질적 자산이기 때문이다. 게다가 도구, 범주, 제도라는 세 가지 개념은 밀접한 관계가 있다.

제1권

예비적 물음들

제1장 종교현상과 종교에 대한 정의[1]

종교에 대한 예비적 정의의 유용성

우리가 관찰할 수 있는 가장 원시적이고 가장 단순한 형태의 종교
가 무엇인가를 탐구하기 위해 우리는 우선 종교가 무엇인가를 정의
해야 한다. 종교에 대한 개념이 정의되지 않으면 종교성이 전혀 없는
관념이나 의례의 체계를 종교라고 칭할 위험이 있으며, 종교의 진정
한 본질을 인식하지 못한 채 종교적 사실의 한 측면을 도외시할 수도
있다. 이러한 위험은 가상적이지 않으며, 헛된 방법론적 형식주의에
희생되는 것도 아니라는 사실을 잘 보여주는 예가 있다. 그것은 비교
종교의 연구에 상당한 기여를 한 학자 프레이저의 경우이다. 그는 이
러한 주의를 기울이지 않았기 때문에 앞으로 계속 다루게 될, 인류

---

1) 우리는 이미 『사회학연보』(*Anneé Sociologique*)에서 종교현상을 정의하려고 애썼
   다(이 책, 제3권 제1장 이하). 앞으로 보게 되겠지만, 우리가 내렸던 정의는 오늘
   날의 정의와 다를 것이다. 우리는 이 장 말미에서(이 책, 188쪽, 각주 68번) 사실
   들의 개념 안에 어떤 본질적인 변화도 내포하지 않는 이러한 변형들로 우리를
   이끌어온 이유들을 설명할 것이다.

가 영위해 온 종교생활의 맹아를 보게 될 믿음과 의례의 심오한 종교적 특성을 인식하지 못했다. 따라서 이 문제는 다른 모든 것보다 먼저 다루어져야 하는 선결적인 문제이다. 물론 우리가 종교를 진정으로 설명해주는 심오한 특성들에 지금 즉시 도달하려는 것은 아니다. 다만 우리는 그러한 특성들을 이 연구가 마칠 때쯤 비로소 결정할 수 있을 것이다. 그러나 이 문제와 관련해 꼭 해야 하고 또 할 수 있는 일은, 쉽게 지각될 수 있는 외적인 표지 몇 개를 제시하는 것이다. 그것들은 우리로 하여금 어디서나 마주치는 종교현상들을 인식하게 해주고, 다른 현상과 혼동하지 않게 해준다. 우리가 지금 즉시 수행해야 할 일이 바로 이러한 예비적인 작업이다.

그러나 이러한 예비적인 작업에서 기대할 만한 결과를 얻기 위해서는 모든 선입관으로부터 우리의 정신을 해방시키는 일부터 시작해야 한다. 종교학이 방법론적 비교를 실행하기 전에 우리는 종교가 무엇인가, 라는 개념을 확립해야 한다. 존재의 필연성은 신자이건 비신자이건 우리 모두로 하여금 어떤 방식으로든 사물들을 표현하게 만든다. 우리는 그러한 사물들 한가운데서 살고 있으며, 끊임없이 그러한 사물들을 판단하고, 우리의 행위 안에서 그러한 사물들을 설명해야만 한다. 그러나 이러한 과학적 연구 이전의 선개념(prénotion)들은 아무런 방법론 없이 환경과 삶의 우연성에 의해 형성되었기 때문에 이러한 관념들은 어떤 신뢰를 요구할 권리가 없고, 앞으로 계속될 연구와 엄격하게 구별되어야 한다. 우리가 정의를 내리는 데 필요한 요소들은 우리의 편견이라든가 열정, 습관들로부터 나오는 것이 아니다. 그것들은 우리가 정의하려고 하는 현실세계 그 자체에서 기인한다.

그러면 현실을 살펴보도록 하자. 종교에 대한 일반적인 모든 개념을 제쳐두고 종교를 그들의 구체적인 현실 속에서 생각해보고 종교들의 공통점을 추출해보도록 하자. 왜냐하면 종교는 종교가 있는 곳에서는 어디서나 찾아볼 수 있는 특성들에 의해서만 정의될 수 있기 때문이다. 이러한 비교연구에서 우리는 우리가 알 수 있는 모든 종교 체계, 즉 현재의 종교와 과거의 종교들, 가장 원시적이고 가장 단순한 것뿐만 아니라 가장 현대적이고 가장 세련된 종교들을 모두 다 살펴볼 것이다. 왜냐하면 우리에게는 어떤 종류의 종교는 남겨두고, 다른 종류의 종교는 제외시켜야 할 권리도 없고, 또 그럴 만한 논리적 근거도 없기 때문이다. 종교를 인간 행위의 자연스러운 표현으로 여기는 사람들에게 모든 종교는 예외 없이 어떤 가르침을 주는 것으로 여겨질 수밖에 없다. 왜냐하면 모든 종교는 그 나름대로 인간을 표현하고 있으며 따라서 우리로 하여금 인간 본질의 어떤 양상을 잘 이해하도록 해주기 때문이다. 게다가 우리는 종교를 연구하는 가장 좋은 방법이 가장 문명화된 사람들에게서 나타나는 종교형태를 우선적으로 참작해보는 것이라고 주장하는 것이 얼마나 터무니없는 소리인가를 알고 있다.[2)]

그러나 그 명성 때문에 사물들을 있는 그대로의 모습으로 보지 못하게 할 수 있는 통념에서 벗어나기 위해 문제에 접근하기 전에, 이러한 선입관에 해당되는 가장 통상적인 정의 중 몇 가지를 검토해보는 것이 좋을 것이다.

---

2) 이 책, 120~121쪽 참조할 것. 우리는 이러한 예비적인 정의들의 필연성도 주장하지 않겠고, 또 그러한 정의를 내리기 위해 행해야 하는 방법에 대해서도 논하지 않겠다. 우리는 『사회학 방법의 규칙들』(*Régles de la Méthode Sociologique*)에서 거기에 대한 논술을 보게 될 것이다(43쪽 이하). 『자살론』(*Suicide*), 1쪽 이하와 비교.

1. 초자연 또는 신비에 의해 정의되는 종교에 대한 비판. 신비 개념은 원시적이 아니다

일반적으로 모든 종교적인 것의 특성으로 여겨지는 것은 종교가 초자연적인 것이라는 관념이다. 이러한 관념에 의해 우리는 우리의 이해력을 초월하는 모든 사물들의 질서를 이해하게 된다. 초자연적인 것은 신비의 세계요, 불가지의 세계이며, 이해할 수 없는 세계이다. 따라서 종교란 과학이 포착할 수 없는, 좀더 일반적으로 말해서 명료한 사고(思考)로 포착할 수 없는 모든 것에 대한 일종의 사변일지도 모른다. 스펜서가 말하기를, "교리(dogma)상으로는 완전히 서로 반대되는 종교들도 다음과 같은 사실에 암묵적으로 동의하고 있다. 즉 이 세상은, 세상이 지닌 모든 것과 세상을 둘러싸고 있는 모든 것과 더불어, 설명을 요하는 신비라는 것이다"라고 했다. 따라서 그는 종교를 본질적으로 "이해력을 초월하는 어떤 것의 편재에 대한 믿음"[3]으로 정의하고 있다. 마찬가지로 막스 뮐러는 모든 종교 속에서 "불가지한 것을 인식하고, 표현될 수 없는 것을 표현하려는 노력, 무한을 향한 동경"을 보았다.[4]

어떤 종교들에서, 특히 기독교에서 신비감이 상당히 중요한 역할을 하는 것은 분명하다. 또한 이러한 역할의 중요성이 기독교 역사의 시기에 따라 독특하게 변화해왔다는 것도 덧붙여야 할 것이다. 기독교 역사를 살펴보면 이러한 신비감이 부차적인 역할을 하고 심지어는 사라져버린 시기들도 있다. 예를 들면 17세기의 기독교인들에게는 신앙이 쉽게 과학이나 철학과 조화되었기 때문에 종교적인 교리는 이성과 아무런 갈등이 없었다. 파스칼(B. Pascal)처럼 사물들 속

---

3) H. Spencer, 『제1원리들』(*Premiers principes*), trad. fr., 38~39쪽.
4) Max Müller, 『종교학 입문』(*Introduuction à la science des religions*), 17쪽. 『종교의 기원과 발전』(*Origine et développement de la religion*), 21쪽과 비교.

에 심오하고 이해하기 힘든 그 무엇이 있다고 느낀 사상가들은 그들의 시대와 조화를 이루지 못했기 때문에 동시대인들로부터 이해를 받지 못했다.[5] 그러므로 초자연성처럼 시대에 따라 믿어지기도 하고 그렇지 않기도 한 관념을 종교의 (설사 기독교의 경우라 할지라도) 본질적 요소로 삼고자 하는 것은 좀 성급한 일이다.

어쨌든 확실한 것은 초자연성에 대한 사상은 종교사에서 매우 늦게 나타났다는 것이다. 그러한 사상은 원시인에게는 물론 일정 수준의 지적 문화를 간직하지 못한 상태에 있는 모든 사람들에게도 아주 생소해보인다. 사람들이 무의미한 사물들에게 특별한 가치를 부여하는 것을 볼 때, 우주를 가장 다양한 요소들로 이루어진, 표현하기 어려운 어떤 편재성을 부여받은 특이한 원리로 가득 채우는 것을 볼 때, 우리는 이러한 개념들 속에서 신비의 분위기를 쉽게 찾을 수 있다. 그 사람들은 좀더 합리적인 것을 발견하지 못했기 때문에 이성적인 현대인에게는 매우 당황스럽게 보이는 생각들을 버릴 수 없었던 것 같다. 그렇지만 사실상 우리를 놀라게 하는 이러한 설명들을 원시인은 세상에서 가장 단순한 것으로 여겼다. 원시인은 그것들을 지성이 어쩔 수 없이 감수해야만 하는 일종의 마지막 방편(ultima ratio)으로 여기지 않았다. 오히려 그것을 자신의 주위에서 관찰한 것을 표현하고 이해하는 가장 직접적인 방법으로 여겼다. 사람이 단순한 말이나 몸짓으로 자연현상에 명령을 하고 천체의 흐름을 멈추게 하거나 촉진시키고 비를 오게 하거나 멈추게 하는 일 등이 원시인에게는 전혀 이상하지 않았다. 토양의 비옥함이나 그들이 양식으로 사용하는 동물들의 번식을 보장하기 위해 행하는 의식(儀式)들은 그들의 눈으

---

5) 이와 똑같은 지성의 틀이 중세 스콜라철학 시대에서도 발견되는데, 이것은 철학이 그 당시에 "신앙은 지식을 추구한다"(Fides quoerens intellectum)는 공식에 의해 정의되었다는 사실로써 증명된다.

로 볼 때 현대의 농학자들이 같은 목적으로 사용하는 기술적인 방법들보다 비합리적이지 않았다. 이러한 여러 가지 방법으로 작동시키는 힘들이 원시인에게는 특별히 신비할 것이 없다. 그 힘들은 물론 현대 학자들이 인식하고 또 우리에게 그 사용법을 가르쳐 준 힘들과는 다르다. 그 힘은 작동하는 방법이 다르고, 명령하는 방식이 다르기 때문이다. 그러나 그것을 믿는 사람들에게는 그러한 힘이 오늘날의 물리학자들에게 있어서 중력이라든가 전류보다 더 불가해한 힘은 아니다. 게다가 우리는 이 책을 읽어가면서 자연적인 힘이라는 개념이 분명히 종교적인 힘의 개념에서 파생되었다는 것을 보게 될 것이다. 따라서 종교적인 힘과 자연적인 힘 사이에 비합리적인 것과 합리적인 것을 구분하는 심연이 있을 수가 없다. 종교적인 힘들이 종종 영적인 존재나 의식적(意識的)인 의지의 형태로 생각된다고 해서 그러한 힘들이 비합리적이라는 증거가 되지는 못한다. 비록 현대 과학이 이러한 가설에 순응하기가 어려움에도 불구하고, 이성(理性)은 선험적으로 무생물들의 몸체도 인간의 육체처럼 지성에 의해 지배된다는 사실을 주저 없이 인정한다. 라이프니츠(G.W. Leibniz)가 외부세계를 오직 영적인 관계들만 존재했고 또 존재할 수 있었던 거대한 영적 사회로 인식할 것을 제안했을 때, 그는 자신이 합리주의자로서 작업하고 있다고 생각했다. 그리고 이러한 보편적인 물활론 (animisme) 속에서 지성에 위배되는 것을 전혀 발견하지 못했다.

게다가 우리가 이해하는 바의 초자연이라는 관념은 최근에 나타났다. 사실상 초자연이라는 관념은 그것을 부정하는 정반대의 관념을 전제로 하는데, 이러한 관념은 전혀 원시적이지 않다. 초자연적인 어떤 것에 대해 말할 수 있기 위해서는 **사물들의 자연적인 질서가 존재한다는 느낌**, 다시 말해 우주현상들이 법칙이라고 불리는 필연적인 관계에 의해 서로 연결되어 있다는 느낌을 미리 가지고 있어야만 한다.

일단 이러한 법칙이 받아들여지고 나면 이 법칙에 위배되는 모든 것은 필연적으로 자연을 벗어난 것으로, 또한 이성을 벗어난 것으로 보인다. 이러한 의미에서 볼 때, 자연적인 것이란 합리적인 것이다. 때문에 이러한 필연적인 관계들은 단지 사물들이 논리적으로 서로 연결되는 방식을 나타낼 뿐이다. 그러나 이러한 보편적 결정론이라는 관념은 최근에 생긴 것이다. 심지어 고대의 가장 위대한 사상가들조차도 이러한 관념에 대해 충분히 인식할 수 없었다. 이것은 실증과학의 산물이다. 이 관념은 실증과학이 근거하고 있는 공리이며, 실증과학은 그 진보를 통해 이러한 관념을 증명했다. 따라서 이러한 공리는 결함이 있거나 견고하게 세워지지 못했기 때문에 가장 경이로운 사건들을 완전하게 인식할 만한 방법이 없었다. 사람들이 사물 질서가 가진 불변성(不變性)과 불가역성(不可逆性)을 깨닫지 못하는 한, 또한 거기서 자의적인 의지의 산물을 보고 있는 한, 그들은 어떤 의지들이 사물들의 질서를 자의적으로 수정할 수 있다는 사실을 자연스럽게 받아들였을 것이다. 그렇기 때문에 고대인들이 보기에 신들이 개입했다고 여겨지는 기적적인 현상들은 기적이라는 말의 현대적인 의미에서 볼 때, 그들의 눈에는 기적이 아니었다. 기적이란 그들에게는 아름답거나 희귀하거나 끔찍한 광경이었으며, 놀라움과 경이(θαύματα, mirabilia, miracula)를 불러일으켰다. 그러나 고대인들은 그 속에서 이성으로는 파악할 수 없는 신비한 세계에 대한 어떤 틈도 발견하지 못했다.

우리는 이러한 심리상태를 좀더 잘 이해할 수 있다. 왜냐하면 이러한 심리상태가 우리 주변에서 완전히 사라지지 않았기 때문이다. 만일 결정론의 원리가 오늘날 물리학과 자연과학의 지반 위에 견고하게 세워져 있다고 해도 그것이 사회과학에 처음 도입된 것은 불과 1세기 전이었고, 그것의 권위에 대해서는 아직까지도 논쟁이 일어나고 있다. 사회가 필연 법칙에 따르고 있고, 자연계를 형성한다는 생각을 강하게 통감한 사람은 극소수에 불과했다. 그러므로 사람들은 진정한 기적이 가능하다고 생각하게 되었다. 예를 들면 입법자가 자기 의지에 따라 간단한 명령을 내림으로써 별것도 아닌 것으로 제도를 만들 수도 있고, 어떤 사회체계를 다른 것으로 만들 수 있다는 것을 인정하게 된 것이다. 그것은 마치 많은 종교의 신도들이 신의 의지가 무(無)에서 세계를 창조했다는 것, 또는 그 의지가 자의적으로 어떤 존재를 다른 존재들로 변화시킬 수 있다는 것을 인정하는 것과 같은 이치이다. 사회적 사실에 관한 한, 우리는 아직도 원시적인 심리상태를 가지고 있다. 그렇지만 사회학에 관해서 현재 대부분 동시대인이 여전히 이 진부한 개념을 받아들이고 있는 것은 사회생활이 모호하고 신비하게 보여서가 아니다. 그와는 정반대이다. 그들이 이러한 실명에 너무나 쉽게 만족히고 경험과 끊임없이 모순되는 이러한 환상에 집착하는 것은 사회적 사실들이 그들에게 세상에서 가장 명료한 것으로 여겨지기 때문이며, 그들이 실제로 그러한 사건들의 모호함을 느끼지 못하기 때문이다. 또한 이러한 암흑을 점차적으로 없애기 위해 자연과학의 유용한 방법에 의지해야 한다는 필요성을 아직도 깨닫지 못하기 때문이다. 이와 같은 심리상태가 많은 종교적 신념의 근저에서 발견되고 있는데, 그것은 놀라울 정도로 너무나 단순하다. 사물들이 복잡하고 이해하기 어렵다는 것을 인간에게 가르쳐준 것은 과학이지 종교가 아니다.

그러나 제번스(William S. Jevons)는 다음과 같이 답하고 있다.[6] 일련의 사건들 사이에 정해진 연속성과 항구적인 계승질서가 있다는 것을 알기 위해, 또 다른 한편 이러한 질서도 가끔 교란된다는 것을

---

6) William S. Jevons, *Introduction to the History of Religions*, 15쪽 이하.

관찰하기 위해 인간 정신은 이른바 과학적인 문화를 필요로 하지는 않는다. 해가 갑자기 자취를 감춘다든지, 기다리는 때에 비가 오지 않는다든지, 달이 주기적으로 사라진 후 천천히 나타나는 일들이 일어난다. 이러한 사건들은 사물들의 일상적인 운행을 벗어나기 때문에 사람들은 그것들이 범상치 않고 예외적인, 다시 말해서 초자연적인 원인을 가지고 있다고 생각한다. 역사의 초기에 초자연적인 관념은 이러한 형태로 생겨났을 것이다. 제번스에 따르면 이때부터 종교적 사고는 적합한 대상을 갖게 되었다.

그러나 무엇보다도 초자연적인 것을 예기치 못한 뜻밖의 일이라고 결론지어서는 안 된다. 새로운 것은 자연과 대립되기도 하지만 자연의 일부가 될 수도 있다. 만일 우리가 일반적으로 결정된 순서에 따라 현상들이 연속된다는 것을 증명한다고 해도, 우리는 이러한 질서 역시 대략적인 것에 불과하고, 다른 것과 정확하게 일치하지 않고, 때로는 자기 자신과도 일치하지 않으며 온갖 종류의 예외들을 포함하고 있다는 사실을 알고 있다. 만일 우리가 조금이라도 경험이 있다면 우리의 기대가 빈번히 좌절당하는 것에 익숙해져 있고, 기대에 어긋나는 일이 자주 일어나기 때문에 이러한 것들이 특이하게 보이지도 않을 것이다. 어떤 우연성은 일관성과 마찬가지로 경험의 자료이다. 따라서 둘 중 어느 하나가 나타나게 된 원인이나 힘이 다른 것이 나타나게 된 원인이나 힘과 전혀 다르다고 말할 만한 하등의 이유가 없다. 따라서 초자연성에 대한 관념을 갖기 위해서는 예기치 못한 사건들을 목격하는 것으로는 불충분하다. 즉 예기치 못한 사건들이 불가능한 사건으로 인식되어야 한다. 다시 말해서 그러한 사건들이 사물들의 본질 속에 필연적으로 포함된 것으로 보이는 질서—이러한 질서가 옳을 수도 있고 그를 수도 있겠지만—와 화합될 수 없는 것으로 여겨져야 한다. 필연적인 질서라는 관념을 조금씩 확립한 것은 바로 실증과학이다. 따라서 그 반대 관념은 그 이전에 존재할 수 없었을 것이다.

게다가 인간의 경험이 계시해주는 새로움과 우연성을 어떤 방법으로 표현했다고 하더라도 이러한 표현 속에는 종교의 특징을 나타내는 데 사용될 수 있는 것은 아무것도 없다. 왜냐하면 종교적 관념이란 무엇보다도 사물들 속에 나타나는 예외적이고 변칙적인 사실이 아니라 반대로 규칙적이고 항구적인 사실을 표현하고 설명하는 일을 목표로 하기 때문이다. 매우 일반적으로 신들은 기괴하고 이상하며 변칙적인 것들보다는 우주의 일정한 운행, 천체의 운동, 계절의 리듬, 초목이 해마다 성장하는 것, 종의 영속 등을 이해하는 데 훨씬 더 많은 도움을 준다. 따라서 종교적 관념이 특이한 것과 예기치 못한 것의 관념과 일치할 필요는 없다. 제번스는 종교적 힘에 대한 이러한 개념이 원시적이 아니라고 답하고 있다. 사람들은 무질서와 재난을 설명하기 위해 종교적 힘을 상상하기 시작했을 것이다. 그러나 이것은 자연의 동일성을 설명하기 위해 종교적 힘을 이용하고 난 후의 일이다.[7] 그러나 우리는 무엇이 인간으로 하여금 종교적 힘에 명백하게 반대되는 기능들을 부여하게 했는지 정확하게 알지 못한다. 게다가 성스러운 존재들이 처음에 교란자로서의 부정적인 역할을 했을 것이라는 가설은 완전히 자의적이다. 사실상 우리가 알고 있는 가장 단순한 종교들의 주 임무가 긍정적인 방법으로 삶의 정상적인 과정을 유지하는 것임을 알게 될 것이다.[8]

따라서 신비 개념은 전혀 본원적인 것이 아니다. 그것은 인간에게 본원적으로 주어진 것이 아니다. 정반대되는 관념과 마찬가지로 신

---

7) 같은 책, 23쪽.
8) 이 책, 제3권 제2장 참조할 것.

비 개념도 인간이 만들어냈다. 극소수의 진화된 종교에서만 신비 개념이 어떤 위치를 가지고 있는 것은 바로 이러한 이유 때문이다. 따라서 종교를 정의할 때 많은 것을 배제하지 않고서 신비 개념을 종교 현상의 특성으로 삼을 수 없다.

2. 신 또는 영적 존재의 관념에 따라 정의되는 종교, 신이 없는 종교, 어떤 신성에 대한 관념도 함축하지 않는 이신론적 종교의례

사람들은 종종 신성(神性, divinité) 개념으로 종교를 정의하려고 한다. 레빌(J. Réville)은 "종교란 인간의 정신을 신비한 정신과 묶어주는 유대감에 의해 인간의 삶을 결정하는 것이다. 인간의 마음은 세계와 자신에 대한 신비한 영의 지배를 인정했고, 그 영과 결합되어 있다고 느끼면서 기뻐했다"[9]고 말하고 있다. 만약 우리가 신성이라는 말을 엄밀하고 좁은 의미에서 이해한다면 명백하게 종교적이라 할 수 있는 많은 사건을 종교로 정의하지 못할 것이다. 죽은 자의 영혼들, 다양한 민족의 종교적 상상력의 산물로서 자연 속에 가득 찬 여러 서열의 영들, 여러 부류의 영들은 항상 종교의식의 대상이었고, 심지어 정규적 숭배의 대상이 되기도 한다. 하지만 이것들이 엄격한 의미에서 신은 아니다. 그러나 이것들을 포함하는 정의를 내리려면 '신'을 좀더 포괄적인 '영적 존재'라는 말로 대치하면 된다. 그것이 바로 타일러(E.B. Tylor)가 한 일이다. "열등한 종족의 종교들을 체계적으로 연구하고자 할 때, 가장 필수적인 요건은 종교가 무엇을 의미하는지를 정의하고 분석하는 일이다. 사람들이 종교를 최상의 신적 존재를 믿는 신앙이라고 정의하고자 한다면…… 상당수의 종족들이 종교세계로부터 당연히 제외될 것이다. 그러나 이와 같이 너무

---

9) J. Réville, *Prolégomènes: à l'histoire des religions*, 34쪽.

나 좁은 정의는 종교를 그 특수한 발전의 어떤 단계들과 동일시하는 결함을 가지고 있다. ……오히려 종교에 대한 최소한의 정의로서 종교란 영적 존재를 믿는 것이라고 단순하게 정의하는 것이 나을 것 같다."[10] 우리는 이러한 영적 존재를 대다수의 보통사람들보다 우월한 능력을 부여받은 의식의 주체로 이해해야만 한다. 이러한 영적 존재의 자격은 꼭 신적 존재뿐 아니라 죽은 이의 영혼이나 정령, 악령까지 해당된다. 지체 없이 이러한 정의 속에 암시되어 있는 종교의 특이한 개념에 유의하는 것이 중요하다. 우리가 이러한 유의 존재들과 맺을 수 있는 관계는 그들에게 부여된 본성에 의해서 결정된다. 그들은 의식이 있는 존재들이다. 따라서 우리는 일반적으로 의식에 영향력을 행사하는 방식으로 그러한 존재들에게 영향력을 행사할 수 있을 뿐이다. 이를테면 말—기원 또는 기도와 같은—을 통해서 또는 봉헌과 희생을 통해서 그들을 설득하고 감동시키고자 하는 심리적인 과정에 의해 그러한 존재들에게 영향력을 행사한다. 이러한 특수한 존재들과 인간이 관계를 맺게 해주는 것이 종교의 목적이라면 기도·희생·속죄의식 등이 없는 곳에서는 종교가 존재할 수 없을 것이다. 따라서 종교적인 것과 비종교적인 것을 구분해주는 매우 단순한 기준이 나타나게 된다. 프레이저[11]와 더불어 몇몇의 민속학자들[12]이 체계적으로 언급한 것이 바로 이러한 기준이다.

그러나 우리의 종교교육으로 인한 정신적 습관 때문에 이러한 정의가 매우 분명하게 보일 수 있다. 하지만 이러한 정의가 적용되지 않더라도 여전히 종교의 영역에 속하는 많은 사실이 있다.

---

10) E.B. Tylor, *La Civilisation Primitive*, 제1권, 491쪽.

11) James G. Frazer, 『황금가지』(*Golden Bough*, 초판) 제1권, 30~32쪽.

12) 특히 스펜서와 길런, 심지어는 프로이스(Preuss)까지도 비개인화된 모든 종교적인 힘들을 주술이라고 부르고 있다.

우선 위대한 종교들 중에서도 신이라든가 영에 대한 관념이 없거나 있다고 해도 부차적이고 희미한 역할밖에 하지 못하는 종교들이 있다. 불교의 경우가 바로 그렇다. 뷔르누프(E. Burnouf)는 불교가 "브라만교와는 반대로 마치 신이 없는 도덕처럼, 자연이 없는 무신론처럼 존재한다"[13]라고 말한다. 바르트(A. Barth)는 "불교는 인간이 의지하는 신을 인정하지 않으며 불교의 교리는 절대적으로 무신론적이다"[14]라고 말한다. 그리고 올덴베르크(H. Oldenberg)는 그 나름대로 불교를 "신 없는 종교"[15]라고 부른다. 사실상 불교에 있어서 본질적인 모든 것은 신도들이 4성제[16]라 부르는 네 가지 명제 속에 들어 있다. 첫 번째는 사물들의 끝없는 변화와 관련된 고통의 존재요, 두 번째는 고통의 원인이 욕망 속에 있으며, 세 번째는 고통을 없애는 유일한 방법이 욕망을 누르는 것이요, 네 번째는 이러한 욕망을 누르기 위해서 필요한 3단계를 열거한다. 그것은 올바름과 묵상 그리고 지혜, 즉 교리를 완전히 소화하는 것이다. 이 세 단계를 지난 후 여정의 끝, 즉 니르바나(Nirvana, 해탈)에 의해 구원에 이르게 된다.

그러므로 이러한 원리들 중 어느 것도 신성이 문제시되지 않는다. 불교도는 자신이 고통당하며 살아가고 있는 이 세상이 어디에서 유

---

13) Eugène Burnouf, 『인도 불교 역사입문』(*Introduction à l'histoire du bouuddhisme indien*, 제2판), 464쪽. 이 텍스트의 마지막 말은 불교가 영원한 자연의 존재까지도 인정하지 않음을 의미한다.

14) A. Barth, 『인도의 종교들』, 110쪽.

15) H. Oldenberg, *Le Bouddha*, 51쪽.

16) 같은 책, 214쪽, 318쪽. Kern, *Histoire du Bouddhisme dans l'Inde*, 제1권, 389쪽 이하와 비교. 4성제에서 '제'(諦, satya)란 '진리' 또는 '진실'을 뜻하는데, '4가지의 성스러운 진리'를 가리킨다. 이것은 고성제, 집성제, 멸성제, 도성제를 가리키는 것으로, 간단하게 '고집멸도'(苦集滅道)라고도 한다. 좀더 구체적으로 표현하면 '고' '고의 원인' '고의 소멸' '고의 소멸에 이르는 길'이다
—옮긴이.

래되었는가 알아내려고 전념하지 않는다. 그는 세상을 하나의 주어진 사실로 받아들인다.[17) 그는 고통스런 세상에서 벗어나는 일에 모든 관심을 기울인다. 또한 이러한 구원 작업을 위해 불교도는 자기 자신만 의지한다. 불교에는 "싸움을 하는 동안 도와달라고 빌 신이 없는 것과 마찬가지로 감사를 돌려야 할 신도 없다."[18) 불교도들은 기도하는 대신, 즉 일반적인 의미에서 우월한 존재를 향해 그의 도움을 간청하는 대신 스스로에게 의존하고 명상한다. 그것은 "인드라(Indra), 아그니(Agni), 바루나(Varuna)[19)로 불리는 존재들의 실존을 전적으로 거부한다는 뜻이 아니다. 그들에게 신세지는 일도 없고 그들과 더불어 할 일이 없다는 뜻이다." 왜냐하면 그들의 능력은 불교도가 보기에 하등의 가치가 없는 이 세상에서의 복락에만 펼쳐질 수 있기 때문이다. 따라서 불교도는 신이 있는가, 없는가 하는 질문에

---

17) H. Oldenberg, 앞의 책, 259쪽; M. Barth, 앞의 책, 110쪽.

18) H. Oldenberg, 앞의 책, 314쪽.

19) A. Barth, 앞의 책, 109쪽. 뷔르누프도 말한다. "만일 석가가 그의 주위에서 내가 이름들을 부여한 신들로 북적대는 팡테옹(Panthéon, 만신전)을 만나지 않았다면 그는 그것을 만들어낼 어떤 필요성도 없었을 것이라고 나는 마음속으로 확신한다"(*Introduction à l'histoire du bouuddhisme indien*, 119쪽). 『리그베다』는 그 대부분이 신들에게 바치는 찬가로 되어 있다. 여기서 신봉되는 신들은 그 성격상 하늘[天]의 신·대기[空]의 신·지상[地]의 신으로 구별되는데, 그 수는 33을 헤아린다. 그 연원은 자연현상에 따른 것이 많으며 극도로 의인화되어 있다. 사법신(司法神)인 바루나를 제외하면 신들과 인간은 상호의존적이며 호혜의 관계를 유지한다. 그중에서 인간답고 그 세력이 가장 강했던 것은 우레의 신·무용(武勇)의 신·전쟁의 신인 인드라이다. 불의 신인 아그니는 다양한 기능을 가지고 하늘, 땅, 그 중간의 대기 전역이라는 세 곳에 동시에 존재하고 있다. 땅에서는 성스러운 불이며, 신들이 불에 익힌 공물을 받아들이는 입이 된다. 하늘에서 아그니는 태양이다. 그리고 대기 중에서는 번개이며, 천상의 신들에게 메시지를 전하고, 신들이 의식에 초대될 때 그들을 지상으로 데려오는 중재자이다. 그러므로 아그니를 신봉하는 사람들은 아그니의 왕림 여부에 따라 자신의 길흉화복이 정해진다고 생각한다—옮긴이.

관심이 없으며, 그러한 의미에서 무신론자이다. 게다가 설사 신들이 존재하고 어떤 능력을 갖추었다 하더라도 성자나 해탈한 자는 자신이 그 신들보다 우월하다고 생각한다. 왜냐하면 그러한 존재들의 권위는 그들이 사물들에 행사하는 영향력의 크기가 아니라 구원의 길로 나아가는 정도에 달려 있기 때문이다.[20]

부처(Bouddha)가 적어도 불교의 어떤 분파에서는 일종의 신으로 여겨지고 있는 것은 사실이다. 그는 자신의 사원들을 가지고 있다. 그리고 매우 단순하기는 하지만 숭배 대상이 되었다. 왜냐하면 부처는 본질적으로 몇 개의 꽃을 봉헌하는 것, 유골 숭배, 또는 성상(聖像)들로 환원되었기 때문이다. 그것은 기념의 성격을 띤 숭배에 불과할 뿐이다. 그러나 표현이 정확하다면 이러한 부처의 성화(聖化)는 북방불교라고 불리는 종파의 특성이다. 컨(H. Kern)은 다음과 같이 말했다. "남방불교도들 그리고 북방불교도들 중 가장 덜 진보된 사람들은 오늘날 알려진 자료에 의거해 우리가 확언할 수 있듯이 그들 교리의 창시자를 마치 하나의 인간처럼 이야기한다."[21] 물론 그들은 부처에게 인간들이 공통적으로 가진 능력보다 우월한 특이한 능력을 부여하고 있다. 그러나 그것은 인도에서는 매우 오래된 신앙체계였고, 위대한 성자가 예외적인 능력을 부여받는 것은 여러 종교에서 쉽게 발견되는 매우 일반적인 현상이다.[22] 그렇지만 그들에게 종종 부여된 초인간적인 능력에도 불구하고, 성자는 사제나 주술사와 마찬가지로 신은 아니다. 또한 가장 권위 있는 학자들에 따르면 일반적

---

20) 같은 책, 117쪽.
21) H. Kern, 앞의 책, 289쪽.
22) "위대한 신성은 필연적으로 초자연적인 기능을 수반한다는 신념은 인도에서 보편적으로 인정되는데, 그것이 석가가 정령들 속에서 찾아내야 했던 유일한 버팀목이다"(Eugène Burnouf, 앞의 책, 119쪽).

으로 초인적인 능력을 수반하는 이러한 종류의 유신론과 복잡한 신화는 불교에서 파생되어 탈선한 형태에 지나지 않을 것이다. 처음에는 부처가 "인간 중에 가장 현명한 자"[23]로 여겨졌을 것이다. 뷔르누프가 말한 대로 "부처가 가장 높은 성인의 경지에 도달한, 인간 이상의 어떤 존재가 아닐까 하는 부처에 대한 이해는 불경(Sûtras)[24]의 기초가 된 개념의 테두리를 벗어난 것이다." 그는 또한 다음과 같이 덧붙였다. "부처의 인간성이 모든 사람에게 너무나 명백하게 알려진 사실이기 때문에 기적을 남발하는 전설 편집자들조차도 부처가 죽은 후 그를 신으로 만들 생각조차 하지 못했다."[25] 또한 우리는 부처가 인간의 특성을 완전하게 벗어버리는 경지에 도달했는지 그리고 그를 완전히 신과 동일시해도 되는 것인지를 자문해 볼 수 있다.[26] 어쨌든 부처의 경우 매우 특별한 성격을 지닌 신이고, 그 역할은 다른 신적인 속성과는 전혀 유사점이 없는 신이다. 왜냐하면 신이란 무엇보다도 인간이 생각할 수 있고, 의존할 수 있는 살아 있는 존재이기 때문이다. 그렇지만 부처는 죽었고 열반에 들어갔다. 그는 인간사의 운행에 대해 더 이상 어떤 능력도 발휘할 수 없다.[27]

결국 사람들이 부처의 신성에 대해 어떻게 생각하든 간에 불교의

---

23) 같은 책, 120쪽.
24) 같은 책, 107쪽.
25) 같은 책, 302쪽.
26) 컨은 그것을 이러한 용어로 표현했다. "어떤 점에서 그는 인간이다. 어떤 점에서는 인간이 아니다. 또 어떤 점에서는 어느 것도 아니다"(앞의 책, 290쪽).
27) "수도승 집단의 거룩한 우두머리가 그들 가운데 존재한다는 생각, 그가 그들 가운데서 지배자나 왕처럼 실재하고 있다는 생각, 그러므로 숭배란 이러한 공동생활의 영속성에 대한 표현에 불과하다는 생각은 불교도들에게는 매우 낯선 것이다. 불교의 스승은 열반에 들어갔고 그 신도들이 그를 다시 불러내기를 원한다고 해도 스승은 그들의 말을 들을 수 없다"(H. Oldenberg, 앞의 책, 368쪽).

본질적인 특성에서 완전히 벗어나는 개념이 여전히 남아 있다. 사실상 불교는 무엇보다도 구원 개념으로 이루어져 있으며, 구원은 오로지 인간이 그 훌륭한 교리를 알고 실천하는 것을 전제하고 있다. 물론 부처가 그러한 교리를 계시하러 오지 않았더라면 그러한 교리는 알려질 수 없었을 것이다. 그러나 일단 이러한 계시가 이루어진 이상, 부처의 일은 완수되었던 것이다. 이 순간부터 그는 종교생활의 필연적 요소가 되기를 그친다. 비록 그 4성제를 알게 해준 사람은 기억 속에서 사라졌다 하더라도 거룩한 4성제를 실행하는 일은 가능했을 것이다.[28] 그것은 기독교와는 매우 다르다. 기독교의 경우, 그리스도에 대한 관념이 항상 존재하고 예배가 늘 행해지지 않으면 존재할 수가 없다. 왜냐하면 신도들의 공동체가 계속해서 영적 생활의 최고 근원과 교통할 수 있는 것은 여전히 살아 존재하면서 매일 제물로 바쳐지는 그리스도를 통해 가능하기 때문이다.[29]

앞서의 모든 논의들은 역시 인도의 다른 위대한 종교인 자이나교 (Jaïnisme)에도 적용된다. 게다가 두 종교의 교리는 현저하게 똑같은 세계관과 인생관을 가지고 있다. 바르트는 다음과 같이 말한다. "불교도들처럼 자이나교도들도 무신론자들이다. 그들은 창조자를 인정하지 않는다. 그들에게는 세계란 영원한 것이다. 그들은 태초부터 있던 완전한 존재의 가능성을 분명하게 부정한다. 지나(Jina)는 완전하게 되었으나 그는 처음부터 완전했던 것은 아니다." 북방불교도들처

---

28) "불교의 교리는 그 모든 본질적 요소에 있어서 현재의 모습 그대로 존재 가능했을 것이다. 설사 부처에 대한 개념이 부처와 완전히 다르다 할지라도 말이다"(같은 책, 322쪽). 역사적 인물 부처에 대해 말한 것은 또한 모든 신화적 부처들에게도 적용될 수 있다.

29) 같은 의미에서 Max Müller, *Natural Religion*, 1889, 103쪽 이하, 190쪽 참조할 것.

럼 자이나교도들, 전체가 아니라면 적어도 그들 중의 어떤 이들은 일종의 이신론(理神論)으로 되돌아갔다. 데칸(Dekhan)의 기록에는 일종의 최상의 지나인 지나파티(Jinapati)에 대한 언급이 있는데, 그는 최초의 창조자라고 불렸다. 바르트는 계속해서 말한다. "그러나 이러한 말은 가장 권위 있는 저작 속에 나타나는 가장 명백한 언술들과 모순된다."[30]

　게다가 신적 존재에 대한 이러한 무관심이 불교와 자이나교에서 이런 정도로 발전되었다면 그것은 이 두 종교가 파생되어 나온 브라만교 안에서 그 맹아가 이미 싹텄기 때문이다. 최소한 그러한 형태들 중 어떤 것에서는 브라만적인 사색이 "우주에 대해 명백히 물질적이고 무신론적인 해석"으로 귀착되기도 했다.[31] 시간이 흐름에 따라 처음에 인도 사람들이 숭배해왔던 많은 신은 비인격적이고 추상적인 일종의 원리로, 존재하는 모든 것의 본질로 용해되었다. 인간은 더 이상 신적인 속성을 띠지 않는 이러한 최고의 실재를 자신 속에 포함하고 있다. 달리 표현한다면 인간은 그러한 최상의 존재와 하나가 되었다. 왜냐하면 그 어떤 것도 그러한 존재와 떨어져서는 존재할 수 없기 때문이다. 따라서 그러한 최고의 존재를 발견하고 그 존재와 합일되기 위해 인간은 자기 존재 밖에서 어떤 외적인 도움을 구할 필요가 없다. 자신에게 몰입해서 명상하는 것으로 족하다. 올덴베르크는 이렇게 말한다. "인간이 스스로를 구원하는 구원의 세계를 상상하고, 신 없는 종교를 만들어내는 야심적인 작업이 불교 속에서 행해졌다면 이러한 사유방식을 준비한 것은 바로 브라만교의 사변이라고 할 수 있다. 신에 대한 관념이 점차 뒤로 밀려나 버렸고 고대 신들

---

30) 같은 책, 146쪽.
31) A. Barth, 『종교학 백과사전』(Encycloédie des sciences religieuses), 제6권, 548쪽.

의 형상도 퇴색해 지워져간다. 영원한 정적 속에 있으면서 이 세상의 운명에는 상관하지 않고 높은 보좌에 앉아 있는 브라마(Brahma) 이외에 이 세상에 존재하는 것은 스스로의 힘으로 구원의 위대한 사업을 적극적으로 수행하는 인간들만 있을 뿐이다.[32] 따라서 종교 진화의 상당한 부분은 신성과 영적 존재에 대한 관념에서 점진적으로 퇴보함으로써 이루어졌음을 알 수 있다. 그리고 이른바 기원·속죄·희생·기도 등이 우월한 위치를 누리지 않는 위대한 종교들도 있다. 따라서 이러한 종교들은 소위 종교적 표현으로 인정되는 어떤 변별적 특징도 보여주지 않는다.

그러나 심지어 이신론적인 종교들 안에서까지도 우리는 신이라든가 영적 존재에 대한 모든 개념과는 완전히 무관한 많은 의례를 찾아볼 수 있다. 우선 많은 금지조항이 있다. 예를 들면 성서는 여자에게 매달 일정한 기간 따로 떨어져 살 것을 명한다.[33] 성서는 여자가 분만하는 동안에도[34] 이와 유사한 분리를 명한다. 성서는 당나귀와 말을 함께 매어두는 것을 금지하며, 삼과 아마 섞은 옷을 입는 것도 금한다.[35] 그러나 야훼에 대한 믿음이 이러한 금지조항에 어떠한 역할을 하는지는 알 수 없다. 왜냐하면 야훼는 이러한 금지된 모든 관계에 부재하며, 그러한 금지에 연루될 수 없기 때문이다. 대부분의 음식물 금지사항에 대해서도 그렇게 말할 수 있다. 그리고 이러한 금지사항이 헤브라이 민족에게만 있었던 특별한 것은 아니다. 그것들은 여러 형태로 나타나고 있지만 수많은 종교에서 본질상 동일한 특성을 보여주고 있다.

---

32) H. Oldenberg, 앞의 책, 54쪽.
33) 「사무엘 상」 21:6.
34) 「레위기」 12.
35) 「신명기」 22:10~11.

이러한 의례들은 순수하게 소극적인 성격을 띠고 있는 것이 사실이지만, 그렇다고 해서 종교적 성격이 사라지는 것은 아니다. 또한 신도들에게 활동적이고 적극적인 봉사를 요구하는 의례도 있다. 하지만 그 본질은 동일하다. 소극적인 의례는 신적인 힘에 의존하지 않고 스스로 작용하는 것이다. 소극적 의례들은 스스로 어떤 효능을 만들어내는데, 이것이 바로 그것들의 존재 이유이다. 소극적 의례는 기대하는 결과가 그의 호의에 달려 있는 어떤 존재에게 바쳐지는 기도나 봉헌으로 이루어지지 않는다. 기대하는 결과는 의례를 거행함으로써 자동적으로 얻어진다. 베다교에서의 희생제는 분명히 이러한 경우에 해당된다. 베르가뉴(A.H.J. Bergaigne)는 말한다. "희생제는 천상의 현상에 직접적인 영향을 미친다."[36] 희생제는 어떤 신적 존재의 힘이 개입되지 않아도 그 자체로 전능하다. 예를 들어 여명이 갇혀 있는 동굴의 문을 부수고 낮의 빛[37]을 솟아오르게 한 것은 바로 희생제이다. 마찬가지로 그 직접적인 영향력을 통해 하늘의 물을 땅으로 흘러가게 만들었던 송가들도 있다. 심지어는 신들의 만류에도 불구하고[38] 그런 일이 일어날 수 있다. 어떤 고행들을 행함으로써 동일한 효력을 발휘할 수도 있다. 더구나 "희생제는 인간의 기원뿐만 아니라 신들의 기원까지 결부시킬 수 있을 정도로 탁월한 원리이다. 이러한 개념은 당연히 이상하게 보일 수 있다. 그렇지만 희생제의 전능

---

36) A.H.J. Bergaigne, 『베다교』(Le religion védique), 제1권, 122쪽.

37) 같은 책, 133쪽.

38) 베르가뉴가 말한다. "어떤 텍스트도 제10장 32절, 7절보다 하늘의 물과 관련된 인간의 주술적 행동에 대한 의식을 더 잘 보여주는 것은 없다. 거기에는 이러한 믿음이 일반적인 용어로 표현되어 있는데, 실제로 존재했거나 신화 속에 나오는 조상들뿐만 아니라 현재의 인간에게도 적용된다." "무식한 사람이 현자에게 물었다. 현자에게 가르침을 받고 그는 행동한다. 이것이 교육의 유익함이다. 그는 급류의 흐름을 알게 된다"(같은 책, 137쪽).

성에 대한 가장 중요한 개념 중 하나로 설명된다."[39] 베르가뉴는 자신의 책 첫 번째 장에서 희생제에 대해서만 말하고 있는데, 거기서는 신들이 아무런 역할을 하지 못한다.

그러한 사실은 베다교만의 산물은 아니다. 반대로 매우 일반적이다. 모든 종교에는 스스로 작용하고 그 자체로서 고유한 능력을 가지고 있으며, 의례를 행하는 개인들과 그들이 추구하는 목표 사이에 어떤 신도 개입되지 않는 종교의식이 있다. 장막절 축제에서 유대인이 어떤 리듬에 따라 버들가지를 흔들면서 공기를 움직일 때, 그것은 바람을 일으키고 비를 내리기 위한 것이다. 그 의례를 정확하게 거행하면 바라던 현상이 자동으로 나온다고 믿고 있었다.[40] 게다가 이러한 믿음은 거의 모든 숭배들이 종교예식의 물질적 부분에 가장 큰 중요성을 부여한 사실을 설명해준다. 이 종교적 형식주의—아마도 법적인 형식주의의 첫 번째 형태가 될 것이다—는 다음과 같은 사실에서 유래되었다. 즉 공언되는 일정한 말투와 수행되는 몸짓은 그 자체가 효력의 근원이다. 그런데 성공했던 경험에 의해 확립된 어떤 유형에 정확하게 일치하지 않는다면 그러한 말투나 몸짓은 효력을 상실하게 된다.

따라서 신 없는 의례들이 존재한다. 심지어 그러한 의례에서 신이 파생되어 나오기도 한다. 모든 종교적 능력이 신적인 인격에서 나오는 것은 아니다. 그리고 인간과 신을 결합하는 것 이외에 다른 목적을 지닌 종교적 관계들도 있다. 따라서 종교는 신이라든가 영에 대한 개념 이상의 것이다. 그러므로 신이나 영에 대한 개념으로만 종교가 정의되는 것은 아니다.

---

39) 같은 책, 139쪽.
40) 위베르에서는 다른 예들을 찾아볼 수 있다. Hubert, "art. Magia", in *Dictionnaire des Antiquités*, 제6권, 1509쪽.

3. 적극적인 정의를 추구하기 위한 가장 중요한 특성

이러한 정의들을 잠시 제쳐두고 우리 스스로 문제에 다가가 보도록 하자.

우선 종교의식에서 행해지는 모든 정형화된 언술(formules)이 직접 표현하는 것은 전체적으로 종교의 본질이라는 것을 염두에 두자. 그것들은 종교가 마치 분할할 수 없는 총체적인 실체를 형성하는 것처럼 진행된다. 사실상 종교는 부분들로 구성되어 있다. 즉 종교는 신화, 교리, 의식, 의례 등으로 이루어진 어느 정도 복합적인 체계이다. 따라서 전체는 그것을 구성하는 부분들과 관련해서만 정의될 수 있다. 그러므로 기본적인 현상들이 결합되어 생겨난 체계를 살펴보기 전에 모든 종교의 형성 근거인 여러 가지 기본적인 현상의 특징을 살펴보는 편이 훨씬 더 효과적인 방법이다. 어떤 특정 종교에도 속하지 않는 송교현상늘이 손재하는 만큼 이러한 방법은 불가피하다. 이러한 현상들이 바로 민속지학의 소재가 된다. 일반적으로 이러한 현상들은 사라진 종교들의 파편이거나 조직화되지 않는 잔존물이다. 그러나 지역적 원인의 영향으로 저절로 형성된 것들도 있다. 유럽의 지역에서는 기독교가 그러한 종교현상들을 흡수해 자기 것으로 동화하려고 애썼다. 즉 기독교가 그러한 요소들에 그리스도교적인 색채를 부여했던 것이다. 그럼에도 불구하고 최근까지 남아 있는 것도 있고, 아직도 어느 정도의 자율성을 가지고 존재하고 있는 종교현상도 많다. 5월의 축전, 하지제(夏至祭), 카니발, 정령 또는 지방의 수호신들과 관련된 여러 가지 신앙이 바로 그것이다. 이러한 사실들의 종교적 특성이 지금은 감소되어가고 있지만, 그것들의 종교적 중요성은 매우 크기 때문에 만하르트(W. Mannhardt)와 그의 학파가 종교학을 부활시킬 정도였다. 따라서 이러한 현상들을 설명하지 못한다면 그 정의는 종교적인 모든 것을 포함하지 못하게 될 것이다.

종교현상은 매우 자연스럽게 기본적인 두 범주, 즉 믿음과 의례로 구분된다. 믿음은 사고방식의 상태이며 여러 표상으로 이루어져 있다. 의례는 결정된 행동양식이다. 이러한 두 부류의 사실들 사이에 생각과 행동을 구분해주는 분명한 차이점이 있다.

의례는 오로지 그 대상의 특수한 본질에 의해서만 정의되고 인간의 다른 의례 특히 도덕의례와 구별될 수 있다. 사실상 도덕규칙은 의례와 마찬가지로 우리에게 어떤 행동방식들을 규정해준다. 그러나 이러한 행동방식은 서로 다른 종류의 대상에 적용된다. 따라서 의례 그 자체의 특성을 알기 위해서는 의례 대상의 특질을 파악해야 한다. 그런데 이러한 대상의 특수한 본질이 표현되는 것이 바로 믿음체계이다. 그러므로 믿음을 정의한 후에 비로소 의례가 무엇인지 정의할 수 있다.

모든 알려진 종교적 믿음은 그것이 단순하거나 복잡하거나 간에 똑같은 공통적 특성을 보여준다. 이러한 믿음은 실제적이거나 관념적이거나 인간이 생각하는 모든 사물들의 분류를 전제로 한다. 즉 분명한 두 용어, 속된 것과 거룩한 것이라는 용어로 잘 표현해주는바, 일반적으로 지칭되는 두 부류 또는 서로 반대되는 두 장르로 분류하는 것을 전제로 하고 있다. 세상을 두 영역, 즉 하나는 성스러운 것, 다른 하나는 속된 것으로 분류하는 것이 종교적 사고의 변별적 특성이다. 믿음, 신화, 교리 등은 성스러운 사물들의 본질과 성스러운 것에 부여된 가치나 능력 그리고 성스러운 것들끼리의 관계 또는 성스러운 것과 속된 것 사이의 관계 등을 나타내는 표상이거나 표상체계이다. 그러나 신이라든가 영이라고 부르는 인격적인 존재들이 성스러운 사물이라고 단순하게 이해해서는 안 된다. 왜냐하면 바위, 나무, 샘, 조약돌, 나무 조각, 집 등, 한마디로 어떤 사물들도 성스러울 수 있기 때문이다. 의례는 이러한 특성을 가질 수 있다. 또한 어느 정도 이러한 특성을 가지고 있지 않은 의례는 존재하지 않는다. 성스러운 인간들의 입을 통해서만 발음될 수 있는 단어, 표현, 정형화된 언술들이 있다. 반면에 그 누구도 행해서는 안 되는 몸짓들과 행동들이 있다. 신화에 따르면, 만일 베다교의 희생이 단순하게 신의 은총을 구하는 방법에 불과한 것이 아니라 신을 창조할 정도로 효력이 있다면, 그것은 그 희생이 가장 성스러운 존재의 효력에 필적할 만한 능력을 지녔기 때문일 것이다. 성스러운 대상들의 범위를 단번에 결정할 수는 없다. 종교에 따라서 그 범위는 끝없이 변동될 수 있기 때문이다. 불교가 종교가 될 수 있는 이유가 있다. 불교는 신이 없더라도 거룩한 사물들의 존재, 즉 4성제와 거기에서 파생된 의례들을 인정하기 때문이다.[41]

지금까지 우리는 예(例)라는 명목으로 상당수의 거룩한 사물들을 나열하는 것에 그쳤다. 이제 우리는 어떤 일반적인 특성에 의해 그러한 성스러운 사물들이 속된 것들과 구별되는가를 가르쳐주어야 한다.

우선 사람들은 존재들의 위계에서 일반적으로 성스러운 사물들에게 할당된 위치에 따라 그것들을 정의해보려는 생각을 가질지도 모른다. 보통 성스러운 사물은 위엄이나 능력에 있어서 속된 사물보다 우월한 것으로 여겨진다. 특히 성스러움을 간직하지 못한 보통 인간에 대해서는 성스러운 사물들이 인간보다 더 우월한 것으로 여겨진다. 사실상 사람들은 성스러운 사물들에 비해 자신들이 좀더 열등하고 의존적인 지위를 가지고 있다고 생각한다. 그리고 이러한 생각에는 확실히 어느 정도의 진실이 담겨 있다. 다만 이러한 생각 속에

---

41) 이러한 진리들을 실행하고, 바로 그 이유 때문에 성스럽게 된 현자와 성인들에 대해 언급할 필요는 없다.

는 정말로 성스러운 것의 특징이라고 할 만한 것이 들어 있지 않다. 어떤 것이 다른 것에 비해 성별(聖別)되기 위해서는 다른 것이 그것에 종속되어 있다는 사실만으로는 충분치 않다. 노예들은 그들의 주인에게 종속되어 있고, 신하들은 왕에게, 군인들은 그들의 상관에게, 하위계급은 지배계급에게, 수전노는 그의 돈에게, 야심가는 권력과 권력을 가진 세력가에게 종속되어 있다. 그러나 만일 사람들이 종종 어떤 사람에 대해 말하기를, 자신에 비해 우월하고 탁월한 가치를 지니고 있다고 인정하는 존재나 사물들을 신앙한다고 하면 어떤 경우라도 이 말은 은유적으로 쓰이는 것이다. 이러한 관계 속에는 본래 종교적인 것이 없음이 분명하다.[42]

반면에 각 단계마다 성스러운 사물들이 존재하며, 그러한 성스러운 사물들 중에도 인간이 비교적 편안함을 느끼는 것이 있다는 사실에 대한 안목을 잃어서는 안 된다. 부적도 성스러운 특성을 가지고 있다. 그렇지만 부적이 특별히 뛰어난 경외심을 불러일으킨다고 말할 수는 없다. 심지어 인간이 믿는 신들 앞에서 인간이 항상 열등한 존재로 낙인찍히는 것만은 아니다. 왜냐하면 그 신들로부터 인간이 원하는 것을 얻어내기 위해 인간이 신에게 진정한 물리적 강제력을 행사하는 일이 종종 일어나기 때문이다. 마침내 신이 자신의 숭배자의 소망에 좀더 유순한 태도를 보이게 되어 그와 또다시 화해할 때까지 사람들은 마음에 들지 않는 우상을 때리기도 한다.[43] 비를 내리기 위해서는 비의 신이 살고 있다고 여겨지는 샘이나 성스러운 호수 속에 돌을 던진다. 이러한 방법으로 그들은 신이 그곳으로부터 나와서

---

42) 이것은 이러한 관계들이 종교적 특성을 가질 수 없다고 말하는 것은 아니다. 그러나 이러한 관계들이 필연적으로 종교적 특성을 가지는 것도 아니다.

43) Schultze, *Fetichismus*, 129쪽.

자신을 드러낸다고 생각한다.[44) 게다가 인간이 그의 신에게 의존하는 것이 사실이라 할지라도 그 의존성은 상호적이다. 신 자신도 인간이 필요하기 때문이다. 봉헌물이나 희생물이 없다면 신들은 죽게 될 것이다. 우리는 가장 관념적으로 발달한 종교에서도 신이 신도에게 의존하고 있다는 것을 밝힐 기회를 가질 것이다.

그러나 순수하게 위계적인 구분은 너무 일반적이고 부정확한 기준일 수도 있다. 하지만 그렇다 해도 그것들의 이질성만이 속된 것에 대하여 성스러운 것을 정의할 수 있다. 이러한 이질성만으로 사물들의 분류를 특징짓고, 그것을 다른 모든 것들과 구분하는 데 충분하다면 그것은 이러한 이질성이 매우 특별하기 때문이다. 그것은 절대적이다. 인류의 사상사 속에서 성스러운 것과 속된 것을 구분하는 두 범주의 사물만큼 심오하게 구별되고 철저하게 서로 대립되는 다른 예는 존재하지 않는다. 여기에 비하면 선과 악 사이의 전통적인 대립은 아무것도 아니다. 왜냐하면 건강과 병이 삶이라는 동일한 사건 계열의 두 가지 다른 양상에 불과한 것처럼 선과 악은 도덕이라는 같은 장르의 반대되는 두 종(種)이기 때문이다. 반면에 인간 정신은 성스러운 것과 속된 것을 언제 어디서나 분리된 것으로 여긴다. 마치 그것들 사이에 공통점이라고는 하나도 없는 분리된 두 세계라도 되는 듯이 생각한다. 어느 하나에서 행사되는 힘은 정도의 차이만 있을 뿐 다른 하나에서 나타나는 힘이 아니다. 왜냐하면 그러한 힘들은 아주 다른 본질을 가지고 있기 때문이다. 종교에 따라서는 이러한 대립이 매우 다른 방식으로 인식된다. 어떤 종교에서는 두 종류의 사물을 구분하기 위해서 물리적인 세계의 서로 다른 지역에다 성스러운 사물

---

44) 프레이저의 『황금가지』(제2판 제1권 81쪽 이하)에서는 이러한 용례들을 찾아 볼 수 있다.

들과 속된 사물들을 달리 위치시키는 것만으로도 족하게 보인다. 또 다른 종교에서는 성스러운 사물들이 이상적이고도 초월적인 세계에 놓인다. 반면 물질 세계는 속된 사물들의 소유로 남겨져 있다. 그러나 대조의 형태가 아무리 다양하다고 할지라도 대조되는 사실 그 자체는 보편적이다.[45]

그렇지만 이 말은 어느 한 존재가 성스럽고 속된 두 세계 중 어느 한 곳에서 다른 곳으로 결코 이동할 수 없다는 뜻이 아니다. 그러나 이러한 이동이 일어날 때, 그 이동방식은 이 두 세계의 본질적인 이원성을 뚜렷하게 보여준다. 사실상 그것은 진정한 변모를 의미한다. 이것은 많은 사람이 행한 바대로 입문의례를 통해 잘 나타나고 있다. 입문은 젊은이를 종교생활에 들어가도록 하는 일련의 긴 의식이다. 젊은이는 처음으로 성스러운 사물들의 범주로 들어가기 위해 그가 초년 시절을 보냈던 순수하게 세속적인 세상에서 나온다. 이러한 상태의 변화는 이미 존재하고 있는 맹아들의 단순하고도 규칙적인 발전단계가 아니라 전 존재(totius substantiae)의 변형으로 인식된다. 사람들은 이 시점에서 그 젊은이가 죽었다고, 즉 과거의 그가 아니라 다른 존재로 대치되었다고 말한다. 그는 새로운 형태로 다시 태어난다. 적합한 예식들은 단순하게 상징적인 의미에서가 아니라 문자 그대로 이러한 죽음과 재탄생을 실현시켜주는 것으로 여겨진다.[46] 입

---

45) 이러한 개념에 따르면 속된 것과 성스러운 것은 비합리적인 것과 이성적인 것, 지적인 것과 신비한 것처럼 대립된다. 그러나 이것은 이러한 대립이 나타나는 형태들 중 하나에 지나지 않는다. 일단 학문이 구성되면 그 학문은 세속적인 특성을 띠게 되는데, 특히 기독교의 눈에는 그렇게 보였다. 따라서 학문은 성스러운 것에 적용될 수 없었던 것 같다.

46) Frazer, *On Some Ceremonies of the Central Australian Tribes in Australian Association for the Advancement of Science*, 1901, 313쪽 이하를 참조할 것. 또한 이 개념은 극히 일반적인 것이다. 인도에서는 단순히 희생적인 행동에 참여하는 것만으로

문의례는 과거의 속된 존재와 앞으로 될 종교적 존재 사이에 단절이 있다는 것을 입증하는 것이 아닌가?

이러한 이질성이 너무나도 극심해서 종종 진정한 적대관계로 전락하는 일도 있다. 두 세계는 분리된 것으로 여겨질 뿐만 아니라 적대적이며 서로서로 시기하는 경쟁자로 인식된다. 인간은 한 가지 것에서 완전히 떠난다는 조건에서만 다른 것에 온전히 속할 수 있다. 따라서 인간은 절대적인 종교생활을 영위하기 위해 속된 것과 완전히 절교할 것을 권고 받는다. 그리하여 수도원이 나타나게 되었다. 수도원은 보통 사람들이 세속적으로 살고 있는 환경 밖으로 멀리 떨어져 만든 조직으로 세속적인 환경과는 단절되고 대립된 다른 환경 속에 위치한다. 또한 인간에게 남아 있을 수 있는 속된 세상에 대한 모든 집착을 제거하는 것을 목적으로 하는 신비직 금욕주의도 생겨나게 된디. 그 결과, 이러한 금욕주의의 논리적 산물인 종교적 자살의 모든 형태들이 생겨난 것이다. 왜냐하면 속된 생활에서 완전히 벗어나는 유일한 방법은 결국 모든 삶을 완전히 단념하는 길밖에 없기 때문이다.

게다가 이 두 부류의 대립은 눈에 보이는 표지에 의해 외적으로 나타난다. 이러한 표지는 대립이 존재하는 곳 어디서나 매우 특수한 분류를 쉽게 인지하도록 해준다. 인간의 사고 안에서 성스러운 것에 대한 관념은 언제 어디서나 속된 개념과는 구분되기 때문이다. 또한 우리는 그 두 부류 사이에서 일종의 논리적인 공백을 인식하기 때문이다. 이런 이유 때문에 정신은 대응되는 두 사물들이 섞이거나 심지어는 서로 관계 맺는 것조차 거부하게 된다. 왜냐하면 이러한 혼합이나 심지어 지나치게 직접적인 접근은 마음속에 구분되어 있는 이러

도 같은 효과를 거둔다. 희생을 드리는 사람은 성스러운 사물들의 범주에 들어간다는 단순한 행위만으로도 그의 인격이 변화된다. Hubert et Mauss, 「희생에 대한 시론(Essai sur le sacrifice)」, 『사회학 연보』 II, 101쪽.

한 관념들을 뒤흔들기 때문이다. 거룩한 것이란 워낙 뛰어난 것이어서 속인은 만져서도 안 되며, 만지면 벌을 받을 수밖에 없다. 물론 이러한 금지가 이 두 세계 사이의 모든 소통을 불가능하게 만들지는 못할 것이다. 왜냐하면 만일 속된 것이 거룩한 것과 전혀 관계를 맺을 수 없다면 거룩한 것은 어느 것에도 소용없기 때문이다. 그러나 이러한 관계를 맺는 일은 항상 그 자체로서도 대단한 주의와 상당히 복잡한 입문 과정[47]을 요구하는 미묘한 작용이라고 할 수 있다. 그 밖에도 거룩한 것과 관계를 맺기 위해서는 자신의 속된 성격을 버리고 또 어느 정도 성화(聖化)되어야 가능한 일이다. 이 두 부류는 서로 가까워질 수도 없고 그 고유한 본질을 동시에 지닐 수도 없다.

이번에는 종교적 믿음의 첫 번째 기준을 살펴보도록 하자. 물론 이러한 기본적인 두 부류 안에는 다소간 서로 양립될 수 없는 이차적인 종들이 있다.[48] 그러나 종교현상의 진정한 특징을 이루는 것은 다음과 같은 사실이다. 즉 인간에게 알려져 있고 또한 인간이 알 수 있는 모든 세계는 두 부류로 양분된다는 것을 전제로 하는데, 이 두 부류 속에 존재하는 모든 것이 포함되지만, 어느 한 부류에 속한 것은 결코 다른 부류에 속할 수 없는 배타적인 성격을 띠고 있다. 성스러운 사물이란 금지조항들이 보호하고 분리해 놓은 것이다. 속된 것이란 이러한 금지조항들이 적용되는 사물이며 성스러운 것과 멀리 떨어져 있어야만 하는 사물들이다. 종교적 믿음체계란 성스러운 것의 본질을 표현하고 성스러운 것이 서로 맺는 관계 또는 속된 것과 맺는 관계를 표현하는 표상이다. 결국 의례란 인간이 성스러운 사물들에

---

47) 앞에서 입문에 대해 말한 것 참조할 것(이 책, 175쪽).
48) 우리는 나중에 성스러운 사물들 중 어떤 종에서 성스러운 것과 속된 것 사이에서처럼 매우 배타적인 불양립성이 존재하는지를 밝힐 것이다(이 책, 제2권 제1장 2절).

대해 어떻게 처신해야 하는가를 규정해 놓은 행동규범이라고 할 수 있다.

성스러운 사물들의 상당수가 서로 간에 등위관계나 종속관계를 유지할 수 있다. 이러한 관계는 어떤 통일성을 지닌 체계를 형성하는데, 이 체계는 동일한 종의 다른 체계에 포함되지 않는다. 이런 현상이 나타날 때, 신앙의 총체와 그에 대응하는 의례의 총체가 하나의 종교를 구성하게 된다. 사람들은 이러한 정의를 통해 종교가 유일하고도 똑같은 관념으로 고정될 필요는 없다는 것을 알게 될 것이다. 또한 종교가 비록 적용되는 상황에 따라서 다양하기는 하지만, 그 본질에 있어서는 어디서나 일치하는 유일한 원칙으로 귀착되지 않는다는 것을 알게 될 것이다. 종교란 구분되고 비교적 개별화된 부분들로 이루어진 총체이다. 성스러운 사물들의 동질 집단이나 심지어 상당히 중요한 개개의 성스러운 사물들은 그것들 주위에 일군의 믿음체계와 의례 그리고 특수한 숭배를 끌어들이는 조직체의 중심을 이루고 있다. 아무리 단일화된 종교라고 할지라도 다수의 성스러운 사물들을 인정하지 않는 종교는 없다. 기독교, 적어도 가톨릭에서는 삼위(三位)이면서 동시에 하나인 인격적인 신외에 성모와 천사들과 성자들과 사자(死者)의 영혼 등을 인정한다. 하나의 종교는 일반적으로 단일 숭배로 환원되는 것이 아니라 어떤 자율성을 부여받은 숭배체계로 이루어져 있다. 게다가 이러한 자율성은 변화한다. 이따금 이러한 숭배들은 위계를 이루기도 하고 우세한 어떤 것에 종속되기도 하는데, 결국 그 우세한 숭배 속으로 흡수되어 버린다. 그러나 때때로 이러한 숭배들이 단순하게 병렬되고 연합되는 일도 있다. 우리가 연구하고자 하는 종교는 후자와 같은 조직화의 예를 제공해줄 것이다.

동시에 우리는 어떤 조직 종교에도 속하지 않는 종교현상들이 존재할 수 있다는 사실을 설명할 것이다. 이러한 현상들이 나타나게 된 것은 그것들이 처음부터 하나의 종교체계에 통합되지 않았거나, 아니면 이제 더 이상 통합되지 않기 때문이다. 방금 문제 삼은 숭배들 가운데 어떤 것은 그것이 속해 있던 총체가 사라져버렸음에도 불구하고 어떤 특별한 이유 때문에 이어내려올 수 있다. 이 경우 그것은 전체 속에 통합되지 못한 상태로 살아남은 것이라 할 수 있다. 민요 속에 살아남아 있는 많은 농경시대의 숭배의식이 바로 그런 경우이다. 어떤 경우에 이러한 형태로 남아 있는 것은 숭배가 아니라 단순한 예식(cérémonie)이나 특별한 의례인 경우도 있다.[49]

비록 이러한 정의가 예비적인 것에 불과할지라도, 이 정의는 이미 종교학에서 필수적으로 중요하게 다루어지는 문제를 어떤 용어로 제기해야 할 것인지를 시사해주고 있다. 우리가 성스러운 존재들이 오로지 그들에게 부여된 능력의 강도에 의해 다른 것들과 구별된다고 생각한다면 어떻게 인간이 그러한 존재들에 대한 관념을 가질 수 있을까에 대한 문제는 매우 간단해진다. 왜냐하면 그러한 능력들, 다시 말해 그 예외적인 능력으로 종교심을 불러일으킬 정도로 인간 정신을 놀라게 한 그 힘들이 무엇인가를 연구하는 것으로도 충분하기 때문이다. 그러나 우리가 설정하려고 애쓴 것처럼 만일 성스러운 사물들이 본질적으로 속된 것들과 구분된다면 그리고 그것들이 속된 것들과 완전히 다른 본질을 지니고 있다면 문제는 한층 복잡해진다. 왜냐하면 인간의 어떤 감각적인 경험도 이처럼 근본적인 이원성의 관념을 제시해주지 않은 것 같은데, 도대체 무엇이 인간으로 하여금 이 세상에서 이질적이고도 서로 상반되는 두 세계를 볼 수 있게 하는지 의문을 제기해야 하기 때문이다.

---

49) 예를 들면 어떤 결혼이나 장례예식의 경우다.

4. 종교와 주술을 구분하기 위한 다른 특성의 필요성, 교회의 개념은 무엇이고 개인 종교들은 교회의 개념을 배제하고 있는가

그렇지만 이러한 정의는 아직도 완전하지 않다. 왜냐하면 이러한 정의는 서로 관련되어 있으면서도 구별되어야만 하는, 두 가지 종류의 사실들에 똑같이 적합하기 때문이다. 그 두 가지란 바로 주술과 종교이다.

주술 또한 믿음체계와 의례로 만들어져 있다. 주술도 종교와 마찬가지로 신화와 교리를 가지고 있다. 단지 주술은 좀더 초보적일 뿐이다. 왜냐하면 기술적이고도 유용한 목적들을 추구하다 보니 주술은 순수한 사색에 시간을 낭비하지 않기 때문이다. 주술도 역시 그 나름의 예식, 희생, 재계식(齋戒式), 기도, 노래, 춤들을 가지고 있다. 주술사가 호소하는 존재와 그가 사용하는 힘은 종교가 호소하는 존재나 힘과 동일한 본질을 지니고 있다. 종종 이것들은 똑같다. 따라서 가장 열등한 사회에서도 죽은 자의 영혼은 본질적으로 성스러운 것이고, 종교의례의 대상이 된다. 그러나 동시에 죽은 자의 영혼은 주술에 있어서 상당한 역할을 한다. 멜라네시아[50]에서처럼 오스트레일리아[51]에서도 기독교 민족들에서와 마찬가지로[52] 그리스 민족들에게서도 사자(死者)들의 영혼, 그들의 해골, 그들의 머리카락은 주술사가 가장 많이 사용하는 매개물 가운데 중요한 것으로 꼽힌다. 악령 또한 주술행위에 쓰이는 공통적인 수단이 된다. 그런데 악령 역시 금기사항들로 둘러싸인 존재이다. 악령들도 역시 구분되며 분리된 세

---

50) Codrington, *The Melanesians*, 제12장.

51) Spencer · Gillen, *Nat. Tr.*, 534쪽 이하; Spencer · Gillen, *Northern Tribes of Central Australia*, 463쪽; A.W. Howitt, *Native Tribes of S. E. Australia*, 359~361 쪽 참조할 것.

52) Hubert, "art. Magia", in *Dictionnaire des Antiquités*.

계에서 살고 있는데, 이른바 신과 악령들을 구별하기 어려운 때도 종종 있다.[53] 게다가 기독교에서까지도 악마는 타락한 신이 아닌가? 악마의 기원에 대해서는 차치하고라도 악마에게 내정되어 있는 지옥이라는 것이 그리스도교의 필수불가결한 장치라는 사실만으로도 악마는 종교적인 특성을 지니고 있지 않은가? 심지어는 주술사가 불러내는 합법적이고 공식적인 신들도 있다. 어떤 때는 이방민족의 신들이다. 예를 들면 그리스의 주술사들은 이집트와 아시리아 또는 유대의 신들에게 부탁하기도 했다. 어떤 때는 그것들이 국가의 신이기도 했다. 헤카테(Hêcate)와 다이애나(Diane)는 주술적 숭배 대상이었다. 성모와 그리스도, 성자들도 그리스도교의 주술사들에 의해 같은 방식으로 쓰이곤 했다.[54]

따라서 주술은 종교와 엄격하게 구별될 수 없다고 말해야 할 것이다. 또한 종교가 주술로 가득 차 있는 것처럼 주술도 종교로 가득 차 있고, 따라서 그것들을 분리하는 것이 불가능하며, 종교를 정의하지 않고는 주술도 정의할 수 없다는 것을 말해야 하지 않을까? 그러나 이러한 명제를 지속하기 어렵게 만드는 것은 주술에 대한 종교의 극심한 혐오와 역으로 종교에 대한 주술의 적의이다. 주술은 성스러운 것들을 속되게 만들면서 일종의 직업적인 쾌락을 느낀다.[55] 의례를 수행할 때도 주술은 종교적인 예식들과 반대 입장을 취한다.[56] 종교의 입장에서도 비록 종교가 항상 주술적 의례를 정죄하고 금하지

---

53) 예를 들면 멜라네시아에서 틴달로(tindalo)는 어떤 때는 종교적인 영이고, 어떤 때는 주술적인 영이다(Codrington, 앞의 책, 125쪽 이하, 194쪽 이하).

54) Hubert et Mauss, "Théorie Générale de la Magie", in *Année Sociologique*, VII, 83~84쪽.

55) 예를 들면 사람들은 마법의식에서 성체의 빵을 모독한다.

56) 사람들은 제단에 등을 돌리거나 오른쪽부터 시작하는 대신 왼쪽부터 시작해서 제단 주위를 돈다.

는 않는다고 하더라도 주술 의례를 일반적으로 좋게 생각하지 않는다. 위베르(M. M. Hubert)와 모스(Mauss)가 지적한 바와 같이 주술사의 행위 속에는 근본적으로 반종교적인 어떤 것이 들어 있다.[57] 이러한 두 종류의 제도, 즉 종교와 주술 사이에 어떤 관계들이 성립할 수 있다 해도 그것들이 어디선가 대립되지 않을 수 없다. 우리가 종교에 관한 연구의 한계를 지으려 할 때, 어디에서 종교와 주술이 구분되는가를 알아야 한다. 또한 주술이 시작하는 곳에서 반드시 연구를 멈추어야 한다.

여기에 이 두 영역 사이의 경계선을 추적해볼 수 있는 방법이 있다.

이른바 종교적 믿음체계들은 항상 어떤 특정집단과 공통적으로 연계되어 있다. 그 집단은 자신과 굳게 결속되어 있는 의례에 집착하며 그 실행을 공언한다. 이러한 믿음체계들은 집단의 모든 구성원들에 의해 개별적으로 인정될 뿐만 아니라, 그것들은 집단의 산물이며 집단의 통일성을 형성한다. 집단을 구성하고 있는 개인들은 그들이 공통적인 신앙을 가지고 있다는 사실만으로도 서로 결합되어 있다고 느낀다. 그러한 사회가 이른바 교회라고 말할 수 있다. 즉 성스러운 세계 및 그러한 세계와 속된 세계와의 관계 등의 문제와 관련해 그 구성원들이 동일한 방식으로 생각한다는 사실에 의해 결합된 사회이다. 그리고 이러한 사회는 그 구성원들이 자신들의 공통적인 관념을 공통적인 의례로 함께 옮긴다는 사실에 의해 결합된 사회이다. 따라서 우리는 역사 속에서 교회 없는 종교를 찾아볼 수 없다. 어떤 때는 교회가 국가와 밀접하게 연결되기도 하고, 어떤 때는 국경을 초월해 확산되기도 한다. 어떤 때는 민족 성원 전체(로마, 아테네, 히브리

---

57) 같은 책, 19쪽.

민족)를 포함하기도 하고, 어떤 때는 한 민족의 어느 부분만을 포함한다(개신교 도래 이후의 기독교 사회). 어떤 때는 교회가 일단의 사제들에 의해 지배되기도 하고, 어떤 때는 공식적으로 임명된 어떤 지도적인 조직이 거의 없을 때도 있다.[58] 그러나 우리가 종교생활을 관찰할 수 있는 곳 어디서나 교회는 특정집단을 기초로 하고 있다. 심지어는 특정 가족이나 단체의 성원들만 신봉자가 되는 사적 형태의 예배에서도 이러한 조건이 충족된다. 왜냐하면 그러한 예배는 항상 집단, 즉 가족이나 단체에 의해 엄숙히 거행되기 때문이다. 게다가 이러한 개별 종교들은 보통 모든 것을 포함하는 일반 종교의 특수한 형태에 불과하다.[59] 사실상 이러한 제한된 교회들은 즉 규모로 보아 교회라는 이름으로 불리기에 합당한 더 방대한 교회 안에 있는 소교회들에 불과하다.[60]

하지만 주술의 경우는 사정이 매우 다르다. 물론 주술적 믿음체계에도 몇 가지 일반적인 성격이 있기는 하다. 그것들은 대개의 경우 민중의 넓은 계층 속에 확산되어 있고, 이른바 종교처럼 주술을 충실하게 믿는 상당수의 신자들이 존재한다. 그러나 주술적 신앙은 그것을 신봉하는 사람들을 서로 연결시키지 못하며, 공통적인 생활을 영위하는 하나의 집단으로 결합시키지 못한다. 주술은 교회를 만들지 못

---

58) 물론 각 예식이 거행되는 순간에 그 예식을 이끄는 지도자가 없는 경우는 드물다. 가장 조잡하게 구성된 사회에서조차도 보통 그들의 사회적 역할의 중요성이 종교생활에 직접적인 영향을 끼치는 사람들이 있다(예를 들면 오스트레일리아의 어떤 사회의 지역집단의 장들). 그러나 이러한 기능의 속성은 아직도 매우 불확실하다.

59) 아테네에서는 가정예배에서 숭배하는 신들은 도시국가 신들의 특수화된 형태에 불과했다. 마찬가지로 중세시대에는 달력의 성자들이 길드의 수호신이었다.

60) 왜냐하면 교회(Eglise)라는 명칭은 보통 그 공통적 신앙이 좀 덜 특수한 사건들과 관련된 집단에만 적용되기 때문이다.

한다. 주술사와 주술사에게 의견을 묻는 개인들 사이에는, 이러한 개인들 사이에서도 마찬가지이지만, 동일한 신을 믿는 신도들이나 같은 숭배를 행하는 사람들이 형성하는 관계에 견줄 만한 동질적 도덕 집단의 구성원을 만들 수 있는 지속적인 관계가 나타나지 않는다. 주술사는 자신의 의견을 묻는 고객을 가지고 있지만 교회를 가지고 있지는 않다. 그의 고객들은 서로가 서로를 모를 정도로 아무런 관계도 가지지 않을 수 있다. 그리고 고객들이 주술사와 맺고 있는 관계조차도 일반적으로 우발적이며 일시적이다. 그 관계라는 것은 환자와 의사 사이의 관계와 매우 유사하다. 주술사에게 이따금 부여되는 공식적이고도 공적인 특성은 이러한 상황에 아무런 변화도 일으킬 수 없다. 요점은 주술사가 공공연하게 일을 한다 할지라도 그러한 사실이 주술사를 의지하는 사람들과 그를 더 규칙적이고 지속적으로 결합시키지 못한다는 것이다.

어떤 경우에 주술사들도 그들끼리 사회를 형성한다. 주술사들이 어떤 의례를 공동으로 거행하기 위해 어느 정도 주기적으로 회합을 갖는 일도 있다. 우리는 유럽의 민요 속에서 마녀들의 회합이 어떤 위치를 차지하고 있는가를 잘 알고 있다. 그러나 우리는 우선 이러한 모임이 주술활동에 꼭 필요하지 않다는 사실을 지적해야 한다. 이러한 모임들은 드물게 나타나며 매우 예외적인 일이다. 주술사는 그의 기술을 실행하기 위해 동료들과 결합할 필요성을 전혀 느끼지 않는다. 주술사는 일종의 고립된 인간이다. 일반적으로 단체를 추구하기는커녕 오히려 피한다. "주술사는 그의 동료들에 대해서까지도 항상 개인적인 독자성을 지킨다."[61] 반대로 종교는 교회라는 관념과 분리될 수 없다. 이러한 관점에서 살펴보더라도 주술과 종교 사이에는 근

---

61) Hubert et Mauss, 앞의 책, 18쪽.

본적인 차이점이 있다. 게다가 특히 중요한 것은 이러한 종류의 주술적 단체들은 그것이 형성될 때 결코 주술을 지지하는 모든 사람을 포함하는 것이 아니라 오로지 주술사들만 포함한다는 점이다. 평신도라는 표현이 가능하다면 평신도들, 즉 의례의 수혜자이며 정기적 예배에 참여하는 평신도들은 주술사들의 단체에서 제외된다. 주술사와 주술에 대한 관계는 사제와 종교에 대한 관계와 같다. 그러나 수도원의 어두운 데서 어떤 성자에게 특별한 헌신을 행하는 종교 집회가 특정한 숭배 이상의 것이 되지 못하는 것과 마찬가지로 일단의 사제들이 교회가 될 수는 없다. 교회는 단순히 성직자의 조합이 아니다. 교회는 사제나 평신도의 구분 없이 같은 신앙을 가진 모든 신자들에 의해 구성된 정신적 공동체이다. 그러나 주술에는 이러한 종류의 공동체가 존재하지 않는다.[62]

그러나 만일 종교를 정의하는 데 교회의 개념을 도입한다면 개인이 스스로 만들고 자신을 위해서만 의식을 거행하는 개인적 종교들은 제외되는 것이 아닌가? 그런데 개인적 종교가 발견되지 않는 사회는 거의 없다. 나중에 살펴보겠지만 오지브와족(Ojibwag) 사람들은 개인적인 마니토(manitou)를 가지고 있는데, 그들은 그것을 스스로 선택해 특별한 종교적 예배를 드린다. 방크섬(Banks)의 멜라네시아인들은 그의 타마니우(tamaniu)를 가지고 있다.[63] 로마인들은 그의 수호신(genius)을 가지고 있고,[64] 기독교인들은 그의 수호성인과

---

62) 스미스(R. Smith)는 개인이 사회에 대립되는 것처럼 주술이 종교에 대립된다고 이미 밝힌 바 있다(*The Religion of the Semites*, 제2판, 264~265쪽). 종교와 주술을 이렇게 구분함으로써 우리는 그들 사이의 연속성을 파괴하고자 하는 것이 아니다. 그 두 영역 사이의 경계가 모호할 때가 종종 있다.

63) Codrington, in *Trans. a, Proc. Rog. Soc. of Victoria*, 제16권 136쪽.

64) Negrioli, *Dei Genii Prese: Romani*.

수호천사들을 가지고 있다. 이 모든 숭배의식은 본래 단체의 모든 사상과는 무관한 것 같다. 이러한 개인적 종교들은 역사 속에 매우 빈번히 나타난다. 뿐만 아니라 오늘날 많은 사람은 그것들이 종교생활의 탁월한 형태가 되는 것은 아닌가, 또는 언젠가는 각자의 마음속에서 자유롭게 믿는 것 외에 다른 형태의 숭배들이 존재하지 않는 시대가 오지 않을까 자문하고 있다.[65]

그러나 미래에 대한 이러한 사변들을 잠시 옆으로 밀어놓고, 현재 있는 그대로의 종교 그리고 과거에 있었던 대로의 종교들만 생각하기로 한정한다면 다음과 같은 사실이 분명하게 드러날 것이다. 즉 이러한 개인 숭배들은 변별적이고 독자적인 종교체계가 아니라 개인들이 속해 있는 교회에 공통되는 종교의 단순한 양상에 불과하다는 것이다. 기독교인의 수호성인은 가톨릭교회에서 인정한 성인들의 공식 목록에서 선택된다. 그리고 각 신도가 이러한 개별 숭배를 이떻게 행해야 하는가를 기술하는 표준적인 규칙들도 있다. 마찬가지로 각 사람이 반드시 수호신을 가져야 한다는 생각은 로마 종교에서뿐만 아니라 미국 대부분 종교의 근저에서도(오직 두 가지 예만 인용했다) 여러 가지 형태로 발견된다. 왜냐하면 조금 후에 보겠지만 이러한 생각은 영혼에 대한 개념과 긴밀히 연결되어 있는데, 영혼에 대한 개념은 개인들이 임의로 좌우할 수 있는 것이 아니다. 한마디로 말하면 이러한 인격적인 신들이 누구인지, 또 그들의 역할이 무엇인지, 어떻게 그러한 신들과 관계를 맺고 어떻게 그들을 숭배해야 하는지를 개인에게 가르쳐 주는 것이 바로 그들이 속해 있는 교회다. 어떤

---

65) 이것이 바로 스펜서가 『교회제도』(*Ecclesiastical Institutions*, 제16장)에서 도달한 결론이다. 이것은 또한 사바티에(M. Sabatier)와 그가 속해 있던 학파가 『심리학과 역사에 근거한 종교철학 개요』(*Esquisse d'une philosophie de la religion d'après la Psychologie et l'Histoire*)에서 내린 결론이기도 하다.

교회이건 이러한 교회의 교리들을 체계적으로 분석하면 그 과정에서 이러한 개인 숭배와 관련된 교리들을 발견하는 때가 있다. 따라서 이것들은 완전히 반대방향을 향하고 있는 두 가지 다른 유형의 종교가 아니다. 그러한 종교들은 동일한 이념과 원칙들로 이루어져 있는데, 한편으로는 전체 집단에 이익이 되는 상황에 적용되고, 다른 한편으로는 개인의 삶에 도움이 되는 상황에 적용되기도 한다. 너무나 밀접하게 결합되어 있기 때문에 어떤 종족들에 있어서는[66] 신자가 처음으로 그의 수호신과 교류를 갖게 되는 예식들이, 그 공적인 특성이 분명한 의례, 즉 입문의례와 섞이게 된다.[67]

완전히 내면적이고도 주관적인 상태로 구성되며, 우리 각자가 자유롭게 설립할 수 있는 종교를 향한 현대인의 열망은 여전히 남아 있다. 그러나 그러한 열망이 아무리 현실적이라고 할지라도 그것들이 종교의 정의를 내리는 데 영향을 미칠 수 없다. 왜냐하면 우리의 정의는 불확실한 가능성이 아니라 이미 현실화된 사건에만 적용될 수 있기 때문이다. 우리는 현재 있는 그대로 또는 과거에 있었던 그대로의 종교들을 정의할 수 있다. 이러한 종교적 개인주의가 현실적으로 실현될 수도 있다. 그러나 이런 일이 어느 정도까지 나타나게 되는가를 정확하게 말할 수 있기 위해서는 우선 종교가 무엇인지, 종교는 어떤 요소로 구성되어 있는지, 어떤 원인에서 유래되는지, 어떤 기능을 행하는지 등을 알아야 할 것이다. 이 연구의 문턱을 넘지 못하는

---

66) 특히 많은 북아메리칸 인디언 종족에게서 나타난다.

67) 이러한 사실을 확인한다고 해서 외적이고 공식적인 종교가 원시적 산물인 내적이고 개인적인 종교의 발전에 불과하다는 의문을 해결하지 못한다. 반대로 개인적 종교는 공적인 종교가 개인의식에 투사된 것이라는 문제도 해결하지도 못한다. 이 문제는 나중에 직접 다루게 될 것이다(이 책 제2권 제5장 2절, 제6장 및 제7장 1절 참조할 것). 당분간 개인 숭배가 집합 숭배에 의존하고 있으며, 집합 숭배의 한 요소처럼 나타난다는 것을 지적하는 것으로 그친다.

한, 이 모든 문제들의 해결을 예견할 수 없다. 이 연구가 끝나야만 우리는 미래를 예측할 수 있다.

따라서 우리는 다음과 같은 정의를 내리게 된다. 종교란 성스러운 사물들, 즉 구별되고 금지된 사물들과 관련된 믿음과 의례가 결합된 체계다. 이러한 믿음과 의례들은 교회라고 불리는 단일한 도덕적 공동체 안으로 그것을 신봉하는 모든 사람을 통합시킨다. 우리의 정의 안에 나타나는 두 번째 요소는 첫 번째 요소 못지않게 중요한 본질이다. 왜냐하면 종교 개념은 교회 개념과 분리될 수 없다는 것을 보여줌으로써 종교는 본질적으로 집합적이어야만 한다는 사실을 예시해주기 때문이다.[68]

---

68) 현재 우리가 내린 정의는 이미 『사회학연보』에 제시했던 정의들과 연결된다. 그 글에서 우리는 종교적 믿음을 오직 종교의 강제적 특성에 의해 정의했다. 그러나 우리가 밝혀보겠지만, 이러한 강제는 믿음체계가 어떤 집단의 산물이라는 사실에서 기인한다. 물론 그 집단은 구성원들에게 그 믿음체계를 부과한다. 따라서 이 두 정의는 대부분의 경우 동일하다. 만일 우리가 새로운 정의를 제시해야 한다고 생각했다면 그것은 앞의 정의가 너무 형식적이고 종교적 표현의 내용을 너무 많이 무시했기 때문이다. 앞으로 계속될 토의 속에서 이러한 특징을 지체 없이 드러내는 것이 얼마나 중요한지 보게 될 것이다. 게다가 이러한 강제적 성격이 종교적 믿음의 변별적인 특성이라면 이것은 수많은 변차들을 허용하게 된다. 그 결과 쉽게 파악할 수 없는 경우들이 생기게 된다. 따라서 우리가 위에서 사용한 준거를 이 준거와 바꾸게 되면 하지 않아도 될 여러 가지 어려움과 당황스러움을 겪게 될 것이다.

제2장 원초적 종교의 주요 개념들 1

정령 숭배와 자연 숭배의 구분

위와 같은 정의를 내린 후에 우리는 목표하는 바의 원초적 종교에 대한 연구를 시작할 수 있다.

역사학과 민족지학이 우리에게 알려준 가장 초보적인 종교들도 실은 너무나 복잡하다. 때문에 원시인의 정신구조에 대한 우리의 생각과 이따금 잘 일치되지 않는다. 우리는 그러한 조잡한 종교 속에서 신앙과 의례들이 혼합되어 있는 체계뿐만 아니라 여러 가지 다른 원리들, 즉 매우 풍성한 본질적인 사유들을 볼 수 있다. 그리하여 거기에서는 아주 긴 진화의 때늦은 산물 이외의 다른 것을 발견할 수 없는 듯하다. 따라서 우리는 다음과 같은 결론을 내리게 된다. 종교생활의 진정한 원초적 형태를 발견하기 위해서는 앞서 말한 관찰 가능한 종교들을 깊이 분석할 필요가 있으며, 그것들을 기본적이고 공통적인 요소들로 분해하고, 이러한 요소들 가운데 어떤 것들이 다른 것에서 파생되어 나왔는가를 추적해볼 필요가 있다.

이와 같이 제기된 문제에 대해 두 가지 상반되는 해결책이 주어진다.

말하자면 고대이건 현대이건 여러 가지 다양한 형태를 띠면서 서로 긴밀히 연합되어 있고, 또 서로 뒤섞이면서도 여전히 구별되는, 다음과 같은 두 가지 종교형태가 발견되지 않는 종교체계는 존재하지 않는다. 그중 하나는 자연현상에 호소하는 종교이다. 이러한 자연현상에는 바람·강·별·하늘 등과 같은 우주적인 힘과 나무·동물·바위 등과 같이 땅의 표면을 덮고 있는 여러 종류의 사물들이 포함되어 있다. 이러한 이유 때문에 여기에 **자연 숭배**(naturisme)라는 명칭을 부여했다. 또 다른 하나는 영적인 존재들, 즉 영, 영혼, 정령, 악마, 신 그리고 인간처럼 의식 있고 살아 있는 행위자를 그 대상으로 삼는다. 그러나 이러한 존재들은 그들에게 부여된 능력의 성질에 의해, 특히 인간과는 다른 감각작용을 수행한다는 특성에 의해서 인간과 구별된다. 일반적으로 그들은 인간의 눈에 보이지 않는다. 사람들은 이러한 영을 숭배하는 종교를 **정령 숭배**(animisme)라고 부른다. 따라서 이러한 두 가지 숭배의 보편적인 공존을 설명하기 위해 서로 모순되는 두 가지 이론이 제안되었다. 하나는 정령 숭배가 더욱 원시적인 종교이며 자연 숭배는 정령 숭배에서 파생된 이차적인 형태에 불과하다는 이론이다. 다른 하나는 반대로 종교적 진화의 출발점이 된 것은 자연 숭배 종교이며, 영에 대한 숭배는 자연 숭배의 특수한 한 형태에 불과하다는 설이다.

이 두 이론은 지금까지 종교적 사상 기원을 합리적으로 설명하려고 시도한 유일한 것들이다.[1] 또한 대개의 경우 종교학이 제기하는

---

1) 따라서 우리는 여기서 전체적이건 부분적이건 초경험적인 내용을 개입시키는 이론들을 제쳐두기로 한다. 랑(A. Lang)이 『종교구조』(*The Making of Religion*)에서 그리고 슈미트(P. *Schmidt*)가 「신 개념의 기원」(l'Origine de L'idée de Dieu) (Anthropos, 1908~1909)에 관한 일련의 논문에서 다시 제기한 것이 바로 이러

중요한 문제는 이 두 가지 중 어떤 것을 선택할까 하는 문제, 또는 그
것들을 결합시키는 것이 더 낫지 않을까,[2] 그리고 이러한 경우 이 두
요소에 어떤 위치를 부여해야만 하는가 하는 문제로 환원되곤 한다.
이러한 두 가지 가설 모두를 종교의 체계적 형태로 인정하지 않는 학
자들도 있다. 그들까지도 이러한 가설이 근거하고 있는 어떤 명제들
을 지키지 않을 수 없다.[3] 따라서 우리 스스로 사실들에 대한 연구
에 착수하기 전에 비판적으로 검토해야 할 필요가 있는 상당수의 기
존 개념들과 허울뿐인 증거들이 있다. 우리가 이러한 전통적인 개념
들의 불충분함을 이해하게 될 때, 새로운 방법을 찾을 수밖에 없다는
것을 더욱 잘 깨닫게 될 것이다.

1. 정령 숭배의 세 가지 명제. 첫째, 영혼 관념의 생성. 둘째, 영에 대한 관념의 형성. 셋째, 영의 숭배에서 자연 숭배로의 전환

정령 숭배 이론을 그 주요 특징에 따라 체계화한 사람이 바로 타일

한 이론들이다. 랑은 정령 숭배를 완전히 배격하지 않는다. 최근의 분석에서
그는 신적인 것에 대한 어떤 감각, 지각을 인정하고 있다. 게다가 우리는 이
장에서 이러한 개념을 설명하고 토론해야 한다고 생각하지는 않지만 그것을
그냥 말없이 지나쳐버릴 의도는 없다. 이러한 개념에 근거한 사실들을 설명
해야 할 때, 좀더 나중에 그것을 다시 발견하게 될 것이다(이 책, 제2권 제9장
4절).

2) 예를 들면 이 두 가지 개념을 서로 결합시켜 받아들인 학자는 퓌스텔 드 쿨랑
주(Fustel de Coulanges)의 경우이다. 『고대도시』(Cité Antique) 제1권과 제3권
제2장 참조할 것.

3) 제번스는 타일러가 설명한 정령 숭배를 비판하면서도 영혼이라는 생각의
기원, 인간의 신인동형동성론(神人同形同性論)의 본능에 관한 그의 이론들
을 받아들이고 있다. 그와 반대로 우제너(H. Usener)는 그의 『신의 이름들』
(Götternamen)에서 좀더 나중에 설명될 막스 뮐러의 가설 중 어떤 것들을 배척하
면서도 자연 숭배론의 주요 공리들을 인정하고 있다.

러이다.[4] 그 후에 스펜서가 그 이론을 연구했는데, 어떤 수정을 가하지 않을 수 없었다.[5] 그러나 결국 이 두 사람은 같은 용어로 문제를 제기했고, 채택된 해결책들도 한 가지를 제외하고는 동일하다. 따라서 우리는 앞으로 이어질 설명 속에서 이 두 원리를 결합할 수 있을 것이다. 단, 적절한 시기에 이 두 원리가 서로 갈라진 분기점을 지적하는 일은 제외하고 말이다.

이러한 정령 숭배의 믿음체계와 예배 속에서 종교생활의 원초적 형태를 찾아보기 위해서는 세 가지 선결문제(desideratum)를 만족시켜야 한다. 첫째, 이러한 가설에 따르면 영혼 관념은 종교의 가장 중요한 개념이다. 때문에 그 요소들 중 어떤 것을 이전의 종교에서 빌려오지 않았다면 그러한 영혼 관념이 어떻게 형성되었는가를 밝혀야만 한다. 둘째, 그다음으로 영혼들이 어떻게 숭배 대상이 되었으며 영으로 화(化)할 수 있었는가를 밝혀야만 한다. 셋째, 마시막으로 영을 숭배하는 것이 종교의 전부는 아니기 때문에 어떻게 자연 숭배가 영혼 숭배에서 파생되어 나왔는지를 설명해야 한다.

이러한 이론에 따른다면 영혼에 대한 관념은 잠이 깬 상태의 삶과 잠이 든 상태의 삶, 즉 잘 이해되지 않는 이중적 삶의 광경에 의해 인간에게 암시된다. 사실상 원시인에게는[6] 그가 깨어 있을 때에 나타나는 심리적인 표상과 꿈속에서 나타나는 표상이 동등한 가치를 가진다. 원시인은 꿈속에서 인식한 것을 깨어 있을 때의 이미지처럼 객

---

4) E.B. Tylor, *La Civilisation Primitive*, 제1권 제6~8장.
5) H. Spencer, *Principes de Sociologie*, 제1권 제1부와 제4부.
6) 이 말은 타일러가 사용했다. 문명이 있기 전에 문자적 의미의 인간이 존재했다고 전제하는 것은 불합리해보인다. 게다가 이러한 관념을 나타낼 만한 적절한 어휘도 없다. 우리가 어쩔 수 없이 흔히 사용하는 원시적이라는 말도 매우 만족스럽지 않다.

관화한다. 다시 말해서 원시인은 꿈속의 이미지 속에서 그것들이 어느 정도 정확하게 재현해주는 외적 대상의 이미지를 본다. 그가 멀리 떨어진 지방을 방문하는 꿈을 꾸었을 때, 그는 실제로 그곳을 방문했다고 생각한다. 그러나 그 사람 안에 두 존재가 있어야만 거기에 갈 수 있다. 그 중 하나는 땅 위에 누운 채 깨어날 때는 같은 위치에 있는 그의 몸이다. 다른 하나는 몸이 누워 있는 그 공간을 이동하는 어떤 존재이다. 마찬가지로 만약 그가 잠든 동안에 실제로 멀리 떨어져 있는 그의 친구들 중 하나와 대화하는 일이 일어난다면, 그는 이 친구 역시 두 존재로 구성되어 있다는 결론을 내리게 된다. 즉 한 존재는 멀리 떨어진 곳에서 자고 있고, 다른 한 존재는 꿈이라는 방법을 통해 와서 나타난 것이다. 이러한 경험이 반복되면 우리 각자 속에 분신이 들어 있는데, 어떤 한정된 조건 속에서 그 분신이 자신이 머물고 있는 유기체를 떠나 먼 곳으로 돌아다닐 수 있는 능력을 가지고 있다는 생각이 점차로 나타나게 된다.

이 분신은 당연히 자신의 외적 커버로 사용되는 감각적 육체의 모든 기본적인 특징을 재생한다. 그러나 동시에 이 분신은 여러 가지 특징에 의해서 감각적 육체와 구별된다. 이 분신은 단번에 엄청난 거리를 움직일 수 있기 때문에 더 활동적이다. 분신은 더 유연하고 더 큰 신축성이 있다. 분신이 육체에서 나오기 위해 유기체의 구멍들, 특히 입과 코를 통과해야 하기 때문이다. 따라서 이러한 분신은 우리가 경험적으로 알고 있는 어떤 물질보다도 훨씬 더 미묘하고 훨씬 더 가벼운 물질로 이루어졌다고 해야 한다. 이 분신이 바로 영혼이다. 사실상 수많은 사회에서 영혼이 육체의 이미지로 인식되어 온 것은 의심할 바가 없다. 사람들은 심지어 영혼이 육체의 상처나 훼손 등에서 기인하는 우발적인 변형까지도 모사한다고 생각한다. 어떤 오스트레일리아 사람들은 적을 죽인 후에 그의 오른손 엄지손가락을 자른다. 그렇게 하여 손가락이 없어진 적의 영혼이 그들에게 창을 던지거나 복수할 수 없도록 하기 위해서이다. 그러나 영혼이 아무리 육체와 닮았다고 하더라도 동시에 영혼은 반쯤 영적인 무엇인가를 가지고 있다. 사람들은 "영혼은 육체의 가장 미묘하고 가장 가벼운 한 부분이다", "영혼은 살도 뼈도 신경도 없다"고 말한다. 그리고 사람들이 영혼을 잡으려 해도 아무것도 감지할 수 없으며, 영혼은 "정화된 육체"[7]와 같다고 말한다.

게다가 꿈이 가르쳐준 이러한 기본적인 사실들을 중심으로 동일한 방식으로 영에 영향을 주는 다른 경험적 사실들이 자연스럽게 모이게 되었다. 바로 가사(假死)상태, 졸중(卒中), 전신마비, 엑스터시 등인데, 한마디로 말해서 일시적인 마취상태라 하겠다. 사실상 이런 현상들은 생명과 감정의 원동력이 일시적으로 육체를 떠날 수 있다는 가설에 의해 매우 잘 설명된다. 다른 한편으로 이러한 생명의 원동력이 분신과 섞였다는 것은 매우 당연한 일이다. 왜냐하면 날마다 경험하는 바와 같이 잠자는 동안 분신의 부재는 삶과 사고를 정지시키기 때문이다. 따라서 여러 가지 관찰들은 상호간에 일치되는 것 같으며, 인간의 타고난 이원성[8]에 대한 관념을 공고히 하고 있다.

그러나 영혼은 영이 아니다. 영혼은 육체에 붙어 있으며 예외적인 경우에만 빠져나올 수 있다. 그리고 영혼이 그 이상의 것이 아닌 한, 그것은 어떤 숭배 대상도 될 수 없다. 반대로 영은 일반적으로 특정한 사물들 속에 거주하고 있지만 그 사물들로부터 마음대로 출입할 수 있다. 인간은 주의사항들을 준수하면서 의례를 수행함으로써 영과 관계를 맺을 수 있다. 따라서 영혼이 변형되지 않으면 영이 될 수

---

7) E.B. Tylor, 앞의 책, 529쪽.
8) H. Spencer, 앞의 책, 205쪽 이하; E.B. Tylor, 앞의 책, 509쪽, 517쪽.

없다. 앞서 논의한 여러 생각들을 죽음이라는 사건에 단순하게 적용하기만 해도 아주 자연스럽게 이러한 변형이 이루어진다. 사실상 초보적인 단계의 지성은 죽음을 오랜 기절이나 지속되는 잠과 구별하지 못한다. 죽음은 기절이나 잠의 모든 양상을 지니고 있기 때문이다. 따라서 죽음 역시 매일 밤마다 꿈속에서 일어나는 것과 유사한 영혼과 육체의 분리로 여겨지게 된다. 단지 죽음의 경우 육체가 깨어나는 것을 보지 못했기 때문에 죽음은 시간의 한계를 정할 수 없는 분리라는 생각을 하게 된다. 심지어 일단 육체가 파괴되면—장례식은 부분적으로 이러한 파괴를 촉진시키는 것을 목적으로 한다—최종적인 분리가 일어난 것으로 여겨진다. 이렇게 해서 영들은 모든 유기체로부터 벗어나 자유롭게 공간을 이동한다. 영의 수는 시간이 흐름에 따라 증가해서 살아 있는 사람 주위에 일단의 영혼군을 형성한다. 이러한 인간의 영혼들은 인간의 욕구와 정열을 가지고 있다. 따라서 영혼들은 지난날의 동료들에 대해 가지고 있던 감정에 따라 그들을 도와주거나 해를 끼치기 위해 그들의 삶에 간섭한다. 경우에 따라서 영혼의 본성은 매우 귀중한 원조자이거나 매우 두려운 적이 되기도 한다. 사실상 영혼은 그의 탁월한 유동성 덕분에 육체 속에 침투할 수 있고, 거기에서 온갖 종류의 고장을 일으키거나 반대로 활력을 높일 수 있다. 그리하여 사람들은 일상에서 약간이라도 벗어나는 삶의 모든 사건들을 영혼의 탓으로 돌리는 습관이 있다. 영혼들로 설명할 수 없는 사건은 거의 없다. 따라서 영혼은 언제나 사용 가능하고, 설명하려는 사람들을 당황시키지 않는 원인들의 창고이다. 어떤 인간이 자신보다 더 높게, 인간의 평균수준 이상으로 고양되고, 영감을 받은 것처럼 보이고, 힘차게 이야기를 하는가? 그렇다면 그것은 그 사람 속에 그를 선동하는 선한 영혼이 있기 때문이다. 어떤 사람이 충격을 받고, 정신병에 사로잡혀 있는가? 그것은 그의 몸 안에 악한 영이 들어가서 불화를 일으킨 것이다. 이러한 종류의 영향력이 개입되지 않은 병은 없다. 따라서 인간이 영혼에게 부여한 모든 것 때문에 영혼의 능력은 커지고, 그리하여 인간은 자신이 창조자이며 모델임에도 불구하고 이러한 가공세계의 포로가 되어버리고 만다. 인간은 자신의 상상에 따라 자신의 손으로 만들어 놓은 이러한 영적인 힘들에게 의존하게 된다. 만일 영혼이 건강과 병, 행복, 재앙들을 마음대로 할 수 있다면 영혼의 호의를 얻는 것은 현명한 일이며, 영혼이 화가 나면 진정시키는 것도 현명한 일이기 때문이다. 그러한 생각으로부터 봉헌과 희생, 기도, 한 마디로 모든 종교 계율이 생겨난다.[9]

이것이 바로 변형된 영혼이다. 인간이 영혼에게 부여한 중요도에 따라서, 영혼은 인간의 육체에 활력을 주는 단순한 생체 원동력에서부터 영, 선한 또는 악한 수호 정령, 심지어는 신에게 이르기까지의 여러 영적 존재가 되었다. 그러나 이러한 신격화를 가져온 것은 죽음이기 때문에 결국 인류에게 알려진 첫 번째 숭배는 죽은 사람과 조상의 영혼에 대한 숭배였을 것이다. 따라서 최초의 의례는 장례식이었을 것이며, 최초의 희생제는 고인(故人)의 필요를 만족시키기 위해 행해진 음식물의 봉헌이었을 것이고, 최초의 제단은 무덤이었을 것이다.[10]

그러나 이러한 영들은 인간의 기원을 가지기 때문에 인간생활에만 관심이 있고, 인간사(人間事)에만 영향을 미치는 것으로 여겨졌다. 우주의 다른 현상들을 설명하기 위해 어떻게 다른 영들이 상상되었는지 그리고 어떻게 자연 숭배가 조상 숭배와 나란히 형성되었는지

---

9) E.B. Tylor, *La Civilisation Primitive*, 제2권, 143쪽 이하.
10) E.B. Tylor, *La Civilisation Primitive*, 제1권, 326쪽, 555쪽.

설명해야 한다.

타일러는 이러한 정령 숭배의 확장이 어린아이처럼 생물과 무생물을 구별할 줄 모르는 원시인들의 특수한 심적 상태에서 기인한 것이라고 했다. 어린아이가 어떤 사고를 시작하는 최초의 대상은 인간, 즉 그 자신과 그의 근친들이기 때문에 어린아이는 모든 사물들을 인간 본성의 모델에 따라 표현하는 경향이 있다. 어린아이는 자신이 가지고 노는 장난감들 그리고 그의 감각 속에 떠오르는 모든 종류의 사물들을 자신처럼 살아 있는 존재로 여긴다. 그런데 원시인은 어린아이처럼 생각한다. 따라서 원시인은 모든 사물들, 심지어는 생명이 없는 사물에게도 자신과 유사한 본질을 부여하는 성향이 있다. 위에서 설명된 이유들 때문에 인간이 영에 의해 생명을 받은 육체라는 생각이 일단 형성되면 원시인은 필연적으로 생명 없는 물체들에게도 인간과 같은 종류의 이원성을 부여하고, 자기 자신이 가진 것과 같은 종류의 영혼들을 부여했을 것이다. 그렇지만 인간에게 부여된 영혼과 사물들에 부여된 영혼의 활동범위는 같을 수 없다. 인간의 영혼들은 인간세계에만 직접적인 영향을 미칠 수 있다. 죽음이 인간의 유기체로부터 영혼을 해방시켰음에도 불구하고, 영혼들은 인간의 유기체를 편애하는 경향이 있다. 반대로 사물들의 영혼들은 무엇보다도 사물들 속에 거주하고 있으며 사물들 속에서 발생하는 모든 것의 동인(動因)으로 여겨진다. 전자, 즉 인간의 영혼들은 건강과 병, 숙련성과 비숙련성 등을 설명한다. 후자, 즉 사물들의 영혼은 물리세계의 모든 현상들, 즉 물의 흐름·천체의 운행·식물들의 발아·동물들의 번식 등을 설명한다. 이렇게 해서 조상 숭배의 근거가 된 최초의 인간관은 세계관에 의해 완성되었다.

인간은 방황하는 조상들의 분신보다는 이러한 우주적인 영들에게 훨씬 더 의존적인 상태였음이 분명하다. 왜냐하면 인간은 조상들의 영에 대해서는 관념적이고 상상적인 관계만을 가질 수 있었던 반면, 현실에서는 사물들에 의존하기 때문이다. 살기 위해서 인간은 사물들의 협력이 필요하다. 따라서 인간은 이러한 사물들에게 생기를 주고, 사물들의 여러 가지 현현(顯現)을 결정한다고 여겨지는 영들도 역시 필요하다고 생각했다. 인간은 영들의 도움을 기원했고 봉헌이나 기도를 통해 간청하기도 했다. 이렇게 해서 인간의 종교는 자연의 종교 안에서 완성되었다.

스펜서는 이러한 설명이 근거하고 있는 가설이 사실과 모순된다고 반박한다. 그는 이 가설이 인간에게 생물과 무생물의 차이점을 파악하지 못하는 시기가 있었다는 것을 전제하고 있다고 말했다. 따라서 인간이 동물적인 단계 속에서 발전되는 정도에 따라 이러한 구별 능력도 자라게 된다. 고등동물은 스스로 움직이며 어떤 목적을 이루기 위해 움직이는 대상과 외부의 힘에 의해 기계적으로 움직이는 대상을 혼동하지 않는다. "고양이가 잡은 쥐를 가지고 놀 때 쥐가 오랫동안 꼼짝하지 않는 것을 본다면 고양이는 쥐를 도망가게 하기 위해 발톱 끝으로 쥐를 건드린다. 살아 있는 생물은 괴롭힘을 당하게 되면 분명히 도망칠 것이라고 고양이는 생각하고 있는 것이다."[11] 하지만 아무리 원시인일지라도 진화선상에서 인간에게 뒤처지는 동물들보다 낮은 지능을 가지고 있을 수는 없다. 따라서 조상 숭배에서 사물 숭배로 넘어가게 된 것이 식별능력의 결여 때문이라고 말할 수는 없다.

이 점, 단지 이 점에 있어서만 타일러와 견해를 달리하고 있는 스펜서에 따르면 이러한 변천은 일종의 혼동에서 기인한 것은 사실이지만 타일러의 주장과는 다른 종류의 혼동에서 기인했음이 틀림없

---

11) H. Spencer, 앞의 책, 184쪽.

다. 이것은 대부분 모호한 어법에서 기인한 결과일 것이다. 많은 원시사회에서는 인간이 태어날 때나 또는 그 후에 동물, 식물, 천체 또는 어떤 자연물의 이름을 각 개인에게 지어주는 것이 매우 널리 퍼져 있는 관례이다. 그러나 언어가 극도로 부정확하기 때문에 원시인이 현실과 은유를 구별하기가 매우 어렵다. 원시인은 이러한 명칭이 상징에 불과하다는 사실을 쉽게 잊어버렸을 것이고, 그것들을 문자 그대로 받아들이게 되었다. 결국 원시인은 호랑이나 사자라고 불린 조상이 실제의 호랑이나 사자라고 믿게 될 것이다. 따라서 그때까지 조상을 대상으로 하던 숭배의식이 동물들을 대상으로 삼는데, 이때부터 조상은 동물과 혼동되었다. 식물들과 천체, 모든 자연현상에서도 이와 같은 대치가 일어나면서 자연을 숭배하는 종교가 오래된 죽은 자를 숭배하는 종교의 자리를 차지하게 되었을 것이다. 물론 이러한 기본적인 혼동 외에도 스펜서는 이러한 혼동을 강화시킨 다른 혼동들을 지적해 말하고 있다. 예를 들면 무덤이나 사람들의 집 주변에 자주 나타나는 동물들은 영혼이 재화신한 것으로 여겨졌고, 이러한 자격으로[12] 사람들은 그 동물들을 숭배했을 것이다. 또한 전설에 의해 어떤 민족의 발상지가 된 산(山)은 결국 그 민족의 조상으로 여겨진다. 사람들은 조상들이 거기서부터 나왔기 때문에 자신들도 그 산의 후손이라고 생각하고 따라서 그 산 자체를 조상으로 여기게 된다.[13] 그러나 스펜서의 견해에 따르면 이러한 부가적인 원인들은 이차적인 영향만 미쳤다. 자연 숭배 제도를 주로 결정한 것은 "은유적인 이름들을 문자 그대로 해석한" 일이다.[14]

우리는 정령 숭배에 대한 설명을 완전하게 하기 위해 이러한 이론

---

12) 같은 책, 447쪽 이하.
13) 같은 책, 504쪽.
14) 같은 책, 478쪽, 528쪽을 참조할 것.

을 언급해야만 했다. 그러나 이 이론은 사실과 전혀 일치하지 않으며, 오늘날에는 일반적으로 포기된 이론이기 때문에 더 이상 그 이론에 집착할 필요는 없다. 자연종교만큼이나 일반적인 사실을 환상을 통해 설명하기 위해서는, 그 환상 자체가 동일한 일반성의 원인을 지니고 있어야 할 것이다. 스펜서가 몇 가지 희귀한 예를 통해 제시한 것처럼 원시인들의 언어상의 오해를 통해 조상 숭배가 자연 숭배로 변형된 사실을 설명할 수 있다고 해도 왜 그것이 보편적으로 형성되었는지 알 수 없다. 어떤 심리적 메커니즘도 그것을 강요하지 않았다. 물론 어떤 단어는 그 애매모호함 때문에 다의적으로 해석될 가능성이 있다. 그러나 다른 한편으로는 조상들이 인간의 기억 속에 남긴 모든 개인적인 추억들은 이러한 혼동과 대립될 수밖에 없다. 조상들의 모습을 사실 그대로 보여준 전통, 다시 말해서 인간적 삶을 살았던 인간으로서의 조상들을 표현했던 전통이 왜 도처에서 단어의 위세에 굴복하고 말았는가? 다른 한편으로 사람이 산이나 천체, 동물이나 식물에서 태어날 수 있다는 것을 인정하기가 꽤 어려웠을 것이다. 일반적인 생식 개념과 반대되는 이러한 종류의 예외적인 관념들은 거센 반발을 불러일으켰을 것이다. 따라서 이러한 오류가 평탄대로를 가기는커녕 온갖 종류의 이유들이 이러한 오류를 받아들이지 못하도록 금지했을 것이다. 그러므로 그렇게 많은 장애에도 불구하고 어떻게 오류가 그렇게 전반적으로 승리할 수 있었는지 이해할 수 없다.

2. 첫 번째 명제에 대한 비판은 영혼 관념과 분신(double) 개념의 구분이다. 꿈은 영혼 관념을 설명하지 않는다

그래도 타일러의 이론은 여전히 큰 권위를 가지고 있다. 영혼과 영개념의 생성 및 꿈에 관한 가설들은 아직도 고전적 위치를 확보하고 있다. 따라서 그것의 가치를 확인해보는 것은 중요하다.

우선, 정령 숭배 이론가들이 역사적 분석을 통해 영혼 관념을 연구함으로써 종교학, 심지어 개념의 일반 역사에 중요한 공헌을 했다는 사실을 인정해야만 한다. 그들은 많은 철학자와 더불어, 영혼 관념을 의식(conscience)의 단순하고 직접적인 데이터로 만드는 대신 그것을 훨씬 더 정확하게 복합적인 총체, 즉 역사와 신화의 산물로 보았다. 사실상 이러한 영혼 관념은 그 성격에 있어서 그리고 그 기원이나 기능에 있어서 본질적으로 종교적임을 의심할 여지가 없다. 철학자들도 종교로부터 영혼 관념을 받아들였다. 또한 영혼 관념을 형성하는 데 기여한 신화적 요소들을 고려하지 않는다면 고대 사상가들에게 그러한 개념이 나타나는 형태를 이해할 수 없을 것이다.

그러나 타일러가 이러한 문제를 제기하는 데는 공적이 있었지만 그가 제시한 해결책은 심각한 어려움을 불러일으키고 있다.

우선 이 이론의 근거가 되는 원리에 제한조건이 있다. 이 이론에서는 영혼이 육체와 완전히 분리되어 있다는 것과 영혼이 육체의 분신이라는 것, 육체 안에서나 밖에서나 영혼은 보통 그 나름의 자율적인 삶을 산다는 것을 자명한 것으로 인정하고 있다. 그런데 우리는 이러한 개념이 원시인의 개념이 아니라는 것을 알게 될 것이다.[15] 적어도 이러한 개념은 원시인이 영혼에 대해 가지고 있는 관념의 한 양상만을 표현할 뿐임을 알게 될 것이다. 원시인에게 영혼이란 어떤 관계에서는 유기체와 무관한 경우도 있지만, 영혼이 유기체와 완전히 분리되는 것이 불가능할 정도로 둘은 뒤섞여 있다. 몸의 어떤 기관은 영혼이 거주하는 장소가 될 뿐만 아니라 영혼의 외형이 되고, 물질적인 현현이 되기도 한다. 그러므로 영혼 관념은 학설이 제시하는 것보다

---

15) 이 책, 제2권 제8장 참조할 것.

훨씬 더 복잡하다. 따라서 앞서 언급한 경험들이 그것을 설명하는 데 충분할지 의심스럽다. 왜냐하면 경험은 인간이 어떻게 분신을 믿게 되었는지 이해하게 해준다 하더라도 그 경험들이 이렇게 분화된 두 존재의 깊은 합일과 긴밀한 상호 침투를 배제시키는 것이 아니라 오히려 전제하고 있다는 사실을 설명할 수 없기 때문이다.

그러나 영혼 관념이 분신 개념으로 환원될 수 있다는 것을 인정하고, 이 분신이 어떻게 형성되었는지를 살펴보도록 하자. 이 분신은 꿈이라는 경험에 의해 인간에게 제시되었을 것이다. 그의 육체가 땅 위에 누워 있으면서 잠자는 동안 어떻게 다소간 멀리 떨어진 장소들을 볼 수 있었을까를 이해하기 위해 그는 자신이 두 존재로 형성되어 있다고 인식하게 되었을 것이다. 한편으로는 그의 육체가 있고, 다른 한편으로는 두 번째의 자아가 있는데, 두 번째의 자아는 자신이 살고 있는 유기체를 떠나서 공간을 마음대로 다닐 수 있다. 그러나 이러한 분신에 대한 가설이 어느 정도 필연적인 것으로 제시되려면 이러한 가설이 유일하게 가능한 것이거나 아니면 최소한 가장 경제적인 것이어야 한다. 그러나 더 단순한 가설들이 존재하는데, 그것들은 사람의 마음속에서 매우 자연스럽게 나타난 것으로 보인다. 예를 들면 자는 사람은 그가 자는 동안에는 먼 곳까지 볼 수 있는 능력을 가진다는 사실을 왜 상상할 수 없었을까? 이러한 능력을 자신에게 부여하기 위해서는 에테르성의 실체이며, 반쯤은 보이지도 않고, 직접적인 경험으로는 아무런 본보기도 제시할 수 없는 분신에 대해 매우 복잡한 개념을 세우는 것보다 적은 비용의 상상력이 요구될 것이다. 어쨌든 어떤 꿈들이 매우 자연스럽게 정령 숭배적인 설명을 환기시킨다고 해도 정령 숭배적인 설명과 철저히 반대되는 다른 꿈들도 분명히 많이 있다. 우리의 꿈은 종종 과거의 사건들과 관련되어 있다. 우리는 어제나 그저께 또는 젊었을 때에 잠이 깬 상태에서 보았거나 행했던 것을 다시 보게 되는 것이다. 그리고 이러한 종류의 꿈을 빈번하게 꾸며, 그 꿈은 우리의 밤의 생활에서 상당한 위치를 차지한다. 그러나 분신에 대한 관념은 이러한 꿈들을 설명할 수 없다. 만일 분신이 공간상 이곳저곳으로 옮겨 다닐 수 있다고 해도 어떻게 시간의 흐름을 거슬러갔다가 돌아오는 것이 가능한지 알 수 없는 것이다. 그렇게 불완전한 지능을 가진 인간이 일단 잠이 깬 후에 예전에 일어났음을 알고 있는 사건들에 그가 실제로 방금 참여했다고 어떻게 믿을 수가 있을까? 인간이 오래전에 흘러간 것으로 알고 있는 삶을 잠자는 동안 살았다고 어떻게 상상할 수가 있을까? 이와 같이 새로 나타난 영상들을 실제로 있었던 것, 즉 그가 낮 동안 가지고 있었던 것과 같은, 그러나 특수한 강도를 지닌 추억들로 여겼다고 하는 편이 훨씬 더 자연스러울 것이다.

다른 한편으로 우리가 잠자는 동안 행위자도 되고 목격자도 되는 장면들 속에서 우리의 동시대인들 중의 누군가 우리와 함께 어떤 역할을 담당하는 일이 끊임없이 일어난다. 우리는 꿈속에서, 우리 자신을 보는 그곳에서 그의 모습을 보고 그의 말을 듣는다고 믿고 있다. 정령 숭배에 따르면, 원시인은 그의 분신이 친구들 중 어떤 사람의 분신의 방문을 받았거나 만났다고 상상함으로써 이러한 사건들을 설명할 것이다. 그러나 그의 경험과 친구들의 경험이 일치하지 않는다는 것을 검증하기 위해서는 잠에서 깨어나 친구들에게 질문하는 것만으로도 충분하다. 같은 시간 동안 그들 역시 꿈을 꾸었으나 아주 다른 꿈을 꾼 것이다. 그들은 똑같은 장면에 참여하고 있는 자신을 보지 못했다. 그들은 아주 다른 장소를 방문했다고 믿고 있다. 그리고 이와 같은 경우 이러한 모순들이 관례가 되었다면, 그러한 모순들이 인간들로 하여금 사실상 오류가 있었다는 것을, 그것이 상상에 불과하다는 것을, 그리고 그들이 환상에 기만당했다는 것을 어떻게 자문하게 만들지 않았을까? 원시인들이 맹목적인 경신(輕信)에 사로잡혀 있었다고 생각하는 것은 지나친 속단이다. 원시인은 그의 모든 감각들을 객관화하지 않는다. 깨어 있는 상태에서조차도 그의 감각이 이따금 그를 속인다는 것을 알아채고 있다. 그러면 왜 원시인은 감각이 낮보다 밤에 더 정확하다고 생각할까? 원시인이 너무도 쉽게 그들의 꿈을 현실로 착각하고, 꿈을 자신의 분신과 연결시켜 해석했다는 이론에 대해 반박할 근거들은 많다.

그러나 모든 꿈이 분신을 가정함으로써 잘 설명되고 다른 방법으로는 꿈을 설명하기가 어렵다고 할지라도 왜 인간이 꿈을 설명하려고 애썼는지에 대해 질문해야 할 것이다. 물론 꿈이 문제를 제기할 만한 자료가 되는 것은 사실이다. 그러나 어떠한 상황이 우리로 하여금 문제를 제기할 필요성을 느끼게 하지 않는 한, 우리는 많은 문제에 대해 문제제기나 의심조차 하지 않고, 그것들을 매일 끊임없이 지나쳐버린다. 순수한 사고에 대한 취향이 생겨나게 되었을 때조차도 인간의 사색은 사색 그 자체에 관한 문제를 우발적으로 제기하지는 않는다. 특별한 흥미를 제공하는 문제들만 사색을 불러일으킨다. 특히 항상 같은 방식으로 되풀이되는 사건들의 경우, 습관은 쉽게 호기심을 잠재우고 우리는 거기에 대해 의문을 가져볼 생각조차 하지 않는다. 이러한 마비상태를 깨우기 위해서는 현실적인 요구, 아니면 최소한 매우 긴급한 이론적 관심이 우리의 주의를 자극하고 그쪽으로 우리의 주의를 돌려야 한다. 이러한 이유 때문에 역사의 긴 시기마다 우리가 이해하기를 거부해 온 많은 것이 있었는데, 이때 우리는 그러한 것들을 이해하려는 것 자체를 포기하고 있었다는 것조차도 모르고 있었다. 얼마 전까지만 해도 사람들은 태양의 직경이 몇 피트밖에 안 된다고 생각하고 있었다. 빈약한 크기의 빛나는 원반이 지구를 밝히기에 충분하다는 언술에는 이해할 수 없는 것이 있었다. 그렇지만 여러 세기 동안 인류는 이러한 모순을 해결하려고 생각조차 하지 않았다. 유전은 오래전부터 알려진 사실이다. 그러나 사람들이 유전에 대한 이론을 세우려고 한 것은 극히 최근의 일이다. 유전 이론을 완전히 이해불가능하게 했던 몇몇 믿음체계가 수용되기도 했다. 우리가 말하고자 하는 오스트레일리아의 몇몇 사회에서는 아이가 생리학적으로도 자기 부모의 산물이 아니다.[16] 이러한 지적(知的)인 태만은 당연히 원시인에게서 극에 달한다. 자신의 생명을 공격하는 모든 세력들에 대항해 자신의 생명을 지키기에도 힘겨워하던 이렇게 약한 존재는 사치스러운 사변을 할 만한 여유가 없었다. 원시인은 자신이 생각하도록 자극받은 것에 대해서만 숙고한다. 따라서 무엇이 그로 하여금 꿈을 그의 사변의 주제로 삼게 했는지 알아내기 어렵다. 도대체 우리의 삶에 있어서 꿈이라는 것은 무슨 가치가 있는가? 꿈은 특히 기억 속에 희미한 인상만을 남기기 때문에, 또한 기억으로부터 잊히는 속도가 빠르기 때문에 삶에 있어서 별로 중요한 자리를 차지하지 못하고 있다. 그런데도 초보적인 지능을 가진 인간이 꿈을 설명하기 위해 많은 노력을 낭비하고 있다는 것은 얼마나 놀라운 일인가! 인간이 교대로 영위하고 있는 두 가지의 생활은 낮과 밤의 생활인데, 인간에게 가장 관심이 있는 것은 낮의 생활이다. 그렇다면 인간이 밤의 생활을 그의 사고와 행위에 지대한 영향을 주는 복잡한 사고체계의 기초로 삼을 만큼 밤의 생활이 인간의 관심을 사로잡았다는 것이 이상하지 않은가?

그러므로 이 모든 것은 영혼에 대한 정령론자의 이론이, 그 이론이 아직까지 누리고 있는 신뢰에도 불구하고 수정되어야 함을 입증

---

16) Spencer · Gillen, *Nat. Tr.*, London, 1899, 123~127쪽; C. Strehlow, *Die Aranda und Loritja-Stamme im Zentral Australien*, II, 52쪽 이하 참조할 것.

하고자 한다. 물론 오늘날도 원시인은, 아니면 최소한 그들 중의 몇몇은 꿈을 분신의 이동으로 여기고 있다. 그러나 그렇다고 해서 꿈이 분신이나 영혼에 대한 관념이 형성되는 자료를 실질적으로 제공했다는 말은 아니다. 왜냐하면 분신이나 영혼에 대한 관념이 꿈, 엑스터시, 귀신들림 등의 현상에서 파생되어 나온 것이 아니라 영혼 관념이 결국 꿈의 현상에 적용될 수 있기 때문이다. 어떤 관념이 일단 형성되고 나면 이따금 실제보다도 더 분명한 빛으로, 그 관념과 원래 관계가 없고 스스로 그러한 관념을 암시할 수도 없는 사건들을 조정하거나 밝히는 데 사용되는 일이 종종 있다. 오늘날 사람들은 신이나 영혼불멸에 대한 믿음들이 도덕의 기본원칙들 안에 포함되어 있다는 사실을 보여줌으로써 신과 영혼불멸을 입증하려고 한다. 사실상 이러한 믿음체계들은 매우 다른 기원을 가지고 있다. 종교적 사고의 역사는 이러한 소급을 통한 성낭화에 대한 많은 예를 제공해줄 수 있을 것이다. 그런데 그러한 예들은 이러한 관념이 형성된 방법이나, 그러한 관념을 구성하고 있는 요소들에 대해 아무것도 가르쳐주지 못한다.

게다가 원시인은 그들의 꿈을 구별하기는 해도 같은 방법으로 모든 꿈을 해석할 수 없을 것이다. 유럽 사회에서는 아직도 수많은 사람이 잠을 일종의 주술-종교적 상태로 여기고 있다. 그러한 상태에서 부분적으로 육체로부터 벗어난 정신은 깨어 있을 동안 누리지 못했던 예리한 비전을 가지게 된다. 그렇다고 해서 그들이 모든 꿈을 신비적인 직감으로 여기지는 않는다. 그와는 반대로 그들은 모든 사람들과 마찬가지로 대부분의 꿈속에서 속된 상황, 헛된 이미지의 유희 그리고 단순한 환각들을 본다. 원시인들이 늘 비슷한 구분을 했다고 생각할 수 있다. 코드링턴(Codrington)은 단호하게 다음과 같이 말한다. 멜라네시아인들은 모든 꿈을 무분별하게 영혼의 이동 탓으로 돌리지 않고, 그들의 상상력을 생생하게 자극하는 그 어떤 것 때문에 꿈을 꾼다고 생각한다.[17] 물론 잠자는 사람이 종교적 존재들·선하거나 악한 정령들·죽은 이의 영혼 등과 관계를 맺는 장소가 꿈이라고 이해해야만 할 것이다. 마찬가지로 오스트레일리아의 디에리족(Dieri)은 일상적인 꿈과 어떤 죽은 친구나 친척들이 나타나는 밤의 환영(幻影)을 매우 분명하게 구분한다. 그들은 이 두 종류의 상태에 각기 다른 이름을 붙이고 있는데, 전자의 경우 자신들의 상상력에 의한 단순한 환상을 보는 것이며, 후자의 경우 악령의 활동 때문에 나타난 것이라고 생각한다.[18] 오스트레일리아 사람들이 영혼에게 육체 이탈능력을 어떻게 부여하고 있는지를 밝히기 위해 호잇(A.W. Howitt)이 예를 들어 언급한 모든 사건들도 역시 신비한 특성을 지니고 있다. 자고 있는 사람은 죽은 자들의 나라로 옮겨졌거나 죽은 친구와 이야기한다고 생각된다.[19] 이러한 꿈들은 원시인들에게는 자주 나타나는 현상이다.[20] 아마도 이러한 사실들에 근거해서

---

17) Codrington, *The Melanesians*, 249~250쪽.

18) 거슨(Gason)에 따르면 A.W. Howitt, *The Native Tribes of South-East Australia*, 358쪽 참조할 것.

19) 같은 책, 434~442쪽.

20) 타일러가 말하기를 "남방 기니(Guineé)의 흑인들은 그들이 잠자는 동안 그들이 깨어 있을 때 살아 있는 사람들과 접촉하는 것과 거의 비슷한 정도로 죽은 자들과 관계를 맺고 있다"고 했다(E.B. Tylor, *La Civilisation Primitive*, 제1권, 515쪽). 타일러는 이 민족에 관해 관찰자들의 다음과 같은 언급을 인용하고 있다. "그들은 그들의 **모든** 꿈을 죽은 친구들의 영혼이 방문하는 것으로 여기고 있다"(같은 책, 514쪽). 이러한 표현은 확실히 좀 과장되어 있다. 그러나 이것은 원시인들에게 신비한 꿈이 자주 나타난다는 것에 대한 새로운 증거이다. 슈트렐로가 꿈꾸는 자라는 의미의 아룬타족(Arunta)의 말 알치레라마(altjirerama)를 어원학적으로 제시한 것은 이러한 이론을 확증해주는 경향이 있다. 알치레라마는 슈트렐로가 '신'이라고 번역한 알치라(altjira)와 '보다'의 뜻인 라마(rama)가 결합되었을 것이다. 그러므로 꿈은 인간이 성스러운

이론이 성립되었을 것이다. 꿈을 설명하기 위해 사람들은 사자(死者)의 영혼이 살아 있는 사람들이 잠든 동안 그들을 다시 만나러 왔다는 것을 인정했다. 어떤 경험적인 사실도 이 이론을 무효화할 수 없었기 때문에 이 설명은 더욱 쉽게 받아들여졌다. 이러한 꿈들은 이미 영이라든가 영혼, 죽은 자의 세계 등에 대한 관념이 있는 곳, 다시 말해서 종교적인 진화가 비교적 진전된 곳에서만 가능했다. 따라서 이러한 꿈들은 종교의 근거가 되는 기본개념들을 제공하기는커녕 이미 제도화된 종교체계를 전제로 했고, 또 거기에 의존했다.[21]

3. 두 번째 명제에 대한 비판. 죽음은 영혼이 영으로 변형되는 것을 설명하지 않으며 죽은 자의 영혼 숭배는 원시적이 아니다

이제 우리는 이 학설의 핵심을 이루고 있는 것이 무엇인가 하는 문제에 도달했다.

존재들과 관계를 맺고 있는 순간일 것이다(A.W. Howitt, *Die Arunda und Loritja Stamme*, 제1권, 2쪽).

21) 영혼 관념이 꿈이라는 경험에 의해 인간에게 암시되었다는 것을 받아들이기를 거부하는 랑은 영혼 관념이 실험에 근거를 둔 다른 자료들에서도 유래될 수 있다고 믿었다. 그것은 심령학적인 자료들이다(텔레파시, 투시력 등). 우리는 『종교구조』에 발표했던 그의 이론을 자세히 논의할 필요는 없다. 사실상 이 이론들은 다음과 같은 가설에 근거하고 있다. 즉 심령학은 지속적인 관찰을 통해 이해되는 사실이며 투시력은 인간, 아니면 최소한 어떤 부류의 인간이 가지고 있는 실제적인 능력이다. 그러나 사람들은 이 이론이 과학적으로 논란의 여지가 매우 많다는 것을 알고 있다. 지금까지 가장 많이 논란이 되고 있는 것은 심령학의 사실들이 충분히 명백하고 자주 일어나기 때문에 영혼과 정신과 관련된 모든 종교 신앙과 종교의례의 근거가 될 수 있다는 주장이다. 이러한 문제를 살펴보는 것은 우리의 연구목적에서 너무나 벗어나는 일이 될 것이다. 게다가 계속되는 문맥 속에서 타일러의 이론에 제기하게 될 이의들 중 몇 개를 랑의 이론이 포함하고 있는 이상, 우리가 이 문제를 조사할 필요는 더욱 없다.

어디에서 분신 개념이 생겨났든 정령론자들의 언명에 따르면 이 개념은 모든 종교의 최초 형태라고 여겨지는 조상 숭배가 어떻게 형성되었는지를 설명하기에는 불충분하다. 분신이 숭배 대상이 되기 위해서는 개인의 단순한 재생으로 머무르기를 그치고, 성스러운 존재의 대열에 들기 위해 꼭 필요한 특성을 획득해야만 했다. 이러한 변화를 일으키는 것은 그들에 따르면 죽음일 것이다. 그러나 과연 어디에서 분신에게 부여되는 능력이 생겨날 수 있을까? 잠과 죽음의 유사성만으로 영혼이 육체보다 오래 산다는 것을 믿게 하는 데 충분하다 할지라도(이 점에 대해서는 몇 가지 제한점이 있다) 왜 영혼은 유기체에서 분리되는 단순한 사건에 의해 그 본질이 그렇게도 완전하게 변화되는가? 만약 살아 있는 동안 영혼이 속된 것이며 순회하는 생체원리에 불과했다면 어떻게 갑자기 성스러운 것, 종교적 감정의 대상이 되었을까? 죽음은 좀더 자유로운 움직임 이외에는 영혼에게 본질적인 어떤 것도 더해주지 않는다. 영혼은 더 이상 특정한 거처인 생체에 붙어 있지 않기 때문에 죽음 후에는 그전까지는 밤에만 할 수 있었던 일을 어느 때건 할 수 있다. 그러나 영혼이 할 수 있는 행동은 언제나 같은 종류의 것이다. 그렇다면 살아 있는 사람들이 어제까지는 동료였던 육신에서 떨어져 나와 방랑하는 분신을 동류가 아닌 다른 존재로 여기게 된 이유는 무엇일까? 그것은 접근하기 거북한 동류였다. 그렇다고 신[22]은 아니었다.

---

22) 제번스도 이와 유사한 언급을 하고 있다. 타일러와 더불어 그는 영혼 개념이 꿈에서 유래되었고, 일단 이러한 개념이 생겨난 이상, 인간이 그 개념을 사물에 투사한다는 것을 인정한다. 그러나 인간처럼 자연도 생명이 있는 것으로 인식된다는 사실만으로 자연 숭배의 기원을 설명하지는 못한다고 덧붙인다. "인간이 흔들리는 나무와 왔다 갔다 하는 불길을 자신처럼 살아 있는 존재로 여긴다는 사실로부터 그것들을 초자연적인 존재들로 여긴다는 사실이 추론되지는 않는다. 그와는 반대로 그것들이 인간과 닮았기 때문에 그만큼

죽음은 생체 에너지를 증가시키기는커녕 약화시켰을 것으로 여겨진다. 사실상 영혼이 육체의 삶에 긴밀하게 관여한다는 것은 원시 사회에서 매우 널리 퍼져 있는 믿음이다. 육체가 다치면 영혼도 그와 대응하는 장소에 상처를 입는다. 따라서 영혼은 육체와 함께 늙을 것이다. 사실상 노쇠할 때까지 살다 죽은 사람들의 장례식을 하지 않는 종족들이 있다. 왜냐하면 그 종족은 노쇠한 사람들을 마치 그들의 영혼 역시 노쇠한 것처럼 취급하기 때문이다.[23] 때로는 어떤 사회를 보호해줄 수 있는 강력한 영을 가지고 있다고 여겨지는 특권 있는 인물들, 즉 왕이나 사제들을 합법적으로 늙기 전에 죽이는 일까지 일어난다. 이렇게 함으로써 강한 영을 맡고 있는 일시적인 위탁자들의 육체가 쇠퇴함에 따라 이 영까지 노화되는 것을 피하고자 한다. 이러한 목적을 위해서 나이가 먹어 영이 약해지기 진에 이 영이 거주하던 유기체로부터 영을 꺼내 영이 힘을 하나도 잃지 않고 완전하게 자신의 생기를 간직할 수 있을 만한 좀더 젊은 육체에다 이주시킨다.[24] 병들거나 늙어서 죽을 경우 영혼은 약화된 힘만 지닐 수 있다. 영혼이 육체의 분신에 불과하다면 일단 육체가 결정적으로 와해되고 난 후에 영혼이 어떻게 육체보다 오래 살아남을 수 있는가를 알아내기가 힘들다. 영혼의 생존에 대한 관념은 이러한 관점에서 볼 때 이해하기가 어려워진다. 따라서 자유로운 분신 개념과 숭배 대상인 영의 개념 사이에는 논리적이고 심리적인 공백, 편차가 있다.

더 인간들의 눈에는 그것들이 초자연적인 힘을 가질 수 없는 것으로 보인다"
(William S. Jevons, *Introduction to the History of Religion*, 55쪽).

23) Spencer · Gillen, *Northern Tribes of Central Australia*, 506쪽; *Nat. Tr.*, 512쪽 참조할 것.
24) 프레이저가 『황금가지』에서 연구한 것이 바로 이러한 신화적이고 의례적 (ritual)인 주제이다.

어떤 심연이 성스러운 세계와 속된 세계를 가르고 있는가를 알게 되면 이러한 간격은 더욱 중요한 것으로 보인다. 왜냐하면 단순한 정도의 차이가 어떤 범주의 사물들을 다른 범주로 전이시키는 데 충분치 않다는 것은 명백하기 때문이다. 거룩한 존재들은 그들이 지닌 이상하거나 당황케 하는 형태들, 또는 그들이 누리고 있는 좀더 큰 능력들 때문에 속된 것들과 구별되는 것은 아니다. 속된 것들과 거룩한 것들 사이에는 공통적인 척도가 없다. 따라서 분신 개념 속에는 이처럼 근본적인 이질성을 설명할 수 있는 것이 아무것도 없다. 사람들은 일단 영이 육체를 벗어나면 그것이 살아 있는 사람들과 관계를 맺는 방식에 따라 사람들에게 여러 가지 악이나 선을 행할 수도 있다고 말한다. 한 존재가 주변 인물들을 성가시게 군다고 해서 그것이 평정을 위협받는 주변 인물들과 그 존재가 다른 본질을 지니고 있다고 말할 만한 충분한 근거가 되는 것은 아니다. 물론 신자가 숭배하는 대상들에 대해 느끼는 감정 속에는 어떤 조심성과 두려움이 있다. 그러나 그것은 공포라기보다는 존경에서 우러난 고유한(sui generis) 외경으로, 거기에서의 지배적인 감정은 장엄함(la majesté)이 인간에게 불러일으킨 매우 특수한 감정이다. 장엄함이라는 관념은 본질적으로 종교적이다. 어디에서 이러한 관념이 유래되었는지, 이 관념이 무엇에 대응되는지, 무엇이 의식(意識) 속에 이러한 관념을 불러일으킬 수 있었는지 등의 문제를 밝혀내지 못한다면 우리는 종교에 대해서 아무것도 설명할 수 없다. 인간의 영혼이 육체에서 벗어난다는 단순한 사실만으로 이러한 종교적 특성을 부여받을 수 있다고 말할 수는 없다.

멜라네시아의 예는 다음과 같은 사실을 명백하게 보여주고 있다. 멜라네시아인들은 죽은 후 육체를 떠나는 영혼을 인간이 소유한다고 믿는다. 사람이 죽으면 영혼은 이름을 바꾼다. 그리고 그들 말로 틴달로(tindalo), 나트마트(natmat) 등이 된다. 한편 그들에게는 죽은 자와 영혼에 대한 숭배가 존재하고 있다. 그들은 영혼에게 기도하고 영혼을 불러내며, 봉헌과 희생을 드린다. 그러나 모든 틴달로가 이러한 의식적 예배의 대상이 되는 것은 아니다. 살아 있을 때 멜라네시아인들이 마나(mana)라고 부르는 매우 특별한 자질을 가졌다고 공적으로 인정된 사람들에게서 나온 틴달로만이 숭배 대상의 영예를 가지게 된다. 우리는 좀더 나중에 이 마나라는 용어가 나타내는 개념을 자세히 살펴보도록 하겠다. 잠정적으로 이 말은 모든 거룩한 존재의 변별적인 특성이라고 정의하는 것으로 충분할 것이다. 코드링턴은 마나가 "인간의 평범한 능력을 초월하고 자연의 일상적인 과정을 벗어나는 효력을 만들어낼 수 있는 것"[25])이라고 했다. 사제, 마법사, 의식절차들은 성화된 돌이나 영과 마찬가지로 마나를 가지고 있다. 따라서 종교적 경외의 대상이 되는 유일한 틴달로들은 그들의 소유주들이 살아 있을 때에도 이미 그 자체로 성스러운 존재였다. 평범한 사람들, 즉 속인들에게서 나온 영혼들에 대해서 그 영혼들은 "죽기 전이나 죽은 후나 똑같이 하찮은 존재"라고[26]) 코드링턴은 말한다. 따라서 죽음은 그 자체만으로는 어떤 신적인 자질을 가질 수 없다. 왜냐하면 죽음은 좀더 완전하고 결정적인 방법으로 속된 것들로부터 영혼을 분리하므로 영혼이 진작부터 소유하고 있었던 거룩한 특성을 더욱 강화시켜 줄 수는 있지만, 죽음이 거룩한 특성을 만들어낼 수는 없기 때문이다.

　게다가 정령론자들이 가설로 가정한 것처럼 최초의 성스러운 존재가 죽은 자의 영혼이며 최초의 종교가 조상 숭배라면 더 열등한 사회

---

25) Codrington, 앞의 책, 119쪽.
26) 같은 책, 125쪽.

일수록 종교생활에서 조상 숭배가 더 많이 나타나야만 할 것이다. 그러나 사실은 오히려 그 반대이다. 중국, 이집트, 그리스와 로마의 도시 등과 같이 발전된 사회를 제외하고는 조상 숭배가 크게 발달되지 못했을 뿐만 아니라 심지어 그러한 특징적인 형태가 나타나지도 않았다. 다른 한편, 앞으로 살펴보겠지만 우리가 알고 있는 가장 저급하고 단순한 사회조직의 형태를 보여주고 있는 오스트레일리아 사회에서는 조상 숭배가 나타나지 않는다. 물론 거기에서 장례식과 애도의례를 찾아볼 수는 있다. 비록 이따금 잘못 알고 이러한 의례에 숭배라는 이름을 붙였다고 할지라도 이러한 종류의 의례가 숭배는 아니다. 사실상 숭배(un culte)란 단순하게 어떤 상황 속에서 인간이 지키도록 되어 있는 의례적인 주의사항들의 총체가 아니다. 그것은 여러 가지 의례(rites), 축제(fêtes), 예식(cérémonies)의 한 체계인데, 그것들 모두는 주기적으로 되돌아오는 특징을 지니고 있다. 이러한 의례들은 규칙적인 시간 간격을 두고, 신자가 의지하고 있는 거룩한 존재들과 그 자신을 결합하는 관계를 견고하게 하고 재확인하고자 하는 신도들의 욕구를 충족시켜준다. 이것이 바로 혼례 숭배라고 하지 않고 혼례의례라 하며, 출생 숭배라고 하지 않고 출생의례라고 하는 이유이다. 이러한 의례들이 행해지는 사건들 자체는 어떤 주기성을 내포하고 있지 않다. 마찬가지로 이따금씩 산소에서 희생을 드리고 어떤 일정한 날에 신주(神酒)를 산소에 부으며, 죽음을 추모하는 의식이 정기적으로 거행되어야만 조상 숭배라고 말할 수 있다. 그러나 오스트레일리아 사람들은 죽은 자들과 이러한 종류의 관계를 전혀 맺고 있지 않다. 물론 의례에 따라서 그들의 유품을 묻어 주고, 규정된 방식대로 일정 기간 그들을 애도하고, 원수 갚을 일이 있다면 갚아주어야 한다.[27] 그러나 일단 이러한 효성스러운 정성이 행해지고, 해골들이 마르고, 초상 기간이 끝나면 모든 것은 다 끝난다. 유가족들은 더 이상 존재하지 않는 그들의 친척에 대해 아무런 의무를 갖지 않는다. 초상 기간이 끝난 후에도 죽은 사람들이 계속해서 그들의 근친들의 삶 속에 어떤 자리를 차지하면서 존재하는 경우가 있는 것도 사실이다. 사실상 사람들이 거기에 부착된 특별한 효력 때문에 죽은 자들의 머리카락이나 그들의 뼈들 중의 어떤 것들을 지니는 경우도 있다.[28] 그러나 이 경우에 그러한 유품들은 이미 인간으로서 존재하기를 그친 것이다. 그것들은 비인격적이고 익명적인 부적의 대열로 전락한 것이다. 이러한 상태에서 그것들은 어떤 숭배 대상도 아니다. 그것들은 오로지 주술적인 목적으로만 사용되기 때문이다.

그렇지만 역사의 시초부터 전통이 세워놓은 신화적 조상들을 기념하기 위해 정기적인 의례를 거행하는 오스트레일리아 종족도 있다. 이러한 예식들은 일반적으로 신화가 이러한 전설적 영웅들에게 [29] 부여하는 행동을 모방하는 일종의 연극적인 공연으로 구성된다. 그러나 공연되는 인물들은 인간적인 삶을 산후에 죽음에 의해 일종의 신으로 변형된 사람이 아니다. 그들은 살았을 때부터 초인적인 능력을 행사했던 것으로 여겨진다. 사람들은 그 종족의 역사나 심지어 세계의 역사에서 일어난 모든 위대한 일을 그들에게 결부시키고 있다. 지금과 같은 지구, 지금과 같은 인간의 대부분을 만들었던 사람이 바로 그들인 것이다. 따라서 그들을 둘러싸고 있는 후광은 단순히 그들이 조상이라는 사실, 즉 그들이 죽은 자라는 사실에서 기인된 것

---

27) 이따금 장례식 봉헌도 있는 것 같다(Roth, "Superstition, Magic and Medicine", in *Queensland Ethnog*, Bull, n°5, §68. c; "Burial Customs, N. Qu., Ethn", Bull, n°10 in *Records of the Australian Museum*, VI, n°5, 395쪽. 그러나 이러한 봉헌에 주기성은 없다.

28) Spencer · Gillen, *Nat. Tr.*, 538쪽, 553쪽; *Northern Tribes of Central Australia*, 463쪽, 543쪽, 547쪽 참조할 것.

29) 특히 같은 책, 제6장, 제7장, 제11장 참조할 것.

이 아니라 언제나 그들에게 부여되어 왔고, 또 지금도 부여되고 있는 거룩한 특성에서 유래된 것이다. 멜라네시아인들의 표현을 다시 빌리자면 그들은 합법적으로 마나를 부여받았다. 따라서 이러한 의례에는 죽음이 어떤 인물을 신성화하는 능력을 지닌다는 사실을 입증하는 어떤 것도 전혀 나타나지 않는다. 사람들이 있는 그대로의 조상들을 숭배하는 것이 아니기 때문에 이러한 의례를 조상 숭배라고 부르는 것은 부적절하다. 죽은 자들에 대한 진정한 숭배가 이루어지기 위해서는 실제로 매일 여의고 있는 부모들, 즉 실제적인 조상이 일단 죽으면 숭배 대상이 되어야만 한다. 그러므로 다시 한 번 더 말하지만 오스트레일리아에는 이러한 종류의 숭배 흔적이 없다.

그러므로 이러한 가설에 따라 원시사회에서 우세하게 나타나야 할 조상 숭배가 사실상 원시사회에 존재하지 않는다. 결국 오스트레일리아 사람들은 사망한 순간과 그 후 일정한 기간에만 죽은 자들에게 관심을 쏟을 뿐이다. 그렇지만 바로 이 사람들이, 우리가 나중에 보게 되겠지만, 완전히 다른 본질을 가진 성스러운 존재들에게는 어떤 때는 몇 주 또는 몇 달이 완전히 소모되는 많은 예식으로 이루어진 복잡한 종교 숭배를 거행한다. 오스트레일리아 사람들이 그의 친척들 중 하나를 잃었을 때 행하는 몇 가지 의례가 해마다 정규적으로 거행되면서 그의 삶에 중요한 의미를 차지하는 이러한 항구적인 숭배의 기원이 되었다는 것을 인정할 수 없다. 친척에 대한 의식(意識)과 성스러운 존재에 대한 숭배가 너무 대조적이기 때문에 우리는 전자가 후자에서 파생된 것이 아닌가 하고 의문을 가질 정도이다. 또한 인간의 영혼을 모델로 해서 신이 상상되기는커녕 애초부터 영혼이 신성의 발현으로 여겨진 것이 아닌지 의문을 가지게 된다.

4. 세 번째 명제에 대한 비판. 의인화의 본능과 이것에 대한 스펜서 (Spencer)의 비판. 이러한 관점의 보존과 이러한 본능의 존재를 입증 한다고 믿는 사실들에 대한 검토. 영혼과 자연의 영들과의 차이점은 무 엇인가. 종교적 의인화는 원시적이 아니다

죽은 자들에 대한 숭배가 원시적이 아니라는 사실에 따라 정령 숭 배의 근거가 무너지게 된다. 따라서 그러한 논리체계에 대한 세 번 째 명제, 즉 죽은 자에 대한 숭배가 자연 숭배로 변형되었다는 명제 를 문제 삼는 것은 무의미해보일 수도 있을 것이다. 그러나 그 명제 가 근거하고 있는 가설이 이른바 정령 숭배라고 생각하지 않는 종교 사가들, 즉 브린턴(Brinton),[30] 랑(Lang),[31] 레빌(Réville),[32] 스미스 (R. Smith)[33] 같은 사람들에게서도 그런 문제가 다시 발견되고 있기 때문에 그것을 검토해볼 필요가 있다.

죽은 자의 숭배가 자연 전체에 대한 숭배로 확장된 것은 아마도 우 리가 본능적으로 모든 사물들을 우리와 같은 이미지로, 즉 살아 있고 사고를 하는 존재로 표현하는 성향에서 기인했을 것이다. 우리는 이 미 스펜서가 이러한 본능의 실재를 부인한 사실을 살펴본 바 있다. 동물이 생명체와 사체를 명확하게 구분하는 이상, 동물의 후손이라 는 인간이 애초부터 그와 동일한 식별능력을 지니지 않았다는 것이 그에게는 있을 수 없는 일로 보였다. 그러나 스펜서가 인용한 사실들 이 아무리 확실하다고 해도 그 사실들은 이 경우에 그가 부여하는 논 증적 가치를 가지고 있지는 않다. 사실상 그의 추론은 동물의 모든

---

30) Brinton, *The Religions of Primitive Peoples*, 47쪽 이하.
31) A. Lang, *Mythes, Cultes et Religions*, 50쪽.
32) M. Réville, 『문명화되지 않은 민족들의 종교』(*Les Religions des Peuples non Civilises*), 제2권, 결론.
33) R. Smith, *The Religion of the Semites*, 2eédition, 126쪽, 132쪽.

기능과 본능, 성향이 전부 인간에게 전수되었다고 전제한다. 따라서 사람들이 자명한 진리로 잘못 알고 있는 이 원리에서 많은 오류가 생겼다. 예를 들면 성적인 질투가 일반적으로 고등동물에게서 매우 강하게 나타난다는 사실로부터 성적인 질투는 역사 이래로 같은 강도로 인간에게서 다시 발견될 것이라고 결론짓는다.[34] 오늘날 인간이 성적 공산주의(communisme sexuel)를 실현할 수 있다는 것은 잘 알려진 사실이다. 성적 공산주의는 이러한 질투가 완화되거나 심지어 사라지지 않는다면 불가능한 것이다.[35] 사실상 인간은 다른 동물보다 몇 가지 특성을 더 가진 단순한 동물이 아니다. 인간은 동물과는 다른 존재이다. 인간의 본성은 어느 정도는 동물적인 본성이 개조된 것에서 연유하는데, 이러한 개조가 일어나는 복잡한 작용이 진행되는 동안 새로운 본성을 얻는 만큼 예전의 본성을 잃어버리기도 한다. 우리는 얼마나 많은 본능을 잃어버렸던가! 그 이유는 인간이 물리적 환경과도 관계를 맺고 있지만 사회 환경과 연관되면서 동물의 경우보다 훨씬 더 넓고 안정되고 효과적인 영향을 받기 때문이다. 따라서 인간은 살기 위해 그러한 환경에 적응해야 한다. 또한 사회를 유지하기 위해 우리는 일정한 시각으로 사물들을 봐야 하고, 일정한 방식으로 그것을 느껴야 할 필요성을 느낀다. 결과적으로 사회는 만일 우리가 동물적인 본성만 따라 산다면 통상적으로 갖게 될 관념들 그리고 자연스럽게 어떤 쪽으로 기울어질 성향의 감정들을 수정해준다. 사

---

34) 이것은 웨스터마크의 추론이다(Westermarck, *Origine du mariage dans l'espèce humaine*, Paris, F. Alcan, 6쪽).

35) 성적 공산주의란 인간이 어떤 결혼규범도 알지 못하는 잡거상태를 의미하는 것은 아니다. 우리는 이러한 상태가 결코 존재하지 않았다고 믿는다. 그러나 한 무리의 남자들이 규칙적으로 한 여성 또는 여러 명의 여성과 결합하는 일이 빈번히 일어났다.

회는 심지어 그러한 감정들을 정반대의 감정으로까지 변색시킨다. 사회는 동물에게는 더할 나위 없이 좋은 것을 우리의 개인적인 삶에서는 별 가치 없는 것으로 여기도록 하지 않는가?[36] 따라서 고등동물의 심리구조로부터 원시인의 심리구조를 추론해내려는 것은 헛된 시도이다.

그러나 스펜서의 반박이 저자가 부여한 결정적인 영향력을 가지고 있지 않다면 역으로 정령 숭배자의 이론 역시 어린아이들이 저지르는 것 같은 혼동에서 어떤 권위도 끌어낼 수 없다는 것 또한 사실이다. 우리는 어린아이가 자신이 부딪힌 사물들에게 화가 나서 질책하는 것을 들을 때, 어린아이가 사물들을 자신처럼 의식 있는 존재로 여긴다고 결론짓는다. 그러나 그것은 어린아이의 말이나 행위를 잘못 해석하는 것이다. 사실상 어린아이는 사람들이 그에게 부여하는 매우 복잡한 추론을 모른다. 만일 어린아이가 자기를 아프게 했던 탁자에게 욕을 했다면 어린아이가 탁자를 살아 있고 지능을 가진 것으로 가정했기 때문이 아니라 탁자가 그를 아프게 했기 때문이다. 고통 때문에 생겨난 분노는 밖으로 분출될 필요가 있다. 따라서 분노를 터뜨릴 대상을 찾게 되고, 비록 그 사물들에는 아무런 잘못이 없더라도 화를 불러일으킨 대상에게 자연히 화를 풀게 된다. 이와 비슷한 경우 어른의 행동은 종종 이치에 맞지 않는다. 극도로 화가 나면 우리는 화를 돋운 어떤 사물들에게 의식적으로 악한 의지를 부여하지 않더라도 욕설을 퍼붓고 파괴하고 싶은 욕구를 느낀다. 사실상 별로 혼동이 일어나지 않으므로 감정이 진정되고 나면 어린아이는 의자와 사람을 매우 잘 구분할 줄 안다. 그는 의자와 사람에 대해 똑같은 행동을 하지 않는다. 장난감을 마치 생명체처럼 다루는 경향도 이와 유

---

36) 『자살론』, 233쪽 이하 참조할 것.

사한 이유로 설명될 수 있다. 앞의 경우 고통으로 인해 생겨난 격렬한 감정들이 그것을 해소하기 위한 대상을 만들어내는 것처럼 강렬한 놀이에 대한 욕구가 어린아이로 하여금 그것을 표현할 수 있는 수단을 만들어내도록 한다. 그가 가지고 있는 꼭두각시 어릿광대와 의식적으로 놀기 위해서 어린아이는 그것이 살아 있는 인간이라고 상상한다. 게다가 어린 시절에는 상상력이 가장 왕성하기 때문에 어린아이에게 환상은 그만큼 더 쉽다. 그는 이미지를 통해서만 생각한다. 그리고 이미지는 욕망의 모든 요구들에 충실하게 순응하는 유연한 것임을 우리는 알고 있다. 그러나 어린아이는 자신의 허구에 속지 않기 때문에 만일 그러한 허상이 갑자기 현실이 되어 그의 꼭두각시 인형이 그를 물어뜯는다면 아마도 가장 많이 놀랄 것이다.[37]

따라서 이러한 의심스러운 유추들을 그만 두도록 하자. 사람이 원래 자신의 탓으로 돌리고 있는 혼동에 경도되는 성향이 있는가를 알기 위해 조사해야 할 것은 오늘날의 동물이나 어린아이가 아니다. 조사할 대상은 원시적인 믿음체계 그 자체다. 만일 자연의 정령이나 신이 정말로 인간 영혼의 모습에 따라 만들어졌다면, 그것들은 인간 기원의 자취를 지니고 있어야 하고, 그것들의 모델인 인간 영혼의 주요 특성들을 환기시켜야만 한다. 가장 중요한 영혼의 특성은 유기체를 살아 움직이게 하는 내적인 원동력으로 인식된다. 유기체를 움직이고 생명을 주는 것이 바로 영혼이다. 따라서 영혼이 떠나면 생명은 끝나거나 정지된다. 적어도 육체가 살아서 존재하는 한, 영혼이 자연스럽게 거주하는 곳은 바로 육체이다. 그런데 자연의 여러 다른 사물들에게 할당된 영들은 그렇지가 않다. 태양의 신이라 해서 반드시 태양 속에 있지 않으며, 바위의 신도 그의 주된 거처인 바위 속에만 있

---

37) H. Spencer, *Principes de Sociologie*, 188쪽.

는 것은 아니다. 물론 영은 그가 붙어 있는 몸체와 긴밀한 관계를 유지하고 있다. 그러나 이러한 관계를 무엇이 무엇의 영혼이라는 식으로 말한다면, 매우 부정확한 표현을 사용하는 것이다. 코드링턴은 말한다. "멜라네시아에서는 인간의 육체를 움직이는 것이 영혼이라고 믿는 것처럼 나무라든가 폭포·폭풍·바위 등과 같은 자연물을 움직이는 영들의 존재를 믿는 것 같지 않다. 유럽인들이 바다나 폭풍 또는 숲의 정령에 대해 말하는 것은 사실이다. 그러나 이런 식으로 해석된 원주민들의 관념은 전혀 다르다. 토착민들은 정령이 숲이나 바다에 자주 나타나며, 폭풍을 일으키고 여행자들을 병으로 쓰러뜨릴 힘이 있다고 생각한다."[38] 영혼이 본질적으로 육체 안에 있는 반면, 영은 그의 기체(基體)인 사물들 밖에서 대부분의 시간을 보낸다. 이러한 차이점 때문에 영의 개념이 영혼 관념에서 유래되었다는 사실을 입증할 수 없을 것 같다.

다른 한편으로, 만일 인간이 정말로 자신의 이미지를 사물들 속에 투영할 필요가 있었다면 성화(聖化)된 최초의 존재들은 인간과 비슷한 모습으로 인식되었을 것이다. 그런데 신인동형동성론은 원시적이기는 커녕 오히려 비교적 진화된 문명의 표지다. 시초(始初)의 성화된 존재들은 동물이나 식물의 형태로 인식되었으며, 인간의 형태를 지닌 존재들은 그것들로부터 서서히 추출된 것에 불과하다. 우리는 나중에 오스트레일리아에서는 동물과 식물이 성화된 사물들 중 가장 최초였다는 사실을 살펴보게 될 것이다. 북아메리칸 인디언들에서도 종교적 숭배 대상이 되기 시작한 위대한 우주적인 신들은 대개의 경우 동물종의 형태로 나타났다.[39] 레빌은 놀라움을 금치 못하

---

38) Codrington, 앞의 책, 123쪽.
39) Dorsey, "A Study of Siouan Cults", in XIth. *Annual Report of the Bureau of Amer. Ethnology*, 431쪽 이하 여러 곳.

며 다음과 같이 말했다. "이러한 영의 상태에서 동물, 인간 그리고 신적 존재의 차이점은 느껴지지 않는다. 대부분의 경우, 신적 존재의 기본 형태가 동물의 형태라고 말할 것이다."[40] 완전히 인간적인 요소들로 만들어진 신을 찾기 위해서는 거의 기독교까지 이르러야 한다. 기독교에서 하나님은 인간이다. 하나님이 일시적으로 나타내는 신체적인 모습뿐만 아니라 그가 표현하는 사상과 감정도 그렇다. 그리스와 로마에서도 신들이 일반적으로는 인간의 특성으로 표현되었지만 몇몇 신화적인 인물들은 여전히 동물적 기원의 흔적을 지니고 있다. 우리가 종종 황소의 형태로 또는 적어도 황소의 뿔이 달린 모습으로 보는 것이 바로 디오니소스(Dionysos)[41]이며, 데메테르(Déméter)[42]는 말의 갈기를 가지고 있는 모습으로 나타났다. 판(Pan)[43] · 시렌느(Siléne)[44] · 목신(Faunes)[45] 등도 마찬가지이다.[46] 따라서 이러한 시점에서 보면 인간이 자신의 형상을 사물들에게 부여하는 성향이 있었다는 것은 전혀 사실이 아니다. 더 나아가 인간 스스로 자신을 동물적 본성을 긴밀하게 가진 존재로 인식하기 시작했다. 사실상 인간

---

40) M. Réville, *La Religion des Peuples non Civilsés*, 제1권, 248쪽.

41) 그리스 · 로마 신화에서 풍작과 식물의 성장을 담당하는 자연신으로, 그리스 신화에서는 디오니소스(Dionysos), 로마 신화에서는 바코스(Bacchos)라고 불리며 술과 황홀경의 신으로 알려져 있다―옮긴이.

42) 크로노스 신과 레아 여신의 딸로 주신(主神) 제우스의 누이동생이자 배우자이다. 데메테르라는 이름은 '곡식의 어머니' 또는 '어머니인 대지'를 뜻한다 ―옮긴이.

43) 그리스 신화에 나오는 짐승의 모습에 가까운 다산(多産)의 신―옮긴이.

44) 세이렌, 그리스 신화에 나온다. 반은 새이고 반은 사람인 마녀로 아름다운 노랫소리로 뱃사람들을 유혹해 난파시켰다고 한다―옮긴이.

45) 로마 신화에 나온다. 염소의 귀 · 뿔 · 뒷다리를 가진 목축의 신이다. 여기에 언급된 신들은 모두 동물의 모습에 가깝다―옮긴이.

46) V. W. de Visser, *De Graecorum diis non referentibus speciem humanam*; P. Perdriet, *Bulletin de correspondance hellénque*, 1899, 635쪽과 비교.

의 조상이 짐승이거나 사물이었다는 믿음, 아니면 최소한 최초의 인간들은 전체적 또는 부분적으로 어떤 동물종이나 식물종의 변별적 특성을 가지고 있었다는 믿음은 오스트레일리아에서는 거의 보편화된 것이고, 북아메리칸 인디언들에게는 아직까지도 매우 널리 퍼져 있다. 따라서 인간은 도처에서 인간과 유사한 존재들만 보는 것이 아니라 그와는 전혀 다른 존재들의 이미지와 결부시켜 자신을 생각하기 시작했다.

5. 정령 숭배는 종교를 환각체계에 불과한 것으로 환원시킨다

게다가 정령 숭배자의 이론은 아마도 가장 좋은 반박이 될 수 있는 결론을 내포하고 있다. 만일 정령 숭배자의 이론이 참이라면 종교적인 믿음이란 아무런 객관적 근거없는 환각의 표현이라는 것을 인정해야 할 것이다. 사실상 사람들은 정령과 신들을 숭고한 영혼으로 여기기 때문에 종교적 믿음이 영혼 관념에서 파생된 것이라고 생각한다. 타일러와 그의 제자들에 따르면 영혼 관념 그 자체는 잠자는 동안 우리의 영을 점령하는 모호하고도 일관성 없는 영상들로 완전히 구성되어 있다. 왜냐하면 영혼은 분신이며, 분신은 잠자는 동안 자기자신에게 나타나는 인간에 불과하기 때문이다. 따라서 이러한 관점에서 보면 성스러운 존재들이란 인간을 매일 규칙적으로 사로잡는 일종의 망상 속에서 만들어진 상상적 관념에 불과할 것이다. 그리고 이러한 상상적 관념들이 어떤 유용한 목적에 소용이 되는지, 또는 현실 속에서 무엇과 일치하는지 알지 못했을 것이다. 만일 인간이 기도를 하고, 희생과 봉헌을 드리고, 의례가 규정하는 수많은 고통스러운 것을 애써서 따른다면 그것은 일종의 합법화되어버린 착오가 그로 하여금 꿈꾸는 것을 지각하는 것으로, 죽음을 연장된 잠으로, 죽은 것들을 살아 있고 생각하는 존재로 여기도록 만들었기 때문이다. 따라서 많은 사람이 인정하는 바와 같이 종교적 힘이 영에게 나타나는 형태는 그러한 힘을 정확하게 표현하지 못한다. 뿐만 아니라 종교적 힘을 표현하는 상징들 역시 부분적으로 그 진실한 본질을 가리게 된다. 여기에서 더 나아가 이러한 이미지와 형상들 뒤에는 야만적인 영들에 대한 악몽만 존재할 것이다. 결론적으로 종교란 체계화되고 체험되기는 했지만 현실적 근거없는 꿈에 불과할 것이다.[47] 이렇게 되면 정령 숭배 이론가들이 종교적 사고의 기원을 찾으려고 할 때, 그들은 결국 별로 수고하지 않아도 만족할 수 있게 된다. 인간이 꿈속에서 본 것과 같은 이상하고 모호한 형태의 존재들을 어떻게 상상할 수 있었는지 설명하는 일에 성공했다고 믿었을 때, 문제가 해결된 것 같았다.

그러나 사실상 문제에 접근조차 못 한 것이다. 이러한 정령 숭배는 역사에서 상당히 중요한 자리를 차지해 왔다. 그러나 사람들이 살아가는 데 꼭 필요한 에너지를 얻어왔던 종교와 같은 관념체계가 환상

---

47) 그렇지만 스펜서에 따르면 영에 대한 믿음 속에는 진리의 맹아가 있다. 그것은 바로 "의식(意識) 안에서 나타나는 능력은 의식 밖에서 나타나는 힘의 또 다른 형태"라는 관념이다(H. Spencer, *Ecclesiastical Institutions*, §659). 스펜서는 일반적인 힘의 개념을 우리가 우주 전체까지 확장시킨 힘의 느낌이라고 이해했다. 따라서 정령 숭배가 우리의 영과 유사한 영들로 자연을 가득 차게 한다면 정령 숭배는 암암리에 위의 사실을 인정하고 있는 것이다. 그러나 힘의 관념이 형성된 방식에 대한 이러한 가정 자체가 사실이라고 해도 그것은 우리가 만들어야 할 중요한 유보조건을 요구하게 된다(이 책, 제3권 제3장 3절). 그것 자체에는 종교적인 것이 아무것도 없다. 그것은 어떤 숭배도 불러일으키지 못한다. 따라서 종교적 상징과 의례의 체계, 거룩한 사물과 속된 사물의 분류—이런 것들은 종교 속에 들어 있는 진정한 종교적 요소라 할 수 있다—등은 그것과 상응되는 어떤 실제적인 것을 가지지 못한 것으로 되어버리고 만다. 게다가 그가 말한 진리의 맹아조차도 역시 더욱 큰 오류의 싹이 된다. 왜냐하면 자연의 힘과 정신의 힘이 유사하다고 해도 그것들 역시 완전히 구분되기 때문에 그것들을 동일시하는 사람은 심각한 착오에 빠지기 때문이다.

덩어리에 불과하다는 것을 인정할 수는 없다. 오늘날 사람들은 법률, 도덕, 심지어는 과학적 사고 자체까지도 종교로부터 탄생했고, 오랫동안 종교와 섞여 있었으며, 종교의 정신이 침투된 상태로 지금까지 남아 있다는 사실을 인정하기 시작하고 있다. 어떻게 헛된 환영이 인간의식을 이렇게 강력하면서도 지속적으로 만들 수 있었겠는가. 종교는 자연에 없는 것을 표현하지 않는다는 원리는 분명 종교학의 원리임이 틀림없다. 왜냐하면 자연현상에 대한 학문만 존재하기 때문이다. 문제의 핵심은 이러한 실재들이 자연의 어떤 부분으로부터 유래했는지, 또 무엇이 인간으로 하여금 이러한 실재들을 종교적 사고에 합당한 독특한 형태로 표현하도록 했는지를 알아내는 것이다. 그러나 이러한 문제가 제기되기 위해서 이렇게 표현된 것이 바로 실제적 사물들이라는 사실을 인정하는 데서 시작해야 한다. 18세기 철학자들이 종교란 사제들에 의해 상상된 거대한 오류라고 생각했을 때, 그들은 적어도 성직자라는 특권계급이 이해관계 때문에 대중을 지속적으로 속인 것에 대해 설명할 수 있었다. 그러나 대중 자신이 이러한 잘못된 관념체계에 속고 있는 동시에 그것을 만들어낸 장본인이라면 어떻게 이러한 기이하고 놀라운 기만이 역사의 전 과정을 통해 지속적으로 나타날 수 있었을까?

우리는 이러한 상황에서 종교학이란 말을 사용하는 것이 부적절하지 않은지 자문해야만 할 것이다. 과학이란 우리가 어떠한 방식으로 그것을 이해하든 간에, 항상 어떤 실제적인 사실에 적용되는 학문이다. 물리학과 화학은 과학이다. 왜냐하면 물리-화학적 현상들은 실제적이고, 이러한 학문들이 입증하는 진리와는 무관한 현실에 속한 것이기 때문이다. 심리학자들에게 자신의 존재 증명을 하지 않아도 되는 의식이 실제로 존재하기 때문에 심리학이 존재한다. 반대로 종교는 모든 사람이 정령 숭배자의 이론을 참된 것으로 인정하는 날이 되면 정령 숭배의 이론보다 더 오래 살아남을 수 없다. 왜냐하면 사람들은 그 본질과 기원이 밝혀진 오류들을 버리지 않을 수 없기 때문이다. 그 중요한 발견이 자신의 대상을 사라지게 하는 학문이 과연 가능할까?

제3장 원초적 종교의 주요 개념들 2

자연 숭배

자연 숭배 학파가 영감을 받은 영은 매우 다른 것이다.

우선 그 학파는 여러 가지 다른 환경의 사람들로 이루어졌다. 정령 숭배자들은 대부분 민속학자들이거나 인류학자들이다. 그들이 연구한 종교들은 인류에게 알려진 가장 조잡한 종교에 해당된다. 그래서 죽은 자의 영혼, 영, 악마 그리고 이차적 서열에 속하는 영적 존재들에게 특별한 중요성을 부여했다. 이러한 종교들은 좀더 높은 차원의 것이 무엇인지를 거의 모르고 있다.[1] 반대로 우리가 지금 살펴보려고 하는 이론들은 특히 유럽과 아시아의 위대한 문명 연구에 몰두한 학자들의 저작이다.

그림(Grimm) 형제의 뒤를 이어 인도-유럽어족의 여러 가지 신화들을 서로 비교하면서 그 속에 나타나는 흥미로운 사실을 지적한 연

---

1) 물론 그것은 만하르트와 같은 민속학자들이 정령 숭배에 대해 느껴온 공통된 감정을 설명하는 것이다. 열등한 종교에서처럼 민간종교에서도 이러한 이차적 영적 존재들이 최고 지위를 차지하고 있다.

구가 나온 이래 많은 학자들은 그러한 신화들이 보여주는 주목할 만한 유사성에 놀라게 되었다. 신화적 인물들의 이름은 비록 달랐지만, 그들은 똑같은 관념을 상징하고 똑같은 기능을 수행하는 동일한 성격의 인물들이었다. 심지어는 이름들까지도 때때로 서로 연결되어 있었으므로 그들이 서로 무관하지 않다는 사실을 입증하는 것이 가능해보이기도 했다. 공통적인 기원을 가지고 있지 않다면, 이러한 유사성이 설명될 수 없다. 따라서 사람들은 이러한 개념들이 표면상 매우 다양해보이지만 사실상 공통의 출처에서 나왔다고 생각했다. 또한 그러한 개념들은 단지 공통 출처에서 분화된 형태에 불과하며, 그러한 출처가 무엇인지 발견해내는 것도 불가능하지 않다고 가정하기에 이르렀다. 비교 방법에 의해 이러한 위대한 종교들을 넘어서 훨씬 더 오래된 고대의 관념체계까지 거슬러 갈 수 있고, 다른 종교들이 파생되어 나온 정말로 원시적인 종교까지 기슬리 갈 수 있다고 믿었다.

이러한 갈망을 일깨우는 데 가장 큰 기여를 한 것은 『베다』(*Vedas*)의 발견이었다. 사실상 『베다』를 발견함으로써 물론 그 발견물이 만들어진 당시의 고대적인 성격이 과장되었을지도 모르지만, 학자들은 우리가 이용할 수 있는 가장 오래된 인도-유럽어로 쓰인 고대의 문헌 가운데 하나를 가지게 되었다. 따라서 그들은 문헌학의 일반적인 방법으로 호머의 작품보다 다소 오래된 문학작품을 연구하고, 고대 게르만인의 종교보다 더 원시적이라고 생각되는 종교를 연구하게 되었다. 이러한 가치를 지닌 문서는 분명히 인류 종교의 시발점에 새로운 빛을 비춰주었다. 따라서 종교학은 갱신될 수밖에 없었다.

이렇게 생겨난 개념은 학문의 상태 그리고 개념의 일반적 진행과 잘 부합되었다. 따라서 그 개념은 다른 두 나라에서 거의 동시에 나타났다. 1856년에 막스 뮐러는 그의 『옥스퍼드 에세이』(*Oxford*

Essay)[2])에서 이러한 개념 원리들을 발표했다. 3년 후에 똑같은 사조에 의해 상당히 영감을 받은 쿤(Adalbert Kuhn)의 『불과 신주(神酒)의 기원』(*L'origine du feu et de la boisson divine*)[3])에 대한 책이 나왔다. 개념이란 일단 표명되고 나면 학문세계에서 매우 급속하게 퍼진다. 쿤의 이름에 그의 처남인 슈바르츠(F. L. W. Schwartz)의 이름이 긴밀하게 결합되는데, 그의 『신화의 기원』(*L'origine de la Mythologie*)[4])은 거의 쿤의 책을 뒤따라간 것이다. 슈타인탈(Steinthal)과 모든 독일의 민족심리학(Völkerpsychologie) 학파도 동일한 학문 조류에 몰두하고 있었다. 1863년에 이 이론은 브레알(M. Michel Bréal)[5])에 의해 프랑스에 도입되었다. 그 이론에 대한 저항이 거의 없었기 때문에 그루페(Gruppe)[6])의 말에 따르면 "『베다』의 연구를 몰랐던 몇몇 고전 문헌학자들을 제외하고, 모든 신화학자들이 그들의 연구 출발점으로서 막스 뮐러나 쿤의 원리들을 취하는 시기가 온 것이다."[7]) 따라서 그러한 원리들이 무엇이며 어떤 가치를 가지고 있는지 알아보는 것은 중요하다.

---

2) 「비교신화」(Comparative Mythology)라는 제목이 붙은 단장(斷章)(47쪽 이하)에 나오는데, 프랑스어 판은 *Essai de mythologie comparée*라는 제목으로 1859년에 나왔다.

3) A. Kuhn, *Herabkunft des Feuers und göttertranks*, Berlin, 1859(쿤E. Kuhn에 의해 1866년에 개정판이 나옴); *Der Schuss des wilden Jägers auf den Sonnenhirsh*, Zeitschrift f. d. Phil. I. 1869. 89~169쪽과 비교; *Entwickelungsstufen des Mythus*, Abhandl. d. Berl, Akad., 1873.

4) F. L. W. Schwartz, *Der Ursprung der Mythologie*, Berlin, 1860.

5) M. Michel Bréal, 「비교신화연구」(Etude de mythologie comparée), *Hercule et Cacus*, 1863. Max Müller, 「비교신화에 대한 시론(試論)」, 『신화학의 역사에 새로운 시기를 여는』, 12쪽에 특필되었다.

6) Gruppe, *Die griechischen Kulte und Mythen*, 제1권, 78쪽.

7) 이러한 개념을 차용한 학자 중에 르낭도 포함되어야만 한다. J. E. Renan, 『종교의 역사에 대한 새로운 연구』(*Nouvelles études d'histoire religieuse*), 1884, 31쪽.

막스 뮐러보다 더 체계적으로 그 원리들을 설명한 사람은 없기 때문에 앞으로 행할 서술의 요소들을 우선 그에게서 빌려오도록 하겠다.[8]

1. 막스 뮐러의 자연 숭배에 대한 개진

우리는 종교가 적어도 그 기원에 있어서는 어떠한 물리적인 실재를 표현하지 않는다는 가설이 정령 숭배의 저변에 깔려 있는 것을 살펴보았다. 그러나 막스 뮐러는 이와 반대의 원리에서 시작한다. 그에게 있어서 종교는 경험에 근거하고 있으며, 종교의 모든 권위는 경험에서 나온다는 것이다. 그는 "인간의식의 합법적 요소로서 위치를 공고히 하기 위해 종교는 우리의 모든 다른 지식들과 마찬가지로 감각적인 경험에서 시작해야만 한다"[9]고 말한다. 오래된 경험주의자의 격언, "감각 속에 떠오르지 않는 것은 어느 것도 인식되지 않는다"[10]를 받아들여 그것을 종교에 적용시킨다. 그리고 우선 지각되지 않는 것은 믿음체계 안에서 존재할 수 없다고 단언한다. 그러므로 이학설은 우리가 정령 숭배에 가했던 강력한 반박을 피해가는 듯 보인다. 사실상 이러한 관점에서 보면 종교란 일종의 모호하고 혼란스러운 몽상이 아니라 현실에 근거를 둔 관념과 의례의 체계로 나타나야

---

8) 「비교신화」 외에도 종교에 관한 일반이론이 소개되어 있는 막스 뮐러의 저작들은 다음과 같다. *Hibbert Lecture*, 1878(*Origine et développement de la Religion*으로 번역됨); *Natural Religion, Londres*, 1889; *Physical Religion, Londres*, 1898; *Anthropological Religion*, 1982; *Theosophy or psychological Religion*, 1893; *Nouvelles études de Nythologie*, Paris, F. Alcan, 1898; 막스 뮐러의 신화이론과 언어철학을 연결하는 관계에 의해 이전의 작업들은 언어와 논리에 바쳐진 그의 책들, 특히 *Nouvelle leçons sur la science du langages*로 번역된 저작과 결합되어야 한다.

9) Max Müller, *Natural Religion*, 114쪽.

10) "감각에 존재하지 않는 것은 지성에도 없다"(Nihil est in intellectu, quod non fuerit in sensu)고 직역하기도 한다—옮긴이.

한다.

　그러나 종교적 사고를 만들어낸 감각들은 무엇인가? 이것이 바로 『베다』의 연구가 해결에 도움을 줄 수 있는 문제이다.

　신들이 지니고 있는 이름들은 일반적으로 아직까지도 쓰이고 있는 보통명사이거나 그것의 원래적 의미를 다시 찾을 수 있는 오래된 보통명사들이다. 그리고 이 두 가지 명사들은 자연의 주요 현상들을 지칭한다. 인도의 주요 신 중 하나인 아그니(Agni)는 본래 어떤 신화적 첨가 없이 감각이 인식하는 바대로 불의 물질적인 현상만을 의미했다. 『베다』에서는 이 이름이 아직도 그러한 의미로 사용되고 있다. 어쨌든 이러한 의미가 원초적이라는 것은 그것이 다른 인도-유럽어 속에도 그대로 보존되어 있다는 사실에 의해 잘 밝혀졌다. 라틴어 이그니스(ignis), 리투아니아말 우그니스(ugnis), 고대 슬라브말 오그니(ogny)는 확실히 아그니와 유사한 친족어이다. 마찬가지로 산스크리트어 디아우스(Dyaus), 그리스어 제우스(Zeus), 라틴어 요비스(Jovis), 고지 독일어의 지오(Zio)가 친족어라는 사실에 오늘날 이의는 없다. 이것은 앞서 말한 여러 가지 단어들이 유일하면서도 동일한 신을 지칭하고 있으며, 여러 인도-유럽족이 분리되기 전부터 그러한 신을 인정하고 있었음을 증명한다. 그러므로 디아우스는 빛나는 하늘을 의미한다. 앞의 사실들 그리고 이와 유사한 다른 사실들은 이러한 민족들에 있어서 자연의 실체와 힘이 종교적 감정을 발로시킨 최초의 대상들이었다는 사실을 보여주는 것 같다. 그것들은 처음으로 신성화된 사물이었다. 일반화의 길로 한걸음 더 전진하면서 막스 뮐러는 인류의 종교적 발전이 일반적으로 동일한 출발점을 가지고 있다는 결론의 근거를 제공했다고 생각했다.

　그가 이러한 추론을 정당화하는 것은 오로지 심리적인 순서를 고려해서이다. 그는 자연이 인간에게 제공하는 다양한 장면들이 정신 속에 종교적 관념을 즉각 불러일으킬 수 있는 모든 필요조건들을 충족시키는 것으로 여겼다. 실제로 그는 이렇게 말하고 있다. "사람들이 세상을 처음 볼 때 자연만큼 자연스럽지 않아 보이는 것도 없다. 그들에게 있어서 자연은 커다란 경이이며 큰 공포였다. 그것은 불가사의이며 영원한 신비였다. 이러한 신비의 어떤 양상들이, 그것이 예측된다는 의미에서 자연스럽고 평범하며 이해 가능하다고 명명된 것은 훨씬 나중의 일이다. 즉 인간이 자연의 항구성과 불변성, 자연의 규칙적인 회귀를 발견한 때에 비로소 그것이 가능했다. 종교적 사고와 종교적 언어를 처음으로 촉진시킨 것은 놀람과 공포라는 감정에 열려진 거대한 영역, 불가사의와 기적 그리고 알려진 것과 대립되는 거대한 미지의 영역이다."[11] 그리고 자신의 사고를 예증하기 위해 밀러는 베다교에서 중요한 위치를 차지하는 자연의 힘, 즉 불에다 그의 사상을 적용시키고 있다. 그는 말한다. "당신은 상상을 통해 당신 자신을 자연종교의 기원과 초기의 모습들을 참조할 수 있는 원시생활 단계로 옮겨보도록 하라. 그러면 당신은 불을 처음 보았을 때 인간이 어떠한 감정을 느꼈을까를 쉽게 상상할 수 있을 것이다. 처음에 불이 어떤 방식으로 나타났건, 즉 벼락에서 떨어졌거나 아니면 나뭇가지들이 서로 마찰되면서 생겨났거나 또는 부싯돌을 통해 생겨났건 간에 불은 걸어다니고 전진하는 어떤 것이고 보존되어야 하는 것이었다. 불은 파괴를 가져오기도 하지만 동시에 겨울에 생명을 가능하게 해줄 수 있고, 밤에는 인간을 보호해주었으며, 공격적이면서도 아울러 방어적인 무기로 사용되었다. 불 덕분에 인간은 날고기 먹는 것을 그쳤고 음식을 익혀 먹게 되었다. 좀더 후에 이르면 불을 이용해서 금속이 세공되고 도구들과 무기들이 제작되었다. 이렇게 해

---

11) Max Müller, *Physical Religion*, 119~120쪽.

서 불은 모든 기술적·예술적 진보에 없어서는 안 될 필수불가결한 요소가 되었고, 지금까지도 그러하다. 지금도 불이 없다면 우리는 어떻게 되겠는가?"[12] 이 저자는 다른 저서에서 다음과 같이 말하고 있다. 인간이 자연의 거대함과 무한함을 이해하지 못하면 자연과 관계를 맺을 수 없다. 자연은 모든 면에서 인간을 능가한다. 인간이 인지하는 공간 저 너머에는 끝없이 펼쳐지고 있는 다른 공간들이 있다. 지속의 각 순간들은 어떠한 한계도 확정되지 않는 시간에 의해 이어 내려왔고 또한 이어 내려가고 있다. 흐르는 강은 그 무엇도 그것을 메마르게 할 수 없기 때문에 무한한 힘을 나타낸다.[13] 우리를 둘러싸고 지배하는 이러한 무한에 대한 압도적인 느낌을 일깨우지 않는 자연의 모습은 없다.[14] 따라서 종교들은 아마도 이러한 느낌에서 파생되어 나왔을 것이다.[15]

하지만 그러한 종교들은 새싹에 불과했다.[16] 이러한 자연의 힘들이 정신 속에서 추상적인 형태로 나타나기를 그칠 때에야 비로소 진정으로 종교가 시작된다. 자연의 힘은 인격적인 동인(動因)으로, 살아 있고 생각하는 존재들로, 영적인 능력으로, 신으로 변형되어야 한다. 왜냐하면 일반적으로 이러한 존재들에게 숭배가 행해지기 때문이다. 우리는 정령 숭배 자체가 이러한 질문을 제기해야 한다는 것과 어떻게 그 문제에 답변했는가를 살펴보았다. 정령 숭배에 따르면 인간에게는 생물과 무생물을 구분하는 타고난 능력이 없었다. 하지만

---

12) 같은 책, 121쪽, 304쪽 참조할 것.
13) Max Müller, *Natural Religion*, 121쪽 이하, 149~155쪽.
14) "The overwhelming pressure of the infinite"(같은 책, 138쪽).
15) 같은 책, 195~196쪽.
16) 막스 뮐러는 사고가 이러한 양상을 초월하지 못하는 한, 종교는 지금 우리가 종교에 부여하는 특성의 극히 일부분만 지니게 된다고 말하기까지 했다. Max Müller, *Physical Religion*, 120쪽.

무생물을 생물체의 형태로 인식하려는 어쩔 수 없는 성향이 아마도 있었을 것이다. 막스 뮐러는 이러한 해결책을 거부한다.[17] 그에 따르면 이러한 변형이 일어난 것은 언어 때문이다. 즉 언어가 인간의 사고에 미치는 영향에 의해 이러한 변형이 일어났을 것이다.

자신들이 의존하고 있다고 느낀 이러한 경이로운 힘들이 무엇인가 궁금해서 인간이 그러한 힘에 대해 숙고하게 되었다는 것은 쉽게 설명이 된다. 사람들은 그러한 힘이 무엇인가에 대해 의문을 가졌고, 원래 이러한 힘에 대해 가지고 있던 모호한 느낌 대신 좀더 분명한 관념, 좀더 잘 정의된 개념들을 가지기 위해 노력했다는 것도 쉽게 설명할 수 있다. 그러나 저자가 매우 정확하게 지적하고 있듯이[18] 사상이나 관념은 언어 없이는 생겨날 수 없다. 언어는 사고의 외적인 덮개에 불과한 것이 아니라 사고의 내적인 뼈대가 된다. 일단 사고가 형성되면 언어는 밖에서 그것을 번역하는 데 그치지 않고 사고를 만들어 내는 데 사용된다. 그렇지만 언어는 그 나름대로 고유한 본질을 가지고 있다. 따라서 언어규칙과 사고규칙은 서로 다르다. 언어가 사고활동에 기여하는 이상, 언어는 사고를 어느 정도 침범하고 왜곡시킬 수 있다. 바로 이러한 종류의 변형이 종교적 표현의 특성을 만들어 낸 것이다.

사실상 생각한다는 것은 사고를 정리하는 것이며, 결과적으로 분류하는 것이다. 예를 들어 불에 대해 생각한다는 것은 "불은 이러한 것이며 저러한 것은 아니다"라고 말함으로써 그것을 어떤 사물들의 범주에 위치시키는 것이다. 그러나 다른 한편으로 분류는 곧 명명하는 것이다. 왜냐하면 일반적인 관념은 그것을 표현하고 그것에게 유

---

17) 같은 책, 128쪽.
18) Max Müller, *The Science of Thought*, 30쪽 참조할 것.

일한 개성을 만들어 주는 말 속에서 그리고 그러한 말에 의해서만 존재하며 현실성을 갖기 때문이다. 마찬가지로 어떤 민족의 언어는 새로 알게 된 사물들이 정신 속에 분류되는 방법, 결과적으로 사색 방법에 항상 영향력을 미쳐왔다. 왜냐하면 새로운 사물들은 선재하는 틀에 맞추도록 되어 있기 때문이다. 이러한 이유로 사람들이 우주에 대한 진화된 표현을 만들고자 할 때, 그들이 사용하는 언어는 이렇게 탄생하는 사고체계에 지울 수 없는 영향을 남기게 된다.

우리는 이러한 언어, 적어도 인도-유럽어족과 관련된 언어에 대해서는 약간의 지식이 있다. 비록 그 언어가 오래된 것이기는 하지만, 우리의 실제 언어 속에는 그것이 어떤 것이었는가를 상상할 수 있게 해주는 추억들이 남아 있다. 그것이 바로 어근들이다. 뮐러는 우리가 사용하고 있는 다른 어휘들이 파생되어 나오고, 인도-유럽어의 모든 방언들의 근저에서 다시 찾아볼 수 있는 이러한 근간어(根幹語)는 분리되기 이전에 소통하던 민족들이 사용하던 언어의 수많은 메아리라고 여겼다. 분리되기 전이란 앞으로 설명해야 할 필요가 있는 자연종교가 형성된 바로 그 시기이다. 이러한 어근들은 주목할 만한 두 가지 특성들을 나타내고 있다. 즉 그것은 여전히 특수한 언어집단 속에서만 관찰되고 있는데, 우리의 저자는 다른 언어군에서도 마찬가지로 확인될 수 있다고 믿고 있다.[19]

우선, 어근들은 전형적이다. 즉 어근들은 특수한 사물들과 개인을 표현하는 것이 아니라 전형, 심지어 극단적인 일반성의 전형을 표현하고 있다. 어근들은 사고의 가장 일반적인 주제들을 나타낸다. 비록 고정되고 결정된 형태이긴 하지만, 거기에서 신의 기본적인 범주를 찾아볼 수 있다. 이러한 범주는 역사의 매 시기마다 모든 정신적인

---

19) Max Müller, *Natural Religion*, 393쪽 이하.

삶을 지배했고, 철학자들은 몇 번이나 그 체계를 재구성하려고 시도했다.[20]

두 번째로, 어근에 상응하는 전형은 행동의 전형이지 대상들의 전형이 아니다. 어근들이 표현하는 것은 생물체, 그 가운데서도 특히 인간에게서 관찰할 수 있는 가장 일반적인 행동양식들이다. 그것은 때리고, 밀고, 비비고, 눕고, 일어서고, 누르고, 올라가고, 내려가고, 걷는 등등의 행동이다. 달리 말하자면 인간은 자연현상을 일반화하고 명명하기 전에 인간의 주요한 행동양식들을 일반화하고 명명했다.[21]

이러한 극심한 일반화 덕분에 말은 처음에 의도하지 않았던 모든 종류의 대상들에게까지 쉽게 확대될 수 있었다. 게다가 거기서 수많은 단어들이 파생되어 나올 수 있었던 것은 바로 이러한 극단적인 유연성 때문이다. 따라서 인간이 사물들에게 관심을 가지고, 그것들에 대해 생각할 수 있도록 이름을 붙이고자 했을 때, 이러한 단어들이 사물들을 위해 만들어지지 않았음에도 불구하고 인간은 이러한 어휘들을 사물들에게 적용시켰다. 단지 그 기원을 고려해볼 때, 언어는 인간의 행위와 가장 유사한 자연적 표현의 수단을 통해서만 여러 가지 다른 자연의 힘들을 나타낼 수 있었다. 벼락은 땅을 쪼개고 화재를 일으키는 어떤 것, 바람이란 신음하거나 숨을 내쉬는 어떤 것, 태양이란 공간에 금빛 화살을 던지는 그 무엇, 강이란 흘러가는 어떤 것 등으로 불리게 되었다. 그러나 자연현상이 이와 같이 인간의 행위들과 비교되었기 때문에 인간의 행위들과 관련된 어떤 자연현상은 필연적으로 인격적인 행위자의 형태, 즉 어느 정도 인간과 유사한 형태

---

20) Max Müller, *Physical Religion*, 133쪽; *The Science of Thought*, 219쪽; *Nouvelles leçons sur la science du langage*, 제2권, 1쪽 이하.

21) Max Müller, *The Science of Thought*, 272쪽.

로 인식되었다. 그것은 하나의 은유에 불과했으나 문자 그대로의 의미로 받아들여졌다. 환상을 없앨 수 있는 유일한 길인 과학이 그때는 존재하지 않았기 때문에 오류는 불가피했다. 한마디로 말해서 언어가 인간의 상태를 표현해주는 인간적인 요소들로 만들어졌기 때문에 자연을 변형시키지 않고는 자연에 적용될 수 없었던 것이다.[22] 브레알이 지적하고 있듯이 오늘날에도 언어는 우리로 하여금 어느 정도 이러한 각도에서 사물들을 표현하도록 강요하고 있다. "어떤 사고가 단순한 특성을 지시하는 것임에도 불구하고 우리는 그것에 문법적인 성(genre), 다시 말해서 성(sexe)을 부여하지 않고는 그 사고를 표현하지 못한다. 어떤 대상이 일반적인 방식으로 생각되든 아니든 간에 어떤 관사로 그것을 한정하지 않고는 그 대상에 대해 말할 수 없다. 문장의 모든 주어는 동작하는 존재로 나타나며, 모든 사고는 행동으로 나타난다. 그리고 각 행동은 일시적이든 영속적이든 간에 그것의 지속 속에서 우리가 동사에 부여하는 시제에 의해 한정된다."[23] 분명히 우리의 과학적인 훈련은 언어가 우리에게 불러일으켰을지도 모르는 오류들을 쉽게 교정하도록 해준다. 그러나 평형추가 없었을 때 말의 영향은 엄청나게 막강했음이 틀림없다. 따라서 언어는 우리의 감각에 나타나는 물질적인 세계 위에 새로운 세계를 덧붙였다. 그 세계는 완전히 언어가 창조한 영적인 존재들로만 구성되었으며, 일단 만들어진 다음에는 물리현상의 결정적인 원인들로 여겨졌다.

게다가 언어의 작용은 거기서 그치지 않았다. 대중의 상상력이 사물들의 배후에 덧붙여 놓은 이러한 인격체들을 지칭하는 단어들이

---

22) Max Müller, *The Science of Thought*, 327쪽; *Physical Religion*, 125쪽 이하.
23) M. Michel Bréal, *Mélanges de mythologie et de linguistique*, 8쪽.

일단 만들어지고 나면, 그 반향이 이러한 말 자체에 덧붙여진다. 이러한 말들은 온갖 종류의 수수께끼를 불러일으켰으며, 바로 이러한 문제들을 해결하기 위해 신화가 만들어졌다. 한 가지 사물이 여러 이름을 가지는 경우도 있는데, 그것은 경험 속에서 나타나는 그 사물의 여러 가지 양상에 일치하는 명칭들이 여러 가지이기 때문이다. 이렇게 해서 『베다』에는 하늘을 가리키는 말이 20개도 넘는다. 말이 다르기 때문에 사람들은 그 말들이 그만큼 많이 구분되는 인격(personnalité)에 상응한다고 생각한다. 그러나 동시에 사람들은 이러한 인격들이 유사한 분위기를 가지고 있다고 강하게 느꼈다. 이것을 설명하기 위해서 그들은 이러한 인격들이 같은 족(族, famille)을 형성한다고 상상했다. 사람들은 인격들에게 가계(家系)를 만들어 주고 공민으로서의 지위를 부여해 주고 역사를 만들어 주었다. 또 한편으로는 같은 용어로 지정되면서도 전혀 다른 사물들이 있다. 이러한 동음이의어들을 설명하기 위해 사람들은 대응되는 사물들이 서로의 변형이라는 것을 받아들였다. 그리고 이러한 변형을 이해시키기 위해 새로운 허구들을 만들어 냈다. 더 이상 이해되지 않는 어떤 말은 그것의 의미를 되살리는 어떤 우화의 기원이 되었다. 따라서 언어의 창조적인 작업은 점점 더 복잡한 구조를 만들면서 계속되었고, 신화는 각 신에게 점점 더 폭넓고 완전한 전기(傳記)를 부여하게 되었다. 그 결과 거룩한 인격들이 만들어졌는데. 그러한 인격들은 처음에는 사물들과 혼동되었지만 차차 사물들과 구별되고 그 나름의 모습을 띠게 되었다.

이렇게 해서 신의 개념이 만들어졌다고 이야기된다. 조상을 섬기는 종교에 대해 말할 것 같으면 그것은 선조의 재현에 불과할 것이다.[24] 막스 뮐러가 주장한 바와 같이 꿈이 아니라 죽음을 설명하기 위한 것이라는 점을 제외한다면 영혼 관념은 타일러가 제시한 것과 매우 유사한 이유들 때문에 형성되었을 것이다.[25] 그다음에 부분적으로 우발적인 여러 가지 상황[26]의 영향으로 일단 육체에서 벗어난 인간의 영혼들이 조금씩 신적 존재들의 동아리 안으로 끌어들여졌을 것이고, 마침내 신성화되었을 것이다. 그러나 이러한 새로운 숭배는 이차적 형성의 산물에 불과하다. 이것은 다음과 같은 사실이 입증해준다. 즉 성화된 인간들은 일반적으로 불완전한 신, 반신(半神)이었으며, 사람들은 그것들과 진정한 신들을 구분할 줄 알았다는 것이다.[27]

2. 만일 종교의 목적이 자연의 힘들을 표현하는 것이라 해도 그 힘을 잘못된 방법으로 표현하고 있기 때문에 종교가 어떻게 유지될 수 있는지 이해하기 힘들다

이러한 학설은 논란의 여지가 많았고 아직까지도 논쟁이 되고 있는 상당수의 언어학적인 가정에 부분적으로 근거하고 있다. 어떤 사람들은 막스 뮐러가 여러 가지 유럽어족에서 신을 가리키는 명사들

---

24) Max Müller, *Anthropological Religion*, 128~130쪽.
25) 게다가 이 설명은 타일러의 설명만한 가치조차도 없다. 막스 뮐러에 따르면 인간은 생명이 죽음과 동시에 멈춘다는 것을 인정할 수가 없었다. 거기서부터 인간 안에는 두 존재가 존재하는데, 그중 하나는 육체가 죽은 후에도 살아남는다는 결론이 도출이 되었다는 것이다. 그러나 육체가 완전히 와해되었는데도 생명이 계속된다는 것을 무엇이 믿게 만들 수 있었는지에 대해서는 설명하지 못한다.
26) 자세한 것은 같은 책, 315쪽 참조할 것.
27) 같은 책, 130쪽. 이러한 이유로 막스 뮐러는 기독교를 이러한 모든 발전의 절정으로 여겼다. 그는 말하길 조상 숭배 종교는 인간에게 어떤 거룩한 것이 있다는 것을 전제로 하고 있다. 그리스도의 가르침의 근저에도 이러한 사상이 있지 않은가?(같은 책, 378쪽 이하) 죽은 자의 혼에 대한 숭배의 정점이 기독교라는 개념이 이상하다고 주장하는 것은 소용없는 일이다.

사이에서 발견했다고 주장했던 많은 유사점의 실재를 반박했다. 특히 그가 내린 해석에 대해 의심을 품었다. 사람들은 또한 이름들의 유사성이 매우 원시적인 종교의 표지가 아니라 그러한 유사점들이 야말로 직접적인 차용이나 자연적인 접촉에서 생겨난 때늦은 산물이 아닐까 자문하게 되었다.[28] 다른 한편으로 오늘날 학자들은 어원들이 고립된 상태에서 자율적인 실재로 존재했다는 것을 더 이상 인정하지 않는다. 따라서 어원들이, 가설적이기는 하지만, 인도-유럽어족의 원시언어를 재구성해준다는 것을 인정하지 않는다.[29] 마지막으로 최근에 행해진 연구들은 『베다』의 신들이 막스 뮐러와 그의 학파가 그들에게 부여한 것처럼 오로지 자연적인 특성만을 가진 것이 아님을 입증하는 경향이 있다.[30] 그러나 이 문제들을 조사하기 위해서는 언어학자의 매우 전문적인 능력이 요구되므로 체계에 관한 일반 원직으로 넘어가기 위해 이러한 문제들은 넘어두기로 하자. 물론 자연 숭배 개념과 이러한 논박의 대상이 되는 가설들을 혼동하지 않는 것이 바람직하다. 왜냐하면 자연 숭배 개념은 막스 뮐러가 언어에 부여한 탁월한 역할을 부인하는 많은 학자에게 인정받고 있기 때문이다.

인간이 그를 둘러싸고 있는 세계를 알고자 하는 관심이 있었다는 것, 그 결과 인간의 사고가 초창기부터 세상에 적용되었다는 것은 모든 사람이 별 어려움 없이 인정할 것이다. 인간이 직접 관계를 맺고

---

28) 이 점에 대해서는 그루페가 막스 뮐러의 가설들을 굴복시킨 논쟁이 *Die Griechischen Kulte und Mythen*, 79~184쪽에 나와 있다.

29) Meillet, *Introduction à l'étude comparative des langues indo-eruopéennes*, 제2판, 119쪽 참조할 것.

30) Oldenberg, *La Religion du Veda*, 59쪽 이하; Meillet, *Le dieu Iranien Mithra in Journal Asiatique* X, n°l, juillet-août 1907, 143쪽 이하.

있던 사물들과의 협력이 너무나 필요했기 때문에 인간은 사물들의 본질을 탐색하지 않을 수 없었다. 그러나 자연 숭배가 주장하는 바와 같이 종교적 사고가 이러한 숙고에서 생겨난 것이라면 종교적 사고가 그 사고를 이루고 있는 최초의 시도들보다 더 오래 살아남을 수 있었다는 것이 설명되지 않는다. 또한 종교적 사고가 확고부동하게 유지된 것을 이해할 수 없게 된다. 만일 우리가 사물들의 성격을 알아야겠다는 필요성을 느낀다면 사실 그것은 그러한 사물들에 적합하게 행동하기 위함이다. 종교가 우리에게 제공하는 우주에 대한 표현은 특히 초기에 너무나 조잡스럽게 삭제되었기 때문에 일시적으로라도 유용한 수단이 될 수 없었다. 사물들은 종교적 상상력이 우주 현상의 동인으로 여기고 있는 바의 인격이나 의식이 아니며, 살아서 사고하는 존재도 아니다. 따라서 인간이 사물들을 인간의 목적에 맞게 협력하도록 하려면 이러한 형태로 사물들을 인식하고 이러한 개념에 따라 사물들을 다루어서는 안 된다. 인간이 사물들로 하여금 자신을 해치지 못하게 하고 인간의 목적에 이용할 수 있었던 것은 사물들에게 기도를 올리고, 축제나 희생으로 그것들을 찬양하며, 금식과 절제를 해서 가능했던 것이 아니다. 이러한 방법들은 매우 예외적으로만, 다시 말하면 기적적으로만 성공할 수 있었다. 따라서 세상과 교류하도록 인도해줄 세상에 대한 어떤 표현을 우리에게 제공하는 것이 종교의 존재 이유라면 종교는 제 기능을 수행하지 못한 것이다. 그리고 사람들은 그러한 사실을 금방 눈치 챌 수 있었을 것이다. 성공보다 훨씬 빈번하게 일어난 실패는 그들이 잘못된 길을 걷고 있다는 것을 재빨리 경고해 주었을 것이다. 매순간 이와 같이 반복되는 실패에 의해 흔들린 종교는 지속될 수 없었을 것이다.

이따금 어떤 오류가 역사 속에서 계속되는 경우도 있다. 그러나 매우 예외적인 상황의 도움이 없다면, 오류는 실질적으로 진실한 경우에만 유지될 수 있다. 다시 말해서 오류는 그것이 관계를 맺고 있는 사물들에 대해 이론적으로 정확한 개념을 제공하지 않는다고 하더라도 사물들이 우리에게 좋은 또는 나쁜 영향을 끼치는 방식을 정확하게 표현해 주어야만 유지될 수 있다. 이러한 상황 속에서 사실상 종교가 결정하는 행동들은 적어도 대략적으로 적합한 것들은 모두 존재할 가능성이 있었다. 결과적으로 오류는 사실을 통해 지속되었다고 설명할 수 있다.[31] 그러나 그릇되고 쓸모없는 방법만을 제공하거나 또 그렇게 될 수밖에 없는 오류, 특히 그러한 오류들로 구성된 체계는 존속 가능성이 없다. 신도가 자연에 대해 영향을 미치려고 애쓰던 이러한 의식(儀式)들과 과학이 우리에게 이용하도록 가르쳐 주었고 또 우리가 지금 유일하게 효력 있는 것으로 알고 있는 방법들 사이에는 어떤 공통점이 있을까? 만일 인간들이 종교에 요구하는 것이 바로 과학적 방법과 같은 것이라면 종교가 인간이 기대하는 것을 제공하지 않는다는 사실을 어떤 교묘한 속임수를 통해 숨기지 않는 한, 종교가 어떻게 지속될 수 있었는가를 이해하는 것은 불가능하다. 따라서 이번에도 18세기의 단순주의자들의 설명으로 되돌아갈 수밖에 없을 것이다.[32]

_____

31) 이러한 경우에 민간에 퍼져 있는 지혜에 관한 많은 격언을 예로 들 수 있다.
32) 사실 이러한 논의는 종교 속에서 어떤 기법(특히 위생학)을 생각하는 사람들에게는 상관없다. 그러한 기법의 규칙들은 비록 상상적 존재들의 제재를 받지만, 나름대로 근거가 있다. 그러나 우리는 역시 지지할 수 없는 개념을 논박하기 위해 멈추지는 않겠다. 사실상 그러한 개념은 종교역사에 대한 식견이 있는 학자들에 의해 체계적으로 승인된 적이 결코 없었다. 입문의 끔찍한 의례가 건강을 해치고 있는데 어떤 점에서 그것이 건강에 도움이 되는지 증명하는 것은 어려운 일이다. 즉 완벽하게 건강한 동물들에게 매우 일반적으로 행해지고 있는 단식이 어떤 점에서 건강에 좋은지, 또 집으로부터 멀리 떨어져서 행해지는 희생들이 어떻게 집을 좀더 견고하게 할 수 있는지 등을 밝히기가 어렵다. 확실히 종교 규칙이면서 동시에 기술적으로 유용한 규칙들이

그러므로 자연 숭배는 단지 외관상으로만 우리가 앞서 정령 숭배에 가했던 반박으로부터 빠져나가는 것처럼 보였을 뿐이다. 자연 숭배가 종교를 객관적 가치가 없는 거대한 은유에 불과한 것으로 환원시킨 이상, 자연 숭배 역시 종교가 환각 이미지의 체계로 이루어졌다고 본다. 물론 자연 숭배가 종교의 출발점을 현실, 즉 자연현상이 우리의 마음속에 불러일으키는 감각에서 설정한 것은 사실이다. 그러나 언어의 매혹적인 작용에 의해 이러한 감각은 기상천외한 개념들로 변형된다. 종교적 사고는 오로지 현실의 참된 형태를 가리는 두꺼운 베일로 현실을 즉각 덮어버리는 경우를 제외하고는 현실과 접촉하지 않는다. 이 베일은 신화가 엮어낸 우화적인 신앙으로 짜인 직물이다. 따라서 신자는 언어적 존재에 불과한 사물들과 존재들로 가득찬 세상에서 정신착란자처럼 살고 있는 것이다. 게다가 막스 뮐러 자신도 이것을 인정하는 바이다. 왜냐하면 그 역시 신화 속에서 사고의 질병의 산물을 보았기 때문이다. 처음에 그는 신화들을 언어의 질병 탓으로 돌렸다. 그러나 그에 따르면 언어와 사고는 서로 분리될 수 없는 것이므로 한편에 사실인 것은 또한 다른 편에도 사실이다. 그는 다음과 같이 말한다. "내가 신화의 내적 본질을 설명하고자 했을 때, 나는 그것을 사고의 질병이라고 불렀다. 그러나 나의 『사고의 학문』

있었을 것이다. 그러나 종교 규칙들은 다른 많은 규칙 속에서 영향력을 상실했다. 그러한 규칙이 주는 이점은 다른 규칙의 결점과 함께 있음으로써 그 효력이 상쇄되어 버렸다. 만일 종교적인 청결함이 있다면 똑같은 원리에서 파생되는 종교적 불결함도 있다. 시체가 두려움을 주는 영혼의 본거지이기 때문에 죽은 자를 진영에서 먼 곳에 두라고 명령하는 규칙은 실제적으로 유용하다. 그러나 그와 똑같은 믿음이 부패한 시체에서 나오는 액체를 특별한 효험이 있다고 여기도록 만들었기 때문에 친족들이 그 액체를 몸에 바르는 관습을 만들어냈다. 기법적인 측면에서 본다면 주술이 종교보다 기법을 더 많이 사용했다.

(*Science de la pensée*)에서 사고와 언어의 불가분성에 대해 말했으며, 그
에 따라 언어의 질병과 사고의 질병이 동일하다는 사실을 설명한 후
에는 나의 견해에 어떤 애매모호함도 더 이상 남아 있는 것 같지 않
았다. ……최고의 신을 온갖 죄를 짓는 죄인으로 표현하고, 인간들에
게 속고 부인과 불화하고 아이들을 때리는 자로 표현한다는 것은 확
실히 질병의 징후이거나 사고의 병, 좀더 분명히 말하면 실제적인 광
증이다."[33] 이 논의는 단지 막스 뮐러와 그의 이론을 반박하는 데에
만 유용한 것이 아니라 자연 숭배의 원리가 어떤 방식으로 적용된다
고 할지라도 그 원리 자체를 반박하는 데도 유용하다. 어찌되었든 종
교가 자연의 힘을 표현하는 것을 중요한 목표로 삼고 있다면 거기에
서 믿을 수 없는 허구의 체계 이외에 다른 어떤 것도 찾아볼 수 없을
것이다. 그리고 그러한 체계가 존속한다는 것을 이해할 수 없다.

　막스 뮐러는 종교와 신화를 철저하게 구분하고 신화를 종교의 밖
으로 밀어냄으로써 그 자신이 심각성을 느끼고 있던 이러한 반박을
피할 수 있다고 믿었다. 그는 건전한 도덕체계와 합리적인 신학의 가
르침에 부합되는 신념체계에만 종교라는 이름을 붙일 것을 주장했
다. 반대로 신화들은 언어의 영향으로 이러한 기본개념에 접목되어
그것들을 변질시킨 기생적 발전이었던 것이다. 따라서 제우스에 대
한 믿음은 그리스 사람들이 제우스를 최고의 신, 인류의 아버지, 법
의 수호자, 죄악을 복수하는 사람 등으로 보는 한에 있어서는 종교적
이었을 것이다. 그러나 제우스의 전기에 관한 모든 것과 그의 결혼,
모험들은 신화에 불과했다.[34]

---

33) Max Müller, *Etudes de mythologie compparée*, 51~52쪽.
34) Max Müller, *Nouvelles leçons sur la science du langage*, 제2권, 147쪽; *Physical Religion*, 276쪽 이하 참조할 것. 같은 의미에서 M. Michel Bréal, *Mélanges de mythologie et de linguistique*, 6쪽도 참조할 것. "신화의 기원에 대한 이러한 문제

그러나 그 구별은 자의적이다. 확실히 신화는 종교학뿐만 아니라 미학의 흥미를 끄는 것이 사실이다. 그러나 신화는 종교생활의 본질적 요소들 중의 하나이다. 만일 사람들이 종교에서 신화를 제거한다면 의례도 역시 제거해야만 한다. 왜냐하면 의례는 가장 일반적으로 이름, 성격, 결정된 속성들과 역사가 있는 특정한 인격들을 향해 시행되기 때문이며, 그러한 의례는 이러한 인격들이 인식되는 방법에 따라 변하기 때문이다. 인간이 신에게 드리는 숭배는 인간이 신에게 부여하는 모습에 따라 좌우된다. 그리고 이러한 모습을 결정하는 것이 바로 신화이다. 대부분의 경우 의례란 실천된 신화일 뿐이다. 기독교의 성찬식은 유월절 신화와 분리될 수 없으며 그 모든 의미는 바로 그 신화로부터 도출되었다. 만일 모든 신화가 일종의 언어적인 정신착란의 산물이라면 우리가 제기하는 문제는 그대로 남게 된다. 숭배가 존재하고, 특히 지속되는 사실을 전혀 설명할 수 없다. 인간이 아무런 목적도 없는 행동을 수세기 동안 계속해 왔다는 것은 이해하기 어렵다. 더욱이 신적 인물들의 특징들만 신화에 의해 결정되는 것이 아니다. 어떤 방식으로 표현되든 간에 자연의 여러 부문을 담당하는 신들과 영적 존재들이 존재한다는 관념은 그 자체가 본질적으로 신화적이다.[35] 우주의 동인으로 여겨지는 신의 개념과 관계된 모든 존재들을 과거의 종교에서 지워버린다면 도대체 무엇이 남겠는가? 신성 그 자체의 관념, 인간이 종속되어 있으면서도 의지하고 있는 초월적 힘의 개념일까? 그러나 그것은 단지 추상적이고 철학적인 개념

를 명확하게 하려면 인간지성의 직접적인 산물인 신들과 간접적이고 무의식적인 산물에 불과한 우화들을 조심스럽게 구분해야만 한다.”

35) 막스 뮐러도 이것을 알고 있었다. Max Müller, *Physical Religion*, 132쪽.『비교신화』(*Comparative Mythology*), 58쪽 참조할 것. “신들은 노미나(nomina)이지 누미나(numina)는 아니다. 존재가 없는 이름들이지 이름이 없는 존재들은 아니다.”

으로 그 어떤 역사적인 종교에서도 제대로 실현된 적이 없다. 따라서 그것은 종교학의 관심이 되지 못한다.[36] 우리에게 참되고 건전하게 보인다는 이유로 어떤 종교적 신앙을 택하고, 우리를 불편하고 당황스럽게 한다는 이유로 어떤 종교적 신앙을 배척함으로써 종교적 믿음을 구분하는 일은 반드시 삼가야 한다. 심지어 우리가 가장 비합리적이라고 생각하는 모든 신화들조차도 믿음의 대상이 되었다.[37] 인간은 자기 자신의 감각을 믿듯이 그것들을 믿었다. 인간은 그러한 신화들에 근거해서 자신의 행동을 결정했다. 따라서 겉모습이 어떠하든 그것들이 객관적인 근거가 없다고 할 수는 없다.

그렇지만 사람들이 어떤 방식으로 종교를 설명하든 종교들은 사물의 진정한 본질에 대해 잘못 판단하고 있었음이 분명하다. 과학이 그것을 증명했다. 따라서 종교가 인간에게 충고하거나 지시하는 행위 양식들은 별로 유용한 효과를 나타내지 못한다. 재계식(齋戒式)을 해

---

36) 막스 뮐러가 그리스 사람들에 대해 다음과 같이 말한 것은 사실이다. "수많은 신화적 모호성이 있음에도 불구하고, 제우스는 최고신의 이름이고, 그러한 이름으로 남아 있다"(Max Müller, *Science of Language*, 제2권, 478쪽). 이러한 언술이 역사적으로 의심스럽기는 하지만, 그것에 대해 논쟁하지는 않겠다. 아무튼 이러한 제우스의 개념은 그리스 사람들의 다른 모든 종교적 신앙 가운데에서 희미한 빛에 불과했다. 여기에 덧붙여 그의 후기 저작에서 일반적인 신의 개념은 온전히 언어적인 과정의 산물이라고, 따라서 신화적인 정교화의 산물이라고 말하는 데까지 이르렀다(Max Müller, *Physical Religion*, 138쪽).

37) 물론 진정한 신화들 외에도 믿어지지 않았거나 적어도 신화와 같은 방법, 또는 같은 정도로 믿어지지 않았던 우화들이 여전히 존재하고 있다. 그런데 그것들은 신화만큼 믿어지지 않았다는 이유 때문에 종교적인 특성을 갖지 못했다. 우화와 신화를 구분하는 선은 분명치 않으며 확실하게 결정하기 어렵다. 그러나 이러한 이유로 모든 신화를 우화로 만들 수는 없으며, 더욱 우리는 모든 우화를 신화로 만들 생각도 없다. 대개 종교적 신화를 구분하기에 충분한 특성이 적어도 한 가지는 있다. 그것은 바로 숭배와의 관계를 살펴보는 것이다.

서 병이 낫는 것도 아니며, 희생을 드리거나 노래를 부른다고 수확이 좋아지는 것도 아니다. 따라서 우리가 자연 숭배에 했던 반박은 가능한 모든 설명체계에 적용되는 것 같다.

그럼에도 불구하고 거기서 빠져나가는 것이 하나 있다. 종교가 우리를 지각능력이 있는 사물들에 적응시키려는 것과는 매우 다른 필요에 부응한다고 가정해보자. 그렇다면 종교가 감각적인 사물들의 필요를 만족시켜줄 수 없다든가, 또는 어설프게 만족시킨다는 이유 때문에 약화될 위험은 없을 것이다. 만일 종교적 믿음이 인간과 물질세계를 조화롭게 만들기 위해 생겨난 것이 아니라면 세상과의 싸움에서 종교가 인간에게 허용했던 모든 잘못들은 종교의 근원에 이르지 못한다. 왜냐하면 종교는 다른 근원에 의해 유지되기 때문이다. 사람들이 믿게 된 것이 이러한 이유들(물질세계와의 조화―옮긴이) 때문이 아니라면 이러한 이유들이 사실과 모순된다고 해도 계속 믿어야 했을 것이다. 이러한 모순들을 지지할 뿐만 아니라 모순들을 부인하고 더 나아가 신도가 그 영향력을 인식하지 못할 정도로 신앙이 강해지는 일이 가능하다. 이것이 신도들로 하여금 모순들이 종교에 무해하다고 생각하게 만들었다. 종교적 감정이 격렬해지면 종교가 오류를 범할 수 있다는 것을 인정하지 않는다. 종교는 아무런 잘못이 없다는 설명들을 쉽게 제시한다. 만일 의례를 행했는데도 기대한 결과를 얻지 못한다면 사람들은 그러한 실패를 어떤 실행상의 잘못이나 적대적인 신의 개입 탓으로 돌리게 된다. 그렇기 때문에 이러한 경험적 실망에 상처 입은 감정에서 종교 개념의 기원을 찾으려 해서는 안 된다. 그렇다면 경험적 실패에 저항하는 종교적 힘이 어디에서 올 수 있을까?

3. 자연 숭배는 성스러운 사물과 속된 사물의 구분을 설명하지 않는다

그러나 만일 모든 오류에도 불구하고 인간이 우주현상을 종교적인 상징으로 표현하고자 고집할 만한 실제적인 이유가 있었다고 해도 우주현상들이 이러한 해석을 암시할 만한 특성을 지니고 있어야만 했다. 그렇지 않다면 이러한 특성이 어디에서 연유했을 것인가? 여기서 비평하지 않는다는 이유로 자명한 것으로 여겨지는 이러한 가설들 중 하나에 직면하게 된다. 사람들은 우리의 마음에 거룩함의 관념을 불러일으키는 데 필요한 물리적인 힘이 자연의 작용 속에 있다는 공리를 세우고 있다. 그러나 이러한 명제에 대한 증거들을 대략적으로라도 조사해본다면 그 명제가 하나의 편견에 불과하다는 것이 입증된다.

어떤 사람들은 사람들이 세계를 발견함에 따라 느꼈을 경이에 대해 이야기한다. 그러나 우선 자연적 삶의 특징은 단조로움에 가까운 규칙성이다. 아침마다 태양은 지평선에서 떠오르고, 저녁마다 진다. 매달 달은 동일한 궤도를 돈다. 강물은 쉬지 않고 강바닥을 흐르고, 같은 계절은 주기적으로 똑같은 느낌을 가져다준다. 물론 여기저기에서 기대하지 못한 어떤 사건들이 일어나기도 한다. 일식이 일어나며, 달이 구름 뒤로 사라지고, 강이 범람하기도 한다. 그러나 일시적인 변동은 역시 일시적인 인상만을 만들어 낼 뿐 그러한 기억은 시간이 흐르면 사라진다. 따라서 이러한 일시적인 사건들을 종교를 형성하는 의례와 관념의 영속적이고도 안정된 체계의 근거로 삼을 수는 없다. 일반적으로 자연의 흐름은 한결같으며 이러한 한결같음은 강한 감정을 만들어내지 않는다. 자연의 경이 앞에서 감탄으로 가득 차서 있는 존재로서 원시인을 표현하는 것은 훨씬 더 최근에 형성된 감정을 역사의 초기에 전이시키는 것이다. 원시인은 거기에 너무나 익숙해져 있기 때문에 그렇게 놀라지 않는다. 이러한 습관의 멍에를 흔들고, 규칙성 속에도 경이로운 것이 있음을 발견하기 위해서는 문화가 발전되고 사고력이 커져야만 한다. 게다가 앞서 고찰한 바와 같이[38] 어떤 대상이 성스럽게 보이기 위해서는 우리가 그 대상을 찬양하는 것만으로는 불충분하다. 다시 말해 그 대상을 직접 접촉하면 불경스럽거나 신성모독이 될 수 있는 특성을 지니기 위해 그 대상을 찬양하는 것으로는 불충분하다. 그러므로 우리가 종교적 감정을 감탄 어린 놀라움의 모든 인상과 혼동한다면 종교적 감정 안에 있는 특성이 무엇인지를 인식하지 못하는 것이다.

그러나 이러한 경탄이 아니라고 할지라도 인간이 자연 앞에서 느끼지 않을 수 없는 감정이 있다고 말한다. 인간은 자연과 접촉하면서 자연이 인간보다 위대하다는 사실을 깨달을 수밖에 없다는 것이다. 자연은 그 거대함으로 인간을 압도한다. 인간을 둘러싸고 있는 무한한 공간 그리고 과거와 현재와 미래로 이어지는 무한한 시간에 대한 감정, 인간의 힘보다는 무한하게 우월한 힘에 대한 감정은 인간으로 하여금 그가 의지하고 있는 무한한 능력이 자신의 외부에 존재한다는 생각을 일깨워준다. 따라서 이러한 관념은 신(神)의 개념 형성에 중요한 요소로서 개입한다.

그러나 문제가 무엇인지를 상기하도록 하자. 문제는 어떻게 인간이 현실 속에 근본적으로 이질적이고 서로 비교될 수 없는 사물들의 두 범주가 있다는 생각을 할 수 있었는가 하는 것이다. 어떻게 자연의 광경이 우리에게 이러한 이원성(二元性)의 개념을 줄 수 있었을까? 자연은 언제나 그리고 어디서나 유사하다. 그 자연이 무한으로 확장되는 것은 별로 중요하지 않다. 우리의 시선이 미칠 수 있는 극도의 한계 저편에 있는 자연도 이편의 자연과 다를 바가 없다. 수

---

38) 이 책, 157~188쪽 참조할 것.

평선 너머로 내가 상상하는 공간은 여전히 내가 보는 공간과 동일하다. 끊임없이 흐르는 시간은 우리가 살아 왔던 시간과 동일한 순간들로 이루어져 있다. 공간의 넓이는 시간의 지속과 마찬가지로 무한히 반복된다. 내가 접촉하는 부분 그 자체가 거룩한 특성을 지니고 있지 않은데, 다른 부분이 어디서 이 거룩한 특성을 얻을 수 있을까? 내가 그 부분을 직접 지각하지 못한다는 사실은 그것들을 변형시키는 데 충분치 않다.[39] 속된 사물들의 세계는 무한해도 소용이 없다. 그것은 역시 속된 세계로 남을 뿐이다. 우리와 관계를 맺고 있는 물리적인 힘이 우리의 힘을 능가한다고 말하지 않는가? 그러나 성스러운 힘은 단순히 그 힘의 강도 때문에 속된 능력과 구별되는 것이 아니다. 그것은 전혀 다른 것이다. 성스러운 힘은 속된 힘이 갖지 못한 특성들을 가지고 있다. 반대로 우주에 나타나는 모든 힘들은 같은 본질을 가지고 있다. 즉 우리 안에 있는 힘은 우리 밖에 있는 힘과 같다. 특히 이러한 힘 가운데 어느 한편에 다른 것보다 우월한 지위를 부여해야 할 아무런 이유도 없다. 따라서 만일 종교가 실제로 물리현상에 어떤 원인들을 부여해주려는 필요성에서 생겨난 것이라면 이런 목적에서 상상된 힘은 오늘날 과학자가 이와 똑같은 사실을 설명하기 위해 인식하는 힘보다 더 성스러울 것이 없다.[40] 그러므로 성스러운 존재들

---

39) 게다가 막스 뮐러의 언어 속에는 정말로 단어를 오용하는 경우가 있다. 그는 말한다. 감각적인 경험은 적어도 어떤 경우에는 "알려진 것 저편에 미지의 어떤 것이 있으며 그것은 내가 무한이라고 부를 것을 주장하는 어떤 것을 함축하고 있다(Max Müller, *Natural Religion*, 195쪽, 218쪽 참조할 것). 미지의 것이 반드시 무한일 필요는 없다. 또한 비록 무한이 모든 면에서 미지와 유사하다고 해도, 그리하여 결과적으로 우리가 미지에 대해 부분적으로 아는 것과 유사하다고 해도 무한이 미지가 될 필요성은 없는 것이다. 우리가 인식하는 것과 우리가 인식하지 못하는 것은 본질적으로 다르다는 것을 입증할 필요가 있을 것이다.

40) 이것은 막스 뮐러가 어떤 곳에서 무의식적으로 인정하고 있는 것이다. 그

도 없고, 결과적으로 종교도 없었을 것이다.

게다가 이러한 '압도적인' 느낌이 실제로 종교적인 관념을 유발한 다고 가정해도 이 느낌은 원시인에게 이러한 효력을 행사하지 못했을 것이다. 왜냐하면 원시인은 이러한 느낌을 가지고 있지 않기 때문이다. 원시인은 우주적인 힘이 자신의 힘보다 우월하다는 것을 전혀 인식하지 못한다. 왜냐하면 그때까지만 해도 과학이 원시인에게 그러한 겸손을 가르쳐주지 않았기 때문에 그는 자신이 가지고 있지도 않은 영향력을 사물들에게 행사할 수 있다고 여겼다. 그러한 환상은 원시인으로 하여금 자신이 사물들에 의해 지배당하고 있다는 사실을 느끼지 못하게 하기에 충분하다. 우리가 이미 지적한 바와 같이 원시인들은 자신이 자연 환경을 지배할 수 있으며, 바람을 불게 하고, 비를 내리게 하며, 어떤 몸짓으로 태양을 멈추게 할 수 있다고 믿는다.[41] 종교 그 자체가 원시인에게 이러한 안도감을 주는 데 기여한다. 왜냐하면 종교가 자연을 지배하는 큰 능력을 제공해준다고 믿기 때문이다. 원시인의 의례들은 부분적으로 그의 의지를 세상에 펼치는 데 도움을 주는 수단이다. 따라서 종교란 우주 앞에서 인간이 느끼는 왜소한 감정에서 연유하지 않는다. 종교는 오히려 그 반대의 느낌에서 영감을 얻는다. 가장 고매하고 가장 이상주의적인 종교들도

는 아그니 개념, 즉 불의 신과 현대의 물리학자가 빛과 열을 설명하는 에테르 사이에 차이점이 별로 없다고 고백하고 있다(Max Müller, *Physical Religion*, 126~127쪽). 게다가 그는 신성 개념을 동작주의 개념 또는 자연적이고 속된 인과관계의 개념으로 환원시킨다. 하지만 종교가 이렇게 상상된 원인들을 인간적 동작주의 형태로 표현하고 있다는 사실은 그러한 원인들의 성스러운 특성을 설명하기에는 부족하다. 인격적인 동작주는 속될 수도 있다. 게다가 많은 종교적 힘은 근본적으로 비인격적이다.

41) 우리는 의례(rite)와 그것의 효력에 대한 믿음을 말하면서 이러한 환상들이 어떻게 설명되는가를 보게 될 것이다(이 책, 제3권 제2장 참조할 것).

사물들과 투쟁하는 인간에게 확신을 준다. 신앙은 그 자체로서 '산을 움직일 수' 있는 것이라고, 즉 자연의 힘을 지배할 수 있다고 종교는 공언한다. 종교가 무력하고 나약한 감정에서 연유되었다면 어떻게 이러한 확신을 줄 수 있겠는가?

끝으로 만일 자연의 사물들이 그 위엄 있는 형태와 그것들이 나타내는 힘 때문에 진정 성스러운 존재로 화(化)했다고 한다면 태양·달·하늘·산·바다·바람 등 한마디로 위대한 우주적 힘들이야말로 이러한 위엄을 부여받아야 할 최초의 사물들이었을 것이다. 왜냐하면 그것들보다 감각과 상상력을 더 놀라게 할 만한 것이 없기 때문이다. 그러나 사실 그러한 사물들은 매우 뒤늦게 신성화되었다. 숭배 대상이 된 첫 번째 존재들—앞으로 계속될 장(章)에서 우리는 그 증거를 보게 될 것이다—은 적어도 인간이 평등하게 마주 대할 수 있는 보잘것없는 식물이나 농물들이다. 그것은 오리·산토끼·캥거루·도마뱀·벌레·개구리 등이다. 이러한 생물들이 가지고 있는 객관적인 특질은 분명 그것들이 고무시킨 종교적 감정의 기원이 될 수 없다.

제4장 원초적 종교로서의 토템 숭배

질문의 역사—질문을 다루는 방법

우리가 방금 살펴본 두 체계, 즉 정령 숭배와 자연 숭배는 그 결론은 매우 반대되는 것처럼 보이지만, 한 가지 근본적인 점에서는 일치하고 있다. 즉 그것들은 동일한 용어로 질문하고 있다는 점이다. 사실상 이 두 체계는 물리적 또는 생물학적인 어떤 자연현상이 우리에게 일깨워주는 감각들을 가지고 신성함의 개념을 정립하려고 한다. 정령 숭배자들에게는 꿈이고, 자연 숭배자들에게는 종교적 진화의 출발점이 되었을 어떤 우주현상이다. 그러나 이 두 가지 이론체계에 따르면 인간이건 우주이건 간에 자연 속에서 성스러운 것과 속된 것을 구분하는 커다란 대립의 맹아를 찾아야만 할 것이다.

그러나 이러한 시도는 불가능하다. 이러한 시도는 진정한 무(無, ex nihilo)로부터의 창조를 전제로 한다. 어떤 보편적 경험의 사실은 보편적 경험의 세계 밖에 존재하는 사물들에 대한 관념을 제공할 수 없다. 어떤 인간이 꿈속에서 자신에게 나타나더라도 그는 하나의 인간에 불과하다. 우리의 감각이 인지하는 자연의 힘은 그 강도가 아무리

세다고 할지라도 자연의 힘에 불과하다. 여기서부터 우리는 이 두 학설에 공통적인 비평을 하게 된다. 이른바 종교적 사고에 대한 이러한 자료들이 어떻게 아무런 객관적 근거도 없는 성스러운 특성을 지닐 수 있었는가를 설명하기 위해서는 다음과 같은 사실을 인정해야 할 것이다. 즉 환각적 표상의 전 세계는 중첩되어 있고, 서로 알아볼 수 없을 정도로 변질되었으며, 현실이 순수한 환각으로 대치되었다는 사실 말이다. 정령 숭배자의 입장에서는 이러한 변질을 일으키는 것이 꿈의 환상이며, 자연 숭배자의 경우는 언어에 의해 야기된 이미지들의 빛나고도 헛된 행렬이다. 그러나 이 두 가지 경우 종교에서 망상적인 해석의 산물을 볼 수밖에 없다.

따라서 이와 같이 비판적으로 검토한 결과 하나의 긍정적인 결론이 나온다. 인간이나 자연은 그 자체로서는 성스러운 특성을 가지고 있지 않기 때문에 다른 기원에서 성스러운 특성을 찾을 수밖에 없다는 것이다. 개인과 물리적 세계 밖에 어떤 다른 종류의 현실이 존재해야 한다. 그래야만 이러한 현실과 관련해서 거의 모든 종교현상인 여러 가지의 망상이 그 중요성과 객관적인 가치를 가질 수 있다. 달리 말하자면 자연 숭배와 정령 숭배를 넘어서는 좀더 본질적이고 원시적인 다른 숭배가 존재해야 한다. 분명 자연 숭배나 정령 숭배는 이러한 숭배에서 파생된 형태이거나 그것의 특수한 양상에 지나지 않는다.

사실상 이러한 숭배는 존재한다. 바로 이러한 숭배에 민속학자들은 토템 숭배라는 명칭을 부여했다.

1. 토템 숭배에 대한 질문의 개괄적인 역사

토템이라는 말이 민족지학적 문헌에 나타난 것은 기껏해야 18세기 말이다. 사람들은 1791년 런던에서 출판된 인디언 번역가 롱(J.

Long)의 책에서 처음으로 이 단어를 발견했다.[1] 거의 반세기 동안 토템 숭배는 오로지 미국에서만 볼 수 있는 것으로 알려져 왔다.[2] 그레이(Grey)가 아직까지도 유명한 구절에서[3] 오스트레일리아에도 토템 숭배와 매우 유사한 의례들이 존재한다고 언급한 것이 불과 1841년의 일이었다. 그때부터 학자들은 자신들이 어떤 일반성의 체계와 대면하고 있다는 것을 깨닫기 시작했다.

그러나 우리는 거기에서 근본적으로 매우 오래된 제도, 역사가에게는 별 관심도 없던 민족지학적인 호기심만을 보았다. 맥레난은 토템 숭배를 인류의 일반적인 역사와 연결시키려고 시도한 최초의 사람이었다. 『포트나이틀리 리뷰』(Fortnightly Review)[4]에 실린 일련의 논제에서 그는 토템 숭배가 종교일 뿐만 아니라 훨씬 더 진화된 종교체계에서 발견되는 수많은 신앙과 의식이 거기에서 파생되어 나왔다는 것을 밝히고자 했다. 그는 고대 민족들에게서 관찰할 수 있는 모든 동물 숭배와 식물 숭배의 기원이 토템 숭배라고 주장하기까지 했다. 확실히 토템 숭배를 이렇게까지 확장시키는 것은 지나친 일이었다. 동물과 식물에 대한 숭배는 복잡한 원인들에 근거하고 있기 때문에 단일 원인으로 환원하다가는 지나친 단순화의 오류에 빠질 위험이 있다. 그러나 이러한 속단은 그 과장된 표현을 통해 적어도 토템 숭배의 역사적 중요성을 분명하게 드러냈다는 장점을 지니고 있었다.

1) J. Long, *Voyages and Travels of an Indian Interpreter*.
2) 이러한 개념이 널리 퍼져 있었기 때문에 레빌은 미국이 토템 숭배의 전형적인 지역이라고 계속 주장했다(M. Réville, *Religions des Peuples non Civilisés*, 제1권, 242쪽).
3) Grey, *Journals of Two Expedition in North-West and Western Australia*, II, 228쪽.
4) MacLennan, *The Worship of Animals and Plants. Totems and Totemism*, 1869, 1870.

다른 한편으로 아메리카의 토템 숭배를 연구하는 사람들은 토템 숭배가 특정 사회구조와 굳게 결속되어 있다는 것을 오래전부터 인식하고 있었다. 그것은 씨족으로 분할된 사회에 근거한다.[5] 1877년에 모건은 『고대사회』(Ancient Society)[6]에서 토템 숭배에 대한 연구를 시도했고, 그것의 변별적인 특징들을 규정하려고 했다. 동시에 중앙 아메리카와 북아메리칸 인디언 종족들의 토템 숭배의 보편성을 밝혀보려고 했다. 거의 같은 시기에 모건에게 직접 제안을 받은 피슨과 호잇[7]은 역시 오스트레일리아에도 동일한 사회체계가 존재한다는 것과 그것이 토템 숭배와 관련 있다는 것을 증명했다.

이러한 주도적 개념의 영향으로 좀더 발전된 방법으로 관찰이 행해졌다. 미국의 민족학 연구소가 주도한 조사들은 이러한 연구의 발전에 크게 기여했다.[8] 1887년에 이르러서는 자료들이 충분히 많고 또 의미가 있었기 때문에 프레이저는 그 자료들을 종합하고 또 체계적인 형태로 제시할 때가 되었다고 판단했다. 「토템 숭배」[9]라는 제목이 붙은 그의 소책자의 목적이 바로 그것이다. 그 책의 연구 결과에 따르면 토템 숭배는 종교인 동시에 법률적인 제도이다. 그러나 이

---

5) 이러한 사상은 이미 갤러틴(Gallatin)의 "Synopsis of the Indian Tribes" (Archaeologia Americana, 제2권, 109쪽 이하) 연구논문과 모건의 『캠브리지 저널』 (Cambrian Journal, 1860, 149쪽) 소개글에서 매우 분명히 표현되고 있다.

6) 이러한 작업은 모건의 다른 두 저서에 의해 준비되었고 선행되었다(The League of the Iroquois, 1851; Systems of Consanguinity and Affinity of the Human Family, 1871).

7) Fison & Howitt, Kamilaroi and Kurnai, 1880.

8) 우리는 『미국민족학연구소 연례보고서』(Annual Report of the Bureau of American Ethnology)에 실려 있는 Powell, "Wyandot Government", in Annual Report of the Bureau of Ethnology, I, 59쪽; Cushing, "Zūni Fetiches", II, 9쪽; Smith, "Myths of the Iroquois", II, 77쪽; Dorsey, "Omaha Sociology", III, 211쪽 등의 논문을 찾아볼 수 있는데, 토템 숭배의 연구에 크게 이바지했다.

9) 처음에는 요약된 형태로 브리태니커 백과사전에 발표되었다.

러한 연구는 순수하게 서술적이다. 토템 숭배를 설명하거나 토템 숭배의 기본적인 개념들을 심화시키기 위한 어떤 노력도 행해지지 않았다.[10]

스미스(R. Smith)는 이러한 접근 방법을 통해 노작(勞作)을 저술한 최초의 사람이다. 그는 이러한 조잡하고도 혼합적인 종교가 미래의 풍부한 싹이라는 사실을 그의 선배들 중 누구보다도 생생하게 느끼고 있었다. 맥레난이 이미 토템 숭배를 고대의 위대한 종교들과 연결한 것은 사실이다. 그러나 그것은 그가 토템 숭배의 여기저기에서 동물 숭배와 식물 숭배를 다시 발견하리라고 믿었기 때문에 나온 결과일 뿐이다. 따라서 토템 숭배를 동물 숭배나 식물 숭배의 일종으로 환원시키는 것은 토템 숭배가 가지고 있는 피상적인 측면만 인식하는 것이고, 더 나아가 그것의 진정한 본질을 오해하는 것이다. 스미스는 토템 신앙의 문자적 의미를 넘어 그것이 의존하고 있는 근원적 원리에까지 도달하려고 애썼다. 이미 『원시 아라비아의 친족과 혼인』(*La parenté et le marriage dans l'Arabie primitive*)[11]에서 그는 토템 숭배란 타고난 것이든 후천적으로 습득된 것이든 인간과 동물(또는 식물)의 동체(同體)를 전제로 한다고 밝혔다. 그는 『셈족의 종교』(*Religion of Semites*)[12]에서 이 개념에 근거해 모든 희생체계의 최초 기원을 만

---

10) 타일러는 이미 『원시문화』(*Primitive Culture*)에서 토템 숭배를 설명하려고 했다. 그러나 우리는 여기서 그것을 설명하지 않고 나중에 언급하겠다. 왜냐하면 타일러는 토템 숭배를 조상 숭배의 특별한 경우로 한정시킴으로써 토템 숭배의 중요성을 전혀 모르기 때문이다. 여기서는 토템 숭배 연구의 중요한 발전에 기여한 관찰이나 이론만 언급하기로 한다.

11) R. Smith, *Kinship and Marriage in Early Arabia*, Cambridge, 1885.

12) R. Smith, *The Religion of the Semites*, 제1판, 1889. 이 책은 1888년에 애버딘 대학에서 강의한 내용을 편집한 것이다. "Sacrifice in Encyclopedia Britannica" 논문과 비교.

들었다. 인류가 가진 음식공동체(la communion alimentaire)의 원리는 바로 토템 숭배에 기인하고 있다. 현재의 입장에서 볼 때 스미스의 이론이 한쪽으로 치우친 것은 사실이다. 그의 이론은 실제로 알려진 사실에 더 이상 부합하지 않는다. 그렇다고 해도 그 이론은 여전히 독창적인 견해를 지니고 있으며, 종교학에 매우 지대한 영향을 미쳤다. 바로 이와 동일한 개념에서 프레이저가 『황금가지』13)의 착상을 얻었다. 맥레난이 고전적인 고대의 종교들과 결합시켰고, 스미스가 셈족 사회의 종교들과 결합시켰던 토템 숭배가 『황금가지』에서는 유럽 민요와 연관되어 있다. 맥레난과 모건 학파는 이렇게 해서 만하르트(Mannhardt)14) 학파와 결합하게 되었다.

이 동안 미국의 전통은 독자적으로 발전하고 있었는데, 이러한 미국의 독자성은 최근까지 계속되었다. 여러 사회 기운데 세 집난이 토템 숭배와 관련된 연구의 특별한 대상이 되었다. 그 가운데 첫 번째 집단은 북서부 지방의 틀링키트족(Tlinkit), 하이다족(Haida), 콰키우틀족(Kwakiutl), 살리시족(Salish), 침시안족(Tsimshian)이다. 그다음으로는 거대한 수족(Sioux)이며, 세 번째 집단은 미국 중앙부의 푸에블로(Pueblo) 인디언들이다. 첫 번째 집단은 주로 달(Dall), 크라우제(Krause), 보아스, 스원턴, 투트에 의해서, 두 번째 집단은 도시(Dorsey)에 의해서, 마지막 집단은 민델레프(Mindeleff), 스티븐슨 여사(Mrs. Stevenson), 쿠싱(Cushing)에 의해서 연구되었다.15) 그러나

---

13) 런던, 1890. 3권으로 된 제2판 발행 후(1900) 5권으로 된 제3판 발행이 이미 출판 중에 있다.

14) 이와 관련해 하틀랜드의 흥미 있는 작품을 인용하는 것이 좋겠다. Sideny Hartland, *The Legend of Perseus*, III, 1894~1896.

15) 우리는 여기서 저자들의 이름을 열거하기를 그치기로 한다. 저서들은 좀더 나중에 우리가 사용할 때 인용될 것이다.

여러 학자들이 다양한 지역에서 많은 사실을 풍부하게 수집했다고
해도 우리가 다룰 수 있는 자료들은 단편적일 수밖에 없다. 미국의
종교들이 토템 숭배의 흔적을 많이 지니고 있지만, 그것은 진정한 토
템 숭배의 단계를 지나간 것이다. 다른 한편으로 오스트레일리아에
서 행해진 관찰들은 거의 다 산재하는 신앙과 단편적인 의례, 입문의
례, 토템과 관련된 금기들을 가져다 놓은 것에 불과하다. 따라서 프
레이저는 모든 방면에서 얻은 사실들을 가지고 토템 숭배의 총체를
도표로 그려보려고 했다. 이러한 상황에서 기획된 재구성이 반박할
여지 없는 장점을 가졌다고 해도 그것 역시 불완전하고 가설적일 수
밖에 없다. 결국 사람들은 토템 종교가 총체적으로 작동하는 것을 여
전히 볼 수 없었다.

　이러한 심각한 결함이 고쳐지게 된 것은 최근의 일이다. 주목할 만
큼 명민한 두 관찰자 스펜서(B. Spencer)와 길런(F. J. Gillen)은 오스
트레일리아 대륙 내부에서 완벽한 종교체계가 운영되는 여러 종족
을 발견했다.16) 거기에서는 토템 신앙이 종족을 통합시키고 또 종족

---

16) 스펜서와 길런이 이러한 종족들을 과학적이고 포괄적으로 연구한 선구자들
　　이었지만 그들이 그 종족들에 대해 최초로 말한 것은 아니다. 호잇은 "Further
　　Notes on the Australian Classes", in *Journal of the Anthropological Institute*(이후
　　로는 *J.A.I*로 표기함), 1888, 44~45쪽에서 우아라몬고(Wuaramongo)의 사회
　　조직에 대해 언급했다. 아룬타족은 이미 슐체에 의해 간략하게 연구되었다
　　(Schulze, "The Aborigines of the Upper and Middle Finke River", in *Transactions
　　of the Royal Society of South Australia*, t. XIV, 2° fase). 칭갈리족(Chingalee, 스펜
　　서와 길런의 칭길리족Tjingilli), 웜비아족(Wombya)의 조직은 매슈스에 의해
　　연구되었다(J. Mathews, "Wombya Organization of the Australian Aborigines",
　　in *American Anthropologist*, Nouvelle série, II, 494쪽; "Divisions of Some West
　　Australian Tribes", *American Anthropologist*, II, 185쪽; *Proceeding of the American
　　Philosophical Society*, XXXVII, 151~152쪽; *Journal and Proceedings of the Royal Society
　　of N. S. Wales*, XXXII, 71쪽; *Journal and Proceedings of the Royal Society of N. S.
　　Wales*, XXXIII, 111쪽 참조할 것). 아룬타족에 대해서 행해진 조사의 첫 결과

의 기반을 이룬다. 그들의 관찰 결과들은 토템 숭배 연구를 갱신시킨 두 저작 속에 들어 있다. 첫 번째는 『중앙 오스트레일리아의 원주민 부족들』[17]인데, 이 책은 이러한 종족들 사이에서도 가장 중심이 되는 아룬타족(Arunta)과 루리차족(Luritcha)을 다루고 있고, 좀더 남쪽의 에어(Eyre) 호수 서쪽에 있는 우라분나족(Urabunna)을 다루고 있다. 두 번째는 『중앙 오스트레일리아의 북쪽 부족들』[18]이라는 제목의 저서인데, 우라분나의 북쪽에 있는 사회에 대해 기술한 것이다. 그 사회는 맥도넬(Macdonnell) 산맥에서 카펜테리아만(Carpentarie)에 이르는 영토를 점령하고 있다. 그중에서 주요한 것들을 열거하자면 운마체라족(Unmatjera), 카이티시족(Kaitish), 와라뭉가족(Warramunga), 워가이아족(Worgaia), 칭길리족, 빈빙가족(Binbinga), 왈파리족(Walpari), 낭지족(Gnanji)과 마지막으로 그 민의 가상자리에 있는 마라족(Mara)과 아눌라족(Anula) 등이다.[19]

좀더 최근에 독일의 선교사 슈트렐로(C. Strehlow)는, 그 자신 역시 중앙 오스트레일리아의 동일한 집단[20]에서 오랜 세월을 보냈는데,

---

들은 게다가 이미 *Report on the Work of the Horn Scientific Expedition to Central Australia Part*, IV, 1896에서 발표되었다. 이 보고서의 첫 부분은 스털링(Stirling)이 썼고, 두 번째 부분은 길런이 썼다. 스펜서의 지도하에 완전한 출판이 이루어졌다.

17) Spencer · Gillen, *The Native Tribes of Central Australia*, London, 1899(이후로는 *Native Tribes* 또는 *Nat. Tr.* 로 표기).

18) Spencer · Gillen, *The Northern Tribes of Central Australia*, London, 1904(이후로는 *Northern Tribes* 또는 *North. Tr.* 로 표기).

19) 우리는 이러한 이름에 복수를 표시하는 's'를 붙이지 않고 아룬타족, 아눌라족, 칭길리족 등으로 기술했다. 프랑스어가 아닌 이러한 낱말들에 프랑스어에서만 의미가 있는 문법적인 표지를 붙이는 것은 비논리적인 것처럼 보인다. 우리는 종족의 이름이 분명하게 프랑스식일 때에만 이러한 규칙에 예외를 적용하도록 한다(예를 들면 휴런족 les Hurons 같은 경우다).

20) 슈트렐로는 1892년 이래로 오스트레일리아에 있었다. 그는 처음에는 디에리

이러한 종족들 중 두 종족, 즉 아란다족(Aranda)과 로리차족(Loritja)에 대한 자신의 관찰을 발간하기 시작했다(Arunta et Luritcha de Spencer et Gillen).[21] 이러한 종족들의 구어(口語)에 능숙한 슈트렐로[22]는 많은 토템 신화와 종교적인 노래를 우리에게 이야기해 주었는데, 그것은 대부분 원어로 되어 있었다. 쉽게 설명된 세부 내용들이 불일치하고 그 중요성이 너무 과장되었음에도 불구하고[23] 우리는 슈트렐로의 관찰이 스펜서와 길런의 관찰을 완전하게 하고 더욱 세밀하게 하며, 심지어 정정해준다는 것을 보게 될 것이다. 결국 스펜서와 길런이 행한 관찰의 중요한 모든 것을 확증하고 있음을 알 수 있을 것이다.

이러한 발견들은 풍성한 문헌을 제공했고, 우리는 앞으로 그 풍성한 문헌을 다루게 될 것이다. 스펜서와 길런의 저작들은 특히 상당한

족에서 살았고 거기에서 아룬타족으로 갔다.

21) *Die Aranda und Loritja-Stämme in zentra-Australien.* 지금까지 4개의 분책(分冊)이 출간되었다. 4번째 책은 이 책이 막 끝났을 때 나왔다. 따라서 우리는 마지막 책을 사용할 수 없었다. 처음 두 책은 신화와 전설들을 다루었고, 3번째 책은 종교 숭배를 다루었다. 이러한 발간에 중요한 역할을 한 폰 레온하르디(von Leonhardi)의 이름을 슈트렐로의 이름에 덧붙이는 것이 정당하다. 그는 슈트렐로의 원고를 발행하는 일을 맡았을 뿐 아니라 정확한 질문을 함으로써 여러 측면에서 슈트렐로에게 그의 관찰을 세밀하게 하도록 자극했다. 게다가 사람들은 레온하르디가 『지구』(Globus)에 보낸 논문을 유효하게 참조할 수 있으며, 거기서 나오는 슈트렐로와의 편지에서 많은 단편을 발견할 수 있을 것이다("Über einige religiöse und totemistische Vorstellungen der Aranda und Loritja in Zentral-Australiern", in *Globus*, XCL, 285쪽). 같은 주제에 관해서 토머스(N.W. Thomas)의 논문이 『민속학』(*Folk-lore*)에 발표되었다. XIV, 428쪽 이하와 비교.

22) 스펜서와 길런도 원주민의 구어를 모르지는 않았으나 슈트렐로처럼 완전하게 하지는 못했다.

23) 특히 클라아치(Klaatsch)에 의해서, "Schlussbericht über meine Reise nach Australien", in *Zeitschrift f. Ethnologie*, 1907, 635쪽 이하.

영향을 미쳤다. 왜냐하면 그것들은 가장 오래된 것일 뿐만 아니라 체계적인 형태로 사실들이 기록되었고, 그 형태는 그다음 연구들의 방향을 결정하는[24] 동시에 공론을 자극하는 성향이 있었기 때문이다. 그 관찰의 결과들은 온갖 방식으로 논평되고 토의되고 해석되었다. 같은 시기에 호잇의 단편적인 연구들이 여러 다른 출판물 속에 산재되어 있었는데,[25] 스펜서와 길런이 중앙 오스트레일리아 종족들에 대해 연구한 것을 그는 남부의 종족들에 대해 행하려고 했다. 『남동 오스트레일리아의 원주민 부족들』[26]에서 그는 우리에게 남방 오스트레일리아, 뉴사우스웨일스와 퀸즐랜드의 대부분을 점거하고 있는 종족들의 사회구조에 대해 총괄적인 도표를 제공한다. 이러한 과정을 거쳐 실현된 학문적 진보들은 프레이저에게 일종의 개요[27] 형태의 저서 『토템 숭배』를 완성하려는 생각을 제공했다. 거기에는 토템 종교와 옳든 그르든 간에 그것과 결속되었다고 여겨지는 가족, 혼인 조직에 관한 중요한 문서 모두가 결집되어 있다. 이 책의 목적은 토템 숭배에 대한 일반적이고도 체계적인 견해를 제공하려는 것이 아니다. 오히려 이러한 종류의 구조를 세우는 데 필수적인 자료들을 연구자들이 마음대로 사용할 수 있게 하는 것이다.[28] 기사들은 민족지

---

24) K. L. Parker, *The Euahlayi Tribe; Eylmann, Die Eingeborenen der Kolonie Südaustralien*; J. Mathews, *Two Representative Tribes of Queensland*; 매슈스의 최근 몇몇 논문이 스펜서와 길런의 영향을 입증해주고 있다.

25) 우리는 이러한 출간물의 목록을 *Native Tribes of South-East Australia*의 서문 8~9쪽에서 찾아볼 수 있다.

26) A.W. Howitt, *Native Tribes of South-East Australia*, London, 1904(이후로는 *Nat. Tr.*로 표기).

27) J. G. Frazer, *Totemism and Exogamy*, VI, London, 1910. 이 저술은 『토템 숭배』라는 소책자의 재판으로 시작되는데, 그것은 중요한 변화 없이 재발행되었다.

28) 이 책의 끝과 시작에 토템 숭배에 관한 몇 가지 일반이론이 실려 있는데, 그것

학과 지리학적인 순서에 따라 엄격하게 배열된다. 각 대륙과 각 대륙의 내부 그리고 각 종족 또는 인종집단이 따로따로 연구되었다. 비록 이 연구가 너무나 광대하고, 다양한 종족을 연속적으로 검토하는 어려움 때문에 모든 부분을 똑같이 철저하게 고찰하지는 못했지만, 이 책은 아직도 유용하게 참조할 만한 지침서이며 연구를 용이하게 하는 데 큰 도움을 줄 수 있다.

2. 오스트레일리아의 토템 숭배에 대한 특수한 연구 방법의 논거―미국에서 토템 숭배가 행해질 장소에 대해

이러한 역사적인 개요에 비추어 볼 때, 오스트레일리아는 토템 숭배를 연구하는 데 가장 유리한 장(場)이 되는 셈이다. 이러한 이유로 우리는 오스트레일리아를 주요한 관찰 영역으로 삼도록 하겠다.

프레이저는 『토템 숭배』에서 우리가 역사와 민족지(民族誌)를 통해 찾아볼 수 있는 토템 숭배의 모든 흔적들을 모으는 일에 특별히 힘을 기울였다. 이렇게 해서 그는 문화의 성격이나 발전 정도가 매우 상이한 사회를 그의 연구 속에 포함시키게 되었다. 고대 이집트,[29] 아라비아와 그리스,[30] 남부 슬라브인들이[31] 오스트레일리아와 미국의 종족들과 나란히 소개되었다. 이러한 연구방법은 인류학을 공부하는 사람들에게는 하나도 놀라울 것이 없다. 사실상 인류학파 사람들은 종교를 그것이 속한 사회 환경에 위치시키려 하지 않는다.[32]

은 좀더 후에 논의되고 설명될 것이다. 그러나 이러한 이론들은 이 책에 수록되어 있는 기사들과 비교적 독립적이다. 왜냐하면 이 이론들은 본 저술이 나오기 전에 다른 잡지의 여러 논문 속에서 이미 출간되었기 때문이다. 이러한 논문들은 첫 번째 책에서 개작되었다(89~172쪽).

29) J. G. Frazer, *Totemism*, 12쪽.

30) 같은 책, 15쪽.

31) 같은 책, 32쪽.

또한 종교와 관련되어 있는 여러 사회 환경에 따라 종교를 구분하려고도 하지 않는다. 반대로 그 학파의 명칭이 지시하는 것처럼 그들의 연구 목적은 민족적이고 역사적인 차이를 넘어 종교생활의 보편적인 근저, 진실로 인간적인 근저에 도달하는 것이다. 모든 사회적인 조건들과는 무관하게 그 자체의 체질로 인해 인간이 종교적 본성을 가지고 있다고 전제하면서 이것을 밝혀볼 것을 제안한다.[33]

이러한 종류의 연구를 위해 모든 민족이 기여할 수 있다. 물론 가장 원시적인 민족들에게 먼저 질문할 것이다. 왜냐하면 그들에게는 최초의 본성이 있는 그대로 나타날 가능성이 더 크기 때문이다. 그러나 또한 가장 문명화된 사람들에게서도 최초의 본성을 발견할 수 있기 때문에 그들 역시 증인으로 소환될 수 있다. 하물며 최초의 기원으로부터 그렇게 멀리 벌어지지 않은 것으로 보이는 모든 종족과 우리가 야만인이라는 불명확한 항목하에 혼돈스럽게 모아 놓은 모든 종족이 같은 차원에 놓이고, 차별 없이 참조될 것이다. 한편으로 이러한 관점에서 보면 사실들은 오직 그 일반성의 정도에 비례해서 관심을 끌기 때문에 사람들은 가능한 한 많은 사실을 수집해야 한다고 생각한다. 결국 비교의 범위는 아무리 넓어도 상관없다고 여기게 되

---

32) 이와 관련해 좀더 최근의 저작이라 할 수 있는 『토템 숭배와 족외혼』(*Totemism and Exogamy*)은 프레이저의 방법과 사고에 있어서 중요한 발전을 보여준다는 사실을 지적해야만 한다. 그는 어떤 종족의 종교제도 또는 가족제도들을 기술할 때마다 이러한 종족이 놓여 있는 지리적·사회적 조건들을 결정하려고 애썼다. 이러한 분석이 아무리 초보적이라고 해도 그것은 인류학파의 오래된 방법들과의 절연을 입증하는 것이다.

33) 확실히 우리도 종교학의 주요 목적이 인간종교의 본질이 무엇인가를 파악하는 것임을 인식하고 있다. 단지 우리는 종교의 본질을 인간의 타고난 성질의 일부가 아니라 오히려 사회적 원인들의 산물로 여기기 때문에 만일 우리가 인간의 사회 환경을 무시한다면 그것을 발견하는 것이 불가능하다고 생각한다.

었다.

이것이 우리의 방법이 될 수는 없다. 여기에는 몇 가지 이유가 있다.

우선, 역사가와 마찬가지로 사회학자에게 사회현상이란 그것이 속해 있는 사회체계에 따라 달리 나타나게 된다. 따라서 사회현상을 사회체계와 분리해서 이해할 수는 없다. 그러므로 서로 다른 두 사회에서 나타나는 두 가지 현상들은 단지 서로 닮아 보인다는 이유만으로 유용하게 비교될 수 없다. 비교가 가능하기 위해서는 이러한 사회가 서로 닮아야 할 필요가 있다. 즉 이러한 사회는 같은 종에서 나온 변이여야 한다. 만일 사회의 유형이 존재하지 않는다면 비교방법은 불가능할 것이며, 같은 유형의 내부에서만 비교방법이 유용하게 적용될 수 있다. 이러한 원칙을 무시했기 때문에 얼마나 많은 오류를 범했던가! 우리는 외적으로 유사하다고 해서 동일한 의미나 중요성을 가지고 있지도 않은 사실들을 함부로 연결시켰다. 원시적인 민주주의와 오늘날의 민주주의, 열등한 사회의 집단주의와 실제로 사회주의적인 성향들, 오스트레일리아 종족들 사이에 널리 퍼져 있는 일부일처제와 우리의 규범이 인가하는 일부일처제 등을 비교한 것이 바로 그런 경우이다. 프레이저의 책에서도 이러한 종류의 혼동을 찾아볼 수 있다. 그는 때때로 단순한 야생동물 숭배의식을 진정한 토템의례와 동일시했다. 반면에 두 사회체계를 분리하고 있는, 때로는 매우 멀리 떨어진 거리가 둘 사이에 동화가 일어날 가능성을 배제하고 있음에도 불구하고, 그는 그렇게 동일시의 오류를 범했다. 따라서 만일 우리가 이와 똑같은 오류에 빠지고 싶지 않다면 우리는 가능한 모든 사회로 연구를 분산시키기보다는 명확하게 결정된 어느 한 형태의 사회를 집중적으로 연구해야 할 것이다.

이러한 집중은 가능한 한 좁히는 것이 중요하다. 우리는 잘 알고 있는 사실들만을 효과적으로 비교할 수 있다. 그러므로 모든 종류의 사회와 문명을 포괄하려고 하면 그중의 어느 것도 필요한 만큼 충분히 잘 알 수 없다. 서로 비교하기 위해 모든 지역에서 나온 사실들을 수집할 때 우리는 자료를 주의 깊게 비평할 수 있는 방법과 시간적 여유를 갖지 못한 채 그것들을 그냥 성급하게 수집할 수밖에 없다. 상당수의 분별 있는 사람들에게 비교방법이 신망을 잃는 것은 이러한 대략적이고도 혼란스러운 비교 때문이다. 비교방법이 진지한 결과를 얻기 위해서는 만족할 만큼 충분히 세밀하게 연구된 몇몇 사회에만 그 방법을 제한해서 적용해야만 한다. 중요한 것은 유리한 연구 결과를 얻을 가능성이 가장 높은 사회를 선택하는 일이다.

또한 사실들의 가치는 그 수보다 훨씬 더 중요하다. 토템 숭배가 어느 정도 널리 퍼져 있는가 알아보는 것은 우리가 보기에 매우 부차적인 문제이다.[34] 토템 숭배가 우리의 관심을 끈다면 그것은 무엇보다도 토템 숭배를 연구함으로써 종교가 무엇인가를 더 잘 이해하게 해줄 자연과의 관계를 발견하기를 희망하기 때문이다. 그러므로 이러한 관계들을 확립하기 위해 여러 경험들을 차곡차곡 쌓아둘 필요도 없고, 또한 그것이 항상 유용한 일도 아니다. 그것보다는 잘 연구되고 실질적으로 의미 있는 소수의 사실들을 이해하는 것이 훨씬 중요하다. 불명확하고 모호한 많은 관찰이 혼돈을 초래할 수 있는 반면, 단 하나의 사실이 규칙을 밝혀줄 수도 있다. 어떤 종류의 학문이건 학자가 많은 사실 가운데 어떤 것을 선택하지 않는다면 그는 자신에게 제공되는 수많은 사실에 의해 침몰당하고 말 것이다. 학자는 가장 도움이 될 자료들을 구분할 필요가 있으며, 다른 것들로부터 방향

---

34) 그러므로 우리가 토템 숭배에 부여하는 중요도는 그것이 보편적인가 아닌가의 문제와는 전혀 무관하다. 우리는 이 말을 반복해서 강조해야 한다.

을 잠시 돌려서 그러한 자료들에 관심을 기울여야만 한다.

차후에 지적되겠지만, 우리가 오스트레일리아 사회로 연구를 한정하려고 계획한 것도 바로 이러한 이유 때문이다. 오스트레일리아 사회는 방금 열거된 모든 조건들을 만족시켜준다. 그 사회는 완벽하게 동질적이다. 우리가 그 사회 가운데서 변이들을 구분해 낼 수 있다고 해도 그러한 변이는 공통적인 유형에 속하는 것들이다. 그러한 동질성은 매우 커서 사회구조의 형태가 같을 뿐만 아니라 때로는 서로 매우 멀리 떨어져 있는 여러 종족 속에서도 동일하거나 동등한 명칭으로 지칭된다.[35] 우리는 또한 오스트레일리아 토템 숭배의 여러 양상에 대한 가장 완벽한 자료들을 가지고 있다. 마지막으로, 무엇보다도 이 작업에서 연구하려는 것은 가능한 가장 원시적이고 가장 단순한 종교를 발견하는 것이다. 따라서 그러한 종교를 발견하기 위해서 가능한 한 가장 덜 진화된 사회를 조사하는 것은 당연한 일이다. 왜냐하면 바로 그 사회 속에서 가장 원시적인 종교를 발견해 관찰할 수 있는 매우 좋은 기회를 얻게 될 것이기 때문이다. 그런데 오스트레일리아의 종족들보다 더 밀도 있게 이러한 특성을 나타내는 사회는 없다. 그들의 기술은 매우 초보적일 뿐 아니라 — 아직까지도 거기서는 집, 심지어는 오두막까지도 모르고 있다 — 그들의 조직 역시 지금까지 알려진 것들 중에서는 가장 원시적이고 단순하다. 게다가 그것은 우리가 다른 곳에서 씨족에 근거한 조직이라고 부른 것이다.[36] 우리는 다음 장부터 그 본질적인 특징들을 상기시킬 기회를 갖게 될 것

---

35) 그것은 포족(胞族, 형제단, 프라트리)과 혼인계급의 경우이다. 이러한 관점으로는 Spencer·Gillen, *Northern Tribes*, 제3장; A.W. Howitt, *Native Tribes of South Australia*, 109쪽, 137~142쪽; N.W. Thomas, *Kinship and Marriage in Australia*, 제6~7장 참조할 것.

36) *Division du Travail Social*, 제3판, 150쪽.

이다.

그렇지만 오스트레일리아를 연구의 주요 대상으로 삼으면서도 토템 숭배가 처음으로 발견되었던 사회, 즉 북아메리칸 인디언 종족들을 완전히 배제하지 않는 것이 유용하다고 생각한다.

이렇게 비교의 범위를 확장하는 것이 부당한 것은 아니다. 물론 북아메리칸 인디언 종족들은 오스트레일리아 종족들보다 훨씬 진화되었다. 거기서는 기술도 훨씬 더 발전되었다. 사람들이 집이나 텐트 안에서 살고 있다. 거기에는 요새화된 마을들까지 있다. 사회의 크기도 훨씬 더 크고 오스트레일리아에서는 전혀 찾아볼 수 없는 중앙집권화가 나타나기 시작한다. 우리는 거기에서 이러쿼이 인디언(Iroquois) 연맹처럼 중앙의 권위에 종속된 거대한 연맹들을 보게 된다. 때때로 위계에 따라 배열된 분화된 계급의 복잡한 체계를 발견할 수도 있다. 하지만 거기에는 오스트레일리아의 경우와 마찬가지로 사회구조의 기본적인 윤곽들이 그대로 남아 있다. 조직은 항상 씨족에 근거하고 있다. 따라서 우리는 다른 두 가지 유형의 사회가 아니라 같은 유형의 두 가지 변종의 사회에 직면해 있는데, 그것들은 아직까지도 매우 유사하게 닮아 있다. 그것은 동일한 진화선상에 있는 연속적인 두 순간이다. 따라서 오스트레일리아 종족과 북아메리칸 인디언 종족은 동질성이 크기 때문에 비교가 가능하다.

다른 한편으로 이러한 비교들은 유용할 수 있다. 인디언들의 문명이 오스트레일리아 사람들의 문명보다 훨씬 더 진보되었기 때문에 그들에게 공통된 사회구조의 어떤 측면들을 인디언들을 통해 연구하는 것이 훨씬 더 용이하다. 사람들의 사고를 표현하는 기술이 아직 초보적인 한, 그들을 움직이는 것이 무엇인지 관찰자가 인식하기는 쉽지 않다. 왜냐하면 혼돈스럽고 일시적인 감정만 존재하는 이러한 모호한 의식 속에서 일어나는 일을 그 어느 것도 분명히 표현할 수 없기 때문이다. 예를 들면 종교적인 상징들은, 우리가 나중에 보게 되겠지만, 그 의미를 쉽게 예측할 수 없는 선과 색깔들의 무정형적인 결합들로 이루어져 있다. 심적인 상태들을 표현하는 몸짓과 움직임들도 많이 있다. 그러나 그것들은 본질적으로 일시적이기 때문에 잘 관찰할 수 없다. 바로 이러한 이유로 토템 숭배는 오스트레일리아에서보다도 아메리카에서 더 일찍 확인되었다. 아메리카에서는 토템 숭배가 전체 종교생활 속에서 상대적으로 작은 자리를 차지하고 있었음에도 불구하고 좀더 분명하게 나타났기 때문이다. 게다가 신념과 제도들이 어느 정도 규정된 물질적 형태로 나타나지 않는 곳에서 그것들은 매우 작은 환경의 영향에도 쉽게 변할 수 있고 기억에서 완전히 사라질 수도 있다. 따라서 오스트레일리아의 씨족집단은 확연치 않고 자주 변하는 무엇인가를 지니고 있는 반면, 미국에서는 그러한 조직들이 대개 좀더 안정성이 있고 명확하게 결정된 윤곽을 가지게 된다. 그리하여 미국의 토템 숭배가 오스트레일리아의 토템 숭배보다 그 기원에 있어서는 더 나중의 것이라고 해도 거기에는 토템의 기억을 더 잘 보존해주는 중요한 특성이 있다.

두 번째로 어떤 제도를 잘 이해하기 위해서는 때로 그 제도가 가장 발전된 단계까지 진화를 추적해보는 것이 좋다.[37] 왜냐하면 때로는 이러한 제도가 충분히 발전되었을 때에야 비로소 그 진정한 의미가 가장 분명하게 나타나는 경우가 있기 때문이다. 이와 같이 미국의 토템 숭배가 좀더 긴 역사를 가지고 있기 때문에 오스트레일리아의 토템 숭배의 어떤 양상들을 밝혀주는 데 도움이 될 수 있다.[38] 동시에

---

37) 물론 항상 그런 것은 아니다. 우리가 이미 말한 바와 같이 종종 가장 단순한 형태들이 가장 복잡한 형태들을 이해하는 데 도움이 되는 경우도 있다. 이 점에 관한 한, 모든 가능한 경우에 자동적으로 적용되는 방법의 규칙은 없다.

38) 따라서 미국의 개별적인 토템 숭배는 우리가 오스트레일리아의 토템 숭배의

미국의 토템 숭배는 토템 숭배가 그다음에 이어진 종교형태들과 어떻게 연결되는가를 알려주고, 역사의 발전 속에서 토템 숭배의 위치를 결정할 수 있게 해줄 것이다.

따라서 우리는 앞으로 계속되는 분석들 속에서 북아메리칸 인디언 사회에서 차용해 온 몇몇 사실들을 이용하지 않을 수 없다. 문제는 여기가 미국의 토템 숭배를 연구하는 장이 아니라는 점이다.[39] 미국의 토템 숭배 연구는 그 자체만을 위해서 직접 행해져야 하며 우리가 시도하는 연구와 뒤섞여서는 안 된다. 그 연구는 다른 문제들을 제기하며, 특수한 탐구체계를 전제로 한다. 우리는 보충적으로만 그리고 오스트레일리아의 사실들을 더 잘 이해하도록 해주는 때에만 미국의 사실들을 사용할 것이다. 우리가 행할 연구의 진정한 대상은 바로 오스트레일리아의 사실들이다.[40]

역할과 그 중요성을 이해하는 데 도움을 준다. 오스트레일리아의 토템 숭배는 너무나 초보적이기 때문에 아마 인식되지 못한 채 지나쳤을지도 모른다.

39) 게다가 미국에는 토템 숭배의 유일한 유형이 없다. 구분되어야 할 여러 다른 종류가 있다.

40) 우리는 예외적으로만 그리고 특별히 교육적인 비교가 불가피할 때만 오스트레일리아 사실들에서 벗어날 것이다.

제2권

원초적 신앙

제1장 토템 신앙 1

명칭과 상징으로서의 토템

종교의 본질상 우리의 연구는 두 부분을 포함하게 될 것이다. 모든 종교가 표상과 의례 수행으로 이루어져 있는 이상, 우리는 토템 종교를 구성하고 있는 믿음과 의례를 차례차례로 다루어야 할 것이다. 물론 종교생활의 이러한 두 요소들은 매우 긴밀하게 결속되어 있기 때문에 근본적으로 그것들을 분리할 수는 없다. 원칙적으로는 숭배가 믿음에서 파생되어 나왔지만 그것은 도리어 믿음에 영향을 미친다. 신화는 종종 의례가 만들어진 뒤 그것을 설명하기 위해 만들어지는데, 특히 의례가 의미없거나 분명하지 않을 때 그러하다. 반대로 의례를 통해서만 명백하게 표현되는 믿음이 있다. 따라서 분석의 두 부분들은 서로 겹치지 않을 수 없다. 그렇지만 이러한 사실들의 두 가지 배열은 너무나 다르기 때문에 그것들을 서로 분리해서 연구할 수밖에 없다. 그리고 종교가 근거하고 있는 관념들을 무시하면 종교에 대해 아무것도 이해할 수 없기 때문에 우리는 우선 종교가 어떠한 관념들에 근거하고 있는지 밝혀봐야 한다.

하지만 연구 범위를 오스트레일리아로 한정한다고 해도 그 종교적 사고들이 거쳐온 모든 사색들을 여기서 더듬어 볼 의도는 없다. 우리는 종교의 근거가 되는 기본개념에 도달해보고자 한다. 그러나 이 일을 위해 신화적 상상력이 그들에게 제공한, 때로는 매우 혼동되어 있는, 기본개념을 이러한 집단들부터 모든 발전단계를 통해 추적할 필요는 없다. 따라서 신화가 이러한 종교의 기본개념을 잘 이해하도록 도와줄 때만 신화를 이용할 것이다. 그러나 신화학 자체는 우리의 연구 대상이 아니다. 게다가 신화가 예술작품인 한, 그것은 종교학에만 속하는 것이 아니다. 더욱이 신화가 유래된 정신 과정은 너무나 복잡해서 간접적으로 연구할 수 없다. 신화는 그 자체로서 또 그것에 걸맞은 독특한 방법에 따라서 독자적으로 취급받기를 요구하는 어려운 문제이다.

그러나 토템 숭배가 근거하고 있는 믿음 중에서 가장 중요한 것은 당연하게도 토템과 관련된 믿음이다. 따라서 우리는 바로 이러한 믿음으로부터 시작해야 한다.

1. 씨족의 정의와 씨족의 명칭으로서의 토템. 토템으로 쓰이는 사물들의 성격과 토템을 획득하는 방법들. 프라트리(phratrie)의 토템 가운데 결혼계급의 토템

대부분의 오스트레일리아 종족들의 근저에서 우리는 집단생활에서 우월한 위치를 점하고 있는 어떤 집단을 발견하게 되는데, 그것이 바로 씨족이다. 씨족에는 중요한 두 가지 특징이 있다.

첫째, 씨족을 구성하고 있는 개인들은 자신들이 친족관계에 의해 결합되어 있다고 여긴다. 그러나 그 친족이란 매우 특수한 성격을 지닌 것이다. 이러한 친족관계는 그들이 서로 같은 혈통으로 맺어진 데서 생겨난 것이 아니다. 왜냐하면 그들은 같은 이름을 가졌다는 사실

하나만으로도 친척이 되기 때문이다. 우리가 통상 사용하는 의미로 보면 그들은 사실상 서로에게 아버지나 어머니도 아니고, 아들이나 딸도 아니며, 아저씨나 조카도 아니다. 그렇지만 그들은 오로지 집단적으로 같은 명칭으로 지칭된다는 이유 하나만으로 씨족의 규모가 크건 작건 같은 가족을 이루고 있다고 생각한다. 그리고 그들이 서로를 한 가족으로 여기고 있다고 말할 수 있는 것은, 그들이 서로에 대해 친척에게 부과되는 것과 동일한 의무들을 스스로 인정하기 때문이다. 상호부조, 복수, 장례, 그들끼리의 결혼금지 등이 바로 그러한 의무이다.

그러나 이러한 첫 번째 특성만으로는 오스트레일리아의 토템 씨족은 로마인들의 젠즈(gens, 씨족)나 그리스인들의 게노스(Yένος)와 구분되지 않는다. 왜냐하면 이러한 관계 역시 씨족(gens)의 모든 구성원들이 동일한 명칭, 즉 씨족명(le nomen gentilicium)을 지니고 있다는 사실에서 기인하기 때문이다.[1] 그리고 분명히 어떤 의미에서 젠즈(gens)는 씨족이다. 그러나 그것은 오스트레일리아의 씨족과 혼동되어서는 안 되는 씨족의 변이이다.[2] 오스트레일리아 씨족을 구분하는 것은 다음과 같은 사실이다. 즉 씨족의 이름은 물질적 사물들의 특정한 종의 이름과 같은데, 오스트레일리아의 씨족은 이러한 물질적 사물들과 매우 특수한 관계를 지니고 있다고 믿고 있다. 이러한 관계의 본질은, 나중에 이야기하겠지만, 특히 혈족관계이다. 집단적으로

---

1) 키케로가 장틸리테(gentilité)에 대해 내린 정의는 다음과 같다. "동일한 이름을 가진 사람들은 동일한 씨족이다"(gentiles sunt qui inter se eodem nomine sunt) (top.6).

2) 일반적으로 씨족이란 가족집단이라고 할 수 있다. 거기에서 친척관계란 단지 공통 명칭을 사용한다는 데서 비롯된다. 젠즈(gens)가 씨족이라는 것은 바로 이러한 의미에서이다. 그러나 이렇게 구성된 부류들 중에서도 토템 씨족은 특이한 종류이다.

씨족을 지칭하는 데 사용되는 사물들의 종은 씨족의 토템(totem du clan)이라 불린다. 씨족의 토템은 또한 각 씨족 구성원들의 토템이기도 하다.

각 씨족은 자신들만의 토템을 가지고 있다. 같은 부족의 서로 다른 두 씨족은 동일한 토템을 가질 수 없다. 사실상 사람들은 그가 어떤 이름을 가졌다는 이유만으로도 그 씨족의 구성원이 된다. 따라서 동일한 이름을 가진 모든 사람들은 같은 이유에 의해 그 구성원이 된다. 그러므로 그들이 부족의 영토에 흩어져 있다 할지라도 그들은 모두 서로 같은 혈족관계를 유지한다.[3] 따라서 동일한 토템을 가지고 있는 두 집단은 같은 씨족의 두 분파일 수밖에 없다. 물론 어떤 씨족은 같은 지역에서 모두 함께 거주하지 않고 다른 장소에서 살면서 대표자만 가지고 있는 경우도 종종 있다. 그렇지만 비록 지리적인 근거가 없더라도 씨족의 단일성은 여전히 느껴진다.

토템이란 용어에 관해서 말하자면, 이 말은 알곤킨(Algonkine) 부족의 오지브와(Ojibway) 씨족이 자신들과 같은 명칭을 지닌 사물들의 종을 지칭하기 위해 사용한 것이다.[4] 비록 이러한 표현이 오스트레일리아의 특성을 전혀 가지지 않고,[5] 오로지 미국의 한 사회에서

---

3) 어떤 의미에서 이러한 결속관계는 부족의 한계를 넘어서까지 확산된다. 다른 부족에 속한 개인들이 동일한 토템을 가지고 있을 때 그들은 서로에 대해 특별한 의무들을 갖게 된다. 그 사실은 북아메리카의 몇몇 부족들에 의해서 분명하게 밝혀졌다(J. G. Frazer, *Totemism and Exogamy*, III, 57쪽, 81쪽, 299쪽, 356~357쪽 참조할 것). 오스트레일리아와 관계되는 텍스트들은 좀 덜 분명하다. 그렇지만 같은 토템 구성원 간의 결혼금지는 보편적인 현상인 것 같다.

4) Lewis H. Morgan, *Ancient Society*, 165쪽.

5) 오스트레일리아에서는 종족에 따라서 사용된 말들이 다르다. 그레이가 관찰한 지역에서는 코봉(Kobong)이라 했고, 디에리족은 무르두(Murdu)라고 말하며 (A.W. Howitt, *Nat. Tr.*, 91쪽), 나린예리족(Narrinyeri)은 은가이티에(Ngaitye) (Taplin, "The Narrinyeri Tribe", in Curr, *Australian Race*, II, 244쪽)라고 말하고,

만 찾아볼 수 있는 것이지만, 민족지학자들은 토템이란 용어를 확실하게 차용하여 일반적으로 우리가 기술하고 있는 체계를 명명하기 위해 사용했다. 이 말의 의미를 이렇게 확장시키고 '토템 체계'에 대해 처음 말한 사람은 스쿨크래프트이다.[6] 민족지학에서는 이러한 확대 해석의 많은 예를 찾아볼 수 있지만 확실히 불편한 점이 없지 않다. 이렇게 중요한 제도가 지역 방언에서 차용된, 재산(fortune)의 명칭을 지니고 있다는 것은 정상적이지 않다. 그 명칭은 그것이 표현하고 있는 사물들의 변별적인 특성들을 환기시켜 주지도 못한다. 그러나 오늘날 이러한 용어를 사용하는 방법이 너무나 보편적으로 받아들여졌기 때문에 이 용어의 사용에 대해 이의를 제기하는 것은 지나치게 순수성을 고집하는 일이 될 것이다.[7]

대개의 경우 토템으로 사용되는 대상들은 식물계나 동물계에 속하는데, 주로 동물계에 속한다. 무생물은 훨씬 드물게 사용되고 있다. 남동 오스트레일리아의 종족들 중에서 호잇이 수집한 500개가 넘는 토템 명칭 중에는 식물이나 동물의 이름이 아닌 것이 고작해야 40여 개 정도에 지나지 않는다. 그것들은 구름, 비, 우박, 서리, 달, 해,

---

와라뭉가족(Warramunga)은 뭉가이(Mungái) 또는 뭉가이이(Mungáii)라고 한다(A.W. Howitt, 앞의 책, 754쪽). 기타 등등.

6) Schoolcraft, *Indian Tribes of the United States*, IV, 86쪽.

7) 그러나 이와 같은 언어의 행운은 그것이 어떻게 해서 철자화되었는지 정확하게 알지 못하기 때문에 더욱더 유감이다. 어떤 사람들은 토탐(totam)이라고도 하고 또 다른 사람들은 투다임(toodaim), 도다임(dodaim), 오도담(ododam)이라고도 한다(J. G. Frazer, *Totemism*, 1쪽 참조할 것) 용어의 의미조차도 정확하게 결정되어 있지 않다. 오지브와족의 첫 번째 관찰자인 롱(J. Long)에 의해 기록된 보고서를 신뢰한다면 토탐이라는 용어는 우리가 나중에 말하게 될(이 책, 제2권 제4장) 수호신, 즉 개인토템을 지칭할 뿐 씨족의 토템을 지칭하는 것은 아니다. 그러나 다른 관찰자들은 정반대로 이야기한다(이 점에 대해서 J. G. Frazer, *Totemism and Exogamy*, III, 49~52쪽 참조할 것).

바람, 가을, 여름, 겨울, 어떤 별들, 천둥, 불, 연기, 물, 황토, 바다였다. 천체, 좀더 일반적으로 말해서 위대한 우주현상이 얼마나 낮은 지위를 차지하고 있는가의 문제는 주목할 만한 일이다. 이러한 우주현상은 종교가 좀더 발전된 후에 매우 높은 지위를 차지하게 된다. 호잇이 우리에게 말한 모든 씨족들 중에서 달을 토템으로 삼은 씨족은 둘밖에 없었고,[8] 태양이 둘,[9] 별이 셋,[10] 천둥이 셋,[11] 번개가 둘[12]이었다. 반대로 비[雨]만은 예외였는데, 그것은 매우 빈번하게 나타났다.[13]

이러한 것들이 정상적이라고 할 수 있는 토템이다. 그러나 토템 숭배에는 변칙들도 있다. 즉 토템이 온전한 대상이 아니라 어떤 대상의 일부인 경우도 있다. 이러한 일은 오스트레일리아[14]에서는 매우 드물게 나타나는데, 호잇은 단 하나의 예만을 인용하고 있다.[15] 그렇지만 토템집단이 극도로 세분된 송속들에게는 이러한 예가 상당히 자

---

8) 워초발루크족(Les Wotjobaluk, 121쪽)과 반디크족(Les Buandik, 123쪽).

9) 위와 같음.

10) 월갈족(Les Wolgal, 102쪽), 워초발루크족 그리고 반디크족.

11) 무루부라족(Les Muruburra, 117쪽), 워초발루크족 그리고 반디크족.

12) 반디크족과 카이바라족(les Kaiabara, 116쪽)은 이 모든 예들이 단지 5개 부족에서 빌려왔다는 것을 알게 될 것이다.

13) 마찬가지로 스펜서와 길런이 수많은 종족 속에서 추출해낸 204개의 토템의 종류 가운데 188개가 동물이나 식물이었다. 무생물은 부메랑, 찬물, 암흑, 불, 번개, 달, 황토 흙, 송진, 소금물, 저녁별, 돌, 태양, 물, 회오리바람, 우박이다(Spencer · Gillen, *North. Tr.*, 773쪽; J. G. Frazer, *Totemism and Exogamy*, I, 253~254쪽).

14) 프레이저는 이러한 경우를 충분히 많이 인용하고 있으며, 그가 쪼개진 토템(split-totems)이라고 부르는 장르에다 그것들을 따로 분리해 놓기까지 한다(*Totemism*, 10쪽, 13쪽). 그러나 이러한 예들은 토템 숭배가 심각하게 변질된 종족들, 즉 사모아(Samoa)나 벵골(Bengale) 종족들에게서 발견된다.

15) A.W. Howitt, *Nat. Tr.*, 107쪽.

주 발견된다. 이렇게 많이 분할된 종족들에게 그 명칭을 붙이기 위해서 토템 자체도 분할되었다고 말할 수 있다. 이것은 아룬타족과 로리차족에서 일어난 일로 보인다. 슈트렐로는 이러한 두 사회 속에서 442개의 토템을 밝혀냈는데, 그중 여러 가지는 동물종이 아니라 이러한 동물의 특별한 기관, 예를 들면 주머니쥐의 꼬리나 위, 캥거루의 지방 등이다.[16]

우리는 보통 토템이 개체가 아니라 하나의 종이나 그 변이라는 것을 살펴보았다. 그것은 꼭 어떠어떠하게 생긴 캥거루나 까마귀가 아니라 일반적인 캥거루 또는 까마귀인 것이다. 그렇지만 때로는 토템이 특수 대상인 경우도 있다. 무엇보다도 토템에 이용되는 사물들이 태양, 달, 어떤 성좌처럼 그 종에 있어서 유일한 사물들인 경우가 있다. 그러나 어떤 때는 씨족들이 그들의 명칭을 지리학적으로 결정된, 어떤 땅의 솟아오른 곳이나 함몰된 곳 또는 개미집 등에서 차용해오는 경우도 있다. 사실상 오스트레일리아에서는 이러한 경우에 대한 소수의 예만을 볼 수 있을 뿐이다. 그렇지만 슈트렐로는 그중 몇 가지를 인용하고 있다.[17] 그러나 이러한 변칙적인 토템들을 만들어 낸 원인들은 그러한 토템이 비교적 최근에 나타났다는 것을 보여준다. 사실상 특정 장소에 토템의 명칭을 부여한 것은 어떤 신화적인 선조가 그 장소에 머물렀거나 그의 전설적 생애의 어떤 업적을 거기에서 완수했다고 여겨졌기 때문이다.[18] 그러나 동시에 이러한 선조들 자

---

16) 슈트렐로가 수집한 도표 참조할 것. *Die Aranda und Loritja-Stämme*, II, 61~72쪽(III, xiii~xvii쪽과 비교). 이러한 단편적인 토템들이 오로지 동물 토템들로부터 나왔다는 것은 주목할 만하다.

17) 같은 책, 52쪽, 72쪽.

18) 예를 들면 이러한 토템들 중 하나는 동굴인데, 야생고양이 토템의 조상이 머문 적이 있다. 또 다른 예로는 생쥐 씨족의 조상이 파놓은 지하의 갱도를 들 수 있다(같은 책, 72쪽).

신은 동물계나 식물계에서 차용해 온, 완벽하게 합법적인 토템을 가진 씨족에 속한 것으로 신화에서 표현된다. 그러므로 이러한 영웅들의 행적을 기념하는 토템 명칭들은 원시적일 리가 없다. 그러한 명칭들은 이미 파생되고 이탈된 토템 숭배의 한 형태에 부합한다. 기상학적 토템들도 같은 기원을 가지고 있는지 자문해 볼 수 있다. 왜냐하면 태양, 달, 천체들은 종종 신화시대의 조상들과 동일시되기 때문이다.[19]

역시 예외적이기는 하지만, 때때로 선조 또는 선조들의 집단이 직접 토템으로 사용되는 일도 있다. 이 경우 씨족은 어떤 사물들이나 실제적인 사물들의 어떤 종이 아니라 순수하게 신화적인 존재에서 그 명칭을 가져온다. 스펜서와 길런은 이미 이러한 종류의 토템에 대해 두세 가지를 언급한 바 있다. 와라뭉가족과 칭길리족에는 타발라족(Thaballa)이라고 불리는, 즐거움의 화신으로 여겨지는 선조의 이름을 지닌 씨족이 존재한다.[20] 와라뭉가족의 다른 씨족은 우화적이고 괴물 같은 월룬콰(Wollunqua)라고 불리는 뱀의 이름을 지니고 있는데, 그 씨족은 월룬콰 뱀의 후손으로 여겨진다.[21] 우리는 몇몇 비

---

19) Spencer · Gillen, *Nat. Tr.*, 561쪽 이하; C. Strehlow, II, 71쪽, note 2; A.W. Howitt, *Nat. Tr.*, 246쪽 이하; "On Australian Medicine Men", in *J. A. I.*, XVI, 53쪽; "Further Notes on the Australian Class Systmes", in *J. A. I.*, XVIII, 63쪽 이하.

20) 스펜서와 길런의 번역에 따르면 타발라는 웃는 소년이라는 의미이다. 그 이름을 가지고 있는 씨족의 구성원들은 그들의 거처로 사용되는 바위 속에서 웃음소리가 들린다고 믿고 있다(Spencer · Gillen, *North. Tr.*, 207쪽, 215쪽, 227쪽). 그 책의 422쪽에 기록된 신화에 따르면 신화적인 타발라족(208쪽과 비교)의 첫 집단이 있었을 것이다. 카티(Kati) 씨족의 완전히-성숙한-사람(full-grown-men)도 스펜서와 길런이 말하는 바와 동일한 경우에 해당하는 것 같다(같은 책, 207쪽).

21) 같은 책, 226쪽 이하.

숫한 사건들과 관련해 슈트렐로의 도움을 받았다.[22] 이 모든 경우 무슨 일이 일어났는지를 예측하는 것은 어렵지 않다. 여러 가지 원인들의 영향을 받고 신화적 사고가 발달함에 따라 비인격적인 집단토템은 몇몇 신화적 인물 앞에서 사라져버렸다. 그 신화적 인물들은 가장 높은 위치로 올라가 스스로 토템이 되어버렸다.

이러한 여러 가지 불규칙한 현상들이 아무리 흥미롭다 해도 그것들은 토템에 대한 정의를 수정할 만한 어떤 것을 가지고 있지 않다. 이러한 변칙들은 사람들이 종종 그렇게 믿어온 것처럼[23] 서로 환원될 수 없으며 정의한 바와 같은 정상적 토템이 될 수 없는 토템종이다. 그것들은 가장 일반적이고 가장 원시적으로 여길 만한 유일하고 동일한 개념의 이차적인 형태, 때로 상궤를 벗어난 형태들에 불과하다.

토템의 명칭이 습득되는 방법은 종교보다는 씨족의 충원이나 조직과 더 중요하게 관련되어 있다. 따라서 그것은 종교사회학이라기보다는 오히려 가족사회학에 속하는 문제이다.[24] 그러므로 우리는 문

---

22) C. Strehlow, II, 71~72쪽. 슈트렐로는 로리차족과 아룬타족의 토템을 언급하고 있는데, 그 토템은 윌룬콰 뱀의 토템과 유사하다. 그것은 신화적인 물뱀의 토템이다.

23) 이것은 클라아치(Klaatsch)의 경우인데, 그의 논문에서 이미 인용되었다(이 책, 262쪽의 각주 27번을 참조할 것).

24) 우리가 앞 장에서 지적한 바와 같이 씨족이 하나의 가족으로 구성되어 있기 때문에 토템 숭배는 종교문제뿐만 아니라 가족문제와도 관련된다. 이 두 문제는 원시사회에서는 밀접하게 결속되어 있다. 그러나 이 두 문제 모두가 너무 복잡해서 그것들을 따로 분리해서 다루지 않을 수 없다. 게다가 우리는 원시종교의 신앙을 알아야만 원시 가족구조를 이해할 수 있다. 왜냐하면 원시종교 신앙은 원시 가족구조의 원리에 이용되기 때문이다. 그렇기 때문에 토템 씨족을 가족집단으로 연구하기에 앞서 토템 숭배를 종교로 연구해야 할 필요가 있다.

제를 규정하는 가장 기본적인 원칙들을 대략적으로 지적하는 데 그치기로 한다.

부족에 따라서 세 가지의 다른 규칙들이 적용되고 있다.

대부분 아니 대다수의 사회에서 어린아이는 출생의 권리에 의해 그의 어머니의 토템을 자신의 토템으로 가지게 된다. 이러한 경우에 해당되는 가장 중요한 이름들만 언급하더라도 디에리족, 남부 오스트레일리아 중앙의 우라분나족(Urabunna), 빅토리아의 워초발루크족과 구룬디치마라족(Gournditch-Mara), 뉴사우스웨일스의 카밀라로이족(Kamilaroi), 위라주리족(Wiradjuri), 웡히본족(Wonghibon), 오알라이족(Euahlayi) 그리고 퀸즐랜드의 와켈부라족(Wakelbura), 피타 피타족(Pitta-Pitta), 쿠르난다부리족(Kurnandaburi) 등이 있다. 이러한 경우 족외혼의 규칙에 의해 어머니는 필연적으로 자신의 남편과 다른 토템 출신이어야 한다. 다른 한편 그녀는 남편의 지역에서 살게 되므로 한 토템의 구성원들은 결혼에 따라 필연적으로 여러 지역들로 퍼지게 된다. 그 결과 토템집단의 영토적인 근거가 약화되었다.

다른 곳에서는 토템이 부계의 선을 따라 전달된다. 이러한 경우 아이가 그의 아버지 곁에 남아 있게 된다면 지역집단은 기본적으로 같은 토템에 속한 사람들로 이루어진다. 거기에서는 결혼한 여자들만 다른 토템을 나타낼 뿐이다. 달리 말하면 각 지역은 자체의 특별한 토템을 가지고 있다. 최근까지 이러한 조직양식은 오스트레일리아에서도 나린예리족처럼 토템이 약해지고 있는 부족들이나 토템이 더 이상 종교적 성격을 띠지 않는 종족들에게서만 발견되었다.[25] 따라서 토템 체계와 모계 가계 사이에 밀접한 관계가 있다고 믿을 만한

---

25) Taplin, 앞의 글, 244~245쪽; A.W. Howitt, *Nat. Tr.*, 131쪽.

근거가 있는 셈이다. 그러나 스펜서와 길런은 중앙 오스트레일리아의 북방 지역에서 토템 종교가 여전히 실행되면서도 토템이 부계로 전달되는 모든 부족집단을 관찰했다. 그 부족들은 와라뭉가족, 냥지족, 움바이아족(Umbaia), 빈빙아족, 마라족 그리고 아눌라족이다.[26]

마지막으로 세 번째 결합방식은 아룬타족과 로리차족에서 볼 수 있다. 여기서 어린아이의 토템은 어머니의 토템이거나 아버지의 토템일 필요가 없다. 관찰자들이 우리에게 여러 가지 방식으로 기술한 과정들에 따르면 임신할 때에 그 어머니를 신비스럽게 수태시킨 것은 바로 신화적 선조의 토템이다.[27] 수태될 때의 특수한 과정이 그 선조가 누구이며 또 어떤 토템집단에 속하는가를 알려준다.[28] 그러나 이러한 선조가 다른 선조보다 어머니 가까이에 있었다는 사실은 우연적인 현상이기 때문에 궁극적으로 어린아이의 토템은 우연한 상황에 따라 좌우된다.[29]

---

26) Spencer·Gillen, *North. Tr.*, 163쪽, 169~170쪽, 172쪽. 그러나 이러한 모든 부족들 중에서 마라족과 아눌라족을 제외하고는 부계 쪽으로 토템이 전해지는 것이 일반적인 규칙이다. 물론 거기에도 예외는 있을 것이다.

27) 스펜서와 길런에 의하면 선조의 영혼이 어머니의 몸속에 깃들여서 어린아이의 영혼이 된다(*Nat. Tr.*, 123쪽 이하). 슈트렐로에 따르면(*Die Aranda und Loritja-Stämme*, II, 51쪽 이하) 수태가 아무리 선조의 작품이라 하더라도 재육신화를 의미하지는 않는다. 그러나 어떤 해석에서도 어린아이의 특유한 토템이 필연적으로 그의 부모들의 토템에 좌우된다고 말하지는 않는다.

28) Spencer·Gillen, *Nat. Tr.*, 133쪽; C. Strehlow, II, 53쪽.

29) 대부분 어린아이의 토템을 결정하는 것은 어머니가 임신했다고 생각되는 지역이다. 살펴보겠지만 각 토템은 그 중심부를 가지고 있으며, 선조들은 그들이 존경하는 토템의 중심처로 사용되는 장소에 빈번히 나타난다. 따라서 어린아이의 토템은 어머니가 임신했다고 생각하는 지역의 토템이다. 게다가 어머니는 남편 토템의 중심으로 쓰이는 장소의 근처에 있는 경우가 대부분이기 때문에 아이는 대개 아버지와 같은 토템을 가지는 것이 틀림없다. 물론 이것은 어떻게 주민들의 대다수가 같은 토템에 속하게 되었는가를 설명해준다(Spencer·Gillen, *Nat. Tr.*, 9쪽).

씨족의 토템들을 벗어나 그것들을 넘어서는 프라트리(phratries)[30] 의 토템들이 있는데, 그것들은 본질상 씨족의 토템들과 다르지는 않지만 꼭 구분해야 할 필요성이 있다.

우리는 특별한 형제관계에 의해서 서로 결합된 씨족집단을 프라트리라고 부른다. 일반적으로 오스트레일리아의 부족은 두 개의 프라트리로 나뉘는데, 이 두 프라트리에 다른 씨족들이 할당된다. 물론 이러한 조직들이 사라져버린 부족들도 존재할 것이다. 그러나 많은 것이 그러한 조직이 일반적으로 퍼져 있었다는 것을 입증하고 있다. 어쨌든 오스트레일리아에는 두 개 이상의 프라트리를 가진 부족은 존재하지 않는다.

프라트리는 그 이름의 의미를 확인할 수 있는 거의 모든 경우 동물의 이름을 지니고 있다. 그러므로 그것은 토템인 것 같다. 이러한 사실에 대해 랑(A. Lang)은 최근 저작에서 잘 밝히고 있다.[31] 따라서 빅토리아의 구룬디치마라족에서는 프라트리 중 하나는 크로키치(Krokitch) 그리고 다른 하나는 카푸치(Kaputch)라고 불린다. 크로키치는 흰 앵무새를 지칭하며, 카푸치는 검은 앵무새를 지칭한다.[32] 동일한 표현들이 전체적 또는 부분적으로 반디크족과 워초발루크족[33] 에서 발견된다. 우룬제리족(Wurunjerri)에서 사용된 명칭들은 분질(Bunjil)과 와앙(Waang)인데, 그것은 수리매와 까마귀를 의미한다.[34]

---

30) 프라트리는 포족(胞族), 공통의 목적을 위해 통합된 둘 이상의 씨족으로 구성된 집단을 말한다—옮긴이.

31) A. Lang, *The Secret of the Totem*, 159쪽 이하; Fison & Howitt, *Kamilaroi and Kurnai*, 40~41쪽; J. Mathews, *Eaglehawk and Crow*; N.W. Thomas, *Kinship and Marriage in Australia*, 52쪽 이하.

32) A.W. Howitt, *Nat. Tr.*, 124쪽.

33) 같은 책, 121쪽, 123~124쪽; in Curr, III, 461쪽.

34) A.W. Howitt, *Nat. Tr.*, 126쪽.

무크와라(Mukwara)와 킬파라(Kilpara)라는 명칭은 뉴사우스웨일스의 대다수 부족들에서 동일한 목적으로 통용되고 있다.[35] 즉 그 명칭들은 동일한 새들을 지칭한다.[36] 또한 은가리고(Ngarigo)와 월갈(Wolgal)이라는 두 프라트리의 명칭으로 수리매와 까마귀가 쓰이고 있다.[37] 퀸무르부라족(Kuinmurbura)에서는 흰 앵무새와 까마귀 명칭이 쓰인다.[38] 다른 예들을 더 많이 인용할 수 있을 것이다. 그러므로 우리는 프라트리를 분할된 오래된 씨족으로 여겨도 될 것이다. 실제적인 씨족들은 이러한 분할의 산물이며, 그것들을 묶고 있는 연대는 그 원시적인 단일성에 대한 추억이다.[39] 사실상 어떤 부족들의 경우 프라트리는 더 이상 특별한 명칭을 가지고 있는 것 같지 않다. 또 다른 부족들의 경우 이러한 명칭이 존재한다고 해도 해당 구성원들조차 그 의미를 모르는 모습을 볼 수 있다. 그렇다고 놀랄 일은 아니다. 프라트리는 확실히 원시적인 제도이다. 왜냐하면 그것들은 도처에서 쇠퇴하고 있기 때문이다. 가장 중요하게 여겨지는 것은 프라트리에서 나온 씨족이다. 그러므로 프라트리의 명칭이 이해되지 못함에 따라 프라트리의 명칭들이 점차 사람들의 기억에서 사라져 가는 것은 당연한 일이다. 왜냐하면 그 명칭들은 더 이상 통용되지 않는 매우 오래된 고대어에 속하기 때문이다. 다음과 같은 사실이 그것을 입증해준다. 프라트리의 명칭이 어떤 동물에서 기인했는지 알고 있

---

35) 같은 책, 98쪽 이하.
36) in Curr, II, 15쪽; B. Smyth, I, 423쪽; A.W. Howitt, 앞의 책, 429쪽.
37) 같은 책, 101~102쪽.
38) J. Mathews, *Two Representative Tribes of Queensland*, 139쪽.
39) 이러한 가설을 지지하기 위해 다른 이유들이 주어질 수도 있다. 그러나 가족 구조와 관련된 고찰들을 참고해야만 할 것이며, 우리는 이 두 연구를 분리시키기를 원한다. 게다가 이 문제는 우리의 주제에 매우 부차적으로만 관련될 뿐이다.

는 대부분의 경우 현재 통용되는 언어에서 그 동물을 지칭하는 단어와 프라트리를 명명하는 단어가 완전히 다르다는 점이다.[40]

프라트리의 토템과 씨족토템 사이에는 종속관계가 존재한다. 사실상 각 씨족은 원리상 하나의 프라트리에 속한다. 다른 프라트리의 표상을 가지는 것은 완전히 예외적인 일이다. 이러한 경우는 중앙에 있는 몇몇 부족들 특히 아룬타족 이외는 거의 발견되지 않는다.[41] 또한 잡다한 영향으로 이러한 종류의 중첩이 생겨난 곳에서도 대다수의 씨족은 부족의 두 프라트리 중 하나에 완전히 포함된다. 단지 소수만 다른 편에 있는 것이다.[42] 따라서 규칙은 이 두 프라트리가 서로를 침범하지 않는다는 것이다. 따라서 한 개인이 지닐 수 있는 토템의 범위는 그가 속한 프라트리에 의해 미리 결정된다. 다르게 말하면 프라트리의 토템이 유(類)라면 씨족토템은 종(種)과 같다. 우리는 좀더 나중에 이러한 비교가 순수하게 은유적인 표현이 아니라는 사실을 보게 될 것이다.

프라트리와 씨족 외에도 오스트레일리아 사회에서는 어떤 독자성

---

40) 예를 들면 무크와라는 바르킨지족(Barkinji), 파뤼인지족(Paruinji), 밀풀코족 (Milpulko)의 프라트리의 명칭인데, 스미스(B. Smyth)에 따르면 그것은 수리매를 의미한다. 그런데 이러한 프라트리에 속하는 씨족들 중 수리매를 토템으로 가지고 있는 씨족은 하나밖에 없다. 그러나 여기서 수리매는 빌야라 (Bilyara)라는 단어로 지칭된다. 우리는 랑(A. Lang)이 인용한 같은 종류의 예들을 여러 개 찾아볼 수 있을 것이다(앞의 책, 162쪽).

41) Spencer · Gillen. *Nat. Tr*,. 115쪽. 호잇에 따르면 워초발루크족에서는 펠리칸 씨족이 두 프라트리 안에서 똑같이 발견되었다(앞의 책, 121쪽과 454쪽). 이것은 의심스러운 일이다. 이 두 씨족이 펠리칸의 다른 두 종을 토템으로 가질 수는 있을 것이다. 동일한 부족에 대한 매슈스의 정보는 이 점을 지적하는 것 같다(*Aboriginal Tribes of N. S. Wales and Victoria*, in *Journal and Proceedings of the Royal Society of N. S. Wales*, 1904, 287쪽 이하).

42) 이러한 질문에 대해서는 "Le Totémisme", in *Année Sociologique*, V, 82쪽 이하 참조할 것.

을 지닌 다른 이차적 집단들이 종종 발견된다. 그것은 바로 결혼계급이다.

우리는 결혼계급이라는 이름으로 프라트리의 하위 구분을 지칭하는데, 그 수는 부족에 따라서 다르다. 프라트리마다 결혼계급이 어떤 때는 2개 또는 4개가 있다.[43] 그것들의 충원과 기능은 다음과 같은 두 가지 원칙에 의해서 결정된다. 첫째, 하나의 프라트리에서 각각의 세대는 바로 전 세대와는 다른 계급에 속한다. 따라서 하나의 프라트리에 두 계급밖에 없을 때, 그 계급은 각 세대마다 필연적으로 서로 교체된다. 아이들은 그들의 부모가 속하지 않은 계급에 속한다. 그러나 손자들은 그들의 조부모들과 같은 계급에 속한다. 따라서 카밀라로이족에는 쿠파틴(Kupathin)과 딜비(Dilbi)라는 두 프라트리가 있는데, 전자는 입파이(Ippai)와 쿰보(Kumbo)라는 계급을 가지고 있으며, 후자는 무리(Murri)와 쿰비(Kubbi)라는 다른 계급을 가지고 있다. 혈통이 모계(母系)의 선에 따라 행해지기 때문에 어린아이는 그 어머니의 프라트리에 속한다. 만일 어머니가 쿠파틴 프라트리에 속하면 아이도 동일한 프라트리에 속하게 될 것이다. 그러나 어머니가 입파이 계급에 속한다면 아이는 쿰보 계급이 될 것이다. 만일 아이가 여자인 경우 그 아이의 자녀들은 다시 입파이 계급에 속하게 될 것이다. 그와 마찬가지로 무리 계급 여인의 자녀들은 쿰비 계급이 될 것이며, 쿰비 계급 여자의 자녀들은 다시 무리 계급이 될 것이다. 한 프라트리에 두 계급 대신 네 계급이 있을 때 체계는 당연히 훨씬 더 복잡해지지만 원칙은 같다. 사실상 네 계급은 각각 두 계급의 쌍으로

---

43) 오스트레일리아의 결혼계급에 대한 문제에 대해서는 "La Prohibition de l'inceste", in *Année Social*, I, 9쪽 이하 참조할 것. 좀더 특수하게 8계급을 가진 부족에 대해서는 "L'Organisation matrimoniale des sociétés australiennes", in *Année Social*, VIII, 118~147쪽 참조할 것.

이루어져 있고, 이 두 계급은 각 세대마다 방금 지적된 방식대로 교체된다. 둘째, 원칙상[44] 한 계급의 성원들은 다른 프라트리의 계급 중 하나와만 결혼할 수 있다. 입파이 계급은 쿰비 계급과 결혼해야 하고, 무리 계급은 쿰보 계급과 결혼해야만 한다. 왜냐하면 이러한 조직은 우리가 이 집단들에게 결혼계급이라는 명칭을 붙일 수 있을 정도로 결혼관계에 지대한 영향을 미치기 때문이다.

따라서 이러한 계급들이 프라트리나 씨족처럼 토템을 가지고 있지 않을까 질문해 볼 수 있다.

퀸즐랜드 지방의 어떤 부족들 중 각 결혼계급이 자신들에게 고유한 음식 금지조항을 가지고 있다는 사실로부터 문제가 제기되었다.[45] 결혼계급을 형성하고 있는 개인들은 다른 계급의 사람들이 마음대로 먹을 수 있는 어떤 동물의 고기를 먹어서는 안 된다. 이러한 동물들이 바로 토템이 아닐까?

그러나 어떤 음식을 금지하는 것이 토템 숭배만의 특징적인 표지는 아니다. 토템이란 무엇보다도 하나의 명칭이며, 나중에 살펴보겠지만, 하나의 상징이다. 따라서 방금 문제 삼았던 사회에서는 동물이나 식물의 명칭을 지니거나 그런 상징을 가진 결혼계급은 존재하지 않는다.[46] 물론 이러한 금지가 간접적으로 토템 숭배에서 파생되었

---

44) 이러한 원칙은 어디서나 똑같이 엄격하게 지켜지지는 않는다. 8개의 계급을 가진 중앙의 부족들 안에는 결혼이 원칙적으로 허용되는 계급 외에도 일종의 이차적인 첩(妾)관계가 허용되는 다른 계급들이 있다(Spencer · Gillen, *North. Tr.*, 106쪽). 4계급을 가진 몇몇 부족들에 있어서도 마찬가지인데, 각각의 계급은 다른 프라트리에 속한 두 계급 가운데서 선택할 수 있다. 바로 카비족(Kabi)의 경우가 그러하다(J. Mathews, in Curr, III, 162쪽 참조할 것).

45) Roth, *Ethnological Studies among the North-West-Central Queensland Aborigines*, 56쪽 이하 참조할 것; Palmer, *Notes on some Australian Tribes, J. A. I.*, XIII, 1884, 302쪽 이하 참조할 것.

46) 그렇지만 사람들은 결혼계급이 동물이나 식물의 명칭을 지니고 있는 몇몇

을 가능성도 있다. 우리는 이러한 금지를 통해 보호하고자 하는 동물들이 그 결혼계급들은 남아 있지만 씨족조직은 사라져버린 씨족들에게 원래 토템으로 쓰였을 것이라고 가정해볼 수 있다. 사실상 결혼계급들은 때로 씨족에게는 결여된 내구력(耐久力)을 가지고 있었음이 확실하다. 따라서 원래의 기반을 잃어버린 금지사항들이 각 계급 안에서 일반화되었을 것이다. 왜냐하면 금지사항을 부여할 수 있는 다른 집단이 존재하지 않기 때문이다. 그러나 만일 이러한 규제조항이 토템 숭배에서 생겨났다고 할지라도 그것은 약화되고 변질된 형태만을 보여줄 뿐이다.[47]

부족들을 인용하고 있다. 그것이 바로 카비족의 경우이다(J. Mathews, *Two Representative Tribes*, 150쪽). 베이츠(Mrs. Bates)에 의해 몇 부족들이 관찰되었고 ("The Marriage Laws and Customs of the W. Australian Aborigines", in *Victorian Geographical Journal*, XXIII~XXIV, 47쪽), 아마 팔머(Palmer)에 의해서도 2개의 부족이 관찰된 것 같다. 그러나 이러한 사실들은 너무나도 드물어서 그 의미가 잘 정립되지 않는다. 게다가 성(性)의 집단들과 마찬가지로 그 계급들이 때때로 동물의 이름을 차용했다는 것은 놀랄 만한 일도 아니다. 이러한 예외적인 토템 명칭들의 확장이 토템 숭배에 대한 우리의 개념을 전혀 바꾸지 못한다.

47) 똑같은 설명이 남동쪽과 동쪽의 다른 몇몇 부족들에게도 적용될 것이다. 만일 사람들이 호잇의 보고를 믿는다면 거기서도 각 결혼계급과 독특하게 결합된 토템들을 찾아볼 수 있을 것이다. 위라주리족과 와켈부라족 그리고 불루(Bulloo)강의 분타무라족(Bunta-Murra)의 경우가 그렇다(A.W. Howitt, *Nat. Tr.*, 210쪽, 221쪽, 226쪽). 그렇지만 그가 수집한 증거들은 자신이 보기에도 의심스러운 것들이다. 사실상 그가 제시한 목록들에서 동일한 프라트리의 두 계급 안에서 여러 가지 토템들이 똑같이 발견된다는 결론이 나오기 때문이다. 게다가 우리가 프레이저의 견해를 따라 제안한 설명은 하나의 어려움이 있다(*Totemism and Exogamy*, 531쪽 이하). 원칙상으로 각 씨족, 결과적으로 각 토템은 같은 프라트리의 두 계급 안에서 똑같이 나타난다. 왜냐하면 이러한 계급들 중 하나는 자녀의 계급이고 다른 하나는 부모의 계급인데, 아이들은 부모의 토템을 가지기 때문이다. 따라서 씨족들이 사라져도 살아남은 토템적 금지사항들은 두 결혼계급에 공통으로 남아 있어야만 한다. 그러나 인용된 경우를 보면 각 계급은 자체의 고유한 금지사항들을 지니고 있다. 어디에

오스트레일리아 사회의 토템에 관해 서술된 모든 것은 북아메리칸 인디언에게도 적용된다. 차이점은 이 인디언의 토템 조직이 오스트레일리아에서 결여되었던 확고한 윤곽과 안정성을 가지고 있다는 점이다. 오스트레일리아 씨족은 그 수가 많을 뿐 아니라 동일한 부족 내에도 구성원의 수적인 제한이 없다. 관찰자들은 그중 몇 개를 예로 인용했을 뿐 우리에게 완전한 목록을 주지 못했다. 이 목록을 확정적으로 끝낼 수 없었기 때문이다. 최초에 프라트리를 분할했고, 씨족을 만들어냈던 똑같은 분할방식이 끊임없이 씨족 내부에서 계속되었다. 이러한 점진적인 분할에 의해 씨족은 이따금 가장 축소된 인원만을 가지게 되었다.[48] 반대로 아메리카에서는 토템 체계가 좀더 명확한 형태를 띤다. 아메리카 부족들이 오스트레일리아 부족들보다 평균적으로 더 방대함에도 불구하고, 씨족들의 수는 더 적다. 하나의 부족이 12개 이상의 씨족을 가진 경우는 매우 드물고, 보통은 그 이하이다.[49] 따라서 그 씨족들 각각은 훨씬 더 중요한 집단이 된다. 무엇보다도 집단 성원의 수가 더욱 고정되어 있다. 사람들은 거기에 몇

서 이러한 차이점이 연유되는 것인가? 카이바라족(퀸즐랜드 남부의 부족)의 예는 아마도 이러한 차이점이 어떻게 생겨났는지를 보여주는 것 같다. 이 종족에서 어린아이들은 어머니의 토템을 가진다. 그러나 그것은 어떤 변별적인 표지에 의해 특수화된 토템이다. 만일 어머니가 토템으로 검은 수리매를 가지고 있다면 어린아이의 토템은 흰 수리매이다(A.W. Howitt, *Nat. Tr.*, 229쪽). 거기에서 토템들이 결혼계급에 따라서 분화되는 경향이 처음으로 나타난다.

48) 몇백 명의 부족이 때로는 50개 또는 60개, 심지어는 더 많은 수의 씨족으로 나뉘기도 한다. 이점에 대해서 Durkheim & Mauss, "De quelques formes primitives de classification", in *Année Sociologique*, VI, 28쪽, note 1 참조할 것.

49) 훨씬 더 많은 수를 가진 남·서 푸에블로 인디언들을 제외하고 그렇다. Hodge, "Pueblo Indian Clans", in *American Anthropologist*, 1re série, t. IX, 345쪽 이하 참조할 것. 그렇지만 사람들은 이러한 토템을 가지고 있는 집단들이 씨족인지 하위씨족(sous-clans)인지에 대해 의문을 품을 수 있다.

명의 씨족원이 있는지 알고 있으며, 우리에게 그 수를 말해주고 있다.[50]

이러한 차이는 사회적 기술의 우월성에서 기인한다. 이러한 부족들이 처음으로 관찰된 때부터 그 사회집단들은 그 땅에 깊이 뿌리내리고 있었다. 따라서 그 집단을 공격하는 분산적인 세력에 더 잘 저항할 수 있었다. 동시에 사회는 너무나 강한 일치감을 가지고 있었기 때문에 사회 또는 그 사회를 구성하는 부분들에 대해서 모를 수가 없었다. 아메리카의 예를 살펴보면 씨족들의 근저를 이루는 조직이 무엇인지를 더 잘 알 수 있다. 실제로 오스트레일리아에서 나타나는 양상에 따라서만 이러한 조직을 판단한다면 오산이다. 사실상 오스트레일리아에서 그러한 조직은 정상적이지 못한 채 유동적이고 와해되는 상태에 있다. 시간의 흐름에 따른 자연적인 마멸뿐 아니라 백인들의 조직해체 행위에서 기인된 변질의 산물로 여겨야 할 것이다. 확실히 오스트레일리아 씨족들은 아메리카의 씨족처럼 큰 규모와 견고한 구조를 가졌던 것 같지 않다. 그렇지만 아메리카 씨족과 오스트레일리아 씨족 간의 차이가 오늘날보다 덜한 시기가 있었음이 틀림없다. 왜냐하면 만약 씨족이 언제나 매우 유동적이고 일관성이 없는 구성원으로 이루어졌다면 아메리카에서 볼 수 있는 씨족사회도 결코 견고한 뼈대를 가질 수 없었을 것이기 때문이다.

훨씬 더 안정되었기 때문에 아메리카의 오래된 프라트리 체계는 오스트레일리아에서는 더 이상 찾아볼 수 없을 정도로 명료하고 뚜렷하게 유지되었다. 우리는 방금 오스트레일리아 대륙에서 프라트리가 도처에서 쇠퇴해가고 있음을 살펴보았다. 대개 프라트리는 하

---

50) 모건이 『고대사회』(*Ancient Society*)에서 제시한 도표들 참조할 것(153~185쪽 참조할 것).

나의 익명집단에 불과하다. 이름이 있더라도 그것은 이해될 수 없거나 이해되는 경우라 해도 그 이름은 이방언어나 더 이상 통용되지 않는 말로 되어 있기 때문에 토착민들에게 큰 의미를 주지 못한다. 또한 우리는 단지 몇몇 잔재들로부터 프라트리의 토템들을 추론할 수밖에 없는데, 그 잔재들이 별로 주목할 만한 것이 아니기 때문에 많은 관찰자는 그것을 포착하지 못했다. 반대로 아메리카의 어떤 지역에서는 이 체계가 초기의 중요한 모습을 보존하고 있었다. 북서쪽의 종족들, 특히 틀링키트족과 하이다족은 이미 상대적으로 어느 정도 진화된 문명에 도달해 있었다. 그렇지만 그러한 종족들도 두 개의 프라트리로 분할되어 있었고, 각 프라트리는 또 많은 수의 씨족으로 분할되어 있었다. 틀링키트족에서는 까마귀와 늑대 프라트리[51]로, 하이다족에서는 수리매와 까마귀 프라트리로 나뉘어 있다.[52] 이러한 분할이 단순히 명목적은 아니다. 이러한 분할은 관습의 실제 상태와 일치하며 그들의 삶에 깊이 각인되어 있다. 씨족들을 갈라놓고 있는 정신적 차이는 프라트리를 구분하는 정신적 차이에 비하면 별게 아니다.[53] 프라트리 각각의 이름은 그 의미가 잊혀졌거나 모호하게 알려져 있는 단어가 아니다. 그것은 토템이라고 해도 전혀 손색이 없다. 나중에 기술되겠지만 그것들은 토템의 모든 기본적인 속성들을 가지고 있다.[54] 결과적으로 이러한 점에서 보면 미국의 부족들을 무

---

51) Krause, *Die Tlinkit-Indianer*, 112쪽; Swanton, *Social Condition, Beliefs and Linguistic Relationship of the Tlinkit Indians in* XXVIth *Rep.*, 398쪽.

52) Swanton, *Contributions to the ethnology of the Haida*, 62쪽.

53) 스원턴은 "두 씨족의 차이점은 모든 면에서 절대적이다"라고 말한다(68쪽). 그는 우리가 프라트리라고 부른 것을 씨족이라고 칭하고 있다. 게다가 다른 글에서 두 프라트리의 상호관계는 마치 두 이방민족 같다고 했다.

54) 적어도 하이다족에서는 진정한 씨족토템이 프라트리의 토템보다 더 변질되었다. 사실상 관습에 따라 씨족은 그의 토템을 지닐 권리를 넘겨주거나 팔 수

시해서는 안 될 것이다. 왜냐하면 프라트리와 관련된 토템에 대해 오스트레일리아에서는 애매모호한 유적들밖에는 찾아볼 수 없지만 미국에서는 좀더 직접적으로 관찰할 수 있기 때문이다.

2. 상징으로서의 토템. 사물들 위에 새겨지거나 조각된 토템의 도안. 몸 위에 새겨진 도안이나 문신

그러나 토템이 단순한 명칭에 불과한 것은 아니다. 그것은 상징이며 진정한 문장(紋章)이다. 토템의 문장과 문장학(紋章學)적 문장의 유사점이 종종 주목되었다. 그레이는 오스트레일리아 사람들에 대해 "각 가족은 동물 또는 식물을 차용해 방패꼴의 문장과 표지로 사용했다"[55]고 말했다. 그레이가 가족이라고 부른 것은 이론의 여지없이 씨족이다. 피슨과 호잇도 "오스트레일리아 사람들의 조직은 무엇보다도 토템이 한 집단의 문장이라는 것을 보여준다"[56]고 말하고 있다. 스쿨크래프트는 북아메리칸 인디언들의 토템들에 대해 같은 용어로 표현한다. "토템은 사실상 문명화된 국가들의 문장에 해당하는 도안이며, 각 사람은 그가 속한 가족 정체성의 증거로서 토템을 지닐 권리가 있다. 이것은 토템이란 용어의 진정한 어원이 가족집단의 마을이나 거주지를 의미하는 도다임(dodaim)에서 파생되었다는 사실에 의해 입증된다."[57] 인디언들이 유럽인들과 관계를 맺을 때 또 그

있다. 그 결과 각 씨족은 여러 가지 토템을 가지게 되는데, 그 토템들 중의 어떤 것은 다른 씨족들과 공유하게 된다(Swanton, 앞의 책, 107쪽, 268쪽 참조할 것). 왜냐하면 스원턴이 씨족을 프라트리라고 부르기 때문에 이른바 씨족에게 가족이라는 명칭을 주고, 진짜 가족에게는 세대(household)라는 명칭을 붙여야 한다. 그러나 그가 사용한 용어의 진정한 의미가 무엇인가에 대해서는 의심할 여지가 없다.

55) Grey, 앞의 책, 228쪽.
56) Fison & Howitt, *Kamilaroi and Kurnai*, 165쪽.

들 서로 간에 계약을 체결할 때 각 씨족들은 결정된 조약에 그들의 토템으로 도장을 찍었다.[58]

봉건시대의 귀족들은 온갖 방법으로 그들 성의 벽면이나 무기들 그리고 그들에게 속한 온갖 종류의 사물들 위에 자신들의 문장을 조각하고 새기고 표시했다. 오스트레일리아 토인과 북아메리카 인디언들도 그들의 토템에 똑같은 일을 했다. 헤른(S. Hearne)과 동행했던 인디언들은 전투에 나가기 전에 그들의 방패 위에다 토템을 그려 넣었다.[59] 샤를브아(Charlevoix)에 따르면 인디언의 몇몇 부족들은 전투 시 장대 끝에 달린 작은 나무껍질 조각들로 만들어진 진짜 군기를 가지고 나가는데, 그 위에는 그들의 토템이 표현되어 있다.[60] 틀링키트족의 두 씨족 사이에 전투가 일어나면 두 적대집단의 투사들은 머리 위에다 각 씨족의 존경스러운 토템이 그려진 투구를 쓴다.[61] 이로쿼이족은 씨족을 표시하기 위해 각자의 오두막집 위에 그들의 토템 동물의 가죽을 올려놓는다.[62] 다른 관찰자에 따르면, 토템 동물을 박제로 만들어 문 앞에 세워놓기도 한다.[63] 와이언도트족 (Wyandot)에 속한 각 씨족은 자신들만의 고유한 장식들과 독특한 그

---

57) Schoolcraft, *Indian Tribes*, I, 420쪽. 같은 책, 52쪽과 비교. 하지만 이러한 어원학은 매우 이론의 여지가 많다. *Handbook of American Indians North of Mexicos*(Smithsonian Instit. bur. of ethnol., 2ᵉ partie, s.v. Totem, 787쪽)와 비교.

58) Schoolcraft, *Indian Tribes*, III, 184쪽; G. Mallery, "Picture Writing of American Indians", in *Tenth Rep.*, 1893, 379쪽.

59) Hearne, *Journey to the Northern Ocean*, 148쪽(J.G. Frazer, *Totemism*, 30쪽에서 재인용).

60) Charlevoix, *Histoire et description de la Nouvelle France*, V, 329쪽.

61) Krause, 앞의 책, 248쪽.

62) Erminnie A. Smith, "Myths of the Iroquois", in *Second Rep. of the Bureau of Ethnol.*, 78쪽.

63) Dodge, *Our Wild Indians*, 225쪽.

림들을 가지고 있다.[64] 오마하족(Omaha)과 수족(Sioux)의 경우 일반적으로 토템이 천막 위에 그려져 있다.[65]

사회가 정착되면서 천막이 집으로 바뀌고 조형미술이 보다 많이 발전된 곳에서는 토템이 목공예품이나 벽 위에 새겨진다. 예를 들면 하이다족, 침시안족, 살리시족, 틀링키트족에서 그러한 일이 일어난다. 크라우제는 "틀링키트족에서 볼 수 있는 가옥의 특수한 장식이 바로 토템의 문장이다"라고 말한다. 문 입구에 세워진, 때로는 15야드에 이르는 장대 위에 종종 인간의 형상과 결합되는 동물의 형상들이 조각되기도 한다. 토템은 일반적으로 눈에 매우 잘 띄는 색깔로 그려져 있다.[66] 하지만 틀링키트족 마을에서는 이러한 토템 형상들의 수가 그리 많지는 않다. 그것들은 추장의 집이나 부유한 사람들의 집 앞에서만 발견된다. 이웃 종족인 하이다족에서는 토템 형상들이 훨씬 더 빈번하게 나타난다. 거기에서는 집집마다 몇 개씩 그러한 형상을 언제나 지니고 있다.[67] 사방에 솟아 있고 때로는 엄청나게 높은 수많은 조각 기둥 때문에 하이다족 마을은 마치 종탑이 비죽비죽 솟고, 작은 회교사원의 탑들이 솟아 있는 성시(聖市) 같은 인상을 준다.[68] 살리시족에서는 집의 내부 벽에 토템이 종종 나타난다.[69] 그

---

64) Powell, "Wyandot Government", in *Annual Report of the Bureau of Ethnology*, I, 1881, 64쪽.

65) Dorsey, "Omaha Sociology", in *Annual Report of the Bureau of American Ethnology*, III, 229쪽, 240쪽, 248쪽.

66) Krause, 앞의 책, 130~131쪽.

67) 같은 책, 308쪽.

68) 스원턴의 책에 있는 하이다족 마을의 사진 참조할 것(앞의 책, PLIX). E.B. Tylor, "Totem Post of the Haida Village of Masset", in *J. A. I.*, Nouvelle série, I, 133쪽과 비교.

69) H. Tout, "Report on the Ethnology of the Statlumh of British Columbia", in *J. A. I.*, t. XXXV, 1905, 155쪽.

밖에 통나무배, 온갖 종류의 집기들 그리고 장례식 비석들 위에서도 토템을 볼 수 있다.[70]

앞서 열거한 예들은 오로지 북아메리칸 인디언들에게만 해당되는 것이다. 이러한 조각, 조판, 영구적인 그림들이 거기서만 가능했기 때문이다. 북아메리카에서는 조형예술의 기법이 오스트레일리아 종족들이 도달하지 못한 완벽한 수준에 이미 도달하고 있었다. 따라서 방금 언급되었던 종류의 토템 표상은 미국과 비교해 오스트레일리아에서는 훨씬 드물고 눈에 잘 보이지 않는다. 그럼에도 불구하고 오스트레일리아의 몇 가지 경우를 인용하기로 한다. 와라뭉가족은 장례식이 끝날 때 미리 말려서 가루로 만든 죽은 자의 뼈들을 묻는다. 그 뼈들이 놓인 장소 옆에는 토템 형상이 땅 위에 그려진다.[71] 마라족과 아눌라족에서는 토템의 특성을 나타내는 도안으로 장식된 속이 빈 나무속에 시체가 놓인다.[72] 뉴사우스웨일스에서 옥슬레이(Oxley)는 토착민이 묻혀 있는 무덤 곁에 있는 나무들 위에 어떤 형상들이 새겨져 있는 것을 발견했는데, 스미스(B. Smyth)는 그 형상들에게 토템의 특성을 부여했다.[73] 달링(Darling) 고지의 토착민들은 그들의 방패 위에 토템 이미지들을 새긴다.[74] 콜린스(Collins)에 따

---

70) Krause, 앞의 책, 230쪽; Swanton, *Haida*, 129쪽, 135쪽 이하; Schoolcraft, *Indian Tribes*, I, 52~53쪽, 337쪽, 356쪽. 후자의 경우에 토템은 거꾸로 되어 있는데, 그것은 애도의 표시이다. 우리는 그리크족(Greek)에서도 토템이 이와 유사하게 사용된 경우를 찾아볼 수 있다(C. Swan, in Schoolcraft, *Indian Tribes of the United States*, 265쪽 참조할 것). 델라웨어족(Delaware)에게도 그렇다(Heckewelder, *An Account of the History, Manners and Customs of the Indian Nations who once inhabited Pennsylvania*, 246~247쪽).

71) Spencer · Gillen, *North. Tr.*, 2쪽, 168쪽, 537쪽, 540쪽.

72) 같은 책, 174쪽.

73) B. Smyth, *The Aborigines of Victoria*, I, 99쪽.

74) 같은 책, 284쪽. 슈트렐로는 아룬타족에서 같은 종류의 사실을 인용하고 있다

르면 거의 모든 집기들이 사실상 똑같은 의미를 갖고 있는 장식들로 덮여 있다. 바위 위에서도 같은 종류의 그림들을 볼 수 있다.[75] 이러한 토템의 도안들은 생각보다 훨씬 더 빈번하게 나타난다. 왜냐하면 그 이유는 좀더 나중에 설명되겠지만, 그 진정한 의미가 무엇인지 알아내는 것이 언제나 쉽지 않기 때문이다.

이러한 여러 가지 사건들로 미루어 보면 토템이 원시인들의 사회 생활에서 중요한 위치를 차지했다는 것을 짐작할 수 있다. 하지만 지금까지도 토템은 비교적 인간의 외부에 있는 어떤 것으로 보인다. 왜냐하면 우리는 토템이 단지 외적인 사물들 위에 표현되는 것만을 보았기 때문이다. 그러나 토템 이미지들은 단지 집의 벽돌, 통나무배의 벽면들, 그들의 무기나 도구, 무덤들에서만 나타나는 것이 아니라 사람의 몸 위에도 나타난다. 사람들은 그들이 소유하는 사물들 위에 그들의 문장을 새겨 넣을 뿐 아니라 그들의 몸에도 지니고 다닌다. 문장을 그들의 살 속에 새겨 넣어 그 자신의 일부로 만든다. 이러한 표현방식이야말로 가장 중요한 것이라 할 수 있다.

사실상 각 씨족의 구성원들이 토템의 외모를 가지려는 것은 매우 일반적인 규칙이다. 틀링키트족이 어떤 종교 축제를 할 때 그 의식을 인도하기로 정해진 사람은 전체적이건 부분적이건 그 씨족의 명칭에 해당되는 동물의 몸을 표현하는 옷을 입는다.[76] 이러한 목적을 위해 특수한 가면들이 이용된다. 또한 미국의 북서 지역에서 이와 동일한 관행들을 찾아볼 수 있다.[77] 민이타리족(Minnitaree)이 전쟁에 나

(III, 68쪽).

75) Collins, *An Account of the English Colony in N. S. Wales*, II, 381쪽.

76) Krause, 앞의 책, 327쪽.

77) Swanton, "Social Condition, Belief and Linguistic Relationship of the Tlingit Indians", in XXIVth *Rep.*, 435쪽 이하; Boas, *The Social Organization and the*

갈 때 같은 관행들을 볼 수 있으며,[78] 푸에블로 인디언들에게서도 마찬가지의 모습을 볼 수 있다.[79] 게다가 토템이 새인 경우 사람들은 머리 위에 이 새의 깃털을 달고 다닌다.[80] 아이오와족(Iowa)에서는 각 씨족들이 머리카락을 자르는 독특한 양식을 가지고 있다. 독수리 씨족들은 두 가닥의 커다란 머리 타래를 이마 앞으로 내린다. 반면 다른 씨족은 머리 타래를 뒤로 넘긴다. 물소 씨족은 머리를 뿔 모양으로 만든다.[81] 오마하족에서도 이와 유사한 모습이 발견되는데, 각 씨족은 자신들의 독특한 머리모양을 하고 있다. 예를 들어 거북이 씨족에서는 여섯 개의 머리다발을 제외하고는 다 잘라버리는데, 머리 양옆에 두 개씩 그리고 앞에 하나, 뒤에 하나를 배치해서 마치 거북이 네발과 머리, 꼬리를 모방하는 식으로 머리칼을 배열하고 있다.[82]

그러나 대개의 경우 신체 위에 토템의 표지가 새겨진다. 심지어 가장 진화가 덜 된 사회에서도 이리한 표현양식이 존재한다. 사춘기의 젊은 남자의 앞니 두 개를 뽑는 의식이 그렇게 빈번하게 일어난 것은 토템의 형태를 표현하기 위한 것이 아닌가 하는 의문이 때때로 제기되었다. 사실은 확정되지 않았다. 그러나 때로 토착민 자신들이 이러한 관습을 그와 같이 설명하는 것은 주목할 만하다. 예를 들면 아룬타족에서 이를 뽑는 일은 비나 눈의 씨족 안에서만 행해진다. 전통에 따르면 이를 뽑는 행동은 비가 가까워 왔음을 알리는, 밝은 테두리를

Secret Societies of the Kwakiutl Indians, 358쪽.
78) J. G. Frazer, *Totemism*, 26쪽.
79) Bourke, *The Snake Dance of the Maquis of Arizona*, 229쪽; W. Fewkes, "The Group of Tusayan Ceremonials called Katcinaas", in XVth *Rep.*, 1897, 251~263쪽.
80) Müller, *Geschichte der Amerikanischen Urreligionen*, 327쪽.
81) Schoolcraft, *Indian Tribes*, III, 269쪽.
82) Dorsey, "Omaha Socil.", in *Third Rep.*, 229쪽, 238쪽, 240쪽, 245쪽.

지닌 어떤 검은 구름과 유사한 형태로 그들의 표정을 만들려는 의도에서 행해지는 것 같다. 또한 이러한 이유로 검은 구름은 같은 족의 사물로 여겨진다.[83] 이것은 이러한 변형들이 적어도 인습적으로는 토템의 모습을 주려고 의도되었다는 것을 토착민 자신이 인식하고 있다는 증거이다. 동일한 아룬타족에서도 상처를 내는 의식이 진행되는 동안 어떤 모양의 상처들이 초심자의 자매나 미래의 아내들에게 행해진다. 결과적으로 그러한 상처의 형태는 성스러운 사물들, 즉 추링가(Churinga)[84]라고 불리는 것 위에 나타나게 된다. 우리는 이것에 대해 곧 말하게 될 것이다. 따라서 우리는 이와 같이 추링가 위에 그려진 선들이 토템의 상징이라는 사실을 알게 될 것이다.[85] 카이티 시족은 유로(euro, 캥거루의 일종)가 비와 밀접하게 관련된 것으로 여긴다.[86] 비〔雨〕 씨족의 사람들은 귀에 유로의 이빨로 만들어진 작은 귀고리를 달고 다닌다.[87] 예클라족(Yerkla)은 입문 시에 젊은 남자들에게 흉터가 남을 몇 가지 상처를 입힌다. 이러한 상처들의 수와 형태는 토템들에 따라 다양하다.[88] 피슨의 정보제공자 중 하나는 그가 관찰했던 부족들 안에서 똑같은 사건들이 일어났음을 지적하고 있다.[89] 호잇에 따르면 디에리족에서도 상처의 어떤 배열과 물의 토템들 사이에 상관관계가 존재한다.[90] 북서 지역 인디언들의 경우에는

---

83) Spencer · Gillen, *Nat. Tr.*, 451쪽.

84) 중부 오스트레일리아의 원주민들이 만든 나무나 돌의 조각물로, 신성한 것으로 여겨진다—옮긴이.

85) Spencer · Gillen, 앞의 책, 257쪽.

86) 좀더 뒤에서(이 책, 제2권 제4장) 이러한 연관관계가 무엇을 의미하는지를 알게 될 것이다.

87) Spencer · Gillen, *North. Tr.*, 296쪽.

88) A.W. Howitt, *Nat. Tr.*, 744~746쪽; 129쪽과 비교.

89) Fison & Howitt, *Kamilaroi and Kurnai*, 66쪽, note. 이 사실은 다른 정보자들에 의해서도 입증되었다.

토템을 문신으로 새기는 것이 매우 일반화되어 있다.[91] 그러나 절단
이나 상처에 의해 만들어진 문신들이 항상 토템적인 의미를 지닌 것
은 아니라 해도 그것은 몸 위에 그려진 단순한 그림들과는 다르다.[92]
그것들은 일반적으로 토템의 표현이다. 사실상 토착민은 토템의 표
현들을 항상 지니고 다니지는 않는다. 그가 순수하게 경제적인 일에
투신할 때, 가족의 소집단들이 사냥을 하거나 낚시를 하기 위해 흩
어질 때, 그는 상당히 복잡한 이러한 소지품들을 거추장스럽게 가지
고 다니지 않는다. 그러나 씨족들이 공동생활을 위해 모이고 종교예
식을 행할 때는 의무적으로 몸치장을 해야 한다. 우리가 나중에 보게
되겠지만 이러한 예식 하나하나는 특별한 토템과 관련되어 있다. 그
리고 원칙적으로 토템과 관련된 의례는 이러한 토템을 가진 사람들
만 수행할 수 있었다. 따라서 의식 주례자의 역할을 수행하는 사람들
은[93] 말할 것도 없고 때로는 구경꾼으로 참석한 사람들까지도 토템
을 상징하는 도안들을 몸 위에 지니고 다닌다.[94] 젊은이를 종족의 종

---

90) A.W. Howitt, 앞의 책, 744쪽.

91) Swanton, *Contributions to the Ethnology of the Haida*, 41쪽 이하. XX와 XXI;
Boas, *The Social Organization of the Kwakiutl*, 318쪽; Swanton, *Tlingit*, Pl. XIV
이하. 어떤 한 지역에서—우리가 특수하게 다루고 있는 두 지역의 밖에 있는
—이러한 문신들이 씨족에게 속한 동물들에게 새겨졌다. 남아프리카의 베
추아나족(Bechuana)은 여러 씨족으로 나뉜다. 거기에는 악어족, 물소족, 원
숭이족 등이 있다. 예를 들면 악어족은 그들의 가축의 귀에 악어의 입을 연상
케 하는 상처를 만든다(Casalis, *Les Basoutos*, 221쪽). 스미스에 따르면 같은 관
습이 고대 아랍족들에도 존재했다(R. Smith, *Kinship and marriage in Erly Arabia*,
212~214쪽).

92) 스펜서와 길런에 따르면 종교적인 의미가 전혀 없는 것도 있다(*Nat. Tr.*,
41~42쪽; *North. Tr.*, 45쪽, 54쪽, 56쪽 참조할 것).

93) 좀더 나중에 설명하겠지만, 아룬타족의 이러한 규칙은 예외를 포함하고 있다.

94) Spencer · Gillen, *Nat. Tr.*, 162쪽; *North. Tr.*, 179쪽, 259쪽, 292쪽, 295~296쪽;
Schulze, 앞의 글, 221쪽. 이렇게 표현된 것이 항상 토템 그 자체는 아니지만,

교생활 속에 들어가게 하는 중요한 입문의례 중 하나는 그의 몸에 토템 상징을 그려 넣는 것이다.[95] 사실상 아룬타족에서는 이렇게 그려진 그림이 항상 필연적으로 입문자의 토템을 나타내지는 않는다.[96] 그러나 이것은 분명히 이 종족의 토템 조직이 처해 있는 혼란상태에서 기인된 예외라 하겠다.[97] 게다가 아룬타족에서도 가장 엄숙한 입

이러한 것들 가운데 한 개라도 토템과 관련 있기 때문에 같은 부류의 사물들로 여겨졌다.

95) 예를 들면 이것은 와라뭉가족, 왈파리족, 왈말라족(Walmala), 칭길리족, 움바이아족, 운마체라족에서도 찾아볼 수 있는 경우이다(Spencer·Gillen, *North. Tr.*, 348쪽, 339쪽). 와라뭉가족에서는 그림이 그려졌을 때 그 그림을 그린 사람들이 입문자에게 다음과 같은 말을 한다. "이 표지는 너의 지역에 속하는 것이다. 다른 지역에 대해서 눈길을 돌리지 말아라." 스펜서와 길런은 "이 말은 젊은이가 자신의 것과 다른 토템들에 속하는 예식에 간섭해서는 안 된다는 의미이다. 이러한 예식은 또한 인간과 그의 토템 그리고 이 토템에 특수하게 성별된 장소 사이의 긴밀한 결합을 보여주고 있다"라고 말한다(같은 책, 584쪽). 와라뭉가족에서는 토템이 아버지로부터 아이들에게 전수된다. 따라서 아버지의 지역은 아이들의 지역이 된다.

96) Spencer·Gillen, *Nat. Tr.*, 215쪽, 241쪽, 376쪽.

97) 이 부족에서 아이들은 일반적으로 그의 아버지나 어머니, 그의 친척들의 토템과는 다른 토템을 가질 수 있다는 것을 환기해야 할 것이다. 그런데 어머니, 아버지의 근친들이 입문예식의 수행자로 지명된다. 결국 원칙적으로 한 남자는 그가 속한 토템예식을 위해서만 수행자나 의식 주례자의 자격을 가지기 때문에 어떤 경우 젊은이를 입문시키는 예식은 그 자신의 것이 아닌 토템과 연결될 수 있음이 틀림없다. 신참자의 몸에 그려진 그림들이 필연적으로 그의 토템을 표현하지 않을 수 있는 것은 바로 그러한 이유 때문이다. 스펜서와 길런에 있어서도 이러한 경우를 찾아볼 수 있을 것이다(같은 책, 229쪽). 그럼에도 불구하고 만일 토템 조직이 교란되지 않았다면, 또 아룬타족의 토템조직이 와라뭉가족의 토템 조직과 동일하다면 할례예식이 본질적으로 입문자의 지역집단에서 우세한 토템에 속하게 된다는 것, 다시 말하면 할례예식이 입문자 자신의 토템에 속하게 된다는 사실에는 무엇인가 비정상적인 것이 있음을 알 수 있다(같은 책, 219쪽). 이와 동일한 교란은 다른 결과를 초래했다. 일반적으로 그러한 교란은 각 토템과 어떤 결정된 집단을 묶고 있는 연결 끈을 약간 완화시키는 결과를 가져왔다. 왜냐하면 동일한 토템이 모든 지역집

문의식, 즉 대관식이나 봉헌의식 등을 수행할 때나 초심자가 그 씨족에게 속한 모든 성스러운 사물들이 보관되어 있는 성소에 들어가도록 허락될 때, 사람들은 그의 몸에 상징적인 그림을 그린다. 따라서 이때 젊은이의 토템이 표현된다.[98] 북아메리카의 북서쪽에 있는 종족들에서는 개인과 그의 토템을 묶고 있는 유대가 굉장히 강력해서 그 씨족의 상징이 살아 있는 사람뿐 아니라 심지어 죽은 사람들에게도 그려질 정도이다. 즉 시체를 매장하기 전에 시체 위에 토템의 표지를 해놓는다.[99]

3. 토템 상징의 거룩한 특성. 추링가(churinga), 누르툰자(nurtunja), 와닝가(waninga), 토템 상징의 인습적 특성

이러한 토템 장식들은 토템이 단순한 명칭이나 상징에 불과하지 않다는 사실을 보여준다. 종교예식이 진행되는 동안 그리힌 장식들

단 안에서, 심지어 두 프라트리 안에서도 그 구성원들을 가질 수 있기 때문이다. 어떤 토템의식이 다른 토템을 가진 개인에 의해 거행될 수 있다는 관념—우리가 다음에서 더 잘 보게 되겠지만 토템 숭배의 원리 자체와도 반대되는 개념—은 이렇게 해서 그렇게 큰 저항 없이 성립될 수 있었다. 어떤 사람이 그 예식이 거행되는 집단토템에 속하지 않는다 할지라도 정령이 그에게 예식 절차를 알려주었다면 그것을 주재할 자격이 있다고 인정했다(같은 책, 519쪽). 그러나 이것은 규칙의 예외이고 일종의 관대함의 산물이다. 이러한 사실은 이와 같이 예식 절차를 알려준 사람도 그것을 마음대로 처리할 권리가 없다는 점이 입증하고 있다. 만일 그가 그러한 권리를 다른 사람에게 넘긴다면—이러한 양도는 자주 일어난다—그것은 의례와 관련된 토템의 구성원들에게만 가능하다(같은 곳).

98) 같은 책, 140쪽. 이러한 경우 신참자는 이렇게 꾸며진 장식을 시간의 흐름에 따라 그것이 지워질 때까지 지니고 다닌다.

99) Boas, "General Report on the Indians of British Columbia", in *British Association for the Advancement of Science, Fifth Rep. of the Committee on the N. W. Tribes of the Dominion of Canada*, 41쪽.

이 사용된다. 그것들은 예배의식의 일부이다. 그러므로 토템은 집단의 표시인 동시에 종교적인 특성을 가진다. 사실상 사물들이 성스러운 것과 속된 것으로 분류되는 기준은 토템과의 관계에 의해서이다. 토템은 성스러운 사물들의 전형이다.

중앙 오스트레일리아의 부족들 중 주로 아룬타족, 로리차족, 카이티시족, 운마체라족, 일피라족(Ilpirra)[100]은 의례를 행할 때 스펜서와 길런에 따르면 아룬타족의 경우 추링가라고 불리고, 스트렐로에 의하면 츄룽가(tjurunga)라고 불리는 어떤 도구들을 끊임없이 사용한다.[101] 그것은 여러 가지 형태를 띨 수 있지만 일반적으로는 타원형이나 계란형의 형태를 띤, 나뭇조각들이나 윤이 나는 돌멩이 조각들이다.[102] 각 토템집단은 다소간 중요한 이러한 수집품을 가지고 있다. 그것들 각각 위에는 해당 집단토템을 나타내는 그림이 새겨져 있다.[103] 상당수의 추링가 한쪽 끝에 구멍을 뚫어 사람의 머리카락이나 주머니쥐의 모피로 만든 실을 끼운다. 나무로 되어 있으면서 이런 식으로 구멍이 뚫린 추링가들 중 어떤 것들은 정확하게 영국의 민속학자들이 불로러(bull-roarer, 종교의식에 사용하는 악기)라고 이름 붙인 예배 도구들과 똑같은 목적에 사용된다. 그것들에 매달린 끈을 재빠르게 공중에서 돌림으로써 오늘날까지 아이들이 가지고 노는 요괴

---

100) 그것은 와라뭉가족에게도 나타나지만 아룬타족의 경우보다 좀더 수가 적다. 그리고 비록 그들이 신화에서 어떤 위치를 차지한다 하더라도 토템예식에는 나타나지 않는다.

101) 다른 종족들에게는 다른 명칭들이 사용된다. 우리는 아룬타족의 용어에 총칭적인 의미를 부여한다. 왜냐하면 바로 이 종족 안에서 추링가가 가장 중요한 자리를 차지하고, 또 가장 잘 연구되었기 때문이다.

102) C. Strehlow, II, 81쪽.

103) 수적으로는 적지만 드러날 만한 어떤 그림도 갖고 있지 않는 몇몇 부족도 있다(Spencer·Gillen, 앞의 책, 144쪽).

소리 장난감이 만들어내는 것과 같은 윙윙 소리를 낸다. 귀청을 찢는 듯한 이러한 소리는 의례에서 중요하게 여겨지며, 모든 중요한 예식에 동반된다. 그러므로 이러한 종류의 추링가가 진정한 블로러이다. 그러나 나무로 되어 있지도 않고 구멍이 뚫리지도 않은 다른 것들도 있다. 따라서 그것들은 이와 같은 방법으로 이용될 수 없다. 하지만 그것들도 역시 종교적인 경외심을 불러일으킨다.

사실상 특정한 목적으로 쓰이는 모든 추링가는 가장 성스러운 사물들에 포함된다. 종교적 권위에 있어서 그것을 능가하는 것은 아무것도 없다. 이것은 추링가를 지칭하는 단어에 의해서도 밝혀진다. 추링가는 성스러움을 의미하는 명사인 동시에 형용사이다. 따라서 각 아룬타족 사람이 지니고 있는 여러 가지 명칭들 중에는 너무나 거룩해서 이방인에게 가르쳐 주는 것이 금해진 것도 있다. 사람들은 그 단어를 여간해서는 발음조차 하지 않으며, 발음을 할 경우에도 어떤 신비스러운 신음을 하는 것처럼 아주 낮은 소리로 발음한다. 이 명칭은 아리트나(aritna) 추링가라고 불린다(아리트나는 이름이라는 뜻이다).[104] 좀더 일반적으로 추링가라는 단어는 모든 의례 행위를 지칭한다. 예를 들면 일리아(ilia) 추링가는 에뮤(emou) 숭배를 의미한다.[105] 명사적으로 사용된, 매우 짧은 추링가는 성스러움을 그 본질

---

104) 같은 책, 139쪽과 648쪽; C. Strehlow, II, 75쪽.
105) 츄룽가라는 용어를 사용한 슈트렐로는 이 단어를 약간 색다르게 해석한다. "이 단어는 비밀스럽고 사적(私的)인 것을 의미한다(der eigene geheim). 츄(tju)는 숨겨진 것, 비밀스러움을 의미하는 오래된 단어이고 룽가(runga)는 나에게 속한 것을 의미한다." 그러나 이 문제에 있어서 슈트렐로보다 더 권위 있는 켐페(Kempe)는 츄를 크고 강력하고 성스러운 것으로 번역했다("Vocabulary of the Tribes inhabiting Macdonell Ranges, S. V. Tju.", in *Transactions of the R. Society of Victoria*, t. XIII). 사실상 슈트렐로의 번역은 우선 다른 사람의 해석과 그리 다르지 않다. 왜냐하면 비밀스러운 것은 속된 사람들에게 알려지기를 꺼려하는 것, 다시 말하면 성스러운 것이기 때문이다. 룽

적인 특성으로 하는 사물들을 지칭한다. 마찬가지로 속된 사람들, 즉 아직까지 종교생활에 입문하지 못한 여자들과 어린 남자들은 추링가를 만질 수도 없고 볼 수조차 없다. 그들에게 단지 먼발치에서 추링가를 보도록 허락하는 것조차도 지극히 드문 일이다.[106]

추링가는 아룬타족이 에르트나툴룽가(ertnatulunga, 지성소)[107]라고 부르는 특별한 장소에 경건하게 보존된다. 그것은 황량한 장소에 위장된 일종의 작은 지하실과 같은 동굴이다. 입구는 너무나 교묘하게 돌로 막혀 있기 때문에 이방인은 그 옆을 지나가더라도 가까이에 그 씨족의 종교적 보물이 있다는 것을 알아차릴 수 없을 정도이다. 추링가의 성스러운 특성은 너무나 커서 그것들이 묻혀 있는 장소까지도 거룩하게 여겨질 정도이다. 여자들과 입문하지 않은 사람들은 거기에 접근할 수 없다. 젊은이가 그곳에 접근할 수 있는 것도 입문이 완전히 끝났을 때만 가능하다. 또는 몇 년 동안의 시련 기간이 끝나야만 이러한 혜택을 받을 자격이 주어지는 경우도 있다.[108] 그 장소의 종교적 성격은 멀리까지 뻗어나가고 주위의 여러 곳으로 전달된다. 그 주위에 있는 모든 것은 같은 성격을 띠게 되고, 이러한 이유로 속된 것의 접근이 금지된다. 인간이 다른 사람에게 추격받을 때 만일 그가 에르트나툴룽가까지 이른다면 그는 구원받는다. 사람들은 그

가라는 단어에 부여된 의미에 관해서 말하자면 그것은 매우 의심스러워 보인다. 에뮤의 예식들은 그 씨족의 전 구성원들에게 속해 있다. 모든 사람은 거기에 참석할 수 있다. 따라서 그러한 예식은 성원들 중 어느 누구의 사적인 사물들은 아닌 것이다.

106) Spencer · Gillen, 앞의 책, 130~132쪽; C. Streholw, II, 78쪽. 추링가를 본 여자와 그녀에게 그것을 보여준 남자는 둘 다 사형에 처해졌다.

107) 슈트렐로는 이 장소를, 스펜서와 길런이 사용한 용어로 정확하게 정의된 단어, 즉 에르트나툴룽가 대신 아르크나나우아(arknanaua)라고 부른다(C. Strehlow, II, 78쪽).

108) Spencer · Gillen, 앞의 책, 140쪽, 270쪽.

를 붙잡을 수 없다.[109] 심지어 거기에 은신한 부상한 동물까지도 존경을 받게끔 되어 있었다.[110] 거기에서는 싸움이 금지되었다. 독일사회에서 말하는 것처럼 그곳은 평화의 장소이며 토템집단의 지성소이며 진정한 피난처이다.

그러나 추링가의 효능은 속인을 멀리하는 방식으로만 나타나는 것은 아니다. 추링가를 따로 보관하는 이유는 그것이 종교적으로 높은 가치를 지닌 사물이며, 만일 추링가를 잃는다면 집단과 개인에게 심각한 손실을 가져오기 때문이다. 추링가는 온갖 종류의 경이적인 특성들을 가지고 있다. 추링가를 만지면 상처, 특히 할례에 의한 상처들이 낫는다.[111] 그것은 또한 병에 대해서도 같은 효과를 가지고 있다.[112] 또한 수염을 자라게 하는 데도 이용된다.[113] 그것은 토템종(種)들에 대해서도 중요한 능력들을 부여하여, 그것들의 정상적인 번식을 보장해준다.[114] 추링가는 인간에게 힘과 용기와 인내를 주는가 하면 반대로 적을 약하게 만들고 사기를 저하시킨다. 이러한 종

---

109) 같은 책, 135쪽.
110) C. Strehlow, II, 78쪽. 하지만 슈트렐로는 에르트나툴룽가 가까이에 피신한 살인자가 가차 없이 추적당해서 사형에 처해졌다고 말한다. 우리는 이 사실과 동물들이 누렸다는 특권을 양립시키기가 좀 어렵다. 우리는 죄인에 대한 이러한 엄격함이 좀더 최근의 것이 아닌지, 또는 그것이 원래 에르트나툴룽가를 보호하는 터부가 약화된 데서 기인하는 것이 아닌지 의문을 품게 된다.
111) Spencer · Gillen, 앞의 책, 248쪽.
112) 같은 책, 545~546쪽; C. Strehlow, II, 79쪽. 예를 들면 돌로 된 추링가를 긁어서 떨어진 먼지를 물에 녹여서 환자들에게 건강을 회복시켜주는 물약으로 이용한다.
113) Spencer · Gillen, 앞의 책, 545~546쪽. 슈트렐로(II, 79쪽)는 이 사실에 이의를 제기한다.
114) 예를 들면 얌(고구마의 일종) 토템의 추링가가 땅 속에 놓이면 얌을 자라게 한다(Spencer · Gillen, *North. Tr.*, 275쪽). 그것은 동물에게도 같은 능력을 가지고 있다(C. Strehlow, II, 76쪽, 78쪽; III, 3쪽, 7쪽).

류의 믿음은 너무 강하게 뿌리를 내리고 있어서 두 전투자가 싸우려고 서 있을 때, 그들 중 하나가 상대방이 추링가를 지니고 있다는 것을 알게 되면 곧 용기를 잃게 되고 그의 패배는 확실해진다.[115] 따라서 종교예식에서 추링가보다 더 중요한 자리를 차지하고 있는 다른 의례 수행의 도구는 없다.[116] 여러 가지 방식으로 기름을 바름으로써 추링가의 능력이 의식 주례자나 그 보조자들에게 전해진다. 그렇게 하기 위해서 기름을 칠한 후 추링가를 신도들의 사지(四枝)나 위(胃)에 문지른다.[117] 때때로 사람들은 솜털로 추링가를 싸놓아서 그것을 돌릴 때 사방으로 솜털이 날아올라 흩어지도록 한다. 이것은 추링가 안에 있는 효능을 흩어지게 하는 방법이다.[118]

추링가는 개인에게만 유용한 것이 아니다. 전 씨족집단의 운명이 집단적으로 그것에게 달려 있다. 추링가를 잃는 것은 곧 재난이다. 그 일은 집단에 일어날 수 있는 가장 큰 재난이다.[119] 예를 들어 어떤 이방집단에 추링가를 빌려줄 때 그것들은 이따금 보관소인 에르트나툴룽가를 떠나기도 한다.[120] 그것은 진정한 공공의 슬픔이다. 2주일 동안 그 토템에 속한 사람들은 마치 그의 근친들 중 누군가를 잃은 때처럼 울고 애도하고 몸에다 흰 점토를 바른다.[121] 또한 개인들 각자가 마음대로 추링가를 사용할 수 없다. 추링가들이 보관되어 있

115) Spencer · Gillen, *Nat, Tr.*, 135쪽 ; C. Strehlow, II, 79쪽.

116) Spencer · Gillen, *North. Tr.*, 278쪽.

117) 같은 책, 180쪽.

118) 같은 책, 272~273쪽.

119) Spencer · Gillen, *Nat. Tr.*, 135쪽.

120) 어떤 집단은 다른 집단에서 추링가를 빌려온다. 이런 일은 추링가가 그들에게 어떤 효능들을 제공해줄 것이라는 생각, 즉 추링가의 존재가 개인들과 집단의 활력을 북돋워 준다는 생각에서 행해진다(같은 책, 158쪽 이하).

121) 같은 책, 136쪽.

는 에르트나툴룽가는 그 집단 우두머리의 통솔하에 놓여 있다. 확실히 각 개인들은 어떤 추링가에 대해서 특수한 권리를 가지고 있는 것이 사실이다.[122] 하지만 그가 어느 정도의 소유권을 가지고 있다 하더라도 그는 족장의 동의와 지휘하에서만 추링가를 사용할 수 있다. 그것은 집단의 보물이다. 그것은 씨족의 거룩한 방주이다.[123] 그들이 추링가에 바치는 헌신은 그것에 부여된 높은 가치를 보여준다. 그들이 추링가에 대해 품고 있는 존경심은 그것을 다룰 때의 엄숙한 행동으로 나타난다.[124] 사람들은 추링가를 돌보고 기름을 칠하고 문지르고 윤을 낸다. 추링가를 어떤 지역에서 다른 지역으로 옮길 때 바로 예식들이 행해지는 데, 예식들은 이러한 이동이 가장 중요한 행위라는 것을 입증한다.[125]

추링가 자체는 다른 사물들과 마찬가지로 나무와 돌로 된 사물들이다. 그것은 한 가지 특성에 의해서 같은 종류의 속된 사물들과 구별된다. 그 특성이란 추링가 위에 토템의 표지가 그려져 있거나 새겨져 있다는 것이다. 따라서 오직 이러한 표지만이 그들에게 성스러운 특성을 부여한다. 스펜서와 길런에 따르면 추링가는 선조들의 영혼이 거주하는 장소로 쓰이며, 그것의 성스러운 특성을 부여해주는 것은 바로 이러한 영혼의 존재이다.[126] 한편 슈트렐로는 이러한 해석이

---

122) 각 개인은 우선 그의 생명을 보장해주는 특별한 추링가, 그다음으로 부모로부터 유산으로 물려받은 추링가들과 특별한 관계에 의해 결합된다.

123) 같은 책, 154쪽, 193쪽. 추링가는 집단의 표시이기 때문에 개인들이 이방집단의 어떤 예식에 참석하기 위해 파견될 때 다른 종족의 사자(使者)가 지니는 지휘봉이 되기도 한다.

124) 같은 책, 326쪽. 불로러가 같은 방법으로 사용되고 있다는 것을 지적할 필요가 있다(J. Mathews, "Aboriginal Tribes of N. S. Wales and Victoria", in *Journal of Roy. Soc. of N. S. Wales*, XXXVIII, 307~308쪽).

125) Spencer · Gillen, 앞의 책, 161쪽, 250쪽 이하.

126) 같은 책, 138쪽.

부적합하다고 선언하면서도 전자와 현저하게 다르다고 할 수 없는 해석을 제안하고 있다. 그는 추링가가 선조들 몸의 이미지 또는 몸 자체로 여겨진다고 주장한다.[127] 따라서 어느 경우이든 물질적인 대상에다 선조들을 고정시키고 그것을 일종의 물신(物神)으로 만드는 것은 바로 선조들에 의해서 고취된 감정일 것이다. 그러나 우선 이 두 개념—이들은 신화의 문자적 의미에서만 차이가 난다—은 추링가에게 부여된 성스러운 특성들을 설명하기 위해서 분명히 후에 만들어진 것이다. 이러한 돌조각과 나뭇조각의 본질 속에는, 즉 그것들의 외적인 모양 속에는 선조들의 영혼의 중심지라든가 선조의 몸의 이미지로 여겨질 만한 것이 하나도 없다. 따라서 만일 사람들이 이러한 신화를 상상했다면 그것은 이러한 사물들이 그들에게 불러일으킨 종교적 경외심을 설명하려는 것이다. 이러한 경외심은 신화에 의해 생겨난 것이 아니다. 많은 신화적 설명처럼 이러한 설명은 약간씩 다른 용어로 같은 문제를 반복해 말함으로써 문제를 해결하려고 한다. 왜냐하면 추링가가 성스러운 것이라고 말하는 것과 추링가가 성스러운 존재와 이러이러한 관계를 맺고 있다고 말하는 것은 똑같은 사실을 두 가지 방식으로 말하는 것에 불과하기 때문이다. 이것은 사실을 설명하는 것이 아니다. 게다가 스펜서와 길런의 의견을 따를지라도 아룬타족에는 만인이 보아 알고 있듯이 그 집단의 선조들이 만든 추링가가 있다.[128] 이러한 추링가는 분명 위대한 선조들에 의해서

---

127) C. Streholw, I, 머리말 끝부분; II, 76~77쪽, 82쪽. 아룬타족에 있어서 그것은 선조들의 몸 자체이다. 로리차족에서는 이미지에 불과하다.

128) 아이가 막 태어나면 엄마는 아빠에게 조상의 영혼이 그녀 속에 들어온 장소를 지적해준다. 몇 명의 친척들을 동반한 아기 아버지는 그 장소를 방문하고 거기서 사람들은 조상이 화신한 순간에 떨어뜨렸다고 믿는 추링가를 찾는다. 만일 사람들이 추링가를 찾아내면 그것은 물론 그 집단의 어떤 선조들이 거기에 놓은 것으로 여겨진다(이것은 스펜서와 길런의 가설이다). 만일 사람

만들어진 것은 아니다. 그렇지만 그것들은 정도의 차이가 있을 뿐 다른 것들과 같은 효력을 가지고 있으며, 같은 방식으로 보관된다. 마지막으로 추링가를 영과 아무런 관련이 없는 것으로 여기는 종족도 있다.[129) 그러므로 추링가의 종교적인 본질은 다른 기원에서 오는 것이다. 만일 그것이 추링가에 있는 토템의 각인에서 비롯되지 않았다면 어디에서 올 수 있겠는가? 그러므로 종교의례에서 나타나고 있는 표현들은 사실상 이러한 이미지에 호소하고 있다. 사물들을 성스럽게 만드는 것은 거기에 새겨진 토템의 이미지이다.

그러나 아룬타족과 그 이웃 부족들에는 토템과 추링가와 확실하게 관련되어 의식에 쓰이는 다른 두 개의 도구들이 있는데, 추링가는 그것들의 구성에 관여한다. 두 개의 도구란 바로 누르툰자(nurtunja)와 와닝가(waninga)이다.

북부 아룬타족과 그와 인접한 부족들[130)에서 보이는 누르퉁가(nurtunga)[131)는 본질적으로 하나의 창이나 여러 개의 창 다발 또는 단순한 장대 등과 같은 수직적인 버팀목으로 만들어진다.[132) 머리카락으로 만들어진 띠나 작은 끈으로 풀 뭉치들을 그 둘레에 붙인다. 버팀대의 위에서 아래까지 내려오는 원형 또는 평행선으로 배열된 솜털이 그 위에 덧붙여진다. 그 꼭대기는 수리매의 깃털로 장식된다.

들이 그것을 발견하지 못한다면 그들은 정해진 방식에 따라서 새로운 추링가를 만든다(Spencer · Gillen, *Nat. Tr.*, 132쪽. C. Strehlow, II, 80쪽과 비교).

129) 와라뭉가족, 우라분나족, 워르가이아족, 움바이아족, 칭길리족 그리고 광기족(Guangi)이 그러한 경우에 해당된다(Spencer · Gillen, 앞의 책, 258쪽, 275쪽 이하). 스펜서와 길런은 이렇게 말한다. "그것들은 토템과의 관계 때문에 특별한 가치가 있는 것으로 여겨졌다"(같은 책, 276쪽). 아룬타족에서도 동일한 예들이 존재한다(같은 책, 156쪽).

130) 카이티시족, 일피라족, 운마체라족. 그러나 운마체라족에서는 드물다.

131) 슈트렐로는 트나탄자(tnatanja)라고 부른다.

132) 이따금 장대는 끝과 끝을 이어서 만든 매우 긴 추링가로 대치되기도 한다.

이것이 가장 일반적이고 전형적인 형태이다. 그것은 특수한 경우에 따라서 모든 종류의 변이들을 포함하고 있다.[133]

남부 아룬타족, 우란분나족(Uranbunna), 로리차족에서만 나타나는 와닝가는 유일한 모델을 가지고 있지 않다. 가장 본질적인 요소들로 축소된 와닝가는 1피트가 넘는 막대기나 몇 미터 높이의 창으로 만들어지는데, 때에 따라 한 개 또는 두 개의 가로대로 분할된 수직의 버팀목으로 구성된다.[134] 첫 번째 경우, 그것은 십자가의 형상을 이룬다. 사람의 머리칼 또는 주머니쥐의 모피로 만들어진 끈들이 십자가의 양팔과 중앙축 사이의 공간을 대각선으로 가로지르고 있다. 그것들은 서로를 죄면서 마름모 형태의 거미줄처럼 되어 있다. 만일 가로대가 두 개일 경우, 이러한 줄들은 두 개의 가로대를 이어주면서 그곳으로부터 버팀대의 꼭대기나 바닥으로 연결된다. 그것들은 때때로 매우 두꺼운 솜털 층으로 덮여 있어 보이지 않는 경우도 있다. 와닝가는 정말로 깃발 모양을 하고 있다.[135]

따라서 많은 중요한 의례에서 나타나는 누르툰자와 와닝가는 추링

---

133) 때로는 누르툰자의 꼭대기에 좀더 작은 다른 것이 매달려 있다. 어떤 누르툰자는 십자가나 T자의 형태를 지닌다. 좀더 드물게는 중앙 버팀목이 없는 경우가 있다(같은 책, 298~300쪽, 360~364쪽, 627쪽).

134) 이따금 가로대는 세 부분으로 나뉜다.

135) 같은 책, 231~234쪽, 306~310쪽, 627쪽. 누르툰자와 와닝가 외에도 스펜서와 길런은 말뚝이나 성스러운 깃발의 세 번째 종류, 즉 카와와(kauaua)를 구분하고 있다(같은 책, 364쪽, 370쪽, 629쪽). 게다가 그들은 솔직하게 그 기능을 정확하게 정의할 수 없다고 고백하고 있다. 그들은 단지 카와와는 "모든 토템들의 구성원들에게 공통된 어떤 것으로 여겨진다"라고만 언급한다. 그러나 슈트렐로에 따르면 스펜서와 길런이 말하는 카와와는 야생고양이 토템의 누르툰자일 것이다(III, 23쪽, n. 2). 이러한 동물이 종족의 숭배 대상이기 때문에 그것의 누르툰자가 존경 대상이 되는 이유는 모든 씨족에게 공통되기 때문일 것이라고 말한다.

가가 고취시키는 것과 매우 유사한 종교적 존경의 대상들이다. 사람들은 최대의 존경심을 나타내면서 그것을 제조하고 설치한다. 땅에 고정되어 있거나 의식 주례자에 의해서 운반된 그것들은 예식이 수행되는 중심을 표시해준다. 바로 그것들 주위에서 춤을 추고 의례들이 전개된다. 입문의식이 행해지는 과정에서 사람들은 입문자를 그 의식을 위해 설치된 누르툰자의 발치로 데리고 간다. 사람들은 그에게 "여기에 너의 아버지의 누르툰자가 있다. 그것은 이미 많은 젊은 이를 만드는 데 사용되었다"고 말한다. 그런 다음에 입문자는 누르툰자를 끌어안고 반드시 입을 맞춘다.[136] 이러한 입맞춤에 의해 그는 그곳에 머물고 있다고 여겨지는 종교적 요소와 관계를 맺기 시작한다. 그것은 젊은이에게 끔찍한 할례수술을 견디는 데 필요한 힘을 주는 진정한 영적 교제이다.[137] 게다가 누르툰자는 이러한 사회의 신화에서 중요한 역할을 한다. 위대한 조상들이 살던 우화시대에 그 종족의 영토는 동일한 토템을 가진 개인들로만 구성되었고 동료들에 의해 사방으로 확장되었다고 신화는 설명하고 있다.[138] 이러한 무리들 각각은 누르툰자를 가지고 있었다. 이 무리가 사냥을 하려고 흩어지기 전, 야영을 하려고 멈추었을 때 땅 위에다 그들의 누르툰자를 고정시키고 그 꼭대기에다 그들의 추링가를 매달아 둔다.[139] 즉 그것은 그들이 가지고 있는 귀중한 모든 것을 누르툰자에 맡긴다는 것을 의미한다. 동시에 누르툰자는 집단의 집결 중심지로 이용되는 일종의 지주(支柱)였다. 우리는 오마하족의 성스러운 말뚝과 누르툰자가 보여주는 유사성에 놀라지 않을 수 없다.[140]

---

136) Spencer · Gillen, 앞의 책, 309쪽, 342쪽.

137) 같은 책, 255쪽.

138) 같은 책, 제10장과 제11장.

139) 같은 책, 138쪽, 144쪽.

따라서 이러한 성스러운 특성은 단 하나의 원인에서 기인할 수밖에 없다. 그것이 토템을 물질적으로 표현하고 있다는 것이다. 사실상 누르툰자를 덮고 있는 솜털의 직선들이나 원형 고리, 또는 중심축에다 와닝가의 팔을 죄고 있는 여러 가지 색깔의 끈은 만드는 사람의 취향에 따라 자의적으로 배열되는 것이 아니다. 그것들은 토착민들이 생각하는바, 토템을 묘사하는 전통에 의해 엄격하게 규정된 형태와 일치하는 모습이어야만 한다.[141] 여기에서도 추링가의 경우와 마찬가지로 이러한 예배 도구들에 대한 존경심은 조상이 불러일으킨 존경심의 반영에 불과한 것이 아닌지 더 이상 자문할 필요가 없다. 왜냐하면 각 누르툰자와 와닝가의 효력은 그것을 사용하는 예식이 진행되는 동안만 지속된다는 것이 법칙이기 때문이다. 사람들은 필요할 때마다 그 모든 부품을 제작한다. 일단 의례가 끝나면 사람들은 누르툰자와 와닝가에서 모든 장식물들을 떼어내고 그것을 구성하는 부분들을 분리한다.[142] 따라서 그것들은 토템의 이미지, 그것도 일시적인 이미지에 불과하다. 그것들은 바로 이러한 근거 위에서 오직 이 근거 위에서만 종교적 역할을 하는 것이다.

그러므로 추링가, 누르툰자, 와닝가의 종교적 성격은 오로지 그것들 위에 그려진 토템 상징에서 기인되는 것임이 틀림없다. 성스

---

140) Dorsey, "A Study of Siouan Cults", in XIth. *Annual Report of the Bureau of Amer. Ethnology*, 413쪽; *Omaha Socioloy*, IIIth *Rep*., 234쪽. 사실 각 씨족마다 누르툰자가 하나씩 있는 반면, 성스러운 말뚝은 한 부족에 하나밖에 없다. 그러나 원리는 같다.
141) 같은 책, 182쪽, 186쪽, 232쪽, 308쪽, 313쪽, 334쪽 등.
142) 같은 책, 346쪽. 사실상 사람들은 누르툰자가 알체링가(Alcheringa) 시대에 각 씨족의 우두머리였던 선조의 창을 표시한다고 말한다. 그러나 그것은 상징적인 표현일 뿐이다. 그것은 선조로부터 직접 생겨난 것으로 여겨지는 추링가처럼 일종의 유전물이 아니기 때문이다. 여기서 해석의 이차적인 특성이 잘 드러난다.

러운 것은 바로 이러한 상징이다. 따라서 그 상징이 어떤 사물들 위에 표현되든지 그것은 성스러운 특성을 지닌다. 이따금 사람들은 바위 위에 상징을 그리기도 하는데, 이러한 그림들을 추링가 일키니아(churinga ilkinia), 즉 거룩한 도안이라고 부른다.[143] 종교예식을 행할 때 의식 주례자와 보조자들이 치장하는 장식들도 똑같은 명칭을 지니고 있다. 아이들과 여자들에게는 그것을 보는 것이 금지되었다.[144] 어떤 의례가 진행되는 동안 토템이 땅 위에 그려지는 때도 있다. 이것이 행해지는 방식은 이 그림이 불러일으키는 감정과 그것에 부여된 높은 가치를 증명해준다. 토템의 도안은 미리 사람의 피가 뿌려져 피로 적셔진 땅 위에 그려진다.[145] 그리고 조금 후에 살펴보겠지만 피는 경건한 일에만 쓰이는, 그 자체로 성스러운 액체이다. 그림이 완성된 후에 신도들은 그 앞의 땅에 가장 순수한 헌신의 자세로 앉는다.[146] 원시인의 심리상태를 표현하는 적합한 의미의 단어를 제시한다면 우리는 원시인이 도안을 숭배한다고 말할 수 있을 것이다. 이것은 우리로 하여금 어떻게 토템의 문장(紋章)이 북아메리칸 인디언들에게 매우 경건한 사물로 남아 있는가를 이해하도록 해준다. 도안은 항상 일종의 종교적 후광으로 싸여 있다.

그러나 어떻게 토템 표상이 성화(聖化)되었는가를 이해하려면 그러한 표상이 무엇으로 이루어졌는지를 알아야 한다.

북아메리칸 인디언들의 토템 도안은 이미지나 그림 또는 새기거나 조각된 것인데, 가능한 한 충실하게 토템 동물의 외적인 모습을 재현하려고 애쓴 것이다. 사용된 방법들은 아주 조잡한 것들을 제외하고

---

143) 같은 책, 614쪽 이하, 특히 617쪽; Spencer · Gillen, *North. Tr.*, 749쪽.
144) Spencer · Gillen, *Nat. Tr.*, 614쪽 이하, 749쪽, 특히 617쪽.
145) 같은 책, 179쪽.
146) 같은 책, 181쪽.

는 일반적으로 오늘날까지 우리가 비슷한 경우에 사용하는 방법들이다. 그러나 오스트레일리아에서는 다르다. 그리고 우리는 이러한 표상의 기원을 당연히 오스트레일리아 사회에서 추적해야 한다. 오스트레일리아 사람들은 비록 아주 초보적인 방법이지만, 사물들의 형태를 모방할 수 있는 충분한 능력이 있음에도 불구하고,[147] 대개 성스러운 장식물들을 만들면서 이러한 능력을 발휘하는 열성을 보이지 않고 있다. 추링가, 누르툰자, 바위, 땅, 인간의 몸 등의 표면에 그려지는 이러한 표상은 본질적으로 기하학적 그림들로 이루어져 있다. 이것들은 여러 가지 방식으로[148] 색칠된 곡선 또는 직선으로 그려지는데, 그것들을 종합해보아도 인습적인 의미밖에 없다. 도안과 그려진 사물들과의 관계는 너무나 간접적이고 거리가 멀기 때문에 그 뜻을 가르쳐 주기 전에는 그것을 알아볼 수조차 없다. 단지 씨족의 구성원들만이 이러이러한 선의 조합에 의해서 그것에 부여된 의미가 무엇인지를 이야기할 수 있을 뿐이다.[149] 일반적으로 남자와 여자들은 반원으로, 동물들은 완전한 원이나 나선으로, 남자나 동물의 흔적들은 점선 등으로 표현되었다.[150] 이러한 방법을 통해서 얻어낸 도안의 의미 역시 자의적이기 때문에 같은 도안이라도 다른 토템을 가진 사람들에게는 다른 의미를 가질 수 있다. 또한 여기서는 동물을 표상하는 것이 저기서는 다른 동물 또는 식물을 표상할 수 있다. 이것은 아마도 누르툰자와 와닝가의 경우에 더욱 분명하다고 할 수 있다. 그것

---

147) 스펜서와 길런이 제시한 *Nat. Tr.*, 그림 131을 보자. 그들 중 대대수는 물론 매우 인습적이기는 하지만 분명히 동물, 식물, 인간 머리 등을 나타내는 것을 목적으로 하고 있다.

148) 같은 책, 617쪽; Spencer · Gillen, *North. Tr.*, 716쪽 이하.

149) Spencer · Gillen, *Nat. Tr.*, 145쪽; C. Strehlow, II, 80쪽.

150) 같은 책, 151쪽.

들 각각은 다른 토템을 나타낸다. 그러나 그것을 구성하는 몇 안 되는 단순한 요소들로는 다양한 조합을 만들지 못한다. 그 결과 두 개의 누르툰자가 정확하게 똑같은 모습을 가질 수도 있고, 고무나무와 에뮤 새처럼 다른 두 가지 사물들을 표현할 수 있을 것이다.[151] 누르툰자를 제작할 때 예식 전체가 진행되는 동안 간직되는 의미를 그것에 부여하는데, 그 의미란 결국 인습에 의해서 고정된 것이다.

이것은 다음과 같은 사실을 입증해준다. 오스트레일리아 사람들이 그의 토템을 표상하려는 성향이 매우 강하다고 해도 그것은 토템에 대한 감각을 끊임없이 새롭게 해줄 초상을 눈앞에 가지려는 목적이 아니라는 것이다. 그 무엇이건 물질적이고 외적인 표지에 의해서 그가 토템에 대해 가지고 있는 관념을 표상해야 할 필요성을 느끼기 때문이다. 우리는 아직도 무엇 때문에 원시인이 자신의 토템에 대한 관념을 자신이나 다른 사물들 위에 써넣어야 할 필요성을 느꼈는지 이해할 준비가 되어 있지 못하다. 그러나 이 수많은 형상을 만들어 낸 필요의 본질이 무엇인지 바로 확인해보는 것은 중요하다.[152]

---

151) 같은 책, 346쪽.
152) 게다가 이 그림과 도안들이 또한 미학적 특성을 지니고 있다는 것을 의심할 여지가 없다. 이것이 예술의 최초 형태이다. 왜냐하면 이것들 역시 문어(文語)이기 때문에 도안과 문자의 기원들이 서로 일치되는 결과가 생긴다. 사람은 그들의 감각을 매혹시키는 아름다운 형태를 고정시키기 위해서라기보다는 자신들의 생각을 물질적으로 표현하기 위해 나무나 돌 위에 그림을 그리기 시작했음이 틀림없다(Schoolcraft, *Indian Tribes*, I, 405쪽; Dorsey, "A Study of Siouan Cults", in XIth. *Annual Report of the Bureau of Amer. Ethnology*, 394쪽 이하와 비교).

제2장 토템 신앙 2

토템 동물과 인간

그러나 토템의 이미지들만 유일하게 성스러운 사물은 아니다. 토템과 맺은 관계 때문에 의례의 대상이 되는 실제적인 존재들도 있다. 그것들은 다른 무엇보다도 토템종의 존재들과 그 씨족의 구성원들이다.

1. 토템 동물의 거룩한 특성

토템을 표현하는 도안들은 무엇보다도 종교적 감정들을 불러일으킨다. 때문에 이러한 도안이 재현하는 사물들도 어느 정도 동일한 특성을 가지는 것이 당연하다.

대부분의 경우 그 사물들은 동물과 식물이다. 식물이나 동물의 세속적인 역할은 보통 양식을 제공하는 것이다. 따라서 토템 식물과 동물의 성스러운 특성은 그것을 먹는 것이 금지된다는 사실에서 드러난다. 그것들은 성스러운 사물이기 때문에 아마도 어떤 신비한 식재료가 될 수 있을 것이다. 사실상 우리는 그것들이 이따금 성례전에 쓰이는 것을 보게 될 것이다. 그러나 보통 때 그것들은 일상적인 음식물로 이용될 수 없다. 이러한 금지를 어기는 사람은 매우 두려운 위험에 직면하게 된다. 저질러진 범죄를 인위적으로 처벌하기 위해 집단이 늘 개입하는 것은 아니다. 하지만 신성모독은 자동적으로 죽음을 초래한다고 믿고 있다. 토템 식물이나 동물 안에는 몹시 두려운 본체(principe)가 머물고 있다고 여겨지는데, 그 본체가 속된 유기체 속에 들어가게 되면 그 유기체는 반드시 파괴되거나 분해된다고 믿는다.[1] 단지 늙은 사람들만, 그것도 어떤 종족에 한해서만 이러한 금지를 받지 않는다.[2] 우리는 좀더 나중에 그 이유를 살펴볼 것이다.

그럼에도 불구하고 이러한 금지가 대다수의 부족에서[3] 형식적인 것으로 그친다면 좀더 나중에 지적될 예외들이 있기는 하지만, 그것은 이러한 금지가 오래된 토템 조직이 교란됨에 따라 약화되고 있다는 것을 의미한다. 그러나 지속되는 금지 자체는 이러한 완화가 어렵게 수용되었음을 입증해준다. 예를 들어 토템으로 이용되는 식물과 동물을 먹도록 허용된 곳에서도 그 섭취가 완전히 자유로운 것은 아니다. 사람들은 한 번에 아주 조금씩만 먹을 수 있다. 그 양을 초과하는 것은 심각한 결과를 초래하는 의례적 오류를 범하는 것이다.[4] 게

1) 태플린에서 이러한 경우들을 참조할 것(Taplin, "The Narrinyeri Tribe", 63쪽). A.W. Howitt, *Nat. Tr.*, 146쪽, 769쪽; Fison & Howitt, *Kamilaroi and Kurnai*, 169쪽; Roth, "Superstition, Magic and Medicine", in *Queensland Ethnog*, Bull, n° 5, §150; Wyatt, "Adelaide and Encounter Bay Tribe" in *Woods*, 168쪽; Meyer, 앞의 책, 186쪽.
2) 그것은 와라뭉가족의 경우이다(Spencer · Gillen, *North. Tr.*, 168쪽).
3) 예를 들면 와라뭉가족, 우라분나족, 윙히본족, 유인족(Yuin), 워초발루크족, 반디크족, 은게움바족(Ngeumba) 등에서 그러하다.
4) 카이티시족에서는 씨족의 한 남자가 그의 토템을 너무 많이 먹으면 다른 프라트리의 구성원들이 그를 죽이기 위해 주술적 방법을 사용한다(Spencer · Gillen, *North. Tr.*, 284쪽. *Nat. Tr.*, 204쪽; K. L. Parker, *The Euahlayi Tribe*, 20쪽과 비교).

다가 가장 귀중한 것으로 여겨지는 부분, 다시 말해서 가장 성스러운 것으로 여겨지는 부분들에 대해서는 금지가 그대로 존속한다. 그 부분이란 예를 들면 알이나 기름이다.[5] 그리고 다른 부분의 경우에도 아직 충분히 성숙하지 못한 동물인 경우에만 조건 없이 섭취가 허용된다.[6] 물론 이러한 경우 사람들은 미성숙한 동물의 성스러운 특성이 아직 완전해지지 못했다고 생각했음이 틀림없다. 따라서 토템 존재들을 분리하고 보호해주는 울타리는 아주 격렬하게 저항하면서 서서히 무너졌다. 이와 같은 격렬한 저항은 그 울타리가 애초에 존재했다는 것을 입증한다. 사실 스펜서와 길런에 따르면 이러한 금지는 완화되어 가고 있는 엄격한 금지의 잔여물이 아니라 반대로 이제 확립되기 시작하는 금지의 서곡이라는 것이다. 그들에 따르면[7] 처음에는 매우 자유롭게 섭취했는데 비교적 최근에 이르러 방금 인용된 제한들이 나타났다는 주장이다. 그들은 다음과 같은 두 가지 사실에서 자신들의 주장을 증명할 수 있다고 생각한다. 첫째, 방금 말한 바와 같이 씨족의 구성원이나 그 우두머리가 토템 동물과 식물을 먹을 수 있을 뿐만 아니라 반드시 먹어야만 하는 엄숙한 경우들이 있다. 다음으로, 씨족들의 창시자인 위대한 선조들이 합법적으로 그들의 토템을 먹었다고 신화들이 기록하고 있다. 따라서 이러한 이야기들은 지금과 같은 금지가 존재하지 않았던 시대의 반향으로만 이해될 수 있다.

그러나 어떤 종교적인 제전이 진행되는 동안 절제 있게 토템을 먹는 것이 의례적인 의무라는 사실이 토템을 속된 음식으로 사용했음을 의미하는 것은 결코 아니다. 그와는 정반대로 이러한 신비한 식

---

5) Spencer · Gillen, *Nat. Tr.*, 202쪽; C. Strehlow, II, 58쪽.
6) Spencer · Gillen, *North. Tr.*, 173쪽.
7) Spencer · Gillen, *Nat. Tr.*, 207쪽 이하.

사를 하면서 사람들이 먹는 음식은 본질적으로 성스럽다. 따라서 속인들에게는 금지된다. 신화의 경우 신화에 역사적 문헌의 가치가 쉽게 부여되었다면 그것은 약간 간략한 비평방법이 사용되었기 때문이다. 일반적으로 신화는 과거의 사건들을 추억하기보다는 현존하는 의례들을 해석하려는 목적을 가지고 있다. 그것은 역사적 사실에 대한 설명이라기보다는 현재에 대한 설명이다. 이 경우 우화시대에 선조들이 그들의 토템을 먹던 전통은 지금 현재 사용되는 믿음 및 의례들과 완벽하게 일치한다. 노인들과 높은 종교적 권위를 가진 사람들은 보통 사람들이 감수하는 금지에서 자유롭다.[8] 그들은 성스러운 것을 먹을 수 있다. 왜냐하면 그들 자신이 성스러운 사람들이기 때문이다. 이것은 토템 숭배에만 특별한 규칙이 아니다. 다른 여러 형태의 종교에서도 그러한 규칙을 찾아볼 수 있다. 그런데 선조의 영웅들은 거의 신에 가까웠다. 그러므로 그들이 성스러운 음식을[9] 먹을 수 있는 것은 훨씬 더 자연스러운 일이다. 그러나 이것은 단순한 속인들에게도 이와 똑같은 특권이 주어졌다는 사실을 설명하지 못한다.[10]

하지만 금지가 절대적이었다는 것은 확실하지도 않고 또 그럼직하

---

8) 같은 책, 190쪽 참조할 것.

9) 신화 속에서는 선조들이 결코 그들의 토템을 합법적으로 먹었다고 표현된 적이 없다는 사실을 참작해야만 한다. 반대로 이러한 종류의 섭취는 예외적이다. 슈트렐로에 따르면 그들의 일상적인 음식은 해당 동물이 먹었던 음식과 같은 것이었다(C. Strehlow, I, 4쪽 참조할 것).

10) 이 모든 이론은 완전히 자의적인 가설에 근거하고 있다. 스펜서와 길런 그리고 프레이저는 중앙 오스트레일리아 종족, 특히 아룬타족이 토템 숭배의 가장 오래된 형태, 그 결과 가장 순수한 형태를 보여주고 있다는 사실을 인정했다. 우리는 좀더 나중에 왜 이러한 추측이 모든 개연성과 반대되는 것으로 보이는지를 설명할 것이다. 이 저자들이 만일 토템 숭배를 종교로 여기기를 거부하지 않았다면, 그리하여 토템의 성스러운 특징을 오해하지 않았다면 그렇게 쉽게 자신들의 논지를 세우지는 않았을 것이다.

지도 않다. 이러한 금지는 필요한 경우, 예를 들면 토착민이 굶주렸다든가 먹을 것이 아무것도 없는 경우 항상 보류되었던 것으로 보인다.[11] 인간에게 필수불가결한 음식이 토템이 된 경우가 앞의 사실을 잘 설명해준다. 따라서 물을 토템으로 삼는 수많은 부족이 존재한다. 이 경우 엄격한 금지라는 것은 분명히 불가능하다. 하지만 이 경우에 있어서조차도 허용된 권리는 물의 사용을 엄격히 규제하는 제한조건들에 종속되어 있었다. 이러한 제한들은 물의 사용이 원칙에 위배된다는 것을 보여준다. 카이티시족과 와라뭉가족에서 물 토템을 가진 사람은 자유롭게 물을 마실 수 없다. 그에게는 물을 푸는 것조차 금지되어 있다. 그는 필연적으로 그와 다른 프라트리에 속하는 제삼자로부터만 물을 받을 수 있다.[12] 이러한 복잡한 절차와 거기서 파생되는 불편함은 성스러운 사물들에 접근하는 것이 자유롭지 않다는 것을 입증하는 또 다른 증거이다. 중앙 오스트레일리아에 있는 상당수의 부족들 중에도 필연적인 이유 또는 어떤 다른 이유 때문에 토템을 먹을 경우 이와 똑같은 규칙이 적용된다. 이러한 형식 그 자체가 실행될 수 없을 때 즉 개인이 혼자 있든가 그의 주위에 같은 프라트리의 구성원들만 있을 때 위급한 경우라면 어떤 중개자 없이도 물을 마실 수 있다는 사실을 덧붙여야 할 것이다. 따라서 금지에 대해 다양한 완화책이 가능했음이 분명해진다.

그럼에도 불구하고 금지는 인간의 마음속에 매우 깊게 뿌리내린

---

11) Taplin, 앞의 글, 64쪽; A.W. Howitt, *Nat. Tr.*, 145쪽, 147쪽; Spencer · Gillen, 앞의 책, 202쪽; Grey, *Journals of Two Expedition in North-West and Western Australia*, II; in Curr, III, 462쪽.
12) Spencer · Gillen, *North. Tr.*, 160쪽, 167쪽. 중개자가 다른 토템에 속한다는 사실만으로는 충분치 않다. 우리가 나중에 살펴보겠지만 어떤 프라트리의 토템은 다른 토템을 가진 동일한 프라트리의 구성원들에게도 어느 정도 금지되는 경우가 있다.

관념에 근거하고 있기 때문에 종종 금지가 최초의 존재 이유들보다
도 더 오래 남게 된다. 우리는 한 프라트리의 여러 씨족들이 처음에
하나였던 씨족에서 분할된 하위-분할이라는 사실이 가장 개연성이
높다는 것을 살펴보았다. 이 모든 씨족들이 하나로 뭉쳐 있던 시기가
있었는데, 그때는 서로가 같은 토템을 가지고 있었다. 따라서 이러한
공통 기원에 대한 기억이 아주 사라지지 않은 곳에서 각 씨족은 다
른 씨족들과 계속해서 유대감을 느끼며, 다른 씨족의 토템들이 자기
들의 토템과 다르지 않다고 여기게 된다. 이러한 이유 때문에 개인은
자신과 동일한 프라트리에 속한 여러 씨족들의 토템을 자유롭게 먹
을 수 없다. 단지 금지된 식물이나 동물이 다른 프라트리의 구성원에
의해 공급될 때에만 그것을 만질 수 있다.[13]

이러한 잔재는 모친의 토템과 관계되어 나타난다. 애초부터 토템
이 모계로 전승되었음을 믿을 만한 강력한 이유들이 있다. 따라서 부
계 전승이 도입되었을 때에는 오랜 시간이 흐른 후에야 가능했겠지
만, 반대의 원칙이 적용되었다. 그리하여 어린아이는 어머니의 토템
을 가졌으며, 거기에 해당되는 모든 금지들을 따라야 했다. 그러므
로 어떤 부족에는 오늘날 아버지의 토템을 물려받고 있지만, 원래 어
머니의 토템을 보호했던 금지들 중의 어떤 것이 남아 있다. 사람들은
그것을 마음대로 먹을 수가 없다.[14] 하지만 현 상태에서 이러한 금지

---

13) 같은 책, 167쪽. 금지규정이 준수되지 않을 때 이러한 신성모독에 대한 징벌
을 내리는 사람은 다른 프라트리에 속한 사람이라는 사실을 이제 우리는 보
다 쉽게 설명할 수 있다(같은 책, 191쪽, 각주 4번을 참조할 것). 처벌은 이 규칙
이 지켜지는가에 가장 관심이 있다. 사실 사람들은 이 규칙을 어기면 토템종이
풍성하게 번식하지 못할 위험이 있다고 생각한다. 그러므로 토템을 규칙적으
로 먹는 사람들은 다른 프라트리의 구성원들이다. 그러므로 토템종이 줄었을
때 타격을 받는 것은 바로 그들이다. 때문에 그들은 서로 복수하는 것이다.
14) 이것은 로리차족(C. Strehlow, II, 60~61쪽), 워르가이아족, 와라뭉가족, 왈파리

에 상응할 만한 것은 더 이상 존재하지 않는다.

먹는 것을 금지하는 것은 종종 죽이는 것의 금지를 포함하며, 토템이 식물인 경우 꺾는 것의 금지가 포함된다.[15] 하지만 여기에도 예외와 허용사항이 많이 있다. 예를 들면 토템이 유해한 동물이거나[16] 사람들이 먹을 것이 하나도 없을 때처럼 특히 불가피한 경우가 있다. 심지어 자신을 위해서는 자신의 씨족과 동일한 명칭을 지닌 동물을 사냥하는 것이 금지되지만, 다른 사람을 위해서는 그것을 죽이는 것이 허용되는 종족들도 있다.[17] 그러나 일반적으로 이러한 행동이 수

족, 마라족, 아눌라족, 빈빙가족(Spencer · Gillen, 앞의 책, 166쪽, 171쪽, 173쪽)의 경우이다. 와라뭉가족과 왈파리족의 사람들은 토템이 다른 프라트리의 구성원에 의해 제공되었을 때에 한해서만 먹을 수 있다. 스펜서와 길런은 이러한 관계하에서 아버지의 토템과 어머니의 토템이 다른 규칙에 종속되어 있다고 지적하고 있다(같은 책, 167쪽, n.). 물론 이 두 경우에 있어서 음식제공은 다른 프라트리 사람에 의해 행해져야만 한다. 그러나 아버지의 토템, 좀더 정확히 말해서 그렇게 불리는 토템이 문제가 될 경우 이 프라트리는 그 토템이 속하지 않는 프라트리다. 어머니의 토템이 문제시될 경우에는 사정은 그와 반대이다. 아마도 원칙은 우선 전자를 위해서 설립된 것이고, 비록 상황은 다르지만 그 후에 자동적으로 후자에 확산되었다. 사람들이 다른 프라트리의 누군가에 의해 인도되었을 때만 토템을 보호하는 금지에서 벗어날 수 있는 규칙이 확립되면서 그러한 규칙은 모계 토템의 경우에도 아무런 수정 없이 적용되었다.

15) 예를 들면 와라뭉가족(같은 책, 166쪽), 워초발루크족, 반디크족, 쿠르나이족(Kurnai)(A.W. Howitt, 146~147쪽), 나린예리족(Taplin, 앞의 글, 63쪽)의 경우이다.

16) 모든 경우가 그런 것은 아니다. 모기 토템을 지닌 아룬타인은 그가 불편하더라도 이러한 곤충을 죽여서는 안 된다. 그는 모기를 쫓아버리는 것으로 만족해야 한다(C. Strehlow, II, 58쪽. Taplin, 앞의 글, 63쪽과 비교)

17) 카이티시족과 운마체라족에서 그렇다(Spencer · Gillen, 앞의 책, 160쪽). 어떤 경우에는 심지어 노인이 다른 토템의 젊은이에게 그의 추링가 중 하나를 주는데, 그것은 이 젊은 사냥꾼으로 하여금 노인의 토템을 더욱 쉽게 죽이도록 하기 위해서이다(같은 책, 272쪽).

행되는 방법은 거기에 무엇인가 불법적인 것이 있다는 것을 잘 암시하고 있다. 사람들은 그것을 하나의 잘못으로 여기고 변명을 한다. 또한 그들이 느끼는 유감과 불쾌감을 보여준다.[18] 그리고 동물이 가능한 한 고통을 적게 느끼도록 주의를 기울인다.[19]

이러한 기본적인 금지들 외에도 인간과 그의 토템 사이의 접촉금지에 대한 몇 가지 경우를 인용하겠다. 오마하족의 고라니(élan) 씨족에서는 그 누구도 수컷 고라니의 어떤 부분도 만질 수 없다. 물소 토템의 하위씨족에서는 이 동물의 머리를 만지는 것이 금지되어 있다.[20] 베추아나족에서는 어느 누구도 토템으로 삼는 동물의 가죽으로 옷을 지어 입을 수 없다.[21] 그러나 이러한 경우들은 드물다. 인간은 자신의 토템 이미지나 그것을 환기시키는 무엇인가를 입는 것이 정상적이기 때문에 이러한 경우가 예외적인 것은 극히 당연하다. 모든 접촉이 금지되었다면 토템적인 문신이나 의상을 만드는 것은 불가능했을 것이다. 게다가 이러한 금지가 오스트레일리아에서는 관찰되지 않으며, 토템 숭배가 그 원래적인 형태로부터 훨씬 더 발전된 사회에서만 발견된다는 사실을 주목해야 할 것이다. 따라서 이러한 금지는 뒤늦게 생겨난 것이며, 아마도 이른바 토템적 특성이 전혀 없는 관념의 영향에서 기인되었을 것이다.[22]

---

18) A.W. Howitt, *Nat. Tr.*, 146쪽; Grey, 앞의 책, 228쪽; Casalis, *Basoutos*, 221쪽. 후자에 속한 사람들은 "이러한 신성모독을 한 후에 자신을 정결케 해야 한다."

19) C. Strehlow, II, 58~59쪽, 61쪽.

20) Dorsey, "Omaha Sociology", *Annual Report of the Bureau of American Ethnology*, III, 225쪽, 231쪽.

21) Casalis, 앞의 책, 221쪽.

22) 심지어 오마하족에서도 우리가 방금 몇 가지 예를 인용한 접촉금지가 토템의 본질에서 기인한 것이라고 확신할 수 없다. 왜냐하면 그것들 중 여러 가지는 씨족토템으로 이용되는 동물들과 직접적인 관계가 없기 때문이다. 따라

만일 이러한 여러 가지 금지와 토템 상징이 목표로 하는 금지들을 비교해본다면 예견할 수 있는 것과는 반대로, 후자가 전자보다 더 수가 많고 엄격하고 매우 강제적이라는 것이 밝혀진다. 토템을 표현하는 모든 종류의 그림들은 이러한 그림이 재현하는 실제 사물들이 불러일으키는 것보다 훨씬 더 큰 존경심에 싸여 있다. 추링가, 누르툰자, 와닝가는 여자들이나 입문하지 않은 사람들은 결코 다룰 수 없으며, 아주 예외적으로만 그것도 존경을 표할 만큼의 거리를 두고 보도록 허락되었다. 반대로 씨족과 동일한 명칭을 지니고 있는 식물이나 동물은 모든 사람이 보고 만질 수 있다. 추링가는 세속적 삶의 모든 소음들이 사라지는 일종의 신전 같은 곳에 보관된다. 그곳은 모든 성스러운 사물들의 영역이다. 반대로 토템 동물과 식물들은 세속적인 땅 위에서 살고 매일 매일의 일상적 삶과 섞인다. 그리고 성스러운

서 매수리의 하위씨족에서 발견되는 특별한 금지는 물소의 머리를 만질 수 없는 것이다(Dorsey, 앞의 글, 239쪽). 같은 토템을 가진 다른 하위씨족에서는 나무의 숯이라든지 녹청을 만질 수 없다(같은 글, 245쪽). 우리는 프레이저가 언급한 동물이나 식물을 부르거나 바라보는 것과 같은 다른 금지들에 대해서는 말하지 않겠다. 왜냐하면 베추아나족에서 관찰된 어떤 사실들을 제외하고는 그것들이 토템적 기원을 가지고 있는지 아직도 확실치 않기 때문이다 (*Totemism*, 12~13쪽). 따라서 프레이저는 너무 쉽게—이 점에 있어서 그는 모방자들을 가지고 있다—동물을 먹거나 만지는 것을 금지하는 것이 토템 신앙에 근거한다고 인정했다. 하지만 오스트레일리아에서 토템을 보는 것이 금지된 곳은 한 군데밖에 없다. 슈트렐로에 따르면(II, 59쪽) 아룬타족과 로리차족에서 달을 토템으로 가지고 있는 사람은 달을 오랫동안 쳐다봐서는 안 된다. 그렇지 않으면 그는 적의 손에 쉽게 죽을 수도 있다. 그러나 이것은 특이한 경우이다. 게다가 천체를 토템으로 삼는 것은 오스트레일리아에서도 토템의 초기 형태가 아니라는 것을 잊어서는 안 된다. 따라서 이러한 금지는 복잡한 진화의 산물일 것이다. 이러한 가설은 다음과 같은 사실에 의해 확증된다. 즉 오알라이족에서 달을 보는 것에 대한 금지는 그들의 토템이 무엇이건 상관없이 모든 어머니들과 어린아이들에게 적용된다는 것이다(K.L. Parker, 앞의 책, 53쪽).

사물들을 구분하고 성별하는 금지의 수와 그 중요성은 성스런 사물들에 부여된 거룩함의 정도에 상응한다. 때문에 우리는 토템 존재의 이미지들이 토템 존재 그 자체보다 더 성스럽다는 주목할 만한 결론에 이르게 된다. 게다가 숭배예식에서 우위를 차지하는 것은 추링가와 누르툰자이다. 동물은 매우 예외적으로만 나타난다. 앞으로 이야기할 어떤 의례에서[23] 동물은 종교적 식재료로 쓰이지만 결정적인 역할을 하지는 못한다. 아룬타족은 누르툰자 둘레에서 춤을 춘다. 그리고 그들은 토템을 숭배하기 위해 그 그림 앞에 모인다. 그러나 이와 같은 행위가 토템에게 직접 행해지지는 않는다. 만일 토템이 특별히 성스러운 존재였다면 젊은 입문자가 종교적 삶을 시작할 때 바로 그 식물이나 동물과 함께 영성체를 받았을 것이다. 그러나 그와는 반대로 우리는 입문의 가장 엄숙한 순간에 입문자가 추링가를 모셔둔 지성소로 들어가는 것을 살펴본 바 있다. 그는 추링가와 누르툰자와 더불어 영성체를 받는다. 따라서 토템의 표상은 토템 그 자체보다 더 강력한 힘을 지니고 있다.

2. 토템 동물 또는 식물과 인간의 관계 그리고 이러한 관계를 설명해주는 여러 신화

이제 우리는 종교적 사물체계 안에서 인간의 위치를 결정해야만 한다.

우리는 전래된 습관들의 총체와 언어 자체의 영향력에 의해서 평범한 사람, 즉 단순한 신도들을 본질적으로 속된 존재로 인식하는 경향이 있다. 이러한 개념은 어떤 종교의 경우 문자 그대로 사실이 아닐지도 모른다.[24] 어쨌든 그것은 토템 숭배에 적용될 수 없다. 씨족

---

23) 이 책, 제3권 제2장 2절 참조할 것.

의 각 구성원은 동물 못지 않은 거룩한 특성을 부여받았다. 이러한 인간의 거룩함은 인간이 통상적인 의미에서 인간인 동시에 또한 토템종의 식물이나 동물이라고 생각하는 데서 기인한다.

사실상 인간은 토템의 이름을 가지고 있다. 따라서 이름이 같다는 것은 본질이 같음을 암시한다. 이름의 일치는 단순히 본질의 동질성에 대한 외적 표지로 생각될 뿐 아니라 논리적으로 본질의 일치를 전제로 한다. 왜냐하면 원시인들에게는 이름이 단어 또는 소리의 조합에 불과하지 않다. 그것은 존재의 일부이며 더 나아가 존재의 본질적인 그 어떤 것이다. 캥거루족의 성원은 자신들을 캥거루라고 부른다. 그러므로 어떤 의미에서 그는 이러한 종의 동물이다. 스펜서와 길런은 말한다. "사람은 자신의 토템을 자신과 동일시한다. 어떤 원주민은 그들과 문제를 논하고 있을 때 우리가 방금 찍어준 그의 사진을 보여주면서 대답했다. '나와 똑같은 것이 여기 있어요. 이것은 또한 캥거루예요.'"[25] (캥거루는 그의 토템이었다) 그러므로 각 개인은 두 가지 본질을 가지고 있다. 인간과 동물, 이 두 존재가 그의 안에서 공존하고 있는 것이다.

우리에게는 매우 기이하게 보이는 이러한 이원성을 명확히 하기 위해 원시인은 신화를 만들어 냈는데, 신화들은 아무것도 설명하지 못하면서 단지 어려움을 전위시키기만 했다. 그러나 신화는 어려움을 전위시킴으로써 적어도 논리적인 스캔들을 완화시키는 것으로

---

24) 인간을 단지 속된 존재로 만드는 종교는 아마 없을 것이다. 기독교인에 의하면 우리 각각은 자신 안에 영혼을 가지고 있으며, 그것은 우리 존재의 본질을 구성하는 것으로 성스러운 무엇인가를 지니고 있다. 우리는 이러한 영혼 관념이 종교적 사고 그 자체만큼이나 오래되었다는 것을 보게 될 것이다. 그러나 성스러운 사물들의 위계에서 인간의 위치는 다소 높다.

25) Spencer · Gillen, *Nat. Tr.*, 202쪽.

보인다. 신화마다 세부적인 변이들이 있지만, 그것들은 똑같은 계획으로 구성되었다. 신화의 목적은 인간을 토템의 친척으로 만듦으로써 인간과 토템 동물 사이에 계보적인 관계를 수립하는 것이다. 게다가 여러 가지 방식으로 표현되는 기원의 공통성을 통해 그들의 공통적 본질을 설명했다고 믿고 있다. 예를 들면 나린예리족은 최초의 인간들 중 어떤 사람은 동물로 변신하는 능력을 가지고 있다고 상상했다.[26] 오스트레일리아의 다른 사회에서는 인간의 시작을 다음과 같이 설명했다. 어떤 방식으로 인간의 후손이 이어져 내려오게 되었는지는 알 수 없지만, 최초 인간의 조상은 이상한 동물이거나[27] 인간과 동물이 반씩 섞인 존재,[28] 또는 무엇이라고 표현할 수도 없으며, 구분된 신체의 기관들도 없고, 심지어는 사지(四枝)조차 없어서 그 몸체의 여러 부분의 윤곽조차 제대로 잡을 수 없는 무정형의 피조물[29]이라고 생각했다. 이따금 동물의 형태로 인식되는 신화적 능력은 그 후에 개입되었을 것이다. 또한 스펜서와 길런의 말에 따르면 "동물과 식물의 상태 사이에 변이의 양상"[30]을 나타내는 모호한 존재들을

---

26) Taplin, 앞의 글, 59~61쪽.

27) 예를 들면 와라뭉가족의 몇몇 씨족들의 경우이다(Spencer · Gillen, *North, Tr.*, 162쪽).

28) 우라분나족에서는 사람들이 우리에게 인류 최초의 존재가 사람이라고 말할 때조차도 사실상 그것은 반인간에 불과하며, 동시에 동물적 본성을 지닌 존재이다(Spencer · Gillen, *North. Tr.*, 147쪽). 이것은 몇몇 운마체라족의 경우이다(같은 책, 153~154쪽). 혼동 때문에 우리를 당황케 만드는 사고방식들이 여기에 많이 있다. 그러나 우리는 있는 그대로 그러한 방식들을 받아들여야만 한다. 만일 거기에다 그러한 사고방식들에는 낯선 명증성을 도입하려고 한다면 그것을 왜곡시키게 될 것이다(Spencer · Gillen, *Nat. Tr.*, 119쪽과 비교).

29) 몇몇 아룬타족에서, 또 몇몇 운마체라족에서 나타난다(같은 책, 388쪽 이하; *North. Tr.*, 153쪽).

30) Spencer · Gillen, *Nat. Tr.*, 389쪽. C. Strehlow, I, 2~7쪽과 비교.

인간으로 변형시켰을 것이다. 이러한 변형들은 우리에게 마치 극심한 수술, 거의 외과 수술의 산물로 나타났다. 개별 인간이 거대한 무정형의 덩어리에서 조각되어 사지가 서로 분리되고 입이 벌어지고 콧구멍이 뚫렸다면 그렇게 만든 것은 도끼질일 수도 있고, 시술자가 새일 경우에는 부리로 쪼는 일일 수도 있다.[31] 좀더 발전된 사고방식 덕분에 그들이 사용한 표현에 사고를 어지럽히는 혼돈이 없다는 점을 제외하면 이와 유사한 전설들이 아메리카에서도 발견된다. 전설적인 인물이 자신의 능력으로 시조 동물을 인간으로 변형시키는 경우도 있다.[32] 신화는 이따금 일련의 거의 자연적인 사건들에 의해 동물 그 자체가 조금씩 변형되어 마침내 인간의 형태를 띠게 되었다고 설명한다.[33]

사실상 인간이 동물이나 식물에서 생겨났다는 것을 더 이상 인정

---

31) Spencer·Gillen, 앞의 책, 389쪽; C. Strehlow, I, 2쪽 이하. 물론 이러한 신화적 주제 안에는 입문의례의 여운이 남아 있다. 입문 그 자체는 젊은이를 완전한 성인(成人)으로 만드는 것을 목적으로 하지만 그것은 또한 실제적인 외과적 수술을 암시한다(할례, 상처내기, 이뽑기 등). 최초의 인간들을 형성하는 데 쓰이던 과정들은 당연히 동일한 모델에 따라서 인식되었다.

32) 모퀴족(Moqui)의 아홉 씨족들(Schoolcraft, *Indian Tribes*, IV, 86쪽), 오지브와족의 두루미 씨족(Morgan, *Ancient Society*, 180쪽), 눗카족(Nootka)의 씨족들(Boas, VIth *Rep. on the N. W. Tribes of Canada*, 43쪽) 등.

33) 이러쿼이족에서 거북 씨족은 이와 같이 만들어졌을 것이다. 거북이들은 그들이 살던 호수를 떠나 다른 주거지를 찾아야만 했다. 다른 것들보다 큰 한 마리의 거북이는 더위로 인한 고통스러운 시련을 견뎠다. 그 거북이는 너무나 힘든 노력을 했기 때문에 등딱지가 떨어졌다. 일단 시작된 그 변형 과정들은 계속되었고, 거북이는 씨족의 선조인 인간이 되었다(Erminnie A. Smith, "The Myths of Iroquois", II[d] *Rep.*, 77쪽). 촉토족(Choctaw)의 가재 씨족도 이와 유사한 방식으로 형성되었다. 사람들은 상당수의 가재들이 그들 주위에 살고 있는 것을 보고 놀랐으며, 가재들을 그들 가운데에 데려다 놓고 가재들에게 말하고 걷는 것을 가르쳤고, 마침내 가재들이 인간사회에 적응했다는 것이다(Catlin, *North American Indians*, II, 128쪽).

하지 않는 사회(하이다족, 틀링키트족, 침시안족)도 존재한다. 그렇지만 거기에도 토템종의 동물들과 씨족의 성원들 사이의 유사성에 대한 관념은 남아 있으며, 그러한 관념은 이전의 신화들과 구분되기는 하지만 본질적인 것들은 그대로 남아 있는 신화들 속에서 표현된다. 사실상 여기에 근본적인 주제들 중 하나가 있다. 여기에서는 시조가 되는 선조가 인간으로 나타난다. 그러나 그는 여러 가지 유위전변(有爲轉變)을 거쳐서 씨족에게 명칭을 준 우화적인 동물종 가운데서 일정 기간 살게끔 되었을 것이다. 친밀하고도 길어진 이러한 교제를 통해 그는 새로운 동료들과 정말로 비슷하게 된다. 그래서 그가 인간세상으로 돌아올 때 인간들은 더 이상 그를 알아볼 수 없다. 따라서 사람들은 그에게 그가 닮은 동물의 명칭을 주었다. 그가 이러한 신화적인 나라에 머물렀기 때문에 그는 토템 상징 그리고 토템에 부여된 것으로 여겨지는 능력과 자질을 가지고 놀아왔다.[34] 따라서 이 경우 약

---

34) 예를 들면 침시안족의 전설이 있다. 사냥을 하다가 어떤 인디언이 검은 곰을 만났는데, 그 곰은 그를 집에 데려다가 연어를 잡는 법과 카누 만드는 법을 가르쳐 주었다. 그 인디언은 2년 동안 곰들과 함께 있었다. 그 후에 그는 고향으로 돌아왔다. 그러나 사람들은 그 인디언을 두려워했다. 왜냐하면 그가 곰을 닮았기 때문이다. 그는 말을 할 수도 없었고, 날음식 외에 다른 것을 먹을 수도 없었다. 그래서 사람들은 마법초(草)를 가지고 그를 문질렀다. 그러자 그는 서서히 원래의 모습을 되찾았다. 그다음부터 그가 곤경에 처했을 때 그는 그의 친구인 곰을 불렀고 곰들이 와서 그를 도와주었다. 그는 집을 짓고, 집의 토대에 곰의 그림을 그려 넣었다. 인디언의 누이는 춤을 추기 위해 담요를 만들었는데, 그 위에다 곰을 그려넣었다. 그래서 이 자매의 후손들은 곰을 상징으로 가지게 되었다(Boas, *Kwakiutl*, 323쪽. V^th *Report on the N. W. Tribes of Canada*, 23쪽, 29쪽 이하와 비교; H. Tout, "Report on the Ethnology of the Statlumh of British Columbia", in *J. A. I.*, 1905, XXXV, 150쪽). 제넵이 제안한 대로 인간과 동물 사이의 신비한 관계를 토템 숭배의 변별적 특성으로 삼는 것은 문제가 있다(M. Van Gennep, "Totémisme et méthode comparative", in *Revue de l'histoire des religions*, T. LVIII, 1908, juillet, 55쪽). 이러한 관계는 다른 심오한 사실들에 대한 신비한 표현이다. 그러나 이것은 토템 숭배의 본질적인

간은 다른 형태로 인식되기는 하지만, 앞의 경우와 마찬가지로 인간은 동물의 본성을 띠고 있는 것으로 여겨진다.[35]

그러므로 인간도 성스러운 것을 가지고 있다. 성스러운 특성이 모든 기관에 퍼져 있지만, 어떤 특정 부위에서는 그러한 특성이 더욱 분명하게 드러난다. 특수하게 드러나는 기관과 조직들이 있는데, 특히 피와 머리카락이다.

무엇보다도 인간의 피는 매우 거룩하기 때문에 중앙 오스트레일리아의 종족들 중에서 피는 종종 가장 존중되는 숭배 도구들을 축성하는 데 사용된다. 예를 들면 누르툰자는 어떤 경우 위에서부터 아래까지 인간의 피로 경건하게 칠해진다.[36] 아룬타족에서 에뮤(emou) 씨족은 피로 완전히 적셔진 땅 위에다 성스러운 상징을 그린다.[37] 우리는 조금 후에 토템 식물이나 동물들이 그려지는 바위 위에 많은 피가 뿌려지는 것을 보게 될 것이다.[38] 피가 아무런 역할도 하지 않는 종교의식은 없다.[39] 입문의식이 진행되는 동안 어른들은 정맥을 절개해 그들의 피를 초심자에게 뿌린다. 이 피는 매우 성스러운 것이기

특성들을 없애지 않으면서도 생략될 수 있다. 분명히 씨족사람들과 동물들 사이에는 긴밀한 관계들이 항상 존재한다. 그러나 비록 일반적으로 그러한 관계들이 혈연관계처럼 인식되고 있기는 하지만, 그것들이 필연적으로 혈연관계가 되는 것은 아니다.

35) 또한 틀링키트족의 신화들이 있는데, 거기서는 인간과 동물들 사이에 후손관계가 좀더 상세히 주장되었다. 씨족은 동물과 인간의 혼합결혼에 의해서 생긴 것이라고 말한다. 말하자면 부부 중 남자 또는 여자는 씨족의 명칭과 동일한 동물종이었다는 것이다(Swanton, *Social Condition, Beliefs, etc., of the Tlinkit Indians*, XXVIth Rep., 415~418쪽).

36) Spencer · Gillen, 앞의 책, 284쪽.

37) 같은 책, 179쪽.

38) 이 책, 제3권 제2장. Spencer · Gillen, 앞의 책, 184쪽, 201쪽과 비교.

39) 같은 책, 204쪽, 262쪽, 284쪽.

때문에 그 피가 흐르는 동안 여자들이 나타나는 것은 금지되어 있으며, 추렁가와 마찬가지로 그 피를 보는 것조차 금지되어 있다.[40] 젊은 입문자가 감당해야 하는 심한 수술 과정에서 흘린 피는 매우 특수한 효능을 지니고 있다. 그것은 여러 가지 예식에 사용된다.[41] 아룬타족은 상처를 내는 동안 흘린 피를 경건하게 받아서 땅에 묻는데, 거기에다 지나가는 사람들에게 그 장소의 거룩성을 알리기 위한 나뭇조각을 세운다. 어떤 여자도 거기에 접근해서는 안 된다.[42] 또한 피의 종교적 본성에 의해 붉은 황토의 종교적 중요성도 설명되는데, 붉은 황토 역시 예식들에 매우 빈번하게 사용된다. 사람들은 추렁가를 붉은 황토로 문지른다. 또한 의식에 사용하는 장식물들에도 붉은 황토를 사용한다.[43] 붉은 황토는 색깔 때문에 피와 유사하게 여겨진다. 심지어 아룬타족 영토의 여러 곳에서 발견되는 붉은 황토의 몇몇 퇴적물들까지도 신화시대의 몇몇 여주인공들이 땅 위에 흘려놓은 피가 응결된 것으로 여긴다.[44]

머리털도 피와 유사한 특성을 가지고 있다. 중앙의 토착민들은 사람의 머리칼로 만들어진 허리띠를 매고 다니는데 그것의 종교적 기능은 이미 언급한 바 있다. 그 허리띠들은 어떤 숭배의 도구들을 싸

---

40) 디에리족과 파른칼라족(Parnkalla)에서 나타난다. A.W. Howitt, *Nat. Tr.*, 658쪽, 661쪽, 668~671쪽 참조할 것.

41) 와라뭉가족에서는 그 어머니가 할례의 피를 마신다(Spencer · Gillen, *North. Tr.*, 352쪽). 빈빙가족에서는 상처 내는 데 사용된 칼에 묻은 피를 입문자가 빨아 먹어야 한다(같은 책, 368쪽). 일반적으로 생식기관에서 나온 피는 특별히 성스러운 것으로 여겨진다(Spencer · Gillen, *Nat. Tr.*, 464쪽; *North. Tr.*, 598쪽).

42) Spencer · Gillen, *Nat. Tr.*, 268쪽.

43) 같은 책, 144쪽, 568쪽.

44) 같은 책, 442쪽, 464쪽. 게다가 이 신화는 오스트레일리아에 일반적으로 퍼져 있다.

기 위한 작은 붕대로 이용된다.[45] 어떤 사람이 그의 추링가 중 하나를 다른 사람에게 빌려주는가? 그러면 그것을 빌린 사람은 빌려준 사람에게 감사의 표시로 머리카락을 선물한다. 따라서 이 두 가지, 즉 추링가와 머리칼은 같은 서열의 사물, 곧 동등한 가치를 지닌 사물들로 여겨진다.[46] 따라서 머리카락을 자르는 행위 역시 일정한 예식이 수반되는 의례 행동이다. 따라서 예식을 치르는 개인은 땅에 무릎을 꿇어야 하며, 그의 어머니 씨족의 선조로 여겨지는 우화적 조상들이 생활하던 곳으로 추정되는 장소를 향해 얼굴을 돌리고 있어야 한다.[47]

같은 이유로 사람이 죽자마자 그의 머리칼을 자르고 그것을 외딴 곳에다 묻는다. 왜냐하면 여자들이나 입문하지 않은 사람들은 머리칼을 볼 권리가 없기 때문이다. 허리띠를 만드는 곳도 속인들의 눈에 띄지 않는 외딴 곳이다.[48]

정도의 차이는 있지만, 유사한 속성들을 나타내는 다른 유기체 조직에 대해서도 언급할 수 있을 것이다. 그것은 구레나룻, 포피(包皮), 간유 등이다.[49] 그러나 이러한 예들을 더 나열하는 것은 소용없는 일이다. 이미 열거한 예만 가지고도 속된 것을 멀리하면서 종교적 힘을

---

45) 같은 책, 627쪽.
46) 같은 책, 466쪽.
47) 같은 곳. 만일 이러한 형식들이 엄격하게 지켜지지 않으면 개인에게 엄청난 재난이 닥칠 것으로 믿었다.
48) 같은 책, 358쪽; Spencer · Gillen, *North. Tr.*, 604쪽.
49) 포피(包皮)를 일단 할례에 의해서 제거한 후에 때때로 피와 똑같이 눈에 보이지 않게 숨겨둔다. 그것은 특별한 효능을 가지고 있다. 예를 들면 포피는 어떤 식물과 동물종의 번식을 보장해준다(같은 책, 353~354쪽). 구레나룻은 머리칼과 비슷하며 머리칼처럼 다루어졌다(같은 책, 544쪽, 604쪽). 게다가 그것은 신화에서도 어떤 역할을 담당한다(같은 책, 158쪽). 간유에 관해서 말하자면 간유의 성스러운 특성은 장례의식에서 행해지는 사용법에서 드러난다.

지닌 무엇이 인간 안에 존재한다는 것을 입증하기에 충분하다. 다른 말로 하면 인간이라는 유기체는 그 심연 속에 성스러운 본체를 간직하고 있는데, 그것은 어떤 특정한 상황에서 공공연하게 밖으로 드러난다. 이 본체는 토템의 종교적 특성을 만드는 원리와 실질적으로 다르지 않다. 사실상 우리는 그 원리가 구현된 여러 가지 실체들이 숭배 대상(누르툰자, 토템 문양)들의 의례적 구성에 특별히 관여하며, 추링가나 성스러운 바위의 효능을 갱신시킬 목적으로 행해지는 기름부음에 사용된다는 것을 살펴보았다. 따라서 그것들은 같은 종의 사물들이다.

하지만 그렇다고 해서 씨족의 각 구성원에게 본래부터 내재된 종교적인 권위가 모두 동등한 것은 아니다. 남자들이 여자들보다 더 높은 권위를 소유하고 있다. 남자들과 비교해볼 때 여자들은 속인이나 마찬가지다.[50] 따라서 토템집단이나 송속의 모임이 있을 때마나 남자들은 여자들의 숙소와 떨어진 다른 숙소에 머물며, 여자들은 남자들의 숙소에 들어갈 수 없다. 남자들은 성별된 것이다.[51] 또한 남자들이 종교적 특성에 의해 구분되는 방법에도 차이가 있다. 입문하지 않은 젊은 남자들은 예식에 참석할 수 없기 때문에 그러한 종교적인 특성이 전혀 없다. 종교적 특성의 강도는 노인들에게서 최고에 이른

---

50) 이것은 여자가 절대적으로 속되다는 의미는 아니다. 신화에서 적어도 아룬타족에서 여자는 그녀가 현실에서 행하는 역할보다 훨씬 더 중요한 종교적 역할을 한다(Spencer·Gillen, *Nat. Tr.*, 195~196쪽). 게다가 여자는 입문의 어떤 의식에 참여한다. 끝으로 여자의 피는 종교적 효능을 가지고 있다(같은 책, 464쪽. *La Prohibition de l'inceste et ses origines, Année Social*, I, 51쪽 이하와 비교). 족외혼 금지들도 바로 이러한 복잡한 여자의 위치에 근거하고 있다. 우리는 여기서 그것에 대해 언급하지 않겠다. 왜냐하면 족외혼 금지는 가족구성과 혼인조직의 문제에 보다 직접적으로 연관되기 때문이다.
51) Spencer·Gillen, 앞의 책, 460쪽.

다. 그들은 너무나 성스럽기 때문에 속인에게 금지된 몇몇 사물들이 노인들에게는 허락된다. 노인들은 좀더 자유롭게 토템 동물을 먹을 수 있고, 심지어는 우리가 살펴본 바대로 노인들에게 모든 음식 금지 조항을 면제하는 종족들도 있다.

따라서 토템 숭배를 일종의 동물 숭배로 여기지 않도록 주의해야 한다. 인간은 자신과 같은 명칭을 가진 식물이나 동물에 대해, 신도가 그 신을 대하는 태도를 취하지는 않는다. 왜냐하면 인간도 성스러운 세계에 속해 있기 때문이다. 그들의 관계는 오히려 동등한 가치를 지닌 동일한 수준의 두 존재의 관계라고 보는 것이 옳다. 기껏해야 어떤 특정한 경우 동물이 성스러운 사물들의 서열에서 인간보다 약간 더 높은 위치를 차지한 것으로 보인다고 말할 수 있을 뿐이다. 이러한 이유 때문에 때때로 동물이 씨족의 아버지나 할아버지로 일컬어지고, 씨족이 그 동물에 대해 정신적 의존상태에 있는 것처럼 보인다.[52] 그러나 다른 경우 아마도 대개의 경우 사용된 표현들은 오히려 평등 감정을 나타낸다. 토템 동물은 동족인 인간들의 친구나 형이라고 불린다.[53] 결국 그들과 동물 사이에 존재하는 관계는 한 가족의 구성원들을 묶고 있는 관계와 상당히 유사하다. 반디크족이 말하는 것처럼 동물과 사람은 똑같은 살로 이루어져 있다.[54] 이러한 친척관계 때문에 인간은 토템종의 동물들을 도움까지 기대할 수 있는 선의의 동료로 여기는 것이다. 인간은 동물들에게 도움을 요청하고,[55] 동

---

52) 호잇에 따르면 와켈부라족에서 그러하다(146쪽). 카살리스에 따르면 베추아나족에서 그러하다(Casalis, *Basoutos*, 221쪽).

53) 반디크족, 쿠르나이족(A.W. Howitt, 같은 곳)에서 그리고 아룬타족(C. Strehlow, II, 58쪽)에서 그러하다.

54) A.W. Howitt, 같은 곳.

55) 로스는 말한다(앞의 글, §74). 툴리강 지역의 원주민이 자러 가거나 아침에 일어날 때 그는 약간 낮은 소리로 자신의 이름과 같은 동물의 이름을 부른다. 이

물들은 사냥에서 인간의 공격을 지도하며 인간이 겪을 수 있는 위험을 알려준다.[56] 그 대가로 인간은 존경심을 가지고 동물을 대하며 동물을 학대하지 않는다.[57] 그러나 동물에게 행하는 배려는 숭배와 조금도 유사성이 없다.

사람은 때로 그의 토템에 대해서 일종의 신비한 소유권을 가지고 있는 듯하다. 토템을 죽이거나 먹지 못하게 하는 금지는 당연히 씨족의 구성원들에게만 적용된다. 이러한 금지를 이방인들에게까지 확산한다면 현실적인 생활이 불가능해지고 말 것이다. 아룬타족과 같은 종족, 즉 여러 가지 종류의 토템들이 있는 종족에서 어떤 한 씨족이 지닌 이름의 동물이나 식물을 먹지 못하게 금지할 뿐만 아니라 다른 씨족들의 토템으로 이용되는 모든 동물들과 식물들까지 먹지 못하게 금지한다면 식량자원은 무(無)로 축소되어 버릴 것이다. 하지만 토템 식물이나 동물의 소비가 무조건 허락되지 않는, 심지어는 이방인들에게까지도 허락되지 않는 종족들도 있다. 와켈부라족 가운데 어떤 씨족의 경우 그 토템의 사람들 앞에서는 그 토템을 먹어서는 안 된다.[58] 다른 곳에서도 그들의 허락을 받아야만 한다. 예를 들어 카이티시족과 운마체라족에서 에뮤 토템의 남자가 어떤 풀씨 씨족의 지역에 있을 때 이러한 풀의 낟알 몇 개를 따서 먹기 전에 그 족장을 찾아가 "제가 당신의 땅에서 이 곡식들을 땄습니다"라고 말해야 한다. 그러면 족장은 이렇게 말한다. "좋소, 당신은 그것을 먹어도 됩

러한 행동의 목적은 사냥할 때 인간을 능숙하고 운이 좋게 하고, 이러한 동물로부터 생겨나는 위험을 예방하는 것이다. 예를 들면 뱀의 종을 토템으로 가지고 있는 사람이 이러한 기원을 규칙적으로 행한다면 그는 뱀에게 물리지 않는다.

56) Taplin, 앞의 글, 64쪽; A.W. Howitt, *Nat. Tr.*, 147쪽; Roth, 앞의 책.
57) C. Strehlow, II, 58쪽.
58) A.W. Howitt, 148쪽.

니다." 그러나 만일 에뮤족의 남자가 허락을 청하기 전에 그것을 먹는다면 그는 병이 들거나 죽을 위기에 처하게 될 것이라고 사람들은 믿고 있다.[59] 또 집단의 족장이 음식의 소량을 덜어내어 그것을 자신이 직접 먹어봐야만 하는 경우도 있다. 이것은 사람들이 지불해야 하는 일종의 인세이다.[60] 똑같은 이유로 추링가는 사냥꾼에게 그에 상응하는 동물을 이길 수 있는 어떤 힘을 준다. 예를 들면 유로(euro) 추링가를 몸에 문지른 사람은 유로를 잡을 기회를 더 많이 갖게 된다.[61] 이것은 토템 존재의 성질을 띠게 되면 그 토템 존재에 대한 일종의 탁월한 권리를 갖게 된다는 증거이다. 남부 퀸즐랜드에 카링불(Karingbool)이라는 부족이 있는데, 거기에서는 그 토템의 사람들만이 그 토템 동물을 죽일 수 있고, 만일 토템이 나무일 경우 그들만이 그 나무의 껍질을 벗길 수 있다. 자신들의 일신상의 목적을 위해 이 동물의 고기라든가 나무의 재목을 사용하기를 원하는 모든 이방인은 그들의 도움을 받아야만 한다.[62] 따라서 확실히 매우 특수한 소유권이기는 하지만, 그들은 소유권자로 보인다. 우리가 이러한 소유권에 대해 어떤 개념을 형성하는 것이 쉬운 일은 아니다.

---

59) Spencer · Gillen, *North, Tr.*, 159~160쪽.

60) 같은 곳.

61) 같은 책, 255쪽; Spencer · Gillen, *Nat. Tr.*, 202, 203쪽.

62) A.L.P. Cameron, "On Two Queensland Tribes", in *Science of Man, Australasian Anthropological Journal*, 1904, VII, 28, col. 1.

제3장 토템 신앙 3

토템 숭배의 우주론적 체계와 유개념(類槪念)

우리는 토템 숭배가 처음 보기보다 훨씬 더 복잡한 종교라는 사실을 깨닫기 시작하고 있다. 우리는 이미 정도 차이를 보이는 세 부류의 성스러운 사물들을 구별해보았다. 즉 토템 상징, 그 상징이 재현해주는 동물과 식물 그리고 씨족의 구성원들이다. 그렇지만 이 목록은 아직 완전하지 않다. 사실상 종교란 지금까지 논의해온 것처럼 매우 특수한 대상들과 관련된 단편적 믿음들의 집합에 불과한 것이 아니다. 지금까지 알려진 모든 종교들은 정도의 차이는 있지만, 사물들의 보편성을 포함하고 세계에 대한 총체적인 표상을 제시하고자 하는 관념체계였다. 토템 숭배가 다른 종교들과 비교될 만한 하나의 종교로 여겨지려면 토템 숭배 역시 우주관을 제공해야만 한다. 그런데 토템 숭배는 이러한 조건을 만족시켰다.

1. 씨족, 프라트리, 계급(classes)에 의한 사물들의 분류

사람들이 일반적으로 토템 숭배의 이러한 양상을 무시했던 것은 씨족을 너무나 좁은 개념으로 이해했기 때문이다. 씨족은 보통 단순한 인간집단으로 여겨졌다. 부족의 단순한 하위집단으로서 씨족은 부족처럼 인간으로만 구성된 것처럼 보인다. 그러나 우리는 이렇게 추론하면서 원시인이 가졌던 세계와 사회에 대한 관념을 유럽식으로 대치하고 있다. 오스트레일리아 사람들에게는 사물들 그 자체, 즉 우주에 충만한 모든 사물들이 부족의 일부가 된다. 사물들은 부족의 구성요소, 다시 말해서 정규 구성원이다. 따라서 사물들은 인간처럼 사회의 틀 속에 지정된 위치를 가지고 있다. 피슨은 말한다. "남부 오스트레일리아의 원주민은 우주를 커다란 부족으로 생각하고, 자신은 그 큰 부족의 하위집단 중 하나에 속해 있다고 생각한다. 생물이건 무생물이건 자신과 동일한 집단 안에 놓인 모든 사물들은 그 자신과 같은 집단의 부분이다."[1] 이러한 원리에 의해 부족이 두 프라트리로 나뉘었을 때 알려진 모든 사물들은 그 두 프라트리로 분배된다. 팔머(Palmer)는 벨링거(Bellinger)강의 부족들에 대해 이렇게 말한다. "모든 자연은 프라트리의 명칭들에 따라 나뉘었다. ……태양, 달, 별들은 원주민 자신들과 마찬가지로 이러저러한 프라트리에 속한다."[2] 퀸즐랜드에 있는 포트맥케이(Port-Mackay) 부족은 이웃 부족과 마찬가지로 융가루(Yungaroo)와 우타루(Wootaroo)라는 명칭을 지닌 두 프라트리를 지니고 있다. 그러므로 브리즈만(Bridgmann)은 "생물과 무생물을 포함한 모든 사물들은 융가루와 우타루라고 불리는 두 부류로 구분된다."[3]고 말한다. 그러나 이러한 분류는 여기서 그치지 않는다. 각 프라트리의 사람들은 일정한 수의 씨족으로 분

---

1) Fison & Howitt, *Kamilaroi and Kurnai*, 170쪽.
2) Palmer, "Notes on some Australian Tribes", in *J. A. I.*, XIII, 300쪽.
3) Curr, *Australian Race*, III, 45쪽; B. Smyth, *The Aborigines of Victoria*, I, 91쪽; Fison & Howitt, *Kamilaroi and Kurnai*, 168쪽.

할된다. 마찬가지로 이번에는 각 프라트리에 할당된 사물들이 프라트리를 구성하고 있는 씨족에게 분할된다. 예를 들면 어떤 나무는 캥거루 씨족에게, 오직 그 씨족에게만 할당된다. 결과적으로 그 나무는 캥거루 씨족의 구성원과 마찬가지로 캥거루를 토템으로 가지게 된다. 다른 것은 뱀족에게만 속하게 될 것이다. 구름은 이러한 토템에 속하며, 태양은 저러한 토템에 속하는 식으로 구분될 것이다. 따라서 알려진 모든 사물들은 일종의 목록에 배열되거나 자연 전체를 포괄하는 체계적인 분류 속에 배열될 것이다.

게다가 우리는 이러한 분류의 상당수를 다른 곳에서 제시한 바 있다.[4] 우리는 여기서 몇가지 예를 되풀이하는 데 그치도록 하겠다. 가장 잘 알려진 것 중의 하나가 몽감비에르족(Mont-Gambier)에서 관찰한 것이다. 이 부족은 쿠미테(Kumite)와 크로키(Kroki)라는 명칭의 두 프라트리를 가지고 있는데, 그 각각은 5개의 씨족으로 나뉜다. 따라서 "자연의 모든 사물들은 10개의 씨족 중 어느 하나에 속한다."[5] 피슨과 호잇은 사물들이 10개의 씨족에 '포함'되어 있다고 말한다. 사실상 유(類)가 각각의 종(種)으로 분류되는 것처럼 사물들도 이러한 10가지 토템으로 분류된다. 이것은 피슨과 호잇 그리고 커(Curr)가 수집한 정보에 따라 만들어진 다음 도표에서 잘 나타난다.[6]

---

4) Durkheim & Mauss, "De Quelques Formes Primitives de Classification", in *Année Social*, VI, 1쪽 이하.

5) Curr, 앞의 책, 461쪽.

6) 커와 피슨은 동일한 인물인 스튜어트(D.S. Stewart)에 의해 정보를 제공받았다.

프라트리	씨족	각 씨족에 분류된 사물들
쿠미테	물수리	연기, 인동덩굴, 몇 그루의 나무 등
	펠리컨	검은 재목의 나무, 개, 불, 얼음 등
	까마귀	비, 천둥, 번개, 구름, 우박, 겨울 등
	검은 앵무새	별, 달 등
	독 없는 뱀	생선, 바다표범, 뱀장어, 섬유줄기로 된 나무 등
크로키	차나무	오리, 가재, 부엉이 등
	식용뿌리	능에(느시), 메추라기, 캥거루의 일종 등
	볏이 없는 흰 앵무새	캥거루, 여름, 태양, 바람, 가을 등

크로키 프라트리의 4번과 5번 씨족에 대해서는 자세한 내용
이 부족하다.

이와 같이 각 씨족에 할당된 사물들의 목록은 매우 불완전하다. 커
자신이 직접 우리에게 그것들 중 몇 개를 열거하는 데 그쳤다고 알
려주었다. 그러나 매슈스(J. Mathews)와 호잇의 저작들 덕분에[7] 오
늘날 우리는 워초발루크족이 차용한 분류에 대해 좀더 많은 지식
을 갖게 되었다. 그러한 지식은 이런 종류의 체계가 어떻게 해서 원
주민들에게 알려진 바의 전 우주를 포함할 수 있었는지를 더 잘 이
해하도록 해준다. 워초발루크족 역시 구로지티(Gurogity)와 구마티
(Gumaty)라고 불리는 두 프라트리로 나뉘었다(호잇에 따르면 크로키
치Krokitch와 가무치Gamutch다).[8] 길게 열거하지 않기 위해 우리는

---

7) J. Mathews, "Aboriginal Tribes of N. S. Wales and Victoria", in *Journal and Proceedings of the Royal Society of N. S. Wales,* XXXVIII, 287~288쪽; A.W. Howitt, *Nat. Tr.,* 121쪽.

8) 매슈스에 의해 주어진 이름들 중에서 여성형은 구로지구르크(Gurogigurk)와 가마티쿠르크(Gamatykurk)이다. 이것을 호잇이 약간 다른 철자로 다시 만들어 낸 것이 이러한 형태들이다. 이 두 명칭은 게다가 몽감비에르족 안에서 사용되는 명칭들 쿠미테와 크로키와 동등한 것이다.

매슈스를 따라 구로지티 프라트리의 씨족들 중 몇몇 씨족에 분류된 사물들을 지적하는 것으로 그치기로 하겠다.

얌 씨족에는 평원의 수 칠면조, 토종 고양이, 오스트레일리아 쏙독새(mopoke), 딤딤(dyim-dyim) 부엉이, 말리(mallee) 암탉, 로셀라(rosella) 앵무새, 피위(peewee) 등이 분류되었다.

섭조개 씨족[9])에는 회색 에뮤, 호저(豪豬), 마도요, 흰 앵무새, 숲오리, 말리 도마뱀, 냄새를 풍기는 거북, 날다람쥐, 둥근꼬리주머니쥐 모피, 청동빛 날개 비둘기, 위주글라(wijuggla) 등이 있다.

태양 씨족에는 큰쥐의 일종, 달, 쥐-캥거루, 흑백얼룩까치, 주머니쥐 모피, 은구르트(ngürt) 매, 고무나무 유충, 아카시아나무 유충, 금성(vénus) 등이 있다.

열풍(熱風)[10]) 씨족에는 회색머리 매수리, 얼룩구렁이, 연기 나는 앵무새, 비늘 달린 앵무새, 무라칸(murrakan) 매, 디코무르(dikkomur) 뱀, 목둘레무늬 앵무새, 미른다이(mirndai) 뱀, 등딱지가 여러 빛깔인 도마뱀이 있다.

만일 사람들이 다른 많은 씨족이 있다고 생각한다면(호잇은 12개, 매슈스는 14개를 예로 들었는데, 매슈스는 자신의 목록이 매우 불완전하다고 덧붙였다)[11]) 원주민들의 관심 대상인 모든 사물들이 이러한

---

9) 이러한 씨족의 토착적인 명칭은 디얄루프(Dyálup)인데 이 단어를 매슈스는 번역하지 못했다. 그러나 이 말은 잘르푸(Jallup)와 동일한 것 같은데, 호잇은 이것을 동일한 부족의 하위씨족을 지칭하는 것이라 했다. 그는 이 단어를 '홍합'이라고 번역했다. 이러한 이유 때문에 우리는 이 번역이 오류일 수 있다고 생각한다.
10) 이것은 호잇의 해석이다. 매슈스는 이 단어를 정오 태양의 열기라고 해석했다.
11) 매슈스와 호잇의 목록은 여러 중요한 점에서 일치하지 않는다. 호잇이 크로키 프라트리로 여긴 씨족들을 매슈스는 가무치 프라트리로 여겼고 그 반대의 경우도 있다. 이것은 이러한 관찰들이 보여주는 매우 심각한 어려움의 증거이다. 그러나 불일치는 우리가 다루고 있는 문제와는 상관없다.

분류 속에 어떻게 자연스럽게 자리를 잡게 되었는지를 이해할 수 있을 것이다.

사람들은 오스트레일리아 대륙의 여러 다른 지역들에서 유사한 배치들을 관찰했다. 남부 오스트레일리아, 빅토리아, 뉴사우스웨일스(오알라이족에서)[12] 지역에서 관찰되었다. 중앙의 부족들에서는 매우 뚜렷한 흔적이 발견되었다.[13] 씨족들이 사라져버린 것으로 보이며, 결혼계급만이 프라트리의 유일한 하위구분인 퀸즐랜드에서는 바로 이러한 결혼계급에 따라 사물들이 분할된다. 따라서 와켈부라족은 말레라(Mallera)와 우타루(Wutaru)라는 두 프라트리로 구분되는데, 말레라는 쿠르길라(Kurgilla)와 방베(Banbe)라는 계급을 가지고 있으며, 우타루는 웅고(Wungo)와 오부(Obu)라는 계급을 가지고 있다. 방베 계급에는 주머니쥐 모피, 캥거루, 개, 작은 벌들의 꿀 등이 속한다. 웅고 계급에는 에뮤, 큰쥐의 일종, 검은 오리, 검은 뱀, 갈색 뱀 등이 속한다. 오부 계급에는 얼룩구렁이, 쏘는 벌의 꿀 등이 속한다. 쿠르길라 계급에는 호저(豪豬), 평원 칠면조, 물, 비, 불, 천둥 등이 속한다.[14]

북아메리칸 인디언들에게서도 똑같은 조직을 찾아볼 수 있다. 주니족(Zuñi)은 그 기본적인 선에 있어서 우리가 방금 묘사한 것과 모든 점에서 비교될 만한 분류체계를 가지고 있다. 오마하족의 분류체계는 워초발루크족과 똑같은 원칙에 근거해 있다.[15] 이와 동일한 사

---

12) Mrs. Langloh Parker, *The Euahlayi Tribe*, 12쪽 이하.
13) 그 사실은 좀더 나중에 보게 될 것이다.
14) Curr, III, 27쪽. A.W. Howitt, 앞의 책, 112쪽과 비교. 우리는 가장 특징적인 사실들을 열거하는 데 그치기로 한다. 자세한 세부사항에 대해서는 이미 인용된 논문 "Les classifications primitives"를 참조할 수 있다.
15) Curr, III, 34쪽 이하.

고의 반향은 좀더 발전된 사회 속에도 존속하고 있다. 하이다족에서는 자연의 여러 가지 현상을 담당한 것으로 여겨지는 모든 신들과 신비한 존재들까지도 마치 인간들처럼 부족의 두 프라트리에 분류되어 있다. 즉 어떤 신은 독수리이며, 또 다른 신은 까마귀이다.[16) 따라서 사물들의 신이란 그들이 지배하고 있는 사물들의 다른 모습에 불과한 것이다.[17) 이러한 신화적인 분류는 앞서 나온 분류의 다른 형태에 지나지 않는다. 그러므로 세계를 인식하는 이러한 방식이 인종적 또는 지리적 특성과는 무관하다는 것을 우리는 확신한다. 그러나 동시에 이러한 인식방식이 토템 신앙의 전 체계와 긴밀히 연결되어 있음은 분명한 것 같다.

2. 유개념의 생성: 사물들에 대한 첫 번째 분류는 사회에서 그 형식을 차용해온다. 유개념의 생성, 즉 유사한 것에 대한 느낌과 유개념의 차이 그리고 유개념이 사회적 기원을 가지고 있는 이유는 무엇인가

이미 여러 번 언급한 바 있는 저작에서 우리는 이러한 사실들이 속(屬, genre) 또는 강(綱, classe) 개념이 형성되는 방법에 대해 인류에게 어떤 빛을 던져주었는지 보여주었다. 사실상 이러한 체계적인 분류들은 우리가 역사에서 본 가장 최초의 형태이다. 따라서 이러한 분류들이 사회조직을 본떴다는 것, 아니 사회의 틀 자체를 차용해 썼다는 것을 방금 살펴보았다. 속(屬)으로 쓰인 것은 프라트리이며, 종

---

16) Swanton, *The Haida*, 13~14쪽, 17쪽, 22쪽.
17) 이것은 특히 하이다족에서 분명하다. 스원턴의 말에 따르면 모든 동물이 두 가지 양상을 가지고 있다. 한편으로는 사냥될 수도 있고 먹힐 수도 있는 평범한 존재이다. 그러나 동시에 그것은 동물의 외적인 형태를 지니고 있지만 사람이 의존하고 있는 초자연적인 존재이다. 우주적인 여러 현상에 상응하는 신비적 존재들도 이와 똑같은 애매함을 가지고 있다(같은 책, 14쪽, 16쪽, 25쪽).

(種)으로 쓰인 것은 씨족이다. 인간이 조직화되어 있기 때문에 사물들도 조직화될 수 있었다. 사물들을 분류할 때 그들은 스스로를 조직하는 집단에다 사물들을 위치시키기만 하면 되었기 때문이다. 그리고 사물들의 이러한 다양한 강(綱)이 단순히 서로 병렬되어 있는 것이 아니라 단일한 계획에 따라서 배열된 것이라면 그것은 사물들과 섞여 있는 사회집단이 단일화되고, 그것들의 연합에 의해 유기적인 총체, 즉 부족을 이루고 있기 때문이다. 이러한 최초의 논리체계의 단일성은 단지 사회의 단일성을 재생산할 뿐이다. 그러므로 이 책의 서두에서 우리가 제시한 제안을 검증할 기회를 가지게 되었다. 또한 지성의 기본개념들과 사고의 기본범주들이 사회적 요인들의 산물일 것이라고 확신할 기회를 가지게 되었다. 앞에서 언급된 사실들은 이것이 범주 개념 그 자체의 경우라는 것을 분명히 보여주고 있다.

하지만 각 개인의 지성에는 그것이 의식하고 있는 여러 가시 사물들 간의 유사성을 파악하는 능력이 있다는 것을 부인하려는 의도는 없다. 반대로 가장 원시적이고 단순한 분류들까지도 이미 이러한 능력을 전제로 하고 있음이 분명하다. 오스트레일리아 사람들은 같은 씨족 또는 다른 씨족에 마음대로 사물들을 배열하지 않는다. 그들도 우리와 마찬가지로 비슷한 이미지들은 서로 끌어당기고 반대되는 이미지들은 서로 배척한다고 생각한다. 오스트레일리아 사람들은 이러한 친화의 감정과 배척의 감정에 근거해 그러한 감정들에 상응하는 사물들을 이곳저곳에 분류한다.

더욱이 우리가 그렇게 생각할 만한 이유들을 알 수 있는 경우들이 있다. 두 프라트리는 이러한 분류의 근본적이고 초보적인 틀을 구성하고 있다. 따라서 이 틀들은 처음에는 이분(二分)되어 있었다. 따라서 분류가 두 속(屬)으로 분할될 때, 이 두 속은 거의 필연적으로 정반대되는 사물들로 인식된다. 사람들은 가장 두드러지게 대조되는 사물들을 구분하기 위해 두 속을 일차적으로 사용한다. 사람들은 어떤 것은 오른쪽에, 또 다른 것들은 왼쪽에 구분해 놓는다. 사실상 이것은 오스트레일리아 사람들의 분류 특성이다. 만일 흰 앵무새가 어느 한 프라트리에 분류된다면 검은 앵무새는 다른 프라트리에 분류된다. 만일 태양이 이쪽 편이라면 밤에 나오는 달과 별들은 반대편에 속한다.[18] 대부분의 경우 두 프라트리의 토템으로 이용되는 존재들은 반대색깔을 가지고 있다.[19] 이러한 대립은 오스트레일리아 밖에서도 발견된다. 프라트리 중 하나가 평화를 담당하면 다른 프라트리는 전쟁을 담당한다.[20] 만일 한쪽이 물을 토템으로 가진다면 다른 쪽은 땅을 토템으로 가진다.[21] 이것은 분명히 왜 두 프라트리가 종종 당연히 서로 적대적으로 여겨져 왔는가를 설명해준다. 사람들은 프라트리 사이에 일종의 경쟁, 심지어는 합법적인 적대행위까지 있다고 말하고 있다.[22] 사물들의 대립은 사람들에게까지 확산되었다. 논

---

18) 이 책, 342쪽 참조할 것. 사해 근처에서 카메론(Cameron)이 관찰했던 구룬디치마라족에서도 그렇고, 워초발루크족에서도 그러하다(A.W. Howitt, 앞의 책, 124~125쪽, 250쪽).

19) J. Mathews, *Two Representative Tribes*, 139쪽; N.W. Thomas, *Kinship and Marriage*, 53쪽 이하.

20) 예를 들면 오세이지족(Osage)에서 그렇다(Dorsey, "Siouan Sociology", in XVth *Rep.*, 233쪽 이하 참조할 것).

21) 토레스(Torrés) 해협의 마부이아그(Mabuiag)섬에서 아룬타족의 두 프라트리에서도 같은 대립을 찾아볼 수 있다(Haddon, *Head Hunters*, 132쪽). 한편은 물 토템의 사람들을, 다른 편은 땅 토템의 사람들을 포괄한다(C. Strehlow, I, 6쪽).

22) 이러쿼이족에서는 두 프라트리 사이에 일종의 시합이 있다(Morgan, *Ancient Society*, 94쪽). 스윈턴은 다음과 같이 말한다. 하이다족에서는 수리와 까마귀의 두 프라트리의 구성원들이 "종종 명백한 적들로 여겨졌다. 남편들과 부인들은(그들은 필연적으로 다른 프라트리에 속한다) 서로를 배신하기를 주저하지 않는다"(*The Haida*, 62쪽). 오스트레일리아에서는 이러한 적의가 신화 속에 표현되어 있다. 두 프라트리에 속하는 토템 동물들은 종종 서로 영원히 싸우는 것으로 표현된다(J. Mathews, *Eaglehawk and Crow, a Study of Australian Aborigines*,

리적인 대비가 일종의 사회적 갈등을 일으킨 것이다.[23]

다른 한편으로 각 프라트리 안에서 사람들은 한 씨족 속에 그 씨족 토템으로 쓰이는 사물들과 가장 유사하게 여겨지는 사물들을 배열했다. 예를 들면 검은 앵무새와 함께 달을 놓았고, 반대로 흰 앵무새와 함께 태양, 대기, 바람 등을 배열했다. 게다가 토템 동물에다 그것과 가장 긴밀한 관계를 맺고 있는 동물들 뿐 아니라[24] 그 동물들의 양식으로 쓰이는 모든 동물들을 결합시켰다.[25] 물론 이러한 연결이나 구분의 상당수를 초래한 애매모호한 심리를 항상 이해할 수 있는 것은 아니다. 그러나 앞에 열거한 예들은 사물들이 나타내는 유사점이나 차이점에 대한 어떤 직관이 이러한 분류를 할 때 중요한 역할을 담당했음을 보여주기에 충분하다.

14쪽 이하 참조할 것). 시합을 할 때, 각 프라트리는 자연히 다른 프라트리의 적수가 된다(A.W. Howitt, 앞의 책, 770쪽).

23) 따라서 프라트리의 기원에 대한 우리의 이론이 프라트리의 대립을 설명할 수 없다고 토머스가 비난한 것은 잘못이다(*Kinship and Marriage in Australia*, 69쪽). 그렇지만 우리는 이러한 대립을 속된 것과 성스러운 것의 대립으로 연결시킬 필요가 있다고 생각하지는 않는다(Hertz, "La prééminence de la main droite", in *Revue Phil.*, 1909, déc, 559쪽 참조할 것). 어떤 프라트리의 사물들이 다른 프라트리에게는 성스럽지 않다. 속된 것이나 성스러운 것이나 둘 다 같은 종교 체계의 일부분이다(이 책, 361~362쪽 참조할 것).

24) 그리하여 아룬타족에서는 개구리가 고무나무 토템과 연결된다. 왜냐하면 개구리들이 이 나무의 구멍에서 때때로 발견되기 때문이다. 물은 물닭과 연결된다. 때때로 캥거루의 주위를 날아다니는 모습 때문에 앵무새의 일종인 새는 캥거루와 연결된다(Spencer · Gillen, *Nat. Tr.*, 146~147쪽, 448쪽).

25) 예를 들어 차나무 씨족은 풀을 포괄하며, 그 결과 또한 초식동물을 포괄한다(Fison & Howitt, *Kamilaroi and Kurnai*, 169쪽). 이것은 보아스에 의해 지적된 북아메리카의 토템 상징의 특수성에 대한 의심할 바 없는 설명이다. 그는 "틀링키트족과 해안의 모든 다른 부족에서는 한 집단의 상징이 그 집단의 이름을 제공한 동물의 먹이가 되는 동물들을 포괄하고 있다"고 했다(Fifth *Rep. of the Committee, etc.*, British Association for the Advancement of Science, 25쪽).

그러나 유사성에 대한 감정과 속(屬)의 개념은 다른 것이다. 속이란 그 형태가 유사하고 부분적으로 내용이 유사하다고 인식된 사물들의 외적인 틀이다. 따라서 내용은 그것이 배열되어 있는 틀을 자신에게 제공할 수 없다. 내용은 **모호하고 확연치 않은** 이미지들로 이루어져 있는데, 그것들은 한정된 수의 개별적인 이미지들의 중첩과 부분적인 용해에서 기인하며 공통요소들이 발견된다. 반대로 틀은 고정된 윤곽을 지닌 특정한 형태이다. 그러나 그 틀은 인식되건 안 되건, 실제적인 것이건 가능성이 있는 것이건 한정되지 않은 수의 사물들에게 적용될 수 있다. 사실상 모든 속은 직접적인 경험이나 그 유사성에 의해 알려진 대상들의 범위를 끝없이 넘어서는 확장의 가능성을 가지고 있다. 그것이 바로 모든 사상가의 학파가 속의 개념과 속의 이미지 개념을 동일시하기를 거부한 이유이다. 속의 이미지란 유사한 표상이 의식(意識) 속에 동시에 나타날 때 그것들이 우리에게 남겨준 경계가 불확실한 잔상에 불과하다. 속은 일종의 논리적인 상징인데, 그 덕분에 우리는 이러한 유사성과 다른 유사물을 분명하게 인식하는 것이다. 게다가 이 두 개념을 분리하고 있는 차이를 가장 잘 증명하는 것은 동물의 경우 속(屬)과 종(種)에 따라 생각하는 법을 모르더라도 속의 이미지를 만들 수 있다는 점이다.

속의 개념은 인간에 의해 명백하게 구성된 사고의 도구이다. 그러나 그 도구를 구성하기 위해서는 적어도 하나의 모델이 필요했다. 왜냐하면 우리의 안이나 밖에서 우리에게 이러한 관념을 제안하는 것이 아무것도 없었다면 어떻게 이러한 관념이 생겨날 수 있었겠는가? 그러한 사고가 **선험적으로** 주어졌다고 대답하는 것은 전혀 옳은 답이 아니다. 이러한 나태한 해결은 분석의 죽음이라고 말할 수 있다. 집단생활의 장면 이외에 그 어디에서 이러한 필수불가결한 모델을 찾을 수 있었는지 알 수가 없다. 사실상 속은 관념적인, 그러나 분명하게 정의된 사물들의 집단으로서 그 사물들 간에는 혈족관계와 유사한 내적관계가 존재한다. 따라서 경험을 통해서 알려진 이러한 종류의 집단들은 오직 인간들 스스로 결속하여 형성한 것이다. 물질적인 사물들은 내적 통일성이 없는 단위체들의 결집, 무더기, 기계적인 집합을 형성할 수는 있지만, 우리가 방금 의미했던 바의 집단을 형성할 수는 없다. 모래 더미나 돌 더미는 속처럼 형성되고 조직화된 일종의 사회와 결코 비교할 수 없다. 그러므로 만일 우리가 인간사회의 예들을 목전에 가지고 있지 않았다면, 또한 사물들 자체를 인간사회의 구성원으로 만드는 일부터 시작하지 않았다면, 그리고 인간집단과 논리적 집단이 처음에 혼동되었다면[26] 아무리 유사성이 있다고 해도 우리는 십중팔구 삼라만상의 존재들을 속이라는 동질 집단으로 결합시킬 생각을 전혀 하지 못했을 것이다.

다른 한편으로 분류란 위계질서에 따라 부분들이 배열되는 체계라는 것을 기억할 필요가 있다. 거기에는 지배적인 부분과 종속되는 다른 부분들이 있다. 종(種)과 그 변별적 특성들은 속과 그 속성에 따라 좌우된다. 다시 말하면 같은 속의 여러 종들은 서로 같은 차원에 놓여 있는 것으로 인식된다. 그것들을 특히 내포(compréhension)의 관점에서 보려고 하는 사람이 있는가? 그렇다면 그 사람은 사물들을 반대 순서로 상상하고 있는 것이다. 그는 가장 개별적이고 실제로 가장 풍부한 종들을 상위에 놓고, 가장 일반적이고도 그 특성이 빈약한

---

26) 원시적인 불명료함을 보여주는 표지들 중 하나는 다음과 같다. 토지가 때로 속에게 할당되면서 또한 처음에 속과 혼동되었던 사회적 구분에도 할당되었다. 그러므로 오스트레일리아의 워초발루크족과 미국의 주니족에서는 사물들이 씨족들과 마찬가지로 여러 지역 공간에서도 이상적으로 나뉜다. 그러므로 사물들의 지역적 분배와 씨족의 분배가 일치한다(Durkheim & Mauss, 앞의 글, 34쪽 이하 참조할 것). 분류들은 비교적 진보된 민족들에서도 예를 들면 중국에서도 이러한 공간적 특성의 어떤 것을 지니고 있다(같은 글, 55쪽 이하).

것들을 하위에 두고 있는 것이다. 그럼에도 불구하고 사람들은 모든 것들을 위계적 형태로 표현한다. 그리고 여기서 이 표현이 단지 은유적 의미만을 가진다고 생각하지 않도록 주의해야 한다. 종속관계와 등위관계는 실제로 존재하고 있으며, 그러한 관계들을 확립하는 것이 분류의 목적이다. 만일 인간이 위계가 무엇인지 미리 알지 못했다면 이러한 방법으로 그의 지식을 정리하려고 생각하지도 못했을 것이다. 물리적인 자연의 광경이나 심리적 연상작용의 메커니즘은 우리에게 이러한 지식을 제공해주지 못한다. 위계란 오로지 사회적 산물이다. 오직 사회 안에서만 우수한 것, 열등한 것, 동등한 것이 존재한다. 결론적으로 이것을 증명하기에는 사실들이 불충분하다고 해도 이러한 관념들을 분석하기만 하면 그 기원을 밝혀낼 수 있을 것이다. 우리는 사회로부터 이러한 위계 개념을 차용해 우리의 세계관에 투사시켰다. 논리적 사고가 작동할 수 있는 바탕을 제공한 것은 바로 사회이다.

3. 토템 숭배의 우주론적 체계와 부족 종교로서의 토템 숭배처럼 어떤 씨족 안으로 분류된 모든 사물들은 그 씨족토템의 본성과 성스러운 특성을 함께 나누고 있다

그러나 이러한 원시적인 분류는 종교적 사고(思考)의 기원과 상당히 직접적인 관계가 있다.

사실상 이러한 분류는 동일한 씨족이나 동일한 프라트리 안으로 분류된 모든 사물들이 서로 긴밀한 관련을 맺고 있으며, 해당 프라트리나 씨족토템과도 긴밀히 관련을 맺고 있다는 것을 전제로 한다. 포트맥케이족의 오스트레일리아 사람들이 태양과 뱀 등이 융가루 프라트리에 속한다고 말할 때, 그는 이 모든 사물들에게 단지 공통적인 명칭이나 순수하게 인습적인 명칭을 적용시키려는 것이 아니다. 왜냐하면 그에게 있어서 단어는 객관적인 의미를 가지고 있기 때문이다. 사실상 그는 다음과 같이 믿는다. "악어는 융가루이며, 캥거루는 우타루이다. 태양은 융가루이며 달은 우타루이다. 별자리나 나무, 풀들까지도 그렇다."[27] 사물들과 그것들이 배치된 집단은 내적으로 결속되어 있다. 사물들은 그 집단의 정규 구성원이다. 인간 개개인이 집단의 부분을 이루고 있는 것과 똑같이 사물들도 이 집단에 속한다고 말할 수 있다.[28] 따라서 동일한 관계가 인간과 사물들을 결합시키고 있다. 인간은 그가 속한 씨족의 사물들을 친척이나 친지처럼 여긴다. 인간은 사물들을 친구라고 부르고, 사물들도 그들과 같은 살로 만들어진 것으로 생각한다.[29] 그 둘 사이에는 선택적 친화력과 매우 특수한 협약관계들이 존재한다. 사람들과 사물들은 서로서로 끌리고 자연스럽게 이해되고 조화된다. 예를 들면 사람들이 말레라 프라트리의 와켈부라족을 매장할 때 시체가 놓이는 발판은 "말레라 프라트리에 속하는 어떤 나무로 만들어져야 한다."[30] 시체를 덮는 나뭇가지들도 마찬가지이다. 만일 죽은 사람이 방베 계급에 속한 사람이라면 반드시 방베나무를 사용해야만 한다. 이 부족에서는 또한 주술사도 기술을 발휘할 때에 자신의 프라트리에 속한 사물들만을 사용할 수 있다.[31] 왜냐하면 다른 사물들은 그에게 낯선 것이고, 그는 그 사물들을 복종시킬 방법을 모르기 때문이다. 이런 식으로 신비적 공감에 의한 결속은 각 개인을 생물이건 무생물이건 그에게 관련된 존

---

27) Bridgmann, in B. Smyth, *The Aborigine of Victoria*, I, 91쪽.
28) Fison & Howitt, *Kamilaroi and Kurnai*, 168쪽; A.W. Howitt, "Further Notes on the Australian Class Systems", in *J. A. I.*, XVIII, 60쪽.
29) Curr, III, 461쪽. 몽감비에르족에 관한 것이다.
30) A.W. Howitt, "On some Australian Beliefs", in *J. A. I.*, XIII, 191쪽, n.1.
31) A.W. Howitt, "Notes on Australian Message Sticks", in *J. A. I.*, XVIII, 326쪽; "Further Notes on the Australian Class Systems", 61쪽, n.3.

재들과 연합시킨다. 그 결과 사물들이 행하는 것에 따라 인간이 할 일과 한 일을 추론해낼 수 있다고 믿는다. 동일한 와켈부라족의 한 사람이 어떤 사회 구분에 속해 있는 동물을 죽이는 꿈을 꾸면 그는 그다음 날 그 구분에 속하는 사람을 만날 것이라고 기대한다.[32) 반대로 어떤 씨족이나 프라트리에 속한 사물들은 그 씨족이나 프라트리의 구성원에 반(反)해서 사용될 수 없다. 워초발루크족에서 각 프라트리는 그들 자신에게만 속하는 특수한 나무들을 가지고 있다. 따라서 구로지티 프라트리의 동물을 사냥하기 위해서는 다른 프라트리의 나무에서 채취한 재목으로 만든 무기들만을 사용할 수 있으며, 그 역도 성립한다. 그렇지 않으면 사냥꾼은 반드시 자기의 목표물을 놓치게 된다고 믿는다.[33) 원주민은 화살이 스스로 목표에서 벗어날 것이라고, 말하자면 나무의 친구와 친족인 동물을 맞히기를 거부할 것으로 확신한다.

마찬가지로 씨족사람들과 그 씨족에 분류된 사물들은 그들의 결합에 의해 견고한 체계를 형성하고 있는데, 그 체계의 모든 부분들은 연결되어 있으며 호의적으로 감응한다. 무엇보다도 순수하게 논리적으로 보일 수 있었던 이러한 조직은 동시에 도덕적(morale)이다. 조직을 고무하고 단일체로 만드는 한 가지 동일한 원칙이 있는데, 그것이 바로 토템이다. 까마귀족에 속한 사람은 그 자신 속에 까마귀의 무엇인가를 간직하고 있다. 마찬가지로 비는 그것이 같은 씨족, 같은 토템에 속하기 때문에 역시 필연적으로 "까마귀와 같은 어떤 존재"로 여겨졌다. 똑같은 이유로 달은 검은 앵무새이고, 태양은 흰 앵무새이며, 검은 견과나무들은 펠리컨 새가 되는 것이다. 같은 씨족 안

---

32) Curr, III, 28쪽.

33) J. Mathews, "Ethnological Notes on the Aboriginal Tribes of N. S. Wales and Victoria", in *Journ. and Proc. of the Royal Society of N. S. Wales*, XXXVIII, 294쪽.

에 배열된 모든 존재들, 즉 모든 인간, 동물, 식물, 무생물 등은 따라서 토템 존재의 단순한 양태에 불과하다. 이것이 바로 우리가 방금 기록한 공식이 의미하는 바이며, 진정한 동족을 이루는 것이다. 모두가 토템 동물의 본성을 띠고 있다는 의미에서 씨족에 속한 모든 것은 실제로 같은 살로 이루어져 있는 것이다. 게다가 사람들이 사물들에게 사용하는 수식어 또한 토템에게도 사용한다.[34] 워초발루크족은 미르(Mir)라는 동일한 명칭으로 토템과 그 토템에 분류된 사물들을 부르고 있다.[35] 우리가 살펴보겠지만 아직까지도 분류의 흔적들이 두드러지게 남아 있는 아룬타족에게서는 사실상 여러 단어들이 어떤 토템과 거기에 결부된 사물들을 지칭하고 있다. 그렇지만 이러한 사물들에 부여된 명칭은 사물들과 토템 동물을 결합하는 긴밀한 관계를 보여준다. 사람들은 사물들을 토템의 측근, 친척, 친구들이라고 부른다. 그들은 사물들이 토템과 서로 불가분의 것이라고 생각한다.[36] 따라서 사람들은 그것들이 매우 가까운 친족의 사물이라는 느낌을 가지게 된다.

그러나 다른 한편으로 우리는 토템 동물이 성스러운 존재라는 것을 알고 있다. 그 토템을 상징으로 하는 씨족 안에 분류된 모든 사물들은 동일한 특성을 지닌다. 왜냐하면 그 사물들은 어떤 의미에서 인간과 마찬가지로 같은 종의 동물이기 때문이다. 사물들도 거룩하다. 그리고 우주의 다른 사물들과 관련하여 사물들을 배치한 분류는 바로 그러한 방식을 통해 사물들을 종교적 세계에 위치시킨다. 이러한 이유로 씨족의 구성원들이 그 사물들에 속한 식물이나 동물들을 마

---

34) Curr, III, 461쪽과 비교. A.W. Howitt, *Nat. Tr.*, 146쪽. 투만(Tooman)과 윙고 (Wingo)라는 표현들은 사물들과 토템에게 적용되고 있다.

35) A.W. Howitt, 앞의 책, 123쪽.

36) Spencer·Gillen, *Nat. Tr.*, 447쪽 이하; C. Strehlow, III, xii쪽 이하.

음대로 소비할 수 없다. 따라서 몽감비에르족 가운데 독 없는 뱀을 토템으로 지닌 사람들은 이 뱀의 고기를 먹지 말아야 할 뿐 아니라 바다표범이나 뱀장어 등의 고기도 역시 금해야 한다.[37] 만약 어떤 필요에 의해 그들이 그것들을 먹어야 할 때도 그들은 마치 토템 그 자체를 먹을 때처럼 최소한 속죄의식을 치름으로써 불경스러움을 완화시켜야 한다.[38] 오알라이족에서는 토템을 사용하는 것은 허용되어 있지만 남용해서는 안 되는데, 똑같은 규칙이 씨족의 구성원인 다른 사물들에게도 적용된다.[39] 아룬타족에서는 토템 동물을 보호하려는 금지가 토템과 관련된 동물들에게까지 확대되고 있다.[40] 어쨌든 사람들은 이러한 동물들에게 매우 특별한 주의를 기울여야만 한다.[41] 토템이나 토템과 관련된 사물들이 불러일으키는 감정들은 동일하다.[42]

---

37) Fison & Howitt, *Kamilaroi and Kurnai*, 169쪽.

38) Curr, III, 462쪽.

39) Mrs. Parker, *The Euahlayi Tribe*, 20쪽.

40) Spencer · Gillen, *North. Tr.*, 151쪽; *Nat. Tr.*, 447쪽; C. Strehlow, III, xii쪽.

41) Spencer · Gillen, *Nat. Tr.*, 449쪽.

42) 그렇지만 퀸즐랜드의 어떤 부족들에서는 사회집단에 배속된 사물들이 그 집단의 구성원들에게 금지되지 않은 곳도 있다. 특히 와켈부라족이 여기에 해당된다. 이러한 사회에서 분류의 틀로 사용되는 것이 결혼계급이라는 것을 기억해야 한다(이 책, 344쪽 참조할 것). 따라서 어떤 계급의 사람들은 그 계급에 할당된 동물들만 먹을 수 있고 다른 동물들을 먹을 수 없다. 다른 모든 양식은 그들에게 금해져 있다(A.W. Howitt, 앞의 책, 113쪽; Curr, III, 27쪽). 그렇다고 해서 이 동물들이 속되게 여겨진다는 결론을 내려서는 안 된다. 사실상 개인에게 다른 양식을 취하는 것이 금지되어 있는 이상, 그것들을 먹을 권리가 없을 뿐 아니라 이러한 원칙을 반드시 지켜야만 한다는 것에 주목해야 한다. 따라서 이러한 규정의 강압적 특성은 종교적 본질을 가진 사물들과 대면하고 있다는 사실에 대한 확실한 표지이다. 사물들이 지닌 종교적 본질만이 금기와 같은 소극적인 규정이 아니라 적극적인 의무를 태어나게 했다. 아마도 이러한 일탈이 어떻게 생겨났는지를 추측해보는 일은 전혀 불가능하지 않

그러나 이와 같이 토템과 결부된 사물들이 토템과 본질이 다르지 않으며, 그 결과 종교적 특성을 가지고 있다는 것은, 필요할 경우 그것들이 토템과 같은 기능을 수행한다는 사실로 잘 입증된다. 그러한 사물들은 종속 토템, 이차 토템이다. 관례에 의해 오늘날 인정된 표현에 따라 말한다면 그것들은 하위토템이다.[43] 공감(sympathies)의 영향으로 씨족 안에서는 특수한 친화력이 계속해서 생겨난다. 그리고 좀더 제한된 집단과 한정된 단체들이 생겨나는데, 이것들은 상대적으로 자율적인 생활을 영위하고, 또한 좀더 큰 씨족 안에 하위씨족과 같은 새로운 하위부문을 형성하는 경향이 있다. 스스로를 구분하고 개체화시키기 위해서 이러한 하위씨족은 특수한 토템 또는 결과적으로 하위토템을 필요로 한다.[44] 이러한 이차 집단토템은 주(主)토템 밑으로 분류된 여러 사물들에서 선택된다. 그러므로 그것들은 문자 그대로 잠재 토템이며, 상황이 조금만 변하면 실제 토템이 된다. 그것들 속에는 잠재적 토템 본성이 들어 있는데, 그것은 상황이 허락하거나 요구하기만 하면 즉각 나타난다. 이와 같이 한 개인이 두 토템을 가질 수 있다. 즉 주 토템은 씨족 전체에 공통되는 것이고 하

다. 우리는 앞(이 책, 336쪽)에서 각 개인이 자신의 토템과 그 토템에 의존하고 있는 사물들에게 일종의 소유권을 가진다는 것을 살펴보았다. 아마도 특수한 환경의 영향에서 토템 관계의 이러한 모습이 발전되었고, 사람들은 자연히 그 씨족의 사람들만 그들의 토템 그리고 그 토템과 관련된 모든 것을 처분할 권리가 있으며, 반대로 다른 사람들은 그것들을 만질 권리가 없다고 믿었을 것이다. 이러한 상황에서 씨족은 그들에게 할당된 사물들만 섭취할 수 있었을 것이다.

43) 파커 여사(Mrs. Parker)는 "멀티플렉스 토템"(multiplex totems)이라는 표현을 사용하고 있다.

44) 예를 들면 파커 여사의 책에 나오는 오알라이족(15쪽 이하)과 워초발루크족 (A.W. Howitt, 앞의 책, 121쪽 이하. 앞에서 언급된 매슈스의 논문과 비교)을 참조할 것.

위토템은 그가 속한 하위씨족에 특유하다. 그것은 로마인들의 족명(族名, nomen) 및 가명(家名, cognomen)과 유사하다.[45]

때때로 우리는 하위씨족이 완전히 분리되어 자율적 집단, 즉 독립적인 씨족이 되는 것을 보게 될 경우도 있다. 그렇게 되면 하위토템이 정규 토템이 되는 것이다. 이러한 분할 과정을 극한까지 밀고 나간 부족이 바로 아룬타족이다. 스펜서와 길런의 첫 번째 저서에 들어있는 정보는 아룬타족에 약 60개의 토템이 있다고 밝혀주었다.[46] 그러나 슈트렐로의 최근의 조사에 따르면 그 수는 훨씬 더 많다. 그는 최소한 442개를 들고 있다.[47] 스펜서와 길런이 "사실상 원주민들이 살고 있는 나라에서 생물이건 무생물이건 그 이름을 어떤 토템집단에 제공하지 않은 사물들은 없다"[48]고 말할 때 그들은 결코 과장했던 것이 아니다. 따라서 수많은 토템은 그 수가 인구와 비교해볼 때 엄청난 것으로, 특수한 상황의 영향으로 원래의 씨족이 분할되고 또 끝없이 하위 분할되었다는 사실에서 기인한다. 따라서 거의 모든 하위-토템들은 토템의 단계로 변화되었다.

이것은 슈트렐로의 관찰에 의해서 결정적으로 입증되었다. 스펜서와 길런은 결합된 토템들에서 분리된 몇 가지 경우를 인용했을 뿐이다.[49] 슈트렐로는 이것이 사실상 절대적으로 일반적인 조직형태라고 밝혔다. 그는 이 원리에 따라서 분류된 아룬타족의 거의 모든 토템들의 도표를 제시할 수 있었다. 모든 것은 준 토템이나 보조 토템의 자격으로 약 60개가량의 주 토템들과 연결되어 있다.[50] 이러한 것

---

45) 호잇의 예 참조할 것(같은 책, 122쪽).
46) Durkheim & Mauss, 앞의 글, 28쪽, n.2를 보라.
47) C. Strehlow, II, 61~72쪽.
48) Spencer · Gillen, 앞의 책, 112쪽.
49) 특히 같은 책, 447쪽; *North. Tr.*, 151쪽.

들은 주 토템을 위해 존재하는 것으로 여겨진다.[51] 이러한 상대적인 의존상태는 오늘날의 '동맹'들이 단지 하위-토템에 지나지 않던 시대, 결과적으로 부족이 하위-씨족으로 분할된 소수의 씨족들만 포함하고 있던 시대의 반영일 가능성이 매우 크다. 수많은 잔존물이 이러한 가설을 검증해주고 있다. 종종 이런 식으로 결합된 두 집단이 동일한 토템 상징을 가지는 경우가 있다. 따라서 상징의 일치는 그 두 집단이 원래 하나였다고 가정할 때만 설명될 수 있다.[52] 게다가 두 씨족의 관계는 그들이 서로 상대편의 의식에 쏟는 관심과 분담에 의해서 나타난다. 두 씨족의 숭배는 여전히 불완전하게 구분될 뿐이다. 왜냐하면 그것들이 처음에 완전히 혼합되었기 때문이다.[53] 전통은 예전에는 두 씨족이 매우 근접한 거주지를 점유하고 있었다고 상상

---

50) C. Strehlow, III, 13~17쪽. 동일한 이차 토템들이 동시에 2개 또는 3개의 주 (主) 토템들과 관련되는 경우가 있다. 이것은 아마 슈트렐로가 이러한 토템들 중 어떤 것이 정말 주 토템인가를 확실히 결정할 수 없었던 이유일 것이다. 이러한 도표로부터 추론된 흥미 있는 두 가지 사실이 우리가 이미 전에 기술했던 몇몇 명제들을 확증해준다. 우선, 주 토템들은 거의 전부가 동물들이며 예외는 거의 없다. 그다음으로 천체들은 이차 토템이나 준 토템에 지나지 않는다. 이러한 사실은 이차 토템들이 토템의 권위를 갖는 지위로 서서히 승진되었으며, 처음에는 동물계에서 우선적으로 주 토템들이 선택되었다는 것을 증명해준다.

51) 신화에 따르면 준(準) 토템들은 우화시대에는 주 토템을 지닌 사람들에게 식량으로 이용되었으며, 그것들이 나무일 경우 인간들에게 그늘을 빌려주었다는 것이다(C. Strehlow, III, 12쪽; Spencer·Gillen, *Nat. Tr.*, 403쪽). 준 토템이 식량으로 사용되었다고 해서 그것이 속되다는 의미는 아니다. 왜냐하면 신화시대에는 주 토템조차도 선조들, 즉 씨족의 창건자들에 의해 먹혔다고 믿어지기 때문이다.

52) 따라서 야생고양이 씨족에서는 추링가 위에 새겨진 그림은 하케아(Hakea) 나무를 나타내는데, 이것은 오늘날 별개의 토템이다(같은 책, 147~148쪽). 슈트렐로는 그러한 사실이 빈번하다고 말하고 있다(III, 12쪽, n. 4).

53) Spencer·Gillen, *North. Tr.*, 182쪽; *Nat. Tr.*, 151쪽, 297쪽.

함으로써 그것들을 묶고 있는 관계를 설명한다.[54] 다른 경우에 신화는 씨족들 중 하나가 다른 하나에서 파생되어 나온 것이라고 분명히 말하고 있다. 처음에는 관련된 동물이 그때까지도 주 토템으로 이용되는 종(種)에 속하기 시작했다고 말한다. 그 동물은 이후 시대에 분화되었을 것이다. 따라서 오늘날 위체티(witchetty) 딱정벌레 유충과 관련된 찬퉁가(chantunga) 새들은 우화시대에는 위체티 유충이었는데, 나중에 새로 변형되었다. 실제로 꿀개미의 토템과 관련된 두 종(種)은 원래 꿀개미였을 것이다 등등.[55] 이렇게 하위-토템이 토템으로 변형되는 일은 감지되기 어려울 정도로 서서히 이루어진다. 그러므로 어떤 경우에 상황이 불명확하며, 주 토템을 다루고 있는지, 이차적 토템을 다루고 있는지 말하기가 매우 어려울 때도 있다.[56] 호잇이 워초발루크족에 대해 말한 것처럼 토템으로 형성되는 도상에 있는 하위-토템들이 있다.[57] 따라서 한 씨족 안에 분류된 여러 사물들은 각각 중심을 이루고 있는데, 그 중심 주위에 새로운 토템 숭배가 형성될 수 있다. 이것은 사물들이 불러일으키는 종교적 감정에 대한 가장 좋은 증거이다. 만일 사물들이 성스러운 특징을 가지고 있지 않다면 그것들은 가장 높은 정도의 성스러운 사물들, 즉 정규 토템과 같은 권위를 그렇게 쉽게 획득할 수 없었을 것이다.

따라서 종교적 사물들의 범위는 처음에 제한된 것처럼 보이던 한계들을 벗어나 확장된다. 그 범위는 단순히 그 씨족토템 동물들과 그

---

54) 같은 책, 151, 158쪽.
55) 같은 책, 447~449쪽.
56) 따라서 스펜서와 길런은 어떤 때는 주 토템으로, 어떤 때는 준 토템으로 여겨지는 인투리타(Inturrita)라고 불리는 비둘기에 대해 말해주고 있다(같은 책, 410쪽, 448쪽).
57) A.W. Howitt, *Further notes*, 63~64쪽.

구성원인 인간들만 포함하는 것이 아니다. 알려진 사물들 가운데 씨족 안에 분류되지 않고, 토템의 예하에 분류되지 않는 것은 존재하지 않는다. 그러므로 어느 정도 종교성을 반영하지 않는 사물들은 존재하지 않는다고 할 수 있다. 그 후에 형성된 종교에서 이른바 신들이 나타나기 시작했을 때, 그 신들 각각은 자연현상의 특수한 범주를 맡게 되었다. 즉 어떤 신은 바다를, 다른 신은 대기를 그리고 또 다른 신은 수확이나 과실 등을 담당하게 되었다. 이러한 각 자연의 영역은 자연이 의존하고 있는 신으로부터 그 안에 들어 있는 생명을 끌어내는 것으로 믿어질 것이다. 이 종교들이 우리에게 제공하는 우주에 대한 표현은 바로 여러 신들에게 자연을 할당하는 일에서 비롯된다. 그러므로 인류가 토템 숭배의 단계를 넘어서지 못했다면 부족의 여러 토템들은 후에 신적 존재들이 해야 할 기능을 정확하게 수행했을 것이다. 우리가 주요한 예로 들었던 몽감비에르족 안에는 10개의 씨족들이 있다. 따라서 세계 전체가 10개의 종류로, 아니 오히려 10개의 가족으로 분할되는데, 그것들 각각은 특수한 토템을 시조로 삼고 있다. 바로 이 시조에 의해서 씨족 안에 분류된 모든 사물들은 실재성을 갖게 된다. 왜냐하면 사물들은 토템 존재의 변이형태들로 여겨지기 때문이다. 우리가 들었던 예로 다시 돌아간다면 비, 천둥, 번개, 구름, 우박, 겨울은 까마귀의 다른 변종들로 여겨진다. 이 10개의 사물 가족들은 함께 결합되어 세계에 대한 완벽하고 체계적인 표상을 이룬다. 이러한 표상은 종교적이다. 왜냐하면 종교 개념들이 그 원리를 제공했기 때문이다. 토템 종교의 영역은 사물들의 한두 개 범주에 한정되기는커녕 알려진 우주의 마지막 한계까지 확장된다. 마치 그리스 종교처럼 토템 종교는 도처에 신을 둔다. 유명한 공식 $\pi\alpha\nu\tau\alpha$ $\pi\lambda\dot{\eta}\varrho\eta$ $\theta\varepsilon\tilde{\omega}\nu$(모든 것은 신들로 가득 차 있다)이 토템 종교의 모토로 사용될 수 있을 것이다.

그러나 토템 숭배를 이렇게 표현하기 위해서 우리가 오랫동안 생각해 온 토템 숭배에 대한 개념을 한 가지 본질적인 측면에서 수정해야 한다. 최근 몇 해 동안의 발견이 있기까지 사람들은 토템 숭배가 완전히 개별 토템의 숭배로 이루어져 있다고 생각했고, 그것을 씨족의 종교로 정의했다. 이러한 관점에서 보면 같은 부족 안에도 서로 다른 씨족들이 존재하는 수만큼 서로 독립적인 토템 종교들이 존재하는 것 같다. 게다가 이러한 관념은 사람들이 일반적으로 씨족에 대해 가지고 있는 개념과 조화를 이룬다. 이러한 관념에 의하면 씨족이란 다른 유사한 사회에 대해 어느 정도 폐쇄적이며, 관계를 맺더라도 외적이고 피상적 관계만 맺는 자율적인 사회라고 여겨진다.[58] 그러나 현실은 훨씬 복잡하다. 확실히 각 토템 숭배는 대응하는 씨족 안에 그 근원을 가지고 있다. 오로지 씨족 안에서 그 숭배가 거행된다. 또한 씨족의 구성원들만 그 숭배의 의무가 있다. 씨족의 구성원들을 통해서 토템 숭배는 그 근간을 이루는 신앙과 함께 각 세대에서 세대로 전수된다. 그러나 다른 한편으로 같은 부족 안에서 이와 같이 행해진 여러 가지 토템 숭배들이 서로 모르는 채 마치 그것들 각각 완전하고 자족적인 종교처럼 평행적으로 발전한 것은 아니다. 반대로 그것들은 상호간에 서로 관련되어 있다. 그것들은 단일한 총체의 부분이며, 단일한 종교의 요소에 불과하다. 어떤 한 씨족의 사람들이 그 이웃 씨족들의 신앙을 대할 때, 일반적으로 한 종교가 낯선 종교에 대해 가지게 마련인 무관심, 회의 또는 적의를 가지고 바라보지는 않는다. 왜냐하면 그들 자신들도 이러한 신앙을 공유하고 있기 때문이다. 까마귀족 사람들은 뱀족 사람들 역시 신화적인 뱀을 그

---

58) 그러므로 때때로 씨족은 부족과 혼동되었다. 민속학자들의 서술에 자주 문제를 일으키는 이러한 혼동은 특히 커(Curr)에 의해 저질러졌다(I, 61쪽 이하).

들의 선조로 가지고 있으며, 그들의 특수한 효능과 경이로운 능력들이 이 뱀의 덕분이라는 것을 납득하고 있다. 우리는 적어도 어떤 상황에서는 인간이 의례적 격식을 갖춘 후에야 자기 것이 아닌 토템을 먹을 수 있다는 사실을 살펴보지 않았던가? 특히 그 토템의 사람들이 현장에 있다면 그들에게 이 토템을 먹을 수 있도록 허락해 달라고 요구한다. 따라서 그 토템에 속하지 않은 사람들에게도 이 양식이 완전히 속된 것은 아니다. 그 또한 자신이 속하지 않은 다른 씨족의 구성원들과 그 씨족 명칭의 동물 사이에 본질적인 친화관계가 존재한다는 것을 인정한다. 게다가 이러한 신앙 공동체의 모습은 때때로 숭배에서 나타난다. 원칙적으로 어떤 토템과 관련된 의례는 그 토템에 속한 사람들에 의해서만 수행될 수 있지만, 다른 씨족들의 대표가 그 의례에 참여해 도와주는 일이 매우 빈번하게 일어난다. 심지어 그 대표들의 역할이 단순한 구경꾼에 그치지 않는 경우도 있다. 물론 주례자가 되는 것은 아니지만, 그들은 장식을 해주고 예식을 준비해주기도 한다. 그들 자신 또한 숭배 대상에 대해 관심을 가지고 있다. 그러한 이유 때문에 어떤 종족에서는 이러한 예식을 거행할 자격이 있는 씨족을 초청하기도 한다.[59] 또한 의례의 전 과정을 집결된 부족 앞에서 거행해야 하는 경우도 있다. 입문을 위한 토템예식이 그러한 경우이다.[60]

끝으로 토템 조직은 우리가 방금 기술한 것처럼 구별 없이 부족 전체 구성원들의 일종의 합의에서 생겨났음이 틀림없다. 각 씨족이 완전히 독자적으로 자신들만의 신앙을 만드는 것은 불가능하다. 여러 가지 토템에 대한 숭배는 말하자면 그것들이 정확하게 서로를 보완

---

59) 특히 와라뭉가족의 경우가 그러하다(Spencer · Gillen, *North. Tr.*, 298쪽).
60) 예를 들면 Spencer · Gillen, *Nat. Tr.*, 308쪽과 여러 곳 참조할 것.

하기 때문에 반드시 서로 부합되어야 했다. 사실상 우리는 동일한 토템이 같은 부족 내에서 두 번 반복되지 않는 것이 정상적이며, 동일한 대상이 다른 두 씨족 안에서 발견되지 않는 방식을 취하면서 우주전체가 토템들에게 할당되었다는 것을 살펴보았다. 이와 같이 질서정연한 분할은 암암리건 계획적이건 종족 전체가 참여해서 만들어낸 동의가 없이는 이루어질 수 없었을 것이다. 이렇게 해서 태어나게된 믿음의 총체는 따라서 부분적으로 (단지 부분적으로만) 부족의 산물이다.[61]

요컨대 토템 숭배에 대한 적합한 개념을 형성하기 위해서는 씨족의 한계 속에 우리 자신을 국한시켜서는 안 되고, 전체로서의 부족을 반드시 고려해야 한다. 확실히 각 씨족의 개별적인 숭배에는 매우 큰 자율성이 있다. 이제부터 우리는 종교생활의 적극적인 요소가 발효되는 곳이 바로 씨족의 내부라는 것을 보게 될 것이다. 그러나 다른한편으로 이러한 모든 숭배들은 서로 굳게 결속되어 있다. 마치 그리스의 다신교가 여러 신에게 바치는 개별적인 모든 숭배의 결합으로형성되었던 것처럼 토템 종교는 여러 숭배들이 결합되어 만들어진복잡한 체계이다. 이와 같이 이해된 토템 숭배 역시 자신의 우주론을가지고 있다는 것을 우리는 방금 살펴보았다.

_____

61) 심지어 때로 부족의 토템들이 존재하지 않은가 자문해 볼 수 있다. 아룬타족에는 특정 씨족에게 토템으로 쓰이는 동물, 야생고양이가 있는데, 그 동물은 전체 부족에게 금지되어 있다. 다른 씨족의 사람들까지도 매우 절제해서만 그것을 먹을 수 있다(같은 책, 168쪽). 그러나 우리는 이러한 상황에서 부족의 토템에 대해 말하는 것은 잘못이라고 생각한다. 왜냐하면 어떤 동물을 자유롭게 섭취하는 것이 금지되었다는 사실로부터 그 동물이 토템일 것이라고유추할 수 없기 때문이다. 다른 이유로도 섭취가 금지될 수 있다. 물론 부족의종교적 통일성은 사실이다. 그러나 다른 상징들의 도움으로 그러한 통일성이입증된다. 우리는 좀더 후에 그 다른 상징들이 무엇인지 살펴보기로 하자(이책, 제2권 제9장).

제4장 토템 신앙 4

개인토템과 성적(性的) 토템

지금까지 우리는 토템 숭배를 공적인 제도로서만 연구했다. 지금까지 문제 삼았던 토템들은 오로지 씨족, 프라트리 또는 어떤 의미에서 부족[1]에 공통된 것이었다. 개인은 집단의 구성원으로서의 한 역할만 담당했을 뿐이다. 그러나 우리는 개인적 양상을 보이지 않는 종교는 없다고 생각한다. 이러한 보편적 견해는 토템 숭배에도 적용된다. 가장 중요한 위치를 차지하는 비인격적이고 집단적인 토템 외에도 각 개인에게 특수한 다른 토템들이 있다. 그것들은 개인의 인성을 표현해주고, 개인은 사적으로 그것을 숭배한다.

---

1) 각 씨족이 그 토템에게 바치는 숭배에 부족이 전적으로 관여한다는 의미에서 토템은 부족의 사물이다.

1. 이름으로서의 개인토템 그 성스러운 특성. 개인 상징으로서의 개인 토템과 인간과 그의 개인토템과의 관계 그리고 집단토템과의 관계

오스트레일리아의 몇몇 부족과 북아메리칸 인디언 부족 대부분에 서[2] 각 개인은 특정한 사물들과 개인적인 관계를 유지하고 있는데, 그것은 각 씨족과 그 토템의 관계와 유사하다. 때때로 이러한 사물들은 무생물이거나 인공적인 사물일 때도 있다. 그러나 십중팔구는 동물이다. 어떤 경우에 머리·발·간 등처럼 유기체의 특정 부위가 동일한 기능을 한다.[3]

사물들의 이름은 또한 개인의 이름으로 사용된다. 마치 로마인들의 이름(praenomen)이 족명(族名, nomen gentilcium)에 붙여진 것처럼 집단토템의 명칭에 개인적인 명칭, 즉 이름이 붙여진다. 이 사실은 몇몇 사회에서만 나타나는[4] 예외적인 현상이 아니고 매우 일반적인 현상이다. 실제로 우리는 사물들과 개인 사이에 본질적인 동일시가 있음을 곧 밝힐 것이다. 따라서 본질의 동일시란 이름의 동일시를 전제로 한다. 매우 중요한 종교예식이 진행되는 동안 부여된 이러한 이름은 성스러운 특성을 지닌다. 사람들은 속된 생활의 일상적인 상

---

2) 프레이저는 북아메리카의 개인토템 숭배와 관련된 주제들을 매우 완벽하게 수집해 놓았다(*Totemism and Exogamy*, III, 370~456쪽).

3) 예를 들면 휴런족, 이러쿼이족, 알곤킨족(Algonquins)에서 그러하다 (Charlevoix, *Histoire de la Nouvelle France*, VI, 67~70쪽; Sagard, *Le Grand Voyage au pays des Hurons*, 160쪽). 톰슨 인디언들에게도 나타난다(Teit, *The Thompson Indians of British Columbia*, 355쪽).

4) 그 사회는 다음과 같다. 유인족(A.W. Howitt, *Nat. Tr.*, 133쪽). 쿠르나이족(같은 책, 135쪽), 퀸즐랜드의 여러 종족들(Roth, "Superstition, Magic and Medicine", in *Queensland Ethnog*, Bull, n°5, 19쪽; Haddon, *Head Hunters*, 193쪽), 델라웨어족 (Heckewelder, *An account of the History... of the Indian Nations*, 238쪽); 톰슨 인디언(Teit, 앞의 책, 355쪽); 살리시 스타틀럼(Salish Statlumh)(H. Tout, "Rep. of the Ethnol. of the Statlumh" in *J. A. I.*, XXXV, 147쪽 이하).

황에서는 그 이름을 발음하지 않는다. 사물들을 지칭하는 데 쓰이는 일상 언어의 단어를 이렇게 특수한 용도로 사용하기 위해 다소간 변형하는 경우조차 있다.[5] 종교생활에서는 일상 언어의 용어들이 배제되기 때문이다.

적어도 어떤 아메리카 종족들에게서 이러한 이름은 각 개인에게 속하면서 또한 이 이름이 지칭하는 사물들을 여러 가지 형태로 표현하는 상징에 의해 강화된다. 예를 들면 만단족(Mandan)의 각 사람은 자기와 같은 이름을 지닌 동물의 가죽을 입고 다닌다.[6] 만일 상징이 새라면 그는 새의 깃털로 장식한다.[7] 휴런족(Hurons)과 알곤킨족(Algonkins)은 상징의 형상을 몸 위에 문신으로 새긴다.[8] 사람들은 무기 위에다 그 형상을 그려넣기도 한다.[9] 북서(Nord-Ouest) 종족들에서는 개인의 상징이 씨족의 집단 상징처럼 집기나 가옥에도 새겨지거나 조각된다.[10] 그것은 개인적 소유의 표지로 사용된다.[11] 때때로 두 문장(紋章)이 함께 결합되는 경우도 있다. 이것이 바로 이 사람들에게서 볼 수 있는 작은 방패꼴의 토템 문장들이 표현하는 다양한 양상들을 부분적으로 설명해준다.[12]

개인과 그 이름의 시조가 되는 동물 사이에는 매우 긴밀한 관계가 존재한다. 인간은 그 동물의 본성을 가지게 된다. 그는 동물의 좋은

---

5) 같은 책, 154쪽.

6) Catlin, *Manners and Customs*, etc., Londres, 1876, I, 36쪽.

7) *Lettres édifiantes et curieuses*, Nouvelle édition, VI, 172쪽 이하.

8) Charlevoix, 앞의 책, 69쪽.

9) Dorsey, "A Study of Siouan Cults", in XIth. *Annual Report of the Bureau of Amer. Ethnology*, 443쪽.

10) Boas, *Kwakiutl*, 323쪽.

11) H. Tout, 앞의 책, 154쪽.

12) Boas, 앞의 책, 323쪽.

특질과 마찬가지로 결함까지도 가지고 있다. 예를 들면 매수리를 개인의 문장으로 가지고 있는 사람은 미래를 예견하는 재능을 가지고 있다고 간주된다. 만일 그가 곰의 이름을 지니고 있다면 사람들은 그가 전투에서 부상할 것이라고 말한다. 왜냐하면 곰은 느리고 무겁고 쉽게 사로잡히기 때문이다.[13] 만일 어떤 동물이 경멸당하는 것이라면 인간도 같은 경멸의 대상이 된다.[14] 인간과 동물의 유사성은 어떤 상황, 특히 위험한 경우에 인간이 동물의 형상을 띨 수 있다고 믿을 정도로 긴밀하다.[15] 반대로 동물은 인간의 복제, 즉 인간의 분신(alter ego)으로 여겨진다.[16] 이들의 결합은 너무나 긴밀해서 종종 그들의 운명도 서로 굳게 결속되어 있는 것으로 생각된다. 둘 중 어느 한 편에 무슨 일이 생기면 다른 편에서도 반드시 어떤 반작용의 느낌이 일어나게 된다.[17] 만일 그 동물이 죽는다면 인간의 생명도 위협받는다. 따라서 사람이 그 동물을 죽여서도 안 되고, 그 살을 먹어서는 더욱 안 되는 것이 매우 일반적인 법칙이다. 씨족토템의 경우 금지안에 온갖 종류의 완화 조치와 타협책이 포함되어 있지만, 개인의 토템에서

---

13) Miss Fletcher, "The Import of the Totem, a Study from the Omaha Tribe", in *Smithsonian Rep.* for 1897, 583쪽; Teit, 앞의 책, 354쪽, 356쪽; P. Jones, *History of the Ojibway Indians*, 87쪽 등에서도 유사한 사실들을 찾아볼 수 있다.

14) 예를 들면 개의 삶에서 나타나는 예속상태 때문에 살리시 스타틀럼족에서는 개를 경멸적으로 취급한다.

15) K.L. Parker, *The Euahlagi Tribe*, 21쪽.

16) 파커 여사는 말한다. "인간의 정신은 그의 윤비아이(Yunbeai, 개인토템) 속에 있고, 그의 윤비아이는 그 사람 안에 있다"(같은 책).

17) K.L. Parker, 앞의 책, 20쪽. 어떤 살리시인에게나 마찬가지이다(H. Tout, "Ethn. Rep. on the Steelis and Skaulits Tribes", in *J. A. I.*, XXXIV, 324쪽). 이러한 일은 중앙아메리칸 인디언들에게는 일반적이다(Brinton, "Nagualism, a Study in Native American Folklore and History", in *Proceeding of the American philosophical Society*, XXXIII, 32쪽).

그 금지는 훨씬 더 명확하고 절대적이다.[18]

동물의 편에서 보면 동물은 인간을 보호하는, 말하자면 후견인의 역할을 한다. 동물은 인간에게 닥칠지도 모르는 위험을 예고해주고, 그것을 피할 방법도 가르쳐준다.[19] 사람들은 동물을 그의 친구라고 말한다.[20] 게다가 동물은 종종 경이로운 능력을 지니고 있다고 여겨지기 때문에 동물은 그와 관련된 인간에게 그 능력들을 전해준다. 그 인간은 탄환이나 화살, 온갖 종류의 타격을 견뎌낼 수 있는 힘을 가진다고 믿는다.[21] 그의 수호자의 능력에 대한 신뢰가 너무 크기 때문에 개인은 그것에 의지해 매우 큰 위험들을 무릅쓰며, 침착한 대담성을 가지고 놀라운 무훈을 세울 수 있게 된다. 믿음은 그에게 필요한 용기와 힘을 준다.[22] 하지만 인간과 그 후견자의 관계는 순수하고 단순한 의존관계가 아니다. 인간 편에서도 동물에게 영향을 미칠 수 있다. 인간은 동물에게 명령한다. 또한 동물에 대해 영향력을 행사할

---

18) Parker, 같은 책; A.W. Howitt, *Nat. Tr.*, 147쪽; Dorsey. "A Study of Siouan Cults", in XIth. *Annual Report of the Bureau of Amer. Ethnology*, 443쪽. 게다가 프레이저는 아메리카의 경우들을 모아 일람표를 만들고 금지의 일반론을 수립했다(*Totemism and Exogamy*, III, 450쪽). 사실상 우리는 아메리카에서 토속학자들이 약가방(Sac-médecine)이라고 부르는 것을 만드는 데 쓰이는 가죽을 얻기 위해 어떤 개인이 같은 이름의 동물을 죽이기 시작했다는 것을 살펴보았다. 그러나 이러한 사용법은 오직 다섯 부족 안에서만 관찰되었다. 그것은 아마도 변형되고 뒤늦게 나타난 제도의 형태일 것이다.

19) A.W. Howitt, 앞의 책, 135쪽, 147쪽, 387쪽; "On Australian Medicine Men", in *J. A. I.*, XVI, 34쪽; Teit, *The Shuswap*, 607쪽.

20) Meyer, "Manners and Customs of the Aborigines of the Encounter Bay Tribe", in *Woods*, 197쪽.

21) Boas, VIth *Rep. on the North-West Tribes of Canada*, 93쪽; Teit, *The Thompson Indians*, 336쪽; Boas, *Kwakiutl*, 394쪽.

22) H. Tout, "Rep. of the Ethnol of the Statlumh", in *J. A. I.*, XXXIV, 144~145 쪽에서 이러한 사실들을 찾아보게 될 것이다. Langloh Parker, 앞의 책, 29쪽.

수 있다. 상어를 친구와 동맹자로 가지고 있는 쿠르나이족(Kurnai)
사람은 주문을 외움으로써 배를 위협하는 상어 떼를 흩어버릴 수 있
다고 믿고 있다.[23] 다른 경우에도 이와 같이 맺어진 관계는 성공적으
로 동물을 사냥할 수 있는 특별한 재능을 인간에게 부여하는 것으로
여겨진다.[24]

　이러한 관계의 본질 자체는 이런 식으로 각 개인과 관련된 존재가
하나의 개체이지, 강(綱, classe)이 아니라는 사실을 암시하는 듯하다.
사람은 종(種, espéce)을 분신으로 가지고 있지는 않다. 사실상 이러
한 기능을 하는 어떤 특정한 나무, 바위, 돌이 존재하는 경우도 분명
히 있다.[25] 대부분의 경우 분신이 동물이고 또 이 동물과 사람의 존
재가 결속되어 있다고 여겨진 곳에서 그러하다. 개인은 전체 종과 이
렇게 밀접하게 결합될 수 없다. 왜냐하면 이러한 종은 그 구성원들
중 누군가를 매일 매순간 잃지 않을 수 없기 때문이다. 그렇지만 원
시인은 개체를 종과 분리해서 생각할 수 있는 능력이 없다. 그와 그
중 어떤 하나를 묶고 있는 관계는 매우 자연스럽게 다른 것으로 확
산된다. 그는 똑같은 느낌으로 그것들을 혼동한다. 바로 이러한 이유
때문에 그에게는 종 전체가 성스럽게 된다.[26]

---

23) 호잇이 프레이저에게 보낸 사적인 편지 속에서 나타난 정보에 따른 것이다
　　(*Totemism and Exogamy*, I, 495쪽과 n. 2).
24) H. Tout, "Ethnol. Rep. on the Stseels and Skaulits Tribes", in, *J. A. I.*,
　　XXXIV, 324쪽.
25) A.W. Howitt, "On Australian Medicine Men", in *J. A. I.*, XVI, 34쪽; Lefitau,
　　Moeurs des Sauvages Américains, I, 370쪽; Charlevoix, *Histoire de la Nouvelle
　　France*, VI, 68쪽. 그것은 모타(Mota)에서 아타이(atai)와 타마뉴(tamaniu)와
　　같은 경우이다(Codrington, *The Melanesians*, 250~251쪽).
26) 수호자인 동물들과 물신(物神)들 사이에는 프레이저가 그 둘 사이에 세울
　　수 있었다고 생각했던 경계선이 존재하지 않는다. 그에 따르면 물신 숭배
　　(fétichisme)는 수호자가 강(綱, classe)이 아니라 개별적인 대상일 때 시작되었

이 수호적 존재는 사회에 따라 자연히 각기 다른 이름으로 불린다. 멕시코 인디언들에서는 나구알(nagual),[27] 알곤킨족에서는 마니토 (manitou), 휴런족에서는 오키(okki),[28] 어떤 살리시족에서는 스남 (snam),[29] 다른 살리시족에서는 술리아(sulia),[30] 유인족에서는 부잔 (budjan),[31] 오알라이족에서는 윤비아이(yunbeai, 개인토템)[32] 등으로 불린다. 북아메리칸 인디언들에게 나타나는 이러한 신앙과 의례 들의 중요성 때문에 그것을 지칭하기 위해 나괄리즘(nagualisme) 또는 마니토이즘(manitouisme)이라는 단어를 만들어야 한다고 제안하는 사람도 있다.[33] 그러나 그것들에게 특수하고도 변별적인 명칭을 부여함으로써 그것들과 토템 숭배의 관계를 인식하지 못할 위험도 있다. 사실상 똑같은 원리들이 한편에서는 씨족에게, 다른 편에서는 개인에게 적용되는 것이다. 이 두 경우 모두 동일한 믿음이 나타

을 것이라고 한다(*Totemism*, 56쪽). 그러나 오스트레일리아에서는 어떤 특정한 동물이 이러한 역할을 수행하는 경우도 있다(A.W. Howitt, 앞의 글, XVI, 34쪽 참조할 것). 사실상 물신과 물신 숭배의 관념은 어떤 특정한 사물에 대응되지 않는다.

27) Brinton, *Nagualism, Proceedings of Amer. Philos. Society*, XXXIII, 32쪽.
28) Charlevoix, VI, 67쪽.
29) H. Tout, "Rep. on the Ethnol. of the Statlumh of British Columbia", in *J. A. I.*, XXXV, 142쪽.
30) H. Tout, "Ethnol. Rep. on the Stseelis a Skaulits Tribes", in *J. A. I.*, XXXIV, 311쪽 이하.
31) A.W. Howitt, *Nat. Tr.*, 133쪽.
32) L. Parker, 앞의 책, 20쪽.
33) J.W. Powell, "An American View of Totemism", in *Man*, 1902, n°84; E.B. Tylor, 앞의 책, n°l. 랑(A. Lang)은 *Social Origines*, 133~135쪽에서 비슷한 생각을 표현했다. 결국 프레이저 자신도 그의 처음 의견으로 되돌아가면서 사람들이 집단토템과 수호정령(guardian spirits) 사이에 존재하는 관계를 더 잘 알게 되는 날까지는 그것을 서로 다른 명칭들로 지칭하는 것이 더 낫다는 견해를 오늘날 밝히고 있다.

난다. 그 믿음이란 사물들과 사람들 사이에 사활이 걸린 중대한 관계가 존재한다는 것과 사물들은 특수한 능력을 부여받았고 그 사물들과 결연관계를 맺고 있는 인간들도 그 힘을 이용할 수 있다는 것이다. 또한 인간에게 그와 연합된 사물들의 명칭을 부여하고 이 명칭에 상징을 덧붙이는 동일한 관행이 나타난다. 개인토템이 그 개인의 수호자인 것처럼 토템은 그 씨족의 수호자이다. 따라서 이 두 체계의 공통점을 우리의 용어를 사용해 분명하게 해두는 것이 좋다. 그래서 프레이저와 더불어 우리는 각 개인이 그의 수호자에게 바치는 숭배를 개인토템 숭배(totémisme individual)라고 부른다. 몇몇 경우에 원시인 자신이 씨족토템과 개인의 수호동물을 지칭하는데 동일한 단어를 사용하고 있으므로 이러한 표현은 더욱더 정당화된다.[34] 만일 타일러와 파월이 이러한 용어를 배척하고, 이 두 종류의 종교제도를 표현하기 위해 다른 용어들이 필요하다고 했다면 그 이유는 그들의 견해에 의하면 집단토템이 종교적 특성을 가지지 않은 하나의 명칭 또는 공통의 표식에 불과하다고 여겨지기 때문이다.[35] 그러나 반대로 우리는 집단토템이 성스러운 사물들, 심지어는 수호동물보다 더 성스러운 존재라는 것을 알고 있다. 게다가 이 연구는 앞으로 계속해서 이 두 종류의 토템 숭배가 얼마나 긴밀하게 서로 불가분의 관계를 맺고 있는지를 보여줄 것이다.[36]

---

34) 이것은 오스트레일리아에서 유인족(A.W. Howitt, *Nat. Tr.*, 81쪽)과 나린예리족(Meyer, "Manners a Customs of the Aborigines of the Encounter Bay Tribe", in *Woods*, 197쪽 이하)에서 나타나는 경우이다.

35) "작은 방패꼴 문장이 성자의 모습을 닮지 않은 것처럼 토템은 개인의 수호신을 닮지 않았다"고 테일러는 말한다(앞의 책, 2쪽). 마찬가지로 프레이저가 오늘날 테일러의 의견에 동조한다면 그는 지금 씨족토템의 모든 종교적 특성을 거부하는 것이다(*Totemism and Exogamy*, III, 452쪽).

36) 이 책, 제2권 제9장 참조할 것.

그러나 이 두 제도들이 아무리 유사하다고 해도 그것들 사이에는 중요한 차이점들이 있다. 우선 씨족은 스스로를 토템 동물이나 식물의 후손으로 여기고 있는 반면, 개인은 그의 개인토템과 어떠한 자손 관계도 없다고 생각한다. 개인토템은 친구이며 협동자이고 수호자이지 친척은 아니다. 사람은 개인토템이 지니고 있다고 생각되는 효능들을 이용한다. 그러나 그는 그 토템과 같은 피를 가진 것은 아니다. 두 번째로 씨족의 구성원들은 이웃씨족들이 필요한 형식들을 준수한다는 조건하에서 그들 집단의 이름을 지닌 토템 동물을 먹을 수 있도록 허락하고 있다. 반대로 개인은 자신의 개인토템이 속해 있는 종(種)을 존중할 뿐 아니라 그 종을 이방인으로부터 보호하려고 노력한다. 적어도 인간의 운명과 동물의 운명이 관련되어 있다고 여겨지는 곳에서는 그렇게 한다.

그러나 이러한 두 종류의 토템은 특히 그것들이 획득된 방법에 따라 구분된다.

집단토템은 각 개인의 법적 지위의 일부를 이룬다. 일반적으로 집단토템은 유전된다. 어떤 경우이든 집단토템은 인간들의 의지와 무관하게 태어나면서부터 정해진다. 어떤 때 어린아이는 그 어머니의 토템을 가지기도 하고(카밀라로이족, 디에리족, 우라분나족 등), 어떤 때는 아버지의 토템을 가지며(나린예리족, 와라뭉가족 등), 어떤 때는 그의 어머니가 임신한 장소에서 우세한 토템을 갖기도 한다(아룬타족, 로리차족). 이와는 반대로 개인토템은 의도적인 행동에 의해서 획득된다.[37] 모든 일련의 의례적인 활동은 개인토템을 결정하는 데 필

---

37) 하지만 매슈스의 글에 따르면 워초발루크족에서는 개인토템이 유전된다. 그는 다음과 같이 말한다. "각 개인은 어떤 동물이나 식물 또는 무생물적 대상을 그의 특수한 그리고 개인적인 토템이라고 주장하는데, 그는 그것을 어머니로부터 물려받는다"(*J. and Proc. of the R. Society of N. S. Wales*, XXXVIII, 291쪽).

수적이다. 북아메리칸 인디언들에게서 가장 일반적으로 쓰이는 방법은 다음과 같다. 사춘기가 되어 입문 때가 다가오면 젊은이는 마을을 떠나 따로 떨어진 장소, 예를 들면 숲 같은 데로 들어간다. 거기에서 며칠에서 몇 달까지 될 수도 있는 기간에 그는 온갖 종류의 벅차고 부자연스러운 훈련을 받게 된다. 그는 단식하고 고행하고 여러 가지 절단을 당하기도 한다. 어떤 때는 격렬한 소리, 진정으로 울부짖는 소리를 지르며 배회하기도 하고, 어떤 때는 땅바닥에 엎드린 채 움직이지 않고 통곡하기도 한다. 때때로 그는 춤추고 기도하고 그의 일상적인 신들에게 기원하기도 한다. 그러다가는 마침내 정신착란과 매우 유사한 격렬한 흥분상태에 들어가게 된다. 그가 이러한 절정에 이르게 되면 그의 표상(表象)은 쉽사리 환각상태의 특성을 띠게 된다. 헤커웰더(Heckewelder)는 다음과 같이 말한다. "소년은 입문 직전에 단식과 의학적 처방이 교대로 나타나는 관리체계에 따라야 한다. 그는 모든 음식을 끊고 매우 강력하고 혐오스러운 약들을 삼킨다. 필요할 경우 그는 정신이 정말로 착란상태에 빠질 때까지 중독성의 조제약을 마신다. 이때 그는 이러한 처방으로 자연히 그에게 생긴 비전을 가지거나 독특한 꿈들을 꾸었다고 생각한다. 그는 허공을 날아다니고, 땅 속을 지나가며, 골짜기를 건너 산봉우리에서 산봉우리로 뛰어다니고, 거인이나 괴물들과 싸워 그것들을 굴복시킨다고 상

그러나 같은 가족의 모든 아이들이 그들의 어머니의 토템을 개인토템으로 가진다면 그들이나 그들의 어머니는 실질적으로는 개인토템을 전혀 가지고 있지 않았음이 분명하다. 아마도 매슈스는 각 개인이 그 어머니의 씨족에 할당된 사물 목록에서 그의 개인토템을 선택한다는 것을 의미하고 있는 듯하다. 사실상 각 씨족은 그들만이 소유할 수 있는 개인토템들을 가지고 있는데, 다른 씨족의 구성원들은 그것을 마음대로 처분하지 못한다는 것을 보게 될 것이다. 이러한 의미에서 출생은 어느 정도, 그러나 단지 이러한 한도 내에서만 개인토템을 결정한다.

상한다.[38] 이러한 상황에서 깨어 있거나 꿈꾸는 동안 어떤 동물이 우호적인 태도를 취하는 것을 보거나 본다고 생각한다면 그가 기다리던 수호자를 발견했다고 생각하게 될 것이다.[39]

하지만 오스트레일리아에서는 이러한 방법이 거의 사용되지 않는다.[40] 이 대륙에서는 개인토템이 제삼자에 의해 출생[41] 때나 입문 때에 주어지는 것 같다.[42] 일반적으로 이러한 제삼자의 역할을 하는 사람은 친척이거나 노인 또는 마법사와 같이 특별한 능력들을 부여받은 사람이다. 때로 이러한 목적으로 점술을 사용한다. 예를 들면 샬럿만, 베드포드갑(岬), 프로세르피나강(Proserpine) 근처에 사는 종족에서는 할머니나 다른 노파들이 태반이 붙어 있는 탯줄의 한 부분을 가져다가 매우 격렬하게 돌린다. 그러는 동안 다른 노파들은 둥글

---

38) Heckewelder, "An account of the History, Manners and Customs of the Indian Nations who once inhabited Pennsylvania", in *Transactions of the Historical and Literary Commitiee of the American Philos. Society*, I, 238쪽.

39) Dorsey, "A Study of Siouan Cults", in XIth. *Annual Report of the Bureau of Amer. Ethnology*, 507쪽; Catlin, 앞의 책, I, 37쪽; Miss Fletcher, "The Import of the Totem", in *Smithsonian Rep. f.*, 1897, 580쪽; Teit, *The Thompson Indians*, 317~320쪽; H. Tout, *J. A. I.*, XXXV, 144쪽 참조할 것.

40) 그러나 몇 가지 예는 찾아볼 수 있다. 쿠르나이의 주술사들에게는 그들의 개인토템이 꿈속에서 계시된다(A.W. Howitt, *Nat. Tr.*, 387쪽; "On Australian Medicine Men", in *J. A. I.*, XVI, 34쪽). 베드포드갑의 사람들은 노인이 밤에 어떤 사물을 꿈꿀 때 이 사물이 그가 그다음 날 만나는 첫 번째 사람의 개인토템이라고 믿고 있다(W. E. Roth, 앞의 글, 19쪽). 그러나 이러한 방법에 의해 사람들은 보충적이고 이차적인 개인토템만 얻을 수 있을 뿐이다. 왜냐하면 우리가 본문에서 이미 말한 바와 같이 같은 부족 안에서도 입문 시에 다른 방법이 사용되기 때문이다.

41) 로스(같은 곳)가 말하는 몇몇 부족에서, 메리버러(Maryborough)의 몇몇 이웃 부족에서(A.W. Howitt, *Nat. Tr.*, 147쪽) 그러하다.

42) 위라주리족에서(A.W. Howitt, *Nat. Tr.*, 406쪽; "On Australian Medicine Men", in *J. A. I.*, XVI, 50쪽).

게 앉아서 계속 여러 이름들을 제안한다. 사람들은 탯줄이 끊어지는 순간에 발음되는 이름을 채택한다.[43] 요크갑(York)의 야라이칸나족(Yarraikanna)에서는 젊은 입문자의 이를 뺀 후 입을 헹구기 위한 약간의 물을 주고는 물이 가득한 함지 안에 그것을 뱉도록 한다. 노인들은 떨어진 침과 피로 이루어진 엉긴 덩어리를 주의 깊게 조사한다. 그것의 모습과 닮은 자연물이 그 젊은이의 개인토템이 된다.[44] 다른 경우 토템은 직접 개인으로부터 개인에게, 예를 들면 아버지에게서 아들에게, 아저씨에게서 조카에게 전해진다.[45] 이 방법은 또한 아메리카에서도 사용되고 있다. 투트가 기록한 경우를 보면 시행자는 자신의 토템을 조카에게 전해주기를 원했던 샤먼이었다.[46] "아저씨는 그의 스남(개인토템)의 상징적 표지를 취했다. 이 경우에 그것은 새의 말린 가죽이었다. 그는 조카에게 그 위로 입김을 불라고 하고 자신도 그렇게 한 후에 신비한 말을 중얼거린다. 따라서 폴(Paul, 그의 조카)에게는 가죽이 살아 있는 새가 되어 그들 주위를 잠시 동안 날아다니다 마침내 사라진 것으로 여겨진다. 폴은 이날 아저씨로부터 같은 종의 새 가죽을 얻어서 지니고 다니라는 지시를 받는다. 그는 그렇게 했다. 그날 밤 그는 스남이 인간의 모습으로 나타나 그에게 신비한 이름을 가르쳐 주면서 그 이름으로 스남을 부르면 그를 보호해줄 것을 약속하는 꿈을 꾸었다."[47]

---

43) W.E.Roth, 앞의 책, 19쪽.

44) Haddon, *Head Hunters*, 193쪽 이하.

45) 위라주리족에서 그러하다(같은 책, 231쪽, 각주 5번에 동일한 참고사항이 있다).

46) 일반적으로 아버지로부터 아들로의 전이는 아버지가 샤먼이거나 주술사일 때만 행해진다. 톰슨 인디언(Teit, *The Thompson Indians*, 320쪽)과 방금 문제 삼았던 위라주리족도 마찬가지 경우이다.

47) H.Tout, in *J. A. I.*, XXXV, 146~147쪽. 중요한 의식은 가죽위에 입김을 부는 것이다. 만일 이것을 정확하게 실행하지 못하면 토템이 전달되지 못한다. 우

개인토템은 주어지는 것이 아니라 획득되는 것인데, 이러한 획득은 일반적으로 의무는 아니다. 우선 오스트레일리아에는 이러한 관습을 전혀 알지 못하는 종족들이 많이 있다.[48] 게다가 이러한 관습이 존재하는 곳에서조차도 그것은 많은 경우 선택적이다. 따라서 오알라이족에서는 모든 주술사들이 그들의 능력의 근거가 되는 개인토템을 가지고 있지만, 주술사가 아닌 대다수의 보통 사람들은 전혀 그러한 능력을 가지고 있지 않다. 주술사는 그러한 특혜를 분배하는 자이다. 그러나 그는 친구들과 그의 친애하는 사람들, 그의 동지가 되기를 열망하는 사람들을 위해 그러한 특혜를 예비한다.[49] 마찬가지로 어떤 살리시족에서는 특별히 전쟁이나 사냥에서 두각을 나타내기를 원하는 개인들과 샤먼의 직분을 열망하는 사람들이 이러한 종류의 수호자를 지니고 다니는 유일한 사람들이다.[50] 따라서 개인토템은 적어도 어떤 사람들에게는 필수적인 것이라기보다는 유익과 편의를 위한 것으로 여겨지는 것 같다. 토템을 얻는 것은 좋은 일이다. 그러나 사람들은 개인토템이 없어도 살 수 있다. 반대로 하나의 토템에만 국한될 필요는 없다. 만일 어떤 사람이 더 잘 보호받기를 원한다면 그는 여러 개의 토템[51]을 구할 것이며, 무엇도 그것을 반대하지 않는다. 만일 토템이 그 역할을 잘 이행하지 못할 때는 토템을

리가 곧 살펴보겠지만 호흡은 곧 영혼이다. 두 사람이 함께 동물의 가죽 위에 숨을 내쉴 때 주술사와 수령인은 자신들의 영혼 가운데 일부를 토해내어 함께 섞는 것이다. 이 순간 상징형태로 의식에 참여하고 있는 동물의 본성도 함께 들어가게 된다.

48) N. W. Thomas, "Further Remarks on Mr. Hill Tout's Views on Totemism", in *Man*, 1904, 85쪽.
49) Langloh Parker, 앞의 책, 20쪽, 29쪽.
50) H. Tout, in *J. A. I.*, XXXV, 143쪽, 146쪽; in *J. A. I.*, XXXVI, 324쪽.
51) Langloh Parker, 앞의 책, 30쪽; Teit, *The Thompson Indians*, 320쪽; H. Tout, in *J. A. I.*, XXXVI, 144.

바꿀 수도 있다.[52]

　그러나 개인토템 숭배가 좀더 임의적이며 좀더 자유로운 반면, 씨족토템 숭배에는 없는 어떤 저항력을 가지고 있다. 투트의 중요한 정보제공자들 중 한 사람은 세례 받은 사티시족(Satish) 사람이었다. 하지만 그가 그 조상들의 모든 신앙을 진심으로 포기하고 모범적인 전도사가 되었다고 하더라도 개인토템의 효력에 대한 그의 믿음은 요지부동하게 남아 있었다.[53] 마찬가지로 문명화된 지방에 집단토템 숭배의 가시적인 흔적들이 더 이상 남아 있지 않다고 하더라도 각 개인과 어떤 동물이나 식물 또는 어떤 외적 대상의 상호의존성은 유럽의 여러 나라에서 아직까지도 관찰 가능한 관습의 근저를 이루고 있다.[54]

2. 성적 집단의 토템들. 집단토템과 개인토템 사이의 유사점과 차이점 그리고 그것들의 부족적 특성

　집단토템과 개인토템 사이에 양쪽의 특성을 함께 지니고 있는 중간 형태가 존재한다. 이것이 바로 성적 토템 숭배이다. 성적 토템 숭배는 오스트레일리아에서 그리고 소수의 부족에서만 발견된다. 특히 빅토리아와 뉴사우스웨일스 지역에서 눈에 띈다.[55] 사실 매슈스

---

52) Charlevoix, VI, 69쪽.

53) H. Tout, 앞의 책, 145쪽.

54) 따라서 아이가 탄생할 때 사람들은 나무를 심고 경건하게 정성껏 그 나무를 돌본다. 왜냐하면 나무의 운명과 어린아이의 운명이 결합되어 있다고 믿고 있기 때문이다. 프레이저는 그의 『황금가지』에서 이와 동일한 관념을 다른 방식들로 해석한 많은 관례와 신앙을 기술해 놓았다(Sideny Hartland, *Legend of Perseus*, II, 1~55쪽과 비교).

55) A.W. Howitt, *Nat. Tr.*, 148쪽 이하; Fison & Howitt, *Kamilaroi and Kurnai*, 194쪽, 201쪽 이하; Dawson, *Australian Aborigines*, 52쪽. 페트리는 퀸즐랜드에서 그것들을 기록했다(T. Petrie, *Reminiscences of Early Queensland*, 62쪽, 118쪽).

는 그가 방문했던 오스트레일리아 전역에서 그것을 관찰했다고 진술하고 있지만 그의 단언을 증명하기 위한 자세한 사실들을 기록하지는 않았다.[56]

이러한 여러 종족들에서는 한편으로는 부족의 모든 남자들이, 다른 한편으로는 모든 여자들이 어떤 특수한 씨족에 속하건 상관없이 서로 구분되고, 심지어는 적대적인 두 사회를 형성한다. 따라서 이 두 성적 집단 각각은 특정한 동물과 신비한 관계로 연합되어 있다고 믿고 있다. 쿠르나이족의 모든 남자들은 자신들을 에뮤굴뚝새(émou-roitelet, Yeerüng)의 형제들로 여기고 있으며, 모든 여자들은 자신들을 화려한 휘파람새의 자매들로 여기고 있다(Djeetgün). 모든 남자들은 이룽(Yeerüng)이고 모든 여자들은 지트군(Djeetgün)이다. 워초발루크족, 우룬제리족에서 이러한 역할을 각각 훌륭하게 완수하는 것은 박쥐(chauve-souris)와 일종의 올빼미(nightjar)이다. 다른 종족들에서는 올빼미가 딱따구리로 대치된다. 각 성(性)은 자신이 관계를 맺은 동물 안에서 가장 큰 존경심의 대상인 수호자를 본다. 또한 그 동물을 먹거나 죽이는 것이 금지되어 있다.[57]

그러므로 이 수호 동물은 성별로 분화된 각 사회에 대해 씨족토템이 씨족집단에 하는 것과 동일한 역할을 한다. 따라서 우리가 프레

---

56) J. Mathews, *Journal a. Proceed of the R. Society of N. S. Wales*, XXXVIII, 339쪽. 와라뭉가족의 다음과 같은 관습을 성적 토템 숭배의 흔적으로 여겨야만 할까? 죽은 자를 매장하기 전에 사람들은 팔의 뼈를 남겨둔다. 그것이 여자의 뼈라면 에뮤의 깃털로 뒤덮인 껍질 속에 싸서 놓는다. 만일 남자의 뼈일 때는 올빼미의 깃털로 싼다(Spencer·Gillen, *North. Tr.*, 169쪽).

57) 각각의 성 집단이 두 개의 성적 토템을 가지고 있는 경우도 인용되고 있다. 따라서 우룬제리족은 쿠르나이족의 성적 토템(에뮤굴뚝새와 휘파람새)을 워초발루크족의 성적 토템(박쥐와 올빼미)과 결합시킨다. A.W. Howitt, *Nat. Tr.*, 150쪽 참조할 것.

이저에게서 차용해온[58] 성적 토템 숭배라는 표현은 정당화된다. 이 새로운 장르의 토템은 그것 또한 집합적이라는 의미에서 씨족토템과 특별히 더 비슷하다. 그것은 같은 성(性)을 가진 모든 개인들에게 구별 없이 해당된다. 그것은 또한 동물수호자와 대응되는 성(性) 사이에 자손 및 혈족관계를 전제로 한다는 점에서 유사하다. 쿠르나이족에서 모든 남자들은 이룽의 후손이며, 모든 여자들은 지트군의 후손으로 여겨진다.[59] 1834년부터 이 야릇한 제도를 지적했던 첫 번째 관찰자는 이 제도를 다음과 같은 용어로 기술하고 있다. "티티새(딱따구리 일종)만한 작은 새 틸문(Tilmun)은 여자를 만든 창시자라고 여자들이 믿고 있다. 이 새들은 오직 여자들에게서만 존경을 받는다."[60] 그러므로 그것은 위대한 조상이었다. 그러나 다른 한편으로 이 토템은 개인토템과 유사하다. 사실상 사람들은 성별 집단의 각 구성원들이 대응되는 동물종의 특정 개체들과 개별적으로 연결되어 있다고 생각한다. 두 생명이 너무나 밀착되어 있기 때문에 동물의 죽음은 인간의 죽음을 초래한다. 워초발루크족은 "박쥐의 생명은 곧 사람의 생명이다"[61]라고 말한다. 그것이 바로 각 성이 자신의 토템을 존경할 뿐 아니라 다른 성의 구성원들에게도 자신들의 토템을 존경하도록 강요하는 이유이다. 이러한 금기를 어기면 남자와 여자들 사이에 정말로 처절한 전투가 일어나게 된다.[62]

---

58) J.G.Frazer, *Totemism*, 51쪽.

59) Fison & Howitt, *Kamilaroi and Kurnai*, 215쪽.

60) 그 첫 번째 관찰자는 스렐켈드(Threlkeld)다, 매슈스에 의해 인용되었다(앞의 책, 339쪽).

61) A.W.Howitt, *Nat. Tr.*, 148쪽, 151쪽.

62) Fison & Howitt, 앞의 책, 200~203쪽; A.W. Howitt, *Nat. Tr.*, 149쪽; T. Petrie, 앞의 책, 62쪽. 쿠르나이족에서는 이러한 잔인한 전투들이 종종 의례적 전조로 여겨지는 결혼으로 끝나기도 한다. 또한 때로 이러한 전투가 단순

요컨대 이러한 토템들의 진정한 독창성은 이 성적 토템이 어떤 의미에서 일종의 부족토템이라는 점이다. 사실상 이러한 토템들은 부족 전체가 한 쌍의 신비한 존재들로부터 생겨났다는 표현에서 유래한다. 이러한 신앙은 부족의 감정이 어느 정도까지는 씨족의 개체주의를 억누를 만큼 충분한 힘을 가졌다는 것을 암시하는 듯하다. 남자와 여자들에게 할당된 변별적 기원을 생각해보면 그것은 두 성이 살고 있는 분리된 상태에서 그 이유를 찾아야 할 것이다.[63]

　오스트레일리아 사람들의 사고에서 어떻게 성적 토템이 씨족토템과 연결되었는지, 또한 부족의 기원으로 여겨지는 두 조상들 사이에는 어떤 관계가 있는지, 특히 각 씨족은 어떤 조상으로부터 유래되었다고 믿어졌는지 등의 문제를 알아보는 것은 흥미 있는 일이 될 것이다. 그러나 우리가 방금 다룬 민속지적 자료들은 이러한 문제를 해결하지 못한다. 게다가 문제는 너무나 당연하고, 심지어 너무나 필연적으로 보이기 때문에 토착민들이 그 문제를 한번도 제기하지 않았을 가능성도 매우 크다. 사실상 그들은 우리 문명인들처럼 자신들의 믿음을 정리하고 체계화할 필요를 느끼지 않는다.[64]

한 놀이로 되어버리는 수도 있다(T. Petrie, 같은 곳).

63) 이 점에 관해서는 「근친상간의 금지와 그 기원」(La Prohibition de l'inceste et ses origines), in *Année Sociol.*, I, 44쪽 이하 참조할 것.

64) 하지만 우리는 이 책 제9장에서 성적 토템과 위대한 신 사이에 관계가 있다는 것을 보게 될 것이다.

제5장 이러한 신앙의 기원 1

이전 이론의 비판적 검토

우리가 방금 살펴본 믿음들은 성스러운 사물과 속된 사물의 분류를 전제로 하기 때문에 명백하게 종교적인 성격을 띠고 있다. 물론 영적 존재들에 대해서는 논외로 처리했다. 지금까지 설명해 오는 동안 우리는 영(esprits), 정령(génies), 신적 인물 등과 같은 단어를 입밖에 꺼내지 않았다. 이러한 이유로 우리가 다시 언급하고자 하는 몇몇 저자들은 토템 숭배를 종교로 여기지 않았다. 그러나 그것은 그들이 종교현상에 대해 부정확한 개념을 가지고 있었기 때문이다.

다른 한편으로 우리는 토템 숭배야말로 실제적으로 관찰할 수 있는 그리고 십중팔구 지금까지 존재했던 종교 중 가장 원시적인 종교라고 확신할 수 있다. 사실상 이 종교는 씨족에 근거한 사회조직과 불가분의 관계에 있다. 우리가 이미 밝힌 바와 같이 이 종교는 씨족과 관련해서만 정의될 수 있다. 뿐만 아니라 대다수 오스트레일리아 사회에서 씨족은 토템 없이는 존재할 수 없는 것 같다. 왜냐하면 하나의 단일 씨족의 구성원들이 공통의 거주지나 공통의 혈연에 의해 결합되어 있지 않기 때문이다. 그들은 반드시 같은 혈족일 필요도 없으며, 부족 영토의 여러 곳에 흩어져 사는 경우도 많다. 그들의 동질성은 오로지 그들이 같은 명칭과 같은 상징을 가지고 있고, 동일 범주의 사물들과 동일한 관계를 유지한다고 믿으며, 같은 의식을 거행한다는 사실에서 기인한다. 다시 말하면 그들이 같은 토템 숭배에 참여한다는 사실에서 기인한다. 따라서 토템 숭배와 씨족은 적어도 씨족이 지역집단과 혼동되지 않는 한, 서로 연루되어 있다. 씨족의 토대가 되는 사회조직은 우리가 알고 있는 것들 중 가장 단순한 조직이다. 사실상 그 조직은 사회가 최초의 두 씨족을 포함하는 순간부터 그 모든 본질적 요소들과 더불어 존재한다. 따라서 단 하나의 씨족으로 축소된 사회를 발견하지 못할 것이며, 아직까지 그러한 사회의 흔적조차 찾지 못했다고 생각되므로 이보다 더 초보적인 사회는 존재하지 않을 것이다. 가장 단순한 사회체계와 긴밀하게 결속된 종교는 우리가 알 수 있는 가장 원초적인 종교로 여겨질 수 있다. 따라서 만일 우리가 앞서 분석한 믿음의 기원을 발견한다면 우리는 인류에게 종교적 감정을 불러일으킨 원인들을 발견할 기회를 가지게 될 것이다.

그러나 우리 자신이 이 문제를 다루기 전에 이미 제시된 가장 권위 있는 해결책들을 검토해보는 것이 좋을 것이다.

1. 빌켄과 타일러의 조상 숭배부터와 제번스의 자연 숭배부터, 즉 토템 숭배가 이전 종교에서 파생되었다는 이론들과 이러한 이론에 대한 비판

우리는 우선 토템 숭배를 이전 종교에서 바로 파생된 것으로 설명하려 했던 일단의 학자들을 찾아볼 수 있다.

타일러(E.B. Tylor)[1]와 빌켄(Wilken)[2]이 보기에 토템 숭배는 조상 숭배의 특수한 형태였을 것이다. 이 두 종교체계를 이어주는 역할을 한 것은 매우 널리 퍼져 있던 영혼의 이주라는 학설이다. 상당수의 사람들은 사람이 죽고 난 후 영혼이 육신을 영원히 떠나는 것이 아니라 새로운 어떤 생명체에 생기를 불어 넣는다고 생각한다. 다른 한편으로는 "원시 종족들의 심리는 인간의 영혼과 짐승들의 영혼 사이에 분명한 경계선을 긋지 않기 때문에 그들은 별 어려움 없이 인간의 영혼이 동물의 영혼으로 환생되는 것을 인정한다."[3] 타일러는 이것에 대해 몇 가지 경우를 인용했다.[4] 이러한 상황에서 조상이 불러일으키는 종교적인 존경심은 차후 그 조상과 뒤섞인 식물이나 동물에게 매우 자연스럽게 전이된다. 이와 같이 존경받는 존재로 받아들여진 동물은 그 조상의 모든 후손들, 즉 그 조상으로부터 시작된 씨족에게 거룩한 사물들, 숭배 대상, 한마디로 토템이 된다.

빌켄이 말레이군도의 사회에서 기록한 사실들은 토템 신앙이 이러한 방식으로 생겨났음을 입증하려는 것이다. 자바(Java)와 수마트라(Sumatra)에서는 특별히 악어들이 존경을 받는다. 사람들은 악어를 호의적인 수호자로 여기면서 악어 죽이는 것을 금지하고, 악어에게 봉헌물을 바친다. 따라서 악어에게 보내는 숭배는 악어를 조상의 영혼이 화신한 것으로 여기는 데서 비롯된다. 필리핀군도의 말레이 사람들은 악어를 그들의 할아버지로 여기고 있다. 호랑이도 같은 이유로 숭배된다. 유사한 신앙이 반투족(les Bantous)[5]에서도 관찰되었

---

1) E.B. Tylor, *Civilisation Primitive*, I, 465쪽; II, 305쪽; "Remarks on Totemism, with especial reference to some modern theories concerning it", in *J. A. I.*, XXVIII et I, de la Nouvelle série, 138쪽.

2) Wilken, *Het Animisme bij den volken von den indischen Archipel*, 69~75쪽.

3) E.B. Tylor, *Civilisation Primitive*, II, 8쪽.

4) 같은 책, 8~21쪽.

5) G. Mc. Call Theal, *Records of South-Eastern Africa*, VII. 우리는 이 작업을 프레이저의 논문을 통해서만 알고 있을 뿐이다(J.G. Frazer, "South African Totemism",

다. 멜라네시아에서는 때로 영향력 있는 사람이 죽는 순간에 자신이 이러저러한 동물이나 식물로 강생(降生, 신이 인간으로 태어남)할 것이라는 의지를 발표하는 일도 있다. 이렇게 그의 사후 거처로 선택된 어떤 사물들은 그 후 그의 모든 가족에게 성스러운 것이 된다.[6] 따라서 토템 숭배는 원초적 사실이 아니라 오히려 이전에 있던 좀더 복잡한 종교의 산물에 불과하다.[7]

그러나 이러한 사실들을 제공해준 사회는 이미 상당히 높은 문화 수준에 이르고 있었다. 어떤 경우이든 그 사회는 토템 숭배의 순수한 단계를 넘어섰다. 그 사회에는 가족이 존재하며 토템 씨족들은 존재하지 않는다.[8] 심지어 종교적 존경을 받는 동물들의 대다수는 특정 가족집단이 아니라 부족 전체에게 존경을 받는다. 따라서 만일 이러한 믿음과 의례들이 고대의 토템 숭배와 어떤 관련이 있다고 하더라도 이제 그것들은 토템 숭배의 변질된 형태들[9]만 표현하고 있을 뿐이며, 결과적으로 우리에게 토템 숭배의 기원을 밝혀주는 데 적합하지 않다. 어떤 제도가 어떻게 형성되었는가를 이해하려면 완전히 쇠퇴기에 있는 제도를 연구해서는 안 된다. 만일 토템 숭배가 어떻게 해서 생겨났는가를 알고자 한다면 우리가 연구해야 할 곳은 자바섬도 아니고 수마트라섬도 아니며 멜라네시아도 아니다. 그곳은 바로

Man, 1901, n°111).

6) Codrington, *The Melanesians*, 32~33쪽. 그리고 타일러가 J. A. I., XXVIII, 147쪽에서 인용한 같은 저자의 사적인 편지.

7) 이것은 실제로 분트가 선택한 해결책이다(Wundt, *Mythus und Religion*, II, 269쪽).

8) 사실상 타일러의 이론에 따르면 씨족이란 확대된 가족에 불과하다. 따라서 그의 이론에 따르면 이러한 집단들 가운데 하나에 대해서 말할 수 있는 것은 다른 집단에도 적용된다(E.B. Tylor, *J. A. I.*, XXVIII, 157쪽). 그러나 이러한 개념은 반대의 여지가 더욱 많다. 씨족만이 토템을 전제로 하며, 토템은 씨족 안에서 그리고 씨족을 통해서만 그 모든 의미를 가지게 된다.

9) 같은 개념에 대해 A. Lang, *Social Origins*, 150쪽 참조할 것.

오스트레일리아이다. 이곳 오스트레일리아에는 사자(死者) 숭배[10]
나 환생이 존재하지 않는다. 물론 사람들은 신화적인 영웅들과 씨족
의 창시자들이 주기적으로 환생한다고 믿고 있다. 그러나 그것은 절대
적으로 인간의 육체 안에서만 환생한다. 앞으로 살펴보겠지만 각 탄생은
이러한 환생들 가운데 하나의 산물이다. 따라서 토템종의 동물이 의
례의 대상이 된다면 그것은 조상의 영혼들이 그 동물 속에 거주한다
고 여겨져서가 아니다. 이러한 최초의 조상들이 종종 동물의 형태로
나타나는 것은 사실이다. 그리고 매우 빈번하게 나타나는 이러한 모
습은 우리가 설명해야 할 중요한 사실이다. 그러나 오스트레일리아
사회에 윤회에 대한 믿음이 알려지지 않았기 때문에 생명의 출생을
설명해 주는 것은 윤회에 대한 믿음이 아니다.

　게다가 윤회에 대한 믿음이 토템 숭배를 설명할 수 있기는커녕 이
러한 믿음 그 자체가 토템 숭배의 기본원리들 중 하나에 근거하고 있
다. 즉 이러한 믿음은 설명해야 할 문제를 당연한 것으로 받아들이게
만든다. 사실상 윤회에 대한 믿음은 토템 숭배처럼 인간이 동물의 가
까운 친척으로 인식된다는 것을 전제하고 있다. 왜냐하면 인간계와
동물계가 분명하게 구분되었다면 인간 영혼이 이렇게 쉽게 한 쪽에
서 다른 쪽으로 넘어간다고 믿지 않았을 것이기 때문이다. 심지어 동
물의 몸은 인간 영혼의 진정한 고향으로 여겨졌음이 틀림없다. 왜냐
하면 영혼이 다시 자유롭게 될 때 그곳을 방문하는 것으로 믿어지기
때문이다. 그러므로 만일 환생학설이 이러한 특이한 친화성을 전제
한다면 그것은 아무것도 설명하지 못한다. 타일러가 제시한 유일한
논거는 인간이 때때로 동물의 해부학적이고 생리학적인 어떤 특징
들을 환기시킨다는 것이다. 그는 말한다. "원시인은 놀랍게 공감하면

---

10) 이 책 213~214쪽 참조할 것.

서 동물들의 반(半)인간적인 특징과 행동과 성격을 관찰했다. 이렇게 말해도 된다면 동물은 인간에게 익숙한 특질들의 화신이 아닌가. 우리가 어떤 사람들을 수식하면서 사자·곰·여우·올빼미·앵무새·살무사·벌레 등의 명칭을 붙일 때 그 한 마디로 인간 삶의 어떤 특징들을 요약하는 것은 아닌가?"[11] 그러나 만일 이러한 유사성이 존재한다고 해도 그것들은 불확실하고 예외적이다. 인간은 무엇보다도 그들의 친척이나 동료들과 닮았지, 동물이나 식물과 닮지 않았다. 이렇게 드물고 의심스러운 유사점들은 온전히 일치하는 증거들을 제압할 수 없을 뿐 아니라 인간으로 하여금 자신이나 선조들이 일상적인 경험과 모순되는 종에 속한다고 생각하게 만들 수도 없다. 따라서 문제는 그대로 남아 있으며, 이 문제가 해결되지 않는 한, 토템 숭배를 설명했다고 말할 수 없다.[12]

---

11) E.B. Tylor, *Civilisation primitive*, II, 23쪽.

12) 분트는 기본적인 방향에 있어서 타일러의 이론을 수용한 학자로, 인간과 동물의 이러한 신비한 관계를 다른 방식으로 설명하고자 했다. 분트에게 이러한 생각을 암시한 것은 부패되고 있는 시체의 광경이었다. 시체에서 빠져나오는 벌레들을 보면서 사람들은 영혼이 거기에서 화신이 되어 벌레와 함께 빠져나왔다고 믿을 것이다. 따라서 벌레들 그리고 좀더 확장해서 파충류들(뱀·도마뱀 등)이 죽은 자의 영혼 집합소로 쓰이는 첫 번째 동물이다. 그 결과 그것들은 존경받고 토템의 역할을 하게 된 최초의 존재가 된다. 다른 동물들과 식물들, 무생물들이 이와 같은 권위를 갖게 되는 것은 그 후의 일이다. 그러나 이러한 가설은 아무런 증거가 없다. 분트는 파충류들이 다른 동물들보다도 훨씬 넓게 퍼져 있는 토템이라는 사실을 확증했다(Wundt, *Mythus und Religion*, II, 269쪽). 이것으로부터 그는 파충류가 가장 원시적이라는 결론을 내렸다. 그러나 이 단언을 정당한 것으로 받아들일 수는 없으며, 저자도 이 단언을 증명하기 위한 아무런 사실도 제공하지 않고 있다. 오스트레일리아나 미국에서 수집된 토템의 목록들은 어떤 특별한 동물종이 우세한 역할을 했다는 사실을 보여주지 않는다. 토템들은 분포된 동물군과 식물군의 상태에 따라서 지역마다 다르다. 게다가 만일 이용 가능한 토템들의 범위가 처음에 매우 좁게 한정되어 있었다면 두 씨족이나 한 부족의 하위씨족들은 서로 다른

결국 이 모든 이론은 근본적인 오류에 근거하고 있다. 분트와 마찬가지로 타일러에게도 토템 숭배는 동물 숭배의 특수한 경우에 지나지 않는다.[13] 반대로 우리는 토템 숭배가 일종의 동물 숭배와는 전혀 다른 것임을 알고 있다.[14] 토템 숭배에서는 동물이 전혀 숭배되지 않는다. 인간은 거의 동물과 동등하며, 신도가 신에게 종속되는 것처럼 동물에게 종속되기는커녕 때로 동물을 그의 물건처럼 취급한다. 만일 토템종의 동물들이 정말로 선조들의 화신으로 여겨졌다면 다른 씨족의 사람들이 그 고기를 자유롭게 먹도록 허락하지 않았을 것이다. 사실상 사람들이 숭배하는 것은 동물 그 자체가 아니라 토템 상징, 토템의 이미지이다. 따라서 이러한 상징 종교와 조상 숭배 사이에는 아무런 관계가 없다.

타일러가 토템 숭배를 조상 숭배로부터 도출한 반면, 제번스는 토템 숭배를 자연 숭배[15]와 결부시키고 있는데, 그 방법은 다음과 같다. 자연현상의 흐름에서 확인된 불규칙성은 인간에게 놀라운 느낌을 불러일으킨다. 그러한 영향으로 세계가 초자연적인 존재들로 가득 차 있다고 여겨지면[16] 인간은 자신을 둘러싸고 있는 두려운 힘들과 협약을 맺어야 할 필요성을 느끼게 된다. 그 힘들에 의해 압도되지 않으려면 인간은 그 힘들 중 어떤 것들과 동맹을 맺고, 그들의 협

두 토템을 가져야 한다는 기본적인 원칙을 토템 숭배가 어떻게 만족시킬 수 있었는지 알 수 없다.

13) "사람들은 때로 어떤 동물들을 숭배한다"고 타일러는 말한다. "왜냐하면 그들은 그 동물들을 조상의 거룩한 영혼이 화신한 것으로 여기기 때문이다. 이러한 믿음은 사자(死者)의 영혼에 대한 숭배와 동물에 대한 숭배 사이에 일종의 다리가 되고 있다"(앞의 책, 305쪽, 308쪽과 간단히 비교). 마찬가지로 분트는 토템 숭배를 극미동물설(animalisme)의 한 분파로 표현한다(II, 234쪽).

14) 같은 책, 199쪽 참조할 것.

15) William S. Jevons, *Introduction to the History of Religion*, 96쪽 이하.

16) 같은 책, 205쪽 참조할 것.

력을 보장받는 것이 최선의 방법임을 깨닫게 된다. 그러나 당시의 역사적 단계에서 사람들은 혈연관계에서 기인하지 않는 다른 동맹관계나 협력관계를 알지 못했다. 같은 씨족의 모든 구성원들은 친척이기 때문에, 같은 말이지만 친척으로 여기기 때문에 서로 돕는다. 반대로 다른 씨족들은 피가 다르기 때문에 적으로 취급한다. 초자연적 존재들의 도움을 받는 유일한 방법은 그들을 친척으로 입양하고 똑같은 자격으로 그들에게 입양되는 것이다. 잘 알려진 피의 계약(blood-covenant)이라는 방법으로 쉽게 이러한 결과에 이를 수 있었다. 그러나 당시에는 개인이 지금처럼 고유한 인격성을 가지고 있지 않았고, 사람들은 개인을 집단의 한 부분, 다시 말하면 씨족의 일원으로만 여겼기 때문에 이러한 혈족관계를 집단적으로 맺은 것은 개인이 아니라 전체 씨족이었다. 같은 이유로 개별적 대상이 아니라 자연적 집단, 다시 말해 이 대상이 속한 종(種)과 계약을 맺었다. 왜냐하면 인간은 자신에 대해 생각하는 방식으로 세계를 생각하고, 자기 자신을 씨족과 분리해서 인식하지 못했으므로 사물들을 생각할 때에도 그 사물들이 속해 있는 종과 분리해서 생각할 줄 몰랐다. 그러므로 제번스의 말을 빌리자면 친척관계로 씨족과 결합된 사물들의 종, 그것이 바로 토템이다.

사실상 토템 숭배가 씨족과 대상들의 일정 범주 사이에 긴밀한 관계를 전제하고 있음은 확실하다. 그러나 제번스가 원하는 것처럼 추구하는 목표를 충분히 의식하고 고의로 이러한 협약을 맺었다는 주장은 우리가 알고 있는 역사와 별로 일치하지 않는다. 종교는 너무 복잡한 것이다. 또한 너무나도 많고 모호한 요구에 답을 해야 하기 때문에 종교는 그 기원을 하나의 의도적인 의지 행위에서 찾을 수는 없다. 그것은 지나친 단순화의 오류를 범하는 것이며, 이러한 가설은 거의 있을 수 없다. 이 가설은 인간들이 초자연적 존재들의 도움을 확실히 얻고자 노력했을 것이라고 말한다. 사물들이 초자연적 존재에게 종속되어 있기 때문이다. 그렇다면 인간은 초자연적 존재들 중 가장 힘이 센 것들, 즉 가장 효과적으로 보호해줄 수 있는 존재들에게 호소했어야만 한다.[17] 그러나 반대로 인간이 이러한 신비한 친척관계를 맺은 존재들은 대개의 경우 가장 비천한 것들에 속한다. 또한 동맹자와 수호자들을 만드는 것이 진정한 문제였다면 사람들은 가능한 한 여러 존재들과 관계를 맺었어야 한다. 왜냐하면 하나의 존재만으로는 충분히 보호받지 못하기 때문이다. 그러나 실제로 각 씨족은 철저하게 단 하나의 토템으로 만족하고 있다. 다시 말해서 다른 씨족들이 자유롭게 그들의 토템을 사용하도록 허용하면서도 단 하나의 수호자로 만족하고 있다. 각 집단은 이웃의 영역을 침해하려 하지 않고, 그들에게 고유한 종교 영역 안에 엄격하게 틀어박혀 있다. 이러한 제한과 절제는 우리가 살펴본 학자들의 가설을 가지고 설명할 수 없는 것이다.

2. 집합토템의 선행(先行)을 밝혀 주는 이론들. 집합토템 숭배가 개인토템 숭배에서 파생되었다는 이론과 이러한 이론들에 의해 개인토템에 부여된 기원의 오류

게다가 이 모든 이론들은 전 주제를 지배하는 한 가지 중요한 문제를 빠뜨리는 오류를 범하고 있다. 우리는 두 종류의 토템 숭배, 즉 개인토템 숭배와 씨족토템 숭배가 존재한다는 것을 살펴보았다. 그것들 사이에는 너무나 분명한 친족관계가 있기 때문에 어떤 관계가 존재하지 않을 수 없다. 따라서 그중 하나가 다른 것에서 유래된 것이

---

17) 이것은 제번스 자신도 인정한 것이다. "동맹자를 선택할 때 사람은 가장 큰 능력을 소유하는 종을 더 좋아한다고 가정할 필요가 있다"라고 말한다(이 책, 101쪽 참조할 것).

아닌가, 만일 그렇다면 어떤 것이 더 원시적인가를 자문해보는 일은 중요하다. 채택된 해결책에 따라 토템 숭배의 기원에 대한 문제는 다른 용어로 제기될 것이다. 이 질문은 매우 일반적인 이해를 가지고 있는 만큼 더욱더 제기될 필요가 있다. 개인토템 숭배는 토템 숭배의 개인적 양상이다. 따라서 만일 개인토템 숭배가 더 원시적인 것이라면 종교는 개인의 의식(意識) 속에서 태어났다고 말해야 한다. 또한 종교는 일차적으로 개인적인 열망에 부응하기 위한 것이며, 이차적으로 집합적 형태를 띤다고 말해야 할 것이다.

민속학자들과 사회학자들이 아직도 자주 공감하고 있는 단순한 사고는 자연히 많은 학자로 하여금 이번에도 복잡한 것을 단순한 것으로, 집단의 토템을 개인토템으로 설명하도록[18] 만드는 경향이 있다. 사실상 이것은 프레이저가 『황금가지』[19]에서 주장했고, 투트, 플레처,[20] 보아스,[21] 스윈턴[22]이 지지했던 이론이다. 게다가 이 이론은 사람들이 현재 종교에 관해서 가지고 있는 개념과 일치된다는 장점이 있다. 우리는 이 이론이 전반적으로 친숙하고 인간적이라고 볼 수

---

18) J.G.Frazer, 제2판, III, 416쪽 이하. 특히 419쪽 각주 5번을 참조할 것. 프레이저는 좀더 뒤에서 분석될 최근의 논문에서 자신의 생각으로는 『황금가지』의 이론을 완전히 배제하지는 않았지만, 다른 이론을 발표했다.

19) J.G. Frazer, *The Origin of the Totemism of the Aborigines of British Columbia*, in *Proc. and Transact. of the R. Society of Canada*, 2ᵉ série, VII, 2ᵉ serie, 3쪽 이하. 마찬가지로 "Report on the ethnology of the Statlumh", in *J. A. I.*, XXXV, 141쪽. 투트는 *Trans. of the R. Society of Canada*, IX, 61~99쪽에서 그의 이론에게 행해진 다른 여러 가지 반박에 답변했다.

20) Alice C. Fletcher, "The Import of the Totem", in *Smithsonian Report for 1897*, 557~586쪽.

21) Boas, *The Kwakiutl Indians*, 323쪽 이하, 336~338쪽, 393쪽.

22) Swanton, "The Development of the Clan System", in *Amer. Anthrop.*, N. S., 1904, VI, 477~486쪽.

있다. 이러한 관점에서 보면 씨족토템은 일반화된 개인토템에 불과하다. 어떤 뛰어난 사람이 그가 자유롭게 선택한 토템의 가치를 경험한 후에 그 토템을 후손들에게 전수했을 것이다. 시간이 흐름에 따라 그 수가 많아진 후손들은 씨족과 같은 확대된 가족을 형성하게 되었을 것이고, 이렇게 해서 토템은 집단적이 되었을 것이다.

투트[23]는 북서아메리카, 특히 살리시족과 톰슨강의 인디언 사회에 토템 숭배가 퍼져 있는 방식을 통해 이 이론을 지지하는 증거를 찾을 수 있다고 생각했다. 이러한 종족들에서는 개인토템 숭배와 씨족토템 숭배가 모두 발견된다. 그러나 이 두 토템 숭배는 같은 종족 안에서는 공존하지 않는다. 혹 공존할 경우 그것들은 불균등하게 발전되어 있다. 그것들은 서로 반비례해서 변화한다. 씨족토템이 일반화된 곳에서는 개인토템이 사라지는 경향이 있고, 그 역도 성립한다. 그것은 씨족토템이 개인토템을 대치할 때 없어져버린 개인토템의 좀 더 최근 형태가 씨족토템이라고 말하는 것 아닌가?[24] 신화는 이러한 해석을 확증해주는 것처럼 보인다. 이러한 사회에서는 사실상 씨족의 조상은 토템 동물이 아니다. 사람들은 일반적으로 집단의 창시자를 인간의 형태로 표현하고 있다. 이 인간은 어떤 순간에 자신의 토템 상징을 받았을 우화적 동물과 관계를 맺고 친밀해지기 시작했을 것이다. 거기에 부여된 특별한 능력과 함께 이러한 상징은 이 신화적 인물의 후손들에게 유산으로 전해졌을 것이다. 따라서 이 사람들은 집합토템을 같은 가족 안에 이어 내려오는 개인토템으로 여기는 것 같다.[25] 게다가 오늘날까지도 아버지가 자신의 토템을 자녀들에

---

23) 투트는 캐나다에서 활동한 아마추어 인류학자였다—옮긴이.
24) *J. A. I.*, XXXV, 142쪽.
25) 같은 책, 150쪽. V[th] *Rep. On the Physical Characteristis, etc, of the N. W. Tribes of Canada, B. A. A. S.*, 24쪽과 비교. 우리는 앞에서 이러한 종류의 신화에 대해

게 전해주는 일이 있다. 그러므로 만일 집합토템이 일반적으로 이러한 기원을 가지고 있다면 그것은 과거에 일어났던 똑같은 일을 아직도 관찰할 수 있다는 것을 확인하는 셈이다.[26]

개인토템 숭배가 어디에서 생겨났는지 설명하는 문제가 남아 있다. 이 질문에 대한 대답은 저자에 따라 다르다.

투트는 개인토템 숭배를 물신 숭배의 특이한 경우로 보고 있다. 사방에서 두려운 영들로 둘러싸여 있음을 느끼는 개인은 앞에서 제번스가 씨족에게 부여했던 것과 동일한 감정을 느꼈을 것이다. 자신을 보존하기 위해 인간은 이 신비한 세계 속에서 어떤 강력한 수호자를 확보하려고 애썼을 것이다. 이렇게 하다 보니 개인토템이 생겨났다는 것이다.[27] 프레이저는 이 제도를 어떤 위험을 모면하기 위해 인간들이 만들어 낸 술책이나 전략으로 여겼다. 수많은 원시사회에 매우 널리 퍼져 있는 신앙에 따르면 인간의 영혼은 별 어려움 없이 그가 살고 있는 육체를 일시적으로 떠날 수 있다고 한다. 육체에서 아무리 멀리 떨어져 있어도 영혼은 일종의 원격조종을 통해 육체를 계속해서 움직일 수 있다. 그러나 생명이 특별히 위협받는 어떤 위급한 순간에는 육체로부터 영혼을 꺼내서 좀더 안전한 장소나 대상 속에 넣어두는 것이 바람직할 수 있다. 사실상 실제적 또는 가상적인 어떤 위험으로부터 영혼을 지키기 위해 영혼을 분리시키는 상당수의 의례들이 존재하고 있다. 예를 들면 사람들이 새로 건축된 집에 들어가려고 할 때 주술사는 그들의 영혼을 빼서 자루 속에 넣어 두었다가 일단 문턱을 넘어선 다음 영혼의 소유자들에게 돌려준다. 왜냐하면 사람들이 새 집에 들어가는 순간은 매우 위험하기 때문이다. 사람들

기록했다.

26) *J. A. I.* XXXV, 147쪽.
27) Hill Tout, *Proc. a. Transac., etc.*, VII, 2ᵉ section, 12쪽.

은 땅 속이나 특히 문턱 밑에 거주하고 있는 정령들을 괴롭히고, 따라서 그들의 기분을 해칠 위험이 있다. 그래서 주의하지 않는다면 정령들은 인간에게 그의 뻔뻔함에 대해 비싼 대가를 치르게 할 수도 있다. 그러나 일단 위험이 지나가고, 정령들의 분노를 예상해 어떤 의식을 수행함으로써 정령들의 호의를 확신하게 되면 영혼은 길들여진 그들의 장소를 안전하게 다시 차지할 수 있다.[28] 개인토템 숭배는 이와 같은 믿음에서 생겨났을 것이다. 주술적인 저주로부터 자기 자신을 보호하기 위해 사람들은 그들의 영혼을 동물종이나 식물종의 익명집단 속에 감추어두는 것이 현명하다고 생각했다. 그러나 일단 이러한 관계가 형성되고 나면 각 개인은 그의 생명 근본이 머물고 있다고 여겨지는 동물이나 식물과 긴밀히 결합된다. 두 존재는 너무나도 밀접하게 결합되어 거의 분리할 수 없는 것으로 여겨지기도 한다. 사람들은 각각의 존재들이 상대방의 본성을 나누어 가지고 있다고 생각했다. 이러한 믿음이 일단 받아들여지면 개인토템이 세습토템으로, 그다음에는 집합토템으로의 전환이 용이하면서도 빠르게 진행된다. 왜냐하면 이러한 자연의 혈족관계가 상속에 의해 아버지로부터 아이들에게로 전해졌음이 명백하기 때문이다.

이제 우리는 개인토템에 관한 두 가지 설명에 대해 논의해보기로 하겠다. 이 설명들은 영(l'esprit)에 대한 교묘한 탁상공론이며, 확실한 증거가 결여되어 있다. 토템 숭배를 물신 숭배로 환원시키려면 물신 숭배가 토템 숭배보다 앞선 것임을 증명해야만 한다. 그런데 이러한 가설을 검증하기 위한 어떤 사실도 제시되지 않고 있을 뿐 아니라

---

28) J.G. Frazer, *The Golden Bough*, III, 351쪽 이하. 빌켄은 이미 *De Simsonsage in de gids*, 1890에서 이러한 사실들에 대해 언급한 바 있다. "De Betrekking tausshen Menschen-Dieren en Plantenleven", in *Indische Gids*, 1884, 1888; *Uber das Haaropfer, Revue Coloniel Internationaale*, 1886~1887.

이 가설은 우리가 알고 있는 모든 사실들과 모순된다. 우리가 물신 숭배라고 부르는 의례의 총체는 잘못 규정된 것이기도 하지만, 그것들은 또한 이미 어느 정도의 문명에 이른 사람들에게서만 나타나는 것 같다. 이것은 오스트레일리아에 알려지지 않은 숭배의 유형이다. 사실상 사람들은 추링가를 물신(物神, fétiche)[29]이라고 규정했다. 그러나 이러한 호칭이 정당한 것이라고 가정하더라도 그것이 물신 숭배의 우선성을 증명하지는 못한다. 왜냐하면 추링가는 본질적으로 토템 숭배를 전제로 한 토템 숭배의 도구이며, 그것에게 부여된 효능들도 오로지 토템 신앙에서 기인하기 때문이다.

프레이저의 이론에 관해 말하자면 그 이론은 원시인들이 철저하게 우둔하다는 사실을 전제하고 있다. 그러나 알려진 사실들로 미루어 보면 원시인들이 그렇게 우둔한 것은 아니었던 것 같다. 원시인은 우리에게는 때로 매우 이상하게 보이지만 나름대로의 논리를 가지고 있다. 그러므로 원시인이 논리를 완전히 결여하고 있지 않는 한, 사람들이 그에게 전가하고 있는 논리상의 잘못을 저지를 리가 없다. 원시인이 접근할 수 없는 비밀 장소에 영혼을 감추어둠으로써 영혼의 생존이 확실하다고 믿는 것은 신화나 전설의 많은 영웅이 그렇게 했다고 여겨지는 것처럼 전혀 부자연스럽지 않다. 그러나 원시인은 어떻게 영혼이 자기의 육체보다 동물의 몸에 있는 것이 훨씬 더 안전하다고 생각할 수 있었을까? 물론 영혼이 이렇게 종(種) 속으로 흩어지면 좀더 쉽게 마법사의 주문을 모면할 기회를 얻을 수 있을 것이다. 그러나 그와 동시에 영혼들은 사냥꾼의 표적이 되기 쉽다. 매순간 위험에 노출되는 물질적인 형태 속에 영혼을 감추어두는 것은 영혼을

---

29) 예를 들면 Eylmann Dans, *Die Eingeborenen der Kolonie Südaustralien*, 199쪽을 들 수 있다.

보호하는 방법치고는 이상하다.[30] 특히 부족 전체가 이와 같이 이상스러운 행동을 한다는 것은 이해하기 어렵다.[31] 결국 대부분의 경우 개인토템의 기능은 프레이저가 부여한 기능과 현저하게 다르다. 무엇보다도 그것은 주술사, 사냥꾼, 전사들에게 비범한 능력을 주는 방법이다.[32] 인간과 사물과의 결속관계는 그것이 함축하는 여러 불리함과 더불어 의례로부터 강요된 결과로 받아들여졌다. 그러나 이러한 결속관계는 그 자체를 위해 원해진 것은 아니다.

진정한 문제와 관련도 없는데, 우리가 이러한 논쟁으로 지체할 필

---

30) 파커(Mrs. Parker) 여사가 오알라이족에 대해 말한다. "만일 윤비아이가 예외적인 힘을 부여한다면 또한 예외적인 위험에 노출된다. 왜냐하면 동물을 상하게 하는 모든 것은 결국 인간을 해치는 것이기 때문이다"(*Euahlayi*, 29쪽).

31) 그 후의 저작에서 프레이저 자신이 이러한 반박을 한다("The Origin of Totemism", in *The Fortnightly Review*, Mai 1899, 844~845쪽). "만일 내가 내 영혼을 산토끼의 몸에다 두었는데, 내 동생 존(다른 씨족의 구성원)이 이 토끼를 죽여서 구워 먹는다면 내 영혼에 무슨 일이 일어날까? 이러한 위험을 예방하기 위해서 내 형제 존이 이러한 내 영혼의 상태를 알아야 하고, 그가 토끼를 죽였을 때도 토끼를 구워 먹기 전에 토끼에서 영혼을 꺼내서 나에게 돌려주어야만 한다." 따라서 프레이저는 중앙 오스트레일리아의 부족들에서 통용되는 이러한 의례를 발견했다고 믿었다. 우리가 좀더 나중에 기술하겠지만, 매해 예식이 진행되는 동안 새로운 세대의 동물들이 성숙하게 될 때 최초로 죽인 사냥감이 그 토템사람들에게 제시된다. 그들이 그것을 조금 먹은 후에 비로소 다른 씨족의 사람들이 그 고기를 자유롭게 먹는다. 프레이저가 말하기를, 이것은 그 토템사람들이 이 동물들에게 맡겨두었던 영혼을 다시 돌려주는 방법이라고 했다. 그러나 의례를 이렇게 해석하는 것은 완전히 자의적이다. 뿐만 아니라 위험을 지켜주는 이러한 방법이 이상하다고 생각하지 않을 수 없다. 이 예식은 연례적이다. 동물이 죽은 지 오랜 시일이 지날 수도 있다. 그동안 동물이 보호하고 있던 영혼은 어떻게 되며, 이 영혼에게 생명을 의존하는 주인은 어떻게 되었을까? 그러나 이러한 설명으로 있을 수 없는 모든 것을 우기는 것은 소용없는 일이다.

32) Mrs. Parker, 앞의 책, 20쪽; A.W. Howitt, "On Australian Medicine Men", in *J. A. I.*, XVI, 34쪽, 49~50쪽; H. Tout, *J. A. I.*, XXXV, 146쪽.

요가 없다. 무엇보다도 먼저 알아야 할 중요한 것은 정말 개인토템이 더 원시적인 사건이고, 집합토템이 개인토템에서 파생되어 나왔는 가의 문제이다. 왜냐하면 이 질문에 어떻게 답변하는가에 따라 우리는 반대되는 두 방향에서 종교생활의 근원을 찾아야 하기 때문이다.

투트, 플레처 양, 보아스, 프레이저의 가설에 반대되는 일련의 결정적 사실들이 있는데, 우리는 그것이 그렇게 쉽게 보편적으로 받아들여진 것에 대해 놀라움을 금치 못한다.

첫째, 우리는 인간이 개인토템으로 쓰이는 종의 동물들을 존경할뿐 아니라 그의 동료들로 하여금 자신의 개인토템을 존경하도록 만드는 데에 대단한 관심을 기울인다는 것을 알고 있다. 그것은 그 동물이 자신의 생명과 관계있기 때문이다. 따라서 만일 집합토템 숭배가 개인토템 숭배의 일반화된 형태에 지나지 않는다면 그것은 똑같은 원칙에 의거해야 할 것이다. 같은 씨족의 사람들은 그들의 토템 동물을 죽이고 먹는 것을 금해야 할 뿐 아니라 이방인들에게도 그러한 일을 하지 못하도록 모든 대책을 강구할 것이다. 그러나 실제로 이러한 금지조항을 부족 전체에 부과하기는커녕 각 씨족은 우리가 나중에 기술하게 될 의례를 거행함으로써 자신들과 같은 명칭을 지닌 동물이나 식물이 자라고 번창하도록 배려한다. 그 목적은 다른 씨족들에게 풍성한 양식을 제공하기 위한 것이다. 그러므로 우리는 적어도 개인토템 숭배가 집합토템 숭배로 되어가면서 많이 변형되었다는 사실을 인정해야 하며, 또한 이러한 변형에 대해 설명해야 할 것이다.

두 번째로, 토템 숭배가 쇠퇴해가고 있는 지역을 제외하고, 부족의 두 씨족이 항상 다른 토템을 가진다는 사실을 이러한 관점에서 어떻게 설명해야 할 것인가? 같은 부족의 둘 또는 여러 명의 구성원들이 그들 사이에 아무런 혈족관계가 없더라도 같은 동물종을 개인토템으로 선택하고, 그의 후손들에게 그것을 전하지 말라는 법은 없다. 다른 두 가족이 같은 이름을 가지는 경우가 오늘날에는 없단 말인가? 토템과 하위토템들이 처음에는 두 프라트리로 분할되고, 그다음에 각 프라트리의 여러 씨족들로 분할되는 엄격하게 규정된 방식은 분명히 사회적 동의와 집합조직을 전제로 한다. 이것은 토템 숭배가 자연적으로 보편화되었을 개인 의례와는 다르다는 것을 의미한다.

게다가 두 가지 토템 숭배의 차이를 무시해야만 집합토템 숭배를 개인토템 숭배로 환원하는 것이 가능하다. 집합토템 숭배는 태어날 때 어린아이에게 지정된다. 그것은 어린아이의 사회적 지위의 일부이다. 개인토템 숭배는 살아가면서 습득된다. 개인토템 숭배는 어떤 특정한 의식의 수행과 상태의 변화를 전제로 한다. 어떤 사람은 토템의 보유자가 토템을 자기 마음에 드는 사람에게 전할 수 있는 권리를 일종의 절충안으로 추가함으로써 이 둘 사이의 거리를 줄일 수 있다고 생각한다. 그러나 어디서 일어나든 이러한 양도는 드물고 비교적 예외적인 행위이다. 그것은 주술사나 특별한 능력을 부여받은 사람들만 행할 수 있다.[33] 어떤 경우이든 이러한 양도는 의례적 예식들(cérémonies rituelles)을 통해서만 가능하다. 그러므로 어떻게 몇몇 사람의 특권이 모든 사람의 권리가 되었는지를 설명해야 할 것이다. 우선 개인의 종교적·도덕적 제도에 심오한 변화를 초래하던 것이 어떻게 이 제도의 기본원리가 될 수 있었는가를 설명해야만 한다. 그다음 원래 의례의 결과로 생겨났던 양도가 어떻게 인간적 의지가 개입되지 않았는데도 사물들의 힘에 의해 저절로 생겨나는 것으로 여겨졌는지를 설명해야만 한다.

---

33) 투트에 따르면 "(개인토템 숭배의) 기증이나 양도는 샤먼이나 위대한 신비력을 지닌 남자들 같은 사람들에 의해서만 행해질 수 있다"(H. Tout, *J. A. I.*, XXXV, 146쪽). Langloh Parker, 앞의 책, 29~30쪽과 비교.

투트의 해석에 따르면 어떤 신화들이 씨족토템에 개인적인 기원을 부여했을 것이라고 한다. 신화들은 토템 상징이 특정 개인들에 의해 습득되어 자손에게 전해진다고 이야기한다. 그러나 무엇보다도 먼저 이러한 신화들이 모두 북아메리칸 인디언 부족들, 즉 문화수준이 상당히 높은 사회에서 도출되었다는 것을 주목해야 한다. 기원으로부터 매우 멀어진 신화가 어떻게 어떤 제도의 원시적인 형태를 확실하게 재구성할 수 있을까? 세월이 흐르는 동안 사람들이 토템에 대해 가질 수 있는 기억이 중간 원인들 때문에 심하게 왜곡될 기회가 많았다. 게다가 훨씬 더 원시적으로 보이지만 그 의미는 전혀 다른 신화들과 이러한 신화를 대조하는 것은 너무나도 쉬운 일이다. 신화에서 토템은 씨족의 선조로 표현되었다. 따라서 씨족의 실체를 이루고 있는 것은 바로 토템이다. 개인은 태어나면서부터 그들 자신 속에 토템을 지니고 있다. 외부에서 토템을 받기는커녕[34] 토템은 그들의 살과 뼈를 이루고 있다. 게다가 투트가 근거로 삼은 신화들은 그 자체가 이러한 오래된 개념의 반향이다. 씨족의 시조인 창시자는 인간의 형상을 하고 있다. 그러나 그 인물은 특정한 종의 동물들 가운데서 살았으므로 나중에 동물과 비슷해졌을 것이다. 아마도 이것은 지성이 충분히 문명화되어서 종전처럼 인간이 동물에게서 태어날 수 있다는 것을 더 이상 인정할 수 없는 시기의 사고일 것이다. 따라서 동물 선조는 생각할 수 없게 되었고, 그 결과 인간으로 대체되었다. 그러나 이러한 인간이 모방이나 다른 방법을 통해 동물의 어떤 특성을 가지게 되었을 것이라고 상상했다. 이와 같이 때늦은 신화까지도 씨족토템을 일종의 개인의 창조로 전혀 인식하지 않았던, 훨씬 오래

34) S. Hartland, *Totemism and some Recent Discoveries, Folk-Lore*, XI, 59쪽 이하와 비교.

된 시기의 표적을 지니고 있다.

그러나 이러한 가설은 심각한 논리적 난제들을 불러일으킬 뿐만 아니라 다음과 같은 사실과 직접적으로 모순된다.

만일 개인토템 숭배가 먼저 있던 것이라면 사회가 원시적일수록 더 발전되고 분명한 개인토템 숭배의 모습이 있어야 할 것이다. 역으로 좀더 발전된 종족들에서는 개인토템 숭배가 그 영역을 잃든지 사라져야만 한다. 그런데 사실은 정반대이다. 오스트레일리아 부족은 북아메리카 부족보다 훨씬 더 문명이 뒤떨어진다. 하지만 오스트레일리아는 집합토템 숭배가 특히 잘 나타나는 지역이다. 대대수의 부족에서는 오로지 집합토템 숭배가 우세하다. 반면에 우리가 알기로는 개인토템 숭배만 시행되는 부족은 단 하나도 없다.[35] 우리는 매우 소수의 부족들에서 특이한 형태의 개인토템을 발견할 뿐이다.[36] 또한 개인토템이 발견되는 곳에서조차도 대부분의 경우 불완전한 상태의 것들 뿐이다. 그것은 개인적이고 임의적인 의례들로 이루어져 있으며, 어떠한 보편성도 없다. 단지 주술사들만 그들과 본질적으로는 아무런 관련 없는 동물종들과 신비한 관계를 맺는 비법을 알고 있다. 보통사람들은 이러한 특권을 누릴 수 없다.[37] 반대로 미국에서 집합토템은 완전히 쇠퇴하고 있다. 특히 북서쪽의 사회에서는 집합토템의 종교적 특성이 거의 사라져버린 상태이다. 반대로 이 종족에서 개인토템

---

35) 분명히 쿠르나이족은 예외이다. 그러나 이 종족 안에도 개인토템만 있는 것이 아니라 성적 토템도 있다.
36) 워초발루크족, 반디크쪽, 위라주리족, 유인족 그리고 메리버러족의 이웃 종족에게서(퀸즐랜드); A.W. Howitt, *Nat. Tr.*, 114~147쪽; J. Mathews, *J. of R. Soc. of N. Ss. Wales*, XXXVIII, 291쪽. N.W. Thomas, *Further Notes on M. Hill Tout's views of Totemism*, in *Man*, 1904, 85쪽과 비교.
37) 그것은 오알라이족의 경우이며, 호잇의 "On Australian Medicine Men", in *J. A. I.*, XVI, 34쪽, 45쪽, 49~50쪽에서 인용한 개인토템 숭배의 현상이다.

은 상당한 역할을 하고 있다. 사람들은 개인토템에게 상당한 능력을 부여하고 있다. 개인토템은 진정한 공적 제도가 되었다. 이렇게 된 것은 개인토템이 좀더 진보된 문화의 특성이기 때문이다. 이것은 투트가 살리시족에게서 관찰한 것으로 믿었던 이 두 가지 형태의 토템 숭배 사이의 반전을 확실하게 설명해준다. 만일 집합토템 숭배가 충분히 발달된 곳에서 개인토템 숭배가 거의 발견되지 않는다면 그것은 개인토템 숭배가 집합토템 숭배 앞에서 사라졌기 때문이 아니다. 반대로 개인토템 숭배가 존재하기 위한 필요조건들이 충분히 실현되지 않았기 때문이다.

그러나 현재까지 더욱 확실한 사실은 개인토템 숭배가 씨족토템 숭배를 탄생시키는 것이 아니라 반대로 씨족토템 숭배를 전제로 한다는 것이다. 집합토템 숭배의 틀 안에서 개인토템 숭배가 생겨나고 소멸된다. 집합토템 숭배는 개인토템 숭배의 구성요소이다. 사실상 개인토템이 우세한 사회에서조차도 입문자들은 어떤 동물을 개인토템으로 취할 권리가 없다. 각 씨족에는 한정된 수의 종(種)이 할당되어 있으며, 그 외의 종들에 대해서는 선택권이 없다. 반면에 이런 식으로 어떤 씨족에 할당된 종들은 그 씨족의 독점적인 소유물이 된다. 다른 씨족의 구성원들은 그것들을 빼앗을 수 없다.[38] 그것들은 씨족 전체에 토템으로 사용되는 동물과 긴밀한 의존관계를 가진 것으로 여겨진다. 이러한 관계를 관찰할 수 있는 경우들도 있다. 개인토템은 집합토템의 어떤 부분 또는 특수한 양상을 보여준다.[39] 워초발루크

---

38) Miss Fletcher, "A Study of the Omaha Tribe", in *Smithsonian Report for 1897*, 586쪽; Boas, *The Kwakiutl*, 322쪽. 동일한 것에 대해서는 Vth *Rep. of the Committee··· of the N. W. Tribes of the Dominion of Canada. B. A. A. S.*, 25쪽; H. Tout, *J. A. I.*, XXXV, 148쪽 참조할 것.

39) 보아스는 틀링키트족에 관해 다음과 같이 말한다. 씨족들의 고유명사는 그

족에서 씨족의 각 구성원은 동료들의 개인토템을 어느 정도 자신의 것으로 여기고 있다.[40] 따라서 개인토템들은 하위토템이라고 할 수 있다. 따라서 종(種)이 속(屬, genre)을 전제로 하는 것처럼 하위토템은 토템을 전제로 한다. 따라서 역사에서 볼 수 있는 개인 종교의 최초 형태는 공적 종교의 활동원리가 아니라 오히려 그 반대로 공적 종교의 단순한 양상으로 나타난다. 개인이 자신을 위해 마음속에서 조직한 숭배가 집합 숭배의 맹아가 된 것이 아니다. 그것은 개인의 인간적 필요에 적응된 집합 숭배에 불과하다.

3. 토템의 종교적 특성을 부인하고 지역 토템 숭배는 원시적이 아니라는 관념적·지역적 토템 숭배 이론의 부당한 전제를 지적하는 프레이저의 최근 이론

이것은 스펜서와 길런의 저술에 의해 암시받은 것인데, 프레이저는 좀더 최근의 연구에서[41] 토템 숭배에 대한 새로운 설명을 처음

들 각각의 토템에서 파생되었으며 각 씨족은 자신만의 특수한 이름을 가지고 있다. 이름과 토템(집단적) 사이의 관계는 때로는 분명하지 않지만 그래도 언제나 존재한다(Vth *Rep. of the Committee*…, 25쪽). 개인의 성(姓)은 씨족의 소유이며 토템만큼이나 확실한 씨족의 특징이라는 사실은 이러쿼이족에서도 역시 관찰된다(Morgan, *Ancient Society*, 78쪽). 와이언도트족(Powell, "Wyandot Government", in *Annual Report of the Bureau of Ethnology*, I, 59쪽); 쇼니족(Shawnee), 소크족(Sauk), 폭스족(Fox)(Morgan, *Ancient Society*, 72쪽, 76~77쪽); 오마하족(Dorsey, "Omaha Sociology", *Annual Report of the Bureau of American Ethnology*, III, 277쪽 이하). 또한 우리는 성(姓)과 개인토템 사이의 관계를 알고 있다(이 책, 366~367쪽 참조할 것).

40) 매슈스는 말한다. "예를 들면 당신이 와르트우르트(Wartwurt)의 남자에게 그의 토템이 무엇이냐고 묻는다면 그는 당신에게 우선 자신의 개인토템을 이야기할 것이다. 그러나 그는 십중팔구 곧 그의 씨족의 다른 개인토템들을 열거할 것이다"(*J. of the Roy. Soc. of N. S. Wales*, XXXVIII, 291쪽).

41) J.G. Frazer, 「오스트레일리아 원주민들의 종교와 토템 숭배의 기원」, in *The

제안했고, 우리가 방금 논의한 것으로 대치하려고 했다. 그의 설명은 아룬타족의 토템 숭배가 우리가 알고 있는 가장 원시적인 것이라는 가정에 근거한다. 프레이저는 아룬타족의 토템 숭배가 진실로 또한 절대적으로 최초의 형태와 거의 다름이 없다고 말하기에 이르렀다.[42]

특이한 것은 토템이 사람들이나 어떤 특정한 인간 집단과 연결되어 있는 것이 아니라 지역과 관련이 있다는 점이다. 사실상 각 토템은 특정한 어느 장소에 그 중심을 두고 있다. 그것은 초창기에 토템 집단을 구성한 최초 선조들의 영혼이 즐겨 머물렀던 곳으로 여겨지는 장소이다. 거기는 바로 추링가들이 보존된 성소가 있는 곳이다. 그리고 숭배가 행해지는 곳이다. 토템들의 지리적 분포에 따라서 씨족들이 모이는 방법이 결정된다. 사실상 이런아이는 그의 아버지나 어머니의 토템을 가지는 것이 아니라 어머니가 임신의 첫 징후들을 느낀 장소에 중심을 둔 토템을 자신의 토템으로 가지게 된다. 왜냐하면 아룬타족이 생식과 성행위를 연결해서 생각할 줄 몰랐기 때문이라고 한다.[43] 그는 모든 임신이 일종의 신비한 수태에서 기인된다고 생각한다. 아룬타족에 따르면 임신이란 선조의 영혼이 여자의 몸

Fortnightly Review, 1905년 7월호, 162쪽 이하; 9월호, 452쪽; 「토템 숭배의 기원」, in *The Fortnightly Review*, 1899년 4월호, 648쪽; 5월호, 835쪽. 후자의 논문은 약간 더 오래된 것으로, 한 가지 점에서 전자의 논문과 다를 뿐 이론의 근거는 근본적으로 다름이 없다. 이 둘은 *Totemism and Exogamy*, I, 89~172쪽에 전재되었다. 같은 의미에서 Spencer · Gillen, "Some Remarks on Totemism as applied to Australian Tribes", in *J. A. I.*, 1899, 275~280쪽. 그리고 같은 주제에 관해서는 같은 책, 281~286쪽 참조할 것.

42) "아마도 우리는 이것이 원래적인 패턴, 즉 완전히 원시적인 토템 숭배의 형태에서 벗어난 것이라고 말할 수 있다"(*The Fortnightly Review*, 1905년 9월호, 455쪽).

43) 이 점에 대해서는 슈트렐로의 증언이 스펜서와 길런의 증언을 확증해준다(II, 52쪽). 반대의 의견으로는 A. Lang, *The Secret of the Totem*, 190쪽 참조할 것.

에 들어와서 새로운 생명의 원리가 되었음을 의미한다. 여자가 아이의 첫 태동을 느끼는 순간 그녀는 자신이 서 있는 장소에 주로 머무는 영혼들 가운데 하나가 그녀 속으로 들어왔다고 상상한다. 그다음에 태어나는 아이는 이렇게 환생한 선조이기 때문에 아이도 필연적으로 똑같은 토템을 가져야 한다. 즉 아이의 토템은 그가 신비하게 수태되었다고 여겨지는 지역에 의해 결정된다.

따라서 토템 숭배의 최초 형태를 나타내는 것은 이러한 지역 토템 숭배이다. 지역 토템 숭배와 최초 토템 숭배의 거리는 기껏해야 몇 걸음밖에 되지 않을 것이다. 이것이 바로 프레이저가 토템 숭배의 기원을 설명하는 방식이다.

여자가 임신했다고 느끼는 바로 그 순간 그녀는 자신이 몸속에 품었다고 느껴지는 정령이 그녀 주위에 있던 사물들, 특히 그 순간 그녀의 주의를 끌던 사물들 가운데 하나로부터 왔다고 생각할 것이다. 따라서 만일 어떤 식물의 수집에 열중하고 있었거나 또는 어떤 동물을 바라보고 있었다면 그녀는 이 식물이나 동물의 영혼이 자신에게 들어왔다고 생각하게 된다. 특히 여자가 임신의 기원이라고 생각하는 사물들 중 으뜸은 그녀가 방금 먹은 음식이다. 만일 그 여자가 최근에 에뮤나 참마(麻)를 먹었다면 그 여자는 에뮤나 참마가 그녀 속에서 생겨나 거기서 자란다는 것을 의심하지 않는다. 이러한 상황에서 아이도 에뮤나 참마의 일종으로 여겨지는 것, 아이 자신이 같은 종의 식물이나 동물의 동족으로 여겨지고, 그것들에게 공감과 경의를 표하며, 또한 그것들을 먹는 것이 금지되는 등 모든 일이 설명된다.[44] 이때부터 토템 숭배는 그 본질적인 특성을 띠면서 존재하게 된

---

44) 이와 유사한 개념을 이미 하돈(Haddon)이 *Address to the Anthropological Section* (B. A. A. S.,* 1902, 8쪽 이하)에서 표현한 바 있다. 그는 각 지역집단은 특별히 자신들에게만 고유한 음식물을 가지고 있었다고 가정한다. 이렇게 음식의 중

다. 이것이 바로 원주민이 자신에게 생명을 준 생식에 대해 가지고 있는 개념이다. 그래서 프레이저는 원초적 토템 숭배를 수태적이라고 부른다.

이러한 최초의 유형에서 다른 모든 토템 숭배의 형태들이 파생되었을 것이다. "여러 명의 여자들이 차례로 같은 상황, 같은 장소에서 최초로 모성의 징후를 느낀다면 이 장소는 특별한 종류의 영들이 자주 드나드는 곳으로 여겨지게 될 것이다. 이렇게 해서 시간이 흐름에 따라 그 지역은 토템의 중심지가 되고 토템 지역으로 구분된다."[45] 이것이 바로 아룬타족의 지역 토템 숭배가 생겨나게 된 방식이다. 그후 토템들이 그들 영토의 근거지에서 벗어나기 위해서는 선조들의 영혼이 특정한 어떤 장소에 고정되어 요지부동으로 남아 있는 것이 아니라 영토의 표면을 자유롭게 돌아다닐 수 있으며, 여행을 하다가 자신과 같은 토템의 남녀를 따라 다니게 되었다는 생각을 하는 것만으로도 충분하다. 이러한 방식으로, 여자는 그녀가 다른 토템 지역에 거주할 때조차도 그녀 자신의 토템이나 남편의 토템에 의해서 수태될 수 있다. 남편이나 아내의 선조들이 호시탐탐 재화신할 기회를 엿보면서 젊은 부부를 따라 다닌다고 상상하고 있는 것에 따르면 어린 아이의 토템은 그의 아버지나 그의 어머니의 토템이 될 수밖에 없다. 사실상 한편으로 냥지족과 움바이아족, 다른 한편으로 우라분나족은 그들의 혈통체계를 바로 이러한 방식으로 설명한다.

그러나 타일러의 이론처럼 이 이론도 부당한 전제에 근거하고 있다. 인간의 영혼이 동물과 식물의 영혼이라고 상상할 수 있으려면 먼

요한 재료로 쓰인 식물이나 동물이 집단의 토템이 되었을 것이다. 이 모든 설명들은 당연히 토템 동물의 섭취 금지가 원시적인 것이 아니며, 심지어는 그것과 반대되는 규정이 선행했다는 사실을 암시해준다.

45) *The Fortnightly Review*, 1905년 9월호, 458쪽.

저 인간의 가장 본질적인 것이 동물계나 식물계에서 차용한 것이라는 믿음이 있어야 한다. 따라서 이러한 믿음은 토템 숭배의 근거가 되는 믿음들 중 하나이다. 이러한 믿음을 증거로 제시하는 것은 설명해야 할 것에 그냥 동의하는 일이나 마찬가지다.

더구나 이러한 관점에서 토템의 종교적 특성은 전혀 설명될 수 없다. 왜냐하면 인간과 동물 사이의 모호한 관계에 대한 막연한 믿음은 숭배를 만들어내기에는 불충분하기 때문이다. 인간계와 동물계에 대한 이러한 혼란은 세계를 성스러운 것과 속된 것으로 나눌 수 없을 것이다. 자신의 논리적 일관성을 지키기 위해 프레이저는 사실상 토템 숭배에 정신적 존재, 기원, 기도, 봉헌이 없다는 것을 구실 삼아 토템 숭배를 종교로 보기를 거부했다. 그에 따르면 토템 숭배는 주술체계에 불과하다. 이러한 주술체계는 사물들의 법칙들을 밝혀내기 위한 최초의 노력이며 일종의 조잡하고도 착오적인 과학을 의미한다.[46] 그러나 우리는 주술과 종교에 대한 이러한 개념이 얼마나 부정확한 것인가를 알고 있다. 성스러운 것과 속된 것이 구분되는 이상 종교는 존재하며, 우리는 토템 숭배가 성스러운 사물들의 거대한 체계라는 것을 살펴보았다. 따라서 토템 숭배를 설명하려면 그러한 사물들이 어떻게 해서 성스러운 특성을 지니게 되었는지를 밝혀야 한다.[47] 그런데 프레이저는 이러한 문제를 제기하지도 않았다.

그러나 이 체계는 그것이 근거하고 있는 가설이 더 이상 지지될 수 없기 때문에 오늘날 와해되었다. 사실상 프레이저의 모든 주장은 아

---

46) *The Fortnightly Review*, 1899년 5월호, 835쪽; 1905년 7월호, 162쪽 이하.

47) 비록 토템 숭배를 주술체계로 여겼지만, 프레이저는 가끔 거기에서 진정한 종교의 최초의 맹아들이 발견된다는 것을 인정했다(*The Fortnightly Review*, 1905년 7월호, 163쪽). 그의 사고 전개 과정에 따르면 종교는 주술에서 나왔을 것이다. J. G. Frazer, *Golden Bough*, I, 75~78쪽 참조할 것.

룬타족의 지역 토템 숭배가 우리가 알고 있는 것 중 가장 원시적인 것이며, 특히 그것은 부계나 모계 쪽으로 유전되는 토템 숭배보다 분명히 더 오래된 것이라는 가정을 전제로 한다. 스펜서와 길런의 첫 저술이 담고 있는 사실들을 알게 되면서부터 우리는 아룬타족의 역사 속에서 토템들이 장소에 매여 있는 것이 아니라 어머니에게서 아이들에게로 유전적으로 전해지는 시기가 있었을 것이라고 추측할 수 있다.[48] 이러한 추측은 슈트렐로[49]가 발견한 새로운 사실들에 의해서 결정적으로 증명되었다. 게다가 이 새로운 사실들은 슐츠가 행한 이전의 관찰들을 확증해줄 뿐이다.[50] 사실상 이 두 저자들은 아직까지도 각 아룬타족 사람이 지역 토템을 가지고 있을 뿐만 아니라 태어나면서부터 모든 지리적 조건에 상관없는 다른 토템을 가지고 있다는 사실을 우리에게 가르쳐주고 있다. 그 다른 토템이란 바로 어머니의 토템이다. 이러한 두 번째 토템은 첫 번째 토템과 마찬가지로 원주민들에게 양식을 제공해주고 닥칠지도 모르는 위험을 경고해주는 강력한 친구이며 수호자로 여겨지고 있다. 그들은 이 토템 숭배에 참여할 권리가 있다. 그들은 매장할 때 시체를 그의 어머니 토템의 중심지가 있는 지역 쪽으로 얼굴을 향하게 해 묻는다. 따라서 이 중심지는 어떻게 보면 죽은 자의 중심지이다. 사실상 사람들은 그

---

48) Spencer · Gillen, 「토템 숭배에 대하여」, in *Année Sociol.*, 82~121쪽 참조할 것. 같은 문제에 대해서는 S. Hartland, "Presidential Address", in *Folklore*, XI, 75쪽; A. Lang, "A Theory of Arunta Totemism", 1904, n°44; "Conceptional Totemism and Exogamy", in *Man*, 907쪽, n°55; *The Secret of the Totem*, ch. IV; N.W. Thomas, "Arunta Totemism", in *Man*, 1904, n°68; P. W. Schmidt, "Die Stetllung der Arunta unter den Australischen Stämmen", in *Zeitschrift für Ethnologie*, 1908, 866쪽 이하와 비교.

49) C. Strehlow, II, 57~88쪽.

50) Schulze, "The Aborigines of the Upper and Middle Finke River", 238~239쪽.

곳에 자신과 관련된 토템의 진영이라는 의미의 트마라 알치라(tmara altjira)라는 명칭을 붙여준다. 따라서 아룬타족에서는 모계로 이어지는 세습적 토템 숭배가 지역 토템 숭배보다 먼저 있었음이 확실하다. 왜냐하면 어머니의 토템은 오늘날 부가적이고 보충적인 역할만을 담당하기 때문이다. 어머니의 토템은 이차 토템이다. 이차 토템이기 때문에 스펜서와 길런처럼 주의 깊고 노련한 관찰자들도 그것을 포착할 수 없었다. 그러나 세습 토템이 지역 토템과 중복되면서 이와 같이 이차적인 지위라도 유지할 수 있으려면 세습 토템이 종교생활에 있어서 최상의 위치를 차지했던 시기가 있어야만 한다. 세습 토템은 부분적으로 실추된 토템이다. 그러나 그것은 아룬타족의 토템구조가 오늘날과는 매우 달랐던 시기를 환기시켜준다. 프레이저의 전체 구조는 이와 같이 그 근거가 미약한 상태이다.[51]

4. 토템은 명칭에 불과하며 이러한 관점으로 토템 의례의 종교적 특성을 설명하기 어렵다는 랑의 이론

랑(A. Lang)이 프레이저의 이 이론을 강하게 논박했음에도 불구하고, 그가 최근의 저작들에서[52] 제안하고 있는 이론은 몇 가지 점에서 프레이저의 이론과 흡사하다. 사실상 프레이저처럼 그도 모든 토템

---

51) 『토템 숭배와 족외혼』(*Totemism and Exogamy*)의 결론에서 프레이저는 이렇게 말한다. 사실상 아룬타인들의 토템 숭배보다 더 오래된 토템 숭배가 존재한다는 것을 인정해야만 한다(IV, 58~59쪽). 그것은 뱅크섬에서 리버(Rivers)가 관찰했던 것이다("Totemism in Polynesia and Melanesia", in *J. A I.*, XXXIX, 172쪽). 아룬타족에게는 어머니를 잉태케 하는 것이 선조의 영이며, 뱅크섬에서는 이 이론이 가정하는 바대로 동물이나 식물의 영이다. 그러나 아룬타 선조의 영들이 동물이나 식물의 형태를 띠고 있기 때문에 그 차이는 별로 없다. 따라서 우리는 설명할 때 그것을 언급하지 않았다.
52) A. Lang, *Social Origines*, London, 1903, 특히 "The Origin of Totem Names and Beliefs"라고 명명된 제3장; *The Secret of the Totem*, London, 1905.

숭배가 인간과 동물이 일종의 동체(同體)라는 믿음에 근거한다고 주장한다. 그러나 그는 그것을 다르게 설명한다.

그는 토템이 명칭이라는 사실에서 온전히 이러한 믿음을 추론해낸다. 인간집단이 구성된 후부터[53] 각 집단은 관계를 맺고 있는 이웃집단과 서로 구분할 필요를 느꼈을 것이며, 이러한 목적으로 각 집단에게 다른 명칭을 주었을 것이다. 이러한 명칭들은 주변의 동물이나 식물군에서 주로 차용되었다. 왜냐하면 이러한 동물, 식물들은 몸짓에 의해 쉽게 나타내지고 그림으로 쉽게 표현되기 때문이다.[54] 사람들이 이러저러한 사물들과 가질 수 있었던 어느 정도 정확한 유사성들은 집단 사이에 집합적 명칭들이 분포되는 방식을 결정했다.[55]

그러므로 "원시인의 마음에 명칭과 이러한 명칭으로 지칭되는 사물들이 신비하고 초월적인 관계에 의해서 결합되어 있다"는 것은 잘 알려진 사실이다."[56] 예를 들면 개인이 지니고 있는 명칭은 단순한 단어 또는 인습적인 기호가 아니라 개인 그 자신의 본질적인 부분으로 여겨진다. 따라서 그것이 동물의 명칭일 때 그 이름을 지닌 사람은 필연적으로 자신이 이 동물의 가장 특징적인 속성들을 가지고 있다고 믿는다. 이러한 명칭의 역사적 기원이 더욱 멀어지고, 기억에서 점차 사라질수록 이 믿음은 더욱 많이 인정을 받는다. 인간 본성에

---

53) 특히 그의 『사회의 기원』(*Social Origins*)에서 랑(Lang)은 추측으로 이러한 원시집단이 가지고 있던 형태를 복원하려고 시도한다. 그의 토템 숭배 이론에 영향을 미치지 못하는 이러한 가설을 다시 만드는 것은 의미가 없어 보인다.

54) 이 점에 있어서 랑은 피클러(Julius Pikler)의 이론과 유사하다(Pikler & Szomlo, "Der Ursprung des Totemismus", *Ein Beitrag zur materialistische Geschichts-Theorie*, Berlin, 36쪽, in 8vo). 이 두 가지 가설의 차이는 피클러가 명칭 그 자체보다는 명칭의 그림 문자 표현에 더 중요성을 부여하고 있다는 점이다.

55) A. Lang, *Social Origins*, 166쪽.

56) A. Lang, *The Secret of the Totem*, 121쪽. 116~117쪽과 비교.

대한 이 이상한 애매모호함을 좀더 쉽게 표현하기 위해 신화들이 만들어졌다. 이것을 설명하기 위해 사람들은 동물이 인간의 조상이라든가 동물과 인간은 모두 같은 조상의 두 후손이라고 상상했다. 이렇게 해서 각 씨족을 그들이 지닌 명칭의 사물 종과 결합해주는 혈족관계의 개념이 생겨나게 되었다. 따라서 이러한 우화적인 혈족관계의 기원이 일단 설명되자 우리의 저자는 토템 숭배가 더 이상 신비할 것이 없다고 여기는 것 같다.

그러면 토템 신앙과 토템 의례의 종교적 특성은 어디에서 기인하는 것일까? 인간이 자신을 어떤 종의 동물이라고 생각한다는 사실만으로는 그가 이 동물에게 경이로운 능력을 부여하고, 특히 그 동물을 상징하는 이미지에게 진정한 숭배를 드리는 이유를 설명하지 못한다. 이 문제에 대해서는 랑도 프레이저와 같은 대답을 한다. 그는 토템 숭배가 종교라는 것을 부인한다. "나는 오스트레일리아에서 토템에게 기도하고 먹을 것을 주고 토템을 매장하는 것과 같은 어떤 종교의식의 예도 찾아보지 못했다"[57]고 그는 말한다. 토템 숭배가 온전한 의미에서 종교적이라 불리는 개념체계로 흡수된 것은 그 후의 시대, 즉 토템 숭배가 이미 확립된 이후일 것이다. 호잇의 고찰에 따르면[58] 원주민들이 토템제도들을 설명하고자 할 때 그들은 그 제도들을 토템 자체나 인간이 아니라 분질(Bunjil)이나 바이아메(Baiame)와 같은 어떤 초자연적인 존재에게 귀착시킨다. 랑은 다음과 같이 말한다. "만일 우리가 이 증거를 받아들인다면 토템 숭배의 종교적 특성의 원천이 밝혀질 것이다. 토템 숭배자들은 마치 크레타섬 사람들이 미노스(Minos) 왕에게 내려진 제우스의 뜻에 복종했던 것처럼 분질

---

57) 같은 책, 136쪽.
58) *J. A. I.*, 1888년 8월호, 53~54쪽. A.W. Howitt, *Nat. Tr.*, 89, 488쪽, 498쪽과 비교.

이나 바이아메의 명령에 따르고 있다." 랑에 따르면 이러한 위대한 신성(神性)의 개념은 토템의 체계 밖에서 형성된 것이다. 그러므로 토템 체계는 그 자체로 종교가 아니다. 그것은 이른바 종교와 접촉함으로써 종교적인 색채를 띠게 되었을 뿐이다.

그러나 이러한 신화들 자체는 랑이 토템 숭배에 대해 가지고 있는 개념과 모순된다. 만약 오스트레일리아 사람들이 토템을 인간적이고 속된 것으로 보았다면 그것으로 거룩한 제도를 만들 생각을 결코 하지 않았을 것이다. 만약 반대로 그들이 토템을 신성과 연관시킬 필요를 느꼈다면 그것은 그들이 토템에서 거룩한 특성을 보았기 때문이다. 따라서 이러한 신화적인 해석은 토템 숭배의 종교적 본질을 드러내주지만, 그것을 설명하는 것은 아니다.

게다가 랑 자신도 이러한 해결책이 충분하지 않다는 것을 알고 있다. 그는 토템 사물들이 송교석인 "존경심을 가지고"(with reverence)[59] 다루어졌다는 것을 인정한다. 특히 동물의 피는 인간의 피와 마찬가지로 수많은 금지의 대상이거나 아니면 비교적 후기에 나타난 신화로는 설명되지 않는 터부 대상이라는 것을 인정하고 있다.[60] 그러면 그것들은 어디에서 기인하는 것일까? 이 문제에 대해서 랑이 어떠한 말로 답하고 있는지 살펴보자. "동물의 명칭을 지닌 집단들은 와칸(wakan)이나 마나(mana)에 대해, 또는 피의 신비하고 성스러운 특성들에 대해 보편적으로 퍼져 있는 믿음뿐만 아니라 여러 가지 터부들을 발전시켰을 것이다."[61] 우리가 다음 장에서 보게 될 와칸과 마나라는 말들은 성스러움의 개념을 함축하고 있다. 와칸이라는 말은 수족의 언어에서 차용해온 것이고, 마나라는 말은 멜라

---

59) "존경심을 가지고"는 랑이 한 말이다(*The Secret of the Totem*, 111쪽).
60) 랑은 이러한 터부들이 족외혼 관행의 근저가 된다고 덧붙인다.
61) 같은 책, 136~137쪽

네시아 종족의 언어에서 차용해왔다. 이러한 특성을 전제로 하면서 토템 사물들의 거룩한 특성을 설명하는 것은 문제를 가지고 문제에 답하는 격이다. 우리가 반드시 밝혀야 하는 것은 이러한 와칸의 관념이 어디에서 기인했으며, 어떻게 이 관념이 토템과 토템에서 파생된 모든 것에 적용되었는가 하는 문제이다. 이 두 문제가 해결되지 않는한, 아무것도 설명되지 않은 것이다.

5. 이 모든 이론들은 다른 종교 개념이 토템 숭배보다 선행된다고 가정할 때에만 토템 숭배를 설명할 수 있다

우리는 그 각각의 고유성을 보존하려고 애쓰면서 토템 신앙에 대한 주요 설명들을[62] 살펴보았다. 그러나 이러한 검토가 끝난 지금 우리는 이 모든 체계들에 대해 하나의 공통적인 비판이 제기된다는 것을 확인할 수 있다.

만일 우리가 문구를 하나하나 충실하게 살펴보면 이러한 설명들은 두 개의 범주로 나뉘는 것 같다. 한 부류(프레이저, 랑)는 토템 숭배의 종교적 특성을 부정한다. 그것은 사실을 부인하는 것이다. 다른 부류는 종교성을 인정한다. 그러나 그들은 토템 숭배의 모태로 여겨지는 그전의 종교에서 토템 숭배를 추론함으로써 그것을 설명할 수 있다고 생각한다. 그러나 사실 이러한 구분은 표면적인 것에 불과하다. 첫 번째 범주는 두 번째 범주에 포함된다. 프레이저나 랑도 그들의 원칙을 체계적으로 고수할 수 없었고, 토템 숭배를 종교가 아닌 것으로 설명할 수도 없었다. 사실이 주는 압력 때문에 그들은 설명 속에 종교 본질의 개념들을 슬쩍 집어넣어야 했다. 우리는 방금 랑이 모든

---

62) 그렇지만 우리는 스펜서의 이론에 대해서는 말하지 않았다. 스펜서의 이론이 조상 숭배에서 자연 숭배로의 전이에 대한 일반이론의 일부이기 때문이다. 이미 우리가 설명한 바와 같이 그것을 반복할 필요는 없다.

종교의 중심 개념인 성스러움의 개념을 어떻게 삽입했는가를 살펴보았다. 프레이저는 그가 연속적으로 제시했던 이러저러한 이론들 속에서 공개적으로 영혼 또는 영이라는 개념에 호소하고 있다. 왜냐하면 그에 따르면 토템 숭배란 사람들이 그들의 영혼을 외적 사물들 속에 안전하게 맡겨 둘 수 있다고 믿는 사실, 또는 임신을 영이 주체가 되는 일종의 영적인 생식 탓으로 돌렸던 사실 등에서 기인되었을 것이기 때문이다. 그런데 영혼 또는 더 나아가서 영은 성스러운 사물이며, 의례의 대상이다. 그러므로 영적인 것을 표현하는 개념들도 본질적으로 종교적이다. 결과적으로 프레이저가 토템 숭배를 전적으로 주술체계로 만들려고 한 것은 헛수고였다. 프레이저 역시 다른 종교와 관련지어 토템 숭배를 설명하고 있다.

그러나 우리는 자연 숭배와 정령 숭배의 불충분함에 대해서 이미 살펴본 바 있다. 따라서 타일러와 제번스가 했던 것처럼 그것에 의지하면 똑같은 반박에 부딪힐 수밖에 없다. 그렇지만 프레이저나 랑은 다른 가설의 가능성을 예상한 것 같지 않다.[63] 다른 한편으로 우리는 우리가 알고 있는, 그리고 십중팔구 인식 가능한 가장 원시적인 사회구조와 토템 숭배가 밀접한 관계가 있음을 알고 있다. 토템 숭배가 단지 정도의 차이만 있을 뿐인 다른 종교에서 발전되어 왔다고 가정하는 것은 관찰된 자료들을 버리고 자의적이고 증명할 수 없는 추측의 영역으로 들어가는 것이다. 만일 우리가 이전에 얻었던 결과들에 부합되기를 원한다면 토템 숭배의 종교적 본질을 인정하고, 토템 숭배를 다른 어떤 종교로부터 도출하고자 하는 일을 금해야만 한다. 비종교적 개념들을 토템 숭배의 원인으로 지정할 수는 없다. 그러나

---

63) 랑이 다른 근원으로부터 위대한 신의 개념을 끌어낸 것은 예외이다. 그 다른 근원이란 우리가 앞에서 말한바 일종의 원시적 계시라고 그는 믿는다. 그러나 랑은 이러한 관념을 토템 숭배를 설명하는 데에 개입시키지 않았다.

토템 숭배가 유래된 표상 가운데는 그 자체로 직접적으로 종교적 특성을 불러일으키는 어떤 것들이 있다. 우리는 바로 이것들을 찾아야 한다.

제6장 이러한 신앙의 기원 2

토템 본체 또는 마나(mana)의 개념과 힘의 개념

개인토템 숭배가 씨족토템 숭배보다 뒤에 생긴 것이고, 또한 그것이 씨족토템 숭배에서 유래된 것으로 보이므로 우리는 먼저 씨족토템 숭배부터 연구해야 한다. 그러나 우리가 씨족토템 숭배에 대해 지금까지 행해온 분석이 그것을 혼합적으로 보일 수 있는 수많은 신앙으로 분해시켜 버렸기 때문에 우선 씨족토템 숭배의 통일성이 무엇인지 밝혀볼 필요가 있다.

1. 토템의 힘 또는 토템 원리의 관념과 편재성. 그 물리적이고 도덕적인 특성

우리는 토템 숭배가 토템을 형상화한 표상을 성스러운 사물들의 첫 번째 서열에 놓고 있는 것을 살펴보았다. 그다음이 그 씨족과 동일한 명칭을 가진 동물이나 식물이며, 마지막 서열로 그 씨족의 구성원들이 위치한다. 이 모든 사물들은 같은 이유로 성화(聖化)되었기 때문에 비록 성화의 정도에는 차이가 있지만, 그것들의 종교적 특성에는 서로 구분될 만한 특별한 속성이 없다. 만일 어떤 동물이나 식물의 종(種)이 경외의 대상이라면 그것은 그것들의 특수한 속성들 때문이 아니다. 왜냐하면 씨족의 인간 구성원들은 약간 열등한 정도이기는 해도 동일한 특권을 누리고 있는데 반해, 이러한 동일 식물이나 동물의 단순한 이미지는 좀더 강렬한 존경심을 불러일으키고 있기 때문이다. 이러한 여러 가지 종류의 사물들이 신자의 의식 속에 불러일으키는 유사한 감정들, 즉 사물들에게 성스러운 특질을 부여해주는 이 감정들은 토템 상징, 씨족사람들, 토템으로 쓰이는 종의 개체들 모두에게 차별 없이 공통된 본체(principe)에서만 유래될 수 있다. 사실상 이러한 공통 본체에게 숭배가 행해지는 것이다. 다른 말로 하면 토템 숭배는 어떤 동물, 사람 또는 이미지들을 숭배하는 종교가 아니고, 일종의 익명적이고 비인격적인 힘을 숭배하는 종교이다. 이 힘은 이러한 각각의 존재들 안에서 다시 발견되는데, 서로 혼동되지 않는다. 이러한 존재들 중 어떤 것도 이 힘을 완전하게 소유할 수는 없지만, 또한 모든 존재가 이 힘을 지니고 있다. 이 힘은 강생한 특별한 주체들에 의존하지 않기 때문에 그것들보다 먼저 존재했으며, 또 더 오래 살아남는다. 개인들은 죽는다. 세대는 지나고 다른 세대들로 교체된다. 그러나 이 힘은 항상 실재하며 살아 있고 동일하게 남아 있다. 이 힘은 어제의 세대들에게 생명력을 부여했듯이 오늘의 세대에게도 생명력을 줄 것이며, 내일의 세대에게도 그렇게 할 것이다. 이 말을 매우 넓은 의미에서 파악해보면 우리는 이 힘이 바로 각 토템 종교에서 숭배하는 신이라고 말할 수 있을 것이다. 단, 그것은 이름도 없고 역사도 없으면서 세상에 내재하며 수많은 사물 속에 확산되어 있는 비인격적인 신이다.

따라서 우리는 거의 신에 가까운 이러한 실체의 현실적 편재에 대해 아직까지도 불완전한 관념만을 가지고 있을 뿐이다. 이러한 실체는 단지 모든 토템의 종, 모든 씨족, 토템을 상징하는 모든 대상에만 퍼져 있는 것이 아니다. 그것의 작용범위는 그보다 더 넓다. 사실상 우리는 특별히 거룩한 사물들 외에 씨족에게 주(主) 토템의 부속물로 할당된 사물들도 어느 정도 동일한 특성을 가지고 있다는 사실을 살펴보았다. 이러한 사물들 역시 종교적인 무엇인가를 지니고 있다. 왜냐하면 어떤 것들은 금기에 의해서 보호받고, 다른 것들은 숭배예식 중에 특정 기능을 수행하기 때문이다. 그것들의 종교성은 그것이 속한 주 토템의 종교성과 본질상 별 차이가 없다. 이러한 종교성은 필연적으로 똑같은 원천에서 파생된다. 따라서 토템 신은—우리가 방금 사용한 은유적인 표현을 빌리자면—토템으로 쓰이는 종과 씨족 사람들 안에도 있고 주 토템의 부속물인 사물들 속에도 있다. 우리는 그 신과 그 신이 머물고 있는 존재들이 얼마나 다른지를 알고 있다. 왜냐하면 토템 신이란 다른 많은 존재의 영혼이기 때문이다.

그러나 오스트레일리아 사람들은 이러한 비인격적인 힘을 추상적인 형태로 표현하지 못한다. 우리가 앞으로 밝혀보게 될 원인들의 영향 때문에 그들은 그 힘을 동물종이나 식물종의 형태로, 한마디로 감지 가능한 사물들의 형태로 인식하게 되었다. 토템은 실제로 그러한 것으로 이루어져 있다. 토템은 물질적 형태일 뿐인데, 상상력은 그러한 물질적 형태로 이러한 비물질적인 실체를 표현한다. 이러한 에너지는 모든 종류의 이질적 존재들을 통해서 확산되는데, 이 에너지만 숭배의 진정한 대상이다. 이러한 사실을 알게 되면 예를 들어 원주민이 까마귀 프라트리의 사람들을 까마귀라고 말할 때 그 원주민이 의미하는 바를 더 잘 이해할 수 있다. 원주민은 까마귀라는 단어의 통속적이고 경험적인 의미에서 정확하게 그들이 진짜 까마귀라고 말하는 것이 아니다. 그 말이 의미하는 바는 그들 모두 안에 어떤 본체가 있다는 것이다. 그 본체는 동일 명칭의 동물들에게 공통되고, 까마귀의 외형 안에 들어 있다고 생각되며, 좀더 중요한 본질을 이루는 것이다. 따라서 토템 숭배가 인식하는 바의 우주는 약간의 예외를 제외하고는 상상력에 의해 동물계 또는 식물계에서 차용해온 형상들로 표현되는 많은 힘으로 가득 차 있고 생명력을 부여받고 있다. 부족에는 존재하는 씨족의 수만큼 많은 힘이 존재하고, 그 힘들 각각은 사물들의 어떤 범주를 통해서 순환하는데, 그 힘은 생명의 본질이자 근원이다.

우리가 이 본체를 힘이라고 말할 때 그 단어를 은유적인 의미에서 사용하는 것이 아니다. 이 본체들은 진정한 힘과 똑같이 작용한다. 어떤 의미에서 이 본체는 기계적으로 물리적인 효과를 만들어내는 물질적인 힘이다. 개인이 적절한 조치들을 취하지 않고도 그 힘들과 관계를 맺을 수 있을까? 인간은 방전(放電) 효과로 비유할 수 있는 그 힘의 쇼크를 받게 된다. 사람들은 때로 그 힘을 한 방울씩 새어나오는 일종의 액체처럼 인식하는 것 같다.[1] 만일 그 힘들이 그것을 받아들일 준비가 되지 않은 유기체 속으로 들어오면 그 힘들은 거의 자동적인 반작용으로 그 유기체에 병과 죽음을 불러일으킨다.[2] 인간의 밖에서도 그 힘들은 생존원칙의 역할을 한다. 우리가 보게 되겠지만[3] 종(種)의 번식이 보장되는 것은 바로 이 힘이 영향을 미치기 때문이다. 우주적인 생명은 바로 이 힘에 근거한다.

그러나 이러한 힘들은 물리적 양상과 동시에 도덕적 특성을 가지

---

1) 콰키우틀의 신화에는 예를 들면 어떤 선조의 영웅이 적을 향해 손가락을 들어 올림으로써 적의 머리를 베었다는 이야기가 있다(Boas, Vth *Rep. on the North. Tribes of Canada, B. A. A. S.*, 1889, 30쪽).
2) 이러한 단언을 증명하기 위한 참고사항을 182쪽, n. 1 그리고 452쪽, n. 1에서 찾아볼 수 있다.
3) 이 책, 제3권 제2장 참조할 것.

고 있다. 사람들이 원주민에게 왜 의례를 준수하느냐고 물으면 그는 그의 선조들이 그 의례를 항상 준수해왔고 자신도 그들의 본보기를 따라야만 한다고 답한다.[4] 따라서 만일 그가 토템 존재들에게 이러 저러한 방식으로 처신한다면 그것은 단지 그 존재들에게 머물러 있는 힘이 우선 물리적으로 두렵기 때문만이 아니라 그가 도덕적으로 그렇게 행동해야만 한다고 느끼기 때문이다. 그는 자신이 일종의 명령에 복종하고 있으며, 의무를 완수하고 있다는 느낌을 가지고 있다. 왜냐하면 그는 성스러운 존재들에 대해서 두려움뿐 아니라 존경심도 가지고 있기 때문이다. 게다가 토템은 씨족의 도덕생활의 근원이다. 동일한 토템의 본체를 지니고 있는 모든 존재들은 바로 같은 본체를 지녔다는 사실 때문에 서로 서로 도덕적으로 연관되어 있다고 여긴다. 그들은 서로에 대해 원조·복수 등과 같은 일정한 의무를 가지고 있다. 바로 이러한 의무가 혈족관계를 구성하는 것이다. 따라서 토템의 본체는 물리적 힘인 동시에 도덕적 힘이다. 우리는 또한 이 본체가 어떻게 쉽사리 이른바 신적 존재로 변형되는지 살펴보도록 하겠다.

게다가 토템 숭배에 특별한 것은 아무것도 없다. 심지어 가장 발전된 종교들에서조차도 어느 정도 애매하지 않은 신은 없으며, 우주적인 동시에 도덕적인 기능을 수행하지 않는 신도 없다. 모든 종교는 영적 훈련인 동시에 인간으로 하여금 좀더 큰 확신을 가지고 세상을 직면하게 해주는 일종의 기법이다. 기독교에서도 하나님 아버지는 물리적 질서의 수호자인 동시에 입법자이고 인간행동의 심판자가 아닌가?

---

4) 예를 들면 A.W. Howitt, *Nat. Tr.*, 482쪽; Schürmann, "The Aboriginal Tribes of Port Lincoln", in *Woods, Nat. Tr. of S. Australia*, 231쪽 참조할 것.

2. 다른 열등사회의 유사 개념들과 토템 숭배의 관계

아마도 사람들은 우리가 토템 숭배를 이런 식으로 해석함으로써 원주민에게 그들의 분별력을 넘어서는 관념들을 부여하는 것은 아닌지 자문할 것이다. 물론 원주민이 우리가 분석한 것처럼 비교적 정확하게 이러한 힘들을 상상한다고 확언할 수는 없다. 우리는 이러한 개념이 그의 믿음의 총체에 의해서 초래되었고, 또한 믿음을 지배한다는 것을 명백하게 밝힐 수 있다. 그러나 이 개념이 명확하게 어떤 점까지 의식적이며, 반대로 어느 정도까지 암시적이고 혼동된 상태로 느껴지는지 말할 수는 없다. 모호한 의식 속에서 이러한 개념이 가질 수 있는 명확함의 정도를 정확하게 결정할 수 있는 방법은 없다. 그러나 이러한 개념이 원시인의 심리상태를 넘어선 것은 아니다. 오히려 다음과 같은 사실은 우리가 방금 도달한 결론을 확증해준다. 즉 오스트레일리아 부족들과 밀접하게 관련된 사회에서 심지어 오스트레일리아 부족들 안에서 그 뉘앙스와 정도만 차이가 있을 뿐 앞의 것과 별반 다르지 않은 관념들이 명백한 형태로 나타난다는 사실이다.

사모아의 토착종교들은 확실히 토템의 단계를 넘어섰다. 거기에서는 그 자신의 이름을 가지고 있고, 어느 정도 인간의 용모를 지닌, 진정한 신들이 발견된다. 하지만 토템 숭배의 흔적들은 분명하게 남아 있다. 토템이 그 씨족에 결합된 것처럼 사실상 각 신은 지역적이건 가족적이건 각 집단에 연결되어 있다.[5] 이 신들 각각은 특수한 동

---

[5] 프레이저는 사모아에서 그가 이른바 토템적이라고 제시한 많은 사실을 차용해왔다(*Totemism*, 6쪽, 12~15쪽, 24쪽 등). 사실상 우리는 프레이저가 그 예를 선택하는 데 있어서 충분히 비판적이지 못했다는 것을 말한 바 있다. 그러나 만일 사모아에 토템 숭배의 중요한 잔존물들이 실제로 존재하지 않았다면 그렇게 많은 예를 제시하는 것은 분명히 불가능했을 것이다.

물의 종(種) 속에 내재된 것으로 여겨진다. 그것은 이 신이 특별한 어떤 실체 속에 머물러 있다는 의미가 아니다. 신은 모든 것에 동시에 존재한다. 신은 종(種) 전체에 확산되어 있다. 어떤 동물이 죽으면 그 동물을 숭배하던 집단의 사람들은 죽은 동물을 위해 울고 경건한 의무를 행하는데, 그렇게 하는 것은 신이 그 동물 속에 살기 때문이다. 그러나 그 신이 죽은 것은 아니다. 신은 그 종(種)만큼이나 영원하다. 신은 또한 현세대와도 섞이지 않는다. 그 신은 앞으로 살아남을 세대의 영혼이 될 것과 마찬가지로 이미 이전 세대의 영혼이었다.[6] 따라서 신은 토템 본체의 모든 특성을 지니고 있으며, 상상력에 의해 약간은 인간적인 형태의 옷을 입게 되었다. 그러나 이러한 확산이나 편재와는 양립할 수 없는 인성(人性)을 과장할 필요는 없을 것이다. 만약 그 인성의 윤곽이 명확하게 고정되었다면 그것은 그렇게 널리 퍼지고 수많은 사물 속으로 들어갈 수 없었을 것이다.

하지만 이 경우 비인격적인 종교적 힘의 관념이 변질되기 시작한 것은 확실하다. 그러나 그 관념이 그 추상적인 순수함 속에서 확증되고, 오스트레일리아에서보다 높은 정도의 보편성에 도달하게 된 다른 경우들도 있다. 같은 부족의 여러 씨족들이 의지하는 여러 토템 본체들이 서로 구분되기는 하지만, 결국 그것들은 서로 비교할 만하다. 왜냐하면 그것들은 각자의 영역에서 모두 같은 역할을 하기 때문이다. 자연과 공동체 감정을 가진 사회가 있다. 그다음으로 유일한 종교적 힘에 대한 관념을 가진 사회가 있다. 다른 모든 거룩한 본체들은 그 유일한 종교적 힘의 양태에 불과하며, 그러한 종교적 힘이 우주의 통일성을 만들 것이라는 관념을 가질 정도로 발전한 사회도 있다. 그리고 이러한 사회는 아직도 토템 숭배에 완전히 젖어 있으

---

6) Turner, *Samoa*, 21쪽, 제4장과 제5장.

며, 오스트레일리아 사람들과 동일한 사회조직에 들어 있기 때문에 토템 숭배는 그 모태에 이러한 관념을 지니고 있다고 말할 수 있다.

이러한 사실은 미국 종족의 대다수에게서, 특히 거대한 수족 (Sioux)에 속하는 부족들에게서 관찰할 수 있다. 즉 오마하족·폰카 족(Ponka)·캔사스족(Kansas)·오세이지족(Osage)·아시니보인족 (Assiniboin)·다코타족(Dakota)·아이오와족(Iowa)·위네바고족 (Winnebago)·만단족(Mandan)·히다차족(Hidatsa) 등의 부족에서 관찰된다. 이러한 사회의 대다수는 오마하족[7]과 아이오와족[8]처럼 씨족들로 조직되어 있다. 다른 사회가 이렇게 조직된 것은 오래되지 않았다. 그리고 도시는 그 종족들에게서 "수족의 다른 사회에서처럼 토템 체계의 모든 토대를"[9] 발견하는 것이 아직도 가능하다고 말했 다. 따라서 이러한 종족에게는 사람들이 숭배하는 모든 개별 신들을 능가하는 탁월한 힘이 존재하는데, 다른 모든 것들은 와칸(wakan)[10] 이라 불리는 그 힘에서 파생된 형태이다. 시오우(siou)의 신전에서 이 본체에게 부여한 우월한 지위 때문에 사람들은 와칸을 때로 최 고신의 일종, 또는 주피터나 야훼로 여겼다. 여행자들은 종종 와칸 을 '위대한 영'이라고 번역했다. 이것은 그 진정한 본질을 크게 오해 한 것이었다. 와칸은 조금도 인격적인 존재가 아니다. 원주민들은 와 칸을 특정한 형태로 표현하지 않는다. 도시가 인용한 어떤 관찰자에

---

7) Alice Fletcher, "A Study of the Omaha Tribe", in *Smithsonian Rep. for 1897*, 582~583쪽.

8) Dorsey, "Siouan Sociology", in XVth *Rep.*, 238쪽.

9) Dorsey, *Siouan Sociology*, 221쪽.

10) Riggs & Dorsey, "Dakota English Dictionary", in *Contrib. N. Amer. Ethnol.* VII, 508쪽. 도시가 인용한 관찰자들 중 몇몇은 와칸이라는 단어와 거기에서 파생되었지만 사실상 좀더 정확한 의미를 지닌 와칸다(wakanda)와 와칸타 (wakanta)라는 말을 동일시하고 있다.

따르면 "그들은 와칸다(wakanda)를 결코 본 적이 없다고 말한다. 따라서 그들은 그것을 인격화할 수 없다."[11] 더구나 어떤 속성이나 특성으로 그것을 정의하는 것은 불가능하다. 리그스(Riggs)는 말한다. "어떤 용어도 다코타족에 있어서 이 말의 의미를 표현할 수 없다. 그 말은 모든 신비와 비밀스러운 힘과 모든 신성(神性)을 포함하고 있다."[12] 다코타족이 숭배하는 모든 존재들, "땅, 4가지 바람, 태양, 달, 별들은 모두 이러한 신비스러운 생명과 힘의 현시(顯示)이다." 그리고 이러한 힘은 모든 사물 속에서 운행한다. 어떤 때 그 힘은 동서남북에 그 중심을 두고 있으면서 모든 것을 움직이는 숨결처럼 바람의 형태로 표현된다.[13] 어떤 때는 천둥이 울릴 때 들리는 소리이다.[14] 태양, 달, 별들이 바로 와칸이다.[15] 그러나 계속 열거한다고 해서 이렇게 엄청나게 복잡한 개념을 정의할 수 있는 것은 아니다. 와칸은 이것저것을 행하는 능력이며, 정의되지도 않고 정의될 수도 없는 힘이다. 그것은 어떤 수식어나 한정사도 붙일 수없는 절대적인 의미에서 힘이다. 여러 가지 신적인 능력들은 그 절대적인 힘의 특수한 표현이며 인격화에 불과하다. 그러한 능력들 각각은 절대적인 힘의 여러 모습 가운데 하나가 나타난 것이다.[16] 관찰자가 "그것은 근본적

11) XIth Rep., 372쪽, §21. 플레처 양은 와칸다의 비인격적인 특성을 명백히 인정하면서도 이러한 개념에 어떤 신인동형동성론이 접목되었다고 덧붙인다. 그러나 이러한 신인동형동성론은 와칸다의 다양한 현시(顯示)와 관련이 있다. 사람들은 와칸다를 느낀다고 생각하는 바위나 나무에게 마치 그것들이 인격적 존재인 양 호소한다. 그러나 와칸다 그 자체는 인격화되지 않는다 (Smithsonian Rep. f. 1897, 579쪽).

12) Riggs, Tah-Koo Wah-Kon, 56~57쪽. 도시로부터 인용함. XIth Rep., 433쪽, §95.

13) XIth Rep., 380쪽, §33.

14) 같은 책, 381쪽, §35.

15) 같은 책, 376쪽, §28, 378쪽, §30. 449쪽. §138과 비교.

16) 같은 책, 432쪽, §95.

으로 변화무쌍한 신으로, 상황에 따라서 그 속성과 기능이 변화하는 신이다"[17]라고 말한 것도 이러한 연유에서이다. 그리고 그 힘이 신들에게만 생명력을 주는 것은 아니다. 그 힘은 살아 있는 모든 것, 움직이고 활동하는 모든 것의 본체이다. "모든 생명은 와칸이다. 어떤 힘을 나타내는 모든 것은 와칸이다. 흘러가는 구름과 바람처럼 적극적인 행동 형태로 나타나는 힘이나 길가의 바위처럼 소극적인 저항으로 나타나는 힘이나 다 마찬가지이다."[18]

그 사회조직이 아직도 좀더 뚜렷한 토템의 특성을 지니고 있는 이러쿼이족에서도 동일한 관념이 발견된다. 그 힘을 표현하는 데 쓰이는 오렌다(orenda)라는 말은 수족의 와칸과 정확하게 같은 것이다. 호잇은 말한다. "원시인은 그가 살고 있는 환경을 구성하고 있는 모든 물체, ……바위, 물, 조류(潮流), 식물과 나무, 동물과 사람, 바람과 태풍, 구름과 천둥, 번개 등과 같은 것들이 본래부터 신비한 힘을 가지고 있다고 생각한다."[19] "이러한 힘은 인간의 미발달된 정신에 의해 그의 주변에서 나타나는 모든 활동, 모든 현상들의 동인(動因)으로 여겨져 왔다."[20] 주술사와 샤먼은 오렌다를 가지고 있다. 그러나 사람들은 자신의 일에서 성공한 사람도 역시 오렌다를 가지고 있다고 말한다. 결국 세상에서 자기 몫의 오렌다를 가지지 않은 것은 하나도 없다. 단지 그 양이 다를 뿐이다. 사람이건 사물이건 특권을 부여받은 존재들도 있고, 상대적으로 혜택을 입지 못한 것들도 있다. 일반적인 삶이란 이러한 불균등한 강도의 오렌다를 쟁취하는 일로

---

17) XIth *Rep.*, 431쪽, §92.
18) 같은 책, 433쪽, §95.
19) A.W. Howitt, "Orenda and a Definition of Religion", in *American Anthropologist*, 1902, 33쪽.
20) 같은 책, 36쪽.

이루어져 있다. 가장 강한 것들이 가장 약한 것들을 정복한다. 사냥이나 전투에서 어떤 사람이 경쟁자들을 물리치는가? 그는 더 많은 오렌다를 가진 사람이다. 만약 어떤 동물이 추격하는 사냥꾼에게서 도망친다면 그것은 동물의 오렌다가 사냥꾼의 오렌다보다 강하기 때문이다.

쇼쇼니족(Shoshone)에서는 포쿤트(pokunt), 알곤킨족에서는 마니토(manitou),[21] 콰키우틀족에서는 나우알라(nauala),[22] 틀링키트족에서는 예크(yek),[23] 하이다족에서는 스가나(sgâna)[24]라는 명칭으로 똑같은 개념이 표현되고 있음을 찾아볼 수 있다. 그러나 그것은 아메리칸 인디언들에게만 특이한 현상은 아니다. 처음으로 이러한 개념이 연구된 것은 멜라네시아에서였다. 사실상 상당수의 멜라네시아 섬에서는 사회조직이 더 이상 현실적으로 토템에 근거하지 않는다. 그러나 코드링턴(Codrington)이 뭐라고 하든 모든 섬에서는 아직도 토템 숭배가 눈에 보인다.[25] 따라서 이러한 사람들에게서 마나라는 명칭으로 수족의 와칸, 이러쿼이족의 오렌다와 정확하게 동일한 개

---

21) Tesa, *Studi del Thavenet*, 17쪽.

22) Boas, *The Twakiutl*, 695쪽.

23) Swanton, "Social Condition, Beliefs a. Linguistic Relationship of the Tlingit Indians", XXVIth *Rep.*, 1905, 451쪽, no. 3.

24) Swanton, *Contributions to the Ethnology of the Haida*, 14쪽. *Social Condition, etc.* 479쪽과 비교.

25) 몇몇 멜라네시아 사회에서는(Iles Banks, Nouvelles Hébrides du Nord) 오스트레일리아와 동일한 조직의 특성을 지닌 족외혼의 두 프라트리를 다시 찾아볼 수 있다(Codrington, *The Melanesians*, 23쪽 이하). 플로리다에는 부토스(butose)라는 명칭으로 진정한 토템들이 존재한다(같은 책, 31쪽). 사람들은 이 점에 대해 A. Lang, *Social Origins*, 176쪽 이하에서 흥미로운 토론을 보게 될 것이다. 같은 주제, 같은 의미로 W. H. R. Rivers, "Totemism in Polynesia and Melanesia", in *J. A. I.*, XXXIX, 156쪽 이하를 비교해보라.

넘을 찾아볼 수 있다. 거기에 대해서 코드링턴이 내린 정의는 다음과 같다. "멜라네시아인은 모든 물질적인 힘과는 완전히 구분되는 힘, 어떤 때는 선, 어떤 때는 악을 위해 온갖 방식으로 작용하는 힘, 그 힘을 손에 넣고 지배하는 것이 인간의 가장 큰 특권이 되는 어떤 힘의 존재를 믿고 있다. 그 힘이 바로 마나다. 나는 이 용어가 원주민들에게 갖는 의미를 이해한다고 생각한다. ……그것은 비물질적으로 작용하는 영향력, 즉 어떤 의미에서 초자연적으로 작용하는 힘이다. 그러나 또한 그것은 물리적인 힘으로 드러나며, 인간이 지닌 온갖 종류의 능력이나 우월성으로 나타난다. 마나는 어떤 한정된 대상에 고정될 수 없다. 마나는 모든 종류의 사물들 위에 지배할 수 있다. ……멜라네시아인의 모든 종교는 자기 자신이 그것을 이용하기 위해서이건 남에게 이용되기 위해서이건 이러한 마나를 얻는 데 그 목적이 있다"[26] 이것은 우리가 오스트레일리아의 토템 숭배 속에서 최근 그 맹아를 발견했던, 익명적이고 확산된 힘의 개념과 동일하지 않은가? 여기에서도 동일한 비인격성이 나타난다. 왜냐하면 코드링턴이 말한 바와 같이 그것을 일종의 최고의 존재로 여기지 않도록 주의해야 하기 때문이다. 이러한 관념은 멜라네시아인의 사고에는 '너무나 낯선' 것이다. 여기에서도 똑같은 편재성이 나타난다. 마나는 어떤 특정한 장소에 한정되어 존재하는 것이 아니라 어디에나 존재한다. 즉 사람이건 생물체이건 단순한 광물이건 간에 생명의 모든 형태와 모든 활동의 효력에는 마나의 영향력이 부여되어 있다.[27]

따라서 우리가 토템 신앙의 분석에서 추론한 관념을 오스트레일

---

26) Codrington, *The Melanesians*, 118쪽, note 1; Parkinson, *Dreissig Jahre in der Südsee*, 178쪽, 392쪽, 394쪽 등.

27) Hubert et Mauss, "Théorie générale de ta Magie", in *Année Sociol*, VII, 108쪽 에서 이러한 관념에 대한 분석을 찾아볼 수 있을 것이다.

리아 사회에 적용하는 것이 경솔한 일은 아니다. 왜냐하면 우리는 다른 종교들의 근저에서 좀더 추상적이고 보편성을 지닌 이러한 관념을 다시 발견하기 때문이다. 다른 종교란 오스트레일리아 체계와 동일한 체계 속에 그 뿌리를 내리고 또 그 표지를 명백하게 지니고 있는 종교를 말한다. 이 두 개념은 분명히 관련이 있다. 이 개념들은 정도의 차이만 있을 뿐이다. 마나가 우주 전체에 확산되어 있는 반면, 우리가 신이라고 부르는 것, 좀더 정확히 말해서 토템의 본체는 매우 넓기는 해도 여전히 한정된 여러 종의 존재와 사물들의 영역에 국한되어 있다. 그것은 좀더 특수화된 마나이다. 그렇더라도 이러한 특수화는 결국 상대적일 뿐이다.

게다가 이러한 연관관계가 특히 분명하게 드러나는 경우들이 있다. 오마하족에서는 온갖 종류의 개인토템과 집단토템들이 존재한다.[28] 그러나 둘 다 와칸의 특수한 형태에 불과하다. 플레처 양은 말한다. "토템의 효력에 대한 인디언의 믿음은 자연과 생명에 관한 그의 신조에 근거하고 있다. 이 개념은 복잡하고 다음과 같은 두 가지 기본적인 관념을 내포하고 있다. 첫째, 생물체건 무생물체건 모든 사물들은 생명의 공통적 본체에 젖어 있다. 둘째, 이러한 생명은 끊어지지 않고 지속된다."[29] 따라서 이 공통적인 생명의 본체란 바로 와칸이다. 토템은 개인이 이러한 힘의 근원과 관계를 맺는 수단이다. 만일 토템이 능력을 가지고 있다면 그것은 와칸의 화신이기 때문이다. 만일 어떤 사람이 토템을 보호하는 금기들을 어겨서 병이 들거나 죽는다면 그것은 그가 신비한 힘, 즉 와칸과 부딪쳤기 때문이다. 와

---

28) 씨족토템뿐만 아니라 집단토템도 있다(A. Fletcher, *Smiths, Rep.*, 1897, 581쪽 이하).
29) 같은 책, 578~579쪽.

칸은 자신이 받은 충격에 비례하는 강도로 그에게 저항한다.[30) 역으로 토템이 와칸에서 유래된 것처럼 이번에는 와칸이 그것이 인식되는 방식에 의해 때때로 토템의 기원을 보여준다. 세이(Say)는 실제로 다코타족에서 '와콘다'(wahconda)가 어떤 때는 회색곰, 들소, 해리(海狸) 또는 다른 어떤 동물의 종으로 나타난다고 말했다.[31) 물론 이러한 문구를 무조건적으로 받아들일 수는 없다. 와칸은 모든 인격화를 혐오한다. 따라서 와칸이 한정된 상징들의 도움으로 추상적인 보편성 안에서 생각된 적은 없는 것 같다. 그러나 세이의 지적은 와칸이 구체적인 삶의 현실 속에서 특수화되면서 취한 특별한 형태들에게 적용될 수 있다. 만일 실제로 와칸의 특수화가 동물의 형태를 선호하는 것을 입증하는 시기가 있었다면 그것은 이 개념을 토템 신앙과 묶어주는 긴밀한 관계에 대한 증거가 될 것이다.[32)

게다가 우리는 왜 오스트레일리아에서는 이러한 마나 개념이 좀 더 진보된 사회에서처럼 높은 수준의 추상성과 일반성에 이르지 못했는가를 설명할 수 있다. 그것은 오스트레일리아 사람들에게 추상화하고 일반화할 수 있는 능력이 부족해서만은 아니다. 무엇보다도 이러한 특수주의를 강요하는 사회 환경의 특성 때문이다. 사실 토템 숭배가 종교조직의 기초로 남아 있는 한, 씨족은 종교사회에서 절대

---

30) 같은 책, 583쪽. 다코타족에서 토템은 와칸이라 불린다. Riggs et Dorsey, "Dakota Grammar, Texts a. Ethnog", in *Contributions N. Amer. Ethn.*, 1893, 219쪽.

31) Say, "Jame's Account of Long's exped", in *the Rocky Mountains*, I, 268쪽 (Dorsey, IXth *Rep.*, 431쪽, §92에서 재인용).

32) 우리는 원칙적으로 동물 안에 있는 종교적 힘의 모든 표현이 이미 존재하던 토템 숭배의 표지라고 주장하려는 것은 아니다. 그러나 다코타족의 경우처럼 토템 숭배가 아직도 뚜렷하게 나타나고 있는 사회를 다룰 때는 이러한 개념이 낯설지 않다고 생각하는 것이 당연하다.

적은 아니라고 해도 상당한 자율성을 가진다. 물론 어떤 의미에서 각 토템집단은 부족이라는 교회의 예배당에 불과하다고 말할 수 있다. 그러나 그것은 상당한 독립성을 향유하는 예배당이다. 거기에서 행해지는 숭배는 스스로 충족되는 전체를 이루지는 못하지만 다른 것들과 외적인 관계만을 가진다. 그것들은 서로 섞이지 않고 나란히 늘어서 있다. 씨족토템은 그 씨족에게만 전적으로 성스럽다. 따라서 각 씨족에게 충당된, 즉 인간과 같은 자격으로 씨족의 한 부분을 이루면서 각 씨족에게 할당된 사물들의 집단은 똑같은 개별성과 자율성을 가지고 있다. 그 집단들 각각은 단절에 의해서 서로 분리되고, 별개의 영역을 구성하며, 유사한 집단들로 환원될 수 없는 것으로 표현되었다. 이러한 상황에서 이질적인 세계들은 유일한 본질적 힘의 다양한 표현에 불과하다는 생각이 떠오를 수가 없었다. 반대로 사람들은 이러한 세계 각각이 개별적으로 다른 마나에 대응한다고 전제하고, 그 마나의 활동은 씨족과 거기에 할당된 사물들의 범주를 넘어설 수 없다고 가정했을 것이다. 유일하고도 보편적인 마나의 개념은 부족 종교가 씨족 종교를 넘어서 발전되고, 어느 정도 완전하게 씨족 종교들을 흡수했을 때에야 비로소 생겨날 수 있었다. 부족의 일체감과 더불어 세상과의 실질적인 일체감이 각성되었다. 우리는 좀더 후에[33] 오스트레일리아 사회가 이미 부족 전체에 공통된 숭배를 알고 있었다는 것을 보여주게 될 것이다. 그러나 만일 이러한 숭배가 오스트레일리아 종교들 중 가장 고매한 형태를 표현한다고 해도 그것은 그 종교가 근거한 본체들을 손상시키거나 수정하는 데까지 이르지는 못했다. 토템 숭배는 본질적으로 연방 종교이며, 스스로 존재하기를 멈추지 않는 한, 어느 정도의 중앙집중을 넘어설 수 없다.

---

33) 같은 책, 제9장 §4, 322쪽 이하 참조할 것.

오스트레일리아에서 마나의 개념이 이렇게 특수한 상태로 유지되었던 심오한 이유를 잘 보여주는 특이한 사실이 있다. 토템의 형태로 생각된 이른바 종교적인 힘은 오스트레일리아 사람들이 믿어야 한다고 생각한 유일한 힘이 아니다. 주술사가 특수하게 사용하는 힘들도 있다. 원칙적으로 종교적인 힘은 이롭고 선한 것으로, 주술사가 사용하는 힘은 특별히 죽음과 병을 불러일으키는 역할을 하는 것으로 여겨졌다. 그 효력의 본질뿐 아니라 사회조직과 서로 맺고 있는 관계에 의해 그 힘들은 서로 대비된다. 토템은 여전히 씨족의 사물이다. 반대로 주술은 부족의 제도, 더 나아가서 부족 간에 통용되는 제도이다. 주술적 힘은 특정 부족의 어떤 한정된 부분에 속하지 않는다. 그 힘을 사용하기 위해서는 효과적인 비결들을 소유하면 된다. 마찬가지로 모든 사람들은 그 효력을 느끼도록 노출되어 있고, 따라서 그 효력들로부터 자신을 보호해야 한다. 수술적인 힘은 특성한 사회적인 구분에 특별히 결부되어 있지 않으면서 부족의 범위를 넘어서 그 활동을 확장시킬 수 있는 모호한 힘이다. 따라서 아룬타족과 로리차족에서 이 주술적 힘이 그 유일한 힘의 특수한 형태와 단순한 양상으로 여겨지고 있다는 것은 주목할 일이다. 아룬타족에서는 이 힘들이 아룽퀼타(Arungquiltha) 또는 아룬쿨타(Arünkulta)[34]라고 불린다. 스펜서와 길런은 말한다. "이것은 약간 모호한 의미를 지닌 용어이다. 그러나 그 근저에서 항상 **초자연적인 악한 능력**의 개념을 찾아볼 수 있다⋯⋯. 그 단어는 그 영향력이 일시적으로 또는 영구적으로 머물고 있는 대상 자체에 또는 그 대상에서 나오는 악한 영향력에 구분 없이 적용된다."[35] 슈트렐로는 말한다. "원주민은 아룬

---

34) 첫 번째 용어는 스펜서와 길런의 것이고, 두 번째 것은 슈트렐로의 것이다.
35) *Nat. Tr.*, 548쪽, n. 1. 사실상 스펜서와 길런은 이렇게 덧붙였다. "이러한 생각을 표현하는 가장 좋은 방법은 아룽퀼타라는 것이 악령에 의해 점유되어 있

쿨타(arúnkulta)를 그 힘과 접촉한 모든 사람의 생명을 갑자기 정지시키고 죽음을 가져오는 힘으로 이해한다."[36] 사람들은 악한 마력이 나오는 해골들, 나뭇조각 그리고 식물이나 동물의 독(毒)에다 이 명칭을 붙이고 있다. 따라서 정확하게 말해서 이것은 해로운 마나이다. 그레이(Grey)는 그가 관찰했던 부족들에도 이것과 완전히 동일한 개념이 있음을 지적하고 있다.[37] 따라서 이러한 여러 민족들에서 이른바 종교적 힘들은 어떤 이질성을 해소하는 데 이르지 못한 반면, 주술적 힘은 동일한 본질을 가진 총체로 여겨진다. 주술적 힘은 그 총칭적 일체성으로 표현되었다. 그 힘들은 사회조직, 그것의 분할과 하위분할을 넘어서 아무것도 그것들을 구분하지 않는 동일하고도 연속적인 공간 속에서 움직이기 때문이다. 반대로 종교적 힘은 한정되고 구별되는 사회의 틀 안에 국한되어 있으면서 그것들이 위치한 환경의 이미지에 따라 변화하고 특수화된다.

우리는 이것을 통해 오스트레일리아 토템 숭배에 대한 의미와 정신 속에 비인격적인 종교적 힘의 개념이 얼마나 들어 있는지 알 수 있다. 왜냐하면 그 힘은 거기에 대립되는 반대 원인이 존재하지 않는 이상, 명확하게 구성되기 때문이다. 사실 아룽퀼타는 순수하게 주술적인 힘이다. 그러나 주술적인 힘과 종교적인 힘은 본질상 차이가 없다.[38] 그 힘들은 때로 같은 명칭으로 지칭되기도 한다. 멜라네시아에

다고 말하는 것이다." 그러나 이러한 임의적인 해석은 스펜서와 길런의 해석이고, 그것을 정당화해주는 것은 아무것도 없다. 아룽퀼타의 개념은 영적 존재들의 실재를 전혀 암시하고 있지 않다. 이것은 스펜서와 길런의 문맥과 정의에서 기인한 것이다.

36) C. Strehlow, II, 76쪽. note.

37) 보일야(Boyl-ya)라는 명칭(Grey, *Journals of Two Expedition in North-West and Western Australia*, II, 337~338쪽 참조할 것).

38) 같은 책, 74쪽. 게다가 스펜서와 길런이 아룽퀼타가 '초자연적 힘'이라고 말

서는 주술사와 그의 마나의 마법들이 정규 숭배 의례와 그 집례자들처럼 동일한 마나를 가지고 있다.[39] 이러쿼이족[40]에서도 오렌다라는 명칭이 똑같은 방식으로 사용되었다. 따라서 우리는 종교나 주술 중 어떤 하나의 본질로부터 다른 것의 본질을 합법적으로 추론해 낼 수 있다.[41]

3. 여러 신화적 인성들보다 비인격적 힘이 논리적으로 우선한다는 사실을 인정하려는 최근 이론들

우리가 이전의 분석에서 얻은 결론은 토템 숭배의 역사뿐 아니라 일반적으로 종교적 사고의 기원과 관련된다.

인간이 애초에 감각과 감각적인 표상에 의해서 지배되었다는 이유로 사람들은 인간이 신을 특정한 인격적 존재들의 구체적인 형태로 표현하기 시작했다고 주장했다. 이러한 가정을 확증해주는 사실은

할 때 그들은 이것을 암시적으로 인정하고 있는 것이다. Hubert et Mauss, "Theorie générale de la Magie", in *Année Sociol.*, VII, 119쪽과 비교.

39) Codrington, *The Melanesians*, 191쪽 이하.

40) A.W. Howitt, 앞의 책, 38쪽.

41) 사람들은 오스트레일리아에는 와칸이나 마나 개념과 아주 유사한 개념이 없는지 자문할 수도 있다. 슈트렐로가 기술한 바 추링가나 츄룽가라는 단어는 사실상 아룬타족에게는 매우 유사한 의미를 가지고 있다. 스펜서와 길런이 말하기를, 이 용어는 "비밀스럽거나 성스러운 모든 것을 지칭하며, 그러한 성질을 지닌 사물들과 그 사물들이 가지고 있는 특성에도 적용된다"(*Nat. Tr.*, 648쪽, s.v. 추링가). 이것은 마나에 대한 정의와 거의 유사하다. 스펜서와 길런은 일반적으로 종교적인 힘과 권능을 지칭하기 위해 이러한 표현을 사용하기도 했다. 카이티시족(Kaitish)의 예식을 기술하면서 그들은 사제가 "추링가로 충만"하다고 말하고 있다. 그런데 이 말은 "추링가라고 불리는 대상들에서 오는 주술적인 힘"으로 가득 찼다는 뜻이라고 계속해서 말한다. 하지만 추링가에 대한 개념이 멜라네시아의 마나 개념이나 수족의 와칸 개념만큼 오스트레일리아에서 분명하고 정확하게 정착된 것 같지는 않다.

없다. 우리는 방금 매우 원시적이라고 여길 만한 근거가 있는 체계적으로 결합된 종교적 신앙의 총체를 기술해보았다. 하지만 거기에서 이러한 종류의 인격들을 발견하지 못했다. 이른바 토템 숭배라는 것은 특정한 어떤 동물이나 식물 또는 어떤 식물종이나 동물종이 아니라 이러한 사물들 속에 확산되어 있는 일종의 모호한 힘에 호소하는 것이다.[42] 북아메리칸 인디언들에게서 볼 수 있는 것처럼 토템 숭배에서 생겨난 좀더 진보된 종교들에서도 이러한 개념이 사라지기는커녕 더욱 자각하게 되었다. 이러한 개념은 좀더 높은 보편성에 이르는 동시에 전에는 없었던 명확성을 가지고 표현된다. 모든 종교체계를 지배하는 것은 바로 이러한 개념이다.

이러한 개념을 원 자료로 삼아 모든 시대의 종교들이 헌신하고 숭배했던 온갖 종류의 존재들이 만들어졌다. 모든 단계의 영, 악마, 정령, 신들은 이러한 에너지, 호잇이 명명한 바 '잠재력'이 나타낸 구체적인 형태에 불과하다.[43] 즉 그러한 존재들은 이러한 에너지가 개체화된 것이고, 어떤 특정 대상이나 공간의 한 지점에 고정된 것이며, 대중의 상상력에 의해 실제 인물로 인식된 전설적이고 이상적인 존재의 주위에 집중된 것이다. 플레처가 질문했던 어떤 다코타인은 모든 성스러운 존재들이 본질적으로 동체(同體)임을 강조하면서 다음과 같이 표현했다. "움직이는 모든 것은 여기 또는 저기, 어떤 순간 또는 다른 순간에 멈춘다. 날던 새는 둥지를 만들기 위해 어떤 곳에 멈추고, 쉬기 위해 또 다른 곳에서 멈춘다. 걸어 다니는 남자는 자기

---

42) 아마도 우리는 좀더 후에(이 책, 제2권 제8장과 제9장에서) 토템 숭배가 신비한 인격의 개념과 무관하지 않다는 것을 보게 되지만 이러한 개념들이 이차적 형성의 산물이라는 것을 증명하게 될 것이다. 이러한 개념들은 방금 분석된 신앙의 근거가 되기는커녕 오히려 그 신앙에서 파생된 것이다.

43) 같은 책, 38쪽.

마음에 내키는 곳에서 멈춘다. 신도 마찬가지로 멈춘다. 그렇게 빛나는 장엄한 태양도 신이 멈추었던 곳이다. 나무나 동물들도 그러하다. 인디언은 이러한 장소들을 생각하고, 거기에서 기도를 드린다. 왜냐하면 그 기도가 신이 머물렀던 장소에 도달해 도움과 축복을 받을 수 있기 위해서이다."[44] 다른 말로 하면 와칸—왜냐하면 바로 와칸에 관한 것이기 때문에—은 세계를 왕래하는데, 성스러운 사물들은 와칸이 머물렀던 지점들이다. 이번에도 우리는 정령 숭배나 자연 숭배와 거리가 멀다는 것을 알 수 있다. 만일 태양, 달, 별들이 숭배되었다면 그 이유는 그것들의 내재적인 본질이나 변별적인 특성들 때문이 아니라 사물들에게 거룩한 특성을 줄 수 있는 힘을 지니고 있다고 여겨졌기 때문이다. 그리고 이러한 힘은 다른 많은 존재, 심지어는 가장 보잘것없는 존재들 속에서도 발견된다. 만일 사자(死者)의 영혼이 의례의 대상이 된다면 그것은 그 영혼들이 유동적이고 만질 수 없는 어떤 실체로 이루어졌다고 생각되어서가 아니며, 그것들이 시체에 의해서 반영되는 그림자 또는 물의 표면 위에 비치는 시체의 반영과 닮아서도 아니다. 가벼움과 유동성은 성스러운 덕을 부여하기에 충분치가 않다. 영혼은 이러한 힘의 어떤 것, 즉 종교성의 근원을 지니고 있기 때문에 이러한 권위를 부여받았던 것이다.

이제 우리는 신비한 인격, 신 또는 영의 개념으로 종교를 정의하는 것이 왜 불가능했는지를 좀더 잘 이해할 수 있게 되었다. 종교적 사물을 표현하는 이러한 방식은 그 사물들의 본성에서 기인하는 것이 절대로 아니기 때문이다. 우리가 종교적 사고의 기원과 근저에서 찾아볼 수 있는 것은 특정한 변별적 대상이나 존재가 스스로 거룩한 특성을 가지지 않는다는 점이다. 사회에 따라서 그 수가 다소 많기도

---

44) *Rep. Peabody Museum*, III, 276쪽, note(Dorsey, XIth *Rep.*, 435쪽에서 재인용).

하고, 때로 하나로 모일 때도 있지만, 거룩한 특성을 가지는 것은 무한한 능력, 익명적인 힘들이다. 그 힘의 비인격성은 정확하게 물리적인 힘의 비인격성과 비견될 만하다. 자연과학은 그러한 물리적 힘이 나타나는 양상을 연구하고 있다. 특별히 성스러운 사물들의 경우 그것들은 이 본질적인 원리가 개별화된 형태에 지나지 않는다. 따라서 공인된 신이 존재하는 종교에서조차 신적 존재의 개입 없이 스스로 효능을 가지는 의례들이 있다는 사실에 그다지 놀랄 필요는 없다. 이러한 힘은 구체적인 실체뿐 아니라 발언된 말과 실행된 행위에도 결합될 수 있기 때문이다. 목소리나 행동은 그 힘의 통로로 이용될 수 있으며, 이러한 중재에 의해 그러한 힘은 어떤 신이나 영의 협력 없이 자신 속에 내재된 능력을 만들어낼 수 있다. 마찬가지로 이러한 힘이 어떤 의례에 유난히 집중되면 그 힘 덕분에 이 의례는 신을 창조하게 될 것이다.[45] 그것은 아마도 어떤 비인격적인 무엇인가를 갖지 않은 거룩한 인격은 거의 존재하지 않기 때문일 것이다. 이 힘을 가장 구체적이며 감지할 수 있는 형태로 표현하는 사람들도 동시에 그 힘을 추상적인 능력으로 생각한다. 추상적인 능력이란 그것이 지닌 효력의 특질로만 정의될 수 있으며, 공간 속에 펼쳐져 있는 힘, 최소한 부분적으로라도 각각의 효능 속에 들어 있는 힘으로 여겨진다. 그것은 비, 바람, 추수, 또는 빛을 만들어내는 힘이다. 마치 세레스(Cérés, 라틴 민족의 풍년의 신) 신이 추수의 낱알마다 들어 있는 것처럼 제우스신은 떨어지는 각 빗방울 속에 들어 있다.[46] 대부분의 경

---

45) 같은 책, 65쪽 참조할 것.

46) Ζεὺς ὕει, Ceres succiditur와 같은 표현들은 이러한 개념이 로마와 그리스에서도 살아남았다는 것을 보여주고 있다. 게다가 우제너(Usener)는 그의 괘테르나멘(Götternamen, 신의 이름들) 속에서 그리스와 로마의 최초의 신들은 오로지 그들의 속성에 의해 생각된 비인격적인 힘이었음을 잘 보여주었다.

우 이러한 효능이 너무나 불완전하게 규정되어 있기 때문에 신도는 매우 막연한 개념밖에 가질 수가 없다. 게다가 바로 이러한 불명확함 때문에 융합과 복제가 가능했고, 이 과정에서 신들은 갖가지 방법으로 분할되고 해체되고 혼동되었다. 최초의 마나가 단수이건 복수이건 간에 서로 구분되고 단절된 확정된 수의 존재들로 온전히 분해된 종교는 아마도 없는 것 같다. 그것들 각각은 항상 새로운 조합을 만드는 성향이 있는 비인격성의 후광처럼 유지되고 있다. 이것은 그러한 힘의 단순한 생존의 결과가 아니라 완전하게 개체화될 수 없는 종교적 힘의 본성 때문에 나타난 것이다.

유일한 토템 숭배의 연구가 우리에게 제시해준 이러한 개념은 여러 학자들의 서로 상관없는 매우 상이한 연구를 거쳐 최근에 이르게 된 것이다. 이 전에 대해서는 자발적인 일치가 이루어지는 경향이 있다. 이 개념은 객관적인 추정이기 때문에 언급할 가치가 있다.

1899년 이래로 우리는 종교현상을 정의하는 데 있어서 어떤 신화적 인격의 개념을 개입시켜서는 안 되는 당위성을 보여주었다.[47] 1900년에 마레트(Marrett)는 그가 전(前) 정령주의적(préanimiste)이라고 부른 종교적 단계의 실존을 기술하고 있는데, 거기에서 의례들은 멜라네시아의 마나 또는 오마하족과 다코차족의 와칸과 같은 비인격적인 힘들에게 호소한다.[48] 하지만 마레트는 여전히 어떠한 경우에도 영의 개념이 논리적으로나 연대기적으로 마나 개념보다 늦은 것이며, 마나 개념에서 파생된 것이라고 주장하는 데까지 이르지는 못했다. 그 개념이 때로 독자적으로 구성된다는 것, 따라서 종교적 사고가 두 가지 근원[49]에서 흘러나온다는 사실을 인정하려고 한

47) "Définition du Phénoméne religieux", in *Année Sociol*, 14~16쪽.
48) Marrett, "Préanimistic Religion", in *Folklore*, 1900, 162~182쪽.
49) 같은 책, 179쪽. 좀더 최근의 저작 "The Conception of mana"(in *Transactions of*

것 같다. 다른 한편으로 그는 마나를 사물들에 내재되어 사물들의 외관을 이루는 요소로 인식하고 있었다. 왜냐하면 그에 따르면 그러한 특성은 우리가 일상적인 모든 것에, 두려움이나 경탄의 감정을 불러일으키는 모든 것에 부여하는 특성이기 때문이다.[50] 그것은 거의 자연 숭배의 이론으로 귀착되었다.[51]

얼마 후에 위베르와 모스는 주술에 관한 일반이론을 기획하면서 주술 전체가 마나 개념에 근거한다는 사실을 주장했다.[52] 주술의례와 종교의례의 긴밀한 연관성이 제시되자 동일한 이론이 종교에도 적용될 수 있을 것이라고 예견할 수 있었다. 이것은 프로이스(Preuss)가 같은 해에 『지구』(Globus)[53]에 발표했던 일련의 논문에서 주장한 것이다. 주로 미국 문명에서 차용해온 사실에 근거해서 프로이스는 영혼과 영의 개념들은 힘과 비인격적 영향력의 개념이 나타난 후에 발전되었으며, 전자는 후자의 변형에 불과하다는 사실 그리고 영혼이나 영이 비교적 최근까지 최초의 비인격성의 표지를 지니고 있다는 사실을 증명하려고 애썼다. 그는 사실상 진보된 종교에서조차도 이러한 힘들이 머물고 있던 사물들에서 자동적으로 추출된 모호한 발산물의 형태로 표현된다는 것을 보여주었다. 이러한 힘들은 입·코·신체의 모든 구멍들, 호흡·시선·언어 등 때때로 열려 있

the third International Congress for the History of Religions, 54쪽 이하)에서 마레트는 정령주의적 개념을 마나 개념에 더 종속시키는 경향이 있다. 하지만 이 점에 대해 그의 생각은 여전히 소심하고 매우 신중하다.

50) 같은 책, 168쪽.
51) 전(前) 정령주의에서 자연주의로의 복귀는 클로드(Clodd)의 _Preanimistic Stages of Religion_(Trans. Third Inter. Congress for the H. of Rel., I, 33쪽)에 잘 나타나 있다.
52) Hubert & Mauss, _Année Sociologique_, VII, 108쪽 이하.
53) Preuss, "Der Ursprung der Religion und Kunst", in _Globus_, 1904, LXXXVI, 321쪽, 355쪽, 376쪽, 389쪽; 1905, LXXXVII, 333쪽, 347쪽, 380쪽, 394쪽, 413쪽.

는 모든 길로 빠져나오는 경향이 있다. 동시에 프로이스는 그러한 힘들이 지닌 다양한 형태와 그 힘들을 연속적이고 동시적으로 매우 다양하게 사용할 수 있는 고도의 유연성을 밝힌 바 있다.[54] 만약 이 저자가 사용한 용어의 자의(字意)를 그대로 받아들인다면 그는 이러한 힘들을 종교적 본질이 아니라 주술적 본질을 지닌 것으로 여겼다고 생각할 수 있을 것이다. 사실 그는 그러한 힘들을 마력(魔力, Zauber, Zauberkräfte)이라고 명명했다. 그러나 이렇게 표현하면서도 그가 이러한 힘들을 종교 영역 밖에 두려고 하지 않았음은 분명하다. 왜냐하면 그가 그 힘들의 효력을 표현한 것은 근본적으로 종교의례 안에서 예를 들면 멕시코인의 위대한 예식 안에서였기 때문이다.[55] 만일 그가 이러한 표현들을 사용한다면 그것은 이러한 힘들의 비인격성과 그 힘들이 작용하는 일종의 메커니즘을 더 잘 표현해준 다른 것이 없기 때문이다.

이와 같이 사방에서 동일한 관념이 나타나는 경향이 있다.[56] 점점 더 많은 사람이 가장 기본적인 신화구조들까지도 이차적인 산물이라는 느낌을 가지게 되었다.[57] 이러한 신화구조들은 더욱 단순하고

---

54) Preuss, *Globus*, LXXXVII, 381쪽.
55) 그는 그 힘들을 속된 본질의 모든 영향들과 명확하게 대립시키고 있다 (Preuss, *Globus*, LXXXVI, 379쪽a).
56) 우리는 프레이저의 최근 이론들에서도 이러한 관념을 발견한다. 왜냐하면 이 학자가 만일 토템 숭배를 일종의 주술로 만들기 위해 토템 숭배의 모든 종교적 특성을 인정하지 않는다면 그것은 토템 숭배가 사용하는 힘이 주술사가 사용하는 힘처럼 비인격적이기 때문이다. 따라서 프레이저는 우리가 수립한 기본사실을 인정했다. 단, 그는 우리와 다른 결론을 끌어냈는데, 그에 따르면 신화적 인물들이 있는 곳에만 종교가 존재한다.
57) 그러나 우리는 이 단어를 프로이스와 마레트가 쓴 것과 동일한 의미로 사용하지 않는다. 그들에 따르면 사람들이 영혼이나 영을 알지 못하는 전(前) 정령 숭배의 단계가 종교적 진화의 어떤 순간에 있었어야만 한다. 이 가설은 상당

모호하면서도 더욱 애매하고 본질적인 신앙체계의 핵심을 회복하고, 종교체계가 세워지는 견고한 토대를 형성한다. 우리로 하여금 토템 숭배에 대한 분석을 하도록 해준 것이 바로 이 최초의 본질이다. 우리가 그 연구들을 언급한 바 있는 여러 저자들은 매우 다양한 종교에서 차용한 사실을 통해서만 이러한 결론에 도달할 수 있었다. 이러한 다양한 종교들 중 어떤 것들은 이미 매우 진보된 문명에 부합되었다. 예를 들면 프로이스가 많이 이용한 멕시코 종교들이 이러한 경우에 해당된다. 따라서 이 이론이 가장 단순한 종교에도 똑같이 적용될 수 있는지 자문해 볼 수 있다. 그러나 토템 숭배보다 더 단순한 종교로 거슬러 갈 수는 없기 때문에, 우리는 이러한 오류의 위험에 빠지지는 않았다. 동시에 우리는 와칸과 마나 개념이 파생되어 나온 최초의 개념을 찾아낼 기회를 가지게 되었다. 그것이 바로 토템의 근원 (본체)에 대한 개념이다.[58]

4. 종교적 힘의 관념은 일반적으로 힘의 관념의 전형이다

그러나 이 개념은 그것이 종교 개념의 발전에 행한 역할 때문에 일차적으로 중요할 뿐 아니라 또한 과학적 사고의 역사에서 흥미를 끄는 세속적 양상을 지니고 있기 때문에 중요하다. 그것은 바로 힘의 개념에 대한 최초의 형태이다.

히 이론의 여지가 많다. 우리는 이 점에 대해서 좀더 나중에 설명할 것이다(이 책, 제2권 제8장과 제9장).

58) 같은 문제에 대해 브루노(A. Bruno)의 논문 참조할 것("Sui fenomeni magico-religionsi delle communità primitive", in *Rivista italian di Sociologia*, XIIe année Fasc. IV~V, 568쪽 이하). 그리고 발간되지는 않았지만 1904년 슈투트가르트에서 열린, 아메리카를 연구하는 사람들의 XIVe 회의에서 보고라스(W. Bogoras)가 행한 보고를 참조할 것. 이 보고서는 Preuss, *Globus*, LXXXVI, 201쪽에서 분석되었다.

수족이 표현한 바와 같이 사실상 와칸은 세상에서 과학이 여러 가지 자연현상을 설명하는 힘들과 동일한 역할을 하고 있다. 하지만 그것이 오로지 물리적 에너지의 형태로만 생각된다는 의미는 아니다. 반대로 우리는 다음 장에서 이러한 관념을 형성하는 데 사용된 요소들이 매우 다양한 영역에 걸쳐 있다는 사실을 살펴볼 것이다. 그러나 이러한 혼합적인 본질 때문에 그것은 보편적인 설명의 원리로 사용된다. 모든 생명은 바로 그러한 힘에서 나온다.[59] "모든 생명은 와칸이다." 그리고 이러한 생명이라는 말을 생물계나 광물계에 상관없이 행동하고 반응하는 모든 것, 움직이거나 움직였던 모든 것을 지칭하는 것으로 이해해야 한다. 와칸은 우주에서 일어나는 모든 움직임의 원인이다. 우리는 또한 이러쿼이족의 오렌다가 "인간 주변에 나타나는 모든 활동과 현상의 동력인(動力因)"임을 살펴보았다. 이것은 "모든 신체와 모든 사물에 내재된"[60] 능력이나. 바람이 불고 태양이 빛나고 지구를 덥히고 식물을 자라게 하고 동물을 번식하게 하고 인간을 강하고 솜씨 좋고 영리하게 만드는 것은 바로 오렌다이다. 이러쿼이족이 자연 전체의 삶이란 서로 다른 존재들 속에 불균등하게 들어 있는 오렌다 사이에서 발생한 갈등의 산물이라고 말할 때, 그것은 세계가 한정되고, 서로 견제하고, 균형을 이루는 힘의 체계라는 현대적인 관념을 자신들의 언어로 표현한 것에 불과하다.

멜라네시아인은 마나에 똑같은 종류의 효력을 부여한다. 인간이 사냥이나 전쟁에서 성공하는 것, 그의 정원들이 좋은 수확을 내는 것, 가축의 무리들이 번창하는 것은 모두 다 마나의 덕분이다. 만일 화살이 목표에 가서 명중한다면 그 화살은 마나로 충전되어 있는 것

---

59) 플레처 양은 말한다. "모든 사물들은 생명의 공통원리로 가득 차 있다"(*Smiths. Rep. f.*, 1897, 579쪽).

60) A.W. Howitt, in *American Anthropologist*, 1902, 36쪽.

이다. 그물에 고기가 많이 걸리고, 보트가 바다에 잘 떠 있는 것 등이 다 같은 이유이다.[61] 만일 코드링턴의 어떤 표현들을 문자 그대로 받아들인다면 마나는 특히 "인간의 평범한 능력을 넘어서는 모든 것, 자연의 일상적인 궤도를 벗어나는 모든 것"[62]을 부여받는 원인이 될 것이다. 그러나 그가 인용한 예들로부터 마나의 영역이 훨씬 더 광대하다는 결론이 도출된다. 사실상 마나는 일상적인 평범한 현상들을 설명하는 데도 쓰인다. 배가 항해하는 것, 사냥꾼이 사냥감을 잡는 것에는 초인간적이거나 초자연적인 것은 아무것도 없다. 단지 이러한 일상적인 삶의 사건들 가운데는 너무나 사소하고 친숙하기 때문에 눈에 띄지 않고 지나치는 것들이 있다. 사람들은 그것들을 주목하지 못한다. 따라서 그것들을 설명할 필요성을 느끼지 않는다. 마나개념은 돌이켜 생각해 볼 필요가 있고, 최소한의 흥미와 호기심을 일깨울 만한 중요성을 지니고 있는 것들에만 적용된다. 그러나 그것들도 경이로운 것은 아니다. 오렌다나 와칸과 마찬가지로 마나도 토템의 본체라고 말할 수 있다. 바로 그러한 본체에 의해 씨족의 사람들이나 토템종의 동물과 식물의 생명이 유지된다. 하위토템과 그 본질을 함께 나누고 있는 모든 사물의 생명도 마찬가지로 유지된다.

따라서 힘의 개념은 종교의 기원이다. 처음에는 철학이, 그다음에 과학이 종교로부터 힘의 개념을 차용했다. 이것은 이미 콩트가 예감했던 것이며, 그가 형이상학을 '신학'의 유산으로 삼았던 이유이다. 단, 콩트는 힘의 개념이 과학에서 사라질 운명에 있다고 결론지었다. 왜냐하면 힘의 신비한 기원 때문에 그는 힘 개념의 모든 객관적인 가치를 인정하지 않았다. 그러나 사실은 그와 반대이다. 종교적 힘은

---

61) Codriongton, *The Melanesians*, 118~120쪽.
62) 같은 책, 119쪽.

현실적이며, 종교적 상징이 매우 불완전하기는 해도 그러한 상징을 통해 종교적 힘을 생각할 수 있다는 사실을 보여줄 것이다. 일반적으로 힘의 개념도 마찬가지라는 결론이 나올 것이다.

제7장 이러한 신앙의 기원 3

본체 또는 마나 개념의 기원

앞 장에서 세운 명제에 따라 용어들이 결정되는데, 토템 숭배의 기원에 대한 문제는 이러한 용어로 제기되어야 한다. 토템 숭배는 어디에서나 사물들과 사람들의 범주에 내재되어 있다. 그리고 동물이나 식물의 형태로 생각되는 신적 원리의 개념에 의해 지배되기 때문에 이러한 종교를 설명하는 것은 본질적으로 이 믿음을 설명하는 것이다. 그러므로 인간이 어떻게 이러한 관념을 구성할 수 있었는지 또한 어떤 자료를 가지고 이러한 관념을 만들었는지 연구해야 한다.

1. 토템 원리는 씨족이지만 그것은 인지 가능한 여러 형태로 생각된다

토템으로 쓰이는 사물들이 의식 속에 떠오를 수 있었던 것은 감각 때문이 아님은 명백하다. 우리는 이러한 사물들이 때로 보잘것없다는 것을 밝힌 바 있다. 도마뱀·유충·쥐·개미·개구리·칠면조·잉어·양자두나무·앵무새 등 오스트레일리아 사람들의 토템 목록에 자주 오르내리는 명칭들만 인용하더라도 쉽게 알 수 있다. 그 사물들은 어떤 면에서 종교적 감정과 유사한 위대하고 강한 인상을 만들어 낼 만한 본성을 지닌 것도 아니며, 그러한 감정을 불러일으킨 대상들에게 성스런 특성을 새겨 넣지도 못한다. 이와는 반대로 상상력을 강하게 자극하는 데 필요한 모든 것을 가지고 있는 천체들이나 위대한 기상현상의 경우는 물론 다르다. 그러나 그것들은 매우 예외적으로만 토템으로 사용될 뿐이다. 천체나 기상현상이 토템의 직분을 맡게 된 것은 훨씬 나중이었음이 확실하다.[1] 그러므로 숭배 대상이 되기에 적합한 것은 씨족과 동일한 명칭을 지닌 사물들에 내재된 본성이 아니다. 만일 그 사물들이 불러일으킨 감정들이 실제로 토템 의례와 토템 신앙의 결정적인 원인이라면 특별히 거룩한 존재가 되어야 할 것은 바로 그 사물들이다. 토템으로 사용되는 동물이나 식물이 종교생활에서 탁월한 역할을 해야 할 것이다. 그러나 우리는 숭배의 중심지가 사실상 다른 곳에 있음을 알고 있다. 최고의 거룩함을 지니고 있는 것은 이러한 식물 또는 동물의 상징적 표상이며, 온갖 종류의 토템 표지와 상징들이다. 따라서 종교성의 근원은 상징들의 내부에 있으며, 이러한 상징들이 표현하는 실제 대상들은 그 반영만 받아들이고 있을 뿐이다.

따라서 무엇보다도 토템은 다른 어떤 것의 상징이자 물질적인 표현이다.[2] 그렇다면 다른 어떤 것이란 도대체 무엇인가?

우리가 행했던 분석에서 토템은 두 종류의 다른 사물을 표현하고 상징한다는 결론이 나온다. 그 하나는 우리가 토템 원리 또는 신이라고 부른 것의 감지 가능한 외적 형태이다. 그러나 다른 한편으로 토템은 씨족이라는 특정한 사회의 상징이다. 토템은 그 사회의 깃발이

---

1) 이 책, 277~278쪽 참조할 것.
2) 피클러는 좀더 앞에서 인용된 소논문에서 약간은 변증법적 방법으로, 본질적으로 토템을 구성하는 것은 상징이라는 느낌을 표현한 바 있다.

다. 그것은 각 씨족을 구분하는 기호이며, 씨족의 인성을 보여주는 외적 표지이고, 씨족의 부분을 이루는 모든 것, 즉 사람이나 짐승이나 사물들 그 모든 것들이 지니고 있는 표식이다. 만일 토템이 신의 상징인 동시에 사회의 상징이라면 신과 사회가 하나가 아닌가? 만일 집단과 신성(神性)이 별개의 실체라면 집단의 상징이 어떻게 신의 형상에 준하는 것이 될 수 있었을까? 씨족의 신, 즉 토템의 본체는 따라서 씨족 그 자체 외에 다른 것이 될 수 없다. 그것은 토템으로 쓰이는 동물이나 식물의 형태로 상상되어 표현되고 의인화된 씨족이다.

그러나 이러한 신격화가 어떻게 가능할 수 있었을까? 어디에서 이러한 방식으로 생겨났을까?

2. 사회가 거룩과 신성의 감각을 일깨우는 성향을 보이는 일반적인 이유들

일반적으로 사회가 구성원들에게 행사하는 독특한 행동을 통해 사회는 사람들의 정신 속에 신성에 대한 감각을 불러일으키기 위한 모든 것을 가지고 있음이 분명하다. 왜냐하면 사회와 그 구성원의 관계는 신과 그 신도들의 관계와 마찬가지기 때문이다. 사실상 신이란 우선적으로 인간이 자신보다 우월하다고 인정하고, 자신이 의존하고 있다고 믿는 존재이다. 제우스나 야훼처럼 의식이 있는 인격신이든 또는 토템 숭배 안에서 작용하는 힘처럼 단지 추상적 힘이든 그 어느 경우이건 숭배자들은 자신이 교통하고 있다고 느끼는 성스러운 본체의 특성이 그에게 부과하는 어떤 행동양식들을 지켜야 한다고 믿는다. 마찬가지로 사회도 우리에게 영원한 의존감을 품게 한다. 왜냐하면 사회는 우리의 개인적 본성과는 다른 그 자체의 고유한 특성을 가지고 있기 때문에 그 자신에게만 특수한 목적들을 추구한다. 그러나 사회는 인간의 중개 작용에 의해서만 그러한 목적들을 달성할 수 있기 때문에 사회는 명령조로 우리의 협력을 요구한다. 사회는 우리에게 자신의 이익을 잊어버리고 사회의 신복이 되기를 요구하며, 온갖 종류의 속박, 부자유, 희생들을 강요하는데, 이러한 일이 없다면 사회생활이란 불가능할 것이다. 이러한 이유로 우리는 우리가 만들지도 않았고 원하지도 않았으며, 때로는 우리의 기본적인 성향이나 본능과 배치되는 행위와 사고의 규범들에 매순간 복종해야 한다.

하지만 만일 사회가 오직 물리적인 강요에 의해서 이러한 양보와 희생을 요구한다면 사회는 종교가 찬양하는 것과 같은 도덕적인 힘의 개념이 아니라 우리가 어쩔 수 없이 양보할 수밖에 없는 물리적 힘의 개념만을 일깨우게 될 것이다. 그러나 사실상 사회가 의식에 행사하는 지배권은 사회의 특권인 물리적 지배권보다는 오히려 사회에게 부여된 도덕적 권위에서 기인한다. 만일 우리가 사회의 명령에 복종한다면 그것은 단순히 사회가 우리의 저항을 이겨낼 만큼 강하기 때문만은 아니다. 무엇보다도 사회가 진정한 존경의 대상이기 때문이다.

개인적 또는 집합적인 어떤 주체가 존경심을 불러일으키는 것은 다음과 같은 때라고 말할 수 있다. 즉 의식(意識) 속에 그 대상을 나타내는 표상이 큰 힘을 부여받았을 때이다. 즉 서로에게 유용하거나 해로운 효력들과 관련된 모든 고려사항들을 배제하고, 자동적으로 어떤 행동을 선동하거나 금지시킬 정도의 힘을 부여받고 있을 때이다. 우리가 어떤 인물에게 인정하는 도덕적 권위 때문에 그 인물에게 복종할 때 그 인물의 의견이 현명하게 여겨져서 그의 의견을 따르는 것이 아니다. 우리가 이러한 인물에 대해서 가지고 있는 관념 속에 일종의 심리적 에너지가 내재되어 있어서 그것이 우리의 의지를 복종시키고 지정된 방향으로 이끌어가기 때문에 그의 의견을 따르는 것이다. 존경심이란 내적이고 완전히 정신적인 이러한 압력이 우리 안에서 작용하는 것을 느낄 때 우리가 경험하는 감정이다. 따라서 우리를 결정하는 것은 우리에게 명령하거나 권장하는 태도의 장점이나 불리한 점이 아니다. 우리에게 그러한 태도를 추천하거나 명령하는 인물을 표현하는 방식이다. 때문에 일반적으로 명령은 망설임의 여지를 남겨두지 않는 간단하고 단호한 형태를 띠고 있다. 그것이 명령이고 또 그 자체의 힘으로만 작용하는 한, 명령은 심사숙고나 계산이라는 모든 관념을 배제한다. 명령은 명령이 주어지는 심리상태의 강렬함으로부터 그 효력을 얻는다. 이른바 도덕적 영향력을 만들어내는 것은 바로 이러한 강렬함이다.

따라서 사회가 그 구성원들에게 강요할 만큼 충분히 강하게 사회와 결합되어 있는 행동양식들은 바로 그러한 사실 때문에 존경심을 유발하는 변별적인 기호에 의해 표시된다. 왜냐하면 이러한 행동양식들은 공동으로 만들어졌기 때문에 그것들이 각 사람의 마음속에서 떠오를 때 생기는 활기는 다른 모든 사람들의 마음속에도 울려 퍼진다. 그 역도 마찬가지다. 따라서 우리 각자 속에서 그것들을 나타내는 표상은 어떤 강렬함을 가지고 있는데, 그러한 강렬함은 순수하게 개인적 의식상태에서는 도달할 수 없는 것이다. 왜냐하면 행동양식들은 그것들 각각을 형성하는 데 사용된 수많은 개인 표상이기 때문이다. 우리의 면전에서 그것들을 확증하는 사람들의 입을 통해 말하는 것이 바로 사회이다. 그들의 말을 들으면서 우리가 듣고 있는 것은 바로 사회의 말이다. 모든 사람의 목소리는 한 사람의 목소리처럼 단일한 어조를 띠고 있다.[3] 사회는 비난이나 물리적인 억압을 통해 이탈하려는 시도들에 대해 폭력적으로 대항한다. 이러한 폭력은 공동 신조에 대한 열정을 찬연하게 나타냄으로써 사회의 지배력을

---

3) *Division du Travail Social*, 제3판, 64쪽 이하 참조할 것.

보강하는 데 기여한다.[4] 한마디로 어떤 사물이 여론의 대상이 될 때, 각 개인이 그 사물에 대해 가지고 있는 표상은 그 사물들이 생겨난 기원과 조건들로부터 행동력을 얻게 된다. 심지어 그것에 복종하지 않는 사람들까지도 그러한 행동력을 느낀다. 사회는 자신과 모순되는 표상을 억제하고 멀리하는 경향이 있다. 반대로 사회는 자신을 실현시키는 행위들을 요구한다. 이때 사회는 물리적인 강제력이나 이러한 종류의 강제적 관점에 근거한 방법이 아니라 사회 안에 있는 정신적인 에너지를 단순하게 방사하는 방법을 사용한다. 사회는 오로지 심리적인 특성에서 비롯된 효능을 가지고 있으며, 도덕적 권위가 인정되는 것도 정확히 이러한 기호 때문이다. 일차적으로 사회적 산물인 여론은 따라서 권위의 원천이며, 우리는 모든 권위가 여론의 산물이 아닌지 자문해볼 수 있다.[5] 사람들은 때로 과학이 여론의 오류들을 논박하고 수정하는 여론의 대적자라고 반론을 제기할지도 모른다. 그러나 과학이 충분한 권위를 가지고, 이러한 권위를 오직 여론으로부터 얻을 때에만 이 일에서 성공할 수 있다. 만일 어떤 민족이 과학에 대한 믿음을 가지고 있지 않다면 모든 과학적 증거들은 그 민족 정신에 아무런 영향을 미치지 못할 것이다. 심지어 오늘날에도 과학이 매우 강한 공공여론의 흐름에 저항하는 경우가 생기면 과학은 신용을 잃을 위험에 처할 수 있다.[6]

---

4) 같은 책, 76쪽.
5) 이와 같이 공동체에 의해 인정된 모든 정신적 권위의 경우 적어도 그렇다.
6) 우리는 이러한 분석과 뒤이어 나올 분석들이 우리 사고의 부정확한 해석에 종지부를 찍게 되기를 바란다. 거기에서부터 오해가 생겨났던 것이다. 왜냐하면 우리는 사회적 사실이 가장 쉽게 인정되고, 또 개인의 심리현상과 구별될 수 있는 강압을 외적 기호로 삼았기 때문에 우리는 물리적 강압이 사회생활의 본질적인 요소라고 여기게 되었다. 사실상 우리는 그것을 온전히 관념적이며 심오한 내적 사실에 대한 물질적이고 외적인 표현 이상이라고 생각해본 적이 없다.

심리적인 방법들을 통해서 사회적 압력이 행사된다. 때문에 사회는 정신적인 동시에 효력 있는 하나 또는 다수의 힘들이 인간의 외부에 존재하며, 인간은 그 힘에 의존하고 있다는 생각을 줄 수 있다. 인간은 이러한 힘들이 적어도 부분적으로라도 자신의 외부에 있는 것으로 생각할 수밖에 없다. 왜냐하면 이 힘들은 그에게 명령조로 말하고, 심지어는 때로 인간의 가장 자연스러운 성향까지 자제할 것을 명령하기 때문이다. 만일 인간이 자신이 느끼는 이러한 영향력이 사회로부터 생겨난다는 사실을 즉각 알 수 있었다면 분명히 신화적 해석 체계는 생겨나지 않았을 것이다. 그러나 사회의 영향력은 너무나 우회적이고 모호한 방법들을 따르고, 또한 너무나 복잡한 심리적 메커니즘을 사용하기 때문에 평범한 관찰자는 그러한 사회의 영향력이 어디에서 기인되는지 알아차릴 수가 없다. 과학적 분석이 인간에게 그것을 가르쳐주지 않는다면 인간은 자신이 영향을 받고 있다는 것을 느끼기는 하지만 무엇에 의해서 영향을 받는지 알 수 없다. 따라서 인간은 자신이 관련되어 있다고 느끼는 이러한 힘에 대한 개념을 하나에서 열까지 모두 만들어내야만 했다. 그렇게 해서 우리는 어떻게 사람들이 낯선 형태로 그러한 힘들을 표현하고, 어떻게 생각으로 그러한 힘들을 변모시키게 되었는지 파악할 수 있게 되었다.

이것이 바로 도덕적 권위이다. 사회학적인 문제는—만일 사회학적인 문제라고 말할 수 있다면—외적 강압의 여러 가지 형태를 통해 거기에 대응하는 여러 가지 종류의 도덕적 권위를 찾는 것이며, 이러한 도덕적 권위를 결정했던 원인들을 밝혀내는 것이다. 특히 우리가 이 책에서 다루고 있는 문제는 종교적인 모든 것에 내재된 이러한 특수한 종의 도덕적 권위가 어떤 형태로 생겨났으며, 어떤 요소로 형성되었는지를 밝히는 것을 주목적으로 삼고 있다. 좀더 나중에 우리가 만일 사회적 압력을 사회학적 현상의 변별적인 특성 중 하나라고 말하더라도 그것이 유일한 것이라는 의미가 아님을 알게 될 것이다. 우리는 집합생활의 다른 양상을 앞의 것과는 거의 반대되는, 그러나 실제적인 모습을 보여줄 것이다(이 책, 456쪽 참조할 것).

그러나 신은 단순히 우리가 의존하고 있는 권위에 그치지 않는다. 신은 또한 우리의 힘이 의지하는 힘이다. 자신의 신에게 복종하고, 그렇기 때문에 신이 자신과 함께한다고 믿는 인간은 자신감과 힘이 증대된 느낌으로 세상에 접근한다. 마찬가지로 사회의 영향력은 우리에게 희생과 결핍과 노력을 요구하는 데 그치지 않는다. 왜냐하면 집합적 힘이 완전히 우리의 외부에 있는 것은 아니기 때문이다. 그러한 힘은 온전히 밖으로부터만 작용하는 것이 아니다. 사회는 개인의 의식 속에서 그리고 개인의 의식을 통해서만 존재할 수 있기 때문에[7] 사회는 우리 안에 스며들고 우리 안에서 조직화되어야 한다. 따라서 사회는 우리 존재의 필수불가결한 일부가 되고, 그렇기 때문에 사회는 인간의 존재를 고양시키고 위대하게 만든다.

원기를 회복시키고 생기를 주는 사회의 작용이 명백하게 드러나는 상황들이 있다. 공통된 열정에 자극된 회중들에 둘러싸이면 우리 자신의 힘에 한정되어 있을 때는 할 수 없는 행위들과 감정들이 생겨나게 된다. 회중이 흩어지고 홀로 남아서 일상적 삶의 차원으로 다시 돌아가게 되었을 때, 우리는 자신의 능력을 넘어서 고양되었던 모든 높이를 측량할 수 있다. 역사에는 이러한 종류의 예가 무수히 많다. 프랑스 대혁명, 1789년 8월 4일 밤에 군중들은 그 전날에는 감히 하지 못했던 희생과 자기 부정의 행위를 갑자기 하게 되었고, 그다음 날 참여자들 모두가 그것에 대해 놀랐던 일을 상기해보는 것으로도 충분하다.[8] 모든 정당들과 경제적·종교적 집단이 그들의 신봉자들

---

7) 물론 집합의식이 그 자체의 특수한 성격들을 가지지 않는다는 의미는 아니다 (이 점에 대해서는 "Représentations individuelles et représentations collectives", in *Revue de Métaphysique et de Morale*, 1898, 273쪽 이하 참조할 것).

8) 이것은 집합적 열광의 순간에 만들어진 해결책들에게 합법적인 형태를 부여했던 논쟁의 열정적인 특성과 장황함에 의해 입증된다. 귀족계급과 마찬가지

로 하여금 공동으로 신앙을 표현함으로써 그러한 신앙을 활성화할 수 있는 정기적 모임들을 갖도록 배려하는 것은 바로 이러한 이유 때문이다. 내버려두면 바로 약화될 감정들을 강화하기 위해서는 그러한 감정들을 느끼는 사람들을 모이게 해서 서로 좀더 긴밀하고 적극적인 관계를 맺게 하는 것으로 충분하다. 이것은 적어도 어떤 사람이 군중과 교섭관계를 맺는 데 성공했을 때, 그 사람이 군중에게 말하는 매우 특이한 태도를 설명해준다. 그의 언어는 일상적 상황이었다면 우스울 정도로 허풍이다. 그의 몸짓은 지배자적인 무엇인가를 보여준다. 그의 사고는 어떤 규율에 얽매이지 않고 여러 측면에서 쉽게 과도해진다. 왜냐하면 그는 자신의 내부에서 넘쳐흘러 밖으로 퍼져나가려고 하는 힘들의 비정상적인 과다함을 느끼고 있기 때문이다. 때로 그는 자신보다 위대한 정신적 힘이 자신을 지배하고 있으며, 자신은 그 힘의 해석자에 불과하다는 느낌을 가지기도 한다. 사람들이 종종 이른바 웅변적 영감에 가득 찬 비범한 인물을 인정할 수 있었던 것도 이러한 특성 때문이다. 따라서 이러한 힘의 예외적인 증가는 매우 실제적인 현상이다. 이러한 힘의 증가는 그가 호소하고 있는 바로 그 집단으로부터 온다. 그의 언어가 불러일으키는 감정들은 커지고 증폭되어 그에게로 다시 돌아오는데, 그러한 감정들은 그 자신의 감정을 더욱 강화시킨다. 그가 불러일으킨 정열적 에너지들은 그의 안에서 다시 반향을 일으키고, 그의 활기찬 음조를 북돋워 준다. 말하는 사람은 이제 단순한 개인이 아니라 인격화되고 화신(化身)된 집단이다.

이러한 일시적 또는 간헐적인 상태들 외에도 사회의 이러한 강화

로 성직자 계급에서도 여러 사람들이 그 유명한 밤을 기만의 밤이라고 불렀다 (Stoll, *Suggestion und Hypnotismus in de Völkerpsychologie*, 2nd ed., 612쪽, n.2).

력이 더욱 지속적으로, 때로는 더욱 분명하게 느껴지는 경우들도 있다. 역사 속에는 상당히 큰 집합적 동요의 영향으로 사회적 상호작용이 훨씬 더 빈번해지고 활발해진 시기들이 존재한다. 개인들은 예전보다 더욱더 서로간의 교제를 추구하고 더 많이 함께 모인다. 혁명 또는 창조적 시기의 특징인 대다수의 흥분이 여기에서 비롯된다. 따라서 이러한 위대한 활동은 일반적으로 개인의 힘들을 자극하는 효과가 있다. 사람들은 평상시보다 더 많이 보고, 더 다르게 본다. 변화란 단지 그 뉘앙스와 정도의 차이에만 있는 것이 아니다. 인간이 달라지는 것이다. 인간을 움직이는 정열들은 그 강도가 매우 커지기 때문에 격렬하고 무제한적인 행위들에 의해서만 만족될 수 있다. 즉 이러한 행위란 초인간적인 영웅적 행위거나 잔인하고 야만적인 행위들을 말한다. 예를 들면 십자군 운동9)이나 프랑스 대혁명의 숭고한 또는 야만스런 많은 장면을10) 설명해주는 것들이다. 전체적인 열광의 영향으로 우리는 가장 평범하거나 가장 악의 없는 부르주아가 어떤 때는 영웅으로 또는 잔인한 살인자로 변모되는 것을 본다.11) 이러한 모든 심리 과정들은 개인들 스스로 종종 표현했던, 종교의 근저에 있는 것으로부터 기인한다. 개인은 자기들이 그와 같이 굴복했던 압력을 분명하게 종교적 형태로 상상했다. 십자군들은 하나님이 그들 가운데 함께 계시며 그들에게 성지를 정복하러 떠날 것을 명령하시는 것을 느꼈다고 믿었고, 잔 다르크는 자신이 하늘의 소리에 복종했다고 믿었다.12)

---

9) 같은 책, 353쪽 이하 참조할 것.

10) 같은 책, 619쪽, 635쪽.

11) 같은 책, 662쪽 이하.

12) 공포, 슬픔의 감정들도 이와 똑같은 조건에서 유사하게 발전되고 강화될 수 있다. 나중에 보게 되겠지만 이러한 감정들은 종교생활의 여러 다른 양상들

그러나 이러한 예외적인 상황 속에서만 사회의 자극적인 영향력이 느껴지는 것은 아니다. 말하자면 우리의 삶 속에서 어떤 에너지의 흐름이 외부로부터 우리에게 들어오지 않는 순간은 없다. 자신의 임무를 완수한 인간은 그의 동료들이 그에게 품고 있는 동정, 존경, 애정을 표현하는 온갖 종류의 표시 속에서 대개의 경우 그 자신이 설명할 수는 없지만 그를 떠받쳐주는 격려를 발견한다. 사회가 그에 대해서 가지고 있는 감정은 그가 자신에 대해 품고 있는 감정을 더욱 고양시킨다. 왜냐하면 인간은 그의 동료들과 도덕적 조화를 이루고 있기 때문에 마치 자신이 믿는 신이 호의적으로 그를 바라보고 있다고 믿고 있는 신자처럼 행동하는 데 있어서 더 많은 자신감과 용기와 대담성을 가지게 된다. 이와 같이 사회는 우리의 도덕적 본성을 지속적으로 평형 유지하도록 한다. 이러한 평형 유지는 수많은 외적 상황에 따라서 변화한다. 즉 우리를 둘러싸고 있는 사회집단과 맺고 있는 관계들이 어느 정도 적극적인가에 따라서 그리고 이러한 집단들이 어떻게 달라지는가에 따라서 변화한다. 그렇기 때문에 우리는 이러한 도덕적 힘이 외적 원인에 따라 좌우된다고 느끼지 않을 수 없다. 그러나 우리는 이러한 외적 원인이 어디에 있는지 그리고 그것이 무엇인지를 모르고 있다. 따라서 우리는 일반적으로 외적 원인을 도덕적 힘의 형태로 인식하고 있는데, 비록 우리 안에 내재되어 있더라도 그것이 우리 자신이 아닌 다른 것을 표현한다고 생각한다. 이것이 바로 도덕적 양심인데, 대다수의 인간들은 종교적 상징들의 도움을 받아야만 도덕적 양심을 조금이라도 분명하게 표현할 수 있었다.

　　우리의 힘을 끊임없이 새롭게 하는 자유로운 이러한 힘 외에도 우리가 사용하는 온갖 종류의 기술과 전통 속에 자리 잡은 다른 힘들이

　　과 일치한다(이 책, 제3권 제5장 참조할 것).

있다. 우리는 우리가 만들지 않은 언어로 이야기하고, 우리가 발명하지 않은 도구들을 사용하고, 우리가 제정하지 않은 권리들을 내세운다. 각 세대가 축적하지 않았지만 지식의 보고는 각 세대로 전달된다. 우리는 가지각색의 문명의 혜택들을 사회의 덕분으로 돌려야 한다. 만일 우리가 일반적으로 어떤 근원에서 그러한 혜택을 얻고 있는지 모른다 하더라도 최소한 그것이 우리 자신의 작품이 아니라는 사실은 알고 있다. 따라서 모든 존재들 중에서 인간에게 인격적인 모습을 만들어준 것도 바로 그 문명의 혜택들이다. 왜냐하면 인간은 문명화되었다는 이유만으로 인간일 수 있기 때문이다. 따라서 인간은 자신의 외부에 인간의 본질적인 특성을 부여해주고 그를 도와주며 보호하고 그에게 특권적인 운명을 보장해주는 선의의 힘인 강력한 원인들이 존재한다는 느낌을 떨쳐버릴 수가 없었다. 그리고 인간은 당연히 그러한 힘에게 부여한 덕행의 높은 가치에 상응하는 권위를 그 힘에게 주었을 것이다.[13]

이와 같이 우리가 살고 있는 환경은 강제적인 동시에 도움을 줄 수 있고, 준엄한 동시에 호의적인 힘들로 가득 차 있는 듯 보이며, 우리는 이러한 힘들과 관계를 맺고 있다. 이러한 힘들은 우리가 의식할 수 있을 정도의 압력을 행사하기 때문에 우리는 우리 감각의 객관적인 원인들에 행한 것처럼 부득이하게 그러한 힘을 우리 밖에다 위치시켜야 했다. 그러나 다른 한편으로 그러한 힘들이 우리에게 불러

---

13) 이것은 한편 강제적이지만, 동시에 선하고 호의적으로 보이는 사회의 또 다른 양상이다. 사회는 우리를 지배하지만 또한 우리를 도와준다. 만일 우리가 사회적 사실을 이러한 특성들 중 도와주는 측면보다 지배하는 측면에서 정의했다면 그것은 지배적 측면의 사회적 사실이 외적이고, 또 눈에 띄는 표지들에 의해 잘 설명되어서 좀더 쉽게 관찰되기 때문이다. 그러나 우리가 사회의 선하고 호의적인 측면을 부정하려는 것은 결코 아니다(*Règles de la Méthode Sociologique*, préface de la seconde édition, p. XX, n. 1 참조할 것).

일으키는 감정들은 우리가 감지할 수 있는 단순한 사물들에 대해 느끼는 감정들과는 본질적으로 다르다. 이와 같이 단순한 사물들이 일상 경험에서 나타나는 경험적인 특성들로 환원되는 한, 그리고 종교적 상상력이 그것들을 변형시키지 않는 한, 우리는 그러한 사물들에 대해 존경심 비슷한 아무런 감정도 가질 수 없다. 또한 그러한 사물들은 우리를 자신보다 높이 고양시키기 위해 필요한 아무것도 가지고 있지 않다. 따라서 그러한 사물들을 나타내는 표상은 집합적 영향력이 우리 안에 일깨운 표상과는 매우 다르게 보인다. 마치 그것들이 삶의 두 가지 형태에 상응하는 것처럼 이 둘은 우리의 의식 속에 구분되고 분리된 심리상태의 두 범주를 형성한다. 그 결과 우리는 우리가 두 종류의 현실과 관계를 맺고 있으며, 분명하게 그어진 경계선이 두 현실을 따로 나누고 있다는 느낌을 가지게 된다. 하나는 속된 사물들의 세계이고, 다른 하나는 거룩한 사물들의 세계이다.

뿐만 아니라 역사에서와 마찬가지로 현재에도 우리는 사회가 끊임없이 온갖 종류의 성스러운 사물들을 만들어내는 것을 볼 수 있다. 사회가 어떤 인간에게 열중하게 되고, 사회를 움직이는 주요한 열망들과 그 열망을 만족시킬 방법을 그 인간 속에서 발견했다고 믿으면 그 사람은 다른 사람보다 높여지고, 이른바 신성화될 것이다. 그는 여론에 의해 신들을 후원하는 것과 아주 유사한 존엄성을 부여받게 될 것이다. 이러한 일은 많은 군주에게 일어났고, 그 당시의 사람들은 군주를 믿었다. 사람들이 군주를 신으로 만들지는 않았지만 군주를 신의 직접적인 대리인으로 여겼다. 이러한 종류의 신격화를 만든 장본인이 바로 사회라는 사실을 잘 보여주는 것은 자신의 공덕으로는 어떠한 권리도 가질 수 없었던 사람들이 신성화되는 일이 종종 있었다는 것이다. 게다가 사회적으로 높은 지위를 부여받은 사람들이 불러일으키는 단순한 존경심도 종교적 존경심과 본질상 다르지 않다. 그러한 존경도 똑같은 충동에 의해 표현된다. 사람들은 높은 지위의 인사와는 거리를 유지하며 그에게 나아갈 때는 신중히 한다. 그와 대화할 때에는 보통 인간들과 사용하던 것과는 다른 언어와 몸짓을 사용한다. 이러한 상황에서 사람들이 느끼는 감정은 종교적 감정과 매우 흡사해서 많은 사람이 그것들을 혼동할 정도이다. 왕족과 귀족들, 정당의 우두머리들에게 부여된 존경을 설명하기 위해 사람들은 그들에게 성스러운 특성을 부여했던 것이다. 예를 들면 멜라네시아와 폴리네시아에서는 영향력이 있는 사람은 마나(mana)를 가지고 있다고 말해지며, 그 영향력이 마나에서 기인한다고 한다.[14] 하지만 그의 지위가 오로지 여론이 그에게 부여한 중요성에서 기인한다는 것은 명백하다. 따라서 여론이 부여하는 도덕적 힘과 성스러운 존재들이 부여받은 도덕적 힘은 결국 같은 기원을 가지고 있으며, 동일한 요소로 이루어져 있다. 동일한 단어가 이 두 능력을 지칭하는 데 쓰일 수 있다는 사실이 이것을 설명해준다.

사회는 인간뿐 아니라 사물들, 특히 관념들을 신성화한다. 어떤 신앙이 어떤 민족에 의해 만장일치로 공유된다면 우리가 전에 제시했던 이유들로 인해 그것을 건드리는 것, 다시 말하면 그 신앙을 부정하거나 반박하는 것이 금지된다. 따라서 비평금지는 다른 것처럼 하나의 금지이며, 성스러운 무엇인가를 마주하고 있다는 것을 입증해준다. 우리가 서로에게 허용하는 자유가 상당히 큰 오늘날까지도 진보를 전적으로 부인하는 사람, 현대사회가 전념하는 인류의 이상을 우롱하는 사람은 신성모독의 인상을 주게 될 것이다. 적어도 자유 검토에 가장 열중한 사람들이 토론보다 우위에 두려고 하며, 범할 수

---

14) Codrington, *The Melanesians*, 50쪽, 103쪽, 120쪽. 사람들은 일반적으로 폴리네시안의 언어들 속에서 마나(mana)라는 말이 원래 권위라는 의미를 가지고 있었다고 생각한다(Tregear, *Maori Comparative Dictionary*, S.V. 참조할 것).

없는 것으로, 즉 신성한 것으로 여기는 하나의 원리가 있다. 그것이 바로 자유 검토(libre examen)[15]라는 원리이다.

신으로 자처하거나 신을 만들어내는 사회의 이러한 성향은 프랑스 대혁명의 처음 몇 해 동안 가장 눈에 띄게 나타났다. 사실상 이 시기에는 전체적인 열광의 영향으로 본질상 순전히 속된 사물들이 공공 여론에 의해 성스러운 사물들로 바뀌었다. 조국, 자유, 이성이 바로 그것이다.[16] 종교는 그 자체가 교리,[17] 상징,[18] 제단,[19] 축일들[20]을 가지는 형태로 확립되는 경향이 있다. 이성과 지고의 존재에 대한 숭배는 이러한 자발적인 열망들에게 일종의 공적인 만족감을 주려는 것이다. 사실상 이러한 종교적인 혁신은 일순간 지속될 뿐이다. 바로 그렇기 때문에 처음에 군중들을 열광시킨 애국적인 정열은 약화되었다.[21] 원인이 사라지면 영향력은 유지될 수 없다. 비록 짧기는 하지만, 이러한 경험은 중요한 사회학적 관심을 지닌다. 프랑스 혁명처럼 특정한 어떤 경우에 사회와 사회의 기본이념들이 어떤 종류의 변형 없이 직접 진정한 숭배 대상이 되는 사례를 보았다는 사실이다.

모든 사실로 미루어 보면 어떻게 씨족이 그 구성원들에게 외부에서 그들을 지배하는 동시에 원조하는 힘들이 존재한다는 생각, 다시 말하면 결국 종교적인 힘들이 존재한다는 생각을 일깨울 수 있었는

---

15) 자유 검토란 지식에 대해 권위의 논쟁을 거부하고 판단의 자유를 권장하는 원리이다. 이러한 표현은 16세기 이래로 문인집단에서 유행하던 용법으로 liberum examen의 프랑스어 모방이었고 레이드 대학의 창립원리였다—옮긴이.

16) Albert Mathiez, *Les Origines des cultes révolutionnaires*, 1789~1792 참조할 것.

17) 같은 책, 24쪽.

18) 같은 책, 29쪽, 32쪽.

19) 같은 책, 30쪽.

20) 같은 책, 46쪽.

21) Mathiez, *Le Thé ophilanthrophie et le Culte décadaire*, 38쪽 참조할 것.

지 알 수 있다. 원시인이 더 직접적이고 더 긴밀하게 결속되어 있던 사회는 바로 씨족사회이다. 그들과 부족과의 관계는 좀더 느슨하고 더 약하게 느껴진다. 비록 부족이 분명 원시인에게 낯선 것은 아니라고 할지라도 그는 자신의 씨족사람들과 공동의 사물들을 가장 많이 공유한다. 그가 가장 직접적으로 느끼는 것도 이 집단의 행동이다. 그러므로 모든 것보다 먼저 종교적 상징들로 표현되어야 하는 것은 씨족의 행동이다.

그러나 이러한 첫 번째 설명은 너무나 일반적이다. 왜냐하면 이러한 설명은 모든 종류의 사회, 결과적으로 모든 종교에 차별 없이 적용되기 때문이다. 그러므로 씨족 안에서 이러한 집합행동이 어떤 형태를 취하는지, 어떻게 그것이 씨족에게 성스러운 감정을 불러일으켰는지를 자세히 밝혀보도록 하자. 왜냐하면 그러한 현상이 씨족에서 가장 쉽게 관찰되며 그 결과도 가장 분명하게 나타나기 때문이다.

3. 오스트레일리아 사회가 특수하게 다루어지는 이유들

오스트레일리아 사회에서 삶은 두 가지 다른 양상이 번갈아 나타난다.[22] 어떤 때는 전 주민이 각각 독자적으로 자신들의 일에 종사하며 돌아다니는 소집단들로 분산되어 있다. 각 가족은 사냥하고 낚시하면서 한마디로 그들이 사용할 수 있는 모든 방법을 동원해 필요한 식량을 얻으려고 애쓰면서 스스로 살아간다. 그와 반대로 어떤 때는 전 주민이 며칠 또는 몇 달 동안 정해진 지점들에 모이고 집중한다. 이러한 집중은 씨족 또는 부족의 일부가 그들의 집회에 소집되었을 때 일어난다.[23] 이러한 때 사람들은 종교예식을 거행하거나 민속학

---

22) Spencer · Gillen, *North. Tr.*, 33쪽.

23) 예를 들면 입문의식과 관련해 개최되는 예식이 있을 때 다른 부족의 구성원들이 소집되는 경우가 있다. 모든 메시지와 메신저들(使者)의 체계는 이러한

의 용어로 코로보리(corrobbori, 잔치)를 행한다.[24]

이러한 두 가지 양상은 매우 분명하게 대조를 이룬다. 첫 번째 경우, 즉 소집단들로 분산되어 있는 경우에는 경제활동이 우세하게 나타는데, 보통 경제활동은 평범한 감정 가운데서 행해진다. 양식에 필요한 곡식이나 풀을 수집하는 일, 사냥이나 낚시 등은 생생한 정열을 일깨울 수 있는 일이 아니다.[25] 사회가 분산된 상태에 있을 때 생활은 단조롭고 활기 없으며 지루하다.[26] 그러나 코로보리가 일어나면 모든 것이 달라진다. 왜냐하면 원시인의 정열적·감정적 기능들은 이성과 의지의 지배에 매우 불완전하게 복종하기 때문에 그는 쉽게 자제력을 잃게 된다. 좀 중요한 사건은 그를 당장 흥분하게 만든다. 그가 어떤 좋은 소식을 받았는가? 즉각 정열의 도취가 일어난다. 그와 반대의 상황에 처하면 원시인은 미친 사람처럼 여기저기 달리고, 온갖 종류의 상궤를 벗어난 행동들에 탐닉하며, 소리 지르고, 비명을 지르며, 먼지 속에 뒹굴면서 사방으로 먼지를 던지고, 서로 깨물고, 무기들을 무시무시하게 흔들어대는 모습을 보여준다.[27] 따라서

소집을 목적으로 조직되었으며 이러한 소집이 없다면 성대한 의식이 행해질 수 없다(A.W. Howitt, "Notes on Australian Message-Sticks and Messengers", in J. A. I., 1889; *Nat. Tr.*, 83, 678~691쪽; Spencer · Gillen, *Nat. Tr.*, 159쪽; *North. Tr.*, 551쪽 참조할 것).

24) 코로보리는 여자와 입문하지 않은 사람들도 참여할 수 있다는 점에서 이른바 종교예식과 구별된다. 그러나 이 두 종류의 집합적 표지가 구별되어 있다 하더라도 이것들은 긴밀한 관련이 있다. 우리는 이러한 연관성에 대해서는 좀 더 나중에 설명할 기회를 갖게 될 것이다.

25) 몰이꾼을 사용하는 큰 사냥의 경우는 예외가 될 것이다.

26) 스펜서와 길런은 "원시인들 삶의 이러한 부분은 평화스러운 단조로움"이라고 말하고 있다.

27) A.W. Howitt, *Nat. Tr.*, 683쪽. 그는 다른 집단으로 급파된 사절이 유리한 결과를 가지고 진영으로 되돌아올 때 나타나는 원시인들의 감정의 발로에 대해 이야기하고 있다. Brough Smyth, I, 38쪽; Schulze, "The Aborigines of the

한데 모인다는 사실 그 자체가 마치 비할 데 없이 강력한 흥분제처럼 작용한다. 개인들이 일단 모이고 나면 그 모임 때문에 이상할 정도로 그들을 재빨리 열광시키는 일종의 전류가 생겨난다. 표현된 감정은 아무런 거리낌 없이 모든 사람들의 마음속에 반향을 일으킨다. 이들의 마음은 외부에서 들어오는 인상들에 대해 매우 개방적이다. 각 사람의 감정은 다른 사람의 감정을 불러일으키고, 역으로 다른 사람의 감정에 의해 고무된다. 최초의 충동은 마치 눈사태가 굴러가면서 커지는 것처럼 그것이 진행되는 과정에서 더욱 증폭된다. 이와 같이 활발하고 모든 통제에서 벗어난 열정들은 밖으로 퍼져나가지 않을 수 없다. 사방에 격렬한 몸짓·비명 등 정말 짐승이 내는 것 같은 울부짖음, 귀가 멀 것 같은 온갖 종류의 소리 등이 있는데, 이것들은 모두 그들이 나타내는 상태를 강화시켜 준다. 집합감정은 전체의 일치된 행동과 협동을 가능케 하는 어떤 질서를 준수한다는 조건에서만 집합적으로 표현될 수 있기 때문에 이러한 몸짓들과 비명들 그 자체에 리듬이 잡히고 규칙이 생기는 경향을 띠게 되었다. 거기에서 노래와 춤이 생겨났다. 그러나 그것들이 좀더 규칙적인 형태를 띠긴 했지만, 그 본질적인 격렬함을 잃지는 않았다. 규제된 소란이라고 해도 역시 소란은 소란이다. 인간의 목소리만으로는 이러한 일을 하는 데 충분치 않다. 그래서 사람들은 인공적인 방법들을 사용해 이러한 작용을 강화한다. 사람들은 부메랑을 서로 두드리고, 불로러를 돌린다. 오스트레일리아의 종교예식에서 일반적으로 널리 쓰이는 이러한 도구들은 무엇보다도 마음속에서 일어난 흥분을 좀더 적합한 방법으로 표현하는 데 사용되는 것 같다. 그러나 이러한 도구들은 흥분을 표현하는 동시에 또한 강화시킨다. 이러한 흥분은 때로 놀라운 행위들을 하

Upper and Middle Finke River", 222쪽과 비교.

게 만드는 데까지 이르게 된다. 고삐 풀린 열정들은 매우 격렬하기 때문에 어떤 것에 의해서도 억제되지 않는다. 이렇게 해서 삶의 일상적인 상황에서 벗어났으며, 또한 그것을 잘 인식하고 있었기 때문에 사람들은 일상적인 도덕을 벗어나고 넘어서야 한다고 느끼게 되었다. 성행위를 관장하던 규칙들과는 반대되는 방식으로 성행위들이 이루어졌다. 남자들은 그들의 아내를 바꾸었다. 때로는 심지어 평상시 같으면 가증스럽고 엄하게 처벌받아야 할 근친상간이 공공연하게 아무런 벌도 받지 않고 행해졌다.[28] 그리고 이러한 예식들이 일반적으로 밤중에 여기저기에서 횃불의 불빛이 새어나오는 암흑 가운데서 행해졌다는 사실을 덧붙인다면 이와 같은 장면들이 거기에 참석한 모든 사람들의 정신에 어떠한 영향을 주었는지 우리는 쉽게 상상할 수 있을 것이다. 이러한 것들은 신체적·정신적인 모든 삶에 너무나 격렬한 극도의 흥분을 야기하기 때문에 그렇게 오래 지속될 수 없다. 주요 역할을 맡은 행위자는 마침내 탈진해서 땅에 쓰러지게 된다.[29]

게다가 매우 도식적인 이 모습을 명확히 밝히고 해설하기 위해서 스펜서와 길런으로부터 차용해 온 몇몇 장면들을 기술하도록 하겠다.

와라뭉가족의 가장 중요한 종교의식 가운데 하나는 월룬콰

---

28) Spencer·Gillen, *Nat. Tr.*, 96~97쪽; *North. Tr.*, 137쪽; Brough Smyth, II, 319쪽 참조할 것. 이러한 의식(儀式)적인 혼잡은 특히 입문의식(Spencer·Gillen, *Nat. Tr.*, 267쪽, 381쪽; A.W. Howitt, *Nat. Tr.*, 657쪽)과 토템의식(Spencer·Gillen, *North. Tr.*, 214쪽, 298쪽, 237쪽)에서 행해진다. 후자의 경우 일반적인 족외혼의 규칙들이 위반된다. 하지만 아룬타족에서는 아버지와 딸, 아들과 어머니, 형제와 자매들(이 모든 경우에서 혈연관계가 문제시된다) 사이의 결합은 금해져 있다(Spencer·Gillen, *Nat. Tr.*, 96~97쪽).

29) A.W. Howitt, *Nat. Tr.*, 535쪽, 545쪽. 이러한 일은 매우 흔히 일어난다.

(Wollunqua) 뱀에 관한 의식이다. 이것은 며칠 동안 전개되는 일련의 예식이다. 네 번째 날에 다음과 같은 일이 일어난다.

와라뭉가족에서 통용되는 예식에 따르면 두 프라트리의 대표들이 예식에 참가하는데, 한쪽은 예식의 주례자로, 다른 한쪽은 준비하는 사람, 보조자로서 참가한다. 울루우루(Uluuru) 프라트리의 사람들만 유일하게 의례를 수행할 자격이 있다. 그러나 집행자들을 치장해주고 장소와 도구들을 준비해주며 군중의 역할을 맡는 것은 오직 킹길리(Kingilli) 프라트리 구성원들의 몫이다. 이러한 이유로 그들은 미리 축축한 모래를 가지고 일종의 작은 언덕을 만드는 임무를 맡게 되며, 그 언덕 위에는 붉은 솜털로 월룬콰 뱀의 형상을 나타내는 도안이 그려진다. 스펜서와 길런이 참석했던 실제 예식은 일단 밤이 되어야만 시작된다. 밤 10시나 11시경에 울루우루와 킹길리 프라트리 사람들이 그 장소에 도착했다. 그들은 언덕 위에 앉아 노래를 부르기 시작했다. 그들 모두가 분명히 과도한 흥분상태에 있었다(모든 사람은 분명히 매우 흥분한 상태였다). 밤이 조금 더 깊어지자 울루우루 사람들은 자신들의 부인을 데리고 와서 킹길리 사람들에게 주었고,[30] 그들은 그 여자들과 성관계를 맺었다. 그다음에 사람들은 최근에 입문한 젊은이들을 데리고 와서 그들에게 모든 예식을 자세하게 설명해주었다. 그리고 새벽 3시까지 노래가 끊임없이 계속되었다. 그러더니 정말로 야만적인 광란의 장면이 일어났다. 사방에 밝혀진 불들 때문에 주위의 암흑을 배경으로 한 고무나무들의 흰 빛이 두드러지게 나타나고 있었다. 울루우루 사람들은 언덕 옆에서 한 사람 뒤에 다른 사람, 그런 식으로 무릎을 꿇고 앉았다. 그다음에 그들은 전체가

---

30) 이 여자들은 킹길리 프라트리에 속한다. 따라서 이러한 결합은 족외혼의 규칙을 위반하는 것이다.

같은 동작으로 두 손을 넓적다리 위에 고정시킨 채 땅에서 일어나면서 언덕을 한 바퀴 돌았다. 그러고는 다시 좀더 멀리서 꿇어 앉아 그렇게 했다. 동시에 그들은 몸을 한 번은 오른쪽으로, 한 번은 왼쪽으로 흔들었는데, 그러한 동작 하나하나에 찢어지는 듯한 소리, 정말로 짐승의 포효 같은 이르시!(Yrrsh!) 이르시!(Yrrsh!) 이르시!(Yrrsh!) 라는 함성을 질렀다. 그러는 동안에 킹길리 사람들은 굉장한 흥분상태에서 그들의 부메랑들을 울렸는데, 그들의 우두머리는 그의 동료들보다 더 흥분되어 있었다. 울루우루 사람들의 행렬이 언덕을 두 번 돌고 나더니 그들은 무릎을 꿇은 자세를 그만두고 앉아서 다시 노래하기 시작했다. 때때로 노래는 잦아들었는데 그러다가는 갑자기 다시 시작되곤 했다. 동트기 시작할 때 모든 사람들이 벌떡 뛰어 일어났다. 꺼졌던 불들이 다시 켜졌고 킹길리 사람들로부터 재촉을 받은 울루우루 사람들은 미친 듯이 언덕을 공격했으며 몇 분 안 되어 언덕은 산산조각이 났다. 불들은 꺼졌고 깊은 적막이 시작되었다.[31]

역시 같은 관찰자들이 목격했던 더 격렬한 광경은 와라뭉가족에서 불의 예식들이 거행되는 동안 행해진 것이다.

밤이 시작되자 온갖 종류의 행렬, 춤, 노래들이 횃불 빛에서 행해졌다. 전체적인 흥분상태가 계속 증가하고 있었다. 어떤 순간에 열두 명의 보조자가 각자 불이 붙은 커다란 횃불을 들고 나왔다. 그들 중 하나는 횃불을 마치 총검처럼 들고서 원주민 집단을 공격했다. 방망이와 창들로 공격을 방어했다. 그리고 전반적인 난투가 시작되었다. 남자들은 일어섰고 날뛰었으며 야만적인 괴성을 질렀다. 불타는 횃불들은 계속해서 부스러지고 있었는데 사람들의 머리와 몸통들이 거기에 부딪칠 때마다 타닥타닥 소리를 내면서 불똥들이 사방으로

---

31) Spencer · Gillen, *North. Tr.*, 237쪽.

튀었다. "연기, 잘 타고 있는 횃불, 사방으로 비처럼 쏟아지는 불똥, 춤추면서 소리 지르는 사람들의 무리, 이 모든 것들이 말로는 그 생각을 설명하기가 불가능한 야만적인 광경을 만들어내고 있었다"[32] 고 스펜서와 길런은 말하고 있다.

이러한 열광상태에 도달하면 인간이 더 이상 자신을 인식하지 못한다는 것을 우리는 잘 알고 있다. 평상시와는 다르게 행동하고 생각하게 만드는 일종의 외적인 힘이 자신을 지배하고 이끄는 것을 느끼면서 인간은 자연스럽게 더 이상 자기 자신이 아니라는 느낌을 가진다. 자신이 새로운 존재가 된 것처럼 여긴다. 괴상하게 치장된 장식물들과 그의 얼굴을 덮은 가면들은 비록 그것들이 내적인 변모를 결정하는 데 기여하지는 못하지만, 내적인 변모를 외적으로 보여주는 것이다. 그리고 같은 순간에 그의 모든 동료들 또한 같은 방식으로 변화되는 것을 느끼며, 그들의 감성을 울부짖음, 몸짓, 태도들을 통해 표현한다. 그렇기 때문에 어떤 특수한 세계, 즉 그가 일상적으로 살던 세계와는 전적으로 다른 세계 속으로, 그를 사로잡아 변모시키는 매우 강력한 힘들로 꽉 차 있는 환경 속으로 정말로 옮겨진 것처럼 느끼도록 모든 것이 작용한다. 이와 같은 경험들이 특히 몇 주일 동안 매일 반복될 때 어떻게 인간이 이질적이면서 서로 양립할 수 없는 두 세계가 존재한다고 확신하지 않을 수 있겠는가? 하나는 그가 무미건조하게 일상생활을 이끌어 오던 세계이며, 반대로 다른 하나는 그를 광란의 정도까지 흥분시키는 특별한 힘과 관계를 맺지 않으면 들어갈 수 없는 세계이다. 전자는 속된 세계이고, 후자는 거룩한

---

32) 같은 책, 391쪽. 종교예식이 진행되는 동안 행해지는 집단적 격앙상태에 대한 다른 예들을 Spencer · Gillen, *Nat. Tr.*, 244~246쪽, 356~366쪽, 374쪽, 509~510쪽에서 찾아볼 수 있다(후자는 장례식 때에 일어난 것이다). Spencer · Gillen, *North. Tr.*, 213쪽, 351쪽과 비교.

사물들의 세계이다.

따라서 이러한 격정적인 사회 환경에서 그리고 격정 그 자체로부터 종교 관념이 생겨난 것으로 보인다. 다음과 같은 사실은 이것이 진정 종교 관념의 기원이라는 것을 확증해준다. 즉 오스트레일리아에서는 이른바 종교행위는 거의 다 이러한 집회들이 열리고 있는 순간에 집중되어 있다는 것이다. 물론 어느 정도 주기적으로 성대한 종교의식을 행하지 않는 민족은 없다. 그러나 좀더 진보된 사회에서는 말하자면 매일 매일 신에게 어떤 기도나 봉헌이 드려지고, 어떤 의례가 거행된다. 반대로 오스트레일리아에서는 씨족이나 부족의 축제 때 이외에는 거의 모든 시간이 속되고 세속적인 일들로 채워져 있다. 물론 이러한 세속적인 활동 기간 중에도 지켜지고 준수되어야 하는 금지가 있다. 적어도 그러한 금지가 처음처럼 엄격하게 유지하는 곳에서는 토템 동물을 결코 마음대로 죽이거나 먹을 수 없다. 그러나 그때 사람들은 어떤 적극적인 의례나 중요한 예식을 거행하지 않는다. 이러한 의식은 군중이 모였을 때만 거행된다. 오스트레일리아 사람들의 종교생활은 완전한 잠잠함과 극도의 흥분이 번갈아 가면서 진행된다. 사회생활도 이것과 똑같은 리듬에 따라 변동한다. 이러한 사실은 그들을 서로 연결하는 유대관계를 분명히 드러나게 해준다. 반면 이른바 문명화된 사람들에게서는 잠잠함과 흥분이 비교적 연속되어 있어서 둘 사이의 관계가 뚜렷하게 드러나지 않는다. 거룩한 감정을 최초의 형태대로 분출하기 위해 이러한 격렬한 대조가 필요하지 않았을까 자문해볼 수도 있다. 정해진 시기에 거의 전체가 모임으로써 집합생활은 사실상 최대한의 강도와 효과를 가질 수 있다. 그 결과 집합생활은 인간에게 그가 영위하는 이중적 존재와 이중적 본질에 대해 보다 생생한 느낌을 줄 수 있었던 것이다.

그러나 이러한 설명은 아직 불충분하다. 우리는 앞에서 씨족이 그 구성원들에게 행사하는 방식을 통해 그들을 지배하고 열광케 하는 외부의 힘에 대한 관념을 어떻게 일깨웠는가를 잘 보여주었다. 그러나 어떻게 이러한 힘이 토템의 모습으로, 즉 동물이나 식물의 형상으로 생각되었는지 밝혀야 할 것이다.

그것은 이러한 동물이나 식물이 씨족에게 그 명칭을 주었고, 씨족의 상징으로 쓰이기 때문이다. 사실상 어떤 사물이 우리에게 불러일으킨 감정은 그 사물을 표현하는 상징과 자동적으로 서로 통한다는 것은 잘 알려진 법칙이다. 검은색은 우리에게 장례의 표지이다. 또한 검은색은 우리에게 슬픈 생각과 감정들을 불러일으킨다. 이러한 감정의 전이는 사물의 개념과 상징의 개념이 우리의 정신 속에서 긴밀하게 결합되어 있다는 사실에서 기인한다. 어떤 하나에 의해 환기된 감정들은 전염병처럼 다른 것으로 확장된다. 그러나 이러한 전염은 모든 경우에 어느 정도로 생겨나지만, 상징이 단순하고 명확하며 쉽게 표현될수록 훨씬 더 완전하고 분명하게 생겨난다. 반면에 사물들은 그 크기와 수많은 부분, 그리고 복잡한 조직 때문에 생각으로 파악하기가 어렵다. 왜냐하면 우리가 혼잡한 시각으로밖에 애써 표현할 수 없는 추상적 실체를 우리가 느끼는 강한 감정의 기원으로 여길수는 없기 때문이다. 우리가 그 실체를 생생하게 느끼는 어떤 구체적인 대상에 이러한 감정들을 연결시켜야만 그 감정들을 설명할 수 있다. 만약 어떤 사물들이 이러한 조건을 충족시키지 못한다면 비록 그 사물들이 감정들을 불러일으켰다고 하더라도 그 감정들의 부착점(附着點)으로 사용될 수 없다. 따라서 그 자리를 대신하는 어떤 기호가 생겨나게 된다. 우리는 사물들이 불러일으킨 감정을 바로 이러한 기호와 연결시킨다. 사랑받고 두려워하고 존경받는 것은 사물이 아니라 기호다. 사람들은 기호에 감사하며 기호에 헌신한다. 자신의 군대 깃발을 위해 죽는 병사는 조국을 위해 죽는 것이다. 그러나 사실상 그의 의식 속에서 최고의 자리를 차지하는 것은 깃발이다. 이러한 생각이 직접적으로 행동을 결정하는 경우도 있다. 하나의 군기가 적의 손아귀에 넘어 가는가 그렇지 않는가의 문제가 국가의 운명을 결정하지 못함에도 불구하고, 병사는 군기를 다시 탈취하기 위해 목숨을 내놓는다. 군기는 기호에 불과하고 그 자체로는 아무런 가치를 가지고 있지 않으며, 그것이 표현하는 현실을 환기시키는 작용만 할 뿐이라는 사실을 사람들은 잊고 있는 것이다. 사람들은 기호를 실체 그 자체처럼 다루고 있다.

마찬가지로 토템은 그 씨족의 깃발이다. 따라서 씨족이 각 개인의 의식 속에 일깨우는 인상들—의존감과 증가된 생명력의 인상들—은 씨족 개념보다는 토템 개념에 훨씬 더 강하게 밀착되어 있다. 왜냐하면 씨족은 너무나 복잡한 실체이기 때문에 미발달된 지성으로는 구체적으로 정확하게 표현할 수 없기 때문이다. 게다가 원시인들은 이러한 인상들이 집단에서 기인한다는 것조차 깨닫지 못하고 있었다. 원시인은 같은 생활을 하면서 결집된 상당수의 사람들이 함께 모이는 것이 그들 각각을 변화시키는 새로운 에너지를 발생한다는 것을 모른다. 그가 느끼는 전부는 그가 자신보다 고양되었고 평상시 영위하던 것과는 다른 삶을 산다는 것뿐이다. 하지만 그는 이러한 느낌의 원인을 외부의 어떤 사물들과 연결시켜야만 한다. 그러면 원시인이 그의 주위에서 무엇을 볼까? 사방에서 그의 감각에 호소하며 그의 주의력을 일깨우는 것은 바로 수많은 토템의 이미지다. 그것들이 바로 성스러운 존재의 상징인 와닝가, 누르툰자들이다. 또한 불로러와 추링가들인데, 일반적으로 이것들 위에는 토템의 의미를 지닌 선(線)들이 새겨진다. 그것들은 또한 그의 신체 여러 부분들을 덮고 있는 장식물, 바로 토템의 표지이다. 어디서나 반복되며 온갖 형태로 나타나는 이러한 토템 이미지들이 어떻게 원시인의 정신 속에서 예외적으로 부각되지 않을 수 있겠는가? 이와 같이 장면의 중심에 위치한 이미지가 그것을 대표하는 것이 되었다. 느껴진 감정들은 바로 이러한 이미지 위에 고정된다. 왜냐하면 이 이미지는 그러한 감정들이 고정될 수 있는 유일하고도 구체적인 대상이기 때문이다. 이러한 토템 이미지는 집회가 해산된 후에도 계속해서 그러한 감정들을 자아내고 불러일으킨다. 왜냐하면 그것은 숭배의 도구들·바위벽·방패 등에 새겨져 있어서 집회보다 오래 남기 때문이다. 이러한 이미지 덕분에 앞서 경험했던 감정들은 영속적으로 유지되고 되살아난다. 따라서 일어나는 모든 일은 마치 토템 이미지가 그러한 감정들을 직접 불러일으키는 것처럼 느껴지게 만든다. 감정들은 집단에 공통적이고, 또한 그 집단에 역시 공통되는 어떤 사물들에만 연결될 수 있기 때문에 토템 이미지가 그러한 감정들을 불러일으켰다고 여겨지는 것은 아주 당연하다. 따라서 토템 상징은 이러한 조건을 만족시키는 유일한 것이다. 상징은 원래 모두에게 공통된 것이다. 예식이 행해지는 동안 상징은 만인의 주시 대상이 된다. 세대가 변해도 그 상징은 그대로 남아 있다. 그것은 사회생활의 영원한 요소이다. 그러므로 사람들이 관련되어 있다고 느끼는 신비한 힘들은 바로 그 상징에서 발산되는 것처럼 보였으며, 사람들은 이러한 힘을 씨족과 동일한 명칭을 가진 존재(생물이거나 무생물이거나)의 특징으로 표현하게 되었다.

이상과 같다면 우리는 토템 신앙 안에 있는 본질적인 모든 것을 이해할 수 있게 된다.

종교적 힘이 씨족의 익명적이고 집합적인 힘이고, 이러한 힘은 토템의 형태로만 표현될 수 있으므로 토템 상징은 눈으로 볼 수 있는 신의 몸체와 같다. 따라서 숭배가 장려하거나 방지하는 행동들은 그것이 선의적이든 두려운 것이든 간에 토템 상징으로부터 나오는 것처럼 보인다. 따라서 의례는 특별히 그 상징을 향해 행해진다. 일련의 성스러운 사물들 속에서 토템 상징이 최고의 위치를 차지하고 있는 것도 이렇게 설명이 된다.

그러나 씨족은 모든 다른 종류의 사회와 마찬가지로 그 씨족을 구성하는 개인들의 의식(意識) 속에서 그리고 그 의식(意識)을 통해서만 살아남을 수 있다. 따라서 종교적인 힘이 토템 상징 속에 구현된 것으로 여겨지는 한, 종교적 힘이 개인들의 외부에 있는 것처럼 개인들과 관련해볼 때 종교적 힘이 일종의 초월성을 부여받은 것으로 보이더라도, 다른 한편으로 씨족의 상징으로서 종교적 힘은 개인 안에서 그리고 개인들을 통해서만 현실화될 수 있다. 이런 의미에서 종교적 힘은 개인들에게 내재되어 있으며, 개인들은 그 힘을 반드시 그렇게 표현해야 한다. 그들은 자신들 안에 그러한 힘이 존재하면서 작용한다고 느낀다. 왜냐하면 그들을 보다 높은 삶으로 고양시키는 것이 바로 그러한 힘이기 때문이다. 이것이 바로 인간들이 토템 속에 있는 원리와 비교될 만한 본체가 자신 속에 있다고 믿는 이유이다. 따라서 인간은 상징의 성스러운 특성보다는 덜하지만 스스로에게도 성스러운 특성을 부여했다. 상징은 종교생활의 탁월한 원천이기 때문이다. 인간은 상징에 간접적으로만 관여하며 그러한 사실을 잘 인식하고 있다. 또한 인간은 자신을 성스러운 사물들의 범주로 전이시켜주는 힘이 내재된 것이 아니라 밖으로부터 온다는 것을 이해하고 있다.

그러나 다른 이유 때문에 토템종의 동물이나 식물은 동일한 특성, 또는 더 높은 수준의 특성을 가지고 있어야 한다. 왜냐하면 만일 이러한 토템의 본체가 다름 아닌 씨족이라면 그것은 상징이 나타내는 물질적 형태로 생각된 씨족이기 때문이다. 따라서 이러한 형태는 씨족과 동일한 명칭을 지닌 구체적인 존재들의 형태이다. 이러한 유사성 때문에 그 존재들은 상징이 불러일으키는 것과 유사한 감정들을 일깨우지 않을 수 없었다. 왜냐하면 상징은 종교적 존경의 대상이기 때문에 구체적인 존재들도 같은 종류의 존경을 불러일으키고 성스럽게 보여야 하기 때문이다. 이와 같이 완전히 동일한 외적 형태들 때문에 원주민들은 그 존재들에게 동일한 본질의 힘을 부여하지 않을 수 없었다. 그리하여 토템 동물을 먹거나 죽이는 것이 금지된다. 왜냐하면 그 살[肉]은 의례에서 사용되는 실제적인 효력을 가졌다고 여겨지기 때문이다. 또한 토템 동물은 씨족의 상징, 다시 말해서 자기 자신의 이미지와 닮았기 때문이다. 그 토템은 자연히 인간보다 상징과 더 많이 닮았기 때문에 그것이 성스러운 사물들의 계열에서 인간보다 높은 위치를 차지한다. 인간과 토템종이 같은 본질을 공유하는 한, 이 두 존재들 사이에는 분명히 긴밀한 관계가 존재한다. 이 두 존재는 토템 본체의 어떤 것을 구현한다. 이 본체 자체가 동물의 형태로 인식되기 때문에 동물이 인간보다 더 완전하게 토템 본체를 구현한 것처럼 여겨진다. 이러한 이유로 인간은 토템을 형제로, 적어도 인간의 형님으로 여긴다.[33]

그러나 만일 토템 본체가 특정 동물종이나 식물종을 선호한다 할지라도 거기에만 국한될 수는 없었다. 성스러운 특성은 상당히 전염적이다.[34] 따라서 성스러운 특성은 토템 존재로부터 가깝거나 먼 관

---

33) 우리는 이러한 형제관계가 토템 숭배의 기초가 아니라 토템 숭배의 논리적 결과라는 것을 알고 있다. 사람들은 토템종의 동물들에 대한 의무들을 생각하지 않았다. 왜냐하면 그것들과 친척이라고 생각했기 때문이다. 그러나 그들은 동물을 대상으로 하는 의식과 믿음의 본질을 이해하기 위해 이러한 친척관계를 상상했다. 동물은 인간처럼 성스러운 존재이기 때문에 인간의 동류로 생각된 것이다. 동물을 친척으로 생각했기 때문에 그것들을 성스러운 존재로 여긴 것은 아니다.
34) 이 책, 제3권 제1장 3절 참조할 것.

계를 맺은 모든 것으로 확산된다. 토템 동물이 불러일으킨 종교적 감정은 그 동물에게 영양을 공급하고 그 동물의 피와 살을 만들거나 다시 만드는 데 쓰이는 실체들에게로 확산된다. 또한 그러한 감정들은 그 동물들과 닮은 사물들 그리고 그 동물이 지속적인 관계를 맺고 있는 여러 존재에게로 확산된다. 이렇게 해서 조금씩 하위토템들은 토템과 연결되고, 원시인의 분류가 나타내 보여주는 우주 생성론적 체계가 구성되는 것이다. 마침내 세계 전체는 동일 부족의 토템 본체들 가운데로 분할된다.

이제 종교적 힘들이 역사에 나타날 때 그것들이 보여주는 애매함이 어디에서 기원하는지 설명할 수 있다. 왜냐하면 그러한 힘들은 인간적인 동시에 물리적이며, 물질적인 동시에 도덕적이기 때문이다. 그것은 도덕적 힘이다. 왜냐하면 종교적 힘은 공동체라는 도덕적 존재가 다른 도덕적 존재인 개인들에게 불러일으킨 인상들로 이루어져 있기 때문이다. 종교적 힘은 물리적 사물이 우리의 감각에 영향을 미치는 방식이 아니라 집합의식이 개인의식에 작용하는 방식을 표현해준다. 종교적 힘의 권위는 사회가 그 구성원들에게 행사하는 도덕적 지배력의 한 형태일 뿐이다. 그러나 다른 한편으로는 종교적 힘이 물리적인 형태로 인식되기 때문에 물질적 사물들과 긴밀한 관계가 있는 것으로 여기지 않을 수 없었다.[35] 따라서 종교적 힘은 두 세계를 지배한다. 그 힘은 인간 속에 있으면서 동시에 사물들의 생명의

---

35) 게다가 이러한 개념의 근저에는 근거가 확실하고 지속적인 감정이 있다. 현대과학 역시 인간과 자연의 이중성이 그들의 일체성을 배제하지 않음을 인정하는 경향이 있다. 즉 물리적 힘과 정신적 힘은 별개의 것이지만 긴밀하게 관련되어 있다는 것을 인정한다. 이러한 일체성과 연관성에 대해 우리는 물론 원시인과는 다른 개념을 가지고 있다. 그러나 상징들은 다르지만 이 둘에 의해 확증된 사실은 서로 같다.

근본이기도 하다. 그 힘은 정신을 활기차게 하고 훈련시킨다. 그러나 식물을 자라게 하고 동물을 번식시키는 것도 역시 이러한 힘이다. 종교를 인류문명의 모든 중요한 맹아들이 태어난 모태로 여길 수 있었던 것도 이러한 종교의 이중적 특성에서 기인한다. 왜냐하면 종교는 현실의 모든 것, 즉 정신세계뿐만 아니라 물질세계까지도 포함할 수 있기 때문에 정신을 움직이는 힘과 마찬가지로 육체를 움직이는 힘들도 종교적 형태로 인식되었다. 이와 같이 가장 다양한 기술(技術)들과 의례들, 다시 말해서 정신생활을 가능케 하는 것들(법, 도덕, 미술)과 물질생활에 쓰이는 것들(자연과학, 기술, 공업)은 직·간접적으로 종교에서 파생되었다.[36]

4. 종교는 공포의 산물이 아니다

사람들은 종종 최초의 종교적 관념이 인간이 세계와 접촉할 때 인간을 사로잡는 연약함과 의존감정, 공포와 불안의 감정에서 생겨났다고 한다. 인간은 자신이 만들어냈을지도 모르는 일종의 악몽의 희생자로서 적의에 차고 두려운 힘들에 둘러싸여 있다고 믿고 있으며, 의례가 그러한 힘들을 진정시킨다고 생각했다는 것이다. 우리는 방금 최초의 종교들이 전혀 다른 기원을 가지고 있다는 것을 밝혔다. "두려움이 세상에 최초의 신을 만들었다"(Primus in orbe deos fecit timor)는 유명한 공식은 사실들에 의해 전혀 정당화되지 않았다. 원시인은 그의 신들을 이방인이나 적으로 여기지 않았으며, 인간이 어

---

36) 우리는 이러한 파생에 대해 때로 간접적이라고 말한다. 대부분의 경우에 산업기술은 주술이라는 매체를 통해서만 종교에서 파생된 것으로 여겨지기 때문이다(Hubert et Mauss, "Théorie générale de la Magie", in *Année Sociol.*, VII., 144쪽 이하 참조할 것). 왜냐하면 주술적인 힘은 종교적 힘의 특수한 형태에 불과하기 때문이다. 우리는 차후로 이 점에 대해 여러 번 언급할 것이다.

떻게 해서든 그들의 은총을 얻어야만 했던 철저하고도 필연적으로 악의에 찬 존재들로 여기지도 않았다. 그와는 정반대로 원시인에게 신은 오히려 친구, 부모, 자연의 보호자였다. 그가 토템종의 존재들에게 붙인 이름들이 그런 것들이 아닌가? 인간은 숭배 대상이 되는 힘을 자신보다 매우 높은 곳에서 내려다보면서 그 우월성으로 인간을 압도하는 그런 존재로 표현하지 않는다. 그 반대로 그 힘은 인간과 매우 가까운 것이며, 인간의 본질상 가지지 못한 유용한 능력들을 인간에게 준다. 인간이 직접 대하는 환경에서 많이 만나는 사물들 속에서 신이 나타나고, 부분적으로는 인간에게도 내재되어 있기 때문에 역사에 있어서 이 시기만큼 신이 인간과 더 가까이 있었던 적은 없었던 것 같다. 결국 토템 숭배의 기원이 되는 것은 요컨대 공포와 압박감이라기보다는 오히려 즐거운 신뢰의 감정들이다. 장례를 제외한다면—모든 종교의 어두운 측면인—토템 숭배는 노래와 춤, 연극적인 표현들 속에서 거행된다. 우리가 보게 되겠지만 잔인한 속죄 의식은 비교적 드물다. 심지어 입문 시에 해야 하는 고통스러운 절단(絶斷)도 이러한 특성을 지니고 있지 않다. 질투심이 많고 무서운 신들은 종교적 진화에 있어서 훨씬 늦게 나타났다. 원시사회는 어마어마한 힘으로 인간을 짓누르고 인간에게 엄격한 훈련을 가하는 거대한 레비아탄(Leviathans)들이 아니다.[37] 인간은 자발적으로 아무런 저항 없이 신들에게 헌신한다. 사회의 영혼은 극히 적은 수의 사상들과 감정들로 이루어져 있으므로 그것은 쉽게 전적으로 각 개인의 의식(意識) 안에서 구현된다. 개인은 사회의 영혼을 자신 속에 지니고 있다. 사회의 영혼은 그 자신의 일부이다. 따라서 사회의 영혼이 부

---

37) 적어도 그가 성인이고 온전히 입문한 후에 이런 일이 일어난다. 왜냐하면 젊은이를 사회생활로 안내하는 입문의례는 그 자체가 엄격한 훈련이기 때문이다.

추기는 충동에 개인이 굴복할 때 그는 강제에 굴복한다고 생각하지 않고, 그의 본성이 부르는 대로 따라 간다고 생각한다.[38]

또한 종교사상의 기원을 설명하는 이러한 방법은 가장 명성 있는 고전이론들이 제기하는 반박을 피할 수 있다.

우리는 자연 숭배자들과 정령 숭배자들이 물리적 또는 생물학적 계(界)의 여러 가지 현상들이 우리 안에 불러일으킨 감정들을 가지고 어떻게 성스러운 존재들에 대한 개념을 구성했는가를 살펴보았다. 그리고 이러한 시도가 지니고 있는 불가능성과 모순까지도 밝혀 보았다. 무(無)로부터는 아무것도 생기지 않는다. 물리세계가 우리에게 불러일으키는 감정들에는 요컨대 이 세상을 초월하는 것이 아무것도 없다. 지각 가능한 것으로는 오직 지각 가능한 것밖에는 만들어낼 수 없다. 유한한 것으로 무한한 것을 만들 수 없다. 또한 이러한 상황에서 성스러운 개념이 어떻게 형성될 수 있었는지를 설명하기 위해 대다수의 이론가들은 인간이 관찰된 바의 현실에다 비현실적 세계를 덧붙였다는 사실을 인정할 수밖에 없었다. 즉 꿈꾸는 동안 인간 정신을 움직이는 환상적인 영상들로 이루어진 비현실적 세계, 또는 언어의 현혹적인 그러나 기만적인 영향 하에서 때로 신화적인 상상력이 만들어낸 무서운 착오들로 이루어진 비현실적 세계를 덧붙였다는 사실을 인정해야만 했다. 그러나 그렇게 되면 여러 세기가 흐르는 동안 경험을 통해 바로 증명될 오류들을 인류가 고집하고 있었다는 것을 이해할 수 없다.

우리의 관점에서 보면 이러한 어려움들은 사라진다. 종교가 설명되지 않는 환각이기를 그치고 현실 위에 발판을 마련하게 된다. 사

---

38) 원시사회의 특별한 본질에 대해서는 *Division du Travail Social*, 제3판, 123쪽, 149쪽, 173쪽 이하 참조할 것.

실상 신자가 자신이 의지하는 도덕적인 힘, 자기에게 가장 좋은 것을 주는 도덕적 힘의 존재를 믿을 때 그는 기만당하는 것이 아니라고 말할 수 있다. 이러한 힘은 존재하며, 그것이 바로 사회이다. 오스트레일리아 사람들이 자신을 초월해서 밖으로 나오고, 그 강렬함 때문에 스스로 놀라는 새로운 생명이 자신 속에서 넘쳐흐르는 것을 느낄 때 그들은 환상에 속는 것이 아니다. 이러한 열광은 실제적이며, 그것은 또한 실제로 개인의 외부에 있으면서 개인보다 우월한 힘의 산물이다. 물론 이러한 생명력의 증진이 동물이나 식물의 형상에서 기인하는 힘의 작용이라고 생각한다면, 그는 잘못 생각하고 있는 것이다. 그러나 오류는 그러한 힘이 존재한다는 사실과 관련된 것이 아니다. 오류는 단지 이러한 존재가 사람들에게 표현되는 상징의 문자나 상상력이 그것에 부여한 외적인 모습과 관련되어 있다. 이러한 형상과 은유 뒤에는 그것들이 조잡하건 세련되건 간에 구체적이고도 살아 있는 실체가 존재하고 있다. 그리하여 종교는 가장 완강한 합리주의자라 할지라도 인정하지 않을 수 없는 의미와 합당성을 가지게 되었다. 종교의 일차적인 목적은 인간에게 물리세계에 대한 표상을 제공하는 것이 아니다. 왜냐하면 만일 그것이 종교의 기본적인 임무라면 그러한 측면에서 볼 때 오류투성이에 불과한 종교가 어떻게 살아남을 수 있었는지 이해할 수 없기 때문이다. 종교는 무엇보다도 관념체계이다. 바로 그 체계에 의해 개인은 자신이 소속된 사회에 대해 그리고 자신이 사회와 맺고 있는 모호하지만 긴밀한 관계들에 대해 상상한다. 이것이 종교의 가장 중요한 기능이다. 그리고 은유적이고 상징적이기는 하지만, 이러한 표상이 부정확한 것은 아니다. 반대로 이러한 표상은 표현해야 할 관계 속에 있는 모든 핵심들을 나타내준다. 왜냐하면 우리 밖에 우리보다 위대한 무엇인가가 존재하고 있으며, 우리가 그것과 교제하고 있다는 것은 사실 영원한 진리이기 때문이다.

따라서 예배행위는 대수롭지 않은 행동이나 효과 없는 몸짓과는 다른 어떤 것이라고 미리 확신할 수 있다. 예배가 신도와 그의 신을 연결하는 관계를 강화시키는 분명한 기능을 가지고 있다는 사실만으로도 예배는 또한 개인과 그가 속한 사회를 묶는 관계를 실제로 강화해준다. 신이란 단지 사회의 상징적인 표현에 불과하기 때문이다. 우리는 종교의 기본진리가 거의 모든 종교의 부차적인 오류들을 어떻게 충분히 보상할 수 있는지 이해한다. 따라서 종교에는 이러한 오류에서 기인되었음이 틀림없는 착오들이 있음에도 불구하고 어떻게 해서 신도들이 종교로부터 벗어나지 못하게 되었는가를 우리는 이해하고 있다. 물론 대부분의 경우 사물들을 작동시키기 위해 종교가 인간에게 추천해준 처방들이 효과가 없다는 것은 부인하기 어려운 사실이다. 그러나 이러한 실패는 영향력이 별로 없나. 왜냐하면 이러한 실패가 근본적인 취지에서 종교를 손상시키지 못하기 때문이다.[39]

하지만 이러한 가설에 따른다고 할지라도 종교에는 어떤 망상의 산물이 남아 있지 않겠느냐고 이의를 제기할 수 있을 것이다. 사실상 집단적인 흥분의 결과로 인간들이 목전의 세계와는 완전히 다른 세계 속으로 옮겨졌다고 믿을 때, 인간들이 처해 있는 상태에 어떤 다른 이름을 붙일 수 있을까?

정신착란과 관련된 심리적인 열광이 없다면 종교생활이 어떤 강렬한 정도에 도달할 수 없는 것도 물론 사실이다. 선지자들이나 종교의 창시자들 또는 위대한 성인들, 한마디로 종교의식(宗教意識)이 유달

---

39) 우리는 잠정적으로 일반적인 지적에 그치기로 한다. 우리는 이러한 관념을 다시 다룰 것이며, 의례에 대해서 좀더 분명한 증거를 제시할 것이다(이 책, 제3권).

리 민감한 사람들이 대부분의 경우 심지어는 병적이라 할 수 있는 과도한 신경과민의 표지들을 보이는 것도 이러한 이유 때문이다. 흥분을 일으키는 액체들이 의례에 사용되는 것도 동일하게 설명된다.[40] 물론 열렬한 믿음이 필연적으로 흥분과 그것에 수반되는 심리적 혼란의 산물이라는 의미는 아니다. 그러나 사람들은 경험에 의해 정신착란자의 심리와 선견자의 심리 사이에 유사점이 있다는 것을 재빨리 알아차렸기 때문에 인위적으로 전자를 흥분시킴으로써 후자에게 길을 터주려고 애썼다. 그러나 이러한 이유로 종교가 어떤 흥분 없이는 존재할 수 없다고 말할 수 있다면 이러한 흥분은 만일 우리가 그것에 부여했던 원인들을 간직하고 있을 때 토대가 잘 세워진 흥분이라는 사실을 덧붙여야 할 것이다. 흥분을 이루고 있는 이미지들은 자연 숭배자와 정령 숭배자들이 종교의 토대로 삼은 것과 같은 순수한 환상들이 아니다. 이러한 이미지들은 현실의 어떤 것과 일치한다. 인간의 마음이 어원적 의미에서 엑스타시스(ἔχστασις) 이른바 열광(extatique)상태에 빠지지 않는다면, 또한 인간의 마음을 흥분시키지 않는다면 이미지들이 표현하고 있는 도덕적 힘은 인간의 마음에 강력하게 영향을 미칠 수 없을 것이다. 그렇다고 이미지들이 상상력의 산물이라는 의미는 아니다. 그와는 정반대로 이미지들이 불러일으키는 심적인 동요는 이미지의 현실성을 입증한다. 매우 강렬한 사회생활은 개인의 의식(意識)뿐 아니라 조직체에 대해서도 그 정상적인 기능을 어렵게 하는 일종의 폭력을 만든다는 새로운 증거일 뿐이다. 그러므로 매우 강렬한 사회생활은 매우 한정된 시간 동안만 지속될 수 있다.[41]

---

40) 이 점에 대해서는 Achelis, *Die Ekstase*, Berlin, 1902, 특히 제1장 참조할 것.

41) Mauss, "Essai sur les variations saisonnières des sociétés eskimos", in *Année Sociol*, IX. 127쪽과 비교.

게다가 만일 정신이 감각적 직관의 직접적인 자료들에다 무엇인가를 덧붙이며, 그의 감상과 느낌을 사물들에 투사하는 모든 상태를 정신착란이라고 부른다면 아마도 이러한 의미에서는 거의 모든 집합표상이 다 정신착란적일 것이다. 종교적인 믿음이란 이와 같이 매우 일반적인 법칙의 특수한 경우에 불과하다. 사회 환경 전체는 실제로 우리의 마음속에서만 존재하는 힘들로 가득 차 있는 것처럼 보인다. 우리는 군인에게 군기가 무엇을 의미하는지를 알고 있다. 그 자체만으로 본다면 군기는 천 조각에 불과하다. 인간의 피는 유기적인 액체에 불과하다. 하지만 오늘날까지도 우리는 피가 흐르는 것을 볼 때, 피의 물리-화학적인 특성들로는 설명될 수 없는 격렬한 감정을 느끼지 않을 수 없다. 인간은 물리학적인 관점에서 보면 세포체계에 불과하며, 심리적 차원에서는 표상체계에 불과하다. 이 두 가지 경우에 있어서 인간은 동물과 정도의 차이만 있을 뿐이다. 하지만 사회는 인간을 이해하고, 우리에게 다음과 같이 인간을 이해하라고 요구한다. 즉 인간은 인간만의 고유한 특성을 가지고 있어서 다른 존재들과 구분되며 경솔하게 침해되어서는 안 되는, 한마디로 말해 경원의 대상으로 이해되어야 한다는 것이다. 인간을 스스로 높은 자리로 끌어올리는 이러한 권위는 비록 우리가 인간의 경험적 본질 속에서 그것을 정당화할 만한 어떤 것도 발견할 수 없을지라도 인간만이 지닌 독특한 속성 가운데 하나로 보인다. 소인 찍힌 우표는 재산이 될 수 있다. 그러나 이러한 가치는 그 우표의 본질적 속성 속에 들어 있지 않음이 분명하다. 물론 어떤 의미로는 우리의 외부세계에 대한 표상 역시 환각의 구조물에 불과하다. 왜냐하면 우리가 육체 안에 받아들이는 향기, 맛, 색깔들은 적어도 우리가 인식한 그대로가 아니기 때문이다. 하지만 우리의 후각, 미각, 시각들은 표현된 사물들의 어떤 객관적인 상태와 일치된다. 이러한 감각들은 향기, 맛, 색깔로 인식되는 어떤 물체에 그 기원을 두는 속성들을, 그것들이 물질적인 입자일 수도 있고 에테르의 파동일 수도 있지만, 나름의 방식으로 표현한다. 그러나 많은 경우 집합표상은 그것과 연결된 사물들에게, 그 사물들 안에 어떤 형태로 또는 어떤 정도로도 존재하지 않는 속성들을 부여한다. 이러한 표상은 가장 속된 대상들을 매우 강력하고 성스러운 존재로 만들 수 있다.

그러나 아무리 순수하게 관념적이라고 하더라도 어떤 대상에게 부여된 힘은 마치 실제처럼 작용한다. 그 힘들은 물리적 힘과 똑같은 필연성을 가지고 인간의 행위를 결정한다. 추링가를 문질렀던 아룬타족은 자신이 더 강해진다고 느낀다. 그는 더 강해진다. 만일 그가 아무리 완벽하게 건강할지라도 금지된 동물의 고기를 먹는다면 그는 병든다고 느낄 것이고, 아마 죽을지도 모른다. 군기를 방어하다가 쓰러진 군인은 그가 천 조각을 위해 희생했다고 생각하지 않는다. 이것은 바로 사회사상이 그 속에 있는 강제적 권위 덕분에 개인 사상이 결코 가질 수 없는 효력을 가지는 이유이다. 사회사상이 우리의 정신에 미치는 영향력에 의해 그것은 우리로 하여금 사회가 원하는 관점에서 사물들을 보도록 만들 수 있다. 사회사상은 상황에 따라서 현실에 무엇인가를 덧붙이기도 하고 삭제하기도 한다. 관념론(idéalisme)의 공식이 거의 문자 그대로 적용되는 자연의 영역이 있다. 그것이 바로 사회계(界)이다. 여기에서는 다른 어느 곳에서보다 더욱더 관념이 현실을 만든다. 물론 이러한 경우에도 관념론이 기질(tempérament)을 가지는 것이 사실이다. 우리는 결코 인간 본성의 이중성에서 벗어날 수 없으며, 물리적인 필요에서 완전히 자유로울 수 없다. 우리는 자신의 관념을 표현하기 위해 위에서 살펴본 바와 같이 관념을 상징화해서 나타내주는 물질적인 사물들 위에 고정시킬 필요가 있다. 그러나 이러한 경우 물질적인 부분은 최소한으로 축소된다. 관념을 지지하는 데 쓰이는 대상은 관념의 상부구조에 비하면 별 것이 아니다. 이러한 상부구조 하에서 대상은 사라져버린다. 게다가 이러한 상부구조 안에서 대상은 아무것도 아니다. 많은 집합표상의 근저에서 발견되는 유사정신착란(pseudo-délire)이 무엇으로 이루 어져 있는가. 유사정신착란은 본질적인 관념론의 한 형태에 불과하 다.[42] 따라서 그것은 말 그대로의 정신착란이 아니다. 왜냐하면 이렇 게 객관화된 관념들은 아마도 관념이 접목된 물질적 사물의 본질이 아니라 사회의 본질에 근거하기 때문이다.

우리는 이제 토템 원리, 좀더 일반적으로 말하자면 모든 종교적 힘 이 어떻게 그것이 머물고 있는 사물들의 외부에 존재하게 되었는가 를 이해할 수 있다.[43] 종교 개념은 이러한 사물들이 직접 우리의 감 각이나 정신에 새겨놓은 인상들로 이루어진 것이 아니기 때문이다. 종교적 힘은 공동체가 그 구성원들에게 불러일으키는 감정이다. 그 러나 그 감정은 그것을 느끼는 의식(意識)의 외부에서 투사되고 객 관화된다. 그러한 느낌이 객관화되기 위해 그것은 성스럽게 된 어떤 대상에 고정된다. 모든 대상이 이러한 역할을 할 수 있다. 원칙적으 로 다른 것들을 모두 제쳐놓고, 성스러운 것으로 예정된 본질은 따로

---

42) 우리는 라첼(F. Ratzel)의 지리적 물질주의처럼 물질적인(경제적이건 영토적 이건) 토대로부터 모든 사회생활을 끌어내는 이론들이 얼마나 오류인가를 알 게 된다(특히 『정치지리학』*Politische Geographie* 참조할 것). 이러한 이론들은 개 인 심리학에서 모즐리(Maudsley)가 저질렀던 것과 비슷한 오류를 범하고 있 다. 모즐리가 개인의 심리생활을 단지 개인의 생리적 근저의 부증세(副症勢) 로 환원시킨 것처럼 이 이론들도 공동체의 모든 심리생활을 그 물질적 근거 로 환원하려고 한다. 그들은 관념이 곧 실체이며 힘이라는 것과 집합표상이 개인 표상보다 더 효력 있고 효과적인 힘이라는 사실을 잊고 있다. 이 점에 대 해서는 "Représentations individuelles et représentations collectives", in *Revue de Métaphysique et de Morale*, 1898년 5월호 참조할 것.
43) 이 책, 418~419쪽, 427~428쪽 참조할 것.

없다. 또한 거기에 반항하는 것도 없다.[44] 모든 것은 상황에 따라 달라진다. 종교 개념을 만들어내는 느낌이 여기 또는 저기, 다른 것보다는 이러한 지점에 놓이도록 이끌어가는 상황 말이다. 따라서 어떤 대상에 입혀지는 성스러운 특징은 그 대상에 내재하는 속성이 아니다. 성스러운 특성은 대상에 덧붙여진 것이다. 종교세계는 경험적 본성의 특수한 양상이 아니다. 그것은 경험적 본성에 겹쳐진 것이다.

종교에 대한 이러한 관념은 마침내 중요한 원칙을 설명해주는데, 우리는 그 원칙을 수많은 신화와 의례의 근저에서 찾아볼 수 있다. 그 원칙은 다음과 같이 서술될 수 있다. 성스러운 존재가 세분되더라도 그 특성은 그 부분들 각각 속에 여전히 남아 있다. 달리 말하면 종교적 사고에 관한 한, 부분은 전체와 동일한 가치를 가진다. 부분은 전체와 똑같은 능력과 똑같은 효력을 가지고 있다. 유골의 잔해는 온전한 유골과 똑같은 효능을 가진다. 아주 작은 한 방울의 피도 피 전체와 동일한 활력소를 가지고 있다. 우리가 살펴보게 되겠지만 영혼은 유기체의 기관이나 세포의 숫자만큼 분할될 수 있다. 이러한 부분적인 영혼 각각은 전체 영혼과 같은 가치를 지닌다. 만일 어떤 사물의 성스러운 특성이 그 사물 자체의 구성적 특질에서 기인하는 것이라면 이러한 개념은 설명될 수 없을 것이다. 만일 그렇다면 성스러운 특성은 사물들에 따라 커지기도 하고 줄어들기도 해야 하기 때문이다. 그러나 만일 사물들이 가진 것으로 여겨지는 효력이 그 사물들에 내재된 것이 아니라면, 또한 그러한 효력이 그 사물들이 마음속에 환기시키고 상징화시킨 감정들로부터 기인한다면 비록 그 감정이 사물들 밖에서 생겨난 것이라고 해도 다음과 같은 일이 일어날 것이다.

---

44) 심지어 배설물까지도 종교적 특성을 가지고 있다. Preuss, "Der Ursprung der Religion und Kunst", *Globus*, LXXXVI, 325쪽 이하. 특히 Der Zauber Der defäkation 장(章) 참조할 것.

즉 이러한 환기자의 역할을 수행하기 위해서 어떤 사물들이 일정한 크기를 가질 필요가 없기 때문에 그 사물들은 전체이건 아니건 같은 가치를 가지게 될 것이다. 부분이 전체를 환기시키는 것처럼 부분은 또한 전체가 환기시키는 감정들을 불러일으킨다. 국기의 조각은 마치 국기 그 자체처럼 조국을 나타낸다. 그것은 똑같은 자격과 똑같은 정도로 거룩하다.[45]

5. 상징 개념의 기원인 상징과 집합 표상의 필요조건. 왜 씨족은 동물계와 식물계에서 그 상징들을 차용해 왔는가

그러나 토템 숭배에 관한 이러한 이론이 토템 종교의 가장 특징적인 믿음들을 설명할 수 있다 해도 이 이론은 아직 설명되지 않은 어떤 사실에 근거하고 있다. 씨족의 상징인 토템 개념이 일단 세시되면 나머지 모든 것은 뒤따라오게 된다. 그러나 이러한 토템 개념이 어떻게 형성되었는지를 살펴봐야만 한다. 이것은 이중적인 문제이며 다음과 같이 분할될 수 있다. 1) 무엇이 씨족으로 하여금 어떤 상징을 선택하도록 했을까? 2) 왜 이러한 상징들은 동물계와 식물계, 좀더 특별하게 동물계에서 차용되었을까?

어떤 종류의 집단에서도 상징이 회합의 유용한 중심이라는 것은 지적할 필요조차 없다. 상징은 사회적 동질성을 물질의 형태로 표현함으로써 그러한 동질성을 모두에게 좀더 분명하게 느낄 수 있도록 해준다. 바로 이러한 이유 때문에 일단 상징에 대한 개념이 생겨나면 표상으로 상징을 사용하는 일이 쉽게 보편화되었을 것이다. 그러나 이러한 관념은 공동생활의 환경에서 자생적으로 생겨났을 것이다.

---

45) 이 원칙은 종교에서 주술로 넘어갔다. 그것은 연금술사들의 부분에서 전체(le totum ex parte)이다.

왜냐하면 상징은 사회가 가지고 있는 감정을 좀더 명료하게 해주는 편리한 방식일 뿐 아니라 이러한 감정을 만드는 데도 사용된다. 상징 그 자체가 감정의 구성요소가 된다.

사실상 개인의 의식(意識)은 그대로 내버려 두면 서로에게 닫힌다. 개인의 의식은 그 내적인 상태를 표현해주는 기호들에 의해서만 소통된다. 그것들 사이의 교류가 진정한 친교가 되기 위해서, 즉 모든 개별 감정들이 용해되어 공통의 감정에 이르기 위해서는 그러한 감정들을 나타내는 기호가 하나의 독특한 결과물로 용해되어야 한다. 이러한 결과물의 출현은 개인들에게 그들이 일치한다는 것을 알려주고, 그들의 도덕적 단일성에 대한 의식을 갖도록 해준다. 그들이 일치감을 느끼는 것은 동일한 소리를 지르고, 같은 말을 하고, 어떤 대상에 대해 같은 몸짓을 하는 행위를 통해서이다. 물론 개인 표상 역시 유기체 안에서 상당히 중요한 반향을 일으킬 수 있다. 하지만 개인 표상은 동반적으로 또는 뒤이어 나타나는 물질적인 반향들을 제외해도 인식될 수 있다. 물질적 반향이 개인 표상을 구성하는 것은 아니다. 집합 표상의 경우 사정이 완전히 다르다. 집합 표상은 개인의 마음이 서로에게 작용하고 반응한다는 것을 전제로 한다. 그것들은 물질적인 중개자에 의해서만 가능한 작용과 반작용에서 생겨난다. 따라서 물질적인 중개자들은 그것들과 관련된 정신상태를 밝혀주는 것으로 그치지 않는다. 그것들은 정신상태를 만드는 데 기여한다. 개별적인 마음들은 자기 자신들로부터 밖으로 나와야만 서로 만나고 소통할 수 있다. 그러나 그것들은 움직임의 형태로만 표출된다. 집단에게 자아감을 주는 것, 결과적으로 집단을 존재하게 만드는 것은 이러한 움직임의 동질성이다. 일단 이러한 동질성이 확립되고, 움직임이 하나의 형태로 정형화되면 그것들은 대응하는 표상을 상징화하는 데 쓰인다. 이러한 움직임들은 그 표상을 형성하는 데 도움을 주었다는 이유만으로 그것을 상징한다.

더구나 상징들이 없다면 사회적 감정들은 일시적으로만 존재했을 것이다. 사람들이 집결해 서로에게 매우 강한 영향을 미치더라도 집회가 끝나고 사람들이 헤어지게 되면 그 감정들은 점점 더 희미해지는 기억의 형태로만 존속하게 된다. 왜냐하면 이 순간 집단은 더 이상 현존하지도 않고 작용하지도 않기 때문에 개인적 기질이 쉽게 다시 우세해지기 때문이다. 군중 안에서 제한받지 않고 작용하던 격렬한 감정들은 일단 군중이 해산되면 냉각되고 가라앉는다. 그리고 개인들은 어떻게 그들이 평상심을 잃어버리고 흥분할 수 있었는지 망연자실한 채 자문해본다. 그러나 만일 이러한 감정들을 표현했던 움직임들이 지속하는 어떤 사물들에 새겨지면 그 감정도 지속될 것이다. 이러한 사물들은 마음속에 그러한 감정들을 끊임없이 환기시키고 늘 각성시킨다. 마치 그러한 감정들을 불러일으켰던 최초의 원인이 계속해서 작용하고 있는 것과 같다. 이와 같이 사회가 자의식을 갖기 위해 필요한 상징체계는 이러한 의식의 계속성을 보장하기 위해 역시 필요하다.

그러므로 우리는 이러한 상징들을 다루기 쉽게 만들어진 표상들에 덧붙여진 단순한 기교나 일종의 라벨로 여기지 않도록 주의해야 한다. 상징은 표상의 중요한 일부이다. 심지어 집합감정이 그들과 무관한 사물들과 연관되어 있다는 사실까지도 순수하게 관례적이 아니다. 이것은 사회적 사실들의 실제적인 특성, 즉 개개인들의 의식에 대한 집합감정의 초월성을 가시적 형태로 보여줄 뿐이다. 사실상 사람들은 사회현상이 개인이 아닌 집단에서 나온다는 사실을 알고 있다. 우리가 사회현상 성립 과정의 어떤 부분을 택하더라도 우리 각자는 외부로부터 그것을 받아들이는 것이다.[46] 따라서 우리가 사회현상이 마치 물질적 대상에서 나오는 것으로 생각하더라도 그것들의 본성에 대해 완전히 오해하는 것은 아니다. 물론 사회현상이 그것과 연관된 특정한 사물들에서 나오는 것은 아니다. 그러나 그것들이 우리 외부에 그 기원을 가지고 있다는 것은 여전히 사실이다. 신도를 유지시키는 도덕적인 힘은 그가 숭배하는 우상이나 존경하는 상징이 아니라 외적 존재에서 오는 것이다. 신도 자신도 그것을 잘 깨닫고 있다. 상징의 객관성은 이러한 외재성을 나타내줄 뿐이다.

따라서 사회생활의 모든 양상과 그 역사의 모든 시기를 통해서 볼 때, 사회생활은 거대한 상징체계에 의해서만 가능하다. 우리가 좀더 특별히 이 연구에서 다루고 있는 물질적인 상징들과 형상화된 표상은 거대한 상징체계의 특수한 형태이다. 그러나 다른 것들도 많이 있다. 집합 감정은 인간이나 공식으로도 구현될 수 있다. 어떤 공식들은 깃발로 표시된다. 반면에 실제적이건 신화적이건 상징이 된 인격체들도 있다. 그러나 많은 계산과 숙고를 거치지 않고 매우 일찍 나타났음이 틀림없는 일종의 상징이 있다. 그것은 바로 토템 숭배에서 중요한 역할을 하는 문신이다. 잘 알려진 사실들은 사실상 문신이 특정 상황에서 일종의 자율성을 가지고 생겨났음을 입증하고 있다. 낮은 수준의 문화를 가진 사람들이 공동생활 속에서 교제를 갖게 될 때 그들은 마치 본능적인 성향에 이끌리기라도 하듯 몸 위에다 공동체의 존재를 환기시키는 이미지들을 자주 그리거나 새긴다. 프로코프(Procope)의 텍스트에 의하면 초기의 기독교인들은 피부 위에 그리스도의 이름이나 십자가의 표지를 새겼다.[47] 팔레스타인을 찾아가는 순례자의 집단 역시 그들의 팔이나 손목 위에 십자가나 그리스도의 합자(monogramme, 合字. 머리글자 따위를 따서 도안화한 문자)를

---

46) 이 점에 대해서는 *Les règles de la Méthode Sociologique* 5쪽 이하 참조할 것.

47) Procope de Gaza, *Comnentaru in Isaiam*, 496.

오랫동안 새겨 넣었다.[48) 이탈리아의 몇몇 성지로 가는 순례자들에서도 똑같은 용법이 발견되었다.[49) 롬브로소(Lombroso)는 자발적 문신의 신기한 경우를 기술했다. 이탈리아의 어떤 학교에서는 20명의 젊은이들이 서로 이별하게 될 때 그들이 함께 지냈던 세월을 상기시키는 여러 가지 형태의 문신들로 자신들의 몸을 장식했다.[50) 이와 똑같은 관행은 같은 병사(兵舍)의 군인들, 같은 배를 탄 해군들, 같은 감방 안에 갇힌 죄수들에게서 종종 관찰되었다.[51) 특히 기술의 발달 정도가 여전히 초보적인 곳에서는 문신이 마음의 교제를 확증하게 해 줄 수 있는 가장 직접적이고 표현력이 강한 수단이라고 생각한다. 하나의 특정집단에 속한다는 사실을 자신과 다른 사람에게 확증하는 가장 좋은 방법은 몸 위에 특별히 구별되는 표지를 찍는 것이다. 이것이 바로 토템 이미지의 존재 이유를 입증하는 사실이라는 것은 우리가 이미 살펴본 바와 같다. 즉 이러한 표지가 그것이 표현할 것으로 기대되는 사물들의 모습을 재현하려 하지 않는다는 점이다. 표지는 매우 관례적인 의미가 부여된 선과 점들로 만들어져 있다.[52) 이 표지의 목적은 어떤 결정된 대상을 표현하고 환기시키는 것이 아니라 일정수의 개인이 동일한 정신적인 삶에 동참하고 있다는 것을 증명하는 것이다.

게다가 상징이나 표지가 없다면 씨족은 다른 어떤 것보다도 무능한 사회이다. 왜냐하면 씨족은 다른 집단보다 견고성이 매우 약하기

---

48) Thèvenot, *Voyage au Levant*, Paris, 1689, 638쪽 참조할 것. 이러한 사실은 1862년까지도 관찰되었다. Berchon, *Histoire médicale du tatuage*, 1869, *Archives de Médecine navale*, XI, 377쪽, n과 비교.

49) Lacassagne, *Les Tatouages*, 10쪽.

50) Lombroso, *L'homme Criminel*, I, 292쪽.

51) 같은 책, 268쪽, 285쪽, 291~292쪽; Lacassagne, 앞의 책, 97쪽, 333쪽.

52) 이 책, 314~315쪽 참조할 것.

때문이다. 씨족은 그 우두머리에 의해 정의될 수 없다. 왜냐하면 설사 씨족에 중심적 권위가 있다고 하더라도 그것은 불확실하고 불안정하기 때문이다.[53] 더구나 씨족은 자신이 점령하고 있는 영토에 의해서도 정의될 수 없다. 왜냐하면 그 인구는 유목생활을 하고 있어서 어떤 특정된 지역과 긴밀하게 관련을 맺지 않기 때문이다.[54] 더구나 족외혼의 법칙 때문에 남편과 아내는 필연적으로 다른 토템을 가져야 한다. 따라서 토템이 모계로 전승되는 곳에서는—이러한 혈통체계는 아직까지도 보편적으로 이루어진다[55]—아이들이 비록 아버지 곁에 가까이 산다고 할지라도 그들은 아버지와는 다른 씨족의 출신이다. 이 모든 이유들을 종합해보면 같은 가족 안에서 서로 다른 다수의 씨족 표상을 발견할 수 있으며, 같은 지역 안에서는 더 많은 씨족 표상을 발견할 수 있다. 따라서 집단의 통일성은 모든 구성원들이 가지고 있는 집합적 명칭 속에서 확인되며, 이러한 명칭이 지칭하는 사물들을 재현해주는 집합적 상징 속에서 역시 확인될 수 있다. 씨족이란 근본적으로 동일한 명칭을 가지고, 동일한 기호 주위로 모이는 개인들의 연합이다. 씨족을 구체적으로 나타내는 명칭과 기호를 제거해보라. 그러면 씨족은 더 이상 표현될 수 없다. 씨족은 이러한 조건에서만 가능하기 때문에 우리는 상징제도와 집단생활에서 상징이

---

53) 우두머리들의 권위에 대해서는 Spencer · Gillen, *Nat. Tr.*, 10쪽; *North. Tr.*, 25쪽; A.W. Howitt, *Nat. Tr.*, 259쪽 이하 참조할 것.

54) 적어도 오스트레일리아에서는 그렇다. 아메리카에서는 인구가 대체로 정착되어 있다. 아메리카의 씨족은 비교적 발전된 조직형태를 보여준다.

55) 이것을 확증하기 위해서는 토머스가 *Kinship and marriage in Australia*, 40쪽에서 제시한 도표를 보는 것만으로도 충분하다. 이 도표를 적합하게 평가하기 위해서 우리가 더구나 대부분이 사막인 이 지역 부족들에 대한 지식을 가지고 있지 않음에도 불구하고, 무슨 이유인지는 모르지만 저자는 오스트레일리아의 서쪽 지역까지 부계 토템 계승체계를 확장했다는 사실을 고려해야만 한다.

차지하는 위치를 설명하는 것이다.

이러한 명칭들과 상징들이 왜 거의 독점적으로 동물계와 식물계에서, 특히 동물계에서 차용되었는지 밝혀봐야 한다.

상징이 명칭보다 더 중요한 역할을 한 것은 사실인 것 같다. 어쨌든 쓰인 기호는 말로 된 기호보다 오늘날까지도 씨족생활에서 더 중심적인 위치를 차지한다. 그러므로 상징 이미지의 소재는 그림으로 표현되기 쉬운 사물들에서 발견되었을 것이다. 다른 한편으로는 이러한 사물들은 씨족사람들과 가장 직접적으로 익숙한 관계를 맺고 있는 것들이어야 했다. 동물들은 이러한 조건을 가장 잘 만족시켜주었다. 사냥을 하거나 고기를 잡는 원주민에게 동물은 경제 환경의 중요한 요소이다. 이러한 측면에서 볼 때, 식물계는 이차적이다. 왜냐하면 식물들은 재배되지 않는 한, 양식 공급에서 이차적인 위치만을 차지할 수 있기 때문이다. 게다가 동물은 식물보다 인간생활과 더 긴밀한 관련을 맺고 있는데, 그것은 이 두 존재를 연결해주는 자연적 혈족관계 때문일 것이다. 반대로 태양, 달, 천체들은 너무 멀리 있고 다른 세계에 속하는 것처럼 보인다.[56] 게다가 성좌들이 구별되지도 않고 분류되지도 않았기 때문에 별들이 총총한 창공은 한 부족의 모든 씨족들과 하위-씨족들을 지칭하는 데 쓰일 수 있을 만큼 명확하게 차이나는 다양한 사물들을 제공하지 못했다. 반대로 식물계의 다양성, 특히 동물계의 다양성은 거의 무궁무진했다. 이러한 이유 때문에 천체는 그것들이 감각에 불러일으키는 생생한 인상과 광채에도 불구하고, 동물과 식물처럼 토템의 역할을 하기에는 부적당했다.

---

56) 다음 장(章)에서 다루겠지만, 천체는 종종 오스트레일리아 사람들에 의해서도 영혼들의 나라 또는 신비한 사람들의 나라로 여겨졌다. 즉 그들은 천체가 살아 있는 사람들의 세계와는 매우 다른 세계를 이루고 있다고 생각했던 것이다.

슈트렐로의 관찰에 근거하여 이러한 상징들이 채택된 방법까지도 정확하게 기술할 수 있다. 토템의 중심지들은 대개의 경우 그 집단에게 토템으로 쓰이는 동물들이 흔히 눈에 띄는 곳, 즉 산꼭대기나 샘, 협곡 같은 곳에 위치한다. 그리고 그는 이 사실에 대한 상당수의 예를 인용하고 있다.[57] 따라서 이러한 토템의 중심지들이 씨족의 회합이 열리는 성별된 장소임이 틀림없다. 그러므로 각 집단은 회합을 가지던 장소 주위에 가장 널리 퍼져 있던 식물이나 동물을 그 집단의 표지로 삼았던 것 같다.[58]

6. 우리가 구분하는 계(界)와 강(綱)을 혼동하는 원시인의 성향에 대하여. 어떻게 혼동이 과학적 설명을 위한 길을 열어줄 수 있었을까. 혼동은 구분과 대립의 성향을 배제하지 않는다

이러한 토템 숭배 이론은 우리에게 인간 정신상태의 진기한 특징에 대한 열쇠를 제공할 것이다. 이러한 특징은 오늘날보다 과거에 더 분명했는데, 아직 사라지지 않았고, 인간 사고(思考)의 역사에서 중요한 역할을 해왔다. 이것은 논리적 발전이 종교의 발전과 긴밀한 관계를 가진다는 것과 논리적 발전은 종교의 발전과 마찬가지로 사회 환경에 따라 좌우된다는 것을 보여주는 새로운 경우가 될 것이다.[59]

---

57) C. Strehlow, I, 4쪽. 같은 의미로는 Schulze, 앞의 글, 243쪽 참조할 것.

58) 물론 이미 그것을 밝힐 기회를 가졌던 것처럼 이러한 선택은 서로 다른 집단 사이에 어느 정도 협의된 일치가 없이는 행해지지 않는다(이 책, 362~363쪽 참조할 것). 왜냐하면 각 집단은 이웃 집단과는 다른 상징을 차용했음이 틀림없기 때문이다.

59) 이 단락에서 연구된 정신상태는 레비브륄이 참여의 법칙이라고 부른 것과 동일하다(M. Lévy-Bruhl, *Les fonctions mentales dans les sociétés inférieures*, 76쪽 이하). 계속되는 내용들은 이 책이 나왔을 때 이미 쓰인 것이다. 우리는 그 내용들을 하나도 바꾸지 않은 최초의 형태로 출판했다. 우리는 여기서 사실들을 이해하는 데 있어서 레비브륄과 어떻게 견해를 달리하게 되었는가를 몇 가지 설

만약 오늘날 우리에게 명백하게 보이는 진리가 하나 있다면 그것은 다음과 같은 사실이다. 즉 광물질·식물·동물·사람 등처럼 외적인 형태뿐 아니라 가장 본질적인 속성도 차이나는 존재들은 동등한 가치를 가질 수 없고 상호 교환될 수 없다고 생각한다는 점이다. 과학 문화가 더욱 견고하게 우리의 정신 속에 뿌리박아 놓은 오래된 관례는 우리로 하여금 자연의 여러 계(界)들 사이에 장벽을 세우도록 가르쳐 주었다. 생물변이설조차도 이러한 장벽의 존재를 부정하지 않는다. 왜냐하면 생명이 무기체에서 생겨날 수 있고, 인간이 동물에게서 생겨날 수 있음을 인정한다고 할지라도 일단 형성된 생물체들은 광물질과 다르고, 인간은 동물과 다르다는 사실을 인정하기 때문이다. 각 계(界) 안에서는 역시 똑같은 장벽들이 다른 유(類)들을 나누고 있다. 우리는 다른 광물질과 똑같은 변별적 특성을 가진 어떤 광물질을 생각할 수가 없고, 다른 종의 동물과 똑같은 변별적 특성을 가진 어떤 종의 동물을 생각할 수 없다. 그러나 우리에게 매우 자연스러워 보이는 이러한 구분들이 원시인에게 그대로 적용되는 것은 결코 아니다. 처음에 모든 계(界)는 서로서로 혼동되어 있었다. 바위들도 성(性)을 가지고 있고, 그것들도 생산능력이 있었다. 해, 달, 별들은 인간적인 감정을 느끼고 표현하는 남자나 여자들이었으며, 반면에 인간들도 동물 또는 식물로 여겨졌다. 이러한 혼돈상태는 모든 신화들의 근저에서 발견된다. 신화에 등장하는 존재들의 애매한 특성은 여기에서 기인된다. 우리는 그러한 존재들을 어떤 결정된 종류로 분류할 수 없다. 왜냐하면 그것들은 가장 대립되는 집단에 동시에 속해 있기 때문이다. 사람들은 그러한 존재들이 이쪽 집단에서 저쪽 집단으로 쉽게 오갈 수 있다는 것을 별 어려움 없이 인정하고 있다.

명하는 것으로 한정했다.

인간들은 오랫동안 바로 이러한 유(類)의 변용들을 통해 사물의 기원을 설명할 수 있다고 생각했다.

정령 숭배자들이 원시인에게 부여한 유인원의 본능은 이러한 정신상태를 설명할 수 없다. 이 사실은 그러한 정신상태의 특징인 혼동에서 잘 나타난다. 사실상 이러한 혼동은 인간의 계(界)를 다른 모든 것들을 포함할 정도로 크게 확장했기 때문이 아니라, 인간들이 매우 이질적인 계(界)들을 뒤섞었기 때문에 생겨난 것이다. 인간은 세상의 이미지에 따라 자신을 인식하지 않았으며, 마찬가지로 자신의 이미지에 따라 세상을 인식하지도 않았다. 인간은 이 두 가지 방법들을 동시에 시행했다. 분명히 인간은 사물에 대한 관념에다 인간적 요소들을 개입시켰다. 그러나 또한 인간에 대한 관념에다 사물들로부터 받은 요소들도 개입시켰다.

하지만 경험에는 인간에게 이러한 혼동이나 연합을 연상시킬 수 있는 것이 전혀 존재하지 않는다. 예민하게 관찰해보면 모든 것은 이질적이고 불연속적이다. 현실 어디에서도 우리는 본질들이 서로 섞이거나 서로 변형되는 존재들을 찾아보지 못한다. 따라서 예외적으로 강력한 어떤 원인이 개입되어 어떤 실체를 본래의 모습이 아닌 다른 모습으로 보이도록 그것을 변형시켰을 것이다.

이러한 변형의 동작주는 바로 종교이다. 감각이 인식하는 세계를 다른 세계로 대치한 것은 바로 종교적 믿음이다. 토템 숭배는 바로 이러한 경우를 보여주고 있다. 씨족의 사람들과 토템 상징이 재현하는 여러 다른 존재들이 동일한 본질로 이루어졌다고 여기는 것이 토템 종교의 기본이다. 그러므로 이러한 믿음이 일단 인정되면 서로 다른 계(界)들 사이에 다리가 놓이게 된다. 인간이 일종의 동물이나 식물로 표현되었다. 식물이나 동물들이 인간의 친척으로 생각되었다. 아니 이 모든 존재들은 감각에는 매우 다르지만 같은 본질을 지닌 것으로 인식되었다. 분명하게 변별적으로 여겨지는 사물들을 혼동하는 이 특이한 성향은 최초의 힘들이 종교에 의해서 고안되었다는 사실에서 기인된다. 인간의 지성은 이 최초의 힘으로 우주를 가득 채웠다. 왜냐하면 이 힘들은 다른 계(界)에서 차용해 온 요소들로 이루어졌기 때문에 사람들은 가장 이질적인 사물들의 공통원리를 만들었다. 따라서 이질적인 사물들도 유일하고 동일한 본질을 부여받게 되었다.

그러나 다른 한편으로 우리는 이러한 종교 개념이 특정한 사회적 원인의 산물이라는 것을 알고 있다. 씨족은 명칭과 상징 없이는 존재할 수 없고, 이러한 상징은 개인의 눈길이 미치는 곳에는 어디에나 존재하기 때문에 사회가 그 구성원들에게 환기시키는 감정들은 이 상징과 대상들의 이미지에 고정된다. 이와 같이 사람들은 그 영향력을 느낀 바 있는 집합적 힘을 집단의 깃발로 쓰이는 사물들의 종류로 표현할 필요성이 있었다. 따라서 이러한 힘의 관념 속에는 매우 다양한 계(界)들이 섞여 있다. 어떤 의미로 보면 이러한 힘은 인간의 관념과 감정들로 만들어졌기 때문에 본질적으로 인간적이었다. 그러나 동시에 그 힘은 그것에 외적인 형태를 빌려준 생물 또는 무생물적 존재와 긴밀한 관계를 가진 것으로 보이지 않을 수 없었다. 더욱이 우리가 여기에서 파악한 행동의 원인은 토템 숭배에만 특수한 것이 아니다. 그러한 원인이 작용하지 않는 사회는 없다. 일반적으로 집합 감정은 구체적인 대상에 고정되어야만 스스로를 인식할 수 있다.[60] 그러나 이러한 사실 때문에 집합 감정은 구체적인 대상의 특성을 가지는데, 그 역도 성립된다. 따라서 사회의 필요에 의해 처음에 변별적으로 보였던 개념들이 융합되었다. 그리고 사회생활은 그것이 결

---

60) 이 책, 460~461쪽 참조할 것.

정하는 커다란 심리적 열광에 의해 이러한 융합을 촉진시켰다.[61] 이것은 논리적 분별력이 사회의 기능임을 보여주는 새로운 증거이다. 왜냐하면 논리적 이해력은 사회가 그 위에 새겨놓은 형태와 태도들을 취하기 때문이다.

이러한 논리는 사실상 우리를 당황하게 만든다. 하지만 이러한 논리를 경시하지 않도록 주의해야 한다. 이 논리가 아무리 조잡하게 보일지라도 그것은 인류의 지적 발전에 있어서 가장 중요한 공헌을 했다. 사실상 이 논리에 의해서 세계에 대한 최초의 설명이 가능했던 것이다. 물론 이 논리에 함축되어 있는 정신적 습관들은 인간으로 하여금 감각들이 보여주는 있는 그대로의 현실을 보지 못하게 한다. 그러나 정신적 습관이 인간에게 제시하는 바의 현실은 설명할 수 없다는 심각한 단점이 있다. 왜냐하면 설명한다는 것은 사물들을 서로서로 연결시키고 사물들 사이의 관계들을 확립하는 것이다. 이러한 관계들은 사물들이 상호작용하는 것으로 보이게 하고, 사물들의 본질에 근거한 내적인 법칙에 따라 호의적으로 감응하는 것으로 보이게 만든다. 그런데 오직 외적인 것만 볼 수 있는 감각은 이러한 관계들과 내적 결속들을 밝혀줄 수 없었다. 오직 영(esprit)만이 그러한 개념을 만들 수 있기 때문이다. 만일 내가 A는 규칙적으로 B에 선행한다는 사실을 알게 된다면 나의 지식은 이 새로운 사실에 의해 증가한다. 그러나 나의 지성은 그 이유를 밝히지 않는 언술만 가지고는 전

---

61) 다른 원인이 이러한 융합에 크게 기여했다. 그것은 종교적 힘들의 극단적인 전염성이다. 종교적 힘은 자신의 영역 안에 있는 모든 대상을 그것이 무엇이건 간에 사로잡았다. 이런 식으로 하나의 종교적 힘은 많은 상이한 사물에게 생명을 불어넣었을 것이며, 이것 때문에 상이한 사물들은 긴밀히 연결되었고, 같은 집단으로 분류되었다. 우리는 조금 후에 이러한 전염성을 다시 다룰 것인데, 이때에 우리는 이러한 전염성이 성(聖) 개념의 사회적 기원들과 관련되어 있음을 밝힐 것이다(이 책, 제3권 제1장 §1 끝부분 참조할 것).

혀 만족하지 못한다. B는 A와 무관하지 않으며 어떤 유사관계에 의해 A와 결합되었는지 보여주는 방법에 의해 B를 인식할 수 있을 때, 비로소 나는 이해하기 시작하는 것이다. 종교들이 사상(思想)에 끼친 중요한 공헌은 사물들 사이에 이러한 유사관계들이 존재하는 가능성에 대해 최초의 표상을 만들었다는 점이다. 최초의 표상이 시도된 상황에서 이러한 시도는 분명 불안정한 결과들로 귀착되었다. 그렇다면 이러한 시도가 어떤 결정적인 것을 만들어낸 적이 있는가? 그러한 시도들을 끊임없이 되풀이할 필요는 없지 않은가? 그다음 중요한 것은 성공했는가의 문제보다 시도했다는 사실이다. 중요한 것은 정신을 눈에 보이는 외적인 것에 종속시키지 않고, 반대로 정신으로 하여금 외적인 것들을 지배하고, 감각이 분리해 놓은 것을 결합시키도록 가르쳐주었다는 사실이다. 왜냐하면 인간이 사물들 사이에 내적 관계가 존재한다는 것을 느낀 순간부터 과학과 철학이 가능하게 되었기 때문이다. 종교는 과학과 철학에게 길을 터주었다. 그러나 종교가 이러한 역할을 할 수 있었다면 그것은 바로 종교가 사회적 산물이기 때문이다. 감각에 나타나는 인상들에 대한 법칙을 만들고, 그 인상들을 현실을 표현하는 새로운 방법으로 대치하기 위해서는 새로운 종류의 사고가 성립되어야 했다. 그것이 바로 집합적 사고이다. 집합적 사고만이 이러한 효능을 가질 수 있다면, 그 이유는 다음과 같다. 즉 관념세계를 통해 생생한 현실세계가 변모된 것으로 보인다. 그러한 관념세계를 만들기 위해 지적인 힘들의 극심한 흥분이 필요한데, 이것은 사회 안에서 그리고 사회를 통해서만 가능하기 때문이다.

따라서 이러한 정신상태가 우리의 정신상태와 아무런 관련이 없다는 것은 사실이 아니다. 우리의 논리는 이 논리에서 생겨났다. 현대과학의 설명은 훨씬 더 객관적이다. 왜냐하면 그것들은 좀더 조직적이며, 좀더 엄격하게 통제된 관찰에 근거해 있기 때문이다. 그러나 그것들도 본질적으로는 원시 사고를 만족시킨 설명들과 별반 다를 것이 없다. 예전과 마찬가지로 오늘날에도 설명한다는 것은 한 가지 사물이 하나 또는 여러 가지 다른 사물들과 어떻게 관련되고 있는가를 밝히는 것이다. 사람들은 신화가 전제하는 공유(共有, participations, 분유)가 모순율을 위반하고 있으며, 그 때문에 그것들은 과학적 설명의 전제와 대립된다고 말했다.[62] 사람이 캥거루이고 태양이 새라고 진술하는 것은 같은 것과 다른 것을 동일시하는 모순율의 위반이 아닌가? 그러나 열에 대해서 운동이라고 말하고, 빛에 대해서 에테르의 파동이라고 말할 때의 우리의 사고방식과 다르지 않다. 우리가 내적인 관계에 의해 이질적인 항목들을 결합시킬 때마다 우리는 상반되는 것을 억지로 동일시하는 것이다. 물론 우리가 결합시키는 항목들은 오스트레일리아 사람들이 결합시킨 항목들과는 다르다. 우리는 그들과는 다른 준거들에 의해 또 다른 이유들 때문에 항목들을 선택한다. 그러나 정신(esprit)이 항목들을 결합시키는 방식은 본질적으로 다를 것이 없다.

만일 원시 사고가 그것에 부여된 모순들에 대해 보편적이고 체계적인 무관심을 보였다면,[63] 원시 사고는 이 점에 있어서 항상 자체의 일관성을 보존하려고 애쓰는 근대 사고와 모순된다고 말해도 틀리지 않을 것이다. 그러나 우리는 원시사회의 정신상태를 일방적이고도 배타적인 시각으로 무분별하다고 특정해서는 안 된다. 만약 원시인이 우리가 구별하는 사물들을 혼동한다 해도 반대로 그는 우리가 결합시키는 다른 것들을 구별할 것이고, 심지어 날카롭고 명백한 대

---

62) Lévy-Bruhl, 앞의 책, 77쪽 이하.
63) 같은 책, 79쪽.

립의 형태로 이러한 차이들을 인식할 것이다. 서로 다른 두 개의 프라트리 안에 분류된 두 가지 사물들 사이에는 구별뿐 아니라 대립관계가 존재한다.[64] 이러한 이유로 태양과 흰 앵무새를 혼동하는 오스트레일리아 사람들이 흰 앵무새와 검은 앵무새는 반대 항으로 대립시킨다. 그에게는 이 희고 검은 앵무새들이 공통점이 전혀 없는 분리된 두 개의 유(類)에 속한 것으로 여겨지는 것이다. 좀더 분명한 대립은 성스러운 사물들과 속된 사물들 사이에 존재한다. 그것들은 너무나도 강하게 서로를 배척하고 모순되기 때문에 마음은 그것들을 동시에 생각하는 것조차 거부할 정도이다. 그것들은 의식으로부터 서로를 쫓아내려고 한다.

이와 같이 종교적 사고의 논리와 과학적 사고의 논리 사이에는 심연이 없다. 그것들은 서로 불균등하고 다르게 발전되기는 했지만, 본질적으로는 동일한 요소로 이루어져 있다. 종교적 사고의 논리가 가진 특징은 날카로운 대조와 마찬가지로 과도한 혼동에 빠질 자연적 성향을 가지고 있다는 점이다. 종교적 사고는 일반적으로 양쪽 방향 모두에 극단적이다. 그것은 결합하면 혼동되고, 분리하면 대립된다. 그것은 사소한 차이나 절도를 알지 못하고 극단을 추구한다. 종교적 사고는 논리적 메커니즘을 서투르게 사용하지만 그렇다고 논리를 무시하지는 않는다.

---

64) 이 책, 346~347쪽 참조할 것.

제8장 영혼 관념

우리는 앞에서 토템 종교의 기본원리들을 연구했다. 우리는 이 가운데서 영혼, 영, 신화적 인물에 대한 관념이 부재하다는 것을 알 수 있었다. 하지만 영적 존재들에 대한 관념이 토템 숭배의 근거가 아니고, 따라서 일반적인 종교적 사고의 근거는 아니라고 할지라도 이러한 관념이 존재하지 않는 종교는 없다. 따라서 이러한 관념이 어떻게 형성되었는가를 살펴보는 것은 중요하다. 그러한 관념이 이차적인 형성의 산물이라는 것을 증명하기 위해 우리는 이러한 영적 존재에 대한 관념이 우리가 이미 설명하고 서술했던 더욱 본질적인 관념들로부터 어떤 방식으로 파생되어 나왔는지를 밝혀야 한다.

영적 존재들 중에서 우선적으로 우리의 관심을 끄는 것이 하나 있다. 그것은 다른 영적 존재의 원형이 되기 때문에 우리의 관심을 끌고 있다. 그것은 바로 영혼(âme)이다.

1. 오스트레일리아 사회의 영혼 개념에 대한 분석

알려진 사회 중에서 종교가 없는 사회가 없는 것처럼 아무리 조잡하게 조직되어 있다고 하더라도 영혼 그리고 영혼의 기원 및 운명과 관계된 집합 표상체계가 발견되지 않는 사회는 없다. 민족지학의 자료들에 따라 판단해보면 영혼 관념은 인류의 출현과 동시에 생겨난 것으로 보인다. 또한 영혼 관념이 가지고 있는 중요한 특성들이 처음부터 모두 다 나타났던 것 같다. 그래서 좀더 진보된 종교와 철학의 작업은 그 관념에다 정말로 근본적인 어떤 것도 덧붙이지 못한 채 그것을 순화시키는 데 그치고 말았다. 사실상 모든 오스트레일리아 사회는 인간의 육체가 내적 존재, 즉 그에게 활력을 주는 생명의 본체를 감추고 있다는 것을 인정한다. 그것이 바로 영혼이다. 사실 여자들이 일반적인 규칙의 예외가 되는 경우도 있다. 여자들은 영혼을 전혀 가지고 있지 않은 것으로 간주하는 부족들도 있다.[1] 도슨(Dawson)의 말에 따르면 그가 관찰한 부족들은 어린아이들도 역시 영혼이 없는 것으로 여겼다.[2] 그러나 이러한 경우들은 예외적이고, 아마도 좀더 나중에 생겨난 경우일 것이다.[3] 후자의 경우는 사실

---

1) 그것은 냥지족의 경우이다. Spencer·Gillen, *North. Tr.*, 170쪽, 546쪽 참조할 것. 비슷한 경우로는 B. Smyth, II, 269쪽과 비교.

2) Dawson, *Australian Aborigines*, 51쪽.

3) 냥지족에서는 확실히 여자들이 영혼을 가졌던 시기가 있었다. 왜냐하면 오늘날까지도 상당수의 여자들의 영혼이 존재하기 때문이다. 다만 여자의 영혼은 죽은 뒤에 결코 다른 육체 속에 재화신되지 않는다. 그리고 이 부족에서 새로 태어난 아이에게 생명을 주는 영혼은 환생한 선조의 영혼이기 때문에 여자의 영혼이 환생 못한다는 사실로부터 여자들은 영혼을 가질 수 없다는 결론이 나온 것이다. 게다가 우리는 여자의 영혼이 화신될 수 없다는 이러한 사실이 어디에서 유래하는지 설명할 수 있다. 냥지족에서 계보는 모계의 선으로 행해지다가 오늘날에는 부계의 선으로 이루어지고 있다. 즉 어머니는 자신의 토템을 아이에게 전수할 수 없다. 따라서 여자는 그녀를 영원히 계승하는 자손들을 결코 가지지 못한다. 그녀는 가족이 끝난 성(finis familiae suse)인 것이다. 이러한 상황을 설명하기 위해서 단 두 가지 가설이 가능하다. 하나는 여자들이 영혼을 가지지 않는다는 것이고, 다른 하나는 여자들의 영혼이 죽음 후에 파멸되어 버린다는 것이다. 냥지족은 이 두 가지 설명 중에서 전자를 택했다. 퀸즐랜드의 어떤 종족은 후자를 더 좋아했다(Roth, "Superstition, Magic and Medecine", in *N.*

자체가 의심스럽게 보이며, 사실들의 왜곡된 해석에서 기인된 것 같다.[4]

　오스트레일리아 사람들이 영혼에 대해 가졌던 관념이 모호하고 유동적이기 때문에 그러한 관념을 명확하게 결정하기는 어렵다. 하지만 우리는 이러한 사실에 놀라지 않는다. 만일 우리의 동시대인들에게 아니 영혼의 존재를 가장 확신 있게 믿는 사람들에게, 그들이 영혼을 어떤 방식으로 생각하는가를 물어본다고 해도 오스트레일리아 사람들보다 훨씬 더 논리적이고 명확한 대답을 얻을 수는 없을 것이다. 왜냐하면 영혼 관념은 제대로 분석되지 않은 수많은 인상이 개입된 매우 복잡한 관념이기 때문이다. 사람들이 제대로 의식조차 못한 채 영혼 관념은 수세기 동안 구성되었다. 그렇지만 가장 본질적인 특징들이 있다. 그것들은 종종 모순되기도 하지만, 그러한 특성들에 의해 영혼 관념이 정의된다.

　상당수의 경우 사람들은 영혼이 육체의 외형을 지니고 있다고 말한다.[5] 그러나 영혼을 모래알만한 크기로 나타내는 경우도 있다. 영혼은 이와 같이 축소된 크기를 가지고 있어서 매우 작은 균열과 틈으로도 지나갈 수 있을 정도이다.[6] 동시에 우리는 영혼이 동물의 모습으로 표현된다는 것을 살펴볼 것이다. 이것은 영혼의 형태가 본질적

　　　Queensland Ethnog., ne 5, §68 참조할 것).

4) "4세 또는 5세 이하의 어린아이들은 영혼도 없고 미래의 삶도 없다"고 도슨이 말했다. 그러나 도슨이 이와 같이 해석한 것은 단지 어린아이들을 위한 장례식이 없다는 사실에 근거한 것이다. 우리는 조금 뒤에서 이것의 진정한 의미를 살펴볼 것이다.

5) Dawson, 앞의 책, 51쪽; Parker, *The Euahlayi*, 35쪽; Eylmann, *Die Eingeborenen der Kolonie Südaustralien*, 188쪽.

6) Spencer · Gillen, 앞의 책, 542쪽; Schürmann, "The Aboriginal Tribes of Port Lincoln", in *Woods*, 235쪽.

으로 일관성이 없으며 확정되지 않았음을 의미한다.[7] 영혼은 상황에 따라서, 또한 신화와 의례의 요구에 따라서 순간순간 변화된다. 영혼을 이루고 있는 실체도 정의될 수 없다. 아무리 모호하다고 해도 영혼이 형태를 가지고 있는 이상, 그 형태를 이루는 재료가 있을 것이다. 사실상 이승의 삶을 살 동안 영혼은 육체적인 욕구들을 가지고 있다. 영혼은 먹고, 반대로 먹힐 수도 있다. 영혼이 육신을 빠져나와서 여행을 하는 동안 때로는 다른 영혼들을 실컷 잡아먹는 경우도 있다.[8] 영혼이 일단 유기체에서 완전히 벗어나게 되면 그가 이 땅에서 누렸던 것과 매우 유사한 삶을 사는 것으로 간주되었다. 즉 영혼은 마시고 먹고 사냥 등을 한다.[9] 영혼이 나뭇가지 사이로 날아다닐 때 속인들의 귀에도 들릴 정도로 바스락거리는 소리를 낸다.[10] 그러나 동시에 영혼은 속인에게는 보이지 않는 것으로 여겨진다.[11] 사실상 주술사들이나 노인들은 영혼을 볼 수 있는 능력이 있다. 그러나 이런 일은 그들의 나이와 특수한 문화에서 기인된, 우리의 감각이 포착할 수 없는 사물들을 인지하는 특별한 능력에 의해 가능하다. 도슨에 따

---

7) 그것은 도슨에 의해 사용된 표현이다(앞의 책, 50쪽).

8) C. Strehlow, I, 15쪽. n. 1; Schulze, "The Aborigines of the Upper and Middle Finke River", 246쪽. 이것은 흡혈귀 신화의 주제다.

9) C. Strehlow, I, 15쪽; Schulze, 앞의 글, 244쪽; Dawson, 앞의 책, 51쪽. 때때로 영혼은 육체적인 것은 아무것도 지니고 있지 않다고 생각된 것은 사실이다. 아일만(Eylmann)에 의해서 수집된 어떤 증거들에 따르면 영혼들은 피와 살이 없는(ohne Fleish und Blut) 존재라는 것이다(188쪽). 그러나 이런 정도의 철저한 부인은 우리가 보기에는 회의적이다. 사람들이 죽은 자의 영혼들에게 봉헌을 하지 않는다는 사실은 로스가 생각하는 것처럼 영혼들이 먹지 않는다는 것을 의미하지는 않는다(앞의 글, §65).

10) Roth, 같은 곳; Spencer · Gillen, *North, Tr.*, 500쪽. 영혼이 향기를 뿜는 경우도 있다(Roth, 앞의 글, §68).

11) 같은 글, §67; Dawson, 앞의 책, 51쪽.

르면 평범한 개인들은 사는 동안 오직 한순간에만 똑같은 특권을 누리게 될 것이다. 즉 그들이 요절하기 직전에 영혼을 볼 수 있다. 그러므로 거의 기적 같은 이러한 비전은 불길한 징조로 여겨졌다. 따라서 보이지 않는 것은 일반적으로 영(靈)의 징후들 중의 하나로 여겨졌다. 따라서 영혼은 어느 정도 비물질적인 것으로 여겨진다. 왜냐하면 영혼은 육체와 동일한 방식으로 감각에 영향을 미치지 않기 때문이다. 툴리강(Tully)의 부족들이 말했듯이 영혼은 뼈가 없다.[12] 이 모든 대립되는 특성들을 일치시키기 위해 사람들은 영혼이 그림자나 숨결과 비유될 만한 매우 희박하고 미묘한 물질, 즉 에테르 같은 것[13]으로 이루어져 있다고 표현한다.[14]

영혼은 육체와 분리되어 있으며 육체와 독립적이다. 왜냐하면 이승의 삶을 사는 동안에 영혼은 육체로부터 언제라도 벗어날 수 있기 때문이다. 영혼은 잠자는 동안, 기절한 동안에는 육체를 떠난다.[15] 죽음을 초래하지 않고도 영혼은 일정 기간 동안 육체를 떠나 있을 수도 있다. 여하튼 영혼이 부재하는 동안 생명은 약해지며, 영혼이 자기 집으로 돌아오지 않는다면 생명은 정지한다.[16] 그러나 이러한 분리와 독립이 가장 분명하게 드러나는 것은 죽었을 때이다. 육체가 더 이상 존재하지 않고, 눈에 띌 만한 육체의 흔적들이 없는데도 영혼은 계속해서 살아간다. 영혼은 다른 세상에서 독립적인 존재로서 삶을 영위해나간다.

그러나 이러한 이중성이 아무리 현실적이라고 해도 그것은 결코

---

12) Roth, 앞의 글, §65.
13) Schürmann, "Aborig. Tr. of Port Lincoln", in *Woods*, 235쪽.
14) Parker, *The Euahlayi*, 29쪽, 35쪽; Roth, 앞의 책, §65, §67~68.
15) Roth, 앞의 글, §65; C. Strehlow, I, 15쪽.
16) C. Strehlow, I, 14쪽. n. I.

절대적이지 않다. 육체를 영혼이 거주하는 일종의 거주지로 생각하면서 영혼이 육체와는 외적인 관계만 맺고 있다고 상상하는 것은 착각일 것이다. 그와는 정반대로 영혼은 육체와 매우 긴밀한 관계로 연결되어 있다. 영혼을 육체로부터 분리하는 것은 매우 불완전하고 어려운 일이다. 우리는 이미 영혼이 외적인 육체를 가졌다는 것을, 아니면 최소한 영혼이 육체의 외적인 모습을 취할 수 있다는 것을 살펴본 바 있다. 따라서 육체와 영혼 중 어떤 하나에 영향을 미치는 모든 것은 다른 하나에도 영향을 주게 된다. 육체의 모든 상처는 영혼에까지 전파된다.[17] 영혼은 유기체의 생명과 너무나 긴밀히 연결되어 있기 때문에 유기체와 더불어 자라기도 하고 쇠퇴하기도 한다. 일정한 나이에 이른 남자가 젊은이들에게는 허락되지 않는 특권들을 누릴 수 있는 것도 바로 이러한 이유 때문이다. 그 사람 안에 있는 종교적 본체는 그의 삶이 성숙해 감에 따라 더 많은 힘과 효력을 갖게 된다. 그러나 이른바 노쇠현상이 일어나서 부족에게 중대한 이해관계가 걸린 중요한 종교예식에서 노인이 유용한 역할을 할 수 없게 되면 사람들은 그에게 더 이상 경의를 표하지 않는다. 사람들은 육체의 쇠약이 영혼에 전달되었다고 생각한다. 더 이상 똑같은 능력을 가지고 있지 않기 때문에 그는 이제 동일한 특권을 누릴 권리가 없다.[18]

육체와 영혼 사이에는 긴밀한 결합뿐만 아니라 부분적인 혼동도 있다. 영혼 속에 육체의 어떤 요소가 존재하는 것과 마찬가지로 영혼이 때로 육체의 형태를 재생산하기 때문에 육체 속에도 영혼의 어떤 요소가 있다. 유기체의 어떤 부분이나 어떤 산물들은 영혼과 매우 특

---

17) J. G. Frazer, "On Certain Burtal Customs, as Illustrative of the Primitive Theory of the Soul", in *J. A. I.*, XV, 66쪽.

18) 그것은 카이티시족과 운마체라족의 경우이다. Spencer·Gillen, *North. Tr.*, 506쪽; *Nat. Tr.*, 512쪽 참조할 것.

수한 친화성을 가지고 있는 것으로 여겨진다. 심장·숨결·태반[19]·
피[20]·그림자[21]·간·간유·신장[22] 등이 그러하다. 이러한 여러 가지
물질적인 기체(基體)들은 영혼의 단순한 서식처에 불과한 것이 아니
다. 그것들은 밖으로 보이는 영혼 그 자체이다. 피가 흐를 때 영혼은
피와 함께 밖으로 나온다. 영혼은 숨결 안에 있는 것이 아니라 곧 숨
결이다. 영혼은 그가 거주하고 있는 육체의 부분과 더불어 하나를 이
루고 있다. 거기에서부터 어떤 개념이 생겨나는데, 그 개념에 따르면
인간은 여러 개의 영혼을 가지고 있는 셈이다. 유기체의 여러 부분에
확산되어 있는 영혼은 서로 구별되고 조각조각 분할된다. 각 기관은
그 안에 담겨져 있는 영혼의 부분들을 개별화한다. 그리하여 영혼의
각 부분들은 서로 구별되는 실체가 되었다. 심장의 영혼은 숨결의 영
혼이나 그림자 또는 태반의 영혼과 같을 수 없다. 그 영혼들이 아무
리 연관된 것이라고 하더라도 그것들은 구별되어야 하고, 심지어 다
른 명칭을 가진다.[23]

게다가 영혼이 유기체의 어떤 지점들에 특별하게 자리 잡고 있다

---

19) Roth, 앞의 글, §65~68.
20) 같은 글, §68. 그는 이 구절에서 피를 흘린 후 기절했을 때는 영혼이 떠난 것이
라고 말했다. Parker, *The Euahlayi*, 38쪽과 비교.
21) 같은 책, 29쪽, 35쪽; Roth, 앞의 글, §65.
22) C. Strehlow, I, 12쪽, 14쪽. 그는 이 구절에서 어린아이들을 죽이고 그 영혼,
간, 간유 또는 영혼, 간, 신장들을 먹는 악령들에 대해 이야기했다. 영혼이 이
와 같이 다른 장기(臟器)나 세포들과 같은 위치에 놓이고, 또 같은 종류의 양
식이 된다는 사실은 영혼이 그것들과 맺고 있는 긴밀한 관계를 잘 보여준다.
Schulze, 앞의 글, 246쪽과 비교.
23) 예를 들면 페네파더강(Pennefather)의 사람들에게는 심장 속에 머무는 영혼
에 대한 명칭이 있고(Ngai), 태반 속에 머무는 영혼에 대한 다른 명칭(Choi)이
있으며, 숨결과 혼동되는 영혼(wanji)에 관한 세 번째 명칭이 있다(Roth, 앞의
글, §68). 오알라이족에게는 3개 또는 4개의 영혼이 있다(Parker, *The Euahlayi*,
35쪽).

고 해서 다른 곳에도 없는 것이 아니다. 영혼은 신체 전체에 다양한 정도로 확산되어 있다. 장례식이 이것을 잘 보여준다. 일단 사람이 마지막 숨을 내쉬게 되면 영혼이 떠난 것으로 여겨진다. 영혼은 다시 얻은 자유를 통해 자기 마음대로 이동할 수 있으며, 또한 다른 곳에 있는 영혼의 진정한 집을 가능한 한 빨리 다시 얻을 수 있는 혜택을 누린다고 여겨지는 듯하다. 그럼에도 불구하고 영혼은 시체 곁에 머물러 있다. 육체와 영혼을 묶고 있는 끈이 느슨해지기는 했지만 아주 깨진 것은 아니다. 영혼을 확실하게 분리시키기 위해서는 특별한 의례들이 필요하다. 사람들은 몸짓이나 의미심장한 움직임들로 영혼에게 떠나라고 권유한다.[24] 사람들은 영혼이 좀더 쉽게 떠나도록 하기 위해 길을 터주고 출구들을 마련해준다.[25] 그것은 영혼이 육체에서 완전히 떠나지 않았기 때문이다. 영혼은 육체 속에 너무나도 깊이 침투해 있었기 때문에 육체로부터 단번에 벗어날 수는 없다. 장례의 식인풍습이 그렇게 빈번하게 나타난 것도 바로 그러한 이유 때문이다. 사람들은 죽은 자의 살(肉)을 먹는다. 왜냐하면 실제적으로는 영혼이라 할 수 있는, 성스러운 본체가 거기에 들어 있다고 생각했기 때문이다.[26] 영혼을 완전히 끌어내기 위해 사람들은 죽은 자의 살을 어떤 때는 태양의 열에,[27] 또는 인공적인 불[28]에 놓음으로써 살을 용해시켜 버린다. 영혼은 시체에서 흘러나오는 액체와 더불어 떠나 버린다. 그러나 마른 뼈들은 아직도 영혼의 무엇인가를 지니고 있다.

---

24) 아룬타족에 있어서 우르프밀치마(Urpmilchima) 의례에 대한 기술 참조할 것 (Spencer · Gillen, *Nat. Tr.*, 503쪽 이하).

25) 같은 책, 497쪽과 508쪽.

26) Spencer · Gillen, *North. Tr.*, 547쪽과 548쪽.

27) 같은 책, 506쪽, 527쪽 이하.

28) Meyer, "The Encounter Bay Tribe", in *Woods*, 198쪽.

그러므로 사람들은 그 뼈를 성스러운 대상으로, 또는 주술의 도구로 사용한다.[29] 만일 뼈가 지닌 본체를 완전히 자유롭게 해주기를 원한다면 뼈들을 부숴버린다.[30]

하지만 결정적인 분리가 이루어지는 순간이 있다. 자유로워진 영혼은 속박을 벗어나 날아오른다. 그러나 영혼은 본질적으로 육체와 상당히 긴밀하게 연관되어 있기 때문에 이러한 분리가 영혼의 상태에 심대한 변화 없이는 일어나지 않는다. 그러므로 영혼은 다른 이름을 지니게 된다.[31] 비록 영혼이 그가 생명을 주었던 개인의 모든 변별적인 특징들, 그의 기질, 좋고 나쁜 자질들을 가지고 있다고 하더라도 영혼은 새로운 존재가 된다.[32] 그때부터 영혼에게는 새로운 존재로서의 삶이 시작되는 것이다.

영혼은 영혼들의 세계를 방문한다. 영혼의 세계는 부족에 따라서 여러 가지로 다양하게 인식된다. 때로는 같은 사회 내에서 다른 개념들이 나란히 공존하는 모습도 볼 수 있다. 어떤 사회에서 영혼의 나라는 땅 밑에 위치해 있고, 각 토템집단은 지하에 자신의 영토를 가지고 있다. 그곳은 씨족의 창시자들인 최초의 선조들이 어떤 시기에 땅속으로 들어갔고, 죽은 다음 계속 살아온 장소이다. 이와 같이 땅속의 세계에는 산 사람들의 분포와 대응되는 죽은 자들의 지리적인 분포가 있다. 거기에는 태양이 영원히 빛나고 결코 마르지 않는 강들

---

29) Spencer · Gillen, 앞의 책, 463쪽, 551쪽; *Nat. Tr.*, 553쪽.

30) Spencer · Gillen, *North. Tr.*, 540쪽.

31) 예를 들면 아룬타족, 로리차족의 경우에 그렇다(C. Strehlow, I, 15쪽, n. 2; II, 77쪽). 살아 있는 동안 영혼은 구루나(guruna)로 불리는데, 죽은 후에는 이타나(Itana)로 불린다. 슈트렐로가 말하는 이타나는 스펜서와 길런의 울타나(ulthana)와 동일한 것일 가능성이 높다(*North. Tr.*, 514쪽 이하). 블룸필드강의 사람들에게서도 마찬가지이다(Roth, 앞의 글, §65).

32) Eylmann, 앞의 책, 188쪽.

이 흐른다. 이것이 스펜서와 길런이 중앙의 부족들, 즉 아룬타족,[33] 와라뭉가족[34] 등에게 부여한 개념이다. 워초발루크족[35]에서도 같은 개념을 발견할 수 있다. 다른 곳에서는 그들의 토템이 무엇이건 간에 모든 죽은 사람들은 다소간 모호하게 위치하기는 해도 같은 장소, 즉 바다 저편·섬[36]·호숫가[37] 등에서 함께 모여 사는 것으로 여겨지기도 한다. 끝으로 때로 영혼들이 가는 곳으로 여겨지는 곳은 하늘, 구름 저편이다. 도슨은 말한다. "캥거루도 많고 온갖 종류의 사냥감도 풍부한 멋진 나라가 있는데, 거기에서는 즐거운 삶을 영위할 수 있다. 영혼들은 거기에서 다시 만나 서로를 알아본다."[38] 이러한 풍경을 이루고 있는 모습들 중 몇 가지는 아마도 기독교의 선교사들이 말하는 천국에서 차용해 왔을 것이다.[39] 그러나 영혼들이, 적어도 어떤 영혼들만이라도 죽은 후에 하늘로 간다는 사상은 토착적인 것으로 보인다. 왜냐하면 그러한 생각은 대륙의 다른 지점들에서도 발견되기 때문이다.[40]

---

33) Spencer·Gillen, *Nat. Tr.*, 491쪽, 496쪽, 524쪽.

34) Spencer·Gillen, *North. Tr.*, 508쪽, 542쪽.

35) Mathews, "Ethnol. Notes on the Aboriginal Tribes of N. S. Wales and Victoria", in *Journ. a. Proc. of the R. S. of N. S. Wales*, XXXVIII, 287쪽.

36) C. Strehlow, I, 15쪽 이하. 그러므로 슈트렐로에 따르면 아룬타족의 경우 죽은 자들은 섬에서 살고, 스펜서와 길런에 따르면 지하에 산다. 두 가지 신화들은 공존하는데, 그것들만이 유일한 것 같지는 않다. 우리는 사람들이 세 번째 장소까지 찾아내는 것을 보게 될 것이다. 죽은 자들의 섬에 대한 개념에 대해서는 A.W. Howitt, *Nat. Tr.*, 498쪽; Schürmann, "Aborig. Tr. of Port Lincoln", in *Woods*, 235쪽; Eylmann, 앞의 책, 189쪽 참조할 것.

37) Schulze, 앞의 글, 244쪽.

38) Dawson, 앞의 책, 51쪽.

39) 우리는 이와 동일한 부족에서 좀더 오래된 신화의 분명한 흔적들을 발견하는데, 그 신화에 따르면 영혼들은 땅 밑에서 살았다(같은 책).

40) Taplin, "The Narrinyeri Tribe", 18~19쪽; A.W. Howitt, *Nat. Tr.*, 473쪽; C.

일반적으로 모든 영혼들은 같은 운명을 가지고 있으며 동일한 삶을 살아간다. 하지만 그것들이 땅 위에서 처신하는 방법에 따라서 다르게 취급되는 경우가 있다. 우리는 구별되고 심지어는 대립되는 이러한 두 구획에 대한 최초의 윤곽을 볼 수 있는데, 앞으로 올 세상은 나중에 그러한 구획들로 나뉠 것이다. 생전에 사냥꾼으로, 전사로, 무용수 등으로 뛰어났던 사람들의 영혼은 다른 평범한 사람들의 무리와 섞이지 않는다. 특별한 장소가 그들에게 할당된다.[41] 때로는 그곳이 하늘이기도 하다.[42] 슈트렐로는 어떤 신화에 따라 악인의 영혼들은 무서운 영들에 의해 삼켜지고 파괴당한다고까지 서술하고 있다.[43] 그럼에도 불구하고 이러한 개념들은 오스트레일리아에서 여전히 매우 불명확하게 남아 있다.[44] 이러한 개념들은 아메리카처럼 좀더 진보된 사회에서만 명확하고 확고해지기 시작한다.[45]

2. 이러한 관념의 생성. 스펜서와 길런에 따른 재화신의 학설과 슈트렐로가 수집한 사실들에 대한 검토

이러한 개념들은 가장 원시적인 형태로 나타난 영혼의 본질과 그 운명과 관련된 믿음들이며, 가장 본질적인 특징으로 환원된 믿음이

Strehlow, I.16쪽.

41) A.W. Howitt, 앞의 책, 498쪽.

42) C. Strehlow, I., 16쪽; Eylmann, 앞의 책, 189쪽; A.W. Howitt, Nat. Tr., 473쪽.

43) 이것은 특수한 독주머니 씨족 선조들의 영혼이다(Giftdrüsen-männer).

44) 때때로 선교사들의 역할이 명백하게 드러난다. 도슨은 천국과 대립되는 진정한 지옥에 관해서 우리에게 말하고 있다. 그 자신도 이러한 개념을 유럽의 전래(傳來)로 보는 경향이 있다.

45) Dorsey, "A Study of Siouan Cults", in XIth *Annual Report of the Bureau of Amer. Ethnology*, 419~420쪽, 422쪽, 485쪽 참조할 것. Marillier, *La survivance de l'âme et l'idée de justice chez les peuples non civilisé*, Rapport de l'ecole des Hautes Etudes, 1893과 비교.

다. 지금 우리는 그것을 설명할 필요가 있다. 그렇다면 인간으로 하여금 자신 안에 두 존재가 있고, 그 중의 하나가 방금 열거된 매우 특별한 특성을 지닌다고 생각하게 만드는 것은 과연 무엇인가? 이 질문에 답하기 위해 원시인이 자신 안에 느끼고 있는 이러한 영적 원리의 기원을 찾는 것으로부터 시작해보자. 그것이 잘 분석된다면 그 개념이 우리에게 해결의 길을 제시해줄 것이다.

우리가 실행하고자 하는 방법에 따라 매우 특별하게 자세히 관찰된 사회의 특정집단 안에서 이러한 관념들을 살펴보도록 하겠다. 이러한 사회란 중앙 오스트레일리아의 부족들이다. 따라서 우리의 관찰 영역이 상당히 확장된 것 같지만 결국은 한정될 것이다. 그러나 이와 같은 관념들이 여러 가지 형태로, 심지어는 오스트레일리아 밖에서까지 상당히 일반적으로 통용되고 있었다는 것을 믿을 만한 이유들이 있다. 중앙의 부족들에게서 발견되는 영혼 관념은 오스트레일리아의 다른 사회의 영혼 관념과 특별히 다르지 않다는 것을 지적할 필요가 있다. 영혼 관념은 어디서나 근본적으로 동일한 특성을 가지고 있다. 동일한 결과는 항상 동일한 원인에서 파생된다고 할 수 있으므로 어디서나 동일한 이 관념이 여기에서는 이 원인에서, 또 저기에서는 다른 원인에서 기인된 것이 아님은 당연하다. 따라서 우리가 살펴보려고 하는 특별한 부족들의 연구를 통해 얻은 영혼 관념의 기원은 다른 부족들에 대해서도 진실한 것으로 생각되어야 한다. 최초의 것들은 우리에게 어느 정도 실험의 기회를 제공할 것인데, 그 결과들은 잘 시행된 모든 실험의 결과와 마찬가지로 일반화되기 쉬운 경향이 있다. 오스트레일리아 문명의 동질성은 그 자체만으로도 이러한 일반화를 정당화하기에 충분하다. 그러나 우리가 오스트레일리아와 아메리카의 다른 종족들에게서 차용해 온 사실들을 가지고 이러한 일반화를 증명할 때는 특별히 주의를 기울여야 할 것이다.

우리에게 논증의 토대를 제공해 줄 개념들이 한편으로는 스펜서와 길런에 의해, 다른 한편으로는 슈트렐로에 의해, 다른 용어들로 기술되어 있기 때문에 우리는 이 두 견해들을 차례로 설명해야 한다. 우리가 이 견해들을 잘 이해하게 되면 이 개념들이 내용보다는 형식에서 차이가 난다는 것과 사회학적인 의미는 결국 동일하다는 것을 알게 될 것이다.

스펜서와 길런에 따르면 각 세대마다 새로 태어난 아기들의 육체에 생명을 주는 영혼들은 특별하고 독창적인 창조의 산물이 아니다. 이 모든 부족들은 한정된 영혼들의 보유고가 존재한다는 것 그리고 그 수는 절대로 늘어날 수 없으며, 주기적으로 화신된다는 것을 인정하고 있다.[46] 한 사람이 죽으면 그의 영혼은 머물고 있던 육체를 빠져나오고 일단 장례가 치러지면 영혼들의 나라로 간다. 그러나 어느 정도 시간이 지난 후 영혼은 다시 태어나게 되는데, 임신이나 출생은 바로 이러한 영혼의 화신에 의해 일어나는 것이다. 이 중요한 영혼들은 태초에 씨족의 창시자인 선조들에게 생명을 주었던 바로 그 영혼들이다. 상상력이 그 이상 거슬러갈 수 없는, 시간이 처음 시작되었던 것으로 여겨지는 어떤 시기에 다른 어떤 것에서도 파생되지 않은 순수한 최초의 존재들이 있었다. 이러한 이유로 아룬타족은 그것들을 알치랑가미치나(Altjirangamitjina)[47]라고 부르는데, 그것은 영원으로부터 온 것, 즉 창조되지 않고 처음부터 존재하는 것이다. 스펜서와 길런에 따르면 이러한 우화적 존재들이 살아 있었다고 여겨지는 시대를 알체링가(Alcheringa)[48]라고 부른다. 이러한 최초의 존재

---

46) 영혼들은 우리가 다음 장(章)에서 보는 것처럼 일시적으로 이분(二分)될 수 있다. 그러나 이러한 이분은 재현될 수 있는 영혼들의 숫자를 전혀 늘리지는 못한다.

47) C. Strehlow, I, 2쪽.

들은 오늘날의 사람들과 똑같이 토템의 씨족들로 조직되었으며, 여행하면서 그들의 시간을 보냈다. 여행을 하는 동안에 그들은 온갖 종류의 놀랄 만한 활동들을 하는데, 그러한 활동에 대한 기억들은 신화 속에 보존되어 있다. 그러나 이러한 지상의 생(生)이 끝날 시기가 온다. 그들은 따로따로 또는 집단적으로 땅속으로 들어간다. 그들의 육체는 그들이 땅속으로 사라졌다고 여겨지는 장소에서 사람들이 볼 수 있는 나무나 바위들로 변화된다. 그러나 그들의 영혼은 여전히 존속한다. 영혼은 죽지 않기 때문이다. 영혼은 그들의 첫 번째 숙주(宿主)였던 몸의 존재가 끝났던 곳을 계속해서 자주 방문하기도 한다. 게다가 이러한 장소들은 거기에 부여된 기억들로 인해 성스러운 특성을 가지고 있다. 씨족의 추링가들이 보존되는 일종의 지성소(至聖所)라 할 수 있는 오크나니킬라(oknanikilla)가 있는 곳도 바로 그곳이며, 여러 가지 토템 숭배의 중심지들로 여겨지는 곳도 바로 그곳이다. 이러한 지성소들의 근처를 배회하던 영혼들 중 하나가 여자의 몸에 들어가면 임신이 되고, 좀더 후에는 아이가 태어나는 것이다.[49] 따라서 각 개인은 어떤 선조의 새로운 전신(轉身)으로 여겨진다. 각각의 사람들은 새로운 육체 속에 새로운 특질을 가지고 다시 나타난 선조인 셈이다. 그렇다면 이러한 선조들은 무엇이었던가?

첫째, 선조들은 오늘날 사람들보다, 심지어는 가장 존경받는 노인들과 가장 명성 있는 주술사들보다 훨씬 더 뛰어난 능력을 가지고 있

---

48) Spencer · Gillen, *Nat. Tr.*, 73쪽, n. 1.

49) 이러한 개념들의 총체에 관해서는 같은 책, 119쪽, 123~127쪽, 387쪽 이하; *North. Tr.*, 145~174쪽 참조할 것. 냥지족에서는 임신이 되는 곳이 반드시 오크나니킬라 근처는 아니다. 그러나 사람들은 부부가 대륙에서 긴 여행을 할 때 한 무리의 남편 토템 영혼들을 동반했다고 믿는다. 기회가 오면 그 여자가 어디에 있든 이러한 영혼들 중 하나가 여자의 몸속으로 들어가고 그 여자를 잉태시키는 것이다(Spencer · Gillen, *North. Tr.*, 169쪽).

었다. 선조들은 우리가 기적이라고 부르는 능력을 부여받았다. "선조들은 땅 위나 땅 밑이나 공중으로도 여행할 수 있다. 팔의 정맥을 자르면 그 지역 전체를 적실 수 있다. 또는 새로운 땅을 솟아나게 할 수도 있고, 바위산들 속에 호수가 나타나게 하거나 통로로 사용할 협곡이 생기게 할 수도 있다. 그들이 자신들의 성스러운 기둥, 즉 누르툰자를 세운 곳에는 그 장소를 표시하기 위해 바위나 나무들이 솟아나올 수도 있다."[50] 지면을 지금의 형태로 만든 존재들이 바로 그들이다. 그들은 인간이나 동물들, 즉 온갖 종류의 존재들을 만들었다. 그들은 거의 신과 같다. 따라서 그들의 영혼들도 역시 신적 특성을 가진다. 인간의 영혼은 육체 속에 재화신된 선조들의 영혼이기 때문에 인간의 영혼 역시 거룩한 존재이다.

둘째, 이러한 선조들은 단어의 본래의 의미로 볼 때 사람이 아니고 동물 또는 식물이거나 또는 동물이나 식물의 요소가 우세한 혼합 존재들이다. 스펜서와 길런은 이렇게 말한다. "토착민들의 의견에 따르면 우화시대에 살았던 선조들은 그들이 지니고 있는 명칭의 동물이나 식물들과 매우 긴밀한 관계를 가지고 있었다. 따라서 캥거루 토템에 속한 알체링가 시대의 한 인물은 인간-캥거루 또는 캥거루-인간으로 종종 불렸다. 인간으로서의 그의 정체성은 종종 그가 혈통을 이어받았다고 여기는 동물이나 식물의 정체성에 의해서 흡수당하곤 했다."[51] 불멸하는 선조들의 영혼은 필연적으로 같은 본질을 가지고 있다. 그 속에서도 역시 인간적 요소와 동물적 요소가 결합되는데, 동물적 요소가 인간적 요소를 압도하는 경향이 있다. 따라서 선조들의 영혼은 토템 본체와 동일한 실체로 이루어져 있다. 왜냐하면 우리

---

50) Spencer · Gillen, *Nat. Tr.*, 512~513쪽. 제10~11장과 비교.
51) 같은 책, 119쪽.

는 토템 본체의 특성이 이러한 두 가지 양상을 나타내며, 자신 속에 이 두 계(界)를 조합하고 혼동한다는 사실을 알고 있기 때문이다.

이러한 영혼들 외에 다른 영혼들은 존재하지 않기 때문에 영혼은 일반적으로 각 개인 안에 화신된 토템 본체라는 결론에 도달할 수 있다. 그리고 이러한 파생 속에는 우리를 놀라게 할 만한 것은 하나도 없다. 우리는 이미 이 원리가 씨족 구성원들 각자에 내재되어 있다는 것을 알고 있다. 그러나 개인들 속으로 들어가면서 이 원리가 개별화되는 것은 불가피하다. 왜냐하면 본체는 의식(conscience)의 필요불가결한 요소인데, 의식이 서로 다르므로 본체도 의식의 형상에 따라서 분화되기 때문이다. 각각의 의식은 자신의 고유한 외관을 지니고 있기 때문에 본체도 각각 구별되는 외관을 취한다. 물론 그 안에는 인간의 외부에 있고 인간에게는 낯선 무엇이 남아 있다. 그러나 개개의 영혼이 지니고 있다고 여겨지는 본체의 작은 조각은 그것이 머물고 있는 특수한 주체와 긴밀한 관계를 맺지 않을 수 없다. 그 작은 조각은 영혼의 본질을 지니고 있다. 작은 조각도 어느 정도 영혼이다. 따라서 본체는 두 가지의 모순적인 특징을 가지고 있는데, 그러한 특징의 공존이 바로 영혼 관념의 변별적 특성 가운데 하나이다. 오늘날도 예전과 마찬가지로 영혼은 우리 자신 속에 있는 더 좋고 더 심오한 것이며, 우리 자신의 뛰어난 부분이다. 하지만 그것은 일시적인 손님으로서 밖으로부터 우리에게 와서 우리 안에서 육체와는 다른 존재의 삶을 살다가 언젠가는 그 완전한 독립성을 회복하게 될 것이다. 한마디로 사회가 개인들 안에서 그리고 개인들에 의해서만 존재하는 것처럼 토템 본체도 개별적 의식 안에서 그리고 그것들에 의해서만 존재할 수 있다. 이러한 개별 의식의 결합이 곧 씨족을 형성한다. 개별 의식이 자신들 속에서 토템 본체를 느끼지 못한다면 그 본체는 존재하지 않을 것이다. 사물들 속에 토템 본체를 주입하는 것이 바로 의식이다. 따라서 토템 본체는 사물들 속에 분배되고 분할되어야만 한다. 이러한 조각들 각각이 곧 영혼이다.

　오스트레일리아 중앙의 대부분의 사회에서 발견되는 신화, 이전 신화들의 특수한 형태인 어떤 신화는 토템 본체가 영혼 관념을 이루는 재료라는 사실을 잘 보여주고 있다. 이 부족들 안에는 각 씨족의 기원에 대한 전설이 있는데, 거기에는 다수의 선조들이 아니라 단 둘,[52] 심지어는 단 한 명의[53] 선조만 등장한다. 이러한 유일한 존재는 그것이 그렇게 홀로 있는 한, 자신 속에 토템 본체 전체를 지니고 있는 셈이다. 왜냐하면 그때는 이 본체가 서로 소통할 만한 다른 아무것도 존재하지 않았기 때문이다. 그러므로 이와 같은 전통에 따르면 존재하는 모든 인간의 영혼은, 즉 지금 인간의 육체에 생명을 주는 영혼과 현재는 사용되지 않으면서 미래를 위해서 보관되고 있는 영혼은 이 유일한 인물에게서 나온 부산물일 것이다. 영혼은 그 유일한 인물의 본질로 만들어졌을 것이다. 땅 표면 위에서 여행하며 활동하고 몸을 흔들면서 이 유일한 인물은 자신의 육체로부터 부산물들을 내보냈을 것이고, 그가 지나갔다고 여겨지는 여러 장소에다 그것들을 뿌렸을 것이다. 이것은 그것들이 토템 신성의 부분이라는 사실을 상징적으로 말하는 것이 아닐까?

　그러나 이러한 결론은 우리가 문제 삼는 부족들이 환생의 교리를 인정하고 있음을 전제로 한다. 그런데 슈트렐로에 따르면 이러한 교리는 아룬타족, 즉 스펜서와 길런이 가장 오랫동안 그리고 가장 잘 연구한 사회에서는 알려지지 않은 교리다. 만일 이 특수한 경우를 놓

---

52) 카이티시족(*North. Tr.*, 154쪽), 우라분나족(*North. Tr.*, 146쪽)이 그러하다.

53) 이것은 와라뭉가족과 이웃 부족인 왈파리족, 울말라족(Ulmala), 워가이아족, 칭길리족(*North. Tr.*, 161쪽) 그리고 역시 움바이아족과 냥지족(*North. Tr.*, 170쪽)의 경우다.

고 이 두 관찰자들이 이 정도로 오해했다면 그들의 증언 전체가 의심스러운 것으로 간주될 것이다. 따라서 이러한 상이(相異)함의 실제적인 영역을 결정하는 것은 중요하다.

슈트렐로에 따르면 영혼이 장례식을 통해 육체를 완전히 떠난 다음에는 더 이상 다시 환생되지 않는다. 영혼은 죽은 자들의 섬으로 갈 것이고, 거기서 땅으로 다시 돌아올 때까지 낮에는 자고 밤에는 춤추면서 지내게 된다. 그다음 영혼은 산 사람들 가운데로 다시 와서 어린 자식들 곁에서, 또는 그들이 없을 경우 죽은 후에 그의 뒤에 남겨진 손자들 곁에서 수호정령의 역할을 하게 된다. 영혼은 그들의 몸속에 들어가서 성장을 도와주기도 한다. 이와 같이 영혼은 그의 옛 가족 가운데서 1년 또는 2년간 머물게 되며, 그런 후에는 다시 영혼들의 나라로 돌아온다. 그러나 어느 시기가 지나면 영혼은 다시금 땅 위에서 새로운 체류를 하기 위해 영혼의 나라를 떠나는데, 그것이 마지막이 될 것이다. 그다음 어느 시기가 되면 영혼은 이번에는 되돌아갈 희망도 없이 죽음의 섬으로 돌아와야만 한다. 그다음 자세히 기술할 만한 가치가 없는 여러 가지 작은 사건들이 있은 후에 폭우가 쏟아지며, 뇌우(雷雨)가 내리는 동안 영혼은 번개에 맞아 즉사할 것이다. 그리하여 영혼의 생애는 완전히 끝난다.[54]

그러므로 영혼은 재화신되지 않는다. 따라서 임신이나 출생은 주기적으로 새로운 육체 속에서 다시 시작하는 영혼들의 재화신의 작용이 아닐 것이다. 물론 슈트렐로는 스펜서와 길런과 마찬가지로 아룬타족에게는 성관계가 전혀 생식의 결정적인 조건이 되지 못한다고 주장한다.[55] 생식은 이전의 관찰자들이 우리에게 알려주었던 것

_____

54) C. Strehlow, I, 15~16쪽. 로리차족에 대해서는 II, 7쪽 참조할 것.
55) 슈트렐로는 성관계가 임신의 필요조건으로조차 생각되지 않았다고 말한다 (II, 52쪽. n. 7). 그는 몇 줄 아래서 사실상 노인들은 육체적인 성행위와 생식을

들과는 다른 신비한 작용들의 산물일 것이다. 생식은 다음과 같은 두 가지 방법 중 하나에 의해서 일어난다.

알체링가[56] 시대의 선조가 땅속으로 들어갔다고 여겨지는 곳곳마다 그의 육체를 나타내는 바위나 나무가 있다. 스펜서와 길런[57]에 따르면 사람들은 사라진 영웅과 이러한 신비한 관계를 유지하고 있는 나무나 바위를 난자(nanja)라 부르고, 슈트렐로[58]는 그것을 은가라(ngarra)라 부른다. 때로는 이렇게 형성된 것으로 여겨지는 물구멍이 있기도 하다. 그리하여 이러한 나무들, 바위들, 물구멍들 각각에는 라타파(ratapa)[59]라고 불리는 어린아이들의 태(胎)가 살고 있는데, 그것들은 대응되는 선조와 정확하게 동일한 토템에 속하게 된다. 예를 들면 캥거루 씨족의 조상을 나타내는 고무나무 위에 라타파가 있는데, 그것은 모두 캥거루를 토템으로 가지고 있다. 어떤 여자가 그 곁을 지나가고, 만일 그 여자가 이러한 라타파[60]의 어머니들이 속해

연결하고 있는 관계가 무엇인지 완전히 알고 있으며, 동물의 경우 아이들까지도 잘 알고 있는 것이 사실이라고 덧붙였다. 그러나 이것이 첫 번째 주장의 가치를 조금도 약화시키지 않는다.

56) 일반적으로 슈트렐로보다는 스펜서와 길런의 용어가 인정되었기 때문이다.

57) Spencer·Gillen, *Nat. Tr.*, 124쪽, 513쪽.

58) C. Strehlow, I, 5쪽. 슈트렐로에 따르면 은가라(Ngarra)는 영원을 의미한다. 로리차족에는 이러한 역할을 하는 것은 바위들뿐이다.

59) 슈트렐로는 어린아이들의 씨(Kinderkeime)로 번역했다. 게다가 스펜서와 길런이 라타파 신화와 그것과 관련된 풍습을 모르고 있었다는 것은 사실이 아니다. 그들은 우리에게 거기에 관해서 *Nat. Tr.*, 336쪽 이하 그리고 552쪽에서 명확하게 이야기하고 있다. 그들은 아룬타족 영토의 다른 지점들에서 어린아이의 영 또는 어린아이의 영혼들이 생겨나는 에라티파(Erathipa)라고 불리는 바위들의 존재에 대해서 소개하고 있는데, 그 바위로부터 어린아이의 영혼들이 떨어져 나와 여자의 몸에 들어가 수태된다. 스펜서와 길런은 에라티파는 어린아이를 의미하지만, 일상회화에서는 이 말이 이러한 의미로 쓰이는 일이 매우 드물다고 덧붙였다(같은 책, 338쪽).

60) 아룬타족 사람들은 때에 따라 4개 또는 8개의 결혼계급들로 나누어진다. 어

야 하는 결혼계급의 여자일 때 라타파 중의 하나가 허리를 통해 그녀에게 들어간다. 그 여자는 임신의 첫 번째 징후인 특유한 고통에 의해 이러한 일을 알게 된다. 이렇게 잉태된 아이는 환생 전에 머물렀던 신비한 몸체인 조상과 동일한 토템에 속하게 될 것이다.[61]

다른 경우들에 적용되는 과정은 약간 다르다. 이번에는 선조 자신이 몸소 행동한다. 일정한 때에 선조는 땅 속의 거처에서 나와서 지나가는 여자에게 나마투나(namatuna)[62]라고 불리는 특수한 형태의 작은 추링가를 던진다. 이 추링가는 여자의 몸속으로 들어가고 거기에서 사람의 형태를 띤다. 그동안 선조는 다시 땅속으로 사라진다.[63]

이 두 가지 양태의 임신은 모두 빈번하게 나타난다고 믿어지고 있다. 그가 잉태된 방법을 계시해주는 것은 바로 어린아이의 얼굴 모양이다. 어린아이의 얼굴이 넓은가 아니면 길쭉한가에 따라서 그는 라타파 아니면 나마투나의 화신이 되는 것이다. 하지만 이러한 두 가지 생식법 외에 또 다른 방법이 있다. 슈트렐로는 세 번째 방식에 대해서 기술하고 있는데, 그것은 매우 드문 것으로 여겨진다. 선조는 그의 나마투나가 여자의 몸속에 들어간 후 자기 자신이 거기에 들어가서 기꺼이 새로운 출생을 받아들인다는 것이다. 따라서 이 경우의 임

떤 어린아이의 계급은 아버지의 계급에 의해 결정된다. 반대로 어린아이의 계급으로부터 아버지의 계급을 연역해 낼 수도 있다(Spencer·Gillen, *Nat. Tr.*, 70쪽 이하; C. Strehlow, I, 6쪽 이하 참조할 것). 또한 라타파가 어떻게 어머니의 계급을 가지게 되었을지 알아봐야 한다. 우리는 잠시 후 이 문제로 되돌아올 것이다.

61) C. Strehlow, II, 52쪽. 매우 드물지만 때로는 어린아이 토템의 본질에 대해 이의가 제기되는 일도 있다. 슈트렐로는 그 중의 한 경우를 인용하고 있다(같은 책, 53쪽).

62) 이것은 스펜서와 길런에게서 발견되는 나마트윈나(namatwinna)와 같은 말이다(*Nat. Tr.*, 541쪽).

63) C. Strehlow, II, 53쪽.

신은 정말로 선조의 환생으로 생겨난 것이다. 그러나 이것은 극히 예외적인 경우이다. 게다가 이렇게 임신된 사람이 죽게 되면 그에게 생명을 주었던 선조의 영혼은 보통 영혼들처럼 죽은 자들의 섬으로 가게 되고, 거기에서 일정한 기간이 지난 후 영혼은 완전히 소멸되고 만다. 따라서 영혼은 새로운 환생을 할 수 없게 된다.[64]

이것이 슈트렐로의 설명이다.[65] 이 저자의 영혼에 대한 견해는 스펜서와 길런이 말하는 것과 철저하게 대립된다. 그러나 사실상 표현과 상징의 문자적인 차이가 날 뿐이다. 그 형태만 약간 다를 뿐 둘은 서로 같은 신화적 테마이다.

첫 번째로, 이 모든 관찰자들은 모든 임신을 재화신의 산물이라고 보는 점에서 일치하고 있다. 단, 슈트렐로에 의하면 화신하는 것은 영혼이 아니고, 라타파나 나마투나라는 것이다. 그렇다면 라타파란 무엇인가? 그것은 영혼과 함께 육체로 이루어진 완전한 태반이라고 말한다. 그러나 영혼은 여전히 물질적인 형태로 표현되고 있다. 영혼은 자고 춤추고 사냥하고 먹는 등등의 행위를 한다. 따라서 영혼 역시 육체적인 요소를 가지고 있다. 반대로 라타파는 속인에게는 보이지 않는다. 그것이 여자의 몸에 들어갈 때도 아무도 그것을 볼 수 없다.[66] 이것은 라타파가 영혼의 재료와 매우 유사한 재료로 이루어져 있음을 의미한다. 이러한 관점에서 볼 때 영혼과 라타파를 서로서로 명확하게 구분하는 것이 불가능하게 보인다. 요컨대 그것들은 동

---

64) 같은 책, 56쪽.
65) 매슈스는 칭길리족(또는 칭갈리족)에게 이와 유사한 임신에 관한 이론을 부여하고 있다(*Proc. R. Geogr. Trans. and Soc. Queensland*, XXII, 1907, 75~76쪽).
66) 때때로 나마투나를 던진 것으로 여겨지는 선조가 여자에게 동물종이나 남자로 나타나는 경우가 있다. 이것은 선조의 영혼이 구체적인 형태를 좋아한다는 증거이다.

일한 모델을 본떠서 감각적으로 인식되는 신비한 존재들이다. 슐츠 (Schulze)는 그것들을 어린아이의 영혼이라고 부른다.[67] 게다가 영혼과 마찬가지로 라타파는 성스러운 나무나 바위의 형상으로 물질화된 형태를 띤 선조와 긴밀한 관계를 유지하고 있다. 그는 선조와 같은 토템, 같은 프라트리, 같은 결혼계급에 속한다.[68] 부족사회의 범위에서 라타파의 지위는 선조가 이전에 점유했다고 여겨지는 것과 정확히 일치한다. 그는 동일한 명칭을 지니고 있다.[69] 이것은 이 두 인격체들이 적어도 서로 매우 가까운 친척이라는 증거이다.

둘 사이의 관계는 더욱 진행된다. 즉 이러한 유사성이 완전한 동일성까지 이르기도 한다. 라타파가 형성된 것은 사실상 선조의 신비한 육체 위에서이다. 라타파는 거기에서 나온다. 라타파는 선조의 몸에서 분리된 부분이다. 따라서 어머니의 내부로 들어가서 아이가 되는 것은 결국 선조의 부분이다. 그러므로 우리는 스펜서와 길런의 개념으로 다시 돌아가게 된다. 즉 출생은 선조의 인격의 화신에서 기인한다는 것이다. 물론 화신되는 것은 이 인격 전체가 아니라 단지 그것의 발산물에 불과하다. 그러나 그 차이는 단지 이차적인 관심사이다. 왜냐하면 성스러운 존재가 나뉘거나 복제될 때 그러한 부분들 각각은 원래의 존재가 가진 본질적인 특성들을 지니고 있기 때문이다. 알체링가 시대의 선조는 결국 라타파가 된 자신의 각 부분 속에 온전하

---

67) Schulze, 앞의 글, 237쪽.

68) 라타파가 신화적 선조의 어머니와 동일한 결혼계급에 속하는 여자의 육체 속에서만 화신될 수 있는 것은 이러한 사실에서 기인된 것이다. 우리는 또한 어떻게 슈트렐로(I, 42쪽 각주)가 한 가지 경우만을 제외하고는 신화들이 알체링가의 선조들에게 확정된 결혼계급을 부여하지 않았다고 말했는지 이해할 수 없다. 그 자신의 임신에 대한 이론은 정반대의 것을 입증하고 있는데 말이다(II, 53쪽 이하와 비교).

69) C. Strehlow, II, 58쪽.

게 존재한다.[70]

슈트렐로가 구분한 개념의 두 번째 방식도 동일한 의미를 가지고
있다. 사실상 추링가 특히 사람들이 나마투나라고 부르는 이 특별
한 추링가는 선조의 전신(轉身)으로 여겨진다. 슈트렐로에 따르면
[71] 난자나무처럼 추링가는 선조의 몸이다. 다른 말로 하면 선조의 인
격, 그의 추링가, 그의 난자나무는 똑같은 감정들을 불러일으키고 똑
같은 종교적 가치를 부여받는 성스러운 사물이다. 그러므로 그것들
은 서로 이것저것으로 변형된다. 선조가 추링가를 잃어버린 곳에서
도 선조 자신이 땅속으로 들어간 곳과 마찬가지로 성스러운 나무 또
는 바위가 솟아난다.[72] 그러므로 알체링가 시대의 인물과 그의 추링
가 사이에는 신화적인 등가관계가 성립한다. 따라서 알체링가 시대
의 인물이 여자의 몸속으로 나마투나를 던진다는 것은 마치 그 자신
이 여자의 몸에 들어가는 것과 같다. 사실상 우리는 알체링가의 인물
이 때로는 나마투나를 던지는 것, 따라서 여자의 몸속으로 들어간다
는 것을 살펴보았다. 다른 이야기들에 의하면 그는 나마투나보다 먼
저 들어간다. 사람들은 그가 나마투나에게 길을 열어준다고 말할 것

---

70) 스펜서와 길런이 선조의 영혼이 여자의 몸속에서 화신된다고 말할 때 그들이
   사용한 표현들을 문자 그대로 받아들여서는 안 된다는 것을 알게 되면, 이 두
   진술의 차이는 훨씬 완화되고 거의 아무것도 아닌 것으로 축소된다. 어머니를
   임신시키는 것은 영혼 전체가 아니라 단지 이러한 영혼의 발산물이다. 사실상
   그들의 의견에 따른다면 화신된 영혼과 동등하거나 아니면 더 우월한 능력을
   지닌 영혼이 계속 나무나 바위 난자 속에 머문다(*Nat. Tr.*, 514쪽 참조할 것). 우
   리는 이 문제로 되돌아올 기회가 있을 것이다(이 책, 555~556쪽과 비교).
71) C. Strehlow, II, 76쪽, 81쪽. 스펜서와 길런에 따르면 추링가는 선조의 몸이
   아니라 선조의 영혼이 살고 있는 사물들이라는 것이다. 이 두 가지 신화적 해
   석은 결국 동일한 것이며, 어떻게 몸에서 영혼으로 넘어갈 수 있었는지 쉽게
   알 수 있다. 몸은 영혼이 거하는 장소이다.
72) C. Strehlow, I, 4쪽.

이다.[73] 같은 신화 속에 이러한 주제들이 공존한다는 사실은 그 중의 하나가 다른 것의 분신에 지나지 않는다는 것을 잘 입증해준다.

게다가 임신이 어떤 방법으로 일어나건 간에 각 개인이 특별히 친밀한 관계에 의해서 알체링가 시대의 특정한 선조와 결합된다는 사실은 의심할 바 없다. 우선 각 사람은 정해진 선조를 가지고 있다. 두 사람이 동시에 같은 선조를 가질 수 없다. 다른 말로 하면 알체링가의 한 존재는 살아 있는 것들 중에서 단 하나의 대리자만을 결정한다.[74] 게다가 한 존재는 다른 존재의 한 양상일 뿐이다. 사실 선조가 남긴 추링가는 우리가 아는 바와 같이 그의 인격이다. 만일 우리가 슈트렐로가 기술한 해석을 받아들인다면 그리고 그것이 아마도 더욱 만족스러운 것이라 할 수 있지만, 우리는 그것이 선조의 몸이라고 말하게 될 것이다. 그러나 이와 똑같은 추링가는 그 선조의 영향으로 임신되었다고 여겨지는 개인, 즉 선조의 신비한 작업의 열매인 그 개인과 동일한 방식으로 연합된다. 사람들이 젊은 입문자를 씨족의 지성소 안으로 들어오게 할 때 그에게 다음과 같이 말하면서 선조의 추링가를 보여준다. "너는 이 몸이다. 너는 이것과 같은 사물이다."[75] 따라서 슈트렐로의 표현에 따르면 추링가는 "개인과 그 선조의 공통된 육체이다"(Dies du Körper bist; dies du der nämliche).[76] 그들이 같

---

73) C. Strehlow, I, 53~54쪽. 이러한 이야기에서 선조는 그 스스로 여자의 몸속으로 들어가기 시작하며, 거기에서 임신 특유의 고통들을 만들어낸다. 그다음에 그는 나오고 나마투나가 들어간다.

74) C. Strehlow, II, 76쪽.

75) 같은 책, 81쪽. 이것은 슈트렐로가 우리에게 표현할 때 사용된 용어를 한 단어 한 단어씩 번역한 것이다. 어떤 신화에서는 개화의 영웅인 망가르쿤제르쿤자(Mangarkunjerkunja)가 각 사람에게 그의 조상의 추링가를 제시하면서 말한다. "너는 이 추링가에서 태어났다"(같은 책, 76쪽).

76) C. Strehlow, I, 76쪽.

은 몸체를 가지기 위해서 적어도 어느 한 측면에서 그 두 인격들이 혼동되어야만 한다. 슈트렐로는 이것을 명백하게 인식하면서 다음과 같이 말했다. "츄룽가(tjurunga)에 의해 개인은 그 자신의 선조와 결합된다."[77]

스펜서 및 길런과 마찬가지로 슈트렐로도 새로 태어난 아이 속에 알체링가의 선조가 발산한 신비하고 종교적인 본체가 있다고 여겼다. 각 개인의 본질을 이루고 있는 것은 바로 이 본체이다. 이것은 개인의 영혼이다. 어떤 경우이든 영혼은 같은 재질과 같은 실체로 만들어져 있다. 그러므로 영혼 개념의 기원과 본질을 결정하기 위해 우리는 무엇보다도 이 기본사실에 근거한다. 이 기본사실을 표현하는 여러 가지 서로 다른 은유들은 오직 이차적인 관심사에 지나지 않는다.[78]

우리의 이론이 근거하고 있는 자료들과 모순되기는커녕 슈트렐로의 최근 관찰들은 우리의 주장을 확증하는 새로운 증거들을 제공해 주고 있다. 우리는 선조 영혼의 토템 본질로부터 인간 영혼의 토템 본질을 추론해 내고자 한다. 인간 영혼은 선조 영혼의 발산물이며 일종의 유물이다. 따라서 우리가 슈트렐로에게 빚지고 있는 새로운 사실들 중 몇 가지는 우리가 지금까지 다루어 온 것들보다도 더 체계적

---

77) 같은 곳.

78) 결국 슈트렐로와 스펜서 및 길런의 실제적인 유일한 차이점은 다음과 같다. 스펜서와 길런에 따르면 개인의 영혼은 죽은 후에 그것이 다시 선조의 영혼과 섞이게 될 난자나무로 되돌아간다는 것이고,(Nat. Tr., 513쪽), 슈트렐로는 영혼이 죽은 자의 섬으로 가서 거기에서 소멸되고 말 것이라는 것이다. 어떤 신화에서도 영혼은 개별적으로는 살아남을 수가 없다. 이러한 차이점의 원인에 대해서는 다루지 않겠다. 죽은 자들의 섬에 대해서 말하지 않은 스펜서와 길런이 저지른 관찰의 오류가 있을 수도 있다. 또한 스펜서와 길런이 특별히 관찰했던 동쪽 아룬타족의 신화와 그 부족의 다른 지역들의 신화가 같지 않을 수도 있다.

으로 이 두 가지의 특성을 밝혀주고 있다. 우선 스펜서 및 길런과 마찬가지로 슈트렐로는 "각 선조와 어떤 동물, 식물 또는 어떤 다른 자연물을 연결하는 친밀한 관계들"에 대해 주장한다. 알치랑가미치나의 어떤 사람들은(이들은 스펜서와 길런의 알체링가 시대의 사람들에 해당된다) "직접적으로 동물처럼 표현되어야 한다. 다른 것들은 일시적으로 동물의 형태를 취한다"[79]고 그는 말한다. 아직까지도 그들은 끊임없이 동물로 변화되고 있다.[80] 어쨌든 그들의 외형이 무엇이건 간에 "그들 각각 속에는 동물의 변별적이고도 고유한 특성들이 분명히 존재한다." 예를 들면 캥거루 씨족의 조상들은 진짜 캥거루처럼 풀을 먹고 사냥꾼 앞에서 도망친다. 에뮤 씨족의 조상들은 에뮤처럼 먹고 달린다.[81] 또한 식물을 토템으로 가지고 있는 조상들은 죽으면 이러한 식물이 된다.[82] 게다가 조상과 토템 존재의 이러한 긴밀한 관계가 토착민들에게 너무나 생생하게 느껴지기 때문에 그러한 관계는 그들의 용어에도 나타나고 있다. 아룬타족에서 어린아이는 그에게 이차 토템으로 쓰이는 어머니의 토템을 알치라(altjira)라고 부른다.[83] 처음에는 계보가 모계로 이어졌기 때문에 각 개인이 그의 어머니 토템과 다른 토템을 가질 수 없던 시기도 있었다. 따라서 이러한 알치라라는 용어가 진정한 토템을 지칭했을 수도 있다. 그리고 그것은 위대한 조상을 의미하는 알치랑가미치나라는 단어의 구성에 분명히 개입하고 있다.[84]

---

79) C. Strehlow, II, 51쪽.
80) 같은 책, II, 56쪽.
81) C. Strehlow, I, 3~4쪽.
82) C. Strehlow, II, 61쪽.
83) 이 책, 408~409쪽 참조할 것.
84) C. Strehlow, II, 57쪽; I, 2쪽.

토템 개념과 선조 개념이 너무나 유사하기 때문에 때로 그것들을 혼동하는 것 같다. 그러므로 어머니의 토템 또는 알치라에 대해 이야기한 후에 슈트렐로는 다음과 같이 덧붙인다. "이러한 알치라는 마치 잠자는 친구들에게 그들에 대한 정보를 가져다주듯이 꿈속에서 토착민들에게 나타나서 예시를 한다."[85] 말도 하고 사적으로 직접 각 개인과 결합되어 있는 이러한 알치라는 분명히 선조이다. 또한 그것은 토템의 화신이기도 하다. 토템에게 호소된 기원(祈願)을 다루고 있는 로스(Roth)의 텍스트는 물론 이러한 의미에서 해석되어야 한다.[86] 따라서 토템이 때로 마음속에서 이상적 존재들이나 선조들과 별로 구별되지 않는 신화적 인물들의 형태로 나타나는 것 같다. 한마디로 선조들은 분할된 토템이다.[87]

그러나 선조들이 이 정도로 토템 존재와 혼합된다면 선조의 영혼과 매우 가까운 관계를 맺고 있는 개인의 영혼도 다른 것이 될 수가 없다. 게다가 개인의 영혼은 각 인간을 그의 추링가와 결합시켜주는 관계에서 나온 것이다. 사실상 우리는 추링가가 거기에서 태어난 것으로 여겨지는 개인의 인격성을 나타내는 것을 알고 있다.[88] 그러나 추링가는 또한 토템 동물을 표현한다. 문명의 개화자인 망가르쿤제르쿤자(Mangarkunjerkunja)가 캥거루 씨족의 각 구성원에게 그의 개인적 추링가를 제시할 때 이러한 용어로 말한다. "여기 캥거루의 몸이 있다."[89] 그러므로 추링가는 선조의 몸인 동시에 실제적 개인이

---

85) C. Strehlow, II, 57쪽.
86) Roth, 앞의 글, §74.
87) 다른 말로 하면 토템종은 이른바 동물종이나 식물종보다는 선조집단이나 신화적 인물들로 이루어져 있다.
88) 이 책, 522~523쪽 참조할 것.
89) C. Strehlow, II, 76쪽.

며 토템 동물의 몸이기도 하다. 따라서 이러한 세 존재는 슈트렐로의 강하고도 적절한 표현에 따르면 "하나의 견고한 단위"[90]를 형성한다. 그것들은 동등한 가치를 가지며 서로서로 대치될 수 있는 용어들이다. 즉 그것들은 또한 토템의 변별적 속성들에 의해서 정의되는 유일하고도 동일한 실체의 다른 양상들로 여겨진다. 그들의 공통적인 본질은 토템 본체이다. 언어 그 자체도 이러한 동일성을 나타낸다. 라타파 그리고 로리차족의 언어 아라타피(aratapi)라는 말은 선조에게서 분리되어 나와서 어린아이가 되는 신비한 태반을 지칭한다. 따라서 이러한 단어들은 앞서 말한 어린아이의 토템을 지칭하는데, 그것은 어린아이의 어머니가 임신했다고 생각한 장소에 의해서 결정된다.[91]

3. 환생 학설의 일반성과 이 이론을 지지해주는 여러 가지 사실들

사실상 앞의 환생에 대한 학설은 중앙 오스트레일리아 부족들 안에서 연구된 것이다. 따라서 우리의 추론이 의지하고 있는 토대가 너무 좁다고 생각할 수도 있다. 그러나 일차적으로 우리가 제시한 이유들 때문에 실험은 우리가 직접 관찰한 사회를 넘어서 확장되는 영역을 가지게 된다. 게다가 같은 개념 또는 유사한 개념들이 오스트레일리아의 여러 다양한 지점들에서 발견되는 일이 많다. 아니면 최소한 그러한 개념의 분명한 자취가 남아 있는 곳이 있다. 이러한 개념들은 아메리카에서도 발견된다.

호잇은 남방 오스트레일리아에 있는 디에리족에서 발견되는 이러한 개념들에 대해 기술했다.[92] 거슨(Gason)이 선한 영(靈)이라고 번

---

90) 같은 곳.
91) C. Strehlow, II, 57쪽, 60~61쪽. 토템들의 목록은 슈트렐로에 의해서 라타파의 목록이라 불린다.

역했고, 창조의 신에 대한 믿음을 표현한 것이라고 생각한 무라무라 (Mura-mura)라는 단어는[93] 사실상 종족의 기원을 이야기하는 신화에 등장하는 다수의 조상들을 지칭하는 집합명사이다. 조상들은 오늘날에도 예전과 마찬가지로 계속 존재한다. "사람들은 조상들이 나무 안에 산다고 생각하는데, 그런 연유로 나무가 거룩해진다." 토양, 바위, 샘들의 어떤 기묘한 모양들은 이러한 무라무라[94]와 동일시된다. 무라무라는 결국 아룬타족의 알치랑가미치나와 특이하게 닮았다. 깁슬랜드(Gippsland)의 쿠르나이족은 비록 거기에는 토템 숭배의 잔재들 이외에는 더 이상 아무것도 존재하지 않지만, 역시 무크쿠르나이(Muk-Kurnai)라고 불리는 선조들의 존재를 믿고 있다. 그리고 그들은 무크쿠르나이를 인간과 동물 사이의 중간적 존재로 인식한다.[95] 타플린(Taplin)은 님발디족(Nimbaldi)에게서 슈트렐로가 아룬타족에서 연구한 것과 유사한 임신에 관한 이론을 관찰했다.[96] 빅토리아 지방의 워초발루크족에서 우리는 환생에 대한 믿음을 온전하게 발견한다. 매슈스는 이렇게 말한다. "죽은 자의 영들은 그들 각 씨족들의 미유르(miyur)[97] 안에서 모인다. 영들은 좋은 기회가 오면 인간의 모습으로 다시 태어나기 위해 미유르에서 나온다."[98] 그는 심지어 "환생이나 영혼들의 전생(轉生)에 대한 믿음은 오스트레일리

---

92) A.W. Howitt, *Nat. Tr.*, 475쪽 이하.

93) Gason, "The Manners and Customs of the Dieyerie Tribe of Australian Aborigines", in *Curr*, II, 47쪽.

94) A.W. Howitt, *Nat. Tr.*, 482쪽.

95) 같은 책, 487쪽.

96) Taplin, *Folklore, Customs, Manners, etc, of South Austral. Aborig.*, 88쪽.

97) 각 선조의 씨족은 땅 밑에 그의 특별한 진영을 가지고 있다. 미유르란 이러한 진영이다.

98) J. Mathews, in *Journal of R. S. of U. S. Wales*, XXXVIII, 293쪽. 매슈스는 빅토리아의 다른 종족들 안에서 동일한 믿음을 기록하고 있다.

아의 모든 종족들 속에 강하게 뿌리박고 있다"[99]고 확언한다.

우리가 만일 북쪽 지역으로 간다면 북서쪽의 니올니올족(Niol-Niol)에서 아룬타족의 순수한 교리를 발견하게 될 것이다. 즉 모든 출생은 여자의 몸속으로 들어간 이미 선재(先在)하던 영혼의 화신에서 비롯된다는 것이다.[100] 북쪽 퀸즐랜드의 신화는 앞의 것과 형태만 약간 다를 뿐 동일한 관념을 정확하게 표현하고 있다. 페네파더강의 부족들은 모든 사람이 두 개의 영혼들을 가지고 있다고 생각한다. 그중에 은가이(ngai)라고 불리는 것은 심장 속에 살고, 다른 하나 초이(choi)는 태반 속에 살고 있다. 출생하자마자 태반은 거룩한 장소에 묻히게 된다. 출산을 담당하고 있는 안제아(Anje-a)라고 불리는 특별한 정령은 이 초이를 영접해 그것을 어린아이가 어른이 되고 결혼할 때까지 간직한다. 그에게 아들을 줄 시기가 되면 안제아는 이 남자의 초이 한 부분을 취해 그가 만들고 있는 태반 속에 넣은 다음 그것을 여자의 자궁 속에 집어넣는다. 그러므로 아이의 영혼은 아버지의 영혼으로 만들어진다. 어린아이는 아버지의 영혼 전체를 처음에는 다 받지 못한다. 왜냐하면 아버지가 살아 있는 동안 은가이가 아버지의 심장 속에 계속 머물러 있기 때문이다. 그러나 아버지가 죽으면 자유로워진 은가이는 아이들의 몸속에서 화신될 것이다. 아이들이 여럿이라면 은가이는 그들에게 똑같이 나누어진다. 이렇게 해서 세대들 간에 완벽한 영적인 계속성이 이어진다. 아버지에게서 아이들에게 또 그 아이들에게서 그다음 세대의 아이들에게 전해지는 것은 동일한 영혼이며, 그것은 분할과 계속되는 하위분할에도 불구하고 여전히 유일한 영혼이다. 그리고 세상이 처음 시작될 때에 첫 조

---

99) 같은 책, 349쪽.

100) J. Bishof, "Die Niol-Niol", in *Anthropos*, 35쪽.

상에게 생명을 준 것도 바로 이 영혼이다.[101] 이 이론과 중앙 부족들에 관한 이론 사이에는 오직 하나의 중요한 차이점이 있을 뿐이다. 여기에서 환생은 선조들 자신의 작업이 아니라 전문적으로 이러한 기능을 수행하는 특수한 정령의 작업이다. 그러나 이 정령은 최초 선조들의 많은 모습을 단 하나의 동일한 모습으로 용해한 혼합주의의 산물인 것 같다. 적어도 이러한 가설을 그럴듯하게 만들어 주는 것은 안제아와 안지르(Anjir)라는 단어가 분명히 매우 가까운 관계를 가지고 있다는 점이다. 안지르라는 용어는 최초의 인간, 즉 모든 사람들이 그에게서 태어나게 되는 최초의 조상을 지칭한다.[102]

동일한 사고가 아메리칸 인디언 부족들에서도 발견된다. 크라우제가 말하기를, 틀링키트족에서는 죽은 사람들의 영혼이 이 땅에 다시 와서 그 가족의 임신한 여자들의 몸속에 들어가는 것으로 여겨진다. "그러므로 여자가 임신 중에 어떤 죽은 조상의 꿈을 꾸면 그녀는 그 조상의 영혼이 그녀 안으로 들어왔다고 생각한다. 만일 신생아가 어떤 조상과 비슷한 특징을 보이면 사람들은 그 아이가 이 땅에 다시 온 죽은 사람 자신이라고 생각하고, 아이에게 고인의 이름을 붙인다."[103] 이러한 믿음은 하이다족에서도 보편적이다. 어떤 조상이 아이 속에서 환생했는지를 계시해 주고 따라서 아이가 어떤 이름을 가져야 하는가를 가르쳐 주는 사람은 샤먼이다.[104] 콰키우틀족에서는

---

101) Roth, 앞의 글, §68~69와 비교. 유사한 경우가 프로세르피나강의 토착민들에게서 발견된다. 간단히 설명하기 위해서 우리는 성의 차이에 따르는 복잡성은 생략했다. 딸의 영혼은 아버지의 은가이를 그 남자 형제들과 나누어 가지지만, 그 어머니의 초이로 이루어진다. 이러한 특성은 두 계보의 체계가 번갈아 가며 사용되었다는 데서 기인하는데, 영혼불멸의 원리와는 상관이 없다.

102) 같은 글, 16쪽.

103) Krause, *Die Tlinkit-Indianer*, 282쪽.

마지막으로 죽은 사람이 가족 중에 태어난 첫 번째 아이의 몸속에서 다시 삶을 시작한다고 생각된다.[105]휴런족, 이러쿼이족, 틴네족(Tinneh) 그리고 미국의 많은 다른 부족에서도 마찬가지다.[106]

이러한 개념들의 보편성은 거기에서 연역해낸 결론, 즉 우리가 영혼 관념에 대해 제안했던 설명까지 자연스럽게 확장된다. 더구나 영혼 관념의 일반적인 영역은 다음의 사실들에 의해 확인된다.

우리는 각 개인이 거룩한 종(種) 속에 확산되어 있는 어떤 익명적인 힘을 자신 안에 지니고 있다는 것을 알고 있다.[107] 그 자신도 거룩한 종(種)의 구성원이다. 그러나 그것은 경험될 수 있고, 느낄 수 있는 것이 아니다. 왜냐하면 각 개인이 자신의 몸에 그려 넣는 그림과 상징적인 기호에도 불구하고, 이러한 관점에서 보면 인간은 자신 속에 동물이나 식물의 형태를 환기시키는 그 무엇도 가지고 있지 않기 때문이다. 따라서 인간 속에는 스스로 인정하는 다른 어떤 존재가 있는데, 그것을 동물이나 식물종의 형태로 표현한다. 영혼은 자기 자신이 생명을 준 주체의 분신이기 때문에 앞에서 이야기한 어떤 다른 존재가 곧 영혼이라는 사실은 명백하지 않은가? 이러한 동일시를 정당화해주는 것은 각 개인이 지니고 있는 토템 본체의 조각이 가장 분명하게 환생되는 장소, 즉 유기체의 기관들이 또한 영혼이 머무르는 곳이라는 사실이다. 피의 경우가 그렇다. 토템의식에서 피의 역할이 입증해주듯 피 속에는 토템 본질의 무엇인가가 들어 있다.[108] 그러나

---

104) Swanton, *Contributions to the Ethnology of the Haida*, 117쪽 이하.
105) Boas, *Sixth Rep. of the Comittee on the North-Western Tribes of Canada*, 59쪽.
106) Lafitau, *Moeurs des sauvages Amériquains*, II, 434쪽; Petitot, *Mono-graphie des Dènè-Dindjié*, 59쪽.
107) 이 책, 327쪽 이하 참조할 것.
108) 이 책, 331~332쪽 참조할 것.

이와 동시에 피는 영혼의 거주지 가운데 하나이다. 아니 피는 오히려 밖으로 드러난 영혼 자체이다. 피가 흐르면 생명도 흘러나오고 그렇게 해서 영혼도 빠져나간다. 따라서 영혼은 피 속에 내재된 성스러운 본체와 혼동된다.

다른 관점에서 볼 때, 만일 우리의 설명이 근거가 있다면 우리가 가정한 바와 같이 토템 본체가 개인 속으로 침투할 때 그것은 어떤 자율성을 가지고 있어야만 한다. 왜냐하면 토템 본체는 환생하는 주체와 특별히 구별되기 때문이다. 이것이 바로 호잇이 유인족(Yuin)에게서 관찰했다고 말한 것이다. 그는 말한다. "이 부족에서 토템이 어떤 방식으로 인간의 부분으로 여겨지는가에 대해서는 이미 말했던 움바라의 경우가 명확하게 입증해주고 있다. 움바라는 내게 이렇게 말했다. 몇 년 전에 도마뱀 씨족의 어떤 사람이 그가 자고 있을 때 토템을 보냈다. 토템은 자고 있는 사람의 목으로 들어왔고 그는 그것을 거의 먹었다. 그리하여 그 토템이 가슴에 머물고 있었다. 그것이 자칫 죽음을 초래할 뻔했다."[109] 그러므로 토템은 개별화되면서 분할되는 것이 사실이며, 이렇게 해서 떨어져 나온 조각들 각각이 영이나 육체 안에 거하는 영혼의 역할을 하는 것도 사실이다.[110]

그러나 여기에 좀더 직접적으로 설득력 있는 사실들이 있다. 영혼이 개별화된 토템 본체에 불과하다면 영혼은 적어도 어떤 경우에 토템에 의해 그 형태가 표현되는 동물종이나 식물종과 다소간 긴밀한 관계를 유지해야만 한다. 사실상 "지어웨갈족(Geawe-Gal, 뉴사우스

---

109) A.W. Howitt, *Nat. Tr.*, 147쪽. 앞의 책, 769쪽과 비교.

110) 슈트렐로(I, 15쪽, n. 2)와 슐츠(앞의 글, 246쪽)는 우리에게 호잇이 여기에서 토템에 대해 제시한 것처럼 다른 영혼을 먹으러 가기 위해서 몸에서 빠져나오는 영혼에 대해 말하고 있다. 마찬가지로 우리는 위에서 알치라나 어머니의 토템이 꿈속에서 영혼이나 영처럼 나타나는 것을 살펴보았다.

웨일스의 부족)은 모든 사람이 각자의 가슴 속에 어떤 새나 짐승 또는 파충류의 영에 대한 친화력을 가지고 있다고 믿는다. 개인이 이러한 동물의 후손이라고 여겨지는 것은 아니다. 그러나 사람들은 인간에게 생명을 주는 영과 동물의 영 사이에 관계가 있다고 생각한다."[111]

토템으로 쓰이는 식물이나 동물에서 영혼이 직접 발산된 것으로 여겨지는 경우들도 있다. 슈트렐로에 따르면 아룬타족에서는 어떤 여자가 어떤 과일을 굉장히 많이 먹었을 때 그 여자는 이 과일을 토템으로 가질 어린아이를 낳을 것이라고 생각한다. 만일 그녀가 첫 태동을 느낄 때 캥거루를 보았다면 사람들은 캥거루의 라타파가 그녀의 몸에 들어가서 수태시켰다고 믿는다.[112] 베이스도(H. Basedow)는 워가이트족(Wogait)에 대해 똑같은 사실을 기술했다.[113] 다른 한편으로 우리는 라타파와 영혼이 거의 구별되시 않는다는 것을 일고 있다. 그러므로 영혼이 토템종의 동물이나 식물과 똑같은 실체로 이루어졌다고 생각하지 않았다면 영혼에 이러한 기원(起源)을 부여하지 못했을 것이다.

그러므로 영혼은 종종 동물의 형태로 표현된다. 우리는 원시사회

---

111) Fison et Howitt, *Hurnai and Kamilaroi*, 280쪽

112) *Globus*, T. XI, 289쪽. 레온하르디(Leonhardi)의 반대에도 불구하고 슈트렐로는 이 점에 대해서 확언을 계속한다(C. Strehlow, III, xi쪽 참조할 것). 레온하르디는 이러한 단언과 라타파들이 나무, 바위, 추링가들에서 나왔다는 이론 사이에는 어떤 모순이 있다고 생각하고 있다. 그러나 토템 동물은 난자나 무나 바위처럼 토템을 환생시킨다. 그러므로 토템 동물도 똑같은 역할을 할 수 있다. 두 사물들은 신화적으로 동등한 가치를 지닌다.

113) H. Basedow, "Notes on the West Coastal Tribes of the Northern Territory of S. Australia", in *Trans. R. Soc. South Australia*, XXXI, 1907, 4쪽. 「케른(Cairns, 북부 퀸즐랜드 지역)의 종족들에 대하여」, in *Man*, 1909, n°86과 비교.

에서는 죽음이 순수하게 물리적 원인의 작용에 의한 자연적 사건으로 생각되지 않는다는 것을 알고 있다. 사람들은 일반적으로 죽음이 어떤 주술사의 악한 활동 때문에 일어난다고 생각한다. 오스트레일리아의 대다수 부족에서는 이러한 살인의 책임자가 누구인가를 결정하기 위해 살인자의 영혼은 일종의 필요에 따라 반드시 희생자를 방문한다는 원칙에서 출발한다. 때문에 시체를 발판 위에 올려놓는다. 그리고 시체 밑과 그 둘레에 아주 작은 자국이라도 쉽게 눈에 띨 수 있도록 조심스럽게 흙을 편편하게 깔아 놓는다. 그리고 그다음날 거기로 온다. 만일 그동안 어떤 동물이 거기를 지나갔다면 사람들은 그것이 어떤 동물의 흔적인지를 쉽게 알 수 있다. 그 형태가 그 동물이 속해 있는 종을 알려주는데, 그것으로부터 사람들은 이 범죄자가 속해 있는 사회집단을 추론해낸다. 그 동물이 어느 씨족 또는 어느 계급의 토템인가에 따라 범죄자 역시 어떤 계급 또는 어떤 씨족의 사람이라고 말한다.[114] 영혼이 토템 동물의 형상으로 왔다고 여겨진다.

토템 숭배가 약화되었거나 사라진 다른 사회에서도 영혼은 계속 동물의 형태로 생각된다. 베드포드갑(Bedford, 북부 퀸즐랜드 소재)의 원주민들은 아이가 엄마의 몸에 들어갈 때 딸이면 마도요 새이고, 아들이면 뱀이라고 믿고 있다. 그것들은 몸속에 들어간 다음에 즉시 인간의 형태를 띠게 된다.[115] 대다수 북아메리칸 인디언들은 위드

---

114) 커와 호잇에 따르면 와켈부라족에서 각 결혼계급은 그들 고유의 토템들을 가지고 있다. 즉 동물이 그 계급을 대변한다(Curr, III, 28쪽 참조할 것). 반디크족에서 동물은 씨족을 나타낸다(Mrs. James S. Smith, *The Baundik Tribes of S. Austral. Aborigines*, 128쪽). A.W. Howitt, "On some Austral. Beliefs", in *J. A. I.*, XIII, 191쪽; XIV, 362쪽; N.W. Thomas, "An American View of Totemism", in *Man*, 1902, n°85; J. Mathews, *Journ. of R. S. of N. S. Wales*, XXXVIII, 347~348쪽; B. Smyth, I, 110쪽; Spencer · Gillen, *North. Tr.*, 513쪽.

(Wied) 왕자가 말하길 자신의 몸 안에 어떤 동물을 가지고 있다고 한다.[116] 브라질의 보로로족(Bororo)은 그들의 영혼을 어떤 새의 형상으로 생각하며, 이러한 이유로 자신들도 이와 같은 새들의 변종이라고 생각한다.[117] 다른 지역에서는 영혼이 뱀·도마뱀·파리·벌 등으로 인식되고 있다.[118]

그러나 영혼의 동물적 본질이 드러나는 것은 특히 죽고 난 다음이다. 살아 있는 동안 이러한 특성은 인간 육체의 형태에 의해 부분적으로 가려져 있다. 그러나 일단 죽음이 영혼을 자유롭게 해주면 영혼은 본래의 모습으로 돌아간다. 오마하족에서는 적어도 물소 씨족들중 두 씨족에서는 죽은 자들의 영혼이 그들의 조상인 물소와 재결합하러 간다고 믿는다.[119] 호피족(Hopi)은 상당수의 씨족으로 나뉘어있는데, 그들의 조상들은 동물이거나 동물형상을 한 존재들이다. 그러므로 스쿨크래프트(Schoolcraft)가 기술한 대로 그들은 죽으면 그들의 원래 모습을 되찾는다고 말한다. 그들 각각은 자신들이 속했던 씨족에 따라서 곰이 되기도 하고 사슴이 되기도 한다.[120] 대부분의 경우, 영혼은 동물의 몸으로 재화신되는 것으로 여겨진다.[121] 이러한

---

115) Roth, 앞의 글, §83. 그것은 아마도 성적 토템 숭배의 한 형태인 것 같다.

116) Prinz zu Wied, *Reise in des innere Nord-Amerika*, II, 190쪽.

117) K. von den Steinen, *Unter den Natur völkern zentral-Bräsiliens*, 1894, 511~512쪽.

118) J. G. Frazer, *Golden Bough2*, I, 250쪽, 253쪽, 256~258쪽 참조할 것.

119) *Third Rep.*, 229쪽, 233쪽.

120) Schoolcraft, *Indian Tribes*, IV, 86쪽.

121) 예를 들면 수마트라의 바타(Batta)에서(J. G. Frazer, *Golden Bough*², III, 420쪽), 멜라네시아에서(Codrington, *The Melanesians*, 178쪽), 말레이군도에서(E.B. Tylor, "Remarks on Totemism", in *J. A. I.*, 새로운 시리즈 I, 147쪽) 그러하다. 죽음 후에 영혼이 분명하게 동물의 형태로 나타나는 경우들은 토템 숭배가 어느 정도 손상된 사회에서 차용되었다는 것을 주목하게 될 것이다. 토템 신앙이 비교적 순수한 곳에서는 영혼 관념이 매우 모호하다. 왜냐하면 토템 숭

개념에서 매우 널리 퍼져 있는 윤회의 원리가 나온 것 같다. 우리는 타일러가 이것을 설명하기 위해 얼마나 당황했던가를 알고 있다.[122] 만일 영혼이 본질적으로 인간의 본체라면 그렇게 많은 사회에서 영혼이 동물형상을 선호하는 이러한 현상보다 더 기이한 것이 있을까? 그러나 만일 영혼이 그 구성 자체에 있어서 동물과 매우 가깝다면 반대로 모든 것이 쉽게 설명된다. 왜냐하면 죽은 후에 동물계로 돌아가면서 영혼은 비로소 자신의 진정한 본질을 되찾기 때문이다. 그러므로 윤회에 대한 믿음이 일반적으로 나타난다는 사실은 우리가 방금 제시한 이론이 전제하는 것처럼 영혼 관념의 구성요소들이 주로 동물계에서 차용되었다는 것에 대한 새로운 증거가 된다.

4. 영혼과 육체의 대조 속에 실재하는 것. 개인 영혼과 집합 영혼의 관계

이렇게 해서 영혼 관념은 성스러운 존재들과 관련된 믿음에 특별하게 적용된다. 이러한 관념이 처음 역사에 나타난 이래 제시했고, 또 오늘날까지 간직하고 있는 종교적 특성이 이와 같이 설명된다. 사실상 영혼은 항상 성스러운 것으로 여겨졌다. 이 때문에 영혼은 그 자체로 속된 육체와 대립된다. 영혼은 안과 밖처럼 단순하게 그의 물질적인 육체와 구별되는 것이 아니다. 즉 사람들은 매우 미묘하고 유동적인 물체로 이루어졌다는 정도로 단순하게 영혼을 표현할 수 없

배는 영혼이 동시에 두 계(界)에 참여한다는 것을 내포하기 때문이다. 이 경우 영혼은 절대적으로 이러저러하게 결정될 수 없다. 다만 상황에 따라서 어떤 때는 이런 양상, 다른 때는 저런 양상을 취할 수도 있다. 토템 숭배가 퇴행하면 할수록 이러한 영혼의 애매함은 사라지고, 영들은 좀더 명확히 구분될 필요를 느끼게 된다. 따라서 동물계에 대한 매우 두드러진 친화성은 특히 영혼이 인간의 몸으로부터 자유롭게 된 후에 더 많이 드러난다.

122) 이 책, 387~388쪽 참조할 것. 윤회에 대한 믿음의 일반성에 대해서는 E.B. Tylor, II, 8쪽 이하 참조할 것.

다. 영혼은 그 이상의 어떤 것이다. 영혼은 어디서나 거룩한 것에 예정된 감정을 불러일으킨다. 사람들은 영혼을 신으로 만들지는 않더라도 신의 광채로 여긴다. 만일 영혼 관념이 꿈의 문제에 제시된 전-과학적 해결책에 불과하다면 이러한 본질적인 특성은 설명될 수 없을 것이다. 왜냐하면 꿈속에는 종교 감정을 일깨울 만한 것이 아무것도 없기 때문에 사람들이 설명을 위해 사용하는 꿈이라는 원인은 그러한 특성을 가질 수 없다. 그러나 만일 영혼이 거룩한 실체의 일부라면 영혼은 우리들 자신은 아니지만 우리 속에 있는 어떤 것을 나타내 보여줄 것이다. 만일 영혼이 성스러운 존재들과 동일한 정신적 재료로 이루어져 있다면 성스러운 감정의 대상이 되는 것은 당연하다.

이와 같이 인간이 자기 자신에게 부여한 성스러운 특성은 순수한 환상의 산물이 아니다. 종교적 힘이나 신에 대한 개념과 마찬가지로 영혼에 대한 개념도 실제적인 근거가 없는 것이 아니다. 우리 인간은 성스러운 것과 속된 것처럼 서로 대립되는 두 부분으로 형성되어 있는 것이 사실이다. 어떤 의미에서 우리 안에도 신성한 것이 있다고 말할 수 있다. 왜냐하면 성스러운 모든 것의 유일한 원천인 사회는 밖에서 우리를 움직이고, 우리에게 일시적으로 영향을 주는 것으로 만족하지 않기 때문이다. 사회는 우리 안에 지속적으로 자리를 잡는다. 사회는 우리 안에서 관념과 감정의 모든 세계를 불러일으킨다. 이러한 관념과 감정은 사회를 표현하는 동시에 우리 자신의 총괄적이고 영속적인 부분을 이루고 있다. 오스트레일리아 사람들이 종교예식을 마치더라도 공동의 삶이 그에게 불러일으킨 또는 고무시킨 표상은 바로 없어지지 않는다. 의례를 통해 기리는 위대한 선조들의 모습과 그 영웅적인 업적들, 숭배행위를 통해 그 자신이 참여한 온갖 종류의 위대한 행위들, 한마디로 그가 동료들과 함께 만들어 낸 여러 가지 이상(理想)들은 계속 그의 의식(意識) 속에 살아 있다. 그리고 이러한 이상들과 연결되어 있는 감정 및 그것들이 행사하는 매우 특수한 영향력을 통해 그러한 이상들은 외부의 사물들과 일상적인 관계를 맺을 때 느끼는 속된 인상들과 분명하게 구분된다. 도덕관념도 이와 똑같은 특성을 가지고 있다. 도덕관념을 우리에게 강요하는 것은 바로 사회이다. 그리고 사회가 불러일으킨 존경심은 자연히 사회에서 나온 모든 것으로 자연스럽게 확장된다. 따라서 행위의 강제적 규범들은 그 기원이 사회라는 이유 때문에 우리의 다른 내적 상태들이 가질 수 없는 권위와 위엄을 부여받는다. 그러므로 우리는 그것들에게 우리의 심리적 삶의 총체 안에 별도의 자리를 마련해주는 것이다. 비록 우리의 도덕의식이 우리 의식의 일부라고 하더라도 우리는 자신을 도덕의식과 동등하다고 생각하지는 않는다. 단지 우리에게 명령하고 제동을 걸기 위한 이러한 소리 속에서 우리는 우리 자신의 목소리를 인지할 수 없다. 그 목소리가 우리에게 말하는 음조까지도 우리 안에 있지만 우리와 다른 어떤 것을 표현하고 있다는 사실을 알려준다. 이것이 영혼 개념의 객관적 근거이다. 우리의 내적 삶을 구성하고 있는 표상은 서로 환원될 수 없는 다른 두 종(種)이다. 한 종류는 외적이고 물질적인 세계와 관련된 것이고, 다른 한 종류는 전자에 비해 도덕적 우월성을 부여하는 이상세계와 관련되어 있다. 그러므로 우리 인간은 실제로 다른 방향, 거의 반대방향으로 향하고 있는 두 가지 존재들로 이루어져 있는 셈인데, 그중의 하나는 다른 하나에게 실제로 우월성을 행사하고 있다. 이것이 우리 안에 공존하고 있는 육체와 정신 사이에서, 감각적 존재와 정신적 존재 사이에서 어느 정도 분명하게 모든 사람들이 인식하는 대조의 깊은 의미이다. 도덕주의자들과 설교자들은 종종 우리가 유물론에 빠지지 않는다면 의무의 실제성과 그 거룩한 특성을 부정할 수 없다고 주장했다. 실제로 만일 우리에게 도덕적·종교적 명령에 대한 관념이 없다면[123] 우리의 정신적 삶은 평준화될 것이며, 우리의 모든 의식상태들은 동일한 평면 위에 놓일 것이고, 이중성에 대한 모든 감정도 사라질 것이다. 물론 이러한 이중성을 이해하기 위해 영혼이라는 이름으로 육체와 대립되는 신비하고도 표현될 수 없는 실체를 상상할 필요는 없다. 그러나 여기서도 거룩함의 관념을 다룰 때처럼 오류는 상징화된 사실의 실체가 아니라 사용된 상징의 문자와 관련된다. 인간의 성격이 이중적이라는 것은 사실이다. 우리 안에는 공동체의 영혼이라 할 수 있는 이러한 위대한 이상의 조각이 있기 때문에 우리 안에는 거룩함의 조각이 진정으로 존재한다.

　따라서 개인의 영혼은 집단의 집합적 영혼의 한 부분에 불과하다. 숭배의 근거가 되는 것은 익명의 힘이며, 개인 속에서 화신되어 개인의 인성과 결합되는 힘이다. 그것은 바로 개체화된 마나이다. 아마도 꿈이 이러한 관념의 어떤 부차적인 특성들을 결정하는데 도움을 주었을 것이다. 잠자는 동안 우리의 정신을 점유하고 있는 이미지들의 불일치성과 불안정성 그리고 다른 것으로 변화하는 놀라운 성향 등이 영혼을 이루는 미묘하고 투명하며 변화무쌍한 물질의 모델을 제공했을 것이다. 다른 한편으로는 졸도·강경증(强硬症) 등과 같은 사건들이 영혼은 유동적이며 이승의 삶이 끝난 후 곧 육체를 떠난다는

───────────────

123) 만일 우리가 종교적·도덕적 표상이 영혼 관념의 본질적 요소라고 생각한다고 해도 그것들이 유일하다는 말은 아니다. 이러한 중심핵 주위에는 비록 낮은 정도이기는 하지만 같은 특성을 가진 다른 의식상태가 집결된다. 사회가 부여하는 권위와 매우 특수한 가치를 고려할 때 지적인 삶의 모든 탁월한 형태들이 바로 그러한 경우이다. 우리가 과학자나 예술가의 삶을 살 때 우리는 감각보다 우월한 사물들의 범주 안에서 살고 있다는 인상을 받는다. 우리가 결론에서 좀더 자세하게 밝힐 기회를 갖게 될 것이다. 왜냐하면 지성의 고매한 기능들은 언제나 영혼활동의 특별한 표지로 여겨져 왔기 때문이다. 그러나 그것들은 아마도 영혼 관념을 구성하기에는 충분치 않았을 것이다.

생각을 제시할 수도 있었을 것이다. 역으로 이러한 사실은 어떤 꿈들을 설명하는 데 쓰였다. 그러나 이 모든 경험과 관찰들은 그 존재를 확립하기조차 어려운 부차적이고도 보충적인 영향력만을 행사할 수 있을 뿐이다. 영혼 관념의 진정한 본질은 다른 데서 기인한다.

그러나 이러한 영혼 개념의 기원은 그 본질적인 특성을 무시하는 것 아닌가? 만일 영혼이 집단, 토템종 그리고 토템과 관련된 모든 종류의 사물들 안에 확산된 비인격적인 본체의 특수한 형태에 불과하다면 영혼 그 자체도 근본적으로 비인격적이다. 그러므로 영혼은 정도의 차이는 있지만 그 힘과 동일한 속성들을 가지고 있어야만 한다. 영혼은 그 힘의 특수한 양태에 불과하기 때문이다. 영혼은 특히 확산·전염으로 퍼지는 성향·편재성 등에 있어서 동일한 속성을 가지고 있어야 한다. 그러나 정반대로 사람들은 영혼을 구체적으로 정의되는 존재, 다른 것들과는 서로 교제하지 않고 자신 속에 완전히 고착된 존재라고 마음대로 상상한다. 사람들은 영혼을 우리 인성(人性)의 근거로 삼는다.

그러나 이러한 방식으로 영혼을 인식하는 것은 뒤늦은 철학적 동화(同化)의 산물이다. 대중적인 표상은 공동의 경험에서 자연발생적으로 생겨났기 때문에 특히 시초에는 매우 다르다. 오스트레일리아 사람들에게 영혼이란 어렴풋하고 유동적인 형태로 모든 유기체 속에 퍼져 있는 매우 모호한 실체이다. 비록 영혼이 어떤 지점에서 더 특별하게 나타나기는 하지만, 영혼이 완전히 부재하는 곳은 없다. 그러므로 영혼은 마나에 필적할 만한 확산성, 전염성, 편재성을 지니고 있다. 마나처럼 영혼도 모든 특성이 각 부분에 그대로 남아 있으면서 무한히 분할되고 복제될 수 있다. 영혼의 다원성은 바로 이러한 분할성과 복제성에서 기인한다. 다른 한편으로 우리가 그 보편성을 확립한 바 있는 환생의 교리는 영혼 개념 속에 들어 있는 모든 비인격적 요소들을 밝혀주고, 그것이 얼마나 본질적인가를 보여주고 있다. 왜냐하면 만일 동일한 영혼이 각 세대마다 새로운 인격을 다시 입는 것이라면 차례차례 영혼을 싸고 있는 개별적 형태들은 영혼과 완전히 외적이어야 하며, 또한 그것들은 영혼의 진정한 본질과 아무런 관련이 없어야 하기 때문이다. 영혼은 이차적으로 그리고 피상적으로만 개별화되는 일종의 생성적 실체이다. 게다가 이러한 영혼 관념이 완전히 사라진 것도 아니다. 유골 숭배는 오늘날까지도 많은 신도가 성인(聖人)의 영혼이 그 모든 본질적인 능력들과 함께 여러 뼈들에 계속 붙어 있는 것으로 여긴다는 것을 입증하고 있다. 이것은 성인의 영혼이 온갖 종류의 다른 사물들에게 동시에 확산되고 분할되고 합체될 수 있는 것으로 표현된다는 사실을 함축한다.

영혼에서 마나의 고유한 속성들을 찾아볼 수 있는 것처럼 이차적이고 피상적인 변화만으로도 마나가 영혼의 형태로 개별화하기에 충분하다. 우리는 단절 없이 마나개념에서 영혼 개념으로 넘어가고 있다. 어떤 특정한 존재에 특별한 방식으로 결부되어 있는 모든 종교적인 힘은 그 존재의 특성을 띠고, 그 존재의 형상을 취하며, 그것의 정신적 분신이 된다. 트레기어(Tregear)는 그의 마오리폴리네시아(Maori-Polynésien) 사전에서 마나라는 말을 다른 어군, 즉 마나와(manawa), 마나마나(manamana) 등과 연결시키고 있는데, 이러한 말들은 같은 어족(語族)에 속하는 것으로 보이며 심장·생명·의식 등을 의미한다. 그것은 대응 관념들, 즉 비인격적인 힘의 관념들과 내적인 삶, 정신적인 힘, 한마디로 영혼 관념 사이에 어떤 유사점이 있다는 것을 말하는 것 아닌가?[124] 스펜서와 길런이 믿는 것처럼 추링가가 영혼의 거주지로 쓰이기 때문에 거룩한 것인지, 아니면 슈트렐

---

124) F. Tregear, *The Maori-Polynesian Comparative Dictionary*, 203~205쪽.

로가 생각하는 것처럼 추렁가가 비인격적인 효력들을 지니고 있기 때문에 거룩한 것인지를 알아보는 문제는 크게 관심 쓸 만한 것도 아니고, 사회학적으로 중요한 문제도 아니다. 성스러운 사물들의 효력이 사람들의 정신 속에 추상적인 형태로 표현될 것인가, 아니면 어떤 인격적인 동작주의 탓으로 돌려질 것인가 하는 것은 사실상 문제가 되지 않는다. 그 두 가지 믿음의 심리학적 근원은 동일하다. 어떤 사물은 어떤 자격으로 속된 것의 침해를 막아주는 집합적 존경심을 불러일으키기 때문에 성스럽다. 이러한 감정을 설명하기 위해 사람들은 어떤 때는 모호하고 불명확한 원인에 의존하며, 어떤 때는 이름과 역사를 부여받은 특정한 정신적 존재에 의존하기도 한다. 그러나 두 경우 모두 마찬가지로 동일한 근본적인 과정에 여러 가지 해석들이 계속 추가된다.

게다가 이것은 우리가 논리를 전개해오면서 만났던 여러 예들의 이상한 혼동을 설명해준다. 개인, 환생한 선조의 영혼, 선조의 영혼에서 발산된 것, 그의 추렁가, 토템종의 동물 등은 서로 대치될 수 있으며 부분적으로 등가치한 사물들이다. 왜냐하면 어떤 점에서 볼 때 그것들 모두가 같은 방식으로 집합의식에 영향을 미치기 때문이다. 만일 추렁가가 성스럽다면 그것은 그 표면에 새겨진 토템 상징이 불러일으키는 존경의 집합 감정 때문이다. 또한 토템의 외적 형태를 재생하는 동물이나 식물에게도 동일한 감정이 결부된다. 그 감정은 개인의 영혼에도 결부되는데, 그것은 개인의 영혼 그 자체가 토템 존재의 종으로 생각되기 때문이다. 그리고 마지막으로 그러한 감정은 선조의 영혼과도 결합되는데, 앞서 말한 개인의 영혼은 선조 영혼의 특수한 한 양상에 불과하다. 이와 같이 다양한 모든 사물들은 그것이 실제적이건 이상적이건 간에 하나의 공통요소를 가지고 있는데, 그 공통요소가 의식 속에 동일한 감정상태를 불러일으킨다. 그래서 대상들이 혼동된다. 그 대상들이 하나의 동일한 표상에 의해 표현되는 한, 그것들은 구별되지 않는다. 이렇게 해서 아룬타족은 추렁가를 개인, 선조, 심지어는 토템 존재의 공동 몸체로 여길 수 있었던 것이다. 이것은 여러 사물들이 동일한 감정을 일으키는 대상임을 표현하는 방식이다.

그렇지만 영혼 개념이 마나 관념에서 파생되었다는 사실로부터 영혼 개념이 비교적 늦은 기원에서 나왔다는 결론이 나오지는 않는다. 또한 사람들이 종교적인 힘을 비인격적인 형태로 밖에는 인식하지 못하던 역사적인 시기가 있었다는 결론이 도출되지도 않는다. 전(前) 정령 숭배(préanimisme)라는 말로 정령 숭배가 전혀 알려지지 않았던 역사적 시기를 지칭하고자 할 때 그들은 하나의 자의적인 가설을 세운 것이다.[125] 왜냐하면 영혼 개념과 마나 개념이 공존하지 않는 민족은 없기 때문이다. 따라서 다른 두 시기에 그것들이 형성되었다고 가정할 근거가 없다. 반대로 모든 사례들은 그것들이 분명히 동시대적 산물이라는 것을 입증하고 있다. 개인이 없는 사회가 존재하지 않는 것과 마찬가지로 집단에서 나오는 비인격적인 힘은 개인의 의식 속에서 화신되지 않으면 성립될 수 없다. 개인의 의식 안에서 비인격적인 힘 역시 개별화된다. 사실상 서로 다른 두 과정이 아니라 하나의 동일한 과정의 다른 두 양상이 존재할 뿐이다. 그 두 양상이 똑같은 정도로 중요한 것은 아니다. 그중의 하나가 다른 것보다 더 본질적이다. 마나 개념은 영혼 개념을 전제하지 않는다. 왜냐하면 마나가 개체화되어 특별한 영혼들 속으로 분할될 수 있기 위해서는 우선 마나가 존재해야만 하고, 마나 자체가 개체화될 때 취하는 형태

---

125) 이것은 우리가 여러 번 인용한 바 있는 『지구』의 논문에 있는 프로이스의 논제이다. 레비브륄도 역시 같은 개념으로 기울어지는 듯하다(앞의 책, 92~93쪽).

들에 좌우되어서는 안 되기 때문이다. 반대로 영혼 개념은 마나 개념과 관련해서만 이해될 수 있다. 이러한 이유로 영혼 개념은 이차적 형성의 결과라고 말할 수 있다. 그러나 우리는 연대기적 의미가 아니라 논리적인 의미에서 이차적 형성을 문제 삼는 것이다.

5. 사후 생존에 대한 신앙을 설명하기 위한 가설

그러나 영혼이 육체보다 더 오래 살아남고, 심지어 무한한 시간을 존속할 수 있다고 믿는 근거는 무엇인가?

우리가 행했던 분석으로부터 영혼불멸에 대한 믿음이 도덕관념의 영향으로 이루어진 것이 아니라는 결론이 나온다. 인간은 도덕행위의 정당한 보답을 내세에서 보장받기 위해 무덤 저편에서 그들의 존재가 연장되리라고 상상하지 않았다. 왜냐하면 우리는 이러한 종류의 모든 사고가 저세상에 대한 원시적 관념과 다르다는 것을 살펴보았기 때문이다.

더구나 우리는 다음과 같은 가설에 동의할 수 없다. 즉 완전한 소멸이라는 괴로운 전망에서 벗어나는 수단으로 저세상의 삶이 인식되었다는 가설이다. 우선, 인간의 사후 생존의 필요성이 처음부터 매우 강했다는 것은 어림없는 말이다. 원시인은 일반적으로 죽음의 관념을 약간 무관심하게 받아들였다. 원시인은 자신의 개인성을 별로 대수롭지 않은 것으로 여기는 데 길이 들었고, 자신의 생명을 끊임없이 위험에 노출시키는 데 습관이 되어 있었다. 따라서 원시인은 아주 수월하게 죽음을 초탈한다.[126] 게다가 그가 예배하는 종교들이 그에게 약속해준 영혼불멸에는 개인적인 것이 전혀 없다. 대부분의 경우 영혼은 죽은 자의 인성을 계승하지 않으며, 만일 계승한다 하더라도

126) 이 점에 대해서는 『자살론』(*Suicide*), 233쪽 이하 참조할 것.

오래가지 않는다. 왜냐하면 영혼은 예전의 존재를 잊은 채 어느 시기가 지나면 다른 육체들에게 가서 새로운 인성들의 생명 본체가 되기 때문이다. 좀더 진보된 민족들에서까지도 망령들이 스올(Schéol, 저승) 또는 에레브(Erébe, 저승과 이승 사이의 암흑계)로 데리고 오는 것은 창백하고 슬픈 존재가 아니다. 그것은 잃어버린 생의 추억이 남긴 회한을 완화시켜줄 수 있다.

　좀더 만족스러운 설명은 사후 삶의 개념과 꿈의 경험을 연결시킨 것이다. 우리의 죽은 친척들이나 친구들이 꿈속에 나타난다. 우리는 그들이 움직이는 것을 보며, 그들이 말하는 것을 듣는다. 그러므로 그들이 계속 존재한다고 결론짓는 것은 당연하다. 그러나 이러한 관찰은 일단 형성된 관념을 확증하는 데는 쓰일 수 있지만 그 관념을 하나에서 열까지 다 만들 수는 없을 것 같다. 죽은 사람들이 나타나는 꿈을 꾸는 것은 매우 드문 현상이며 그 꿈은 너무나 짧고, 또한 너무나도 막연한 추억만을 남겨놓기 때문에 꿈만으로는 인간들에게 그렇게 중요한 믿음체계를 제공할 수가 없다. 이러한 믿음체계에 부여된 원인과 결과 사이에 눈에 띄는 불균형이 나타나고 있다.

　문제를 어렵게 만드는 것은 영혼 관념 그 자체가 사후 생존 개념을 암시하는 것이 아니라 오히려 배제하는 것 같다는 점이다. 사실상 우리는 영혼이 육체와 분리되어 있음에도 불구하고 육체와 긴밀하게 연합된 것으로 여겨지는 것을 살펴보았다. 육체가 늙을 때 영혼도 늙는다. 영혼은 육체를 공격하는 모든 질병들의 충격을 받는다. 따라서 영혼이 육체와 함께 죽는다는 것이 당연하게 여겨졌음에 틀림없다. 최소한 그것이 지니고 있던 것이 아무것도 남지 않는 순간, 즉 그 원래의 형태를 결정적으로 잃어버린 순간부터 영혼이 존재하기를 그쳤다고 믿었음이 틀림없다. 하지만 영혼에게 새로운 삶이 열리는 것은 정확하게 이 순간부터이다.

우리가 앞서 기술했던 신화들은 이러한 믿음에 대해 유일하게 가능한 설명을 제공한다. 우리는 새로 태어난 어린아이의 영혼이 조상 영혼의 발산물이거나 조상의 영혼이 환생한 것이라는 사실을 살펴보았다. 그러나 영혼들이 재화신되거나 주기적으로 새로운 발산물을 만들기 위해 영혼들은 최초의 영혼 보유자들보다 더 오래 살아남아야 했다. 따라서 사람들은 생명의 탄생을 설명하기 위해 죽은 자들의 사후 생존을 인정했던 것 같다. 원시인은 무(無)에서 영혼들을 만들어내는 전능한 신의 관념을 가지고 있지 않았다. 원시인은 영혼은 오직 영혼으로 만들어지는 것으로 여겼다. 그러므로 새로 탄생하는 영혼들은 그전에 있던 영혼들의 새로운 형태에 불과할 수밖에 없다. 그러므로 이전 영혼들은 다른 영혼들을 형성하기 위해 계속 존재해야 한다. 요컨대 영혼불멸에 대한 믿음은 인간이 자신의 관심을 끄는 어떤 사실을 설명할 수 있었던 유일한 방법이다. 그 사실이란 바로 집단적 삶의 영속성이다. 개인들은 죽는다. 그러나 씨족은 살아남는다. 따라서 씨족에게 생명을 주는 힘들은 동일한 영속성을 가지고 있어야만 한다. 이러한 힘이란 바로 개인의 육체에 생명을 주는 영혼들이다. 왜냐하면 집단은 이러한 영혼들 안에서 그리고 영혼들을 통해서 실현되기 때문이다. 이러한 이유 때문에 영혼들은 지속되어야만 한다. 영혼들은 지속되면서도 또한 본래의 자기 자신과 동일하게 남아 있어야 할 필요가 있다. 왜냐하면 씨족이 항상 자신의 고유한 형태를 지니고 있는 것처럼 씨족을 이루고 있는 정신적인 실체도 질적으로 불변하는 것으로 여겨졌음이 틀림없기 때문이다. 동일한 씨족은 언제나 동일한 토템 본체를 가지고 있으므로 영혼들도 동일해야 한다. 왜냐하면 영혼들이란 분할되고 특수화된 토템 본체에 불과하기 때문이다. 따라서 세대에서 세대로 전해지면서 모든 시기를 통해 씨족을 정신적 단일체로 만드는, 또는 적어도 그렇게 만드는 것으로 믿어지는, 배원질(胚原質, plasma germinatif)과 같은 신비한 목(目, ordre)이 있다. 이러한 믿음은 그 상징적인 특성에도 불구하고 객관적 진리이다. 왜냐하면 불멸이라는 말의 절대적인 의미처럼 집단이 불멸하지는 않다 해도 집단은 개인들보다는 오래 지속되며, 사실상, 새로운 각 세대마다 다시 태어나고 재화신되기 때문이다.

이러한 해석을 입증해주는 한 가지 사실이 있다. 우리는 슈트렐로의 증언에 따라 아룬타족이 영혼을 두 가지로 구분한다는 것을 살펴보았다. 즉 한편으로는 알체링가 선조들의 영혼이 있고, 다른 한편으로는 역사의 각 순간마다 사실상 부족의 실체를 이루고 있는 개인들의 영혼이 있다. 개인의 영혼들은 매우 짧은 기간 동안만 육체보다 더 오래 살아남는다. 그 후에 그것들은 완전히 소멸된다. 오직 선조의 영혼들만 불멸한다. 그것들은 창조되지 않고 처음부터 존재하는 것이기 때문에 소멸하지 않는다. 따라서 집단의 영속성을 설명하기 위해 필요한 것은 선조들의 영혼불멸뿐이다. 왜냐하면 모든 수태가 선조 영혼의 작용인 이상, 씨족의 영속성을 보장해주는 기능을 맡은 것은 오직 선조의 영혼뿐이기 때문이다. 이러한 관점에서 보면 다른 것들은 아무런 역할도 할 수 없다. 따라서 이러한 불멸성이 집합적 삶의 계속성을 이해하는 데 유용한 한도에서만 영혼이 불멸하다고 말해진다.

따라서 저세상의 삶과 관련된 최초의 믿음을 불러일으킨 원인들은 나중에 저세상의 제도들이 수행해야 했던 기능들과 아무런 관계가 없다. 그러나 그런 제도들이 일단 생겨나자 그것들은 원래의 존재 이유와는 다른 목적을 위해 즉각 이용되었다. 오스트레일리아 사회에서도 우리는 다른 목적으로 조직되기 시작하는 제도들을 보았다. 게다가 이러한 제도들은 다른 목적을 위해 근본적인 변형을 겪을 필요도 없었다. 동일한 사회제도가 본질적으로 변화되지 않고도 계속적으로 다른 기능들을 수행할 수 있다는 것은 사실이다!

6. 영혼 개념과 인간의 개념. 인성의 비인격적 요소들

영혼 개념은 오랫동안 그리고 아직도 부분적으로 인성(人性, personnalité) 개념의 대중적 형태로 남아 있다.[127] 따라서 이러한 개념들 가운데 영혼 개념의 기원은 인성의 개념이 어떻게 생겼는지를 이해하는 데 도움을 줄 것이다.

이미 말한 것으로부터 인성의 개념은 두 가지 요인의 산물이라는 결론이 나온다. 그 하나는 본질적으로 비인격적이다. 그것은 공동체의 영혼으로 쓰이는 정신적 본체이다. 개인의 영혼의 실체를 이루고 있는 것도 사실상 이 정신적 본체이다. 따라서 이 본체는 특정한 개인의 것이 아니다. 그것은 집단의 유산이다. 모든 의식들은 이 본체 안에서 그리고 이 본체에 의해서 소통된다. 그러나 다른 한편으로 분리된 인성이 존재하기 위해서는 이러한 본체를 분할하고 구별하는 다른 요소가 개입되어야 한다. 다른 말로 하면 개별화의 요인이 필요한 것이다. 이 역할을 하는 것이 바로 육체이다. 육체들은 서로 구분되며 각자가 다른 시간과 장소들을 점유하고 있기 때문에 각각의 육체는 집합 표상이 다르게 굴절되고 착색되는 특수한 중심부를 구성

---

127) 사람들은 영혼이 항상 복수로, 즉 나뉘고 또 거의 무한하게 계속 나뉘는 것으로 인식된 반면, 단일성은 인성의 특성이라고 반박할 것이다. 그러나 우리는 오늘날 인성의 단일성도 부분으로 이루어져 있으며, 그것 역시 분할되고 분해되기 쉽다는 것을 알고 있다. 하지만 인성 개념은 우리가 더 이상 그것을 형이상학적이고 분할될 수 없는 원자의 형태로 인식하기를 그쳤다는 사실로 인해 사라지지 않는다. 영혼 관념에서 그 표현을 발견한 인성에 대한 대중적 개념도 마찬가지이다. 그러한 개념은 다음의 사실을 입증해준다. 즉 인간이 몇몇 형이상학자들이 부여한 바와 같은 절대적인 단일성을 가지고 있지 않다는 사실을 사람들이 항상 느끼고 있었다는 것이다.

하게 된다. 만일 이러한 육체 속에 들어 있는 모든 의식들이 같은 세계, 즉 집단의 도덕적 동질성을 만드는 관념과 감정의 세계에 대한 시각을 가지고 있다고 해도 그 의식 모두가 똑같은 각도에서 그것을 보는 것은 아니다. 각각은 자신의 방식대로 세상을 표현하기 때문이다.

따라서 똑같이 없어서는 안 될 이 두 요소들 중에서 전자, 즉 비인격적인 요소가 더 중요하다. 왜냐하면 영혼 개념의 최초의 소재를 제공해준 것이 바로 그것이기 때문이다. 사람들은 인성 개념의 발생에서 비인격적인 요소가 상당히 중요한 역할을 했다는 것을 알게 되면 아마도 놀랄 것이다. 그러나 사회학적 분석에 훨씬 앞서 나타난 인간의 개념에 대한 철학적 분석은 이 점에 대해서 유사한 결론에 이르렀다. 모든 철학자 중에서도 라이프니츠(Leibniz)는 인성이 무엇인가를 가장 생생하게 느낀 사람 중의 하나이다. 왜냐하면 단자(單子)는 무엇보다도 인격적이고 자율적인 존재이기 때문이다. 그렇지만 라이프니츠에게 모든 단자들의 내용은 동일했다. 사실상 모든 단자들은 단 하나의 동일한 대상, 즉 세계를 표현하는 의식들이다. 그리고 세계 그 자체가 표상의 체계에 불과한 이상, 특수한 각각의 의식도 결국 보편적 의식의 반영에 불과하다. 단지 각 의식은 자신의 관점과 자신의 방식대로 세상을 표현한다. 우리는 이러한 관점의 차이가 단자들이 서로의 관계 속에서 그리고 그것들이 구성하는 전체 체계와의 관계 속에서 서로 다르게 위치해 있다는 사실에서 기인한다는 것을 알고 있다.

칸트는 똑같은 감정을 다른 형태로 표현한다. 칸트에게 인성의 핵심은 의지이다. 그런데 의지는 이성에 부합되게 행동하는 능력이다. 그리고 이성은 우리 안에 있는 좀더 비인격적인 것이다. 왜냐하면 이성이란 나의 이성이 아니라 일반적으로 인간의 이성이기 때문이다.

이성은 보편적인 형태로 사고하기 위해 특수하고 우발적이고 개인적인 것을 넘어서는 정신이 가진 능력이다. 그러므로 이러한 관점에서 보면 이성은 사람을 한 인격으로 만드는 것이다. 즉 한 인간을 다른 인간과 합치게 하는 어떤 것이며, 사람을 저런 인간이 아니라 이런 인간이 되도록 만드는 어떤 것이라고 말할 수 있을 것이다. 반대로 칸트는 감각, 육체, 한마디로 개별화되는 모든 것을 인격의 반대자로 여겼다.

그것은 개별화가 인성의 본질적인 특성이 아니기 때문이다. 한 인성은 단순히 다른 모든 인간들과 구별되는 독자적인 주체에 불과한 것이 아니다. 특히 인성은 그것이 가장 직접적으로 관계를 맺고 있는 환경과 관련해서 비교적 자율성을 부여받은 존재이다. 사람들은 그것을 어느 정도는 자기 생각대로 움직일 수 있는 존재로 표현하고 있다. 이것은 라이프니츠가 단자는 외부와 완전히 차단되어 있다고 말하면서 과장되게 표현했던 것이다. 따라서 우리의 분석을 통해 이러한 개념이 어떻게 형성되었으며, 무엇에 상응하고 있는지를 이해할 수 있다.

사실상 인성의 상징적 표현인 영혼도 동일한 특성을 가지고 있다. 비록 영혼이 육체와 긴밀하게 결합되어 있더라도 영혼은 육체와 아주 다른 것으로 간주되며, 육체에 비해서 상당한 독립성을 누리는 것으로 여겨진다. 살아 있는 동안에도 영혼은 육체를 일시적으로 떠날 수 있고, 육체가 죽고 나면 완전히 육체에서 벗어난다. 육체에 의존하기는커녕 영혼은 자신 속에 있는 좀더 높은 권위를 가지고 육체를 지배한다. 영혼은 육체로부터 외형을 빌려올 수 있고 그 외형 속에서 개체화되지만, 본질적인 것은 아무것도 육체에게 빚지고 있지 않다. 그러므로 모든 민족들이 영혼에게 부여했던 이러한 자율성은 순전한 착각이 아니다. 그리고 우리는 이제 그것의 객관적인 근거가 무엇인지 알고 있다. 영혼 개념을 형성하는 데 쓰인 요소들과 육체의 표상에 개입된 요소들은 서로 무관하며, 서로 다른 두 근원으로부터 기인되었다는 것은 사실이다. 육체의 표상은 유기체의 모든 부분으로부터 나온 인상들과 이미지들로 이루어진 것이며, 영혼에 대한 관념은 사회로부터 왔고, 또 사회를 표현하는 관념과 감정들로 이루어져 있다. 따라서 전자가 후자로부터 기인된 것은 아니다. 그러므로 유기체적 요소에 직접적으로 의존하지 않는 우리 자신의 한 부분이 실제로 존재한다. 그것은 우리 안에서 사회를 표현하는 모든 것이다. 종교나 과학이 우리의 정신 속에 새겨 넣는 일반적 관념들 그리고 이러한 일반적 관념들이 전제하고 있는 정신 작용들, 우리의 도덕적 삶의 근거가 되는 믿음과 감정들, 사회가 우리 속에 일깨우고 발전시킨 심리적 활동의 이 모든 우월한 형태 등은 우리의 감각이나 일반적인 육체적 의식처럼 육체의 상태에 맹종하지 않는다. 앞서 우리가 밝혀 보았듯이 사회생활이 전개되는 표상세계는 그것의 물질적 기저에서 나오는 것이 아니라 물질적 기저 위에 덧붙여지기 때문이다. 그러므로 표상세계를 지배하는 결정주의는 우리의 신체조직에 근거하는 결정주의보다 훨씬 더 유연하며, 동작주에게 더 큰 자유를 준다는 인상을 남긴다. 이와 같이 우리가 활동하는 생활환경은 좀더 투명하고 덜 저항적인 무엇인가를 가지고 있다. 우리는 거기서 좀더 편안함을 느낀다. 한마디로 우리가 물리적인 힘으로부터 자유롭게 될 수 있는 유일한 방법은 집합적 힘을 물리적인 힘과 대립시키는 것이다.

그러나 우리는 사회로부터 얻은 것을 동료들과 공유하고 있다. 따라서 우리가 개체화될수록 더욱더 인간적이 된다는 것은 전혀 사실이 아니다. 이 두 용어들은 결코 동의어가 아니다. 어떤 의미에서 그것들은 서로 연루되기보다는 더욱더 대립된다. 열정은 개별화되면서 또한 억제된다. 우리의 감각들은 본질적으로는 개별적이다. 그러나 우리가 감각에서 더 많이 벗어날수록, 또한 개념에 따라 더 많이 생각하고 행동할수록 우리는 더욱더 인간이 된다. 따라서 개인 속에 있는 모든 사회적인 요소들을 강조하는 사람들은 그렇게 함으로써 인성을 부정하거나 낮게 평가하려는 것은 아니다. 단지 인성을 개체 화라는 사실과 혼동하기를 거부하는 것뿐이다.[128]

---

128) 이것을 위해 우리는 개인적 요소의 중요성을 부인하지 않는다. 우리의 관점에서 보면 이것은 그 역만큼이나 쉽게 설명된다. 만일 인성의 본질적인 요소가 우리 안에 있는 사회적인 부분이라면, 다른 한편으로 구별되는 개인들이 연합한다는 조건에서만 사회적 삶이 존재한다. 그리고 사회적 삶이란 개인들의 수가 많고 서로 다를수록 더욱더 풍부해질 것이다. 따라서 개인적인 요소는 비인격적 요소의 조건이다. 그 역도 사실이다. 왜냐하면 사회 그 자체는 개인적인 구분의 중요한 원천이기 때문이다(*Division du Travail Social*, 제3판, 267쪽 이하).

제9장 영(esprits, 靈)과 신(dieux, 神)의 관념에 대하여

영혼 관념과 더불어 우리는 비인격적인 힘의 범주에서 벗어났다. 그러나 이미 오스트레일리아의 종교들은 영혼 위에 더 높은 등급인 신화적 인격체가 있다는 것을 인정했다. 신화적 인격체란 영, 문명의 창시자, 이른바 신을 말한다. 신화의 세부까지 살펴보지는 않더라도 적어도 우리는 이 세 범주의 영적 존재들이 오스트레일리아에서 어떤 형태로 나타나고 있으며, 그것들이 어떤 방식으로 종교체계 전체와 연결되는지 살펴봐야 할 것이다.

1. 영혼과 영의 차이. 신화적 조상의 영혼들은 특정한 기능을 지닌 영이다

영혼은 영이 아니다. 사실상 영혼은 한정된 유기체 안에 갇혀 있다. 영혼이 어떤 순간에 유기체에서 벗어날 수 있다 하더라도 정상적인 상태에서는 유기체의 포로이다. 영혼은 유기체가 죽을 때만 완전히 빠져나올 수 있다. 그리고 우리는 이러한 분리가 매우 어렵게 이루어진다는 것을 살펴보았다. 그와 반대로 영은 그것이 비록 어떤 개별적인 대상, 즉 어떤 생물 · 바위 · 나무 · 천체 등과 종종 긴밀하게 결합되어 있고, 또 특히 거기에 머물고 있다고 해도 공간 속에서 독립적인 존재를 영위하기 위해 마음대로 거기에서 빠져나올 수 있다. 따라서 영은 좀더 넓은 행동반경을 가지고 있다. 영은 자신에게 접근하거나 또 자신이 접근하는 모든 개체들에게 영향력을 행사할 수 있다. 그와 반대로 영혼은 그가 생명을 준 육체에 대해서만 영향을 미친다. 영혼이 이승의 삶을 사는 동안 외부 대상에게 영향을 미치는 것은 지극히 예외적인 일이다.

그러나 비록 영혼이 영의 변별적인 특성을 가지고 있지 않다고 해도 영혼은 죽음에 의해서 최소한 부분적으로 영적 특성들을 획득할 것이다. 사실상 일단 육체에서 분리되고 나면 영혼이 육체 속으로 다시 들어가지 않는 한, 영혼은 영처럼 자유롭게 움직일 수 있다. 물론 장례의례가 거행된 후에 영혼은 자기들의 나라로 떠나는 것으로 여겨진다. 그러나 떠나기에 앞서 영혼은 상당히 오랫동안 무덤 주위에 머문다. 게다가 영혼이 육체에서 완전히 떨어져나간 다음에도 계속해서 캠프 주변의 덤불이 무성한 곳을 배회한다고 사람들은 생각한다.[1] 일반적으로 영혼은 선한 존재, 살아남은 그의 가족 구성원들에게는 특히 선한 존재로 표현된다. 우리는 아버지의 영혼이 그의 아이들 또는 손자들의 성장을 도우러 온다는 것을 살펴본 바 있다. 그러나 영혼이 매우 잔인한 모습으로 나타나는 경우도 있다. 모든 것은 살아 있는 사람들이 영혼을 다루는 방법과 영혼의 성질에 따라 좌우된다.[2] 그러므로 위험한 만남에 노출되지 않도록 특히 여자들이나

1) Roth, "Superstition, Magic and Medicine", in *Queensland Ethnog*, Bull, n°5, §65, §68; Spencer · Gillen, *Nat. Tr.*, 514쪽, 516쪽.
2) Spencer · Gillen, *Nat. Tr.*, 512쪽, 515쪽; Dawson, *Austral. Aborig.*, §58; Roth, 앞의 글, §67.

아이들은 밤에 캠프 밖에 나가지 않도록 요청되고 있다.[3]

그렇지만 유령(revenant)은 진정한 영이 아니다. 우선 유령은 일반적으로 한정된 행동능력만을 가지고 있다. 다음으로 유령은 특정한 권한이 없다. 그것은 어떤 특정한 임무도 수행하지 않는 떠도는 존재이다. 왜냐하면 죽음이 유령을 모든 규칙적인 틀에서 벗어나게 해주었기 때문이다. 살아 있는 자들에 비하면 유령은 일종의 강등, 즉 지위가 떨어진다. 반대로 영은 항상 어떤 종류의 능력을 가지고 있으며, 바로 그 사실에 의해서 영이 정의된다. 영은 우주적 또는 사회적 현상들의 어떤 질서 위에 놓여 있다. 영은 세상의 체계 안에서 수행해야 할 어느 정도 정확한 기능을 가지고 있다.

그러나 영혼 가운데는 이러한 이중적인 조건을 만족시키며, 결과적으로 말 그대로 영과 같은 영혼들이 있다. 이것은 시초에 대중들의 상상력이 세워놓은 신화적 인물들, 즉 아룬타족의 알체링가나 알치랑가미치나, 에어 호숫가 부족들의 무라무라, 쿠르나이족의 무크쿠르나이와 같은 신화적 인물의 영혼들이다. 어떤 의미에서 이것들은 여전히 영혼이다. 왜냐하면 그것들은 예전에 육체에게 생명을 주었고, 어떤 일정한 시기에 그 육체로부터 분리되었다고 믿어지기 때문이다. 그러나 우리가 살펴보았지만, 이러한 영혼들은 지상의 삶을 살고 있을 때도 이미 예외적인 능력들을 가지고 있었다. 그것들은 보통 인간들보다 우세한 마나를 가지고 있었고 보존해 왔다. 게다가 이 영혼들은 특정한 기능들을 부여받았다.

첫째, 우리가 스펜서와 길런의 저서를 받아들이건 슈트렐로의 저서를 받아들이건 씨족의 주기적인 모임을 보장하는 수고를 하는 것은 바로 그 영혼들이다. 그들은 임신현상을 담당한다.

---

3) Spencer·Gillen, 앞의 책, 517쪽.

일단 임신이 이루어졌다고 해도 선조의 업무가 끝난 것은 아니다. 새로 태어난 아기를 돌보는 것이 그의 업무이다. 좀더 나중에 아기가 어른이 되면 선조는 그와 사냥에 동행하며 그에게 사냥감을 몰아주고, 꿈을 통해 그가 겪을지도 모르는 위험을 예고해주며, 적들로부터 보호해주는 등의 일을 한다. 이 점에 있어 슈트렐로는 스펜서 및 길런과 완전히 일치한다.[4] 어떤 사람은 스펜서와 길런의 책에 근거해 어떻게 선조가 이러한 기능을 수행하는 것이 가능한지 질문할 수 있을 것이다. 왜냐하면 선조는 수태 순간에 재화신되면서 어린아이의 영혼과 섞이므로 그를 외부로부터 보호할 수 없는 것으로 여겨지기 때문이다. 그러나 사실은 선조 전체가 재화신되는 것이 아니다. 그는 단지 나뉠 뿐이다. 그 자신의 한 부분이 여자의 몸에 들어가서 그녀를 수태시킨다. 그리고 다른 부분은 계속해서 밖에 남아 있다가 아룸부링가(Arumburinga)라는 특수한 명칭으로 수호성령의 임무를 완수하는 것이다.[5]

따라서 우리는 이러한 선조의 영이 라틴어의 지니어스(genius), 그리스어의 사이몬(δαίμων)과 얼마나 큰 연관성을 가지고 있는지를 알고 있다.[6] 그 기능은 완벽하게 동일하다. 사실상 지니어스, 그것은 처음에 자식을 만들어내는(qui gignit) 존재이다. 그것은 생식능력을 표현하고 구현한다.[7] 그러나 동시에 그것은 자신이 결합한 특정 개인의 보호자이며 지도자이다.[8] 마지막으로 그것은 개인의 인성 자체와

---

4) C. Strehlow, II, 76쪽과 n°1; Spencer · Gillen, *Nat. Tr.*, 514쪽, 516쪽.
5) Spencer · Gillen, *Nat. Tr.*, 513쪽.
6) 이 문제에 대해서는 Negrioli, *Dei Genie Presso i Romani*; "Daimon et Genius in Diction des Ant."; Preller, *Roemische Mythologie*, II, 195쪽 이하 참조할 것.
7) Negrioli, 앞의 책, 4쪽.
8) 같은 책, 8쪽.

혼동된다. 지니어스는 특정 개인에게 다른 사람들과 구별되는 외관을 갖게 해주고 그를 특징짓는 성향과 경향들의 총체를 나타낸다.[9] 그 사람의 자연적 기질을 따른다는 의미의 잘 알려진 표현 indulgere genio, defraudare genium, 즉 기질을 채우거나 억제한다는 의미는 바로 여기에서 생겨났다. genius는 성향에 따라 선도 악도 될 수 있으므로 일반적으로 마음을 형성한다고 가정된다(옮긴이). 결국 지니어스는 개인 영혼의 다른 형태, 즉 분신이다. 이것은 지니어스와 망령 (manes)의 부분적인 동류이명(同類異名)에 의해 입증된다.[10] 망령은 죽음 후의 지니어스이다. 그러나 그것은 역시 죽은 자보다 오래 살아남는 것, 다시 말하면 그의 영혼이다. 같은 방식으로 아룬타족의 영혼과 그들에게 지니어스로 쓰이는 선조의 영은 유일하고도 동일한 존재의 다른 두 양상에 불과하다.

그러나 선조가 특정한 지위를 획득하는 것은 사람과의 관계에만 한정되는 것이 아니다. 사물과의 관계에서도 역시 마찬가지이다. 비록 선조는 그의 진정한 거처를 땅속에 가지고 있다고 여겨지지만, 사람들은 선조가 난자나무나 바위가 있는 장소 또는 그가 그의 최초의 삶을 산 후 땅속으로 사라진 바로 그 지점에서 저절로 생겨난 물구멍 같은 곳에 끊임없이 나타난다고 생각한다. 이러한 나무나 바위가 영웅의 몸을 표현한다고 여겨지기 때문에 사람들은 그의 영혼 자체가 끊임없이 거기에 되돌아오고 어느 정도 영속적으로 거기에 거주한다고 상상한다. 이러한 장소들이 사람들에게 불러일으키는 종교적 경외심은 바로 이러한 영혼의 현존에 의해 설명된다. 어느 누구도 병에 걸릴 위험을 무릅쓰지 않고는 난자나무의 가지를 꺾을 수 없다.[11]

---

9) 같은 책, 7쪽.

10) 같은 책, 11쪽. Samter, "Der Ursprung des Larencultus", in *Archiv f. Religionswissenschaft*, 1907, 368~393쪽과 비교.

"이전에는 나뭇가지를 꺾거나 훼손시키면 죽음의 벌을 받았다. 그곳으로 피신한 동물이나 새를 죽여서도 안 된다. 심지어는 그 주변의 작은 숲들까지도 존중되어야만 했다. 잔디를 불태워서는 안 되었고, 바위도 존경심을 가지고 다루어야 했다. 그것들을 옮기거나 깨는 일은 금지되었다."[12] 이러한 성스러운 특성이 조상에게 부여되었기 때문에 조상은 마치 이러한 나무, 바위, 물구멍, 샘의 영처럼 보였다.[13] 만일 샘이 비와 어떤 관계를 가진 것으로 여겨진다면 조상은 비의 영이 될 것이다.[14] 이와 같이 한편으로 사람에게 수호정령으로 쓰이는 이러한 영혼들은 동시에 우주적인 기능들도 담당한다. 아마도 로스(Roth)의 텍스트는 이러한 의미로 이해해야만 할 것이다. 그에 따르면 북부 퀸즐랜드에서 자연의 영들은 숲이나 동굴을 거처로 삼은 죽은 자들의 영혼일 것이다.[15]

그러므로 우리는 특별한 능력도 없이 떠도는 영혼들과는 다른 영적 존재들이 있다는 것을 알 수 있다. 슈트렐로는 이것들을 신(神)이라고 부른다.[16] 그러나 이 표현은 대부분의 경우 부적합하다. 만일 그것이 사실이라면 개인마다 자신의 수호조상을 가지고 있는 아룬타족 같은 사회 안에서는 개인의 수만큼 또는 더 많은 신이 존재하게 될 것이다. 단 한 사람의 신도만을 가진 성스러운 존재에게 신이란

---

11) Schulze, "The Aborigines of the Upper and Middle Finke River", 237쪽.

12) C. Strehlow, I, 5쪽. Spencer · Gillen, *Nat. Tr.*, 133쪽; Gason, in *Curr*, II, 69쪽.

13) A.W. Howitt, 앞의 책, 482쪽에서 어떤 온천의 영으로 여겨졌던 무라무라의 경우 참조할 것.

14) Spencer · Gillen, *North. Tr.*, 313~314쪽; J. Mathews, *Journ of R. S. of N. S. Wales*, XXXVIII, 351쪽. 마찬가지로 디에리족에는 비를 만드는 기능을 하는 무라무라가 있다(A.W. Howitt, *Nat. Tr.*, 798~799쪽).

15) Roth, 앞의 글, §67. Dawson, 앞의 책, 58쪽과 비교.

16) C. Strehlow, I, 2쪽 이하.

명칭을 붙이게 되면 신이라는 용어에 혼란을 초래할 것이다. 사실 선조의 모습이 이른바 신의 모습을 상기시킬 정도로 과장될 수도 있다. 우리가 이미 말했던 것처럼[17] 와라뭉가족에서는 씨족 전체가 단 한 분 조상의 자손으로 여겨지고 있다. 몇몇 상황에서 이 집단의 조상이 집단적 헌신 대상이 될 수 있었다는 것은 쉽게 설명된다. 이런 일의 대표적인 예를 든다면 월룬콰 뱀족의 경우라 하겠다.[18] 동일한 이름을 가진 씨족의 창시자로 여겨지는 이 신비한 뱀은 종교적 존경심에 둘러싸여 있는 물구멍 안에서 계속 살고 있다고 믿어진다. 이 동물 역시 씨족이 집합적으로 거행하는 숭배의 대상이다. 특정한 의식을 행함으로써 사람들은 그 조상을 기쁘게 하고, 그의 은총을 얻으려고 노력하며, 그에게 온갖 종류의 기원을 한다. 그러므로 그 조상은 씨족의 신과 같다고 말할 수 있다. 그러나 스펜서와 길런에 따르면 이것은 매우 예외적인, 아니 유일한 경우이다. 일반적으로 '영'이라는 표현이 이러한 조상들을 지칭하기에 적합한 유일한 말이다.

이러한 개념이 형성된 방식에 대해서 말한다면 그것은 분명히 선행된 것으로부터 기인한다.

우리가 밝힌 바와 같이 개인 영혼들의 존재는 그것이 일단 인정된다고 해도 사물들의 원칙에 따라 다른 모든 영혼들이 파생되어 나온 본질적 영혼의 근원을 상상하지 않는다면 이해될 수 없다. 따라서 이러한 원형적인 영혼들은 반드시 자신 안에 모든 종교적 효력의 근원을 지니고 있다고 생각되었을 것이다. 왜냐하면 상상력이 그 이상까지 거슬러 가지 못하기 때문에 모든 성스러운 사물들, 곧 숭배의 도구들, 씨족의 구성원들 그리고 토템종의 동물들은 모두 원형적 영혼

---

17) 이 책, 515~517쪽 참조할 것.
18) Spencer·Gillen, *North. Tr.*, 제8장 참조할 것.

들로부터, 오직 그것들로부터 유래되었다고 여겨진다. 이 원형적인 영혼들은 부족과 세계 안에 퍼져 있는 모든 종교심을 구현한다. 이러한 이유로 사람들은 이 영혼들에게 단순한 인간의 영혼이 누리는 것보다 훨씬 더 우월한 능력을 부여했다. 게다가 시간이 지날수록 사물들의 성스러운 특성은 증대되고 강화된다. 매우 오래된 추링가는 최근에 만들어진 추링가보다 더 많은 존경심을 불러일으키며, 더 많은 효능을 가지고 있다고 여겨진다.[19] 추링가를 계속해서 다루어 온 일련의 세대가 지나는 동안 추링가에 대한 존경심이 그 속에 계속 축적된 것처럼 여겨진다. 이와 똑같은 이유로 신화의 대상이 된 인물들은 몇 세기 동안 존경받으면서 입에서 입으로 전해내려 왔으며, 그들을 위해서 주기적으로 의례들이 거행되어 왔다. 따라서 그 인물들은 대중의 상상력 속에서 매우 특수한 위치를 차지하지 않을 수 없었다.

그러나 어떻게 그 인물들이 사회의 틀 밖에 머물지 않고 그 사회의 정규 구성원이 될 수 있었을까?

그것은 각 개인이 동일한 한 조상의 분신이기 때문이다. 따라서 이 두 존재들은 친척이고, 자연스럽게 결속된 것으로 여겨진다. 그들은 같은 본질을 지니고 있기 때문에 그중 하나에게 영향을 주면 필연적으로 다른 하나에도 영향이 파급된다. 이렇게 해서 신비한 선조집단은 살아 있는 자의 사회와 도덕관계로 결합되었다. 사람들은 이 두 집단에게 동일한 이해와 동일한 열광을 보였다. 그 둘은 연합된 존재로 여겨졌다. 단지 선조들이 살아 있는 사람들보다 더 높은 권위를 가지고 있었기 때문에 대중의 마음속에서는 이러한 결합이 우월한 자와 열등한 자, 보호자와 피보호자, 은혜를 베푸는 사람과 도움 받는 사람들 사이에 교제가 형성된 것으로 보인다. 이렇게 해서 각 개

19) 같은 책, 277쪽.

인에 붙어 있는 수호정령이라는 기이한 개념이 생겨난 것이다.

선조가 어떻게 인간들뿐 아니라 사물들과도 관계를 맺게 되었는가를 알아보는 문제는 좀더 복잡해보일 것이다. 왜냐하면 우리들은 우선 이러한 종류의 인격과 나무 또는 바위 사이에 어떤 관계가 가능할지 알 수 없기 때문이다. 그러나 슈트렐로를 통해서 얻은 지식은 적어도 이 문제에 대해 그럴듯한 해결책을 제시해준다.

이러한 나무나 바위들은 부족 영토의 아무 곳에나 있는 것이 아니고, 스펜서와 길런에 따르면 에르트나툴룽가(ertnatulunga, 지성소), 슈트렐로에 따르면 아르크나나우아라고 불리는, 씨족의 추링가들을 놓아두는 지성소들 주위에 주로 밀집되어 있다.[20] 숭배의식에 쓰이는 가장 귀중한 도구들이 거기에 보관되어 있다는 사실만으로도 이러한 장소들이 어떤 존경을 받고 있는지를 짐작할 수 있다. 이러한 장소들 각각은 그 주변에 신성(神性)을 발산한다. 바로 이러한 이유 때문에 주변의 나무들과 바위들은 성스럽게 여겨지고, 그것들을 파괴시키거나 훼손시키는 것이 금지되며, 그것들에게 행해진 모든 위반이 신성모독으로 여겨지게 된다. 사실상 이러한 성스러운 특성은 심리적 전염이라는 단순한 현상 때문에 일어난다. 그러나 그것을 설명하기 위해서 토착민은 다음과 같은 사실을 인정해야만 한다. 즉 이러한 여러 대상들이 모든 종교적 힘의 근원으로 여겨지는 존재들, 즉 알체링가 시대의 선조들과 관계를 맺고 있다는 것이다. 우리가 기술한 신화체계는 거기에서 기인한다. 사람들은 각 에르트나툴룽가가 선조 집단이 땅 속으로 들어갔던 장소를 표시한다고 상상했다. 봉분들과 땅을 덮고 있는 나무들은 선조들의 육체를 나타낸다고 생각되었다. 일반적으로 영혼이 그가 살았던 육체에 대해 일종의 친화력

---

20) C. Strehlow, I, 5쪽.

을 가진 것으로 여겨졌으므로 사람들은 이러한 선조들의 영혼도 그들이 물질적인 육체를 입고 살았던 장소에 계속해서 빈번하게 나타난다고 자연스럽게 생각하게 되었다. 따라서 사람들은 선조의 영혼들을 나무, 바위, 물구멍들 속에 놓아두었다. 이렇게 해서 선조의 영혼 각각은 어떤 특정한 개인에게 부착되어 있으면서도 또한 일종의 지역 수호신(genius loci)으로 변형되었고 그 기능을 수행하게 되었다.[21]

이와 같이 설명된 개념들은 우리로 하여금 지금까지 설명하지 못했던 토템 숭배의 한 가지 형태를 이해할 수 있게 해준다. 그것이 바로 개인토템 숭배이다.

개인토템은 본질적으로 다음과 같은 두 가지 특성에 의해서 정의된다. 1) 개인토템은 개인을 보호하는 역할을 하는 동물 또는 식물의 형태를 띤 존재이다. 2) 이러한 개인의 운명과 수호자의 운명은 긴밀하게 연결되어 있다. 수호자에게 영향을 미치는 모든 것은 공감적으로 개인에게 전해진다. 그런데 방금 논의된 선조의 영들은 이러한 정의에 일치한다. 그들 역시 최소한 부분적으로는 동물계나 식물계에 속한다. 또한 그들도 수호정령들이다. 끝으로 각 개인과 그의 수호자

---

21) 사실상 지성소 주위에 위치하지 않은 난자나무와 바위들도 있다. 그것들은 영토의 여러 지점에 퍼져 있다. 사람들은 그것들이 어떤 고립된 선조가 땅속으로 사라지거나 그 신체의 일부를 잃었거나 추링가를 잃어버린 곳과 일치한다고 말한다. 그 추링가가 나무나 바위로 변형되었다는 것이다. 그러나 이와 같은 지성소 주위에 위치하지 않은 토템의 장소들은 이차적인 주요성만 지닐 뿐이다. 슈트렐로는 그것들을 작은 토템 처소(Kleinere Totemplätze)(I, 4~5쪽)라고 부른다. 따라서 우리는 그것들이 주요한 토템 중심지들과의 유사관계에 의해서 이러한 특성을 가지게 되었다고 생각할 수 있다. 어떤 이유들에 의해서 지성소 근처에 있는 것들을 환기시킨 나무나 바위들은 유사한 감정을 불러일으켰고, 따라서 지성소 근처에 있는 사물들에 대해 생겨난 신화가 나무나 바위들에까지 확대되어 발전된 것이다.

인 선조는 감응적인 관계로 결합되어 있다. 이 선조의 신비적인 몸인 난자나무는 실제로 인간이 생명의 위협을 느끼지 않고는 파괴될 수 없다. 사실상 오늘날 이러한 믿음은 힘을 잃고 있다. 하지만 스펜서와 길런은 당시까지 남아 있던 그러한 믿음을 관찰했다. 어쨌든 그들은 예전에는 그러한 믿음이 일반적으로 퍼져 있었다고 생각한다.[22]

이 두 개념의 세부에서도 동일성이 발견되고 있다.

선조의 영혼들은 성스럽다고 여겨지는 나무나 바위들 안에 거하고 있다. 마찬가지로 오알라이족에서는 개인토템으로 쓰이는 동물의 영이 나무나 돌 속에 살고 있다고 생각된다.[23] 이러한 나무나 돌은 성스러운 것이다. 토템의 소유자를 제외하고는 어느 누구도 그것을 만질 수 없다. 그리고 이것들이 돌이나 바위인 경우에 금지는 절대적이다.[24] 따라서 그것들은 진정한 도피의 장소가 된다.

결국 우리는 개인의 영혼이란 선조의 영의 다른 모습에 불과하다는 것을 밝혀보았다. 슈트렐로에 따르면 선조의 영은 말하자면 제2의 자아로 사용된다.[25] 마찬가지로 파커 여사의 표현에 따르면 윤비아이라고 불리는 오알라이족의 개인토템은 개인의 분신(alter ego)이다. "인간의 영혼은 윤비아이 속에 있고, 윤비아이의 영혼은 그 인간 속에 있다."[26] 결국 하나의 영혼이 두 육체 안에 있는 셈이다. 이 두 개념의 친화관계는 너무나 강해서 그것들은 때로 동일한 말로 표

---

22) Spencer·Gillen, *Nat. Tr.*, 139쪽.
23) Parker, *The Euahlayi*, 21쪽. 일반적으로 개인토템으로 사용되는 나무는 개인의 하위토템들 가운데 하나의 모습을 띠고 있다. 이렇게 선택된 이유는 하위토템들이 그 개인과 같은 가족이기 때문에 그에게 도움을 주는데 더 호의적이라고 한다(같은 책, 29쪽).
24) 같은 책, 36쪽.
25) C. Strehlow, II, 81쪽.
26) Mrs. Parker, 앞의 책, 21쪽.

현된다. 멜라네시아와 폴리네시아에서도 경우는 같다. 마타섬의 아타이(atai), 오로라섬의 타마니우(tamaniu), 매틀로섬의 탈레기아(talegia), 이 모두는 개인의 영혼과 그의 개인토템을 동시에 지칭한다.[27] 사모아의 아이투(aitu)의 경우도 마찬가지이다.[28] 이러한 일이 나타나는 것은 개인토템이란 자아 또는 인성의 외적 형태에 불과하며, 그 영혼은 자아의 내적이고 보이지 않는 형태이기 때문이다.[29]

이와 같이 개인토템은 수호자인 선조의 모든 본질적인 특성들을 지니고 있으며 동일한 역할을 수행한다. 그것이 동일한 기원을 가지고 있으며 같은 관념에서 비롯되었기 때문에 그렇다.

사실상 이 둘은 영혼의 이분(二分)으로 이루어져 있다. 토템은 선조처럼 개인의 영혼이다. 그러나 그 영혼은 유기체 안에서 원래 가진 것보다 훨씬 더 탁월한 능력을 부여받고 밖으로 드러난다. 그러므로 이러한 이분(二分)은 심리적 필연성의 산물이다. 왜냐하면 그것은 우리가 살펴본 바와 같이 이중적인 영혼의 본질을 표현해주기 때문이다. 어떤 의미에서 영혼은 우리들이다. 영혼은 우리의 인성을 표현해준다. 그러나 동시에 영혼은 우리 밖에 있다. 왜냐하면 영혼은 우리의 외부에 있는 종교적 힘을 우리 안에다 연장시킨 것이기 때문이다. 우리는 영혼과 완전히 섞일 수는 없다. 왜냐하면 우리는 영혼에게 우월함과 권위를 부여했고, 그 결과 영혼은 우리와 우리의 경험적 개인보다 훨씬 높아졌기 때문이다. 우리 안에는 자신 밖으로 투사하는 성향을 지닌 어떤 부분이 있다. 이러한 인식방법이 우리의 본성 안에 너무나 깊게 자리 잡고 있기 때문에 아무런 종교적 상징에 의존하지 않고 자신을 생각하려고 할 때조차도 우리는 이러한 인식방법

---

27) Codrington, *The Melanesians*, 249~253쪽.

28) Turner, *Samoa*, 17쪽.

29) 이것은 코드링턴이 사용한 동일한 표현들이다.

에서 빠져나올 수 없다. 우리의 도덕의식은 핵과 같으며, 그 핵 주위에 영혼 관념이 형성된다. 하지만 도덕의식이 우리에게 말할 때 그것은 우리의 외부에 있으면서 우리보다 더 우월한 힘의 효과를 나타낸다. 그것은 규칙을 세우고 우리를 심판하지만 또한 우리를 도와주고 유지시켜준다. 우리를 위한 도덕의식을 가지고 있을 때 우리는 삶의 시련들에 대해서 더 강해진다고 느끼며, 그것들을 이겨내리라고 더욱 확신하게 된다. 마치 오스트레일리아 사람들이 그의 선조나 개인 토템을 믿을 때 적들에 대해서 좀더 용감해진다고 느끼는 것처럼 말이다.[30] 따라서 우리가 마음속으로 로마의 수호신을 생각하든 개인 토템을 생각하든, 아니면 알체링가의 선조를 생각하든 간에 이렇게 다양한 개념의 밑바닥에는 객관적인 무엇인가 존재하고 있다. 이것이 바로 여러 개념들이 다양한 형태들을 취하면서 우리 시대까지 존속해온 이유이다. 모든 것은 마치 우리가 실제로 두 영혼을 가지고 있는 것처럼 행해진다. 그중 하나는 우리 안에 있는 것, 아니 우리 자신이며, 또 다른 하나는 우리 위에 있으면서 우리를 도와주고 통제하는 기능을 한다. 프레이저는 개인토템이 외적 영혼이라고 생각했다. 그러나 그는 이러한 외재성이 주술적인 속임수와 조작의 산물이라

---

30) 수호정령인 영혼과 개인의 도덕의식 사이에 존재하는 이러한 긴밀한 관계는 특히 인도네시아의 몇몇 종족들에게서 두드러지게 나타난다. "토바바탁(Tobabatak)의 일곱 영혼들 가운데 하나는 태반과 함께 묻힌다. 그 영혼은 즐겨 그 장소에 머물면서도 개인들에게 경고를 하거나 또는 잘 처신하고 있을 때는 칭찬을 하기 위해서 그 장소를 떠난다. 그러므로 영혼은 어떤 의미에서는 도덕의식의 역할을 하는 것이다. 그렇지만 그의 경고는 도덕적 사건의 영역에만 국한되는 것이 아니다. 사람들이 태반을 어린아이의 막내형제라고 부르듯이 그것을 영혼의 막내라고 부른다……. 전쟁 시 그것은 사람에게 적을 맞서 행진하는 용기를 준다"(Warneck, "Der bataksche Ahnen und Geisterkult", in *Allg. Missionszeitschrift*, Berlin, 1904, 10쪽. Kruijt, "Het Animisme", in *den indischen Archipel*, 25쪽과 비교).

고 생각했다. 사실상 외재성은 그의 영혼 개념의 구성에 내포되어 있다.[31)]

2. 주술의 영들

방금 논의되었던 영들은 본질적으로 호의적인 존재이다. 물론 만일 사람이 적당한 방식으로 그들을 잘 대우하지 않는다면 벌을 받는 일도 있을 것이다.[32)] 그러나 악을 행하는 것이 영의 기능은 아니다.

하지만 영 그 자체는 선에는 물론 악에도 쓰일 수 있다. 도움을 주는 수호 영과 대비되는 악한 영의 부류가 매우 자연스럽게 형성된 것도 이러한 이유이다. 악한 영들은 인간에게 그들이 겪는 항구적인

---

31) 진희의 어떤 순간부터 이러한 영혼의 이분(二分)이 어떻게 해서 수호 선조의 형태보다는 개인토템의 형태로 이루어지게 되었는지 살펴봐야 할 것이다. 물론 이 문제는 사회학보다는 민족지학적인 관심사일 것이다. 하지만 이러한 대치가 일어난 방식은 다음과 같이 표현될 수 있을 것이다. 개인토템이 처음에는 단순히 보충적인 역할을 했음이 틀림없다. 보통사람들보다 우월한 능력을 얻기를 원했던 개인들은 단지 선조들의 보호를 받는 것만으로 만족하지 않았고 또 만족할 수도 없었다. 따라서 그들은 같은 종류의 다른 보조자들을 찾게 되었다. 이렇게 해서 오알라이족에서는 주술사들만 개인토템을 소유하고, 또 제공할 수 있는 유일한 사람들이 되었다. 게다가 주술사들 각각은 집합토템을 가지고 있기 때문에 그들은 여러 개의 영혼을 가지는 셈이다. 그러나 이러한 다수의 영혼은 전혀 놀랄 만한 것이 못 된다. 영혼이 여러 개라는 사실은 보다 우월한 능력의 전제조건이기 때문이다. 단지 집합토템이 그 근거를 잃어버리고 따라서 수호자인 선조 개념이 사람들의 의식 속에서 사라지기 시작하자 그때까지 느껴지던 영혼의 이중적 본질을 다른 방식으로 표현해야 할 필요가 생겼다. 그렇게 생겨난 것이 개인 영혼의 외부에 그것을 돌보는 다른 영혼이 존재한다는 관념이다. 이러한 수호능력이 더 이상 출생에 의해 보장되지 않았기 때문에 이것을 발견하기 위해, 주술사들이 협조적 힘들과 거래하기 위해 사용하는 것과 유사한 방법들을 사람들이 사용하게 된 것은 당연했다.

32) 예를 들면 C. Strehlow, II, 82쪽 참조할 것.

악·악몽[33]·병[34]·소용돌이·태풍[35] 등을 설명해준다. 물론 이것은 인간의 이러한 모든 불행이 너무 비정상적이라서 초자연적 힘에 의하지 않고는 달리 설명될 수 없다는 말은 아니다. 이것은 모든 힘들이 종교적인 형태로 생각된다는 의미이다. 생명의 근원으로 여겨지는 것은 바로 종교적 본체이다. 때문에 생명을 괴롭히거나 파괴하는 모든 사건들을 같은 종류의 본체와 결부시킨 것은 논리적이었다.

이처럼 해로운 영은 우리가 방금 말한 선한 영과 동일한 모델로 인식된 것 같다. 그들도 동물의 형태나 반인반수의 형태로 표현되었다.[36] 그리하여 그것들이 엄청난 크기와 혐오감을 주는 모습을 지녔다고 생각하는 경향이 자연스럽게 생겨난다.[37] 선조들의 영혼과 마찬가지로 악한 영들도 나무, 바위, 물구멍, 땅 밑의 동굴에 사는 것으로 여겨진다.[38] 많은 영이 이승의 삶을 마친 사람들의 영혼으로 표현되고 있다.[39] 특히 아룬타족에 대해 스펜서와 길런은 오룬차 (Oruncha)라는 명칭으로 알려진 악령들이 알체링가 시대의 존재라고 분명하게 말한다.[40] 우화시대의 인물들 가운데는 사실상 여러 다

---

33) Wyatt, "Adelaide and encounter Bay Tribes", in *Woods*, 168쪽.
34) Taplin, "The Narrinyeri Tribe", 62~63쪽; Roth, 앞의 글, §116; A.W. Howitt, *Nat. Tr.*, 356쪽, 358쪽; C. Strehlow, 11~12쪽.
35) C. Strehlow, I, 13~14쪽; Dawson, 앞의 책, 49쪽.
36) C. Strehlow, I, 11~14쪽; Eylmann, *Die Eingeborenen der Kolonie Südaustralien*, 182쪽, 185쪽; Spencer·Gillen, *North. Tr.*, 211쪽; Schürmann, "The Aborig. Tr., of Port Lincoln", in *Woods*, 239쪽.
37) Eylmann, 앞의 책, 182쪽.
38) Mathews, *Journ. of R. S. of N. S. Wales*, XXXVIII, 345쪽; 아룬타족에 대해서는 Fison & Howitt, *Kamilaroi and Kurnai*, 467쪽 참조할 것. C. Strehlow, I, 11쪽.
39) Roth, 앞의 글, §115; Eylmann, 앞의 책, 190쪽.
40) Spencer·Gillen, *Nat. Tr.*, 390~391쪽. 슈트렐로는 악령들을 에린차(Erintja라고 부른다. 그러나 이 단어와 오룬차라는 말은 분명히 같은 것이다. 하지만 그것들이 우리에게 제시된 방법에 하나의 차이가 있다. 스펜서와 길런에 따르면 오룬차

른 기질을 가진 인물들이 있었다. 어떤 이들은 잔인하고 악한 본성을 가졌고,[41] 다른 이들은 본성적으로 나쁜 기질을 가지고 있었다. 그들은 마르고 뼈만 앙상했다. 그리하여 그들이 땅속으로 들어가고 난 후에 생겨난 난자바위들은 위험한 영향력의 온상으로 간주되었다.[42]

오로지 특별한 성격에 의해서 악령들은 그들의 동류, 즉 알체링가 시대의 영웅들과 구별될 뿐이다. 즉 악령들은 재화신하지 않는다는 것이다. 살아 있는 사람들 가운데서 그들을 대표하는 사람은 없다. 그들에게는 인간의 후손이 없다.[43] 어떤 표지에 의해서 어떤 아이가 악령의 산물이라고 생각될 때, 사람들은 그 아이가 태어나자마자 곧 아기를 죽인다.[44] 다른 한편으로 악령들은 어떤 정해진 토템의 중심에 속하지 않는다. 그것들은 사회의 조직 밖에 존재한다.[45] 이러한 모든 특징들을 종합해 볼 때, 사람들은 악령들을 종교적이라기보다는 오히려 주술적인 힘으로 인지했다고 볼 수 있다. 사실상 악령들과 관계를 맺고 있는 것은 특히 주술사들이다. 대부분의 경우 주술사는 악령들로부터 그의 능력을 얻는다.[46] 따라서 우리는 이제 종교의 세

는 악하다기보다는 심술궂다. 이 두 사람에 따르면(같은 책, 328쪽) 아룬타족은 매우 악의에 찬 영들을 알지 못한다. 반대로 슈트렐로가 말하는 에린차는 악을 행하는 것이 본업이다. 게다가 스펜서와 길런이 기술한 몇몇 신화에 따르면(같은 책, 390쪽) 그것들은 오룬차의 모습을 약간 미화한 것 같다. 그들은 원래 식인귀의 일종이었다(같은 책, 331쪽).

41) Spencer · Gillen, *Nat. Tr.*, 390~391쪽.
42) 같은 책, 551쪽.
43) 같은 책, 326~327쪽.
44) 두 명의 쌍둥이가 있을 때 먼저 태어난 아이는 악령에 의해 임신된 것으로 여겨졌다(C. Strehlow, I, 14쪽).
45) Spencer · Gillen, 앞의 책, 327쪽.
46) A.W. Howitt, *Nat. Tr.*, 358쪽, 381쪽, 385쪽; Spencer · Gillen, 앞의 책, 334쪽; *North. Tr.*, 501쪽, 530쪽.

계가 끝나고 주술의 세계가 시작되는 지점에 이른 것이다. 주술은 우리의 연구 대상에서 제외되기 때문에 우리는 이 연구를 더 진행하지 않겠다.[47]

3. 문명창시의 주인공들

영 개념의 출현은 종교적 힘의 개별화에 있어서 중요한 진전을 나타낸다.

그럼에도 불구하고 지금까지 논의해 왔던 영적 존재들은 여전히 이차적 인물에 불과하다. 그들은 종교보다는 주술에 의존하는 악한 영이거나 특정한 개인과 장소에 붙어서 매우 제한된 범위 안에서만 그 영향력을 느끼게 하는 것일 수도 있다. 따라서 그러한 영적 존재들은 단지 사적이고 지역적인 의례 대상으로 그칠 수 있다. 그러나 영에 대한 관념이 일단 성립되면 이 관념은 종교생활의 좀더 고매한 영역에까지 자연스럽게 확장된다. 따라서 높은 등급의 신화적 인물들이 생겨나게 된다.

각 씨족에 고유한 예식들이 서로 다르다고 해도 그것들은 여전히 같은 종교에 속해 있다. 그리고 예식들 사이에는 상당수의 본질적인 유사점들이 있다. 모든 씨족들은 단 하나의 동일 부족의 부분이기 때문에 개별적인 숭배들이 다양하다고 해도 그 속에서 부족의 통일성이 느껴지지 않을 수 없다. 사실상 어디서나 비슷하게 사용되고 있는

---

47) 주술사는 병을 일으키기도 하고 고칠 수도 있기 때문에 악을 행하는 것을 업으로 하고 있는 주술적 영들 곁에는 그것들의 나쁜 영향을 미리 예고해 주고 중화시키는 역할을 하는 다른 영들이 있다. 우리는 이러한 종류의 경우들을 *North. Tr.*, 501~502쪽에서 찾아볼 수 있을 것이다. 후자(다른 영)가 전자(악한 영)와 마찬가지로 주술적이라는 것을 잘 증명하는 것은 아룬타족에서는 이것들이 모두 동일한 이름을 가지고 있다는 점이다. 그러므로 이들은 동일한 주술적 힘의 다른 모습들이다.

예식용 악기(bull-roarers)와 추링가를 가지고 있지 않는 토템집단은 없다. 프라트리, 결혼계급들, 씨족들로 이루어진 부족 조직 그리고 그것과 연결된 족외혼 금지 등은 모두 다 진정한 부족제도들이다. 입문축제들은 모두 이를 뽑는 것·할례·칼로 베는 것 등과 같은 기본적인 의례적 관행들을 포함하는데, 이것들은 동일한 부족 내에서 토템과 더불어 변하지 않는다. 입문의식은 항상 부족 전체가 모인 데서 행해지거나 적어도 여러 씨족들이 소환된 모임 앞에서 행해졌기 때문에 이 점에 대한 일치는 훨씬 더 쉽게 이루어졌다. 이렇게 부족이나 여러 씨족들이 모인 이유는 입문의 목적이 새로운 가입자로 하여금 그가 태어난 씨족뿐 아니라 부족 전체의 종교생활로 들어오게 하는 것이기 때문이다. 따라서 부족 종교의 다양한 모습들이 입문자 앞에서 표현될 필요성, 다시 말해서 그에게 보여주어야 할 필요성이 있다. 부족의 도덕적·종교적 단일성이 가장 잘 확인되는 것은 바로 이러한 경우이다.

따라서 각 사회에는 그 동질성과 보편성에 의해 다른 모든 의례들과 구분되는 상당수의 의례들이 있다. 또한 그 놀라운 일치는 그 기원의 단일성에 의해서만 설명될 수 있는 것처럼 보인다. 그러므로 유사한 의례를 수행하는 각 집단은 그러한 의례를 부족 전체에게 계시해주러 왔던 유일하고 동일한 선조에 의해 설립된 것이라고 상상했다. 그리하여 아룬타족에는 추링가를 만드는 방법과 그것을 의례적으로 사용하는 법을 가르쳐준 것으로 여겨지는 푸티아푸티아(Putiaputia)[48]라고 불리는 들고양이족의 조상이 있다. 와라뭉가족에

---

48) C. Strehlow, I, 9쪽. 게다가 푸티아푸티아는 아룬타 신화들이 말하는 이러한 종류의 유일한 인물은 아니다. 부족의 상당수가 동일한 발명을 했다고 여기는 영웅에게 다른 이름을 붙이고 있다. 아룬타에 의해서 점령된 영토의 면적이 방대하기 때문에 신화가 완전히 동일하지 않다는 점을 명심해야 한다.

는 무르투무르투(Murtu-Murtu)[49])라는 조상이, 우라분나족에는 위투르나(Witurna),[50]) 카이티시족에는 아트나투(Atnatu),[51]) 또한 쿠르나이족에는 툰둔(Tundun)이라는 조상이 있다.[52]) 마찬가지로 동쪽 디에리족과 다른 여러 부족에 따르면[53]) 할례의식은 특수한 두 명의 무라무라가 가르쳐 준 것으로 여겨지며, 아룬타족의 사람들은 그러한 의식을 망가르쿤제르쿤자라고 불리는 도마뱀 토템의 알체링가의 영웅이 가르쳐 주었다고 믿는다.[54]) 불의 발견·창·방패·부메랑 등의 발명을 내포하는 사회조직과 결혼제도들이 동일한 인물에 의해 만들어진 것으로 여겨졌다. 심지어 예식용 악기의 발명자가 입문의 례를 만든 창시자로 여겨지는 일도 종종 있다.[55])

이 특별한 조상들은 다른 것들과 같은 서열에 놓일 수 없었다. 한편으로 그 조상들이 불러일으킨 존경심은 씨족에만 국한된 것이 아니라 부족 전체에게 공통된 것이었다. 다른 한편으로 부족문명에서 가장 존중되었던 것을 그 조상들의 덕분으로 돌렸다. 이러한 두 가지 이유 때문에 조상들은 매우 특별한 존경의 대상이 되었다. 예를 들면

---

49) Spencer·Gillen, *North. Tr.*, 493쪽.

50) 같은 책, 498쪽.

51) 같은 책, 498~499쪽.

52) A.W. Howitt, *Nat. Tr.*, 135쪽.

53) 같은 책, 476쪽 이하.

54) C. Strehlow, I, 6~8쪽. 망가르쿤제르쿤자의 업적은 후에 다른 창시자들에 의해서 다시 행해졌음이 틀림없다. 왜냐하면 아룬타족의 보편적인 신앙에 따르면 사람들이 그들의 처음 창시자들의 가르침을 잊어버리고 타락했던 때가 있었다는 것이다.

55) 예를 들면 아트나투(Spencer·Gillen, *North. Tr.*, 153쪽), 위투르나(*North. Tr.*, 498쪽)의 경우가 그러하다. 비록 툰둔이 의식을 제정하지 않았다고 해도 의식의 집행을 지휘하는 임무를 맡은 것은 바로 툰둔이다(A.W. Howitt, *Nat. Tr.*, 670쪽).

아트나투는 알체링가 시대 이전에 하늘에서 태어났는데, 스스로 생겨났으며 그가 지닌 이름도 자기 자신이 지었다고 전해진다. 별들이 바로 그의 부인과 딸들이다. 그가 살고 있는 하늘 저편에는 다른 태양이 뜨는 다른 하늘이 있다. 그의 이름은 거룩해서 여자들이나 입문하지 않은 사람들 앞에서는 결코 불려서는 안 된다.[56]

하지만 이러한 인물들이 누리는 특권이 아무리 크다고 해도 그들에게 경의를 표하기 위해 특별한 의례가 제정되는 일은 없었다. 왜냐하면 그들 자신이 바로 의인화된 의례이기 때문이다. 그들은 존재하는 의식을 설명하는 것 외에 다른 존재 이유를 가지고 있지 않다. 추링가와 그것을 만들어낸 선조는 같은 존재이다. 선조와 추링가는 때때로 같은 이름을 지니고 있다.[57] 누군가가 추링가로 만든 예식용 악기를 울릴 때 선조의 목소리가 들린다고 말한다.[58] 그러나 이러한 영웅들 각각은 그들이 제정했다고 여겨지는 숭배와 혼동되기 때문에 사람들은 영웅들이 찬양받는 방법에 관심이 많다고 생각한다. 신도들이 그들의 의무를 정확하게 완수한 때만 영웅은 만족한다. 그리고 의무에 태만한 사람들에게는 벌을 준다.[59] 따라서 그는 의례의 창안자인 동시에 의례의 수호자로 여겨졌고, 이러한 이유로 그는 진정한 도덕적 역할을 부여받게 되었다.[60]

---

56) Spencer · Gillen, *North. Tr.*, 499쪽.

57) A.W. Howitt, *Nat. Tr.*, 493쪽; Fison & Howitt, *Kamilaroi and Kurnai*, 197쪽과 267쪽; Spencer · Gillen, 앞의 책, 492쪽.

58) 예를 들면 Spencer · Gillen, 앞의 책, 499쪽.

59) 같은 책, 338쪽, 347쪽, 499쪽.

60) 스펜서와 길런은 이러한 신화적 존재들이 아무런 도덕적 역할을 하지 않는다고 주장한다(같은 책, 493쪽). 그러나 그들은 도덕적이라는 말에 너무나 좁은 의미를 부여한 것이다. 종교적 의무도 역시 의무이다. 의무들이 지켜지는 방식을 감시한다는 사실은 도덕과 관련된 것이다. 특히 이 시기에는 모든 도덕이 종교적 특성을 가지고 있었기에 더욱 그러하다.

4. 위대한 신들, 그들의 기원. 토템 체계와 그들의 관계 그리고 부족적인 동시에 범부족적인 그들의 특성

하지만 이러한 신화의 형성은 오스트레일리아 사람들에게서 발견되는 것이 가장 발전된 형태는 아니다. 적어도 상당수의 부족들은 유일하지는 않지만 최고의 신 개념을 가지고 있었다. 이러한 신은 다른 종교적 실체들과 비교해볼 때 탁월한 위치를 부여받고 있다.

이러한 믿음의 존재는 오래전부터 다른 관찰자들에 의해서 특별히 기록되었다.[61] 그러나 이 신앙의 상대적 보편성을 확립하는데 가장 많이 공헌한 사람은 호잇이다. 그는 사실상 빅토리아주와 뉴사우스웨일스 심지어는 퀸즐랜드에 이르는 매우 방대한 지역에서 이것을 증명했다.[62] 이 모든 지역에서 부족의 상당수가 진정한 부족신의 존재를 믿고 있는데, 그 신들의 이름은 지역에 따라 다르다. 가장 빈번하게 사용된 명칭들은 분질(Bunjil) 또는 푼질(Punjil),[63] 다라물룬(Daramulun)[64] 그리고 바이아메(Baiame)[65] 등이다. 그러나 우리는 또한 누랄리에(Nuralie) 또는 누렐레(Nurelle),[66] 코힌(Kohin),[67] 문

---

61) 이 사실은 1845년부터 에어(Eyre)에 의해서 관찰되었다(*Jurnals, etc.*, II, 362쪽). 그리고 에어에 앞서 헨더슨에 의해 관찰되었다(Henderson, in *Observations on the Colonies of N. S. Wales and Van Diemen's Land.*, 147쪽).

62) Spencer · Gillen, *Nat. Tr.*, 488~508쪽.

63) 쿨린족(Kulin)과 워초발루크족(Wotjobaluk), 워에워룽족(Woëworung)에서 보인다(Victoria).

64) 유인족과 은가리그스족(Ngarrigs), 월갈족(Wolgal)에서 보인다(Nouvelle-galles du Sud).

65) 카밀라로이족(Kamilaroi)과 오알라이족(Nouvelle-galles du Sud의 북부), 좀더 중앙지방은 웡히본족(Wonghibon)과 위라주리족에서 보인다.

66) 윔바이오족(Wiimbaio)과 바스머리족(Bas Murray)에서 보인다(Ridley, *Kamiaroi*, 187쪽; B. Smyth, I, 423쪽, n. 431).

67) 허버트강의 부족들에서 보인다(A.W. Howitt, *Nat. Tr.*, 498쪽).

간냐우아(Mungan-ngaua)[68]라는 명칭도 보게 될 것이다. 그리고 동일한 개념을 서쪽의 나린예리족에게서도 찾아보게 되는데, 거기서는 위대한 신이 누룬데리(Nurunderi) 또는 은구룬데리(Ngurrunderi)라고 불린다.[69] 디에리족에게는 다른 무라무라들이나 평범한 조상들보다 뛰어나면서 일종의 최고권을 향유하는 어떤 무라무라나 조상이 있는 것 같다.[70] 끝으로 아룬타족에게서는 이른바 신에 대한 어떤 신앙도 관찰할 수 없었다고 단언한 스펜서와 길런의 확언들과는 반대로[71] 슈트렐로는 로리차족과 마찬가지로 아룬타족들도 알치라라는 이름의 진정한 '선한 신'[72]을 인정한다고 확언한다.

이러한 인물의 본질적인 특성들은 어디서나 같다. 그는 불멸, 심지어 영원한 존재이다. 왜냐하면 그는 다른 어떤 것에서 생겨난 것이

---

68) 쿠르나이족에서 보인다.

69) Taplin, 앞의 글, 55쪽; Eylmann, 앞의 책, 182쪽.

70) 거슨이 이미 인용된 구절 속에서 암시한 것은 물론 이 최상의 무라무라에 대한 것이다(Curr, II, 55쪽).

71) Spencer · Gillen, *Nat. Tr.*, 246쪽.

72) 한편으로 바이아메, 분질, 다라물룬, 다른 한편으로 알치라 사이에는 후자가 인간과 전혀 무관하다는 차이가 있을 것이다. 알치라는 인간을 만들지도 않았고 인간이 하는 일에 관심도 없다. 아룬타족은 알치라에 대해 사랑도 두려움도 없을 것이다. 그러나 이러한 개념이 정확하게 관찰되고 분석되었다고 해도 그 개념이 원시적이라고 인정하기는 어렵다. 왜냐하면 알치라가 아무런 역할도 하지 않고, 아무것도 설명하지 않고 아무것에도 소용이 되지 않는다면 무엇이 아룬타족으로 하여금 알치라를 상상하도록 할 수 있었겠는가? 아마도 알치라를 과거의 특권을 잃어버린 일종의 바이아메로, 그 추억이 사라져가고 있는 과거의 신으로 여겨야만 할 것이다. 슈트렐로 역시 그가 수집한 증거들을 잘못 해석한 것 같다. 아일만은 전문적인 관찰자도 아니고 또 신뢰할 만한 관찰자도 아니지만, 그에 따르면 알치라가 사람을 만들었을 것이라는 것이다(Eylmann, 앞의 책, 184쪽). 게다가 로리차족에서는 아룬타족의 알치라와 대등한 투쿠라(Tukura)라는 명칭을 가진 인물이 스스로 입문예식을 거행하는 것으로 여겨진다.

아니라 스스로 존재하기 때문이다. 어느 기간 동안 땅에서 산 다음 그는 하늘로 올라가거나 들어 올려졌다.[73] 그리고 그는 거기에서 자신의 가족들에게 둘러싸여 계속 살아간다. 왜냐하면 사람들은 일반적으로 그의 일을 가끔 도와주는 한 명 또는 여러 명의 부인들, 아이들, 형제들이 있다고 생각하기 때문이다.[74] 그에게 할당된 체류지를 이유로 삼아 그와 그의 가족들은 종종 어떤 별들과 동일시된다.[75] 게다가 사람들은 그에게 천체에 대한 지배력까지 부여하고 있다. 태양과 달의 운행을 정한 것이 바로 그이다.[76] 그는 태양과 달에게 명령한다.[77] 또한 구름에서 번개가 치도록 하고, 벼락을 때리게 하는 것도 그이다.[78] 그가 천둥이기 때문에 그는 역시 비와 관계가 있다.[79] 물이 부족하거나 홍수가 났을 때 사람들은 그에게 기원을 드린다.[80]

사람들은 그에 대해서 마치 일종의 창조자인 양 말한다. 그는 인간의 시조라고 불리고, 사람들은 그가 인간을 만들었다고 말한다. 멜

---

73) 분질에 대해서는 B. Smyth, I, 417쪽, 바이아메에 대해서는 Ridley, *Kamilaroi*, 136쪽, 다라물룬에 대해서는 A.W. Howitt, *Nat. Tr.*, 495쪽 참조할 것.

74) 분질 가족의 구성에 대해서는 예를 들어 A.W. Howitt, 앞의 책, 128~129쪽, 489쪽, 491쪽; B. Smyth, 앞의 책, 417쪽, 423쪽 참조할 것. 바이암(Baiam)의 가족 구성에 대해서는 L. Parker, *The Euahlagi Tribe*, 7쪽, 66쪽, 103쪽; A.W. Howitt. *Nat. Tr.*, 407쪽, 502쪽, 585쪽 참조할 것. 누룬데리(Nurunderi)의 가족 구성에 대해서는 Taplin, "The Narrinyeri Tribe", 57쪽 참조할 것. 물론 이러한 위대한 신들의 가족이 인지되는 방식에는 여러 종류의 변화가 있을 수 있다. 어떤 곳에서는 형제라고 불리는 인물이 다른 곳에서는 아들로 불리기도 한다. 부인들의 수와 이름은 지역에 따라 다양하게 나타난다.

75) A.W. Howitt, *Nat. Tr.*, 128쪽.

76) B. Smyth, 앞의 책, 430~431쪽.

77) 같은 책, 432쪽. n.

78) A.W. Howitt, *Nat. Tr.*, 498쪽, 538쪽; J. Mathews, *J. of R. S. of N. S. Wales* XXXVIII, 343쪽; Ridley. 앞의 책, 136쪽.

79) A.W. Howitt, *Not. Tr.*, 538쪽; Taplin, 앞의 글, 57~58쪽.

80) L. Parker, 앞의 책, 8쪽.

버른에서 통용되는 한 전설에 따르면 분질이 다음과 같은 방식으로 최초의 인간을 만들었다는 것이다. 그는 하얀 진흙을 가지고 자그마한 상(像)을 만들었으며, 그다음에는 그 상의 주위에서 몇 번이나 춤을 추고 나서 콧구멍에 숨을 불어넣었다. 그래서 이 진흙상이 생명을 얻고 걷기 시작했다는 것이다.[81] 다른 신화에 따르면 분질은 태양에 불을 붙였고, 그래서 땅이 덥혀지자 거기서 사람들이 나왔다는 것이다.[82] 이 신적인 인물은 사람들을[83] 만듦과 동시에 동물이나 나무들도 만들었다.[84] 사람들은 생활에 사용하는 모든 기술, 무기, 언어, 부족의 의식을 그의 덕분으로 여겨야 한다.[85] 그는 인류의 은인이다. 아직까지도 그는 인류를 위해 일종의 신의 역할을 하고 있다. 그리고 그의 신도들에게 생존에 필수적인 모든 것을 제공해준다.[86] 그리고 그의 신도들과 어떤 때는 직접적으로, 어떤 때는 중개자들을 통해서 교제를 갖는다.[87] 그러나 동시에 그는 부족의 도덕의 수호자로서 그것이 위반될 때는 벌을 내린다.[88] 어떤 관찰자들을 신뢰해 그들의 주장에 따르면 그는 인간이 죽은 뒤에도 심판관의 직분을 완수한다는 것이다. 그는 선한 사람과 악한 사람을 구분할 것이고, 그들을 동

---

81) B. Smyth, 앞의 책, 424쪽.

82) A.W. Howitt, *Nat. Tr.*, 492쪽.

83) 어떤 신화들에 따르면 그는 남자만 만들었고 여자를 만들지 않았다는 것이다. 이것이 분질에 대한 말이다. 그러나 사람들은 여자들의 기원을 분질의 아들이자 형제인(fils-frère) 팔얀(Pallyan)에게로 돌리고 있다(B. Smyth, 앞의 책, 417쪽과 423쪽).

84) A.W. Howitt, 앞의 책, 489쪽, 492쪽; J. Mathews, 앞의 책, 340쪽.

85) L. Parker, 앞의 책, 7쪽; A.W. Howitt, 앞의 책, 630쪽.

86) Ridley, 앞의 책, 136쪽; L. Parker, 앞의 책, 114쪽.

87) L. Parker, *More Austr. Leg. Tales*, 84~91쪽.

88) A.W. Howitt, 앞의 책, 495쪽, 498쪽. 543쪽, 563~564쪽; B. Smyth, I, 429쪽; L. Parker, *The Euahlayi* Tribe, 79쪽.

일하게 다루지는 않을 것이다.[89] 어쨌든 그는 종종 사자(死者)의 나라[90]의 담당자로, 또한 영혼이 저 세계로 갈 때 영혼들을 맞아들이는 자로 표현된다.[91]

입문이 부족 숭배의 중요한 형태이기 때문에 창조자(Bunjil)는 특히 입문의례와 관련되어 있다. 그는 입문의례의 중심이다. 대개의 경우 그는 나무껍질로 조각되거나 흙으로 주조된 상(像)으로 표현된다. 사람들은 그 상 주위에서 춤을 추고 그의 명예를 기리는 노래를 하며 심지어는 그에게 진정한 기원을 드리기도 한다.[92] 그들은 젊은이들에게 이러한 이미지가 나타내는 인물이 어떤 사람인가를 설명한다. 그리고 여자들이나 입문하지 않는 사람들은 알 수 없는 그의 비밀 이름을 말해준다. 그리고 부족의 삶에 있어서 전통이 그에게 부여한 역할과 그의 이야기를 젊은이들에게 들려준다. 또 다른 순간에 사람들은 그가 머물고 있다고 생각되는 하늘을 향해서 손을 들기도 하고, 손에 들고 있는 무기나 의례의 도구들을 가지고 같은 방향을 가리키기도 한다.[93] 이것이 그와 교제를 맺는 하나의 방법이기 때문이다. 사람들은 어디서나 그의 존재를 느낀다. 그는 입문자가 숲 속에 홀로 있을 때에도 그를 돌본다.[94] 그리고 그는 예식이 거행되는 방식을 주의 깊게 지켜본다. 입문은 그에 대한 숭배의식이다. 그는 특히 이 의례들이 정확하게 준수되는가에 특별한 관심을 가진다. 만일 어떤 오류가 저질러지거나 태만이 있으면 그는 끔찍한 방법으로

---

89) Ridley, 앞의 책, 127쪽.
90) L. Parker, 앞의 책, 90~91쪽.
91) A.W. Howitt, 앞의 책, 495쪽; Taplin, 앞의 글, 58쪽.
92) A.W. Howitt, 앞의 책, 538쪽, 543쪽, 553쪽, 555~556쪽; J. Mathews, 앞의 책, 318쪽; L. Parker, 앞의 책, 6쪽, 79~80쪽.
93) A.W. Howitt, 앞의 책, 498쪽, 528쪽.
94) 같은 책, 493쪽; L. Parker, 앞의 책, 76쪽.

사람들을 처벌한다.[95]

　게다가 이러한 최고의 신들 각각이 지닌 권위는 어떤 한 부족에만
국한되지 않는다. 그들의 권위는 다수의 이웃 부족에 의해서도 역시
인정된다. 분질은 거의 모든 빅토리아주에서 숭배되며, 바이아메는
남부 뉴사우스웨일스의 상당한 지역에서 숭배된다. 비교적 광대한
지리적 영역에 비해 이 신들의 수가 적은 것은 이러한 이유 때문이
다. 그들에 대한 숭배는 범부족적 특성을 가지고 있다. 신화들이 서
로 섞이고 결합되며 상호간에 차용되는 일까지 있다. 따라서 바이아
메를 믿는 종족들의 대다수는 역시 다라물룬의 존재를 인정한다. 단
그에게 좀더 적은 권위를 인정할 뿐이다. 그들은 다라물룬을 바이아
메의 아들이나 형제라고 하는데, 그는 바이아메에 종속되어 있다.[96]
다라물룬에 대한 신앙은 이처럼 다양한 형태로 모든 뉴사우스웨일
스 지역에 퍼져 있다. 종교의 세계주의가 가장 최근 그리고 가장 진
보된 종교의 특성이라는 말은 사실이 아니다. 역사의 여명기부터 종
교적 믿음들은 엄격하게 한정된 하나의 정치적 사회에 국한되지 않
는 경향을 보여 왔다. 믿음들 속에는 국경을 넘어서 전파되고 확산되
며 세계화되는 자연스러운 성향이 있다. 물론 이러한 자연발생적인
성향이 상반되는 사회적 필요에 의해서 궁지에 몰렸던 시대도 있었
고 민족들도 있었다. 그렇지만 이러한 성향은 현실적이고, 우리가 살
펴본 것처럼 매우 원시적이다.

　이러한 개념이 타일러에게는 너무나 발전된 신학으로 보였기 때문
에 그는 이것을 유럽에서 전래된 산물이라고밖에는 달리 볼 수가 없

---

95) L. Parker, 앞의 책, 76쪽; A.W. Howitt, 앞의 책, 493쪽, 612쪽.
96) Ridley, 앞의 책, 153쪽; L. Parker, 앞의 책, 67쪽; A.W. Howitt, 앞의 책, 585쪽;
　　J. Mathews, 앞의 책, 343쪽. 바이아메와는 대조적으로 다라물룬은 때로는 매우
　　악한 영으로 표현되기도 한다(L. Parker, 앞의 책; Ridley, in B. Smyth, II, 285쪽).

었다. 그는 이것을 어느 정도 왜곡된 기독교 사상으로 보았다.[97] 반대로 랑(A. Lang)은 그것을 토착신앙으로 생각했다.[98] 그러나 그 역시 이러한 개념이 오스트레일리아 사람들의 다른 모든 신앙과 대조되는 것이며, 전혀 다른 원리에 근거해 있다고 인정했다. 그리하여 오스트레일리아 종교들은 서로 겹쳐진 이질적인 두 체계로 이루어져 있으며, 따라서 이중의 기원에서 파생되었다고 결론지었다. 한편으로 어떤 자연현상의 광경이 인간에게 암시해준 토템과 영에 관계된 관념들이 있다. 그러나 동시에 사람들이 설명하기를 거부하는 자연에 대한 일종의 직감에 의해 인간의 지성은 세상의 창조자이고 도덕규칙의 제정자인 유일한 신을 단번에 인식하게 되었다.[99] 랑은 이러한 관념이 외부의 요인 없는 초기에, 특히 오스트레일리아에서 바로 그 뒤를 이은 문명시대보다 더 순수했다고 평가한다. 시간이 흐름에 따라 이 관념은 계속해서 커지는 정령 숭배적이고 토템적인 미신 덩어리에 의해 조금씩 덮여지고 모호해졌을 것이다. 특정 문화의 영향으로 이 관념이 처음 지닌 것보다 더 선명하고 명확하게 그 자체의 모습을 되찾고 다시 자신의 존재를 입증하는 그날까지 그 관념은 일종의 점진적인 변질을 겪었을 것이다.[100]

---

97) E.B. Tylor, *J. A. I.*, XXI, 292쪽 이하.

98) A. Lang, *The Making of Religion*, 187~293쪽

99) 같은 책, 331쪽. 이 저자는 성 바울(St. Paul)의 가설이 자신에게도 "가장 덜 불완전하게" 보인다고 말하는 것으로 그친다.

100) 슈미트는 *Anthropos*(1908~1909)에서 랑의 주장을 다시 다루었다. 「오스트레일리아의 최고신」(The 'High gods' of Australia)이라는 명제가 붙은 『민속학』 (*Folk-lore*, t. XI, 290쪽 이하)의 한 논문에서 랑의 이론을 비판했던 하틀랜드에게 응답하면서 슈미트는 바이아메ㆍ분질 등은 영원한 신이며, 창조자ㆍ전능자ㆍ전지자ㆍ도덕규칙의 수호자라는 것을 증명하려고 했다. 우리는 관심도 없고 또 우리에게 있어서 중요하지도 않는 이러한 토론에 개입하지는 않겠다. 만일 이러한 여러 가지 형용사들이 오스트레일리아 사람들의 정신상

그러나 사실들은 타일러의 회의적인 가설이나 랑의 신학적인 해석을 전혀 허용하지 않는다.

우선, 위대한 부족 신에 관한 관념들은 토착적 기원에서 나온 것임이 오늘날 확실해졌다. 그러한 관념들은 선교사들의 영향력이 미치기 전에 이미 관찰되었다.[101] 그렇다고 해서 그것들이 신비한 계시에 의한 것이라고 결론지을 수는 없다. 그 관념들은 통상적인 토템 신앙과 다른 근원에서 나온 것이 아니라 그와는 반대로 토템 신앙의 가장 발달된 형태이며 논리적인 결말이다.

사실상 신비한 선조의 개념이 토템 숭배가 근거한 원리 안에 포함되어 있다는 사실을 우리는 살펴보았다. 왜냐하면 선조들 각각은 토템적 존재이기 때문이다. 그러므로 위대한 신들이 선조들보다 확실히 우위에 있다 하더라도 그 둘 사이에는 정도의 차이만 있을 뿐이다. 우리는 신비한 선조에서 위대한 신에게로 단절 없이 넘어간다. 사실상 위대한 신이란 특별히 중요한 선조이다. 그들이 우리에게 신에 대해서 말할 때 신은 보통 인간보다 더 많은 능력을 부여받고 있

태와 조화를 이루면서 관련된 의미를 가지고 있다면 우리는 당장 그것들을 받아들이고, 우리 역시 그러한 형용사들을 사용할 준비가 되어 있다. 이러한 관점에서 보면 전능하다는 것은 다른 성스러운 존재보다 더 많은 능력을 가졌다는 것을 의미하고, 전지하다는 것은 속인들 심지어는 위대한 주술사들조차도 보지 못하는 사물들을 본다는 것을 의미하며, 도덕규칙의 수호자란 오스트레일리아의 도덕규칙이 우리의 도덕과 아무리 다를지라도 그것을 존중케 하는 자를 의미한다. 그러나 사람들이 이러한 말에다 유심론적인 기독교인만 줄 수 있는 의미를 부여하기를 원한다 해도 역사적 방법의 원리들과 너무나도 반대되는 견해를 문제삼을 필요는 없을 것 같다.

101) 이 문제에 관해서 N.W. Thomas, "Baiame and Bell-bird-A Note on Australian Religion", in *Man*, 1905, n. 28 참조할 것. A. Lang, *Magic and Religion*, 25쪽과 비교. 바이츠(Waitz)는 이미 *Anthropologie d. Naturvölker*, 796~798쪽에서 이러한 개념의 독창성을 주장한 바 있다.

지만 땅 위에서 완전히 인간적인 삶을 산 인간처럼 표현한다.[102] 사람들은 신을 마치 위대한 사냥꾼,[103] 신통한 주술사,[104] 씨족의 창시자[105]로 묘사한다. 그는 최초의 인간이다.[106] 심지어 어떤 전설은 간신히 움직일 수 있는 피로에 지친 노인의 모습으로 신을 표현하고 있다.[107] 만일 디에리족에 무라무라라고 불리는 최고신이 존재했다면 그 단어는 의미가 깊다. 왜냐하면 무라무라라는 단어는 선조들의 계급을 지칭하는 데 쓰이기 때문이다. 마찬가지로 머리강 부족들의 위대한 신의 이름인 누랄리에도 전통적으로 사물들의 기원이라고 전해오는 신비한 존재 전체에 적용되는 집합적 표현으로 때때로 사용되었다.[108] 이들은 알체링가 시대의 인물들과 정확하게 비교될 만한 인물들이다.[109] 이미 우리는 퀸즐랜드에서 인간을 만들었지만 그럼에도 불구하고 인간들 중 최초의 인간으로 여겨지는 안제아(Anjea)나 안지르(Anjir) 신을 살펴본 적이 있다.[110]

오스트레일리아 사람들의 사고가 다수의 조상 정령으로부터 부족신의 개념으로 넘어갈 수 있게 된 것은 이 두 극단 사이에 조정자가

---

102) Dawson, 앞의 책, 49쪽; Meyer, "Encounter Bay Tribe", in *Woods*, 205~206쪽; A.W. Howitt, 앞의 책, 481쪽, 491~492쪽, 494쪽; Ridley, 앞의 책, 136쪽.

103) Taplin, 앞의 글, 55~56쪽.

104) L. Parker, *More Austr. Leg. Tales*, 94쪽.

105) B. Smyth, I, 425~427쪽.

106) Taplin, 앞의 글, 61쪽.

107) 같은 책, 60쪽.

108) "세상은 우리가 누랄리에라고 부르는 존재들에 의해 창조되었다. 오래전부터 존재하던 이 존재들은 어떤 것은 까마귀, 어떤 것은 수리의 형태를 하고 있다"(B. Smyth, 앞의 책, 423~424쪽).

109) 파커 여사는 "오알라이족에서 비아미(Byamee)는 마치 아룬타족의 알레헤링가(Aleheringa)와 같은 의미를 가진다"고 는 말한다(Mrs. Parker, *The Euahlayi*, 6쪽).

110) 이 책, 529쪽 참조할 것.

개입되어 둘 사이를 이어주었기 때문인데, 그것이 바로 문명창시 영웅들(héros civilisateurs)이다. 우리가 이러한 이름으로 부르는 우화적 존재들은 사실상 단순한 조상들이다. 다만 신화가 그들에게 부족의 역사에서 탁월한 역할을 부여했고, 따라서 그들이 다른 존재들보다 우위에 있을 뿐이다. 우리는 그들이 정식으로 토템 조직의 일부를 이루었다는 것까지 살펴보았다. 망가르쿤제르쿤자는 도마뱀의 토템에 속하고, 푸티아푸티아는 들고양이의 토템이다. 그러나 다른 한편으로 그들이 행하거나 또는 수행했다고 생각되는 기능들은 위대한 신이 행하는 기능들과 흡사하다. 위대한 신 역시 인간에게 문명의 기술들을 가르쳐주었고, 중요한 사회제도들의 창안자가 되었으며, 지금도 그의 통제하에 있는 위대한 종교의식의 계시자로 여겨진다. 그가 인간들의 아버지라면 그것은 그가 인간을 출산해서가 아니라 인간을 만들어냈기 때문이다. 그러나 망가르쿤제르쿤자도 인간들을 만들었다. 그가 있기 전에 인간은 없었다. 신체의 각 기관들, 아니 심지어는 각 개인들까지도 서로 구분되지 않는 무정형의 살덩어리만 있었다. 이 최초의 재료를 분할해 거기서 인간들을 만들어낸 장본인이 바로 망가르쿤제르쿤자이다.[111] 이러한 제조방식과 우리가 인용했던 신화가 분질에게 부여하는 제조방식 사이에는 뉘앙스의 차이만 있을 뿐이다. 게다가 이 두 종류의 인물을 서로 연결하는 관계를 잘 보여주는 것은 그들 사이에 때로 친자(親子)관계가 수립된다는 점이다. 쿠르나이족에서 예식용 악기를 창시한 영웅 툰둔은 위대한 신 문간냐우아[112]의 아들이다. 마찬가지로 오알라이족에서 바이아메의

---

111) 스펜서와 길런이 기록한 다른 신화에서는 하늘에 살며 웅감비쿨라(Ungambikula)라고 불리는 두 인물이 이와 매우 흡사한 역할을 수행한다(*Nat. Tr.*, 388쪽 이하).

112) A.W. Howitt, 앞의 책, 493쪽.

아들이나 형제인 다라물룬은 가얀디(Gayandi)와 동일하며, 가얀디는 쿠르나이족의 툰둔과 대등한 인물이다.[113] 물론 이 모든 사실들로부터 위대한 신이 문명창시 영웅에 불과하다는 결론을 내려야 할 필요는 없다. 이 두 인물들이 분명하게 구분되는 경우들도 있기 때문이다. 그러나 그들이 혼동되지 않는다 해도 적어도 그들은 친족이다. 따라서 사람들이 그들을 잘 구분하지 못하는 경우도 있다. 그들은 이런 또는 저런 범주에 대등하게 분류될 수 있는 존재이기 때문이다. 이와 같이 우리는 아트나투를 문명창시 영웅이라고 말했다. 그러나 그는 위대한 신에 가깝다.

최고신에 대한 개념은 토템 신앙의 전체 체계와 너무나 밀접하게 연관되어 있기 때문에 이 개념은 아직도 토템 신앙의 특징을 지니고 있다. 방금 살펴보았듯이 툰둔은 부족 신(神)과 매우 유사한 신적인 영웅이다. 쿠르나이족에서는 이 단어가 토템을 의미한다.[114] 마찬가지로 아룬타족에서는 위대한 신의 이름이 알치라인데, 이것은 또한 어머니 토템의 명칭이기도 하다.[115] 더 언급할 것이 있다. 위대한 신들의 다수는 분명히 토템의 모습을 지니고 있다. 다라물룬은 매수리이다.[116] 그리고 그것의 어미는 에뮤 새이다.[117] 바이아메 역시 에뮤

---

113) L. Parker, *The Euahlayi Tribe*, 62~66쪽, 67쪽. 그것은 위대한 신이 천둥과 동일시되는 예식용 악기 불로러(bull-roarer)와 긴밀한 관계를 맺고 있기 때문이다. 왜냐하면 이러한 의례에 쓰이는 도구인 불로러가 내는 윙윙거리는 소리는 천둥치는 소리와 유사하기 때문이다.

114) A.W. Howitt, 앞의 책, 135쪽. 호잇은 토템을 의미하는 단어를 툰둥(thundung)이라고 기술했다.

115) C. Strehlow, I, 1~2쪽 그리고 II, 59쪽. 아룬타족에서는 어머니의 토템이 처음에는 진정한 토템이었다는 사실이 아마도 생각날 것이다.

116) A.W. Howitt, 앞의 책, 555쪽.

117) 같은 책, 546쪽과 560쪽.

의 특징을 가진 형태로 나타난다.[118] 아룬타족의 알치라도 에뮤 새의 다리를 가지고 있다.[119] 우리가 살펴보았듯이 누랄리에는 위대한 신의 명칭 이전에 부족을 창시한 조상들을 지칭한다. 따라서 그것들 중 어떤 것은 까마귀이고, 다른 것은 매수리이다.[120] 호잇에 따르면[121] 분질은 항상 사람의 모습으로 표현된다. 그렇지만 분질이라는 단어는 프라트리의 토템, 즉 매수리를 지칭하는 데 쓰인다. 적어도 분질의 아들 중 하나는 프라트리가 지니고 있는 토템들 중 하나인데, 그 아들은 자신의 이름을 프라트리에게 주었거나 프라트리로부터 빌려왔을 것이다.[122] 그의 형제는 박쥐인 팔얀(Pallyan)이다. 따라서 이 박쥐는 빅토리아에 많은 부족의 남자들에게 성적 토템으로 쓰인다.[123]

우리는 연구를 좀더 진행시켜서 위대한 신들과 토템 체계가 맺고 있는 관계를 더 자세히 살펴볼 수 있다. 분질처럼 다리물룬은 매수리이며, 이 동물은 남서쪽의 대다수 부족들 안에 있는 프라트리의 토템이다.[124] 우리가 말했듯이 누랄리에는 매수리들과 까마귀들을 구별 없이 지칭하는 집단 용어였던 것 같다. 그러므로 이러한 신화를 보존해 온 종족들 안에서 까마귀는 두 프라트리 중 하나에, 매수리는 나머지 프라트리의 토템으로 사용된다.[125] 다른 한편으로 위대한 신들

---

118) Ridley, 앞의 책, 136쪽, 156쪽. 바이아메가 카밀라로이족에서는 입문의례에서 이러한 형태로 표현된다. 다른 전설에 따르면 그는 검은 백조일 것이다 (L. Parker, *More Austral. Leg. Tales*, 94쪽).

119) C. Strehlow, I, 1쪽.

120) B. Smyth, I, 423~424쪽.

121) A.W. Howitt, 앞의 책, 492쪽.

122) 같은 책, 128쪽.

123) B. Smyth, I, 417~423쪽.

124) 이 책, 284~285쪽 참조할 것.

125) 프라트리의 명칭이 킬파라(Kilpara, 까마귀)와 무크와라(Mukwara)인 부족들도 있다. 이것은 스미스가 기술한 신화를 설명해준다(B. Smyth, I, 423~424쪽)

에 대한 전설적 이야기는 프라트리 토템들의 이야기와 매우 유사하다. 신화들, 때때로 의례들은 이러한 신들 각자가 상당히 고생한 끝에 육식성 새들과 벌였던 전투에서 거둔 승리를 기념하는 것이다. 분질 또는 최초의 인간은 두 번째 인간인 카르윈(Karween)을 만든 후 그와 충돌했는데, 일종의 결투가 행해지는 동안 그는 카르윈에게 중상을 입혔고, 그를 까마귀로 만들어 버렸다.[126] 누랄리에의 두 종(種)은 원래부터 끊임없이 싸우던 두 적대집단으로 표현된다.[127] 바이아메도 역시 식인 매수리 물리안(Mullian)과 싸우는데, 물리안은 더구나 다라물룬과 동일하다.[128] 우리는 프라트리의 토템들 사이에도 역시 일종의 내재적인 적대관계가 있음을 살펴보았다. 이러한 유사성은 위대한 신들의 신화와 이 토템들의 신화가 서로 긴밀하게 연결되어 있다는 것을 입증해준다. 이러한 연관성은 신의 적대자가 일반적으로 프라트리의 토템인 까마귀나 매수리라는 점을 주목하면 더욱더 분명하게 나타날 것이다.[129]

따라서 바이아메·다라물룬·누랄리에·분질 등은 신격화된 프라트리 토템인 것 같다. 이러한 신격화가 생겨나게 된 과정을 다음과 같이 생각해 볼 수 있다. 이러한 개념은 입문의식 때문에 모인 회중들 안에서 완성되었음이 명백하다. 왜냐하면 위대한 신들은 다른 종교예식들과는 무관한 반면, 이러한 의례에서는 중요한 역할을 하기 때문이다. 게다가 입문은 부족 숭배의 중요한 형태이기 때문에 부족

---

126) B. Smyth, I, 425~427쪽. A.W. Howitt, 앞의 책, 486쪽과 비교. 이 경우 카르윈은 푸른 왜가리와 동일시된다.

127) B. Smyth, I, 423쪽.

128) Ridley, 앞의 책, 136쪽; A.W. Howitt, 앞의 책, 585쪽; J. Mathews, 앞의 책, 111쪽.

129) 이 책, 347~348쪽 참조할 것. P. Schmidt, "l'Origine de L'idée de Dieu", in *Anthropos*, 1909과 비교.

의 신화는 오로지 이러한 행사 때 태어날 수 있었다. 우리는 이미 할례의식과 절개의식이 문명창시 영웅의 형태로 자연스럽게 의인화되는 경향이 어떻게 나타나는가를 살펴보았다. 단지 이러한 영웅들은 어떤 지배권도 행사하지 않는다. 이 영웅들은 사회의 다른 전설적인 은인들과 같은 위치에 놓인다. 그러나 부족이 스스로에 대해 좀더 강렬한 감정을 가지는 곳에서는 이 감정은 아주 자연스럽게 어떤 인물 속에 화신(化身)되고, 그 인물은 그 부족의 상징이 된다. 부족들과 그러한 인물들을 묶고 있는 관계를 설명하기 위해 사람들은 자신들이 어떤 씨족에 속하든 같은 근원에서 생겨났으며, 한 아버지로부터 태어난 후손들이라고 생각했다. 비록 그 아버지는 어느 누구에게서 태어난 것이 아니라고 할지라도 자신들의 존재는 그 아버지로부터 왔다고 생각했다. 입문의 신은 이러한 역할을 위해 지명되었다. 왜냐하면 토착민들의 표현에 따르면 입문의 목적은 사람을 만들거나 제조하는 것이기 때문이다. 그러므로 사람들은 이 신에게 창조자의 능력을 부여했으며, 그는 이러한 모든 이유들로 인해 신화의 다른 영웅들보다 우위에 놓이는 특권을 받게 되었다. 다른 영웅들은 그의 부하, 그의 보조자가 되었다. 그들은 툰둔, 가얀디, 카르윈, 팔얀처럼 그의 아들이나 아우가 되었다. 그러나 씨족의 종교체계에는 역시 탁월한 위치를 차지하는 다른 성스러운 존재들이 이미 존재하고 있었다. 이들이 바로 프라트리의 토템들이다. 이러한 토템들이 존속하는 곳에서는 그것들이 씨족들의 토템을 자신의 지배권하에 두고 있는 것으로 여겨진다. 이와 같이 프라트리의 토템들은 부족의 신이 되기 위해 필요한 모든 것을 가지고 있었다. 그리하여 이 두 종류의 신화적 존재들 사이에 부분적인 혼동이 일어나는 것은 매우 당연한 일이었다. 이와 같이 부족의 중요한 두 가지 토템 중의 하나는 위대한 신에게 그 특징들을 제공하게 된다. 그러나 이 둘 중 하나가 왜 다른 하나에게는 배제된 이러한 권위를 부여받게 되었는지를 설명해야만 했다. 그래서 사람들은 이 다른 하나가 그의 경쟁자와 싸우는 동안 그 경쟁자보다 열세였고, 그의 패배로 인해 이러한 권위를 박탈당했다고 가정했다. 이러한 논리는 다른 신화들과 일치했기 때문에 더욱더 쉽게 받아들여졌다. 다른 신화에 따르면 프라트리의 토템들은 일반적으로 서로의 적으로 여겨졌기 때문이다.

파커 여사(Mrs. Parker)가 오알라이족에서 관찰한 한 신화는 이러한 설명을 확증해줄 수 있다.[130] 왜냐하면 신화는 이러한 설명을 비유적인 형태로 해석하기 때문이다. 이 부족사람들은 토템들이 바이아메 육체의 여러 부분에 붙여진 명칭이라고 말한다. 따라서 어떤 의미에서 씨족들은 신의 몸 조각들로 여겨질 것이다. 이것을 다른 말로 표현한다면 위대한 신이란 모든 토템들의 통합체이며 결과적으로 부족 단일체의 화신이라는 말이 아닐까?

그러나 위대한 신은 동시에 범(凡)부족적 특성을 띠고 있다. 사실상 젊은 입문자들이 속한 부족의 구성원들만 입문예식에 참가하는 것은 아니다. 이웃 부족의 대표들이 종교적인 동시에 세속적 성격을 띤 부족 간의 공진회(共進會)라 할 수 있는 이러한 축제들에 특별히 초대된다.[131] 이렇게 구성된 사회 환경 안에서 생겨난 믿음들은 어떤 특정 부족의 독점적 유산으로 남아 있을 수는 없다. 이러한 믿음을 알게 된 이방인은 그가 태어난 부족에 돌아가면 그것에 대해서 이야

---

130) 같은 글, 7쪽. 같은 종족에게서 바이아메의 본처 역시 그녀 자신은 아무런 토템에 속하지 않았는데도, 모든 토템의 어머니로 표현된다(같은 글, 7쪽, 78쪽).
131) A.W. Howitt, 앞의 책, 511~513쪽, 602쪽 이하; J. Mathews, 앞의 책, 270쪽. 사람들은 정규적 콘누비움(connubium)이 세워진 부족들뿐 아니라 해결해야 할 분쟁이 있는 부족들도 입문 축제에 초대한다. 반은 예식적이고 반은 신중한 복수들이 이러한 기회에 행해졌다.

기한다. 그리고 조만간에 그는 전날의 주인들을 초대해야만 한다. 따라서 사회에서 사회로 계속적인 사상의 교환이 생겨난다. 이렇게 해서 범부족적인 신화가 확립된다. 위대한 신은 당연히 이 신화의 본질적인 요소가 된다. 왜냐하면 신화는 위대한 신이 화신되는 입문의례 속에 그 기원을 두고 있기 때문이다. 위대한 신의 이름은 한 언어에서 다른 언어로 거기에 덧붙여진 표현들과 더불어 전해졌다. 일반적으로 매우 상이한 부족들에서도 프라트리의 명칭이 공통된다는 사실은 이러한 확산을 촉진시켰다. 프라트리 토템들의 범부족주의는 위대한 신의 그러한 특성을 확산시키는 길을 터주었다.

5. 토템 체계의 단일성

이제 우리는 토템 숭배가 도달한 가장 높은 수준의 개념에 이르렀다. 즉 토템 숭배가 뒤이어 올 종교들과 결합되고 그것들을 준비하고, 우리로 하여금 그 종교들을 이해하도록 도와주는 지점에 이른 것이다. 그러나 동시에 우리는 이와 같이 최고의 정점에 도달한 개념이 계속해서 우리가 맨 먼저 분석했던 가장 조잡한 신앙과 연결된다는 것을 알 수 있다.

사실상 부족의 위대한 신이란 마침내 탁월한 위치를 차지한 선조의 영에 불과하다. 선조들의 영은 개인 영혼들의 이미지에 따라 만들어진 실체일 뿐인데, 그것들이 개인 영혼의 기원을 설명해줄 것이다. 영혼들이란 또한 우리가 토템 숭배의 근저에서 찾아보았던 비인격적인 힘들이 인간의 몸으로 개별화되면서 나타난 형태에 불과하다. 그 체계의 단일성은 그 복잡성만큼이나 크다.

이러한 생성 작업에서 영혼 개념은 분명히 중요한 역할을 했다. 영혼 개념에 의해 종교 영역에 인성 개념이 도입되었다. 그러나 정령 숭배의 이론가들이 주장하는 바와 같이 영혼 개념이 모든 종교의 맹아를 지니고 있는 것은 아니다. 우선, 영혼 개념은 자신에 앞서 마나 또는 토템 본체의 관념을 전제로 하는데, 사실 영혼은 그것들의 특별한 양태에 지나지 않는다. 그다음, 만일 영과 신들이 영혼보다 먼저 인식될 수 없었다고 해도 그것들은 죽음에 의해서 해방된 단순한 인간의 영혼과는 다르다. 과연 어디에서 그 영과 신들에게 초자연적인 능력이 왔단 말인가? 영혼 개념이란 단지 신화적 상상력을 새로운 방향으로 이끌어주고 새로운 장르의 구성을 제안하는 데 도움이 될 뿐이다. 그러나 이러한 개념의 자료는 영혼의 표상이 아니라 종교의 원초적 근거를 이루는 익명적이고 확산된 힘의 저장소에서 차용한 것이다. 신화적 인물들의 창조는 이러한 본질적인 힘들을 다른 방식으로 생각하는 것에 불과했다.

위대한 신의 개념에 대해서 말하자면 이 개념은 우리가 이미 관찰한바, 가장 특별하게 토템의 믿음 형성에 작용했던 감정에서 전적으로 비롯된다. 이것이 바로 부족의 감정이다. 사실상 우리는 토템 숭배가 씨족들의 독립된 작품이 아니고, 언제나 어느 정도 일치감을 가진 부족 가운데서 생겨났다는 사실을 살펴보았다. 바로 이러한 이유로 각 씨족마다 고유한 서로 다른 숭배들이 하나의 통합된 전체를 형성하는 방식으로 상호 접촉하고 완성된다.[132] 그러므로 부족 전체에 공통되는 최고신 개념에서 표현되는 것은 바로 부족의 단일성에 대한 감정이다. 따라서 이러한 종교체계의 바닥에서 꼭대기에 이르기까지 동일한 원인들이 작용하고 있는 것이다.

그럼에도 불구하고 우리는 지금까지 종교적 표상을 마치 그 자체로 충분하고 스스로 설명될 수 있는 것처럼 생각했다. 사실상 그것들은 의례와 불가분의 관계를 맺고 있는데, 그것은 종교적 표상이 의례

---

132) 이 책, 362~363쪽 참조할 것.

를 행할 때 나타나기 때문이기도 하지만 반대로 종교적 표상 역시 의례의 영향을 받고 있기 때문이다. 분명히 숭배는 믿음에 의존하고 있지만, 또한 믿음에 영향을 미친다. 믿음을 더 잘 이해하기 위해서는 숭배를 가장 잘 아는 것이 중요하다. 이제 그 문제에 대한 연구를 착수할 시기가 왔다.

제3권

주요한 의례적 태도들

제1장 소극적 숭배와 그 기능, 금욕의례

　우리는 계속해서 원시적 숭배에 대해 완전하게 기술(記述)하려는
의도는 없다. 무엇보다 종교생활에서 더 본질적이고 더 근본적인 것
에 도달하는 데에 전념할 것이기 때문에 우리는 때로 혼돈스런 모든
다양한 의례적 몸짓을 세부적으로 재구성하지는 않을 것이다. 그러
나 우리는 의례들의 수많은 다양성을 통해서 원시인이 숭배를 거행
할 때의 가장 특징적인 태도들을 파악하고, 그 의례들의 가장 일반적
인 형태들을 분류하며, 그 기원과 의미를 밝혀볼 것이다. 이러한 작
업을 하는 것은 필요한 경우 우리가 믿음을 분석해 얻은 결과들을 좀
더 명확히 밝히고 조절하기 위해서이다.[1]

　모든 숭배는 이중적 양상을 나타낸다. 하나는 소극적이고 다른 하
나는 적극적이다. 물론 현실에서는 우리가 이와 같이 명명한 두 종류
의 의식이 긴밀하게 결합되어 있다. 우리는 그것들이 서로를 필요로
하고 있다는 것을 보게 될 것이다. 하지만 그것들은 또한 다르다. 그

---

[1] 우리가 완전히 등한시했던 의식의 한 형태가 분명히 존재한다. 그것은 *Collection
de l'Année Sociologique*의 특별판에서 연구되었던 구전의례(le rituel oral)이다.

관계를 이해하기 위해서라도 그것들을 구분할 필요가 있다.

1. 금지체계. 주술적 금지와 종교적 금지, 다른 종류의 성스러운 사물들 사이의 금지, 성스러운 것과 속된 것 사이의 금지는 소극적 숭배의 토대이자 주요 형태로 두 가지 본질적 유형이 있다

성스러운 존재들이란 당연히 구별된 존재들이다. 그 특징은 성스러운 존재들과 속된 존재들 사이에 단절이 있다는 점이다. 보통 성스러운 존재는 속된 존재의 밖에 있다. 모든 의례들은 이러한 본질적인 분리 상태를 실현시키려는 목적을 가지고 있다. 의례는 이 두 영역의 부당한 혼잡과 접근을 예방하고, 이 두 영역들 중 어느 하나가 다른 하나를 침범하지 못하게 하는 기능을 가지고 있기 때문에 그것들은 자숙, 즉 소극적 행위들만을 규정할 수 있다. 그러므로 우리는 이러한 특별한 의례들로 형성된 체계를 소극적 숭배라고 부를 것을 제안한다. 소극적 숭배는 신도에게 어떤 임무를 명령하지 않고, 다만 어떤 방식의 행동을 금하는 데 그칠 뿐이다. 따라서 그것들은 금지의 모든 형태, 또는 민족지학에서 흔히 말하는 터부의 형태를 띤다. 이 터부라는 말은 폴리네시아 언어에서 특정한 제도를 지칭하는 데 쓰이는 단어이다. 그러한 제도에 의해서 어떤 사물들은 일상적인 사용에서 배제된다.[2] 그것은 또한 이러한 종류의 사물들의 변별적 특징을 나타내는 형용사이기도 하다. 우리는 매우 지역적이고도 방언적인 표현을 총칭적인 용어로 변환하는 것이 얼마나 어려운 일인지를 이미 밝힌 바 있다. 금지가 존재하지 않는 종교는 없으며, 금지가 중요한 역할을 하지 않는 종교도 없다. 따라서 그와 같이 공인된

---

2) 『브리태니카 백과사전』(*Encyclopedia Britannica*)에서 프레이저가 쓴 '터부'에 대한 논문 참조할 것.

용어 때문에 매우 보편적인 제도가 마치 폴리네시아에의 특별한 제도처럼 보이는 것은 유감스러운 일이다.[3] 금지(interdits) 또는 정지(interdictions)라는 표현이 매우 바람직한 것으로 보인다. 하지만 터부라는 단어는 토템처럼 널리 통용되는 말이기 때문에 그 말을 고의로 금하는 것은 과도한 순수주의가 될 것이다. 또한 터부라는 단어의 의미와 역량을 명확히 하는 데 신경을 쓰면 터부라는 말이 나타내는 불편함은 완화될 것이다.

그러나 다른 종류의 금지들도 있기 때문에 그것들을 구분하는 일은 중요하다. 왜냐하면 우리는 이 장(章)에서 온갖 종류의 금지를 다루지는 않을 것이기 때문이다.

우선 종교에 속하는 금지 외에 주술에 속하는 금지가 있다. 이 두 가지 종류의 금지는 모두 어떤 사물들을 서로 양립할 수 없는 것으로 규정하고, 이와 같이 양립할 수 없다고 언명된 사물들을 분리시키라고 명령하는 공통점을 지니고 있다. 그러나 그것들 사이에는 매우 중대한 차이들이 있다. 우선 이 두 경우에 있어서 처벌이 같지 않다. 물론 좀더 나중에 말하게 되겠지만, 종교적 금지를 위반하는 것은 종종 기계적으로 물질적인 장애를 초래하는 것으로 여겨졌다. 즉 물질적 장애란 죄인이 마땅히 받는 것이고 그의 행위에 대한 처벌로 여겨진다. 그러나 현실적으로는 이러한 자동적이고 자발적인 처벌만 있는 것은 아니다. 그것은 항상 인간의 중재를 전제로 하는 다른 처벌에도 있다. 만일 처벌이 인간의 중재를 예상하지 못할 때는 이른바 형벌이 부가되는데, 이러한 형벌은 인간들에 의해 의도적으로 행해

---

3) 사실들이 이러한 불합리한 현실을 입증해준다. 이 단어를 신뢰함으로써 이렇게 지칭된 제도가 특별하거나 일반적으로 원시사회 또는 폴리네시아 민족에게만 특수한 것이라고 믿어버린 저자들이 적지 않다. Réville, *Religion des peuples primitifs*, II, 55쪽; Richard, *La femme dans l'histoire*, 435쪽 참조할 것.

진다. 아니면 최소한 공공의 비난이나 배척이 존재한다. 신성모독 때문에 벌을 받아 병들거나 신성모독을 한 사람이 자연사할 때에도 그 사람은 심한 모욕을 받는다. 그는 그에게 작용하는 여론을 위반한 것이다. 여론은 위반자를 그릇된 인간으로 취급한다. 반대로 주술적 금지는 일종의 물리적 필연과 더불어 금지된 행동이 초래했다고 여겨지는 물질적인 결과를 통해서만 처벌을 받는다. 불복종하는 것은 마치 의사의 의견에 따르지 않은 환자가 자신에게 닥치는 위험을 무릅쓰는 것과 마찬가지라고 할 수 있다. 그러나 이러한 경우의 불복종은 그릇된 행위는 아니다. 불복종이 화를 치밀게 하지는 않는다. 주술적인 죄는 없다. 이러한 처벌의 차이는 본질상 심각한 금지의 차이에서 기인하는 것이다. 종교적 금지는 필연적으로 성스러움에 대한 개념을 전제로 한다. 종교적 금지는 성스러운 대상이 불러일으키는 존경심에서 비롯되며, 이러한 존경심을 유지하는 것을 목표로 한다. 반대로 주술적 금지는 소유에 대한 매우 속된 개념만을 전제로 한다. 주술사가 떨어져 있으라고 요구하는 사물들은 그것의 독특한 특질 때문에 위험을 무릅쓰지 않고는 섞이거나 접근될 수 없는 것들이다. 심지어 그 고객들에게 어떤 성스러운 사물들에 접근하지 말라고 요구할 때조차도 그것은 성스러운 사물들에 대한 존경심 때문이 아니라 그것이 속화되는 것에 대한 두려움 때문이다. 왜냐하면 주술이란 우리가 알다시피 신성모독에 근거해서 유지되기 때문이다.[4] 그것은 단지 일시적인 유용성을 위한 것이다. 한마디로 종교적 금지는 절대적인 명령이다. 주술적 명령은 유용한 경구이며, 보건학적이고 의학적인 금지의 최초 형태이다. 이렇게 다른 두 계열의 사실들을 동일한 명칭으로 혼란 없이 동시에 연구할 수는 없다. 따라서 여기에서는 종

---

4) 이 책, 181~183쪽 참조할 것.

교적 금지만 다루도록 한다.[5]

그러나 종교적 금지에도 새로운 구분이 필요하다.

다른 종의 성스러운 사물들을 서로 분리할 목적을 지닌 종교적 금지가 있다. 예를 들면 우리는 와켈부라족에서 시체를 올려놓는 대(臺)가 반드시 고인의 프라트리에 속하는 재료로 만들어져야 한다는 것을 기억하고 있을 것이다. 그것은 성스러운 시체와 역시 성스럽지만 지위가 다른 프라트리의 사물들 사이에 모든 접촉이 금지되었다는 것을 말해준다. 게다가 어떤 동물을 사냥하기 위해 사용하는 무기들은 그 동물과 동일한 사회집단에 분류된 나무로 만들어서는 안 된다.[6] 그러나 이러한 금지들 중 가장 중요한 것들에 대해서는 다음 장에서 연구하게 될 것이다. 그것들은 순수한 거룩함과 순수하지 못한 거룩함, 길한 성스러움과 불길한 성스러움 사이의 모든 소통을 금하는 경향이 있다. 이 모든 금지는 하나의 공통된 특성을 가지고 있다. 이러한 금지가 어떤 것은 성스럽고 다른 것은 성스럽지 못하다는 사실이 아니라 성스러운 사물들 간에도 불균형과 양립불능의 관계들이 존재한다는 사실에서 비롯된 것이다. 따라서 그것들은 거룩한 개념의 본질과는 상관이 없다. 따라서 이러한 금지를 준수하는 것은 특별하고 거의 예외적인, 고립된 의례의 원인이 될 수 있다. 그러나 금지를 지키는 것이 이른바 숭배는 아니다. 왜냐하면 무엇보다도 숭배는 속된 것과 성스러운 것 사이의 적법한 관계들로 이루어지기 때문

---

5) 이것은 종교적 금지와 주술적 금지들 사이에 철저한 단절이 있다는 말이 아니다. 그 반대로 그 진정한 본질이 확정되지 않은 것도 있다. 민간전승의 금지도 있는데, 그것들이 종교적인지 주술적인지를 말하는 것이 때로 곤란한 경우도 있다. 그러나 구분은 필요하다. 왜냐하면 주술적 금지는 종교적 금지와 관련해서만 이해할 수 있기 때문이다.

6) 이 책, 352쪽 참조할 것.

이다.

그러나 훨씬 더 광범위하고 중요한 종교적 금지의 다른 체계가 존재한다. 이 체계는 성스러운 사물들의 다른 종을 구분하는 것이 아니라 모든 속된 것들과 모든 성스러운 것들을 구분한다. 따라서 이것은 거룩한 개념 자체에서 직접 파생되어 나온 것인데, 이 체계는 거룩함의 개념을 표현하고 실현하는 것으로 만족한다. 또한 이 체계는 진정한 숭배를 위한 자료를 제공하며, 더 나아가 다른 모든 것의 기반이 되는 숭배 그 자체의 자료를 제공한다. 왜냐하면 이 체계가 규정하는 태도는 성스러운 존재들과의 관계에서 신도가 결코 어겨서는 안 되는 것이기 때문이다. 그것이 바로 우리가 소극적 숭배라고 부르는 것이다. 우리는 이러한 금지를 특별히 종교적 금지라고 말할 수 있다.[7] 앞으로 논의할 것은 바로 이러한 것들이다.

그러나 종교적 금지는 다양한 형태를 띠고 있다. 오스트레일리아

---

7) 성스러운 사물들 사이에 있는 많은 금지를 추적해보면 성스러운 것과 속된 것 사이의 금지로 귀착될 수 있다고 생각한다. 이것은 나이 또는 등급에 따른 금지의 경우이다. 예를 들면 오스트레일리아에서는 입문한 사람들만 먹을 수 있는 성스러운 음식들이 있다. 그러나 이러한 음식들도 모두가 같은 정도로 성스러운 것이 아니다. 그것들 사이에도 위계가 있다. 입문자들도 모두 동등한 것은 아니다. 입문자들이 처음부터 자신들의 종교적 권리들을 모두 다 누리는 것은 아니다. 성스러운 사물들의 영역으로 한 걸음씩 들어갈 뿐이다. 그들은 시험을 거치고 특별한 의식들을 치른 후 자신들에게 부여된 일련의 등급으로 한 칸씩 나아간다. 최고의 등급에 이르기 위해서는 몇 달 심지어는 몇 년이 걸리기도 한다. 그러므로 이 각각의 등급에는 그것에 상응하는 음식들이 할당된다. 낮은 계급의 남자들은 높은 계급의 남자에게 속하는 음식을 만질 수 없다(J. Mathews, "Ethnological Notes on the Aboriginal Tribes of N. S. Wales and Victoria", 262쪽 이하; Langloh Parker, *The Euahlayi*, 23쪽; Spencer·Gillen, *North. Tr.*, 611쪽 이하; *Nat. Tr.*, 470쪽 이하 참조할 것). 따라서 가장 성스러운 것은 보다 덜 성스러운 것을 배척한다. 후자는 전자에 비해서 속되기 때문이다. 결국 모든 종교적인 금지는 두 부류로 나뉜다. 성스러운 것과 속된 것 사이의 금지들, 순수하게 성스러운 것과 순수하지 못하게 성스러운 것 사이의 금지이다.

에서 관찰된 주요한 형태들은 다음과 같다.

가장 먼저 접촉에 대한 금지가 있다. 이것들은 일차적 금기인데, 다른 것들은 그것의 특별한 변이에 불과하다. 이러한 접촉금지는 속된 것은 성스러운 것을 건드려서는 안 된다는 원리에 근거해 있다. 우리는 어떤 경우에도 입문하지 않은 사람들이 추링가 또는 예식용 악기(bull-roarers)를 조작해서는 안 된다는 것을 이미 살펴보았다. 만일 성인들이 그것을 자유롭게 사용한다면 그것은 입문이 그들에게 성스러운 특성을 부여했기 때문이다. 피, 특히 입문 시에 흘러나온 피는 종교적인 효능을 가지고 있다.[8] 그것은 동일한 종교적 금지를 따르게 된다.[9] 머리카락도 마찬가지이다.[10] 죽은 사람은 성스러운 존재이다. 왜냐하면 육체에 생명을 준 영혼이 시체에 붙어 있기 때문이다. 이러한 이유로 때로는 죽은 자의 뼈를 옮길 때에는 얇은 나무껍질로 싸지 않으면 안 되었다.[11] 죽음이 발생한 장소까지도 금지되어야 한다. 왜냐하면 사람들은 고인의 영혼이 계속 그곳에 머물고 있다고 생각하기 때문이다. 사람들이 캠프를 걷어서 어느 정도 떨어진 곳에 옮기는 것도 바로 그러한 이유 때문이다.[12] 어떤 경우에는 캠프 속에 들어 있는 모든 것과 함께 캠프를 파괴해버리기도 한다.[13] 그리고 이 장소에 다시 돌아오려면 상당한 시일이 흘러야 한다.[14] 죽어가는 사람이 자신의 주위를 치우는 경우도 있다. 사람들은 가능한 한

---

8) 이 책, 331~332쪽 참조할 것.

9) Spencer · Gillen, 앞의 책, 463쪽.

10) 같은 책. 538쪽; Spencer · Gillen, *North. Tr.*, 604쪽.

11) 같은 책, 531쪽.

12) 같은 책, 518~519쪽; A.W. Howitt, 앞의 책, 449쪽.

13) Spencer · Gillen, *Nat. Tr.*, 498쪽; Schulze, "The Aborigines of the Upper and Middle Finke River", 231쪽.

14) Spencer · Gillen, 앞의 책, 499쪽.

안락하게 거하게 한 다음 그를 버린다.[15]

음식물의 섭취야말로 특별히 내밀한 접촉이다. 그리하여 성스러운 동물이나 식물, 특히 토템으로 쓰이는 것들을 먹지 못하게 하는 금지가 생기는 것이다.[16] 그러한 행위는 매우 심각한 신성모독으로 여겨지기 때문에 그 금지는 어른들, 최소한 대다수의 어른들에게도 적용된다. 충분한 종교적 권위를 지닌 노인들만이 때때로 이러한 금지에 복종하지 않아도 된다. 사람들은 때로 동물과 그 동물의 명칭을 가진 인간을 묶어주는 신비한 친족관계에 의해 이러한 보호를 설명했다. 동물들은 그것들이 친족으로서 불러일으킨 호감에 의해 보호된다.[17] 그러나 금지된 고기를 먹으면 자동적으로 병에 걸리거나 죽는다고 여기는 것은 금지가 가족적 연대감에 대한 단순한 저항에서 기원하지 않았음을 잘 보여준다. 따라서 다른 종류의 힘이 작동하고 있는데, 그것은 모든 종교 안에서 신성모독에 대항하는 힘들과 유사하다.

게다가 어떤 음식들이 단지 성스럽다는 이유로 속인에게 금지된다면 반대로 다른 음식들은 속되기 때문에 성스러운 특성을 지닌 사람들에게 금지된다. 어떤 동물들은 특별히 여자들의 양식으로 할당되

---

15) A.W. Howitt, 앞의 책, 451쪽.

16) 토템 식물이나 동물에게 적용되는 음식금지가 가장 중요한 것이지만 유일한 것은 아니다. 우리는 음식들이 성스럽게 여겨지기 때문에 입문하지 않은 사람들에게 금지되는 음식들이 있다는 것을 살펴보았다. 그런데 토템 동물이나 식물들에게 이러한 특성을 부여하는 매우 다양한 원인들이 있다. 예를 들면 우리가 나중에 살펴보겠지만, 높은 나무의 꼭대기에서 발견되는 동물들은 그것들이 하늘에 사는 위대한 신들과 가깝다는 이유 때문에 성스럽다는 명성을 얻는다. 따라서 여러 가지 이유들로 인해 어떤 동물들의 고기는 특별히 노인들만 먹을 수 있고, 그로 인해 그 동물은 노인들에게 인정되는 성스러운 특징을 지닌 것으로 여겨진다.

17) J.G. Frazer, *Totemism*, 7쪽 참조할 것.

는 경우가 빈번하다. 여자들에게 할당되었다는 이유로 그러한 동물
들은 여성적인 본질을 가지고 있고, 결과적으로 속되다고 생각한다.
반대로 젊은 입문자는 특별히 엄격한 일련의 의례에 복종한다. 이제
까지 그에게 배제되었던 성스러운 사물들의 세계로 들어가게 해줄
덕목들을 전해주기 위해 사람들은 그에게 특별히 강력한 일단의 종
교적 힘을 집중시킨다. 따라서 그는 모든 속된 것을 멀리 밀어내는
신성(神聖)한 상태에 있게 된다. 그에게는 여자들의 음식으로 여겨지
는 사냥감을 먹는 것이 금해져 있다.[18]

  그러나 접촉은 만지는 것 이외에 다른 방법으로도 이루어질 수 있
다. 사람들은 사물들을 바라보는 것만으로도 그 사물들과 관계를 맺
는다. 바라봄도 접촉의 한 방법이다. 어떤 경우 속된 사람들이 성스
러운 사물들을 바라보는 것이 금지된 것은 바로 이러한 이유 때문이
다. 여자는 결코 숭배의 도구들을 보아서는 안 된다. 기껏해야 멀리
서 언뜻 보는 것만 허락될 뿐이다.[19] 특별히 중요한 예식들을 거행하
는 경우[20] 의식 주례자들의 몸 위에 그려지는 토템의 그림들도 마찬
가지이다. 어떤 부족들에서는 입문의식의 어마어마한 장엄함 때문
에 여자들은 의식이 거행되는 장소들을 볼 수 없고,[21] 심지어 신참자

---

18) A.W. Howitt, 앞의 책, 674쪽. 정확한 본질을 쉽게 결정할 수 없기 때문에 전
  혀 언급하지 않은 접촉금지가 있다. 그것은 바로 성적인 접촉이다. 남자가
  여자와 성관계를 가져서는 안 되는 종교적 시기들이 있다(Spencer·Gillen,
  North. Tr., 293쪽과 295쪽; A.W. Howitt, 앞의 책, 397쪽). 그것은 여자가 속되기
  때문인가 또는 성행위가 두려운 것이기 때문인가? 이 질문은 지금 당장 해결
  될 수 없다. 우리는 부부애와 성적 의례에 관계된 모든 것과 함께 이 문제를 연
  기한다. 부부애와 성적 의례는 결혼과 가족의 문제와 너무나 긴밀하게 연결
  되어 있기 때문에 그것들과 분리할 수 없다.
19) Spencer·Gillen, *Nat. Tr.*, 134쪽; A.W. Howitt, 앞의 책, 354쪽.
20) Spencer·Gillen, 앞의 책, 624쪽.
21) A.W. Howitt, 앞의 책, 572쪽.

를 보아서도 안 된다.[22) 예식 전체에 내재되어 있는 성스러운 특성은 그 예식을 주도하거나 그 예식에 참가하는 사람들의 인격 속에도 당연히 들어 있다. 신참자는 그 사람들을 향해서 눈을 들 수 없는데, 이러한 금지는 예식이 끝난 후에도 계속된다.[23) 때로는 죽은 자들 또한 눈에 띄지 않도록 치워진다. 죽은 자의 얼굴은 보이지 않도록 덮인다.[24)

말 역시 사람들 또는 사물들과 관계를 맺는 또 하나의 방법이다. 내쉰 호흡은 커뮤니케이션을 만든다. 그것은 밖으로 확산되는 우리의 일부분이다. 그러므로 속인들은 거룩한 존재에게 말을 거는 것이 금지되고 더 나아가 그들의 앞에서 말하는 것조차 금지된다. 신참자는 의식 주례자들이나 그들의 보조자들을 바라보아서는 안 되는 것처럼 그들과는 신호 이외에 말을 해서도 안 된다. 이러한 금지는 특별한 의례에 의해 해소될 때까지 존속된다.[25) 일반적으로 아룬타족에서는 위대한 예식들이 진행되는 동안에 침묵을 지켜야 하는 순간들이 있다.[26) 추링가들이 전시되면 사람들은 입을 다문다. 만일 말을 하더라도 낮은 목소리로 입술 끝으로만 말한다.[27)

성스러운 사물들 외에도 성스러운 특성을 가진 단어나 소리들이 있다. 그것들은 속된 사람들의 입에 오르내려서도 안 되고 그들의 귀에 들려서도 안 된다. 여자들이 죽음을 무릅쓰지 않고는 들을 수 없는 의례 찬가들도 있다.[28) 여자들은 불로러의 소리를 멀리서만 언뜻

---

22) 같은 책, 661쪽.
23) Spencer · Gillen, 앞의 책, 386쪽; A.W. Howitt, 앞의 책, 655쪽, 665쪽.
24) 웜바이오족에서(같은 책, 451쪽).
25) 같은 책, 624쪽, 661쪽, 663쪽, 667쪽; Spencer · Gillen, 앞의 책, 221쪽과 382쪽 이하; North. Tr., 335쪽, 344쪽, 353쪽, 369쪽.
26) Spencer · Gillen, Nat. Tr., 221쪽, 262쪽, 288쪽, 303쪽, 367쪽, 378쪽, 380쪽.
27) 같은 책, 302쪽.

들을 수 있다. 모든 고유명사는 그 이름을 가진 사람의 본질적인 요소로 여겨졌다. 그리고 고유명사는 마음속에서 이러한 사람의 관념과 매우 긴밀하게 연결되어 있기 때문에 그 사람이 불러일으키는 감정들을 지니고 있다. 만일 그 사람이 성스럽다면 고유명사 그 자체도 성스럽다. 따라서 속된 생활을 하는 동안에는 그 이름을 발음하면 안 된다. 와라뭉가족에서는 특별히 존경을 받는 토템이 있는데, 그것은 월룬콰(Wollunqua)라는 신비한 뱀이다. 그 이름을 부르는 것은 터부이다.[29] 바이아메, 다라물룬, 분질에 대해서도 마찬가지이다. 그러한 이름에 대한 비교적(秘教的) 형태는 입문하지 않은 사람들에게는 계시될 수 없다.[30] 초상중에는 때에도 절대적으로 필요한 경우를 제외하고 죽은 자의 이름이 최소한 근친들에 의해서 언급되어서는 안 되며, 꼭 언급되어야 하는 경우 속삭이는 정도로 그쳐야 한다.[31] 이러한 금지가 때로 과부와 어떤 근친들에게 영속적인 경우가 있다.[32] 어떤 종족들에게서는 이러한 금지가 가족 이상으로까지 확장된다. 고인과 동일한 이름을 가진 모든 사람들은 일시적으로 이름을 바꾼다.[33] 그 이상의 것도 있다. 친척과 가까운 친구들은 때때로 일상용어 중 몇 단어를 사용하지 않는데, 그것은 분명히 죽은 자가 그 단어들을 사용했기 때문이다. 사람들은 다른 방언에서 만들어진 차용어들이나 완곡한 표현들로 이러한 단어의 공백을 채운다.[34] 공적이고

---

28) A.W. Howitt, 앞의 책, 581쪽.

29) Spencer · Gillen, *North. Tr.*, 227쪽.

30) 이 책, 576~577쪽 참조할 것.

31) Spencer · Gillen, *Nat. Tr.*, 498쪽; *North. Tr.*, 526쪽; Taplin, "The Narrinyeri Tribe", 19쪽.

32) A.W. Howitt, 앞의 책, 466쪽과 469쪽 이하.

33) Wyatt, "Adelaide and Encounter Bay Tribes", in *Woods*, 165쪽.

34) A.W. Howitt, 앞의 책, 470쪽.

도 일상적인 그들의 명칭 외에도 남자들은 비밀스러운 다른 이름을 가지고 있는데, 여자들과 아이들은 그것을 모른다. 그 이름은 일상생활에서는 결코 사용되지 않는다. 그 이름은 종교적 특성을 가지고 있기 때문이다.[35] 또한 속된 목적으로 사용할 수 없는 특별한 언어로만 말해야 하는 예식들도 있다. 이것이 거룩한 언어의 시작이다.[36]

성스러운 존재들은 속된 것들과 분리될 뿐 아니라 직접 또는 간접적으로 속된 생활과 관련된 것은 그 어느 것도 종교적 생활과 섞여서는 안 된다. 의례에 참여할 수 있는 선결조건으로 토착민에게 완전한 나체가 요구되기도 한다.[37] 그는 자신이 평상시에 지니고 다니는 모든 장식물들, 심지어는 그가 가장 애착을 가진 것 그리고 수호능력이 있다고 생각하기 때문에 떼어 놓기를 가장 꺼리는 것까지도 벗어버린다.[38] 만일 그가 의례에서 역할 수행을 위해 장식을 해야 한다면 이러한 장식은 상황에 맞게 특별히 만들어져야 한다. 그것이 바로 예복, 즉 축제복장이다.[39] 이러한 장식물들은 그것들이 사용되는 관례 때문에 성스러운 것이므로 속된 업무에서 사용되는 것이 금해져 있다. 일단 예식이 끝나면 사람들은 그것들을 묻거나 태워버린다.[40] 남자들은 심지어 몸 위에 자신들이 꾸몄던 장식의 흔적이 남지 않도록 씻어야 한다.[41]

좀더 일반적으로 종교생활의 활동이 전개되는 동안에는 일상생

---

35) 같은 책, 657쪽; Spencer·Gillen, *Nat. Tr.*, 139쪽; *North. Tr.*, 580쪽 이하.
36) A.W. Howitt, 앞의 책, 537쪽.
37) 같은 책, 544쪽, 597쪽, 614쪽, 620쪽.
38) 예를 들면 그가 보통 때 차고 다니는 머리털로 만든 허리띠를 말한다 (Spencer·Gillen, *Nat. Tr.*, 171쪽).
39) A.W. Howitt, 앞의 책, 624쪽 이하.
40) 같은 책, 556쪽.
41) 같은 책, 587쪽.

활의 특징이 나타나는 행위들은 금지된다. 먹는 행위 그 자체는 속되다. 왜냐하면 먹는 행위는 매일 일어나고, 본질적으로 실용적이고 물질적인 필요를 충족시키는 행위이며, 우리의 속된 존재의 일부를 이루고 있기 때문이다.[42] 종교의식 기간에 먹는 행위가 금지되는 것은 바로 이러한 이유 때문이다. 토템집단이 자기들의 추링가를 다른 씨족집단에 빌려주었다가 그것들을 돌려받아 에르트나툴룽가(ertnatulunga, 거룩한 보관소) 안에 다시 놓는 때는 매우 장엄한 순간이다. 예식에 참여하는 모든 사람들은 예식이 계속되는 동안 금식해야 하는데, 예식은 오래 지속된다.[43] 의례가 거행되는 동안 동일한 규칙이 지켜지는데,[44] 그것에 대해서는 입문의 어떤 시기들과 마찬가지로 다음 장에서 다루게 될 것이다.[45]

같은 이유로 종교적인 위대한 의식이 행해질 때는 모든 일시적인 작업들은 정지된다. 우리가 이미 인용한 바 있는 스펜서와 길런의 고찰에 따르면[46] 오스트레일리아 사람들의 생활은 매우 다른 두 부분

---

42) 사실 이러한 행위는 소비되는 양식이 성스러울 때 종교적 특성을 갖게 된다. 그러나 행위 그 자체는 속되기 때문에 성스러운 양식을 먹는 것은 항상 신성모독적이다. 이러한 신성모독은 허락되고 심지어 명령될 수도 있다. 그러나 우리가 나중에 살펴보겠지만 이것은 신성모독을 완화시키거나 속죄하는 의식이 신성모독보다 선행되거나 동반된다는 조건에서만 가능하다. 이러한 의례의 존재는 존재 그 자체로서 성스러운 사물들을 먹어서는 안 된다는 것을 잘 보여준다.

43) Spencer·Gillen, *North. Tr.*, 263쪽.

44) Spencer·Gillen, *Nat. Tr.*, 171쪽.

45) A.W. Howitt, 앞의 책, 674쪽. 아마도 같은 이유로 위대한 종교의식이 진행되는 동안에는 말하는 것이 부분적으로 금지되어 있다. 일상생활에서 사람들은 말한다. 특히 높은 소리로 말한다. 그렇지만 종교생활에서는 입을 다물거나 낮은 소리로 이야기해야 한다. 음식물의 금지에도 이와 똑같은 경의가 표해진다(이 책, 317쪽 참조할 것).

46) Spencer·Gillen, *North. Tr.*, 33쪽.

으로 이루어져 있다. 하나는 사냥·낚시·전쟁을 하는 생활이고 다른 하나는 숭배에 바쳐지는 생활인데, 이 두 가지 형태의 행위들은 서로를 배척하며 밀어낸다. 종교적 휴업이라는 보편적인 제도는 이 원칙에 근거하고 있다. 알려진 모든 종교에서 축제일의 변별적인 특성은 종교적 목적을 가지고 있지 않는 한, 일을 멈추고 공적인 생활과 사적인 생활을 정지하는 것이다. 이 휴식은 단순하게 축제일의 경쾌한 감정들에 좀더 자유롭게 탐닉할 수 있게 해주는 일종의 일시적인 기분전환이 아니다. 왜냐하면 장례와 속죄에 바쳐지는 슬픈 축제들이 있는데, 이러한 축제 기간에도 강제로 휴업해야 하기 때문이다. 속된 활동의 대표적인 형태가 일이다. 그것은 삶에 필요한 일시적인 필수품을 공급하는 것 외에 다른 분명한 목적이 없다. 일은 우리로 하여금 속된 사물들과만 관계를 맺게 한다. 반대로 축제날이 되면 종교적인 삶은 예외적으로 강렬한 정도까지 이른다. 이 두 종류의 존재방식의 대조는 이 순간에 특히 현저하게 나타난다. 따라서 이것들은 근접할 수 없다. 인간이 속된 삶의 표지들을 지니고 있을 때는 신과 친밀하게 가까워질 수가 없다. 반대로 의례를 통해 인간이 막 성화(聖化)된 후에는 바로 그의 일상적인 직업으로 되돌아갈 수 없다. 따라서 의례를 위한 휴업은 성스러움과 속된 것을 분리하는 일반적인 양립불가원리의 특수한 경우에 불과하다. 그것은 금지의 산물이다.

오스트레일리아의 종교들 안에서만 관찰된 온갖 종류의 금지를 여기서 열거하는 것조차 불가능하다. 금지의 체계는 그것이 근거하고 있는 성스러운 개념처럼 가장 다양한 관계로 확장된다. 그것은 심지어 고의적으로 실용적인 목적을 위해서 사용되기도 한다.[47] 그러나

___
47) 각 인간의 내부에 성스러운 본체, 즉 영혼이 있기 때문에 인간은 처음부터 금

아무리 금지체계가 복잡하다고 해도 그것은 결국 그것을 요약하고 지배하는 두 가지의 근본적인 금지에 근거하고 있다.

첫째, 종교생활과 속된 생활은 같은 공간에서 공존할 수 없다. 따라서 종교생활이 전개될 수 있으려면 속된 생활이 배제된 특별한 장소가 정해져야 한다. 그래서 신전과 지성소를 설립하게 되었다. 그것들은 거룩한 존재와 사물들에게 할당되어 그 거처로 쓰이는 공간이다. 왜냐하면 성소들은 정해진 반경을 완전히 점유한다는 조건에서만 땅 위에 세워질 수 있기 때문이다. 이러한 종류의 협정은 모든 종교적인 삶에 필수불가결한 것이기 때문에 가장 열등한 종교들까지도 그렇게 하지 않을 수 없다. 추링가가 놓인 장소인 에르트나툴룽가

지들로 둘러싸여 있다. 그런데 그 금지는 오늘날 인간을 분리하고 보호하는 도덕적 금지의 최초의 형태이다. 따라서 희생자의 시체는 살인자에게는 위험한 것으로 생각되고 그에게는 금지된다(Spencer·Gillen, *Nat. Tr.*, 492쪽). 이러한 기원을 가진 금지는 종종 개인들에 의해 사용되었는데, 공동 사용에서 어떤 사물들을 빼내서 그 사물들에 대해 소유권을 주장하는 방법으로 사용되었다. 로스(Roth)는 팔머강(Palmer, 퀸즐랜드 북쪽)의 부족들에 대해 이렇게 말했다. "어떤 남자가 캠프에다 무기와 식량 등을 남겨놓은 채 나왔다. 만일 그가 자기 뒤에 남겨진 사물들의 근처에 방뇨한다면 그것들은 타미(tami, 터부와 같은 뜻)가 되며, 그는 자신이 되돌아올 때까지 그것들이 무사할 것이라고 확신할 수 있다"("North Queensland Ethnography", in *Records of the Australian Museum*, Vol. VII, n°2, 75쪽). 피와 마찬가지로 오줌도 개인에게 고유한 어떤 성스러운 힘을 지니고 있다고 생각된다. 따라서 이방인들은 오줌에서 멀리 떨어져야 한다. 같은 이유로 말도 역시 이와 똑같은 영향력의 통로로 사용될 수 있다. 단순하게 말로 선포함으로써 어떤 대상에 접근하지 못하게 하는 것이 가능하기 때문이다. 게다가 금지를 만들어내는 이러한 능력은 개인들에 따라 다양하다. 그들이 성스러운 특성을 더 많이 가지고 있을수록 금지의 능력은 더욱 커진다. 여자들을 제외한 남자들은 거의 다 이러한 특권을 가지고 있다(로스는 여자들에게 부과된 터부의 한 가지 경우를 인용하고 있다). 이러한 능력은 추장이나 선조들에게서 최고에 달하는데, 그들은 유용한 사물들을 독점하기 위해서 그 능력을 사용한다(같은 글, 77쪽). 이렇게 해서 종교적 금지는 소유권이 되고, 행정규칙이 된다.

는 정말로 성스러운 장소이다. 그러므로 입문하지 않은 사람들은 거기에 접근하는 것이 금지되어 있다. 그리고 무슨 일이라도 거기서는 속된 일에 종사하는 것이 금지되어 있다. 우리는 계속해서 중요한 예식이 거행되는 다른 거룩한 장소들이 존재한다는 사실을 보게 될 것이다.[48]

둘째, 종교생활과 속된 생활은 같은 시간단위 속에 공존할 수 없다. 따라서 모든 속된 일에서 손을 떼는 정해진 날이나 기간의 첫 날을 지정할 필요가 있다. 이렇게 해서 축제가 생겨나게 된 것이다. 민족과 문명에 따라서 법칙의 형태는 다르지만, 뚜렷이 다른 두 부분으로 나뉘어 하나씩 교대되는 이러한 시간적 구분을 모르거나 실행하지 않는 종교는 없으며, 결과적으로 그러한 사회도 없다. 우리가 이미 지적했듯이 인간으로 하여금 시간적 흐름의 계속성과 동질성 안에 원래 없었던 어떤 구분과 차이를 도입하게 한 것은 아마도 이러한 교차의 필요성 때문이었을 것이다.[49] 물론 종교생활이 이와 같이 할당된 공간적·시간적 환경 속에 완전히 집중되는 일은 거의 불가능하다. 밖으로 조금 새어나오는 것은 불가피한 일이다. 지성소 밖에도 항상 성스러운 사물들이 있으며, 일하는 날에도 거행될 수 있는 의례들이 있다. 그러나 그것들은 이차적 서열에 속하는 성스러운 사물들이며 덜 중요한 의례이다. 집중은 이러한 조직의 지배적인 특징으로 남아 있다. 공적인 숭배와 관련되는 경우 일반적으로 온전한 집중이 나타난다. 공적인 숭배는 공동으로 이루어지지 않으면 수행될 수 없기 때문이다. 사적이고 개별적인 숭배는 세속적인 삶과 매우 가깝게 섞이는 유일한 것이다. 이렇게 연속되는 인간적 삶의 두 가지 양상의

---

48) 이 책, 제3권 제2장 참조할 것.
49) 이 책, 131쪽 참조할 것.

대조는 오스트레일리아 부족과 같은 원시사회에서 가장 극명하게 드러난다. 왜냐하면 개인적 숭배가 가장 발달되지 못한 곳이 바로 그곳이기 때문이다.[50]

2. 금지의 준수는 개인의 종교적 상태를 변화시킨다. 특히 금욕적 의례에서 이러한 효과가 드러난다

지금까지 소극적 숭배는 우리에게 거부체계로만 제시되었다. 따라서 소극적 숭배는 활동을 부추기거나 원기를 돋우는 것이 아니라 활동을 금하는 것으로만 사용될 수 있는 것처럼 보인다. 하지만 이러한 금지작용의 기대치 않은 반작용에 의해 소극적 숭배는 개인의 종교적·도덕적 성격에 가장 중요한 적극적인 영향을 행사할 수 있다.

사실상 성스러운 것과 속된 것을 갈라놓은 장벽 때문에 인간은 자신 속에 있는 속된 것을 버리지 않고서는 성스러운 사물들과 긴밀한 관계를 맺을 수 없다. 인간은 속된 생활에서 어느 정도 완전히 손을 뗀다는 조건에서만 강렬한 종교적 삶을 살 수 있다. 이러한 의미에서 볼 때 소극적 숭배는 목적을 위한 수단이 된다. 그것은 적극적 숭배에 접근하기 위한 조건이다. 소극적 숭배는 속된 접촉들로부터 성스러운 존재들을 보호하는 것으로 그치지 않는다. 그것은 신도에게 영향력을 행사해 신도의 상태를 적극적으로 수정한다. 명령된 금지에 복종하는 사람은 이전의 그가 아니다. 이전에 그는 종교적 힘에서 멀리 떨어져 있던 대수롭지 않은 사람이었다. 이제부터 그는 종교적 힘들과 더욱 동등해진다. 왜냐하면 속된 것들과 떨어져 있다는 사실만으로도 성스러운 것에 가까워졌기 때문이다. 그는 자신의 본성을 타락시킨 저열하고 하찮은 사물들에서 떨어져 나왔다는 사실만으로도

---

50) 이 책, 467쪽 참조할 것.

순수해지고 성화(聖化)된다. 따라서 소극적 의례도 적극적 의례와 똑같은 효력이 있다. 적극적인 의례와 마찬가지로 소극적인 의례도 개인의 종교적인 상태를 고양하는 데 쓰일 수 있다. 정확한 고찰에 따르면 점진적으로 성스러운 세계로 인도해주는 일종의 예비적인 입문을 치르지 않고는 어느 누구도 상당히 중요한 종교예식에 참여할 수 없다.[51] 이러한 예비적인 입문을 위해 기름 붓기, 목욕, 강복식 또는 본질적으로 적극적인 어떤 시도를 해볼 수 있다. 그러나 금식, 철야, 칩거와 침묵, 다시 말해서 정해진 금지의 실행에 불과한 의례적 절제에 의해서도 동일한 결과에 이를 수 있다.

특별히 개별적이고 고립된 소극적 의례인 경우는 그 긍정적인 영향력이 거의 드러나지 않기 때문에 일반적으로 쉽게 인식될 수 없다. 그러나 금지의 전 체계가 단 한 사람에게 집중되는 경우도 있다. 이러한 경우에 금지들의 효과는 축적되고, 따라서 훨씬 더 분명해진다. 오스트레일리아에서 입문할 때 이런 일이 일어난다. 신참자는 매우 다양한 소극적 의례에 속박되어 있다. 그는 지금까지 살아왔던 사회와 거의 모든 인간사회로부터 물러나야 한다. 그에게는 여자들과 입문하지 않은 사람들을 보는 것이 금해져 있을 뿐 아니라[52] 자신의 동료들에게서 멀리 떨어져 대부(代父)[53]가 되는 어떤 노인들의 지도하에 가시밭으로 가서 산다. 숲은 입문을 위한 매우 자연스러운 장소로 여겨졌기 때문에 상당수의 부족들에서는 입문을 지칭하는 말 자체

---

51) Hubert · Mauss, 「희생의 본질과 그 기능에 대한 시론」(Essai sur la nature et la fonction du sacrifice), in *Mélange d'Histoire des Religions*, 22쪽 이하 참조할 것.

52) A.W. Howitt, 앞의 책, 560쪽, 657쪽, 659쪽, 661쪽. 여자의 그림자가 그에게 비쳐서도 안 된다(같은 책, 633쪽). 그가 만지는 것을 여자가 만질 수도 없다(같은 책, 621쪽).

53) 같은 책, 561쪽, 563쪽, 670~671쪽; Spencer · Gillen, 앞의 책, 223쪽; *North. Tr.*, 340쪽, 342쪽

가 숲에서 나오는 것[54]이라는 의미를 가지고 있다. 동일한 이유로 그는 자신이 참석한 예식들이 진행되는 동안 대개 나뭇잎으로 장식된다.[55] 그가 참여한 의례들이 이따금씩 중단되기도 하면서 이런 식으로 몇 달이 지나간다.[56] 그에게 있어서 이 시간은 온갖 종류의 포기의 기간이다. 많은 종류의 양식이 금지된다. 생명을 유지하는 데 필요한 최소의 양식만이 허용될 뿐이다.[57] 심지어 엄격한 단식이 요구되기도 한다.[58] 또는 불결한 음식을 먹어야 하는 경우도 있다.[59] 그가 음식을 먹을 때조차도 그는 자신의 손으로 음식을 만져서는 안 된다. 그의 대부들이 그의 입안에 음식을 넣어준다.[60] 어떤 경우 그는 양식을 구걸해야만 한다.[61] 마찬가지로 그는 꼭 필요한 만큼만 잠을 잔다.[62] 사람들이 그에게 말을 걸지 않는 한, 그는 말을 삼가야 한다. 그는 말을 하지 않고 그의 필요를 신호로 나타낸다.[63] 모든 오락(distraction)이 그에게 금해져 있다. 그는 몸을 씻을 수 없다.[64] 때로는 움직여서도 안 된다. 움직이지 않고[65] 아무런 옷도 입지 않고[66]

---

54) 예를 들어 쿠르나이족에서는 제레일(Jeraeil)이라는 단어, 유인족과 월가트족(Wolgat)에서는 쿠링갈(Kuringal)이라는 단어가 그러하다(A.W. Howitt, 앞의 책, 581쪽, 617쪽).

55) Spencer·Gillen, *Nat. Tr.*, 348쪽.

56) A.W. Howitt, 앞의 책, 561쪽.

57) 같은 책, 538쪽, 560쪽, 633쪽.

58) 같은 책, 674쪽; Langloh Parker, 앞의 책, 75쪽.

59) Ridley, *Kamilaroi*, 154쪽.

60) A.W. Howitt, 앞의 책, 563쪽.

61) 같은 책, 611쪽.

62) 같은 책, 549쪽과 674쪽.

63) 같은 책, 580쪽, 596쪽, 604쪽, 668쪽, 670쪽; Spencer·Gillen, 앞의 책, 223쪽, 351쪽.

64) A.W. Howitt, 앞의 책, 557쪽, 567쪽.

65) 같은 책, 604쪽; Spencer·Gillen, 앞의 책, 351쪽.

땅에 길게 누워 있어야 한다. 따라서 이러한 수많은 금지의 결과 입문자에게 근본적인 상태의 변화가 일어나게 된다. 입문하기 전에 그는 여자들과 함께 살았고 숭배에서 제외되었다. 입문 후에 그는 남자들의 사회에 받아들여지며 의례에 참여하고 성스러운 특성을 얻게 된다. 이러한 변모는 너무나도 완벽하기 때문에 이따금 그것은 제2의 탄생으로 표현된다. 사람들은 지금까지 젊은이였던 속된 인간은 죽었다고 상상한다. 즉 그는 입문의 신인 분질, 바이아메 또는 다라물룬에 의해서 죽었고 사로잡혔으며, 전혀 다른 개인이 대신 들어섰다고 사람들은 상상한다.[67] 따라서 우리는 소극적 의례가 가질 수 있는 적극적 영향의 핵심을 여기서 생생하게 포착하게 된다. 물론 소극적 의례만으로 이러한 커다란 변모가 가능했다고 주장하는 것은 아니다. 그러나 확실히 소극적 의례가 이러한 변화에 크게 기여한 것은 사실이다.

이러한 사실들에 비추어 볼 때 금욕주의가 무엇인지, 그것이 종교생활에서 어떤 위치를 차지하고 있는지, 매우 일반적으로 금욕주의에 부여되는 효능들은 어디에서 기인하는 것인지를 이해할 수 있다. 사실 어느 정도 금욕적인 특성을 가지지 않는 금지는 없다. 이용할 수 있는 사물들을 절제하거나 인간의 필요를 충족시켜 줄 수 있는 유용한 활동을 포기하는 것, 거기에는 반드시 강제와 포기가 불가피하다. 그러므로 금욕주의가 존재하기 위해서는 이러한 실천이 진정한 생활양식의 토대로 발전되는 것만으로도 충분하다. 보통 소극적 숭배는 적극적 숭배를 도입하고 준비하기 위해 쓰인다. 그러나 소극적 숭배가 이러한 종속관계에서 벗어나 가장 중요한 위치로 올라가

---

66) A.W. Howitt, 앞의 책, 611쪽.
67) 같은 책, 589쪽.

며, 금지체계가 커지고 과장되어 존재 전체를 침범하는 경우도 있다. 따라서 결과적으로 소극적 숭배의 확장에 불과한 기계적인 금욕주의가 생겨나게 된다. 소극적 숭배의 특별한 효력은 더 낮은 정도지만 금지의 실행을 통해 부여받은 효력들의 증폭된 형태에 불과하다. 그 효력들은 같은 기원을 가지고 있다. 왜냐하면 그러한 효력 역시 속된 것으로부터 분리되려고 노력하는 것, 그것 자체만으로도 사람들이 거룩해진다는 원리에 근거하고 있기 때문이다. 순수한 고행자는 보통사람들보다 뛰어난 사람이며 단식·철야·은거·침묵 등 한마디로 적극적인 신앙행위(헌납·희생·기도 등)보다는 포기에 의해서 특별한 신성(神聖)을 획득한 사람이다. 다른 한편으로 역사는 이러한 방법으로 인간이 얼마나 높은 종교적 명성을 얻을 수 있는가를 보여주고 있다. 불교의 성자는 본질적으로 고행자이며, 그는 신들과 동등하거나 더 높다.

그 결과 사람들이 생각하는 것처럼 금욕주의는 희소하고 예외적이고, 거의 비정상적인 종교생활의 결실이 아니다. 반대로 그것은 종교의 본질적인 요소이다. 모든 종교는 금욕주의를 포함하고 있으며, 최소한 그 맹아를 지니고 있다. 왜냐하면 금지체계가 발견되지 않는 종교는 없기 때문이다. 이러한 관점에서 볼 때, 숭배들의 유일한 차이점이란 이 맹아가 어느 정도 발전되었느냐 하는 점이다. 이러한 발전이 적어도 일시적이라도 이른바 금욕주의의 특성들을 보이지 않는 경우는 아마 하나도 없다는 말을 덧붙이는 것이 좋을 듯하다. 이것은 비교적 짧은 시간 동안 인간에게 어떤 중요한 상태의 변화를 일으켜야 하는 결정적인 시기에 일반적으로 일어나는 일이다. 따라서 관계를 맺어야 하는 성스러운 사물들의 범주에 좀더 빨리 들어가려면 그는 속된 세계와 완전히 분리되어야 한다. 그러나 이것은 수많은 절제, 금지체계의 예외적인 작동 없이는 불가능하다. 이것은 정확하게 오스트레일리아에서 입문하는 때에 생기는 일이다. 젊은이를 남자로 변화시키기 위해 그들에게 진정한 고행자의 삶을 살도록 한다. 파커 여사(Mrs. Parker)는 매우 적합하게도 그들을 바이아메의 수사들이라고 부른다.[68]

그러나 금욕과 포기에는 반드시 고통이 따른다. 우리는 모든 육체의 끈에 의해 속된 세계에 부착되어 있다. 우리의 감각은 우리를 속된 세계에 묶어두고 있으며, 우리의 생활은 속된 세계에 의존해 있다. 속된 세계는 우리 활동의 자연스러운 무대일 뿐 아니라 모든 면에서 우리에게 파고들면서 우리 자신의 일부를 이루고 있다. 따라서 우리는 본성을 저버리거나 본능을 고통스럽게 꺾지 않고는 속된 세계에서 멀어질 수 없다. 다른 말로 하면 소극적 숭배는 고통 없이 전개될 수 없다. 고통은 소극적 숭배의 필요조건이다. 따라서 어떤 사람들은 고통 그 자체를 일종의 의례의 구성요소로 여기게 되었다. 사람들은 거기에서 심지어 인위적으로라도 찾고 불러일으켜야 하는 은총의 상태를 보았다. 이러한 금지체계에는 당연히 고통이 수반되는데 그 고통을 금지와 동일한 자격으로 능력과 특권을 부여해주었기 때문이다. 프로이스(Preuss)는 우리가 알기로는 원시사회에서 고

---

68) 주술사가 입문 시에 사용하는 의례들을 이러한 고행의례와 비교해볼 수 있다. 젊은 신참자와 똑같이 주술사 초심자는 많은 금지를 따르는데, 그것들을 준수함으로써 특수한 능력들을 얻게 된다(Mrs. Parker, "L'origine des pouvoirs magiques, dans Mélanges d'histoire des religions", par Hubert et Mauss, 171쪽, 173쪽, 176쪽). 결혼 전날이나 다음날의 부부들도 마찬가지이다(약혼자들과 젊은 부부들의 터부이다). 결혼 역시 심각한 상태의 변화를 의미하기 때문이다. 우리는 이러한 사실들을 간략하게 언급하는 데 그치기로 한다. 왜냐하면 전자는 우리의 주제가 아닌 주술과 관련된 것이고, 후자는 성관계와 관련된 유대 종교법 규칙(régles juridico-religieuses)의 총체와 관련된 것으로 그것에 대한 연구는 원시인 부부 도덕의 다른 계명들과 연합해서만 가능할 것이기 때문이다.

통에 부여된 종교적 역할을 최초로 인식한 사람이다.[69] 그는 전투의 위험으로부터 보호받기 위해 스스로에게 정말로 괴로운 고통을 가하는 아라파호족(Arapaho)의 예를 인용하고 있다. 그로-방트르(Gros-Ventre, Big-Belly)의 인디언들은 군대가 파견되기 전날 정말로 고통을 당한다. 후파족(Hupa)은 자신들이 하는 사업의 성공을 보장하기 위해 얼음같이 차가운 강물 속에서 헤엄을 치고, 그다음에는 가능한 한 오랫동안 강변에 누워 있다. 카라야족(Karaya)은 그들의 근육을 튼튼하게 하기 위해서 생선이빨로 만들어진 칼로 이따금씩 팔과 다리의 피를 뺀다. 달만하펜족(Dallmannhafen, 뉴기니아에 있는 윌리엄 황제의 땅)은 허벅지 상단부에 피가 흐르도록 무자비한 상처를 냄으로써 부인들의 불임증과 싸운다.[70]

그러나 우리는 오스트레일리아에서 나가지 않더라도 특히 입문의식이 진행되는 동안 유사한 사실들을 찾아볼 수 있다. 입문의식 때 실행되는 많은 의례는 신참자의 상태를 변화시키고 그로 하여금 성인남자 특유의 특성들을 획득하도록 하기 위해서 체계적으로 어떤

---

69) 프로이스는 사실상 고통이 사람의 마력을 증가시키는 도구라고 말함으로써 이러한 사실들을 해석하고 있다(die meschliche Zauberkraft). 이러한 표현에 따르면 고통은 종교적이 아니라 주술적 의례라고 생각할 수도 있다. 그러나 우리가 이미 말한 바와 같이 프로이스는 정확하지는 않지만 모든 익명적이고 비인격적인 힘들을 주술적이라고도 부르는데, 이러한 힘들은 주술 또는 종교에 속한다. 물론 주술사를 만들기 위해서 쓰이는 고문들이 있다. 그러나 프로이스가 우리에게 기술해준 고통들의 대다수는 이른바 종교예식의 일부를 이루고 있으며, 결과적으로 그 고통들은 개인의 종교적 상태를 변화시키려는 목적을 가지고 있다.

70) Preuss, "Der Ursprung der Religion und der Kunst", in *Globus*, LXXXVII, 309~400쪽. 프로이스는 동일한 많은 다양한 의례를 같은 항목으로 분류하고 있다. 예를 들면 피의 유출은 그것이 의미하는 고통 때문이 아니라 피에 부여된 긍정적 특성들 때문에 영향력이 있다. 우리는 고통이 의례의 기본요소가 되고, 그 효력의 원인이 되는 사건들만을 고려하기로 한다.

고통을 가하는 것으로 이루어져 있다. 그리하여 라라키아족(Larakia)에서는 젊은이들이 숲 속에서 은거해 있는 동안 그들의 대부들과 감시인들이 이유도 없고 예고도 없이 어느 순간에 그들에게 심한 타격을 가한다.[71] 우라분나족(Urabunna)에서는 어떤 시기에 신참자가 땅에다 얼굴을 대고 길게 눕는다. 거기에 참석하고 있는 모든 남자들이 그를 무자비하게 때린다. 그 후에 사람들은 그의 등에 상처를 내는데, 등뼈의 양측에 4개에서 8개 그리고 목의 중앙선에 하나의 상처를 낸다.[72] 아룬타족에서는 첫 번째 입문의례가 입문자를 담요로 싸서 집어던지는 일이다. 사람들은 그를 공중으로 던졌다가 떨어질 때 다시 던지기 위해서 그를 잡는다.[73] 동일한 부족 안에서 이러한 긴 일련의 예식이 종결될 때 젊은 남자는 뜨거운 숯이 놓인 나뭇잎 침대 위에 길게 눕는다. 그는 거기에 누운 채로 열과 숨이 막히는 연기 속에서 움직이지 않고 있다.[74] 우라분나족에서도 비슷한 의례가 빌

---

71) Spencer · Gillen, *North. Tr.*, 331~332쪽.
72) 같은 책, 335쪽. 디에리족에서도 이와 비슷한 의례를 찾아볼 수 있다(A.W. Howitt, 앞의 책, 658쪽 이하).
73) Spencer · Gillen, *Nat. Tr.*, 214쪽 이하. 이러한 예를 통해서 사람들은 입문의례가 때때로 골탕 먹이기의 모든 특징들을 가지고 있다는 것을 알게 된다. 사실상 이러한 골탕 먹이기는 도덕적 · 사회적 지위가 다른 두 집단이 긴밀하게 관계를 맺을 때마다 저절로 생겨나는 실제적인 제도이다. 두 집단이 관계를 맺는 경우 다른 집단보다 우월한 것으로 여겨지는 집단은 새로운 사람들의 침입에 저항한다. 그들에게 그 집단의 우월성을 느끼게 해주려고 그들을 골탕 먹이는 방식으로 저항한다. 저절로 생겨나고, 어느 정도 심각한 가혹행위의 형태를 취하는 이러한 저항은 골탕을 당하는 개인들로 하여금 새로운 존재에 따르게 하고, 동시에 새로운 환경에 동화하도록 한다. 따라서 이러한 저항은 일종의 입문이다. 사람들은 이와 같이 입문이 일종의 학대로 이루어져 있다고 설명한다. 노인 집단은 종교적 · 도덕적 권위에 있어서 젊은이 집단보다 우월하기 때문에 노인 집단은 젊은이 집단을 동화시켜야 한다. 그러므로 학대의 모든 조건들이 갖추어진 셈이다.
74) 같은 책, 372쪽.

견된다. 게다가 거기에서는 한술 더 떠서 괴로움을 당하는 사람이 이와 같이 고통스러운 상황 속에 있는데 사람들은 그의 등을 때린다.[75] 일반적으로 그가 견뎌내는 모든 훈련들이 이러한 특성을 가지고 있기 때문에 그가 다시 일상생활로 되돌아올 때 그는 애처로운 형상이 되며 반쯤은 마비된 것처럼 보인다.[76] 사실상 이 모든 의례들은 종종 신참자의 가치를 증명해주고, 그가 종교적 사회 안에 받아들여질 자격이 있는가를 알게 하는 목적으로 행해지는 고통스러운 신명심판(神明審判)으로 나타난다.[77] 그러나 의례의 자격증명 기능은 사실상 그 효력의 다른 양상일 뿐이다. 왜냐하면 신참자가 겪은 방식이 입증하는 것은 정확하게 그것이 좋은 결과를 만들었다는 것이다. 다시 말하면 그러한 방식은 그 가장 중요한 존재 이유인 자격을 부여했다.

다른 경우 이러한 의례적 학대행위가 유기체 전체가 아니라 그 생명력을 자극할 목적으로 특수한 기관이나 조직에 대해 행해진다. 따라서 아룬타족, 와라뭉가족 그리고 여러 다른 부족들에서[78] 입문이 진행되는 어떤 시기에 특별히 정해진 사람들이 신참자의 머리 가죽을 힘껏 깨문다. 그 행위는 너무나 고통스럽기 때문에 당하는 사람은 보통 비명을 지르지 않고는 견딜 수 없을 정도이다. 그것은 머리칼을 자라게 하는 시술이다.[79] 수염을 자라게 하기 위해서도 이와 똑같은 요법을 사용하고 있다. 호잇이 다른 부족들에서 지적해준 바 있는 탈모의례도 동일한 존재 이유를 가질 수 있을 것이다.[80] 아일만

---

75) 같은 책, 335쪽.

76) A.W. Howitt, 앞의 책, 675쪽.

77) 같은 책, 569쪽과 604쪽.

78) Spencer · Gillen, 앞의 책, 251쪽; *North. Tr.*, 341쪽, 352쪽.

79) 와라뭉가족에서는 시술자가 아름다운 머리채를 가지고 있는 사람이어야 한다.

80) A.W. Howitt, 앞의 책, 675쪽; 이것은 열등한 달링(Darling) 부족들에게 해당된다.

(Eylmann)에 따르면 아룬타족과 카이티시족에서는 여자와 남자들이 불을 만드는 데 익숙해지기 위해서, 또는 무거운 나뭇짐을 운반하는 데 필요한 힘을 얻기 위해서 불에 달군 막대기를 가지고 팔에다 조그마한 상처를 낸다.[81] 역시 아일만에 의하면 와라뭉가족의 어린 소녀들은 한쪽 손 검지의 두 번째, 세 번째 지골을 잘라내는데, 그렇게 하면 손가락이 마(麻)를 찾는 데 더 익숙해진다는 생각에서 비롯된 것이다.[82]

이를 뽑는 행위가 때로는 같은 종류의 결과를 가져올 수도 있다. 어쨌든 이렇게 잔인한 할례와 절개의례는 생식기에 특수한 힘을 부여하기 위한 것임이 분명하다. 실제로 젊은 남자는 할례를 받고 난 후에야 결혼이 인정되었다. 그러므로 할례는 그들에게 특별한 효력을 준다. 이와 같이 고유한(sui generis) 입문을 필수적으로 만드는 것은 성적인 결합이 모든 원시사회에서 종교적 특성을 띠고 있다는 사실이다. 의례적인 절차에 의해서 필요한 면역을 얻지 않으면 성적 결합은 남자가 상당한 위험을 무릅써야 할 무시무시한 힘을 작동시키는 것으로 여겨진다.[83] 바로 이런 이유 때문에 적극적이고 소극적인 일련의 모든 의례들이 사용되는 것인데, 할례와 절개는 이러한 의례들의 전조(前兆)이다. 고통스럽게 신체의 한 기관을 절단하면서 그에게 성스러운 특성을 부여한다. 왜냐하면 절단 자체에 의해 다른 방법으로는 대처할 수 없는, 역시 똑같이 성스러운 힘들에 대항할 수 있는 상태가 되기 때문이다.

---

81) Eylmann, *Die Eingeborenen der Kolonie Südaustralien*, 212쪽.
82) 같은 곳.
83) 「근친상간의 금지와 그 기원」(la Prohibition de l'inceste et ses origines), in *Année Sociol.*, I, i 이하; Crawley, *Mystic Rose*, 37쪽 이하에서 이 문제에 대한 참고사항을 발견할 수 있다.

우리는 이 책의 서두에서 가장 원시적인 종교에서도 종교생활과 사고(思考)의 모든 본질적인 요소들, 아니면 최소한 그러한 요소의 맹아가 발견되어야 한다고 말한 바 있다. 앞의 사건들은 이러한 단언을 확증해준다. 가장 최근의 그리고 가장 이상적인 종교들에서 볼 수 있는 특이한 믿음이 있다면 그것은 고통에다 성스러운 힘을 부여하는 신앙이다. 그런데 이와 동일한 믿음이 방금 살펴본 의식의 근저를 이루고 있다. 물론 신앙은 그 신앙이 연구되는 역사의 여러 순간들에 따라서 다르게 이해된다. 기독교인에게 신앙은 특히 영혼에 대해서 작용하는 것으로 여겨진다. 신앙은 영혼을 정화하고 고상하게 해주며 영적으로 만들어준다. 오스트레일리아 사람들의 경우 신앙은 육체에 영향을 미친다. 즉 생체 에너지를 자라게 하는 것이다. 그 신앙은 수염과 머리털을 자라게 하고 사지를 튼튼하게 만들어준다. 그러나 두 경우 모두 원리는 같다. 이 두 신앙은 모두 고통이 예외적인 힘을 만들어낸다는 사실을 인정하고 있다. 그리고 이러한 믿음이 근거 없는 것이 아니다. 사실상 인간의 위대함이 가장 잘 드러나는 것은 그가 두려움 없이 고통과 싸울 때이다. 인간이 본성적으로 취하게 될 길과 정반대되는 길을 따를 정도로 본성을 억누르지 못한다면 자기 자신을 넘어서서 눈부시게 발전할 수가 없다. 자신의 본성을 억누름으로써 인간은 쾌락이 부르는 곳으로 맹목적으로 달려가는 다른 모든 피조물들보다 우월하게 되고, 세상에서 뛰어난 위치를 차지하게 된다. 고통은 속된 세계에 그를 붙들어 매고 있는 관계들 중 어떤 것이 끊어졌다는 표지이다. 따라서 고통은 인간이 이러한 환경에서 부분적으로 해방되었음을 증명한다. 결과적으로 고통은 해방 도구로 여겨진다. 그러므로 이와 같이 해방된 사람이 사물들에 대해 일종의 지배권을 부여받았다고 생각할 때 그는 순수한 환상의 희생물이 아니다. 사물들을 단념하는 그 행위 때문에 그는 실제로 사물들보다 우위에 있게 된다. 본성을 억제한 이상, 그는 본성보다 더 강하다.

게다가 이러한 효력이 단지 미학적 가치만을 가지고 있다고 말하는 것은 결코 옳지 않다. 모든 종교생활은 이러한 효력을 전제로 한다. 희생과 봉헌은 신도가 겪어야 하는 궁핍 없이 이루어지지 않는다. 의례들이 신도에게 물질적인 헌납을 요구하지 않는다고 해도 신도의 시간과 정력을 취한다. 신들에게 봉사하기 위해서 그는 자신을 잊어야만 한다. 그의 인생에서 신들에게 적합한 자리를 마련해 주기 위해서 그는 세속적인 이익을 희생해야 한다. 그러므로 적극적 숭배는 인간이 단념, 포기, 자신으로부터 초탈, 결과적으로 고통에 단련된 때에만 가능하다. 그는 고통을 두려워해서는 안 된다. 어느 정도 고통을 사랑한다는 조건에서만 그는 자신의 의무들을 기꺼이 이행할 수 있다. 그러나 이것을 위해서 그는 자신을 단련해야 한다. 그리고 그것이 바로 금욕적 의례가 목표하는 바이다. 따라서 금욕적 의례가 부과하는 고통들은 자의적이고 쓸모없이 잔인한 짓이 아니다. 그것은 남자로 만들어지고 단련되기 위한 필수적인 시련이며, 무사무욕과 인내의 자질을 획득하기 위한 시련이다. 이러한 자질이 없으면 종교는 존재할 수 없다. 이러한 결과를 얻기 위해 고행의 이상형이 특별한 인물로 현저하게 구현되는 것이 좋다. 말하자면 그것은 의례적 생활의 이러한 양상을 과도하게 표현하는 특성이다. 왜냐하면 그러한 인물들은 노력을 유발하는 살아 있는 모델이기 때문이다. 이것이 위대한 고행자들의 역사적 역할이다. 그들의 행적과 사건들을 자세하게 분석해볼 때 그들이 어떤 유용한 목적을 가지고 있는지 자문해보게 된다. 일반적으로 위대한 고행자들은 사람들을 열광시키는 모든 것에 대해 무관심을 나타낸다. 그런데 그 무관심이 지나치다는 사실에 놀라게 될 것이다. 그러나 이러한 지나침은 신도들로 하여금 쉬운 삶과 평범한 쾌락에 대한 강한 혐오감을 유지하는 데 꼭 필요한 것이다. 대중들이 목표를 너무 낮게 잡지 않도록 엘리트들은 그 목표를 과도할 정도로 높게 잡을 필요가 있다. 대중을 적합한 수준에 머물게 하기 위해 몇 사람은 과장할 필요가 있다.

그러나 금욕주의가 종교적 목적에만 쓰이는 것은 아니다. 다른 곳처럼 여기서도 종교적 관심사들은 사회적·도덕적 관심사들의 상징적 형태에 불과하다. 숭배 대상인 이상적 존재들만이 그 신자들에게 어느 정도의 고통을 요구하는 유일한 존재는 아니다. 사회 또한 이러한 대가를 치러야만 존속이 가능하다. 사회는 인간의 능력을 고양하면서도 개인에게는 때때로 엄하다. 사회는 필연적으로 개인에게 영구한 희생을 요구한다. 사회는 우리의 본능적인 욕구를 끊임없이 침해한다. 왜냐하면 사회가 우리를 자신보다 높게 고양시키기 때문이다. 우리가 사회에 대한 의무를 완수할 수 있으려면 때로 우리의 본능을 저버리고, 필요하다면 본능을 극복해야 한다. 그러므로 모든 사회생활에 본질적으로 내재되어 있으며, 모든 신화와 교리보다 오래 살아남게 마련인 금욕주의는 언제나 존재하게 된다. 그것은 모든 인간문화의 필수불가결한 부분이다. 결국 금욕주의는 모든 시대의 종교적 가르침의 정당화이며 존재 이유이다.

3. 금지체계에 대한 설명. 성스러운 것과 속된 것의 대조와 성스러움의 전염성

금지체계가 무엇으로 이루어져 있고, 그 소극적 기능과 적극적 기능이 무엇인지 결정한 후에 우리는 어떤 원인들이 금지체계를 탄생시켰는지 알아봐야 한다.

어떤 의미에서 그것은 논리적으로 성(聖) 개념 안에 내포되어 있다. 성스러운 모든 것은 존경 대상이며, 이 존경의 감정은 그것을 느끼는 사람에게 금지라는 행동으로 나타난다. 사실 존경받는 존재는 그가 불러일으키는 감정 때문에 언제나 높은 정신적 에너지로 충만한 표상으로 의식(意識)에 표현된다. 따라서 이러한 표상은 그것을 부분적 또는 전체적으로 부정하는 다른 표상을 멀리 배척하도록 무장되어 있다. 그러므로 성스러운 세계와 속된 세계는 적대관계에 있게 된다. 그 두 세계는 서로를 배척하며, 적어도 같은 순간에 동일한 정도로 강렬하게 살 수 없는 삶의 두 양식이다. 우리는 숭배 대상인 이상적 존재에 완전히 몰두하면서 동시에 우리 자신 그리고 우리의 감각적인 이해관계에 완전히 몰두할 수는 없다. 즉 우리는 집단에 완전히 헌신하는 동시에 이기주의에 완전히 빠질 수는 없다. 우리의 행위를 양 극단으로 인도하기도 하고, 또 그 행위에 의해 인도되기도 하는 두 체계의 의식상태가 있다. 가장 강력한 행동능력을 가진 것은 다른 한쪽을 의식(意識)의 밖으로 밀어내려는 경향이 있다. 우리가 성스러운 사물들을 생각할 때 속된 대상에 대한 생각이 마음속에 떠오르게 되면 저항이 일어나지 않을 수 없다. 우리 안에 있는 무엇인가가 그것이 마음속에 자리 잡지 못하게 하기 때문이다. 즉 성스러운 것에 대한 표상이 그것을 허용하지 않기 때문이다. 그러나 이러한 심리적 적대관계와 관념의 상호배척은 자연스럽게 대응하는 사물들의 배척으로 귀결될 수밖에 없다. 이런 적대적인 관념들이 공존하지 못하도록 사물들은 서로 접촉해서도 안 되고 어떤 방식으로든 관계를 맺어서도 안 된다. 이것이 바로 금지의 원칙이다.

더구나 성스러운 세계는 원칙적으로 따로 떨어진 세계이다. 성스러운 세계는 우리가 말했던 모든 특성에 의해 속된 세계와 대립되기 때문에 그것이 지닌 독특한 방식에 따라 다루어져야 한다. 성스러운 세계를 구성하는 사물들과 관계를 맺을 때 속된 사물과의 관계에서 사용되는 몸짓들, 언어, 태도들을 사용한다면 그것은 성스러운 세계의 본질을 오해하고 성스러운 사물들을 속된 사물들과 혼동하는 행위가 될 것이다. 우리는 속된 사물들을 자유롭게 다룰 수 있다. 속된 존재에게는 자유롭게 말을 할 수 있다. 하지만 우리는 성스러운 존재들을 만질 수 없다. 혹 만지더라도 조심스럽게 해야 할 것이다. 우리는 성스러운 존재 앞에서는 말을 하지 않거나, 하더라도 평범한 언어로 말을 해서는 안 된다. 속된 것과의 관계에서 사용되는 모든 것은 성스러운 것과의 관계에서는 배제되어야 한다.

그러나 이러한 설명은 부정확하지는 않더라도 불충분하다. 사실상 우리가 기술한 것처럼 엄격한 금지체계에 의해 보호되지는 않지만 존경의 대상이 되는 존재들도 많이 있다. 물론 어떤 사물들이 서로 양립할 수 없을 때, 그것들을 다른 장소에 두려는 것은 정신의 일반적인 성향이다. 그러나 속된 환경과 성스러운 환경은 단순히 분리될 뿐 아니라 서로에게 폐쇄적이다. 그들 사이에는 심연이 있다. 따라서 성스러운 존재의 본질 안에는 이러한 예외적인 고립과 상호폐쇄 상태를 야기할 만한 특별한 이유가 있어야 한다. 그리고 사실상 일종의 모순적인 현상이라 할 수 있는데, 성스러운 세계는 본질적으로 양립할 수 없는 속된 세계로 확산되는 경향이 있다. 성스러운 세계는 속된 세계를 배척하는 동시에 속된 세계가 가깝게 접근하게 되면 그 속으로 흘러가는 성향이 있다. 이것이 바로 두 세계를 필연적으로 떨어뜨려 놓아야 하는, 다시 말해서 그것들 사이에 공백을 두어야 하는 이유이다.

이러한 주의가 필요한 이유는 바로 성스러운 특성의 놀라운 전염성 때문이다. 성스런 특성은 그것을 드러내는 사물들에 붙어 있는 것이 아니라 반대로 일시적이다. 성스러운 특성이 한 대상에서 다른 대상으로 확장되기 위해서는 매우 피상적이거나 간접적인 관계만으로도 충분하다. 종교적 힘들은 그 힘이 머무는 지점에서 빠져 나가 자신의 영역 내에 스쳐가는 모든 것에 들어갈 준비가 되어 있는 것으로 보인다. 선조의 영이 살고 있는 난자나무는 자신이 이 조상의 환생이라고 생각하는 개인에게는 거룩하다. 그뿐 아니라 이 나무 위에 앉는 모든 새도 거룩하다. 그 나무 역시 만지는 것이 금해져 있다.[84] 우리는 추링가에 닿기만 해도 사람이나 사물이 거룩해지기에 충분하다는 것을 이미 밝혀볼 기회가 있었다.[85] 게다가 모든 성별(聖別)의 의례는 이러한 거룩함의 전염원리에 근거하고 있다. 추링가의 성스러움은 멀리서도 그 영향력을 느낄 정도로 강하다. 성스러움은 추링가들이 보존되는 동굴뿐 아니라 그 모든 근접 지역들과 거기에 피신하고 있는 동물에게까지 확장되어 그것들을 죽이는 것이 금지된다. 또한 그 성스러움은 거기서 자라는 식물에게도 확장되어 그것을 만지는 것이 금지된다.[86] 뱀 토템은 물구멍이 있는 장소에 그 중심을 가지고 있다. 그 토템의 성스러운 특성은 물구멍으로 전달되고 심지어는 물 그 사체에노 전달되어 그 물은 해당 토템집단의 모든 구성원들에게 금지된다.[87] 입문자는 종교성으로 가득 찬 분위기 속에서 살며 그 자신이 그 분위기에 젖어버린다.[88] 따라서 입문자가 소유하고 있는 모든 것, 그가 만지는 모든 것은 여자들에게 금지된다. 그가 몽둥이로 잡은 새, 그가 창으로 찌른 캥거루, 그가 낚시로 잡은 생선까지도 만지면 안 된다.[89] 그러나 다른 한편으로 그가 복종하는 의례

---

84) Spencer · Gillen, *Nat. Tr.*, 133쪽.

85) 이 책, 305~306쪽 참조할 것.

86) Spencer · Gillen, 앞의 책, 134~135쪽; C. Strehlow, II, 78쪽.

87) Spencer · Gillen, *North. Tr.*, 167쪽, 299쪽.

88) 우리가 언급했던 금욕 의례 외에도 호잇이 말한 것처럼 입문자에게 종교성을 가득 채워줄, 호잇의 표현에 따르면 종교성에 푹 젖게 할 적극적 의식이 있다 (A.W. Howitt, 앞의 책, 535쪽). 사실상 호잇은 종교성 대신 주술적 능력에 대해서 말했다. 그러나 우리는 대부분의 민족지학자들에게 이 말은 단지 비인격적 본질의 종교적 효능들을 의미한다는 것을 알고 있다.

89) 같은 책, 674~675쪽.

와 거기서 한 역할을 담당하는 사물들은 입문자보다 훨씬 더 성스럽다. 이러한 성스러움은 성스러운 사물이나 입문자에 대한 생각을 불러일으키는 모든 것에 전염적으로 전해진다. 그에게서 뽑아낸 이빨은 매우 거룩한 것으로 여겨졌다.[90] 이러한 이유 때문에 그는 앞니가 튀어나온 동물들을 먹을 수 없다. 왜냐하면 그 동물들은 그의 빠진 이를 환기시키기 때문이다. 쿠링갈족(Kuringal)의 예식은 의례적 세척으로 마지막을 장식한다.[91] 물 위를 나는 새들은 이 의례를 생각나게 하기 때문에 신참자에게는 금지되어 있다. 나무 꼭대기까지 기어오르는 동물들도 그에게는 역시 성스럽다. 왜냐하면 그 동물들은 하늘에 살고 있는 입문의 신 다라물룬과 매우 인접해 있기 때문이다.[92] 죽은 자의 영혼은 성스러운 존재이다. 우리는 이와 동일한 특성이 이 영혼이 머물렀던 육체와 그가 묻힌 곳, 살아생전 그가 살았고, 죽은 후에 사람들이 부수었거나 버린 캠프, 그가 지녔던 이름, 그의 부인과 그의 친척들에게 전해진다는 것을 이미 살펴보았다.[93] 도슨(Dawson)이 관찰한 사회에서는 죽은 자의 이름이나 죽은 자와 비슷한 이름이 상중에 발음될 수 없다.[94] 그가 먹었던 동물 중 어떤 것도 역시 금지되기도 한다.[95]

이러한 성스러움의 전염성은 너무나 잘 알려진 사실이기 때문에,[96] 더 많은 예를 들어 그 존재를 증명할 필요가 없다. 우리는 단지

---

90) Spencer · Gillen, 앞의 책, 454쪽. A.W. Howitt, 앞의 책, 561쪽과 비교.

91) A.W. Howitt, 앞의 책, 557쪽.

92) 같은 책, 560쪽.

93) 이 책, 599쪽, 603~604쪽 참조할 것. Spence · Gillen, 앞의 책, 498쪽, 506~507쪽, 518~519쪽, 526쪽; in *Journ, R. S. of N. S. Wales*, XXXVIII, 274쪽; Schulze, 앞의 글, 231쪽; Wyatt, 앞의 글, 165쪽, 198쪽을 비교.

94) Dawson, *Australian Aborigines*, 42쪽.

95) A.W. Howitt, 앞의 책, 470~471쪽.

그 전염성이 좀더 발전된 종교들뿐 아니라 토템 숭배에서도 사실이 었음을 밝히고 싶을 뿐이다. 일단 이 사실이 확인되면 이러한 전염성 은 성스러움과 속된 것을 분리하는 금지의 극단적인 엄격함을 쉽게 설명해준다. 이러한 놀라운 확산의 능력으로 인해 물질적이건 또는 단순히 정신적이건 속된 존재와 매우 가볍게 아주 멀리서 접촉하는 것만으로도 종교적 힘들을 그 영역 밖으로 끌어내기에 충분하기 때 문이다. 다른 한편으로 그 본성과 모순 없이는 종교적 힘들이 거기에 서 나올 수 없기 때문에 이 두 세계가 서로 존중할 만한 거리를 유지 하기 위해서 간격체계가 꼭 필요하다. 이것이 바로 속인들이 성스러 운 것을 만질 수 없고 보거나 들어서도 안 되는 이유이다. 또한 이 두 종류의 삶이 의식(意識) 속에서 섞여도 안 되는 이유이다. 이 두 종류 의 삶은 서로 대립되면서도 혼합되는 경향이 있기 때문에 그것들을 구분하기 위해서 더 많은 주의가 필요하다.

이러한 금지가 많다는 것을 이해할 때 우리는 또한 금지가 작용하 는 방식과 그에 따르는 상벌체계를 이해하게 된다. 성스러운 모든 것 에 내재된 전염성 때문에 속된 존재가 어떤 금지를 범할 경우 속인이 부당하게 접근한 종교적 힘이 속인에게 확산되어 속인을 장악하게 된다. 종교적 힘과 속인 사이에는 적대관계가 있기 때문에 그는 적의 에 찬 어떤 능력의 지배하에 놓이게 된다. 그 힘의 적대성은 그를 파 괴시키려는 강한 반작용의 형태로 나타난다. 바로 병이나 죽음이 이 러한 종류의 모든 위반의 당연한 결과로 생각되는 이유이다. 병이나 죽음은 매우 당연하게 금지의 위반에서 생겨나는 결과로 여겨진다.

---

96) 이 문제에 대해서는 Robertson Smith, *The Religion of the Semites*, 152쪽 이 하, 446쪽, 481쪽 참조할 것. J.G. Frazer, "Taboo", in *Encyclopedia Britannica*; Jevons, *Introduction to the History of Religion*, 59쪽 이하; Crawley, 앞의 책, 제 2~11장; Van Gennep, *Tabou et totémisme a Madagascar*, 제3장 참조할 것.

죄인은 그를 지배하는 힘에 의해 공격받는 것과 그 힘에 대해 무기력하다는 것을 느낀다. 그가 토템 동물을 먹었는가? 그렇다면 그는 그 동물이 자신 안에 침투해서 내장을 깎아 먹는다고 느낀다. 그는 땅에 누워서 죽음을 기다린다.[97] 모든 신성모독은 성별(聖別)을 전제로 하는데, 그것은 성별된 사람과 그에게 접근하는 사람들 모두에게 매우 두려운 것이다. 부분적으로 금지를 뒷받침하는 것은 이러한 성별의 영향들이다.[98]

금지에 대한 이러한 설명은 종교적 힘을 인식할 수 있게 도와주는 불안정한 상징들과 별 상관이 없다는 사실을 주목해야 할 것이다. 종교적 힘이 익명적이고 비인격적인 에너지의 형태로 나타나는가, 아니면 의식(意識)과 감정이 부여된 인물의 모습으로 나타나는가 하는 문제는 별로 중요하지 않다. 물론 첫 번째 경우 종교적 힘은 신성모독의 위반에 대해서 자동적이고 무의식적으로 작용하는 것처럼 여겨진다. 반면 두 번째 경우 종교적 힘은 모욕으로 인해 결정된 격정적 활동에 따르는 것으로 여겨진다. 그러나 결국 실질적으로 같은 효과를 가지고 있는 이 두 개념들은 동일한 심리적 메커니즘을 다른 두 언어로 나타낸 것이다. 이 두 개념의 근거는 속된 것을 감염시키는 성스러운 것의 뛰어난 성향과 결합된, 성스러움과 속됨 사이의 적대관계이다. 따라서 이러한 적대관계와 전염성은 성스러운 특성이 맹목적인 힘들에 부여되건 의식(意識)에 부여되건 간에 동일하게 작용한다. 그러므로 이른바 종교생활이 신화적 인물들이 존재하

---

97) 이 책, 318쪽 각주 1번을 참조할 것. Spencer · Gillen, 앞의 책, 323~324쪽; *Nat. Tr.*, 168쪽: Taplin, 앞의 글, 16쪽; Roth, "North Queensland Ethnography", Bull. 10, in *Records of the Australian Museum*, VII, 76쪽 참조할 것.
98) 어겨진 금지가 종교적일 때 여러 가지 제재가 있다는 사실을 기억해야 한다. 실질적인 처벌이나 여론에 의한 불명예도 있다.

는 곳에서만 시작된다는 주장은 사실과 거리가 멀다. 우리는 이 경우에 종교적 존재들이 인격화되든 아니든 의례가 동일하다는 것을 알고 있다. 이러한 진술은 앞으로 이어질 각 장에서 다시 반복될 것이다.

4. 이러한 전염성의 원인들과 종교적 힘들의 특성에 대한 논리적 관심

그러나 성스러움의 전염성이 금지체계를 설명하는 데 도움이 된다고 해도 전염성 자체는 어떻게 설명될 것인가?

사람들은 이미 잘 알려진 사고의 연상법칙에 의해서 그것을 설명할 수 있다고 믿었다. 어떤 인물이나 어떤 사물이 우리에게 불러일으키는 감정들은 이러한 사물들 또는 인물에 대한 사고로부터 그것들과 관련되어 있는 표상, 나아가서 이러한 표상이 나타내는 대상들에게 전파된다. 따라서 우리가 성스러운 존재에 대해서 가지는 존경심은 이 존재와 관련이 있는 모든 것, 즉 이 존재와 접촉했거나 이 존재를 환기시키는 것 모두와 통한다. 물론 교육을 받은 사람은 이러한 연상작용에 속지 않는다. 그는 이렇게 파생된 감정들이 단순한 이미지의 조작과 모든 정신적 술책의 탓이라는 것을 알고 있기 때문에 이러한 환상들이 쉽게 초래할 수 있는 미신에 빠지지 않는다. 그러나 원시인은 그것들을 검토하지도 않은 채 순진하게 이러한 인상들을 객관화한다. 어떤 사물들이 그에게 외경을 불러일으키는가? 그는 엄숙하고 두려운 힘이 실제로 그 사물들 속에 머물고 있다고 결론을 내린다. 따라서 그럴 자격이 없는데도 원시인은 그것을 따로 분리해서 마치 거룩한 것처럼 다룬다.[99]

---

99) Jevons, 앞의 책, 67~68쪽. 우리는 별로 명백하지 않은 크롤리(Crawley)의 최근 이론에 대해서는 아무 말도 하지 않겠다(앞의 책, 제4~7장). 그 이론에 따르면 터부들의 전염성은 전염현상을 잘못 해석하는 데서 비롯된 것이다. 이

그러나 이러한 주장을 하는 사람들은 잘못을 저지르고 있다. 그 잘못이란 가장 원시적인 종교들이 거룩한 특성에다 이러한 전파능력을 부여한 유일한 종교가 아니라는 사실을 망각한 것이다. 가장 최근의 숭배들에도 이러한 원리에 근거한 의례의 총체가 존재한다. 도유식이나 축성식에 의한 모든 성별(聖別)은 속된 대상에다 거룩한 대상의 성화 효력을 전이시키려는 것 아닌가? 하지만 오늘날 개화된 가톨릭에서 사고의 연상작용에 의해 계속 기만되는 일종의 뒤떨어진 야만을 보기는 어렵다. 사물들의 본질에 있어서 어느 것도 이러한 사고방식을 설명하거나 정당화하지 못한다. 게다가 원시인들이 그들의 모든 감정을 맹목적으로 객관화하는 경향을 가지고 있다는 주장은 매우 자의적이다. 일상생활에서 그리고 그의 세속적 업무들을 처리할 때도 원시인은 어떤 사물의 특성을 그 이웃 사물에게 부과하지 않으며, 그 역도 마찬가지이다. 만일 원시인이 우리보다 덜 명확하고 구분을 잘못한다고 해도 그가 모든 것을 뒤섞고 혼동하는 가공할만한 어떤 성향을 가졌다고 말하는 것은 결코 옳지 않다. 단지 종교적인 사고에서만 이러한 종류의 혼동에 대해 특별한 성향을 보인다. 따라서 이러한 성향의 근원을 인간지성의 일반원칙들이 아니라 종교적 사물들의 특성에서 찾아야 할 것이다.

어떤 힘이나 속성이 그것이 머물고 있는 주체에게 없어서는 안 될 부분이나 구성요소로 여겨질 때 우리는 그러한 힘이 다른 곳으로 가기 위해 주체와 분리된다는 것을 쉽게 상상할 수 없다. 육체는 전체적인 덩어리와 원자와 같은 작은 구성 부분으로 이루어진다. 때문에 우리는 육체의 접촉을 통해서 이러한 변별적인 특성들 중 어떤 것이 전

___

이론은 자의적이다. 제번스는 우리가 참조한 문장에서 성스러운 전염성의 특성을 선험적으로(a priori) 확증한 것이지 잘못 해석된 경험에 대한 믿음에 근거한 것이 아니라고 정확하게 말했다.

달된다는 것을 인식하지 못한다. 그러나 반대로 밖으로부터 육체를 뚫고 들어온 힘의 경우 몸 안에 있는 특성 가운데 어떤 것도 그 힘과 결부되어 있지 않고, 또 그 힘이 육체와 상관없는 것이기 때문에 그 힘이 다시 빠져나가는 것에 대해서 이상하게 생각할 것이 하나도 없다. 어떤 대상이 외부의 근원으로부터 받아들인 열이나 전기는 주변의 환경으로 전달될 수 있다. 그리고 정신은 이러한 전이의 가능성을 저항 없이 받아들인다. 따라서 종교적 힘이 머물고 있는 존재의 밖에 있다고 여겨진다면 그 힘들이 매우 쉽게 퍼지고 확산된다고 해서 하등 놀랄 것이 없다. 이것이 바로 우리가 제시한 이론이 의미하는 바이다.

사실상 종교적 힘이란 의인화된 집합적 힘, 즉 도덕적 힘이다. 그 힘은 사회의 광경이 우리에게 불러일으킨 관념과 감정들로 이루어진 것이지 물리세계에서 온 감각으로 이루어진 것이 아니다. 따라서 종교적 힘은 우리가 설정한 감각적 사물들과는 이질적이다. 이러한 힘은 그 힘을 표현하는 외적이고 물질적인 형태들을 사물로부터 빌려올 수 있다. 그러나 그 힘의 효력 중 어떤 것도 그러한 사물에게 빚지고 있지 않다. 힘들은 그것이 놓인 여러 매체들과 내적인 관계로 결합되어 있지 않다. 그 힘들은 그 매체들에게 뿌리를 내리지 않는다. 우리가 이미 사용했고[100] 그 특징을 잘 드러낼 수 있는 표현을 사용한다면, 그 힘들은 매체에 덧붙여 있다는 것이다. 또한 그 어떤 사물도 다른 모든 것을 배제하고, 그 힘만 받아들이도록 미리 결정되어 있지 않다. 가장 보잘것없고 가장 속된 사물도 종교적인 힘을 받아들일 수 있다. 우연적인 상황에 따라 무엇이 선택될지 결정된다. 코드링턴(Codrington)이 어떤 용어로 마나(mana)에 대해 말하는지를 기

---

100) 이 책, 483~484쪽 참조할 것.

억할 필요가 있다. 그는 다음과 같이 말했다. "마나는 어떤 물질적 대상에 고정되지 않는다. 그러나 거의 모든 종의 대상에 전달될 수 있는 힘이다."[101] 마찬가지로 플레처의 다코타족(Dakota)은 와칸족(Wakan)을 다음과 같이 표현했다. 즉 와칸은 전 세계를 왔다갔다 돌아다니지만 결정적으로 어디에도 정착하지 않으면서 여기저기 머무는 일종의 떠도는 힘이다.[102] 인간에게 내재된 종교성도 다른 특성을 가진 것이 아니다. 그러므로 경험의 세계에는 모든 종교생활의 근원에 가까운 존재란 없다. 어떤 것도 보다 직접적으로 종교생활에 관여하지 않는다. 왜냐하면 종교생활이 공고해지는 곳은 바로 인간의 의식(意識)이기 때문이다. 하지만 우리는 인간에게 생기를 주는 종교적 본체가, 다시 말하면 영혼이 부분적으로는 그의 외부에 있다는 것을 알고 있다.

그런데 만일 종교적 힘들이 고유한 어떤 장소를 가지고 있지 않다면 그 힘의 유동성은 쉽게 설명될 수 있다. 그 어느 것도 국한된 사물들에다 종교적 힘들을 잡아매지 못하기 때문에 가벼운 접촉만으로도 자신도 모르는 새에 그 힘들이 빠져나가고, 좀더 멀리까지 파급되는 것은 당연하다. 그 힘들의 강도가 이러한 파급을 유발하는데, 모든 것이 이러한 파급을 도와준다. 따라서 영혼이 매우 인격적인 관계에 의해 육체에 붙어 있더라도 영혼 자체는 끊임없이 육체에서 빠져나올 위험성이 있다. 유기체의 모든 구멍들, 기공들은 영혼이 밖으로 빠져나와 확산되고 흩어지는 통로가 된다.[103]

그러나 완전하게 확립된 종교적 힘의 개념을 생각하는 대신 그 개

---

101) 이 책, 427~428쪽 참조할 것.
102) 이 책, 435~436쪽 참조할 것.
103) 프로이스는 우리가 이미 인용한 바 있는 『지구』에 게재된 논문에서 이것을 잘 보여주었다.

넘이 유래된 정신적 과정까지 거슬러 올라간다면 우리는 이해하고자 하는 현상들을 좀더 잘 설명할 수 있을 것이다.

사실상 우리는 어떤 존재의 성스러운 특성이 그 내적인 속성에서 기인하지 않는다는 사실을 알고 있다. 토템 동물이 종교적 감정을 불러일으키는 것은 그 동물이 어떤 모습이나 어떤 특성을 가지고 있기 때문이 아니다. 종교적 감정은 그것이 고착되는 어떤 대상의 본질과는 전혀 무관한 원인들에서 비롯된다. 종교적 감정은 사회의 활동이 의식(意識) 속에 불러일으키는 위안과 의존의 인상들로 이루어진다. 이러한 감정 자체가 어떤 특정 대상의 관념과 관계 있는 것은 아니다. 그러나 이러한 감정이 존재하고 또 그 감정들이 매우 강하기 때문에 역시 전파되기 쉽다. 따라서 감정들은 점점 크게 번진다. 이것들은 마음을 차지하고 있는 다른 모든 정신상태에까지 확산된다. 이 힘들은 특히 인간이 바로 그 순간에 손에 가지고 있거나 눈앞에 보고 있는 다양한 대상들을 나타내는 표상을 침투하고 전염시킨다. 그것은 인간의 몸을 뒤덮고 있는 토템 그림들, 그가 윙윙거리게 만드는 예식용 악기, 그를 둘러싸고 있는 바위들, 그가 밟고 다니던 땅 등이다. 그리하여 이러한 대상들은 종교적 가치를 가지게 되는데, 이것은 본래부터 그 대상 속에 있었던 것이 아니라 외부에서 부여된 것이다. 따라서 전염이란 일단 획득된 성스러운 특성이 확산되는 일종의 이차적인 과정이 아니다. 전염은 성스러운 특성이 획득되는 과정 그 자체이다. 성스러운 특성은 전염에 의해서 확립된다. 우리는 성스러운 특성이 전염적으로 퍼지는 것에 놀랄 필요가 없다. 성스러운 특성의 실체를 이루고 있는 것은 특수한 감정이다. 만약 성스러운 특성이 어떤 대상에 고착되어 있다면 그것은 이러한 감정이 도중에서 이 대상을 만났기 때문이다. 따라서 이 대상으로부터 역시 주변에서 만난 모든 것에, 다시 말하면 물리적인 근접성이건 아니면 단순한 유사성이건 그 어떤 이유이건 간에 그 감정과 정신적으로 관련된 모든 것에 이 감정이 확산되는 것은 당연하다.

이와 같이 성스러운 특성의 전염성은 우리가 종교적 힘에 대해 제시했던 이론으로 설명되며, 또한 우리의 이론을 확증해준다.[104] 동시에 이러한 전염성은 우리가 앞서 관심을 촉구했던 원시적 정신상태의 특성을 이해하도록 도와준다.

우리는 원시인들이 얼마나 쉽게 가장 이질적인 계(界)와 사물들, 즉 인간·동물·식물·천체들을 혼동하고 동일시하는가 살펴보았다.[105] 우리는 지금 이러한 혼동을 일으키는 데 가장 많이 기여했던 원인들 중 하나를 살펴보고 있다. 종교적 힘은 탁월하게 전염성이 있기 때문에 동일한 본체가 가장 상이한 사물들을 움직이게 하는 경우가 끊임없이 생긴다. 이러한 본체는 어떤 사물들에서 다른 사물들로 전해지는데, 단순한 물리적인 근접성에 따라서, 또는 피상적인 유사성들에 따라서 전해진다. 이렇게 해서 사람·동물·식물·바위들은 동일한 토템을 지니고 있는 것으로 여겨진다. 인간들은 동물의 이름을 지니고 있기 때문이고, 동물들은 토템 상징을 환기시키기 때문이며, 식물은 동물의 먹이로 쓰이기 때문이고, 바위들은 예식이 거행되는 장소를 표시하기 때문이다. 따라서 종교적 힘은 모든 효력의 근원으로 여겨졌다. 하나의 동일한 종교적 본체를 가진 존재들은 같은 본질을 가진 것으로 단지 이차적인 특성들에 의해서만 차이가 있는 것

---

104) 사실상 이러한 전염성은 종교적 힘에만 특별한 것이 아니다. 주술에 속하는 힘들도 같은 특성을 가지고 있다. 그렇지만 그 힘들이 객관화된 사회적 감정에 일치하지 않는다는 것은 확실하다. 그러나 주술적 힘은 종교적 힘의 모델에 따라서 인식되었다. 우리는 좀더 나중에 이 점에 대해 다시 살펴볼 것이다(이 책, 691~692쪽 참조할 것).

105) 이 책, 491쪽 이하 참조할 것.

으로 여겨졌다. 그러한 존재들을 같은 범주로 분류하고, 그것들을 서로 대치 가능한 동일한 장르의 변이들로 여기는 것이 매우 자연스러워 보이는 것은 이러한 이유 때문이다.

　이렇게 확립된 관계는 전염현상을 새로운 양상으로 보이게 만든다. 그 자체만 놓고 보면 이러한 현상은 논리적 생활과 무관한 것 같다. 존재들의 본질적인 차이에도 불구하고, 전염현상은 그 존재들을 혼동하고 섞는 효과를 가지고 있지 않은가? 그러나 우리는 이러한 혼돈과 분유(分有)가 논리적 역할을 했으며, 고도의 유용성을 가진다는 것을 살펴보았다. 이러한 혼돈들은 감각이 서로서로 떼어놓은 사물들을 연결시키는 데 사용되었다. 따라서 애초에 그랬던 것처럼 이러한 혼잡과 연결의 근원인 전염에다 일종의 비합리적이라는 낙인을 찍는 것은 잘못된 것이다. 전염은 미래의 과학적 설명을 위한 길을 열어주었다.

제2장 적극적 숭배 1

희생의 기본원리. 중앙 오스트레일리아 부족의 인티츄마 (Intichiuma) 예식과 여러 형태들

소극적 숭배가 아무리 중요하고 또 간접적으로 긍정적 효과가 있다 해도 그것 자체만으로는 존재 이유가 없다. 소극적 숭배는 사람을 종교생활로 인도한다. 그러나 그것은 종교생활을 구성하기보다는 오히려 종교생활을 전제로 한다. 만약 소극적 숭배가 신도들에게 속된 세계를 멀리하라고 요구한다면 그것은 성스러운 세계에 가까이 가게 하기 위함이다. 인간은 종교적 힘들에 대한 자신의 의무가 단순히 모든 거래를 끊는 것으로 환원될 수 있다고 생각하지 않았다. 인간은 항상 종교적 힘들과 적극적이고도 쌍무적인 관계를 유지한다고 믿었으며, 그러한 힘들을 조정하고 조직하는 것이 의례적 예배의 기능이라고 믿었다. 이러한 특별한 의례 체계에 대해서 우리는 적극적 숭배(culte positif)라는 명칭을 붙이기로 한다.

우리는 오랫동안 토템 종교의 적극적 숭배가 무엇으로 이루어졌는지 거의 모르고 있었다. 우리는 입문의례 외에는 아는 것이 거의 없고, 그것에 대해서도 매우 불충분한 지식을 가지고 있을 뿐이다. 그러나 슐츠(Schulze)의 관찰들이 준비해주고, 슈트렐로의 관찰들이 확증한, 중앙 오스트레일리아 부족들에 대한 스펜서와 길런의 관찰은 우리가 가진 정보의 결함을 부분적으로 보충해주었다. 특히 이 탐험자들이 우리에게 열심히 묘사해준 축제, 게다가 모든 토템 숭배를 지배하는 것으로 보이는 축제가 있다. 그것은 스펜서와 길런에 따르면 아룬타족이 인티츄마(Intichiuma)라고 부르는 축제이다. 사실 슈트렐로는 이 말의 의미에 대해 반박했다. 슈트렐로에 따르면 인티츄마(그의 표현대로는 인티쥬마intijiuma)는 교육한다는 의미이며, 부족의 전통을 전수하기 위해서 젊은이 앞에서 공연하는 예식들을 지칭한다. 그에 따르면 우리가 기술하게 될 축제는 '번식하다' 또는 '좋은 상태에 있게 해주다'라는 의미를 가진 음바찰카튜마(mbatjalkatiuma)라는 명칭을 지니고 있다.[1] 그러나 문제 삼을 의례들이 모두 입문 시에 행해지는 이상, 사물들의 본질과 크게 관련 없는 어휘의 문제를 다루지는 않겠다. 다른 한편으로 오늘날 인티츄마라는 말이 민족지학의 통용어에 속하게 되었고, 거의 보통 명사화되어 버렸기 때문에 이 말을 다른 용어로 대치할 필요는 없을 것 같다.[2]

인티츄마가 행해지는 일정은 대부분 계절에 따라 좌우된다. 중앙 오스트레일리아에는 분명하게 구별되는 두 계절이 있다. 하나는 오랫동안 계속되는 건기이고, 다른 하나는 반대로 매우 짧고 때로는 불규칙한 우기이다. 비가 내린 뒤부터 식물들은 마치 요술처럼 땅에서 자라나고 동물들은 번식한다. 그 전날까지 불모의 사막에 불과했

---

1) Streholw, I, 4쪽.
2) 물론 이러한 축제를 지칭하는 단어는 부족들에 따라 다르다. 우라분나족은 피친타(Pitjinta)라고 부르며 와라뭉가족들은 탈라민타(Thalaminta) 등으로 부른다(Spencer·Gillen, *North. Tr.*, 284쪽, 297쪽).

던 땅이 급속하게 울창한 동물과 식물들로 뒤덮인다. 바로 인티츄마가 거행될 좋은 계절이 다가오는 순간이다. 그러나 우기는 매우 불안정하기 때문에 예식의 일정이 완전히 고정될 수는 없다. 일정 자체는 기후조건에 따라 변화하며 오직 토템집단의 우두머리인 알라툰자(Alatunja, 추장)만이 그것을 판단할 자격을 가지고 있다. 그가 적합하다고 판단하는 날 그는 동료들에게 시기가 왔음을 통지한다.[3]

사실상 각 토템집단은 자신의 인티츄마를 가지고 있다. 설사 이 의례가 중앙 오스트레일리아 사회에 일반적으로 퍼져 있다고 해도 그것이 어디서나 동일하지는 않다. 와라뭉가족의 의례와 아룬타족의 의례는 다르다. 그것은 부족에 따라서뿐만 아니라 같은 부족 안에서도 씨족에 따라서 다르다. 그러나 이와 같이 통용되는 여러 메커니즘은 또한 너무나 밀접하게 서로 연결되어 있기 때문에 그것들을 완전히 분리할 수는 없다. 비록 매우 불균등하게 발전되었다고 해도 여러 가지 메커니즘이 작용하지 않는 예식은 없을 것이다. 어떤 예식에서는 맹아의 상태로만 존재하는 것이 다른 예식에서는 가장 중요한 자리를 차지하는 메커니즘이 있으며, 그 역도 성립한다. 하지만 메커니즘을 주의 깊게 구분하는 것은 중요한 일이다. 왜냐하면 그것들은 따로 분리해서 기술되고 설명되어야 할 수많은 의례의 유형을 구성하기 때문이다. 그다음에 우리는 그 메커니즘이 파생된 어떤 공통적 근원이 있는지 찾아봐야 한다.

우리는 아룬타족에서 좀더 전문적으로 관찰된 의례의 유형부터 시작할 것이다.

---

3) Schulze, "The Aborigines of the Upper and Middle Finke River", 243쪽; Spencer · Gillen, *Nat. Tr.*, 169~170쪽.

1. 아룬타족(Arunta)의 두 양상 가운데 첫 번째 양상 분석

축제는 연속적인 두 양상을 지니고 있다. 처음에 행해지는 의례의 목적은 씨족토템으로 쓰이는 동물종이나 식물종의 번영을 보증해주는 것이다. 이러한 목적으로 사용되는 방법들은 두 가지 중요한 형태로 요약될 수 있다.

우리는 각 씨족의 선조라고 여겨지는 우화적인 조상들이 예전에 땅에 살았으며, 그들의 흔적을 땅에 남겨두었다는 것을 기억한다. 이러한 흔적들은 특히 돌이나 바위에 새겨져 있는데, 이것들은 선조들이 특정한 장소에 가져다 놓은 것이거나, 그들이 땅속으로 들어간 곳에서 생겨난 것이다. 이러한 바위와 돌들은 그들이 회상하는 선조들의 몸이나 몸의 부분들로 여겨진다. 즉 돌이나 바위들은 선조들을 표현한다. 따라서 그것들은 또한 선조들의 토템으로 쓰였던 동물이나 식물들을 표현한다. 왜냐하면 개인과 그의 토템은 하나이기 때문이다. 따라서 사람들은 실존하는 동물이나 식물들에게 부여한 동일한 실재와 속성들을 바위나 돌에게 부여한다. 그러나 바위나 돌은 동물이나 식물에 비해서 불멸의 존재이며 병과 죽음을 모른다는 장점을 지니고 있다. 따라서 그것들은 영원하고 변함없으며, 언제든지 이용할 수 있는 동물과 식물의 생명의 저장고와 같다. 따라서 대부분의 경우 사람들은 종의 번식을 보장하기 위해서 해마다 이러한 저장고를 찾아간다.

예를 들어 엘리스 스프링스(Alice Springs)에서 위체티(wichetty) 유충 씨족이 그의 인티츄마를 어떻게 행하는지 살펴보자.[4]

추장이 정한 날에 그 토템집단의 모든 성원들은 중앙캠프로 모인다. 다른 토템의 남자들은 어느 정도 거리를 두고 물러나 있다.[5] 왜냐

---

4) Spence · Gillen, 앞의 책, 170쪽 이하.

하면 아룬타족에서는 비밀스런 예식의 모든 특성을 지닌 의례를 거행하는데, 다른 토템의 남자들이 나타나는 것을 금지하기 때문이다. 다른 토템을 가졌지만 동일한 프라트리에 속한 개인은 정중한 절차를 통해 거기에 참석하도록 초대될 수도 있다. 그러나 그것은 단지 증인의 자격으로이다. 어떠한 경우에도 그는 적극적인 역할을 할 수 없다.

일단 토템의 사람들이 모이면 그들 중 둘 또는 셋만을 캠프에 남겨두고 길을 떠난다. 무기도 없고 일상적으로 하던 장식도 없이 완전히 벗은 채 그들은 앞서고 뒤서며, 깊은 침묵 속에서 전진한다. 그들의 태도와 행동에는 종교적 엄숙함이 각인되어 있다. 그들이 참여하는 행위는 그들이 보기에 예외적으로 중요하다. 따라서 예식이 끝날 때까지 그들은 엄격한 단식을 한다.

그들이 통과하는 지방들은 영광스러운 선조들이 남겨놓은 추억들로 가득 차 있다. 이렇게 해서 그들은 어떤 장소에 이르게 되는데 거기에는 거대한 석영암 덩어리가 땅속에 박혀 있고 그 둘레에 동그란 작은 돌들이 있다. 이 덩어리는 성충상태의 위체티 벌레를 상징한다. 알란툰자는 아프마라(apmara)[6]라는 나무로 된 일종의 작은 쟁반을 가지고 그 돌덩이를 때리면서 동물들이 알을 낳도록 초대하는 노래를 읊조린다. 그는 동물의 알 형상의 돌들을 가지고 똑같이 행동하며, 그 돌들 중 하나를 가지고 거기 참여한 각 보조자들의 위장을 문지른다. 그런 다음 그들은 모두 좀더 아래 절벽의 발치까지 내려간다. 이 절벽 역시 알체링가(Alcheringa)의 신화에서 기념되는 곳이며, 그 바닥에 있는 다른 돌멩이들 또한 위체티 애벌레를 상징한다. 추장

---

5) 물론 여자들도 마찬가지다.
6) 아프마라는 그가 캠프에서 가지고 온 유일한 사물이다.

은 그것을 자신의 아프마라로 때린다. 그와 동행하는 사람들도 앞서 불렀던 동물을 초대하는 노래를 다시 부르면서 그들이 도상에서 꺾은 고무나무 가지들을 가지고 그 돌멩이들을 때린다. 그들은 거의 열 군데의 다른 장소들을 방문하는데, 그 가운데 어떤 것들은 서로 1마일 또는 그 이상 떨어져 있는 경우도 있다. 그러한 장소에 있는 일종의 동굴 또는 구멍 속에는 위체티 애벌레를 상징하는 어떤 돌이 있다. 그 돌은 위체티 애벌레의 모습 중 하나 또는 그 성장단계들 중 하나를 표현한다. 그리고 이러한 돌들 각각에 대해 똑같은 예식들이 반복된다.

의례의 의미는 분명하다. 만일 추장이 성스러운 돌들을 친다면 그것은 거기서 먼지를 일으키기 위한 것이다. 매우 거룩한 먼지입자들은 그 수만큼 많은 생명의 맹아들로 여겨진다. 그 먼지 알갱이 하나하나는 같은 종의 유기체 속으로 들이기면서 새로운 존재에게 생명을 주는 거룩한 본체를 지니고 있다. 보조자들이 들고 있는 나뭇가지들은 이러한 귀한 먼지를 사방으로 퍼뜨리는 데 쓰인다. 먼지들은 사방으로 날아가서 번식작업을 한다. 이러한 방법에 의해서 사람들은 씨족이 보호하는 동물종, 다시 말하면 씨족이 의존하는 동물종의 풍성한 번식을 보장했다고 생각한다.

토착민들 자신도 의례를 이렇게 해석하고 있다. 마찬가지로 일피를라(ilpirla, 만나manna의 일종) 씨족에서는 다음과 같은 방법으로 의식을 수행한다. 인티츄마 축제날이 왔을 때 그 집단은 높이가 거의 50피트에 이르는 거대한 돌이 솟아 있는 장소에 모인다. 이 돌 꼭대기에는 첫 번째 돌과 매우 유사하게 생긴 돌이 얹혀 있고, 또 좀더 작은 돌들이 그 주위를 두르고 있다. 이 돌들은 다수의 만나를 상징한다. 추장은 이러한 바위들의 발치에 있는 땅을 파서 알체링가 우화 시대에 묻힌 것으로 여겨지며, 또 만나의 정수를 이루는 추링가를 찾아낸다. 그다음에 그는 가장 높은 바위의 꼭대기에 기어 올라가 우선 이 추링가로 바위를 문지르고, 그다음에는 그 주위에 있는 좀더 작은 돌들을 가지고 바위를 문지른다. 마지막으로 나뭇가지들을 가지고 그는 바위의 표면에 쌓인 먼지를 쓸어낸다. 각 보조자들은 번갈아가며 이렇게 한다. 따라서 스펜서와 길런은 이렇게 말한다. 토착민들의 사고는 "이와 같이 흩어진 먼지가 물가(mulga)나무 위에 앉을 것이고, 거기서 만나를 생산할 것이다"라는 것이다. 그리고 사실상 이러한 일이 진행될 때 참석자가 노래를 부르는데, 그 노래 속에 이러한 생각이 표현된다.[7]

우리는 다른 사회에서도 비록 변이들은 있지만 똑같은 의례를 찾아볼 수 있다. 우라분나족에는 도마뱀 씨족의 조상을 상징하는 바위가 있다. 사람들은 도마뱀들의 풍성한 생산을 보장하기 위해 그 바위에서 떼어낸 돌들을 사방으로 던진다.[8] 이 부족에는 모래언덕이 있는데, 그것에 대한 신화적인 추억들은 이(虱) 토템과 긴밀히 연결되어 있다. 동일한 장소에 이(pou, 虱)나무라고 불리는 나무와 게-이 나무(Pou-crabe)라고 불리는 나무 두 그루가 있다. 사람들은 모래언덕의 모래를 집어서 이 나무들을 문지르고 사방으로 모래를 던진다. 사람들은 이러한 방법에 의해 이(虱)들이 많이 태어난다고 생각하고 있다.[9] 마라족(Mara)은 인티큐마 축제 때 성스러운 돌들에서 떨어져 나온 먼지를 퍼트림으로써 꿀벌을 만든다고 생각한다.[10] 초원의 캥거루에 대해서도 약간 다른 방법을 사용할 뿐이다. 사람들은 캥거루의 똥을 가져다가 캥거루가 아주 잘 먹는 어떤 풀로 그것을 싼다. 그

---

7) Spence · Gillen, 앞의 책, 185~186쪽.
8) Spence · Gillen, *North. Tr.*, 288쪽.
9) 같은 책.
10) 같은 책, 312쪽.

풀은 이러한 이유 때문에 캥거루 토템에 속한다. 사람들은 이렇게 싼 캥거루 똥을 두 다발의 풀 사이에 있는 땅 위에 놓고 불을 지른다. 거기서 발산된 불꽃으로 나뭇가지에 불을 붙인 후 불티가 사방으로 튀도록 돌린다. 이 불티들은 앞의 경우에서 먼지가 했던 것과 동일한 역할을 한다.[11]

상당수의 씨족에서는[12] 의례를 좀더 효과적으로 만들기 위해 사람들은 그 돌의 실체(substance)와 그들 자신의 실체 중 어떤 것을 교합시킨다. 젊은이들은 핏줄을 절개하고 바위 위에다 피를 흐르게 한다. 그것은 특히 아룬타족에서 하케아(Hakea) 꽃의 인티츄마 때에 일어나는 일이다. 예식은 성스러운 바위 둘레의 성스러운 장소에서 수행되는데, 이 바위는 토착민의 눈으로 볼 때 하케아 꽃을 나타낸다. 몇 가지 예비적인 동작을 한 후 "의례의 진행을 인도하는 노인은 젊은이들로 하여금 정맥을 절개하도록 한다. 젊은이는 순종하여 그의 피를 돌 위에 마구 흐르게 한다. 그동안에 참가자들은 계속해서 노래한다. 피는 이 돌을 완전히 덮을 때까지 흐른다."[13] 이러한 예식의 목적은 돌이 지닌 효능을 어느 정도 갱생시키고 그 효력을 강화하려는 것이다. 사실상 씨족사람들은 그들과 같은 명칭의 식물이나 동물이 친척이라는 사실을 잊어서는 안 된다. 그들 속에, 특히 그들의 피 속에 똑같은 생명의 본체가 머물고 있다. 그러므로 토템종의 일상적인 번식을 보장하기 위해 이 피와 피가 운반하는 신비한 맹아들을 사용하는 것은 당연한 일이다. 어떤 사람이 아프거나 피곤할 때 그를 소생시키기 위해서 그들의 젊은 동료 중 하나가 정맥을 절개하고 그 피를

11) 같은 곳.
12) 이러한 씨족들의 수가 스펜서와 길런이 제시한 수보다 훨씬 많다는 것을 아래에서 볼 수 있을 것이다.
13) Spence · Gillen, *Nat. Tr.*, 184~185쪽.

흘리는 일은 아룬타족에서 빈번하게 일어난다.[14] 만일 피가 이렇게 인간의 생명을 되살릴 수 있다면, 또한 그 피가 씨족사람들이 자신과 혼동하는 동물종이나 식물종의 생명을 일깨우는 데 쓰일 수 있다는 것은 놀랄 일이 아니다.

이와 똑같은 방법이 아룬타족의 운디아라(Undiara) 캥거루의 인티 큐마에 사용되고 있다. 예식이 행해지는 무대는 깎아지른 바위 옆의 불쑥 튀어나온 둥근 물구멍이다. 이 바위는 알체링가 시대의 동물 캥거루를 나타내는데, 그것은 이 장소에서 같은 시기의 다른 사람-캥거루에 의해 죽임을 당한 후 묻히게 되었다. 또한 캥거루의 많은 영이 거기에 머물고 있다고 여겨진다. 성스러운 돌 여러 개가 우리가 앞서 기술했던 방법으로 서로 마찰된 후에 여러 명의 보조자가 바위 위에 올라가서 거기에다 그들의 피를 흐르게 한다.[15] "토착민들이 말하는 바에 따르면 예식의 목적은 실제로 다음과 같다. 이렇게 바위 위에 뿌려진 사람-캥거루의 피는 거기에 있는 동물-캥거루들의 영을 몰아내 그것을 사방으로 흩어서 캥거루의 수를 증가시키는 것이다."[16]

---

14) 같은 책, 438쪽, 461쪽, 464쪽; Spence · Gillen, *North. Tr.*, 596쪽 이하.
15) Spence · Gillen, *Nat. Tr.*, 201쪽.
16) 같은 책, 206쪽. 우리는 스펜서와 길런의 언어를 사용한다. 그들은 바위에서 나온 것이 캥거루의 영이거나 그 영의 부분이라고 말한다. 슈트렐로는 이러한 표현의 정확성을 인정하지 않는다(III, 7쪽). 그에 따르면 의례가 나타내 보여 주는 것은 실제 캥거루들, 즉 살아 있는 몸체이다. 그러나 이러한 논박은 라타파(ratapa) 개념과 관련된 논박처럼 관심을 끄는 문제가 아니다(이 책, 520쪽). 이렇게 바위에서 나온 캥거루의 맹아들은 눈에 보이지 않는다. 따라서 그것은 우리의 감각이 감지할 수 있는 캥거루들과 같은 본질로 이루어져 있지 않다. 이것이 스펜서와 길런이 말하고자 하는 바이다. 게다가 이 맹아들은 그리스도인이 인식하는 바와 같이 순수한 영이 아닌 것은 확실하다. 그것들은 인간의 영혼들과 마찬가지로 물질적 형태를 지니고 있다.

아룬타족에서 피가 의례의 활동적 본체로 여겨지는 경우도 있다. 에뮤 새 집단에서는 성스러운 돌이나 그와 비슷한 것을 아무것도 사용하지 않는다. 알라툰자와 그의 보조자들 중 몇몇이 그들의 피로 땅을 적신다. 이렇게 피로 적셔진 땅 위에 사람들은 에뮤 새 몸의 여러 부분을 상징하는 여러 가지 색깔의 선을 긋는다. 사람들은 이 도안 주위에 모여 무릎을 꿇고 단조로운 노래를 부른다. 새로운 세대의 태를 열어주고 종(種)이 사라지는 것을 막아주는 생명의 본체들이 이와 같이 노래되는 가상의 에뮤에서 나온다고 믿어진다. 결과적으로 생명의 본체는 에뮤를 그리는 데 사용된 피에서 나온다고 여겨진다.[17)

윙크공가루족(Wonkgongaru)[18) 가운데는 일종의 물고기를 토템으로 하는 씨족도 있다. 이 토템의 인티츄마 축제에서도 피는 중요한 역할을 한다. 집단의 우두머리는 예식이 요구하는 바에 따라 자신의 몸에 색을 칠한 다음 물구멍 속에 들어가 앉는다. 그다음에 뾰족한 작은 뼈들을 가지고 계속 음낭을 찌르고 배꼽 주위의 피부를 찌른다. "여러 군데의 상처에서 흘러나온 피가 물속에 퍼지고 물고기들에게 생명을 준다."[19)

앞서 소개한 것과 매우 유사한 의례에 의해서 디에리족은 그들의 토템 중 두 개, 즉 얼룩뱀과 워마뱀(woma, 보통뱀)의 번식을 보장한다고 믿는다. 민카니(Minkani)라고 불리는 무라무라는 해변의 모래 언덕 아래에 머무는 것으로 여겨진다. 그의 몸체는 에어 호수로 흘러 들어가는 강들의 삼각주에 묻혀 있는 동물이나 파충류들의 화석 뼈에 의해 표현된다. 예식을 거행하는 날이 오면 남자들은 모여서 민

---

17) Spence · Gillen, 앞의 책, 181쪽.
18) 에어 호수 동쪽에 위치한 종족.
19) Spence · Gillen, *North. Tr.*, 287~288쪽.

카니가 있는 장소를 방문한다. 그들은 거기에서 '민카니의 배설물'이라고 불리는 습기 찬 땅의 지층에 이를 때까지 땅을 판다. 이 순간부터 사람들은 대단한 주의를 기울여서 '민카니의 팔꿈치'를 발견할 때까지 계속해서 땅을 판다. 그리고 두 남자는 정맥을 절개해 성스러운 바위 위에 피를 흐르게 한다. 사람들은 민카니의 노래를 부르는 반면, 진정한 광란에 사로잡힌 보조자들은 그들의 무기를 가지고 서로를 친다. 전투는 약 1마일가량 떨어진 캠프로 돌아갈 때까지 계속된다. 거기서는 여자들이 개입해 전투의 종지부를 찍는다. 사람들은 상처에서 흐르는 피를 모아서 '민카니의 배설물'과 피를 섞어 그 혼합물을 언덕 위에 뿌린다. 의식이 끝나면 사람들은 얼룩뱀들이 풍성하게 태어날 것이라고 확신한다.[20]

어떤 경우에 사람들은 생산하고자 하는 실물 자체를 생명의 본체로 사용하기도 한다. 카이티시족에서는 비를 내리기 위한 예식을 거행하는 중에 물-씨족의 신화적 영웅들을 대표하는 성스러운 돌에다 물을 뿌린다. 이러한 방법에 의해 피를 뿌릴 때와 똑같은 이유로 돌이 지닌 생산적인 효력을 증가시켰다고 확실하게 믿는다.[21] 마라족에서 집행자는 성스러운 구멍 안에 있는 물을 퍼서 입에 머금은 다음 그것을 사방에다 뿜어댄다.[22] 워가이아족(Worgaia)에서는 마(麻)가 자라기 시작할 때 마-씨족의 우두머리는 그가 속하지 않은 프라트리의 사람들을 이 식물을 따러 보낸다. 그들은 몇 개의 마를 우두머리

---

20) A.W. Howitt, *Nat. Tr.*, 798쪽. A.W. Howitt, "Legends of the Dieri and Kindred Tribes of Central Australia", in *J. A. I.*, XXIV, 124쪽 이하와 비교. 호잇은 예식이 토템사람들에 의해서 거행된다고 믿지만 그 사실을 증명할 방도가 없다.

21) Spence·Gillen, *North. Tr.*, 295쪽.

22) 같은 책, 314쪽.

에게 가져다주고, 그 식물이 잘 자라기 위해 족장이 개입할 것을 요구한다. 족장은 마 한 개를 집어 그것을 깨물고 그 조각들을 사방으로 내뱉는다.[23] 카이티시족은 우리가 기술하지 않은 다양한 예식들을 행한 후 에를리핀나(Erlipinna)라고 불리는 어떤 풀의 낟알이 충분히 자랐을 때 토템의 우두머리가 그것을 캠프의 몇몇 남자들에게 가져다주고, 두 돌 사이에 넣어 빻는다. 사람들이 이렇게 얻은 가루를 정성껏 모아서 그중 몇 알을 족장의 입술 위에다 올려놓으면 그는 그 가루를 불어서 사방으로 흩는다. 매우 특수한 성사(聖事)의 효능을 가지고 있는 족장의 입술과 접촉하는 것은 이 낟알들에 들어 있는 맹아들의 생명력을 자극하려는 목적에서 행해진다. 이 낟알들은 사방으로 날아가서 그들이 지니고 있는 생산적 특성들을 식물에게 전해줄 것이다.[24]

원주민들은 이러한 의례들의 효력을 의심하지 않는다. 원주민은 그러한 의례들이 기대하는 결과들을 반드시 산출해낸다고 믿는다. 만일 어떤 사건이 일어나 그의 기대가 무너진다면 그는 그의 기대가 어떤 적대집단의 주술에 의해 좌절되었다고 단순하게 결론짓는다. 어쨌든 그에게는 다른 방법들로도 자신이 바라는 결과를 얻을 수 있다는 생각이 떠오르지 않는다. 만일 인티츄마를 행하기도 전에 우연히 식물이 자라거나 동물들이 번식한다면 그는 선조들의 영혼이 땅밑에서 다른 인티츄마를 거행했다고 가정한다. 그리고 살아 있는 사람들이 지하에서 행한 예식의 혜택을 받는다고 가정한다.[25]

---

23) 같은 책, 296~297쪽.
24) Spence · Gillen, *Nat. Tr.*, 170쪽, 519쪽.
25) 이제 막 연구된 의례들의 분석은 스펜서와 길런의 관찰을 근거로 만들어진 것이다. 이 장이 쓰인 이래로 슈트렐로는 적극적 숭배에 대해서, 특히 인티츄마 또는 그가 말한 대로 음바찰카튜마 의식을 다루는 그의 저작의 세 번째 별

2. 두 번째 양상

이것이 축제의 첫 번째 행위다.

그다음에 계속되는 기간에는 이른바 예식이 행해지지 않는다. 하지만 종교생활은 강하게 남아 있다. 종교생활은 금지체계의 강화로 표면화된다. 토템의 성스러운 특성이 보강되는 것이다. 사람들은 감히 토템을 만지려고 하지 않는다. 평상시 아룬타족은 토템으로 쓰이는 동물이나 식물을 절제한다는 조건하에 먹을 수 있었다. 단, 인티츄마를 치른 다음에는 이 권리가 유보된다. 음식금지는 엄격하고 예

―――――――――

책을 출간했다. 그러나 우리는 이 책의 내용으로 인해 앞서 행한 기술을 수정하거나, 아니면 중요한 어떤 것을 부가해야만 할 필요성을 전혀 느낄 수 없었다. 슈트렐로가 우리에게 이 주제에 대해 좀더 흥미 있는 것을 가르쳐 준 것은 피의 유출과 봉헌이 스펜서와 길런의 이야기에 따라 짐작되는 것보다 훨씬 더 빈번하게 일어난다는 점이다(C. Strehlow, III, 13~14쪽, 19쪽, 29쪽, 39쪽, 43쪽, 46쪽, 56~57쪽, 67쪽, 80쪽, 89쪽). 게다가 숭배에 대한 슈트렐로의 정보들은 조심스럽게 사용되어야 한다. 왜냐하면 그는 자신이 기술한 의례에 참석하지 않았기 때문이다. 그는 구전되는 증거들을 수집하는 데 그쳤을 따름이고, 그 증거들은 일반적으로 매우 요약되어 있다(별책 III, 레온하르디 서문, 5쪽 참조할 것). 우리는 슈트렐로가 입문의 토템예식과 그가 음바찰카튜마라고 부른 예식들을 과도하게 혼동하지 않았는지 질문해 볼 수 있다. 물론 그는 그것들을 구분하기 위해 칭송될 만한 노력을 했고, 그 변별적 특징들 중에 두 가지를 분명히 제시했다. 첫째, 인티츄마는 언제나 어떤 조상에 대한 추억과 결부된 성스러운 장소에서 행해지는 반면, 입문예식은 어느 곳에서나 거행된다. 둘째, 피의 헌신은 인티츄마에 고유한 것이다. 이것은 피의 헌신이 이 의례의 본질에 가깝다는 것을 입증해준다(III, 7쪽). 그러나 그가 의례에 대해서 우리에게 제시한 기술 속에서 여러 사건들이 예식의 여러 종과 무차별하게 관련되어 혼돈되는 모습을 찾아볼 수 있다. 사실상 음바찰카튜마라는 명목하에 그가 우리에게 기술했던 예식들에서는 일반적으로 젊은이들이 중요한 역할을 한다(예를 들어 11쪽과 13쪽 등 참조할 것). 그러나 이것은 입문의 특성이다. 마찬가지로 의례가 수행되는 장소도 자의적인 것 같다. 왜냐하면 당사자들이 인위적으로 그들의 무대를 만들기 때문이다. 그들은 구멍을 파고 그 안에 들어가 앉는다. 그는 일반적으로 성스러운 바위들이나 나무들 그리고 그것들의 의례적 역할에 대해 아무런 암시조차 하지 않았다.

외가 없다. 사람들은 이러한 금지를 위반하면 의례의 좋은 효과들을 중성화시키고 종의 성장을 정지시키는 결과를 초래한다고 믿고 있다. 같은 지역에 있는 다른 토템의 사람들은 사실상 이와 같은 금지를 따르지 않는다. 하지만 이러한 때에 그들의 자유는 보통 때보다 제한된다. 그들은 어떤 장소, 예를 들면 덤불숲 같은 곳에서는 토템 동물을 먹을 수 없다. 그들은 캠프로 고기를 가져와야 한다. 캠프에서만 동물을 요리할 수 있다.[26]

이러한 특이한 금지기간에 종지부를 찍고, 이러한 긴 일련의 의례들을 결정적으로 마감하는 마지막 예식이 있다. 이 예식은 씨족에 따라 약간 다르다. 그러나 그 본질적인 요소들은 어디서나 동일하다. 여기에 아룬타족에서 나타나는 주요한 형태 중 두 가지를 제시한다. 하나는 위체티 애벌레와 관련된 것이고, 다른 하나는 캥거루와 관련된 것이다.

일단 유충이 충분히 자라서 풍성해보이면 그 토템의 사람들은 다른 토템의 사람들과 마찬가지로 가능한 한 많은 유충을 모은다. 그 다음에 모든 사람들은 자신들이 모은 것을 캠프로 가져와서 그것들이 딱딱해져서 부스러질 때까지 굽는다. 이렇게 익힌 유충들은 피치(pitchi)라고 불리는 나무그릇 속에 보존된다. 유충들의 수확은 대단히 짧은 기간 동안에만 가능하다. 왜냐하면 유충들은 비가 온 후에만 나타나기 때문이다. 유충의 수가 줄어들기 시작하면 알라툰자는 모든 사람을 남자들의 캠프로 불러 모은다. 그의 초대를 받은 각 사람은 자신의 저장품을 가져온다. 다른 토템의 사람들은 자신들의 것을 그 토템사람들 앞에 놓는다. 알라툰자는 이러한 피치 중 하나를 집어

---

26) Spence · Gillen, 앞의 책, 203쪽. Meyer, "The Encounter Bay Tribe", in *Woods*, 187쪽과 비교.

들어서 그의 동료들의 도움을 받아 두 돌 사이에다 놓고 간다. 그 후에 그는 이렇게 해서 얻어진 가루를 약간 먹고, 그의 보조자들도 그렇게 한다. 그 나머지 가루는 다른 씨족사람들에게 다시 주는데, 그들은 그때부터 이것을 자유롭게 처분할 수 있다. 사람들은 추장이 제공한 저장품에 대해서도 똑같이 행한다. 이때부터 그 토템의 남자들과 여자들은 그것을 먹을 수 있다. 그러나 한 번에 먹을 수 있는 양은 극히 소량이다. 왜냐하면 허용된 한계를 넘어서면 그들은 인티츄마를 거행하는 데 필요한 능력을 상실할 것이고, 종(種)들이 다시 재생산을 못할 것이기 때문이다. 그러나 사람들이 그것을 전혀 먹지 않는다면, 특히 우리가 방금 말했던 상황에서 알라툰자가 그것을 전혀 먹지 않는다면 그들은 과도하게 먹었을 때와 똑같은 무능력을 경험하게 될 것이다.

운디아라를 중심으로 하는 캥거루 토템집단에서는 예식의 몇 가지 특성이 좀더 분명하게 드러난다. 우리가 기술했던 의례들이 성스러운 바위 위에서 완수되고 난 후에 젊은이들은 캥거루를 사냥하러 가서 사냥감을 남자들의 캠프로 가져온다. 거기에서 노인들은 이 동물의 살을 약간 먹는다. 그들 한가운데 알라툰자가 앉고 인티츄마에 참가했던 사람들의 몸을 그 동물의 기름으로 바른다. 그 나머지는 그곳에 모인 남자들에게 분배된다. 그다음에 토템의 남자들은 토템 문양들로 자신을 장식한다. 그리고 알체링가 시대에 캥거루 인간과 캥거루 동물들이 행했던 업적들을 상기시키는 노래가 밤새도록 계속된다. 그다음 날 젊은이들은 숲으로 사냥하러 가고 첫 번째보다 더 많은 수의 캥거루를 가지고 돌아오고, 그 전날의 예식이 다시 시작된다.[27]

---

27) Spence · Gillen, 앞의 책, 204쪽.

세부적으로는 차이가 있지만 다른 아룬타 씨족들,[28] 우라분나
족,[29] 카이티시족,[30] 운마체라족[31] 그리고 만남의 만(Rencontre
Baie)에 사는 종족에서도 같은 의례를 찾아볼 수 있다.[32] 그것은 어
디서나 똑같은 본질적인 요소들로 이루어져 있다. 토템 동물 또는 식
물의 어떤 견본들이 씨족장에게 제공되는데, 그는 그것을 엄숙하게
먹고 또 그래야만 한다. 만일 그가 이 임무를 완수하지 않는다면, 그
는 효과적인 인티츄마를 거행할 능력, 다시 말해서 해마다 종(種)을
재창조할 능력을 상실하게 될 것이다. 때때로 의례적인 음식섭취 후
에는 동물의 기름 또는 식물의 어떤 부분으로 만들어진 기름으로 행
해지는 도유식(塗油式)이 이어진다.[33] 일반적으로 이러한 의례는 토
템의 사람들 또는 적어도 노인들에 의해서 반복된다. 일단 의례가 행
해지고 나면 예외적인 금지가 해제된다.

　쯤너 북쪽에 위치한 부족들, 즉 와라뭉가족과 이웃 사회에는 이러
한 예식이 실제로 존재하지 않는다.[34] 하지만 이 예식이 시행되던 시
기가 있었다는 사실을 잘 증명해주는 흔적이 아직도 발견된다. 사실
상 씨족의 우두머리는 의례적으로 그리고 의무적으로 토템을 결코
먹지 않는다. 그러나 어떤 경우 인티츄마가 행해진 토템에 속하지 않
는 사람들은 인티츄마를 행한 동물이나 식물을 캠프로 가져와서 씨
족장에게 먹겠는가를 묻고 그것을 제공해야만 한다. 그는 거절하고

---

28) 같은 책, 205~207쪽.
29) Spence · Gillen, *North. Tr.*, 286~287쪽.
30) 같은 책, 294쪽.
31) 같은 책, 296쪽.
32) Meyer, in *Woods*, 187쪽.
33) 우리는 이미 이러한 예를 하나 인용했다. 사람들은 스펜서와 길런에게서 다
　　른 예들을 발견할 것이다. Spence · Gillen, *Nat. Tr.*, 205쪽; *North. Tr.*, 286쪽.
34) 왈파리족, 울말라족, 칭길리족, 움바이아족.

다음과 같이 덧붙인다. "나는 당신들을 위해서 이것을 했다. 당신들은 자유롭게 그것을 먹을 수 있다."[35] 따라서 봉헌의 관례는 존속하며, 씨족장에게 제기된 질문은 의례적 음식섭취가 행해졌던 시대와 관련 있는 것 같다.[36]

---

35) Spence · Gillen, *North. Tr.*, 318쪽.

36) 예식의 후반부에 대해서는 전반부와 마찬가지로 스펜서와 길런을 따랐다. 그러나 슈트렐로의 최근 별책은 이 점에 대해서 그의 선학(先學)들의 관찰을, 적어도 그 관찰들이 지니고 있는 본질적인 것들을 확증하고 있을 뿐이다. 사실상 그는 첫 번째 예식이 끝난 후 씨족장이 의례적으로 토템 동물이나 식물들을 먹고, 그다음에 금지를 해제한다는 것을 인정한다(두 달 후라고 말한다. 13쪽). 그는 이 금지 해제를 "일반적 사용을 위한 토템의 해방"이라고 부른다(III, 7쪽). 그는 이 해제 시행이 굉장히 중요하기 때문에 아룬타족의 언어에서 특수한 단어로 지칭될 정도라고 알려준다. 그는 이러한 의례적인 음식섭취가 유일한 것은 아니며, 씨족장과 노인들은 가끔 입문예식 전에도 성스러운 동물이나 식물들을 먹고, 의례의 집행자는 식을 거행한 후에 먹는다고 덧붙이고 있다. 이런 일은 있을 수 있다. 이러한 음식섭취는 그들이 원하는 효력을 얻기 위해 의식 주례자들이나 보조자들이 사용하던 방법들이다. 그 능력이 증대되는 것은 놀랄 일이 아니다. 거기에 스펜서와 길런의 이야기를 파기할 만한 것은 아무것도 없다. 왜냐하면 그들이 주장하고 있는 의례는 이유가 없지는 않지만, '토템의 해방'이기 때문이다. 단지 이 두 가지 점에 대해 슈트렐로는 스펜서와 길런의 주장을 반박하고 있다. 첫째, 그는 의례적인 음식섭취는 어떤 경우에도 일어나지 않는다고 언명한다. 이것은 의심의 여지가 없다. 왜냐하면 먹을 수 없는 토템 동물이나 식물이 존재하기 때문이다. 그러나 의례는 매우 빈번하게 행해졌다. 슈트렐로 자신도 이것에 대해 많은 예를 인용하고 있다(13~14쪽, 19쪽, 23쪽, 33쪽, 36쪽, 50쪽, 59쪽, 67~68쪽, 71쪽, 75쪽, 80쪽, 84쪽, 89쪽, 93쪽). 둘째, 우리는 스펜서와 길런의 견해에 근거해 씨족장이 토템 식물이나 동물을 먹지 않으면 자신의 능력을 잃게 될 것임을 알고 있다. 슈트렐로는 토착민들의 증언에 근거해 이러한 단언을 확증할 수 없다고 장담했다. 그러나 이 문제는 매우 부차적으로 보인다. 확실한 사실은 이러한 의례적인 음식섭취가 명령되고 있다는 것이다. 따라서 음식섭취는 유용하거나 필요한 것으로 생각된다. 그러므로 모든 영성체처럼 음식섭취는 영성체에 참여하는 주체에게 그가 필요로 하는 효능들을 제공하는 데 쓰일 수 있다. 토착민들과 그들 중 몇 사람이 의례의 이러한 기능을 잊어버렸다고 해서 음식섭취가

3. 완전한 예식의 해석

방금 기술된 의례들의 체계에서 흥미로운 것은 이 의례체계 안에 실제로 알려진 가장 원초적인 형태의, 위대한 종교제도의 모든 중요한 원리들이 들어 있다는 점이다. 이 위대한 종교제도는 고등종교에서 적극적 숭배의 원리들 중 하나가 되었다. 그것이 바로 희생제도이다.

우리는 스미스(Robertson Smith)의 저작이 전통적인 희생이론에 얼마나 큰 혁명을 초래했는지를 알고 있다.[37] 스미스 이전에는 희생을 신하들이 그의 왕족들에게 바쳐야 하는 것과 유사한 의무적 또는 무보수의 공물이나 존경의 일종으로 여겼다. 스미스는 이러한 고전적 설명으로는 이 의례의 본질적인 두 가지 특성들을 고려하지 못한다는 점을 처음으로 지적한 사람이다. 첫째, 이 의례는 식사이다. 그리고 그 의례의 소재는 음식이다. 둘째, 그 의례는 희생을 바치는 신도들과 그것을 받는 신들이 함께 참여하는 식사이다. 제물의 어떤 부분은 신을 위해서 남겨둔다. 다른 부분들은 희생을 바치는 사람들에게 할당되어 그들이 먹는다. 이런 이유로 성서는 때때로 희생을 야훼 앞에서 행해지는 식사라고 했다. 따라서 대부분의 사회에서 공동으로 하는 식사는 거기에 참석하는 사람들 사이에 인위적인 혈연관계를 만들어 주는 것으로 여겨진다. 사실상 친척들은 태어나면서 같은 피와 살로 이루어진 존재이다. 그러나 음식물은 유기체의 실체를 끊임없이 다시 만들어준다. 그러므로 함께 음식을 섭취하는 것은 공

실재하지 않는다는 결론을 내릴 수 없다. 대개의 경우 신도들은 그들이 행하고 있는 의례의 진정한 존재 이유를 망각하고 있다는 것을 반복할 필요가 있을까?

37) R. Smith, *The Religion of the Semites*, Lectures VI à XI; "Sacrifice", in *l'Encyclopedia Britannica* 참조할 것.

통적인 기원을 가진 것과 같은 효과를 만들 수 있다. 스미스에 따르면, 희생 잔치는 신도와 신 사이에 혈연관계를 맺어주기 위해서 그들을 같은 살로 영성체하려는 목적을 가지고 있다. 이러한 관점에서 보면 희생은 매우 새로운 양상을 보여준다. 본질적으로 희생을 구성하는 것은 우리가 오랫동안 믿어온 것처럼 희생이란 단어가 통상적으로 표현하는 단념행위가 아니다. 희생이란 무엇보다도 음식의 영성체 행위이다.

물론 희생 잔치의 효과를 설명하는 이러한 방식에 대해 세부적으로는 몇 가지 제한점이 있을 것이다. 이러한 효과는 반드시 함께 먹는다는 사실에서 유래된 것이 아니다. 인간은 신과 동일한 식탁에 앉아 있다는 이유만으로는 자신을 신성하게 만들 수가 없다. 성스럽게 되는 것은 의례적 식사에서 섭취하는 음식이 거룩한 특성을 지니고 있기 때문이다. 사실상 우리는 희생에 있어서 여러 가지 일련의 예비작업들·정화식·도유식·기도 등이 어떻게 희생으로 바쳐질 동물을 성스러운 것으로 변화시키는지 그리고 그 동물의 성스러움이 결과적으로 그것을 먹는 신도에게 어떻게 전달되는지를 밝혀보았다.[38] 그래도 음식을 나누는 교제는 희생의 본질적 요소들 중의 하나이다. 따라서 인티츄마의 예식을 종결짓는 의례를 살펴보면 그것 역시 이러한 종류의 행위로 이루어져 있다는 것을 발견하게 된다. 일단 토템동물을 죽인 다음 알라툰자와 노인들은 그것을 엄숙하게 먹는다. 그리하여 그들은 그 동물 안에 들어 있는 성스러운 본체와 교류하며 그본체와 자신을 동화시킨다. 여기에서 나타나는 차이점은 동물의 경우 자연적으로 성스러운 데 반해서 사람은 희생을 통해 인위적으로

---

38) Hubert et Mauss, 「희생의 본질과 기능에 대한 시론」(Essai sur la nature et la fonction du sacrifice), 40쪽 이하.

성스러운 특성을 획득한다는 점이다.

더구나 이러한 영성체의 목적은 명백하다. 토템 씨족의 모든 구성원은 자신 속에 존재의 중요한 부분을 이루고 있는 일종의 신비한 실체를 지니고 있다. 왜냐하면 그의 영혼이 바로 그 실체로 만들어져 있기 때문이다. 또한 그가 가진 능력과 그의 사회적 지위도 바로 그러한 실체에서 기인하기 때문이다. 즉 그를 한 인간으로 만드는 것은 바로 그 신비한 실체이다. 따라서 그는 이 신비한 실체를 흠 없이 보존하고 가능한 한 영원한 젊음의 상태로 유지하는 데 절대적인 관심을 기울이고 있다. 만일 사물들에서 자연적으로 유출되어 소모되는 에너지를 보충해주지 않는다면 모든 힘, 심지어 가장 정신적인 힘들까지도 불행하게 시간의 침식에 의해서 마멸된다. 우리가 살펴보겠지만 이 중요한 필요가 바로 적극적 숭배의 진정한 이유이다. 따라서 토템의 사람들은 그들 속에 있는 토템 본체를 주기적으로 재생시켜야만 그 자신으로 남을 수 있다. 그들이 이 본체를 식물이나 동물의 형태로 표현하기 때문에 그 본체를 갱신하고 다시 젊어지게 만들기 위해 필요한 보충적인 힘들을 바로 그것에 대응되는 동물종이나 식물종에게 요구하게 된다. 캥거루 씨족의 남자는 자신이 캥거루라고 믿고 그렇게 의식하고 있다. 그는 자신을 캥거루의 특질로 정의한다. 사회에서 그의 위치를 표시해주는 것도 바로 이러한 특질이다. 이러한 특질을 보존하기 위해 이따금 자신의 몸속에 캥거루의 살이 좀 들어오게 하려고 그것을 먹는다. 또 부분은 전체와 같다는 규칙에 따라서 몇 조각만 먹어도 충분하다.[39]

그러나 이러한 시행이 기대하는 모든 효과를 만들 수 있으려면 이것을 아무 때나 시행해서는 안 된다. 가장 적절한 시기는 새로운 세

---

39) 이 규칙 표현에 대해서는 이 책 484쪽 참조할 것.

대가 완전한 발육에 이른 때이다. 왜냐하면 이때가 토템종에게 생명을 주는 힘들이 완전히 개화하는 시기이기 때문이다. 풍성한 생명의 저장고인 성스러운 나무들이나 바위에서 그러한 힘들이 막 추출되어 나온다. 게다가 그 힘들의 강도를 높이기 위해서 온갖 종류의 방법들이 사용되었다. 인티츄마의 전반에 전개되는 의례들은 바로 이러한 목적에 쓰인다. 더구나 추수의 첫 산물들은 그 모습을 통해 그것들이 숨기고 있던 에너지를 드러낸다. 토템 신은 그 젊음의 광채 속에서 자신의 존재를 입증한다. 예전부터 첫 산물들이 매우 거룩한 열매로 여겨지고, 매우 성스러운 존재들을 위해 따로 준비되었던 이유가 바로 그것이다. 그러므로 오스트레일리아 사람들이 영적 쇄신을 위해서 이것을 사용하는 것은 당연하다. 예식의 날짜와 상황은 이와 같이 설명된다.

사람들은 아마도 성스러운 양식이 보통 속인들에 의해서도 소비될 수 있다는 사실에 놀랄 것이다. 그러나 먼저 생각해야 할 것은 이러한 모순 속에서 작동하지 않는 적극적 숭배는 없다는 것이다. 모든 성스러운 존재들은 그들에게 부여된 바로 그 거룩한 특성 때문에 속된 사람들의 침범에서 벗어난다. 그러나 다른 한편으로 성스러운 사물들이 경의를 표하면서 멀리 떨어져 있어야 하는 신도들과 아무런 관계도 맺고 있지 않다면 그것은 아무 소용이 없다. 어떤 존재 이유도 가지지 못할 것이다. 결국 진정한 신성모독으로 이루어지지 않은 적극적 의례는 없다. 왜냐하면 인간은 보통 때 그를 분리하고 있는 장벽을 뛰어넘지 않고는 성스러운 존재들과 교제할 수 없기 때문이다. 그러나 중요한 것은 이때의 신성모독은 그것을 완화하는 여러 가지 주의사항을 수반한다는 점이다. 주의사항 중 가장 통상적으로 사용되는 것은 신도들이 천천히 그리고 점차적으로 성스러운 사물들의 범주에 들어오도록 하기 위해 중간 과정을 배열하는 것이다. 이와 같이 완화된 방법으로 행해지는 신성모독은 종교의식(意識)과 심하게 충돌하지 않는다. 그것은 신성모독처럼 느껴지지 않고 사라져버린다. 이것이 우리가 연구하던 경우이다. 토템을 엄숙하게 먹기 이전에 행해지는 일련의 모든 예식의 목적은 토템을 먹는 예식에서 중요한 역할을 맡은 사람들을 성화하는 것이다. 사람들은 본질적으로 종교적인 기간을 설정하는데, 이 기간을 거치면서 사람들의 종교적 상태가 변모하게 된다. 금식·성스러운 바위나 추링가들과의 접촉[40]·토템 장식물 등은 사람들에게 이전에 가지고 있지 않던 특성을 점차적으로 부여한다. 이러한 특성을 지니게 되면 사람들은 충격적이고 위험한 신성모독만 저지르지 않는다면 평상시에는 금지되어 있던, 두려워하면서도 갈망하는 이러한 음식을 먹을 수 있게 된다.[41]

성스러운 존재가 그 존재를 찬양하는 사람들에 의해 죽임을 당하고 먹히는 행위를 희생이라고 부를 수 있다면 방금 이야기된 의례도 동일한 명칭을 가질 자격이 있다. 그 의미를 잘 밝혀주는 것은 수많은 토지 숭배에서 볼 수 있는 다른 의례들과의 놀라운 유사성이다. 사실상 첫 추수의 산물을 의례적 식사의 재료로 사용하는 것은 문화수준이 높은 사람들에게서도 매우 일반적으로 행해지는 규칙인데, 그중에서도 유월절 식사는 가장 잘 알려진 예이다.[42] 다른 한편으로 토지의 의례들은 가장 발전된 숭배형태의 근거이다. 마찬가지로 오스트레일리아 사회의 인티츄마는 그 명백한 조잡함에 의해 생각보다 훨씬 더 우리와 가깝다는 사실을 알 수 있다.

천재적인 직감에 의해 스미스는 이러한 사실을 알지는 못했지만

---

40) C. Strehlow, III, 3쪽 참조할 것.
41) 아룬타족에서 토템 동물을 먹는 것이 완전히 금지되지 않았다는 사실을 잊어서는 안 된다.
42) 다른 사실에 대해서는 J. G. Frazer, *Golden Bough*, 348쪽 이후 참조할 것.

예감하고 있었다. 일련의 기발한 추론에 의해—여기서 다시 그 과정을 재론할 필요는 없다. 왜냐하면 그것들은 역사적인 관심만을 가지고 있기 때문이다[43)]—스미스는 처음에 희생제에서 죽임을 당하는 동물은 신에 준하는 존재이며, 그것을 희생제물로 바치는 사람들과 가까운 친척으로 여겨졌다는 사실을 확증할 수 있다고 생각했다. 이러한 특성들은 토템종을 정의하는 특성과 정확하게 일치한다. 스미스는 더 나아가서 토템 숭배가 우리가 방금 연구한 것과 완전히 유사한 의례를 분명히 알고 실행했을 것이라고 가정했다. 그는 이러한 종류의 희생 속에서 모든 희생제도의 본원적인 출처를 찾으려는 성향을 보였다.[44)] 희생은 인간과 그 신들 사이의 인위적인 혈연관계를 위해 만들어진 것이 아니다. 희생은 최초에 그들을 묶고 있던 자연적 혈연관계를 새롭게 하고 유지하기 위해 만들어진 것이다. 다른 데서와 마찬가지로 여기서도 인위적인 것은 오직 자연을 모방하기 위해서 생겨났을 것이다. 그러나 영에 대한 견해와 마찬가지로 스미스의 책에는 이러한 가설이 거의 나타나지 않는다. 따라서 알려진 사실들은 가설을 매우 불완전하게 증명할 뿐이다. 그가 자신의 이론을 지지하기 위해 인용한 토템 희생의 몇몇 경우들은 그가 부여한 의미를 지니고 있지 않다. 거기에 묘사된 동물들은 진정한 토템이 아니다.[45)] 그러나 오늘날 적어도 한 가지 점에서는 증명이 되었다고 말할 수 있다. 사실상 우리는 많은 사회에서 스미스가 인식한 것과 같은 토템 희생이 실행되고 있거나 실행되었다는 것을 살펴보았다. 물론 이러한 의례가 토템 숭배에 필연적으로 내재되었다는 증거도 없고, 여러

---

43) R. Smith, 앞의 책, 275쪽 이하.

44) 같은 책, 318~319쪽

45) 이 점에 대해서는 Hubert et Mauss, *Mélanges d'histoire des religions*, 서문 5쪽 이후 참조할 것.

형태의 모든 희생이 이 의례에서 비롯되었다는 증거도 없다. 그러나 희생의례의 보편성은 의심스럽다 해도 그 존재에 대해서는 더 이상 논란의 여지가 없다. 음식 영성체의 가장 신비한 형태가 지금까지 알려진 가장 초보적인 종교에도 존재한다는 것을 우리는 이제부터 기정사실로 받아들여야 할 것이다.

4. 첫 번째 양상의 의례들은 봉헌으로 이루어진다

그러나 다른 점에서 보면 우리가 다루게 될 새로운 사실들은 스미스의 이론을 약화시킬 것이다.

사실상 그에 따르면 영성체는 희생의 본질적인 요소로 그치지 않는다. 영성체가 적어도 시초에는 희생의 유일한 요소였다는 것이다. 희생을 공물이나 봉헌에 불과한 것으로 환원함으로써 사람들은 희생을 오해했다. 그뿐 아니라 원래부터 희생에는 봉헌(offrande, offering)의 개념이 없었다. 봉헌 개념은 뒤늦게 외적인 상황의 영향으로 개입되었을 뿐이다. 봉헌 개념은 이러한 의례적 메커니즘을 이해하도록 도와주기는커녕 그러한 메커니즘이 지닌 진정한 본질을 은폐했다. 사실상 스미스는 봉헌 개념 속에서 너무나 형편없는 불합리성을 인식했기 때문에 희생과 같은 위대한 제도의 본질적인 이유를 봉헌 속에서 찾는 것이 불가능하다고 생각했다. 신성이 지닌 가장 중요한 기능 중 하나는 사람들에게 생존에 필요한 양식을 보장해주는 것이다. 따라서 희생이 신에게 양식을 봉헌하는 것으로 이루어진다는 것은 불가능해보인다. 인간이 신들에 의해서 부양되고 있는데, 오히려 신들이 인간에게 그들의 양식을 기대한다는 것은 자체 모순처럼 보인다. 인간이 신에게서 받은 사물 중에서 신에게 드릴 정당한 몫을 덜어내기 위해 어떻게 신이 인간의 협력을 필요로 할 수 있을까? 이러한 고찰로부터 스미스는 희생-봉헌의 개념이 위대한 종교들에서만 생겨날 수 있는 것이라고 결론지었다. 위대한 종교에서는 신들이 처음부터 신과 혼동되는 사물들에서 벗어나 일종의 왕으로, 땅과 그 소산물들의 탁월한 소유자로 여겨졌다고 결론지었다. 이 시기부터 희생은 임금으로부터 부여받은 권리의 대가로 신하들이 임금에게 지불했던 공물과 유사한 것이 되었다. 그러나 이 새로운 해석은 사실상 원시 개념이 변질된 것, 더 나아가서 타락한 것이다. 왜냐하면 "소유 관념은 그것과 관련된 모든 것을 물질화하기" 때문이다. 소유 관념이 희생 속에 들어옴으로써 희생을 변질시키고 사람과 신 사이에 일종의 거래를 만들었다.[46]

그러나 우리가 제시한 사실들은 이러한 주장을 뒤집는다. 우리가 기술했던 의례들은 확실히 지금까지 관찰된 가장 원시적인 것에 포함된다. 그것들에서는 어떤 특정한 신비한 인성이 나타나지 않는다. 여기서는 이른바 신이나 영이 문제시되지 않는다. 행동을 일으키는 것은 오직 모호한 상태의 익명적이고 비인격적인 힘들뿐이다. 하지만 그 힘들이 전제하는 추론은 스미스가 부조리하기 때문에 불가능하다고 언명한 바로 그것이다.

인티츄마의 첫 번째 작용, 즉 씨족토템으로 쓰이는 식물종이나 동물종의 번식을 보장해주는 의례들로 되돌아가도록 하자. 이러한 동식물은 매우 성스러운 것이다. 우리가 은유적으로 토템 신성이라고 부를 수 있는 것이 바로 이러한 종들 속에서 화신(化身)된다. 하지만 우리는 그 종이 영속하기 위해서 인간의 협력을 필요로 한다는 것을 살펴보았다. 해마다 새로운 세대에게 생명을 주는 것은 바로 인간이다. 인간이 없다면 생명은 결코 태어나지 못할 것이다. 인간이 인티츄마의 집행을 중단하면 성스러운 존재들은 지구상에서 사라져버릴

---

46) R. Smith, 앞의 책, 390쪽 이하.

것이다. 따라서 어떤 의미에서 보면 성스러운 존재들은 인간 덕분에 존재한다고 볼 수 있다. 하지만 다른 관점에서 보면 인간은 성스러운 존재에 의해서 자신을 유지한다. 왜냐하면 성스러운 존재들이 성숙하면 인간은 자신의 영적 존재를 유지하고 회복하는 데 필요한 힘을 그 존재들에게서 빌려올 것이기 때문이다. 따라서 자신들의 신을 만들어 내는 것은 인간이라고, 아니면 최소한 신들을 지속시켜 주는 것이 인간이라고 말할 수 있다. 그러나 동시에 인간은 바로 신에 의해 자신의 존재를 유지한다. 따라서 스미스에 따르면 인간은 희생제물이라는 개념 속에 함축되어 있는 범위를 정기적으로 침범하게 된다. 인간은 그가 성스러운 존재들로부터 받은 것 중 일부를 성스러운 존재들에게 되돌려 준다. 그리고 그가 주는 모든 것을 성스러운 존재들로부터 받는다.

그러나 좀더 언급할 것이 있다. 이와 같이 인간이 해마다 행해 온 봉헌은 나중에 이른바 희생에서 행해지는 봉헌과 본질상 다를 것이 없다. 만일 희생제물을 드리는 사람이 어떤 동물을 죽인다면 그것은 그 동물 안에 들어 있는 생명의 본체들이 유기체에서 벗어나 신에게 양식을 공급하러 가도록 하기 위함이다. 마찬가지로 오스트레일리아 사람들이 성스러운 바위에서 떼어낸 먼지 조각들도 토템종에게 생명을 주고 새로운 힘을 보장하기 위해 공중에 흩어지는 본체들이다. 이러한 먼지들이 확산될 때 행해지는 몸짓은 일반적으로 봉헌에 수반되는 몸짓이다. 어떤 경우에 이 두 의례 사이의 유사점은 수행되는 움직임들의 세부에서도 발견된다. 비를 내리기 위해서 카이티시족은 성스러운 돌 위에 물을 붓고, 어떤 종족들에서는 의식 주례자가 동일한 목적을 이루기 위해 제단 위에 물을 붓는 것을 살펴본 바 있다.[47] 상당수의 인티츄마 축제에서 자주 행해지는 피의 유출 역시 진정한 봉헌이다. 아룬타족이나 디에리족이 성스러운 바위나 토템을 나타내는 도안에다 피를 뿌리는 것과 마찬가지로 좀더 진보된 종교의 예배에서도 희생제물이나 신도의 피가 제단 앞이나 제단 위에 뿌려진다.[48] 이러한 경우 신들이 좋아하는 양식인 피가 신에게 드려진다. 오스트레일리아에서는 피가 성스러운 종(種)들에게 바쳐진다. 따라서 봉헌 개념을 문명의 때늦은 산물로 봐야 할 이유가 전혀 없다.

우리가 슈트렐로에게서 얻은 자료는 인티츄마와 희생의 연관성을 분명하게 드러내 보여준다. 그것은 캥거루족의 인티츄마에 수반되는 찬송이다. 이 찬송은 예식을 통해 기대하는 효과를 알려주는 동시에 그 예식에 대해 기술하고 있다. 족장은 캥거루의 기름 한 덩어리를 나뭇가지들로 만든 받침대 위에 놓는다. 이 기름이 캥거루들의 기름을 증가시킨다고 본문은 전해준다.[49] 이번에는 성스러운 먼지조각이나 인간의 피를 뿌리는 것으로 그치지 않는다. 동물 자체가 죽임을 당하여, 달리 말하면 희생되어 제단 위에 놓이고, 그 생명을 유지해야 하는 종들에게 바쳐진다.

우리는 이제 어떤 의미에서 인티츄마가 희생제도의 맹아들을 지니고 있는지 알게 되었다. 인티츄마가 온전하게 조직될 때, 그것이 보여주는 형태를 보면 희생은 본질적인 두 가지 요소로 이루어진다. 하나는 영성체이고, 다른 하나는 봉헌이다. 신도는 성스러운 양식을 먹음으로써 그의 신과 교통하는 동시에 이 신에게 봉헌하는 것이다. 우리는 인티츄마 안에서 방금 기술된 두 가지 행위를 다시 발견한다. 차이점이란 이른바 희생에서는[50] 영성체와 봉헌이 동시에 또는 곧

---

47) 스미스 자신이 *The Religion of the Semites*, 231쪽에서 이러한 경우들을 인용했다.
48) 예를 들어 「출애굽기」 24:10~14, 「레위기」 9:8~11 참조할 것. 바알 사제들이 제단 위에 뿌린 것도 바로 그들 자신의 피이다(「열왕기 상」 18:28).
49) C. Strehlow, III, 12쪽 7줄.

바로 연속해서 이루어지는 반면, 오스트레일리아의 예식 속에서는 그것들이 따로따로 행해진다는 점이다. 전자의 경우 그 행위들은 나눌 수 없는 동일한 의례의 부분들이다. 후자의 경우 그 두 가지 행위는 다른 시기에 일어나며 아주 긴 간격을 두고 서로 분리되어 있을 수도 있다. 그러나 결국 그 메커니즘은 같다. 총체적으로 볼 때 인티츄마는 희생이다. 그러나 그 부분들은 아직 분절되지도 조직되지도 않았다.

이 두 예식들을 비교해보면 우리가 인티츄마의 본질과 희생의 본질을 더 잘 이해할 수 있는 두 가지 장점이 있다.

우리는 인티츄마를 더 잘 이해한다. 사실상 인티츄마를 종교적 성격[51]이 전혀 없는 단순한 주술적 활동으로 만들어버린 프레이저의 개념은 이제 더 이상 지지될 수 없을 것 같다. 이와 같이 위대한 종교제도의 선징(前徵, prodrome)인 의례를 종교에서 제외할 수 없을 것이다.

그러나 우리는 또한 희생 자체가 무엇인가 잘 이해하고 있다. 첫째, 희생에 관여되는 두 요소의 중요성이 동일하다는 것이다. 오스트레일리아 사람들이 거룩한 존재들에게 봉헌을 한다고 해서 봉헌 관념이 희생제도의 원시적 조직과 무관하다고, 또한 자연경제를 교란시켰다고 가정할 만한 아무런 이유가 없다. 스미스의 이론은 이 점에 있어서 수정되어야 한다.[52] 물론 희생은 부분적으로 영성체의 한

---

50) 적어도 희생이 완전할 때, 어떤 경우에는 희생이 이러한 요소들 중 하나로 환원될 수 있다.

51) 슈트렐로는 말한다. 토착민들은 "이러한 예식들을 일종의 거룩한 예배로, 마치 기독교인이 그의 종교행사로 여기는 것처럼 여기고 있다"(III, 9쪽).

52) 확실히 스미스가 영성체의 행위로 여긴 행위, 즉 피를 뿌리는 것과 머리털을 바치는 행위가 진정한 봉헌이 아닐 수도 있다고 자문해볼 수도 있다(R. Smith, 앞의 책, 320쪽 이하 참조할 것).

과정이다. 그러나 그것은 또한 본질적으로 포기의 행위이며 주는 일이다. 희생이란 항상 신도들이 그 신들에게 그의 물질이나 재산들 중 어떤 것을 바치는 것을 전제로 한다. 이러한 요소들 중 어떤 것을 다른 것으로 환원하려는 모든 시도는 헛된 것이다. 어쩌면 봉헌이 영성체보다 더 영속적일 수도 있다.[53)]

둘째, 일반적으로 희생 특히 희생적인 봉헌은 인격적 존재들에 대해서만 행해질 수 있다고 여겨진다. 그런데 우리가 방금 오스트레일리아에서 발견한 봉헌들은 그러한 개념을 함축하고 있지 않다. 다시 말하면 희생은 종교적 힘들이 인식되는 여러 가지 형태와 무관하다는 것이다. 희생은 좀더 심오한 이유에서 유래한다. 우리는 조금 후에 그 이유를 밝혀볼 것이다.

어쨌든 봉헌 행위는 자연스럽게 그 봉헌을 받는 도덕적 주체에 대한 개념을 마음속에 불러일으킬 것이다. 우리가 기술했던 의례적 행위들이 인격적 존재에게 바쳐지는 것이라고 생각할 때, 그것들은 좀더 쉽게 이해될 수 있다. 따라서 비록 비인격적인 힘만을 사용하지만, 인티츄마 축제의 의례들은 다른 개념의 발생가능성을 열어주었다.[54)] 확실히 그 의례 자체만으로는 신비한 인격적 존재들에 대한 개념을 완벽하게 불러일으키기에 충분하지 않았다. 그러나 일단 이러한 개념이 형성되면 이러한 의례들의 본질 때문에 그 개념은 숭배 안에 뿌리를 내리게 된다. 그만큼 그 개념은 덜 사변적이 된다. 좀더 직

---

53) 우리가 이 책 제5장에서 좀더 전문적으로 다루게 될 속죄의 희생들은 봉헌들로만 이루어져 있다. 이러한 희생들은 이차적인 방법으로 영성체에 사용된다.

54) 우리가 이 예식에 대해서 이야기하면서 그것이 마치 살아 있는 인격체에게 행해지는 것처럼 때때로 묘사한 것은 바로 이런 이유 때문이다(예를 들어 아일만이 202~203쪽에서 인용한 크리샤우프Krichauff와 켐페Kempe의 텍스트 참조할 것).

접적으로 삶 그리고 활동과 섞이면서 그러한 개념은 단번에 더 많은 현실을 획득한다. 따라서 우리는 숭배행위가 물론 이차적이지만 주목할 만하게 종교적 힘을 인격화하기를 선호한다고 생각할 수 있다.

5. 희생 봉헌들의 불합리함 그것들은 어떻게 설명되는가

그러나 스미스가 용납할 수 없는 논리적 결함을 보았던 모순에 대해 설명할 일이 남아 있다.

만일 성스러운 존재들이 그들의 능력을 완전히 공평하게 나타낸다면 인간이 신에게 서비스를 제공하려고 생각할 수 있다는 것 자체가 생각할 수 없는 일이다. 왜냐하면 사람들은 성스러운 존재들이 무엇을 필요로 하는지 알지 못하기 때문이다. 그러나 우선 성스러운 존재들이 사물들과 혼동되고, 또한 사람들이 그들 안에서 우주적 삶의 본제를 보는 한, 성스러운 존재들도 이러한 생의 리듬에 순종한다. 따라서 이러한 삶은 반대 방향으로 주기적 변동을 거쳐며, 특정한 법칙에 따라 연속된다. 어떤 때는 삶이 그 광채 속에서 공고해지며, 어떤 때는 삶이 멈추지 않을까 싶을 정도로 약화되기도 한다. 해마다 식물들은 죽는다. 그것들이 다시 살아날까? 동물들도 자연사 또는 변사에 의해 소멸되어 간다. 동물들이 적합한 방식으로 적합한 때에 다시 살게 될까? 특히 비[雨]는 변덕스럽다. 비는 다시는 돌아오지 않을 것처럼 오랫동안 사라져버리는 때도 있다. 이러한 자연의 주기적인 변화들이 입증해주는 것은 그것과 대응되는 시기에 동물·식물·비등이 의존하고 있는 성스러운 존재들도 심각한 위기를 똑같이 겪는다는 사실이다. 따라서 성스러운 존재들 역시 쇠퇴기를 가지고 있다. 그러나 인간은 이러한 장면을 무심하게 보아 넘길 수가 없었다. 인간이 살기 위해서는 우주적인 삶은 계속되어야 하고, 결과적으로 신들이 죽어서는 안 된다. 따라서 인간은 신들을 부양하고 돕고자 한다.

이렇게 하기 위해 인간은 자신이 처분할 수 있고, 또 상황에 따라 이용할 수 있는 힘들을 신들을 위해 사용한다. 그의 핏줄 속에서 흐르는 피는 번식의 효력을 지니고 있다. 따라서 그는 피를 뿌릴 것이다. 또한 그의 씨족이 소유하고 있는 거룩한 바위에서 거기에 잠들어 있는 생명의 맹아들을 퍼내어 공중에다 뿌릴 것이다. 한마디로 그는 봉헌을 할 것이다.

외적이고 물리적인 이러한 위기들은 내적이고 정신적인 위기에 의해 배가된다. 그것들은 동일한 결과로 귀착된다. 성스러운 존재들은 단지 정신 속에 성스럽게 표현되기 때문에 성스럽다. 우리가 성스러운 존재를 믿지 않으면 그것은 마치 존재하지 않는 것처럼 될 것이다. 심지어는 물질형태를 지닌 것들 그리고 감각적 경험에서 주어진 것들까지도 그것들을 숭배하는 신도들의 사고(思考)에 의존해 있다. 왜냐하면 그것들을 숭배 대상으로 만드는 성스러운 특성은 자연적으로 주어진 것이 아니기 때문이다. 이 특성은 믿음을 통해 그들에게 덧붙여진 것이다. 캥거루는 다른 동물들과 똑같은 동물에 불과하다. 그러나 캥거루족 사람들에게 캥거루는 다른 동물과 구분되는 본체를 가진 것으로 여겨진다. 그리고 이 본체는 그것을 믿는 사람들의 마음속에서만 존재한다.[55] 일단 성스러운 존재들로 인식되면 지속되기 위해 사람을 필요로 하지 않는다. 따라서 그들을 표현하는 표상들이 항상 동일해야 할 것이다. 그러나 이러한 안정성은 불가능하다. 사실상 표상이 형성되는 것은 집단의 삶 속에서인데, 집단의 삶이란 원래 간헐적이다. 따라서 표상도 필연적으로 동일한 간헐을 지니고

---

55) 철학적 의미에서는 모든 것이 같다. 왜냐하면 표상에 의하지 않고는 아무것도 존재하지 않기 때문이다. 그러나 우리가 보여주었던 것처럼 이 명제는 종교적 힘들에 대해서 더욱 진실하다(이 책, 480~481쪽). 왜냐하면 사물들의 구성 성분에 성스러운 특성과 일치하는 것이 하나도 없기 때문이다.

있다. 그리고 이러한 표상은 개인들이 모여서 서로 직접적으로 관계를 맺을 때 그리고 같은 감정 또는 같은 관념 속에서 모든 사람들이 일체가 될 때 최고의 강도에 이른다. 그러나 회중이 흩어지고 각자 자신의 개별적인 삶의 세계로 되돌아가면 이러한 표상은 최초의 에너지를 점차로 잃게 된다. 조금씩 치오르는 일상적인 감각들의 파도가 이러한 표상을 뒤덮기 때문에 우리가 그것들을 의식(意識) 속에 되살리고 환기시키는 어떤 방법을 찾아내지 못한다면 그러한 표상은 마침내 무의식으로 빠져들고 말 것이다. 따라서 표상이 현실성을 잃지 않으면 성스러운 존재들도 약화되지 않는다. 왜냐하면 성스러운 존재들은 표상 속에서 그리고 표상에 의해서만 존재할 수 있기 때문이다. 만일 우리가 표상을 덜 강하게 생각한다면 그것들은 우리에게 덜 중요해지고 우리도 그것들을 덜 의지하게 될 것이다. 그것들은 보다 약한 정도로 존재하게 된다. 우리는 여기에서 다른 관점을 가지게 되는데, 그것은 성스러운 존재들에게 인간의 예배가 필요하다는 것이다. 성스러운 존재들을 보좌하는 두 번째 이유는 첫 번째 이유보다 훨씬 더 중요하다. 왜냐하면 이 이유는 어느 시대에나 존재하기 때문이다. 종교가 아직 그 우주적 토대에서 분리되지 않았을 때만 물리적인 삶의 간헐성은 종교적 믿음에 영향을 미친다. 반대로 사회적인 삶의 간헐성은 필연적이다. 가장 이상주의적인 종교들조차도 그것을 피할 수 없을 것이다.

게다가 인간이 신의 효과적인 도움을 믿을 수 있는 것은 이러한 의존상태 덕분이다. 신들은 인간의 사고와 관련해 존재한다. 성스러운 존재들에 관한 집합표상을 새롭게 하는 유일한 방법은 종교생활의 근원 자체 속에, 즉 모인 회중들 속에 그 표상을 다시 담가서 새롭게 하는 것이다. 그러므로 외적 사물들이 겪는 주기적인 위기가 불러일으키는 감정들은 위기를 목격한 사람들을 모이게 한다. 그 위기에 적합하게 대처하기 위해서이다. 그들이 모였다는 사실만으로도 그들은 서로 위안을 얻는다. 함께 찾기 때문에 그들은 치유법을 발견한다. 이와 같이 재구성된 집단 안에서 공동의 믿음은 매우 자연스럽게 다시 활기를 띠게 된다. 그 믿음은 다시 태어난다. 왜냐하면 그 믿음은 처음 생겨났던 것과 동일한 상황에 있기 때문이다. 일단 복원된 믿음은 별 어려움 없이 개인들의 마음에 떠오를 수 있었던 모든 사사로운 의심들을 제압한다. 성스러운 사물들의 이미지는 그 힘을 충분히 회복했기 때문에 그것을 약화시키려는 내적 또는 외적인 원인들에 저항할 수 있다. 그 외적인 쇠락에도 불구하고 사람들은 더 이상 신들이 죽을 것이라고 생각하지 않는다. 왜냐하면 자신의 마음속에서 신들이 살아 있음을 느끼기 때문이다. 신들을 돕기 위해 사용된 방법들이 비록 조잡하기는 하지만 그것들이 헛된 것으로 보일 수는 없다. 왜냐하면 마치 그 방법들이 진정 효과적으로 작용하듯이 모든 일이 진행되기 때문이다. 사람들은 자신이 더욱 강해졌다고 느끼기 때문에 더욱 확신을 가지게 된다. 쇠약해졌던 힘들이 의식 속에서 다시 깨어났기 때문에 실제로 더욱 강해진다.

그러므로 우리는 스미스처럼 숭배가 사람들만을 위해 만들어진 것이며, 신들은 아무 상관 없다고 생각하지 않도록 주의해야 한다. 신들 역시 그 신도들과 마찬가지로 여전히 숭배를 필요로 하기 때문이다. 물론 신들이 없다면 인간들은 살 수 없을 것이다. 그러나 다른 한편으로 신들도 만일 숭배되지 않는다면 죽었을 것이다. 따라서 숭배는 성스러운 존재들과 속된 존재들을 교통시키는 목적만 있는 것이 아니라 성스러운 존재들을 삶 속에서 유지시키고 그들을 회복시키며, 끊임없이 갱신시키는 목적을 가지고 있다. 물론 물질적인 봉헌들이 그 자체의 효력으로 이러한 갱신을 만들어내는 것은 아니다. 이러한 행동 자체는 효력이 없지만 그것이 수반하거나 일깨우는 심리상태가 그러한 일을 한다. 외관상으로 가장 물질적인 것처럼 보여도 숭배의 진정한 존재 이유는 그것들이 규정하는 제스처가 아니라 이러한 제스처를 통해서 목적하는바, 내적이고 도덕적인 갱신에서 찾아야만 한다. 신도가 실제로 그의 신에게 바치는 것은 제단 위에 놓는 양식도 아니고, 정맥에서 흘리는 피도 아니다. 그것은 바로 그의 사고(思考)이다. 신과 숭배자들 사이에는 여전히 상호간에 요구되는 봉사의 교환이 존재한다. 사람들이 때때로 희생의 원리를 정의했던 "나는 당신이 주기 때문에 준다"(do ut des)는 법칙은 공리주의적 이론가들이 뒤늦게 발명한 것이 아니다. 그 법칙은 희생체계, 좀더 일반적으로 모든 적극적 숭배의 메커니즘을 명백히 나타내 줄 뿐이다. 따라서 스미스가 지적한 순환(원, cercle)은 매우 현실적이다. 그러나 부끄러울 것은 없다. 그것은 성스러운 존재들이 인간보다 우월하지만 인간의 의식(意識) 속에서만 살 수 있다는 사실에서 기인한다.

우리가 분석을 더 진행하고, 종교적 상징들 대신 그것들이 표현하는 실체로 대치시키고, 이러한 실체들이 의례에서 어떻게 작용하는가를 살펴본다면 이러한 순환(원, cercle)은 더 자연스러워 보일 것이고, 우리는 그 의미와 존재 이유를 더 잘 이해할 수 있을 것이다. 만일 우리가 확립하려고 했던 것처럼 성스러운 본체가 의인화되고 변모된 사회에 불과하다면 의례적 삶은 속된 사회적 용어로 해석될 수 있을 것이다. 사실상 의례적인 삶과 마찬가지로 사회적 삶도 어떤 원(cercle) 안에서 움직인다. 한편으로 개인은 자기 자신의 가장 좋은 부분을 사회로부터 취득한다. 즉 그에게 외관을 만들어주고, 다른 사람들 틈에서 별도의 지위를 부여해 주는 모든 것들과 지적·도덕적 문화들을 사회에서 얻는다. 만일 인간에게서 언어·학문·예술·도덕적 믿음들을 제거한다면 그는 동물의 계열로 전락하고 말 것이다. 따라서 인간 본성의 특징적 속성들은 사회로부터 오는 것이다. 그러나 다른 한편으로 사회는 개인들 속에서 그리고 개인들에 의해서만 존재하고 생존한다. 사회에 대한 개념이 개인들의 마음에서 사라지고, 개인들이 집단에 대한 신앙, 전통 그리고 열망들을 느끼고 공유하지 않는다면 사회는 소멸할 것이다. 그러므로 우리는 신에 대해서 이야기한 바로 그 사실을 사회에도 적용할 수 있다. 사회는 그것이 인간들의 의식 속에 자리를 잡고 있는 정도만큼 현실성을 갖는다. 그리고 사회에 이러한 자리를 부여하는 것은 바로 우리 자신이다. 우리는 이제 신도들이 신 없이 살 수 없는 것처럼 신도 신도들 없이 살 수 없는 진정한 이유를 엿볼 수 있다. 개인이 사회 없이 살 수 없는 것처럼 사회도 개인 없이는 존재할 수 없다. 더구나 신들은 사회의 상징적 표현에 불과하다.

우리는 여기에서 견고한 바위를 만나게 되는데, 그 바위 위에 모든 종교 숭배들이 세워진다. 또한 그 바위는 인간사회가 존재하는 이래로 숭배들의 존속을 가능케 한다. 우리가 종교의례들이 무엇으로 이루어져 있는지 그리고 그것들이 무엇을 향하고 있는지 알게 되면 우리는 놀랍게도 어떻게 인간들이 그러한 의례들을 생각해 낼 수 있었는지 그리고 인간들이 어떻게 해서 그것들과 그렇게 충실하게 연결되어 있는지를 자문하게 된다. 바람에 흩어진 모래 한 줌, 바위나 제단의 돌 위에 뿌려진 몇 방울의 피들이 동물종 또는 신의 생명을 유지할 수 있다는 이러한 환상은 어디에서 기인할 수 있었을까? 물론 겉보기에는 당치않은 이러한 외적 동작의 배후에서 그들에게 의미와 도덕적 중요성을 주는 심리적 메커니즘을 발견했을 때, 우리는 이미 이러한 문제의 해결을 위해 한 걸음 전진한 것이다. 그러나 이러한 메커니즘 자체가 환각적 이미지들의 단순한 조작이 아님을 확인해 주는 것은 아무것도 없다. 우리는 의례가 다시 태어나는 데 필요한 정신적인 힘을 만들어 준다는 사실을 신도들이 믿게 되는 심리 과정을 잘 보여주었다. 그러나 이러한 믿음이 심리적으로 설명 가능하다고 해서 객관적 가치를 가지는 것은 아니다. 의례에 부여된 효력에서 인류가 남용해왔던 만성적인 망상의 산물과 다른 것을 볼 수 있으려면 다음과 같은 사실이 확립되어야 한다. 즉 숭배는 실제로 도덕적 존재를 주기적으로 재창조한다는 사실이다. 그 도덕적 존재는 우리에게 의존하고, 또 우리는 그 존재에게 의존한다. 그런데 이러한 존재는 바로 사회이다.

사실상 종교예식이 중요한 것은 그것이 집단을 움직이기 때문이다. 집단은 예식을 거행하기 위해서 모인다. 따라서 그 예식의 첫 번째 효과는 개인들을 모으고, 그들 사이의 관계를 증가시키며, 그들을 가장 친밀하게 하는 것이다. 그것만으로도 인간의 의식 내용은 변하게 된다. 평상시에 사람들의 주의를 가장 많이 끄는 것은 실리적이고 개인직인 관심사들이다. 각지는 그 나름대로의 개인저인 업무에 종사한다. 대부분의 사람들에게는 무엇보다도 물질적 생명의 요구를 만족시키는 것이 중요하다. 경제활동의 주요한 원동력은 항상 사적인 이해관계였다. 물론 사회적 감정들에도 사적인 이해관계가 전혀 없는 것은 아니다. 우리는 동료들과의 관계 속에서 존재한다. 교육이 우리 안에 주입했고, 또 우리와 타인의 관계들을 정상적으로 주재하는 습관·사상·성향들은 계속해서 타인들의 작용을 느끼게 해준다. 그러나 그것들은 일상에서 일어나는 전투의 필요성이 지지하고 일깨우는 적대적 성향들에 의해 끊임없이 억제되고 좌절된다. 그것들은 자체의 내적 에너지에 의해 어느 정도 성공적으로 저항한다. 그러나 이러한 에너지는 갱신되지 않는다. 그것들은 과거에 의존해서 산다. 따라서 이러한 끊임없는 투쟁과 충돌로 잃어버린 힘들을 회복하지 못한다면 시간이 흐름에 따라 그것들은 약해질 것이다. 작은 집단으로 흩어진 오스트레일리아 사람들은 사냥을 하거나 낚시를 하면서 그들의 씨족이나 부족과 관련된 관점을 잃어버린다. 그들은 가능한 한 가장 많은 사냥감을 잡겠다는 생각에만 사로잡힌다. 이와는 반대로 축제일에는 이러한 관심사들이 당연히 사라진다. 그것들은 본질적으로 속되기 때문에 성스러운 기간 동안에는 배제된다. 성스러운 시기에 그들의 사고를 점령하는 것은 공통된 신앙, 공통된 전통, 위대한 선조들에 대한 추억, 그 선조들이 화신된 집합적 이상이다. 한마디로 그들의 사고는 사회적인 일들에 집중된다. 위대한 종교예식이 만족시키고자 하는 물질적인 이해관계는 공적 질서, 따라서 사회적 질서와 관련된다. 전체 사회는 수확이 풍성한가, 비가 제때에 과도하지 않게 내리는가, 동물들이 정규적으로 잘 번식하고 있는가 등의 문제에 관심을 가지고 있다. 따라서 모든 의식(意識)에서 가장 중요한 것은 바로 사회이며, 행위를 지배하고 인도하는 것도 사회이다. 그것은 예식이 수행되는 시기가 속된 시기보다 더 활기차고, 더 활동적이고 결과적으로 더 현실적이라고 말하는 것이나 마찬가지다. 그러므로 사람들이 축제 때에 자신들 밖에 다시 태어나는 어떤 것, 다시 생기를 얻는 힘들, 다시 깨어나는 어떤 생명 등이 있다고 느끼더라도, 잘못 생각하는 것이 아니다. 이러한 갱신은 결코 공상적이 아니다. 개인 자신들도 그 혜택을 받는다. 왜냐하면 각자 안에 있는 사회적 존재의 단편이 필연적으로 이러한 집합적인 쇄신에 참여하기 때문이다. 개인의 영혼도 자신의 생명이 유래된 근원에 다시 잠기면서 쇄신된다. 따라서 개인의 영혼은 더 강해지고, 더욱더 온전한 자신의 주인이 되며, 물리적 필요에 덜 의존하게 된다.

우리는 적극적 숭배가 자연히 주기적 형태를 띠는 경향이 있다는 것을 알고 있다. 그것은 적극적 숭배의 변별적 특성들 중 하나이다. 물론 인간이 경우에 따라 일시적 상황에 대처하기 위해 거행하는 의례들도 있다. 그러나 이러한 일시적인 의례들은 부차적인 역할만을 수행할 뿐이다. 심지어는 이 책에서 연구되는 종교들 속에서도 그것들은 거의 예외적인 현상이다. 근본적으로 숭배를 이루는 것은 정해진 시기에 규칙적으로 되돌아오는 축제들의 순환이다. 이제 우리는 이러한 주기적 성향이 어디에서 기인되었는지 이해할 수 있다. 종교 생활의 리듬은 사회적 삶의 리듬을 표현하는 것뿐이다. 따라서 그것은 사회적 리듬에서 기인되었다. 사회는 사람들이 모인다는 조건에서만 자신이 가지고 있는 감정을 다시 살릴 수 있다. 그러나 사회가 항상 모여 있을 수는 없다. 삶의 요구들이 사회로 하여금 집회상태를 끝없이 유지하도록 허락하지 않는다. 따라서 사회는 또다시 모일 필요를 느낄 때 다시 모이기 위해 흩어진다. 속된 시기와 거룩한 시기의 규칙적인 교대는 바로 이러한 필연적인 교대와 일치하고 있다. 원래 숭배의 분명한 목적은 일차적으로 자연현상의 흐름을 조정하는 것이기 때문에 우주적 삶의 리듬은 의례적 삶의 리듬에 표적을 남기게 되었다. 이것이 바로 오랫동안 축제들이 계절에 따라 행해지는 이유이다. 우리는 이것이 오스트레일리아 사람들의 인티츄마 축제의 특성이라는 것을 이미 알고 있다. 그러나 계절은 이러한 조직에 외적인 틀만 제공할 뿐이지 조직이 근거하고 있는 원리를 제공하지는 않는다. 왜냐하면 오직 정신적인 목적만을 추구하는 숭배들까지도 주기적으로 행해지기 때문이다. 따라서 이러한 주기성은 다른 원인에서 기인하고 있다. 왜냐하면 계절의 변화는 자연에게 중대한 시기이기 때문에 이 변화는 모임의 자연스러운 기회, 즉 종교예식의 기회가 된다. 그러나 다른 사건들도 이러한 우발적인 원인으로서 기능을 수행할 수 있고 또 효과적으로 수행했다. 하지만 순수하게 외적인 이러한 틀이 특이한 저항력의 증거임을 인정해야 한다. 왜냐하면 모든 물리적 토대에서 가장 초월한 종교들에서조차 그 틀의 흔적이 발견되기 때문이다. 기독교 축제들 중 여럿도 비록 그것 자체로는 더 이상

전원적인 성격을 띠지 않으며, 토지와 무관하다고 하더라도 고대 헤브라이의 전원적인 토지의 축제들과 단절 없이 연결되어 있다.

게다가 이 리듬은 사회에 따라 그 형태가 변하기가 쉽다. 흩어져 있는 시기가 길고 흩어진 지역이 넓은 곳에서는 회합의 시기도 매우 길어진다. 따라서 집합적·종교적 생활의 진정한 방탕이 생겨난다. 몇 주 또는 몇 달 동안 축제들이 줄을 잇고 있으며 이따금 의례적 생활은 일종의 광란에 도달한다. 이러한 일은 오스트레일리아 부족들 그리고 북아메리카와 북서아메리카의 여러 사회에서 나타난다.[56] 반면 다른 곳에서는 아주 짧은 간격을 두고 축제가 연속된다. 따라서 그 둘 사이의 대조는 뚜렷하지 않다. 사회가 발전할수록 사회는 지나치게 뚜렷한 간헐을 허용하지 않는 것 같다.

---

56) Mauss, 「에스키모 사회의 계절적인 변화에 대한 시론」(Essai sur les variations saisonniéres des sociétés Eskimos), in *Année Social.*, IX, 96쪽 이하를 보라.

제3장 적극적 숭배 2

모방 의례와 인과법칙

그러나 우리가 방금 기술했던 방식이 토템종의 번식을 보장하기 위해 사용된 유일한 것은 아니다. 동일한 목적에 사용되는 다른 방식들이 있는데, 그것들 중 어떤 것은 앞의 방식들과 동반되기도 하고 대치되기도 한다.

1. 모방 의례의 성격. 종의 번식을 보증하기 위해 모방 의례들이 사용되는 예식의 예들

우리가 기술했던 예식들에서도 봉헌 이외에 피를 흘리건 안 흘리건 그 헌신을 보충하고 그 효과를 공고히 하려는 다른 의례들이 종종 거행되었다. 그 의례들은 번식을 바라는 동물의 여러 가지 태도와 모습을 모방하려는 움직임과 외침들로 구성되어 있다. 이러한 이유로 우리는 그것들을 모방적이라 부른다.

따라서 아룬타족에서 행해진 위체티 애벌레의 인티츄마 축제는 우리가 이미 이야기했던 성스러운 바위들 위에서 행하는 의례들로만 이루어진 것이 아니다. 의례를 마친 후 사람들은 캠프로 다시 돌아가기 위해서 길을 떠난다. 그러나 1마일 정도 가서 그들은 정지하고 모든 사람은 의례적 절차에 따라 자신을 치장한다. 그 후에 행군은 다시 계속된다. 사람들이 이렇게 몸치장을 하는 것은 중요한 예식이 행해진다는 것을 예고한다. 그리고 사실상 집단이 부재하는 동안 캠프를 지키기 위해 남아 있던 노인들 중 하나가 움바나(Umbana)라고 불리는 길고 짧은 나뭇가지로 오두막을 만드는데, 그 오두막은 곤충이 나온 번데기를 상징한다. 바로 전의 예식에 참여했던 모든 사람들은 이러한 건축물이 세워진 장소 가까이에 모인다. 그다음에 그들은 천천히 전진해 이따금씩 쉬기도 하면서 움바나까지 이르러 그 안으로 들어간다. 그리고 위체티 애벌레 토템에 속하는 프라트리의 구성원은 아니지만, 멀리서 이 장면에 참여하고 있는 모든 사람들은 곧 땅에다 얼굴을 대고 바닥에 엎드린다. 그들은 일어나는 것이 허락될 때까지 이 자세로 움직이지 않고 가만히 있어야만 한다. 이러는 동안 움바나의 내부로부터 노래가 울려나오는데, 이 노래는 동물이 성장하면서 거치게 되는 여러 가지 단계와 성스러운 바위를 주제로 한 신화들을 노래한 것이다. 이 노래가 멈추면 추장(Alatunja)은 여전히 쭈그린 채로 움바나 밖으로 슬그머니 기어나온다. 그리고 앞에 펼쳐진 땅 위로 천천히 나아간다. 똑같은 행동을 재현하는 동료들이 뒤따라나온다. 이들이 취하는 행동은 곤충이 고치에서 빠져나오는 것을 재현하는 것이다. 게다가 이 순간에 들려오는, 의례에 대한 구술설명과도 같은 노래는 정확하게 이 단계의 성장 과정에 있는 동물의 움직임을 기술한다.[1]

다른 종류인 운찰카(unchalka) 애벌레[2]에 대해 거행되는 다른 인티

---

1) Spencer·Gillen, *Nat. Tr.*, 176쪽.

츄마[3]는 좀더 분명하게 이러한 특성을 지니고 있다. 의식의 집행자들은 이 벌레가 애벌레 시절에 살았던 운찰카 덤불을 상징하는 그림들로 자신을 치장한다. 그다음에 원형의 솜털로 된 뚜껑을 덮는데, 그것은 곤충이 완전히 성장해서 그 위에 알을 낳는 다른 종류의 덤불을 상징한다. 이러한 준비가 끝나자 모든 사람은 의식 주례자를 향해 반원을 이루면서 땅에 앉았다. 이 의식 주례자는 차례로 두 번, 땅에까지 몸을 수그렸다가 무릎 높이까지 쳐든다. 동시에 그는 팔을 쭉 펴서 흔드는 데, 이것은 곤충의 날개를 표현하는 방법이다. 이따금 그는 나비가 알을 낳을 나무 위로 왔다 갔다 하는 것을 흉내 내면서 뚜껑 위로 몸을 구부린다. 이 예식이 끝나면 다른 장소에서 다른 예식이 새로 시작되는데, 사람들은 그곳으로 조용히 이동한다. 이번에는 두 개의 뚜껑을 사용한다. 지그재그식으로 선이 그어진 것은 애벌레의 흔적을 나타내며, 다른 하나에는 크기가 다른 원이 새겨져 있는데, 어떤 것은 곤충의 알을, 다른 것은 곤충이 먹고 사는 에레모필레(Eremophile) 잡목의 씨를 나타낸다. 첫 번째 예식에서처럼 주례자가 고치를 떠나 처음으로 날개를 펴는 동작을 표현하는 동안 모든 사람은 조용히 앉아 있다.

스펜서와 길런은 아룬타족에서 좀 덜 중요하기는 하지만, 이와 유사한 몇 가지 사건들을 기술하고 있다. 예를 들면 에뮤(Emou)의 인티츄마 축제에서는 집행자들이 어떤 순간에 그의 태도로 이 새의 외관과 양상을 재현하려고 애쓴다.[4] 물의 인티츄마 때, 물 토템의 사

---

2) 토템 명칭의 색인에 스펜서와 길런은 운찰카라고 썼다(Spencer·Gillen, *North. Tr.*, 772쪽).

3) Spencer·Gillen, 앞의 책, 179쪽. 스펜서와 길런은 사실상 그 예식이 인티츄마라고 분명하게 말하지는 않았다. 그러나 문맥으로 보면 이것이 그 예식이라는 사실을 의심할 여지가 없다.

람들은 물떼새의 독특한 소리를 낸다. 이 외침은 사람들의 마음속에서 비 내리는 계절과 자연스럽게 결부된다.[5] 그러나 결국 이 두 탐구자가 기록한 모방 의례들의 경우는 그 수가 아주 적다. 어쨌든 이 점에 대한 그들의 상대적인 침묵은 그들이 인티츄마에 대해 충분히 관찰하지 못했다는 사실과 예식들의 이러한 측면을 무시한 데서 비롯된다. 반대로 슐츠(Schulze)는 아룬타족 의례에서 나타나는 본질적으로 모방적인 특성에 대해 놀랐다. 그는 말했다. "성스러운 집회(corrobbori)는 일반적으로 동물들을 상징하는 예식들이다." 그는 그 예식들을 애니멀 츄룽가(animal tjurunga)[6]라고 불렀는데, 그의 증언은 오늘날 슈트렐로가 수집한 자료들에 의해서 확증된다. 슈트렐로가 제시한 예들은 너무 많아서 그것들을 모두 인용하는 것은 불가능하다. 모방적인 몸짓이 보이지 않는 예식은 거의 없기 때문이다. 축제에서 기념되는 토템 동물들의 본질에 따라서 사람들은 캥거루처럼 뛰고, 캥거루가 먹는 동작들을 모방하며, 또한 날개 달린 개미의 비행·박쥐들의 특징적인 외침·야생칠면조 소리·수리 소리·뱀의 쉬쉬거리는 소리·개구리 우는 소리 등을 모방한다.[7] 토템이 식물일 때 사람들은 그것을 따거나[8] 먹는[9] 동작을 한다.

와라뭉가족의 인티츄마 축제는 일반적으로 우리가 다음 장에서 기술하게 될 매우 특수한 형태를 띠고 있으며, 그것은 지금까지 연구해온 것들과는 다르다. 하지만 와라뭉가족에서도 순수하게 모방적

---

4) Spencer·Gillen, *Nat. Tr.*, 182쪽.
5) 같은 책, 193쪽.
6) Schulze, "The Aborigines of the Upper and Middle Finke River", 221쪽, 243쪽과 비교.
7) C. Strehlow, III, 11쪽, 31쪽, 36~37쪽, 68쪽, 72쪽.
8) 같은 책, 100쪽.
9) 같은 책, 81쪽, 100쪽, 112쪽, 115쪽.

인 인티츄마의 전형적인 경우가 존재한다. 그것은 바로 흰 앵무새 축제의 경우이다. 스펜서와 길런이 기술한 이 예식은 밤 열시에 시작된다. 밤새도록 이 씨족장(長)은 지겨울 만큼 단조롭게 새의 외침을 흉내 냈다. 그는 기력이 다 빠졌을 때에만 멈추었고, 그때는 아들이 대신 소리를 냈다. 그는 약간 휴식을 취한 다음 곧 다시 시작했다. 이와 같이 힘을 소모시키는 행동은 쉴 새 없이 아침까지 계속되었다.[10]

그들이 모방하려는 대상이 살아 있는 존재에만 국한되는 것은 아니다. 대다수 부족들 안에서 비의 인티츄마는 본질적으로 모방 의례들로 이루어져 있다. 가장 단순한 것 중 하나는 우라분나족에서 시행되는 의례이다. 씨족의 우두머리는 흰 솜털로 완전히 장식하고, 창을 손에 든 채 땅바닥에 앉아 있다. 그는 자기 몸에 붙어 있는 솜털, 공기 중에 흩어지면 구름을 상징하는 솜털을 떼기 위해 온갖 방법으로 몸을 흔든다. 이렇게 함으로써 그는 알체링가 시대의 구름-인간을 모방한다. 전설에 따르면 이 구름-인간은 하늘에 올라가 구름을 만드는 습관이 있으며, 그렇게 되면 그 구름에서 비가 내린다는 것이다. 한마디로 모든 의례의 목적은 비를 머금은 구름의 형성과 상승을 상징하는 것이다.[11]

카이티시족의 예식은 훨씬 더 복잡하다. 이미 우리는 여기에서 사용되는 방법들 중의 하나를 언급한 바 있다. 의식 주례자는 성스러운 돌과 자신의 몸 위에 물을 붓는다. 그러나 이러한 종류의 헌신행위는 다른 의례들에 의해서 강화된다. 무지개는 비와 긴밀한 관계가 있는 것으로 생각되었다. 사람들은 무지개가 비의 아들이며, 무지개는 비를 그치게 하기 위해서 나타난다고 항상 말한다. 따라서 비가 내릴

---

10) Spencer · Gillen, *North. Tr.*, 310쪽.
11) 같은 책, 285~286쪽. 아마도 창의 움직임들은 구름을 찌르려는 의도인 것 같다.

수 있으려면 무지개가 나타나서는 안 된다. 사람들은 다음과 같은 방법으로 이러한 결과를 얻는다고 생각한다. 즉 방패 위에 무지개를 나타내는 도안을 그려 넣는다. 또한 사람들은 눈에 띄지 않도록 애쓰면서 이 방패를 캠프로 가지고 간다. 사람들은 이 무지개의 그림을 보이지 않게 함으로써 무지개 자체가 나타나지 못한다고 생각하는 것이다. 그러는 동안에 씨족의 우두머리는 물로 가득 찬 피치(pitchi)를 자기 옆에 두고, 구름을 상징하는 흰털 송이들을 사방으로 날려 보낸다. 이 예식은 물떼새의 외침을 반복해서 모방함으로써 완성되는데, 이 예식은 매우 특수한 비중을 지닌 듯했다. 왜냐하면 예식이 계속되는 동안 집행자 또는 보조자로서 거기에 참여한 모든 사람들은 자신의 부인들과 어떤 관계도 가질 수 없기 때문이다. 심지어 부인들에게 말을 해서도 안 된다.[12]

디에리족에서는 형상화의 방식들이 다르다. 비는 물에 의해서 표현되는 것이 아니라 사람들이 정맥으로부터 그 회중들에게 흘린 피로 표현된다.[13] 동시에 그들은 구름을 상징하는 흰 솜털을 한줌 뿌린다. 그전에 오두막집이 건설된다. 사람들은 거기에 비의 전조(前兆)인 구름의 더미를 상징하는 커다란 돌들을 놓는다. 어느 정도의 시간 동안 그 돌들을 거기에 놓아둔 뒤 사람들은 거기에서 좀 떨어진 곳에다 돌을 옮겨놓고, 사람이 발견할 수 있는 가장 키가 큰 나무의 가장 높은 자리에 그것을 올려놓는다. 그것은 구름을 하늘에 올라가게

---

12) 같은 책, 294~296쪽. 아룬타족에서 무지개가 반대로 비를 만드는 것으로 생각된다는 것은 흥미 있는 일이다(같은 책, 314쪽).

13) 아룬타족에서도 같은 방식이 사용된다(C. Strehlow, III, 132쪽). 사실상 이러한 피의 유출이 비를 만드는 힘을 움직이기 위한 헌신이 아닌가 자문해볼 수도 있다. 하지만 게슨은 그것이 떨어지는 물을 모방하는 방법이라고 단호하게 말했다.

하는 방법이다. 가루로 된 석고가 물구멍에 던져진다. 왜냐하면 비의
영이 이것을 보면 곧 구름이 생겨나도록 하기 때문이다. 마침내 젊은
이, 늙은이 모두 오두막 둘레에 모인다. 그리고 머리를 낮추고 오두
막집을 향해 돌진한다. 그들은 격렬하게 오두막집을 통과해 가는데,
모든 것이 파괴될 때까지 몇 번이고 이 동작을 반복한다. 그래서 오
두막집을 버티고 있는 기둥들 이외에는 더 이상 아무것도 남아 있지
않게 된다. 그다음 사람들은 기둥들을 공격해 그것들을 흔들고, 모든
것이 단번에 무너지도록 뽑아버린다. 오두막을 통과해 달려가는 동
작은 쪼개지는 구름을 나타내는 것이고, 구조물을 허물어 버리는 것
은 비가 떨어지는 것을 나타낸다.[14]

클레멘트(Clement)[15]가 연구했던 포테스큐강(Fortescue)과 피츠
로이강(Fitzroy) 사이의 영토를 점령하고 있던 북서의 부족들에서는
아룬타족의 인티츄마와 동일한 목적을 가진 예식들이 거행되었다.
그리고 그 예식들의 대부분은 본질적으로 모방적인 것으로 보인다.

이 사람들은 매우 성스러운 돌더미들을 **타를로**(tarlow)라고 부른
다. 앞으로 살펴보겠지만 그것들도 중요한 의례 대상이기 때문이다.
각각의 동물과 식물, 다시 말해서 각 토템 또는 하위토템[16]은 특정한
씨족이 보호하는 타를로에 의해 표현된다.[17] 타를로와 아룬타족의
성스러운 바위들 사이에서 쉽게 유사점을 찾아볼 수 있다.

---

14) Gason, "The Dieyerie Tribe", in *Curr*, II, 66~68쪽. 호잇은 비를 얻기 위한 디
에리족의 다른 의식을 언급하고 있다(*Nat. Tr.*, 798~800쪽).
15) Clement, "Ethnographical Notes on the Western-Australian Aborigines", in
Internationales Archiv. F. Ethnographie, XVI, 6~7쪽. Withnail, *Marriage Rites and
Relationship in Science of Man*, 1903, 42쪽과 비교.
16) 우리는 하위토템이 타를로를 가질 수 있다는 것을 전제로 한다. 왜냐하면 클
레멘트에 의하면 어떤 씨족은 몇 개의 토템을 가지기 때문이다.
17) 클레멘트는 부족-가족이라고 했다.

예를 들어 캥거루들이 희소해지면 캥거루의 타를로가 속해 있는 씨족의 우두머리는 그 동료 몇 명과 함께 그곳을 방문한다. 거기서 사람들은 여러 가지 의례들을 거행하는데, 그중 중요한 것은 타를로 둘레에서 캥거루처럼 뛰고, 캥거루처럼 마시는 것이다. 한마디로 캥거루의 가장 독특한 움직임들을 모방하는 것이다. 그 동물을 사냥하는 데 쓰이는 무기들은 이러한 의례에서 중요한 역할을 한다. 사람들은 무기를 휘둘러대며 돌에다 던지기도 한다. 에뮤에게 문제가 생겼을 때 사람들은 에뮤의 타를로에 간다. 사람들은 이 새들이 하는 것처럼 걷고 달린다. 원주민들은 정말로 뛰어나게 모방한다.

곡식과 같은 식물에게 봉헌된 다른 타를로가 있다. 이러한 경우 사람들이 모방하는 것은 이러한 곡식들을 키질하거나 빻는 데 쓰이는 행동이다. 그리고 일상생활에서 이러한 수고를 보통 여자들이 담당하기 때문에 노래를 부르고 춤을 추며 의식을 행하는 사람도 여자들이다.

2. 모방 의례들의 근거 원칙. 비슷한 것이 비슷한 것을 낳는다는 인류학파의 설명에 관한 고찰

이러한 모든 의례들은 동일한 유형에 속한다. 그것들이 근거하는 원리는 우리가 일반적으로 그리고 부정확하게[18] 공감적 주술(la magie sympathique)이라고 부르는 것의 토대 중 하나이다.

이러한 원리들은 보통 두 가지로 귀결된다.[19]

첫 번째 원리는 이렇게 요약될 수 있다. 어떤 대상에 영향을 미치는 것은 이 대상과 가까운 관계를 맺거나 결속되어 있는 모든 것에 영향을

---

18) 우리는 이 책 692쪽에서 이것이 왜 부정확한지를 설명할 것이다.
19) 이 분류에 대해서는 J.G. Frazer, *Lectures on the Early History of Kingship*, 37쪽 이하; Hubert et Mauss, *Théorie générale la Magie*, 61쪽 이하 참조할 것.

미친다. 따라서 부분에 영향을 미치는 것은 또한 전체에도 영향을 미친다. 한 개인에게 행한 행동은 그 이웃 사람, 친척 그리고 어떤 자격으로든 그와 결속되어 있는 모든 사람들에게 전이된다. 이 모든 경우들은 우리가 이미 연구한 바 있는 전염법칙을 단순히 적용한 것이다. 어떤 상태 또는 좋거나 나쁜 어떤 특질은 한 주체에서 그와 관계를 맺고 있는 다른 주체에게로 전염된다.

두 번째 원리는 보통 다음과 같은 공식으로 요약된다. 비슷한 것이 비슷한 것을 낳는다. 어떤 존재나 어떤 상태에 대한 표상은 이러한 존재 또는 상태를 만들어낸다. 방금 기술한 의례들은 이 격언을 활용하고 있다. 그리고 이러한 의례들 속에서 이 격언이 지닌 특성을 가장 잘 파악할 수 있다. 일반적으로 이 원리가 적용된 전형적인 예로 제시된 주문의 경우는 별로 중요하지 않다. 사실상 주문은 대부분의 경우 단순한 전이현상이다. 어떤 이미지에 대한 관념은 정신 속에서 그 모델의 관념과 연결되어 있다. 따라서 어떤 조각상에게 행해진 행동의 영향은 그 조각상이 표현하고 있는 인물에게 전염적으로 전해진다. 그 원형에 대한 조각상의 기능은 전체에 대한 부분의 기능과 같다. 그것이 전이의 동인(動因)이다. 마찬가지로 사람들은 그들이 저주하고자 하는 사람의 머리카락을 태움으로써 그 사람을 태우는 것과 똑같은 결과를 얻을 수 있다고 생각한다. 이 두 가지 종류의 조작(opération)의 유일한 차이점이란 한 경우에서는 커뮤니케이션이 인접성에 의해서 행해지고, 다른 한 경우에서는 유사성에 의해서 행해진다는 점이다. 그것은 우리의 관심을 끌고 있는 의례들과는 상관이 없다. 의례들은 한 대상에서 다른 대상으로 전해지는 어떤 상태나 특질의 이동을 전제할 뿐 아니라, 완전히 새로운 어떤 것의 창조를 전제로 하고 있다. 동물을 표현하는 행동 하나만으로도 그 동물이 태어나고 창조된다. 바람소리와 떨어지는 물소리를 흉내 냄으로써 구름이 만들어지고 비가 내리게 된다. 물론 주문과 의례, 이 두 경우에 있어서 유사성이 중요한 역할을 하고 있지만, 그 역할은 서로 다르다. 주문에서 유사성은 이미 행해진 행동에 결정된 방향을 각인시켜준다. 유사성은 그 주문에서 나오지 않은 효력을 어떤 방향으로 정해준다. 방금 문제 삼았던 의례들에서는 유사성이 독자적으로 작용하며 직접적으로 효력이 있다. 따라서 통상적인 정의들과는 반대로 이른바 공감적 주술의 두 원리와 거기에 대응되는 의례를 진정으로 구분해주는 것은 주술에는 인접성이 작용하고, 의례에는 유사성이 작용하는 것이 아니다. 둘 사이의 차이란 전자에는 단순한 전염적 커뮤니케이션이 있을 뿐이고, 후자에는 생산과 창조가 있다는 점이다.[20]

모방 의례들을 설명하는 것은 따라서 이 원리들 중 두 번째 것을 설명하는 것이고, 그 역도 성립한다.

우리는 인류학파, 특히 타일러와 프레이저가 제안했던 설명을 논박하는 데 오랜 시간을 보내지 않을 것이다. 성스러운 특성의 전염성을 설명하기 위한 시도로, 그들은 사고의 연상작용에 호소한다. '모방적 주술'(magie mimétique)이라는 표현보다는 '유사요법적 주술'(magie homéopathique)이라는 표현을 더 좋아한 프레이저는 이러한 주술이 "유사성에 의한 사고의 연상작용에 근거해 있다"고 말했다. 마치 전염적 주술(magie contagious)이 그 인접성에 의한 사고의 연상작용에 근거하는 것처럼 유사요법적 주술은 서로 닮은 사물들을 동일한 것으로 가정하는 오류를 범했다.[21] 그러나 이것은 논의되고 있는 의례들의 특성을 오해하는 것이다. 한편으로 프레이저의 공식은

---

20) 우리는 이른바 대립법칙에 대해서 말하는 것이 아니다. 왜냐하면 위베르와 모스가 보여준 것처럼 반대는 유사한 것의 개입을 통해서만 반대를 생산해낼 뿐이기 때문이다(앞의 책, 70쪽).

21) J. G. Frazer, 앞의 책, 39쪽.

주문의 경우에 어느 정도 적합하게 적용될 수 있을 것이다.[22] 여기서는 사실상 서로 다른 두 사물이 그들의 부분적인 유사성에 의해 서로 동일시된다. 그 유사성이 어느 정도 체계적으로 재현하는 것은 바로 이미지와 모델이다. 그러나 우리가 방금 관찰한 모방 의례에는 오직 이미지만 주어져 있다. 모델의 경우는 존재하지 않는다. 왜냐하면 토템종의 새로운 세대는 아직까지 희망, 그것도 불확실한 희망에 불과하기 때문이다. 따라서 잘못되었건 아니건 간에 동일시의 문제가 아니다. 거기에는 진정한 창조가 있다. 우리는 사고의 연상작용이 어떻게 창조에 대한 믿음까지 이르게 되는지를 이해할 수 없다. 어떻게 동물의 움직임을 상징하는 단순한 행동이 그 동물이 태어나서 풍성하게 번식할 것이라는 확신을 줄 수 있을까?

인간 본성의 일반적인 속성들로는 이와 같이 특별한 관행들을 설명할 수 없다. 따라서 이것들이 근거한 원리를 일반적이고 추상적인 형태로 생각하지 말고, 우리가 방금 살펴본바, 그것이 속한 정신적 환경에 다시 놓아보도록 하자. 그리고 위에서 언급된 의례들에서 생겨난 관념과 감정의 총체에다 그 정신적 환경을 결부시켜보자. 그러면 우리는 그 원리가 기인된 원인들을 더 잘 인식할 수 있을 것이다.

이러한 의례들이 거행되는 때 거기 모인 남자들은 자신들이 실제로 동일한 명칭의 동물이나 식물이 된다고 믿고 있다. 그들은 자신들 안에서 식물적 또는 동물적 본성을 느낀다. 그들의 눈에는 이러한 본성이야말로 자신들 속에 있는 가장 본질적이고 가장 훌륭한 모든 것들로 이루어진 것으로 보인다. 일단 모였을 때 해야 할 첫 번째

---

22) 이러한 의미에서 이 공식은 조각상과 저주받은 인물의 동일시가 실제로 존재한다는 사실에 적용된다. 그러나 이러한 동일시가 유사성에 의한 연상작용의 단순한 산물이라는 것은 사실이 아니다. 이러한 현상의 참된 결정 원인은 우리가 밝혀본 바와 같이 종교적 힘의 고유한 전염성이다.

행동은 그들이 자신들에게 부여하고 또 자신들을 정의하는 데 사용하는 이러한 특질을 서로 확인하는 일이다. 토템은 그들의 집결 표지다. 이러한 이유로 우리가 앞서 살펴본 것처럼 그들은 토템을 자신들의 몸 위에 그린다. 그들이 몸짓·외침·태도 등을 통해 토템을 닮고자 하는 것은 자연스러운 일이다. 그들은 에뮤나 캥거루이기 때문에 그 동물들처럼 행동할 것이다. 이러한 방법을 통해서 그들은 서로 자신들이 같은 도덕 공동체의 구성원이라는 것을 보여주고, 그들을 묶고 있는 친족관계를 의식하게 된다. 의례는 이러한 친족관계를 표현하는 것으로 그치지 않는다. 의례는 이러한 관계를 만들거나 다시 만든다. 왜냐하면 그러한 관계란 사람들이 그것을 신뢰하는 만큼 존재하는데, 이러한 모든 집단 공연들은 그 관계가 근거하는 믿음을 유지하는 데 효과가 있기 때문이다. 그러므로 이러한 여러 가지 형태의 도약·외침·움직임은 겉보기에는 이상하고 괴이하게 보이지만, 사실상 인간적이고 심오한 의미를 가지고 있다. 좀더 발전된 종교의 신도가 자신의 신과 닮으려고 애쓰는 것처럼 오스트레일리아 사람들도 자신의 토템과 닮으려고 한다. 이 두 경우 모두 거룩한 존재, 다시 말하면 토템이 상징하는 집단적 이상과 교류하는 방법이다. 이것은 "나는 너의 하나님이다"(ὁμο ἰωσις τωθεῷ)의 최초 형태이다.

그러나 이 첫 번째 이유가 토템 신앙의 가장 특수한 부분과 관련되기 때문에 비슷한 것이 비슷한 것을 낳는다는 원리는 만일 그것이 유일한 것이라면 토템 숭배보다 더 오래 존속했을 리가 없다. 그런데 그 원리에서 파생된 의례들이 발견되지 않는 종교는 없을 것이다. 그러므로 이 첫 번째 이유에 다른 이유가 추가되어야 한다.

사실상 이러한 원리가 적용된 예식들은 우리가 방금 환기한 매우 일반적인(아무리 필수적이라 해도) 목적을 가지고 있을 뿐 아니라 그 외에도 토템종의 재번식을 보장하는 좀더 직접적이고 의식(意識)적인 목적을 지향하고 있다. 따라서 필수적인 재생산에 대한 관념이 신도들의 정신을 사로잡고 있다. 그들의 관심과 의지력이 집중되는 곳이 바로 재생산의 개념이기 때문이다. 그런데 하나의 동일한 관심사가 물질적 형태로 외현되지 않으면 집단 사람들을 이 정도로 사로잡을 수 없다. 모든 사람들이 자신의 씨족을 동물이나 식물의 운명과 연결시키는 이상, 이러한 공통적인 사고가 몸짓에 의해 외적으로 표현되는 것은 불가피한 일이다.[23] 이 역할을 위해 가장 많이 사용되는 몸짓은 이 식물이나 동물을 가장 특징적인 모습으로 표현한다. 이러한 동작들은 직접적이고 거의 자동적으로 공통적 사고를 표현하는데, 사람들의 마음을 가득 채우고 있는 개념에 관심을 가지는 활동이 없기 때문이다. 그러므로 사람들은 동물을 모방하려고 애쓰며, 동물처럼 외치고 동물처럼 뛴다. 또한 식물이 일상적으로 사용되는 장면들도 재현한다. 이 모든 형상화의 방식들은 모든 사람들이 향하는 목표를 공공연하게 제시하는 수단이다. 또한 사람들이 실현시키고 부르고 일깨우고자 하는 사물들에게 말을 건네는 방식이다. 그리고 이러한 필요는 특정한 시대에만 해당되는 것이 아니며, 이러저러한 종교의 믿음에 좌우되는 것도 아니다. 그것은 본질적으로 인간적이다. 때문에 우리가 연구하는 것과는 매우 다른 종교에서도 열렬하게 원하는 어떤 사건을 신들에게 청원하기 위해서 모인 신도들은 그 사건을 형상화해야 한다. 물론 말도 그것을 표현하는 방법이다. 그러나 몸짓 또한 자연스럽다. 몸짓은 유기체에서 매우 자발적으로 솟아난다. 몸짓은 심지어 말보다 먼저 나오기도 하며, 어떤 경우이든 말을 동반한다.

---

23) 이러한 외적인 표시를 결정하는 원인들에 대해서는 이 책 484쪽 이하 참조할 것.

그러나 이 몸짓들이 예식 안에 어떻게 자리를 잡았는지 이해할 수 있다 해도 이러한 몸짓에 부여된 효력을 설명해야 한다. 만일 오스트레일리아 사람들이 계절이 바뀔 때마다 규칙적으로 어떤 몸짓을 반복한다면 그것은 그 몸짓이 의례를 성공적으로 이끄는 데 꼭 필요하다고 생각하기 때문이다. 동물을 모방함으로써 동물을 번식시킨다는 이러한 개념은 어디에서 나올 수 있었을까?

우리가 의례(rite)에서 그 의례가 지향하는 물질적 목적만을 본다면 매우 분명한 오류조차 이해할 수 없을 것 같다. 그러나 우리는 의례가 토템종에게 행사하는 것으로 여겨지는 효과 외에도 거기에 참석하는 신도들의 영혼에 심오한 영향을 끼친다는 것을 알고 있다. 신도들은 그 원인을 확실히 알지는 못하지만 행복(bien-être)에 대한 어떤 느낌을 가지는데, 이 느낌은 충분한 근거가 있다. 예식이 그들에게 유익하다는 것을 그들은 느끼고 있다. 사실 그들은 예식을 통해서 그들의 도덕적 존재를 회복한다. 이러한 행복감이 의례가 성공했고 의도한 바대로 되었으며, 이루고자 한 목적을 달성했다는 느낌을 어떻게 주지 않을 수 있겠는가? 의식(意識)적으로 추구된 유일한 목적은 토템종의 번식이며, 이것은 사용된 방법들에 의해 보장되는 것 같다. 이렇게 해서 이 방법들의 효과가 입증된다. 그러므로 사람들은 그 자체로는 아무것도 아닌 몸짓에다 창조적인 효능을 부여하기에 이르렀다. 현실적인 의례의 도덕적 효력은 상상적인 물리적 효력을 믿게 만들었다. 전체의 효력은 따로 떨어진 각 부분의 효력을 믿게 만든다. 예식 전체가 만들어내는 진실로 유용한 효과들은 예식을 구성하고 있는 기본적인 의례들의 실험적 정당화와 같다. 현실적으로 이러한 모든 의례들이 성공에 꼭 필요한 것은 아니다. 이 의례들이 그 자체로 아무런 작용을 할 수 없음을 증명하는 것은 그 실행 의례들이 매우 다른 성격을 띤 다른 의례들과 대치되어도 최종 결과가 변함이 없다는 점이다. 모방 의례 없이 헌신만으로 이루어진 인티츄마 축제들이 있는 것 같다. 또 헌신이 없이 순수하게 모방적인 축제들도 있다. 하지만 그것들 둘 다 동일한 효과를 가진 것으로 여겨진다. 따라서 사람들이 이 여러 가지 조작을 중시한다면 그것들이 고유한 가치를 가지고 있어서가 아니다. 그것들이 전반적으로 유용하다고 생각되는 어떤 복잡한 의례의 한 부분이기 때문이다.

우리는 주위에서 그것을 관찰할 수 있기 때문에 이러한 정신상태를 더욱 쉽게 이해할 수 있다. 특히 매우 문명화된 사람들과 발달된 환경에서도 계속해서 이러한 숭배를 행하는 신자들을 자주 발견할 수 있다. 그 신자들은 별개로 여겨지는 각 의례에다 교리가 부여하는 특별한 효력에 의심을 품으면서도 그렇게 한다. 그들은 규정된 계율들의 세부적인 내용이 이성적으로 정당한지 확신하지 못한다. 그러나 그들은 고통스러운 도덕적 혼란에 빠지지 않고는 계율로부터 벗어나는 것이 불가능하다는 것을 느끼고 있다. 그들에게서 믿음이 그 지적인 뿌리를 상실했다는 사실 자체가 그 믿음이 근거한 심오한 이유들을 분명하게 알려준다. 이러한 이유로 단순한 합리주의는 때로 의례 규정들을 쉬운 비평에 종속시킨다. 그러나 이러한 쉬운 비평은 일반적으로 신도들을 무관심하게 내버려 둔다. 종교의식을 진정으로 정당화하는 것은 그러한 의례들이 추구하는 외적인 목적이 아니라 그것들이 마음에 미치는 보이지 않는 작용과 우리의 정신상태에 영향을 미치는 방식이다. 마찬가지로 설교자들이 설득하고자 할 때 그들은 직접적으로 그리고 체계적인 증거들에 의해서 어떤 특별한 명제의 진리나 이러저러한 계율의 유용성을 확립하려고 하지 않는다. 오히려 그들은 예배를 규칙적으로 거행함으로써 얻어지는 도덕적 위안을 각성시키거나 재각성시키려고 애쓴다. 이와 같이 설교자들은 증거보다 우선하는 믿음, 지성으로 하여금 논리적 이성의 부족함을 간과하게 하는 믿음, 받아들여지기를 바라는 명제들을 받아들이도록 준비시키는 믿음의 성향을 만들어낸다. 이러한 호의적인 편견, 믿고 싶은 충동이 바로 믿음을 구성하는 것이다. 그리고 신도에게 기독교인이건 오스트레일리아 사람이건, 그가 누구이건 의례의 권위를 만들어 주는 것은 바로 믿음이다. 기독교인의 우월성이란 기독교인은 자신의 신앙이 비롯되는 심리 과정들을 보다 잘 설명한다는 점이다. 즉 기독교인은 "믿음으로 구원을 얻는다"는 사실을 알고 있다.

믿음이 어떤 의미에서 "경험으로 헤아릴 수 없는"[24] 것은 그것이 바로 이러한 기원을 가지고 있기 때문이다. 만일 인티츄마에서 때때로 나타나는 실패가 그 의례에 대한 오스트레일리아인의 믿음을 동요시키지 않는다면 그것은 그가 영혼의 모든 힘을 다해서 주기적으로 자신을 새롭게 하는 이러한 의례들에 애착하기 때문이다. 따라서 그는 저항하는 자신의 전 존재를 정말로 전복시키지 않고는 그 원리 즉 본체를 부정할 수 없을 것이다. 그러나 이러한 저항력이 아무리 크다고 해도 이 저항력은 종교적 심리상태와 인간심리의 다른 형태들, 심지어는 종교적 심리상태와 가장 대립되어 왔던 형태들조차도 철저하게 구분하지 못한다. 이러한 관점에서 보면 학자의 정신상태는 그전 사람의 정신상태와 정도의 차이만 있을 뿐 별반 다른 것이 없다. 과학적 법칙이 수많은 다양한 경험의 권위를 가지고 있을 때, 그 법칙과 모순되어 보이는 어떤 사실을 발견했다고 해서 너무나 쉽게 과학 법칙을 부인하는 모든 방법에 저항한다. 어떤 사실을 해석하는 방법이 오직 한 가지만 있는 것은 아니다. 또한 파기해야 할 명제를 포기하지 않고서는 그 사실을 설명할 수 없다는 것을 확신해야 한

---

24) L. Lévy-Bruhl, *Les Fonctions mentales dans les sociétés inférieures*, 61~68쪽.

다. 따라서 오스트레일리아 사람들이 인티츄마의 실패를 어떤 저주의 탓으로 돌리거나 올된 추수의 풍성함을 그보다 먼저 거행된 어떤 신비한 인티츄마의 덕분으로 돌릴 때도 그는 특별히 다른 방식을 사용하는 것이 아니다. 그는 반대의 사실에 의거해서도 자신의 의례를 의심하지 않을 정도로 확고하다. 왜냐하면 의례의 가치는 상당수의 일치되는 사실에 의해 확립되기 때문이다. 우선, 예식의 도덕적 효과는 현실적이며, 거기에 참석한 모든 사람들이 그 효과를 직접적으로 느낀다. 거기에서는 끊임없이 갱신되는 경험을 한다. 어떤 모순적인 경험도 그 중요성을 약화시키지 못한다. 게다가 물리적 효과 그 자체는 객관적인 관찰 자료들 안에서 적어도 하나의 명백한 확증을 찾아낼 수가 있다. 사실상 토템종이 정규적으로 번식하는 것은 정상적인 일이다. 따라서 대개의 경우 의례의 몸짓들이 정말로 그들이 기대하는 효과를 만드는 것처럼 모든 일들이 일어난다. 실패는 예외이다. 의례들 특히 주기적인 의례들은 자연에게 자연의 정규적인 코스를 따라가는 것 이상 다른 것을 요구하지 않기 때문에 대개의 경우 자연이 의례들에게 복종하는 것처럼 보이는 것은 놀라운 일이 아니다. 그러므로 만일 신자가 경험의 어떤 교훈들에 순종하지 않는 태도를 보이는 경우가 있다면 그것은 그가 좀더 설득력 있는 다른 경험들에 의거하고 있기 때문이다. 학자라고 해서 달리 행하는 것이 아니다. 그는 좀더 많은 방법을 도입할 뿐이다.

그러므로 프레이저가 주장한 것처럼[25] 주술은 종교가 파생되어 나온 최초의 사실이 아니다. 오히려 그와는 반대로 주술사의 기교의 근거인 계율(précepte)들이 종교 관념의 영향으로 구성되었다. 그리고 이러한 계율들이 완전히 속된 관계들에 적용된 것은 오직 이차적인

---

25) J.G. Frazer, *Golden Bough*, I, 69~75쪽.

확장에 의한 것이다. 우주의 모든 힘이 성스러운 힘의 모델에 따라 인식되었기 때문에 성스러운 힘에 내재된 전염성이 우주의 힘까지 확장되었다. 그리고 사람들은 특정 상황에서는 신체의 모든 특성들이 전염적으로 전이될 수 있다고 믿었다. 마찬가지로 비슷한 것이 비슷한 것을 만들어낸다는 원칙이 어떤 종교적 필요성을 만족시키기 위해 일단 확립되면 일종의 자발적 일반화에 의해서 그 원칙은 의례적 기원들로부터 떨어져 나와 하나의 자연법칙이 되어버린다.[26] 그러나 이러한 주술의 기본 명제들을 이해하기 위해서 그 명제들을 그것이 생겨난 본래의 종교적 상황 속에 놓아둘 필요가 있다. 또한 그러한 종교적 상황만이 우리에게 그 명제들을 설명해 줄 수 있다. 그러한 명제를 고립된 개인 또는 주술사들만의 작품으로 여긴다면 우리는 어떻게 인간 정신이 주술에 대한 개념을 가질 수 있었는지 자문하게 될 것이다. 왜냐하면 일상경험에서는 그 어느 것도 주술의 명제들을 암시할 수도, 검증할 수도 없기 때문이다. 특히 어떻게 해서 이와 같이 기만적인 기교가 그렇게 오랫동안 인간의 신뢰를 받아왔는가를 설명할 수 없다. 그러나 만일 주술이 불러일으키는 믿음이 일반적인 종교적 믿음의 특수한 한 경우이며, 그 믿음이 적어도 간접적으로 집합적 흥분의 산물이라는 사실을 깨닫게 되면 이러한 의문은 사라진다. 즉 우리가 지금까지 논의해온 의식체계를 지칭하기 위해 공감적 주술이라는 표현을 사용하는 것은 매우 부적절하다. 공감적 의

---

26) 우리는 주술 없는 종교가 존재했던 시대가 있었다는 것을 말하고자 하는 것이 아니다. 물론 종교가 형성되어 감에 따라 그 원리들 중 어떤 것들은 비종교적인 관계에까지 확산되었고, 종교는 이와 같이 다소간 발전된 주술에 의해서 완성되었다. 그러나 만일 관념과 실행이라는 이러한 두 체계가 서로 다른 역사적 국면에 일치하지 않는다고 해도 이 두 체계 사이에는 특정한 파생관계가 존재한다. 이것이 바로 우리가 확립하고자 했던 것이다.

례들이 있지만, 그것들은 주술에만 나타나는 특성은 아니다. 종교에서도 이러한 의례들을 발견할 뿐 아니라 주술이 그러한 의례들을 종교로부터 받아들인 것이다. 따라서 우리가 그러한 의례들에게 붙인 명칭에 의해 특별히 주술적인 어떤 것을 만들려고 한다면 혼동을 야기할 뿐이다.

우리가 분석한 결과는 위베르(M. M. Hubert)와 모스(Mauss)가 주술을 직접 연구함으로써 얻었던 사실들과 연결되고 또 그것들을 확증해준다.[27] 그들은 주술이 훼손된 과학에 근거한 조잡한 술책과는 전혀 다른 것임을 밝혀주었다. 주술사가 사용하는 외견상 완전히 속된 메커니즘의 배후에서, 그들은 종교 관념의 전체 배경과 주술이 종교에서 차용해 온 모든 힘의 세계를 보여주었다. 우리는 이제 왜 주술이 종교적 요소들로 가득한지를 이해할 수 있다. 주술이 종교에서 태어났기 때문이다.

3. 앞에서 말한 원리는 인과법칙에 대한 최초의 언술 가운데 하나로 여겨졌다

그러나 방금 설명한 원리가 단지 의례적인 기능만 가진 것은 아니다. 그 원리는 지식이론과 직접 관련된다. 사실상 그것은 인과법칙의 구체적인 진술이며, 아마도 이제까지 존재했던 인과법칙의 가장 원시적 표현들 중 하나일 것이다. 인과관계에 대한 모든 개념은 비슷한 것이 비슷한 것을 만들어낸다는 원리에 부여된 힘 속에 함축되어 있다. 이러한 개념은 원시적 사고를 지배한다. 왜냐하면 이러한 개념은 숭배의식의 근거인 동시에 주술사의 테크닉의 근거로 이용되기 때문이다. 따라서 모방 의례들이 의존하고 있는 격언(비슷한 것이 비

---

27) Hubert·Mauss, 앞의 책, 108쪽 이하.

숫한 것을 만들어 낸다)의 기원은 인과법칙의 기원을 밝혀 줄 수 있다. 모방 의례의 기원은 우리로 하여금 인과법칙의 기원을 이해하도록 도와준다. 그리고 우리는 모방 의례가 사회적 원인들의 산물이라는 것을 밝힌 바 있다. 집합적 목적을 위해서 그것을 고안해 낸 것은 바로 집단들이다. 또한 그 모방 의례가 표현하는 것은 바로 집합 감정이다. 따라서 인과법칙에도 동일한 현상이 나타난다고 가정할 수 있다.

사실상 인과법칙을 구성하는 여러 가지 요인들이 이러한 기원을 가지고 있다는 것을 입증하기 위해서는 인과법칙을 분석해보는 것으로 충분하다.

첫째, 인과관계의 개념 속에 함축되어 있는 것은 효력·생산력·활동력의 개념이다. 우리는 일반적으로 원인이란 결정적인 변화를 만들어낼 수 있는 것이라고 이해한다. 원인은 자체 속에 있는 힘을 발휘하기 이전에 존재하는 힘이다. 효력이란 이것과 동일하지만 현실화된 힘이다. 인류는 항상 역동적인 용어로 인과성을 표현했다. 물론 어떤 철학자들은 이러한 개념에 모든 객관적 가치를 부여하기를 거부했다. 그들은 인과성의 개념 속에서 사물 안에 있는 어떤 것과도 일치하지 않는 상상력의 자의적 구조만 본다. 그러나 우리는 그 개념이 현실에 근거한 것인지 아닌지를 자문해볼 필요가 없다. 우리는 그러한 개념이 존재한다는 것, 또한 그것이 공동의 정신상태의 한 요소를 구성하고, 또한 구성해 왔다는 것을 검증해보는 것으로 충분하다. 인과성의 개념을 비평하는 사람들도 이 점은 인정하고 있다. 우리의 직접적인 목표는 그 개념이 논리적으로 가치가 있는지가 아니라 어떻게 설명되는지를 밝혀보는 것이다.

따라서 인과 개념은 사회적 원인에 좌우된다. 사실들에 대해 분석해보니 전형적인 힘의 개념이 마나, 와칸, 오렌다, 토템 본체처럼 사물들 속에 투사되고 그 속에서 객관화된 집합적 힘에 붙여진 명칭이라는 것을 알게 되었다.[28] 인간들이 이와 같이 표현한 최상의 힘이란 사회가 그 구성원들에게 행사하는 힘이었던 것 같다. 추론해보면 이러한 관찰의 결과가 확증된다. 사실상 힘·효력·동인(force agissante) 등의 개념이 왜 다른 근원에서 유래될 수 없었는지를 밝히는 것도 가능하다.

우선 이러한 개념이 외적인 경험에서 올 수 없다는 것은 명백하며 만인에게 인정된 바이다. 감각들은 공존하거나 뒤이어 일어나는 현상들만을 우리에게 보여준다. 그러나 감각이 인식하는 것들 중 어떤 것도 우리에게 이른바 능력이나 힘의 특징인 강제적이고 결정적인 활동의 개념을 줄 수 없다. 감각은 실현되고 획득되고 서로 서로 외적인 상태들에만 미칠 뿐이다. 감각은 이러한 상태들을 연결시켜주는 내적인 과정을 포착하지 못한다. 감각이 우리에게 가르쳐주는 어떤 것도 우리에게 영향이나 효력 개념을 제시하지 못할 것이다. 바로 이러한 이유 때문에 경험주의 철학자들은 이러한 여러 가지 개념들을 신화적인 착란으로 여겼다. 그러나 이것들이 모두 환각이라고 가정하더라도 이러한 환각들이 어떻게 생겼는지는 밝혀 봐야 한다.

만일 외적인 경험이 이러한 개념들의 기원과 아무런 연관이 없다면 그리고 그 개념들이 완전히 만들어진 채 우리에게 주어졌다는 것 또한 인정할 수 없다면 그 개념들이 내적인 경험에서 기인되었다고 가정할 수 있을 것이다. 사실상 힘의 관념은 우리의 심리적 삶에서만 차용될 수 있는 많은 영적인 요소를 분명히 포함하고 있다.

우리의 의지로 하여금 숙고를 종결하고, 성향을 억제하며, 우리의 각 기관에 명령을 내리는 행동이 이러한 구조의 모델로 사용될 수 있

---

28) 이 책, 441~444쪽 참조할 것.

었다고 사람들은 종종 믿었다. 의지력 안에서 우리는 행동력을 직접적으로 인지하게 된다고 흔히 이야기한다. 따라서 일단 사람이 이러한 개념을 가지게 되면 그는 힘의 관념을 확립하기 위해 사물들에게로 그것을 확장시켰던 것 같다.

정령 숭배 이론이 증명된 진리로 여겨지는 한, 이러한 설명은 역사에 의해서 확증될 수 있을 것 같다. 만일 처음에 세상을 가득 채운 힘들이 사실상 영들이었다면, 다시 말해서 어느 정도 인간과 비슷한, 인격적이고 의식(意識)이 있는 존재였다면 우리는 개인적 경험을 통해 힘 개념의 구성요소들을 충분히 알 수 있다고 생각할 것이다. 그러나 사람들이 상상했던 최초의 힘들은 이와는 반대로 익명적이고 모호하고 확산된 능력이다. 이러한 능력들은 비인격적이라는 점에서 우주적 힘과 유사하다. 결과적으로 그것들은 인간의 의지자용인 인격적 힘과 가장 첨예하게 대조되는 힘이라는 것을 우리는 알고 있다. 따라서 이 힘들이 이러한 인간 의지의 이미지로 인식되었다는 것은 불가능한 일이다.

게다가 이러한 가설로는 설명되지 않는 비인격적 힘들의 본질적인 특성이 하나 있다. 이것은 바로 비인격적 힘의 전달 가능성(communicabilité)이다. 자연의 힘들은 한 대상에서 다른 대상으로 이동하기 쉽고, 서로 섞이고 혼합되며, 서로 변형될 수 있는 것으로 항상 인식되어 왔다. 이것이 바로 자연의 힘이 지닌 설명적 가치를 부여해 주는 속성이다. 왜냐하면 결과가 단절 없이 원인과 연결될 수 있는 것은 바로 이러한 속성 덕분이기 때문이다. 그러나 '자아'(moi)는 정확하게 반대되는 특성을 가지고 있다. 자아는 전달되지 않기 때문이다. 그것은 토대를 바꿀 수 없고, 어떤 것에서 다른 것으로 확장될 수도 없다. 또한 자아는 은유에 의해서만 전파된다. 그러므로 자아가 결정하는 방식과 결정된 것을 실행하는 방식은 에너지에 대한 관념을 결코 제시하지 못한다. 에너지는 전달 가능하고, 다른 것들과 혼합될 수도 있으며, 이러한 혼합과 섞임에 의해 새로운 결과를 만들어 낼 수도 있다.

이와 같이 인과관계의 개념 속에 함축되어 있는바, 힘의 개념은 틀림없이 이중적 특성을 나타내게 된다. 첫째, 그러한 개념은 우리의 내적 경험에서 유래될 수밖에 없다. 우리가 직접 습득할 수 있는 유일한 힘은 필연적으로 도덕적인 힘이다. 그러나 동시에 그 힘들은 당연히 비인격적이다. 왜냐하면 비인격적 힘의 개념이 가장 먼저 구성되어야 하기 때문이다. 그러므로 이러한 두 가지 조건을 만족시키는 유일한 힘은 공동생활로부터 나온 힘들이다. 그것들은 바로 집합적 힘이다. 사실상 한편으로 그 힘들은 전적으로 정신적인 힘이다. 그 힘들은 오로지 객관화된 관념들과 감정들로 이루어져 있다. 그러나 다른 한편으로 그 힘들은 당연히 비인격적인 힘이다. 왜냐하면 그 힘들은 협동의 산물이기 때문이다. 모든 사람의 작품이기 때문에 그 힘은 특정 개인의 것이 아니다. 그 힘들은 머물고 있는 주체들의 인격에 별로 집착하지 않으므로 결코 거기에 고정되지 않는다. 그 힘들은 외부로부터 주체들에게 침투한 것이기 때문에 또한 항상 거기에서 벗어날 준비가 되어 있다. 그 힘들은 자신들로부터 좀더 멀리 퍼져서 새로운 영역들로 침범하려는 성향이 있다. 이러한 힘보다 더 전염적이고, 결과적으로 더 전달이 잘 되는 것이 없다는 것을 우리는 알고 있다. 물론 물리적 힘도 같은 특성을 가지고 있다. 그러나 우리는 그것을 직접적으로 인식할 수 없다. 심지어 있는 그대로 이해할 수조차 없다. 왜냐하면 물리적 힘은 우리의 외부에 존재하기 때문이다. 내가 장애물에 부딪칠 때 나는 거북하거나 불편한 느낌을 갖는다. 그러나 이러한 느낌을 일으키는 힘은 내 속에 있는 것이 아니고 장애물 속에 있다. 따라서 그 힘은 나의 인식 범주 밖에 있다. 우리는 또 그 힘의 효과들을 인식하고 있다. 그러나 그 힘 자체까지는 도달할 수 없다. 그것은 사회적 힘들과는 다르다. 사회적 힘들은 우리가 알고 있는 것처럼, 활동의 산물이 아니라 우리 내면적 삶의 한 부분이다. 즉 우리는 그 힘들이 작용하는 것을 볼 수 있다. 성스러운 존재를 구분하고 속된 존재들을 멀리하는 힘은 사실상 성스런 존재 안에 있는 것이 아니다. 그 힘은 신도들의 마음속에서 살고 있다. 따라서 어떤 행동들을 금지하거나 다른 것들을 명령하기 위해서 그 힘이 그들의 의지에 작용하는 순간 신도들은 그 힘을 느낀다. 한마디로 그 힘이 외적 대상에서 온 경우 우리에게서 빠져나가는 강제적이고 필연적인 이러한 작용을 우리는 실물 그대로 파악한다. 왜냐하면 그러한 작용이 완전히 우리 안에서 일어나기 때문이다. 물론 우리가 항상 적합한 방법으로 그 힘을 해석하는 것은 아니다. 그러나 적어도 우리는 그 힘을 인식하지 않을 수 없다.

게다가 힘의 개념은 그 기원의 표지를 분명하게 지니고 있다. 사실상 힘의 개념은 능력의 개념을 내포한다. 그것 또한 주도권·지배권·우월권 등의 관념과 동시에 의존과 종속 개념 없이는 성립될 수 없다. 따라서 이 모든 개념들이 표현하는 관계들은 분명히 사회적이다. 존재들을 우월한 것과 열등한 것으로, 명령하는 주인과 복종하는 하인으로 분류하는 것은 바로 사회이다. 우월한 존재와 주인의 명령을 효력 있게 하고 권력을 구성하는 이러한 특성을 부여한 것이 바로 사회이다. 그러므로 모든 것은 인간 정신이 인식한 최초의 힘이 바로 사회가 조직되면서 세워진 힘이라는 것을 입증하는 경향이 있다. 물리세계의 힘들은 바로 사회의 이미지에 따라서 인식되었다. 또한 인간은 스스로를 육체를 지배하는 힘으로 인식하는 데까지 이르지 못했다. 다시 말하면 사회생활로부터 얻은 개념을 도입하지 않고서는 그 힘들이 머물고 있는 자신을 자기 육체의 지배력으로 생각하지 못했다. 사실상 인간은 자신과 물리적인 분신을 구분하고, 스스로에게 육신에 비해 일종의 우월한 권위를 부여해야만 했다. 한마디로 인간들은 자신을 영혼으로 생각했던 것이다. 사실상 인간은 자신이 존재한다고 믿는 힘을 언제나 영혼의 형태로 표현했다. 그러나 우리는 영혼이 움직이며 생각하고 느끼는 추상적 능력에 부여된 명칭과 매우 다른 것임을 알고 있다. 영혼은 무엇보다도 먼저 종교적 본체이며 집합적 힘의 특별한 양상이다. 요컨대 인간은 영혼, 결과적으로 힘을 느낀다. 왜냐하면 그는 사회적 존재이기 때문이다. 비록 동물이 인간과 똑같이 사지를 움직이고 똑같은 근육작용을 한다 해도 그 무엇도 동물이 스스로를 적극적이고 효과적인 원인으로 인식한다고 전제하지 못한다. 그것은 바로 동물은 영혼을 가지지 못하기 때문이다. 더 정확하게 말하면 동물이 자신에게 영혼을 부여하지 못하기 때문이다. 그러나 동물이 자신에게 영혼을 부여하지 못하는 것은 동물이 인간의 사회생활과 비교될 만한 사회생활에 참여하지 않기 때문이다. 동물들에게는 문명과 유사한 것이 아무것도 없다.[29]

그러나 힘의 개념이 인과 원칙의 전부는 아니다. 인과관계의 원칙은 다음과 같이 진술하는 판단 속에 존재한다. 즉 모든 힘은 일정한 방식으로 전개되며, 그 전개의 각 순간에 힘이 존재하는 상태가 그 이후의 상태를 예정한다는 것이다. 사람들은 첫 번째 것을 원인, 두 번째 것을 결과라고 부른다. 인과론적인 판단은 모든 힘의 이러한 두 순간 사이에 필연적인 관계가 존재한다고 단언한다. 지성은 모든 증거를 제시하기 전에 이 관계를 생각하면서 그 관계는 벗어날 수 없는 일종의 강제라고 가정한다. 사람들은 그것을 이른바 선험적인 것(a

---

29) 물론 동물사회도 존재한다. 하지만 사회라는 말이 인간이나 동물에게 적용되는 경우 완전히 동일한 의미를 갖지 못한다. 제도는 인간사회의 특징적인 산물이다. 동물사회에는 제도가 존재하지 않는다.

priori)이라고 생각한다.

경험주의는 이러한 선험론과 필연성을 설명하는 데 결코 성공할 수 없었다. 경험주의 학파의 철학자들은 습관에 의해서 보강된 개념의 연상작용이 어떻게 기대 상태와는 다른 것, 어느 정도 강화된 성향, 결정된 순서에 따라 연상되는 관념들을 만들 수 있는지를 설명하지 못했다. 그러나 인과법칙은 전혀 다른 특성을 가지고 있다. 그것은 단지 어떤 방식으로 전개되는 우리 사고의 내적 성향에 불과하지 않다. 그것은 우리의 표상 중 외적이고 우월한 규범이다. 그 규범은 우리의 표상을 지배하며 강압적으로 규정한다. 그것은 영혼을 연결하고, 초월하는 권위를 부여받았다. 즉 영혼이 인과법칙을 만들지 않았다는 말이다. 이러한 관계에서 영혼은 개인의 습관을 세습적 습관으로 대치하는 데 아무런 도움이 되지 않는다. 왜냐하면 습관이 한 개인의 생애보다 더 오래 지속된다는 이유로 습관이 그 본질을 바꿀 수 없기 때문이다. 습관은 단지 더 강해질 뿐이다. 본능은 규칙이 아니다.

우리가 연구해온 의례들은 지금까지 별 의심받지 않은 이러한 권위의 근원을 엿볼 수 있게 해준다. 사실상 모방 의례들이 실행한 인과법칙이 어떻게 생겨났는지 환기해보자. 단 한 가지 관심에 사로잡힌 채 집단은 모인다. 만일 그 집단이 지니고 있는 명칭의 종(種)이 번식하지 못한다면 그 씨족은 망하는 것이다. 그 모든 성원들을 부추기는 공통 감정은 어떤 몸짓들에 의해 외적으로 표현되는데, 그 몸짓들은 같은 상황일 때는 항상 동일하다. 일단 예식이 행해지고 나면 앞에서 설명된 이유들 때문에 원하는 결과가 얻어진 것으로 여겨진다. 따라서 이러한 결과에 대한 관념 그리고 결과에 우선하는 몸짓들에 대한 관념 사이에 연상작용이 일어난다. 그리고 이러한 연상 작용은 주체에 따라 변하지 않는다. 이 연상작용은 의례를 행하는 모든 사람들에게 동일하다. 왜냐하면 그것은 집합적 경험의 산물이기 때문이다. 하지만 다른 어떤 요소가 개입하지 않는다면 집합적 기대의 상태가 만들어진다. 일단 모방적 몸짓들이 행해지고 나면 정도의 차이는 있지만 모든 사람은 어느 정도 자신감을 가지고 바라던 사건이 곧 나타나기를 기대할 것이다. 그렇다고 해서 강제적인 사고의 규칙이 구성되지는 않을 것이다. 그러나 가장 중요한 사회적 관심사가 걸려 있기 때문에 사회는 상황에 따라 사물들이 제멋대로 길을 가도록 놔둘 수가 없다. 따라서 사회는 자신의 필요에 적합하도록 사물들의 운행을 규제하기 위해 적극적으로 개입한다. 사회는 사회를 유지하는 데 없어서는 안 될 이러한 예식을 필요할 때마다 반복할 것을 요구한다. 결과적으로 성공의 조건인 동작들을 규칙적으로 수행할 것을 요구한다. 사회는 그 동작들을 강제로 부과한다. 그런데 동작들은 정신의 특정한 태도를 전제로 한다. 그 반작용으로 이러한 태도 역시 동일한 강제의 특성을 지니고 있다. 동물이나 식물을 번식시키기 위해 그들을 모방해야 한다고 규정하는 것은 유사한 것이 유사한 것을 만든다는 원리를 의심의 여지 없는 공리로 인정하는 것이다. 여론은 각 개인으로 하여금 그의 행동에서 이 원칙을 범하지 못하도록 함으로써 이론적으로도 이 원칙을 부정하지 못하게 한다. 따라서 사회는 이 원칙에서 파생된 모든 관행들과 함께 이 원칙을 부과한다. 따라서 의례적 계율은 논리적 계율의 두 배가 된다. 논리적 계율은 의례적 계율의 지적 양상에 불과하다. 이 두 권위는 똑같은 근원, 즉 사회에서 나온 것이다. 사회가 고취시키는 존경심은 사회가 그 가치를 부여하는 행동양식과 마찬가지로 사고방식에도 전달된다. 사람들은 주위 여론의 장애에 부딪히지 않고는 행동양식들과 사고방식에서 벗어날 수 없다. 때문에 행동양식들이 즉각적으로 의지의 복종을 요구하는 것과 마찬가지로 사고방식들은 모든 검열에 앞서 지성의 지지를 필요로 한다.

우리는 이 예를 통해서 인과 개념, 좀더 일반적으로 범주 개념에 대한 사회학적 이론이 어떻게 이 문제에 대한 고전적 이론들을 일치시키면서도 거기에서 멀어졌는지 다시 한 번 확인할 수 있다. 선험론과 더불어 사회학적 이론은 인과관계의 필연적이고 선결적인 특성을 지니고 있다. 그러나 사회학적 이론은 그 특징을 확인하는 데 그치지 않는다. 이 이론은 경험주의자들처럼 설명한다는 구실로 인과성을 사라지게 하지 않으면서도 그것을 설명한다. 또한 이 이론은 개인적인 경험이라는 이유로 부분을 부정하지도 않는다. 개인 스스로가 현상들의 규칙적인 연속성을 관찰하여 규칙성에 대한 어떤 감각을 얻게 된다는 것은 의심할 바가 없다. 그러나 이러한 감각이 인과관계의 범주는 아니다. 감각은 개인적이며 주관적이고 전달될 수 없는 것이나. 우리는 개인적으로 관찰함으로써 스스로 이러한 감각을 만든다. 그러나 범주는 집단의 산물이며 완전히 만들어져서 우리에게 주어진다. 범주는 우리의 경험적 사실들이 배열되고, 그것들을 생각하게 하는, 다시 말하면 어떤 시각으로 그것들을 보게 하는 틀이다. 그 시각 덕분에 우리는 어떤 논제들에 대해 의견이 일치될 수 있다. 물론 이러한 틀이 내용에 적용될 수 있다면 그것은 내용이 지니고 있는 소재(matière)와도 관련되지 않을 수 없다. 그러나 틀은 소재와 혼동되지 않는다. 틀은 소재를 초월하며 소재를 지배한다. 왜냐하면 그것은 다른 기원을 가지고 있기 때문이다. 그것은 개인적 경험의 요약이 아니다. 그것은 무엇보다도 공동생활의 요구에 대응하기 위해 만들어진 것이다.

요컨대 경험주의의 오류는 인과관계를 사변적인 사고의 복잡한 구조와 어느 정도 방법론적인 일반화의 산물로만 보는 것이었다. 그러므로 순수한 사색 자체만으로는 일시적이고 가설적이며, 어느 정도 그럴듯하기는 하지만 항상 의심을 받을 수밖에 없는 관점들만 만들 수 있을 뿐이다. 왜냐하면 장래에 어떤 새로운 관찰이 그것을 파기하지 않는다는 확신이 없기 때문이다. 그러므로 정신이 기탄없이 절대적으로 받아들이고, 또 받아들여야 하는 공리는 이러한 근원에서 나올 수가 없다. 행동의 필요성, 특히 집합행동의 필요성만이 명백하고 단호하며, 어떠한 모순도 인정하지 않는 범주적인 공식으로 표현될 수 있고, 또 그래야만 한다. 왜냐하면 집합적 움직임은 합의된다는 조건에서만, 결과적으로 통제되고 규정된다는 조건에서만 가능하기 때문이다. 그것은 어떤 망설임이나 무질서의 근원을 배제한다. 집합적 움직임 그 자체는 일단 확립되면 개인에게 그것을 강제하는 조직화의 성향이 있다. 그리고 행동이 지성 없이 행해지지 않는 것처럼 지성도 행동과 같은 길을 가게 되며, 실행이 요구하는 이론적 공리들을 논쟁 없이 수용한다. 사고의 명령은 아마도 의지의 명령의 다른 면에 불과하다.

게다가 인과 개념의 완전한 이론으로서 선행하는 견해들을 제시할 생각은 추호도 없다. 문제는 너무 복잡하기 때문에 이런 식으로 해결될 수 없다. 인과성의 원리는 시대와 지역에 따라서 여러 가지 다른 방법으로 이해되었다. 심지어 같은 사회라고 할지라도 사회 환경과 그 원리가 적용되는 자연계에 따라서 달리 나타났다.[30] 따라서 인과성이 역사의 흐름 속에서 보여준 형식들 중 단 한 가지에 대해 숙고

---

30) 원인이라는 개념은 학자와 과학적 교양이 결여된 사람에게 동일하게 이해되지는 않는다. 다른 한편으로 우리의 동시대인들 중 대다수는 인과관계 원칙을 사회적 사건에 적용하는가, 아니면 물리화학적 사건에 적용하는가에 따라서 다르게 이해하고 있다. 사람들은 사회 질서에서의 인과성을 이상하게도 그렇게 오랫동안 주술의 근거가 되었던 개념과 비슷한 개념으로 이해하고 있다. 심지어 심리학자와 생물학자가 인과적 관계를 같은 방식으로 표현하고 있는지 자문해볼 수 있다.

한 후 그것이 근거하고 있는 원인과 조건들을 정확하게 결정하는 것은 불가능할 것이다. 우리가 언급했던 관점들은 조절되고 완성되어야 하는 단순한 지표로 여겨져야 한다. 하지만 우리가 숙고해 온 인과법칙이 존재하는 가장 원시적인 법칙들 중 하나임은 분명하기 때문에, 또한 그 법칙이 인간의 사고와 산업발전에 상당한 역할을 했기 때문에 그것은 특별대우를 할 만한 경험이 된다. 따라서 위에서 언급한 고찰들은 상당한 정도로 일반화할 수 있다는 추정이 가능하다.

제4장 적극적 숭배 3

재현의례 또는 기념의례

앞의 두 장(章)에서 다루었던 적극적 의례(rite)에 대한 설명은 그러한 의례에다 무엇보다도 도덕적·사회적 의미를 부여해준다. 신도가 적극적 의례에 부여하는 물리적 효력은 해석의 산물인데, 이러한 해석이 그 의례의 본질적인 존재 이유를 은폐하고 있다. 적극적 의례가 물리적인 영향력을 가진 것으로 여겨지는 이유는 그것이 개인과 집단을 도덕적으로 회복시키는 데 기여하기 때문이다. 그러나 우리가 이러한 가설로 사실을 설명할 수 있다 하더라도 이 가설이 직접적으로 증명되었다고 말할 수는 없다. 첫째, 이 가설은 우리가 분석한 의례의 메커니즘의 본질과 매우 어설프게 일치된다. 적극적 의례들이 봉헌으로 이루어졌건 모방 의례로 이루어졌건 그 몸짓들은 순수하게 물질적인 목적을 겨냥하고 있다. 그 몸짓들은 토템종을 번식시키려는 목적만 가지고 있거나 그렇게 보인다. 이러한 상황에서 그것의 진정한 역할이 도덕적 목적에 쓰이는 것이라면 놀라운 일이 아닌가?

스펜서와 길런이 그 몸짓의 물리적인 기능을 과장했을 수 있다. 심지어 명백한 경우에도 그랬던 것 같다. 이들에 따르면, 각 씨족은 다른 씨족들에게 유용하게 쓰일 양식을 보장하기 위해 각자의 인티츄마(Intichiuma) 축제를 거행한다. 숭배 전체는 다른 토템집단들의 일종의 경제적 협력으로 구성된다. 각 씨족은 다른 씨족들을 위해 일한다. 그러나 슈트렐로에 따르면 오스트레일리아의 토템 숭배에 대한 이러한 개념은 토착민의 심성과는 완전히 다른 것이다. "어떤 토템 집단의 구성원들이 성별된 종(種)의 동물이나 식물들을 번식시키려고 애씀으로써 다른 토템의 동료들을 위해 일하는 것처럼 보일 수 있다. 그러나 이러한 협동을 아룬타족이나 로리차족의 토템 숭배의 근본 원칙으로 여기지 않도록 주의해야만 한다. 흑인들은 결코 그들 예식의 목적이 이것이라고 스스로 말한 적이 없다. 물론 내가 그들에게 그러한 생각을 제안하고 실명했을 때 그들은 그것을 이해했고 묵인했다. 그러나 이런 상황에서 얻은 대답들을 어느 정도 불신했다고 해서 사람들은 나를 비난하지는 않을 것이다." 게다가 슈트렐로는 이런 식으로 의례를 해석하는 방법은 토템 동물이나 식물들이 모두 다 먹을 수 있는 것도 아니고 유용한 것도 아니라는 사실과 모순된다고 말했다. 어떤 것은 아무런 소용이 없으며 심지어 위험한 것도 있기 때문이다. 따라서 그러한 동식물들과 관련된 예식들은 식량을 목적으로 하지 않는다.[1]

우리의 저자는 다음과 같은 결론을 내렸다. "사람들이 원주민들에게 이러한 예식들을 수행하는 결정적인 이유가 무엇인지를 물었을

---

[1] 물론 이러한 예식에는 음식을 함께 나누는 의식이 수반되지 않는다. 슈트렐로에 따르면 예식들은 적어도 먹을 수 없는 식물과 관련될 때는 다른 이름을 지닌다. 사람들은 예식을 음바찰카튜마라고 부르지 않고 크누질레라마(Knujilelama)라고 부른다(III, 96쪽).

때 그들의 대답은 한결같이 똑같았다. 선조들이 사물들을 이런 식으로 배열했기 때문에 다른 식으로 하지 않고 그런 식으로 한다"[2]는 것이다. 그러나 의례가 조상들로부터 유래되었기 때문에 지킨다고 말하는 것은 우선 의례의 권위와 사회적 산물이라 할 수 있는 전통의 권위를 혼동하고 있음을 인정하는 것이다. 사람들이 의례를 수행하는 것은 그 의례가 만들어낼 수 있는 물리적 효과 때문이 아니라 신도로 하여금 과거에 충실하게 하고 집단으로 하여금 그 규범적인 특징을 보존하도록 하기 위해서이다. 이와 같이 신도들 스스로가 적극적 의식을 설명하는 방식이 바로 그 의식이 속행(續行)되는 심오한 이유들을 드러내 보여준다.

그러나 예식의 이러한 양상이 직접적으로 드러나는 경우도 있다.

1. 물리적 효능을 지닌 재현의례와 이미 기술된 예식들과의 관계. 재현의례가 만들어내는 효력은 매우 도덕적이다

와라뭉가족에서 그것을 가장 잘 관찰할 수 있다.[3]

이 사람들은 각 씨족이 유일한 조상으로부터 생겨난 것으로 여기고 있다. 이 조상은 어떤 특정한 장소에서 태어나 여러 지역을 돌아다니면서 이승의 생활을 지냈다. 여행하면서 이 땅을 현재의 모습으로 만든 것도 그 조상이고, 산과 들 그리고 물구멍과 시냇물 등을 만든 것도 그 조상이다. 동시에 그는 돌아다니면서 그 길 위에다 생명

---

2) 같은 책, 8쪽.
3) 와라뭉가족의 인티츄마가 우리가 기술한 형태로 나타나는 유일한 것은 아니다. 이러한 모습은 칭길리족, 움바이아족, 울말라족(Wulmala), 왈파리족 심지어는 카이티시족에서도 나타나는데, 이 종족들의 관례는 어떤 면에서 아룬타족의 관례와 유사하다(Spencer·Gillen, *North. Tr.*, 291쪽, 309쪽, 311쪽, 317쪽). 만약 우리가 와라뭉가족을 전형으로 여긴다면 그것은 스펜서와 길런이 그 종족에 대해 잘 연구했기 때문이다.

의 씨를 뿌린다. 이 씨는 조상의 몸으로부터 나온 것이며, 연속적으로 재화신된 후에 씨족의 실제적인 구성원이 된다. 따라서 아룬타족의 인티츄마와 정확하게 일치하는 와라뭉가족의 예식은 이 조상의 신비한 역사를 기념하고 표현하는 것을 목적으로 거행된다. 단 한 가지 경우를 제외하고는[4] 헌신이라든지 모방적인 몸짓은 문제시되지 않는다. 오로지 과거를 환기시키고 진정한 극적 재현에 의해 과거를 어느 정도 현재처럼 만드는 데 의례의 목적이 있다. 이 말은 다음과 같은 이유로 더욱 시사적이다. 이러한 경우 예식 집행자는 자신의 조상을 나타내지만 그가 조상의 화신으로 여겨지지 않는다. 그는 배역을 하는 배우일 뿐이다.

한 가지 예를 들어 스펜서와 길런이 관찰한 바대로 검은 뱀의 인티츄마 축제를 기술해보도록 하겠다.[5]

최초의 예식은 괴기와 관련이 있는 것 같지 않다. 적어도 우리에게 주어진 그 예식에 대한 기술에 비추어 볼 때 그것을 이러한 방향으로 해석할 이유가 없다. 그 기술(記述)이란 검은 뱀을 상징하는 도안으로 장식한 두 명의 의식 주례자[6]가 시행하는 달음박질과 뛰어오르기에 관한 것이다. 마침내 그들이 지쳐서 땅에 쓰러지게 되면 보조자들은 그 두 사람의 등에 가득 그려진 상징적 그림으로 천천히 손을 내민다. 그들은 이러한 몸짓이 검은 뱀을 기쁘게 한다고 말한다. 바로이 예식이 끝난 다음에 일련의 기념예식이 시작된다.

---

4) 흰 카카토이스(Kakatoés)의 인티츄마의 경우가 그러하다. 이 책, 678~679쪽 참조할 것.
5) Spencer·Gillen, 앞의 책, 300쪽 이하.
6) 이 두 시행자 중 한 사람은 검은 뱀 씨족에 속하지 않고, 까마귀 씨족에 속해 있다. 이것은 까마귀가 검은 뱀과 '관련된' 것으로 여겨지기 때문이다. 다른 말로하면 까마귀는 하위토템이다.

기념예식은 조상 탈라우알라(Thalaualla)가 땅속에서 나와서 마침 내 다시 그곳으로 돌아갈 때까지의 신화적인 역사(歷史)를 공연하는 것이다. 그 예식은 조상의 전(全) 여행을 통해서 그를 뒤따른다. 신화에 따르면 조상은 머물렀던 각 지방에서 토템예식들을 거행했다. 사람들은 처음에 행해졌다고 생각되는 것과 똑같은 순서로 그 예식을 반복한다. 가장 빈번하게 행해지는 동작은 몸 전체를 격렬하고 리듬 있게 흔드는 행동으로 구성되어 있다. 이렇게 하는 것은 조상이 자신 안에 있던 생명의 씨앗을 밖으로 내보내기 위해서 신화시대에 이와 같이 움직였기 때문이다. 예식을 거행하는 사람의 몸은 솜털로 덮여 있는데, 몸을 이렇게 움직이는 동안 솜털이 떨어져서 날아다닌다. 이 것이 바로 신비한 생명의 씨가 날아오르는 것과 공중에 흩어지는 것 을 상징하는 방식이다.

아룬타족에서는 예식의 거행장소가 의례적으로 결정된다는 사실 을 기억해야 할 것이다. 그곳은 바위·나무·성스러운 물구멍들이 있 는 장소이며, 신도들은 숭배의식을 거행하기 위해 거기에 가야 한다. 반대로 와라뭉가족에서 예식이 거행되는 장소는 편의에 따라서 자 의적으로 선택된다. 그것은 약속으로 정한 장(場)이다. 단, 의례의 테 마인 번식의 사건들이 진행되는 장소는 도안의 형태로 표현된다. 때 로 이러한 도안들은 집행자들의 몸 위에도 그려진다. 예를 들면 등과 위(胃) 위에 그려진 붉고 작은 동그라미는 물구멍을 나타낸다.[7] 다른 경우 이미지가 땅에 그려지기도 한다. 미리 물로 적셔지고 붉은 황토 로 덮인 땅 위에다 사람들은 흰점들로 이루어진 곡선을 그리는데, 그 것은 시내 또는 산을 상징한다. 이것은 장식의 시작이다.

사람들은 조상이 예전에 거행했다고 여겨지는 이른바 종교예식 외

---

7) 같은 책, 302쪽.

에도 조상의 이승 행적에 관한 서사적 또는 희극적인 단순한 에피소드를 표현한다. 중요한 의례를 담당하는 세 사람의 집행자가 어떤 순간에 무대에 나타나는 반면, 다른 한 사람은 좀 떨어진 곳의 나무숲 뒤에 숨는다. 그 사람의 목에는 왈라비(wallaby, 작은 캥거루)를 상징하는 솜털 묶음이 달려 있다. 주(主)예식이 끝나면 한 노인이 땅 위에 네 번째 집행자가 숨어 있는 곳을 가리키는 선을 긋는다. 나머지 사람들은 눈을 내리깔고 이 선에다 시선을 고정시키고는 마치 추적하듯이 뒤를 따른다. 그들이 숨어 있는 사람들을 발견하면 놀란 기색을 보이고, 그 중의 하나가 숨어 있던 사람을 몽둥이로 때린다. 이러한 모든 모방적 몸짓은 커다란 검은 뱀의 생애 사건을 표현하는 것이다. 하루는 그의 아들이 혼자 사냥을 가서 왈라비를 잡았고 아버지에게 하나도 주지 않고 혼자 먹었다. 아버지는 그의 발자취를 따라가서 그를 붙잡아 강제로 토하게 했다. 연극의 마지막을 장식하는 몽둥이세례는 이것을 암시하는 것이다.[8]

우리는 여기에서 그 뒤에 계속 상연된 신화적 사건들을 전부 다루지는 않겠다. 앞의 예만으로도 이 예식의 특성을 보여주기에 충분하다. 그것은 연극이지만, 매우 특수한 장르의 연극이다. 그 연극은 자연의 운행에 영향을 미치거나, 아니면 최소한 그럴 것이라고 사람들이 믿고 있다. 탈라우알라의 기념제가 끝나면 와라뭉가족은 검은 뱀들이 자라고 번식할 수 있다고 확신한다. 그러므로 이러한 연극은 의례이며, 그 효능의 본질상 모든 점에서 아룬타의 인티츄마와 비교될 만한 의례이다.

따라서 이것들은 상호적으로 서로를 해명해줄 수 있다. 그 둘 사이에 단절이 없는 만큼 그것들을 비교하는 것은 더욱 적합하다. 이 두

---

8) 같은 책, 305쪽.

경우에 있어서 추구되는 목적이 같을 뿐 아니라 와라뭉가족 예식의 가장 특징적인 부분이 이미 인티츄마에 배아의 상태로 들어 있다. 일반적으로 아룬타족이 시행하는 인티츄마는 사실상 자체 속에 일종의 함축적인 기념의식을 지니고 있다. 인티츄마가 거행되는 장소는 반드시 조상들이 나타났던 곳이다. 신도들이 경건한 순례를 하며 다니는 길들은 알체링가 시대의 영웅들이 다니던 길이다. 사람들이 의례를 거행하기 위해 멈추는 장소는 조상들이 직접 머물렀던 곳이며, 땅속으로 사라진 장소들이다. 따라서 모든 것은 참석자의 정신에 조상에 대한 추억을 환기시켜 준다. 게다가 손으로 하는 예식에는 대개 조상들의 공적을 찬양하는 노래가 덧붙여진다.[9] 이러한 이야기들은 말해지는 대신에 몸짓으로 표현되고, 이야기들은 새로운 형태로 발전되어 예식의 필수적인 부분이 된다. 그다음에 와라뭉가족의 예식이 나타나게 된다. 더구나 아룬타족의 인티츄마는 한편으로 일종의 연출이다. 사실상 주례자는 그 조상의 후예이며 재화신된 사람으로서 조상과 동일한 존재이다.[10] 의례를 거행하는 사람의 몸짓은 동일한 상황에서 조상이 하던 몸짓이다. 물론 정확하게 말한다면 그는 배우가 연기를 하는 것처럼 조상의 역할을 하는 것이 아니다. 그 자신 조상이 되는 것이다. 그럼에도 불구하고 어떤 의미에서 무대를 차지

9) Spencer · Gillen, *Nat. Tr.*, 188쪽; C. Strehlow, III, 5쪽 참조할 것.
10) 이것은 슈트렐로 자신이 인정한 것이다. "토템 조상과 그 자손, 즉 그를 상징하는 사람은(der Darsteller) 이러한 성스러운 노래에서 동일한 존재로 표현된다"(III, 6쪽). 이러한 논쟁의 여지 없는 사실은 조상의 영혼이 재화신되지 않는다는 주장과 모순된다. 사실상 슈트렐로는 "예식이 진행되는 동안 조상을 표현하는 사람 속에 이른바 조상의 화신은 없었다"고 덧붙이고 있다. 만일 슈트렐로가 예식이 진행될 때 화신이 일어나지 않는다는 것을 말하고자 한다면 그것은 정확한 사실이다. 그러나 그의 말이 재화신이 전혀 없다는 의미라면 우리는 의식 주례자와 조상이 어떻게 혼동될 수 있는가를 이해할 수 없다.

하는 것은 연극의 주인공이다. 의식의 재현적인 특성을 강화하기 위해서 조상과 의식 주례자의 이원성을 좀더 부각시키는 것으로 충분할 것이다. 이것은 정확하게 와라뭉가족에서 일어나는 일이다.[11] 아룬타족에서도 다음과 같은 성격을 띤 최소한 한 가지의 인티츄마를 언급할 수 있다. 여기에서는 자신들이 표현하고 있는 조상들과는 신화적 후손으로서의 아무런 관계가 없는 사람들이 그 조상들의 역할을 담당하고 있다. 따라서 거기에는 진정한 극적인 표현이 나타나고 있다. 그것은 에뮤의 인티츄마이다.[12] 이 경우에도 역시 이 종족들에게 보통때 행해지는 것과는 반대로 예식의 장면은 인위적으로 배열된 것 같다.[13]

서로를 구분하는 차이들에도 불구하고, 이 두 종류의 예식이 연관이 있는 것 같다고 해서 이 둘 사이에 결정적인 연속관계가 있고, 한 예식이 다른 예식의 변형이라는 사실이 연유되지는 않는다. 앞서 지적한 유사성은 그것들이 같은 근원에서 나왔다는 사실, 다시 말해서 원래는 동일한 예식에서 나온 두 가지 형태라는 사실에서 기인할 수

---

11) 아마도 이러한 차이는 와라뭉가족의 각 씨족이 유일하고도 독특한 하나의 조상에서 생겨났고, 씨족의 전설적인 역사가 그 조상에게 집중되어 있다는 사실에서 일부분 기인했을 것이다. 의례를 수행하면서 기념하는 것은 바로 이러한 조상이다. 이제 의례 주례자가 그 조상의 후손일 필요는 없다. 이것은 일종의 반신반인(半神半人)인 신화적 족장들이 재화신을 따르고 있는지 질문해 볼 수도 있을 것이다.

12) 이 인티츄마에서는 세 사람의 보조자가 '상당히 오래된' 선조들을 대표한다. 그들은 진정한 역할을 한다(Spencer·Gillen, 앞의 책, 181~182쪽). 스펜서와 길런은 다음과 같이 덧붙이고 있다. 사실상 이들은 알체링가 시대 이후의 조상들이다. 그러나 의례가 행해지는 동안 그들도 여전히 신화적 인물들로 표현된다.

13) 사실상 성스러운 바위라든가 물구멍이 언급되어 있지 않다. 예식의 중심은 땅 위에 그려져 있고, 또 다른 장소에도 그려질 수 있는 에뮤의 이미지이다.

있다. 우리는 이러한 가설이 가장 진실에 가깝다는 것을 알게 될 것이다. 그러나 이 문제에 대해 노선을 정해야 할 필요가 없다 할지라도 이미 언급된 것만으로도 이것들이 같은 성격을 지닌 의례라는 사실을 확증하기에 충분하다. 따라서 우리가 이것들을 비교하고, 하나를 더 잘 이해하기 위해 다른 하나를 이용하는 것은 얼마든지 가능한 일이다.

우리가 방금 언급한 와라뭉가족 예식들의 특이한 점은 토템종의 번식을 직접적으로 유발하거나 도와주는 목적을 가진 몸짓이 없다는 사실이다.[14] 만일 언술된 말과 실행된 움직임들을 분석해본다 해도 일반적으로 이러한 종류의 의도를 드러내는 어떤 것도 발견할 수 없을 것이다. 모든 것은 공연으로 진행된다. 그 공연들은 씨족의 신화적인 과거를 현재의 모습으로 마음속에 되살리기 위한 것이다. 그러나 한 집단의 신화는 그 집단에 공통된 신앙체계이다. 신화는 전통에 대한 기억을 영속시켜주는데, 이러한 전통은 사회가 인간과 세계를 표현하는 방식을 나타낸다. 그것은 도덕체계이며 역사인 동시에 우주론이다. 그러므로 의례는 이러한 믿음들의 생명력을 유지하고 기억에서 사라지지 않도록 하기 위해, 다시 말해서 결국 집합의식의 가장 본질적인 요소들을 소생시키기 위해서만 사용되고, 또 그렇게 쓰일 수 있다. 이러한 의례를 통해 집단은 주기적으로 자신과 자신의 단일성에 대한 감정을 새롭게 한다. 동시에 개인들은 사회적 존재로서의 본질 안에서 강화된다. 사람들의 목전에서 되살려진 위대한 추억들 그리고 개인들과 결합되어 있다고 느끼는 위대한 추억들은 그들에게 힘과 신뢰감을 준다. 사람들은 자신의 믿음이 얼마나 오

---

14) 와라뭉가족의 모든 예식들이 이러한 유형이라는 의미는 아니다. 좀더 앞에서 다루었던 흰 앵무새의 예는 예외가 있다는 것을 보여준다.

래된 과거로부터 내려온 것인지 그리고 그것이 얼마나 위대한 일들을 고취시켰는가를 알게 될 때, 자신의 믿음을 더욱더 확신한다. 이것이 바로 믿음을 교훈적으로 만드는 예식의 특성이다. 예식은 완전히 정신에, 오직 정신에만 영향을 미치는 경향이 있다. 그렇지만 만일 예식이 사물들에 작용하며 종의 번영을 보장해준다고 믿는다면 이것은 예식이 행하는 도덕적 행동의 반작용으로서만 가능하다. 예식은 도덕적 행동을 수행하는데, 이것이야말로 실제적인 유일한 것이다. 따라서 우리가 제시했던 가설은 중요한 경험에 의해서 확인된다. 이 확인은 우리가 방금 살펴본 것처럼 와라뭉가족의 의례체계와 아룬타족의 의례체계 사이에 본질적인 차이가 없기 때문에 더욱 설득력이 있다. 하나는 다른 하나에 대해 우리가 추측한 것을 분명하게 확증해 줄 뿐이다.

2. 물리적 효능이 없는 재현의례들은 이전의 결과들을 확증해준다

그러나 연극적이고 이상주의적인 특성이 훨씬 강조된 예식들도 존재한다.

방금 문제 삼았던 예식들 속에서 연극적인 표현은 그 자체를 위한 것이 아니었다. 그것은 매우 물질적인 목적, 즉 토템종의 번식을 위한 수단에 불과했다. 그러나 앞의 것들과 실질적으로 다르지 않지만, 이러한 종류의 관심이 부재하는 다른 예식들도 있다. 이 예식에서는 과거를 표현하고, 그것을 마음에 깊이 새기고자 하는 목적으로만 과거를 표현한다. 여기에서는 자연에 대해 의례의 어떤 영향력을 기대하지 않는다. 적어도 이따금씩 의례의 효능 덕분이라고 여겨지는 물리적인 효과들은 완전히 이차적인 것이며, 그것들은 의례에 부여된 예전(禮典)의 중요성과는 아무런 상관이 없다.

특히 와라뭉가족이 월룬콰(Wollunqua) 뱀을 기념해 거행하는 축제

가 이러한 경우이다.[15]

우리가 이미 말한 바와 같이 월룬콰는 매우 특수한 종류의 토템이다. 이것은 동물이나 식물의 종이 아닌 매우 독특한 존재이다. 이 세상에는 단 하나의 월룬콰가 존재할 뿐이다. 게다가 이러한 존재는 순수하게 신화적이다. 이 뱀이 꼬리를 들고 일어서면 그 머리가 구름 속으로 사라질 만큼 거대한 길이를 가진 뱀이라고 원주민들은 표현한다. 사람들은 그 뱀이 한적한 계곡 바닥에 감추어진 타파우엘루(Thapauerlu)라고 불리는 물구멍 속에 산다고 믿고 있다. 그러나 이 뱀은 어떤 면에서 보통 토템과 다르다고 해도 토템의 모든 변별적인 특성을 여전히 지니고 있다. 따라서 이 뱀은 그것을 공통 조상으로 여기는 모든 개인집단의 상징으로 사용되며, 또한 집합명사로도 사용된다. 그리고 그들이 이러한 신비적 동물과 맺은 관계는 다른 토템의 구성원들이 그 씨족의 창시자와 맺고 있다고 믿는 관계와 동일하다. 알체링가 시대에[16] 월룬콰는 나라를 사방으로 돌아다녔다. 월룬콰가 멈추었던 여러 지역에서 그 뱀은 오늘날 살아 있는 것들의 영혼으로 쓰이고 있는 정신적 본체들, 즉 영적인 아이들(spirit-children)을 뿌렸다. 심지어 월룬콰는 일종의 탁월한 토템으로 여겨지고 있다. 와라뭉가족은 울루우루(Uluuru)와 킹길리(Kingilli)라고 불리는 두 개의 프라트리로 구분된다. 울루우루의 거의 모든 토템들은 여러 가지 종류의 뱀이다. 그런데 이것들은 모두 월룬콰의 후예로 여겨진다.

---

15) Spencer · Gillen, *North. Tr.*, 226쪽 이하. 이 주제에 대해서는 분명히 똑같은 신화적 존재에 대해 언급한 아일만의 기록이 있다(*Die Eingeborenen*, etc., 185쪽과 비교). 슈트렐로도 우리에게 아룬타족의 신화적 뱀을 기술해주고 있는데(쿨라이아Kulaia, 물뱀), 그 뱀은 월룬콰 뱀과 그리 다르지 않다(C. Strehlow, I, 78쪽; II, 71쪽 토템 목록에 있는 쿨라이아와 비교).
16) 용어를 복잡하게 하지 않기 위해서 우리는 아룬타족의 단어를 사용한다. 와라뭉가족에서는 이러한 신화적 시기를 윙가라(Wingara)라고 부른다.

그들은 월룬콰를 자신의 위대한 아버지라고 말한다.[17] 우리는 월룬콰의 신화가 어떻게 생겨났는지 이것을 통해 짐작할 수 있다. 동일한 프라트리 내의 많은 비슷한 토템의 존재를 설명하기 위해 사람들은 그것들 모두가 하나의 동일한 토템에서 파생되었다고 상상했다. 사람들은 필연적으로 그 토템에게 거대한 형태를 부여해야만 했다. 왜냐하면 그 거대한 외형이 부족의 역사 속에서 그것에게 부여된 중요한 역할과 일치하도록 하기 위해서다.

월룬콰는 우리가 이미 연구했던 예식들과 본질상 별로 다르지 않은 예식 대상이다. 그 예식들이란 뱀의 우화적 삶의 주요한 사건들이 묘사되는 연극이다. 예식은 땅에서 나와 이 지방 저 지방을 돌아다니는 뱀의 모습을 보여준다. 또한 그것들은 뱀이 여행하면서 겪은 여러 가지 에피소드를 표현한다. 스펜서와 길런은 7월 27일부터 8월 23일까지 계속되고, 정해진 순서에 따라서 서로 연결되면서 진정한 주기를 이루는 이러한 종류의 예식들을 15개 참관했다.[18] 예식을 이루고 있는 의례들의 세부를 보면 이 긴 축제는 와라뭉가족의 일반적인 인티츄마와 구분이 되지 않는다. 우리에게 이것을 기술해준 스펜서와 길런도 이것을 인정한다.[19] 그러나 다른 한편으로는 그것은 동물종 또는 식물종의 번식을 보장해 주는 목적을 가지지 않은 인티츄마이다. 왜냐하면 월룬콰는 홀로 존재하는 종(種)이며 번식되지 않기 때

---

17) 스펜서와 길런은 이렇게 말한다. "원주민들이 가지고 있는 막연한 감정을 말로 표현하는 것은 쉽지 않은 일이다. 그러나 여러 가지 예식들을 주의 깊게 관찰해 본 후 우리는 원주민의 정신 속에서 월룬콰는 지배적인 토템 관념으로 나타나고 있다는 느낌을 분명히 받았다"(Spencer·Gillen, 앞의 책, 248쪽).

18) 이 예식들의 가장 장엄한 것 중 하나는 우리가 앞에서 기술했던 것이다(이 책, 464~466쪽). 이 예식이 진행되는 동안 월룬콰 그림이 일종의 봉분 위에 세워지는데, 이것은 흙분 속에서 곧 산산조각이 나게 된다.

19) Spencer·Gillen, *North. Tr.*, 227, 248쪽.

문이다. 그것은 스스로 존재한다. 원주민들은 월룬콰가 그의 존재를 보존하기 위해 숭배를 필요로 한다고 느끼는 것 같지 않다. 이러한 예식들은 고전적인 인티츄마의 효력을 결여했을 뿐 아니라 어떤 종류의 물질적 효능도 가지고 있는 것 같지 않다. 월룬콰는 자연현상의 특수한 질서를 담당한 신이 아니다. 따라서 사람들은 숭배의 대가로 월룬콰로부터 특별한 도움을 기대하지 않는다. 물론 의례의 규칙들이 잘 지켜지지 않는다면 월룬콰는 화가 나서 그의 은거지에서 나와 규칙들을 무시한 신도들에게 복수하러 온다고 말하고 있다. 반대로 모든 것이 규칙적으로 행해질 때는 잘 지내게 될 것이며, 어떤 행복한 사건이 일어날 것이라고 믿는 경향이 있다. 그러나 이와 같이 상과 벌이 일어날 수 있다는 개념은 의례를 설명하기 위해 나중에 생겨난 것에 불과하다. 일단 예식이 제정되고 나면 그것이 어떤 일을 위해 쓰인다고 여기는 것은 당연하다. 따라서 명령된 규칙을 준수하지 않으면 어떤 위험을 초래하게 된다고 생각하는 것도 당연하다. 그러나 이러한 신화적인 위험을 방지하거나 특별한 유익을 얻기 위해서 예식을 제정한 것은 아니다. 게다가 원주민들은 그것들에 대해 매우 불명확한 개념을 가지고 있다. 예를 들면 모든 예식이 끝나고 난 뒤 노인들은 만일 월룬콰가 만족했다면 비를 내려줄 것이라고 말한다. 그러나 비 때문에 축제를 거행하는 것은 아니다.[20] 선조들이 축제를

---

20) 스펜서와 길런이 월룬콰와 비(雨) 사이의 가능한 관계를 말한 유일한 구절이 있는데, 그들이 어떤 용어로 그것을 표현했는가는 다음과 같다. "봉분 주위에서 의례가 거행된 며칠 후 노인들은 그들이 월룬콰가 말하는 것을 들었으며, 월룬콰가 행해진 일에 만족하고 있고, 비를 보낼 거라고 말한다. 이러한 예언의 근거는 우리와 마찬가지로 거기서 어느 정도 떨어진 곳에서 천둥이 울리는 소리를 들었기 때문이다." 비를 내리게 하는 것이 예식의 직접적인 목적은 아니기 때문에 사람들은 의례가 거행된 후 며칠 동안만 그리고 우발적인 상황에서만 비를 월룬콰 덕분으로 돌린다. 또 다른 사건은 이 점에 있어서 원주

행했기 때문에 매우 존중되는 전통처럼 그들이 예전에 집착하기 때문에, 또 축제를 통해 정신적인 행복감을 맛보기 때문에 그들은 예식을 거행하는 것이다. 이러한 이유들 이외의 다른 동기들은 단지 부수적인 것에 불과하다. 즉 그것들은 의례가 규정한 태도 속에서 신도들을 견고하게 하는 데 도움을 줄 수 있다. 그러나 그것들이 이러한 태도의 존재 이유는 아니다.

따라서 어떤 사상과 감정을 일깨워주고, 현재를 과거와 연결시켜주며, 개인을 집단에게 연결시켜 주기 위한 목적으로만 수행되는 예식들의 총체가 있다. 사실상 이러한 예식들은 어떤 유용한 목적을 위해 쓰일 수 없을 뿐 아니라 신도들 자신도 다른 것을 요구하지 않는다. 이것은 모인 집단이 처한 심적 상태가 이른바 의례적 정신상태라고 부를 수 있는 견고하고 안정된 유일한 토대를 이룬다는 새로운 증거이다. 의례에다 이러저러한 물리적 효능을 부여하는 믿음들은 전

민들의 사고가 얼마나 모호한가를 보여준다. 몇 줄 더 읽어 내려가면 천둥은 월룬콰의 만족이 아닌 불만의 표지로 나타난다. 예측에도 불구하고 "비는 내리지 않는다. 그러나 며칠 후에 사람들은 멀리서 천둥이 다시 울리는 것을 듣는다. 노인들은 의례가 행해진 방식이 불만족스럽기 때문에 월룬콰가 으르렁거린다고 말한다." 따라서 똑같은 현상인 천둥소리가 어떤 때는 기분 좋은 신호로, 또 어떤 때는 악의적 의도의 징후로 해석된다. 하지만 우리가 스펜서와 길런이 제시한 설명을 받아들인다면 직접적으로 효력이 있는 의례에 대한 자세한 설명이 있다. 그들에 따르면 봉분을 부수는 것은 주술적인 강제에 의해서 월룬콰에게 겁을 주어 자신의 은거지를 떠나지 못하도록 하는 것이다. 그러나 이러한 해석은 매우 의심스럽다. 사실상 문제시된 경우를 살펴보면 월룬콰가 불만스러워한다고 언급되고 있는데, 이러한 불만은 사람들이 봉분의 잔해를 치우지 않는 탓으로 돌려졌다. 따라서 이 봉분의 철거는 월룬콰에게 겁을 주고 그에게 강제력을 행사하는 것이 결코 아니라 월룬콰 자신에 의해 요구된 것이다. 이것은 와라뭉가족에서 시행되는 좀더 일반적인 규칙의 특수한 경우에 불과할 것이다. 숭배의 도구들은 각 예식이 끝난 후에 파괴되어야 한다. 그러므로 일단 의례가 끝나면 주례자들이 입던 의례적 장식물은 격렬하게 벗겨진다(같은 책, 205쪽).

적으로 부수적이고 우발적인 것이다. 왜냐하면 의례의 본질에 아무런 변화를 일으키지 않는 믿음이라면 그것은 무엇인가 결여된 것이라고 할 수 있기 때문이다. 따라서 월룬콰의 예식들은 이전 것보다 적극적 숭배의 기본적인 기능을 더 잘 보여준다.

만일 우리가 축제의 격식들을 특히 고집한다면 그것은 격식이 지닌 예외적인 중요성 때문이다. 그러나 정확하게 똑같은 특성을 지닌 다른 예식들도 있다. 와라뭉가족에는 '웃는 소년'의 토템이 있다. 이 토템에 대해 스펜서와 길런은 다음과 같이 말하고 있다. 이 이름을 지니고 있는 씨족은 다른 토템집단과 동일한 조직을 가지고 있다. 다른 집단들처럼 그 씨족은 창시자가 우화시대에 예식을 거행했던 성스러운 장소들(mungai)을 가지고 있다. 그곳에다 창시자는 영적인 아이들을 남겨 두었는데, 그들이 씨족의 사람들이 되었다. 이 토템과 관련된 의례들은 동물이나 식물 토템과 관련된 의례들과 구분되지 않는다.[21] 하지만 그 의례들이 물리적 효력을 가질 수 없다는 사실만은 자명하다. 그것들은 어느 정도 서로 반복되는 일련의 4개의 예식들로 구성되어 있다. 그러나 그것은 즐겁게 하고, 웃음으로 웃음을 유발하는 것, 결국 이러한 정신적 자질의 특성을 가진 집단의 즐거움과 유머를 유지시키는 것을 목적으로 한다.[22]

우리는 아룬타족 안에서도 다른 인티츄마를 가지지 않은 하나 이상의 토템을 발견했다. 사실상 우리는 이 종족에게서 어떤 조상이 머물렀던 장소를 표시하는 땅의 굴곡이나 함몰된 곳이 이따금 토템으로 쓰이고 있다는 것을 살펴본 바 있다.[23] 예식들은 어떤 종류의 물리적 효과도 분명하게 가질 수 없는 이러한 토템들에 집착하고 있다.

---

21) 같은 책, 207~208쪽.
22) 같은 책, 210쪽.
23) 슈트렐로의 토템 목록에서 주 432~442 참조할 것(II, 72쪽).

이 예식들은 과거를 기념하는 목적을 가진 표상들로만 구성될 수 있으며, 이러한 기념 외에 다른 어떤 목적도 지향할 수 없다.

예식들은 우리로 하여금 숭배의 본질을 더 잘 이해하게 해주는 동시에 이러한 의례적인 공연들은 종교의 중요한 요소를 분명하게 해준다. 그것은 바로 오락적·미적 요소이다.[24]

이미 우리는 의례적 공연들이 연극적인 표현과 가깝다는 사실을 밝힐 기회가 있었다.[25] 이러한 유사성은 방금 언급된 두 번째 예식들에서 좀더 분명하게 나타난다. 사실상 예식들은 실제의 연극과 똑같은 순서를 밟을 뿐만 아니라 같은 목적을 추구한다. 모든 유용한 목적과 상관없이 예식들은 사람들에게 현실세계를 잊게 해주며, 또한 상상력이 쉽게 불러일으키는 다른 곳으로 그들을 데려다 준다. 그것들은 기분을 전환시킨다. 예식이 레크리에이션의 외적인 양상까지 지니고 있는 경우도 있다. 우리는 참석자들이 웃고 공공연하게 즐거워하는 것을 볼 수 있다.[26]

재현의례와 집합 레크리에이션은 상당히 유사하기 때문에 사람들은 단절 없이 한 장르에서 다른 장르로 넘어갈 수 있다. 정식으로 행해지는 종교예식의 특징은 여자와 입문하지 않은 사람들이 배제된 성스러운 땅 위에서 거행되어야 한다.[27] 그러나 이러한 종교적 특

---

24) C. Strehlow, III, 8쪽. 아룬타족에는 와라뭉가족의 '웃는 소년'의 토템과 매우 흡사한 워라(Worra) 토템이 있다(같은 책, et III, 124쪽). 워라는 젊은이를 의미한다. 예식의 목적은 젊은이들이 라바라(labara)라는 놀이에서 좀더 많은 즐거움을 갖도록 하는 것이다(이 놀이에 관해서는 C. Strehlow, I, 55쪽 각주 1번을 참조할 것).

25) 이 책, 710~711쪽 참조할 것.

26) 이와 같은 종류의 경우는 Spencer·Gillen, 앞의 책, 204쪽에서 발견된다.

27) Spencer·Gillen, *Nat. Tr.*, 118쪽 각주 2번, 618쪽 이하; Spencer·Gillen, *North. Tr.*, 716쪽 이하. 그렇지만 여자들이 완전히 배제되지 않는 성스러운 예식들도 있다(예를 들면 Spencer·Gillen, *North. Tr.*, 375쪽 이하). 그러나 이것은

성이 완전히는 아니지만 어느 정도 사라져버린 다른 예식들도 존재한다. 그러한 예식들은 종교의식이 행해지는 거룩한 땅 밖에서 거행되었는데, 이것은 종교예식이 어느 정도 세속화되었다는 것을 입증한다. 하지만 속인들과 여자와 아이들은 여전히 예식에 받아들여지지 않았다. 따라서 예식들은 두 영역 사이의 경계에 위치한다. 일반적으로 예식은 전설적 인물을 다루고 있는데, 그 인물들은 토템 종교의 틀 안에서는 정규적인 위치를 가지고 있지 못한다. 그들은 영이며, 더 일반적으로 말하면 악한 영들로서 보통의 신도들보다는 주술사와 더 밀접한 관계를 맺고 있는 도깨비의 일종이다. 사람들은 이른바 토템 존재나 토템 사물들을 대할 때와 동일한 정도의 진지함과 신념으로 그것들을 믿지는 않는다.[28] 표현된 사건과 인물들을 부족의 역사에 연결하는 끈이 느슨해짐에 따라, 그것들이 서로 더 비현실적인 분위기를 띠게 됨에 따라 그에 대응하는 예식들의 본질도 변하게된다. 이렇게 해서 사람들은 점차 순수한 환상의 영역에 들어가게 되며, 기념의례에서 세속적인 향연(corrobbori)으로, 즉 더 이상 종교성이 없고 모든 사람들이 차별 없이 참여할 수 있는 단순한 집단적 기쁨을 만드는 의례로 넘어간다. 실제로 기분전환이 유일한 목적인 이러한 공연들 중 어떤 것은 특성이 바뀐 고대의 의례들이다. 사실상이 두 종류의 예식 사이의 경계가 대단히 불확실하기 때문에 이 두종류의 예식이 어디에 속하는가를 정확하게 말할 수 없다.[29]

예외이다.

28) Spencer · Gillen, *Nat. Tr.*, 329쪽 이하; *North. Tr.*, 210쪽 이하 참조할 것.

29) 예를 들면 퀸즐랜드의 피타 피타족(Pitta-Pitta)과 그 이웃 부족의 몰롱가 코로보리(Molonga corrobbori)의 경우가 그러하다(Roth, *Ethnog. Studies among the N. W. Central Queensland Aborigines*, 120쪽 이하). Stirling, *Rep. of the Horn Expedition to Central Australia*, Part, IV, 72쪽; Roth, 앞의 책, 117쪽 이하에서 일반적인 코로보리에 대한 정보를 발견할 수 있다.

놀이와 예술의 주요한 형태들이 종교에서 생겨났고, 그것들이 오랫동안 종교적 특성을 띠고 있었다는 것은 잘 알려진 사실이다.[30) 우리는 그 이유가 무엇인지 알고 있다. 그것은 숭배가 다른 목적들을 직접적으로 추구하면서도 동시에 사람들에게 일종의 레크리에이션이 되었기 때문이다. 종교는 이러한 역할을 우연이나 행복한 만남 덕분이 아니라 그 본질상의 필요에 의해서 하는 것이다. 사실상 우리가 밝혀본 것처럼 종교적 사고는 허구체계와는 완전히 다르다. 그러나 종교적 사고와 대응되는 현실(réalités)은 단지 상상력이 그 현실을 변형시킬 때만 종교적으로 표현될 수 있다. 객관적으로 존재하는 사회와 그 사회를 상징적으로 나타내는 성스러운 사물들 사이의 거리는 상당하다. 사람들이 실제로 느꼈고, 또 이러한 구조의 최초 자료로 사용되었던 인상들은 본래의 모습을 알아볼 수 없을 정도로 해석되고 다듬어지고 변형되어야 했다. 따라서 종교적 사물들의 세계는 부분적으로는 상상세계이다. 그러나 단지 외형적으로만 그러하다. 이러한 이유 때문에 종교적 세계는 좀더 쉽게 정신의 자유로운 창조에 이바지한다. 게다가 종교적 사물들의 세계를 만드는 데 쓰이는 지적인 힘들은 강하고 혼란스럽기 때문에 적합한 상징들의 도움으로 현실을 표현하려는 종교의 독특한 작업은 지적인 힘들을 모두 다 사용할 수 없다. 남은 힘은 일반적으로 보충적이고 잉여적인 사치스러운 일들, 즉 예술작품에 쓰일 수 있게 된다. 이러한 종류의 믿음과 예식들도 마찬가지로 존재한다. 신도들이 모여 있을 때의 흥분상태는 매우 엄밀하게 규정된 목적에 쉽게 지배되지 않는 충만한 움직임에 의해서 외적으로 해석될 필요가 있다. 신도들은 부분적으로 목적 없

---

30) 이 문제에 대해서는 특히 쿨린의 탁월한 저작을 참조하라. Culin, *Games of the North American Indians*(XXIVth *Rep. of the Bureau of Amer. Ethnol.*).

이 도망치고, 단지 과시 자체가 주는 즐거움을 위해 스스로를 과시하기도 하면서 이러한 온갖 종류의 놀이에 즐거워한다. 게다가 예배의 대상이 상상적 존재일수록 그들은 이러한 충만함을 억제하고 통제하기에 부적절하다. 그러한 활동을 정확하고 경제적인 적응으로 제한하기 위해서는 확실하고 강력한 현실의 압력이 필요하다. 그러므로 이러한 의례들을 설명하면서 각각의 몸짓이 정확한 목적과 어떤 존재 이유를 가지고 있다고 믿는 것은 심각한 오류를 범하는 것이다. 어떤 몸짓들은 그 어느 것에도 소용이 없다. 그것들은 단지 신도들이 느낀 것을 행동과 움직임과 몸짓으로 표현할 필요성에 단순히 응하는 것 뿐이다. 그들이 뛰고 돌고 춤추고 소리 지르고 노래하는 것을 볼 수 있지만, 이러한 모든 움직임들에 항상 의미를 부여할 수는 없을 것이다.

만일 종교가 사고와 활동의 자유로운 배합, 놀이, 예술 그리고 일상의 너무나 많은 구속 때문에 피곤해진 정신을 새롭게 하는 모든 것에 어떤 여지를 제공하지 못한다면 종교는 존재하지 못할 것이다. 종교가 생겨나기를 요구했던 바로 그 이유들이 종교를 필연적인 것으로 만든다. 예술이란 종교적 숭배가 내포할 수도 있는 너무 근엄하고 투박한 것을 감추기 위해 치장하는 데 쓰이는 단순한 외적 장식물이 아니다. 오히려 숭배는 그 자체만으로도 미적인 것을 가지고 있다. 신화와 시(詩)가 맺고 있는 관계는 이미 잘 알려져 있기 때문에 어떤 사람들은 신화를 종교의 영역 밖에다 두기를 원했다.[31] 모든 종교에는 시가 내재되어 있음이 진실이다. 지금까지 검토해온 표현적 예식들은 종교생활의 이러한 양상을 분명하게 해준다. 그러나 이러한 양상을 어느 정도 나타내지 않는 의례는 거의 없다.

---

31) 이 책, 244쪽 참조할 것.

우리가 종교에서 이러한 독특한 측면만을 보거나 그 중요성을 과장한다면 확실히 그것은 매우 심각한 오류를 범하는 것이다. 어떤 의례가 기분을 전환시키는 데만 쓰인다면 그것은 더 이상 의례가 아니다. 종교적 상징들이 표현하는 도덕적인 힘들은 실제적인 힘이다. 우리는 그 힘을 고려해야 하며, 그 힘 때문에 우리는 마음대로 행동할 수 없다. 숭배가 물리적 효력을 만들어내지 못하고 오로지 정신에 작용하는 것으로 그친다 하더라도 그 작용은 순수한 예술작품의 작용과는 매우 다르다. 우리의 정신을 일깨우고 유지시키는 기능을 가진 표상은 현실 속에서 아무것에도 대응되지 않는 공허한 이미지가 아니다. 즉 우리의 목전에서 그것들이 나타나고 섞이는 것을 보는 데서 느끼는 단순한 만족을 위해 우리가 목적 없이 환기시키는 공허한 이미지가 아니다. 음식이 우리의 육체적 삶을 유지하는 데 필요한 것처럼 그 표상은 도덕생활의 원활한 기능을 위해 필요하다. 왜냐하면 바로 그러한 표상에 의해서 집단이 견고해지고 유지되며 우리는 그것이 어느 정도 개인에게 불가피하다는 것을 알고 있기 때문이다. 따라서 의례는 놀이와는 다르다. 의례는 진지한 삶의 일부이다. 그러나 비현실적이고 상상적인 요소는 비록 본질은 아니라도 결코 무시되어서는 안 될 역할을 한다. 그것은 신도들이 수행된 의례로부터 얻는 위안감을 어느 정도 내포하고 있다. 왜냐하면 레크리에이션은 적극적 숭배의 주된 목적인 이러한 도덕적 회복의 형태들 가운데 하나이기 때문이다. 우리가 일단 의례적인 의무를 이행하면, 우리는 좀더 용기와 열의를 가지고 세속생활로 되돌아간다. 이렇게 되는 것은 우리가 우월한 에너지의 근원과 관계를 맺었기 때문일 뿐 아니라 얼마동안 덜 긴장된 그리고 좀더 자유롭고 용이한 생활을 함으로써 우리의 힘이 다시 보강되었기 때문이다. 그리하여 종교는 적지 않은 매력을 가지게 된다.

이러한 이유로 어느 정도 중요한 종교예식의 개념은 자연스럽게 축제 개념을 일깨울 수 있다. 반대로 모든 축제는 그 기원이 순수하게 속된 것임에도 불구하고 종교예식의 몇 가지 특성을 지닌다. 왜냐하면 축제는 모든 경우에 있어서 사람들을 모으고 군중을 동요시켜 흥분상태로 들어가게 하며, 심지어는 때때로 광란상태에 빠지도록 만들기 때문이다. 이것은 종교적 상태와 무관하지 않다. 사람들은 자신으로부터 벗어나고 그의 직업이나 일상적인 일에서 기분전환이 된다. 그러므로 각 경우 모두에서 어떤 동일한 표지들이 발견된다. 그 표지들이란 함성·노래·음악·격렬한 움직임·춤·생명력을 고양시키는 자극의 추구 등이다. 우리는 종종 대중적인 축제가 방종에 이르고 합법적인 것과 비합법적인 것의 한계에 대한 안목을 잃게 하는 모습을 볼 수 있다.[32] 또한 보통 때는 가장 존중되던 규칙들을 범해야 하는 종교예식도 존재한다.[33] 하지만 이것이 공적인 활동의 두 가지 형태를 구분하지 못한다는 의미는 아니다. 단순한 즐거움을 만드는 것, 즉 속된 향연은 심오한 목표를 가지고 있지 않은 반면, 의례적인 예식은 전반적으로 항상 중요한 목적을 가지고 있다. 진지한 삶의 반향이 없는 즐거움은 없다는 사실을 기억해야 한다. 결국 차이는 이

---

32) 특히 성적인 면에서 그러하다. 일반적인 코리보리에서는 성적인 방탕이 빈번하게 일어난다(Spencer·Gillen, *Nat. Tr.*, 96~97쪽; *North. Tr.*, 136~137쪽). 일반적으로 대중적 축제의 성적인 방탕에 대해서는 Hagelstrange, *Süddeutsches Bauernleben im Mittelalter*, 221쪽 이하 참조할 것.

33) 족외혼의 규칙들은 어떤 종교예식이 진행되는 동안 필연적으로 범해져야만 한다(463쪽 참조할 것). 이러한 방탕에 정확한 의례적 의미를 부여할 수는 없다. 그것은 단지 예식에 의해서 고취된 지나친 흥분상태의 자동적인 결과이다. 이것은 그 자체로 확정된 목적을 가지고 있지 않고, 단순히 에너지만 방출하는 의례들의 예이다(이 책, 722~723쪽 참조할 것). 원주민 자신도 의례에 어떤 확정된 목적을 부여하지 않는다. 사람들은 이러한 방탕이 저질러지지 않으면 의례의 효과가 없을 것이라고 말한다. 즉 예식은 실패하게 될 것이다.

두 요소가 결합되는 불균등한 비율에 있다.

3. 연구된 여러 예식들의 기능적 모호함. 이런 모호함이 제시된 이론을 확증할 수 있는가

좀더 일반적인 사실이 앞의 관점들을 확증해준다.

스펜서와 길런은 첫 저작에서 인티츄마를 완벽하게 규정된 의례적 실체로 제시했다. 그들은 마치 인티츄마가 오로지 토템종의 번식을 보장하기 위한 활동인 것처럼 말했다. 이러한 독특한 기능이 제외되면 인티츄마는 그 모든 의미를 잃는 것처럼 여겨졌다. 그러나 『중앙 오스트레일리아의 북쪽 부족들』(*The Northern Tribes of Central Australia*)에서 이 저자들은 주의하지 않은 채 다른 언어를 사용하고 있다. 그들은 이와 동일한 예식들이 이른바 인티츄마나 입문의례에서도 구분 없이 행해질 수 있다는 것을 인정했다.[34] 그러므로 이러한 예식들은 토템종의 동물과 식물들을 만드는데, 또는 신참자에게 인간사회의 정식 구성원이 되기 위해서 필요한 자질을 부여하는 데 쓰인다.[35] 이러한 관점에서 보면 인티츄마는 새로운 양상을 띠게 된다. 그것은 더 이상 인티츄마 고유의 원칙들에 근거한, 별개의 의례적 메커니즘이 아니다. 매우 다양한 목적으로 사용될 수 있는 좀더 일반적인 예식들을 특별하게 적용한 것이다. 이러한 이유 때문에 스펜서와 길런은 인티츄마와 입문에 대해서 말하기 전에 그들의 새로운 저

---

34) 스펜서와 길런이 사용한 표현들은 이러하다. "그것들(토템과 관련된 예식들)은 항상 그렇지는 않지만, 종종 젊은 사람의 입문과 부수되는 예식의 수행과 연결되어 있거나 인티츄마와 관련되어 있다"(Spencer·Gillen, 앞의 책, 178쪽).
35) 이 특성이 무엇인가를 알아보는 문제는 미루어 두기로 하자. 이것은 우리를 매우 길고도 전문적인 단계로 끌어들이게 될 문제이기 때문에 따로 다루어야 할 것이다. 게다가 이 문제는 이 책에서 세운 명제들과는 상관이 없다.

작에서 일반적 토템예식들에 대해 특별한 장(章)을 할애했다. 거기에서는 예식들의 사용 목적에 따라서 달리 나타날 수 있는 여러 가지 형태들을 제외했다.[36]

토템예식들의 이러한 근본적인 불확정성은 스펜서와 길런에 의해서만 그것도 매우 간접적으로 지적되었다. 그러나 이러한 불확정성은 슈트렐로에 의해서 좀더 명확한 용어로 확인되었다. "젊은 신참자들이 여러 가지 입문의 축제들을 통과할 때 사람들은 젊은이들 앞에서 일련의 예식들을 수행한다. 그 예식들이 정규 숭배의례(스펜서와 길런이 인티츄마라고 부른 의례이다)의 가장 특징적인 세부까지 재현함에도 불구하고 그 예례들은 그와 대응되는 토템을 늘리고 번창하게 만들 목적을 가지고 있지 않다."[37] 따라서 두 경우에 똑같은 예식이 사용된다. 단지 명칭만 다를 뿐이다. 예식이 특별히 종의 번식을 위한 목적을 가질 때는 그것을 음바찰카튜마라고 부른다. 단지 입문 과정의 한 부분을 구성하고 있을 때에만 인티츄마라는 명칭을 부여한다.[38]

아룬타족에서 이러한 예식의 두 종류는 몇 가지 이차적인 특성들에 의해 서로 구분된다. 두 경우에 있어서 의례의 구조가 동일하다고 해도 우리는 피의 유출, 더 일반적으로 아룬타족의 인티츄마 축제의 특징적인 봉헌들이 입문예식에는 없다는 것을 알고 있다. 게다가 이 부족에서 인티츄마는 규정에 따라 전통이 정해놓은 장소에서 거행

---

36) 이것은 '토템과 관련 있는 세리머니'(Ceremonies connected with the totems)라는 제목이 붙은 제4장이다.

37) C. Strehlow, III, 1~2쪽.

38) 그러므로 슈트렐로가 스펜서와 길런이 저질렀다고 비난한 오류가 설명될 것이다. 그들은 의례의 한 형태에다 다른 것에 적합한 용어를 적용시켰다. 그러나 이러한 상황에서 오류는 슈트렐로가 비난한 것처럼 심각한 것 같지는 않다.

되는데, 사람들은 그곳을 순례해야만 한다. 반면에 입문예식이 행해지는 장소는 순수하게 인습적이다.[39] 그러나 와라뭉가족의 경우처럼 인티츄마가 단순한 극적인 연극으로 이루어져 있을 때, 이 두 의례들은 전혀 구분되지 않는다. 이 두 의례 모두에서 사람들은 과거를 기념하고, 신화를 행동으로 옮기고 연극을 한다. 그리고 두 의례를 수행하면서 현저하게 다른 방식으로 연극을 상연할 수는 없다. 그러므로 상황에 따라 유일하고도 동일한 예식이 서로 다른 두 기능에 사용된다.[40]

심지어 예식은 다른 많은 용도에 쓰일 수 있다. 피는 거룩하기 때문에 여자들로 하여금 피 흘리는 것을 보게 해서는 안 된다는 것을 우리는 알고 있다. 그러나 여자들이 보는 데서 싸움이 일어나고, 결국 피를 흘리게 되는 일도 있다. 이렇게 하여 의례의 위반이 일어난다. 아룬타족에서는 처음으로 피를 흘린 남자는 이 과실을 속죄하기

---

39) 장소는 다른 특성을 가질 수 없다. 사실상 입문은 부족의 축제이기 때문에 여러 토템의 신참자들이 같은 순간에 입문한다. 그러므로 같은 장소에서 계속되는 예식들은 항상 여러 가지 토템들과 관련이 있다. 결과적으로 예식들은 신화와 관련된 장소에서 멀리 떨어진 곳에서 행해져야 한다.

40) 사람들은 왜 우리가 입문의례 그 자체를 연구하지 않았는가를 이해할 것이다. 그것은 입문의례가 의례의 실체를 구성하는 것이 아니라 여러 종류의 의례들이 집적되어 형성되기 때문이다. 인티츄마 때에 거행되는 예식들과 별 차이 없는 표현적 예식·금기·고행의례 등이 포함되어 있다. 따라서 우리는 혼합된 체계를 분할해야 하고, 관련이 있는 유사한 의례들을 분류함으로써 체계를 구성하고 있는 본질적 의례들 각각을 분리해서 다루어야 한다. 다른 한편으로 우리는 입문이 토템 숭배를 초월하는 경향을 가진 새로운 종교의 출발점으로 사용되었다는 것을 이미 살펴본 바 있다(이 책, 573쪽 이하). 그러나 우리에게는 토템 숭배가 이 종교의 싹을 지니고 있었다는 사실을 보여주는 것만으로도 충분하다. 우리는 그 발전단계를 추적할 필요가 없다. 이 책의 목적은 기본적인 신앙과 의례들을 연구하는 것이다. 따라서 우리는 그것들이 더욱 복잡한 형태를 만들어내는 순간에 멈추어야만 한다.

위해서 "아버지나 어머니의 토템과 관련 있는 예식을 거행한다."[41]
이 예식은 알루아 우파릴리마(Alua uparilima)라는 특수한 명칭을 지
니고 있는데, 그것은 피를 씻어서 지운다는 의미이다. 그러나 예식
그 자체는 입문 시에 또는 인티츄마 때 거행하는 것과 다름이 없다.
이 예식은 조상의 역사적 사건을 표현한다. 따라서 이러한 예식은 입
문하는 데, 토템종에 영향을 미치는 데, 또는 신성모독을 속죄하는
데 다 함께 쓰일 수 있다. 좀더 나중에 보게 되겠지만 토템예식은 장
례의례 대신으로 쓰일 수도 있다.[42]

　　위베르와 모스는 희생제, 좀더 구체적으로 힌두교의 희생제에서
이러한 종류의 기능적인 애매모호함을 이미 기술한 바 있다.[43] 공동
희생제·속죄희생제·서약희생제·계약희생제 등은 유일하고 동일
한 메커니즘의 단순한 변이에 불과하다. 우리는 이제 문제의 사실이
훨씬 더 원시적이며 결코 희생제도에 한정되지 않는다는 것을 알게
되었다. 이와 비슷한 불확정성을 보이지 않는 의례는 아마도 존재하
지 않을 것이다. 미사는 장례식에서와 마찬가지로 결혼식에도 쓰인
다. 미사는 고인의 잘못을 속죄해주고 살아 있는 사람들에게 신의 은
혜를 보장해준다. 금식은 속죄이며 고해이다. 그러나 그것은 또한 영
성체를 위한 준비이다. 그것은 적극적인 효능들까지도 부여한다. 이
러한 모호함은 의례의 진정한 기능이, 일반적으로 의례의 특성이라
고 규정되고 또 의례의 목표로 여겨지는 특수하고도 한정된 효능에
있는 것이 아니라 일반적인 행동에 있다는 것을 보여준다. 그런데 이

---

41) Spencer·Gillen, *Nat. Tr.*, 463쪽. 개인이 선택에 따라서 부친 또는 모친의 토
　　템예식을 거행할 수 있다면 그것은 좀더 앞에서 설명했던 이유들에 비추어
　　그가 두 가지 토템을 모두 지니고 있기 때문이다(이 책, 408~409쪽).

42) 이 책, 744~745쪽 참조할 것.

43) Hubert·Mauss, *Essai sur le Sacrifice mélanges d'histoire des Religions*, 83쪽.

일반적 행동은 언제 어디서나 동일함에도 불구하고 상황에 따라서 다른 형태를 띠기 쉬운 성향이 있다. 이것이 바로 우리가 제안한 이론이 전제하는 것이다. 만일 숭배의 진정한 역할이 신도들에게 도덕적인 힘과 믿음으로 이루어진 어떤 정신상태를 일깨우는 것이라면, 또한 의례의 여러 가지 효과들이 이러한 근본적인 상태의 이차적이고 변하기 쉬운 결정(決定)에 불과하다면 동일한 구성과 구조를 가진 하나의 의례가 여러 가지 효능을 만드는 것처럼 보인다고 해서 놀랄 일이 아니다. 왜냐하면 의례가 불러일으키는 정신적 성향은 어떤 경우에도 동일하기 때문이다. 이러한 성향은 집단이 모여야 하는 어떤 특별한 이유에서 생겨난 것이 아니라, 집단이 모였다는 사실에서 기인한다. 그러나 다른 한편으로 그러한 정신적 성향들은 그것이 적용되는 상황에 따라 다르게 해석된다. 사람들이 얻기 원하는 것이 물리적 결과인가? 그들이 느낀 확신은 사용된 수단들에 의해 원하는 결과가 얻어지거나 얻어질 것이라고 믿게 만든다. 사람들이 속죄하고 싶은 어떤 잘못을 저질렀는가? 동일한 도덕적 확신 상태는 속죄의 효능을 동일한 의례적 몸짓의 덕분으로 돌리게 할 것이다. 그러므로 실제적 효능은 변하지 않는 데 반해 드러난 효력은 변하는 것처럼 여겨질 것이다. 사실상 의례는 하나이며 항상 동일함에도 불구하고 여러 가지 기능을 완수하는 것으로 보일 것이다.

반대로 단 하나의 의례가 여러 목적으로 사용될 수 있는 것처럼 여러 가지 의례들이 동일한 효과를 만들어낼 수도 있고, 서로 대치(代置)될 수도 있다. 토템종의 번식을 보장하기 위해서 봉헌의식, 모방의례 또는 기념적인 공연들을 사용할 수 있다. 서로 대치되는 이러한 의례들의 성향은 그것들의 유연성과 그것들이 행사하는 유용한 작용의 극단적인 일반성을 다시 한 번 입증해준다. 본질적인 것은 사람들이 모이고, 공동의 감정이 느껴지고, 그것이 공동의 행동에 의해 표현된다는 사실이다. 그러나 이러한 감정과 행동들의 특별한 본성에 관해 말하자면 그것은 상대적으로 이차적이고 우발적이다. 자아를 의식하기 위해 집단이 어떤 특정한 몸짓을 해야 할 필요는 없다. 집단은 같은 사고와 몸짓 안에서 연대감을 느껴야 한다. 그러나 이러한 연대가 일어나는 외적인 형태들이 어떤 것인가는 크게 중요하지 않다. 물론 이러한 외적인 형태가 우연에 의해 결정되는 것은 아니다. 나름대로 이유가 있다. 그러나 이러한 이유들은 숭배의 본질과 관련이 없다.

  그러므로 모든 것은 우리로 하여금 동일한 생각을 하도록 만든다. 무엇보다도 의례들은 사회집단이 주기적으로 재확인되는 수단이다. 이러한 사실로부터 토템 숭배가 처음 생겨나게 된 방식을 가설적으로 재구성할 수 있을 것이다. 부분적으로 혈연관계에 의해서 일치감을 느끼고, 더 나아가서는 이해관계와 전통을 함께하는 공동체에 의해서 더욱 일치감을 느끼는 사람들이 모여서 그들의 도덕적 동질성을 의식한다. 우리가 제시한 이유들 때문에 그들은 이러한 동질성을 일종의 매우 특수한 동체의 형태로 표현하게 된다. 그들은 자신들 모두가 어떤 특정한 동물의 본성을 함께 지니고 있다고 생각한다. 이러한 상황에서 그들이 자신의 집합적 존재를 확인하는 방법은 단 하나밖에 없었을 것이다. 그것은 자신들을 이와 같은 종의 동물로 인정하는 것이다. 이러한 인정은 그들 자신의 조용한 사고 속에서뿐만 아니라 물리적인 행동에 의해서도 이루어진다. 숭배는 바로 이러한 행위들로 구성되는데, 그 행위들은 분명히 사람이 자신과 동일시하는 동물을 모방하는 동작으로만 이루어질 수 있다. 이렇게 이해한다면 모방 의례들이 숭배의 최초의 형태로 보인다. 처음 보기에 유치한 장난 같은 인상을 주는 의례에다 매우 큰 역사적 중요성을 부여한 것이라고 생각할 수 있다. 그러나 우리가 밝힌 바와 같이 이러한 조야하고 서툰 몸짓들과 형상화되는 조잡한 과정들은 가장 이상적인 종교의 신도들이 모여서 자신들이 전능한 신의 자녀라고 선언할 때 표현하는 감정과 완전히 비교될 만한 자존심, 신뢰, 존경의 감정을 나타내고 유지해준다. 왜냐하면 이 두 경우에 있어서 이러한 감정은 안정과 존경에 대한 동일한 인상들로 이루어져 있기 때문이다. 이러한 인상들은 개인을 지배하고 유지시켜 주는 집합적 힘이라고 할 수 있는 거대한 도덕적 힘이 개인의 의식 속에 불러일으킨 것이다.

우리가 연구했던 다른 의례들은 아마도 이 본질적 의례의 변이에 불과할 것이다. 일단 동물과 사람의 긴밀한 유대가 인정되면 사람들은 숭배의 주된 대상인 토템종의 규칙적인 번식을 보장해 줄 필요성을 생생하게 느끼게 된다. 따라서 원래는 도덕적 목적만을 가졌을 이러한 모방 의례들이 유용하고 물질적인 목적에 종속되었다. 그리하여 사람들은 이러한 모방 의례들을 원하는 결과를 만들어 주는 방법으로 여기게 되었다. 그러나 신화의 발전을 통해 처음에는 토템 동물과 혼동되었던 조상의 영웅이 점점 더 구분되고, 더욱더 인격적인 모습을 띠게 됨에 따라 다음과 같은 일이 일어났다. 즉 선조의 모방이 동물의 모방을 대체하거나 나란히 병행되었으며, 재현의례들이 모방 의례들을 대체하거나 완성시켰다. 마침내 사람들은 자신들이 바라는 목적에 보다 확실하게 도달하기 위해서 그들이 사용할 수 있는 모든 수단들을 작동시킬 필요를 느꼈다. 사람들은 성스러운 바위 안에 축적된 생생한 힘을 가까이에 저장해두고 그것을 사용했다. 사람의 피는 동물의 피와 똑같은 속성을 가지고 있기 때문에 같은 목적으로 사용했고, 또한 동물의 피를 흘렸다. 반대로 이와 같은 연관성 때문에 사람들은 자신의 실체를 회복시키기 위해 동물의 살을 사용했다. 거기에서 헌신의례와 영성체 의례들이 유래된다. 그러나 결국 이 모든 다양한 의례들은 하나의 동일한 주제의 변이에 불과하다. 어디에서나 그러한 의례의 근저에는 동일한 정신상태가 놓여 있다. 이러한 정신상태는 상황이나 역사의 시기, 신도들의 성향에 따라 다르게 해석된다.

제5장 속죄의례와 성(聖) 개념의 모호함

속죄의례에 대한 정의

의례들이 내포하는 몸짓의 본질이 서로 다르다 할지라도 우리가 방금 살펴본 여러 가지 적극적 의례들은 공통적인 하나의 특성을 가지고 있다. 즉 적극적 의례들은 모두 신뢰, 희열 더 나아가서 열광상태에서 이루어진다. 우발적인 사건과 미래에 대한 기대가 좀 불확실하기는 하다. 그러나 우기가 오면 비가 내리고, 동물종과 식물종이 정규적으로 번식하는 것은 정상적인 일이다. 여러 번 반복된 경험을 통해 의례들은 일반적으로 사람들이 기대하는 효과를 만들어내고, 그 효과들이야말로 의례의 존재 이유라는 것을 알게 되었다. 사람들은 의례가 준비하고 예고해주는 행복한 사건을 기쁘게 기대하면서 안심하고 의례를 거행한다. 사람들이 행하는 모든 움직임들은 이러한 정신상태를 지니고 있다. 물론 이러한 움직임들은 종교 축제에 늘 수반되는 엄숙함을 지니는 것이 사실이다. 그러나 이러한 엄숙함이 활기나 기쁨을 경감하지 않는다.

이것들은 모두 즐거운 축제이다. 그러나 재난에 대처하기 위한 목적 또는 단지 재앙을 기억하고 애도하는 목적을 가진 슬픈 기념식도 존재한다. 이러한 의례들은 매우 특수한 양상을 지니고 있는데, 우리는 그 특징을 설명할 것이다. 그것들이 우리에게 종교생활의 새로운 국면을 계시해주기 때문에 더욱더 따로 분리해서 연구할 필요가 있다.

우리는 이러한 종류의 예식들을 속죄의례로 부를 것을 제안한다. 사실상 피아쿨룸(piaculum)이라는 용어는 속죄 개념을 일깨우면서도 상당히 넓은 의미를 가진다는 장점이 있다. 모든 불행, 모든 나쁜 징조, 불안이나 공포감을 불러일으키는 모든 것은 결과적으로 속죄라고 불리는 피아쿨룸을 필요로 한다.[1] 따라서 이 용어는 불안이나 슬픔 속에서 거행되는 의례를 지칭하는 데 가장 적합하다.

1. 장례의 적극적인 의례들과 이러한 의례에 대한 기술

장례식은 가장 중요하고 본질적인 속죄의례의 예를 제공해준다.

그러나 장례식을 구성하고 있는 여러 가지 의례 사이에는 구분이 필요하다. 순수한 금욕으로 이루어진 의례가 있다. 죽은 자의 이름이 말해지는 것이 금지되며[2] 죽음이 일어난 장소 근처에 머물러서도 안 된다.[3] 친척들, 특히 여자친척들은 이방인과 모든 교제를 삼가야 한다.[4] 일상적인 생계활동은 축제 때와 마찬가지로 정지된다.[5] 이러한

---

1) Piaoularia auspicia appellabant quae sacrificantibus tristia portendebant(*Paul ex Fest.*, éd. Muller, 224쪽). 피아쿨룸이라는 말은 불행과 동의어로 사용되기도 한다. 플린은 이렇게 말했다. "Vetonica herba, tartum gloriae habet ut domus in qua sata sit tuta existimetur a piaculis omnibus"(Pline, XXV, 8쪽, 46쪽).

2) Spencer·Gillen, *North, Tr.*, 526쪽; Eylmann, *Die Eingeborenen der Kolonie Südaustralien*, 239쪽. 이 책, 603쪽과 비교.

3) Brough Smith, I, 106쪽; Dawson, *Australian Aborigines*, 64쪽; Eylmann, 앞의 책, 239쪽.

4) Dawson, 앞의 책, 66쪽; Eylmann, 앞의 책, 241쪽.

5) Spencer·Gillen, *Nat. Tr.*, 502쪽; Dawson, 앞의 책, 67쪽.

모든 의식은 소극적 숭배에 속하며, 다른 소극적 의례들과 마찬가지로 설명된다. 따라서 우리는 여기에서 이것을 연구하지는 않겠다. 이러한 의식은 죽은 사람이 성스러운 존재라는 사실에서 기인된다. 따라서 고인과 관련 있거나 관련 있었던 모든 것은 전염에 의해서 속된 생활의 사물들과의 모든 접촉을 배제하는 종교적 상태에 있게 된다.

그러나 장례식이 지켜야 할 금기만으로 이루어진 것은 아니다. 적극적 행위들도 요구되는데, 거기에서 친척들은 능동주인 동시에 피동주이다.

이 의례들은 대부분 죽음이 임박하다고 여겨지는 때부터 시작된다. 스펜서와 길런이 와라뭉가족에서 참여했던 장면은 이러하다. 토템예식이 막 거행되었고, 집행자와 구경꾼의 집단이 성스러운 땅을 떠났다. 그때 갑자기 날카로운 비명이 야영지에서 솟아올랐다. 어떤 남자가 막 숨을 거두려 하고 있었다. 즉시 모든 사람들은 최대한 빨리 달리기 시작했다. 대부분 사람들은 달리면서 이미 소리를 지르기 시작했다. 스펜서와 길런은 이렇게 말했다. "우리와 캠프 사이에는 깊은 시내가 있었는데, 그 가장자리에 몇 명의 남자가 앉아 있었다. 그들은 여기저기 흩어져 머리를 무릎 사이에 넣고 울고 탄식했다. 시내를 건너면서 관습에 따라 캠프가 산산조각이 난 것을 우리는 발견했다. 사방에서 온 여자들이 죽어가는 사람의 몸 위에 엎드린다. 반면에 그 주위에 있던 여자들은 앉거나 서서 참마를 캐는 막대기로 자신의 머리를 때려 상처를 내서 그들의 얼굴 위로 피가 흐르도록 한다. 동시에 여자들은 끊임없는 탄식을 계속한다. 그러는 동안 남자들이 달려와서 시체 위에 몸을 던진다. 반면에 남자들이 도착하면 여자들은 일어선다. 잠시 후 우리는 서로 얽힌 많은 사람만 보게 되었다. 옆에는 그때까지도 예식용 장식을 지니고 있던 타풍가르티(Thapungarti) 계급에 속하는 세 명의 남자가 죽어가는 사람에게 등을 돌리고 앉아서 날카로운 신음소리를 냈다. 1~2분 후에 같은 계급에 속하는 다른 남자가 비명을 지르고 돌로 만든 칼을 휘두르면서 그 땅 위로 달려들었다. 캠프에 도착하자마자 그는 허벅다리를 관통해서 근육에 깊은 상처를 냈고, 상처가 너무 깊어 서 있을 수 없기 때문에 마침내 집단의 한가운데서 땅에 쓰러졌다. 그의 친척 중 두세 명의 여자가 그들을 부축하고 벌어진 상처에다 입을 맞춘다. 그러는 동안 그 남자는 땅 위에 의식을 잃고 누워 있었다. 환자는 저녁 늦게 죽었다. 그가 마지막 숨을 거두자마자 똑같은 장면들이 다시 시작되었다. 이번에는 신음이 더욱더 날카로워졌다. 진짜 광란에 사로잡힌 남녀들이 달리고 요동하고 칼이나 뾰족한 막대기를 가지고 자신의 몸에 상처를 냈다. 여자들은 그 누구도 매를 피하지 않으면서 서로를 때렸다. 마침내 한 시간가량 지나자 횃불을 든 애도의 행렬이 들판을 지나 한 나무에 이르렀는데, 그 나무의 가지 속에 시체가 놓였다.[6]

이러한 표현들이 아무리 격렬해보여도 그것들은 의전예법에 의해 엄격하게 조절된다. 자신에게 피 흘리는 상처를 내는 사람들은 관습에 의해 지정된다. 그들은 죽은 사람과 특정한 친척관계여야만 한다. 와라뭉가족에서 스펜서와 길런이 조사한 경우에 따르면 허벅지에 상처를 낸 사람들은 고인의 외할아버지, 외삼촌 그리고 그의 부인의 형제와 외삼촌이다.[7] 다른 사람들은 수염과 머리카락을 자르고, 그 다음에 두피에 파이프 진흙을 바른다. 여자들에게는 특별히 엄격한 의무가 있다. 그들은 머리카락을 자르고 파이프 진흙을 온몸에 발라야 한다. 그 외에도 그들은 2년까지 계속될 수도 있는 장례의 전 기간 동안 절대적인 침묵을 지켜야 한다. 이러한 금지 때문에 와라뭉가족

---

6) Spencer · Gillen, *North. Tr.*, 516~517쪽.
7) 같은 책, 520~521쪽. 저자들은 우리에게 부족 차원에서 친척인지 혈연적인 친척인지를 말하지 않았다. 첫 번째 가설이 좀더 그럴듯하다.

에서는 한 캠프의 모든 여자들이 절대적으로 침묵을 지켜야만 하는 일도 드물지 않다. 여자들은 그것을 습관으로 여기고 있기 때문에 심지어는 장례 기간이 끝난 후에도 자발적으로 말을 하지 않고, 언어보다는 탁월하게 숙련된 몸짓을 사용했다. 스펜서와 길런은 24년이 넘도록 말을 하지 않는 노파를 알고 있었다.[8]

우리가 기술한 예식은 몇 주일, 심지어는 몇 달 동안 계속되는 긴 일련의 의례들의 시작이다. 사람들은 연이어서 여러 가지 형태로 예식을 다시 거행한다. 남자와 여자들은 정해진 시기에 울고 탄식하고 서로 껴안으면서 땅에 앉아 있다. 이러한 의례적인 포옹은 장례 기간 동안 빈번하게 반복된다. 개인들은 서로 접근하고 좀더 긴밀히 교제할 필요를 느끼는 것 같다. 사람들은 단일한 하나의 덩어리를 만들기 위해 서로 껴안고 뒤섞인다. 거기서 소란스러운 탄식소리가 나온다.[9] 이러는 동안에 여자들은 다시 머리를 뜯기 시작한다. 그녀들은 자신이 만든 상처를 깊게 만들기 위해서 불붙은 막대기 끝으로 상처를 지지기도 한다.[10]

이러한 종류의 의례들은 전 오스트레일리아에서 일반화되어 있다. 장례의례, 다시 말해서 시체에 행해지는 의례적 배려·시체가 매장되는 방법 등은 부족에 따라 다르다.[11] 또한 같은 부족 안에서도 나

---

8) Spencer·Gillen, 앞의 책, 525~526쪽. 여자들에게만 특수한 말에 대한 금기는 이것이 단순한 절제라고 하더라도 속죄의례의 모든 특성을 지니고 있다. 이것은 일종의 체면을 차리는 방법이다. 우리가 이것을 여기에 언급하는 것도 바로 이러한 이유 때문이다. 상황에 따라서는 금식도 속죄나 고행이 될 수 있다. 모든 것은 그것이 일어나고 추구되는 상황에 달려 있다(이 두 종류 의례의 차이에 대해서는 이 책, 746~747쪽 참조할 것).
9) 같은 책, 525쪽에서 이 의례를 보여주는 매우 의미심장한 삽화를 발견할 것이다.
10) 같은 책, 522쪽.
11) 주요한 장례의례의 종류에 대해서는 A.W. Howitt, *Nat. Tr.*, 446~508쪽 참조할

이·성별·개인의 사회적인 중요성에 따라 다양하다.[12] 그러나 이른바 장례예식은 어디서나 똑같은 주제를 반복한다. 그 세부적인 것에서만 변이들이 나타난다. 간간이 신음에 의해 중단되기는 하지만 어디서나 똑같은 침묵이 있고,[13] 머리카락이나 수염을 잘라야 하는 의무도 있으며,[14] 몸에다 파이프 흙을 바르거나 재를 뿌리거나 심지어는 분비물을 바르는 의무가 있다.[15] 어디서나 서로 때리고 상처내고 불로 지지는 똑같은 격분이 존재한다. 중앙 빅토리아 지방에서는 "죽음이 닥칠 때 여자들은 울고 탄식하며, 그들 가운데 나이 든 사람들은 관자놀이의 피부를 손톱으로 긁어 상처를 낸다. 고인의 양친들은 격분해서 자신의 몸에 상처를 내는데, 그들이 잃은 사람이 외아들일 때는 특히 더 심하다. 그 아버지는 큰 도끼로 자신의 머리를 때리고 찢으면서 고통스러운 탄식을 한다. 어머니는 불 옆에 앉아 자신의 가슴과 배를 불붙인 막대기로 지진다. 이따금 화상이 너무 심해서 죽는 일도 있다."[16] 스미스(Brough Smyth)의 이야기에 따르면 오스트레일리아의 남방 부족에서 일어나는 일은 다음과 같다. 시체가 일단 구덩이에 내려지고 나면 "과부는 자신의 장례예식을 시작한다. 그녀

것. 남동 부족에 대해서는 Spencer·Gillen, 앞의 책, 505쪽; *Nat. Tr.*, 497쪽 이하 참조할 것. 그리고 중앙 종족에 대해서는 Roth, "North Queensland Ethnog.", Bull n°9, in *Records of the Australian Museum.*, VI, n°5, 365쪽 이하, 특히 '장례식과 주검 처리'(Burial Ceremonies and Disposal of the Dead) 참조할 것.

12) 특히 Roth, 앞의 글, 368쪽; Eyre, *Journals of Exped. into Central Australia*, II, 344~345쪽, 347쪽 참조할 것.

13) Spencer·Gillen, 앞의 책, 500쪽; *North. Tr.*, 507~508쪽; Eylmann, 앞의 책, 241쪽; Langloh Parker, *The Euahlayi*, 83쪽 이하; Brough Smyth, I, 118쪽.

14) Dawson, 앞의 책, 66쪽; A.W. Howitt, 앞의 책, 466쪽; Eylmann, 앞의 책, 239~240쪽.

15) Brough Smyth, I, 113쪽.

16) W.E. Stanbridge, Trans., *Ethnological Society of London*, N.S., T.I., 286쪽.

는 이마 위의 머리카락을 자른다. 그러고는 정말 광란상태가 되어서 불붙은 막대기를 가슴과 팔과 다리와 허벅지에 댄다. 그녀는 자신에게 가하는 고문을 즐거워하는 것 같다. 그녀를 멈추게 하려는 시도는 무모한 일이며 헛된 일이다. 더 이상 걸을 수 없는 정도로 지치게 되었을 때 그 여자는 화로의 재 속에다 발길질을 하고 재를 사방으로 흩으려고 애쓴다. 그 여자는 땅에 쓰러져 재를 집어서 자신의 상처에다 문지른다. 그다음에 그 여자는 자기의 얼굴을 할퀸다(얼굴은 불붙은 방망이가 닿지 않은 유일한 부분이다). 흐르는 피는 상처를 덮고 있던 재와 섞인다. 이런 상태로 자신을 긁으면서 그녀는 소리를 지르고 탄식을 한다."[17]

호잇이 우리에게 기술해준 쿠르나이족의 장례의례는 앞의 것들과 기이할 정도로 유사하다. 일단 시체를 주머니쥐의 모피로 싸서 나무껍질 속에다 놓고 나면 친척들이 모였던 곳에 오두막집이 지어진다. 그들은 거기서 땅에 길게 누워 예를 들면 "너는 왜 우리를 남겨두었느냐"는 식의 말을 하면서 자신들의 손실에 대해 탄식한다. 이따금씩 그들의 비탄은 그중 하나가 예를 들어 그의 부인이 지르는 날카로운 비명에 의해 강화된다. 고인의 아내가 "남편이 죽었다"고 외치거나 그 어머니가 "내 아들이 죽었다"고 외친다. 각 참여자들은 이 외침을 반복한다. 친척들이 죽은 사람과 맺고 있는 관계에 따라 호칭만 변할 뿐이다. 그들은 뾰족한 돌이나 도끼를 가지고 머리와 몸에서 피가 흐를 때까지 자신들을 치고 상처를 낸다. 울음과 탄식소리가 밤새도록 계속된다.[18]

---

17) Brough Smyth, I, 104쪽.

18) A.W. Howitt, 앞의 책, 459쪽. 사람들은 다음 책 속에서 유사한 장면들을 발견할 것이다. Eyre, 앞의 책, II, 255쪽, 347쪽; Roth, 앞의 책, 394~395쪽. 특히 Grey, *Journals of Two Expedition in North-West and Western Australia*, II, 320쪽

이러한 예식들이 진행되는 동안 표현되는 감정은 슬픔만이 아니다. 일반적으로 일종의 분노가 슬픔과 뒤섞이게 된다. 친척들은 어떤 방법이든 다가온 죽음에 복수할 필요를 느낀다. 우리는 그들이 서로에게 달려들어 상처를 내려고 하는 것을 보았다. 이러한 공격은 어떤 때는 사실적이고, 어떤 때는 가장된 것이다.[19] 심지어 이러한 일종의 기이한 전투가 규칙적으로 조직되는 경우도 있다. 카이티시족에서는 죽은 자의 머리카락이 곧장 사위에게 보내진다. 이번에는 사위가 친척과 친구를 거느리고 족장 형제들 중의 하나, 즉 그와 같은 결혼계급에 속하는 남자, 따라서 역시 죽은 자의 딸과 결혼할 수 있는 남자와 결투하러 갈 의무가 있다. 도전은 거부될 수 없으며, 두 투사는 어깨와 허벅지에 격심한 상처를 입힌다. 결투가 끝나면 도전자는 자신이 일시적으로 물려받은 머리카락을 자신의 적에게 준다. 이번에는 이 적이 자신의 부족형제 중 다른 사람에게 가서 싸움을 걸고 결투를 하는데, 그 후에 이 사람에게 여전히 일시적인 명목으로 이 유산이 전달된다. 이 유산은 손에서 손으로 집단을 한 바퀴 돌게 된다.[20] 게다가 친척이 서로 때리고 태우고 베는 일종의 분노 속에 이미 동일한 감정의 어떤 것이 개입된다. 이와 같이 절정에 도달하는 고통은 분노 없이는 안 된다. 우리는 이 의식과 복수의례가 보여주는 유사성에 놀라지 않을 수 없다. 이 두 의식은 죽음이 피 흘리기를 원한다는 동일한 원칙으로 이루어져 있다. 차이점은 장례식에서는 희생자가 친척이고, 복수의례에서는 타인이라는 점이다. 우리는 오히려 법률제도의 연구에 속한다고 할 수 있는 복수에 대해서 특별히 다루지는 않겠다. 하지만 복수가 어떻게 장례의례와 관계를 맺고 장례

이하 참조할 것.
19) Brought Smyth, I, 104쪽, 112쪽; Roth, 앞의 글, 382쪽.
20) Spencer · Gillen, 앞의 책, 511~512쪽.

의 마지막을 예고하는지 밝혀둘 필요가 있다.[21]

몇몇 사회에서 장례식은 그 흥분의 도가 취임예식의 흥분만큼 또는 그것을 능가하는 흥분을 띤 예식으로 끝난다. 아룬타족에서 이 종결의례는 우르프밀치마(Urpmilchima)라고 불린다. 스펜서와 길런은 그중 두 가지 의례에 참여했다. 하나는 남자를 위해, 다른 하나는 여자를 위해 거행된 것이었다. 여자를 위한 의례에 관한 기술은 다음과 같다.[22]

남자들은 치무릴리아(Chimurilia), 여자들은 아라무릴리아(Aramurilia)라고 부르는 매우 특수한 종류의 장식을 만들면서 의식을 시작한다. 일종의 수지(樹脂)를 사용해 미리 주워서 옆에 놓아두었던 동물의 작은 뼈를 죽은 여자의 친척이 제공한 머리카락의 묶음에다 고정시킨다. 사람들은 여자들이 보통 지니고 다니는 머리띠 중 하나에다 이러한 종류의 장신구를 붙이고, 거기에다 검은 앵무새의 깃털을 덧붙인다. 이러한 준비가 끝나면 여자들은 그들의 캠프에 모인다. 그들은 고인과의 혈연관계의 정도에 따라 몸에다 여러 가지 색깔을 칠한다. 약 10분 동안 서로 껴안고 나서 끊임없이 신음소리를 내면서 무덤을 향해 걷기 시작한다. 얼마쯤 가서 여자들은 몇몇 부족의 형제들을 동반한 고인의 혈연적인 형제를 만난다. 모든 사람은 땅에 앉고 애도가 다시 시작되었다. 장식(Chimurilia)을 담은 그릇(pitchi)[23]을 맏형에게 주는데, 그는 그것을 자신의 배 위에다 잡아맨다. 사람들은 그것이 그의 고통을 진정시키는 방법이라고 말한다. 사람들은 그릇에서 장식 하나를 꺼내고, 죽은 여자의 어머니는 얼마 동안 머리에다 그것을 쓴다. 그다음에 그 장식은 다시 그릇 안에 놓

21) Dawson, 앞의 책, 67쪽; Roth, 앞의 책, 366~367쪽.
22) Spencer·Gillen, *Nat. Tr.*, 508~510쪽.
23) 이 책 648쪽에서 언급했던 나무로 된 작은 그릇.

이고, 다른 남자들이 그것을 차례차례로 가슴에 댄다. 마침내 맏형은 장식을 두 명의 손위 자매들의 머리 위에 씌우고 다시 무덤으로 향한다. 길을 가면서 어머니는 몇 번이나 땅에 넘어지면서 뾰족한 돌에 자신의 머리를 상하게 한다. 매번 다른 여자들이 그녀를 다시 일으켜 주는데, 그들은 그녀로 하여금 자신에게 고통을 너무 많이 가하지 못하도록 노력하는 것 같다. 일단 무덤에 도착하면 그 여자는 봉분에 달려들고 손으로 봉분을 부수려고 애쓴다. 반면에 다른 여자들은 문자 그대로 그녀 주위에서 춤을 춘다. 부족의 어머니들과 고인의 고모들도 어머니의 예를 따른다. 그 여자들도 땅 위에 쓰러져서 서로 때리고 상처를 낸다. 그들의 몸은 마침내 피가 철철 흐르게 된다. 어느 정도 시간이 흐르면 사람들은 그녀들을 서로 떼어놓는다. 손위 자매들은 무덤의 흙에다 구멍을 하나 내고 이미 산산조각이 나버린 장식(Chimurilia)을 넣는다. 부족의 어머니들은 다시 한 번 땅에 쓰러져서 서로의 머리에다 상처를 낸다. 이때 "주위에 있는 여자들의 눈물과 탄식은 그들을 극도의 흥분상태로 몰고 가는 듯했다. 흰색의 파이프 흙으로 뒤덮인 그들의 몸으로부터 흘러내린 피는 그들을 유령처럼 보이게 한다. 마지막으로 늙은 어머니가 완전히 지친 채 약하게 신음하면서 무덤 위에 홀로 누워 남아 있다." 그러면 다른 여자들이 그녀를 다시 일으켜 세워 그 여자를 덮고 있는 파이프 흙을 털어낸다. 이것이 예식과 장례예식의 끝이다.[24]

와라뭉가족에서 마지막 의례는 매우 특이한 특성을 보이고 있다. 거기에는 출혈이 있는 것 같지 않다. 그러나 집단적 흥분은 다른 방식으로 전달된다.

---

24) Spencer · Gillen, 앞의 책, 508~510쪽. 스펜서와 길런이 참석했던 다른 의식의 마지막은 같은 책, 503~508쪽에 기술되어 있다. 그것은 우리가 방금 살펴본 의식과 본질적으로 다르지 않다.

이 종족에서는 시체가 최종적으로 매장되기 전 나뭇가지 속에 놓인 편편한 단(壇) 위에 시체를 올려놓는다. 사람들은 시체가 천천히 분해되어 뼈만 남을 때까지 놓아둔다. 그리고 상박골을 제외한 나머지 뼈를 모아서 개미집 안에다 둔다. 상박골은 여러 가지 방식으로 장식한 나무껍질 상자에 싸둔다. 그 상자는 여자들의 비명과 탄식 속에서 캠프로 옮겨진다. 그 후 며칠 동안 사람들은 고인의 토템과 씨족 조상들의 신비한 역사와 관련된 일련의 예식들을 거행한다. 이 모든 예식이 끝나면 종결의례를 행한다.

깊이가 1피트 정도에 길이가 14피트인 긴 구덩이가 예식이 치러지는 땅 위에 파인다. 사람들은 사전에 거기에서 어느 정도 떨어진 곳에 죽은 자의 토템과 그 조상이 머물렀던 어떤 장소들을 나타내는 토템 도안을 땅 위에 그려놓는다. 이 도안 바로 옆에 작은 도랑이 파인다. 장식을 한 열 명의 남자가 앞뒤로 나란히 서서 전진한다. 손은 머리 뒤로 교차하고 다리를 벌린 채 도랑 위에 서 있다. 어떤 신호가 주어지면 여자들은 깊은 침묵을 지키면서 캠프로부터 뛰어나온다. 그녀들이 가까이 와서 일렬종대로 서는데, 맨 끝에 있는 여자는 상박골이 담긴 상자를 손에 들고 있다. 그다음에 모든 여자들은 땅에 앉아 손과 무릎으로 기다시피 걸으면서 남자들의 다리 사이로 도랑을 지나가게 된다. 대단한 성적 흥분상태를 나타내는 장면이다. 마지막 여자가 지나가자마자 사람들은 그녀에게서 상자를 빼앗아 그것을 노인이 있는 구덩이로 가져간다. 노인은 재빨리 일격에 뼈를 부러뜨려서 그 조각을 황급히 파묻는다. 그동안에 여자들은 좀더 멀리 떨어져서 그녀들이 보아서는 안 되는 장면에 등 돌리고 있다. 그러나 그 여자들은 도끼 소리를 듣고는 비명을 지르고 신음을 하면서 도망친다. 의례는 완성되었다. 장례식은 끝났다.[25]

2. 이 의례들은 어떻게 설명되는가

이러한 의례들은 우리가 앞서 연구했던 것과 매우 다른 유형에 속한다. 물론 이 둘 사이에서 중요한 유사성을 찾을 수 없다는 말은 아니다. 우리는 그 유사성에 주목해야 할 것이다. 그러나 그 차이는 좀 더 분명하다. 기분전환을 해주고 정신의 긴장을 풀어주는 즐거운 춤과 노래 그리고 극적인 표현 대신 그들은 울고 탄식한다. 한마디로 모든 장면을 차지하는 것은 일종의 상호동정, 가슴 아픈 슬픔의 매우 다양한 표현들이다. 물론 인티츄마 축제 때에도 피 흘리는 일이 있다. 그러나 이것은 경건한 열광의 움직임 속에서 행해진 봉헌이다. 몸짓들이 서로 유사하다고 해도 그 몸짓들이 나타내는 감정들은 서로 다르며, 심지어 상반될 수도 있다. 고행의례들은 많은 박탈·절제·절단을 의미한다. 그러나 냉정한 단호함과 일종의 침착성을 가지고 그것을 참아야 한다. 앞의 경우와는 반대로 여기서는 쇠약·비명·눈물 등이 법칙이 된다. 고행자는 자기 자신과 동료들에게 그러한 고통을 초월한다는 것을 증명하기 위해서 스스로에게 고통을 가한다. 장례식에서는 자신이 고통받고 있다는 것을 입증하기 위해 자신을 다치게 한다. 이 모든 사인에 의해서 우리는 속죄의례의 특징을 알게 된다.

그러나 이러한 특징들을 어떻게 설명할까?

변하지 않는 한 가지 중요한 사실이 있다. 그것은 장례식이 개인 감정의 자발적인 표현이 아니라는 점이다.[26] 만일 친척들이 울고 탄식하고 상처를 입힌다고 해도 그것은 그들이 근친의 죽음에 대해 인간적으로 슬픔을 느껴서가 아니다. 물론 특별한 경우에 표현된 슬픔

---

25) Spencer · Gillen, *North. Tr.*, 531~540쪽.

26) 제번스가 말한 것과 반대다. *Introd. to the History of Relig.*, 46쪽 이하.

은 실제로 느낀 것일 수도 있다.[27] 그러나 좀더 일반적으로 느낀 감정과 의례 집행자들이 행한 몸짓 사이에는 아무런 관계가 없다.[28] 만일 울고 있는 사람들이 고통 때문에 무척 괴로워하는 것처럼 보일 때에도 어떤 사람이 사소한 문제에 대해 이야기하기 위해 그들에게 말을 건다면 그들은 금방 얼굴 표정과 음조를 바꾸고 웃는 모습으로 매우 즐겁게 이야기하는 일이 종종 있다.[29] 장례식은 잔인한 상실에 의해 상처받은 개인 감정의 자연스러운 동요가 아니다. 그것은 집단이 부과한 의무이다. 사람들은 단지 슬퍼서가 아니라 그렇게 하도록 강요당하기 때문에 우는 것이다. 그것은 사람들이 관습을 존중하기 때문에 적응해야 하는 의례적 태도이다. 그러나 이것은 대개 개인의 감정상태와는 무관하다. 게다가 이러한 의무는 신화적 또는 사회적 제재에 의해서 뒷받침되었다. 예를 들면 사람들은 어떤 친척의 장례식을 적합하게 치르지 않으면 죽은 자의 영혼이 그의 발걸음에 붙어 있다가 그를 죽인다고 믿고 있다.[30] 다른 경우 사회는 계율을 무시하는 자에게 벌을 주는 일을 종교적 힘들에 맡겨두지 않는다. 사회 자체가 개입해서 의례상의 잘못을 징계한다. 만일 사위가 장인에게 그가 해야 할 장례의무를 다하지 않으면, 즉 규정된 상처내기를 하지 않으면 부족의 처외삼촌들이 그 사람의 부인을 데려다가 다른 남자에게 넘긴다.[31] 따라서 관례에 따르기 위해서 사람들은 때로 인위적인 방법

---

27) 그래서 도슨은 장례식을 진지하다고 말했다(66쪽). 그러나 아일만은 진정한 슬픔 때문에 상처를 내는 단 하나의 경우도 알지 못했다고 확신했다(앞의 책, 113쪽).

28) Spencer · Gillen, *Nat. Tr.*, 510쪽.

29) Eylmann, 앞의 책, 238~239쪽.

30) Spencer · Gillen, *North. Tr.*, 507쪽; *Nat. Tr.*, 498쪽.

31) Spencer · Gillen, *Nat. Tr.*, 500쪽; Eylmann, 앞의 책, 227쪽.

에 의해 억지로 눈물을 흘려야만 한다.[32)]

도대체 이러한 의무는 어디에서 오는가?

민속학자들과 사회학자들은 일반적으로 원주민 자신들이 이 질문에 답한 내용에 만족하고 있다. 그들은 죽은 자가 울어주기를 바란다고 말한다. 그리고 죽은 자가 요구할 권리가 있는 슬픔의 의무를 거절하면 죽은 사람을 성나게 하기 때문에 그의 분노를 예방하는 유일한 방법은 그의 뜻에 따르는 것이라고 말한다.[33)]

그러나 이러한 신화적인 설명은 문제를 해결하는 것이 아니라 문제의 용어를 바꾼 것에 불과하다. 왜냐하면 죽은 사람이 무엇 때문에 강제로 장례식을 요구하는지를 알아야 하기 때문이다. 죽음이 탄식되고 애도되기를 바라는 것이 인간 본성이라고 사람들은 말할 것이다. 그러나 이러한 감정으로 장례식의 복잡한 체계를 설명하는 것은 문명인도 확인하지 못하는 감정적인 요구들을 오스드레일리아 사람들에게 돌리는 결과가 된다. 선험적으로 분명하지는 않지만, 너무 빨리 잊히지 않으려는 생각은 미래를 생각하는 사람에게는 당연히 기분 좋은 것이라는 사실을 인정하자. 이러한 관심사에서 생겨난 심적인 상태를 죽은 사람 탓으로 돌리기 위해서는 그 죽은 사람이 산 사람의 마음속에 중요한 위치를 차지했다는 것을 증명해야 한다. 특히 그러한 감정이 현재를 초월해 생각하는 습관이 거의 없는 사람들을 사로잡고 감동시킨 것 같지는 않다. 살아 있는 사람들의 기억 속에서 계속 살아남고 싶은 욕망이 장례의 기원이라고 생각하기보다는 사후의 애석함에 대한 개념과 애착을 일깨운 것이 제도화된 장례식 그 자체라고 생각해야 하지 않을까 의문을 품게 된다.

---

32) Brough Smyth, I, 114쪽.
33) Spencer·Gillen, 앞의 책, 510쪽.

원시적인 장례식이 무엇으로 이루어져 있는지 알게 되면 고전적인 해석은 더욱더 옹호할 수 없게 된다. 장례식은 단순하게 더 이상 존재하지 않는 사람을 향한 경건한 후회로 이루어진 것이 아니라 기혹한 절제와 잔인한 희생으로 이루어져 있다. 의례는 사람들에게 고인에 대해 슬픈 마음으로 생각할 것을 요구할 뿐 아니라 서로 때리고 상처를 내고 베고 태울 것을 요구한다. 우리는 심지어 장례 중에 있는 사람들이 이따금 상처 때문에 죽을 정도로 자신을 괴롭히는 것을 보았다. 죽은 사람은 어떤 이유로 그들에게 이러한 고통을 주는가? 이러한 잔인성은 잊히지 않으려는 욕망 이상의 어떤 것을 보여주고 있다. 죽은 자가 그들이 고통받는 것을 보면서 쾌락을 느끼기 위해서는 그들을 증오하고 그들의 피를 탐해야만 한다. 물론 이러한 잔인성은 모든 영(靈)을 필연적으로 악하고 두려운 능력으로 여기는 사람들에게는 자연스럽게 보일 것이다. 그러나 우리는 여러 종류의 영이 있다는 것을 알고 있다. 어떻게 죽은 자의 영혼이 필연적으로 악령일 수 있는가? 그 사람이 살아 있을 때 그는 자신의 친척들을 사랑하고 그들과 서비스를 교환했다. 그런데 그 영혼이 육신을 떠나자마자 악하고 괴롭히는 정령이 되어 즉각 예전의 감정들을 버린다는 것이 이상하지 않은가? 죽은 사람은 살아 있을 때의 인격을 보존하며, 동일한 특성, 동일한 증오와 애정을 가진다는 것이 일반적인 규칙이다. 그러므로 이러한 변형은 그 자체로는 쉽게 이해될 수 없다. 원주민들이 의례를 설명하면서 죽은 사람의 요구 때문이라고 말할 때, 사실상 그들은 그것을 암암리에 인정하고 있다. 그러나 이러한 개념이 정확하게 어디에서 기인되는가를 아는 것이 중요하다. 이러한 개념은 자명한 이치로 여겨질 수 있기는커녕 의례 그 자체만큼이나 모호하다. 따라서 이러한 문제를 설명하기에 충분치 않다.

만일 우리가 이러한 놀랄 만한 변형의 이유를 찾아내더라도 왜 이러한 변형이 일시적인지 설명해야 할 것이다. 왜냐하면 이 변형은 장례식이 끝나면 지속되지 않기 때문이다. 일단 장례식이 끝나면 죽은 사람은 생존시처럼 돌아간다. 즉 애정 있고 헌신적인 친척이 되는 것이다. 죽은 사람은 새로운 상황에서 얻은 새로운 능력들을 그의 친구들을 위해 사용한다.[34] 그 후부터 그는 그가 방금 괴롭혔던 사람들을 언제나 도와줄 준비가 된 좋은 영으로 여겨진다. 이러한 연속적인 급변은 어디에서 기인할 수 있을까? 만일 사람들이 영혼의 탓으로 돌리는 나쁜 감정이 오로지 그가 더 이상 생존하지 않는다는 사실에서 기인한다면 나쁜 감정들은 변하지 않고 남아 있어야 할 것이다. 만일 장례식이 그 나쁜 감정에서 파생된 것이라면 그것은 끝없이 계속될 것이다.

이러한 신화적인 설명은 의례 그 자체를 표현하는 것이 아니라 원주민이 의례에 대해 가지고 있는 관념을 표현할 뿐이다. 따라서 우리는 신화적인 설명이 번역해주는 현실과 대면하기 위해, 비록 이런 과정에서 현실이 왜곡되기는 하지만, 이러한 설명을 멀리할 수 있다. 장례식이 적극적 숭배의 다른 형태들과 다르기는 하지만 한 가지 면에서는 유사하다. 장례식 역시 거기에 참여하는 사람들을 흥분상태를 만드는 집합 예식들로 이루어져 있다는 점이다. 흥분된 감정의 성격은 다르지만 흥분이 일어나는 것은 똑같다. 따라서 기쁜 의례에 대한 설명은 그 용어를 바꾼다면 슬픈 의례에도 적용될 수 있다.

어떤 사람이 죽으면 그가 속한 가족집단은 축소되는 것을 느끼며, 이러한 손실에 대응하기 위해 모인다. 공동의 불행은 행복한 사건의 도래와 동일한 효과를 가진다. 따라서 집합 감정은 새로워지고, 그것

---

34) 이러한 신앙에 대한 여러 가지 예들은 A.W. Howitt, *Nat. Tr.*, 435쪽에서 찾아볼 수 있다. C. Strehlow, I, 15~16쪽; II, 7쪽과 비교.

은 개인들로 하여금 서로 모이고 서로를 찾게 만든다. 우리는 이러한 집중에 대한 필요가 때로는 특별한 에너지에 의해 입증되는 것을 살펴보았다. 사람들은 모이고 껴안고 가능한 한 가장 가깝게 밀착한다. 그러나 집단이 처한 감정상태는 집단이 겪는 상황을 반영할 뿐이다. 가장 직접적으로 영향을 받은 근친들이 모인 회중에게 그들의 개인적인 고통을 호소한다. 뿐만 아니라 사회는 그 구성원들에게 그들의 감정을 상황과 조화시키도록 정신적인 압력을 가한다. 사회에 강한 영향을 주고 사회를 약화시키는 타격에 무관심하도록 놔두는 것은 사회가 그 구성원들의 마음속에 마땅한 위치를 확보하지 못했다는 것을 공인하는 것이나 다름없다. 그것은 사회 그 자체를 부정하는 일일 것이다. 자기 가족 중 하나가 죽었는데도 울지 않는 것을 용인하는 가족은 바로 그 가족에게 도덕적 통일성과 응집력이 결여되어 있음을 보여주는 것이다. 그것은 포기하는 것이다. 즉 존재를 단념하는 것이다. 개인적 측면에서 살펴보면 개인은 그가 속해 있는 사회와 견고하게 연결되어 있을 때 도덕적으로 사회의 슬픔과 기쁨에 동참한다고 느낀다. 그러한 감정들에 무관심하다는 것은 그와 집단을 묶고 있는 유대를 깨뜨리는 행위가 될 것이다. 그것은 집단에 대한 기대를 포기하는 것이며 자신과도 모순되는 일이 될 것이다. 만일 기독교인이 수난주일 기념의식 동안 금식하고 유대인이 예루살렘함락기념일에 금식하고 고행한다면 그것은 자발적으로 느낀 슬픔 때문이 아니다. 이러한 상황에서 신도의 내적인 상태는 그가 견디는 가혹한 절제와 비례하지 않는다. 그가 슬프다면 그것은 무엇보다도 자신의 믿음을 확증하기 위해 슬퍼해야 한다는 사실에 동의했기 때문이다. 장례 기간 오스트레일리아 사람들의 태도는 동일한 방식으로 설명된다. 그가 울고 탄식한다면 그것은 단순히 개인적인 원통함을 나타내기 위해서가 아니라 주변의 사회가 필요한 경우 그에게 불러일으켜

준 의무를 완수하기 위함이다.

다른 곳에서 인간의 감정이 집합적으로 확인될 때 얼마나 강화되는가를 살펴보았다. 기쁨과 마찬가지로 슬픔은 마음과 마음에 서로 영향을 미치면서 흥분되고 증폭되며, 따라서 충일하고도 격렬한 움직임의 형태로 나타난다. 그러나 이것들은 더 이상 우리가 앞서 살펴본 기쁜 동요를 표현하는 것이 아니다. 이것들은 고통의 외침이며 울부짖음이다. 각자는 전체에 의해서 이끌리고 있다. 진정한 슬픔의 광란 같은 것이 생겨난다. 고통이 어느 정도의 강도에 도달하면 일종의 분노나 울분과 뒤섞인다. 사람들은 무엇인가를 깨뜨리고 파괴할 필요를 느낀다. 이것을 자기 자신이나 남들에게 표출한다. 사람들은 자기 자신을 때리고 상처를 입히고 불에 지진다. 아니면 다른 사람을 때리고 상처내고 불에 지지기 위해 그들에게 달려든다. 이렇게 해서 징례식 동안 진정한 고통의 향연(orgic)에 탐닉하는 관습이 생긴 것이다. 피의 복수와 사람 사냥도 여기에서 유래된 것 같다. 만일 모든 죽음이 어떤 주술적 주문의 탓이라면 그리고 이러한 이유 때문에 사람들이 죽음에 대한 복수를 꼭 해야 한다고 믿는다면 그것은 사람들이 어떻게 해서라도 집합적 고통과 분노를 완화시킬 수 있는 희생자를 찾을 필요를 느끼기 때문이다. 사람들은 이러한 희생자를 당연히 밖에서 찾으려 할 것이다. 왜냐하면 이방인은 저항적 약자이기 때문이다. 이방인은 친족이나 이웃과 연결되어 있는 동정심에 의해 보호받지 못하기 때문에 그에게는 죽음이 불러일으킨 악하고 파괴적인 감정을 밀어내고 중화시킬 만한 것이 아무것도 없다. 그것은 아마도 여자들이 남자보다 더 빈번하게 장례식의 가장 잔인한 예식의 수동적 대상으로 쓰이는 것과 같은 이유일 것이다. 왜냐하면 여자들은 보다 적은 사회적 가치를 지니고 있으므로 더 직접적으로 희생제물로 지목되기 때문이다.

우리는 장례식에 대한 이러한 설명이 영혼이나 영의 개념을 완전히 배제하고 있다는 것을 알고 있다. 실제로 작용하는 유일한 힘들은 전적으로 비인격적인 성격을 지니고 있다. 그 힘이란 한 구성원의 죽음이 집단에 불러일으킨 감정이다. 그러나 원시인은 이러한 모든 의례들이 유래된 심리적 메커니즘을 모르고 있다. 따라서 그가 그것들을 설명하고자 할 때 그는 전혀 다른 설명을 할 수밖에 없다. 그가 알고 있는 전부는 고통스러울 정도로 자신을 괴롭혀야 한다는 것이다. 모든 의무는 그것을 강요하는 의지에 대한 개념을 일깨우기 때문에 원시인은 그가 당하는 강제가 자기의 주변 어디에서 유래되는지 찾게 된다. 그것은 도덕적인 힘이다. 원시인은 그 힘의 실재를 확신하며, 이 힘은 이러한 역할을 위해 지정된 것처럼 여겨진다. 그것은 바로 죽음이 해방시켜준 영혼이다. 왜냐하면 자신의 죽음이 살아 있는 사람에게 미칠 수 있는 반향에 영혼보다 누가 더 관심을 가질 수 있을까? 따라서 만일 살아 있는 사람들이 스스로에게 자연스럽지 못한 가해행위를 한다면 그것은 영혼의 요구에 부응하기 위한 것이라고 상상한다. 이렇게 해서 영혼 개념은 나중에 장례의 신화에 개입하게 된 것이다. 다른 한편으로 사람들은 이러한 자격으로 영혼에게 비인간적인 요구를 하기 때문에 영혼은 살고 있던 육체를 떠나면서 인간적인 모든 감정을 버린다고 가정되어야 한다. 이렇게 해야 어제의 친척이 두려운 적으로 변화되는 것이 설명된다. 이러한 전이는 장례의 기원이 아니라 오히려 장례의 결과로 나타난 것이다. 이러한 전이는 집단의 감정상태 변화를 설명해준다. 사람들은 죽은 자가 두려워서 우는 것이 아니라 죽은 자를 위해 애도하기 때문에 두려워한다.

　그러나 이러한 감정상태의 변화는 일시적일 수밖에 없다. 왜냐하면 장례예식은 이러한 감정상태에서 기인되긴 하지만, 그것은 또한 그 감정상태에 종지부를 찍기 때문이다. 장례예식은 그것을 하게 된 원인까지도 조금씩 약화시킨다. 장례식의 근거는 집단이 그 구성원 중 하나를 잃었을 때 느끼는 상실감이다. 그러나 바로 이러한 상실감이 개인을 서로 접근시키고 좀더 긴밀한 관계를 갖게 하며 동일한 심적 상태에서 그들을 결속시키는 효력을 가지게 한다. 그런데 이 모든 것에서 원래의 상실을 보상해주는 위안감이 생겨난다. 함께 울기 때문에 그들은 서로 결속되고, 그들에게 가해진 타격에도 불구하고 집단은 흔들리지 않는다. 물론 사람들은 슬픈 감정만을 공동으로 느끼는 것 같다. 그러나 슬픔 속에서의 의사소통도 역시 하나의 의사소통임은 사실이다. 모든 정신적인 교제는 어떤 형태로 이루어지건 사회의 생명력을 높여준다. 공동의 고통에 대한 필연적이고도 의무적인 표현에서 예외적인 격렬함이 나타난다. 이 격렬함은 이때의 사회가 어느 때보다도 더 생기 있고 활발하다는 것을 입증한다. 사실상 사회감정이 고통스럽게 상처 입었을 때, 그 감정은 보통 때보다 더 힘차게 반응한다. 사람들은 가족이 고생을 겪을 때 가족에게 더 많은 애착을 가지게 되는 법이다. 이러한 에너지의 증가는 처음에 느꼈던 파괴의 결과를 더욱 완벽하게 지워버린다. 즉 죽음이 늘 가져오게 마련인 냉담한 감정을 사라지게 한다. 집단은 힘이 점차로 되돌아오고 있다고 느낀다. 집단은 다시 희망을 가지고 살기 시작한다. 사람들은 애도하기를 마친다. 결국 슬퍼하는 행위 그 자체 때문에 슬픔에서 벗어나는 것이다. 그러나 영혼에 대한 개념은 사회의 정신상태를 반영하기 때문에 이러한 상태가 변화하면 영혼 개념도 변해야 한다. 사람이 낙담과 불안한 시기에 있을 때, 그는 영혼을 인간을 괴롭히는 데 몰두하는 악의에 찬 존재로 표현했다. 그러나 사람들이 다시 신뢰와 안정을 느낄 때 영혼이 그 원래의 성격과 애정과 유대의 감정을 되찾았다고 인정해야만 한다. 영혼이 그 존재의 여러 시기에 따라 다른 내용으로 인식되는 이유는 이렇게 설명될 수 있다.[35]

장례의례는 영혼에게 부여된 이차적 특성 몇 가지를 결정할 뿐 아니라 영혼이 육체보다 더 오래 살아남는다는 개념과도 무관하지 않다. 양친의 죽음 때문에 겪어야 하는 의례들을 이해하기 위해서는 이러한 의례들이 고인과 무관하지 않다고 믿어야만 한다. 초상 기간 동안 매우 널리 행해지는 출혈은 고인에게 바쳐지는 진정한 희생이다.[36] 따라서 죽은 사람의 무엇인가가 살아남아 있어야만 한다. 그런데 움직일 수도 없고 분해되어 버리는 몸은 아니기 때문에 영혼이 살아남을 수밖에 없다. 물론 영혼불멸 관념의 기원에 이러한 고찰들이 어떤 역할을 했는지 정확하게 말할 수는 없다. 그러나 여기에서도 숭배의 영향력은 다른 곳에서와 마찬가지일 것이다. 의례들이 인격적 존재에게 행해진다고 상상할 때 그것들은 더 쉽게 설명될 수 있다. 그러므로 사람들은 종교생활에서 신화적 인물들의 영향력을 확장하게 되었다. 장례식을 설명하기 위해 사람들은 영혼의 존재를 무덤 너머로 연장시켰다. 이것은 의례가 신앙에 영향력을 행사하는 방식에 대한 새로운 예이다.

---

35) 아마도 장례식에 수반되는 진정을 위해 왜 예식들이 반복될 필요가 있는지 의문이 생길 것이다. 그러나 장례식은 종종 매우 길다. 장례는 몇 달 동안 일정한 간격을 두고 반복되는 여러 가지 시행들로 구성되어 있다. 장례는 죽음에 의해 생겨난 정신적 고통을 연장시키고 유지시켜준다(Hertz, "La Représentation collective de la mort", in *Année Social*, X, 48쪽 이하와 비교). 일반적으로 죽음은 심각한 상태의 변화인데, 죽음은 집단 내에서 확장되고 지속적인 반향을 가지고 있다. 그 죽음의 영향을 중화시키려면 시간이 필요하다.

36) 뷔셀의 관찰에 따라 그레이가 기술한 경우를 보면 의례는 희생의 모든 양식을 지니고 있다. 피가 죽은 사람의 몸 위에 뿌려졌다(Bussel, *Journals of Two Expedition in North-West and Western Australia*, II, 330쪽). 다른 경우에는 수염의 봉헌 같은 것이 있다. 초상 중에 있는 사람들은 자신의 수염의 일부를 잘라서 시체 위에 던진다(같은 책, 335쪽).

3. 다른 속죄의식

그러나 죽음만이 공동체를 혼란에 빠뜨리는 유일한 사건은 아니다. 인간들에게는 슬프거나 낙담할 만한 다른 많은 경우가 있다. 그러므로 우리는 오스트레일리아 사람들도 장례식과 다른 속죄의례를 알고 실행했으리라고 예측할 수 있다. 그러나 관찰자들의 설명에서 적은 수의 예만 찾아볼 수 있다는 것이 주목할 만한 점이다.

이러한 종류에 속하는 한 가지 의례는 방금 살펴본 것들과 매우 유사하다. 우리는 아룬타족에서 각 지역집단이 그의 추링가의 수집에 예외적으로 중요한 효능들을 부여하는 것을 기억하고 있다. 추링가는 집단의 수호신으로서 공동체의 운명 자체가 그것과 관련되어 있다고 여겨진다. 그러므로 적이나 백인들이 이러한 종교적 보물들 중 하나를 훔쳐가는 데 성공하면 이러한 손실 자체가 공적인 재앙으로 간주된다. 이러한 불행은 장례와 똑같은 특성을 지닌 의례를 행하는 기회가 된다. 사람들은 온 몸에 흰 파이프 진흙을 바르고 2주일 동안 울고 탄식하면서 캠프에 남아 있다.[37] 이것은 장례가 죽은 자의 영혼이 인식되는 방식이 아니라 비인격적인 원인들 그리고 집단의 도덕적 상태에 의해 결정된다는 사실의 새로운 증거이다. 사실상 이 의례는 그 구조가 실제 장례식과 동일하면서도 악령이나 영의 개념과는 무관하다.[38]

흉년이 들고난 뒤 식량 부족으로 사회가 처하는 궁핍상태는 앞서와 같은 성격을 띤 예식들을 거행해야 하는 또 다른 상황이다. 아일

---

37) Spencer · Gillen, 앞의 책, 135~136쪽.

38) 확실히 각 추링가는 조상과 관계있는 것으로 여겨진다. 그러나 사람들이 잃어버린 추링가를 애도하는 것은 조상들의 영을 진정시키기 위한 것은 아니다. 우리는 이미 조상에 대한 개념이 이차적으로, 그것도 뒤늦게 추링가의 개념 속에 개입되었다는 것을 밝힌 바 있다(169쪽).

만은 이렇게 말한다. "에어 호수 주변에 사는 원주민들은 비밀스러운 예식을 거행해 양식 부족을 액막이 하려고 애썼다. 그러나 이 지역에서 관찰된 의례적 관행들의 대다수는 이미 언급되었던 것들과 구분된다. 그것은 사람들이 자연의 힘이나 종교적 힘에 영향력을 행사하려고 애쓰는 상징적인 춤·모방적인 동작·현란한 장식 등이 아니라 개인들이 자신에게 가하는 고통으로 이루어졌다는 측면에서 구분이 된다. 북부 지역에서도 오랜 금식·철야·사람이 탈진할 정도의 춤·온갖 종류의 신체적인 고통 등과 같은 괴롭힘을 통해 악의적인 힘들을 진정시키려고 노력한다."[39] 이러한 목적에서 원주민들이 스스로에게 가하는 고통은 때때로 며칠 동안 사냥하러 갈 수 없을 정도로 그들을 피곤하게 만들기도 한다.[40]

특히 가뭄에 대항하기 위해 이러한 의례들이 사용된다. 왜냐하면 물의 부족은 결과적으로 전반적인 흉년을 초래하기 때문이다. 악을 막기 위해서 사람들은 격렬한 수단에 의지한다. 그 격렬한 수단 중 하나가 이를 뽑는 것이다. 예를 들면 카이티시족의 사람들은 앞니를 빼서 나무에 걸어둔다.[41] 디에리족에서는 비에 대한 관념이 흥부와 팔의 피부에 행해지는 피 흘리는 상처의 개념과 긴밀하게 연결되어 있다.[42] 이 종족에서는 가뭄이 심할 때 큰 회의가 소집되어 전 부족이 호출된다. 가뭄은 진정으로 부족적인 사건이다. 남자들에게 정해진 장소와 시간을 알리기 위해서 여자들이 사방으로 달려간다. 일단 사람들이 모이면 신음소리를 내고 찌르는 소리로 그 지역의 비참한 상태에 대해서 소리친다. 그리고 무라무라(신화적인 조상들)에게 풍

---

39) 같은 책, 207쪽; 116쪽과 비교.
40) Eylmann, 앞의 책, 208쪽.
41) 같은 책, 211쪽.
42) A.W. Howitt, "The Dieri", in *J. A. I.*, XX, 1891, 93쪽.

성한 비를 내리게 할 능력을 달라고 요구한다.[43] 매우 드물지만 장마가 지는 경우가 있는데, 비를 멈추기 위해서도 유사한 예식이 거행된다. 노인들은 진짜 열광 상태로 들어가며,[44] 군중들이 지르는 소리는 듣기에 괴로울 정도이다.[45]

스펜서와 길런이 인티츄마라는 명칭으로 하나의 예식을 기술하고 있는데, 그 예식은 전자와 동일한 목적과 동일한 기원을 가졌을 것이다. 동물종을 번식하기 위해서 신체적 고통이 사용되었다. 우라분나족에서는 와드눙가드니(wadnungadni)라고 부르는 일종의 뱀을 토템으로 가진 씨족이 있다. 그 씨족장은 이 뱀을 번식하기 위해 다음과 같은 조처를 취한다. 그는 몸에 장식을 한 후 두 팔을 최대로 벌린 채 땅에 꿇어앉는다. 보조자가 손가락으로 오른쪽 팔의 피부를 꼬집는다. 이렇게 해서 생긴 주름을 통해서 의식 주례자는 뾰족한 뼈로 약 13센티미터 정도 찌른다. 왼쪽 팔에도 마찬가지이다. 이러한 자발적인 절단이 원하는 결과를 만들어낼 것으로 믿는다.[46] 디에리족에서도 야생 닭이 알을 낳기 위해 이와 유사한 의식이 행해진다. 시행자들은 자신의 음낭을 찌른다.[47] 에어 호수 주변의 다른 부족에서는 마(麻)의 생산을 위해 귀를 찌르기도 한다.[48]

그러나 이러한 전체적 또는 부분적인 기근만이 부족에게 닥칠 수 있는 유일한 재앙은 아니다. 어느 정도 주기적으로 집단적 존재를 위협하거나 또 그렇게 보이는 다른 사건들이 생겨난다. 예를 들면 남극

---

43) A.W. Howitt, *Nat., Tr.*, 394쪽.

44) 같은 책, 396쪽.

45) "Communication de Gason", in *J. A. I.* XXIV, 1895, 175쪽.

46) Spencer · Gillen, *North. Tr.*, 286쪽.

47) Gason, "The Dieyerie Tribe", in *Curr*, II, 68쪽.

48) Gason, 앞의 글; Eylmann, 앞의 책, 208쪽.

광(南極光) 같은 경우이다. 쿠르나이족(Kurnai)은 극광이 위대한 신 뭉간은가우아(Mungan-ngaua)가 하늘에 불을 켠 것으로 믿고 있다. 따라서 그들이 극광을 발견하면 땅에 불이 붙어 그들을 삼켜버리지나 않을까 두려워한다. 그러므로 캠프에 큰 흥분이 일어난다. 쿠르나이족은 여러 가지 효능을 부여받은 죽은 사람의 말라빠진 손을 흔들며 다음과 같은 비명을 지른다. "불을 데려가라. 우리를 타죽게 하지 말라." 동시에 노인들의 명령에 따라서 부인을 교환하게 되는데, 이것은 항상 커다란 흥분의 징표이다.[49] 윔바이오족(Wiimbaio)에서는 재앙이 임박할 때, 특히 전염병이 도는 시기에 똑같은 성적 방탕이 일어난다.[50]

이러한 개념의 영향으로 절단이나 출혈은 때로 병을 치료하는 데 효과적인 방법으로 여겨진다. 디에리족에서는 어린아이에게 어떤 사고가 생기면 근친들이 방망이나 부메랑으로 자신들의 머리를 때려 얼굴에 피가 흐르도록 만든다. 사람들은 이러한 방법에 의해 어린아이를 그 고통에서 구해낸다고 믿는다.[51] 게다가 사람들은 보충적인 토템예식을 통해서 같은 결과를 얻는다고 생각한다.[52] 이러한 것들과 위에서 인용되었던 의례상 과오의 효과를 없애기 위해 특별히 행해진 예식의 예를 연결해 볼 수 있다.[53] 확실히 후자의 두 경우에

---

49) A.W. Howitt, 앞의 책, 277쪽과 430쪽.
50) 같은 책, 195쪽.
51) Gason, 앞의 글, 69쪽. 어리석은 일을 속죄하기 위해서도 똑같은 방법이 사용되었다. 어떤 사람이 서투름이나 다른 일로 참가자들을 웃게 했다면 그 사람은 참여자 중 한 사람에게 머리에서 피가 날 때까지 자신을 때리라고 요구한다. 그렇게 하고 나면 모든 일은 제대로 되고, 웃음거리가 되었던 사람 자신도 주위의 명랑함에 참여하게 된다(같은 글, 70쪽).
52) Eylmann, 앞의 책, 212쪽, 447쪽.
53) 이 책, 728~729쪽 참조할 것.

서는 상처라든가 구타 또는 어떤 종류의 신체적인 고통이 없다. 하지만 의례는 그 본질에 있어서 전자와 다르지 않다. 중요한 것은 특이한 의례적인 봉헌을 통해서 과실을 속죄하거나 악을 피하겠다는 목적이 항상 있다는 것이다.

이러한 것은 우리가 장례식 외에 오스트레일리아에서 찾아내는 데 성공한 속죄의례의 유일한 경우들이다. 아마 어떤 것들은 우리가 제대로 보지 못했을 것이며 또한 다른 것들은 관찰자들의 눈에 띄지 않았으리라고 가정해 볼 수 있다. 하지만 우리가 지금까지 발견한 수가 적다면 그것은 속죄의례가 숭배에서 중요한 위치를 차지하지 않기 때문일 것이다. 고통스러운 감정을 표현하는 의례들이 상대적으로 드물다는 것은 원시종교가 고통과 공포의 산물이라고 결론짓는 것이 얼마나 잘못된 것인가 알게 해준다. 물론 오스트레일리아 사람들이 더 문명화된 민족들에 비해서 비참한 생활을 영위하면서도 삶에 필요한 것들을 적게 요구하고, 따라서 쉽게 만족하기 때문에 그럴 수도 있다. 그들에게 필요한 전부는 자연이 정상적인 운행을 하고, 계절이 규칙적으로 이어지며, 평상시에 너무 많이는 아니지만 충분히 비가 내리는 것 정도이다. 그런데 우주질서의 혼란은 항상 예외적이다. 또한 우리가 위에서 예로 들었던 정규적인 속죄의례의 대부분은 가뭄이 빈번하고 진짜 천재(天災)가 많은 중앙의 부족에게서 관찰된 것임은 주목할 만하다. 사실 죄를 사하기 위한 특별한 속죄의례가 거의 완벽하게 존재하지 않는다는 사실은 놀랄 만하다. 하지만 오스트레일리아 사람들도 모든 사람과 마찬가지로 속죄가 필요한 의례적인 잘못을 틀림없이 저지를 것이다. 따라서 사람들은 이 점에 대해 이 책이 침묵하는 것이 불충분한 관찰의 탓이 아닐까 의문을 가질 수 있을 것이다.

그러나 우리가 수집할 수 있는 사실들의 수가 아무리 적다고 해도 그것들이 가르쳐주는 바가 있다.

종교적인 힘이 개별화된, 좀더 진보된 종교에서 속죄의례를 연구해보면 속죄의례가 신인동형동성(神人同形同性) 개념과 긴밀하게 결속되어 있는 것 같다. 만일 신도가 스스로 결핍하고 고통스러움을 감내한다면 그것은 그가 의존한다고 믿는 성스러운 존재들 중 어떤 것들의 탓으로 여겨지는 악의를 무마시키기 위해서이다. 그 성스러운 존재들의 분노나 증오를 진정시키기 위해 신도는 그들의 요구를 미리 알아 충족시킨다. 그는 신들에게 매 맞지 않기 위해 자신을 때린다. 따라서 이러한 관행들은 신이나 영들이 인간과 비슷한 감정을 가지는 도덕적 인간처럼 인식된 이후에 비로소 생겨날 수 있었을 것이다. 이러한 이유로 스미스(Robertson Smith)는 희생 봉헌처럼 속죄의 희생도 비교적 뒤늦게 나타났을 것이라고 생각했다. 스미스에 따르면 이러한 의례들의 특징인 출혈은 처음에는 영성체의 단순한 과정이었다. 사람들은 자신과 그의 신을 묶고 있는 관계를 더욱 공고히 하기 위해 제단 위에 자신의 피를 뿌렸을 것이다. 이 의례는 그 원래적 의미가 망각되고, 사람들이 거룩한 존재에 대해서 새로운 관념을 가지고, 신에게 다른 기능을 부여한 후에 비로소 속죄의 특성과 형벌적인 특성을 띠게 되었을 것이다.[54]

그러나 오스트레일리아 사회에서부터 속죄의례가 발견된다고 해서, 그 사회에 이렇게 때늦은 기원을 부여할 수는 없다. 게다가 단 한 가지를 제외하고,[55] 우리가 방금 관찰했던 모든 것들은 신인동형동성적인 모든 개념과 무관하다. 거기에는 신이라든가 영의 개념이 없다. 금욕과 출혈 자체가 직접적으로 기근을 멈추고 병을 낫게 한다.

---

54) R. Smith, *The Religion of the Semites*, lect. XI.
55) 게슨에 따르면 이 경우는 디에리족이 건조기에 물의 무라무라를 부르는 경우다.

의례와 그 의례가 만들어내는 것으로 여겨지는 효과 사이에 어떤 영적 존재도 개입하지 않는다. 따라서 신화적인 인격체들도 뒤늦게 개입했다. 의례의 메커니즘이 일단 확립되면 신화적 인격체들은 지식인들에게 그 메커니즘을 좀더 용이하게 표현하는 데 소용된다. 그러나 그것들이 의례 메커니즘의 존재조건은 아니다. 메커니즘은 다른 이유로 제정된다. 메커니즘의 효능은 다른 원인에서 연유한다.

그 메커니즘은 그것이 움직이는 집단의 힘을 통해 작동한다. 집단을 위협하는 불행이 임박한 것처럼 보이는가? 그러면 집단은 장례식 때처럼 모인다. 모인 집단을 지배하는 것은 당연히 불안과 염려의 감정이다. 이러한 감정을 공유하는 것은 여느 때와 마찬가지로 그들의 결속을 강화하는 작용을 한다. 자신들을 확인하면서 그들은 흥분하고 열에 들뜨고 격렬해지는데, 이러한 격렬함은 그와 대응되는 격렬한 몸짓으로 나타난다. 근친이 죽었을 때와 마찬가지로 그들은 무시무시한 소리를 지르고 열광하며 찢고 파괴해야만 할 것 같은 느낌을 가진다. 사람들이 자신을 때리고 상처를 입히고 피를 흘리게 하는 것은 이러한 욕구를 만족시키기 위해서이다. 감정이 이렇게 격렬해지면 고통스럽지도 않고 더 이상 의기소침하지도 않다. 반대로 감정들은 우리의 모든 활동력의 총동원을, 더 나아가 외적인 에너지의 충일을 암시하는 흥분상태를 표현한다. 이러한 흥분상태가 슬픈 사건에 의해 야기되었다는 것은 별로 중요하지 않다. 왜냐하면 이러한 흥분은 현실적이며, 즐거운 축제에서 관찰된 흥분과 특별히 다르지 않기 때문이다. 때때로 흥분은 축제 때와 똑같은 본질을 가진 동작에 의해 표현되기도 한다. 신도들을 사로잡는 똑같은 광란이 있고, 상당한 신경증적 흥분의 확실한 표지인 성적 방탕에 대한 동일한 성향이 존재한다. 이미 스미스는 유대인의 숭배에서 슬픈 의례들의 이 기이한 영향을 지적한 바 있다. "어려운 시기, 즉 사람들의 사고가 습관적으로 우울할 때, 그들은 현대인이 술에게 도피하는 것처럼 종교의 물리적인 흥분에 의존했다. 일반적으로 유대인에게 숭배는 울음과 탄식으로 시작된다—아도니스(Adonis)의 장례 또는 보다 후에 빈번해진 위대한 속죄의례에서처럼—그러다가 갑작스럽게 감정이 급변한다. 예식의 우울한 부분이 곧 즐거움과 기쁨의 폭발로 연속된다."[56] 한 마디로 종교예식은 불안하거나 슬픈 사건에서 출발할 때조차도 집단과 개인의 감정상태를 자극하는 힘을 가지고 있다. 예식이 집합적으로 거행된다는 사실만으로도 생명력의 상태를 높여준다. 따라서 사람이 자신 속에서 생명을 느낄 때—고통스러운 노여움의 형태이건 즐거운 열정의 형태이건 간에—그는 죽음을 생각하지 않는다. 따라서 자신을 다시 확신하고 용기를 되찾는다. 주관적으로 보면 마치 의례가 사람들이 두려워하는 위험을 실제로 없애준 것처럼 모든 것이 진행된다. 그렇기 때문에 사람들은 자신이 행하는 움직임·외치는 소리·흘리는 피·자신이나 남에게 낸 상처 등에 치유적인 또는 예방적인 효능을 부여한다. 이러한 여러 가지 고통은 필연적으로 사람을 고통스럽게 하지만, 이 고통 자체는 악을 모면하고 병을 고치는 방편으로 간주된다.[57] 좀더 후에 종교적 힘의 대부분이 도덕적 인격체의 형태를 띠게 될 때, 사람들은 이러한 의례의 효능을 화가 났거나 악의를 가진 신을 진정시키기 위한 것으로 상상하면서 설명했다. 그러나 이러한 개념들은 의례와 그 의례가 불러일으키는 감정들을 반영할 뿐이다. 왜냐하면 이 개념들은 의례에 대한 해석이지 의례를 결정

---

56) 같은 책, 262쪽.

57) 게다가 도덕적으로 기운을 돋우는 고통의 효능들에 대한 믿음은 가능하다(이 책, 613~614쪽 참조할 것). 왜냐하면 고통은 신도의 종교적 차원을 성화시키고 고양시키기 때문에 신도가 정상 이하로 떨어졌을 때 그를 다시 고양시킬 수 있다.

하는 원인은 아니기 때문이다.

의례의 위반도 동일하게 작용한다. 그것 역시 집단에게는 하나의 위협이다. 의례의 위반은 집단의 신앙을 흔들리게 하기 때문에 집단의 도덕적 존재를 침해한다. 그러나 위반이 불러일으킨 분노가 공공연하고 힘차게 확인되면 그것은 위반이 불러일으킨 악을 보상해준다. 왜냐하면 분노가 모든 사람에 의해 생생하게 느껴진다면 저질러진 위반은 예외가 되고 집단의 신앙은 온전하게 남기 때문이다. 따라서 집단의 도덕적 통일성은 위험에서 벗어나게 된다. 그러므로 속죄의 명목으로 가해진 고통은 이러한 공적인 분노의 표현, 즉 만장일치의 구체적 증거일 뿐이다. 그러므로 분노는 실제로 속죄에 부여된 치료의 효과를 가지게 된다. 결국 진정한 속죄의례의 근저에 있는 감정은 다른 속죄의례의 근저에서 찾아본 감정과 본질적으로 다르지 않다. 그것은 파괴행위로 나타나는 성향이 있는 분노에 찬 비통함의 일종인 것이다. 어떤 때는 비통함을 느끼는 사람 자신을 희생시킴으로써, 또 어떤 때는 제3자인 이방인을 희생시킴으로써 고통은 가벼워진다. 그러나 이 두 가지 경우 심리적 메커니즘은 본질적으로 동일하다.[58]

4. 성스러운 것의 두 형태

스미스가 종교학에 기여한 가장 위대한 공헌 중 하나는 성(聖) 개념의 애매모호함을 밝힌 것이다.

종교적 힘은 두 종류이다. 하나는 선의적인 것으로 물리적·도덕적 질서의 수호자이며 생명과 건강 그리고 인간이 가치 있게 생각하

---

58) 『사회분업론』(Division du Travail Social) 제3판, 64쪽 이하에서 속죄에 대해 말한 것과 비교해보라.

는 모든 특질의 분배자이다. 모든 종(種) 속에 퍼져 있는 토템 본체·신비한 조상·동물수호자·문명개화자인 영웅들·모든 종류의 생물들을 각 단계마다 지켜주는 수호신 등이 이 경우에 해당된다. 이것들이 개별적인 인격체로 여겨지는가 아니면 확산된 에너지로 여겨지는가의 문제는 별로 중요하지 않다. 어떤 형태를 띠든 간에 그것들은 동일한 역할을 하며 신도들의 의식에 동일한 방식으로 영향을 미친다. 그것들이 고취시키는 존경에는 사랑과 감사가 뒤섞인다. 그것들과 정상적으로 관계를 맺고 있는 사물이나 사람들도 동일한 감정과 특성을 지니게 된다. 그것들이란 바로 성스러운 사물과 성스러운 사람들이다. 숭배를 위한 장소·정규적 의례에 쓰이는 사물들·사제·고행자 등이 성스러운 것이다. 이것과는 반대로 악의에 차고 불결하며 무질서를 만들고 죽음과 병을 일으키며 신성모독의 선동자인 힘이 있다. 사람들이 이러한 힘에 대해서 느끼는 유일한 감정은 공포인데, 거기에는 일반적으로 두려움이 개입된다. 이러한 것은 주술사가 행사하는 힘이며, 시체나 생리혈에서 나오는 힘이고, 성스러운 사물들을 남용하는 데서 나오는 힘이다. 죽은 사람의 영, 모든 종류의 악령은 그러한 힘이 인격화된 형상이다.

앞서 살펴본 두 범주의 힘과 존재들의 대조는 가장 완벽하며, 심지어는 매우 극단적인 대립에까지 이른다. 좋고 유익한 힘은 그것을 부정하고 반박하는 다른 힘들을 멀리 밀어낸다. 따라서 선한 힘들은 악한 힘들에게 금지되며, 그들 사이의 어떤 접촉도 신성모독으로 여겨진다. 이것은 우리가 이미 그 존재를 지적한 바 있는, 여러 가지 종(種)의 성스러운 사물들 사이에 존재하는 금기의 전형이다.[59] 월경 중에 있는 여자들, 특히 초경이 나타날 때의 여자들은 불결하다.

---

59) 이 책, 596~598쪽 참조할 것.

이 시기에 여자들은 엄격하게 감금당했다. 남자들은 여자들과 어떠한 관계를 가져서도 안 되었다.[60] 예식용 악기와 추링가들은 죽은 사람 가까이에 올 수 없다.[61] 신성모독자는 신도들의 사회에서 배척되었다. 숭배의식에 접근하는 것조차 금지되었다. 따라서 모든 종교생활은 반대되는 두 극의 주위를 선회하는데, 이 두 극 사이에는 순수한 것과 불순한 것, 거룩한 것과 신성모독, 신과 악마의 대립이 존재한다.

그러나 종교생활의 이 두 양상은 서로 대립되는 동시에 그것들 사이에는 긴밀한 관계가 존재한다. 우선 이 두 가지 모두 속된 존재들과 동일한 관계를 유지하고 있다. 속된 존재들은 가장 성스러운 것들과 절대로 접촉하면 안 되는 것처럼 불결한 것들과 접촉해서도 안 된다. 속인들에게는 성스러운 것이나 불결한 것들 모두 다 금지되어 있다. 이 두 가지 모두는 유통되어서는 안 되는 것이다. 말하자면 그것들은 똑같이 거룩하다는 것이다. 물론 그 둘이 불러일으키는 느낌은 동일하지 않을 것이다. 하나는 경외감을, 다른 하나는 혐오와 공포감을 불러일으킨다. 하지만 이 두 경우에 그 몸짓이 같을 수밖에 없다면 표현되는 감정도 본질적으로 다르지 않아야 한다. 사실상 종교적 경외감 속에는 두려움이 있다. 특히 경외심이 매우 강할 때 더욱 그러하다. 반면에 악령의 능력이 불러일으키는 두려움도 일반적으로 보아 경외의 특성이 없는 것은 아니다. 두 가지 태도를 구분하는 뉘

---

60) Spencer · Gillen, *Nat. Tr.*, 460쪽; *North. Tr.*, 601쪽; Roth, "North Queensland Ethnography", Bulletin n°5, 24쪽, 이와 같이 잘 알려진 사실을 증명하기 위해서 참고사항을 더 많이 늘어놓을 필요는 없을 것이다.
61) 하지만 스펜서와 길런은 추링가가 죽은 사람의 머리 아래에 놓이는 경우도 인용하고 있다(*Nat. Tr.*, 156쪽). 그러나 그들도 이 사건이 유일하고도 비정상적이라는 것을 인정했다(같은 책, 157쪽). 그것은 슈트렐로에 의해 부정되었다.

앙스의 차이가 때로 너무나 사소하기 때문에 신도들이 실제적으로 어떤 영적인 상태에 처해 있는지 진단하는 것은 쉽지 않다. 어떤 유대민족들에게는 돼지고기가 금지되어 있다. 그러나 그들은 돼지고기가 부정하기 때문에 그렇게 하는지, 아니면 거룩하기 때문에 그렇게 하는지에 대해서 자세하게 알지 못한다.[62] 수많은 음식금지에 대해서도 이와 동일한 언급이 적용될 수 있다.

그러나 더 말할 것이 있다. 불순한 것이나 악의를 가진 힘이 본질을 바꾸지 않은 채 단순한 외적 상황의 변화에 의해 거룩한 사물이나 보호세력이 되는 일도 종종 있다. 그 역도 성립한다. 우리는 처음에는 두려운 요소였던 죽은 사람의 영혼이 일단 장례가 끝난 후 어떻게 보호 영으로 변형되었는가를 살펴보았다. 마찬가지로 처음에는 공포와 반감만을 불러일으키던 시체가 좀더 후에는 존경받는 유산으로 여겨진다. 오스트레일리아 사회에서 자주 실행되는 장례식의 식인(食人, anthropophagie) 풍습은 이러한 변형의 증거이다.[63] 토템 동물은 더할 나위 없이 거룩한 존재이다. 그러나 이 동물의 살을 부당하게 먹는 사람에게는 죽음을 가져오는 원인이 된다. 일반적으로 신성모독자는 선의의 종교적 힘에 의해 감염된 속인이다. 선의의 종교적인 힘은 환경이 바뀌면서 성격도 바뀐다. 그 힘은 성화시키는 대신에 더럽힌다.[64] 여자의 생식기에서 나오는 피는 월경의 피처럼 분명히 불순함에도 불구하고 병의 치료용으로 종종 쓰인다.[65] 속죄제에

---

62) R. Smith, 앞의 책, 153쪽. 이 책, 614쪽과 비교. 부가적으로 '신성, 부정, 터부' (Holiness, Uncleanness and Taboo)라는 명칭이 붙은 주석이 있다.

63) A.W. Howitt, 앞의 책, 448~450쪽. Brough Smyth, I, 118쪽, 120쪽; Dawson, 앞의 책, 67쪽; Eyre, II, 257쪽; Roth, 앞의 글, 367쪽.

64) 이 책, 625~627쪽 참조할 것.

65) Spencer · Gillen, *Nat. Tr.*, 464쪽; *North. Tr.*, 559쪽.

서 희생되는 제물은 사람들이 그 제물에다 죄를 전가했기 때문에 불순함으로 가득 차 있다. 하지만 일단 그 제물이 죽게 되면 그 살과 피는 가장 경건하게 사용된다.[66] 반대로 영성체가 일반적으로 성별(聖別) 기능을 가진 종교적 행사라 할지라도 그것도 때로는 신성모독과 같은 결과를 초래할 수 있다. 어떤 경우에 영성체된 개인들은 페스트에 걸린 사람처럼 다른 사람으로부터 도망쳐야만 한다. 사람들은 그들이 서로에게 위험한 전염의 근원이 되었다고 말할 것이다. 그들을 묶고 있는 성스러운 관계는 동시에 그들을 분리시키기도 한다. 이러한 종류의 영성체의 예는 오스트레일리아에서는 수없이 많다. 가장 전형적인 것 중 하나는 나린예리족과 인근 부족에서 관찰된 것이다. 어린아이가 세상에 태어나면 그 부모들은 아이 영혼의 일부가 들어있다고 생각되는 아이의 탯줄을 정성스럽게 보관한다. 이렇게 간직된 자신의 탯줄을 교환하는 두 사람은 이 교환이라는 사실 자체에 의해 함께 성체배령을 하는 것이다. 왜냐하면 탯줄의 교환은 그들의 영혼을 교환한 것과 마찬가지이기 때문이다. 그러나 동시에 그들은 서로 만지거나 말하는 것, 심지어 서로 쳐다보는 것조차도 금지되어 있다. 서로가 서로에게 공포의 대상처럼 여겨진다.[67]

따라서 순수한 것과 불순한 것은 별개의 두 종류가 아니라 모든 성스러운 사물들을 포함하는 같은 장르의 두 변이이다. 두 종류의 성스러움이 있는데, 하나는 길한 것이고 다른 하나는 불길한 것이다. 그

---

66) 예를 들면 헤브라이 민족은 속죄제물의 피를 제단에 뿌린다(「레위기」 제4장 5절 이하). 사람들은 고기를 태우고, 이러한 연소의 산물은 정화수를 만드는 데 쓰인다(「민수기」 제19장).

67) Taplin, "The Narrinyeri Tribe", 32~34쪽. 탯줄을 교환한 두 사람이 다른 부족에 속할 때 그들은 부족 간의 연락자로 이용된다. 이 경우에 탯줄의 교환은 그들이 태어난 지 얼마 안 되어서 그들 부모의 개입으로 행해진다.

리고 대립되는 이 두 형태 사이에는 단절이 없을 뿐 아니라 동일한 대상이 그 본질을 바꾸지 않고도 서로서로에게 이전될 수 있다. 사람들은 불순한 것을 가지고 순수한 것을 만들 수도 있다. 그리고 그 역도 성립한다. 성스러움의 애매모호함은 이러한 변화의 가능성에 있다.

그러나 스미스가 이러한 애매모호함을 생생하게 느꼈다고 하더라도 그는 결코 명확하게 설명하지 못했다. 그는 모든 종교적 힘들은 구별 없이 강하고 전염적이기 때문에 그 힘들에 접근하려면 그 힘들이 어떤 방향으로 작용하건 간에 특별한 주의를 기울이는 것이 현명하다고 지적하는 데 그쳤다. 그는 대립되는 대조에도 불구하고 종교적 힘들이 나타내는 유사한 분위기를 설명할 수 있었던 것처럼 보인다. 그러나 문제는 연기되었을 뿐이다. 악의 힘들이 다른 힘과 동일한 강도와 전염성을 가진다는 사실이 어디에서 기인되었는가 밝혀야 할 일이 남아 있다. 다른 말로 하면 어떻게 악한 힘들도 종교적 특성을 가질 수 있는가 하는 문제이다. 또한 그 두 힘들에 공통되는 확장의 에너지와 힘은 그것들을 갈라놓는 갈등에도 불구하고 어떻게 서로 변형될 수 있는가, 또한 어떻게 각자의 기능이 대치될 수 있는가, 어떻게 불순한 것이 때로 성화(聖化)하는 데 사용되는 반면, 순수한 것이 오염시키는 데 사용되는가 등과 같은 문제를 이해시키지 못한다.[68)]

68) 사실상 스미스는 이러한 대치와 변형의 현실을 인정하지 않았다. 그에 따르면 속죄의 제물이 성화를 위해 쓰인다면 그것은 제물 그 자체에 불순한 것이 전혀 없기 때문이라는 것이다. 원래 그것은 거룩했다. 속죄제물은 의례상의 과오 때문에 신과 신도의 관계가 느슨해지거나 깨질 때 영성체에 의해서 그 관계를 재건하도록 되어 있는 성스러운 사물이다. 이러한 작용을 위해 사람들은 영성체가 더 효과적으로 되고, 또 잘못의 결과를 가능한 한 완벽하게 지워버릴 수 있도록 예외적으로 성스러운 동물을 선택하기까지 한다. 지극히

우리가 방금 속죄의례에 대해서 행한 설명이 이러한 이중적인 질문에 답해줄 것이다.

사실상 우리는 악한 힘이 이러한 의례들의 산물이며 의례를 상징화한다는 것을 살펴보았다. 사회가 슬프고 불안하고 화가 나는 상황에 처하면 사회는 구성원들로 하여금 그들의 슬픔, 불안, 분노를 의미심장한 행동으로 표현하도록 압력을 가한다. 사회는 구성원들에게 울고 탄식하고 자신이나 남에게 상처를 낼 것을 의무로 부과한다. 왜냐하면 이러한 집합적 표현들과 그 표현들이 증언하고 강화하는 정신적 일치감은 그들에게 일어난 사건 때문에 흩어질 위험이 있는 에너지를 집단에게 회복시켜 주고, 그 결과 집단이 안정을 되찾기 때문이다. 인간이 그들의 외부에 악한 존재들이 있다고 생각하면서 제도적이건 일시적이건 그 적의가 인간의 고통에 의해서만 무마될 수 있다고 상상할 때, 인간은 바로 이러한 경험을 해석한다. 따라서 악한 존재란 객관화된 집합적 상태이며, 그 존재들은 여러 양상 중 하나에 조명된 사회 그 자체이다. 그러나 다른 한편으로 선의의 힘도 마찬가지의 형태로 구성된다는 사실을 우리는 알고 있다. 선의의 힘들도 집합생활에서 기인된 것이고 집합생활을 표현한다. 선의적인 힘도 사회를 나타낸다. 그러나 선의적인 힘은 매우 다른 태도로 파악된 사회, 말하자면 사회가 확신을 가지면서 자기를 주장하고, 그것이 추구하는 목적의 실현을 위해 열심히 압력을 가할 때의 사회를 나타

신성한 동물이 불순한 것으로 여겨지는 것은 사람들이 의례의 의미를 더 이상 이해하지 못했을 때뿐이다(앞의 책, 347쪽 이하). 그러나 우리가 속죄희생의 근저에서 찾아본 것만큼이나 보편적인 믿음이나 의례들이 단지 잘못된 해석의 산물이라는 것은 인정할 수 없다. 사실상 속죄제물이 죄의 불순함을 지니고 있다는 것에 대해서는 의심할 나위가 없다. 게다가 우리는 순수한 것이 불순한 것으로 변형되는 것 또는 그 역이 가장 열등한 사회에서도 발견된다는 것을 살펴보았다.

낸다. 이 두 종류의 힘은 동일한 공동의 기원을 가지고 있기 때문에 상반된 방향으로 작용하더라도 같은 본질을 가졌으며, 여전히 강하고 전염성이 있다. 그 결과, 그 힘들이 금지되고 거룩하다는 사실은 놀라운 일이 아니다.

위의 사실로 미루어 우리는 어떻게 이 두 힘이 서로서로 바뀌는가를 이해할 수 있다. 그 힘들은 집단이 처해 있는 감정상태를 반영하기 때문에 이러한 감정상태가 변하면 그 힘들의 의미가 변한다. 일단 장례가 끝나면 가족사회는 장례 그 자체에 의해 진정된다. 가족 사회는 신뢰를 다시 회복한다. 개인들은 그들에게 가해지던 고통스러운 압력에서 풀려난다. 그들은 더 편안함을 느낀다. 따라서 죽은 사람의 영이 그 적의의 감정을 버리고 수호자가 된 것처럼 여긴다. 우리가 예를 든 다른 변화들도 같은 방식으로 설명된다. 우리가 밝힌 바와 같이 어떤 사물들을 신성하게 만드는 것은 그 사물들을 대한 집합감정이다. 만일 성스러운 대상을 분리해주는 금지가 위반되어 그 대상이 속된 사람과 관계를 맺게 된다면 이와 똑같은 감정들이 그 사람에게 전염적으로 확장될 것이며 그에게 특수한 성격을 부여하게 될 것이다. 이러한 확장이 일어나면서 사물들은 원래 상태와 매우 다른 상태에 놓이게 된다. 이러한 방탕하고 반자연적인 확장 속에 내포된 신성모독에 의해서 화가 나고 감정이 상하게 되면 그는 공격적이 되고 파괴적인 폭력의 경향을 띠게 된다. 그는 자신이 겪은 모욕을 복수하려는 성향이 있다. 이러한 이유 때문에 전염된 주체는 자신에게 접근하는 모든 것을 위협하는 강력하고 해로운 힘으로 가득 차 있는 것처럼 보인다. 그는 반감과 혐오만을 불러일으키면서 마치 결함과 오점으로 낙인찍힌 것 같다. 하지만 이러한 오점은 다른 상황에서는 거룩하게 하고 성화시키는 동일한 심리상태를 불러일으킨다. 그러나 만일 이와 같이 불러일으켜진 분노가 속죄의례에 의해 만족된다면 분노는 진정되고 사라진다. 모욕당한 감정은 누그러지고 원래의 상태를 되찾는다. 따라서 그는 본체 안에서 작용하던 것처럼 다시 작용한다. 즉 오염시키는 대신 성화시키는 것이다. 그가 관련된 대상을 계속 전염시키는 한, 그 대상은 다시 속된 것이 될 수 없고, 종교적으로 무심할 수 없다. 그러나 그를 가득 채우고 있는 것처럼 보이는 종교적 힘의 방향은 바뀌기도 한다. 불순한 것이 순수하게 되고 성화의 도구가 되기도 한다.

요컨대 종교생활의 두 극은 모든 사회생활이 겪는 두 가지 상반되는 상태와 일치한다. 길한 성스러움과 불길한 성스러움 사이에는 집단의 행복한 상태와 불행한 상태처럼 똑같은 대조가 존재한다. 그러나 이것들은 둘 다 집합적이기 때문에 그것을 상징하는 신화적 구조 사이에는 본질상 긴밀한 관계가 있다. 공통 감정은 극도의 낙담으로부터 극도의 희열까지, 고통스러운 분노로부터 의식을 잃을 정도의 흥분에 이르기까지 다양하다. 그러나 어떤 경우라도 정신의 영성체가 있고, 이러한 영성체에서 생겨나는 상호 위안이 있다. 근본적인 과정은 언제나 동일하다. 상황이 과정을 다르게 착색할 뿐이다. 사실상 성스러운 존재와 사물들의 통일성과 다양성을 동시에 만드는 것은 사회생활의 단일성과 다양성이다.

게다가 이러한 애매모호함은 성스러움의 관념에만 특별한 것이 아니다. 우리는 방금 연구된 모든 의례들 속에서 이와 동일한 애매한 특성의 어떤 측면을 찾아볼 수 있다. 물론 의례들을 구분하는 것이 중요하다. 의례들을 혼동하는 것은 종교생활의 여러 양상들을 오해하는 일이다. 그러나 다른 측면에서 보면 의례들이 아무리 다르다고 할지라도 그것들 사이에 단절은 없다. 정반대로 그것들은 서로 겹쳐지고 심지어 서로 대체될 수 있다. 우리는 봉헌의례와 영성체 의례들이 종종 같은 기능을 수행하며 모방 의례들과 기념의례들이 또한 때때로 동일한 기능을 수행한다는 것을 이미 살펴보았다. 사람들은 적어도 소극적 숭배는 적극적 숭배와 더욱 분명하게 구별된다고 생각할 수 있을 것이다. 그렇지만 우리는 소극적 의례도 적극적 의례와 동일한 긍정적 효과를 낼 수 있다는 것을 살펴보았다. 금기, 절제, 자기절단을 통해서 영성체, 헌신, 기념의례와 똑같은 결과를 얻는다. 반대로 봉헌, 희생은 모든 종류의 박탈과 단념을 의미한다. 금욕의례와 속죄의례 사이에는 여전히 계속성이 분명하게 드러난다. 이 두 의례들은 받아들였거나 겪은 고통으로 이루어져 있다. 이러한 고통에는 유사한 효과가 부여되어 있다. 그러므로 신앙과 마찬가지로 의례들도 분리된 장르로 분류되지 않는다. 종교생활의 외적인 표현들이 아무리 복잡하다고 하더라도 종교생활의 바탕은 하나이고 단순하다. 종교생활은 어디서나 단일하고 동일한 요구에 부응하며, 하나의 동일한 정신상태에서 기인하는 것이다. 종교생활의 모든 형태를 통해서 종교는 인간을 그 자신보다 높이 고양시키고, 종잡을 수 없는 기분에 따라 살아갈 때보다 개인적으로 더 훌륭한 삶을 살도록 하는 것을 목적으로 하고 있다. 신앙은 이러한 삶을 표상으로 나타낸다. 의례들은 이러한 삶을 조직하고 그 기능을 조절한다.

결론

여기에서 얻은 결론들이 어느 정도까지 일반화될 수 있는가

이 책의 서두에서 우리가 연구하고자 했던 종교가 종교생활의 가장 특징적인 요소들을 지니고 있다는 것을 밝힌 바 있다. 우리는 이제 이러한 주장의 정확성을 검증할 수 있다. 우리가 연구한 체계가 비록 단순하기는 하지만, 우리는 그 속에서 가장 진보한 종교의 근저에 있는 모든 위대한 관념과 중요한 의례적 태도를 찾아보았다. 즉 성스러운 것과 속된 것의 구분, 영혼과 영, 신화적 인물에 대한 개념들, 부족 내에서 통용되거나 더 나아가 부족 간에 통용되는 신성 개념들, 과장된 형태의 금욕적 실행들로 이루어진 소극적 숭배, 헌신과 영성체 의례, 모방 의례, 기념의례, 속죄의례 등 중요한 것은 하나도 빠진 것이 없다. 따라서 우리는 우리가 도달한 결론들이 토템 숭배에만 특수한 것이 아니며, 일반적으로 종교가 무엇인가를 이해하는 데 도움을 줄 수 있다고 기대한다.

그 확장의 영역이 아무리 넓다 해도 단 하나의 종교로 이러한 귀납의 토대를 삼는 것은 너무 편협하다고 반박할지 모른다. 우리는 광범

위한 영역에서의 검증이 이론에 권위를 부여할 수 있다는 사실을 무시하려는 생각은 없다. 그러나 어떤 법칙이 잘 시행된 실험에 의해 입증되었을 때 이러한 증거가 보편타당한 것 또한 사실이다. 만일 단 한 가지 경우에서 어떤 과학자가 생명의 비밀을 간파하는 데 성공할 때 이 경우가 우리가 인식할 수 있는 가장 단순한 원형질의 존재라면 이렇게 얻어진 진리들은 모든 생명체, 심지어는 가장 진보된 존재들에게도 적용될 수 있을 것이다. 따라서 연구된 가장 원시적인 사회 속에서 우리가 실제로 가장 기본적인 종교 관념을 이루는 요소들 중 어떤 것을 발견하는 데 성공했다면 우리 연구의 가장 일반적인 결과들을 다른 종교에 확장하지 못할 이유는 없다. 동일한 효능이 상황에 따라 어떤 때는 이런 원인에서, 또 다른 때는 저런 원인에서 비롯된다는 것은 결국 두 원인들이 동일하지 않으면 도저히 이해할 수 없는 일이다. 이러한 이중성이 단지 표면적인 것이 아니리면 하나의 동일한 관념이 여기서는 이러한 현실을, 저기서는 다른 현실을 표현할 수 없는 것이다. 만일 어떤 사람들에게서 거룩함·영혼·신 등의 개념들이 사회학적으로 설명되었다면 이와 동일한 설명은 원칙적으로 동일한 본질적 특성과 더불어 동일한 사고가 발견되는 모든 사람들에게 타당한 것이라고 과학적으로 추정해야만 한다. 따라서 우리가 오류를 범하지 않았다고 가정한다면 적어도 우리의 결론 중 몇 가지는 합법적으로 일반화될 수 있다. 결론을 내릴 때가 왔다. 잘 정의된 실험에 근거한 이러한 종류의 귀납은 많은 것을 요약해서 만든 일반화보다는 덜 무모하다. 이러한 일반화는 어떤 특정 종교에 대한 신중한 분석에 의지하지 않고 단번에 종교의 본질에 도달하려고 하기 때문에 공허하게 될 위험이 있다.

1. 종교는 특권은 없지만 잘 확립된 경험에 근거한다

대개 합리적인 용어로 종교를 설명하려고 했던 이론가들은 종교에서 무엇보다도 먼저 특정한 대상과 대응되는 관념들의 체계를 보았다. 이러한 대상은 여러 가지 방식으로 인식되었다. 자연·무한·불가사의한 것·이상적인 것 등. 그러나 이 차이들은 별로 중요하지 않다. 모든 경우에 종교의 본질적 요소로 생각되었던 것은 표현과 신앙이다. 이러한 관점에서 볼 때 의례들은 내적 상태를 외적이고 강제적이며 물질적으로 표현한 것에 불과하다. 그런데 이러한 내적 상태야말로 본질적 가치를 지니는 유일한 것으로 여겨진다. 이러한 관념이 매우 널리 퍼져 있기 때문에 종교에 관한 토론은 항상 다음과 같은 문제의 주변을 맴돌고 있다. 즉 종교가 과학과 조화될 수 있는가, 다시 말하면 과학적 지식 옆에 특별히 종교적이라 할 수 있는 다른 형태의 사고를 놓을 자리가 있는가 하는 문제이다.

그러나 신도들, 즉 종교적 삶을 살며 종교가 무엇으로 이루어져 있는가를 직접적으로 느끼는 사람들은 그들의 일상적 경험과 부응하지 않는 방식으로 종교를 보는 것에 반대한다. 사실상 종교의 진정한 기능은 우리로 하여금 생각하게 하거나 우리의 지식을 풍부하게 하려는 것이 아니며, 우리가 과학 덕분으로 돌리는 표현에다 다른 기원이나 다른 특성을 가진 표현을 덧붙이는 것도 아니다. 종교의 기능은 우리를 활동하게 하고 우리가 살아가는 데 도움을 주는 것이다. 자신의 신과 연대감을 가진 신도는 비신자가 모르는 새로운 진리들을 볼 수 있을 뿐 아니라 더욱더 능력 있는 사람이다. 그는 생존의 시련을 견디거나 이길 수 있는 더 많은 힘을 자신 속에 가진 사람이다. 그는 단순한 인간의 조건 이상으로 고양되었기 때문에 이 세상의 불행을 넘어설 수 있는 것 같다. 게다가 그는 어떤 형태로든 그가 악이라고 인식하는 것으로부터 구원되리라고 믿는다. 모든 신조의 가장 중요한 조항은 신앙에 의해서 구원된다는 믿음이다. 단순한 관념이 어떻게 이러한 효능을 가질 수 있는가를 알아내는 것은 어려운 일이다. 사실상 관념이란 우리 자신을 이루는 한 요소에 불과하다. 그런데 어떻게 이러한 관념이 우리의 본성이 지니고 있는 것보다 더 우월한 능력을 우리에게 줄 수 있을까? 그 관념의 감정적인 효력이 아무리 풍성하다고 할지라도 그 관념은 우리의 자연적인 생명력에 아무것도 덧붙여 주지 못할 것이다. 왜냐하면 관념은 우리 안에 잠재해 있는 동력을 풀어줄 뿐이지 그것을 창조하거나 증가시키는 것은 아니다. 우리가 어떤 대상을 사랑받고 추구될 가치가 있다고 생각한다는 사실에서 우리가 더 강하다고 느끼는 일이 생겨나지는 않는다. 우리가 보통 가지고 있는 것보다 더 우월한 에너지가 이 대상에서 나와야만 하고, 우리는 그 에너지를 우리 속으로 들어오게 해서 우리의 내적인 삶과 섞이도록 하는 어떤 방법을 가지고 있어야만 한다. 따라서 이 일을 위해서는 이러한 에너지를 생각하는 것만으로는 충분치 못하다. 또한 우리는 그 에너지의 작용 범위 안에 있어야 하고, 그 영향을 가장 잘 느낄 수 있는 곳에 우리 자신이 있어야 하는 것이 꼭 필요하다. 한마디로 우리는 행동해야만 하고, 그 효과를 새롭게 하기 위해 행동을 반복하는 것이 필요하다. 이러한 관점에서 보면, 숭배를 구성하면서 규칙적으로 반복되는 이러한 행위들의 총체가 어떻게 해서 중요하게 되었는지를 쉽게 알 수 있다. 사실상 실제로 종교를 신앙하는 사람은 누구나 이러한 기쁨의 감정·내적인 평화·안정·열광 등 신도에게 신앙의 체험적 증거로 여겨지는 감정을 불러일으키는 것이 바로 예배라는 것을 아주 잘 알고 있다. 예배는 단순히 신앙이 밖으로 표현되는 기호체계가 아니다. 그것은 신앙이 만들어지고 주기적으로 다시 강화되는 방법들의 집합이다. 그것이 물질적인 조작으로 이루어지든, 아니면 심리적인 작용으로 이루어지든 간에 예배는 항상 효력이 있다.

우리의 모든 연구는 모든 시대의 신도들에게 만장일치로 나타났던 이러한 감정이 순수하게 환상적인 것이 아니라는 가설에 근거하고 있다. 최근 신앙의 옹호자들과 마찬가지로[1] 우리도 어떤 의미에서는 그 논증적 가치가 다르기는 하지만, 종교적 믿음이 과학적 실험의 가치에 못지않은 가치를 지닌 특수한 경험에 근거한다는 것을 인정하고 있다. 우리는 또한 "그 열매로 그 나무를 안다"[2]고 생각하며, 그 열매의 풍성함이 그 뿌리의 가치를 증명하는 가장 좋은 증거라고 생각한다. 그러나 '종교적 경험'이 존재한다는 사실로부터 그리고 종교적 경험이 어떤 방식에 근거한다는 사실로부터—하기야 그렇지 않은 경험이 있겠는가?—종교적 경험이 근거하는 현실이 신도들의 관념과 객관적으로 일치한다는 결론이 나오는 것은 아니다. 종교적 경험이 인식되는 방법은 시대에 따라 엄청나게 다양하다는 사실만으로도 이러한 개념 중 어떤 것도 종교적 경험을 적절하게 표현하지 못한다는 사실을 증명하기에 충분하다. 만약 어떤 과학자가 인간이 느끼는 열이나 빛에 대한 감각이 어떤 객관적인 원인과 일치한다는 것을 공리로 정한다고 해도, 이러한 객관적 원인이 감각에 나타나는 것과 동일하다는 결론을 내릴 수는 없다. 마찬가지로 신도들이 느낀 인상은 상상이 아니다. 하지만 그 인상이 특권적 직관이 될 수는 없다. 일상적인 감각이 신체의 본질과 특성에 대해 가르쳐주는 것보다 신도들이 느낀 인상이 신앙 대상의 본질에 대해 더 잘 가르쳐 준다고 생각할 이유는 없다. 이 대상이 무엇으로 이루어져 있는가를 알기 위해서는 이 세상에 대한 감각적인 표현이 과학적이고 개념적인

---

1) W. James, *The Varieties of Religious Experience*.
2) 같은 책, 19쪽.

관념으로 대체된 것과 마찬가지로 신도들의 인상도 유사한 정교화의 작업을 거쳐야 한다.

이것이 바로 우리가 시도한 것이다. 우리는 이러한 실체를 살펴보았다. 신화는 이 실체를 여러 가지 형태로 표현했지만, 그 실체는 종교 경험을 이루는 고유한(sui generis) 감각들의 객관적이고 보편적이며 영원한 원인이다. 그리고 그 실체란 바로 사회이다. 우리는 사회가 발전시키고 있는 도덕적인 힘이 무엇인가, 또한 사회가 신도에게 숭배에 집착하게 만드는 지원자, 보호자, 후견인이라는 의존 감정을 어떻게 일깨우는가를 살펴보았다. 인간을 인간 이상으로 고양시키고 그러한 감정을 만드는 것은 바로 사회이다. 인간을 구성하는 것, 그것은 문명을 이루는 지적 자산의 총체인데, 문명은 사회의 작품이기 때문이다. 그 형태가 어떻든 간에 모든 종교에서 숭배의 뛰어난 역할은 이와 같이 설명된다. 사회가 작용하는 조건에서만 사회는 그 영향력을 느끼게 할 수 있으며, 사회를 구성하는 개인들이 한데 모이고 공동으로 행동해야만 사회가 작용할 수 있다. 사회는 공동행위에 의해서만 자신을 인식하며, 그 위치를 현실화시킨다. 사회란 무엇보다도 적극적인 협동이다. 집합적 관념과 감정은 우리가 밝힌 바와 같이 그것을 상징화하는 외적인 움직임에 의해서만 가능하다.[3] 따라서 종교생활을 지배하는 것은 행동이며, 그 행동의 기원은 바로 사회이다.

이 개념을 정당화하기 위해 주어진 모든 이유에 마지막으로 하나의 이유를 덧붙일 수 있는데, 이것은 우리가 행한 모든 작업의 결과로 나온 것이다. 우리는 연구를 진행하면서 사고의 기본범주들, 결과적으로 과학이 종교적 기원을 지니고 있다는 것을 확증했다. 우리는

---

3) 이 책, 484쪽 이하 참조할 것.

주술과 주술에서 파생된 여러 가지 방법들도 역시 종교적 기원을 가진다는 것을 살펴보았다. 다른 한편으로, 진화가 비교적 많이 진척될 때까지도 도덕규칙과 법률규칙이 의례적인 명령들과 구분되지 않았다는 것을 사람들은 오래전부터 알고 있다. 따라서 요약해보면 거의 모든 위대한 사회제도는 종교에서 생겨났다고 말할 수 있다.[4] 그러므로 집합생활의 주요한 양상들이 종교생활의 다양한 양상에서 시작되기 위해서 분명히 종교생활은 집합생활의 탁월한 형태이고 집합생활 전체를 응축한 표현이어야 한다. 만일 종교가 사회 안에 본질적인 모든 것을 발생시켰다면 그것은 사회 개념이 곧 종교의 영혼이기 때문이다.

따라서 종교적인 힘이란 곧 인간의 힘, 도덕적인 힘이다. 집합 감정은 외적인 대상에 고착될 때에야 인식될 수 있기 때문에 그 특성의 어떤 것을 다른 사물에서 취하지 않고는 이루어질 수 없다. 집합 감정은 이렇게 해서 일종의 물리적인 성격을 획득한다. 이러한 방식으로 집합 감정은 물리세계의 삶과 섞이고, 사람들은 물질세계에서 일어나는 일을 집합 감정에 의해서 설명할 수 있다고 생각했다. 그러나 집합 감정이 이러한 관점에서 그리고 이러한 역할 속에서만 고려될 때, 우리는 그것의 피상적인 면만 보게 된다. 사실상 집합 감정을 이루고 있는 본질적 요소들은 의식(意識)에서 차용되어 왔다. 보통 집

---

4) 사회활동 중에서 단 한 가지 형태만 아직까지 종교와 분명한 연관이 없다. 그것은 경제활동이다. 하지만 주술에서 파생된 테크닉은 주술에서 파생되었다는 그 사실 때문에 간접적으로 종교적 기원을 가진다고 하겠다. 게다가 경제적 가치는 일종의 능력이며 효과이다. 우리는 능력에 대한 관념의 종교적 기원에 대해서 알고 있다. 부(富)는 마나를 줄 수 있다. 그러므로 부는 마나를 가지고 있는 것이다. 따라서 경제적 가치의 관념과 종교적 가치의 관념이 상관없다고는 볼 수 없다. 그러나 이러한 관계의 본질이 무엇인가 하는 문제는 아직도 연구되지 않고 있다.

합 감정이 인간적 형태로 인식될 때만 인간적 특성을 가지고 있는 것처럼 보인다.[5] 그러나 가장 비인격적이고 가장 익명적인 것들까지도 객관화된 감정과 다르지 않다.

이러한 관점에서 종교를 봐야만 비로소 그 진정한 의미를 인식할 수 있다. 만일 외적인 것으로 만족한다면 이따금 의례들은 순수하게 손으로 하는 작업, 즉 기름 바르기(도유식), 세척, 식사의 효과를 만들어주는 것 같다. 어떤 사물들을 성화(聖化)하기 위해서 사람들은 그 사물들을 종교적 에너지의 근원과 접촉하도록 만든다. 그것은 오늘날 몸을 덥게 하거나 충전시키기 위해서 사람들이 열이나 전류의 근원에 접촉하는 것과 똑같은 이치이다. 이 두 경우에 사용된 방법들은 본질적으로 다르지 않다. 이렇게 이해된 종교적 기법은 신비한 역학의 일종으로 여겨진다. 그러나 이러한 물리적인 조작은 심리적 작업을 은폐하는 외피에 불과하다. 마지막으로, 일종의 불리적인 강제를 맹목적인, 게다가 상상적인 힘에 행사하는 것이 문제가 아니라 개인들에게 활력을 주고 제어하는 의식(意識)에 도달하는 것이 중요하다. 사람들은 때로 열등한 종교를 물질적이라고 말한다. 그러한 표현은 부정확한 것이다. 모든 종교들은 비록 가장 조잡한 것일지라도 어떤 의미에서는 정신적이다. 왜냐하면 종교가 작동시키는 능력은 무엇보다도 정신적이고, 또한 종교의 주요 기능은 도덕적 삶에 영향을 미치는 것이기 때문이다. 따라서 사람들은 종교라는 이름으로 행해진 것은 그 무엇이라도 공연히 그렇게 된 것이 아니라는 사실을 알게 된다. 왜냐하면 그러한 일을 하는 것은 필연적으로 인간의 사회이고, 그 열매를 따는 것은 인류이기 때문이다.

---

5) 이러한 이유 때문에 프레이저는 심지어 프로이스까지도 비인격적인 종교적 힘을 주술과 연결시키기 위해서 이 힘을 종교의 밖에 두거나 기껏해야 종교의 문턱에 두었다.

그렇다면 종교생활의 토대를 이루고 있는 것은 정확하게 어떤 사회인가? 역사의 흐름 속에서 사회가 고생해서 만들어낸 도덕적이고 법적인 조직과 더불어 우리 목전에서 존재하고 작용하는 현실적인 사회인가? 그러나 이러한 사회는 오점투성이이고 불완전하다. 사회에서는 악이 선과 병행하고, 때로 불의가 지배하며, 진리는 각 순간 오류에 의해서 흐려지기도 한다. 어떻게 이와 같이 조잡하게 구성된 존재가, 모든 종교가 그 신도들에게 요구하는 사랑의 감정, 뜨거운 정열, 헌신의 정신을 불러일으킬 수 있을까? 신처럼 완벽한 이러한 존재들은 평범하고 때로 비열한 현실에서 그들의 특성을 가져올 수 없을 것이다.

반면에 정의와 진리가 지배하고 온갖 형태의 악이 영원히 사라지는 완전한 사회를 생각할 수 있을까? 그 누구도 그러한 사회는 종교적 감정과 긴밀한 관계를 가지고 있음을 부인하지 않을 것이다. 왜냐하면 모든 종교는 완전한 사회의 실현을 추구하기 때문이다. 단 이러한 사회는 정의되고 관찰 가능한 경험적 사실이 아니다. 이러한 사회는 사람들이 자신의 괴로움을 가볍게 하기 위한 꿈이자 환상이며, 현실에서는 결코 살아본 적이 없는 것이다. 이러한 사회는 선·미·이상을 향한 어느 정도 모호한 우리의 열망을 의식에 표현하는 단순한 관념이다. 그러므로 이러한 열망들은 우리 안에 그 뿌리를 가지고 있다. 이 열망들은 우리 존재의 깊이에서부터 나온다. 따라서 우리의 외부에는 그것들을 설명할 수 있는 것이 전혀 없다. 게다가 열망 그 자체는 이미 종교적이다. 그러므로 이상사회는 종교를 설명할 수 있기는커녕 오히려 종교를 전제로 하는 것 같다.[6]

그러나 무엇보다도 이상적인 측면에서만 종교를 보는 것은 사물을

---

6) Boutroux, *Science et religion*, 206~207쪽.

자의적으로 단순화하는 것이다. 종교는 그 나름대로 현실주의적이다. 신성화되지 않은 물리적 또는 도덕적 추함은 없으며, 신성화되지 않은 악이나 죄도 없다. 도둑·사기·음란·전쟁·병·사망 등을 관장하는 신들이 있다. 기독교 자체도 신성에 대해 만들어 낸 관념이 아무리 고매하다고 할지라도 그 신화 속에 악한 영을 끌어들여 그에게 자리를 마련해 주어야만 했다. 사탄은 기독교 체계의 본질적인 부분을 이룬다. 따라서 사탄은 비록 불순한 존재이기는 해도 속된 존재는 아니다. 반신(反神, anti-dieu)도 열등하거나 종속되어 있기는 하지만 신은 신이며, 사실상 많은 능력을 부여받고 있다. 그것 역시 소극적이지만 의례 대상이 된다. 따라서 종교는 현실 사회를 무시하고 제외하는 것이 아니라 사회의 이미지 속에서 존재한다. 종교는 사회의 모든 면, 심지어는 가장 저속하고 가장 혐오스러운 면까지 반영한다. 모든 것은 종교에서 다시 발견된다. 그리고 대개 종교에서 선이 악을 이기는 것, 또한 삶이 죽음을, 빛의 권세가 어둠의 권세를 이기는 것을 본다면 그것은 현실에서도 마찬가지이기 때문이다. 왜냐하면 상반되는 이러한 두 힘의 관계가 역전된다면 삶은 불가능할 것이다. 그러나 사실 삶은 유지되고 더 나아가 발전하는 성향까지 있다.

만일 우리가 신화와 신학을 통해 현실을 분명하게 드러내 보인다 해도 그 현실은 확대되고 변형되고 이상화되어 있음이 사실이다. 이러한 관점에서 보면 가장 원시적인 종교도 가장 최근의 그리고 가장 세련된 종교와 다르지 않다. 예를 들면 아룬타족이 오늘날까지도 그 조직이 정확하게 존재하는 신화적 사회를 옛적에 어떻게 설정했는지 살펴보았다. 신화적 사회는 현재와 똑같은 씨족, 똑같은 프라트리를 포함하고 있고, 똑같은 결혼규칙에 따르며, 똑같은 의례를 실행한다. 그러나 그 사회를 구성하고 있는 인물들은 평범한 인간들이 흉내낼 수 없는 능력과 덕을 부여받은 이상적인 존재들이다. 그들의 본성은 보통 인간들보다 더 고매할 뿐 아니라 다르다. 왜냐하면 그들은 동물성과 인간성을 동시에 지니고 있기 때문이다. 악한 능력도 이와 비슷한 변형을 겪는다. 악 자체가 승화되고 이상화된다. 제기되는 문제는 어디서 이러한 이상화가 비롯되는지 알아보는 것이다.

어떤 사람들은 인간이 이상화하는 자연능력, 다시 말해 현실세계를 사고에 의해서 변형시킨 다른 세계로 대체하는 타고난 능력을 가졌다고 답한다. 그러나 그것은 문제의 용어를 바꾼 것에 불과하다. 그것은 문제를 해결하는 것도, 진척시키는 것도 아니다. 이러한 체계적인 이상화는 종교의 본질적인 특성이다. 그것을 이상화하는 인간의 타고난 능력으로 설명하는 것은 앞의 것과 같은 의미의 다른 말로 대치하는 것에 불과하다. 그것은 마치 인간이 종교적 본성을 가지고 있기 때문에 종교를 만들었다고 말하는 것과 같다. 동물은 하나의 세계밖에 모른다. 그것은 외적·내적인 경험으로 동물이 파악한 세계이다. 인간만이 이상을 인식하고 현실에 무엇인가를 덧붙일 수 있는 능력을 가지고 있다. 그렇다면 이렇게 독특한 특권이 어디에서 인간에게 오는 것일까? 이러한 특권을 과학을 벗어나는 최초의 사건이나 신비한 덕목으로 여기기 전에, 우리는 이러한 특권이 경험적으로 측정할 수 있는 조건에 좌우되지 않음을 확신해야 한다.

우리가 제시한 종교에 관한 설명은 이 문제에 답을 줄 수 있다는 장점을 분명히 가지고 있다. 왜냐하면 성스러움을 정의하는 것은 현실에 다시 덧붙이는 것이기 때문이다. 따라서 이상(l'idéal)에 대해서도 같은 정의를 내릴 수 있다. 따라서 둘 중 하나를 설명하지 않고는 다른 하나를 설명할 수가 없다. 사실상 집합생활이 어느 수준의 강도에 달할 때 종교적 사고를 일깨운다면 그것은 집합생활이 심리적 활동의 조건들을 변화시키는 흥분상태를 만들어 냈기 때문임을 살펴본 바 있다. 생명 에너지는 굉장히 흥분되고, 열정은 더 생생해지며,

감각은 더 강해진다. 오직 이러한 순간에만 만들어지는 어떤 것들이 있다. 인간은 자기 자신을 인식하지 못한다. 자신이 변형되어 있다고 느끼며, 따라서 그는 자신을 둘러싸고 있는 환경을 변화시킨다. 그가 받아들이는 매우 특이한 인상을 이해하기 위해서 그는 자신이 가장 직접적으로 접촉하는 사물들에다 그 사물들이 가지고 있지도 않은 특성들을 부여한다. 즉 일상생활에서 경험하는 대상들이 갖지 못한 예외적인 능력들과 덕목을 부여한다. 한마디로 속된 생활이 전개되는 현실세계를 초월하여, 어떤 의미에서는 사고 속에서만 존재하는 다른 세계를 배치하는데, 인간은 현실세계에 부여한 것보다 좀더 고매한 종류의 위엄을 그 세계에 부여하고 있다. 이러한 이중적 관점에서 볼 때 그 세계란 바로 이상세계이다.

그러므로 이상세계의 형성은 과학으로부터 벗어난, 확고부동한 사실을 구성하는 것이 아니다. 그것은 관찰 가능한 상황에 의존하고 있다. 그것은 사회생활의 자연적인 산물이다. 자신을 인식하고, 자신에 대한 감정의 강도를 필요한 정도로 유지하기 위해 사회는 모이고 집중해야만 한다. 따라서 이러한 집중은 정신생활을 고양시킨다. 이렇게 각성된 새로운 삶을 묘사하는 이상적 개념들의 총체는 정신생활을 표현해준다. 그러한 개념들은 우리가 생존을 위한 일상적인 일을 하는 데 사용하는 힘에 덧붙여진 심리적 힘의 충일과 일치한다. 사회는 이상을 만들어내지 않고는 자기 자신을 창조하지도 못하고 재창조하지도 못한다. 이러한 창조는 사회에게 지나친 행동은 아니다. 이러한 행동에 의해서 사회는 이미 형성되어 있는 자기 자신을 완성시킬 뿐이다. 이러한 행위에 의해 사회는 만들어지고 주기적으로 다시 만들어진다. 그러므로 어떤 사람들이 이상사회와 현실사회를 마치 반대방향으로 우리를 이끌어 가는 두 반대자로 대립시킬 때, 그들은 추상적 개념을 현실화시키고, 추상적 개념을 대립시키는 것이다. 이상사회는 현실사회 밖에 있지 않다. 이상사회는 현실사회의 한 부분이다. 그 둘 사이는 서로 밀어내는 두 극처럼 서로 분리된 것이 아니라 그중 하나가 없으면 다른 하나도 유지될 수 없다. 왜냐하면 사회는 그 자신을 구성하고 있는 많은 개인, 그들이 점령하고 있는 땅, 그들이 사용하는 물건들, 그들이 행하는 활동들로 이루어져 있을 뿐만 아니라 무엇보다도 사회가 자신에 대해서 만든 관념으로 이루어져 있기 때문이다. 물론 사회는 자신이 이해되어야 하는 방식에 대해 주저하는 일도 있다. 사회는 여러 가지 방향으로 갈라지는 것을 느끼기도 한다. 그러나 이러한 갈등이 생길 때, 그 갈등은 이상과 현실 사이의 갈등이 아니라 여러 가지 다른 이상들, 즉 오늘의 이상과 어제의 이상, 전통의 권위를 가지고 있는 이상과 되어가고 있는 이상의 갈등이다. 특히 이러한 이상들이 어디에서 진화되어 오는가를 알아봐야 할 필요가 있다. 그러나 이 문제에 대해 어떤 해결책이 주어지더라도 모든 것은 여전히 이상세계에서 일어난다.

종교가 표현하는 집합 이상은 개인의 어떤 타고난 능력에서 기인하는 것이 아니다. 그것은 집합적 삶이라는 학교에서 기인하는데, 개인은 그 학교에서 이상화하는 것을 배운다. 사회가 고안한 이상에 동화됨으로써 개인은 이상을 이해할 수 있게 된다. 개인을 사회의 행동영역 안으로 끌어들임으로써 개인으로 하여금 자기 자신을 경험세계보다 높게 고양시키려는 욕구를 느끼도록 하는 동시에 다른 세계를 인식하는 방법을 제공하는 것도 바로 사회이다. 왜냐하면 자신을 건설함으로써 새로운 세계를 건설하는 것도 바로 사회이기 때문이다. 또한 새로운 세계가 표현하는 것도 사회이다. 이와 같이 개인뿐아니라 집단에서도 이상화하는 능력은 신비할 것이 하나도 없다. 이능력은 인간에게 없어도 괜찮은 일종의 사치품이 아니라 인간의 존재조건이다. 인간이 그러한 능력을 획득하지 못한다면 그는 사회적 존재가 될 수 없을 것이며, 다시 말해서 인간이 될 수 없을 것이다. 물론 집합이상은 개인들 속에서 구현되면서 개별화되는 성향이 있다. 각 개인은 자신의 방식대로 집합이상을 이해하며, 자신의 흔적을 남긴다. 개인들은 거기서 어떤 요소들을 삭제하기도 하고, 또 다른 어떤 요소들을 덧붙이기도 한다. 이와 같이 개인의 인성이 발전되고 자율적 행동의 근원이 되어감에 따라, 개인의 이상은 사회의 이상으로부터 벗어나게 된다. 그러나 사람들이 현실을 벗어나서 살고자 하는, 겉보기에는 특이한 이러한 성향을 이해하고자 한다면 이러한 성향을 그 사회 상황과 연결시켜 보기만 해도 충분하다.

　그러므로 이러한 종교이론 속에서 역사적 유물론의 단순한 회춘을 보지 않도록 주의해야만 한다. 그것은 우리의 사상을 대단히 오해하는 일이 될 것이다. 종교 안에 본질적으로 사회적인 것이 있음을 보여줌으로써 종교가 사회의 물질적인 형태와 직접적이고 절대적인 필요를 다른 언어로 바꾸어 놓은 것에 불과하다고 말하려는 것이 결코 아니다. 개인의 정신생활이 그의 신경체계와 유기체 전체에 의존하고 있는 것과 마찬가지로 사회생활은 그것의 물질적인 토대에 의존하고 있으며, 또한 그 표지를 지니고 있음을 우리는 당연하게 생각한다. 그러나 개인의식이 신경체계의 단순한 개화(開花)와는 다른 것처럼 집합의식도 집단의 형태학적 기반의 단순한 부대현상과는 다르다. 집합의식이 나타나기 위해서는 개인의식의 고유한(sui generis) 합성이 생겨나야 한다. 그리고 이러한 합성이 일단 생겨나면 그것들 자체의 법칙에 복종하는 감정·관념·이미지의 총체적인 세계가 만들어진다. 이렇게 생겨난 모든 것들의 조합은 기저에 있는 현실 상황에 의해 직접적으로 명령되거나 강요되진 않지만 그것들은 서로 끌어당기고 밀어내며, 서로 합쳐지고 분할되며, 또한 증식한다. 이렇게 고양된 생명은 굉장히 큰 독립성을 누리게 된다. 그리하여 그 생명 자체를 확인하는 즐거움을 위해서 때때로 목적도 없고 어떤 종류의 유용성도 없는 표현에 과도하게 몰두하기도 한다. 우리는 의례행위와 신화적 사고가 여기에 해당한다는 것을 밝힌 바 있다.[7]

그러나 만일 종교가 사회적 원인들의 산물이라면 개인적 숭배와 몇몇 종교들의 보편적 특성을 어떻게 설명할 수 있을까? 종교가 외부의 법정(in foro externo)에서 생겨난 것이라면 어떻게 개인의 마음속으로 들어가서 거기서 점점 더 깊게 들어갈 수 있었을까? 만일 종교가 특정한 개별화된 사회의 작품이라면 어떻게 모든 인류 공통의 산물로 여겨질 정도로 거기에서 분리될 수 있었을까?

우리는 이 연구를 진행하는 동안 개인 종교와 종교적 세계주의의 최초의 맹아를 발견했고, 그것이 어떻게 형성되었는지를 살펴보았다. 우리는 이와 같이 이중적인 질문에 대해 답변 가능한 가장 일반적인 요소들을 소유하게 된 것이다.

사실상 우리는 씨족에게 생기를 불어넣어 주는 종교적인 힘이 개별의식 속에서 구현되는 가운데 그 힘 자체가 어떻게 개별화되는가를 살펴보았다. 그리하여 이차적인 거룩한 존재가 만들어진다. 각 개인은 자신의 이미지에 따라 만들어지고, 그의 내적인 삶과 관련되며, 그의 운명과 결합된 자신만의 성스러운 존재를 가지고 있다. 영혼·개인토템·수호조상 등이 그것이다. 이러한 존재들은 신도가 집단을 벗어나서 혼자 거행할 수 있는 의례 대상이다. 따라서 이것은 개인 숭배의 최초의 형태이다. 분명히 그것은 매우 조잡한 숭배에 불과하다. 그러나 개별 인격이 별로 두드러지지 않았고, 또 그것에 큰 가치를 부여하지 않았기 때문에 그것을 표현하는 숭배가 그렇게 발전될

---

7) 이 책, 719쪽 이하 참조할 것. 이와 똑같은 문제에 대해서는 Maudsley, "Représentations individuelles et représentations collectives"와 비교.

수가 없었다. 그러나 개인들이 점점 더 분화되고 개인의 가치가 고양됨에 따라서 여기에 상응하는 숭배도 종교생활의 총체에 있어서 상대적으로 더 많은 자리를 차지하게 되었고, 동시에 외부에 훨씬 더 폐쇄적으로 닫히게 되었다.

따라서 개인 숭배의 존재는 종교에 대한 사회학적 설명과 모순되거나 곤란한 것을 전혀 함축하고 있지 않다. 왜냐하면 개인들이 호소하는 종교적 힘은 집합적 힘의 개별화된 형태에 불과하기 때문이다. 그러므로 종교가 전적으로 개인의 마음속에 존재하는 것처럼 여겨지더라도, 종교의 자양분인 살아 있는 근원은 여전히 사회이다. 우리는 지금 종교를 순수하게 개인적인 것으로 만들고자 하는 급진적 개인주의의 가치를 평가할 수 있다. 이러한 개인주의는 종교생활의 기본적인 조건들을 오해하고 있다. 만일 개인주의가 지금까지 한 번도 실현되지 않은 이론적 열망의 상태로 남아 있다면 그것은 개인주의가 실현 불가능한 것이기 때문이다. 철학은 내적인 성찰의 고요함 속에서 행해질 수 있지만 믿음은 그렇지 않다. 왜냐하면 믿음이란 무엇보다도 온정이고 생명이며 열광이고, 모든 정신적 삶의 흥분이며, 개인으로 하여금 그 자신을 초월하도록 고양시키는 것이기 때문이다. 그러므로 개인이 자신을 벗어나지 않고 어떻게 자신이 지닌 에너지에 다른 것을 더할 수 있을까? 어떻게 자신의 힘만 가지고 자신을 초월할 수 있을까? 우리를 도덕적으로 고양시킬 수 있는 열기의 유일한 근원은 우리와 같은 사람들로 이루어진 사회가 만든 것이다. 우리의 것을 유지하고 증가시킬 수 있는 유일한 도덕적 힘은 타인이 우리에게 제공한 것이다. 신화가 표현하는 인물들과 어느 정도 유사한 존재들이 실제로 존재한다는 것까지 인정하도록 하자. 신화적 인물들이 영혼에 유익한 행동을 행사할 수 있으려면 그것이 신화적 인물들의 존재 이유이기도 한데, 사람들이 그들을 믿어야만 한다. 그러므로 이러한 믿음은 많은 사람에 의해 공유될 때에만 활동력이 있다. 순수하게 개인적인 노력만으로도 잠시 동안은 믿음을 유지할 수 있다. 그러나 믿음은 그런 방식으로 태어나고 획득되는 것이 아니다. 이러한 상황에서 믿음이 보존될 수 있다면 오히려 그것이 의심스러운 일이다. 사실상 진정한 신앙을 가지고 있는 사람은 믿음을 전파하고자 하는 불가항력적인 욕구를 느낀다. 이러한 이유로 그는 자신의 고립 상태로부터 벗어나 다른 사람들에게 접근하고 그들을 설득시키려고 애쓴다. 그가 고무시키는 신념의 열정은 그 자신의 신념을 강화시킨다. 믿음은 홀로 있을 때 급속히 약화된다.

이것은 개인주의와 마찬가지로 종교적 보편주의에도 해당된다. 보편주의는 몇몇 대단히 위대한 종교에만 배타적으로 나타나는 속성이 아니다. 우리는 분명히 오스트레일리아 체계의 바닥이 아닌 정상에서 그것을 발견했다. 분질, 다라물룬 또는 바이아메는 단순한 부족의 신들이 아니다. 그것들 각각은 다른 부족들의 대다수에 의해서 인정된다. 어떤 의미에서 그것들에 대한 숭배는 국제적이다. 따라서 이러한 개념은 가장 최근의 신학에서 발견되는 개념과 상당히 유사하다. 이러한 이유 때문에 어떤 저자들은 아무리 반박의 여지가 없다고 할지라도 이 개념의 진정성을 부정해야 한다고 생각했다.

그런데 우리는 이러한 개념이 어떻게 형성되었는지 제시할 수 있었다.

같은 문화를 가지고 있는 이웃 부족은 서로 항구적인 관계를 맺지 않을 수 없다. 온갖 상황이 그들에게 관계를 맺을 기회를 만들어 준다. 매우 초보적인 형태에 불과하지만 상거래가 나타나고 그 외에 결혼도 있다. 왜냐하면 부족 간의 결혼이 오스트레일리아에서는 매우 빈번하게 일어나기 때문이다. 이러한 만남이 진행되는 동안 사람들은 자연히 그들을 묶고 있는 도덕적 유대관계를 의식하게 된다. 그들은 같은 사회조직·프라트리·씨족·결혼계급 등의 동일한 분할형태를 가지고 있다. 그들은 똑같은 입문의례나 상당히 유사한 의례를 치른다. 상호 모방이나 협의가 이러한 자연발생적인 유사성을 강화시키는 결과를 초래한다. 명백하게 동일한 제도들과 이처럼 결합되어 있는 신들이 마음속에서 구분된 채 남아 있기는 어렵다. 모든 조건들이 신들을 함께 접근시키는 쪽으로 작용했다. 따라서 각 부족이 독자적인 방법으로 신의 개념을 발전시켰다고 가정한다면 신들이 필연적으로 서로 혼동되는 경향이 나타날 것이다. 게다가 신이 처음으로 인식된 것은 부족 간의 모임에서일 것이다. 왜냐하면 무엇보다도 이들은 입문의 신들이며, 입문예식에는 일반적으로 다른 여러 부족들이 대표로 참여하기 때문이다. 따라서 만일 성스러운 존재들이 지리적으로 특정한 어떤 사회와도 연결되지 않은 채 형성된다고 해도 성스러운 존재들이 사회 외적인 기원을 가지고 있어서 그러는 것은 아니다. 왜냐하면 지리적으로 결정된 집단을 넘어선, 윤곽이 불투명한 다른 집단들이 이미 존재하기 때문이다. 그것들은 확정된 경계를 가지고 있지 않지만 인접해 있으면서 서로 관련된 다소간 여러 종류의 부족들을 포함하고 있다. 따라서 거기서 생겨난 매우 특수한 사회생활은 일정한 한계 없이 확산되는 경향이 있다. 거기에 대응되는 신화적 인물들은 아주 자연스럽게 똑같은 특성을 지니게 된다. 그들의 영향력의 범위는 한정되어 있지 않다. 그들은 개별 종족들과 그 영토 위로 돌아다닌다. 그들이 바로 위대한 범부족적인(국제적인) 신들이다.

그러므로 이러한 상황에서 오스트레일리아 사회에만 특수한 것은 아무 것도 없다. 어느 정도 제한 없이 다른 사회와 연계되지 않는 민족이나 국가는 없다. 여기서의 다른 사회란 앞서 말한 민족이나 국가가 직·간접으로 관계를 맺고 있는 모든 민족들과 모든 국가들을 포함한다. 국제적 성격을 지닌 집합적 삶에 지배되지 않는 국가적 삶은 없다. 역사가 진보함에 따라서 이러한 국제적 집단들의 중요성은 더욱 커지고 범위도 넓어진다. 이와 같이 우리는 보편주의적인 경향이 어떤 경우 종교체계의 가장 고매한 관념들뿐만 아니라 그 체계가 근거한 원리에까지 영향을 미칠 정도로 발전될 수 있음을 예감한다.

2. 종교 속에 있는 영원한 요소. 종교와 과학의 갈등에 대해

따라서 종교적 사고를 연속적으로 감싸주는 모든 개별적 상징들보다 더 오래 살아남도록 되어 있는 어떤 영원한 것이 종교 속에는 존재한다. 사회의 통일성과 인성을 이루고 있는 집합 감정과 집합 관념을 일정한 간격을 두고 유지하고 공고히 할 필요를 느끼지 않는 사회는 없다. 따라서 이러한 도덕적 개조는 서로 밀접하게 연합된 개인들이 자신들의 공통 감정을 함께 재확인하는 재결합·회합·모임 등에 의해서만 이루어질 수 있다. 거기에서 생겨나는 예식들은 그 목적이나 그것들이 만들어내는 결과, 거기에 사용되는 방법 등에서 이른바 종교예식들과 본질적으로 다르지 않다. 그리스도의 생애의 주요한 날들을 예배하는 기독교인들의 회합, 또는 출애굽이나 십계명 선포 등을 기념하는 유대인들의 회합 그리고 새로운 도덕헌장의 선포나 국가적인 어떤 위대한 사건을 기념하는 시민들의 모임 사이에 어떤 본질적인 차이가 있는가?

만약 오늘날 이러한 미래의 축제와 예식들이 무엇으로 구성될지 생각하는 것이 어렵다면, 그것은 우리가 도덕적 평범함과 전이의 한 단계를 지나고 있기 때문이다. 우리의 선조를 흥분시켰던 과거의 위대한 것들이 더 이상 우리에게 똑같은 열정을 불러일으키지 않는다. 그것은 과거의 위대한 것들이 우리가 의식하지 못할 만큼 공통적으로 사용되기 때문이고, 그것들이 실제적인 우리의 열망에 더 이상 부합하지 않기 때문이다. 하지만 그것과 대치될 만한 것은 아직 아무것도 만들어지지 않았다. 기독교가 주인들에게 그들의 노예를 인간적으로 다루어 달라고 요구했던 원리들에 우리는 더 이상 열광하지 않는다. 또 다른 한편 오늘날 우리는 평등과 인간적 형제애에 대한 이념에 더 이상 열광할 수 없다. 왜냐하면 그러한 이념은 불의한 불평등에 너무도 많은 자리를 내어주고 있는 것처럼 보이기 때문이다. 비천한 자들에 대한 동정은 너무나 이상주의적인 것 같다. 우리는 좀더 효과적인 무엇을 원한다. 그러나 우리는 그것이 무엇인지 그리고 그것이 현실 속에서 어떻게 실현될 수 있는지 아직 분명하게 알지 못하고 있다. 한마디로 오래된 신들은 늙거나 죽었으며, 다른 신들은 태어나지 않았다. 인위적으로 소생시킨 오래된 역사적인 추억을 가지고 종교를 조직하고자 했던 콩트(Comte)의 시도를 헛되게 만든 것이 바로 이것이다. 살아 있는 숭배가 나올 수 있는 것은 죽은 과거가 아니라 삶 그 자체인 것이다. 그러나 이러한 부정확하고 혼란스러운 동요의 상태가 영원히 계속될 수는 없다. 우리 사회가 창조적인 흥분상태의 시간을 다시 알게 될 날이 있을 것이다. 이러한 흥분의 시간 동안 새로운 이상이 나올 것이요, 어느 정도의 기간 동안 인류의 길잡이가 될 새로운 원리들이 나올 것이다. 그리고 이러한 시간들을 일단 체험하고 나면 사람들은 사고(思考)에 의해 이러한 시간들을 때때로 재생할 필요성을 저절로 느끼게 될 것이다. 즉 그 흥분 시간의 결실을 규칙적으로 회복하는 축제를 통해 추억을 유지할 필요를 느끼게 될 것이다. 이미 우리는 프랑스 대혁명이 고취시킨 원리들을 영원한 젊음의 상태로 유지하기 위해 축제의 모든 주기가 어떻게 제정되었는가를 살펴보았다. 만일 이런 제도가 빨리 시들어 버린다면 그것은 혁명의 믿음이 잠시 동안만 지속되었기 때문이다. 열광의 첫 순간에 뒤이어 기만과 낙담이 빠르게 이어지기 때문이다. 그러나 작업이 실패했을지라도 그것이 다른 상황에 있었다면 어떤 것이 될 수 있었을까 상상해 볼 수 있다. 모든 것을 미루어 보면 그 제도가 조만간에 다시 선택될 것이라고 생각하게 된다. 불멸의 복음이란 없다. 그러나 인류가 새로운 복음을 만들 수 없다고 생각할 만한 어떤 이유도 없다. 새로운 믿음은 어떤 상징으로 표현될 것인가, 그 상징들이 과거의 상징과 닮았는가, 그 상징들은 그것들이 표현하려고 하는 실체에 좀더 적합한가 등의 문제는 인간의 예측능력을 초월하며, 본질적인 질문에 속하지도 못한다.

그러나 축제와 의례들, 숭배가 한마디로 종교 전체는 아니다. 종교는 단순히 의례들의 체계에 불과한 것이 아니라 세계를 표현하려는 관념체계이기도 하다. 우리는 가장 비천한 사람까지도 자신의 우주론을 가지고 있다는 것을 살펴보았다. 이러한 종교생활의 두 요소 사이에 어떤 관계가 존재할 수 있다 하더라도 이 두 요소는 여전히 매우 다르다. 하나는 종교가 요구하고 조절하는 행동의 측면에서 표현되었다면 다른 것은 종교가 풍성하게 하고 조직화한 사고의 측면에서 표현된 것이다. 이 두 요소는 똑같은 조건에 의존하고 있지 않다. 따라서 관념체계가 의례체계만큼 보편적이고 항구적인 필요에 부응하는가를 질문해 볼 수 있다.

사람들이 종교적 사고에 특별한 성격을 부여할 때, 종교적 사고가 과학처럼 속된 지식이 포착할 수 없는 현실의 한 양상을 고유한 방법으로 설명하는 기능을 가지고 있다고 믿을 때, 사람들은 종교가 그러한 사변적 역할을 언젠가 포기할 수도 있다는 사실을 인정하지 않으려고 한다. 그러나 사실들에 대한 우리의 분석은 종교의 이러한 특수한 성격을 밝혀주는 것 같지 않다. 우리가 방금 연구했던 종교는 그것이 사용하는 상징이 이성을 가장 당혹하게 만드는 종교들 중 하나였다. 거기서는 모든 것이 신비하게 보인다. 가장 이질적인 계(界)에 동시에 소속되어 있으며, 자신이 줄어들지 않으면서도 분할되고, 하나로 남아 있으면서도 증식되는 이러한 존재들은 첫눈에 보기에 우리가 살고 있는 세계와 전적으로 다른 세계에 속한 것처럼 보인다. 그것을 구성하고 있는 사고는 논리법칙을 전적으로 무시한다고 말하는 사람도 있다. 아마도 이성과 믿음 사이의 대비가 이것보다 더 뚜렷한 일은 결코 없었을 것이다. 만일 역사상 둘 사이의 이질성이 분명하게 두드러진 시기가 있었다면 그것은 바로 여기다. 따라서 외관과는 정반대로 종교적 사변이 적용되는 현실은 좀더 나중에 학자들이 사색 대상으로 사용한 현실과 동일하다는 것을 우리는 살펴본 바 있다. 그 현실들이란 바로 자연, 인간, 사회이다. 그것들을 둘러싸고 있는 것 같은 신비는 매우 피상적이며 좀더 주의 깊게 관찰하면 사라져버린다. 현실이 있는 그대로 나타나도록 하기 위해서는 신화적 상상력이 덮고 있던 장막을 걷는 것으로도 충분하다. 종교는 바로 이러한 현실을 과학이 사용하는 언어와 본질적으로 다르지 않은 지적인 언어로 표현하려고 애쓴다. 사물들을 서로서로 결합시키고, 그들 사이의 내적인 관계를 확립하며, 그것들을 분류하고 체계화하려는 시도가 종교와 과학 양쪽 모두에서 행해졌다. 우리는 과학적 논리의 본질적 개념들이 종교적 기원을 가지고 있다는 것까지도 살펴보았다. 아마도 과학은 이러한 개념들을 사용하기 위해서 그것들을 잘 다듬었을 것이다. 과학은 이 개념에서 온갖 종류의 우연적인 요소들을 제거했다. 일반적으로 과학은 그 모든 실행 속에서 종교가 알지 못하는 비평정신을 지니고 있다. 과학은 '조급함과 치우침을 피하기 위해', 열정과 편견 그리고 모든 주관적 영향을 멀리하기 위해 몹시 조심한다. 그러나 이러한 방법론적인 완벽함만으로는 종교와 과학을 구분하기에 충분치 않다. 이러한 관점에서 과학과 종교는 똑같은 목적을 추구한다. 과학적 사고는 종교적 사고의 좀더 완전한 형태에 불과하다. 그리하여 과학적 사고가 이러한 일에 더욱 적합해짐에 따라 종교가 과학 앞에서 점차로 사라지는 것은 당연한 것 같다.

사실상 이러한 역행이 역사의 흐름 속에서 이루어졌다는 것은 의심할 바 없다. 종교에서 나왔지만, 과학은 인식적이고 지적인 기능과 관계되는 모든 것에서 종교와 대치되는 성향이 있다. 이미 기독교는 물질현상의 질서 속에서 이러한 대체를 확실히 인정했다. 물질을 그 무엇보다도 속된 것으로 보았기 때문에 기독교는 이러한 물질에 대한 지식을 다른 분야에 쉽게 양도했다. 신은 이 세상을 인간의 논쟁에 넘겨주었다(tradidit mundum hominum disputationi). 그리하여 자연과학은 커다란 어려움 없이 확립되고 자기의 권위를 인식시킬 수 있었다. 그러나 기독교는 영혼의 세계만은 쉽게 포기할 수 없었다. 왜냐하면 그리스도인의 신은 그 무엇보다도 영혼을 다스리기를 열망하기 때문이다. 바로 이러한 이유 때문에 정신생활을 과학에 종속시키려는 생각은 오랫동안 일종의 신성모독의 결과라는 인상을 주었다. 심지어는 오늘날까지도 그러한 생각은 많은 사람에게 혐오감을 준다. 하지만 실험심리와 비교심리가 학문적으로 자리 잡게 되었고, 오늘날 우리는 그것과 더불어 생각해야만 한다. 그러나 종교생활과 도덕생활의 세계는 여전히 금지되어 있다. 대다수의 사람들은 정신이 매우 특수한 방법들을 통해서만 들어갈 수 있는 사물들의 질서가 거기에 있다고 계속해서 믿고 있다. 사람들이 종교적·도덕적 현실들을 과학적으로 다루려고 할 때마다 부딪치는 매우 강한 저항이 거기서부터 생겨난다. 그러나 이러한 반대에도 불구하고 이러한 시도들은 반복된다. 이러한 끈질긴 시도는 이 마지막 장벽이 마침내 무너질 것이며, 과학이 금지된 영역에서까지도 주인이 될 것임을 예견해준다.

과학과 종교의 갈등이 실제로 무엇인가 살펴보면 다음과 같다. 사람들은 그 갈등에 대해서 종종 부정확한 생각을 가지고 있다. 사람들은 원칙적으로 과학은 종교를 부정한다고 말한다. 그러나 종교는 존재하고 있다. 종교는 주어진 사실들의 체계이다. 한마디로 종교는 하나의 현실이다. 어떻게 과학이 이러한 실체를 부정할 수 있을까? 게다가 종교가 활동이며 또 사람들을 살게 하는 방법인 한, 과학이 종교를 대신할 수 없다. 왜냐하면 과학은 생명을 표현할 수는 있어도 생명을 창조하지 못하기 때문이다. 과학은 신앙을 설명하려고 시도할 수도 있다. 그러나 바로 그것 자체가 신앙을 전제로 하고 있는 것이다. 따라서 한 가지 제한점을 제외하고는 갈등이 없다. 종교가 원래 수행했던 두 기능 중에서 점점 더 종교로부터 빠져나가는 성향이 있는 하나의 기능이 있다. 그것이 바로 사색적인 기능이다. 과학이 종교에 대해 이의를 제기하는 것은 종교가 존재할 수 있는 권리에 대한 것이 아니다. 그것은 사물들의 본질에 대해 교의를 세우는 권리에 대한 것이며, 사람과 세상을 알기 위해서 종교가 스스로에게 부여하는 특별한 권한에 대한 것이다. 사실상 종교는 자신을 인식하지 못한다. 종교는 자신이 무엇으로 만들어져 있는지, 또 어떤 필요에 부응하는지 알지 못한다. 종교가 과학에게 어떤 법칙을 가르쳐 줄 수 있는 것이 아니라, 오히려 종교 자체가 과학의 대상이다. 다른 한편으로 과학적 숙고가 적용되는 현실 밖에는 종교적 사색을 위한 고유한 대상이 존재하지 않는다. 종교는 과거에 했던 역할을 미래에 할 수 없게 될 것이 분명하다.

하지만 종교는 사라진다기보다는 변형되도록 요구받는 것 같다.

우리는 종교 속에 무엇인가 영원한 것이 있다고 말했다. 그것은 숭배와 믿음이다. 그러나 사람들은 그 존재 이유를 알 수 없는 예식들을 거행할 수 없으며, 아무리 해도 이해할 수 없는 믿음을 받아들일 수 없다. 믿음을 전파하기 위해서, 또는 단순하게 그것을 유지하기 위해서라도 믿음은 정당화되어야만 한다. 다시 말해서 믿음이 이론화되어야만 한다. 이러한 종류의 이론은 분명 여러 가지 과학들이 존재할 때부터 그것에 근거하고 있다. 이러한 이론은 무엇보다도 사회과학에 근거하고 있다. 왜냐하면 종교적 믿음은 사회에 그 기원을 두고 있기 때문이다. 또한 사회가 인간의식의 종합이기 때문에 종교는 심리학에 근거한다. 또 인간과 사회는 우주의 한 부분이며 단지 인위적으로만 우주에서 분리될 수 있기 때문에 종교는 자연과학에 근거한다. 그러나 구성된 과학으로부터 차용해온 사실들이 아무리 중요하다 할지라도 그것으로는 충분치 않다. 왜냐하면 믿음은 무엇보다도 행동의 추진력이지만, 과학은 사람들이 그것을 아무리 높이 밀어올린다고 해도 여전히 행동과는 거리가 있기 때문이다. 과학은 단편적이고 불완전하다. 과학은 천천히 진보하며 결코 완성되지 못한다. 그러나 삶은 기다릴 수가 없다. 따라서 인간을 살게 하고 행동하게 만드는 이론들은 과학을 앞서 가야만 하고, 미숙한 채로나마 과학을 완성시켜야만 한다. 이러한 이론들은 다음의 경우에만 가능하다. 즉 실제적인 요구들 그리고 우리가 분명히 인식하지는 못하지만 느끼고 있는 생명의 필요들이, 과학이 우리에게 확신하도록 허락해준 것을 넘어서 사고를 진전시킬 때에만 가능하다. 그러므로 가장 합리적이고 가장 속된 종교라고 할지라도 다음과 같은 사변의 특성을 나타내지 않을 수 없다. 즉 과학과 똑같은 대상을 가지고 있음에도 불구하고 진정으로 과학적이 될 수 없는 매우 특수한 종류의 사변 없이는 종교가 이루어질 수 없고, 앞으로도 그러할 것이다. 감각과 감정이라는 모호한 직감이 종종 논리적 이성과 대체된다. 한편으로 이러한 사변은 우리가 과거의 종교에서 볼 수 있는 것과 유사하다. 그러나 다른 한편으로 과거의 것과 구별된다. 스스로에게 과학을 능가하는 권리를 인정하면서도 종교적 사변은 과학을 알고 과학으로부터 영감을 받는 일부터 시작해야 한다. 과학의 권위가 확립된 이후에 종교를 고려해야 한다. 사람들은 필요라는 압력 아래서 과학보다 더 멀리 나갈 수도 있지만, 과학으로부터 출발해야만 한다. 사람들은 과학이 부정하는 것은 아무것도 확증할 수가 없고, 과학이 확증하는 것은 아무것도 부정할 수 없으며, 직접 또는 간접으로 과학에서 차용한 원리들에 근거하지 않은 것은 어느 것도 확립할 수 없다. 그러므로 신앙은 사람들이 계속 종교라고 부를 수 있는 관념체계에 과거와 같은 헤게모니를 더 이상 행사할 수 없다. 이러한 지배권에 대항해 그 지배권으로부터 생겨났지만 그 후에 그것을 비판하고 통제하는 경쟁세력이 나온다. 그리고 모든 것은 이러한 통제가 계속적으로 더욱 확장되고 효율적으로 될 것을 예측하게 해준다. 반면에 그 미래의 영향력이 제한될 것 같지는 않다.

3. 어떻게 사회가 논리적, 다시 말해서 개념적 사고의 근원이 될 수 있을까

그러나 만일 과학의 기본개념이 종교적 기원을 가지고 있다면 어떻게 종교가 과학의 기본개념들을 생겨나게 할 수 있었을까? 언뜻 보아서는 종교와 논리 사이에 어떤 관계가 가능한지 알 수 없다. 게다가 종교적 사고가 표현하는 실체가 사회인 이상, 문제는 다음과 같은 용어로 제기될 수 있는데, 이것은 모든 어려움을 더 잘 드러내 보여준다. 무엇이 사회생활로 하여금 논리적 삶의 중요한 근원이 되도록 할 수 있었을까? 그 무엇도 사회생활에다 이러한 역할을 예정한 것 같지는 않다. 왜냐하면 인간이 서로 모이는 것은 사변적인 요구를 만족시키기 위한 것이 아님은 분명하기 때문이다.

사람들은 우리가 이렇게 복잡한 문제에 접근하는 것이 무모하다는 것을 알게 될 것이다. 문제를 적합하게 다룰 수 있기 위해서 지식에 대한 사회학적 조건들이 보다 더 잘 알려져 있어야만 했다. 우리는 단지 그러한 조건들 중 몇 개만 짐작하기 시작할 뿐이다. 하지만 문제는 너무나 중요하고, 앞서 나왔던 모든 것들 속에 직접적으로 내포되어 있기 때문에 우리는 그 답을 얻도록 노력해야 한다. 아마도 최소한 문제 해결에 도움을 줄 수 있는 어떤 일반원칙을 세우는 것이 현재의 위치에서 불가능한 일은 아니다.

논리적 사고의 내용은 개념으로 이루어져 있다. 따라서 논리적 사고의 기원에 사회가 어떤 역할을 했는가를 연구하는 것은 사회가 어떻게 개념 형성에 관여할 수 있었는가를 연구하는 것으로 귀착된다.

가장 일반적으로 일어나는 일처럼 만일 우리가 그 개념 속에서 일반적인 관념만을 본다면 문제는 해결될 수 없을 것이다. 사실상 개인은 각자의 고유한 수단에 의해서 그의 지각이나 이미지들을 비교할 수 있고, 그것들이 공통적으로 가지고 있는 것을 추출해낼 수 있다. 한마디로 일반화할 수 있다. 따라서 왜 이러한 일반화가 사회 안에서 그리고 사회에 의해서만 가능한지를 인식하는 것은 어렵다. 그러나 우선 논리적 사고가 그것을 구성하는 표상들의 가장 큰 외연에 의해서만 특징지어진다는 것은 인정할 수가 없다. 만일 개별적 관념들이 논리적인 것을 전혀 가지고 있지 않다면 왜 일반 관념들은 사정이 다를까? 일반적인 것은 개별적인 것 안에만 존재한다. 일반적인 것은 개별적인 것이 단순화되고 빈약해진 것이다. 따라서 일반적 관념들은 개별적 관념들이 갖지 못한 효능과 특권을 가질 수 없다. 역으로 개념적 사고가 비록 제한적이기는 하지만, 장르·종·변이 등에 적용될 수 있다면 왜 그것이 개인에게 확장될 수 없을까? 즉 그 외연이 줄어듦에 따라서 표상이 도달하게 되는 한계까지 확장될 수 없을까? 사실상 개인을 대상으로 삼는 개념들도 많이 존재한다. 모든 종류의 종교에서 신들이란 서로 구분되고 개인화된 존재들이다. 하지만 그들은 감각적으로 지각되는(perçus)것이 아니라 인식되는(conçus) 존재이다. 각 민족들은 시대에 따라 다양한 방식으로 역사적 또는 전설적 영웅을 표현한다. 이러한 표상은 개념적이다. 마지막으로 우리들 각각은 자신이 관계 맺고 있는 개인들에 대해, 그들의 성격이나 용모에 대해 신체적·도덕적 기질의 변별적인 특성들에 대해 어떤 관념을 형성하게 된다. 이러한 생각이 진정한 개념이다. 물론 이러한 개념들은 일반적으로 매우 조잡하게 형성되어 있다. 그러나 과학적 개념 중에서도 그 대상에 완벽하게 합당한 개념들이 얼마나 되는가? 이러한 관계에서 볼 때, 그 둘 사이에는 정도의 차이만 있을 뿐이다.

따라서 개념은 다른 특성에 의해 정의되어야 한다. 개념은 다음과 같은 특성들 때문에 모든 종류의 감각적인 표상—감각, 지각 또는 이미지—과 대립된다.

감각적인 표상은 끊임없이 변화한다. 이것들은 강의 물결처럼 꼬리를 물고 뒤따라온다. 심지어는 지속되고 있는 동안에도 자기 자신과 동일하게 남아 있지 않다. 그러한 표상 각각은 그것이 생겨난 바로 그 정확한 순간에 좌우된다. 우리는 우리가 처음 느꼈던 것과 똑같은 지각을 다시 경험하리라고 결코 확신할 수 없다. 왜냐하면 지각된 사물들이 변하지 않는다고 해도 우리가 더 이상 예전과 같은 사람이 아니기 때문이다. 반대로 개념은 시간과 미래의 밖에 존재한다. 개념은 이 모든 동요에서 벗어나 있다. 우리는 개념이 좀더 고요하고 좀더 평온한, 정신의 다른 영역에 위치해 있다고 말할 수 있다. 개념은 내적이고 자발적인 진화에 의해서 스스로 동요되지 않는다. 반대로 개념은 변화에 저항한다. 그것은 시대의 매순간마다 고정되고 결정(結晶)되는 사고방식이다.[8] 개념이 되어야 할 존재인 한, 개념은

---

8) W. James, *The Principes of Psychology*, I, 464쪽.

변하지 않는다. 만일 개념이 변한다면 그것은 변하는 속성이 있어서가 아니라 우리가 그 속에서 어떤 불완전성을 발견하기 때문이다. 또한 정정할 필요가 있기 때문이다. 우리가 일상생활 속에서 생각하는 개념체계는 우리의 모국어의 어휘로 표현되는 것이다. 왜냐하면 각 단어는 하나의 개념을 나타내기 때문이다. 그런데 언어는 고정되어 있다. 언어는 매우 느리게 변화한다. 결과적으로 언어가 표현하는 개념구조도 마찬가지이다. 학자는 그가 헌신하는 과학이 사용하는 특수한 용어에 대해, 결과적으로 이러한 용어에 상응하는 개념의 특수한 체계에 대해 앞서 말한 똑같은 상황에 처하게 된다. 물론 학자는 혁신할 수 있다. 그러나 그러한 혁신은 제도화된 사고방식에 대한 일종의 위반이다.

개념은 상대적으로 변하지 않는 동시에 보편적인 것이거나 최소한 보편화될 수 있는 것이다. 어떤 개념이 바로 나의 개념은 아니다. 그것은 다른 사람과 함께 공유하는 것이다. 어떤 경우이든 그것을 다른 사람들과 소통할 수 있어야 한다. 나의 의식 속에 있는 감각을 다른 사람의 의식 속으로 보내는 것은 불가능하다. 감각은 나의 유기체 및 인성과 긴밀하게 연결되어 있으며 분리될 수 없기 때문이다. 내가 할 수 있는 모든 것은 다른 사람들을 동일한 대상 앞으로 초대하는 일이며, 그 작용에 마음을 열라고 초대하는 일이다. 반대로 사람들 간의 대화나 지적인 교제는 개념의 교환이다. 개념은 근본적으로 비개인적인 표상이다. 인간의 지성은 개념에 의해 소통된다.[9]

---

9) 이러한 개념의 보편성이 그것의 일반성과 혼동되어서는 안 된다. 이것은 매우 다른 것이다. 우리가 보편성이라고 부르는 것은 개념이 수많은 마음, 심지어는 원칙상 모든 마음과 통하는 속성을 말한다. 따라서 이러한 전달 가능성은 그것의 외연 정도와는 완전히 무관하다. 한 가지 대상에만 적용되는 개념은, 따라서 그것의 외연은 최소한이지만, 모든 사람들에게 동일하다는 의미에서 보편적

이와 같이 정의된 개념의 본질은 그 기원을 말해준다. 만약 개념이 모든 사람들에게 공통된다면 그것은 개념이 공동체의 산물이기 때문이다. 개념이 어떤 특정한 인간 정신의 흔적을 가지고 있지 않다면 그것은 개념이 서로 다른 모든 사람들이 만나고, 서로 자양분을 취하는 유일한 지성에 의해서 발전되었기 때문이다. 만일 개념이 감각이나 이미지들보다 안정성이 크다면 그것은 집합 표상이 개인 표상보다 더욱 안정되었기 때문이다. 개인은 그의 외적 또는 내적 환경에서 생겨나는 조그마한 변화에도 민감한 반면, 충분히 비중 있는 사건들만 사회의 정신상태에 영향을 미칠 수 있다. 우리가 개별적인 지성이나 의지에 일률적으로 부여된 어떤 사고나 행동의 유형[10]을 대할 때마다 개인에게 가해지는 압력은 집단의 개입을 드러내 보여준다. 게다가 이미 지적한 바와 같이 우리가 통상적으로 사고하는 개념들은 어휘 속에 기록되어 있다. 따라서 언어, 결과적으로 그것이 표현하고 있는 개념체계는 집합 작업의 산물임을 의심할 바 없다. 언어가 표현하는 것은 전체로서의 사회가 경험 대상들을 표현하는 방식이다. 언어의 여러 요소에 대응되는 관념들은 따라서 집합 표상이다.

이러한 개념들의 내용조차도 똑같은 의미에서 증거가 된다. 사실상 우리가 일상적으로 사용하는 단어들 중에서 그 의미가 우리의 개인적 경험의 범위를 다소간 벗어나지 않는 것은 별로 없다. 어떤 용

일 수 있다. 신성 개념이 바로 이러한 경우이다.
10) 행동이나 사고방식은, 반복의 단순한 결과로서, 변화를 거부하는 습관의 형태로 개인에게 고정되고 결정된다고 반박할는지 모르겠다. 그러나 습관이란 같은 상황이 나타날 때마다 자동적으로 어떤 행위나 사고를 반복하는 성향에 불과하다. 그것은 관념이나 행위가 정신이나 의지에 부과되거나 제안된 모범적인 전형의 형태라는 것을 전제하지 않는다. 이러한 종류의 전형이 설립되었을 때, 다시 말해서 규칙이나 기준이 세워졌을 때 사회적인 작용은 추정될 수 있고, 또 그래야만 한다.

어는 종종 우리가 결코 지각하지 못했던 사물들과 우리가 결코 행할 수 없었거나 결코 목격할 수 없었던 경험을 표현하기도 한다. 심지어 우리가 그 용어와 관련이 있는 대상들 중 어떤 것을 알고 있을 때조차도 그것들은 관념을 설명하는 데 도움을 주는 특정한 예(例)로서 그칠 뿐이다. 그것들 자체만으로는 결코 그러한 관념을 형성할 수 없다. 따라서 말 속에는 내가 참여하지도 않은 지식, 개인적인 것을 넘어서는 지식이 응집되어 있다. 그리고 그 지식은 그 모든 결과를 완전하게 소화할 수 없을 정도로 나를 압도한다. 우리 중에 그 누가 자신이 말하는 언어의 모든 단어와 각 단어의 모든 의미를 아는 사람이 있는가?

이러한 지적은 우리가 어떤 의미에서 개념을 집합 표상이라고 말하고자 하는지를 결정해준다. 만일 개념이 전체 사회집단에 공통된 것이라면 그것은 개념이 상응하는 개인 표상의 단순한 평균을 표현하기 때문이 아니다. 왜냐하면 개념은 지적인 내용에 있어서는 개인 표상보다 더 빈약하지만, 실제로는 평균적인 개인의 지식을 능가하는 지식을 많이 가지고 있기 때문이다. 개념은 개별 의식 안에서만 현실성을 가지는 추상이 아니라, 개인이 그의 환경에 대해 만들 수 있는 표상만큼이나 구체적인 표상이다. 개념은 특수한 존재인 사회가 그 고유한 경험으로 사물들을 생각하는 방식과 일치한다. 만일 실제로 개념(콘셉트)이 대개 일반적인 관념으로 이루어져 있다면, 그리고 개념이 특정한 대상이 아니라 범주와 강(綱, classe)을 표현하는 것이라면 그것은 존재들의 특이하고도 변하기 쉬운 특성들이 사회의 관심을 끄는 일이 매우 드물기 때문이다. 사회는 그 크기에 비례해 사물들의 일반적이고 항구적인 특성들에 의해서만 영향을 받는다. 따라서 사회의 관심은 사물들의 이러한 측면에 쏠린다. 사물들을 총량으로 파악하고, 가장 일반적인 모습으로 사물들을 보는 것이 사회의 본성이다. 그러나 이러한 일반성이 사물들에게 꼭 필요한 것은 아니다. 어쨌든 심지어 이러한 표상이 가장 일상적인 속성을 가지고 있을 때조차도 이 표상은 사회의 산물이며 사회의 경험에 의해 풍부해진다.

게다가 바로 거기에서 우리를 위한 개념적 사고의 가치가 만들어진다. 만일 개념이 일반적인 관념에 불과하다면 그것은 지식을 풍성하게 하지 못할 것이다. 왜냐하면 우리가 이미 말했듯이 일반적인 것이 개별적인 것보다 더 많은 내용을 담지 못하기 때문이다. 그러나 만일 개념이 무엇보다도 집합 표상이라면 그것은 우리의 개인적 경험이 우리에게 가르쳐줄 수 있는 것에다 여러 세기 동안 집단이 축적해놓은 모든 지혜와 지식을 더해준다. 개념에 의해서 생각하는 것, 그것은 단순히 현실을 가장 일반적인 측면에서 보는 것에 그치지 않는다. 그것은 감각을 밝혀주고, 뚫고 들어가고, 변형시키는 빛을 감각에 투사하는 것이다. 어떤 사물들을 인식하는 것은 그것의 본질적인 요소들을 더 잘 이해하는 동시에 사물들을 그 총체 속에 놓고 파악하는 것이다. 왜냐하면 각 문명은 그 문명을 특징짓는 개념으로 조직된 체계를 가지고 있기 때문이다. 이러한 관념체계 앞에서 개인은 플라톤의 이성(νοῦς)이 이데아의 세계에 직면한 것과 똑같은 상황에 처하게 된다. 개인은 개념들을 자기 것으로 만들기 위해 노력한다. 왜냐하면 그 동료들과 교류할 수 있기 위해서는 그것이 필요하기 때문이다. 그러나 이러한 동화는 항상 완벽하지 못하다. 우리들 각자는 자기 나름대로 개념을 본다. 우리가 완전하게 파악할 수 없고 우리의 시각 범주 밖에 존재하는 개념도 있으며, 우리가 어떤 한 측면만을 인식하는 것도 있다. 우리가 개념을 생각하면서 많은 경우 그것을 왜곡시킬 수도 있다. 왜냐하면 개념들은 본질적으로 집합적이기 때문에 다시 손대거나 수정되지 않으면 결과적으로 왜곡되지 않고는 개인화될 수 없기 때문이다. 그리하여 우리가 서로 이해하는 데 있어서 커다란 어려움이 생겨나며, 심지어 우리가 원하지 않으면서도 서로 거짓말을 하게 되는 일까지 생겨난다. 왜냐하면 우리 모두는 같은 단어에 같은 의미를 부여하지 않은 채 그것들을 사용하기 때문이다.

우리는 이제 논리적 사고가 탄생하는 데 사회의 어떤 부분이 작용했는지 예측할 수 있다. 논리적 사고는 사람이 감각적인 경험에 부여하는 일시적인 표상을 넘어서 안정된 관념들의 모든 세계와 지성의 공통적 근거를 이해하는 그 순간부터 비로소 가능하다. 사실상 논리적으로 생각한다는 것은 어느 정도 항상 비개인적으로 생각하는 것이다. 그것은 또한 영원한 상 아래(sub specie æternitatis)에서 생각하는 것이다. 비개인성과 안정성이 진리의 두 특성이다. 따라서 논리적인 생활은 감각적인 외관과는 구별되는, 진리가 존재한다는 사실을 사람들이 최소한 혼란스럽게라도 알고 있다는 것을 분명히 전제로 한다. 그러나 어떻게 이러한 개념에 이를 수 있었을까? 대개의 경우 우리는 마치 사람이 세계에 대해 눈을 뜨자마자 진리가 저절로 그에게 제시된 것처럼 추론한다. 하지만 직접적인 경험 속에는 진리를 제시할 수 있는 것이 아무것도 없다. 심지어 모든 것이 진리와 모순된다. 아이와 동물도 그것에 대해서는 의심하지 않는다. 게다가 역사는 진리가 오랜 시일에 걸쳐 밝혀지고 확립되었다는 것을 보여주고 있다. 서구사회에서 처음으로 진리 그 자체에 대해, 또 진리가 암시하고 있는 결과에 대해 명확한 의식이 나타나게 된 것은 그리스의 위대한 사상가들과 더불어서이다. 그리고 발견이 이루어졌을 때 그것은 경탄이었는데, 플라톤은 훌륭한 언어로 그것을 표현했다. 그러나 그러한 개념이 그 시대에 철학적 공리로 표현되었지만 그 개념은 필연적으로 모호한 감정의 단계보다 먼저 존재했을 것이다. 철학자들은 이 감정을 밝히려고 애썼지만 성공하지 못했다. 그들이 이 감정을 숙고하고 분석할 수 있기 위해서는 그것이 그들에게 주어졌어야 하고, 그 감정이 어디에서 왔는지, 다시 말해서 그 감정이 어떤 경험에 근거하고 있는지 알아야 했다. 그것은 집합 경험에 근거하고 있다. 비개인적 사고는 집합 사고의 형태로 인류에게 최초로 계시되었다. 우리는 어떤 다른 경로를 통해서 이러한 계시가 일어날 수 있는지 알지 못한다. 사회가 존재한다는 단순한 사실로부터 개인적인 감각과 이미지 외부에 경탄할 만한 특성을 지닌 표상의 전 체계가 존재하게 된다. 이러한 표상에 의해 사람들은 서로 이해하고, 지성들은 서로를 파악하게 된다. 표상은 그 안에 일종의 힘, 즉 도덕적 지배력을 가지고 있는데, 그 힘에 의해 표상이 개인의 정신에 부과된다. 그러므로 개인은 적어도 막연하게나마 자신의 개인 표상 위에 유형화된 사고(notions-types)의 세계가 존재하며, 그러한 사고에 따라서 자신의 관념을 조절해야 한다는 것을 이해하고 있다. 개인은 자신이 참여하고 있지만 자신보다는 더 큰 총괄적인 지적(知的) 왕국을 힐끗 보게 된다. 이것은 진리의 영역에 대한 최초의 직감이다. 이러한 보다 높은 관념들을 의식한 그 순간부터 인간은 그것들의 본질을 캐는 데 몰두했을 것이다. 인간은 이러한 탁월한 표상이 어디서부터 그 특권을 가지게 되었는지를 연구했다. 그리고 그 원인들을 발견했다고 생각하는 정도에 따라 그는 스스로의 힘으로 그 원인들이 함축하는 결과를 도출하기 위해 이러한 원인들을 사용하려고 했다. 다시 말해서 인간은 개념을 만들 권리를 스스로에게 부여했다. 따라서 인지능력도 개별화되었다. 그러나 그 기능과 그 기원들을 이해하기 위해서는 그 기능을 그것이 근거하고 있는 사회 상황에 결부시켜 봐야 한다.

사람들은 우리가 개념의 양상들 가운데 단 하나로만 개념을 나타내려 한다고 반박할 것이다. 또한 개념의 역할은 정신 사이에 일치를 보장할 뿐 아니라 좀더 나아가서 정신들과 사물들의 본질이 일치를 이루는 것이라고 반박할 것이다. 개념은 그것이 진실하다는, 즉 객관적이라는 조건에서만 존재 이유가 있는 것 같다. 또한 그것의 비개인성은 객관성의 결과여야만 하는 것 같다. 가능한 한 적합하게 사고된 사물들 안에서 정신들은 연대감을 가진다. 우리는 개념의 발전이 부분적으로 이러한 방향에서 이루어졌다는 것을 부정하지 않는다. 애초에 집합적이기 때문에 진실한 것으로 여겨졌던 개념은 그것이 진실한 것으로 여겨진다는 조건에서만 집합적이 되는 경향이 있다. 우리는 개념을 신임하기 전에 그것의 자격을 요구한다. 그러나 오늘날까지 우리가 사용하고 있는 개념들의 대다수가 체계적으로 구성된 것이 아니라는 시각을 잃어서는 안 된다. 우리는 어떤 선결적인 비판에 종속되지 않으면서 언어로부터, 다시 말해서 공통경험으로부터 개념을 얻고 있다. 과학적으로 다듬어지고 비판을 거친 개념들은 언제나 매우 소수에 불과하다. 게다가 과학적 개념들과 단지 집합적이라는 이유로 모든 권위를 취하는 개념들 사이에는 정도의 차이만 있을 뿐이다. 집합 표상은 집합적이라는 이유로 이미 객관성이 보장된다. 왜냐하면 이 집합 표상이 충분히 지속적으로 일반화되고 유지될 수 있을 만한 이유가 없지 않기 때문이다. 만일 집합 표상이 사물들의 본질과 일치하지 않았다면 그것은 지성에 대한 넓고도 지속적인 지배권을 가질 수 없었을 것이다. 결국 과학적 개념들의 신뢰는 그것들이 체계적으로 통제될 수 있다는 사실에서 기인한다. 집합 표상은 끝없이 반복되는 통제를 필연적으로 따르고 있다. 그것을 받아들이는 사람들은 그들 자신의 경험을 통해서 집합 표상을 확인한다. 그러므로 집합 표상은 그 대상과 완전히 부적합할 수는 없다. 물론 집합 표상이 불완전한 상징들을 가지고 대상을 표현할 수 있을 것이다. 그러나 과학적 상징 그 자체도 근사치일 뿐이다. 우리가 종교현상을 연구하면서 살펴본 방법의 근저에는 정확하게 이 원칙이 놓여 있다. 이따금 종교적 신앙이 외관상 매우 이상하게 보일지라도 그것은 밝혀야 할 진리를 가지고 있다는 것을 우리는 공리로 삼고 있다.[11]

반대로 개념들이 심지어 과학의 모든 법칙에 따라서 구성된 때조차도 그것들의 권위를 오로지 객관적 가치로부터 끌어낸다는 것은 말도 안 되는 소리다. 개념들이 믿어지기 위해서는 그것들이 진실하다는 것만으로는 충분치 않다. 만일 그것들이 다른 믿음과 여론들, 한마디로 다른 집합 표상의 총체와 조화를 이루지 못한다면 그것들은 부인될 것이다. 정신들이 그러한 개념들에게 문을 닫아버릴 것이다. 그 결과 그것들은 마치 존재하지 않았던 것처럼 될 것이다. 만일 오늘날 일반적으로 개념들이 일종의 특권적 신뢰를 얻기 위해 과학의 인장을 지니는 것으로 충분하다면 그것은 우리가 과학에 대한 믿음을 가지고 있기 때문이다. 그러나 이 믿음은 본질적으로 종교적 믿음과 다르지 않다. 우리가 과학에 부여하는 가치는 결국 삶에서 과학의 역할과 본질에 대해 집합적으로 만들어낸 관념에 좌우된다. 이러한 관념은 여론 상태를 표현한다고 말할 수 있다. 사실상 사회생활에 있어서 모든 것은 심지어 과학까지도 여론에 근거한다. 물론 여론을 연구 대상으로 여기고, 여론에 대한 학문을 만들 수도 있을 것이다. 여론은 사회학의 중요한 구성요소이다. 그러나 여론에 대한 학문이 여론을 만들 수는 없다. 단지 여론을 밝히고 더 의식하게 할 수 있을 뿐이다. 이러한 방법에 의해 그 학문이 여론을 변하게 할 수 있는 것은 사실이다. 그러나 학문이 여론에게 법칙을 만들어주는 것처럼 보이는 그 순간에도 그 학문은 여전히 여론에 의지하고 있다. 왜냐하면 우리가 이미 밝힌 바 있듯이 과학이 여론에 작용하기 위해 필요한 힘

---

11) 그러므로 우리는 어떤 개념이 단지 사회적 기원을 가졌기 때문에 객관적 가치가 결여되었다고 말하는 것이 얼마나 그릇된 것인가를 알게 된다.

을 얻는 것은 바로 여론으로부터이기 때문이다.[12]

사회가 사물들을 표현하는 방식을 나타내는 것이 개념이라고 말하는 것은 또한 개념적 사고가 동시대인의 것이라는 뜻도 된다. 따라서 우리는 개념적 사고가 어느 정도 뒤늦은 문화의 산물이라고 여기는 것을 거부한다. 개념에 따라 생각하지 않는 사람이 있다면 그는 사람이 아닐 것이다. 왜냐하면 그는 사회적 존재가 아니기 때문이다. 만일 인간이 개인적 지각 대상으로 축소된다면 그는 동물과 다름없는 존재가 되고 말 것이다. 만일 반대명제가 성립할 수 있었다면 그것은 사람들이 개념을 비본질적인 특성에 의해 정의했기 때문이다. 사람들은 개념을 일반적 관념,[13] 명확하게 제한되고 한계가 정해진 일반적 관념과 동일시했다.[14] 이러한 조건에서 볼 때 원시사회는 이른바 개념을 알지 못한다고 여길 수도 있을 것이다. 왜냐하면 그러한 사회는 초보적인 일반화의 과정들만 가지고 있을 뿐이며, 그 사회에서 사용하는 관념들은 일반적으로 정의되지 않았기 때문이다. 그러나 우리가 사용하는 개념의 대부분도 똑같이 불확정적이다. 우리는 토론할 때와 학자의 저작을 다룰 때를 제외하고는 억지로 개념들을 확정하려고 애쓰지 않는다. 다른 한편으로 인식하는 것이 일반화하는 것은 아니라는 사실을 살펴보았다. 개념적으로 생각한다는 것은 단순히 상당수의 대상들에게서 공통되는 특성을 분리하고 분류하는 것이 아니다. 그것은 변하기 쉬운 것을 영속적인 것에, 개인을 사회에 포섭시키는 것이다. 논리적 사고는 개념과 더불어 시작되기 때문에 개념은 항상 존재했다는 결론이 나온다. 사람들이 장기적인 혼돈과 모순 속에서 살았던 시기는 역사 속에 존재하지 않는다. 그러므로 역

---

12) 이 책, 450쪽과 비교.

13) M. Lévy-Bruhl, *Les fonctions mentales dans les sociétés in férieures*, 131~138쪽.

14) 같은 책, 446쪽.

사의 여러 시기마다 논리가 보여준 서로 다른 특성들을 지나치게 강조할 필요는 없을 것이다. 논리는 사회 그 자체처럼 발전한다. 그러나 그 차이들이 아무리 현실적이라고 해도 그 차이 때문에 중요한 유사성들을 부인할 수는 없다.

4. 어떻게 범주들이 사회적 사실들을 나타내는가

우리는 지금 서론에서[15] 제시했던 그리고 이 책이 계속되는 동안 암시되어 왔던 마지막 질문에 접근할 수 있게 되었다. 우리는 적어도 범주들 가운데 몇몇은 사회적 산물이라는 것을 살펴보았다. 문제는 범주들이 어디로부터 이러한 특성을 얻었는가를 살펴보는 것이다.

물론 범주 자체가 개념으로 이루어져 있기 때문에 범주들이 집단의 산물이라고 쉽게 이해할 수 있을 것이다. 집합표상은 그 기호들로 분간되는데, 그러한 기호들을 똑같은 정도로 나타내는 개념들은 없다. 사실상 범주들의 안정성과 비개인성은 종종 범주들이 절대적으로 보편적이고 변함없는 것이라고 여겨질 정도로 강하다. 게다가 범주들은 정신의 일치라는 기본 조건을 표현하기 때문에 그것들이 사회에 의해서만 만들어질 수 있음이 분명한 것 같다.

그러나 범주에 관한 한, 문제는 더욱 복잡하다. 왜냐하면 범주들은 다른 의미에서, 즉 이차적인 수준에서 사회적이기 때문이다. 그것들은 사회에서 유래되었을 뿐 아니라 범주들이 표현하는 사물들 자체도 사회적 성격을 지니고 있다. 범주를 제정하는 것이 바로 사회일 뿐 아니라 범주의 내용도 사회적 존재의 다른 양상들이다. 유(類, genre)의 범주는 처음에는 인간집단의 개념과 구분되지 않았다. 시간 범주의 근저에는 사회생활의 리듬이 있다. 공간 범주의 내용을 제공

---

15) 이 책, 144~145쪽 참조할 것.

해준 것은 바로 사회에 의해서 점유된 공간이다. 인과관계의 범주에 있어서 주요한 요소인 효력 개념의 전형을 이루고 있는 것은 바로 집합적 힘이다. 그러나 범주들은 사회적 영역에만 적용되기 위해 만들어진 것은 아니다. 그것들은 모든 실체에게로 확산된다. 그렇다면 범주들을 구성하는 데 기초가 되는 모델들을 어떻게 사회에서 차용할 수 있을까?

범주들은 지식에서 우월한 역할을 하는 탁월한 개념이다. 사실상 범주들은 다른 모든 개념들을 지배하고 포괄하는 기능을 가지고 있다. 그것은 정신생활의 항구적인 틀이다. 따라서 범주들이 어떤 대상을 포용할 수 있기 위해서 범주들은 동일한 규모의 현실 위에 세워져야 한다.

물론 범주가 표현하는 관계는 암암리에 개인의 의식 속에 존재한다. 개인은 시간 속에 살고 있으며, 그는 우리가 말한 바와 같이 시간의 방향에 대해 어떤 감각을 가지고 있다. 개인은 공간의 정해진 지점에 위치하고 있다. 그리고 사람들은 어떤 타당한 이유를 들어서 인간의 모든 감각들은 공간적인 무엇을 지니고 있다고 주장할 수 있다.[16] 개인은 유사성에 대한 느낌을 가지고 있다. 유사한 표상은 서로 부르고 서로 모인다. 이와 같이 형성된 새로운 표상은 이미 어떤 생성적인 특성을 지니고 있다. 우리는 또한 현상들의 연속되는 순서에서 어떤 규칙성에 대한 감각을 가지게 된다. 동물조차도 이러한 감각을 가질 수 있다. 단지 이러한 모든 관계들은 그것에 참여하는 개인에게 국한되는 사적인 것이다. 따라서 개인이 습득할 수 있는 개념은 어떤 경우라도 그의 좁은 지평을 넘어 확산될 수 없다. 비슷한 이미지들의 융합에 의해 나의 의식 속에서 형성되는 생성적 이미지

---

16) W. James, 앞의 책, 134쪽.

들은 내가 직접 지각했던 대상만을 표현할 뿐이다. 거기에는 강(綱, classe) 개념을 제공할 수 있는 것이 하나도 없다. 즉 똑같은 조건을 만족시키는 가능한 모든 대상들의 **총체적(total)** 집단을 포함하는 틀을 제공할 수 있는 것이 아무것도 없다. 아마도 가장 먼저 집단에 대한 관념을 가져야 할 필요성이 있었을 것이다. 그리고 우리의 내적인 삶을 단순하게 관찰하는 것만으로는 우리의 마음속에 그러한 관념을 환기시키지 못했을 것이다. 그러나 개인적 경험이 아무리 확대되고 지속된다 할지라도 존재의 보편성을 포괄하는 총체적 유(類)의 존재에 대해 추측하게 할 만한 개인적 경험은 존재하지 않는다. 다른 유(類)는 총체적 유(類)에 종속되거나 대등한 위치에 있는 종(種, espèce)에 불과하다. 총체(tout)의 개념은 우리들이 서술한 분류의 근저를 이룬다. 총체라는 개념은, 전체와 관련해 볼 때 부분에 불과하고 또 실체의 아주 작은 부분에 불과한 개인으로부터 나올 수 없다. 그렇다고 그것이 좀더 본질적인 다른 범주로부터 온 것 같지도 않다. 왜냐하면 범주의 역할이란 다른 모든 개념들을 감싸는 것이므로 특히 범주는 총체(totalité)라는 개념 자체가 되어야 할 것으로 보이기 때문이다. 개념이 따로 떨어진 각 개인의식의 내용을 끝없이 넘어서는데도 지식의 이론가들은 일반적으로 개념을 마치 그것이 스스로 생겨난 것으로 가정하고 있다.

똑같은 이유로 내가 감각을 통해서 알고 있는 공간, 내가 그 중심이 되며 모든 것이 나와 관련해서 배열되어 있는 공간은 전체적인 공간이 될 수 없다. 그 공간은 모든 개별적인 넓이를 가지고 있으며, 그 공간에서 개별적인 넓이란 모든 사람에게 공통적이고, 비개인적인 기준점들에 의해서 조정된다. 마찬가지로 내 속에서 그리고 나와 더불어 흘러가고 있다고 느끼는 구체적인 시간의 지속도 나에게 전체적인 시간에 대한 관념을 주지 못할 것이다. 구체적인 지속은 나의 개인생활의 리듬만 나타낸다. 전체적인 시간관념은 특수한 어떤 개인의 삶이 아닌 모든 사람들이 참여하는[17] 삶의 리듬과 일치해야만 한다. 마찬가지로 우리의 감각이 연속적으로 인식할 수 있는 규칙성은 나를 위해서는 가치를 가질 수 있다. 내가 항구성을 확인했던 한 쌍의 현상들 중 처음 것이 나에게 주어졌을 때 어떻게 내가 그다음 것을 예측하는 성향을 가지게 되는지를 규칙성은 설명해준다. 그러나 이러한 개인적 기대 상태가 사유와 사건들의 총체에 부과되는 연속의 보편적 순서 개념과 혼동되어서는 안 된다.

개념의 전 체계가 표현하는 세계는 사회가 표현하는 세계이기 때문에 사회만이 우리에게 가장 일반적인 개념들을 제공해줄 수 있고, 세계는 그 개념에 의해 표현되어야 한다. 모든 개별적인 주체들을 포함하는 주체만이 이러한 대상을 포괄할 수 있다. 우주는 그것이 생각되는 만큼 존재하고, 또 사회에 의해서만 총체적으로 사유되기 때문에, 우주는 사회 속에 자리 잡고 있다. 우주는 그 사회의 내적인 삶의 요소가 된다. 반면에 사회는 그 자체가 총체적인 장르이며, 그것을 벗어나서는 아무 것도 존재하지 못한다. 총체 개념은 사회 개념의 추상적 형태에 불과하다. 사회는 모든 사물들을 포함하는 전체이며, 다른 모든 계급들(綱, classes)을 포함하는 최상의 계급(classe)이다. 이것은 심오한 원리이다. 이 원리에 근거해 인간과 동일한 자격으로 모든 계(界)의 존재들이 사회적인 틀 안에 놓이고 분류되는 최초의 분류가 이루어졌다.[18] 그러나 만일 세계가 사회 안에 있다면 사회가 점유하는 공간은 총체적 공간과 혼동된다. 사실상 우리는 각 사물이

---

17) 사람들은 종종 공간과 시간에 대해 말하기를, 마치 개인의식이 느낄 수 있는, 그러나 추상에 의해 빈약해진 구체적인 범위와 지속에 불과한 것처럼 이야기한다. 사실상 이것은 매우 다른 종류의 표현들로 매우 다른 차원에 따르며, 다른 목적을 위한 것이다.

어떻게 사회적 공간에 할당된 자리를 가지게 되었는지 살펴보았다. 그리고 이러한 총체적 공간이 우리의 감각으로 인지할 수 있는 구체적인 범위와 어느 정도까지 달라지는가를 다음과 같은 사실이 잘 보여주고 있다. 즉 이러한 위치 결정은 완전히 이상적이며, 오로지 감각적 경험만을 통해 규정되었을 경우에 나타났을 위치 결정과는 전혀 유사점이 없다.[19] 같은 이유로 집단적 삶의 리듬은 집단적 삶이 기인되는 모든 기본적인 삶의 다양한 리듬을 지배하고 포용한다. 따라서 집단적 삶을 표현하는 시간은 모든 개별적인 지속을 지배하고 포괄한다. 그것이 바로 총체적 시간이다. 세계의 역사는 오랫동안 사회의 역사의 다른 측면에 불과했다. 세계의 역사는 사회의 역사와 더불어 시작된다. 세계 역사의 주기는 사회 역사의 주기에 의해서 결정된다. 비개인적이며 총체적인 이러한 지속을 측정하는 것과 이러한 지속이 분할되고 조직되는 기준을 정하는 것은 사회의 집중 또는 확산 운동에서 비롯된다. 더 일반적으로 말해서 그것은 집단 갱신의 주기적인 필요성이다. 만일 이와 같이 중요한 순간들이 대체로 천체의 규칙적인 순환 또는 계절의 변화와 같은 물질적인 현상들과 연결된다면 그것은 본질적으로 사회적인 이 조직을 모두가 느끼기 위해 객관적인 기호들이 필요하기 때문이다. 마찬가지로 인과관계도 그것이 어떤 집단에 의해 집단적으로 언명된 순간부터 모든 개인의식과 무관하게 된다. 인과관계는 모든 개별적 정신과 사건들을 넘어 초연하다. 이것은 어떤 인간에게도 좌우되지 않는 가치를 지닌 법칙이다. 우리는 이 법칙이 이렇게 태어났을 것이라고 밝힌 바 있다.

범주의 구성요소들이 사회생활에서 차용되었음이 틀림없음을 설

---

18) 결국 총체 개념, 사회 개념, 신성 개념은 사실상 하나의 동일한 생각의 다른 양상에 불과하다.

19) *Classifications primitives*, 앞의 논문, 40쪽 이하.

명해주는 또 다른 이유가 있다. 그것은 범주가 나타내는 관계가 사회 속에서 그리고 사회에 의해서만 의식될 수 있다는 것이다. 만일 이른 바 범주들이 개인생활에 내재된 것이라면, 개인은 그것들을 이해하고 숙고하고 명확하게 하고 그것들을 변별적인 관념으로 만들어야 할 어떤 이유나 방법도 갖지 못할 것이다. 즉 개인이 공간 속에서 방향을 잡기 위해서, 여러 가지 생체의 욕구들을 어떤 순간에 만족시켜야 하는가를 알기 위해서 개인은 시간 또는 공간에 대한 개념적인 표상을 만들 필요가 전혀 없다. 많은 동물은 그들에게 친숙한 장소로 되돌아오는 길을 알고 있다. 그들은 어떤 범주에 대해서도 알지 못하지만 적절한 시기에 되돌아온다. 그들을 자동적으로 인도하는 데는 감각만으로도 충분하다. 만일 인간의 감각이 오직 개인적 욕구만을 만족시키는 것이라면 인간도 감각만으로 충분할 것이다. 어떤 사물들이 우리가 이미 경험한 다른 사물들과 닮았다는 것을 인지하기 위해서라면 구태여 그 사물들을 유(類)와 종(種)으로 배열할 필요가 없다. 유사한 이미지들이 서로 부르고 결합되는 방식은 유사성의 느낌을 주기에 충분하다. 이미 보고 느낀 것에 대한 인상은 어떤 분류도 함축하고 있지 않다. 우리의 개인적 편의만 문제되는 경우라면 우리가 추구해야 할 사물들과 피해야 할 사물들을 구분하기 위해서 논리적인 끈으로 이것들의 결과를 그 원인에 연결시키기만 하면 된다. 구체적 표상 사이의 긴밀한 관련성과 순수하게 경험적인 연속성은 인간의지의 확실한 안내자가 될 수 있다. 동물은 다른 표상을 가지고 있지 않을 뿐 아니라 많은 경우 우리의 사적인 실무적 행동조차도 더 이상 아무것도 전제하지 않는다. 신중한 사람은 그가 해야 하는 것에 대해 매우 분명한 감각을 가진 사람이다. 그러나 대개의 경우 그는 그러한 감각을 법칙으로 표현하지는 못할 것이다.

사회의 경우는 다르다. 사회는 사회를 이루고 있는 개인들과 사물들이 여러 집단들로 분할될 때, 즉 이 집단들이 서로 관계를 맺으면서 분류될 때만 가능하다. 사회는 자의식을 가진 조직을 전제로 하는데, 이러한 조직은 분류나 다름이 없다. 사회의 이러한 조직은 그것이 점유하고 있는 공간과 자연스럽게 통한다. 이때에 생겨날 수 있는 모든 충돌을 피하기 위해 개별적 집단은 자기에게 할당된 특정한 몫의 공간을 가져야 한다. 다른 말로 하면 전체적인 공간은 나뉘고 분화되고 정돈되어야 하며, 이러한 분할과 정돈이 모든 사람들에게 알려져야 한다. 다른 한편으로 축제·사냥·군대의 파견 등을 위한 모든 호출은 확정된 날짜를 전제로 한다. 결과적으로 모든 사람이 똑같은 방식으로 인식하는 공통의 시간이 확립된다. 끝으로 공통의 목적을 추구하기 위한 여러 사람의 협동은 다음의 경우에만 가능하다. 즉 사람들이 목적과 그것에 도달할 수 있는 수단 사이에 존재하는 관계에 합의할 때만, 다시 말해서 똑같은 인과관계가 같은 일을 하는 모든 협력자들에 의해서 인정될 때만 가능하다. 따라서 사회적 시간, 사회적 공간, 사회적 부류, 집합적 인과관계가 대응되는 범주의 근거가 된다는 것은 놀랄 일이 아니다. 왜냐하면 이러한 여러 가지 관계들이 사회적인 형태로 인간의 의식 속에 처음으로 어느 정도 명확하게 떠올랐기 때문이다.

요컨대 사회는 사람들이 너무나 자주 생각하는 것처럼 비논리적 또는 반논리적이거나 일관성이 없는 환상적인 존재가 결코 아니다. 그와는 정반대로 집합의식은 의식들의 의식이기 때문에 정신적 생활의 가장 고매한 형태이다. 사회는 개인적·지역적 불확실성의 밖에 그것을 초월해 위치하고 있기 때문에 사회는 사물들을 영구하고 본질적인 측면에서만 보고, 또한 그것들을 의사소통이 가능한 관념들로 고정시킨다. 사회는 높은 곳에서 보는 동시에 멀리까지 본다. 시간의 매 순간, 사회는 알려진 모든 현실을 포괄한다. 바로 이러한 이유 때문에 사회만이 존재들의 총체에 적용되고, 그것들을 생각하는 틀을 정신에게 제공할 수 있다. 사회는 이 틀을 인위적으로 만들지 않는다. 사회는 이 틀을 자체 안에서 발견한다. 사회는 그것을 인식하게 할 뿐이다. 이러한 틀들은 현실의 모든 단계에서 발견되지만, 오직 정상에서 명백하게 드러나는 존재방식을 나타내준다. 왜냐하면 사회 속에서 영위되는 정신적 삶의 극심한 복잡성은 좀더 발전된 의식을 필요로 하기 때문이다. 논리적 사고에 사회적 기원을 부여하는 것은 논리적 사고의 가치를 감소시켜서 그것의 품위를 떨어뜨리는 것이 아니며, 그것을 인위적인 조합체계에 불과한 것으로 환원시키려는 것도 아니다. 반대로 그것은 논리적 사고를 함축하고 있는 원인과 논리적 사고를 자연스럽게 결합시키는 것이다. 그렇다고 해서 이런 방식으로 만들어진 관념들이 즉각적으로 그 대상에 꼭 들어맞는다고 말하려는 것은 아니다. 사회가 개인에 비해서 보편적이라고 해도 여전히 사회는 개인적 모습과 특이성을 가지고 있는 개성 자체이다. 즉 사회는 개별적인 주체이며, 따라서 자신이 생각하는 것을 개별화시킨다. 그리하여 집합 표상 역시 주관적인 요소들을 지니고 있다. 사물들에게 좀더 근접하기 위해서 그 표상은 점차로 정화되어야 한다. 그러나 집합 표상이 처음에 아무리 조잡하더라도, 개인이 자신의 힘만으로는 결코 다다를 수 없는 새로운 정신상태의 맹아가 그것들과 더불어 주어졌다. 이때부터 안정되고 비개인적이고 조직화된 사고의 길이 열리게 되었다. 이후에도 그 사고는 자신의 본질을 계속해서 발전시켰다.

게다가 이러한 발전을 결정했던 원인들은 최초의 맹아를 불러일으킨 원인들과 특별히 다르지 않은 것 같다. 만일 논리적 사고가 그것이 원래 지니고 있던 주관적이고 개인적인 요소들을 점차로 제거하는 성향이 있다면 그것은 사회 외적인 요인들이 개입했기 때문이 아니다. 오히려 새로운 종류의 사회적 삶이 점점 더 발전되었기 때문이다. 종교적 신앙을 보편화시키는 역할을 하는 것은 범민족적인 삶이다. 범민족적인 삶이 확장됨에 따라 집단적 시야가 넓어진다. 사회는 전형적인 총체로 나타나는 것을 멈추고, 훨씬 더 큰 전체의 한 부분이 된다. 이러한 더 큰 전체는 경계가 정해져 있지 않으며, 끝없이 확장되는 성향을 가지고 있다. 따라서 사물들은 그것들이 처음에 분류되었던 사회적 틀 안에 더 이상 머물 수 없다. 사물들은 그들 자신의 고유한 원칙에 따라서 조직되어야만 한다. 따라서 논리적인 조직은 사회적 조직으로부터 분화되며 자율적이 된다. 우선 사고와 특정집단의 개체성을 결합하고 있던 관계가 점점 더 분해되는 것 같다. 그다음 사고는 항상 비개인화되고 보편화된다. 진실로 이른바 인간적인 사고는 원시적이 아니다. 그것은 역사의 산물이다. 그것은 우리가 항상 더욱더 가까이 가긴 하지만, 결코 도달할 수 없을 이상적인 한계이다.

그러므로 사람들이 자주 인정하는바 한편으로는 과학, 다른 한편으로는 윤리와 종교 사이에 이율배반이 존재한다는 것은 결코 사실이 아니다. 왜냐하면 인간활동의 이러한 두 형태는 사실상 유일하고도 동일한 근원에서 파생되어 나온 것이기 때문이다. 칸트는 이것을 잘 이해하고 있었다. 그래서 그는 동일한 기능의 두 가지 다른 양상을 순수이성과 실천이성으로 나누었다. 그에 따르면 이 두 가지 이성을 통일시켜 주는 것은 그것들이 모두 다 보편성을 향하고 있다는 사실이다. 합리적으로 사고한다는 것은 모든 분별 있는 존재들에게 부과된 법칙들에 따라 사고하는 것이다. 도덕적으로 행동한다는 것은 모순 없이 모든 의지에 확장될 수 있는 준칙에 따라 행동하는 것이다. 다른 말로 하면 과학과 도덕은 개인이 자신의 고유한 관점보다 더 높은 곳으로 고양될 수 있고, 비개인적인 삶을 살 수 있다는 것을 전제하고 있다. 사실상 이것이 사고 및 행동의 모든 탁월한 형태에 공통되는 특징이라는 사실은 의심할 여지가 없다. 칸트 학설이 설명하지 못한 것은 인간이 실감하는 이러한 모순의 일종이 어디에서 기인되는가이다. 왜 개인은 자신의 개성을 초월하기 위해서 자신을 범하지 않으면 안 되는가? 역으로 왜 비개인적인 법칙은 개인들 속에서 구현되면 쇠약해지는가? 우리들이 똑같이 참여하고 있는 대립되는 두 세계가 존재하는데, 그중의 하나는 물질과 감각의 세계이며, 다른 하나는 순수하고 비개인적 이성의 세계라고 말하는 것으로 답변이 되지 않을까? 그러나 그것은 고작해야 질문을 약간 다른 용어로 반복하는 것에 불과하다. 왜냐하면 이 두 존재가 왜 우리에게 동시에 오게 되었는지 알아내는 것이 중요하기 때문이다. 서로 상반되는 것처럼 보이는 이 두 세계들이 서로의 영역 밖에 머물러 있지 않은 이유는 무엇일까? 그들의 적대관계에도 불구하고 그들이 서로 상호적으로 침투하는 이유는 무엇일까? 이러한 특이한 필요성에 대해 지금까지 주어진 유일한 설명은 인류 타락의 가설이다. 이러한 가설은 수많은 어려움을 함축하고 있으며, 지금 여기서 환기할 필요도 없다. 반대로 비개인적 이성이 집단 사고에 주어진 다른 이름에 불과하다는 것을 인정하는 순간 모든 신비는 사라져버린다. 왜냐하면 집합 사고는 개인들의 모임을 통해서만 가능하기 때문이다. 따라서 집합 사고는 개인들을 전제로 하고, 역으로 개인들은 집합 사고를 전제로 한다. 왜냐하면 개인들은 다 함께 모여야만 계속 유지될 수 있기 때문이다. 비개인적 진리와 목적의 영향력은 개별 의지와 개별 감성의 협력에 의해서만 실현될 수 있다. 그리고 이러한 것들이 거기에 참여하는 이유는 그것들이 협력하는 이유와 동일하다. 한마디로 우리 안에도 비개인적인 어떤 것이 있다. 왜냐하면 우리 안에 사회적인 어떤 것이 있기 때문이다. 그리고 사회생활은 표상과 실행을 동시에 포함하고 있기 때문에 이러한 비개인성은 매우 자연스럽게 행위와 마찬가지로 관념에도 확장된다.

아마도 사람들은 우리가 인간 정신상태의 가장 고상한 형태들을 사회와 관련시키는 것을 보고 놀랄 것이다. 우리들이 결과에 부여한 가치를 참작해보면 원인은 매우 보잘것없어 보인다. 감각 및 욕망의 세계와 이성 및 도덕의 세계 사이의 거리는 너무나 커서 이성 및 도덕의 세계는 창조행위에 의해서만 감각세계와 겹쳐질 수 있는 것으로 보인다. 그러나 우리 본성을 만드는 이와 같이 중요한 역할을 사회에 부여하는 것은 이러한 창조를 부인하는 것이 아니다. 왜냐하면 사회는 그 어떤 관찰 가능한 존재도 필적할 수 없는 창조력을 가지고 있기 때문이다. 사실상 과학과 지성을 초월하는 신비한 작용이 없다면 모든 창조는 합성(合成, synthesis)의 산물이다. 그러므로 만일 각 개인의 의식 속에서 생겨난 개별 표상의 합성들이 이미 그 자체로서 새로움을 생산하는 것이라면 사회를 이루는 완전한 의식들의 거대한 합성들은 얼마나 더 효력이 있겠는가! 사회란 물리적이고 도덕적인 힘의 강력한 집합이며, 그것의 본질이 우리에게 그 정경을 제공해준다. 다른 어느 곳에서도 이러한 정도의 집중력에 도달한, 다양한 재료들의 풍성함을 발견할 수 없다. 따라서 사회에서 더 고상한 삶이 나타나는 것은 놀랄 일이 아니다. 삶은 그 삶이 생겨난 요소들에 작용하면서 그것들을 더 높은 존재형태로 고양시키고 변형시킨다.

그러므로 사회학은 인문과학에 새로운 길을 열어야 하는 운명을 타고난 것 같다. 지금까지 사상가들은 다음과 같은 양자택일에 직면해 있었다. 먼저 인간의 우월하고도 특수한 능력들을 설명하기 위해서 그것들을 인간존재의 열등한 형태와 연결시키거나 이성을 감각에, 정신을 물질에 연결시켰는데, 이것은 인간의 특수성을 부인하는 것이나 마찬가지이다. 그렇지 않으면 사람들이 자명한 것으로 간주하지만 어떤 관찰을 통해서도 그러한 실체의 존재를 확립할 수 없는 어떤 초경험적인 현실에다 인간의 우월하고도 특수한 능력들을 결부시키게 된다. 이러한 경우 정신이 이와 같이 어려움 속에 빠지게 된 것은 개인이 피니스 나투르(finis nature, 자연의 궁극적 창조)로 여겨졌기 때문이다. 개인 위에는 더 이상 아무것도, 적어도 과학이 파악할 수 있는 것은 아무것도 존재하지 않는 것 같다. 그러나 개인 위에 사회가 존재한다는 것을 인정하고, 사회는 이성에 의해 만들어진 명목적 존재가 아니라 행동력의 체계라는 것을 인정하는 순간부터 인간을 설명하는 새로운 방식들이 가능해진다. 인간의 변별적 특성들을 보존하기 위해서 더 이상 그 특성들을 경험 밖에 둘 필요가 없다. 적어도 이러한 최후의 수단에 호소하기 전에 개인 속에 있지만, 개인을 초월하는 것이 이러한 초개인적 실체에서 기인한 것이 아니라 경험에서, 즉 사회에서 주어진 것인지 알아보는 것이 좋다. 물론 이제부터 이러한 설명이 어디까지 확장 가능하며, 이 설명들이 모든 문제를 제거할 수 있는지 말할 수는 없을 것이다. 그러나 이러한 설명들이 넘어서지 못할 한계를 미리 지적하는 것 또한 불가능하다. 필요한 것은 가설을 세우고, 그것을 가능한 한 체계적으로 사실들의 통제에 놓이도록 하는 것이다. 이것이 바로 우리가 시도했던 바이다.

옮긴이의 말

• 민혜숙

이 책을 처음 접하게 된 시기는 1985년이었다. 당시 불문학 석사학위를 받고 1년간 모교에서 강사를 하다가 고등학교로 자리를 옮겨 교사로 일하고 있었다. 당시 도서출판 탐구당에서 기획했던 '끄세즈?/Que sais-je' 시리즈 문고 한 권을 번역한 것을 계기로 『종교생활의 원초적 형태』를 번역해보라는 제의를 받았다. 물론 아무런 대가나 약속도 없이, 매우 중요한 책이고 이 책을 번역하는 것만으로도 학계에 중요한 공헌하는 일이라는 공역자 노치준 교수(당시)의 꼬임(?)에 넘어가 대책 없이 시작한 일이었다. 개인 컴퓨터가 없던 시절이어서 노트 한 면에 초벌 번역을 하고 나머지 한 면에 수정하면서 써간 것이 노트 수십 권이며, 그것을 옮긴 원고지가 3000장이 넘는 분량이었다. 당시는 정신적인 노동뿐 아니라 육체적인 노동이기도 했다. 게다가 신혼살림과 출산 그리고 학위논문을 쓰는 문제로 힘든 시절이었다.

프랑스어 원본으로 번역을 하면 노치준 교수가 영어판으로 검토를 거쳤다. 그렇게 하고도 해결이 안 되는 부분은 서로 토의를 했지만 여전히 미숙한 점이 많다. 프랑스어와 영어는 호환되는 단어가 많아서 그대로 사용해도 무방한 경우가 다반사이다. 그러나 우리 말로 옮길 때는 어려운 점이 많다. 예를 들면 'rite/rite' 'cérémonie/ ceremony' 'pratiques/practices' 'culte/cult' 등은 프랑스어와 영어가 치환된다. 이 단어들은 모두 우리말로 의례, 의식, 예식, 제례, 숭배, 예배 등으로 옮길 수 있다. 문제는 우리말에서 개념 구분이 명확하지 않다는 것이다. 따라서 장례식, 장례의례, 장례예식의 구분 또한 불분명해진다. 개념, 관념, 생각, 사상, 아이디어 역시 마찬가지의 경우이고, 귀신, 유령, 정령, 영, 영혼, 혼, 마음, 정신도 그러한 경우이다. 30년이 지난 지금도 개념이 명확하게 구분되지는 않는다. 영은 육체를 떠날 수 있는 자유가 있고 영혼은 육체와 결부되어있는 것으로 이해했다. 'rite'는 흔히 의식(儀式)으로 번역하지만 의식(意識)과 혼돈되는 경우가 많다. 종교의식, 집합의식과 같은 용어는 양쪽 모두의 의미로 사용되고 있다. 이러한 혼란을 피하기 위해 'rite'를 의례로 번역하였고 비슷한 의미를 가진 'cérémonie'는 예식으로 번역했다, 문맥상 예식이 의례보다 더 상위에 있고 더 규모가 큰 것으로 짐작되지만, 뒤르켐 자신도 정확한 구분 없이 혼용하여 사용한 듯하다.

첫 번째 번역서가 나온 지 27년이 지났다. 물론 오랫동안 절판된 상태였고 책을 구할 수 있느냐는 질문을 종종 받았지만 외면해 왔다. 중고 책이 새 책보다 훨씬 비싼 값으로 팔린다는 말을 들을 때 미안하기도 했다. 그러나 사회학을 전공하지 않은 입장에서 나 자신이 해야 할 다른 연구와 작품 활동도 많이 있었기 때문에 선뜻 재번역에 뛰어들기가 어려웠다. 그러던 중 여러분의 요청과 한길사의 출판 동의에 용기를 내어 재번역을 시작했다. 다시 읽어보니 예전 번역의 문투가 새로운 세대에게는 어색하게 느껴질 것도 있었다. 단어와 문장을 하나 하나 살피면서 새롭게 고치려고 나름 수고를 했다. 재번역을 하면서 꼼꼼히 살펴보니 처음 번역에서 조금 어색하고 모호한 것들이 몇 군데 발견되었지만, 결정적인 오역은 없어서 안도했다. 그리고 예전 번역을 할 때 태어났던 아들이 성장하여 사회학을 전공하고 있다. 뒤르켐과 관련된 여러 글과 책을 소개해 주고 의견을 주어서 감사하면서도 세월의 무상함을 느꼈다. 그래서 인간은 영원을 찾아 종교생활을 하고 인생보다 오래 남는 예술에 몰두하는가 보다.

옮긴이의 말

• 노치준

2001년 말 학교를 떠나 목사의 일에만 전념한 지 벌써 20년 가까운 세월이 흘렀다. 그 동안 종교사회학과 관련하여 에세이나 논단 형식의 글은 몇 편 써 보았지만 논문이나 책은 전혀 쓸 수가 없었다. 오경환, 이원규 교수님과 같은 선배님들은 다 은퇴하셨지만 여러 후배와 젊은 세대들이 종교사회학 분야를 열심히 연구하는 모습을 보면서 기쁜 마음으로 지내 왔다. 목회하면서도 종교사회학에 대한 관심을 완전히 내려놓을 수는 없었다. 그러던 중 아내 민혜숙이 30여년 전에 번역한 『종교생활의 원초적 형태』를 다시 번역한다고 하니 한편으로 기쁘면서 또 다른 한편 부담스럽기도 했다. 그러나 다행인지 불행인지 알 수 없지만, 그동안 섬기던 전통적인 교회에서의 담임 목사직을 내려놓고 인생의 새로운 길을 모색할 수 있는 시간과 기회를 얻게 되었다. 그래서 아내 민혜숙이 다시 번역한 글을 꼼꼼히 읽을 수 있었다.

해제를 써달라는 요청을 받고 뒤르켐 전공 학자에게 부탁하려고 했으나 여러 가지 사정으로 뜻을 이룰 수 없었다. 아들 노현종이 구해준 뒤르켐 서거 100주년 기념 논문에 나오는 뒤르켐 종교이론 연구의 동향을 살펴보았다. 거기에 나오는 수많은 이름은 암호처럼 느껴졌다. 학문이든 인생이든 너무 한 곳으로 깊이 파고들다 보면 길을 잃어버리는 경우가 많다. 그 많은 글을 읽고 소화하여 해제를 쓰기에는 시간도 능력도 부족한 형편이었다. 그래서 뒤르켐 종교이론에 대한 학문적 해제가 아니라 교수가 학생들 앞에서 하는 것 같은 강의형 해제를 쓰게 되었다. 먼저는 뒤르켐 종교이론과 관련된 가장 일반적이고 널리 알려진 주제를 제시했다. 그리고 이 책을 장별로 요약정리하면서 그 의미를 아는 범위 안에서 이야기했다. 뒤르켐에 정통한 학자가 여러 학문적 연구 성과를 인용하면서 해제를 써야 하는데 그렇지 못하여 죄송할 뿐이다. 그러나 이러한 방식이 뒤르켐을 처음 대하는 사람들에게는 오히려 쉽고 편할 수도 있겠다는 생각으로 자신을 위로하고 있다.

　이 책을 처음 번역할 당시인 1980년대 중후반은 정치와 변혁의 시대였다. 이른바 386세대라 불리는 후배들이 저항하고 헌신하여 1987년 체제를 만들었다. 〈1987년〉 영화를 보면서 연세대학교 학생회관에 걸려있던 큰 걸개그림이 생각나서 가슴이 먹먹했다. 그때는 마르크스의 변증법과 사회변혁론이 젊은 사회학도들의 주된 관심이었고 막스 베버의 차가운 권력이론과 조직이론이 현실 분석의 중요한 도구가 되었다. 그리고 뒤르켐은 보수적인 구조기능주의의 아버지 정도로 취급되면서 관심 밖이었다. 그러나 필자의 경우 거시 담론보다는 종교사회학이라는 각론에 관심이 많았기 때문에 이 책을 번역하는 힘들고 지루한 과정을 잘 이겨낼 수 있었다. 이제 세월이 많이 흘렀다. 그동안 분단체제의 극복, 경제성장, 민주화라는 세 가지 목표를 놓고 열심히 달려왔다. 이 목표를 이루기 위한 방법과 우선순위의 차이가 있었고 그로 인해 내부적인 갈등도 있었다. 그러나 이 세 가지가 우리 시대의 역사적·사회적 목표라는 점에서는 어느 정도 일치했다. 21세기를 맞이한 지 20년이 지난 현재, 북한 핵문제로 인해 분단체제는 새로운 도전으로 다가오고 있으며, 경제성장과 민주화가 성취된 만큼 새로운 문제도 나타나고 있다. 우리 세대가 민주화와 경제성장이라는 목표를 향해서 달려갈 때 '88만원 세대'와 '삼포세대'가 나타날 줄은 생각도 하지 못했다. '인터넷'과 'SNS'가 나타날 줄 생각하지 못했던 것과 마찬가지로 '귀족 노조', '태극기 부대'라는 말이 나올 것은 전혀 예측할 수 없었다. 더욱이 진보와 386의 아이콘이 20-30대의 가슴에 못을 박을 줄은 꿈에도 생각하지 못했다.

뒤르켐이 『종교생활의 원초적 형태』를 구상할 때 프랑스와 유럽은 깊은 어둠 속으로 빠져들고 있었다. 프랑스 혁명의 이상과 열기는 점점 희미해졌고, 드레퓌스 사건의 야만성이 프랑스를 뒤흔들었다. 이성과 과학의 발전에 따른 진보의 낙관은 붕괴하고 유럽은 1차 세계대전의 어둠을 향해서 가고 있었다. 구질서는 무너졌지만 새로운 질서는 만들어지지 못한 혼란 가운데 있었다. 이러한 사실에 대해 뒤르켐은 이 책에서 "옛 신은 죽었고 새로운 신은 아직 탄생하지 않았다"고 표현했다. 뒤르켐은 극심한 사회 변화와 혼란 속에서 어떻게 통합이 가능한가의 문제에 관심을 기울였다. 기계적 연대가 점점 약해지는 사회에서 유기적 연대에 의한 사회통합과 사회 발전은 가능한가를 고민했다. 옛 신이 죽어버린 결과로 나타난 아노미(무규범)를 극복하고 연대와 통합을 이루는 도덕(정신)이 가능한가를 고민했다. 사회를 발전시키고 안정시키고 통합시킬 수 있는 사회적 이상(理想)이 어떻게 만들어질 수 있는가를 탐구했다.

뒤르켐의 고민은 지금 우리 시대에 그대로 적용된다. 옛 신은 죽었고 새로운 신은 아직 탄생하지 못한 사회, 모더니즘의 거대담론은 무너지고 파편화된 포스트 모더니즘의 미시적이고 개인적인 관심에 매몰된 사회, 이성은 힘과 권위를 잃고 감성과 이미지가 사람의 마음을 움직이는 사회, 참된 신앙은 무너지고 광신이 판치는 사회, 이러한 사회에서 뒤르켐의 관심과 고민은 지금 우리에게 그대로 다가오고 있다. 종교와 사회, 연대와 통합, 정신과 도덕의 문제는 우리 시대의 가장 시급한 문제로 떠오르고 있다. '꼬임'에 넘어가 이 책을 번역한 아내를 다시 한번 더 '꼬여서'(?) 뒤르켐의 『도덕 교육』을 번역해야 할 것 같다.

에밀 뒤르켐 연보

1858년   에밀 뒤르켐이 4월 15일 알자스로렌 지방의 작은 도시 에피날에서 유대인 랍비 아버지 모이즈 뒤르켐과 부유한 유대인 상인의 딸인 어머니 멜라니 이시도르 사이의 5남매 중 막내로 태어나다

1867~1875년   에피날 중학교를 입학하고 졸업하다

1876년   파리의 루이 르 그랑 고등학교에서 파리고등사범학교 입학을 준비하다

1879년   파리고등사범학교 합격하다.

1882년   파리고등사범학교 졸업하고 철학교사 자격을 취득하여 르 푸이 고등학교에서 철학을 가르치기 시작하다

1886년   프랑스 문부성의 장학금으로 1월부터 8월까지 독일의 라이프치히 대학, 베를린 대학, 마르부르크 대학에서 유학하다

1887년   7월 보르도 대학 사회과학 및 교육학 전임강사로 임용되다

1892년   「사회분업론 : 고등 사회 조직들의 조직에 대한 연구」 논문으로 소르본 대학에서 박사학위를 받다.

1894년   보르도 대학의 부교수가 되다

1895년   『사회학적 방법의 규칙들』을 출간하다

1896~1902년   보르도 대학 정교수로 재직하다

1897년   『자살론』 출간하다

1898년   프랑스 최초의 사회과학 저널 『사회학 연보』 창간하다

드레퓌스사건 때 드레퓌스를 옹호하고 '인권연합' 창립에 적극적으로 활동하다

1902년   소르본 대학의 전임강사가 되다

1912년   『종교생활의 원초적 형태』 출간하다

1913년   소르본 대학의 정교수가 되다

1916년   1차 대전에 참여한 아들이 사망하자 정신적 충격으로 건강이 악화되다

1917년   필생의 연구로 삼던 '도덕'을 주제로 첫 부분 집필하다

11월 15일 사망하다

찾아보기

인명

에밀 뒤르켐 (Emile Durkheim)

사회학을 체계화해 학문의 반열에 올려놓은 프랑스의 사회학자로
사회 현상에 처음으로 과학적 접근을 시도했다.
그는 통계를 적극적으로 사용하는 현대 사회학의 방법론적 기초를 창시했으며,
사회통합과 자유주의 이념의 확장을 통한
공화민주주의 모델을 완성하는 데 평생을 바쳤다.
1902년부터 1917년 사망할 때까지 소르본대학에서 교육학과 사회학을
가르쳤으며, 프랑스 사회를 개혁하기 위해 학문과 실천을
이상적 형태로 종합하고자 했다.
박사학위 논문인 『사회분업론』(1893)을 비롯해 『자살론』(1897),
『종교생활의 원초적 형태』(1912), 『프랑스 교육 발달사』(1938),
『직업집단의 윤리와 시민도덕』(1958) 등 많은 저작을 출간했다.
뒤르켐은 오늘날 사회학 분야에서 막스 베버와 함께 현대 사회학의
양대 산맥을 이루고 있으며 유럽과 미국에서
가장 커다란 지적 영향력을 행사한 사회학자다.

민혜숙(閔惠淑)

민혜숙은 연세대학교 불문과를 졸업하고
동 대학원에서 석사와 박사학위를 취득했다.
대원여고와 외고에서 불어교사를 했고
1994년에 『문학사상』 중편소설 부분에 당선되어 소설가가 되었으며
전남대학교 대학원 국문과에서 다시 박사학위를 취득했다.
연세대학교, 전남대학교, 광주대학교, 기독간호대학교에서 학생들을 가르쳤으며
호남신학대학교에서 조교수를 역임했다.
장로회 신학대학원에서 수학했고 광주 새길교회 담임목사다.
남원에 있는 용북중학교 교목을 역임했다.
저서로 『서울대 시지푸스』(1998) 『문학으로 여는 종교』(2002)
『황강 가는 길』(2005) 『한국문학 속에 내재된 서사의 불안』(2003)
『목욕하는 남자』(2013) 『중심의 회복을 위하여』(2014) 『세브란스 병원 이야기』(2014)
『돌아온 배』(2018) 『코리아 판타지』(2018, 공저)가 있으며
역서로는 『도덕교육』(근간) 『사회학적 방법의 규칙들』(2021)
『종교생활의 원초적 형태』(2020, 공역) 『프로이트 읽기』(2005)
『법, 정의, 국가』(2003) 『융분석비평사전』(2000) 『사랑론』(1986)
『문학비평방법론』(1997)이 있다.

노치준(盧致俊)

고려대학교 사회학과, 서울대학교 대학원 사회학과를 마치고
연세대학교 대학원 사회학과에서 문학박사 학위를 받았다.
광주대학교 교수를 역임하고 뒤늦게
호남신학대학교 신학대학원(M. div.)에서 수학했다.
광주다일교회, 광주양림교회 담임목사를 거쳐
현재 유튜브 속의 교회 '유클레시아'의 목사다.
저서로는 『죽음을 연습하라』(2022) 『평신도 시대, 평신도 교회』(2021)
『코리아 판타지』(2018, 공저) 『무너진 성벽을 다시 쌓으라』(2016)
『소망 가운데 사는 삶』(2015) 『광야길 가는 인생』(2014)
『은혜로 받은 구원』(2013) 『하늘에서 내려온 8가지 복』(2010)
『한국 개신교 사회학』(1998) 『한국의 교회조직』(1995)
『일제하 한국기독교 민족운동 연구』(1993)가 있으며
역서로는 『교회분열의 사회적 배경』(1983) 『사회학입문』(1990, 공역)
『조와 弔蛙』(2001) 『종교생활의 원초적 형태』(2020, 공역)
『신학이란 무엇인가』(2003, 공역)가 있다.

종교생활의 원초적 형태

지은이 에밀 뒤르켐
옮긴이 민혜숙 · 노치준
펴낸이 김언호

펴낸곳 (주)도서출판 한길사
등록 1976년 12월 24일
주소 10881 경기도 파주시 광인사길 37
홈페이지 www.hangilsa.co.kr
전자우편 hangilsa@hangilsa.co.kr
전화 031-955-2000~3 **팩스** 031-955-2005

부사장 박관순 **총괄이사** 김서영 **관리이사** 곽명호
영업이사 이경호 **경영이사** 김관영 **편집주간** 백은숙
편집 박희진 노유연 이한민 박홍민 임진영
마케팅 정아린 **관리** 이주환 문주상 이희문 원선아 이진아
디자인 창포 031-955-2097
CTP출력·인쇄 오색프린팅 **제책** 경일제책사

제1판 제1쇄 2020년 1월 31일
제1판 제3쇄 2023년 11월 15일

값 38,000원

ISBN 978-89-356-6484-9 94080
ISBN 978-89-356-6427-6 (세트)

한길그레이트북스 인류의 위대한 지적 유산을 집대성한다